中国矿业年鉴

2002

中国矿业年鉴编辑部　编

地震出版社

ISBN 7-5028-2208-9

9 787502 822088 >

图书在版编目(CIP)数据

中国矿业年鉴.2002/中国矿业年鉴编辑部编.—北京:地震出版社,2002.12
ISBN 7-5028-2208-9

Ⅰ.中… Ⅱ.中… Ⅲ.矿业经济-中国-2002-年鉴 Ⅳ.F426.1-54

中国版本图书馆CIP数据核字(2002)第101513号

中国矿业年鉴
中国矿业年鉴编辑部编
责任编辑:齐 言
责任校对:李芝萍

出版发行:地震出版社
北京民族学院南路9号　　邮编:100081
发行部:68423031　68467993　　传真:68423031
门市部:68467991　　传真:68467972
总编室:68462709　68423029　　传真:68467972
E-mail: seis@ht.rol.cn.net
经销:全国各地新华书店
印刷:北京外文印刷厂

版(印)次:2002年12月第一版　2002年12月第一次印刷
开本:787×1092　1/16
字数:1435千字　插页:100
印张:39.75
印数:0001~2000
书号:ISBN 7-5028-2208-9/TD·19　(2776)
定价:180.00元

《中国矿业年鉴》第一届编辑委员会

《中国矿业年鉴》（2002）编辑部工作人员

编辑顾问 张　锋　李宴武

责任主编 陈颂今

责任编审 刘润辉

责任编辑 师　宏　李　军　张秋芳

责任校对 马万水　李　瑛　董建莹

彩页设计 李瑞军

《中国矿业年鉴》（2002）特约编辑

（按姓氏笔划排序）

于世彬　于明成　马贞年　马冀青　牛东风　王文达　王玉平　王东明　王兆远
王惠民　王　慧　兰谢益　古健平　卢业授　田镇三　叶小林　仲玉善　任子汉
伍光熙　刘圣汉　刘亚宾　刘保军　刘洪生　刘振庄　孙宏智　许守信　严德海
冷细民　吴建生　吴英智　吴继岩　吴梅林　宋维鹏　宋瑞林　张凤奎　张文刚
张生华　张光铁　张应红　张　杰　张茂贤　张德祯　张赞生　李中念　李凤德
李开文　李风湖　李永平　李成城　李宝玉　李雨林　李保国　李宪杰　李维学
李　燕　杨久煜　杨占峰　杨　坚　杨延华　杨家声　杨振喜　沈宝忠　辛继升
邹跃平　陆林生　陈国宏　陈贤世　陈辉萍　周之乐　周　华　周　翔　尚红琳
林玉华　林国阳　武建森　范雪云　郑庆道　郑茂金　胡　魁　姚中华　宫焕晨
段润林　胡茂焱　荆大勤　贺胜利　赵生茂　赵庆彪　赵丽英　赵　金　赵晓静
赵　智　郝丽君　逄奉辉　钟应昌　闻一鸣　唐友军　夏　芳　徐成功　袁俊宏
郭　军　郭吟书　钱军林　顾安麒　高应超　常玉刚　崔　彬　曹仕平　盛忠杰
黄世光　黄　刚　强小平　曾　郡　蒋　锋　韩卫兵　韩　红　褚玉新　解宏绪
翟红国　黎应书　黎谊锴　薛占儒　魏中超

编 辑 说 明

一、《中国矿业年鉴》是一部全面、系统反映中国矿业上一年度矿产资源勘查、开发利用、生产经营、建设发展等情况的大型资料性工具书。受国家经贸委和国土资源部委托，从2002年开始逐年编辑，连续出版。它的出版发行，是中国矿业界一件具有重要意义的工作，填补了长期没有一份可供外界了解中国矿业全貌和全国矿业基本数据的空白。

二、中国矿业年鉴编辑委员会由中国矿业联合会牵头，会同矿业有关行业协会和单位共同组成。第一届中国矿业年鉴编辑委员会于2002年3月14日正式成立。

中国矿业年鉴编辑部在编辑委员会的领导下开展工作，负责《中国矿业年鉴》的编辑、出版、发行等工作。

三、本期《中国矿业年鉴》为创刊卷，收录资料时限，原则上以2001年为主，酌收了一些与当年有关的回溯性资料及预测性内容。

四、本期《中国矿业年鉴》设18个栏目。按内容分类编排，设栏目、类目、条目三个层次，根据内容需要，有的栏目分四个层次。表述方式以条目为主，另有文章、图、表、照片等多种形式，图文并茂。为方便查阅，书后附索引。

五、本期《中国矿业年鉴》主要内容包括：国家领导人、有关领导和专家学者，关于中国矿业形势、矿业各学科研究等方面的重要讲话和专论；国家及有关部委颁布的有关矿业政策与法规；2001年中国矿业大事记和矿业发展概况；矿业科技、管理；矿业城市、地方矿业、企业生产、矿山环保与资源综合利用、对外贸易、矿业统计、先进人物和先进集体等；在附录中，收入了国土资源部发布的《2001年中国国土资源公报》、部分矿业行业标准、2000～2001年世界矿业基本情况、2001年全球矿业并购情况等内容，可读性强，有一定参考价值。稿件来源，除部分基层企事业单位撰稿人供稿外，多由政府有关部门提供，全书内容丰富、资料翔实、全面系统，具有权威性。

六、本期《中国矿业年鉴》，开辟了矿业企事业单位介绍专栏，并以彩页形式展示其风彩，还重点介绍了一些优秀国有企业和民营企业的经营业绩与科研成果，为使同类行业有可比性并便于查阅，将文字部分分别归到“管理”、“地方矿业”、“矿业企业”栏目内，对选用内容，按年鉴编写要求做了适当的修改。

七、为读者查找方便，本期《中国矿业年鉴》中图、表序号，以类目为单位，单独列序。

八、由于编纂时间和我们水平所限，本书在资料收集和内容编辑整理上，难免有疏漏与错误，欢迎读者批评指正。在此，谨向关心支持《中国矿业年鉴》出版工作的各级领导和同志、各有关单位及组稿人、撰稿人表示衷心感谢！

《中国矿业年鉴》编辑部

2002年12月

目　录

特　载

专　文

矿业论坛

大　事　记

概　况

矿业管理

矿业科技

矿业行业

矿业城市

地方矿业

矿业企业

环境保护与资源综合利用

对外贸易

协会　学会

人 物

政策法规

统计资料

附　录

特　载

加强领导，进一步做好关闭整顿小煤矿和煤矿安全工作

——在全国关闭整顿小煤矿和煤矿安全工作现场会上的讲话

国务院副总理　吴邦国

（2001 年 9 月 21 日）

这次现场会的主要任务是，以江泽民总书记“三个代表”重要思想为指导，贯彻落实《国务院办公厅关于进一步做好关闭整顿小煤矿和煤矿安全生产工作的通知》，进一步统一思想，提高认识，针对当前存在的突出问题，研究部署下一步的工作措施。

一、当前全国关闭整顿小煤矿和煤矿安全生产工作面临的形势

几年来，各地区、各有关部门按照党中央、国务院的重大决策和部署，积极采取措施，推进关井压产、关闭破产、整顿小煤矿等工作，使煤炭行业形势有所好转。一是煤炭总量初步得到控制，生产结构趋向合理。二是煤炭市场供求关系趋于平衡，库存下降。三是煤炭价格恢复性上升，经营形势好转。四是安全生产形势开始向好的方向转化。

煤炭行业能有今天这样的局面，是各地区、各有关部门特别是煤炭行业广大干部职工艰苦努力的结果，成绩来之不易。实践证明，党中央、国务院关于煤炭工业的一系列重大决策和部署是完全正确的。但是对成绩不能估计过高。我们要清醒地看到，煤炭行业深层次的矛盾和问题还没有解决，结构调整和扭亏脱困的任务还相当艰巨，煤矿安全生产的形势依然十分严峻，特别是小煤矿问题尤为突出。各地关闭整顿小煤矿的工作，进展不平衡，问题仍比较多。突出表现在以下四个方面：

一是部分省区国有煤矿矿办小井关闭不力。根据各省市区上报的情况，按照关井进度要求，第一批 6 月底应关闭的国有煤矿矿办小井 444 个，到目前为止实际关闭了 366 个，占 82.4%。关闭任务重的山西、吉林、黑龙江三省应该在 9 月底关闭矿办小井 840 个，但到目前为止只关闭 244 个，不足 1/3。甚至有的国有煤矿将矿办小井非法转让、租赁、出售，逃避关闭。从 1998 年开始，我们就明确国有煤矿矿办小井一律关闭，2001 年 6 月又再次明确国有煤矿矿办的小井要坚决关闭，但时至今日，还有不少国有煤矿就是顶着不办，这是很不应该的。关闭非法生产的小煤矿，让出市场空间，为国有大中型煤矿创造更好的市场环境，正是国有大中型煤矿脱困的重大措施。

二是乡镇煤矿停产整顿和关闭流于形式。一些地方乡镇煤矿普遍存在着停而不整、以停代整的现象，等待观望，企图风头一过再开工生产。按照《紧急通知》应一律关闭的三类乡镇煤矿，普遍存在以停代关现象，甚至有的根本不停，或者假停假关、明停暗采、昼停夜开。

三是乡镇煤矿整顿验收失之于宽。一些地方在乡镇煤矿的整顿验收中，或标准过宽，或执行不严，敷衍了事。有的煤矿刚刚验收恢复生产就发生重大事故。

四是小煤矿事故多发。数以万计的小煤矿绝大部分不具备基本的安全生产条件，是煤炭安全事故的重灾区。2000 年全国煤矿生产死亡总数中，小煤矿死亡人数占 68.2%，瓦斯爆炸事故小煤矿占 80%以上。

产生上述问题的原因，主要有以下三条：

一是对关闭整顿小煤矿缺乏正确认识。一些地方特别是县、乡领导，从局部利益出发，担心关闭整顿小煤矿影响地方经济发展，看到要关闭的小煤矿量大面广，存在着

抵触情绪和畏难情绪。对关闭整顿小煤矿，态度不坚决，措施不落实，工作不到位。有的走过场，“雷声大，雨点小”，还有的口头上拥护，实际上抵触、顶着不办，个别地市竟然连国办《紧急通知》都迟迟不向下传达。

二是执法不严，监管不力。煤矿的“四证”审批发放，存在着不规范和把关不严的问题，给相当一批不具备办矿条件的小煤矿发放了合法证照。对小煤矿非法承包的现象未予及时纠正，对无证开采和证照不全的，不能及时采取有力措施予以关闭惩处。有的发证机关只管发证收钱，不履行监管职责，处罚不严，以罚代管。多数市县煤矿安全监管机构不健全，监管力量薄弱，监管手段和设施不完善。为什么长期以来，数以万计的证照不全甚至什么证都没有的“小矿”，可以堂而皇之非法开采；为什么有这么多连起码开采条件和资格都不具备的“小矿”，居然“四证”齐全。这些难道还不足以引起我们的深思吗？

三是腐败问题严重。一些地方党政干部中的腐败分子以权谋私，贪赃枉法。有的收受贿赂，有的指使纵容亲属参与非法开采经营，有的甚至直接入股非法小煤矿。他们与矿主相互勾结，采取各种手段，对其百般庇护，为其逃避检查，隐瞒事故，开脱罪责，充当非法小煤矿的保护伞。湖南省双峰县的彩合煤矿30多位股东中竟有十几位是乡镇和县里的领导。这绝不是个别的现象，类似的情况还不少，官商勾结、权钱交易、黑白同道，使一些非法矿主有恃无恐。除认识问题以外，这是一些地区关闭整顿小矿工作不力的更深层次的原因。

从以上分析可以看出，小煤矿关闭整顿中的问题还相当严重。这些问题不解决，关闭整顿小煤矿的工作将半途而废，煤炭工业刚刚好转的形势也会发生逆转。大家一定要充分认识问题的严重性，增强使命感和紧迫感，采取更加有力的措施，把关闭整顿小煤矿的工作一抓到底。

二、进一步提高对关闭整顿小煤矿和煤矿安全生产工作重要性的认识

江泽民总书记“三个代表”的重要思想是指导我们各项工作的行动指南。

首先，关闭整顿小煤矿是煤炭行业结构调整的需要，体现了先进生产力发展的客观要求。我国是产煤大国，煤炭产量居世界首位。经过几十年的发展，煤炭工业生产力水平有了很大提高。但总体上与其他产煤国家比，还有很大差距。煤炭行业人均产煤，美国是6000多t，而我国只有200多t。之所以差距如此之大，原因之一，是我国煤炭工业生产集中度不高。一方面，我国煤炭行业的优势企业还没有形成，虽然兖矿、神华等一些国有大矿的生产、技术水平已达到或接近国际水平，但这样的企业为数不多，还不足以支撑我国的煤炭工业，还没有成为市场竞争和投资的主体。另一方面，多年来，小煤矿盲目发展，过多过滥。小煤矿虽然在历史上对缓解煤炭供应紧张局面起过一定作用，但小煤矿单井规模平均只有七八千吨，有的仅两三千吨，基本上采用的是原始落后的开采方式，设备极其简陋，劳动生产率极低，安全事故不断，不符合先进生产力发展的要求。这几年虽经多次关闭和整顿，但全国小煤矿数量仍高达25000多处，占全国矿井总数的95%。这不仅造成环境资源的破坏、安全生产形势的恶化，还扰乱了煤炭市场环境。必须清醒地认识到，我国煤炭工业的发展，绝不能建立在“小土群”的基础上。依靠小煤矿这种落后的生产力是支撑不起社会主义现代化大厦的。

我们必须抓住当前煤炭供求关系有所改善的有利时机，按照先进生产力发展的要求，加大调整结构和淘汰落后生产能力工作的力度，把非法的、布局不合理的和不具备安全生产条件的小煤矿坚决关掉，为大中型煤矿的发展创造良好的外部环境。当然，关闭整顿小煤矿，不是要取消所有的小煤矿。布局合理、具备安全生产条件的合法小煤矿，作为我国煤炭工业的一支补充力量，是有着发展生存空间的，关键在于必须建设规范化的小煤矿。通过这次整顿保留下来的小煤矿，要创造条件加以改造、改组和提高，逐步使他们向先进适用的生产方式转变。

第二，关闭整顿小煤矿是保护和合理利用煤炭资源，实现可持续发展战略的必然要求。煤炭是不可再生的矿产资源，我国虽然是产煤大国，但人均煤炭资源占有量相对不足，对煤炭资源合理开发、综合利用是我们的一贯方针。小煤矿矿主既无技术，又无资本，也不会管理，对国家矿产资源造成极大的破坏和浪费。小煤矿吃肥丢瘦，资源回收率极低，一般只有10%～15%，采1吨煤就要丢掉8 t～9 t煤，每年直接毁坏和浪费的煤炭资源高达十几亿吨。请同志们想一想，我们怎么能干这种“吃祖宗饭、造后代孽”的事情呢？不少小煤矿乱采滥挖，超层越界开采，不仅使国有煤矿的资源受到严重破坏，服务年限大大缩短，而且严重威胁和破坏国有煤矿的安全，甚至导致国有大中型煤矿发生瓦斯爆炸、透水冒顶等重大特大安全事故，给国家造成了无法挽回的损失。一些地方领导把小煤矿作为农民脱贫和发展地方经济的惟一出路，于是土法上马，遍地开花。这样做的结果，不仅地方经济没有得到健康发展，财政收入增加有限，农民没有得到多少实惠，只是富了少数矿主和一些腐败分子，而且还破坏地方经济发展的环境，为今后的发展留下隐患。应该看到，坚决关掉那些非法的、布局不合理的、不符合安全生产条

件的小煤矿，是保护和合理利用煤炭资源，实现可持续发展的必然要求。这样做，不仅为国有大中型煤矿创造了良好的发展环境和条件，也为符合安全条件、生产基础比较好的合法小煤矿的改造、提高和发展创造了机遇。各地领导一定要端正经济发展的思想，树立矿产资源国家所有的观念，妥善处理好依法办矿与脱贫致富的关系，发展地方经济与保护资源环境的关系，局部与整体以及当前与长远的关系，着力调整和优化经济结构，坚定不移地走可持续发展的道路。

第三，关闭整顿小煤矿是加强煤矿安全生产的重要措施，体现了最广大人民的根本利益。安全生产工作是人命关天的大事，关系到人民群众的生命财产安全，关系到经济发展和社会稳定。党中央、国务院历来高度重视安全生产工作，江泽民总书记多次作出重要指示，反复强调一定要树立安全第一的思想，即使在社会主义市场经济条件下，也不允许只要有钱赚就可以危及人民的生命安全。煤炭采掘业危险性大，是伤亡事故的多发区，在全国工矿企业的安全事故死亡人数中，煤矿占有一半以上。而煤矿事故中，小煤矿事故数占80%以上。小煤矿绝大部分不具备基本的安全生产条件，一些小煤矿矿主贪图暴利，见利忘义，根本不顾工人的死活，出了事故见死不救，逃之夭夭，甚至隐瞒不报，毁尸灭迹，人民群众深恶痛绝。如果对此熟视无睹，置若罔闻，姑息迁就，甚至以各种借口放任非法和不具备安全生产条件的小煤矿继续存在下去，就是对人民群众生命财产安全的漠视，就是对党和人民的犯罪。地方经济的发展、财政收入的增长和农民的脱贫致富，绝不能建立在草菅人命的基础上。各级领导干部一定要从代表最广大人民根本利益的高度，来认识关闭整顿小煤矿和煤矿安全生产工作的重要意义。

第四，关闭整顿小煤矿是整顿规范市场经济秩序的一项重要措施。整顿和规范市场经济秩序是2001年和“十五”期间各级政府的一项重要任务。规范市场主体行为，实现公平竞争，是建立完善市场经济秩序的基本要求。小煤矿的盲目发展，不仅破坏资源、污染环境，而且还严重扰乱了市场经济秩序。各产煤省区要把关闭整顿小煤矿作为整顿市场经济秩序的一项重要措施，抓紧抓实抓好，抓出成效，从根本上扭转煤炭生产经营秩序混乱的局面。总之，我们必须从贯彻江泽民总书记“三个代表”重要思想的高度来认识关闭整顿小煤矿和煤矿安全生产工作的重要意义，从实践“三个代表”的高度全力做好这项工作。要把关闭整顿小煤矿作为搞好煤矿安全生产工作的突破口，作为促进煤炭工业结构调整和健康发展的一项重要措施，全力以赴打好这场攻坚战。

三、明确责任，标本兼治，深入扎实地做好关闭整顿小煤矿和煤矿安全生产工作

为进一步做好关闭整顿小煤矿和煤矿安全工作，巩固已取得的成绩，促进煤炭工业形势的根本好转，国务院办公厅最近又下发一个通知，对这项工作提出了更加明确的规定和要求。各地区、各有关部门一定要认真贯彻落实。这里我强调六点：

（一）加快小煤矿关闭工作进度

国办的《通知》再次重申了“四个一律关闭”，即国有煤矿矿办小井一律关闭、国有煤矿矿区范围内的小煤矿一律关闭、不具备基本安全生产条件的各类小煤矿一律关闭、“四证”不全以及生产高灰高硫煤炭的小煤矿一律关闭。

一要在规定的时限内完成关闭任务。10月底是这次关闭的最后期限。各省（自治区、直辖市）必须采取有力措施，确保尽快完成关闭任务；关闭任务重的地区更要加快速度，确保在2001年10月底前全部关闭。

二要确保关井的质量。所有关闭的小煤矿，一定要注销或吊销证照，炸毁井筒，填平场地，发布公告，并按要求恢复地表植被或复垦，严格防止死灰复燃。对已关闭而又擅自恢复生产的小煤矿，一律按无证开采论处，由省级人民政府组织有关部门和煤矿安全监察机构，依法予以关闭。

三要按照国家有关法律法规的规定，妥善安置被关闭小煤矿的职工。属于城市居民并已参加失业保险的，要按规定发放经济补偿金并享受失业保险待遇；符合享受城市居民最低生活保障条件的，按规定享受城市居民最低生活保障待遇。对农民合同制工人，发给经济补偿金；本单位已缴纳了失业保险费的，按规定支付一次性生活补助费。对国有煤矿矿办小井中与国有煤矿签订劳动用工合同且合同期未满的职工，由所在煤矿重新安置。对已被所在煤矿安置或失业后重新就业的职工，要接续社会保险关系，继续缴纳社会保险费。

关闭小煤矿过程中发生的费用，原则上由地方承担。关闭小煤矿和职工安置任务重、地方财政确有困难的地区，由中央财政予以适当补助。

（二）加大煤矿整顿工作力度

小煤矿整顿工作原则上于2001年底前结束。小煤矿整顿的重点是：煤矿矿井通风，以及防瓦斯、防尘、防火等安全设施的建设是否符合规定要求；安全生产是否符合煤矿安全规程和技术规范；煤矿矿长是否具备安全专业知识，特种作业人员是否有职业资格证书；煤矿开采是否符合环保要求，排放污染物是否达到环保标准；资源利用是否合理，矿业秩序是否良好。各地要督促小煤矿加紧整改，缺什么补什么，限期完成。对整

顿后仍不符合有关规定的，一律按照关闭要求，立即依法关闭。

要严把验收关。验收工作由省级人民政府统一领导，并负责组织实施。小煤矿验收标准由各省级人民政府按照国家有关法律法规统一制定。要严格标准进行核查，验收合格的由验收人员及乡、县、地市政府负责人逐级签字，经省级人民政府批准，并由省级人民政府有关部门换发“四证”后，方可恢复生产。

（三）严格煤矿“四证”的审批发放

针对“四证”审批发放中存在的问题，国务院决定，开办煤矿的采矿许可证、煤炭生产许可证、煤炭企业营业执照、矿长资格证书等“四证”的审批发放权力一律放在省级人民政府的有关部门。采矿许可证由省级国土资源管理部门负责审核发放；煤炭生产许可证由省级煤炭管理部门负责审核发放；煤炭企业取得采矿许可证、煤炭生产许可证后，向省级工商行政管理部门申请登记注册；矿长资格证书由省级煤炭管理部门审核发放。省级政府的有关部门一要严格执行审批权限，不得下放；二要按照有关规定严格审批，认真履行职责。

在小煤矿关闭整顿期间，暂停“四证”的审核发放。对以往发放的证照要进行全面清理。凡是予以关闭的小煤矿持有的各种证照，有关部门要在2001年10月底前全部依法予以注销或吊销；凡属停产整顿的小煤矿持有的证照，经验收合格并由省级人民政府批准恢复生产的，再重新核发各种证照；经整顿实行关闭的，有关证照要在2001年底前全部注销或吊销。

煤炭等矿产资源属国家所有，按照《矿产资源法》等法律法规规定，煤矿的采矿权严禁以承包、转包、租赁等方式，部分或全部转给他人开采，更不允许转给个人开采。对过去发生的以承包、转包、租赁等非法转让和开采煤矿等矿产资源的，各级国土资源和其他监督、执法部门要全面进行清理，加紧依法处理，坚决取缔和打击各种非法转让行为。

（四）严格办矿标准，建立健全准入制度

一是在关闭整顿小煤矿期间，暂不批准新建小煤矿项目。二是严格新建煤矿的审批程序和标准，防止重复建设。三是实行煤矿井下作业人员意外伤害保险制度，煤矿企业必须依据《煤炭法》的规定，为煤矿井下作业人员办理意外伤害保险，支付保险费，切实保障井下作业人员的权益。四是严格劳动用工管理。小煤矿用工必须报当地劳动保障、公安部门备案。劳动保障和公安部门应对小煤矿用工依法进行监管。煤矿必须与从业人员签订劳动用工合同。严禁女工从事井下劳动。

（五）强化煤矿安全监察工作，保障安全生产

一是尽快建立健全独立的、依法行政的煤矿安全监察系统。目前加挂煤炭工业局牌子的省级煤矿安全监察局，年底之前都要完成机构、职能和人员的分离，使煤矿安全监察机构的工作重心真正转到煤矿安全监察上来。

二是各级煤矿安全监察部门要按照《煤矿安全监察条例》认真履行职责，切实负起责任。当前，要把关闭整顿小煤矿和煤矿安全生产专项整治作为监察的重点，对查出的问题要抓住不放，按照有关规定严肃处理。

三是加强煤矿安全监察队伍建设。要搞好煤矿安全监察队伍的思想作风建设，加强职业培训，提高队伍素质和执法水平，建立一支公正、高效、廉洁的监察执法队伍。

（六）加强领导，抓落实

1.省级人民政府要切实加强领导，真正负起责任。关闭整顿小煤矿由省级人民政府统一负责，要把这项工作列入重要议事日程，层层建立责任制，并落实到人。各地要把关闭整顿小煤矿的成效作为考核县、乡两级领导政绩的重要内容。

2.深入细致做好工作。各地政府和有关部门要精心组织，改进作风，深入一线，向群众讲清政策，摆明道理，做过细的思想政治工作，取得群众的理解和支持。

3.加大反腐败工作的力度。依据党纪政纪的有关规定，对各级政府工作人员参股办小煤矿，至今尚未退出的；利用职权收受小煤矿矿主贿赂，公开或暗地包庇袒护，使应关闭小煤矿迟迟未能关闭的；失职渎职，导致小煤矿发生重大、特大事故的，要一查到底，对责任者要严肃处理。构成犯罪的，要移送司法机关依法追究刑事责任。

4.充分发挥新闻舆论和社会各界对关闭整顿小煤矿的监督作用。各新闻单位要配合关闭整顿小煤矿和煤矿安全生产工作，加强舆论监督，电视台、报纸要开辟专栏，明查暗访，搞好跟踪报道。要大力宣传搞得好的典型事例，增强关闭整顿小煤矿的信心和决心。同时对顶着不关，拖着不整的典型，要公开曝光。各地要设立关闭整顿小煤矿和煤矿安全生产举报电话或电子信箱。

随着关闭整顿小煤矿力度的加大，煤炭供大于求的状况会进一步好转。冬季用煤高峰即将来临，煤炭出口形势也是很好，国有煤矿要按照市场需求积极组织生产，切实担当起保证全国煤炭供给的主要责任。但要注意三条：一是要确保安全生产。二是要保证煤炭质量。三是重视矿井的技术改造。

煤炭行业淘汰落后生产能力，调整结构，既要关闭整顿小煤矿，也要对资源枯竭、长期亏损、扭亏无望的国有重点煤矿实施关闭破产。这几年，在这方面已经做了大量工作，取得了一定成效，今后还要继续实行这项政策。

从长远看，煤炭工业的发展必须走大公司大集团的路子，这也是煤炭工业结构调整的根本方向。要按照建立现代企业制度的要求，深化企业内部改革，完善法人治理结构，转换经营机制，强化内部管理，增强竞争力。要加快技术创新步伐，用先进适用技术改造传统工艺，实现煤炭工业产业结构的优化和升级。要大力推广运用洁净煤技术，提高煤炭的洗选比，发展燃煤发电，煤炭的气化、液化和有比较优势的煤化工等深加工技术，延长产业链，提高综合利用的程度和产品的附加值。

提高地质科学研究创新能力，振兴中国地质事业

——在第七次李四光地质科学奖颁奖大会上的讲话

国务院副总理　温家宝

（2001年12月11日）

今天，我们隆重举行第七次李四光地质科学奖颁奖大会，表彰来自地质科学研究、野外地质工作、地质教育岗位上的优秀科技工作者，并以此纪念伟大的爱国主义者，卓越的科学家、杰出的教育家李四光。我谨向获奖者表示热烈的祝贺，向全国地质科技界的同志们致以亲切的问候。

李四光是我国现代地质学的开拓者。设立李四光地质科学奖，缅怀李四光的不朽业绩，弘扬李四光的科学精神，对于在全社会形成"尊重知识，尊重人才"的良好风气，推动我国科学技术事业的发展具有重要意义。科学技术是第一生产力，是先进生产力的集中体现和主要标志。科技进步对经济社会发展起着十分重要的推动作用。广大科技工作者要认清自己的历史使命，以李四光为榜样，自觉地担负起科教兴国的重任，为社会主义现代化建设作出贡献。

科学研究的灵魂在于创新，理论创新是李四光科学精神的精髓。改革开放以来，我国地质科学界学术思想空前活跃，地质科学研究取得丰硕成果，在一些领域达到世界先进水平。但是，从整体上看，我国地质科学研究还处于从传统地质科学向现代地质科学转变的起步阶段。必须加快这个转变，大力推动理论创新和技术创新，建立地质科学新的系统的理论、观念和方法，促进地质科学与高新技术的融合，提高地质科学研究的现代化水平。

地质科学和地质工作是解决人类社会面临的资源和环境问题，实现经济、社会可持续发展的不可缺少的先行性工作。地质科学研究和地质工作要更加紧密地与经济和社会发展相结合，更加主动地为经济和社会发展服务。要紧紧围绕国民经济和社会发展计划，特别是实施西部大开发战略、国家重点基础设施工程建设、战略性矿产资源调查评价、地质灾害防治、生态建设和环境保护等重大部署开展工作。要突出重点，集中力量攻关，加强对重大地质问题的科学研究，尽快取得一批对我国经济发展有重要影响、在国际上有重要地位的成果。要把开展生态环境地质和防治地质灾害摆上重要位置，抓紧重大工程和重点地区的地质调查评价。

推进地质科学的发展和地质工作的根本性转变，必须深化地质科技和教育体制改革。中国地质调查局的成立，标志着地质"野战军"的建设进入了实施阶段。地质调查要把重点放在基础性、综合性和战略性的工作上来，为国家的重大决策提供充分的地质资料。要广泛应用高新技术，加强地质调查技术手段和资料信息的优化集成。加速研制、引进和推广新技术、新方法、新工艺，努力实现地质调查装备的现代化。要把综合研究工作贯穿于地质调查的全过程，实现地质学、地球物理、地球化学多学科、多工种的结合。要提高综合运用各类技术手段解决实际问题的能力，特别要大力推广应用地理信息系统、卫星定位系统、遥感技术，提高资料信息的综合处理能力。要积极探索调查与研究相结合的有效机制，全面提高地质调查工作的科学水平，加快科技成果的转化，更好地为经济和社会发展服务。

地球是生物圈和人类生生不息的惟一家园，地质科学研究具有广阔的前景。中国固有的地理区位和地质特色愈来愈吸引着中外地质学者的注意力。只要我们为这门古老的学科构筑起新的技术支持系统，注入新的活力，中国地质科学是充满希望的。让我们大力弘扬李四光的爱国主义和科学创新精神，提高地质科学研究创新能力，为振兴地质事业而努力奋斗。

重视研究“四矿”问题，促进社会经济可持续发展

全国政协副主席　李贵鲜

（2002年8月1日）

“四矿”问题作为我国目前经济发展和结构调整中的一个突出问题，在2002年“两会”期间，经过政协委员的呼吁，特别是朱训同志在政协大会上作了题为《要像重视“三农”问题那样重视“四矿”问题》的大会发言，已经引起社会各界的广泛关注和中央领导的高度重视。全国政协对这一影响国民经济可持续发展的战略问题十分重视，已经将“四矿”问题列入政协第十八次常委会议的主要议题之一。政协作为参政、议政的重要政治组织，聚集了一大批各个领域的技术和管理人才，我们一定要发挥好自身的作用，利用好自身知识密集型、专家集成型的特点，抓住关系国民经济全局的一些重大战略问题，开展针对性调查研究，为国家宏观决策献计献策，当好参谋。

为贯彻落实李瑞环主席有关“四矿”问题的讲话精神，为中央决策提供参考意见，前一段时间全国政协组织有关部门的专家赴辽宁等地开展了“四矿”问题专题调研。通过深入实际调研，特别是又经过了这次研讨会，我们对“四矿”问题的认识进一步深化。“四矿”问题不仅是一个经济问题，还是社会问题；“四矿”问题不仅涉及社会经济可持续发展，还关系到社会稳定；矿业发展有其自身内在的规律，如果我们在矿业发展战略和制度安排上违反客观规律，就会陷于被动。

一、矿业是中国社会经济可持续发展的基础

首先，矿业是国民经济发展的根基。矿业为我国的国民经济建设作出过历史性的贡献，也是将来国民经济建设的重要基础。建国初期，百废待兴，国家即投入了大量人力、物力和财力，大力发展地质事业和矿业，建设了一大批矿山企业，在此基础上，迅速构建起了新中国独立的工业体系框架。可以说，地质、矿业是我国工业化、现代化的先行官，是开路先锋。以后随着我国国民经济的发展，我国矿业不断发展壮大，全国建设了8000多座国有矿山以及10多万座非国有矿山，年采掘矿石量近50亿吨，我国已成为世界上重要矿业大国之一。依靠发展农业，我国解决了中国人的吃饭问题，而依靠矿业则解决了经济发展的工业原材料能源和劳动力就业问题。正是立足于这两大基础，我们才有可能建设包括工业体系在内的新中国独立的国民经济体系。

矿业是区域经济发展的龙头。矿产资源是自然赋予一定区域的天然财富，矿产资源开发与区域经济发展存在着密切的内在联系，矿产资源开发对区域经济发展与产业格局形成起着巨大带动作用。尤其在区域经济发展初期，矿业对于积累原始资本、培育市场环境和培养人才、实现区域经济起飞十分重要。对于中西部地区的发展而言，更是如此。像欧洲、美洲有许多老工业经济区在发展初期也是把矿业作为先行发展的产业。

矿业是矿业城市发展的起源。人类选择居住地，从经济学观点看，不是选择靠近市场交通要道，就是靠近资源，所谓“依山傍水”大体就是这个道理。城市化是经济发展的产物，建国以来矿业经济的快速发展带动了城市化的发展。许多过去贫困落后的地区，因为矿业开发才有了城市化发展的基础和条件。据有关统计，我国目前已经形成了390座矿业城镇，包括像大庆、东营、盘锦、大同、抚顺、鞍山、铜陵、攀枝花等重要工业基地都是因为开发石油、开发铁矿和开发煤炭，才兴建的城市。可以说没有矿业，就没有这些城市，至少这些城市可能不会建立在这些地区。

矿业是劳动人民施展才华的舞台。矿业是知识密集型的产业，也是劳动密集型的产业。自古以来，人类就是在认识、研究和利用矿产资源过程中推进了社会的进步。人类社会进步的历史，从某种意义上说就是矿产资源开发利用的历史。石器时代、青铜器时代、铁器时代以及所谓塑料时代、半导体时代等的时代划分标志，就证明了这一点。新中国成立后，广大知识分子为我国的地质和矿业事业发展，做出了前所未有的贡献。我们利用知识的力量，找到了大庆，综合利用了攀枝花的钒钛磁铁和包头的稀土等等。矿业在支撑国民经济发展，带动区域经济发展和推动城市发展的同时，对社会的另一个巨大贡献就是吸纳了大量的劳动力，为城乡劳动者提供了就业机会。由于其劳动密集型的特点，使得矿业比其他高新技术产业更能吸收普通劳动力，开发矿业同时具有很大的社会效益。

谈矿业不能不讲地质工作。我国地质勘探为我国经济建设做出了极其重大的贡献，找到大庆油田就是地质工作一大功劳。将来地质工作更重要，我国大陆和海域究竟还有多少资源？靠谁去发现？靠地质勘探。我

们要重视它,扶持它,让它发现更多、更大、更新的资源。

毫无疑问,矿业对我国国民经济发展做出了历史性的贡献。我国的工业化、城市化还有很长的道路要走,矿业仍然是我国工业化、现代化、城市化以及区域经济持续发展的重要基础。虽然说知识经济已经初现端倪,但经济发展对物质原材料的消耗仍然呈增长趋势,石油等重要能源和原材料仍然是驱动世界经济巨轮航行的有力因素。当前国际政治经济形势的发展演变也充分地说明了这一点。

二、正确认识当前中国社会经济中的“四矿”问题

中国矿业在过去50年中取得了巨大的成就,但也积累了不少矛盾和问题。这些矛盾和问题有些是历史形成的,有些是过去体制原因造成的,有些问题是改革调整中的阶段性矛盾,对这些问题必须实事求是地作客观分析,以寻求解决的对策。

首先,我同意把“四矿”问题与“三农”问题并列为当前影响国民经济发展重要基础战略问题的分析判断。我们为什么要突出地把“三农”问题,今天又把“四矿”问题提出来,作为战略问题来研究呢? 因为这些问题事关我国国民经济发展的基础。“三农”问题关系到农业能否持续稳定发展,关系到近13亿人口的生存基础,关系到社会稳定问题;“四矿”问题则直接关系到我国整个工业化、现代化的基础问题,关系到整个国民经济发展的物质基础,也关系到矿城3亿人的安居乐业和社会稳定问题。有一种观点认为:在国民经济中只有两个基础产业——农业和矿业。虽然这两个基础产业在发达国家国民生产总值中所占的比例并不高,但它是其他产业的基础,它的直接下游产业和相关产业占GDP的比重很大。据统计,我国每年能源消费的93%,工业原材料的80%以上来源于矿产资源。对于这些关系国计民生的基础产业,我们不能掉以轻心,否则必将影响到经济持续健康稳定发展,这方面过去是有过深刻教训的。尤其像我们这样的一个发展中的人口大国,确保农业、矿业的基础地位是一个重要的战略问题。

第二,“四矿”问题与“三农”问题又有一定的区别。“三农”问题的核心是农民增收问题,而“四矿”问题的根本点是产业定位和发展战略问题。基础产业的“位”定准了就会有一整套法规制度和政策体系,才会有正确的发展战略。矿业发展了,矿山企业搞好了,资源枯竭矿业城市的经济转型问题、矿业产业的结构调整问题以及解决由此引发的区域发展、城市发展问题,还有矿工生活保障和就业等社会问题,也就相应地解决了。从当前看,“四矿”问题较为集中地反映在矿城问题,更为突出地反映在资源枯竭矿城的经济转型上。这个问题国外也碰到了,但人家处理得较好,就是未雨绸缪,发展多元产业,这当然内在有个机制,政府用政策鼓励企业这么做。我们可以学习借鉴。“四矿”问题如果解决不好,势必引发一系列的社会经济问题,对经济发展和社会稳定不利。一定程度说,失去生产资料的矿工生活保障问题比农民更突出,农民还有土地,而矿工则没有。一些老矿山一旦闭坑,矿工如果得不到再就业,生活就非常困难。由于“四矿”问题引起的群访事件增多,有诱发社会不稳定因素的趋势,必须引起各级政府部门的高度重视。

第三,要认识到“四矿”问题是矿业特殊经济规律未能很好遵循的产物。如矿业城市的经济转型、矿业产业调整和矿山寿命期的问题等,实质上是矿业经济发展中的客观现象,有其自身的规律性。一些矿业大国在矿业经济发展过程中也都程度不同地遭遇到这些问题。客观认识矿业经济活动规律,有助于我们在矿业经济发展规划、决策中自觉考虑这些问题,事先作出安排。我们还可以借鉴先行工业化国家的经验,尽可能地在矿业经济发展过程中少走弯路,努力克服这些问题带来的负面影响。

第四,我国的“四矿”问题也与当前的体制转型有一定关系,是结构调整和改革发展过程中出现的阶段性问题。矿业、矿山、矿工、矿城的问题,从其形成过程来看,是在体制转换过程中矿业旧体制与当前的经济运行机制不相适应的表现。要解决这些问题,必须进一步深化体制改革,进行产业结构调整,使我国矿业与新体制接轨,与国际市场接轨,在改革发展中逐步解决这些矛盾和问题。当然,国家有必要针对矿业作为基础产业过去积累少、历史包袱重、开放程度低等特点,制定相应的鼓励政策和产业发展规划。

三、对下一步调查研究工作的几点建议

党中央和国务院十分关心矿业发展问题和矿工生活保障问题;高度重视“四矿”问题的解决。全国政协组织的“四矿”调研工作和本次研讨会将进一步推进这项工作,前一阶段的调研工作已经取得了一些初步成果,这次各位专家和各有关部门的同志谈的意见也都很好。经过讨论,形成了一些共性的认识,下一步就是要进一步深化研究,提出针对性措施建议供中央决策参考。在此,我补充几点意见。

一是调查研究“四矿”问题,要站在世纪的高度。我们刚刚进入21世纪,过去的100年,前50年除去少量的民族工业外,可以说我国基本没有形成工业体系;后50年虽然基本建成了工业体系,但总量现在看是非常小的。我们真正的大规模经济建设,是在党的十一届三中全会以后,也就是二十几年的时间。尽管改革开放以来,我国经济发展

很快,特别在当前美、日、欧经济发展普遍趋缓的情况下,我国还继续保持7%以上的增长速度,确实令人刮目相看,提高了国际地位,增强了国力,提高了人民生活水平。但我们千万不能忘了,我们的起点低,基数小,美国增长0.1个百分点,就是一个庞大的增长总量。我看报纸报道,说世界银行最新资料表明,2000年中国国内生产总值还仅是日本的23.1%,德国的57.8%,英国的76.4%,法国的84.0%,要与美国比我们就更低了,只是他的10.9%。很显然我们总量还不大,要是再加上近13亿人的因素,一平均我们就更小了。说这段话是什么意思呢?就是提醒大家,研究我国的“四矿”问题,要有历史的观点,还要有发展的观点,要着眼于我们国家和民族的长远发展大计。我们的经济还有很大的发展空间,我们还只是处于工业化的初、中期阶段,工业化也是一个要走很长时间的历程。因此,我们研究新世纪的矿业发展战略,要把它放到这样的高度,看中国没有矿业行不行,矿业搞不好行不行,我看不行!我国现在和今后相当长的时间里,都是处于大量消耗矿物原材料和能源支撑经济高速增长时期。矿业在我国不仅不是“夕阳产业”,而且是要加强的一个很重要的基础产业。

二是调查研究“四矿”问题,要有全球的视野。当今世界经济的特点是全球化,也有人说是区域化,我看不管是全球化还是区域化,都表明各国的经济发展都在努力寻求国际合作,都在努力开拓国外市场,努力利用国外资源。我国已于2001年底加入世贸组织,我们也积极参与区域性的经济合作。在这样的大背景下研究我国的“四矿”问题,就不能把眼界仅限于国内的视野,就不能只是就事论事地只研究一些表层的现象。要深入分析,提高标准,要按着适应入世后的要求,在经济全球化和区域化的背景下,思考、设计我国矿业的管理体制和矿业企业制度。我们要扩大对外开放,要实施“走出去”、“请进来”的战略;我们要利用别国资源,无非通过矿产品贸易方式,通过到境外投资勘查办矿山企业等方式。我看要多条腿走路,我国是一个矿产资源消费大国,单一的方式对我们未必有利。但完全依赖或者说战略性矿产品主要依赖国外资源,我们将付出巨大的代价:一是要投入我国更为紧缺的资本,二是会闲置国内的劳动力资源,更为主要的是可能会在政治上受制于人。另一方面无论是利用本国资源,还是利用别国资源,都是要通过矿业企业实现的。如果我们没有强大的国内矿产品生产能力作后盾,在国际贸易中经济上我们也要吃亏。同样,如果我们没有强大的矿业企业群体,我们就会在“走出去”和“请进来”的战略实施中,遇到困难。所以,研究“四矿”问题,要把矿业企业的制度创新作为重要的问题来研究。

三是调查研究“四矿”问题,要有实事求是的态度。从人类社会发展的历程看,我国当前和今后都离不开矿业,从世界经济发展的趋势看,我国当前和今后还需要一个较为强大的矿业。这就要求我们要以实事求是的态度,研究我国的矿产资源能否支撑一个强大的矿业。我了解到的情况是我国矿产资源总量还是比较丰富的,品种也齐全,但矿床规模大的很少,伴生矿多,很多矿产品位不高,采矿选矿也都有一定的难度。但即便如此,我们还是要以立足国内资源为主搞建设,完全依靠国外恐怕不行。因此,我们就是要深化矿业投资体制改革,多渠道吸收资金,加大地质勘查力度,增加投入探明资源。我们就是要大力推进包括地质和矿业领域的科技进步,提高资源的回收率和利用率。我们要两条腿走路,要在科学利用两种资源的战略中,寻找到对我国当前和长远发展最为有利的道路。还有就是我国矿业企业,事实上存在着国有大矿和乡镇小矿两种成分,研究“四矿”问题,不能不研究乡镇小矿问题,很多矿产品的产量乡镇小矿已经占到了1/3甚至1/2,不给予应有的重视不行。但是一定注意科学采矿,不能浪费资源,不能不注意安全,乱挖滥采不行。我国百万吨煤死亡人数超过4人,发达国家远远低于这个比例,甚至有的国家死亡人数为零。安全是第一大事,必须认真对待。还有一个更大的、需要我们实事求是加以认真考虑的问题,那就是我国的人口众多。我们考虑任何工作,研究任何经济问题,都不能忘了这一基本国情。我之所以在前面说矿业既是知识密集型,也是劳动密集型产业,就是想到了这一点。客观地说,在发达国家,一般不把矿业作为劳动密集型产业对待,他们更多的是把矿业作为资金密集型和知识密集型产业对待。我想这就是国情的不同了,我们人多,劳动力多,普通的劳动力占多数,矿业要为劳动力就业提供机会。因此研究“四矿”问题,考虑和设计我国矿业制度和发展模式时,要想到这一点。再有就是我国矿业企业,经营结构是单一的,我们只是矿产品的单一经营,市场需求和价格一有波动,直接影响企业经营状况,表现为企业抗风险能力较弱。我们要看到这一点,学习矿业经济比较发达国家的做法,努力促进产业多元化,提高企业抗风险能力。

四是调查研究“四矿”问题,要有各级领导的重视。我国矿业在近20年来,无论在改革还是发展上,都取得了巨大的成就,这是应该肯定的。但与其他行业相比较,还存在较大的差距。分析其原因,固然能找到很多,但我认为我国矿业存在地方利益和地方保护,是一个重要的原因。市场经济条件下,矿业行政管理还是需要集中统一的。但是这种集中统一的管理和计划经济时代不一样,主要是抓法律、法规和政策体系的建设,抓规划、抓宏观调控。因此,“四矿”问题研究,各部门、各级领导都要高度重视,建议把解决“四矿”问题,纳入到工作议程上来。

专 文

21 世纪中国矿业城市形势与发展战略思考

朱 训

（2001 年 10 月 12 日）

矿业城市是指因矿产资源开发而兴起或发展起来的城市。矿业城市是城市的重要组成部分，是诸多城市中与矿产资源开发关系密切的城市。其主要功能之一是通过矿业开发向国家提供矿产品和矿产加工制品。新中国建立 50 多年来，矿业城市为我国经济建设、社会发展和人民生活水平的提高作出了很大贡献，但在前进过程中也出现了一些问题和困难，面对新世纪新形势，中国矿业城市如何实现新的发展，本文拟就此说点看法和意见与大家讨论。

一、矿业城市的基本情况

据最近研究统计，目前我国有矿业城市（镇）426 座。矿业城市（镇）人口达 31084 万人。矿业城市数量较多的省（区）依次是：河北、河南、贵州、山西、新疆、陕西、四川、江西、广西、福建、湖南、湖北、山东和辽宁。

按矿业与城市形成先后次序划分，我国矿业城市有两种情况，一种情况是："因矿而生的城市"。新中国成立 50 多年来，由于一大批大型矿产地的发现与勘查开发的成功，在那些原本是穷乡僻壤和人烟稀少的地区，一大批新兴矿业城市拔地而起，如克拉玛依、大庆、白银、攀枝花、平顶山等。另一种情况是："依矿而兴的城市"，即城市或城市雏形已经存在，由于矿业开发而获得新生与发展的城市，如山西大同、新疆库尔勒、江西德兴、安徽淮南和铜陵等。

矿业城市按形成时代划分，可分为古代型、近代型和现代型三种。我国矿业城市历史久远，一些矿业名城如邯郸、自贡、景德镇等属古代型矿业城市，早已享誉中外。淮南采煤的历史也很悠久，早在 17 世纪即已开始。近代型矿业城市有大冶、萍乡、唐山等，这些城市的兴起与 19 世纪 80 年代前后的洋务运动有关。矿业城市大规模蓬勃兴起，是在新中国建立之后，同社会主义建设高潮的兴起相伴相随，特别是改革开放以来，随着我国矿业获得全面和高速的发展，兴起或发展了像大庆、东营、盘锦、乌海、白云鄂博、金昌等一大批现代型矿业城市。

矿业城市按行政建制划分，可分为地、县、镇三级。在全国现有的 426 座矿业城市（镇）中，地级市（区、盟）有 86 座，占 20.2%；县级市（区）有 124 座，占 29.1%；县城 180 座及建制镇 36 座，共 216 座，占 50.7%。

矿业城市按其矿业开发程度和发展阶段划分，可分为成长期、鼎盛期、衰退期三种类型。也可称青年期、壮年期、暮年期。在全国现有的 426 座矿业城镇中，处在青年期的有 82 个，占 19.2%；处在壮年期的有 290 个，占 68.1%；处在暮年期的有 54 个，占 12.7%。

按矿产类型划分，矿业城市可分为以一种矿为主和多种矿并重两种类型。我国矿业城市多为单一工业类型，但是也有一部分矿业城市是由多种矿产类型组成。具体情况是煤炭 149 座、有色金属 81 座、建材及非金属 54 座、黑色金属 38 座、黄金 37 座、化工 28 座、油气 25 座、综合型（2 种矿产以上）城市 14 座等八种类型。

二、矿业城市的历史功勋

（一）矿业城市为国家建设提供了大量矿物能源和原材料

半个世纪以来，我国相继建立了克拉玛依、大庆、东营、盘锦、库尔勒等大型石油基地；大同、平顶山、阳泉、兖州、淮南等大型煤炭基地；鞍山、攀枝花等大型钢铁基地；白银、金川、铜陵、德兴、大厂等大型有色金属基地；昆阳、荆襄、云浮等大型化工基地，形成了我国能源与原材料的强大供应系统。目前我国已成为体系完整、矿种齐全、矿产资源量和矿产品产量均居世界第三位的矿业大国；我国煤炭、钢铁、水泥产量居世界第一位。10种有色金属、石油、化工矿产品的产量居世界前列。矿产资源的开发利用为我国提供了95%的一次能源、80%的工业原材料、75%以上的农业生产资料、30%以上的农田灌溉用水和1/3人口的饮用水。其中，矿业城市为国家提供了93.6%的煤炭、90%以上的石油、80%以上的铁矿石、70%以上的天然气。大庆原油产量占全国的44.5%，鞍山钢产量占全国1/7，金川提供了绝大部分镍和铂，攀枝花钒钛产品分别占全国的78%和60%。矿业城市已成为提供矿物能源与原材料的主体。

（二）矿业城市为增强国家经济实力作出了重要贡献

矿业城市的兴起已成为我国现代工业体系和城市群体中的重要部分，构成一个新经济增长极，不仅制约着矿业的兴衰，而且在全国城市经济中占有较大的比重，对我国经济社会稳定和发展，对增强国家经济实力都具有举足轻重的作用。1999年，全国矿业城市（镇）国内生产总值达30417亿元，占全国GDP 81910.9亿元的37.3%。人均GDP为9817元，相当于全国人均GDP 6534元的1.5倍。矿业城市以占全国24.7%的人口提供37.7%的国内生产总值，这是一个很大的贡献。矿业总产值2895亿元，占全国当年矿业总产值3573亿元的81%，占当年全国GDP的3.5%，由于矿业的巨大后续效应，矿业产值及矿产品加工工业产值则约占全国GDP的30%；矿产品及相关能源、原材料产品进出口总额约占全国进口总额的15%。矿业城市向国家缴纳了大量利税，为增强国家财力作出了重要贡献。如大庆累计上缴利税3103亿元，是国家同期投资总额的46倍。

（三）矿业城市促进了区域经济发展

矿业城市的兴起与发展，在很大程度上改善了区域经济格局，在促进区域经济协调发展方面发挥了重要作用。由于矿业城市多是在荒无人烟或人烟稀少的穷乡僻壤，如河南省的平顶山，黑龙江省的大庆，新疆维吾尔自治区的克拉玛依，内蒙古的白云鄂博，四川省的攀枝花和甘肃省的金昌市等等都是在偏僻落后地区兴起的，其中很多又是老、少、边、穷地区。由于矿业城市的发展和区域辐射带动作用，对于脱贫致富、促进区域经济发展起到了重要的促进作用。矿业城市不只是众多的人与资源在地域空间上的简单叠加，而是以人为主体、以自然资源为依托、以经济活动为基础、以社会发展为纽带，相互联系极为紧密的有机整体。同时，矿业城市也是一个区域物质财富、精神财富高度聚集的场所，是一个区域人财物的聚集中心和中心市场。它所固有的辐射力、吸引力和综合服务能力，对区域经济社会发展发挥着巨大的带动作用。如攀枝花，从1965年开始，经过35年的建设，已发展成为我国重要的钢铁基地、最大的钒钛生产基地，周围辐射20万km^2、2000万人口，成为川滇交界地区经济科技、社会文化的中心。矿业的发展对于西部地区经济发展的促进作用更为明显。西部地区处在工业化初级阶段，矿产资源开发有力地支撑了区域经济的发展。西部地区目前矿业产值占其工业总产值的18.47%，青海、新疆两省（区）矿业产值占其工业总产值的55%以上。

（四）矿业城市提供了大量就业机会

矿业城市的兴起，为广大人民群众提供了广泛的就业机会，仅矿业城市中的矿业职工就约827万。矿业人口占地区人口的比重最高的地市级城市为甘肃省嘉峪关市，约占70%，最高的县级区为河南上天梯区约占66%，最高的县级市山西省义马市约占54%，最高的镇是青海的芒崖镇约占52%。由此可见，矿业城市为社会提供了大量的就业机会。由于矿业的发展，带动与促进了矿产品加工业和服务业的发展，为扩大整个社会就业作出了重要贡献。全国矿业城市管辖人口达3.1亿人。这对于改善人民群众的物质文化生活、促进社会稳定发挥了重要作用。

（五）矿业城市加速了城市化进程

国家城市化水平的高低是国家工业化和现代化程度高低的重要标志之一。我国是一个城市化水平不高的国家，1949年城市化率仅有10.6%。由于一大批大型矿产地的发现和勘查开发的成功，在原本是人烟稀少荒凉偏僻的地区建起了大庆、包头、金川、嘉峪关、克拉玛依、大同、淮南、淮北、阳泉、乌海、鞍山、本溪、盘锦、松源、七台河、鸡西、铜陵、马鞍山、新余、德兴、三门峡、黄石、郴州、云浮、铜川、白银、石嘴山、东营等400多座矿业城镇，大大加快了我国城市化的进程，1999年的城市化率已达31%，县以上矿业城市在全国城市中的比例也由1980年的9.8%上升至目前的33%左右。矿业城市为加速城市化进程作出了重要贡献，而且随着西部大开发战略的实施，西部地区还会有一批矿业城市兴起。因为，西部地区矿产勘查开发程度低，矿产资源还有较大的潜力，随着地质勘查工作进一步开展，还会促进一批新的矿业城镇的诞生与发展。如陕西的大柳塔因神府—东胜煤田的开发将形成一座新兴的矿业城市。总之，矿业城市无论过去、现在和将来，在加速我国城市化进程中，都将起到积极的促进作用。

三、矿业城市面临的主要问题

回顾新中国成立50多年来我国矿业城市的发展

历程,400多座矿业城镇在为我国社会主义现代化建设作出巨大贡献的同时,在发展过程中也出现了不少困难和问题。特别是面对新世纪和入世后的新形势,面对实现第三步战略目标对矿业城市提出的更高要求,还有很多不适应的地方。目前矿业城市面临的主要问题概括起来有以下几个方面。

(一)支柱产业单一

矿业城市是因矿业开发而兴建或发展起来的城市,矿业在城市产业结构中占据主导或支柱产业的地位。有的矿业城市发展了矿业的延伸产业,即矿产品加工产业,形成了一条以采矿为主导、关联度高的产业链。但这些加工产业对资源的依赖程度也很高。由于矿业开发的对象是不可再生的矿产资源,每个具体矿山总有一天因资源采尽而关闭。而城市的前途就有两种可能,一是只搞矿业不搞其他,那么,在矿产资源枯竭之后就不可避免地出现"矿竭城衰"局面。另一种可能就是在依托矿业而兴起的矿城发展初期,及早地注意选择、培育与发展替代产业,实行"矿业与非矿产业并举"的多元发展战略,在矿产资源枯竭之前就已形成非矿的主导产业,把矿业城市转变成其他类型的城市,实现矿业城市的"再城市化"。美国的休斯敦就是在开发石油的同时,大力发展高新技术,使城市呈现出欣欣向荣的景象。改革开放以来,非矿产业在矿业城市中有不同程度的发展,但大多数矿业城市产业结构仍比较单一,20世纪五六十年代建设的老工业基地表现尤为突出。大重工业,小轻工业;大国有企业,小民营企业;大工业,小农业;产业结构重型化,现代化程度较低。矿业是支撑地区经济发展的主导力量,财政收入的主要来源。矿业人口所占比例很大。如阜新市煤炭工业税收占地方财政收入的1/3以上,矿区人口占全市人口的59.7%。由于矿业如同农业一样,属于第一产业,产业序次低,经济效益也差。不但在传统的"产品高价、原料低价、资源无价"的价格扭曲关系下,矿业城市在低价输出矿产资源原料的同时,又从外部高价输入材料设备和轻工产品,承受双重利益损失。就是在市场经济体制下,采掘业的效益也无法和加工业相比。由于矿业城市过分依赖采矿业,递进速度慢,一般矿业城市经济稳定性差,一旦资源枯竭就对城市发展产生严重的不良影响。

(二)后备资源不足

矿业城市存在和发展依托于赋存的矿产资源,矿业城市能否持续发展的根本问题之一是矿城所拥有的矿产资源总量。而矿产资源是不可再生的耗竭性资源,采一点就少一点。矿山企业随着矿产资源开发进程,由兴起、到鼎盛、再到衰落是客观规律。产业结构单一的矿业城市对矿业依赖性太强,也必然受到矿业的牵制,与矿山兴衰与共,这也是一般规律。而我国有一些矿业城市,在这个规律演化过程中,又遇到开采成本逐年增加和体制转变因素的叠加,犹如雪上加霜。但是能从根本上对矿业城市产生重大影响的制约性因素,还是矿产资源供应能力。目前,约有12%左右的矿业城市所拥有可供开发的后备矿产资源已经不多,或者很快就要开发完了。由于后备资源不足,这些城市将面临矿竭城衰的威胁。目前有440多座矿山即将闭坑或面临闭坑的威胁,将直接影响到300多万矿工和上千万职工家属的工作和生活。有的地方还一度影响了社会稳定。即使资源潜力较大、矿业开发处于成长期或鼎盛期的矿业城市,资源情况也并非都已查明,需要加强勘查增加资源储备。因为已查明资源总有一天会因开发而逐渐枯竭。所以后备资源问题对于矿业城市的前途至关重要。

(三)企业负担过重

矿城中的矿山企业多为国有企业,或者说国有企业是矿城企业中的主体。由于种种原因,矿山企业税赋、债务、社会负担过重。近两年来实行债转股之后,企业减轻了不少负担,但在税制改革之后,矿山企业的税费负担大大增加了,尤以铁矿山最为突出。矿城的社会负担来自矿业企业的社会负担和非矿企业的社会负担,由于矿业是矿城的支柱产业,矿业人口占较大比重,有的占30%,有的占50%以上。所以,矿山企业的社会负担成为矿城的主要社会负担。过去由于历史和客观环境的原因,可供开发的矿产地往往位于远离城镇的偏僻地区,所以在兴建矿山之时,同时也办起来一个小社会。从幼儿园到中学以至大学,从医院到火葬场,从商店到公安警察机构等一系列社会服务性机构,大大加重了矿山企业的负担。这种负担往往占矿山企业总支出的15%~20%,甚至更多。除此之外,城市基础设施和社会事业的欠账太多,难以补还,社会保险投入甚微,社会保障体系建立滞后,矿业城市中企业单位下岗分流再就业问题也是沉重的负担。对社会稳定也有一定影响。国家虽然采取一些解决措施,但问题仍很突出。

(四)环境压力很大

当今时代,环境问题和人口、资源问题已成为经济社会能否持续发展的三大问题。生态建设与环境保护问题也是所有城市面临的共同问题。但是矿业城市面临的环境保护方面的压力远比其他城市要大。矿城的环境问题,一是生态建设,二是防治污染。从污染来说,除居民生活污染外,工业生产特别是矿业生产所造成的污染最为突出。矿产资源开发利用过程引起了一系列环境问题。而矿业的发展就不可避免地要占用一些土地和破坏一些土地,矿业生产过程中所产生的废石、废水、废气必然会对土壤、空气和水体造成一定程度的污染，会给生态环境造成不良的影响。采矿需占用大量土地，全国因采矿损毁土地累计达 400 万 ha。因采空或超采地下水引起地面沉降、塌陷、滑坡、地裂缝及泥石流等地质灾害达千余处。全国每年工业固体废弃物排放量中 85%以上来自矿山开采，现有固体废矿渣积存高达 60 亿～70 亿 t，其中仅煤矸石就有 34 多亿 t，形成煤矸石山 1500 余座，占地 5000ha。矿山生产过程中排放大量废水和废气，仅煤矿排放的废水每年就达 26 亿 t，废气达 1700 亿 m^3，对土地、水体和大气都造成污染。矿产资源开发利用过程中对生态环境产生的危害，已成为许多矿业城市可持续发展的严重障碍，成为政府亟待破解的一道难题。尽管从 1988 年以来我国开始重视矿山地质环境的整治、矿区土地复垦和生态重建，如唐山、淮北、邹城、平朔等地创建了若干示范区，但全国的矿山土地复垦率仅为 12%，远低于一般发达国家 50%以上的水平。矿山环境整治已经成为困扰矿业城市的一个十分突出的问题。近几年来，由于全球环保呼声日益增强，而治理环境和进行生态建设又缺乏足够的资金，这又加大了矿业城市的压力。

（五）城矿关系不顺

由于历史和体制方面的原因，城市政府和城中矿业企业之间的关系没有完全理顺。矿业城市既是城市、又是矿业工业基地，既承担一般城市经济社会的综合服务功能，又承担发展工业的产业支柱功能。就矿山企业来说，既要生产经营，又要办社会，履行生产和社会服务的双重职能。从而派生出两个履行城市功能的主体。市政重复建设，效益低下，运行不畅，对城市和企业发展都带来不良影响。大企业小市政，政企不分，既加重了企业负担，又分散了企业抓生产的精力。与此同时，由于“职能错位”，再加上条块分割的管理体制，矿业企业又有中央、省属和地方之分，由于不同利益机制的影响，使城市服务功能畸形化，政府很难发挥城市的带动与辐射功能，不利于矿城政府进行宏观调控，市场不能正确地配置资源，产业和技术不能有效互补，大企业对地方经济的带动力发挥得不充分。由于政府的财政收入主要来源于矿山企业，到矿山开采后期，矛盾更加尖锐，财政收入锐减，经济大幅度下滑。地方财政力量薄弱，市政建设欠账过多，城市功能发育不全，对矿业城市发展造成了不利的影响。

（六）竞争能力不强

矿业城市由于欠缺区位优势，支柱产业结构单一，加上矿业本身条件所限，在国内外市场竞争中处于不利地位，特别是我国加入 WTO 后我们要遵守 WTO 规则，要开放市场，我们的矿业城市也随之要逐步融入全球经济一体化进程之中。经济全球化也带动了世界矿业的发展和矿业全球化。发达国家一大批从事矿产勘查开发的跨国大公司通过兼并改组和改造，大大提高了竞争力，并空前活跃起来，除加强国家自身的矿业活动外，还纷纷到发展中国家勘查开发矿产资源，从而增加了国际矿产品市场的供应，同时也加剧了矿业公司在国际市场的竞争。这种情况就使中国矿业在国际市场竞争中面临严峻的挑战。由于中国矿业自身的诸多问题与困难，以及我国资源结构、质量方面的弱点，矿产品缺乏竞争力，这都给矿业城市带来不良影响。

四、矿业城市新世纪的任务与发展战略选择

21 世纪已经到来，中国矿业城市在新的世纪里面临着四大任务：第一，为实现“十五”计划和实现第三步战略目标提供资源保障，要求矿城提供更多的矿物能源和原材料。第二，实施可持续发展战略，防治污染、生态建设和保护资源又给矿城提出更高的要求。第三，入世后给矿城既带来了新的发展机遇，又带来严峻的挑战。矿业城市如何在入世后的激烈竞争中立于不败之地，实现新的发展需要做出极大的努力。第四，克服自身困难，调整产业结构，提高城市科技含量和市民素质，建设现代文明城市。

尽管矿业城市面临的任务十分艰巨，存在很多困难和问题，但矿城的发展前景仍是光明的。这是因为，我们国家为实现第三步战略目标需要更多的矿物能源和原材料。如果到 2010 年在国内生产总值中矿产采选业产值仍要占 5%左右（近 10 多年平均），则届时矿产采选业产值要达到 1 万亿元左右，约为现在的 3 倍。据有关专家预测，到 2020 年需煤 26 亿 t，石油 3.26 亿 t，钢材 2.16 亿 t，有色金属 600 万 t（这些数字不一定准确）。此外，通过科技创新也可大量节省能源消耗和矿石消耗，但以目前人均消耗能源标准煤推算，到 2050 年 16 亿人口也需要消耗 18.6 亿 t 标准煤，相当于现在的 134%。实际上随着社会现代化水平的提高，人均消耗的矿产资源也在增长，这个数量是远远不够的。如 1978 年我国人均消耗能源为 593kg 标准煤，而 1998 年达 1164kg 标准煤，为 1978 年的 1.93 倍。又如美国在建国初期的 1776 年，人均消耗矿石量为 500kg，而 1998 年上升到 20t，为 1776 年的 40 倍。由此可见，实现第三步战略目标，需要矿业有一个新的发展。而矿业城市是矿业开发的主体，是提供矿物原料的主要基地，矿业城市中除少数后备资源不多的城市外，88%的矿业城市还处于青壮年期，矿业开发还大有可为。即使那些面临资源枯竭的城市，如能按照中央关于以调整结构为主线的方针，抓住机遇，加快产业结构调整，加速培养与发展新的支柱产业，也一定能够实现新的发展。

在新世纪新形势下，矿业城市为完成自己的历史

使命，并实现自身新的发展，我们必须加强对矿业城市发展规律的研究，寻求应对战略，以谋求矿城实现自身新的发展。矿业城市与其他城市的共性是城市，个性是矿业。因此，既要遵循城市发展规律，又要遵循矿业发展规律。据目前我们已有的认识，初步综合起来有：资源耗竭规律；矿山效益递减规律；环境问题递增规律；矿城后期转型规律等。在研究矿城发展规律时，还要有与时俱进的眼光，关注外部环境的变化，尤其是加入WTO后。矿业城市为完成肩负的新世纪艰巨而又光荣的任务，建议选择采取以下发展战略。

（一）多元发展战略

矿业城市实行多元发展战略，矿业与非矿业并举，第一，要加强地质勘查工作，增加资源储备，促进矿业这一支柱产业的持续发展。尽管在整个城市发展的历史长河中，可以把矿业城市看作是一个发展阶段，但必须认识到这个阶段是十分珍贵的。凭借国家的矿产资源和投资，高速度地奠定城市发展的基础和实现初期资本积累，并不是所有城市都有这个幸运。我国88%的矿业城市资源潜力还比较大，即使是处于暮年期的矿业城市也可能有两种情况，一是资源真的快枯竭了，另一种是由于地质勘查工作做得不够，而未能将资源情况全面查清。所以，在实施多元发展战略过程中首先要支持与促进矿业的发展，任何一座矿业城市都应重视加强地质勘查工作，挖掘资源潜力，从而延长矿山服务年限，促进矿城持续发展。大庆当初在提交地质报告时，探明储量为25亿t左右，但由于加强地质工作，又新发现了近30亿t储量，从而保证了稳产高产原油5000多万t达25年以上。第二，实行多元发展战略，延长矿产品深加工链，最大限度地提高资源的附加价值是一个重要的发展方向。如油城可以大力发展石油化工及石化产品深加工业；煤城可以实行以煤发电，以电炼铝、煤电铝一条龙等；非金属矿矿产品深加工也可使产品大幅度增值，许多煤城油城都已经这样做了。淮南市在注意发展煤炭采选业和非金属矿矿产品深加工同时，还利用当地煤炭资源来发展电力工业和化学工业。2000年煤炭产量达2135万t，比1978年增长了2.2倍；发电1583亿kW·h，为1978年的4倍。2000年煤炭采选业、电力工业和化学工业产值在淮南市工业总产值中分别达38.3%、32.1%和7.8%。其他如高新技术、医药、食品、纺织工业等也有一定发展。最近他们还在积极开发八公山旅游资源，发展旅游事业，培育新的经济增长点，这也是一种很好的思路。第三，鼓励其他非矿产业的发展，特别是鼓励第三产业的发展，以培育新的经济增长点。各个矿业城市要考虑自身特点，从各自的实际出发，扬长避短，寻求新的经济增长点，发展其他新的支柱产业。这一方面很多城市都已积累了不少好的经验。当然有些矿山矿产资源已近枯竭，就要利用国家调整产业结构的有利时机，及时地进行关闭。美国丹佛州和澳大利亚墨尔本在附近金矿开完之后现已变为一个旅游城市。实行多元发展还有另外一层含义，就是根据中央调整所有制结构的方针，大力发展非国有企业，在中西部地区一些矿业城市尤其要注意发展民营企业，这对于发展矿业替代产业，促进城市持续发展具有重要意义。近10年来淮南市这方面发生了很大的变化，以2000年与1978年相比，国有经济比例已由79.2%下降到26.9%；集体经济由20.7%下降为6.7%；其他经济成分由0.2%上升到66.7%。

（二）适度开发战略

矿业在不同的矿业城市所占的地位和所起的作用不尽相同，但作为矿城中的主导产业或支柱产业之一这一点则是相同的。所以，所有矿业城市都要注意妥善处理矿业开发强度与矿业经济规模效益两者之间的关系。要发挥矿业生产的规模效益，但规模效益并不等于强化开采，而应根据矿山拥有的可采资源量把年度开采量定在一个适当的限度上，进行适度开发，以尽量延长矿业服务年限，以便为矿业城市和矿山企业发展替代产业、实行产业转换与城市转型赢得时间。所以要这样做是因为矿山企业与其他工业企业不同，其他工业企业只要有市场，有原料，就可以尽可能扩大生产规模，以取得最大的经济效益。

矿业企业的生产对象是不可再生的矿产资源，采出一点就少一点，如果资源丰富，开采条件又好，年产量定得太低，经济效益不好，对矿山企业和城市都不利；如果资源有限而年度产量定得太高，就会影响矿山寿命，或造成生产大起大落，这对矿山和城市也都不利。所以就需要在矿山规模效益与企业持续发展之间寻求一个平衡点，进行适度开发，以保持一定时期内矿山生产相对稳定。大庆所以能稳产5000万t原油已达25年以上，就是因为把握好了年度开发量这个度。克拉玛依油田一方面注意坚持不懈地加强地质勘探工作，使地质储量不断地有所增长，另一方面在年产量方面也不追求高指标，2000年产量已达900多万t，保持每年均有一定增长，使油田和油城的形势均保持一个上升的势头。有的处于暮年期的矿城如抚顺等也提出“限产保城”的方针，这是完全必要的。

（三）集约经营战略

中国矿业的一个显著特征是矿山企业过小过多。加拿大是个矿业大国，它的矿山企业只有200多家，我们国家有15万多个。不少矿城都有几百个矿山。造成这种情况，一方面与我国小矿多、大矿少的资源特点有关，另一方面与集约化经营程度有关。小而多，造成矿政管理难，资源浪费大，经济效益低。为了充分利用零星分散的资源和大矿区外的一些小矿山办些小矿也是可以的,但是现在很多地方是大矿小开,或在大矿中开办若干个小矿,开采方式也很粗放,采收率很低,安全生产设施也很不完善,这对人身安全和资源保护都是很不利的。这个问题必须引起地方政府的高度重视。

为了合理开发与保持有限的矿产资源,为了适应加入WTO后国际竞争更加激烈的新形势,需要通过改革、改组和改造,组建一批具有国际竞争力的大矿业集团来参与国际竞争,分享全球资源成果。如淮南市可以组建煤电集团,铜川市可以组建煤电铝集团。

矿城政府从政策上鼓励集约化经营开发,下决心关闭那些浪费资源、破坏环境和安全生产无保障的小矿,这是矿业城市能否长治久安的关键所在。对于那些依法办矿的小矿,也要组织起来实行科学开采、集约化经营,并搞好安全生产。这一方面湖北陈贵镇、山东济宁市已创造了很好的经验,可供各矿业城市学习借鉴。

(四)绿色矿城战略

绿色矿城战略的主要任务是科学规划城市建设,力求布局合理,整齐美观;及时治理三废,保护土地、大气和水体;加强生态建设,搞好园林绿化;加强清洁卫生等市政管理。实施绿色矿城战略,既需要城市政府负责,又需要矿山企业出力,因为矿业开发对城市环境带来较大的负面影响。人类要生存,社会要发展,既需要矿产资源,又需要优良环境。这样就产生了矿业开发与环境保护之间的矛盾。为了解决这个矛盾,有些国家和地区如日本、台湾等就采用关闭矿山到国外、境外去获取所需的资源。美国政府在环境保护组织的压力下,为了保护环境,也在限制石油和某些矿产品的开采。而中国则不一样,我们需要的资源量大,国际矿产品市场不可能满足我们的全部需要,我们也不可能用那么多的外汇去购买全部所需的矿产资源。何况我国还有相当的资源潜力。此外,从国家经济安全考虑,在世界风云突变的时候,完全依赖国外资源对我们也是很不利的。这就是说我们不能走停止采矿来保护环境之路,而应实行矿业开发与环境保护并重的方针,在保护中开发,在开发中保护。

保护生态环境,加快矿山生态恢复与治理是“十五”计划任务之一。对于矿业城市来说,是以人为本、代表人民利益的具体体现,是实现矿城可持续发展的必由之路,也是提高城市品位、美化城市形象的重要举措。为了实施绿色城市战略,从城市政府来说就应作好城市环境保护的总体规划,在市政建设、环境卫生和城市绿化三方面进行部署。运用经济的、法律的、行政的多种手段,制定切实有效的保护措施,实行谁治理、谁受益,谁污染、谁治理的政策,对于已经破坏了的土地和生态环境,在争取国家给予支持的同时,要采取多渠道筹集资金建立环保基金来进行土地复垦,搞好城市园林绿化,大力发展洁净煤等洁净能源技术,减少对城市的污染,对垃圾等固体废弃物、汽车尾气等废气和生产生活废水进行及时有效地处理,创造一个整齐、清洁、优美的城市环境。对于矿山企业来说,把矿山建设成花园式矿山,实现环境保护与资源开发的双赢目标。这一方面很多矿山和矿城都取得了很好的经验。一是在矿山建设过程中尽量少占土地,淮北市新集煤矿在设计规划扩大建设矿区时,尽量少占土地,生产规模扩大了近年3倍,而占用土地仍保持了原有水平。二是对破坏了的土地及时进行复垦,利用塌陷地进行水产养殖,马鞍山南山矿山公司自觉的十一届三中全会以来,实践着“占一片荒山,还一片林海;建一片住宅,成一处花园”的发展战略,矿区土地复垦率达67.38%,尾矿综合利用率达80%,形成年创经济效益400余万元的新的经济增长点,已被国家确定为矿区生态环境恢复示范单位。淮北市在治理采矿塌陷区方面也做出了显著成绩。已治理塌陷区5413ha治理率达40.6%,其中复垦土地达3500ha,开挖精养鱼塘513ha,建设用地733ha。形成固定资产原值2.1亿元,产值4.36亿元,既安置就业2.8万人,丰富农民的菜篮子,又美化了环境。三是对废石加工利用变废为宝,或对煤矸石等废矿渣、尾矿库进行处理后种树种草加以绿化,四是通过科技创新,提高采、选、冶水平,对废弃物进行处理后再排放,既减少废弃物,又减少对环境的污染。胶东三山岛金矿通过对含氰污水治理与零排放,进行尾矿资源化利用以及生态建设,使其变成“花园式”矿山。

(五)科教兴城战略

实施科教兴城战略,大力发展教育与推进科技创新对于矿业城市未来的发展,把矿城建设成为高科技现代化的城市具有极大的推动作用。矿城政府和矿山企业都要以科技进步和改革开放为动力,采取有效措施,培养与聚集高素质的科技人才、管理人才和经营人才,努力提高矿业城市的科技含量;要进一步解放思想,转变观念,用科学思想和新的观念来武装广大干部群众,使人们的思想观念能够适应加入WTO后的更为开放的新形势。加入WTO之后,我们的市场将更加开放,强调公平竞争,除了运用关税手段之外,不能再依靠谁来保护。所以,要进一步增强市场意识、开放意识和竞争意识,努力提高竞争能力和竞争水平。

矿业城市要通过科技创新提高劳动生产率、资源利用率,减少资源浪费,要提高矿产品深加工的科技含量,增加单位矿产加工的附加值。要运用先进科技进一步提高整个矿业城市的信息化和现代化水平。以推动矿城中产业结构的调整和优化,从而促进各类产业和整个矿业城市的发展。这不仅对于保护环境非常重要,而且对于矿城自身可持续发展也具有长远意义。大庆等油田通过科技创新,运用二次采油技术和三次采油技术,大大提高了生产水平和资源采收率。兖州煤矿运用综采放顶煤新技术大大提高了劳动生产率、资源利用率和经济效益。

为了提高城市科技水平,既要加强自主研发与自主创新,又要扩大开放,吸收发达国家的新技术、新设备、新工艺,改变矿业开发中传统的粗放经营方式。大庆通过二次创业,迈向高科技现代化城市,市委市政府以提高全民素质作为科技兴市的切入点,实施"三五"战略,下大力气搞好科技人才、企业经营者、劳动者和后备军五支队伍的建设,提高市民科技文化、民主法制、思想道德、市场、身体心理等五方面素质,解决好教育和培训、自我学习和提高、人才引进、人才使用、人才合理流动五个关键问题,就是一个很好的例子。

(六)筑巢引凤战略

努力改善投资环境,扩大开放,筑巢引凤,对于矿业城市的进一步发展具有重要意义。为了扩大开放,吸引外部人才、技术和资金进入矿业城市,需要在硬环境建设和软环境建设两个方面作出努力。"环境就是生产力"。好的环境能促使城市升值,增强吸引人才、技术和资金能力。反之,就难以吸引人才、技术和资金。在环境建设方面,国家在实施"十五"计划和西部大开发过程中,投入大量资金以加强能源、交通、通讯建设和生态环境建设。许多矿业城市自己也在作出很大努力来改善交通、通讯和生活居住条件。所有这些硬环境的建设对于引进人才、技术都是非常重要的,因为没有好的环境,没有好的巢,凤凰不会飞来。为了筑一个能够引来凤凰的巢,矿业城市在城市建设方面要作好总体规划,合理布局,要充分运用已有条件把城市主体发展与周围小城镇建设结合起来,发展小城镇不仅有利于剩余农业劳动力的转移,提高农民生活水平,带动农业发展,而且有利于矿业开发活动和为矿山企业提供更便捷的服务,有利于改善工农关系,促进社会稳定。山东省东营市是我国第二大油田胜利油田所在地,该市通过油田开发和城市建设,在昔日的盐碱荒滩上逐步建设起一座拥有"大空间、大绿化、大水面"和"浓荫遮碧水,绿树抱白楼"、"油田加绿洲"的环境优美的现代化城市。要能够引来凤凰并留住凤凰,除了有一个好的硬环境之外,建设好的软环境也非常重要,没有好的软环境,凤凰飞来了也留不住。软环境的好坏对于提高城市的竞争力具有同等重要意义。

中央近一个时期宣布和实施一系列重大决策,中国将为外资进入西部大开绿灯,5年后外资银行将和中资银行实行同等国民待遇,全国人大和国务院有关部委对《中外合资企业法》等一系列重要法律法规进行了适应新形势的修改,国土资源部等部委对合作开发矿业也作出了新的更为开放的规定。国家已经并正在为改善全国的软环境建设采取了一系列措施。作为矿业城市,也应在地方政策法规方面,办事效率方面,服务态度方面,遵守信用与履行承诺方面,地方干群的支持配合等方面进一步加以改善,营造一个能够吸引国内外人才和资金的良好环境。只有这样,才能争取外界更多的帮助与支持,如果软环境搞不好,损坏某一个外资企业的利益后就好比用枪将栖息在树上的10只鸟中的1只鸟打伤后,另外9只鸟也就被吓飞了的道理一样。不少地方在这方面都有深刻的教训。

(七)城矿互利战略

矿城因矿业开发而兴起或得到新生。在矿业城市形成之后,矿城通过政府功能的发挥,为矿山企业的生产经营与发展又在多方面提供了有效的服务,并起着极为重要的促进作用。城市与矿业之间存在着极为密切的相互依存、相互促进的关系。但是不少矿业城市在条块分割体制的格局中,工业和农业并存,两者相互隔离;城市经济和农村经济双轨运行,缺少配合;国家大企业和地方小企业生产力相差悬殊,两者互相封闭,形成了明显的二元结构。其实无论企业和地方分属于哪一条哪一块,都是区域经济棋盘上相互依存的有机整体中的一部分。地方经济不发达,企业也不会有一个好的环境;企业不发展,地方经济也没有活力。此外,在这些城市中的大中型矿山企业,一般都居于重要地位,甚至居主导地位;由于在管理体制上这些企业往往有中央企业和地方企业之分,所以企业与政府之间、中央企业与地方企业之间、企业与地方之间就有着不同的利益关系。这些利益关系的复杂性,往往不利于城市和矿业的发展。由于历史的和体制的种种原因,矿山企业在发展过程中积累了诸如税赋重、社会负担重、离退休人员多等一系列困难和问题,再加上近几年在深化国企改革过程中实施企业改制,减员增效,下岗分流,又加重了企业的负担和困难。为了实行政企职能分开和减轻企业负担,国家决定通过改革把应由政府办的事交给政府去办,许多地方也开始这样做了,将企业所办的学校、医院、托儿所等交给政府,并在过渡期间继续给予一定补贴。但是由于不少矿城政府本身财力也很有限,完全将矿山企业所负担的社会职能接收过来力不从心。所以建议国家要研究矿业城市发展战略规划,理顺地方政府和企业之间的关系,统筹考虑矿业城市和矿山企业的共同发展问题,把产业发展政策与城市发展政策有机地结合起来,制定有利于城矿双方共同发展的政策,既解脱矿山企业办社会的沉重负担,又能促进企业与城市各方面协调、持续发展。

不少矿业城市在发展过程中制定与形成了一些有利于城矿共同发展的政策和做法。如白银市的“三不三互”原则，即地企之间“不比大小，相互尊重；不搞分割，互相协作；不分彼此，互相支持”。形成了以工业为主导，以农业为辅助；城乡一体，工农并兴；以工带农，工农互补；以城带乡，整体推动区域经济发展的良好局面。

（八）矿城扶持战略

矿业城市在我国城市总量中占有较大比例，矿城人口和矿城国内生产总值在全国人口和GDP中又占有较大份额，矿业城市还是向国家提供矿物能源和原材料的主体。由此可见，矿城的地位非常重要，而目前矿城又普遍遇到很多困难，矿业城市的兴衰对于国家经济社会的发展与稳定具有极为重要的意义。矿业城市的兴衰固然受资源丰度和采掘程度制约，但与国家宏观指导是否得当和政策支持力度大小也有关。所以，为了矿城的持续发展，为了国家的整体利益和长治久安，除了矿城本身要努力外，国家应对矿业城市实行特殊的扶持政策。首先，国家要把对矿业城市的结构调整、城市转型与可持续发展问题作为国家新世纪发展战略中的一个特殊问题来加以研究与规划。第二，国家应制定矿业城市产业结构调整的扶持政策，从财政和政策上重点支持大中型矿山企业进行技术改造和产业结构调整，并从宏观上对矿业城市的产业政策、财政政策、投资政策、社保政策和城市政策等多方面给予综合指导，积极推动矿业城市的结构调整与城市转型。第三，建立矿山企业的反哺机制与矿城持续发展的补偿基金，在矿业销售收入中提取一定比例建立暮年矿山的反哺基金，并在分级财政中增加矿城的留成比例建立补偿基金，为矿山闭坑转产与人员分流再就业和环境治理与保护提供补助与支持。第四，制定有利于城市和矿山企业同步发展的税赋政策、劳动政策和社会保障制度，切实减轻矿山企业的税赋、债务和社会负担，促进矿山企业和城市建设共同发展。

（作者：全国政协常委、港澳台侨委员会主任、中国矿业联合会会长）

认清形势，贯彻落实国家油气勘探战略决策

——在中国石油化工股份有限公司油气勘探战略研讨会上的讲话（节选）

李毅中

（2001年9月29日）

通过“九五”实践的总结，我们的认识有了提高，面对严峻形势和资源短缺现状，大家集思广益，各抒己见，形成了共识，方向明确，信心倍增。结合集团公司成立三年多来的实践和了解上游（编者注：上游指石油勘探开发产业，下同。）、学习上游的一些思考，借此机会和大家谈谈自己的几点认识与想法。

一、中国石化上游近年来取得了显著的成绩，是中国石化的亮点，并且有着巨大的发展潜力

首先，2001年的原油、天然气产量稳中有升，特别是新星石油公司并入后，同比有较大幅度增加。原油产量上半年1860万t，下半年预计达到1930万t，比上半年增加70万t；天然气产量上半年22亿m^3，下半年预计超过22亿m^3。这样，全年原油产量可达3790万t，不含新星石油公司的原油产量同比增长8.2%；天然气产量可达44亿m^3，不含新星石油公司的天然气产量同比增长85%以上。这是我们的亮点。

第二，2001年的油气勘探不但继续保持储产平衡，储量还略有增加。2000年底原油剩余可采储量4.47亿t，2001年底预计达到4.58亿t，增长2.5%；2000年底天然气剩余可采储量965亿m^3，2001年底预计达到1172亿m^3，增长21%。中石化股份公司油气剩余可采储量在新星石油公司并入前是31亿桶当量，新星石油公司并入后是37亿桶当量，增长了20%。

第三，“十五”计划的目标是鼓舞人心的。到2005年，原油产量将达到4000～4100万t，还有一些海外份额；天然气产量大幅度增加到100亿m^3以上；原油剩余可采储量达到5亿吨，储采平衡而有余，其中新增探明可采储量3～3.5亿t；天然气剩余可采储量达到2300～3300亿m^3，其中新增探明可采储量1500～2500亿m^3。五年新建原油产能2500～13000万t，新建天然气产能100亿m^3。同时，油气成本也得到有效控制而略有下降。按国际口径，我们的勘探开发成本2001年预计是5.2美元/桶，2005年要降到4.49～4.5美元/桶；现金操

作成本2001年是6.54美元/桶，2005年要降到5.29美元/桶。我们的完全成本目前是每桶13美元多一点，要采取各种措施降低成本，2005年争取降到每桶11～11.5美元。天然气产量增长潜力更大，2005年将比2001年增加60～70亿 m^3。其中，西气东输，塔里木、鄂尔多斯天然气加起来能达到20亿 m^3；川气出川，川西天然气也能达到20亿 m^3，现在已有10多亿 m^3；东气上岸，东海天然气争取接近20亿 m^3；中原扩展，中原深层天然气10多亿 m^3 进入山东市场。

第四，勘探开发技术创新又有新进展。在油气成藏理论方面，有新的突破；在勘探配套工艺技术方面，有新的推广；在开发技术、油田管理等方面，有一系列创新。

以上几个方面，大致概括出我们已经取得的成绩和存在的巨大潜力，反映了"亮点"之所在。

二、进一步认识国内油气接替资源的严峻形势，坚决贯彻党中央、国务院关于原油、天然气资源的战略决策，努力保障能源安全

党中央、国务院对我国石油工业一直十分重视。2000年8月23日，江泽民总书记在去大庆的火车上听取了关于中国石油工业的汇报。总书记说，这是他迄今为止听到的关于石油工业最系统、最全面的一次汇报，从油气勘探开发到炼油化工，以及石油战略储备等。江总书记说，看来接替资源短缺是中国石油工业最突出的矛盾，现在全党对农业的问题、对水的问题有了了解，接下来要让全党都了解原油资源短缺的问题。接着，江总书记从更高的层次讲能源结构、讲世界形势，给我们很大的鼓励和鼓舞。

中国目前的原油消费总量仅次于美国、日本，居世界第三位。2000年中国的原油消费总量是2.1亿t，2001年可能再增加一点，但是年人均消费量只有1.3桶，是美国的1/20，是西欧国家的十几分之一。中国未来的石油需求增长十分强劲。剑桥能源研究所预测，未来10年中国的石油需求将年均增长4.5%，2000年是2.1亿t，2010年将达3.5亿t。他们还预计，到2005年中国的进口原油可能要突破1亿t，成为世界五大原油进口国之一。2000年进口近7000万t原油，其中中石化进口了近6000万t。中国2000年的石油净进口量已占总需求量的28%，接近30%的"警戒线"。这是关系我们国家经济安全的重大问题。

大家还可以注意到，在2000年底的中央经济工作会议上，江总书记针对世界经济形势提出需要高度关注的三个不确定因素：一是全球经济增长中的不稳定因素，二是国际金融潜在的风险，三是国际石油价格上涨。他要求我们必须密切关注国际石油市场走势对中国经济和社会发展的影响，及早考虑对策，未雨绸缪。在今年的政府工作报告中，朱镕基总理用了较大篇幅讲了有关石油能源的问题。概括起来，一是要加大国内油气勘探开发力度，二是要利用天然气清洁能源来替代原油，三是要多渠道、多国别进口原油，四是建立石油战略储备，五是到海外拿资源，六是节油代油，节约能源。

以上充分说明党中央、国务院对中国石油工业、对国家经济安全是十分重视的，我们也更加体会到肩上责任的重大。我们一定要认真贯彻党中央、国务院的要求，把油气资源战略落实到"十五"和今后的具体工作中，为维护能源安全、促进经济发展多做贡献。

三、进一步加深对上游产业特点的认识，加快上中下游一体化的融合

从集团公司成立时起，党组就提出要了解油田、学习油田、管好油田，新星石油公司并入后，又提出要了解新星、学习新星、管好新星。我们党组和总部机关一定要加深对上游产业特点的认识，只有认识提高了，对上游产业特点和规律有了充分的了解，才能不断加快上中下游一体化的融合，才能进一步管好上游，不辜负党中央、国务院的期望，不辜负我们上游全体干部职工的期望。

概括起来，上游勘探开发的基本特点是"高风险、高技术、高投入、高回报"。这个概括不一定很全面，但我们必须充分了解它，认识它，进而在决策和管理中贯彻它。

一是高风险。勘探是要通过我们的技术从看不见、摸不着的地层下面发现油藏，把油气开发出来，这确实是高风险的，投入产出的周期比较长。我们的勘探成功率还是比较高的，50%左右，但要看到我们多半是在老区边缘、在"家门口"搞，成功率肯定要大一点。如果是在新区勘探，甚至到国外去，比如伊朗的卡山区块，就会有较大的风险，成功率就不一定是50%了，国际上的成功率是40%左右。如果勘探失败，只得认账。对上游勘探成功率不能苛求，因为高风险是上游产业的基本特点之一。我国1964年原油资源量是115亿t，2000年是1068亿t，大约是10倍，同时还有52万亿 m^3 的天然气。我们的油气勘探还处于成长期，更需要集思广益，科学决策，提高勘探成功率。在这方面，集团公司党组要承担必要的责任，鼓励开拓创新，不能苛求勘探低风险。

二是高技术。技术创新对于上游来说更为重要。因为越发现越难发现，越开采越难开采。20世纪50年代以来，石油工业自力更生，依靠李四光的陆相沉积学等理论创新发现了大庆等油田，使中国的石油工业有了很大的发展。我到石油勘探开发研究院、油田研究

院参观，一个突出的感受就是计算机应用水平非常高。上午有的同志汇报，还是过去的资料，经过用计算机重新整理、计算、分析，结果大不一样，又发现了新的油藏。因此，要进一步加强上游的科技力量。在这方面，新星石油公司整体并入，除了资源、资料、信息、队伍外，还有规划院、信息中心以及8个研究所，大大加强了我们的上游科技力量。去年我们依托新星石油公司的科技力量成立了上游研究院，今后还要进一步调整、充实，加强上游的科研力量。

三是高投入。不少人介绍，国外上中下游一体化的公司，上游的投入占了一半，尤其在高油价形势下，都抓住机遇加大投入。据有关资料，目前全世界原油年产量是36亿t，2010年预计达到44亿t，增加8亿t，大约需要投入140亿美元，吨油投入17.5美元。我们的“十五”计划有个初步测算，股份公司总投入约2038亿元(不含外资)，上游815亿元，占40%；集团公司总投入约2500亿元(不含外资)，上游1170亿元，占47%。这个投资结构是经过调整了的，上游投入的比例是相当大的，比“九五”大，比近两年也大，执行中视具体情况再作调整。当然，要把钱用好，严谨投资，注重回报，降低成本，提高探井成功率，提高采收率。确定圈闭、确定井位等，都要做好准备工作，只有加强前期准备工作，才能提高探井成功率。在老区综合治理上，我们已连续两年各投入20亿元用于“补欠账”，加强维护，效果较为明显，要继续坚持。老区稳定，基础就稳定。对上游高投入的认识越来越深刻。

四是高回报。2000年股份公司利润的73%来自上游，2001年的比例更高，可能达到80%以上。再看一看ROCE(已占用资本回报率)，2000年油田的ROCE是21%，在各板块中是最高的，2001年略低一点，可能是19%左右。那么，怎样得到高回报？除高科技和高投入外，还要求有科学的组织机构和运行机制，这就要发挥集团公司统一集中管理的优势，进一步促进上中游各板块之间的融合。下游为上游提供了市场，这是上中下游一体化的优势。同时，要得到高回报，还要大力降低成本费用，减员分流，提高劳动生产率，原油现金操作费用、勘探开发成本都要逐渐向国际水平靠拢，争取达到或靠近国际先进水平。

对于上游的上述四个特点——高风险、高技术、高投入、高回报，我讲了我的个人体会。我们党组和总部机关都要进一步加深对上游产业基本特点和规律的认识，使我们的决策更加符合上游改革发展的客观要求。这里，我还要代表集团公司党组，向在上游辛勤工作的干部职工、离退休老同志及其家属表示崇高的敬意！

希望我们的上游在提高效益、加快发展等方面，做出更大的贡献，取得更大的成绩。最后，预祝这次会议圆满成功。

(作者：中国石油化工股份有限公司总经理)

中国矿业可持续发展的财税政策

朱志刚

(2002年5月16日)

建国以来，中国矿业发展得到了政府的高度重视。矿业发展对于缓解中国经济建设中的资源短缺和能源供应紧张，以及促进就业等都发挥了重要的作用。但是旧的条块分割的矿业管理体制和“有水快流”的指导思想，给矿业的科学发展带来了一系列的问题。改革开放后，在经济转轨过程中，由于矿业管理体制上存在的问题，中国矿业改革开放的步伐较慢。另外，矿业受有限资源约束、生产成本增加和劳动生产率低等多种因素的制约，改革和发展相对滞后。受传统体制的影响以及自然条件的局限，企业办社会包袱沉重，多年来积累的问题开始暴露，中国矿业目前正处于一个比较困难的时期。中国作为经济大国、资源大国和人口大国，矿业发展及其相关问题(“四矿”问题)应当引起高度重视，否则矿业问题又将成为制约中国国民经济持续发展的突出因素。

一、矿业是财税政策扶持的重点产业

主要体现在以下几个方面：

(一)税收政策优惠

在现行税收体制中，涉及到矿业的税种主要有增值税、资源税、所得税等，但均有不同程度的优惠内容。

1.矿产品的增值税实行低档优惠税率，增值税税率由17%调低到13%。

对原中央所属重点煤炭企业实行增值税制后增加的税负实行定额返还办法，每年定额返还17.1亿元，使中央所属的重点煤炭企业增值税税负基本维持在原有水平。

2.对冶金独立矿山的资源税按规定税额的40%征收,也就是说减征60%。有色金属矿山税额下调30%,即按规定税额的70%征收。根据资源开采条件的变化和企业的效益情况,适当下调了大同矿务局、四川部分天然气的资源税税额,特别是今年出台的调减冶金联合矿山铁矿石资源税政策,预计减轻企业税赋7亿多元,对于促进冶金联合矿山的发展具有重要意义。

3.资源综合利用给予所得税政策优惠。企业资源综合利用获得的收入可以享受免征或减征所得税5年的优惠。

(二)财政资金投入多

长期以来,我国矿业发展的投入主要还是依靠政府的投入,财政投入了大量资金。

1.地勘资金投入逐年增加。1991年财政投入地勘资金38.34亿元,1999年增加到83.69亿元,比1991年增加1.2倍,年均递增10.25%。

2.能源交通重点建设基金投入。这是为加快能源项目建设,解决能源供应紧张而实施的专项资金投入政策,是政府重视矿业发展的阶段性重要措施。1983年至1996年累计筹集资金1811亿元。

3.亏损补贴和所得税退库政策。目前对煤炭、有色、冶金、石油等企业均给予了亏损补贴政策或所得税退库政策。对国有重点煤炭企业每年亏损补贴37.1亿元,人均补贴1200多元,最高省份人均补贴达3100多元。有色金属企业每年亏损补贴7.24亿元,人均补贴1440多元。对中央所属冶金、石油企业实行所得税退库政策,以支持企业重组改制和发展。2001年中央财政退所得税237亿元(其中中国石油天然气集团公司163亿元,中国石油化工集团公司51亿元,鞍钢6.9亿元,宝钢14亿元,攀钢1.7亿元)。对中央冶金独立矿山每年给予亏损补贴,2001年补贴3500万元。对冶金独立矿山给予专项扶持资金,支持企业发展,2001年安排1.29亿元。

(三)矿山企业关闭破产力度大

为有利于矿业结构调整,减轻矿山企业的负担,中央决定对资源枯竭矿山实施关闭破产,并制定了《中共中央办公厅国务院办公厅关于进一步做好资源枯竭矿山关闭破产工作的通知》(中办发〔2000〕11号)专项政策措施,明确重点解决中央军工核矿山和原中央所属现下放地方管理的煤炭、有色金属矿山。这是目前关闭破产最优惠的政策,中央财政承担了很大的支出压力。从1999年至2001年底,中央财政已累计拨付关闭破产补助资金193亿元,其中补助煤炭企业139亿元,补助有色金属企业23亿元。安置破产企业职工75.51万人,其中在职职工48.55万人。

二、促进矿业可持续发展的政策建议

当前,中国矿业发展存在一些很不合理的现象:资源紧缺与资源浪费并存;资源的行业垄断与地方乱挖滥采、无序竞争并存;矿产品结构性过剩与过度开采并存;矿业以国有企业为主体与市场集中度很低并存等等。解决这些问题,实现矿业的可持续发展,是一个综合性的问题。有关矿业发展的财税政策也需要进一步改革与完善。

(一)进一步完善财税体制

适当调整矿业税收政策,合理税收负担,减轻矿业发展压力,促进矿业可持续发展。

1.2002年开始实施的企业所得税实行中央与地方共享的改革,一方面将有利于抑制地方政府创办各种小矿山的积极性,加强市场配置资源的作用,促进矿业结构的调整,提高经济增长质量;另一方面将有利于中央政府加大对中西部地区转移支付力度。中西部地区矿业总量比重较高,这项改革有利于促进中西部地区的经济转型和发展。

2.改革和完善增值税税制。涉及矿业的主要税种是增值税。中国目前的增值税属生产型增值税,不允许企业扣除外购的固定资产进项税,而矿山企业资本有机构成较高,外购的机器设备等固定资产规模较大,其增值税税基中包含的已税固定资产较多,重复征税的程度和税收负担也相对重一些。这类问题在水电等其他基础产业中也不同程度地存在着。生产型增值税不利于扩大投资和技术进步,需要进一步改革。改革的方向是从生产型增值税向消费型增值税改革,即允许企业扣除外购固定资产所含进项税,这一改革设想已写入"十五"计划中,将按照国务院的统一部署,适时进行增值税转型改革。这样有利于减轻矿山企业的税负。

(二)积极推进资源枯竭矿山关闭破产工作,促进矿业结构调整和产业转型

矿山资源枯竭后实施关闭破产,这是矿山企业发展的重要特征。多年来,在矿业管理上没有正视这一点,没有对矿山发展进入资源衰竭期时制定相应的对策措施,积累了不少问题。因此,应当集中力量解决好资源枯竭矿山关闭破产工作。近两年列入计划将关闭破产的中央及中央下放地方管理的资源枯竭矿山企业有385户,涉及职工162万人,其中在职职工104万人,离退休人员58万人。按现行补助标准测算,中央财政需负担破产补助资金484亿多元。2002年中央财政预算安排了关闭破产补助资金110亿元,重点解决资源枯竭矿山和军工企业关闭破产。一季度已拨付关闭破产补助资金14.58亿元。

(三)大力提倡资源综合利用,提高资源利用率

中国是资源大国,但人均资源的占有水平很低,矿业的可持续发展必须建立在提高资源的综合利用上。在财税政策上，将继续对资源综合利用给予所得税税收优惠政策。

（四）坚持资源开发与节约能源并重的方针

依靠科技进步减少资源消耗，实现可持续发展。我国社会经济发展中能源消耗水平与发达国家相比有很大差距，能耗高和资源浪费现象还较普遍，社会经济发展的资源代价很大，成本很高。因此，要采取有效措施，鼓励节约资源，大力推广节能新技术，依靠技术进步节约能源，提高经济增长质量。继续加大企业技术进步的财税优惠政策扶持力度。

（五）加快实施矿山企业办社会职能剥离工作

由于历史的原因，矿山企业社会负担较重。一些本应由政府承担的职能如中小学校、医院等，均由矿山企业来承担，加重了企业的困难，给矿山企业的重组、改革和发展背上了包袱。解决问题的难度比一般国有企业要大。因此，在积极推进国有企业剥离办社会职能过程中，应重点研究并加快推进矿山企业剥离办社会职能工作，减轻矿山企业的负担。

（六）建立开发利用海外资源的战略措施

以经济利益和经济安全相兼顾的原则，确立我国开发海外资源的战略方针，充分利用国际、国内两种资源。鼓励有条件的国有大型矿业企业向海外发展。加快国有矿业企业的改革步伐，转换经营机制，按国际市场规则经营和运作，逐步增强中国矿业企业对国外资源的开发利用能力。（作者：财政部副部长）

切实做好矿业困难群体生活保障工作

张小建

（2002年5月16日）

矿业为国家的经济建设、国防建设做出了巨大贡献，当前遇到了极大的困难。一些矿山企业生产经营衰退，部分职工收入水平下降，资源枯竭矿城的就业形势严峻，矿工下岗后再就业缺乏门路，生活水平下降，已经对当地的经济发展和社会稳定造成了一定的负面影响。从掌握的情况来看，矿山企业中，煤炭、有色和核工业行业矛盾最多、困难最大。

对矿山企业的问题，党中央、国务院高度重视，陆续制定出台了一系列方针政策，并已逐渐收到成效。但同时，还有许多工作要做、许多政策措施要落实、许多新的问题要解决。

一、矿山行业劳动保障工作的基本情况

（一）实施“两个确保”

从1998年开始，针对大量下岗职工生活不保、企业离退休人员基本养老金拖欠严重等问题，党中央、国务院审时度势，及时制定出台了实施“两个确保”的政策措施，即确保国有企业下岗职工基本生活费和企业离退休人员基本养老金的按时足额发放，并将此作为“一把手工程”，要求各级党委、政府务必抓紧抓好。

在国有企业下岗职工基本生活保障方面：按要求，有下岗职工的国有企业普遍建立了再就业服务中心，并组织下岗职工进中心。再就业服务中心负责为本企业下岗职工发放基本生活费，代缴养老、失业、医疗等社会保险费，开展职业介绍、职业指导、职业培训等再就业服务。所需资金按照“三三制”的原则筹集，即企业自筹、社会筹集（主要是从失业保险基金中调剂）、财政预算安排各占1/3，对企业和社会筹集不足部分，由财政予以兜底。其中，财政承担部分，中央企业由中央财政承担，地方企业由地方财政承担。对困难的中西部地区和老工业基地，中央财政通过专项转移支付的方式予以补助。据统计，1998年底，煤炭行业共有下岗职工39万人、有色行业共有下岗职工9.4万人、核工业行业共有下岗职工2.9万人。这些下岗职工中，90%以上都领到了基本生活费。此后，随着煤炭、有色行业管理体制的变化，煤炭、有色行业的下岗职工已多数纳入了企业所在地的基本生活保障范围，基本生活保障工作成果继续得到巩固，在一定程度上缓解了矿山企业下岗职工生活困难的问题。

在企业离退休人员基本养老金发放方面：1998年8月，为解决条块分割的矛盾，加强养老保险统一管理，国务院决定将包括煤炭、有色在内的11个养老保险行业统筹移交地方管理，并提出将原行业统筹企业纳入养老保险省级统筹，实行省级管理，原行业统筹企业已离退休人员基本养老金待遇原则上维持不变，行业统筹积累的基本养老保险基金全部移交给当地管理等项要求。1999年下半年，中央财政安排资金用于补发历史拖欠的基本养老金。2000年，对原行业统筹企业漏报的拖欠基本养

老金，中央财政再次安排资金予以补发。同年，为有效解决基本养老金拖欠问题，按照国务院要求，劳动和社会保障部开始大力推动基本养老金社会化发放工作，目前，社会化发放率已达到99%，为基本养老金的按时足额发放打下了坚实的基础。2001年1月，对中央军工企业1999年底之前拖欠的基本养老金，中央财政又安排了专项补助资金予以一次性补发。

在实施"两个确保"工作的过程中，煤炭、有色行业的管理体制发生了重大变化。1998年7月，原中央所属的94户国有重点煤矿下放地方管理；2000年7月，原中央所属的273户有色企业和单位下放地方管理。下放过程中，劳动和社会保障部又会同财政部在"两个确保"方面下达了专项补助资金，专门用于下岗职工基本生活保障和企业离退休人员基本养老金发放。

（二）资源枯竭关闭破产矿山企业的职工安置政策

"九五"期间，国家将国有企业改革作为经济体制改革的重点，作为其中的一项重要手段，加大了对严重亏损扭亏无望、污染环境和资源枯竭企业的关闭破产工作力度。据统计，近年来，中央先后下放的煤炭、有色和核工业铀矿山列入全国关闭破产计划项目的有122户（其中，煤炭70户、有色45户、核工业铀矿7户），涉及在职职工约60万人、离退休人员约42万人。截止到2002年3月，破产已终结或已进入破产程序的项目共有70户，涉及在职职工约35万人、离退休人员约28万人。预计今后几年，随着国家产业结构调整力度的加大，需要退出市场的资源枯竭矿山户数还会有所增加。

企业实施关闭破产，职工安置是关键。为妥善做好资源枯竭关闭破产矿山企业的职工安置工作，1999年，国务院在对辽宁的2户煤炭和7户有色矿山实施关闭破产时，就制定了有关政策（33号文件），被视作点上的突破。随着关闭破产工作的深入开展，中办、国办出台了《关于进一步做好资源枯竭矿山关闭破产工作的通知》（中办发〔2000〕11号），成为指导资源枯竭矿山企业实施关闭破产工作的主要政策依据，其职工安置政策也是最优惠的。11号文件下发后，劳动和社会保障部又在与国家经贸委、财政部等部门进行认真研究的基础上，对其中的有关政策作了进一步的细化和解释，增强了可操作性，并明确了基本工作程序和有关部门的责任。11号文件及相关配套文件的下发，基本解决了职工安置工作的主要问题，有力地推动了资源枯竭矿山关闭破产工作的顺利进行，并使之逐步走上规范化轨道，大规模的群体性突发事件也明显减少。11号文件对在职职工安置方面的政策主要有4项：

1.全民所有制职工实行提前5年退休。特殊工种的职工提前10年退休（男50周岁、女40周岁）。对从事特殊工种，且距提前退休年龄不足5年的，由社区管理机构比照下岗职工基本生活保障标准发放基本生活费，并代缴社会保险费，待其达到退休年龄时办理退休手续。

2.对在实行劳动合同制以前参加工作又不符合提前退休条件的全民所有制职工，可以自愿选择：或者领取经济补偿金后享受失业保险直至城市居民最低生活保障待遇；或者领取一次性安置费后自谋职业。

3.对实行劳动合同制以后参加工作的合同制职工，发给经济补偿金，享受失业保险直至城市居民最低生活保障待遇。城市居民的混岗工，比照合同制职工的政策；农村居民的混岗工，发放经济补偿金。

4.对矿山所属集体企业的职工，属城市居民且已参加失业保险的，享受失业保险待遇，未参加失业保险的，享受最低生活保障待遇。

以上政策，可归纳为：老职工"养起来"；固定工"一次性安置"；合同制职工支付经济补偿；集体企业职工分类处理。

对离退休人员安置方面的政策，主要有三项：

1.离退休人员全部交由地方社区管理机构管理，养老金实行社会化发放。

2.基本养老保险统筹项目内的基金和医疗保险基金，原则上分别按企业在职职工年工资总额的25%和6%计算10年，再折半核定，交给企业所在地的社会保险经办机构，用于发放离退休人员的基本养老金和医疗费。

3.未参加养老保险统筹的矿山所属集体企业，不再纳入养老保险统筹，其退休职工由民政部门按所在地最低生活保障标准按月发放生活费。

（三）军工矿山企业职工异地安置政策

最近，国务院又批准了国家经贸委、国防科工委、财政部、劳动保障部、人民银行研究制定的《军工企业改革脱困方案》（国发〔2002〕7号），其中一项重要内容是对地处三线、职工生活困难的关闭破产军工企业（含核工业铀矿山）的职工实行异地安置，由中央财政按照国家房改有关政策，对异地安置职工（包括离退休人员）给予住房补贴，补贴标准按地方规定执行。同时要求地方政府要为异地安置职工创造培训和再就业条件，并要做好异地安置人员养老、医疗、失业等各项社会保险关系和最低生活保障的衔接，异地安置职工同当地下岗职工一样享受地方政府的各项优惠政策。对下划地方的企业，中央财政原有的亏损补贴及军品生产维持维护费基数均划转至职工安置地区，用以解决企业破产后及职工安置再就业的有关问题。

二、对目前存在主要问题的分析

（一）资源枯竭的矿城就业形势严峻

就业门路有限，关闭破产的矿山企业职工再就业困难。主要表现为：

1.就业的总量性矛盾突出。以辽宁省阜新市为例，截至2001年底，共有下岗失业人员15.6万人，其中下岗职工12.9万人，失业人员2.7万人，登记失业率为5.9%，居全省之首。今明两年，还将有3个主体煤矿因资源枯竭而要实施关闭破产，此外还要关停76处小煤窑，还将损失2万多个就业岗位。更值得注意的是，实施关闭破产的资源枯竭矿山企业大多远离城镇、地处山区，职工安置渠道狭窄，企业破产后，若无新的替代行业或对职工进行异地安置，他们的生活将处于非常困难的境地。

2.由于技能单一、年龄偏大，矿山企业职工再就业能力较差。还以阜新市为例，全市下岗职工中，年龄在36~45岁之间的占53%，45岁以上的占20%；初中及以下文化程度的占71%；以煤炭为主要职业的占45%。对这部分年龄较大、技能又比较单一的职工而言，转业转岗的机会很少，相当一部分职工因没有及时再就业而生活困难。据统计，2001年底，全市低于156元最低生活保障标准的居民就有19.8万人。

3.多数职工就业观念尚未转变。尽管已进入再就业服务中心3年，但多数下岗职工对离开企业仍有较大顾虑，对企业和国家的依赖心理较重。阜新矿务局去年为3个破产煤矿的下岗职工提供了3300多个就业机会，且岗位与原岗位基本相同，但由于职工不愿离开原企业，最后实际上岗的不足10人。辽宁省政府发动全省企业之力，为杨家杖子矿务局职工提供了上千个岗位，也是由于职工不愿离家，真正出去打工的也是寥寥无几。

(二)关闭破产企业职工安置政策还需进一步完善

一是养老和医疗保险基金缺口较大。对资源枯竭实施关闭破产的矿山企业，目前是分别按在职职工年工资的25%和6%计算10年，再折半核定离退休人员的养老和医疗保险基金，用于发放离退休人员的养老金和医疗费。据各地反映，缺口较大。

二是职工安置方案中促进再就业的力度不大。我们常说，就业才是最根本的保障。而目前的职工安置方案，基本就是一个发放安置费的方案，对于如何帮助和鼓励职工再就业涉及得很少。而再就业的问题不解决，再多的安置费也会“坐吃山空”，安置费吃光了，职工还是要找政府。

三是一些具体政策还需明确。主要是离退休人员管理机构问题，企业历史拖欠的医药费、集资款和住房公积金等债务问题，社会职能移交问题，以及工伤残职工的安置和职业病患者旧病复发的处理等。由于政策不够明确，一些职工担心难以落实，这些也会影响到关闭破产工作的顺利开展。

(三)“两个确保”仍存在一定死角

两类人员和基本养老金历史拖欠问题比较突出。目前，就全国而言基本实现了“两个确保”，进中心下岗职工基本生活费和企业离退休人员基本养老金按时足额发放率均达到了90%以上，但在一些困难地区和困难企业，“两个确保”工作仍存在较大问题，其中不少就发生在资源枯竭的矿山企业。据劳动和社会保障部2002年上半年对安徽省淮南市、辽宁省朝阳市等几个资源型城市的调查，由于企业生产经营不景气、在岗职工工资长期拖欠，加之地方财政十分困难等原因，下岗职工基本生活费未足额发放占到了相当的比例。此外，随着下岗职工基本生活保障和再就业协议期满和多数地区开始实施下岗职工基本生活保障向失业保险制度的并轨，由于企业支付经济补偿、偿还历史拖欠职工的债务、再就业和社会保险关系接续难等原因，协议到期不能出中心和企业新的减员不能进中心这两类人员的生活保障问题日益突出起来。

企业离退休人员基本养老金发放方面。一方面，由于养老保险基金承受能力有限，基础管理工作相对落后，地方财政困难和社会化发放不到位等原因，在部分资源枯竭矿山企业仍没有做到按时足额发放，仍在产生新的拖欠。另一方面，目前实行社会化发放的仅是统筹项目内的基本养老金，而统筹项目外的部分仍由企业负责发放，效益不好的企业也就很难保证这部分养老金的按时足额发放。此外，由于差额缴拨等原因，基本养老金在实行社会化发放之前存在大量的拖欠，在中央财政陆续进行补发后，目前各地还有上百亿元的拖欠。

此外，在岗职工长期欠发工资、职工生活水平下降、城市居民最低生活保障不落实等问题，在部分矿山企业中都还比较严重，亟需进一步采取措施，尽快予以解决。

三、下一步的工作打算

(一)继续巩固“两个确保”工作成果，努力消除工作死角

一是努力筹集“两个确保”资金。一方面，督促各地继续按照“三三制”原则筹集下岗职工基本生活保障资金。同时，通过扩大养老保险覆盖面、加强基金征缴、清理欠费等手段，增加养老保险基金收入。另一方面，积极协调财政部，对“两个确保”确有困难的中西部地区和老工业基地予以适当补助。

二是充分发挥舆论监督和群众监督的作用。继续在中央电视台、《人民日报》等新闻媒体上按季公布各地“两个确保”的工作情况，并通过监督举报电话，群众来信来访等渠道，接受群众监督。此外，对困难地区、困难企业的“两个确保”情况，实施重点监控。

三是指导各地按照因地制宜、分类指导、分类处理的原则，做好下岗职工出中心和并轨工作。同时，督促各地结合本地实际，采取切实有效措施，做好“两类人员”的基本生活保障工作。

四是进一步巩固基本养老金社会化发放成果，并在此基础上，推动离退休人员纳入社区管理服务工作的开展，重点要先将关闭破产企业的离退休人员纳入社区管理。

(二)进一步做好关闭破产企业职工安置工作

2002年，关闭破产企业职工安置工作的重点，仍然是煤炭、有色和军工三大行业，特别是军工行业将成为重中之重。对此，我们拟从以下几个方面加强工作：

一是加强对关闭破产企业职工安置方案的审核，规范企业实施关闭破产的操作程序。近日，劳动和社会保障部已接连发出两个通知，要求各地劳动保障部门严把职工安置方案审核关，凡是企业破产预案史没有职工安置方案的、职工安置资金不落实的，都不得进入关闭破产程序。

二是指导各地劳动保障部门加大职业培训、职业介绍等再就业服务工作的力度，对关闭破产企业职工及时开展以“促就业、接保险、保生活”为主要内容的再就业援助活动。

三是对一些规模较大、职工人数较多的关闭破产企业，实施重点监控。

四是加强调查研究，完善职工安置有关政策。

(三)大力开展再就业工作

最近，党中央、国务院领导多次指示要大力加强就业和再就业工作。2002年2月，江泽民总书记主持召开政治局常委会议，专题研究困难群体生活保障和就业工作，要求以“三个代表”重要思想为指导，切实做好这方面工作。在前不久中央召开的维护稳定工作会议和最近召开的第57次国务院常务会议上，朱镕基总理专门强调再就业问题，提出从根本上保持社会稳定，最终还是要靠扩大就业，在促进下岗职工再就业上下功夫。

2002年4月，吴邦国副总理亲自带队赴四川、重庆、湖北、湖南4个省市进行专题调研，分析再就业工作存在的问题，研究解决办法和对策措施。在国务院领导下，我们正在抓紧研究一系列促进就业和再就业的政策措施，主要考虑有以下几个方面：一是在保生活的基础上大力加强再就业工作，变生活保障为就业保障，把有能力有愿望的下岗失业人员都组织到再就业中来。

二是在保持一定的经济增长速度的基础上，大力调整产业结构、所有制结构和企业结构，积极发展第三产业特别是社区服务业、中小企业和个体私营等非公有制经济，创造和增加就业岗位。

三是鼓励和支持下岗失业人员自谋职业和自主创业，引导和推动用人单位多渠道吸纳下岗失业人员，扶持和帮助困难群体再就业。对吸纳下岗失业人员的各类企业，对下岗失业人员从事个体经营的，对就业困难人员从事公益性岗位劳动的，提供优惠政策扶持和就业援助。

四是改进就业服务、加强再就业培训、完善社会保障体系。

五是对关闭破产企业职工安置和正常生产经营企业裁员加强指导。职工安置方案必须经职工代表大会讨论通过，并报当地政府审核批准，凡是职工安置方案不完善和社会保障办法不明确、资金不到位的企业，不得进入关闭破产程序。正常生产经营企业裁减人员，方案要经企业职工代表大会讨论，一次性裁员超过一定数量和比例的，要报当地政府有关部门审核备案。企业裁减人员要依法支付解除劳动合同的经济补偿金，并妥善解决与职工的债务问题，不能支付经济补偿金和清偿债务的，不得裁减人员。

六是建立健全各级政府领导目标责任体系，把控制失业率和增加就业岗位作为各级政府宏观调控的重要指标，纳入国民经济和社会发展计划。

相信随着这一系列政策措施的出台与贯彻落实，矿山企业下岗失业人员的再就业局面一定会得到根本改观，为改革发展稳定做出新的贡献。

(作者：劳动和社会保障部副部长)

中国矿产资源勘查现状及对策建议

叶冬松

（2002年5月16日）

研究分析“四矿”问题对中国社会经济的影响及政策建议，非常重要，十分必要。这对矿产资源的规划、管理、保护和合理利用必将产生积极的促进作用。

一、中国矿产资源勘查情况

（一）地质勘查队伍现状

1998年前，中国固体矿产地质勘查队伍隶属地矿、冶金、有色、武警黄金、煤炭、核工、化工、建材、轻工等部门，从业人员74.2万人，共有地质勘查单位958个。1998年后，中国开始进行地勘队伍的管理体制改革。国务院先后印发了国发（1998）22号、国办发（1999）37号、国发（2000）17号、国办发（2001）2号文件，分别将原煤炭工业部直属和直接管理的国有重点煤矿以及地勘单位下放地方管理；将原地矿部所属在各省、自治区、直辖市的地勘单位以及核工业总公司所属的大部分地勘单位下放地方管理；将原有色总公司大部分地勘单位随其企事业单位下放地方管理；将国家经贸委管理的冶金、煤炭、石化、建材、轻工等国家局所属地勘单位实行一部分下放地方管理，另一部分并入了中央有关企业集团。与此同时，组建了中国地质调查局，作为国土资源部所属的组织实施国家基础性、公益性、战略性地质工作的事业单位。地勘队伍实施管理体制改革后，继续留在中央部门和企业工委，管理的地质勘查队伍约6万人。

2000年中国石油公司通过重组后，全国从事石油天然气勘查的队伍有：中国石油天然气股份公司、中国石油化工股份有限公司、中国海洋石油总公司和陕西省的延长油矿管理局等企业，其从事石油地质勘查的人员约17万。

（二）地质勘查费用现状

地质勘查的主要费用有：财政投入、矿产资源补偿费投入、市场投入三部分。

一是财政投入地质勘查部分。1998年地勘队伍属地化以前，中央财政投入地质勘查工作主要是地勘费，原国家计委当年安排地勘费计划75亿元。1998年按照国务院地勘队伍管理体制改革方案精神，所有属地化的地勘队伍的地勘费均以1998年预算为基数划转到各省、自治区、直辖市地方财政，继续用于地质勘查单位离退休人员、地质勘查工作和经常性费用支出等。为开展国家的公益性、基础性、战略性地质工作，中央财政从1998年开始每年安排国土资源大调查费用10亿元。另外，地方财政用于地方地质工作的费用2001年安排4.65亿元。

二是矿产资源补偿费用于地质勘查部分。1994年国家建立矿产资源补偿费制度以来，征收矿产资源补偿费的工作稳步发展。全国征收矿产资源补偿费2000年为13.5亿元，2001年为17.5亿元。中央分成所得矿产资源补偿费中，2000年和2001年用于地质勘查的支出均为3亿元左右。地方分成的矿产资源补偿费用于地质勘查的支出大约为0.6～1亿元。

三是市场投入地质勘查部分。中国石油天然气集团、中国石化集团、中国海洋石油集团三大石油集团，每年从石油原生产的销售价中提取地质勘查费，用于本集团的油气地质勘查工作。据统计，2000年共投入油气地质勘查费用170.7亿元。其中，中国石油天然气集团投入油气地质勘查110.5亿元；中国石化集团投入油气地质勘查55.9亿元；中国海洋石油集团投入油气地质勘查4.3亿元。

外商投资勘查每年在10亿美元左右，其中绝大部分用于海域油气勘查工作。2001年全国石油天然气（含煤层气）涉外勘查开采，投资规模约8.64亿美元。固体矿产涉外勘查，投资规模约1000万美元。

近年来，一些企业、个人通过市场渠道投入资金开展商业性地质工作，据山东、陕西、安徽、河北等省反映，一些省通过市场渠道投资地质勘查工作的资金规模每年在2亿～4亿元左右，已经超过了国家对省的地勘工作的投资规模。

（三）矿产资源勘查登记现状

固体矿产勘查登记情况：截至2001年底，全国固体矿产有效勘查许可证共计7575项，西部12省区占全国总数的50%，其中，云南、新疆、广西三省区勘查项目超过500个，反映出国家开发西部战略实施后，促进了西部地区固体矿产勘查，取得了一定的成效。中东部地区，勘查工作集中在河南、山东、辽宁等省。

从勘查的矿种上分析：贵金属矿产占发证总数的38.02%；有色金属矿产占27.31%；非金属矿产占

14.01%；黑色金属矿产占8.70%；能源矿产（不含石油、天然气）占5.68%；水气矿产占4.81%；稀有金属矿产占1.47%。可以看出贵金属和有色金属勘查在固体矿产勘查中占有较大比重。

石油天然气勘查登记情况：截至2001年底，全国石油天然气（含煤层气）有效期内的勘查许可证945个（其中对外合作勘查许可证25个），地质调查证79个。

（四）“走出去”勘查现状

20世纪90年代以来，党中央、国务院提出“充分利用国内外两种资源、两个市场”的战略方针，中国石油工业逐渐向海外迈出了勘探开发油气资源的步伐。

中国石油天然气集团公司从1992年到2000年，已中标和签订的石油勘探开发项目（合同）11个，分布在苏丹、哈萨克斯坦、委内瑞拉、秘鲁等7个国家。1999年中石油集团的海外份额油产量为252万t，2000年达到590万t。

中国海洋石油总公司于1996年成立海外石油天然气有限公司，陆续进行初步评价及可行性研究的海外项目60多个，包括勘探项目7个，开发项目5个，生产项目3个，累计获得海外份额原油122万t。2002年2月份，中海油在印尼收购了含5个区块的油气田，预计获得探明储量3.6亿桶，日产量1.5万桶，年产量约1500万至1800万桶，引起了普遍关注。

中国石油化工集团公司在重组后接管了原中国石油天然气总公司苏丹6区块勘探开发项目80%的股份，已累计完成投资3307万美元。钻井4口，目前已有2口井获工业油流，1口井获低产稠油，控制石油地质储量600万至700万t。

固体矿产的“走出去”工作几乎处于空白状态，亟待加强。2001年云南省地矿局在老挝万象平原进行钾盐地质勘查，国家财政补助2000万元，是近年来固体矿产“走出去”的一个相对较好、较大的项目。

二、中国矿产资源供给形势

目前，中国是矿产资源总量仅次于美国和俄罗斯的第三矿业大国，但人均矿产资源储量尚不及世界平均水平的一半，在世界排名第53位。随着我国工业化的快速发展，对矿产品的消耗速度将会不断增长，国内矿山企业生产的石油、铁、锰、铝、铜、铬铁矿、钾盐等大宗矿产品，现在已不能满足工业生产的需要，需要长期依靠进口，且进口量不断增大。

（一）固体矿产

中国人口基数大，人均资源储量少，经济可利用的储量少是我国矿产资源的基本国情，不容乐观。重要矿产的人均资源储量更低，随着中国人口的增加和经济发展对矿产资源需求的增长，这种趋势不可逆转。经过多年勘查与开发实践，总体上，我国现已发现的固体矿产资源的赋存特点是大宗支柱性矿产贫矿多，伴生矿多，中小矿多。而且，矿产资源的质量差、开发利用难度大、成本高。

（二）油气矿产

截至2001年底，在我国石油和天然气的已探明地质储量中，剩余可采储量分别还有24亿t和1.8万亿m^3。我国已有378个油田投入开发，已累计动用可采储量48.67亿t，累计采出石油33.42亿t。

（三）资源保障

近年来，由于地质勘查工作滞后，45种主要矿产中多数矿产的保有储量逐年下降，新发现矿产地不断减少，后备接替资源储量严重不足。通过对我国45种主要矿产资源供应能力的保证程度分析表明，到2020年，石油、铀、铁、锰、铬、铝土矿、铜、镍、钴、金、铂族金属、钾盐、锶、硼、萤石、重晶石、金刚石和耐火粘土等18种矿产的国内矿产品供应不能保证国内需求。1996年至2000年5年中，45种重要矿产中，平均每年都有26种以上的矿产保有储量消耗速度大于储量增长速度，尤其是煤、铁、锰、铜、铝土矿、磷、钾等国民经济支柱性重要矿产“吃老本”的情况格外突出。

（四）矿产品进出口情况

2001年全国矿产品进出口总额突破1000亿美元，贸易逆差进一步扩大。在全国进出口贸易中，矿产品的进出口总额一直保持在18%左右。2001年除原油进口量稍有下降，铬铁矿基本持平外，其他大宗短缺矿产品的进口量都有不同程度增加，其中，原油进口量6025万t，铁矿石进口量9238万t，铜矿石进口量226万t，钾肥进口量543万t，进口矿产品供应多元化趋势进一步加大。2001年中国矿产品进口关税进一步下调，促进了短缺矿产品及相关原材料的进口。

石油除直接进口外，中国石油天然气集团公司在海外已建成1400万t的原油生产能力，8亿m^3天然气生产能力，获得海外份额油产量590万t。中国海洋石油总公司已获得海外份额原油122万t。相当于中国石油产量的4.3%，石油进口量的11.8%。

三、对策建议

今后一二十年中国正处在经济持续快速发展阶段，对各类矿产资源的利用规模将持续扩大，对矿产资源的需求总量将持续增加，矿产品供需矛盾将进一步加剧，更多地利用国外资源已成定局。另外，中国又面临着人口、环境和可持续发展的巨大压力，中国矿产资源对经济和社会发展的保证能力面临的形势必将更加严峻。

地质勘查工作与“四矿”问题密切相关，互为因果，从一定意义上说,"四矿"问题是地质勘查工作多年积累矛盾在后续产业和经济社会发展上的必然反映。因此,解决"四矿"问题的同时,应当考虑通过改革地勘体制,加强地质勘查工作,统筹研究制定治本之策,奠实矿业发展的基础。

(一)加大基础性、战略性地质勘查工作的投入,切实做好公益性服务

国家支持进一步查明战略矿产资源的远景,圈定远景区,提高区域矿产资源评价程度。加大对有地质前景但工作程度较低的地区,特别是对海域、西部地区和老矿区深部的地勘投入。目前中央财政每年安排国土资源大调查资金过少,难以适应加强公益性、基础性、战略性地质调查工作需要,需进一步增加中央财政投入。

对于服务于地方的公益性、基础性地质调查工作。地方财政应列入地方专项预算,并逐步加大投入。

在特定时期,对一些地质工作,投资者还不愿投资,属重大战略矿产资源前期勘查,建议由国家以专项预算安排开展指定的专门地质研究与调查,如西北找水、陆地新区和海域的前期油气战略调查、天然气水合物重点攻关等项目。

(二)采取多种措施,建立适应市场经济要求的商业性矿产勘查开发机制

建立促进社会资金进入矿产勘查开发领域的新机制。实行积极支持商业性矿产勘查开发的金融政策。鼓励矿产勘查开发企业通过上市发行股票和债券等形式多方筹集资金。发展和规范探矿权、采矿权市场,促进探矿权、采矿权市场与资本市场的融合。

进一步减轻矿山企业税负,特别对进入中后期的油田和矿山,要减轻税负,更多地利用边际储量,延长开采年限。对矿山企业用于矿产勘查的投入,允许实行从税前收入中扣除所有地质勘查投资的政策,鼓励矿山企业建立矿山勘查补偿机制。

完善鼓励提高资源利用率、节约与综合回收利用资源的政策。国务院于2000年已对外商投资勘查开采非油气矿产资源实行多项鼓励政策。建议将上述鼓励外商提高矿产资源利用、节约与综合回收的政策,扩大到所有矿山企业。

(三)尽早落实精兵加现代化装备指示

根据国务院领导的指示精神,按照地质队伍"野战军"的目标任务和国土资源大调查规划,以及我国地质科学和地质调查事业发展的要求,目前,地质队伍"野战军"现有的技术装备条件和基地状况,难以适应全面开展地质科研和地质调查工作的需要,不仅远远落后于世界发达国家,而且与一些发展中国家也有较大差距,严重制约了我国地质科研和地质调查事业的发展。需要有关部门给予大力支持和帮助,增加中央财政对"野战军"的技术装备和基地的投入。按照技术装备更新改造的总体规划,分步实施,争取在"十五"期间,分步达到"野战军"的基本技术装备目标,实现中国地质科研和地质调查的主体技术装备现代化。

(四)加快对外开放步伐,切实改善外商投资环境

改革开放以来,中国在吸引外资的诸多方面都取得了显著的成绩。但是,在吸引外资勘查开采固体矿产方面还不尽人意,有关国际会议多次将我国矿业投资环境列为世界倒数第三位。到目前为止,中国固体矿产还没有一个中外合资、合作或者外商独资勘查找矿,建成矿山的实例,建议对有关外商投资地质勘查开采的政策进一步修改和调整,改善投资勘查开采的环境。

对历年国家投资形成但分散在各部门的大量地质资料,实行统一的汇交管理,除法律法规禁止的外,要尽可能向社会公开,实现信息共享,避免重复工作。建立统一、动态的全球矿产资源信息系统和决策支持系统。

(五)实行鼓励政策,推动"走出去"开发利用国外矿产资源

建立国土资源、外交、财政、计划、经贸、外经贸、税收、海关等部门间的协调机制,统一规划管理,尽量简化审批手续。国家要制定特殊政策支持并组织力量对重点地区和国家合作开展前期地质调查评价工作,帮助寻找和筛选合适的项目,减少企业经营风险,引导国内企业"走出去"。在优惠贷款、援外合资合作基金、中央外贸发展基金中,对符合条件的境外矿产资源勘查的项目;在充分论证的基础上按规定办法给予安排。

对"走出去"开发利用国外矿产资源的项目,应增加出口信贷额度,适当放宽信贷条件,由国家开发银行,负责具体利用国外矿产资源的资金扶持政策,并对符合条件的境外矿产资源勘查项目开展矿产勘查和开发的运作。

改革在海外进行矿业融资的审批办法,支持和鼓励国内及境外矿业项目在海外发行股票,筹措矿产资源勘查开发资金。对在国外勘查开发矿产资源所取得的份额矿产品,在进口方面给予特殊安排,并实行优惠的关税政策。

(作者:国土资源部副部长)

实施科教兴煤战略促进煤炭工业现代化发展

——在第五次全国煤炭科学技术大会上的工作报告

范维唐

（2001年12月20日）

这次大会是在煤炭行业认真学习党的十五届六中全会和中央经济工作会议精神，贯彻落实江总书记“三个代表”的重要思想，进一步加快煤炭工业体制改革和结构调整步伐，扎实推进科教兴煤战略的新形势下，由国家煤矿安全监察局和中国煤炭工业协会共同召开的。大会的主要任务是：回顾总结第四次全国煤炭科技教育大会以来的工作情况，交流经验，研究煤炭科技“十五”和2015年发展意见（讨论稿）和今后一个时期的煤炭科技工作，切实把煤炭工业的发展转移到依靠科技进步的轨道上来。

一、第四次全国煤炭科技教育大会以来工作回顾

1995年6月19日，原中共煤炭工业部党组做出了《关于加快实施科教兴煤战略的决定》。为进一步贯彻落实《决定》的有关精神，于同年6月29日召开了第四次全国煤炭科技教育大会，就如何实施科教兴煤战略作了部署，提出了“九五”期间科技工作的发展目标和工作重点。此后，在国家煤炭工业局党组的领导下，煤炭工业紧紧围绕发展生产力这一根本目标，以体制改革促进科技创新，依靠科技进步，努力提高煤炭工业经济增长的质量和效益，涌现了一批达到国际先进水平的煤矿和综采队，从总体上缩小了与世界发达采煤国家的差距。

（一）依靠科技进步，促进煤炭工业发展

近几年来，在煤炭工业十分困难的情况下，煤炭科技工作取得了较好的成绩，表现在以下三个方面：一是科研工作取得较多成果，科技进步对煤炭工业发展的贡献率有较大提高；二是科研攻关和技术创新能力不断增强，综采放顶煤技术、煤巷锚杆支护成套技术、防治重大瓦斯、煤尘、火灾事故技术、洁净煤技术和建设高产高效矿井配套技术等“五项关键技术”的攻关取得突破性进展，为改善我国煤炭工业在生产、效率、安全和装备等方面相对落后的局面提供了条件；三是一大批科研成果的推广和应用，给一些企业带来了较好的经济效益，煤炭企业在减人提效、提高工作面单产、提高机械化程度等方面成效显著，建成了一批高产高效矿井，进一步缩小了与世界发达采煤国家之间的差距。

近几年来，煤炭行业经济运行质量和生产效率有新的提高，2000年国有重点煤矿采煤机械化程度达到74.43%，掘进机械化程度达到73.29%，综采程度达到56.73%，原煤生产人员效率2.526t/工。建成82个高产高效矿井，其中25个达到特级矿井标准，44个达到行业标准，13个达到省级标准。2000年，这批“双高”矿井原煤产量19512万t，占国有重点煤矿产煤量的36.42%，已建成78个百万t的综采队，占全国国有重点煤矿综采总量的56.45%。其中神华集团神东大柳塔矿综采队已创造了年产原煤803.35万t，工作面效率543.68 t/工的好成绩，预计今年单产和效率还会有显著的提高。兖矿集团东滩矿综采队连续两年实现原煤产量超过500万t。这些指标均达到了国际先进水平。

“九五”期间，科技进步在煤炭生产中的突出作用得到充分体现。一批煤炭企业充分利用代表先进生产力发展方向的煤炭科技成果，在提高效率、安全生产、洁净转化等方面做出了贡献。

（二）一些重点科研项目和难题的攻克，为煤矿现代化建设提供了技术、装备和条件

煤炭行业坚持科教兴煤，重视科研开发和技术创新，加快技术改造和更新步伐，努力用高新技术改造传统产业，一大批科研成果应用于煤炭生产，并转化为现实生产力，提高了煤炭企业的生产效率和效益。

1. 地质勘探技术。成功地进行了第三次全国煤田预测，以高分辨率三维地震为主的地面综合探测技术已基本成熟，为生产矿井布置大储量工作面提供了地质保证，矿井物探技术取得重大进展，为华北型煤田奥灰岩溶水综合防治和矿区水资源探测发挥了重要作用。

2.综采放顶煤技术。围绕建设高产高效矿井和提高工作面单产，初步解决了瓦斯、粉尘、火灾、回采率、顶煤移动规律、总体配套技术等有关问题，工作面单产和效率大幅度提高，吨煤成本显著降低。综采放顶煤技术已趋成熟，并成为条件适宜矿井提高单产和效率

的有效技术途径。这期间,对综放成套装备进行了完善和提高,采用900 kW电牵引采煤机、低位大插板新型支架、快速移架系统、大运量刮板输送机等装备,并采取加大采煤机截深等措施取得成功。

3.高产高效矿井综合配套技术。“年产200万t级高产高效工作面关键技术与装备”的研究取得了重大进展。研制开发了采用3.3 kV供电、装机功率1000 kW左右的大功率电牵引采煤机和薄煤层采煤机;进行了液压支架电液控制技术和关键元件的研究,新型大流量供液和快速移架系统的使用,使移架速度有明显提高;完成了500 kW大功率刮板输送机的技术攻关;研制了采用液力调速技术、多点驱动的大运力、长运距顺槽带式输送机及自移式机尾装置;开展了工作面设备工况监测和故障诊断的研究;初步完成了综采工作面3.3 kV供电系统的开发,并研制成功高产高效综采成套技术装备,综采工作面可实现日产10000 t。

4.锚杆支护技术。“九五”期间,在支护理论、设计方法、施工材料、施工机具、质量检测等方面,基本形成了适合我国煤矿特点的成套技术和装备,初步解决了高强度材料问题,设计制造了先进、可靠的风动锚杆钻机,生产应用了离层指示仪、无损拉拔计、测力锚杆等多种实用、新型的观测仪器,自主开发了我国独创的小锚索、经济型树脂生产线等技术与装备,基本上满足了煤巷锚杆支护技术的需要。煤巷锚杆支护的推广应用对加快综采推进速度和保障安全生产起到了很好的作用,同时也给企业带来了良好的经济效益。

5.防治重大瓦斯、煤尘、火灾事故技术。在瓦斯抽放等灾害防治方面,250 m顺煤层强力钻机和600 m水平钻机已研制成功,甲烷传感器的稳定性和可靠性有了提高,煤与瓦斯突出区域预测取得初步成果,煤巷掘进中煤与瓦斯突出预测预报和“四位一体”综合防突措施得到广泛应用;在火灾防治方面,已形成了火灾监测与均压、堵漏、阻化、惰化相配合的自然发火防治体系,带式输送机火灾监测采用光纤测温等高技术已取得突破;在粉尘防治方面,研制出符合国际标准的粉尘采样器,煤层注水、高压雾化降尘与负压二次降尘技术的应用,为降低工作面粉尘浓度提供了手段。

6.洁净煤技术。进行了煤炭洗选、型煤、煤炭液化、水煤浆、煤层气开发等方面的研究。“干法选煤技术”、“高效先进选煤关键技术研究”取得重大进展,在自动化跳汰机、大型动筛、120 m^2加压过滤机和400 m^2精煤压滤机、大型浮选机、煤浆在线测灰技术、单线90万t/a全重介旋流器等几个方面已达到国际先进水平,并已建成示范选煤厂。水煤浆代油在白杨河发电厂经过2000小时的试运行,取得与燃烧重油相同的效果。矿区煤泥制浆与燃烧试验取得了良好进展。通过国际合作已进行三个煤直接液化工业示范项目预可行性研究,为我国能源结构的战略性调整提供了新技术。煤层气的开发利用和煤炭地下气化也取得阶段性进展。

(三)以信息化、自动化改造和提升传统产业,在提高矿井管理水平方面做了积极的探索

大力开发和应用高新技术,引进先进的管理手段,以信息化带动工业化,全面提高矿井管理水平取得了成效。如神华集团神东公司,他们将煤矿生产、管理的各个环节,统一在一个网络平台上,形成一个统一、完整的有机整体,达到了减员增效、提高矿井生产能力,增加经济效益的目的。

(四)科技体制改革,加快了煤炭科技开发的市场化进程

根据国家关于科研机构体制改革的要求,煤炭行业的科研机构有的转制为中煤科技集团,有的实行属地化管理,有的直接进入企业。转制后,科研机构与生产企业的联系更加密切,直接面对激烈的市场竞争,其技术开发创新、成果转化速度进一步加快。同时还探索出一条科技经营的新路子。例如,煤科总院与陕西彬县合作将彬县下沟煤矿改造成年产90万t的现代化矿井,实现了由普采到综采放顶煤技术的飞跃。这种合作方式加快了企业的现代化改造和建设的步伐,有利于科研机构在实践中加快技术创新速度。

总之,第四次全国煤炭科技教育大会以来,煤炭科技工作围绕科教兴煤,不断加大技术开发和创新力度,取得了丰硕的成果,这些成绩与各级领导和煤炭企业的关心支持分不开,是广大煤炭科技战线职工的辛勤劳动的结晶,在此向他们表示衷心的感谢和致以崇高的敬意。

在肯定已经取得成绩的同时,我们还应该清醒地看到存在的差距,突出表现在我国煤炭工业整体发展水平还比较落后,与世界发达采煤国家相比,还有相当大的差距;煤炭科技创新工作还不能满足煤炭工业发展的要求,有待进一步加强;对洁净煤技术的开发与利用不够,煤炭在能源中的战略地位没有得到充分体现;煤炭安全生产状况还没有根本好转。因此,我们要进一步认清形势,开动脑筋,研究问题,总结经验,不断增强使命感和责任感,在工作中坚持创新,与时俱进,努力把我国煤炭工业的发展提升到一个新高度和水平。

二、“十五”期间,中国煤炭工业科学技术发展的总体思路和重点任务

中国是世界能源生产和消费大国。煤炭从资源上讲是丰富、可靠的能源,从经济上讲是廉价、有竞争力的能源,从环境上讲是可以高效、洁净利用的能源。煤炭在未来相当长的时期内仍将是中国的主要能源,作

为中国基础能源的地位是不可动摇的。根据“十五”计划，到 2005 年煤炭在能源生产结构中将下降约 2 个百分点，但煤炭年产量将增加近 2 亿吨。由此可见，未来煤炭工业还有较大的发展空间。

（一）中国煤炭工业科技发展的总体思路

中国煤炭工业的科技发展要继续坚持“科技是第一生产力”的指导思想，适应入世的新形势，依靠科技进步，加大企业技术改造力度，促进产业结构调整，增强企业的技术创新能力、抗灾能力，提高企业竞争力，坚定不移地实施科教兴煤和可持续发展战略，促进煤炭工业向安全、高效、洁净、优质的方向发展。

1988 年，邓小平提出“科技是第一生产力”的论述，深刻地阐述了科技与经济的内在联系，反映了科技在国民经济发展中的战略地位和作用。长期以来，中国煤炭工业的各级领导都十分重视科技，依靠科技进步，使煤炭工业的整体面貌和技术水平发生了很大的变化，一大批具有较高水平的科研成果已经转化为生产力，为煤炭工业的发展做出了很大的贡献。但是，煤炭科技与经济发展的结合还不够紧密，一些煤炭企业依靠科技进步来提高经济的质量与效益的技术创新机制尚不健全，以粗放经营为主的经济增长方式还没有根本改变。为此，要进一步认识“科技是第一生产力”的深刻内涵，扎实推进科教兴煤战略的实施，加强行业技术创新意识和创新能力，推动传统技术和产业的升级和换代。

要从体制、机制、政策等方面积极为技术创新提供有力的支持。把市场需求、煤矿安全生产需求作为研究开发的基本出发点，进一步激活现有的科技资源，充分发挥市场机制在配置科技资源、引导科技活动等方面的基础性作用，加大研究开发和技术推广的力度，使科技成果迅速有效地转化为市场竞争力。要瞄准国际先进水平，把自主研究开发与引进、消化、吸收国外先进技术有机结合起来，实现较高水平上的技术跨越。要坚持近期目标与长期目标相结合的原则，注重和加强基础性研究、战略高技术研究和重大社会公益性研究，不断形成新思想、新理论、新工艺，增强持续创新能力，为应用技术的研究和开发提供技术储备和源泉。江总书记在中央经济工作会议上指出：“明年经济结构调整要把现有企业的技术改造放在突出位置。”因此，提供先进综采技术装备、安全技术装备及洁净煤技术来对现有企业进行技术改造，提升煤炭传统产业的技术水平和竞争力是煤炭科技工作面临的重要任务。

目前，中国煤炭工业的产业结构不尽合理、产品结构单一的矛盾还很突出，由于产业链短，产品附加值低，煤炭企业不能适应市场的变化、及时提供适销对路的产品，在市场竞争中处于较为被动的态势。必须把调整和优化产业、产品结构作为一项重要的工作来抓，以提高煤炭企业应对市场变化能力。为此，要培育和扶植一批有市场发展前景的新兴产业，做到高起点、高科技、高效益。要对一批优势产业进行适度集中，通过产业重组等形式，进一步提高产业的集中度，努力实现规模经营和规模效益，力争在国际市场竞争中占领一席之地。要改变煤炭产业发展中单一化的现状，实现多元化发展，加强煤电联营，发展煤—化工、煤—焦、煤—建材等高耗能和高附加值的产业，进一步拓展和延伸产业链。要重视和发展洁净煤技术，推进洁净煤技术的产业化。还要围绕煤炭生产、加工和利用，开发具有高附加值的煤炭产品，改变目前的产品结构单一、产品科技含量不高的现状。

科技工作必须着眼于赶超国际先进水平，立足于提高煤炭工业的市场竞争力，特别是增强中国煤炭工业在国际市场的竞争力。需要做好以下几个方面的工作：一是进一步提高科技进步对煤炭生产和经济增长的贡献率，改进煤矿机械化装备技术性能低、生产效率低的状况，使用先进的煤炭生产技术和工艺，提高煤炭生产过程中的机械化程度，缩小同发达国家间的差距，为建设高效集约化矿井创造条件。二是加强洁净煤技术的研究和推广，使煤炭真正成为高效、清洁、廉价的可靠能源，进一步巩固煤炭在中国能源发展中的基础地位，为国民经济发展做出更大的贡献。三是搞好基础性和前瞻性技术研究，为煤炭工业整体水平的提高和产业升级奠定基础。四要放眼国际竞争大市场，借鉴和吸收国外先进的管理水平和经验，在与国际接轨的同时，提高中国煤炭工业管理水平，加快现代化建设步伐。五是以建设煤炭技术创新基地为载体，为企业技术改造和升级搭建平台，以加快煤炭工业创新体系建设，不断提高生产企业持续的创新能力，真正把煤炭工业转移到依靠科技进步的轨道上来。

（二）煤炭工业科技发展的重点任务

围绕着煤炭工业发展定位和科技发展目标，要重点开展以下几方面的工作。

1.*建设高效集约化矿井*。从总体上来说，中国目前煤矿开采装备和技术与世界发达国家相比还有相当的差距。因此，须将建设高效集约化矿井和发展高效开采技术作为“十五”期间科研工作的重要任务之一。实现高效集约化生产，要重点解决好矿井开拓布署、开采技术、综采设备配套、综合自动化、提高回采率等关键技术。

一是对现有的矿井开拓方式和巷道布置方式进行革新，研究适合高产高效开采的开拓布置方式，减少巷道掘进量和煤柱损失量。二是研究适合高效集约化生产的新技术和新工艺，从根本上解决目前放顶煤生产中面临的瓦斯涌出量大、采空区丢煤多、粉尘浓度大、回采率低等技术问题，实现开采方式的飞跃。三是开发综采工作面配套技术与装备，包括具有故障诊断和智能控制系统的大功率电牵引采煤机；刮板输送机软启动技术、链条张力同步控制技术和工况监测监控技术；顺槽转载机具有链条张力同步控制技术等。四是研究开发液压支架电液控制技术及配套设备，采用微机电液控制技术，实现液压支架的本架、邻架、成组和远距离控制，顺槽微机集中监测监控，达到快速、安全、高效移架的目的。五是研究开发大功率综采设备安全供电关键技术与装备，智能化大型组合开关和大容量移动变电站。六是研究矿用长距大动力带式输送机多点驱动及监控技术，开发综采工作面设备故障诊断和监测技术等。此外，中国城镇工业建筑物下大量压煤，必须继续注意研究三下采煤技术。

2.*发展洁净煤技术*。煤炭的开发与利用所造成环境问题已成为影响中国经济和社会发展的一个不可忽视的问题，尤其是在一些生产和使用高硫煤的地区。在“十五”期间，要根据煤炭行业的自身特点加快开发和推广应用洁净煤技术。要围绕开发机电一体化大型高效选煤关键技术、细粒煤高效脱水脱硫降灰技术、煤炭液化技术、煤气化技术等关键技术展开。一是国际合作与自主开发相结合，解决煤炭液化过程中的关键技术，力争在“十五”期间建设煤炭液化示范厂，为煤炭的深加工、洁净利用及我国能源结构的调整奠定基础。二是提高大型重介选煤系统的可靠性，力争建设120万t/a以上的大型自动化重介选煤厂。同时改进和完善选煤厂综合自动化技术，提高大型筛分机和跳汰机可靠性。三是研制微细介质旋流器，开发适应大型选煤厂的微泡浮选床，实现重介旋流器－浮选床分选工艺。并以此工艺为支撑，建设全自动、高效、可靠的高硫煤深度脱硫降灰示范厂。四是开展动力煤综合加工（动力煤洗选、配煤、型煤、水煤浆制备等）及产品配送技术、先进煤气化技术、煤炭液化（直接、间接液化）技术、高效低污染燃煤技术及装备、煤气燃用及化工产品合成联产技术、煤基碳材料技术、煤层气开发及利用技术等方面的技术研究。

3.*煤矿安全技术*。煤炭安全技术始终是煤炭行业的一个重点科技任务。“十五”期间，煤矿安全技术发展的重点是应用高新技术解决煤矿重大灾害防治中的关键技术难题，提高煤矿灾害综合防治能力。为此，要重点进行以下几个方面的技术攻关：一是研究煤与瓦斯突出的区域和突出强度预测预报技术；二是研究单一高瓦斯低透气性煤层瓦斯抽放技术，以及大功率煤层钻机具、井下强大钻机具和煤层长钻孔智能辅助钻进系统，提高瓦斯抽放率；三是研究井下隐蔽火源位置探测技术和井下长距离胶带火灾实时监测技术；四是研究新型甲烷传感器，进一步提高甲烷传感器的寿命和稳定性；五是运用计算机技术、网络技术和系统控制论，建立高安全的集约化矿井通风网络，实现矿井通风系统的本安化及灾变时期风流控制和救灾决策的科学化；六是研究小煤矿实用安全综合配套技术和装备，建立小煤矿灾害治理示范矿井。

4.*煤矿深井建井技术*。中国目前煤矿开采已逐渐进入到深井开采阶段，由于深井建设和开采受高地应力、高地温、高瓦斯、高水压、冲击地压影响较大，给矿井建设、生产和维护带来很大难度。要研究解决600 m以上深厚表土冻结施工技术，深部开采中面临的开拓延深、开采部署、矿压控制、安全技术、高地温治理等技术难题；研究千米深井井筒技术装备。

5.*快速掘进与支护技术*。快速掘进与支护技术是提高煤炭开采的速度和安全的关键设备。“十五”期间，要重点开展巷道快速掘进技术与装备的研究。继续对现行的机械化钻—装—运系统加以改进完善和推广；进一步研究锚固技术，形成可操作的、可推广的锚杆支护技术和装备，积极研制与使用水基树脂全长锚固技术，形成用于破碎地层锚固的聚氨脂锚固剂；积极开发短壁开采成套装备与开采技术。

三、推进科教兴煤战略的实施

（一）鼓励建立以企业为主体的产、学、研体系

煤炭工业的发展要建立在科技创新的基础之上，只有从战略的高度把科技进步和企业发展、结构调整、体制改革统一起来，才会不断推动煤炭企业的发展，提高煤炭企业经济增长的质量。

首先，以煤炭科研院所和高校为依托，建设行业技术创新基地，重点开展行业共性、关键性和前瞻性技术研究。加强基础性科研工作，解决制约行业发展的共性技术问题，为提升煤炭行业整体技术水平奠定基础。技术开发要面向生产企业，对关键性技术进行科研攻关，解决制约煤炭生产中的实际困难和问题。还要着眼于煤炭工业的长远发展，努力赶超世界先进水平，开展前瞻性研究，为煤炭工业发展做好技术储备。

其次，要鼓励企业通过深化改革，进一步建立健全技术创新机制，使企业成为技术开发的主体。要积极采用新技术成果和装备对现有矿井进行技术改造，走以技术进步为内涵的扩大再生产道路。大中型煤炭企业要努力建立自己的技术开发中心，增强自身技术开发能力。

第三，煤炭科技工作要始终把经济建设作为主战场，围绕实现煤炭工业的健康发展，把煤炭工业发展中的重点、热点、难点问题作为主要任务。积极推进煤炭

科研院所、高等院校的科技力量与煤炭企业的有机结合,逐步建立适应社会主义市场经济体制和煤炭科技自身发展规律、有利于科技与煤炭生产建设紧密结合的新型科技体制和运行机制。要大力开拓和培育煤炭科技市场,充分发挥市场机制的作用,充分发挥科研人员的积极性,努力解决实际问题。

(二)加大对科研工作资金投入和支持

搞科研开发离不开资金的支持。要鼓励、引导和动员各方面的力量,多渠道、多层次地加大科技投入。对涉及煤炭工业基础性和安全、劳动保护等方面的课题,要积极争取政府的支持与投入;对行业共性技术开发项目,协会要积极协调、引导企业和院所联合攻关,以发挥行业整体优势。

煤炭企业要重视科研开发工作,加大对本企业技术中心的支持。科研机构和高校也要努力增加科技创新和技术开发的投入,通过自己投入、政府或社会支持、吸收煤炭企业资金等多种方式筹措资金。

(三)重视和加强科技队伍建设

科技及经济的竞争,归根到底是人才的竞争。当前煤炭行业要努力稳定现有科技队伍,采取倾斜政策,吸引、培养和造就科技拔尖人才,特别是培养一大批年轻科技人才和经济管理人才,努力营造尊重知识,尊重人才,人尽其才,才尽其用的良好环境和氛围。

科技人才的培养离不开教育。希望涉及煤炭行业各专业的院校要充分利用自身多年建立和发展起来的专业及与煤炭企业的密切关系等优势,继续为煤炭企业培养和输送各级各类人才。煤炭企业则应根据本单位的人才战略规划,主动与院校联系与沟通,通过各种有效途径,培养自己的科技人才,吸收优秀的新生力量,保证煤炭行业的科技队伍不断扩充与壮大。

(四)充分重视工人、技术人员培训的作用

煤炭企业应该有计划的轮训自身的职工队伍,不断更新知识,提高水平,以适应和推动行业科技的更新与发展。探索中国特色的煤炭企业科技发展模式。

兖矿集团公司重视技术创新,不断加大科研资金投入,积极用高新技术嫁接、改造、提升传统产业。他们瞄准世界先进技术,立足于国内生产装备,与科研机构和高等院校联合进行产、学、研攻关,借助企业内、外部的科研力量,完成了重大生产装备国产化改造,提高了企业的技术实力和创新水平,使煤炭生产技术迅速走到行业前列。2000年,兖矿综采队全部达到300万t以上水平,最高产量达到512.61万t,进入国际领先行列。为确保兖矿集团始终在综放技术与装备方面居于国际领先水平,实现集采煤、放煤、运输等生产环节的智能化、自动化,又积极开展国家技术创新项目"年产600万t综放工作面设备配套与技术研究"及"高效集约化综放开采技术及关键装备"的研究与实施工作。事实证明,只有依靠科技进步,用持续的创新意识对待科研和生产,才能在市场竞争中立于不败之地。

神华集团为适应形势发展的需要,尽快步入国际化大型煤炭企业的行列,一直坚持"高起点、高技术、高效率、高效益"的建设方针,走专业化、集约化生产、可持续发展的道路,先后建矿11个,总体规划为6700万t/a,远期规划1亿t/a。实行现代化的管理模式,大规模集中生产,发挥先进装备和技术优势,降低煤炭生产成本,实施以大柳塔为重点的高产高效矿井建设,创建了高产高效管理新模式,探索出"投资少、见效快、滚动发展"的新路子。

1999年开始由基建转向生产,煤炭产量每年以1000万t的速度递增。1999年、2000年分别完成1123万t、2250万t商品煤的生产,2001年商品煤产量将达到3535万t,2002年计划商品煤产量4500万t,力争达到4800万t。矿区的发展主要是靠采用高性能、高可靠性、高效率、世界一流的机电装备和先进的管理手段,创建高产高效、自动化、信息化的现代化矿井新模式来实现的。

煤科总院与陕西省彬县合作探索中小煤矿技术改造的道路。经过技术改造,彬县下沟煤矿在陕西省地方国有煤矿中实现了"三个第一",即第一个采用综合机械化放顶煤技术,第一个采用综合机械化掘进技术,第一个采用全煤巷锚杆支护技术,为陕西省地方煤矿的升级改造做了很好的示范和探讨。走出了一条路子,可以用较少的增量激活较大存量,投资少、见效快、效益高。科技与生产、院所与企业紧密结合,提升企业的技术水平是今后煤炭科技发展的重点。

除以上所述,本次大会还将交流大同、开滦、平顶山、潞安、新汶等煤炭企业根据自身特点推进科技进步的方式,都具有特色。我们还要认真总结其他企业的经验,逐步建立有中国特色的煤炭企业科技发展模式,为煤炭科技发展开创新的途径。

(五)完善质量保证体系,积极与国际市场接轨

中国同世界发达国家相比,在煤炭机械生产和装备方面还有差距。因此,煤炭机械设备生产厂要尽快完善质量保证体系,尽快与ISO9000国际质量标准体系接轨。中国煤炭工业协会要积极推动技术监督工作和煤炭企业全面质量管理工作,促进建立健全质量管理和质量保证体系,推进产品质量和安全认证工作,从而推动煤炭企业产品质量和服务质量的提高,力争使我国煤矿机械产品更多地打入国际市场。

(六)加强国际合作,进入国际技术市场

要通过多种有效方式,学习、引进和借鉴发达采煤国家的先进技术,并在消化和吸收的基础上加以创新,开发出拥有自主知识产权的、符合我国煤炭生产实际的新技术。也可以采用走出去、请进来、联合攻关等多种方式,广开技术合作渠道,充分利用国外的资金、技术、设备,联合进行技术攻关、生产实验等。还要学习国外先进的管理经验和管理模式,洋为中用,不断提升我国煤炭企业的管理水平。

也应该看到中国煤炭工业经过几十年的努力,技术水平也有了长足进展。我国的放顶煤技术、"三下"、特殊建井技术等在国际上处于先进水平。所以我们也要努力参与国际煤炭技术市场的竞争,输出先进采煤技术和装备。

(七)建立高效、务实的科技发展服务支撑体系

中国煤炭工业协会是煤炭行业的综合性社团,贯彻政府技术政策,促进行业科技发展是协会的主要任务之一。协会受政府委托,要协助做好行业科研项目的申报、鉴定、评奖等工作。要组织行业专家研究行业技术改造的方向,注重以技术改造推动行业科技水平的升级。要建立煤炭行业技术咨询系统。本次大会启动的"中国煤炭工业协会免费科技咨询电话系统",是以科研机构、高等院校和知名专家作为技术支撑,帮助煤炭企业解决生产、建设中面临的技术问题。同时,请煤科总院、信息研究院、中国矿大、通讯信息中心等单位联合组建技术咨询系统,在科研开发和生产企业之间建立密切联系的桥梁,推动科研单位、高校更好为生产建设服务。设立中国煤炭工业科学技术奖,成立评奖委员会,搞好科研成果的评审奖励,以进一步激发和调动科研人员技术创新的积极性。

刚结束不久的中央经济工作会议,提出了2002年中国经济工作的总体要求,部署了改革发展和稳定的主要工作,明确了工作重点和实施措施,目标明确,催人奋发。我们要在认真学习大会精神的基础上,着眼于"十五"期间煤炭工业的科技发展,抓住重点,坚定信心,勇挑重担,以江泽民"三个代表"的重要思想为指导,重视生产力,发展生产力,坚定不移地推进科教兴煤战略的实施,以全新的面貌和优异的成绩迎接党的十六大的胜利召开! (作者:中国煤炭工业协会会长)

21世纪初的矿政管理

蒋承菘

(2002年2月8日)

21世纪初是中国实施现代化建设第三步战略目标、进行经济结构战略性调整、完善社会主义市场经济体制和扩大对外开放的重要时期。中共十五届五中全会已经勾画出新世纪之初我国经济社会发展的宏伟蓝图。作为国民经济和社会发展先行和基础的矿产资源勘查和开发利用将在实现这一蓝图中发挥极其重要的作用。但是,我们必须清醒地认识到,我国矿业将面临一系列新的机遇与挑战。工业化进程的加快和人口增长,要求不断扩大矿产资源供给总量,矿产资源供需形势严峻,必须加强矿产资源勘查和开发利用;经济建设与资源、环境协调发展的要求更为迫切,必须转变资源利用方式;经济全球化、加入WTO、科学技术革命,以及全球矿产品市场、矿业投资环境的变化和矿业结构调整,将对我国矿业产生重大而深远的影响。

值此世纪之交的重要历史时刻,有必要总结过去50年特别是改革开放20年矿产资源管理的历史经验和教训,系统地分析矿政管理工作面临的形势,明确提出新时期矿政管理工作的目标任务,以圆满地完成矿政管理工作肩负的历史使命,加强矿产资源勘查和开发利用,促进矿业持续、快速、健康发展,保障国民经济和社会发展的资源基础。

一、矿政管理工作的历史回顾

建国以来,国家高度重视矿产资源的勘查、开发利用及其管理工作。但是,在不同的历史时期,矿产资源管理的体制、目标任务和方式是不同的。以对矿产资源管理影响最深刻的经济体制和管理制度的变革为标准,可以将过去50年的矿产资源管理工作历史划分为三个阶段:

(一)计划经济时期的矿产资源管理(1950~1982)

这个时期矿产资源管理的特点是:国家重视对有关产业活动的管理,对矿产资源没有实行统一的管理,而是依附于有关矿产资源开发的产业管理之中。在产业管理方式上,国家通过统一的计划直接组织矿产资源勘查、开采活动,以计划手段为主的行政管理是矿产资源管理的核心。在产业管理机构上,国家计委统筹安排全国矿产资源勘查、开采活动;地质部门承担组织开展全国地勘工作;有关工业主管部门负责组织实施矿产资源的开发利用。在产业管理对象上，矿产资源勘查、开采活动没有非国有经济成分，国家直接组织和管理矿业经济。

在这个时期，矿业部门是实行计划经济最彻底、最典型的领域，在当时的国民经济和社会发展中发挥了重要作用。但这在一定程度上也是当前矿业部门改革开放双滞后、市场经济体制较难实施的主要原因之一。矿产资源的管理依附于有关矿产资源开发的产业管理，也造成了资源的不合理利用和浪费。

（二）过渡时期的矿产资源管理（1982～1996）

从实行计划经济体制到实行社会主义市场经济体制有一个过渡期，从产业管理到资源管理也有一个过渡期。这个过渡期的前期（1982～1986），主要是进行思想上、组织上和法律上的准备工作。在这个时期，我国矿业领域发生了一些具有重大影响的事情：

一是1982年5月五届全国人大常委会第23次会议决定，将地质部改为地质矿产部，并增加了"对矿产资源的合理开发利用进行监督管理，对地质勘查全行业的活动进行协调"的职能。地矿部牵头组织起草了新中国第一部矿产资源法律——《中华人民共和国矿产资源法》（以下简称矿法）。

二是自1983年起，乡镇集体矿山企业和个体采矿蓬勃发展，为我国矿业经济注入了新的活力，对弥补当时矿产品的不足、促进地区经济发展作出了贡献；但是，由于开采技术落后，开发利用效益低下，也造成了矿产资源的浪费和破坏等负面影响。

三是外商投资开始进入我国矿业。1982年，国务院发布了《中华人民共和国对外合作开采海洋石油资源条例》，海洋石油勘查开发率先进行改革和对外开放，走出了一条成功的合作勘查、开采矿产资源的新路子。

这个时期矿产资源管理的主要特点是：国家对矿业活动的管理方式仍是以计划手段为主的行政管理；国家着手考虑矿产资源的统一管理问题，并首先从立法上和管理体制上付诸实施；随着集体企业、个体采矿和外商投资企业等非国有经济成分的出现，市场开始在矿业经济中发挥作用；矿产资源管理的法制建设被提上议事日程。

过渡期的后期（1986～1996），矿政管理工作取得了重要进展：

一是加强了矿产资源的集中统一管理，初步建立了矿产资源管理法律制度体系。1988年和1993年政府机构改革时，进一步明确地矿部"对地质矿产资源进行综合管理；对地勘工作进行行业管理；对矿产资源的合理开发利用进行监督管理；对地质环境进行监测、评价和监督管理"等四项基本职能。这四项职能逐步延伸到省、市（地）、县级。1986年，全国人大常委会颁布了矿法，随后，国务院相继发布了《矿产资源勘查登记管理暂行办法》、《全民所有制矿山企业采矿登记管理暂行办法》、《矿产资源监督管理暂行办法》、《矿产资源补偿费征收管理规定》和《矿产资源法实施细则》等行政法规，这标志着我国矿产资源管理走上了法制化轨道。

二是积极推进了矿产资源勘查开发领域的改革和开放。1994年，国务院决定对采矿权人征收矿产资源补偿费，从而结束了我国无偿开采矿产资源的历史。自1982年《中华人民共和国对外合作开采海洋石油资源条例》公布实施以来，我国海洋石油对外合作进一步扩大，并取得丰硕成果。1993年国务院又发布了《中华人民共和国对外开采陆上石油资源条例》，为陆上石油对外开放提供了法律依据，对外合作勘查、开采陆上石油、天然气开始起步。但由于各种原因，固体矿产对外开放没有取得大的进展。

三是加强了行政执法和监督检查，促进了矿业秩序治理整顿。1989年以后，全国人大和原地矿部、财政部、监察部、国务院法制局多次联合对矿法及有关法律法规的执行情况进行了检查。这些检查层次高、范围广、影响深，大大促进了矿产资源立法和执法中一些重要问题的解决。1995年国务院下发《关于整顿矿业秩序维护国家对矿产资源所有权的通知》后，在全国范围内组织开展了大规模的矿业秩序治理整顿工作，取得了显著成效。但是，由于导致矿业秩序问题的深层次原因尚未完全消除，巩固和维护正常的矿业秩序的任务仍然相当艰巨。

四是矿产资源监督管理和矿产资源储量管理走上了规范化、制度化轨道。开展了45种主要矿产资源对2000年、2010年国民经济与社会发展的保证程度论证，为全国和地方经济发展提供了战略性政策建议，为矿产资源勘查、开发与管理决策提供了科学依据。

（三）加速向社会主义市场经济体制转变的矿政管理（1997年～）

这个时期的矿政管理根据社会主义市场经济体制的要求，发生了一系列重大转变，主要特点：

第一，初步建立了基本适应社会主义市场经济体制要求的矿政管理制度和探矿权、采矿权市场规则。1996年8月29日，八届全国人大常委会第21次会议通过并公布了修改矿法的决定。1998年2月，国务院相继发布《矿产资源勘查区块登记管理办法》、《矿产资源开采登记管理办法》、《探矿权采矿权转让管理办法》。修改后的矿法及其配套法规在探矿权、采矿权管理制度改革上取得了突破性进展，建立了探矿权、采矿权有偿取得和依法转让的法律制度；调整了开采矿产资源审批、颁发采矿许可证的权限；确立了探矿权人优先取得勘查区内采矿权的法律制度,强化了探矿权、采矿权的排他性,有效地保护了探矿权、采矿权人的合法权益。矿法的修改,对维护国家矿产资源的所有权,促进矿业的持续、快速、健康发展,发挥矿业对国民经济可持续发展的支持作用将产生深远的影响,标志着我国矿产资源管理进入了一个新的阶段。

第二,政府机构改革与职能调整,确立了全国矿产资源集中统一管理的构架。1998 年,根据九届全国人大一次会议关于国务院机构改革方案的决定和《国务院关于机构设置的通知》,在原地质矿产部、国家土地管理局、国家海洋局、国家测绘局的基础上组建了国土资源部;原全国矿产资源委员会及其办事机构以及冶金工业部等部门和单位行使的矿产资源行政管理职能划入国土资源部。

第三,矿业体制发生了重大变革。1998 年国务院机构改革后,矿业领域初步实现政企分开,政府不再直接组织或者干预矿业企业的生产经营活动。三大国家石油公司成为自负盈亏、自主经营、上下游一体化的市场竞争主体。煤炭、冶金、有色、化工矿山等矿业企业大部分实现属地化。

第四,地勘体制改革,形成了地勘工作新体制的总体框架。其主要内容是:按照建立社会主义市场经济体制的要求,国家组织开展公益性地质调查评价,为矿产资源规划和管理决策提供依据,为商业性矿产资源勘查提供基础信息服务,降低投资风险;国家通过政策引导和扶持,鼓励多渠道社会投资开展适应市场需要的商业性勘查工作,逐步形成以商业性勘查为主体、公益性调查评价与商业性勘查互相促进、良性循环的新局面。根据国务院批准的改革方案,原地矿部所属的地勘队伍实施属地化管理,有关工业部门所属的地勘队伍也分别实施了属地化、企业化改革。按照新体制的要求,组织实施了新一轮国土资源大调查。

第五,初步建立了矿产资源勘查、开发利用宏观调控体系。按照矿法及相关法规的规定,国土资源部已经发布了《矿产资源规划管理暂行办法》,组织编制了《全国矿产资源总体规划纲要》,并组织开展了省级矿产资源规划试点。通过制定有关宏观调控政策,着力解决生产力布局不合理、资源利用率低、资源浪费和生态环境破坏严重等问题。

第六,加强了矿政管理基础建设。按照矿产资源有关法律法规的要求,组织开展了勘查许可证、采矿许可证的换证工作。通过换证工作,协调解决了大量矿业纠纷,促进了矿山企业通过联合、兼并等形式进行改革、改组、改造,推进集约化经营,提高资源利用水平和经济效益。修订了《固体矿产资源/储量分类》国家标准,实现了我国矿产资源储量分类与国际惯例接轨。按照新的分类标准,对 45 种主要矿产进行了储量套改。

综上所述,新中国成立 50 多年来,特别是改革开放以来,我国矿产资源管理工作发生了深刻的变化,概括为以下几方面:一是矿产资源管理体制从分散管理转向集中统一管理,从政企(事)合一转为政企(事)分开,并与其他资源(土地、海洋)的管理逐步有机地结合起来;二是矿产资源使用机制从无偿开采转为有偿开采,从探矿权、采矿权无偿取得转为有偿取得,从探矿权、采矿权不得转让转为可以依法转让;三是矿产资源管理的方式从以行政手段为主逐步转为以法律手段为主,经济、行政、技术等手段并用;四是矿产资源管理的内容从直接组织、干预地勘单位和矿山企业的勘查、开采活动逐步转为以探矿权、采矿权管理为核心;五是矿产资源管理的对象从单一的国有企事业单位逐步转为多元化矿业经济成分;六是矿产资源勘查和开采逐步从无序转为有序。

新中国成立 50 多年来,中国矿产资源勘查与开发利用取得了巨大成就。但是,当前矿产资源的形势相当严峻,对经济社会发展的支持力度正呈下降趋势,资源总量、结构与布局存在着一系列深层次的矛盾。矿产资源供需总量失衡,后备资源储量的增长速度赶不上消耗的速度,45 种主要矿产的现有储量,能够保证 2010 年需要的只有 24 种,能够保证 2020 年需要的只有 6 种。能源矿产结构性矛盾突出,石油面临长期短缺,煤炭开发方式落后,严重污染环境;大宗金属特别是铁、铜、锰、铬等矿产对外依存度不断攀高;相当一部分优势矿产资源的优势正在丧失;主要农用矿产硫、磷矿的质量低劣,钾盐严重短缺;地下水的过度开采产生一系列问题;资源分布与工业布局的配置不理想。与发达国家和跨国公司不断加强对世界矿产资源的控制相比,中国参与利用全球矿产资源的竞争力尚差,未形成立足全球的矿产资源可持续供应体系。

中国矿产资源的严峻形势,促使我们要在矿产资源方面推进一系列的战略转变:从自给自足、以国内供应为主,转到面向国际市场建立稳定、安全、经济、多元的全球矿产资源供应体系;从以东部和中部矿产勘查开发为主,转到向西部、海洋和深部推进;从规模扩张、粗放开发,转到对矿产资源集约开发利用;从主要依靠国家投入,转到多渠道投入、建立商业性勘查开发新机制;从侧重于矿产资源开发利用,转到在保护中开发、在开发中保护。通过推进这些战略转变,努力提高国内矿产资源的供应能力,提高我国对全球矿产资源市场的影响控制力,防止矿产资源供应中断,防止外国对全球资源垄断,防止国有资源权益流失,以矿产资源的可持续供应来保障国民经济的可持续发展,维护国家经济安全和区域社会稳定。

实现矿产资源的上述战略转变，对矿政管理工作提出了新的、更高的要求。然而，当前的矿政管理工作还存在着一些与社会主义市场经济体制不相适应的地方。第一，矿政管理的格局与社会主义市场经济体制还不相适应。现行的矿政管理模式是计划经济体制下的事业部门主要按照产业的生产过程设定的，即按照矿产资源勘查、开发过程设定了地质勘查行业管理、矿产资源储量管理、矿产资源开发管理以及地质环境监督管理，这四个方面的管理构成了矿政管理的基本格局。这种模式难以适应社会主义市场经济体制对资源管理的客观要求。第二，矿政管理的内容与社会主义市场经济体制还不相适应。鉴于历史的原因，前一个时期矿政管理工作着力于矿业秩序治理整顿，矿产资源的宏观调控和监督管理的力度显得不够，这有碍于保护与合理利用矿产资源这个根本目标的实现。第三，探矿权、采矿权市场还不够发育，运行规则还不够完善。在社会主义市场经济体制下，依靠改革建立和健全探矿权、采矿权市场是推动矿业发展的根本途径，但目前我国探矿权、采矿权市场及与之相关的矿业资本市场还不够发育和规范，制约了中国矿业的发展。第四，社会服务职能还不到位。矿产资源调查评价工作还不能满足国民经济和社会发展的需要，地质环境调查评价与监测工作还达不到为预防和减少地质灾害提供科学依据的目的，国土资源调查评价资料的数字化水平还不高。第五，矿政管理法制建设尚不完善。尽管1996年对矿法进行了修改，确立了探矿权、采矿权有偿取得和依法转让等法律制度，但由于矿法实施细则等有关配套法规还没有出台，矿法中的一些规定尚难以具体操作。矿政管理工作任重而道远。

二、21世纪初矿政管理的目标和主要任务

矿政管理是国家行政管理的重要组成部分，是国家地质矿产行政管理机关及其公务员依据宪法和法律法规的规定，在国家授权的职责范围内，管理地质矿产勘查、开发和地质环境保护活动中的社会公共事务的行为。矿政管理是国家行政管理的一种特殊形式。国家矿政管理机关兼具社会公共事务管理者和矿产资源所有者代表的双重身份，负有维护国家对矿产资源的所有权益及管理矿业活动和地质环境保护活动中的社会公共事务的双重职责。

（一）矿政管理的职能转变与主要目标

1993年11月，中共十四届三中全会的决议指出："政府管理经济的职能，主要是制定和执行宏观调控政策，搞好基础设施建设，创造良好的经济发展环境。同时，要培育市场体系、监督市场运行和维护平等竞争，调节社会分配和组织社会保障，控制人口增长，保护自然资源和生态环境，管理国有资产和监督国有资产经营，实现国家的经济和社会发展目标。"1998年3月，九届全国人大一次会议通过的国务院机构改革方案进一步明确指出："要把政府职能切实转变到宏观调控、社会管理和公共服务方面来，把生产经营的权力真正交给企业。"宏观调控主要是运用规划、财政、税收、金融等政策手段保护经济总量基本平衡，调整、优化经济结构，促进国民经济持续、快速、健康发展。社会管理主要是培育市场体系，监督市场运行和维护平等竞争。公共服务主要是控制人口、保护环境、保护自然资源和加强基础设施建设。因此，对矿产资源勘查、开发活动进行宏观调控、社会管理和公共服务应当作为国家矿政管理机关的基本职能。

中国宪法和矿法规定，矿产资源属于国家所有，地表和地下的矿产资源的国家所有权，不因其所依附的土地的所有权或者使用权的不同而改变。矿法及其实施细则规定，由国务院行使国家对矿产资源的所有权，具体是由国务院地质矿产主管部门即现在的国土资源部代表国务院行使。

根据上述考虑，21世纪初，国家矿政管理机关管理矿产资源及其勘查、开发活动的主要目标：

一是实现和维护国家对矿产资源的所有权。通过界定探矿权、采矿权及与之有关的权利义务关系、设置和授予探矿权、采矿权、监督探矿权、采矿权人履行法定义务，以实现国家作为矿产资源所有者的意志；征收和管理矿产资源补偿费，实现国家对矿产资源所有权的经济权益。

二是运用矿产资源规划和矿业政策等宏观管理手段，调控矿产资源的勘查、开发利用总量，调整优化矿业结构，改善矿业投资环境，培育和规范矿业生产要素市场，促进矿业的持续、健康发展，保障国民经济和社会发展目标的实现；保障矿业收益在不同利益主体之间的公平分配。

三是制定市场规则，培育和完善探矿权、采矿权市场，并通过对市场和矿业活动的监督，保障矿产资源得到科学合理的开发利用和有效保护；最大限度地减轻矿业活动对土地和生态环境的破坏；维护正常的矿业秩序，保护探矿权、采矿权人的合法权益。

四是以国家公益性的矿产资源和地质环境调查、监测、评价分析为基础，建立和完善地质矿产信息系统，完善国家矿政管理机关的服务机制，为国家决策部门、国内外矿业投资者和社会公众提供及时、可靠的信息服务。

（二）矿政管理的基本任务

1.*矿产资源所有权管理*。矿产资源所有权是指对矿产资源的占有、使用、收益和处分的权利。世界上大

多数国家的宪法或法律明确规定矿产资源属于国家所有。我国宪法和矿法确立了矿产资源属于国家所有的制度,但这并不意味着一定由国家自身直接从事矿产勘查、开采活动。国家可以通过法律法规设定探矿权、采矿权(探矿权、采矿权),确定矿产资源所有者与探矿权、采矿权人之间的权利义务关系,通过法定的程序授予符合特定资格和条件的法人或公民以探矿权、采矿权,由探矿权、采矿权人具体实施矿产资源勘查、开采活动。社会主义市场经济体制的逐步建立、矿业管理体制改革的不断深化和矿产资源法律体系的逐步完善,为矿产资源所有权与使用权分离创造了必要的条件。

① 探矿权、采矿权管理。探矿权、采矿权管理是实现国家对矿产资源的所有权的主要方式之一,是矿政管理工作的核心。国家以矿产资源所有权人的身份,通过对探矿权、采矿权管理,实现其对矿产资源的所有权的基本要求。探矿权、采矿权管理的主要内容包括:界定探矿权、采矿权的性质、时间与空间限制;设定取得探矿权、采矿权的资格、条件和程序;界定探矿权、采矿权人的权利与义务;探矿权、采矿权的审批与授予;管理探矿权、采矿权使用费的征收和使用;探矿权、采矿权转让管理;探矿权、采矿权人合法权益的保护。探矿权、采矿权是按照法定的行政程序取得的,而不是通过订立合同的方式取得的,这与其他用益物权取得的方式有所不同。勘查、开采矿产资源,必须依法分别申请,经批准取得探矿权、采矿权。探矿权、采矿权的审批与授予的主要内容包括:审查探矿权、采矿权申请人的资质条件;审查勘查计划或采矿方案,以保证矿业活动符合法律法规规定的要求和国家的矿业政策,特别是保证矿产资源得到科学合理的开发利用;审查其他申请文件和资料(如地质资料、环境影响报告等);对审查合格者授予探矿权和采矿权,变更探矿权、采矿权。

国家保护探矿权、采矿权人的合法权益。矿法规定:国家保护探矿权和采矿权不受侵犯,保障矿区和勘查作业区的生产秩序、工作秩序不受影响和破坏;探矿权人有权优先取得勘查作业区内矿产资源的采矿权;在勘查许可证有效期内和探矿权保留期内,除该探矿权人外,任何单位和个人都无权申请该勘查作业区内矿产资源的探矿权、采矿权,探矿权、采矿权管理机关也不得将该勘查作业区的探矿权、采矿权授予他人。

② 实现矿产资源所有权的经济权益。国家凭借对矿产资源的所有权对采矿权人征收矿产资源补偿费,这是世界各国的通行做法,也是市场经济的客观要求。矿产资源是不可再生的。采矿权人开采了矿产资源以后,这部分矿产资源的价值就转移到矿产品中去了,所以采矿权人要对矿产资源所有权人进行补偿,以实现矿产资源的保值。矿产资源补偿费不是对地勘费的补偿,而是对矿产资源本身的补偿。矿产资源补偿费在国外叫权利金,在我国石油对外合作中叫矿区使用费。

矿产资源补偿费与矿产资源税不同。矿产资源补偿费是国家凭借其所有权人的身份向使用者征收的一种费用,它体现的是国家对矿产资源的所有权,调整的是矿产资源所有者与使用者之间的财产关系;而矿产资源税是国家凭借其管理者的身份就使用者所取得的超额利润向使用者征收的一种税赋,它体现的是国家对矿产资源进行管理的行政权益。在社会主义市场经济条件下,应尽可能地通过调整财产关系来调整矿产资源所有者与使用者之间的关系。

③ 矿产资源勘查开发利用监督管理。国家矿政管理机关既可以矿产资源所有者代表的身份,也可以社会事务管理者的身份对矿产资源勘查、开发利用活动进行监督管理。矿业监督管理主要目的是保证有关法律法规在矿业活动中得到遵守,实现矿业可持续发展。

监督的主要方式包括:参与审查探矿权、采矿权申请人提交的勘查计划或采矿方案;审查探矿权、采矿权人提交的年度工作(勘查或开采)报告;勘查许可证和采矿许可证年度检查;矿产督察(矿山检查);抽样调查;建立并实施履约保证金制度。

监督的主要内容包括:监督探矿权、采矿权人是否履行依法缴纳税费、定期提交工作报告、投入最低工作费用、保障矿山安全与职工健康等法定义务;监督探矿权、采矿权人在探矿权、采矿权赋予的权利范围(包括时间、空间等)内从事矿业活动;检查探矿权、采矿权人是否按批准的勘查计划或采矿方案进行矿业活动,以保证矿产资源得到科学合理的开发利用;监督检查探矿权、采矿权人是否执行经批准的环境保护计划;监督检查探矿权、采矿权人是否执行经批准的矿地复垦计划;对不依法履行缴纳矿产资源补偿费、缴纳探矿权、采矿权使用费、执行矿业环境保护计划和矿地复垦计划义务的探矿权、采矿权人,依法划扣履约保证金;查处非法矿业行为。

2. *矿产资源勘查开发利用的宏观调控*。对矿产资源勘查开发利用活动进行宏观调控的主要手段包括矿产资源战略、矿产资源规划和矿产资源政策。矿产资源战略是统帅整个矿政管理工作的根本指导思想,是制定矿产资源规划和矿产资源政策的依据。矿产资源规划和矿产资源政策是实施矿产资源的战略手段。矿产资源规划与政策的分工是:规划是对规划期内矿产资源勘查、开发利用活动系统的、总体的安排和布局;而政策则是在特定时期内针对矿产资源勘查、开发利用活动的特定目标、特定问题、特定领域或者范围而采取的措施,是一种更为灵活的宏观调控手段。

① 矿产资源战略。矿产资源战略是站在国家高度，在对当前矿产资源勘查、开发利用及其管理的现状和主要问题进行深刻的分析和对今后较长一个时期内矿产资源供需形势进行科学预测的基础上，为实现矿产资源勘查、开发利用，满足国民经济和社会发展需要的根本目标必须解决的关键问题而提出若干治本方略。

根据21世纪初中国矿产资源的形势和实施第三步战略目标的要求，我国应为确立并实施下列矿产资源战略：实施全球矿产资源战略，建立稳定、安全、经济、多元化的矿产资源供应体系；实施开拓资源新区战略，加大西部、海洋和深部矿产资源勘查、开发利用力度；实施能源结构调整战略，大力发展高效洁净能源和新能源；实施技术创新和体制创新战略，依靠科技进步与创新，促进资源利用方式的转变，提高矿产资源勘查水平和利用效率；实施可持续发展战略，坚持以人为本，促进矿产资源开发利用与生态建设和环境保护协调发展；实施战略性矿产储备战略，应对国内紧缺支柱矿产供应中断和国际市场的突发事件，保障国家经济安全。

② 矿产资源规划。矿产资源规划是实现矿政管理的根本目标和矿产资源战略的主要手段之一。矿产资源规划是国家和地区以保障一定时期内国民经济和社会发展对矿产资源的需求，有效地保护与合理开发利用矿产资源、保护生态环境为目标，根据全国或地区矿产资源的特点，对矿产资源的调查评价、勘查、开发利用与保护、矿山生态环境保护等，在时间上和空间上所作的总体安排和布局。

全国矿产资源总体规划纲要作为指导全国矿产资源调查评价、勘查、保护与合理利用的纲领性文件，提出的主要目标任务是：加强地质调查评价与勘查，提高矿产资源对国民经济的可供性；有效调控矿产资源开发利用总量，保障能源、原材料矿产供应安全，优化资源利用结构和布局；转变资源利用方式，提高资源利用效率；改善矿山环境状况；初步建立适应社会主义市场经济体制要求的宏观调控体系和矿业市场体系。

矿产资源规划由全国性矿产资源规划、行业性矿产资源开发规划和地区性矿产资源规划构成。下级矿产资源规划必须服从上级矿产资源规划，专项规划要服从总体规划，行业性规划和地区性规划要服从全国性规划。

③ 矿产资源政策。矿产资源政策是国家矿政管理机关及其他国家行政机关在特定时期内，运用法律法规规定的和有权机关授予或者委托的行政手段，运用投资、税费、金融、信贷、价格等经济手段以及有关的技术手段等，对矿产资源勘查、开发利用及与之有关的活动进行调控的行为规范的总和。

按照政策工具的不同，可将矿产资源政策分为产业政策、行政政策、经济政策、技术政策等。按照政策调控对象的不同，可将矿产资源政策分为矿产资源调查评价与勘查政策、矿产资源开发利用政策、矿产进出口政策、利用外资勘查开采矿产资源政策、“走出去”到国外勘查开发矿产资源政策、矿产资源战略储备政策、矿山生态环境保护政策、矿产资源保护政策、矿产资源综合利用政策、矿产资源勘查开发区域政策等。

矿产资源政策是一种非常重要的对矿产资源勘查、开发利用活动进行宏观调控的手段。建立科学、合理、有效的矿产资源政策体系，对实现特定时期国家矿产资源战略和矿产资源规划的目标具有十分重要的意义。目前，我国已经形成了一系列的矿产资源政策，其中相当一部分是针对计划经济体制下的矿产资源形势和管理情况制定的，迫切需要根据已经发生了重大变化的形势和矿产资源勘查开发利用及其管理的目标任务，进行清理、修改、补充和完善。

3.矿产资源的社会管理。

① 培育和规范矿业生产要素市场。矿业生产要素市场主要是探矿权、采矿权市场和矿业资本市场，两者相辅相成。探矿权、采矿权市场运行机制的核心是，探矿权、采矿权在不同持有者之间，按照市场经济规律进行流转，从而达到优化配置资源的目的。按照流转的方向和对象，探矿权、采矿权市场分为一级市场(即探矿权、采矿权出让)和二级市场(探矿权、采矿权转让)。探矿权、采矿权一级市场由国家垄断，国家矿政管理机关根据需要和实际情况，依法采用行政授予、协议、委托、招标、拍卖等形式出让探矿权、采矿权。探矿权、采矿权二级市场是探矿权、采矿权转让人和受让人为了各自的经营目的而依法进行的探矿权、采矿权交易，是在两个或多个平等的民事主体之间进行的。探矿权、采矿权流转的方式有出售、作价出资、股权转让、出租、抵押、继承等。矿政管理机关的重要任务之一是依照矿法及有关法规的规定，对探矿权、采矿权市场进行管理，维护正常的探矿权、采矿权市场秩序。探矿权、采矿权转让管理包括：审查探矿权、采矿权转让人和受让人的条件；审查转让申请和转让合同；审批探矿权、采矿权评估机构，管理探矿权、采矿权评估活动；决定是否批准探矿权、采矿权转让申请，管理由国家投资形成的矿产地的探矿权、采矿权转让。

建立了探矿权、采矿权市场运行机制和管理制度，并不意味着探矿权、采矿权市场就能发育起来。我国目前探矿权、采矿权市场及与之相关的矿业资本市场不发育，主要原因在于矿业改革和开放严重滞后，矿业投资和经营环境较差。为此，积极推进矿业体制和机制改革，扩大固体矿业领域对外开放，改善矿业投资环境，是建立我国探矿权、采矿权市场和矿业资本市场的当务之急。

② 巩固和维护正常的矿业秩序。正常的矿业秩序是指探矿权、采矿权人的勘查、开发利用矿产资源的行为全面纳入法制轨道。简言之，即各级矿政管理机关依法行政，探矿权、采矿权人依法办矿。巩固和保持正常的矿业秩序，是21世纪初矿政管理工作的基本目标任务之一，对于维护国家对矿产资源的所有权，保护探矿权、采矿权人的合法权益，促进矿业持续、快速、健康发展，具有十分重要的意义。矿业秩序既是矿产资源所有权管理的基础，又是社会经济秩序的重要组成部分，因此，国家《国民经济和社会发展第十个五年计划纲要》(草案)将整顿和维护矿业秩序作为国家在"十五"期间的一项重要任务。

③ 矿产资源储量管理。矿产储量管理的主要目的是：摸清全国矿产资源家底，提供矿产资源形势报告，为国家决策服务。矿产资源储量管理的主要内容包括：制定矿产资源储量的标准、规范；管理储量评估机构的资质，认定评估结果，进行矿产储量的登记、统计与动态分析；研究矿产可供性，提出矿产资源形势报告；确认矿产地的矿床规模，为划分不同级别矿政管理机关对开采矿产资源的审批、发证权限提供依据；按照用户的要求，提供矿产储量认定服务。

④ 地质环境管理。地质环境管理是矿政管理的重要内容之一，其含义是指矿政管理机关依据宪法和矿法、水法、环境保护法等法律法规，在国务院赋予的地质环境保护管理职能范围内，对地质环境保护、利用、治理等活动中的社会公共事务进行的管理。地质环境管理的目的是，防止、控制和减轻地质环境向不利于人类生存活动的方向发展，预防和治理各种地质因素和过程对人类生存、生产和生活的危害和破坏；鼓励合理利用地质环境，为保护和改善地质环境作出积极的贡献，实现既能促进经济发展，满足人类需要，又不超出地质环境容许极限的目标。地质环境管理的主要任务是：制定地质灾害与地质遗迹的管理办法，依法确认地质灾害与地质遗迹的调查成果，组建地质灾害监测网站，指导地质灾害的监测工作，发布地质灾害预报，检查与监督地质灾害的防治，协调重大地质灾害的治理，认定具有重要价值的古生物化石产地、标准地质剖面等地质遗迹保护区。

4.矿政管理中的公共服务。

① 基础地质调查。基础地质调查是国土资源大调查的重要组成部分。基础地质调查的主要任务是，在以往工作的基础上，按照新的工作内容和技术要求，实施区域地质、水文地质、工程地质、环境地质、物探、化探、遥感等综合内容的调查工作，分析提出地质生态环境综合评价意见，形成地质、资源与生态地质环境评价等内容的系列基础图件。以1∶25万综合调查评价为主，基本查清主要经济区带的基础地质、矿产资源、生态地质环境等基本情况，系统采集基础信息资料数据，提交可供政府宏观决策和社会广泛使用的综合评价报告。同时，在重要经济区带、大中城市、重要工农业开发区、重大工程建设区有针对性地开展区域地质、城市地质、农业地质、水文地质、工程地质、环境地质等不同主题的1∶25万专项调查。开展1∶100万海域综合调查，在重点海域及海岸带进行中比例尺的综合调查评价。

基础地质调查工作要与国家生产力布局相适应，优先开展不同专业地质调查空白区工作，开展国家重要经济区带、大中城市及近期重点发展地区、重要成矿远景区的基础调查评价工作，提高我国基础地质调查程度。同时开展若干重大地学基础理论研究和国土资源技术经济综合评价研究，探索区域基础调查评价和地学基础研究紧密结合的创新体系，力争在地学理论上创新和突破。

② 矿产资源调查评价。矿产资源调查评价工作要以重要成矿区带矿产资源潜力评价为核心，以国家急缺矿种为重点，调查全国矿产资源潜力，发现和评价一批新的矿产资源富集区，引导商业性矿产资源勘查、开发，提高矿产资源保证程度。有重点地开展地下水资源调查评价，缓解我国水资源短缺的矛盾。适度开展海洋矿产资源和国外矿产资源调查，扩大资源供应渠道。矿产资源调查评价工作重点要向国家急需的矿种倾斜，力争取得重大发现，向我国中西部矿产勘查工程程度较低的待开发地区倾斜。强化新地区、新成矿类型的区域矿产和异常查证工作，以成矿区带矿产资源潜力调查评价为核心；加大中西部矿产资源调查力度，并进一步查清全国矿产资源的基本状况。系统收集分析国外矿产资源和矿业开发资料，引导企业向境外投资；以科研为先导，开展矿床成因及预测方法研究，实现地质理论的重大突破。

③ 地质环境调查评价与监测。地质环境调查评价与监测是矿政管理机关履行地质环境行政管理职能、向社会提供地质环境信息服务的基础性工作。地质环境调查评价的主要任务是：综合运用多种技术手段和方法，查明地质灾害可能发生的地点、影响和范围、产生的原因，评估地质灾害可能产生的危害和损失的程度，为发布地质灾害预警预报信息、组织开展地质灾害防治工作提供科学依据。地质环境监测的主要任务是：通过建立全国地质环境监测网络体系，监测区域地下水的数量和质量的动态变化情况，预测其可能产生的缓变型地质灾害及对区域生态环境的不利影响，为

合理开采地下水资源、防治缓变型地质灾害、保护生态环境提供科学依据；以群测群防为主要手段，监测崩塌、泥石流、滑坡等突变型地质灾害，为地质灾害预警预报和防治提供科学依据。

④ 实施数字国土工程，提供地质矿产信息服务。通过实施数字国土工程，实现国土资源调查评价资料的数字化，解决我国目前存在的地学数据分散、保存方法落后、查询不便、利用率低等问题。

提供公益性、基础性地质资料。国家出资开展的基础性、公益性地质工作，资料提供给全社会共享。

提供探矿权、采矿权信息服务。在换证的基础上，建立并不断完善、及时更新全国探矿权、采矿权管理数据库系统和探矿权、采矿权管理信息公开查询系统，实现全国各级矿政管理机关联网管理探矿权、采矿权，保证探矿权、采矿权的排他性，避免重复发证，同时为社会提供及时、方便、准确的探矿权、采矿权信息服务。

提供地质环境信息服务。为了有效地保护与合理利用地质环境，防治、减轻地质灾害给人类造成的危害，矿政管理机关要为社会提供有关地质环境的信息服务。

(三)矿政管理的重点任务

保护与合理利用矿产资源是矿政管理的重要任务目标。但是，在不同的历史时期，由于国情、矿情及矿业经济体制和管理体制的变化，矿政管理的具体目标和任务是有所不同的。

当前，我国矿产资源形势严峻，一方面一些重要矿产资源短缺，自给能力降低，另一方面资源浪费不合理利用的现象还严重存在，资源开发中的环境问题越来越突出，如何在宏观上控制资源的总量平衡，在微观上加强合理利用矿产资源的监督，协调好开发与环保的关系，这些问题都应提到议事日程上来。1996年矿法修改的核心内容之一是将市场机制引入矿产资源勘查、开采领域。修改后的矿法为建立探矿权、采矿权市场、矿业资本市场等矿业生产要素市场提供了法律保障。但是，除石油天然气勘查、开发领域外，矿业体制改革和对外开放严重滞后，投资和经营环境较差，矿业生产要素市场不发育、不规范，整个矿业行业缺乏活力。如何培育和健全探矿权、采矿权市场，规范市场交易行为，既能促进矿业的发展，又能保持良好的市场秩序已成为当务之急；转变政府职能，提高行政能力，完善各项基础工作，做好社会服务，都将是做好矿政管理工作的重要条件。

因此，21世纪初，我国矿政管理的重要任务是：在正在形成的适应社会主义市场经济体制的矿政管理格局的基础上，确保矿产资源的国家所有者权益；以探矿权、采矿权管理为核心，综合运用规划、政策等宏观调控手段，调控资源利用总量，优化资源利用布局和结构，促进资源利用方式从粗放向集约转变，不断提高合理利用矿产资源的水平；加大改革和开放的力度，改善矿业投资环境，培育和规范矿业生产要素市场，促进矿业经济竞争的提高；加强矿政管理基础建设，提高各级公务员的行政意识，加大依法行政力度，强化政府服务功能。

在转变管理方式中，要切实探索资源分级管理的模式：中央一级矿政管理部门要加大宏观调控的力度，着重抓好有关政策、法规和规划的制定工作，对全国特大型矿山企业进行监督管理，为全国矿山企业提供相关服务；省一级矿政管理部门要对辖区内的重要矿产资源进行管理，对辖区内的大型矿山企业进行监督管理，履行好污染法规赋予的探矿权、采矿权管理职能，为辖区内的矿山企业提供相关服务；县(市)一级矿政管理部门要对辖区内的非重要矿产资源进行管理，对辖区内的小型矿山企业进行监督管理，维护辖区内正常的矿业秩序，为辖区内的矿山企业提供相关服务。

(作者：国土资源部副部长、中国矿业联合会常务副会长)

建设绿色矿山　塑造现代矿业城市新形象(节选)

程安东

一、创新思维，确立绿色矿山新理念

在矿业产业中确立一个新的理念，即绿色矿山新理念，加强环境保护，建设绿色矿山，积极探索一条可持续发展的路子，尽快走出矿竭城衰的困境。众所周知，“绿色”是环保的概念，是国际公认的标志。所谓绿色矿山就是环保型矿山，是重视环保、关注可持续发展的矿业生产新模式。其主要特征是：坚持矿产资源开发与生态环境治理同步，长远规划，合理布局，实现矿山开采科学有序，人居环境优美舒适，既造福当代，又泽及子孙；坚持依靠科技进步，强化依法管理，实现开采技术水平高，工艺设计新，“三废”污染小，综合治理，变废为宝;坚持“谁采掘、谁复垦”,“谁治理、谁受益”原则,实现地下付出地上补,随着地下矿产资源的递减枯竭,充分利用地上资源,“打绿色牌、走特色路”,培育发展“非矿”接续产业,实现山川秀美,鱼跃果香;坚持经济与社会发展相互协调,物质文明与精神文明相互促进,实现城市功能健全,生产清洁卫生,使矿区居民的科技文化素质、生活水平不断提高。

二、科学规划,实现矿业城市的合理布局

我国的矿业城市中,一部分是有依托的矿业城市,即原来已有城市,后因矿产开发使其具有了矿业城市的主要特征。但绝大部分是无依托矿业城市,后缘矿而兴。这些城市多是国家根据国民经济发展的需要,在短期内集中大量的人力、财力、物力迅速注入资源地而形成的。这种城市形成的被动性和突发性孕育着城市发展的先天性发育不良,又面临着后天性营养失调。最突出的表现就是市政建设不配套,公共服务功能不健全;城中有矿、城矿相连。这样的城市布局,造就了矿山污染很容易“殃及池鱼”,直接威胁城市环境,影响城市居民的生存和生活质量,影响城市的整体形象。要改变这种状况,必须因地制宜,因矿制宜,精心设计,科学规划,努力实现矿业城市的矿山与城区的合理布局。

一是要努力做到生产区和生活区分离。只有这样,才有利于改善环境,创造更好的人居条件,有利于矿山安全生产和生产规模的扩大。二是要积极推进城区和矿区分离。在矿区产业结构调整过程中,有计划、有步骤地将城区向远离矿山生产区扩展,使城区和矿山保持一定的距离。三是要科学规划。根据矿区矿点自然分布的特点,在矿区城镇布局调整中,要考虑中心城市的发展以及矿山城镇群的合理布点。围绕中心城市,形成若干个矿山城镇。其格局可以是条带状的,也可以是串珠形的,还可以是集团式的。

三、积极调整产业结构,促进产业多元化发展

矿业城市经济的主体是矿业。产业单一、一业独大,这种畸形的产业结构,给矿业城市的发展带来了许多致命的弊端。首先是矿竭城衰;其次是结构性衰退;此外,单一的产业结构还会带来许多社会问题。

适时调整产业结构,大力发展多种经营的成功经验告诉我们,矿业城市的发展依托资源赋存的优势,但要保持其持续、稳定地发展并不能仰仗其单一资源优势,而应变单一资源优势为整体经济优势,适时进行产业结构调整。通过实施产业优势替代、优势延伸战略,发展多元化产业,促进矿业城市由单一矿业经济向多功能城市经济过渡,这是矿业城市实现可持续发展的必然选择。

坚持一业为主多业经营,是矿业城市经济持久繁荣的必由之路。矿业城市的发展在一定阶段内离不开矿业这个主导产业,这就决定了矿业城市应该立足于矿业,在抓好资源合理开采、综合利用的基础上,加大科技投入、延长相关性产业链和产品链,把矿业这一主导产业做大做强,积极发展多种经营,全面拓展产业门类。这样既有利于矿业城市产业层次升级,也有利于矿业城市就业人口性别比例平衡。

实施开放带动战略,建立产业园区,是矿业城市持续繁荣的重要途径。矿业城市必然依矿而建,建设条件和区位条件较差,基础设施相对落后,生态环境脆弱,影响了城市的对外开放和招商引资。通过建设开发区和产业园区,改善矿业城市的投资环境,扩大招商引资,使矿业城市在新的区域内进行生产力布局的增量调整,培育发展新兴产业,形成新的经济增长点。

四、大力发展第三产业,增强矿业城市综合服务功能

据不完全统计,在全国的矿业城市中第三产业产值仅占全部城市三产的10%左右,相当于全国城市平均水平的一半。因此,加快城市交通、通讯、供水、供气、供热、供电等基础设施建设,发展新型流通业、房地产业、旅游业、社区服务业、信息咨询业、金融保险业以及文化教育事业,是矿业城市、尤其是老矿业城市面临的急迫而艰巨的任务。

学会经营城市,必须更多地运用市场手段,调动社会力量,参与城市建设,参与城市公用基础设施的经营管理。一要实行政企分开,使城市政府由原来的直接投资者变为间接投资者,由建设项目直接经营者变为城市公共建设项目的设计者和监督者。二要按“行业管、社会办”,“谁投资,谁受益”的原则,引入竞争机制,吸纳国内外资本进行城市建设,增强城市公益事业单位的造血功能和自我发展能力。三要建立经营城市的资金动力机制。

开发矿区旅游资源,发展矿山旅游,这是一个新的经济增长点,也是矿业城市发展第三产业的重要内容。开发矿业城市旅游业,国内外都有成功范例。

大力发展服务业,不断提高矿区人民生活水平。矿山劳动力密集,因矿而兴的矿业城市,采掘工业发达,国有企业独大,绝大多数家庭收入完全依赖企业,因而在企业调查、下岗分流的情况下,客观上造成了一批下岗职工和新生劳动力待业,而许多服务业又亟待拓展和开发,这就为发展服务业提供了良机和空间。

(作者:陕西省省长,中国城市发展研究会顾问)

注:本文节选自作者在“2001年中国矿业城市发展论坛”上的论文

矿 业 论 坛

新世纪中国矿业面临的任务与发展战略思考

朱　训

（2001年1月10日）

矿业是国民经济的基础产业，矿业所提供的矿产品是工业的粮食与血液，是新世纪中国社会经济发展不可或缺的物质基础。在新世纪来临之时，回顾中国矿业发展的光辉历程和巨大成就，展望21世纪中国矿业形势，探讨新世纪中国矿业的发展战略，无疑对促进中国矿业在新世纪的健康发展具有积极的意义。

一、20世纪中国矿业成就辉煌

中国是世界上认识、发展和开发利用矿产资源历史最为悠久的国家之一，我国古代矿业生产水平和技术水平在世界上曾处于领先地位。早在夏商周时期即已有矿业活动，在先秦时期，开发金、银、铜、铁、锡、铅、汞等七种矿产的产地即达112处。但是古代矿业发展在空间和时间上都具有不平衡性。空间分布上，中原地区矿业比较发达，东部和南部次之，东北和西北最差。从时间发展看，主要矿产的产量，唐代铁年产量最高年份为103.5万kg，宋代为275 kg、元代为44万kg、明代为923.5万kg；铜矿唐代最高年产量为13.3万kg，宋代为73万kg，元代为0.1万kg，明代为25万kg，清代为700万kg。

1840年以后，中国近代矿业及矿产品加工业，有以下几个特点：一是具有典型的半殖民地性质；二是开始实行资本主义生产经营方式；三是开始在某些领域使用较为先进的机器设备代替手工业生产；四是民族矿业在艰难环境中挣扎前进，基础薄弱，发展缓慢，生产规模不大。1949年全国产煤3243万t、石油12万t、钢15.8万t、生铁25万t、铁矿石59万t、10种有色金属1.3万t、黄金4073kg、化肥6000t、硫酸4万t、盐298.5万t、平板玻璃91.2万标箱、水泥66万t，总体水平十分落后。

中华人民共和国成立以来，矿产资源的勘查开发事业在曲折中获得空前大发展，取得了举世瞩目的巨大成就。

截至1999年底，中国已发现矿产168种，已有探明储量的矿产155种，其中能源矿产8种，金属矿产54种（黑色金属矿产5种，有色、稀有稀土金属矿产41种，贵重金属矿产8种），非金属矿产90种，其他水气矿产（地下水、矿泉水、二氧化碳气）3种。我国已探明的矿产资源总量仅次于美国、俄罗斯、居世界第3位，但人均仅为世界平均水平的58%，居世界第53位。发现矿产地20多万处，经不同程度勘查工作的矿产地有2万多处。

据不完全统计，至1999年底，全国共有矿山18.02万个，其中国有矿山8000多座，外商投资矿山324个。有2100万人在矿业战线劳动就业。1999年全国煤炭、石油、天然气、黑色金属矿、有色金属矿、非金属矿等采选业产品销售收入3733.92亿元（当年价），占国内生产总值的4.55%；固体矿产量41.84亿t，流体矿产量2.29亿t。主要矿产品产量原油1.6亿t、天然气252亿m^3，原煤10.45亿t、铁矿石2.09亿t、十种有色金属680万t、硫铁矿1154.41万t、磷矿石2510万t，原盐2800万t、水泥5.73亿t、钢1.2426亿t、硫酸2356万t、化肥（折纯）3251万t。我国矿产品生产总量居世界第三位，部分矿产品居世界第一位，如钨、锡、锑、稀土、煤炭、铝土矿等，矿业为我国经济社会发展提供了95%的一次能源、80%的工业原材料、70%以上的农业生产资料。目前我国不仅是矿产资源总量大国，而且是矿产品生产与消费总量大国，同时，我国又是人均矿产资源、矿产品生产与消费的小国。

矿产资源及矿产品综合利用初具规模。我国矿产资源的特点之一是独立矿少,共伴生矿多,金属矿产品经过多年积累,废旧金属可回收利用的量越来越大。共伴生矿产资源的综合利用率接近1/3。我国开发利用的155种矿产中,有87种属共伴生矿产,占56%,对其中1/3的共伴生矿产进行了综合开发;有色金属行业综合回收的元素近40种,综合回收的金属量占其产量的15%以上。与煤炭共伴生的矿产资源综合利用率为30%,年产共伴生矿产品近170万t。全国每年回收利用硫精矿250万t,回收烟气制硫酸350万t。

不同再生金属的回收利用水平不一。我国年废钢铁回收量达4200万t,占全年钢铁产量的41.5%,相当于节约铁矿石1.68亿t,节约能源3738万t标准煤,节约工业用水3.15亿t;废旧有色金属产量约80万t。四种主要有色金属再生量占其产量的比重分别为铜38%、铝7%、铅20%、锌6%。

由于一大批矿产地的发现与勘查开发的成功,有390座新矿业城镇在原偏僻荒凉的地区拔地而起,有力地促进了中国城市化的进程和区域经济的协调发展。

《中华人民共和国矿产资源法》及其配套法规的颁布实施,使矿产资源及其勘查开发活动走上有法可依的法制轨道。矿业秩序经过多年治理整顿开始全面好转。近4年中,全国共解决勘查纠纷756起,吊销勘查许可证35份,查处非法转让探矿权10起;解决采矿纠纷12532起,取缔无证采矿85945起,吊销采矿许可证6879份,对违法采矿和破坏浪费矿产资源行为进行刑事处罚1860人。

矿业体制改革取得突破性进展。矿产资源从无偿开发改为有偿开发,探矿权、采矿权可依法流转与转让,矿业企业所有制由单一国有制转变为国有矿为主体,多种经济成份并存与共同发展,矿业经济结构趋向多元化,矿山企业也正由政府的附属物转变为自主经营、自负盈亏的市场法人主体,矿业正按照建立现代企业制度要求进行改造。

对外开放与合作初具规模。境内石油天然气合资合作勘查开发稳步发展。与16个国家和地区的62家石油公司签订了136个海上石油天然气勘探开采合同和协议。17个油气田已投产,海上石油产量超过1600万t。与此同时,陆上油气勘查开发的对外合作也取得一定进展,30家外国公司先后参与了20个陆上合作区块的石油风险勘查。中外合作勘查开发我国固体矿产资源进展缓慢。每年利用外资的到位资金不到1000万美元。目前,外商投资热情最高的勘查、开发项目有黄金、煤层气和金刚石,其次为铜、铅、锌等。国外矿产资源勘查开发,在石油、铁矿方面取得初步成效,铝土矿、铜矿、金矿、铬铁矿等矿产方面取得一定进展。

我国已是矿产品进出口贸易大国。1990年矿产品进出口贸易总额为209.42亿美元,1998年增至571.05亿美元,年均增长率达11.05%,矿产品进出口贸易均为逆差,有时高达80亿美元以上。1999年我国矿产品贸易总额约占我国进出口贸易总额的15%;贸易逆差虽然较上年有所减少,但仍存在。

矿业活动进程中的环境保护工作已引起重视,并正按照开发与保护并重这一方针的要求采取措施进行治理。由于生产方式粗放和管理等方面的原因,多数矿山环境污染和破坏突出,给当地自然生态环境、社会经济生活带来了一定的负面影响。废气、粉尘及废渣的排放引起大气污染和酸雨以及地表水和地下水的污染。其中硫化工和煤炭采选业最为严重。煤炭采选业中工业废气排放量达3954亿m^3/a,其中有害物排放量73.13万t/a,多为烟尘、二氧化硫、氮氧化物和二氧化碳,矿业及相关行业排放的废渣累计约58亿t,占全国废渣贮存量的89%。全国采矿业破坏的土地面积1.4~2.0万km^2,并以每年200 km^2的速度增加。据对1173家国有大中型矿山调查,地下开采塌陷区占地面积为84201ha,占矿山开发破坏土地面积的39.57%。

二、21世纪中国矿业任重而道远

21世纪是我们国家实现第三步发展战略目标,建设中等发达国家的世纪,是全球经济走向一体化的世纪,更是人类社会走上可持续发展之路的世纪。在新的世纪里,中国矿业将面临更为繁重的任务和来自四个方面的压力:一是实现第三步发展战略目标要求提供大量的矿物能源和矿物原材料,必须为我们提供衣(化纤原料)、食(磷、钾肥料原料)、住(各种主要建材)、行(车用原材料与燃料);以及高新科技发展需要的原材料;二是要求在开发矿业过程中搞好环境与资源保护;三是加入WTO后谋求在激烈的竞争中获得生存与发展;四是要在克服自身的诸多困难中继续前进。

(一)实现第三步战略目标,需要中国矿业提供巨量的矿产品

按照三步走发展战略要求,2000年GDP为8.5万亿元(1995年价);到2010年再翻一番,将达17万亿元。1999年中国矿业产值在国内生产总值中约占4.55%,如到2010年,仍保持这个比例,则矿业产值应达到7735亿元,约为1999年的两倍。按照中国经济发展第三步战略目标要求,到2050年,中国将基本实现现代化,达到中等发达国家的水平,则需要矿业提供更多的矿产品。可见矿业的任务非常艰巨。

(二)实现工业化、现代化需要巨量矿物质原料

20世纪中国矿业的发展为我国现代化程度的提高

和综合国力的增强作出了重大的贡献。如1999年钢产量达1.2亿t,为1910年的5万t的2400倍。世界发达国家的发展经验表明,工业化是经济发展不可缺少的一个重要发展阶段,据一些发达国家经验,人均国民生产总值800~3500美元之间这一时期,是矿产品消耗强度最高的时期,如果以人均矿产品消耗量来与世界发达国家水平对比则中国的差距更大。美国200多年发展历史的实践表明,随着现代化程度的提高,矿产品消耗量不是少了,而是更多了。美国1776年刚独立时,人均消耗矿产量为536.86kg,而1998年为21587.17 kg,增长了40倍。到2050年,届时我国人口达16亿,如仍按美国目前人均消耗21.5t计算,则矿产品消耗量将达344亿t,约为现在总产量的7倍。可见矿业需要有一个大的发展。再以石油为例,1998年世界人均石油消耗量约为565 kg,而中国仅150.1 kg,若到2010年,中国人均消费量达到1998年世界平均水平的话,则14亿中国人每年需要消耗石油量8.12亿t,即使我们在开发利用过程中努力降低矿耗,节约资源,也要求矿业提供更多的矿物原材料。由此可见,中国实现现代化必然要求矿业有一个新的发展。

(三)实施西部大开发战略需要矿业为西部区域经济发展作出新贡献

实施西部大开发战略,目的是促进西部地区经济大发展。而发展西部经济,从现实条件分析,发展矿业则是重要途径之一。因为西部地区存在矿产资源方面的比较优势。开发西部矿业,不仅对于西部经济而且对于弥补东、中部地区资源不足有重要意义。“西气东输”这一巨大工程的实施就证明了这一点。西部各省(市区)矿产资源丰富,全部矿产保有储量的潜在总值为47.30万亿元,占全国的50.77%。西部地区的人均矿产保有储量潜在总值16.59万元,是全国人均潜在总值的2.22倍,是中部地区的两倍,远远高于东部地区。西部地区有6省(区)全部矿产保有储量潜在总值的排名进入全国前10名。由此可见,发展西部矿业从资源条件分析是大有可为的。

(四)矿业全球化给中国矿业带来的挑战与机遇

矿业全球化对中国矿业既提出了严峻的挑战,又提出了新的发展机遇。随着全球经济一体化进程加速和世界经济的发展,带动了世界矿业的发展和矿业全球化。作为世界经济一体化的重要组成部分,矿业全球化主要表现为:矿业资本跨国流动,矿业公司相互持股,矿业股票跨国上市,矿业、信息技术和资源共享等。一大批从事矿产勘查开发的大公司提高了竞争力,并空前活跃起来,发达国家除加强自身的矿业活动外,还纷纷到发展中国家勘查开发矿产资源,从而增加了国际矿产品市场的供应,同时也加剧了矿业公司在国际市场中的竞争。这种情况就使中国矿业在国际市场竞争中面临严峻的挑战。由于中国矿业自身的诸多问题与困难,以及我国资源结构、质量方面的弱点,中国矿产品缺乏竞争力,由于中国非油气矿产对外开放程度很低,矿业对外合作法规很不完善,吸引外资的竞争力很差,1999年国际矿业跨国公司在海外投资500多亿美元,开发119个大中型非油气矿产项目,中国一个也没有。特别是当中国加入WTO,融入“世界经济联合国”之后,将付出较大代价,据有关部门预测,由于进口增加,出口减少等影响,我国矿业行业每年将损失219亿元人民币。

矿业全球化给中国矿业的正面影响和发展机遇是:矿业全球化将促进外资来中国合作勘查开发矿产资源,也有利于中国矿业企业走出国门去勘查开发我国缺乏的矿产资源等。此外还可使中国矿业在面临国际竞争的强大压力下,通过深化改革,依靠科技进步和加强生产经营管理来提高产品质量与降低矿产品成本以提高国际竞争力,从而促进中国矿业的发展。

(五)实施可持续发展战略对于矿业提供了更高的要求

当今时代,人口急剧膨胀,资源过度消耗,环境严重恶化,是人类面临的三大问题。保护环境、节约资源、实施可持续发展战略,已成为各国政府的共识。在我国,将保护环境与节约资源同控制人口一起列为三大基本国策,并将可持续发展作为一项重大战略来实施,中国政府也制订了《中国21世纪议程》,都对矿业提出了严格要求。矿业的发展既为我国经济发展、社会进步和人民生活水平的提高提供了不可缺少的物质资源,同时又给生态环境带来了负面影响。实施可持续发展战略,要求矿业在开发过程中不仅提高资源利用率,减少资源损失与浪费,同时要搞好复垦,处理好废石、废水、废气,减少“三废”对生态环境的负面影响,坚持在保护中开发,在开发中保护,开发与保护并重的方针,实现开发与保护的双赢目标。这方面要求是很高的,实现“双赢”目标的任务也是非常艰巨的。

(六)国际矿产品贸易需要矿业有新的进展

由于全球地壳运动发展的不平衡性,世界各地成矿地质条件不尽相同,因而在各个不同国家和地区所形成的矿产资源无论在品种或丰度上都不同,因此各国在发展本国经济过程中都需要通过国际矿产品贸易或合作开发矿业实现资源优势互补。正因为如此,随着全球经济的发展,国际矿产品贸易量也在迅速扩大。这种情况一方面为中国解决短缺资源创造条件,另一方面又要求中国为国际矿产品市场提供其它国家需要的资源。由于我国矿业结构自身存在的弱点,矿产品供应余缺并存的形势将长期存在,石油、富铁矿、富锰矿、铬铁矿、铜矿、钾盐等我国短缺资源和某些矿产加工制品进口量继续大幅度增加，石油、富铁矿进口量均达5000～7000万t以上。一方面矿产品供应不足，要求矿业通过加大勘查开发力度来增加供给，而扩大短缺资源供给又并非易事；另一方面，我国有很多优势矿产如煤、锡、锑、钨矿、稀土、萤石、重晶石、石墨、滑石、膨润土等可以大量出口，以应国际矿产品市场所需。如美国进口量占消费量50%以上的矿产达30种之多，其中铋、锑、钽、钇、砷、萤石、石墨、重晶石等矿产品中有相当部分来自中国。

（七）推进城市化需要矿业作出更大贡献

城市化是现代化的重要标志之一。矿业为城市化可在两个方面作出贡献。一是矿业开发会形成新的矿业城市；二是矿业可为城市建设与发展提供大量的矿物能源和原材料。全球社会城市化进程也在加快，1980年城市人口占总人口的19.4%，1996年占29.4%，2000年估计占32.35%。中国矿业城市的兴起在全国城市化进程中起到了重要的作用。矿业城市在全国城市中的比例迅速增长。1980年占9.8%，1987年占18%，1991年占20%，1997年占25%。由于一大批大型矿产地的发现和勘探开发的成功，在那些原是荒无人烟或人烟稀少的穷乡僻壤地区有390座新兴矿业城镇拔地而起，如河南的平顶山，黑龙江的大庆，新疆的克拉玛依，内蒙古的包头，四川的攀枝花和甘肃的金昌市等等。可以预期，通过未来矿业的发展，特别是西部地区矿业的开发，将会对我国城市化进程加速起促进作用。

（八）缩小区域发展差距需要矿业有新的发展

矿业的发展对于区域经济的协调发展起到了重要的促进作用。由于我国客观地质条件决定，在少数民族聚居的边远地区，矿产资源比较丰富，通过矿产资源的开发，对于这些地区经济发展和脱贫致富产生重要的促进作用。特别是改革开放以来，民族地区主要矿产品产量在全国总产量中的比重大幅度增长，以1996年与1978年对比，钢产量由4.04%增长到7.21%，原油由5.55%增加到11.44%，原煤由9.83%增加到12.5%。矿业已经成为并将继续成为西部地区的重要支柱产业之一。西部地区矿产资源存在显著的比较优势，资源潜力也较大，所以为了发展民族地区经济，缩小东中西部经济发展差距，也要求矿业有新的发展。

（九）矿业面临解决自身困难的巨大压力

中国矿业上个世纪的快速发展，取得了位居世界第三的辉煌成就，为我国社会主义现代化建设作出了巨大贡献。但在前进的过程中出现了一些困难和问题，主要表现在以下几个方面：

1.*矿业投入不足，缺乏发展后劲*。由于矿业投入不足，矿产勘查工作呈萎缩之势，造成探明的后备矿产储量不足，保证程度下降，一些五、六十年代建的老矿山已无可供优选的后备转产基地，不能适应矿业持续发展的需要。据有关方面专家预测。我国现已探明储量的45种重要矿产量中，到2010年可以保证需要的有23种，到2020年则仅有6种，矿产资源供需缺口进一步扩大。由于投入不足，矿山开发技术装备不能及时更新，以致许多矿山技术装备总体水平不高。从宏观生产力估计，全国矿业总体的科技水平与发达国家同类矿山的科技水平相比约落后15～20年，其中利用先进技术装备和达到一般机械化程度矿山产出的矿石约占总量的2/5，而利用简单机械和落后工具生产的矿石约占总量的3/5。由此造成矿山企业劳动生产率低，矿产品成本高，在国际市场上缺乏竞争力。由于保护费欠账太多，矿业开发过程中的生态环境问题日趋突出。

2.*矿产资源利用水平不高，资源浪费严重*。我国矿产资源总回收率为30%～50%，比发达国家低10～20个百分点；共伴生矿综合利用只占总量的1/3，综合回收率不到20%，一些小型矿山回收率更低一些。此外，资源二次回收利用率也有待提高。

3.*矿山企业"三重一多"的压力大*。不少矿山企业，特别是五、六十年代建设起来的老矿山，社会负担重，税赋重，债务重，需要分流转产的人员多，矿山企业脱困任务非常艰巨，这也给新世纪矿山企业带来很大的压力。

三、对新世纪矿业发展战略的思考

中国矿业如何完成新世纪内自己光荣而又艰巨的历史使命；如何克服中国矿业自身存在的诸多困难，以便为国家经济的持续发展不断地提供资源保障；如何在国际矿业的激烈竞争中求生存，谋发展；如何做到在开发中保护和在保护中开发，以实现矿业自身的可持续发展，这是新世纪中国矿业需要解决的问题。

笔者认为，进入新世纪后的中国矿业，为了完成自己光荣又艰巨的历史使命，实现可持续发展，必须坚持走中国式"双向发展战略"之路，实现中国矿业发展的战略性转变。

（一）中国矿业的双向发展战略

中国矿业应实行"双向发展战略"，这一点笔者在1992年出版的《找矿哲学概论》一书中即已提出。从近十年的实践来看，实施这一战略仍是中国矿业在新世纪谋求发展的正确选择。实现"双向发展战略"从当前情况来看，应注意处理好以下几个方面的关系：

1.*正确处理开源与节流的关系*。既要加强矿产勘查，增加资源供给，又要厉行节约，提高资源利用水平，实行开源与节约并重，把节约放在首位的方针。中国矿产资源总量虽很丰富，但人口众多，人均资源量少，约为世界人均水平的一半。随着中国经济的发展，生产规模的扩大和人民生活质量的提高，对矿产资源的需求量日益增加，而矿产资源又是不可再生的自然资源，采出一点，就少一点。因此，要十分珍惜与合理开发利用和保护矿产资源，把节约与保护资源这一基本国策长期坚持下去。要增加投入，依靠科技进步和加强经营管理，发现新的矿产和新的矿产地，开发矿产的新用途，开发利用贫矿、小矿、共生矿、残留矿以及表外矿，开发利用新资源和利用国外资源，不断提高矿产开发过程中的资源利用率，努力降低矿产品洗选加工利用过程中的消耗水平。

2.正确处理新区找矿与老区挖潜的关系。既要加强新区找矿和建设新矿，又要努力挖掘老区和老矿山企业的矿产资源潜力，实行新区找矿与老区挖潜并举的方针。矿山和工厂不同，一个工厂只要有市场，有原料，经营者管理的好，就可以长期存在下去。而矿山企业就不一样了，一个矿山寿命长短与该矿山所拥有的资源量有关。由于矿产资源不可再生，采一点就少一点，所以，当一个矿山资源因开采耗竭之后，就要闭坑。矿业为了持续给国家提供矿产资源，就需要发现与开发一批新的矿产地，以弥补因矿山闭坑而消失的生产能力，这就要求建设新矿。就全国整体而言，要处理好西部与东部的关系，我国东部地区矿产勘查开发程度较高，但仍有潜力可挖，最近还发现了新的油田、一些大型金属矿和非金属矿；西部地区矿产勘查开发程度相对较低，资源潜力更大。有些资源如天然气、煤炭、钾盐、磷矿、镍矿、钒矿、铅锌矿、铬铁矿等一大批矿产在全国还占有优势。所以应按照中央西部大开发战略的要求，加快西部地区矿产资源的勘查开发，就单个矿区而言，在老矿山中，有些因开采已久，资源已日渐枯竭；有些矿山资源比较丰富，虽然多年开采，但仍有潜力可挖。如大庆油田，60年代提交的勘查报告探明储量为25亿t，通过挖潜，现在已增长超过50亿t，不仅保证了多年稳产5000万t以上原油的需要，而且通过科技进步，还可以再维持生产5000万t原油若干年。

3.正确处理利用国内国外两种资源的关系。既要加强国内资源勘查开发，又要加大"走出去"的力度，扩大利用国外的我国所需要的短缺资源。由于全球地质构造运动的不平衡性，世界不同地区成矿地质条件不同，每个国家所拥有的矿产资源不可能十全十美，而都是有长有短，有丰有缺。因此，利用国内外两种资源是一个普遍的规律。中国人口众多，不可能也没有那么多外汇都从国外去换取所需的全部资源，何况中国资源还有相当潜力可挖。所以，应主要利用国内资源来进行建设。但是，由于受客观成矿地质条件所限，富铁矿、锰矿、铬矿、铅矿、金刚石、钾盐以及石油等一些矿产处于短缺状态，必须利用国外资源来弥补我们的不足，利用国外资源可以通过扩大国际矿产品贸易、合作勘查开发和购置现有矿山企业股权等多种途径加以实现。

4.正确处理国有矿与非国有矿的关系，实行国有矿为主体，国有矿与非国有矿并存与共同发展的方针。我国是社会主义国家，实行公有制为主体、多种经济成分并存与共同发展的社会主义市场经济体制。所以，既要巩固国有矿的主体地位，又要依法发展非国有矿，实行以国有矿为主体，集体矿、合资矿、民营矿等多种经济成分矿山并存、共同发展的方针。国有矿是我国矿业的骨干力量，对于我国社会主义现代化建设作出了重大贡献，应当加以巩固与发展。为了发展中国矿业，根据中共"十五"大、十一届四中全会和五中全会精神，推进矿业投资主体多元化，重视非国有矿的发展。改革开放以来，非国有矿已获得相当的发展。1997年非国有矿从业人员达700多万人，开采132种矿产，矿业产值已达676.31亿元，占全国矿业总产值的13.8%。

5.正确处理自主开发与合作开发的关系。实行自主开发与合作开发并举的方针。新中国成立以来，我国主要依靠自身力量，进行了大规模的矿产开发工作，取得了举世瞩目的成就，有力地促进了能源原材料工业的发展，满足了国民经济建设和社会发展对矿产资源的需要，为社会主义现代化建设作出了巨大贡献。党的十一届三中全会以来，在改革开放方针的指引与鼓舞下，矿业战线本着自力更生为主，争取外援为辅的原则，在以我为主进行勘查开发矿产资源的同时积极吸收国外资金和先进技术同国外若干公司合作，在陆地和海域对能源、金属、非金属矿若干矿产地进行勘查开发，取得了积极的成效。在这方面尤以海上石油天然气合作勘查开发成果最为突出。中国海洋石油总公司成立以来，乘改革开放东风，大规模地开展了对外合作。海上石油产量1998年已达到1631万t，为1998年(75.3万t)的20多倍，为发展我国能源工业，支持四化建设作出了重要贡献。

6.正确处理矿业主业与非矿产业之间的关系。实行矿业与非矿业并举多元发展的方针。既要努力发展矿业主业，又要积极发展非矿产业，实行以矿业为主，矿与非矿并举的多元发展方针。矿业企业是以开发矿产资源为主要任务的企业，当然要以矿业生产为主。但是随着科技进步、加强管理和生产现代化程度的提高以及产业结构的调整，原先从事矿业生产与管理的人员中不可避免地要分流一部分人员。为了充分利用人力资源，改善产业结构，积极发展非矿产业，开展多种经营，对于提高矿业企业的经济效益，增强矿山企业整体经济实力和竞争力，提高职工生活水平，保持社会稳定均有极为重要的意义。此外，实行多元发展方针，好的效果。

矿业企业要注意产业结构调整，实现产业结构多元化。对于以矿业为支柱产业的矿业城市来说，也要注意产业结构调整，向多元化方向发展，在继续抓好矿业的同时，也要从各自的实际出发，寻求新的经济增长点，发展新的支柱产业，以避免出现矿竭城衰的不良后果。在有煤有铝的地方，利用煤来发电，利用电来生产铝，既减少煤的运输，又可提高经济效益。要注意矿产品的深加工和尾砂、尾矿、废石的综合加工利用，既可增加就业机会，又可提高经济效益。如散装膨润土30美元/t，而有机膨润土为2400美元～3600美元/t；散装未磨碎的重晶石矿40美元/t，而药用重晶石2500美元/t；石墨原矿500美元/t，而石墨乳10000美元/t。又如利用煤矸石来发电、制造水泥、铺路等，既减少环境污染，又增加经济效益。

（二）新世纪中国矿业要实现十个转变

为了完成新世纪的历史使命，使我国矿业获得新的发展，与实施“双向发展战略”的同时，还必须在矿业开发指导方针上实现十个转变。

1.*要从主要依靠计划调控向以市场为导向转变。*根据中央加速建立与完善社会主义市场经济体制的要求，中国矿业企业应加速实现由计划经济体制向市场经济体制的转变，按照市场经济规划来进行运行。在实行市场经济和经济全球一体化的新形势下，特别是在加入WTO之后，矿业开发要有新的思路，不能像以往那样，不管市场是否需要，有什么资源就开发什么资源，而应以市场为导向，根据对区内外和国内外市场资源供需状况的预测，在调查清楚资源家底的基础上，发挥比较优势，开发市场需要的矿产资源。

2.*要从重采矿轻找矿向勘查先行转变。*矿业生产活动分矿产勘查和矿产开发两个大的阶段。勘查是开发的基础和前提，开发是勘查的继续和延伸，通过开发可使经勘查证实的矿产由资源效益转化为经济效益；没有经勘查证实可供开发的资源，矿山建设就无从谈起，开发就成为无米之炊，由此可见，两者之间的关系是“要采矿先找矿”，这是矿业活动的客观规律。但从我国矿业发展现状来看，并未能很好地按客观规律办事，存在重采矿、轻找矿，勘查工作严重落后于开采的情况，导致探明储量保证程度下降，若干重要矿产后备开发基地供应不足。由于目前我国勘查工作严重滞后，资源保证程度下降，矿产资源供需矛盾日趋扩大，矿产品进出口贸易逆差近百亿美元。尤其严重的是，目前我国石油供需形势相当严峻。陆地石油产量难以大幅度增长，2000年已进口原油达7000万t，耗资百亿多美元，这应引起国家高度重视，从指导思想上实现从重采矿轻找矿向勘查先行转变。

3.*要从全面勘查开发向择优勘查开发转变。*我国幅员辽阔，不可能在所有地区同时开展资源调查与开发工作，而应在总结以往工作经验的基础上，以地质条件最为优越的资源富集区为工作重点。这对全国是如此，对西部地区也是如此。由于西部地区地域也很辽阔，矿产勘查开发不可能遍地开发，也应该择优进行勘查开发。为配合西部大开发战略的实施，重点将西部地区的克拉玛依—阿勒泰地区、吐鲁番—哈密地区、柴达木地区、黄河上游地区、小秦岭地区、金沙江—怒江—澜沧江地区、攀西—六盘水地区、乌江干流地区、红水河地区、西藏“一江两河”地区等资源富集区，作为区域优选的重点。在矿种方面，也应按照市场经济规则，择优进行开发，积极开发那些既有利于西部经济发展，又对全国有配套意义的矿产资源，使矿业为我国经济全面振兴和社会发展作出贡献。

4.*要从强化开采向适度开发转变。*矿山企业生产要有一定规模，要实行集约化经营，没有一定规模的生产，经济效益可能受到影响。因此，在有资源条件的前提下，适度地扩大生产规模是必要的。但是，由于矿山（油田）企业的生产对象是不可再生的矿产资源，每个企业所在地的资源量是有一定限度的，可采资源消耗完了，矿山就要闭坑。以往一些地区矿业活动中往往因追求眼前利益、追求产量而实行强化开采，其结果不仅难以维持高指标生产，导致矿山生产大起大落，而且往往使矿山很快面临资源枯竭的威胁。所以矿山企业不能把产量定得太高。应根据矿山拥有的资源量情况把生产规模放在一个适当的水平上来进行开发，既可避免产量的大起大落，又可以保证矿山（油田）在一定时期内持续稳定地进行生产。

5.*要从粗放式经营向集约化经营转变。*目前矿业开发过程中资源浪费大的重要原因之一，是矿业生产粗放式经营，一些中小型矿山尤其如此。因此，今后在矿业开发特别是西部大开发过程中，矿业开发一定要根据中央推进两个根本转变方针和建立现代企业制度的要求，深化改革，认真贯彻集约化经营方针，矿山企业走公司化、集约化、集团化之路，提高矿业开发的集中度，发挥规模经济效益，转换企业经营机制，建立与完善法人治理结构，深化劳动、人事、分配制度改革，不断提高管理水平，促进生产水平和资源利用水平的提高。关闭那些浪费资源、破坏环境和安全生产无保障的小矿。由于中国大型、特大型矿床少，中小型矿床占绝大多数，因此，不仅大规模矿要按照集约化方针来经营开发，中小矿也要组织起较大的股份公司来统一进行开发经营，实行科学采矿与安全生产，以减少资源浪费和搞好环境保护工作，湖北黄石市陈贵镇地区的经验证明这样做是有成效的。

6.要从以国有矿为主向多种所有制矿山共同发展转变。根据中央以公有制为主体、多种所有制经济共同发展的方针，在矿业方面也应贯彻国有矿与非国有矿共同发展的方针。从我国矿业和西部地区的实际出发，对于油气、核矿产原料等战略性资源和其他具有重要意义的大型矿产地仍应由国有矿山(油田)来开发经营。对于这些矿山在努力适应市场经济要求的同时，国家应给以必要的支持，使其更好地发挥应有的功能。国有矿业也要进行战略性调整与改组，形成比较合理的矿业布局，建立比较完整的现代企业制度。有些在竞争中具有一定实力的非战略性国有矿山企业要多渠道吸收投资，壮大实力，实现国有制与市场经济的有效结合，加快发展。鉴于开发矿业需要大量投资，大力发展非国有矿对于西部地区尤为重要。因为，西部地区要进一步解放思想，放宽政策，完善法规，实行投资主体多元化，发展集体的、股份制的、民营的等多种形式的非国有矿，促进矿业的发展。当然非国有矿也要依法办矿，实行科学开采，做到安全生产。

7.要从封闭式开发向扩大开放转变。我国矿产资源虽经半个世纪的大规模的开发利用，但仍有相当的资源潜力可挖，特别是西部地区更是如此。这是客观存在的事实。如何通过开发将资源优势转化为经济优势，就需要有大量的资金、技术和人才，而这一方面恰恰是我国的劣势。改革开放以来，在油气勘查开放方面扩大开放，利用国外的技术和资金来开发我国油气资源做得比较好，成效也比较显著，而固体矿产方面对外开放做得不够。因此新世纪矿业发展，首先要进一步解放思想，扩大开放，努力改善投资环境，既要加强基础建设、生态环境等硬环境建设，也要加强软环境建设，以利吸引更多的外资，技术和人才为我所用。扩大开放既要对内开放，实现优势互补；又要扩大对外开放，抓紧制订与完善一整套对外开放的矿业法规，从基础设施建设和软环境两方面大力改善外商投资环境，积极吸收国际矿业资本和跨国矿业公司来我国投资开发矿业，促进我国矿业的发展。

8.要从重开发轻保护向开发与保护并重转变。按照《中国21世纪议程》和可持续发展战略要求，21世纪我国矿业开发不能走过去的“重开发、轻保护”破坏环境与浪费资源的老路，而应实行“在保护中开发，在开发中保护”“开发与保护并重”的方针。贯彻这个方针在新世纪尤为重要，这不仅因为矿产资源是不可再生的资源，采出一点就少一点，而且因为我国的生态环境已非常脆弱。因此，在矿业开发利用过程中要依靠科技进步与加强管理，努力提高资源回收率，及时搞好土地复垦，认真对废石、废气、废水进行处理，保护生态环境，实现资源开发与保护环境的双赢目标。

9.要从单一发展向多元发展转变。新世纪中国矿业发展不能走单打一老路。这里有两层意思。一是从开发矿种上打破过去部门分割旧体制下的单打一开采，而应对矿山企业范围内的矿产资源实行综合勘查，综合开发利用；二是在发展矿产采选主业的同时，发展矿业以外的非矿产业，贯彻矿(业)与非矿(产业)并举的多元发展方针。我国矿产资源的一个重要特点是共生矿多，所以要综合开发综合利用，不能再走单打一的老路。现有矿山企业在新世纪都有产业结构调整与富余人员转产安置问题。因此在发展矿业生产的同时，因地制宜地发展矿业延伸产业和非矿产业，实现多元发展战略是搞好矿业企业的必由之路。由于矿业企业的生产对象是有限的不可再生的矿产资源，采出一点就少一点，总有一天面临资源枯竭与闭坑的局面，所以新建的矿山也好，正在生产的矿山也好，都应及早地考虑闭坑以后怎么办的问题，而实行多元发展战略则可以避免出现被动局面。目前我国矿业战线已有不少企业在这方面积累了成功的经验。

10.要从矿办社会向矿社分离转变。我国国有的矿山企业面临的棘手问题之一是由企业办社会带来的过重负担。过去，由于历史的原因和客观环境的原因，可供开发的矿产地往往位于远离城镇的偏僻地区，所以在兴建矿山之时，同时也由矿山企业办起来一个社会。从幼儿园到中学以至大学，从医院到火葬场，从商场到公安机构等一系列社会服务性机构，从而大大加重了现有矿山企业的负担。新世纪矿业开发要走新路，要用矿社分离的模式办矿。已有矿山企业要尽快通过深化改革，分离企业办社会的职能，新建矿山要同实施“小城镇，大战略”结合起来，从一开始就要把应由政府管理的社会功能交给政府管理，从而使矿山企业轻装上阵，集中力量搞好矿业生产。欧美一些发达国家和俄罗斯在这方面都有成功的经验。

在新世纪已经到来的伟大时刻，回顾20世纪中国矿业的发展，确实取得了举世瞩目的辉煌成就，展望未来，中国矿业面临着严峻挑战和良好机遇，确实是任重道远，为抓住机遇，迎接挑战，实现新的可持续发展战略，以便为实现第三步战略目标提供资源保障，为我国社会主义现代化建设作出更大贡献，必须坚持走“双向发展战略”之路，实现十大转变。

(作者：全国政协常委、港澳台侨委员会主任、中国矿业联合会会长)

中国矿业的发展战略选择和体制改革

张文驹

（2002年7月）

一、矿业在三次产业中的位置

C.克拉克最初提出三次产业划分的观点时，是将矿业划入第二产业的。但老先生自己似乎也有些犹豫，以至后来还一度有过“一次半产业”的提法。在社会经济生活的实践检验中，人们对最初的产业分类归属进行了多次调整。到第二次世界大战以后，矿业应划入第一产业，已经成为包括克拉克先生本人在内的绝大多数经济学家的共识，也为绝大多数市场经济国家的政府所采纳，并据此调整了有关矿业的法律制度和政策。例如矿业大国之一的澳大利亚，政府中管理能源和矿业的部门，名称就是：

“Ministry of Energy and Primary Industry”。

所以有此变化，原因有二：

第一，在人类社会经济发展的历史过程中，从各类产业出现时序角度观察，确实是先有农业，后有矿业和制造业；但当人类社会进入工业经济时代以后，从产业结构及各类产业投入产出关系角度观察，矿业又不同于制造业而同农业地位相似——都是人类社会生产的起点，也就是说，先有农业和矿业，后有制造业。

第二，克拉克最初分类的主要出发点是各产业产品的属性。在人口增加、自然资源与环境约束加强，可持续发展思想逐步形成的情况下，人们考虑问题的出发点自然转向了兼顾产出和投入两个方面。

因此，这一变化是“与时俱进”的结果。要研究人类社会经济史，也许不妨继续将矿业划为第二产业；要研究并管理好当代经济生活，自然应当将矿业划入第一产业。

在很长时间内，中国在理论指导上沿用陈旧观点，一直将矿业划为第二产业；在管理实践上不把矿业作为独立产业，而只是作为制造业的原料车间，并且同制造业混为一谈，笼统地称之为“工业”，实行着基本相同的制度。这一套理论指导和实际做法，背离了矿业的特有经济规律，严重影响了矿业的健康发展，而且许多地方同国际惯例大相径庭。直到1994年，为了在统计数字上同国际接轨，才修订了《国民经济行业分类和代码》（国家标准号GB/T4754－94），将大一统的“工业”划分为“采掘业”和“制造业”两个并列的独立门类。但矿业的实际管理体制并未作任何调整，而且就是这一形式上的改革也没有认真实行，在公私文献中甚至连用词都很少改过来。如果谁想收集有关中国矿业的系统统计数字，以便深入研究一下矿业经济问题，至今也都是相当困难的。

20年来，中国积极地扩大对外开放，成效显著。但比起其他行业来，矿业特别是固体矿业在请进来和走出去两个方面可以说都是成效甚微，中国矿业的投资环境还常常被国际同行们评为最差的国家之一（一般为倒数第二到倒数第三），具体原因很多，观念和体制上的根源恐怕还是在这里。现在，中国已经正式加入WTO，在转变观念基础上进一步深化矿业体制改革，确实是当务之急了。

二、主要物质生产的投入产出关系

认真研究表1，可以看出以下几层经济关系：第一，作为第一产业，矿业同农业有相同之处，即都是“开发利用自然资源，从自然界取得物质和能量的产业”，也即“无原料的物质生产业”（此类产业还应包括水电业，见萨缪尔森《经济学》第16版）。但两者又有区别——矿业是直接采掘物质（含能源物质），要消耗不可再生的自然资源；现代农业主要是间接取得物质，不消耗自然资源或只消耗可再生的自然资源。因此矿业比农业受自然资源的约束更强。

表1　　主要物质生产的投入产出关系

		主要投入	生产过程的物理性质	产品主要用途
农业	采集经济时代	天然动植物	直接取得有机物	消费品
	农业及工业经济时代	空间资源（土地、水体）	实现无机物向有机物转化	消费品下游产业原料
矿业		矿产资源	直接取得物质和能量（能源物质）	下游产业原料
制造业（含水电、核电）		物质原料和能量	物质改造或能量转化	多种

第二，从整个人类社会角度说，第一次产业不可能是“夕阳产业”。因为只要人类社会的经济活动持续进

行(且不说还要增长),就要不断地从自然界取得新的物质和能量。人们常说要“实现产业升级,发展高附加值产品”,即产品的技术含量不断提高。这个提法的另一面,也就是说这个“附加值”总得有一个附加的载体——物质或能量,后者是什么时候也少不了的。但在一个局部地区,矿业是应当持续繁荣还是应当逐渐收缩,则是另一个问题(见后文)。

第三,矿产品产量的增长应当有限制。1972年,罗马俱乐部发表了专题研究报告《增长的极限》。报告认为,随着人口剧增,自然资源耗竭,环境恶化,人类社会的经济增长总有一天会达到极限–报告预计这一时刻将在20世纪末到来。由于对科技进步的作用估计不足,报告对于整个社会经济发展前景的看法显然是过于悲观了,后来已经为许多学者所批评纠正。但如果说第一产业特别是矿业的产量增长应当有极限,则是十分正确的。因为人类没有可能也没有必要无限制地从自然界索取物质和能量。

三、矿业在社会经济发展中的地位和作用

(一)开发矿业的两方面目的

一是如表1所反映的,为下游产业主要是制造业提供物质和能量。换一个说法,这是矿产品消费者的目的。这一目的是全球性的,也是永恒的。人们说,“矿业提供了全球能量供应的90%,制造业原材料的70%;提供了中国能量供应的93%,制造业原材料的80%”,说的就是这一方面,而且这样的说法可说是“放之四海而皆准”的。

但为了实现这一目的,是否一定要开发本国或本地资源,发展国内或本地矿业,那就不一定了–可以是基本上依靠国内矿业,如中国;可以是国内矿业同境外资源开发并重,如美国(至今仍是全球第一矿业大国。根据1987年资料,矿业增加值985亿美元,占当年GDP2.2%);可以是基本上依靠境外资源开发,如日本。

二是从比较优势出发,将矿业作为本国或本地居民谋取生存和发展的基本产业乃至支柱产业之一,依靠它创造就业机会,换取其他产品以至提供资本原始积累,这是矿产品生产者的目的。这一目的应当是局部性的,非永久性的,准确地说,只应在一定时期内存在于一定国家和地区,也就是工业化起步和前期阶段。人们说,“中国矿业创造了2000万个就业岗位,在矿业开发基础上建成了400座城镇”,说的就是这另一方面。这样的话只能在中国这样的国家说,类似的话如果放到日本去说,恐怕就会令人不知所云。

在从农业经济社会向工业化前进的时候,只要有资源条件,就既要靠开发矿业来养活自己的部分居民,还要靠开发矿业为工业资本的筹集提供部分原始积累,以弥补农业提供原始积累的不足。随着社会经济的健康发展,工业化水平的提高,产业结构的升级,这一方面的目的理应逐渐减弱。

在市场经济条件下,区分矿产品生产者和消费者的不同目的很重要。在社会经济发展过程中,随着产业升级,产品附加值的提高,矿业大国应当向矿产品消费大国转化。因此,可以得出一个合乎逻辑的结论:对于一个国家或一个地区来说,无论矿业规模的绝对值是增长、稳定还是缩小,它在社会经济总量中的比重都应当逐步降低,否则十之八九是社会经济发展方向出了问题。

20世纪90年代后期以来,中国矿产品进出口从顺差转化为逆差,与此同时,开始提出了利用国外矿产资源的课题,实际上也是意味着这一变化,意味着随着产业结构的升级,矿产品消费大国的角色逐渐重于矿产品生产大国的角色。由于计划经济体制观念的深刻影响,过去常常混淆这两种目的、两种角色,以致这一转变在相当程度上是自发的、被动的:发展国内矿业,指导方针常常摇摆;利用国外资源,缺乏有力措施,除了矿产品净进口额连年增长以外,在增强对全球矿产地控制能力上未见多大成效。

(二)资本主义发达国家的矿业发展战略转变

18世纪中期工业革命开始后的一段时间,最先兴起的欧洲资本主义国家,依托国内矿业开发,实现了工业化。到了19世纪末,随着对殖民地的争夺和分割,也由于国内资源的日渐消耗枯竭,大部分资本主义国家都实现了从依托国内资源开发到主要依托境外资源开发的发展战略转变,也就是说,它们开发矿业只剩下“提供物质和能量”一个目的了。宗主国把自己改造成为“制造业基地”,而使殖民地成为“原料基地”,从殖民地廉价掠夺原料(农产品和矿产品,以矿产品为主),高价输出制成品,成为全球经济秩序的基本格局。列宁曾尖刻地指出,这是“从一条牛身上剥下两张皮来”的行径。

这样的经济秩序曾导致了两次世界大战,直到当代也没有根本改变。只是随着第二次世界大战以后民族解放运动的发展和殖民地纷纷独立,以军事和政治手段为基础的旧式殖民统治方式已经不再适用,资本主义发达国家不能不更多地运用经济和技术手段控制原料基地和市场。在全球产业结构调整中,它们也可以将一些相对低级的制造业转移到发展中国家。但凭借已经形成的雄厚经济实力和科学技术优势,始终牢牢地占据着全球产业结构的顶端。并且在资源环境问题日益突出的背景下,在国内积极治理环境,在境外大力争夺资源,从而在改善自己生活质量的同时,把资源耗竭和环境破坏的负担转嫁到发展中国家身上。

(三)发展中国家矿业开发的作用

从贫困落后的农业经济社会起步去实现工业化，如果具备资源条件，首先开发矿业，并通过国际交换换取资金和其他产品，以积累资本，提高技术，建立自己的工业体系，不失为发展中国家发展经济的一条路子。这自然需要有两个前提：一是这一交换是平等互利的；二是产业结构升级不会受阻，不至于停留在只生产矿产品这样的初级产品水平上。

但是，在由资本主义发达国家主宰的旧的国际经济秩序下，绝大多数发展中国家争取不到这两点发展权。许多国家至今停留在输出廉价矿产品的水平上，在经济全球化中扮演着单纯"矿物原料基地"的角色，有的国家矿产品输出占出口额90%以上。有些经济学家对这种情况还轻蔑地评为"它们除了矿产品外还能有什么可卖的?"

如果矿业就等于工业，这样的畸形矿业开发也算是实现了工业化的话，我们就应该承认资本主义发达国家在促进发展中国家的工业化中是有大功德的了。

从1840年鸦片战争到1949年中华人民共和国成立前的半殖民地时代，旧中国的经济大体上也是处在被别人从自己身上"剥下两张皮"的悲惨境地。有一点中国近代史知识的人们都知道，中国近代的产业工人主要集中在三个行业：煤矿、纺织、铁路。在外国资本控制下，这一事实的经济意义可以通俗地表述为：雇佣一部分人采煤，雇佣另一部分人纺纱，然后雇佣第三部分人把原料运走。如果有人说，这也算外国资本促进了中国的工业化，中国人民是不能领这个情的。

前苏联控制下的"经互会"中，有所谓"国际分工"的原则。扮演着"矿物原料基地"角色的小兄弟，几十年来摆脱不了贫困落后的面貌，可以看作是旧的国际经济秩序的"社会主义版"。

四、中国矿业发展战略选择的前提和思路

(一)计划经济体制下矿业的历史功绩：

1.为国家工业体系的建成提供了能源和原材料保证。这一点已为人们熟知和充分肯定。

2.同农业一起，付出巨大代价，为工业资本提供了原始积累。

通过国家定价和垄断经营，压低矿产品价格，造成上下游产品价格的剪刀差，降低了下游产业主要是制造业的成本。改革开放以来，价格放开是从下游产品开始的。矿产品价格放开被安排在20世纪90年代的"末班车"，政府有关主管部门的理由就是"避免增加(下游产业的)企业负担"。

实行"资源无价"政策，压缩矿山企业成本扣除，扩大利润上缴。中国的矿山企业一概不扣除资源成本，力度偏弱的"维简费"提取制度也常常不能保证执行，导致企业简单再生产缺乏保证，而矿业生产的负外部性也基本上推给了社会。早年建成的矿山，大多在几十年后的体制转轨时期出现资源枯竭，国家财政既不可能再包下来，企业又无力成为寻找和探明接替资源的投资主体，可谓"青黄不接"，出现大批矿山企业因"资源枯竭"而破产关闭的不正常现象；而矿业生产的外部性－环境破坏和矿城衰退问题，一般也是在几十年后才充分暴露。这两方面的问题，都不得不由公共财政去弥补。这是在资金严重短缺时期不得已而实行的"吃祖宗饭，留子孙债"的做法。在经济不发达、可出口的货物甚少的时期，矿产品进出口的长期顺差，是换取外汇的重要途径。

3.创造就业岗位，促进城镇建设，为巩固工农联盟，保障社会稳定和进步作出了贡献。

(二)当前矿业发展环境的变化：

1.工业化大步推进，矿产品消费量快速增长，而由于资源与环境约束，矿产品产量难以同步增长，因而矿产品已从净出口转化为净进口。这一变化的出现虽然在相当程度上是自发的、被动的，但由于中国的矿产资源条件劣于全球平均水平，这一变化趋势不大可能逆转；而从社会经济发展前进的要求来说，也不应该勉强去扭转。

2.由于国内外形势变化，中国从被迫封闭转向对外开放，"利用两种资源"有了客观可行性。中国正式加入WTO，标志着对外开放的新阶段，使这一客观可行性变得更为现实而且紧迫。站在战略的高度观察这一问题，应当把"利用两种资源"提高到更加自觉和主动的水平。

WTO是经济全球化的产物，而当代经济全球化的实质，就是全球范围内的产业结构调整。中国加入WTO，就是要更加积极自觉地参与这一调整，并在其中寻找最有利于自己发展的角色定位。

在物质生产领域，由于科学技术的迅猛发展，在全球范围内形成了三种角色地位—研究开发中心、制造业基地、原料基地。中国的基本国情是科技水平不高，经济实力不强，自然资源相对不足，劳动力资源极为丰富。因此，期望近期内成为全球研究开发中心是不现实的。现实的选择是力争成为全球最重要的制造业基地之一，并加快增强自己的研究开发能力，逐步争取提高自己在全球研究开发活动中的地位。万不可使自己落到原料基地的角色地位。为达此目的，中国矿产品消费量必将有较大的增长。扩大对全球矿产资源的占有份额，就不仅仅涉及矿业发展战略，而是涉及全国经济发展战略的大事。

3.随着经济发展，综合国力增强，需要由矿业提供

原始积累的无奈时期已经过去，因而调整矿业政策有了空间，利用境外矿产资源也有了较好的主观条件。

4.全国人口众多，产业规模有限，就业压力一直是重大社会问题开发矿业的两方面目的仍然同时存在。

（三）矿业发展战略选择思路

1.关于利用国内外矿产资源的方针：

① 实行“稳定国内，发展国外”的方针；即在以国内矿业开发为主的基础上，有计划地逐步加大利用境外矿产资源的比重，最终达到国内矿业开发与境外矿产资源利用并重的格局（美国模式）。

具体规划时可以考虑使国内矿业总规模保持稳定（当然不排斥矿种结构调整），以保证矿产品消费存量；而矿产品消费增量部分，则通过利用境外资源规模的逐步扩大来解决。

② 利用境外矿产资源的方式，要努力加大直接投资办矿获取产品份额的比重；降低单纯矿产品进口方式的比重。前者获得的是产权，后者获得的是债权，显然前一种方式更有利于保障国家的经济安全。

③ 直接投资办矿的途径，目前还不得不以收购现成的矿山或其股权为主。但应积极开拓从风险勘查入手的途径，以充分利用我国现有的地质勘查生产能力，力求获得较大的风险收益。

④ 矿产品进出口不可能自求平衡。在矿产品净进口的总体格局下，优势矿产品如煤炭的出口目前还需稳定乃至稍有增长。但随着其他产业发展，就业问题趋于缓和，也应有计划地收缩。

2.关于国内矿业发展的资源条件要求，由于国内矿业发展目前仍然有着两个方面的目的，所以不能把国内外矿产资源条件这一单一要素的绝对优势对比作为惟一选择依据。不能认为只要国内资源条件不如境外，就不宜发展国内矿业，而是要研究矿业这一产业在整体上有无比较优势，包括通过主观努力能否创造出这一优势。这样，开采劣于境外资源的产地就是会经常发生的选择。为了使这样的矿山也得以生存，政府应当实行低税率乃至零税率政策。德国政府为了对鲁尔地区开发条件差的煤矿给予扶持，以缓解矿工失业的压力，实行的甚至是负税率政策，即由政府给予补贴。具体做法虽不必照搬，但他们考虑问题的思路仍值得细心体会。实行优惠税收政策以后仍然不值得开采的资源，也许就是当前技术经济条件下应当放弃的资源了。

3.关于国内矿业的要素密集程度从全国产业发展方针来说，当前重点需要发展劳动密集型产业。矿业自然首先是资源密集型产业，而其资本密集程度和劳动密集程度则是可以互为消长的，资本与劳动的互相替代选择决定于各国的不同国情。

为了提高矿业的竞争能力，应当有计划地提高资本密集程度，以采用先进技术，改善装备。但为了不加重就业压力，劳动密集程度又不能下降得太快。

从国情出发，凡事关生产安全、资源利用保护和提高产品质量的先进技术，应当积极采用。要优先降低危险作业部分的劳动密集程度。凡只是有助于提高产量的先进技术，则要量力而行，不宜单纯追求劳动生产率的提高，而更要看重提高资本效率和创造就业机会。

4.关于矿业开发同区域经济发展的关系，要使矿业开发融入并能促进所在区域的经济发展。在西部大开发中，要认真规划好在矿业开发基础上的产业升级步骤，不可使广大的西部地区长期停留在“能源原材料基地”的水平上。

调整城矿关系。已建矿业城市，要尽可能解决由于当初城镇建设布局不当留下的各种后遗症，力求避免或减轻“矿竭城衰”的后果。在新的矿业开发地区，要在区域经济市场化和城市化的总体布局中，运用矿业开发这一因素去推进城市化，纠正“就矿建城”的做法，不可再简单地靠一座矿山去“背”起一座城市。

（四）实现上述发展战略所需要的制度保障

1.为提高国内矿业的资源保证程度，要稳妥解决从国家统包矿产勘查到建立商业性矿产勘查制度之间的机制转换。

2.改善矿业投资环境，吸引民间资本和外国资本投向矿产资源勘查和开发。

3.调整和建立有利于矿业和所在地区都能持续发展的经济法律制度。

4.为提高对全球资源的控制能力，一要努力扶持形成有实力的大型矿业集团，二要建立起境外资源勘查开发的风险分担机制。

五、深化中国矿业体制改革的总体思路

观念前提一是将矿业作为独立产业，不再分割为各类制造业的原料车间；二是从第二次产业调整为第一次产业。这样，从社会管理制度、企业组织制度、财务制度、税收制度等方面的改革都需要作出系统设计。

（一）政府对矿业的社会管理

宜参照澳大利亚、伊朗等国的做法，在政府中建立“能源矿业部”，以统一管理“从自然界直接取得物质和能量的产业”。“在其位者谋其政”，矿业发展战略的制定和组织实施，矿业体制改革的推进，需要有一个全面负责的部门。

为了避免受计划经济惯性的影响，需要注意两点。一是要明确这是一个行使“社会经济管理职能”的部门，不要建成了国有企业的产权主管部门。二是要明确这是一个与农业部性质相似的产业管理部门，不要建成了第二个国土资源管理部门。所以特别提出这两

点，是因为在计划经济体制下，人们对于直接支配人财物这些物质性经济资源的权力，实在是太过于感兴趣了，往往由于在这一方面的争夺扯皮过多，耽误了许多真正应该由政府去办的事。

(二)企业经济结构

1.组织结构：国家应当鼓励矿业组建集团企业。单个矿山建成一个企业，不利于经济发展和社会稳定，不宜成为普遍形式。

矿业生产的要素投入中，矿产资源属于不可再生的耗竭性资源，单个矿山“洞老山空”是迟早要发生的事。作为生产单位，采空后是生产基地转移；建成独立企业，采空后就是企业的终止乃至破产。

2.产业结构：矿业应当是独立于制造业的产业，矿业企业却不宜发展单一的矿业。按照前述第二节中阐述的规律，矿产品产量的增长应当有限制。如只生产单一的矿产品，企业发展必将受到很大束缚。因此，国家应当允许并鼓励矿业企业，根据不同条件，在坚持专业化的前提下发展多元产业。

国内外石油天然气企业都采取了上下游全面贯通的经营战略，即勘查—开采—炼油—基础化工—销售一条龙经营。所以能够如此，是因为石油天然气矿业从资源到产品结构相对都比较简单。

固体矿业似乎适宜采取横向拓宽和纵向贯通相结合的经营战略。所谓横向拓宽，是指不宜像计划经济体制下那样，局限于一组甚至一种矿产的开采。对于品种众多、生产技术又不会因矿种不同而有很大差别的金属和非金属矿产，可能首先需要横向拓宽，国外一些大型跨国矿业集团已有成功经验。对于资源和产品品种相对简单的某些矿产例如煤炭，可以重点地实行纵向贯通经营，如煤—电—运—销联营，建设采煤—洗煤—焦化—合成材料产业链，等等。

3.股权结构：除从事资本经营的国有投资公司和控股公司外，凡从事生产经营的国有矿业企业，应尽可能进行股权多元化的改革。大幅度减少国有独资企业，少数保持国有资本控股，一般以保留参股地位为宜。这既是为了转换机制，也是吸引民间资本和外国资本投入矿业的有效途径。

(三)矿业财务制度

1.如何处理“资源成本”，是矿业不同于所有其他产业的第一个关键问题。采矿中的矿产资源消耗，在经济上具有双重含义。第一方面含义是企业内部生产成本的组成部分，即为找到并探明矿产资源而预付的探矿资本的消耗，理应在产品销售收入中分期摊销，转化为专用货币资金。做到了这一点，即便矿山采空，也有能力寻找接替产地，从生产上说是实现生产基地转移，从经济上说是资本安全退出。西方市场经济国家准许企业在所得税前列支的“资源耗竭补贴”(depletion-allowance)，就体现了这一经济关系，美国对石油开采规定的补贴率高达销售收入的22%。中国石油企业提取的“储量使用费”，是对西方这一制度的移植。而固体矿业不实行这一制度，矿山采空后，国家既包不下来，企业也没有办法，只好破产了事。

矿产资源消耗的另一方面经济意义是企业生产负外部性的根源。这种负外部性有二：一是由于矿业生产导致环境破坏，使矿山所在社区受损，也可以称之为环境成本；二是由于资源耗竭导致产业消亡，城镇衰退，使当地劳动者失去就业条件，危及劳动者以至后代的生存。市场经济的基本原则，要求将外部性的影响尽可能内部化，即计入内部成本。国外现有两种处理办法。一是普遍实行的资源租金(royalty，bonus，etc)制度，租金主要用途之一就是矿山环境恢复。二是中东一些石油输出国，针对后一问题，开征了“后代基金”，主要用于发展替代产业。

回过头来看我们中国，历尽艰难建立起来的、费率低得可怜的“资源补偿费”制度，至今还常常被指责为应当取消的“不合理收费”(自然，对资源补偿费性质的认定及其使用方向的设计，确有一些值得商榷之处。应当在坚持基本原则的前提下，通过深化改革，努力去完善这一制度)，结果是“矿竭城衰”后，留下的环境破坏，失业人群安置，都得由公共财政兜起来。计划经济时代留下的后遗症，在当前这样的体制转轨时期，确实只能由公共财政兜起来。但如果不能从中吸取教训，深化改革，推进体制创新，势必会继续增加越来越多的新漏洞。假设在若干年后，我们还得不断地去堵那些新的漏洞，而办法又仍然是只有一手——“由公共财政‘兜起来’”，那我们离“与时俱进”的要求就未免太远了。

2.如何处理矿山工程，是矿业有别于其他所有产业的第二个关键问题。一般企业的土木建筑工程如厂房等，使用时间要远远长于设备类的固定资产。而且即使企业终止，工程的价值也仍然存在，甚至还有可能增值。矿山工程在存在形态上虽然也是不动产，但其使用时间却不可能长于矿产资源，一旦资源采空，矿山工程的价值也就等于零了。因此应以资源开采年限为依据，制定矿山工程投资回收制度。矿山“维简费”制度，是中国工业经济界老前辈的重要创造，但力度不足，往往不足以确保简单再生产的稳定持续，更不足以保证矿山工程投资回收。

(四)矿业税收制度

1.税收属于二次分配中的无偿征收，要同初次分配加以区别。讨论资源税同资源补偿费的分合存废，就未免有点风马牛不相及——后者是矿山企业资源成本的组成部分。

2.税收的基本功能之一是作为宏观调控手段,调节社会经济活动,服务于国家的经济发展战略。在资源条件不够理想,又必须实行"以国内矿业发展为主"战略的情况下,对矿业只应区别情况,实行低税率或零税率。个别地方,为保持社会稳定,也可以考虑实行负税率,即对个别矿山维持生产给予政府补贴。

3.矿业税收制度要符合矿业的特有经济规律。无论是流转税还是所得税,都要深入研究矿业成本构成的特殊性。矿业流转税制度最好改行产品税。其实在农业同农产品加工业之间,同样存在着一个不同税制的衔接问题,技术上的困难不会很大。如果要继续实行增值税制度,则在从生产型转为消费型的改革中,也需要考虑矿业的特殊性,仅仅增加购入设备的已纳税款抵扣是不够的,还需要充分研究资源成本和矿山工程的抵扣原则和方法。

(作者:全国政协委员、原地质矿产部副部长、中国地质矿产经济学会理事长)

解决煤炭"四矿"问题刻不容缓

乌荣康

矿业是我国国民经济重要的组成部分,是生产工业原材料和能源的基础产业。全国政协常委会决定把"四矿"(矿业、矿山、矿工、矿城)问题列为今年重点调研课题,并召开全国性的研讨会,这对分析矿业现状,解决矿业存在问题,促进矿业持续、健康发展,有着重大的现实和深远意义。

一、煤炭在国民经济发展中的战略地位

煤炭是我国的主要能源。建国以来,煤炭在一次能源生产和消费结构中的比重始终保持在70%左右。经过50年的开发建设,特别是经过改革开放20年的高速发展,我国已解决了建国以来长达30多年煤炭供应短缺的局面,成为世界产煤大国。煤炭工业为国民经济发展做出了重大贡献。

煤炭是可靠的能源。已探明的保有储量达1万亿吨,约占我国化石能源的95%,矿产资源储量的90%,而且品种齐全,分布广阔。我国现有煤炭可采储量1145亿t以上,储采比为1:3,远远大于石油、天然气的比例。

煤炭是廉价的能源。同等发热量计算,用煤的成本相当于用油的30%,天然气的40%,用煤成本低的优势十分明显。

煤炭是可以洁净利用的能源。煤炭对环境的污染主要是在燃烧过程中产生的。通过发展洁净煤技术,从煤炭利用环节入手,采用高新燃烧技术及污染排放控制技术和设备,煤炭的污染问题是可以控制的。这一点发达国家的经验已经得到了证明。

未来煤炭需求仍呈增长趋势。在可以预见的时间内,国民经济发展对煤炭的需求将不断增长。国家《煤炭工业"十五"规划》中提出国内煤炭需求量将增加1亿t。有关部门预测,未来30年煤炭需求量将比"九五"末增加40%~60%。

煤炭是中国重要的战略能源。煤炭储量多、分布广,在国际环境复杂多变、综合国力的竞争日趋激烈,敌对势力加剧对我国渗透和破坏的新形势下,大力发展煤炭工业,是我国21世纪能源安全的重要保证。江泽民总书记指出,"煤炭是工业的粮食,在我国国民经济和人民生活中有着举足轻重的地位,煤炭工业必须进一步搞好。在相当长时间之内,煤炭仍然是我国的主要能源。"

二、煤炭工业现状

我国现有煤炭生产矿井2.6万处,2001年生产原煤11.1亿t。其中国有及国有控股企业3000处,生产能力占总量70%以上,乡镇集体和其它煤矿2.3万处。国有大中型矿井的生产规模为5.59亿t/a,约占全国总生产能力的40%~50%。全国县营以上煤矿职工总数425万人,其中在岗职工342万人。2000年全国煤炭工业总产值751.75亿元(不变价),其中煤炭占72.7%,非煤占27.3%。全国共有地市级煤炭城市57座,其中以煤炭产业为主的城市为47座。

煤炭行业在改革和发展中取得了明显的成效。2001年原中央财政煤炭企业有1/3完成了公司制改造。依法取缔非法开采和关闭布局不合理的小煤矿,取得了阶段性成果。1998~2001年,累计关闭各类小煤矿5.8万处,压减生产能力3.5亿t,办矿秩序趋于好转,结构调整取得成效。全行业已经具备了设计、施工、装备及管理千万吨级的露天煤矿和大中型矿区的能力,并包括向美国、俄罗斯、印度等在内的世界产煤国家输出设备和技术。建成了一批高产高效矿井和具有世界

先进水平的现代化矿井。煤炭出口量2001年突破8000万t。

三、煤炭工业存在的困难和问题

煤炭工业面临的困难和问题是多方面的,生产经营秩序尚没根本好转,结构调整和煤炭总量控制仍面临繁重的任务,众多分散的煤炭企业面对垄断行业的不平等竞争处于劣势。煤炭价格低位徘徊,煤、电、油等能源比价不合理,大量利润流向其他产业。职工生活艰苦,带来影响的社会不安定的问题十分突出。具体表现:

(一)产业结构不合理,发展后劲不足

1.产业集中度低。2001年底,全国各类煤矿中近90%的矿井是生产能力1万t左右的小煤矿,在经营规模和管理上处于明显劣势。全国17家年产千万吨级的大型煤炭企业,产品市场占有率仅26%,难以有效地发挥带动优势。

2.品种单一,产业链短。全国原煤入选比重38%,非煤产值仅占煤炭总产值的1/3,企业活力基本上依赖于煤炭产品,缺乏竞争能力。

3.技术装备水平差。全国煤矿平均机械化采煤程度仅40%,小煤矿尚未脱离笨重的体力劳动。

4.安全和生产欠账多。据不完全统计,2001年全国国有煤矿累计安全欠账约40亿元。安全欠账造成抗灾能力弱化,事故频繁,伤死人数多。据统计,2001年煤矿死亡5670人,相当于非煤矿山和非矿山企业死亡总数,占国内工业死亡人数的60%,属自然灾害严重的危险性行业。1999年全国国有煤矿的8.7%矿井通风能力不足,有30%的"双突"矿井无监控系统,45%的高瓦斯矿井无监测系统。全国重大事故中通风瓦斯事故都占50%以上。生产欠账使矿井设备老化,采掘失调。据调查,"十五"末(不考虑小煤矿死灰复燃情况)现有煤矿生产能力将减少1.5亿t,供需缺口2亿t。

5.煤矿基本建设规模与煤炭需求增长不相适应。一方面煤矿基本建设规模下降,未来煤炭供给能力不足。"九五"新开项目仅是前三个五年计划的27.5%～33%。"十五"期间新投生产能力9717万t/a,难于解决2000～2015年全国生产能力矿井报废2.50亿t、2015～2030年报废2.36亿t带来的煤炭供给能力不足的矛盾。另一方面地质勘探欠账多,可供建井的精查储量不足。在2000年尚未利用的精查煤炭储量617亿t中,可供建井的有44处,规划利用的量仅227亿t,只能满足新增8600万t/a的建井规模。后备精查储量缺口达300亿t,远远不能满足新井建设的需要。

(二)企业经济基础脆弱

建国以来到20世纪70年代,国家对煤炭企业实现"包产、包销、包工资(吨煤工资包干)"的政策,企业承担办社会职能,利润全部上交国家,没有任何积累;80年代,国家对煤炭企业实现投入产出总承包,投资拨款改贷款,企业生产经营资金短缺,靠向银行"借贷度日",利息负担沉重,难以实现效益上的"结余";90年代,国家放开部分煤炭价格(主要用户电煤价格没能真正放开),抽回补贴。到了90年代后期,由于国家对小煤矿盲目发展,产量增长缺乏有效调控,加之工业结构调整,市场对煤炭需求减少,出现了煤炭供大于求的局面,煤价逐年下降,企业经营陷入困境。1994年以后国家进行了税制改革,使国有煤炭企业每年净增税金50多亿元,进一步加重了企业的困难。

2000年下半年,国家对煤炭工业结构调整政策开始显效,煤炭市场需求有所好转,煤炭价格开始恢复性回升。但整个行业经济仍处于低位运行状态。2001年平均煤价仅相当于1997年的90%;煤款拖欠额仍高达260亿元,相当于当年总销售收入的30%,企业资金短缺,正常经营难以为继;全行业还有32%企业处于亏损状态。

(三)矿工生活艰苦,队伍不稳

煤矿职工劳动条件艰苦,收入低、居住条件差。从建国初期到20世纪90年代初期,煤矿职工工资一直名列各行业前茅,就连三年困难时期,国家还实行补助粮食和副食品的特殊政策。90年代中期,煤炭企业经营日趋困难,职工收入下降。据统计,1994～2000年煤矿职工平均收入6893元,增长幅度是全社会最低的行业。2000年煤矿职工平均工资为6761元,在岗职工7683元,低于全国职工平均工资9371元,在49个行业中排列倒数第二,仅为最高行业的11.8%。相当一部分煤矿企业职工处于"低保线"之下。以阜新、鹤岗矿务局为例,阜新矿务局10多万名职工,有1/3家庭人均收入低于当地"低保线"156元/月水平。鹤岗矿务局人均收入低于当地130元/月,涉及3.27万户,12万人。

到2001年底,原中央财政煤炭企业拖欠在岗职工工资63.33亿元,拖欠3.5个月;拖欠下岗职工基本生活费1.04亿元,拖欠离退休金0.7亿元。由于长期工资低下,且拖欠工资的问题一直未解决,加上住房拥挤的原因(1999年底煤矿职工人均居住面积仅有6.79m^2,远远低于全国城市人均居住面积9.8m^2。无房户29万户,涉及职工77万人。危险住房有504万m^2)。矿区职工思想不稳定,群体上访、闹事事件不断发生。据统计2001年,来京上访有1221人,其中集体来京上访有54批,人员618人。国家经贸委信访部门今年3月份接待上访人员中有1/3是煤炭行业职工,影响了社会的稳定。

正是由于煤矿劳动条件差,危险性大,收入又低。全国煤炭系统的大中专毕业生,去企业工作的不足

5%，多数企业近几年基本上没有大专毕业生来矿工作，人才流失严重，人心不安，给企业发展带来致命的影响。

（四）矿业城市困难多，转型难

据不完全统计，在47个以煤炭产业为主的城市中有20个属于煤炭资源萎缩或资源枯竭的城市，其中，资源已接近枯竭的城市14个。这些城市都是“因煤而立、因煤而兴”的资源性城市，在长期计划经济体制下，形成了大量的历史欠账，随着煤炭资源的萎缩或枯竭，面临着许多特殊的经济和社会问题，经济转型迫在眉睫。一是就业问题十分突出。以阜新为例，2001年6月底，该市就有下岗职工、失业人员15.55万人，其中矿区占45%。随着资源的逐步萎缩枯竭，关闭破产煤矿数量增加，下岗职工和失业人员将不断增加。二是煤炭城市多是产业结构单一，经济总量小，地方财政入不敷出，承担着失业人员就业、企业分离社会职能、矿山关闭和社会稳定等繁重任务，带来许多自身难以解决的困难。三是大量职工处于贫困状态。如，鸡西市困难户就达38123户，其中特困户12951户。四是多数煤炭城市生态条件恶化，基础设施差，在引进项目、资金、人才上缺乏吸引力，经济转型难。

煤炭“四矿”的问题，既有行业特殊性造成的人多、效益低的原因，也有计划经济遗留下来的企业沉重负担问题，还有市场经济出现的新矛盾以及当前国家宏观政策没能完全到位的原因。这些困难和问题已经严重制约了煤炭工业的可持续发展，直接影响国民经济和社会的发展，影响国家能源安全和社会稳定。解决煤炭“四矿”问题，刻不容缓。

三、政策建议

（一）着力解决当前矿工的生活困难

鉴于煤矿下岗职工多，生活困难。建议各级政府要从解决就业入手，抓紧建立社会保障体系。当前，一是要建立政府对企业还清欠发工资的监督和协调机制，督促企业限期还清欠发职工的工资。二是按照“应保尽保”的原则，抓紧建立矿工家庭最低保障制度。对矿工家庭人均收入达不到当地“低保标准”的部分，建议由中央和地方财政共同分担。三是着手研究解决国有矿山企业所办集体所有制职工退休、下岗“低保”的生活待遇。对国有煤矿企业所办集体所有制企业特困职工，要给予一定的生活补贴。资金由国家、地方财政和企业“三家抬”。四是对于两代人拥挤一屋的户和各种危房，当地政府和企业要制定“危改”措施，落实资金和责任，尽快解决。

（二）制定适合我国国情的煤炭工业发展战略

要在进一步总结煤炭工业发展的经验和教训的基础上，按照市场经济规律和WTO规则，坚持“以煤炭为基础能源”的方针，研究制定煤炭工业30年（重点前15年）中长期发展战略的具体目标和要求。提出产业结构、供需平衡、生产布局、洁净煤技术发展、矿城转型等发展战略，以及宏观调控体系和政策保障。建立国家实施“发展战略”部门责任制，增强实施跟踪力度，定期分析、总结经验，切防搞形式，走过场。

（三）设立矿业或能源产业国家综合管理部门

鉴于矿业或能源产业的重要性和复杂性，建议国家成立矿业或能源产业综合管理部门，有利于国家宏观经济管理，有利于把握行业发展，有利于责任制的落实，也有利于政府在改革发展过程中协调处理各种矛盾。

（四）推动煤电联营和建立跨省区煤炭企业集团

要根据煤炭资源分布和国家电力发展需要，制定优惠政策，积极推动煤电联营，提高综合经济效益。

要按照“政策引导、企业自愿、政府推动”的原则，推动跨省区煤炭企业集团的建立。政府要采取积极有效地措施，从保证国内、国际市场需求和促进企业发展入手，充分考虑市场、运输条件和生产布局，积极推动矿区资源储量充足、技术先进、具有较高管理水平和经营业绩好的煤炭企业联合、重组，建立大型或特大型企业集团，并在资产经营、税收、融资和剥离企业不良资产，移交企业办社会职能等方面予以政策支持。

（五）进一步完善煤炭法制建设

进一步贯彻落实《煤炭法》，完善相关的配套法规和政策。依照规范办矿条件，建立市场准入制度。整顿市场经营秩序，合理保护资源。依法制定《特殊煤种和稀缺煤种保护性开采条例》、《煤炭生产开发规划条例》、《煤炭产品质量管理办法》、《煤矿井下作业职工意外伤害特殊保护的规定》等法规和规章，加强执法监督。

（六）建立煤炭工业发展基金

煤矿建设投资多、风险大、建设周期长、回报率低。按照煤炭工业现有的经济基础和产业结构状况，单纯依靠企业自身的能力，不可能改变。为了解决这个实际问题，提高国家的宏观调控能力，根据我国实际，借鉴国外经验，建议：建立煤炭工业发展基金（暂定名）。通过政府投入、企业积累和多方筹集，吸引社会资金建立基金。主要用于产业结构调整、地质勘探、环境保护、洁净煤技术、城市转型等。其运作方式可以通过由政府综合部门人员、煤炭行业管理人员及专家组成“基金”董事会组织实施。

（七）减轻煤炭企业税负担

煤炭工业是直接从事自然资源开发利用的初级产业。1994年国家税制改革后，煤炭实际税负大幅度增加,加重了企业负担,这不符合国务院"不增加国有重点煤矿企业的税负水平"(《国阅字〔1994〕71号》文)的精神。建议:首先解决增值税过高的问题。具体意见:一是调整增值税征收办法,调减税率到8%。二是对煤矿生产用的固定资产设备购置支出,生产性专项工程中的原材料、电力费用允许列入增值税进项税的抵扣范围。三是调整税基。对企业内部相互提供的产品和劳务不作为销项税额计算的基础。其次,修改资源税征收办法,取消资源补偿费的征收,落实所得税等返还政策。

(八)建立和完善煤炭产业政策

加快关闭破产、债转股、剥离企业办社会职能等政策的推进速度。建议国家有关部门:

1.开展矿山(煤炭)资源城市转型的政策研究。建议国家组织力量,以阜新矿务局转型为试点,依托矿产种类、开采状况、城市依赖程度及城市经济、地域、环境的情况,按照不同类型城市,分别提出相应的对策。

2.推进矿产(煤炭)资源资产化进程,实现国家资源有偿服务。

3.制定矿山(井下)作业人员"危险、繁重作业生活补贴"政策。

4.建立矿山(煤炭)高新技术和非煤产业的风险机制(国家为鼓励企业技术创新,承担部分风险)。

(作者:中国煤炭工业协会常务副会长)

中国大中型气田的成藏模式及主控因素

王庭斌

一、天然气与石油成藏条件的差异

长期以来,人们都是把石油和天然气联系在一起研究形成条件,评价勘探前景。我们较多地看到了它们之间的共性,忽视了之间的差异。石油和天然气有相近的源岩,都以有机质热演化成因为主,形成条件有相近性。但是成因及化学物理性质的差异,其成藏条件有较大差异。这些差异主要有:

1.成因差异:天然气生成具有多源和多阶段的特点。相比之下,石油是少源和生成阶段比较单一。

2.化学物理性质差异:以烃类为主的天然气具有H/C原子比高和氢更加富坐冷板凳的特点,因此天然气的分子量比石油小得多,分子结构比石油简单得多,可压缩性比石油大数十至数百倍,比石油有更强的活动性,而且天然气可以几乎无限制的溶解在石油中,也可以较多的溶解于水中。

3.运移特征差异:天然气具有易于运移、散失,运移相态复杂,运移通道广泛,运移距离变化较大的特点,并且扩散是天然气特有的运移与散失方式。

4.天然气藏的形成与油藏相比有以下主要差异:

① 气藏形成的有机质类型、时间和范围比石油广泛;

②天然气比石油更易于散失,比石油更难以保存;

③天然气的主控因素比石油复杂,对保存条件的要求更为严格;

④气藏类型及赋存形式复杂,不完全受制于重力分异理论及达西渗流定律,也不完全受制于圈闭及生储盖组合系统。

二、中国大中型气田的成藏模式

天然气成藏是天然气聚集与散失动态历程的综合结果,但在不同阶段主导作用不同。在气藏形成的早期阶段,天然气的聚集占主导地位;在中期阶段,天然气的聚集量与散失量间处于相对的平衡状态;在晚期阶段,散失量逐渐地大于聚集量,最终以散失占主导地位。因此,要使天然气聚集成藏并被保存下来,必须具备以下三个最基本条件:适时的供储关系,必要的聚集空间与良好的保存条件,总聚集量大于总散失量。

基于上述思路,中国主要气田可以新生代与中生代为界归为四类:超晚期(新第三纪—第四纪)生烃成藏型;晚期(老第三纪—新第三纪)生烃成藏型;早期(中生代为主)生烃聚集、晚期(第三纪—第四纪)定型成藏型;早期(中生代为主)生烃成藏型。

1.超晚期(新第三纪—第四纪)生烃成藏型。这类气藏从生烃至成藏持续的时间很短,成藏的进程很快,现在仍处于聚集量大于散失量的主要成藏时期。在中国有以下两类不同成因的气藏:其一为热降解成因的气藏,以莺-琼盆地崖13-1气田为最典型;其二为以生物化学作用为主形成的气藏,主要分布在柴达木盆地三湖新坳陷区的生物气田。

2.晚期(老第三纪—新第三纪)生烃成藏型。该类气藏是指主生烃成藏期是第三纪的气田。在中国有两类发展历史不同的盆地中具有该类气田:其一为我国东部新生代断坳型盆地早期升温形成的气藏,如平湖油气田；其二为我国西部一些复合前陆盆地晚期升温形成的气藏，如塔里木盆地的一些气藏。

3.早期(中生代为主)生烃聚集、晚期(第三纪—第四纪)定型成藏型。该类型气藏的特点是源岩的时代较老(以古生代为主)，生烃的时间较早(以中生代为主)，以及具有多期生烃过程，天然气从生烃至成藏地质时期较长，但气藏最后定型的时间很晚(主要在第三纪甚至是第四纪)。如威远气田是我国大型气田中储层及源岩时代最老的气田，气田最终形成于第三纪。四川盆地的多数气藏有相近特点，中生代生烃聚集，但最终定型于新第三纪。

4.早期(中生代为主)生烃成藏型。此类气藏的特点是主要生烃成藏过程在中生代及以前基本完成，气藏保存的持续时间较长，其后的构造运动对其基本上没有明显的改变。鄂尔多斯盆地的长庆、苏里格等大型气田是这类气藏的实例。

综上所述，由于自显生宙以来中国经历了多期次的构造运动，使我国天然气成藏的地质条件在不同类型的盆地有较大差异，形成了以晚期、超晚期生烃成藏、定型为主的多种成藏模式。四种成藏模式中，以晚期、超晚期生烃成藏型分布范围最广，主要分布在我国近海海域、东部裂(断)陷盆地以及西部的复合前陆盆地，最有利于形成大中型气田；早期生烃聚集晚期定型的气藏主要分布在以古、中生界为源岩的四川、塔里木盆地以及松辽、渤海湾盆地的深部；早生早聚型主要分布在鄂尔多斯盆地。统计中国储量$\geqslant 100\times10^8 m^3$气田以晚期、超晚期气田数量最多，但储量差别相对较小，说明了不能简单地以成藏时间的早晚作为评价能否形成大中型气田的决定因素。

三、中国大中型气田形成的主控因素、评价与勘探思路

20年的科技攻关，中国天然气勘探取得了很大进展。总结以大中型气田为主的主控因素对我国天然气工业持续发展有重要意义。

1.大中型气田多分布在高丰度、高充注条件含气系统的富气凹陷及其邻近地带；

2.具晚期、超晚期成藏条件与具有多期成藏和保存条件的大中型圈闭最利于形成大中型气田；

3.具备转化为含气(油)盆地条件的大中型含煤盆地有利于形成较大的天然气聚集；

4.具有良好保存条件的古生代碳酸盐岩是中国天然气的主要分布区之一，但成藏条件比较复杂；

5.适时的古隆起、古斜坡区有利的构造岩相带及大中型圈闭有利于形成早生早聚型及早生晚定型大中型气田；

6.在主要含气盆地中与不整合面有关的各类大中型圈闭有利于聚集形成大中型气田；

7.在上述地质条件下大面积分布的各类孔隙储层有利于形成大中型气田；

8.以生烃增压为主的超高压体周缘及异常高压封盖层之下(异常高压向正常压力过渡带)的各类大中型圈闭是异常压力系统中天然气的主要聚集区带；

9.在各类致密储层中，有裂隙发育等其它地质条件的匹配，也可以形成大中型气田。

在此基础上，进一步总结了中国天然气的评价与勘探思路：

① 天然气分布的范围比石油广泛，但聚集条件复杂，它既可以近源聚集，也可以侧向及纵向远源聚集。因此，既要重视在富气凹陷区天然气的评价与勘探，也不可忽视富气凹陷外围及上覆远离源岩地层的天然气前景。

② 地热场偏低的中西部，是古、中生代源岩成气和保存的有利地区；地温场偏高的东部是晚期、超晚期成藏的主要分布区。

③ 具有比较丰富气源的复合前陆盆地是找寻大中型气田重要的含气盆地。天然气在纵向上分布广，气藏类型比较丰富。

④ 具快速沉积特点的中、新生代以腐殖型源岩为主的断陷盆地，是找寻大中型气田的重要的含气盆地。

⑤ 古生代克拉通盆地以气为主，由于后期的地史经历比较复杂，只有在具有良好保存条件的地区才具有较好的找气前景。

⑥ 未来相当一段时间内，我国天然气勘探的主要领域是：中西部前陆盆地、三大克拉通复合盆地(四川、鄂尔多斯、塔里木)以及近海的裂谷、陆缘盆地。源岩类型以不同时代煤成气为最重要，其次为古、中生代的碳酸盐岩气。

(作者：中国石化石油勘探开发研究院)

中国铁矿资源形势与可持续供给的对策建议

邹　健

一、中国铁矿资源形势

中国是世界上铁矿资源总量相对丰富的国家,但人均资源量偏低,可供开发利用的资源短缺,资源品质较差,贫矿多富矿少,中小型矿多大型特大型矿少,多金属矿较多,矿石类型复杂,竞争能力弱。

由于钢铁工业的快速增长对铁矿资源消耗的大幅度增加,地质勘查新增储量低于消耗储量,以及一大批国有大中型矿山进入晚期开采阶段,使中国铁矿资源供给形势日趋严峻,供给缺口日益增大,进口数量快速增长。

目前,全国铁矿资源保有储量约458亿t,其中可利用储量占总储量的53%,暂不能利用储量约占47%。现有技术条件下可开发利用的储量为256亿吨,实际已被利用的储量为134亿吨。根据目前的开发利用规模和“十五”计划安排,铁矿石原矿产量维持2.5亿吨/年,储量回收利用率50%,中国铁矿资源保证服务年限仅40~50年。

根据中国铁矿资源勘查程度和地质科研部门对中国铁矿资源进行的预测:中国铁矿资源格局已基本清楚,资源总量与储量之比为2:1,今后不会有更大的变化,即使有新区发现,其利用条件也不会比现有储量好。因此,中国后备铁矿资源潜力不大,储量增长速度已经滞后于消耗速度,保有储量总体呈下降趋势(表1、表2)。

表1　　各时期铁矿资源新增储量情况

矿种	单位	一五(1953~1957)	二五(1958~1962)	三年调整(1963~1965)	三五(1966~1970)	四五(1971~1975)	五五(1976~1980)	六五(1981~1985)	七五(1986~1990)	八五(1991~1995)	九五(1996~2000)	2001
铁矿	亿t	54.89	119.95	20.13	72.72	100.4	123.59	47.02	19.8	7.82	6.4	1.37

表2　　近几年铁矿资源保有储量变化情况

矿种	单位	1978年	1980年	1985年	1990年	1995年	1998年	1999年
铁矿	亿吨	420.6	437.6	496.41	501.17	462.32	458.89	458.07

全国铁矿石生产规模2.5亿t/a,2001年国家统计局统计的全国铁矿石产量2.17亿t,从统计数字看,全国铁矿石原矿产量呈下降趋势(表3)。主要是近几年矿山投入不足,“八五”期间全国铁矿建设总规模5200万t,投资规模达65亿t,但“九五”和“十五”期间,全国没有大的铁矿基建和技改项目,发展后劲明显不足,过重的税费负担也严重挫伤了投资建设铁矿山的积极性;二是现有铁矿大部分已进入晚期,有一批矿山已经或将陆续闭坑,生产能力衰减或消失,产量将进一步下降。

表3　　近几年国内铁矿石产量变化情况

矿种	单位	1986年	1988年	1990年	1992年	1994年	1996年	1998年	2000年	2001年
铁矿石	万吨	14945	16770	17934	20976	24061	25228	24690	22400	21700

近10年来,中国钢铁工业发展很快,1990年产钢6535万t,2001年达到15266万t,年均增长速度近8%。由于需求的增加和国内铁矿资源供给能力的下降,铁矿石供求缺口越来越大,供需矛盾进一步加剧。1990年进口铁矿石1419万t,1995年增加到4115万t,2001年猛增到9230万t,预计今年将超过1亿t。

中国正处在迅速推进工业化阶段,随着国民经济的持续增长,今后若干年内,中国钢材消费仍处于增长阶段，对铁矿石原料的需求总量将持续扩大，国产铁矿石对钢铁工业发展的支持程度日益下降，预计2005年，国内铁矿石的自给率将由现在的近60%下降到53%左右，2010年，国内铁矿石自给率将下降到45%，铁矿石进口量将达到1.5亿t左右，超过日本和欧洲各国的年进口量，成为世界上进口铁矿石最多的国家。

二、巩固和发展国内铁矿资源的供应能力

经过50多年来的建设与开发，现已形成以国有大型矿山为主，地方集体和个体矿山并存的铁矿资源开发体系，拥有55座大型矿山、350多座集体矿山和2300多处个体矿山，铁矿石原矿生产规模2.5亿t，按天然重量计算，居世界首位，从业人员达50万人。中国是世界上铁矿资源消费第一大国，从稳定供给、经济安全出发，要解决铁矿资源短缺，首先应考虑立足于国内资源；中国是一个发展中国家，开发国内铁矿资源对促进区域经济发展和缓解就业压力，维护社会稳定有着积极作用。

对国内铁矿资源开发利用的几点认识：

中国有比较丰富的铁矿资源，随着采选技术的进步，可开采利用的储量比例将不断增加，尽管资源储量对钢铁工业发展的保证程度较低，但只要坚持适度开发、合理利用和有效保护，就能够较长时期为中国钢铁工业的发展提供相当数量的资源保证。

中国铁矿资源分布虽然比较分散，但储量集中在10大成矿区，铁矿石产量占全国产量的80%以上，有实行集中选矿和深加工的条件；国内铁矿资源虽然原生品位低，但随着选矿工艺技术改造，不少铁矿经选矿后，铁品位高，而且有害元素和杂质含量较少，是一种优质的冶金原料。

面对钢铁工业进行结构调整和炼铁工业发展对铁矿业提出的新要求，以及钢铁原料供应全球化造成国外优质原料与国产矿的激烈竞争，国内铁矿业将大力推进结构调整和技术改造的步伐，逐步实现合理的高效采矿、细磨精造和生产优质球团矿物的格局，同时，大幅度地提高劳动生产率，降低各种消耗，实现中国铁矿发展的集约化和现代化，提高矿产品的国内和国际市场竞争力。

中国是个发展中国家，发展本民族的铁矿工业，可以提高就业水平，促进铁矿资源所在贫困山区尽快脱贫，能带动制造业，交通运输业等相关产业的发展，也能保证钢铁工业的发展少受国际局势变化的影响。

随着国民经济的发展和市场经济的不断完善，一些严重制约国内铁矿资源合理开发利用的宏观政策和管理体制问题，将会逐步得到解决，企业通过深化改革、加强管理、技术创新和产品结构调整等措施，将会极大地提升国产矿的市场竞争能力。

基于上述认识，应充分发挥国内铁矿就近供应和本身的资源优势，采取多项有力措施，支持国内铁矿企业的发展。一是建设一批新的铁矿石生产基地，以缓解或扭转国内铁矿石供应比例连年大幅度下降的局面，特别是结合西部大开发战略，加大在西部地区铁矿的地质勘查和开发力度，保障难以利用进口铁矿石的西部地区钢铁企业的需要。二是尽管国家多次下调了铁矿资源税，但总体税费负担仍高于国际水平，也高于国内其它矿种和一般加工企业的水平，随着中国加入世界贸易组织，应按照国际惯例继续调减铁矿企业的税费负担，使国内铁矿企业有一个相对合理的竞争环境，进一步改善铁矿投资环境，为铁矿建设和改造项目投资的市场化，商业化运作创造有利条件。三是对铁矿企业的技术改造项目给予适当的政策扶持，恢复对铁矿企业维简补助政策，用于铁矿企业的生产探矿、巷道开拓、尾矿库设施等项目的补助，延长矿山服务年限。四是把铁矿资源枯竭矿山的关闭矿产纳入中办[2000]11号文件的适用范围，解决好矿山关闭时接替产业发展、人员转移安置、矿山复垦等问题。五是支持矿山企业的改革，制定《关于矿山企业分离办社会问题意见》，坚决剥离矿山办社会的职能。

三、建立安全、稳定的国外铁矿资源供应体系

由于国内已探明的可采铁矿资源有限，对钢铁工业发展的保证程度较低，国产矿在数量上不能满足钢铁工业的发展的需要，合理利用“两种资源”成为中国钢铁工业持续、健康发展的长期战略。

世界铁矿资源储量丰富，含铁品位高，杂质含量少，生产能力过剩，与国内资源和市场互补性强；经济全球化进程的加快，国际矿业投资环境明显改善，有利于中国扩大利用其它国家的铁矿资源。

中国加入世界贸易组织，将为中国“走出去”勘查、开发国外铁矿资源，以及从国际市场上进口铁矿石产品提供了更为有利的条件。

目前，中国铁矿石进口量占世界铁矿石贸易量的21%，并呈逐年迅速增长趋势。

基于上述认识，必须从现实需要和确保国家经济运行的安全出发，逐步改变主要依靠贸易进口的状况，采取贸易和开发并举的方式，通过勘查开发，建立国外铁矿生产供应基地，发挥境外铁矿开发在稳定铁矿贸易供应用的基地作用和调节作用，最终形成包括铁矿资源勘察、开采和市场贸易的铁矿资源全球供应体系。

（一）加强进口铁矿石的组织管理与协调

建议以行业协会、宝钢、武钢、马钢、首钢及中钢、五矿等中介组织和大型用户为主，成立中国进口钢铁

原料管理委员会，专门负责组织管理和协调铁矿石进口事宜。

研究中国进口铁矿石实施战略，从总规模上确定中国在世界铁矿石贸易中应占的地位；统筹编制年度和中长期进口铁矿石规划，确保稳定和充足的原料供应渠道；代表中国铁矿石用户与日本、韩国协商、建立亚洲铁矿石市场，与铁矿石供应商进行矿价谈判；改变目前分散买矿的状况，加强相互之间的沟通和协调，共享市场信息，寻求供需方双赢的贸易模式；研究进口矿产品品种的化学物理性能，冶炼效果，对择优选择供应商和其矿产品提出指导性意见；研究合同买矿与境外开矿，对此提出指导性意见；研究铁矿石海洋运输及卸货港，对此提出指导性意见；建立信息中心，通报行情，编制年度中国进口铁矿石手册；研究国外办矿经验并在国内推广应用。

（二）加拿大到境外开发铁矿资源的力度

长期以来，以美国、加拿大、日本、英国为代表的西方发达国家，一直努力实施全球资源战略，鼓励本国公司到海外开发矿产资源，其意图就是为了优化资源配置，获取廉价、优质的矿产资源，扩大对全球资源的控制能力，保证本国资源需求，确保国家经济安全。如日本是进口铁矿石最多的国家，每年进口 1.2 亿 t 左右，他们在海外大量投资参股开发铁矿资源，建立了可靠的海外铁矿石原料基地；欧洲各国每年进口铁矿石 1.4 亿 t，他们也非常重视海外基地的建设。

中国到境外开发铁矿资源也有了一定实践经验，中澳合资恰那铁矿（1000 万 t/a），是一个成功的样板，首钢独资开发秘鲁玛科纳铁矿（730 万 t/a）也积累了经验，去年宝钢与 CVRD 公司正式签约，合资开发贝罗矿区铁矿床（600 万 t/a）。即使这样，中国目前境外开发铁矿资源的规模还是太小，在进口矿中所占比例仅为 18%左右。合同买矿与到境外勘察开发的主要区别在于：合同买矿是一种债权关系，境外勘察开发是一种产权关系，对境外资源有一定控制权，所以能够起到基地作用和调节作用。今后应当加大境外开发铁矿资源的力度，在进口矿中境外开矿所占比重应该由现在的 18%增加到 50%。

为鼓励和促进到境外勘查开发铁矿资源，政府部门应在战略规划、政策引导、信息服务、金融支持等方面积极发挥主导作用。建议国务院责成有关部门负责国外矿产资源勘察开发，加强对这项工作的领导，统筹规划和政策制定；组织银行、保险、运输、法律等机构配合矿业开发部门到国外开拓业务，提供服务；建立国外矿产资源风险勘查开发基金，重点扶持中国紧缺矿产资源如铁矿资源的勘查开发；在对外融资、信贷和税收方面实行相应的优惠政策；实施有利于到国外进行矿产资源勘查开发的对外经援政策。

（中国冶金矿山企业协会理事长）

大 事 记

1月

1日 《中国地质资料档案著录细则》由国家档案局批准，于2001年1月1日起实施。

5日 中共中央政治局常委、国务院总理朱镕基在重庆市委书记贺国强和市委副书记、市长包叙定陪同下，到西南铝业(集团)有限责任公司视察，并在该公司召开了国有企业负责人座谈会，对国有企业的改革和发展作了重要讲话。

6至7日 中国非金属矿工业协会在北京召开了第四届全国非金属行业工作会议。在总结2000年工作的基础上，针对国家建材局即将取消，行业协会的职能和作用将得到调整和加强的新形势，对2001年的工作做了初步安排，并通过了致全国同行的公开信。

9日 滑石行业在北京召开了滑石资源等级划分工作会议。

12日 李四光地质科学奖第四届一次年会在北京召开，国土资源部部长田凤山当选为新一届委员会主任。著名地质科学家、中国科学院院士程裕淇，中国石油天然气集团公司副总经理吴耀文，中国科学院院士、国家自然科学基金委员会原副主任孙枢为副主任，王泽九任秘书长。

21日 中国石油天然气股份有限公司在北京召开新闻发布会对外宣布，该公司在内蒙古伊克昭盟地区发现一个特大型气田——苏里格气田，天然气地质储量规模达到5000亿m^3以上，其中2000年达到探明程度的为2204亿m^3(可采储量1632亿m^3)，并已经评审通过。2001年完成3000亿m^3的储量升级和评审。据现已掌握的资料和专家预测，苏里格气田最终可累计探明天然气地质储量7000亿m^3以上，不仅是中国第一大气田，而且将列入世界知名大气田行列之中。

2月

5日 2001年度全国煤炭订货交易会在山东烟台召开，会议由中国煤炭工业协会会长范维唐主持，国家计委、国家经贸委、铁道部、交通部及有关省(区、市)政府领导同志出席。

19日 国家经贸委宣布国家建材局等9个委管局撤消，有关行政职能并入国家经贸委。

同日 中共中央、国务院在人民大会堂举行国家科学技术奖励大会，中国矿业行业一批项目获奖。

23日 中国铝业公司在北京举行成立大会并召开第一次工作会议。中共中央政治局委员、国务院副总理吴邦国致信表示祝贺。国土资源部副部长蒋承菘、中国有色金属工业协会会长康义为公司揭牌；中央企业工委副书记王瑞祥宣读了吴邦国副总理的贺信；中央组织部副部长孙晓群宣读了中共中央决定并讲话；国家经贸委副主任蒋黔贵到会祝贺并讲话；国家工商行政管理局副局长韩新民颁发营业执照。

27至28日 中国海洋石油有限公司在纽约及香港证券市场成功上市。

29日 为了迎接加入WTO的挑战，中石化宣布在今后3年内将斥资313亿元人民币发展成品油流通市场，其中250亿用来收购加油站，而中石油也宣布将收购1700多个加油站。

3月

6日 国家重大科学工程项目——中国大陆科学钻探工程施工合同签字仪式举行。中国大陆科学钻探工程项目领导小组组长、国土资源部副部长蒋承菘出席了签字仪式。项目的先导孔计划于2001年7月开钻，主孔计划2002年7月开钻，整个工程项目结束时间为2004年12月。

8日 全国地质调查工作会议在北京召开。

11日 中央人口资源环境工作座谈会在北京人民大会堂举行。中共中央总书记、国家主席江泽民主持座谈会并发表重要讲话，朱镕基总理就如何学习、贯彻会议精神，切实做好人口资源环境工作发表了讲话。党和国家领导人李鹏、李瑞环、胡锦涛、尉健行、李岚清、李长春、吴邦国、吴官正、姜春云、贾庆林、黄菊、温家宝、曾庆红、彭佩云、王忠禹等出席座谈会。

16日　首批国家地质公园授匾仪式在国土资源部举行，11个单位获此殊荣。国家地质公园领导小组组长、国土资源部副部长孙文盛在授匾仪式上发表讲话。

17日　山西省矿业联合会在太原成立。

18日　中国矿业网(WWW.CHINAMINING.COM.CN)开通。

19日　全国人大环境与资源保护委员会、国土资源部、中国矿业联合会举办的《矿产资源法》颁布15周年座谈会在人民大会堂召开，国土资源部部长田凤山发表讲话，副部长寿嘉华主持会议，全国人大常委会副委员长蒋正华、全国人大环境与资源保护委员会主任委员曲格平、中国矿业联合会会长朱训发表了讲话，河南省国土资源厅、山东省国土资源厅、河北省鹿泉市人民政府的代表作了发言。国家有关部委的领导和部分矿山企业负责人参加座谈会。

20日　国土资源部印发《关于加强钨矿开发管理工作的通知》(国土资发〔2001〕80号)，要求全面加强钨矿开发管理，并在6月底以前，对钨矿生产企业依法办矿情况进行一次全面清查。

20至21日　石棉行业在北京召开了石棉行业会议。会议主要研究新世纪石棉行业的发展，分析了石棉市场形势，并研究安排了2001年的工作。

21日　湖北省矿业联合会在武汉成立。

27日　中国地质调查局举行"中华人民共和国1:50万数字地质图数据库"赠送仪式。国务院办公厅、外交部、国家计委、科技部、中科院、中国石油天然气总公司、中国地质大学等50多个部门和单位获赠1:50万数字地质图数据库。

4月

1日　中国开始实施水泥新标准。

4日　中共中央政治局委员、国务院副总理吴邦国对中国有色金属工业协会的成立作重要批示：祝贺有色金属工业协会成立。协会是在国家局撤销后，为适应社会主义市场经济、加强和改善行业管理的客观需要成立的。但在新形势下如何做好协会的工作又是我们面临的新问题。只要坚持为企业服务的宗旨，坚持民主协商，自律自治，多办实事的原则，积极探索，不断总结，一定会受到企业欢迎的。

6至7日　中国有色金属工业协会在北京京西宾馆隆重举行成立大会。中共中央政治局委员、国务院副总理吴邦国为大会作了重要批示，国家经贸委副主任王万宾出席会议并讲话。国家机关各有关部门领导、有关行业协会领导以及有色金属工业战线的老领导到会祝贺。

14日　中共中央政治局委员、国务院副总理吴邦国，在国家经贸委主任李荣融、劳动保障部部长张左己和广西壮族自治区党委书记曹伯纯、自治区政府主席王汉民、中国铝业公司总经理郭声琨的陪同下，视察平果铝业公司。视察中，吴邦国说："在这里，我看到了国有企业改革和发展的前途"，并指示，"平果铝不仅要做大做强，而且还应该做快。"

15日　中国煤炭工业协会与中国能源研究会共同在北京人民大会堂组织召开煤炭行业高层论坛，全国政协副主席李贵鲜、陈锦华等领导同志出席会议。与会人员对煤炭工业在国民经济中的重要地位和煤炭洁净利用等内容达成共识。

18日　中国煤炭工业协会第二次全国会员代表大会在北京召开。

28日　国务院召开全国安全生产电视电话会议。

同日　中国石油和化学工业协会成立。这是继2001年2月19日中国政府撤销石油和化学工业局后中国石化管理体制的又一次变革。新成立的中国石油和化学工业协会下辖41个协会成员，拥有200多家成员单位。

30日　《全国矿产资源规划》印发，这是中国第一部全国矿产资源规划，对21世纪初中国矿产资源勘查开发利用有极其重要的战略指导意义。《全国矿产资源规划》从发布之日起实施。

5月

4日　中共中央政治局常委、国家副主席胡锦涛，在中共中央政治局委员、北京市委书记贾庆林、团中央第一书记周强、中央企业工委副书记郑斯林、科技部部长徐冠华、团中央书记处书记孙金龙等陪同下到北京有色金属研究总院视察，并与青年科技工作者、青年职工共度"五四"青年节。视察中，胡锦涛充分肯定了青年专家和海外留学人员所作出的突出贡献，鼓励广大青年科技工作者要瞄准国际先进水平，大胆创新，勇攀高峰，同时要推进科研成果的产业化，使科学研究更好地为现代化建设服务。

9日　全国地质环境管理工作会议在京召开。

10日　平果铝业公司举行氧化铝二期工程开工典礼。

19日　中国冶金矿山企业协会矿山技术委员会成立。

25至28日　全国人大环境与资源保护委员会在上海召开"东部地区资源与环境保护工作座谈会"，会议议题是"城市化与可持续发展"。全国人大副委员长邹家华出席会议并作重要讲话。

29日　马鞍山钢铁集团公司高村铁矿恢复建设开工。

6月

1日　中共中央政治局常委、书记处书记、中华全国总工会主席尉健行，在宁夏回族自治区党委书记毛如柏陪同下，到宁夏有色金属冶炼厂、西北稀有金属材料研究院、东方钽业公司视察。尉健行对厂院取得的成绩给予充分肯定和高度评价，并指出，企业如果不加强党风廉政建设，企业领导不能廉洁自律，最起码的要求就没办到，其他尽管搞得很热闹，没有基础，是靠不住的。

3日　中共中央政治局常委、书记处书记、中华全国总工会主席尉健行，在宁夏自治区政府主席马启智及区、市领导的陪同下，到青铜峡铝厂视察。尉健行指出，作为一个国有企业，要参与国际竞争，适应经济全球化的需要，重要的任务就是要不断地搞技术创新，不断地提高和发展生产力。

6至8日　南方7省(区)稀土和钨矿开发管理工作座谈会在江西赣州市召开，会议主要贯彻落实《国务院关于整顿和规范市场经济秩序的决定》精神，部署钨和稀土矿产治理整顿工作。

8至10日　高岭土行业在广东茂名市召开了“新世纪中国高岭土应用研讨会”。会议主要研究分析国内外高岭土工业现状和发展趋势，高岭土在陶瓷、造纸、橡胶、塑料、涂料、石化等行业的应用前景，以及有关企业深化改革典型经验介绍等。

12日　中国石化同意以64.5亿元人民币收购中国石油化工集团下属的中石化新星石油公司，以扩充其上游石油及天然气开采业务。

同日　欧盟委员会通过信函的方式通知代理中国石材反倾销应诉企业的律师事务所，欧洲国际天然石产业联合会已撤回对中国出口到欧洲的碑石或建筑用花岗石反倾销调查的申诉。至此，中国石材企业应诉欧盟反倾销案告捷。

15日　国土资源部印发《关于进一步整顿矿业经济秩序规范矿业权市场的通知》，要求集中一年时间对矿业经济秩序进行整顿，进一步规范矿业权市场，在2002年6月底前限期解决存在的突出问题。

18日　山西中条山有色金属集团有限公司挂牌成立。山西中条山有色金属集团有限公司是由原中条山有色金属公司依法改制的国有独资公司。

21日　中国石化刊登《公开发行A股股票招股意向书》，发行后总股本8670243.9万股，成为国内A股市场“第一超级航母”。

7月

3至5日　非金属矿行业在四川雅安召开了第二届中国非金属矿工业大会。400余人参加会议。会议主要研究中国非金属矿行业现状，存在的主要问题和今后发展对策。

4日　经国家经贸委和民政部批准，碳酸钙行业在四川雅安成立了碳酸钙行业协会。通过协商，选举张湛为理事长，唐靖炎为常务副理事长，江炳林为秘书长，办公地点设在苏州非金属矿工业设计院。

9日　“两岸矿业合作与学术交流研讨会”在北京召开。这次由中国矿业联合会与台湾“中国矿冶工程学会”共同发起的会议，标志着双方“两岸合作，矿业先行”的共同理念，已经进入实质性操作阶段。参加会议的有：国务院台办、国土资源部以及中国矿业联合会等有关矿业协会和来自两岸的矿山企业，商界、科技界的代表、专家共100余人。

24至25日　“中国矿业税费制度改革研讨会”由中国矿业报社、中国地矿经济研究院和中国地质经济学会联合组织在京召开。会议主要就中国矿业税费制度改革方向及操作思路进行了研究讨论。

27至29日　非金属矿行业在内蒙古呼和浩特市召开第五届全国非金属矿加工利用技术交流会。会议主要对煤系燃烧高岭土的加工利用技术与发展前景进行了交流与讨论。参加会议的有来自有关企业、科研院校的专家、领导共130余人。

11日　国家机构编制委员会办公室同意中国有色金属工业地质勘查总局和地质资料馆合并，并更名为“有色金属矿产地质调查中心”

17日　中共中央政治局候补委员、国务委员吴仪在海关总署署长牟新生、宁夏自治区党委书记毛如柏、副主席马骏廷、王全诗等陪同下，到宁夏冶炼厂院视察。吴仪指出，抓技术改造、坚持走以我为主、博采众长、消化吸收、融为一体的路子，就是要把中国钽工业做强、做大、做优。

同日　凌晨3时多，广西南丹县大厂镇龙泉矿冶总厂下属的拉甲坡锡矿、龙山矿发生矿井灌水特大事故。事故遇难者共81人，直接经济损失8000余万元。按照党中央、国务院领导对严肃查处广西南丹“7.17”特大透水事故的指示，国务院调查组在矿井水排干之后，立即展开事故原因的调查，认定这是一起由于矿业秩序管理混乱，长期非法开采，乱采滥挖，违章爆破而造成的一起特别重大的责任事故。事故发生后，地方政府一些官员与矿主相互勾结，采取非法手段，隐瞒事故、封锁消息达半月之久，性质十分恶劣。有关部门已对事故责任人依法进行了处理。

18至19日　国际铜协会与中国有色金属工业协会在上海召开“国际铜峰会”。上海市市长徐匡迪到会并致开幕词。会议期间，代表们就世界及中国的铜工业与铜市场发展、铜企业发展战略、加入 WTO 后对中国铜工业的国际合作及影响、国际铜业协会与中国铜工业等有关问题进行了研讨。

20 至 22 日 滑石行业在福建省石狮市召开全国主营滑石(公司)矿长会议。会议主要针对目前滑石配额招标工作中存在的问题和当前滑石生产、市场现状及入世后将带来的影响和对策进行了研究。

29 日 大同煤业股份有限公司成立,这标志着中国目前生产规模最大、最有影响的大同煤矿集团公司在建立现代企业制度,走向资本市场,推进产权多元化上迈出了实质性的一步。

8 月

1 日 全国政协常委、港澳台侨委员会主任、中国矿业联合会会长朱训以个人名义向陈锦华、项怀诚等领导致信,反映铁矿山企业资源税过重,加入 WTO 后需要减轻铁矿山企业资源税,使企业公平参与市场竞争。得到了有关领导的关注和相关部门的重视。

2 日 国务院总理朱镕基签署的第 313 号国务院令,公布了《石油天然气管道保护条例》,条例自 8 月 2 日起施行。《石油天然气管道保护条例》明确规定石油天然气管道是重要的基础设施,受法律保护,任何单位和个人不得侵占、破坏、盗窃、哄抢。违反条例规定,破坏管道设施,构成犯罪的,依法追究刑事责任。

4 日 中国第一口大陆科探井—科钻 1 井在江苏东海县毛北村正式开钻。这项中国地质界几代人梦寐以求的中国大陆科学钻探工程是中国自“正负电子对撞机”上马后,由中央科技领导小组批准实施的又一项国家重大科学工程项目,设计井深 5000 m,直径 156 mm,是中国第一口穿过造山带最深部位的科学钻探井。对于展示中国地学工程水平,深化人们对地壳成分、结构及其发展演化规律的认识,促进中国地球科学理论发展和地球探测技术水平的提高,具有重要的意义。这是中国由地质大国走向地质强国的重要标志。

14 日 《矿产资源开采登记申请代理机构管理办法》出台。

13 日 华北铝业有限公司与和佳软件公司签约 ERP(企业资源计划)系统项目。实施 ERP 系统工程,将使华北铝业跨入一个高效运营的、与国际现代化企业接轨的新时代。

15 日 中国矿业联合会与中国冶金矿山企业协会联合召开有鞍钢、首钢、攀钢、包钢等 10 个冶金铁矿山企业领导参加的“铁矿山资源税专题座谈会”,财政部有关司局负责人参加了会议。之后,中国矿联秘书长、党委书记王燕国,调研部主任卢业授和中国冶金矿山企业协会,以及财政部有关领导赴首钢矿山公司,实地考察铁矿山企业的生产经营状况,并向国家有关部门提出了《调整铁矿山资源税的理由及方案》的报告。

22 日 中国科学家首次在西藏发现长达 100 km 的古油藏带。专家预测,位于藏北高原的羌塘盆地可能蕴藏着一个亿吨大油田。

28 日 江苏省冶金工业协会正式成立。

30 日 根据国家经贸委要求,非金属矿行业向国家报送了第一批入世后易受冲击、重点、敏感、幼稚的产品和企业,计有:石棉、滑石、石墨、萤石、耐火粘土、菱镁矿和膨润土等 34 个企业及相关产品。

9 月

6 日 中国矿联与南非大使馆共同组织召开了“中国－南非矿业研讨会”,60 多位矿业界代表参加了会议。

6 至 7 日 石棉行业在兰州召开了全国石棉供需洽谈会。会议主要回顾一年来的生产情况,以及研究分析今后石棉市场供需形势和对策等。

7 日 中共中央政治局委员、山东省委书记吴官正到山东茌平信发铝业有限公司(原鲁西铝厂)考察。吴官正充分肯定了该公司所取得的成就,并强调要集中全力确保后期 3.5 万吨工程一次启动成功。

8 日 “2001 年中国矿业上市公司发展论坛”在北京召开,中国矿联秘书长王燕国主持会议,中国矿联会长朱训、中国工经联会长林宗棠等领导同志出席并讲话。

12 至 13 日 全国矿产资源管理秩序治理整顿工作会议在北京召开。国土资源部田凤山部长作了题为《贯彻落实“三个代表”重要思想,搞好矿产资源管理秩序治理整顿》的讲话,蒋承崧副部长主持会议。国家安全生产监督管理局副局长王德学、国家经贸委等有关部门负责人出席会议。

16 至 18 日 2001 年全国镁行业年会暨第四届行业信息交流会在北京召开,有 200 多家有色金属企业、科研院所及高校代表参加。

17 日 世界石油大会亚洲地区会议在上海开幕,这是世界石油大会有史以来第一次区域性会议。本次会议的主题是:技术与合作—亚洲石油工业的一个重大战略。共有来自 17 个国家的 560 名代表出席会议。在为期 4 天的会议中,有关国家政府和石油界的高层人士做了主题发言。

19 日 中国煤炭学会第五次全国会员代表大会及“面向 21 世纪的中国煤炭工业”学术报告会在京召开。会议选举濮洪九为中国煤炭学会理事长、推举范维唐为名誉理事长。

20 日 “中国矿业——2001”国际研讨会在陕西西

安市召开，全国人大常委会副委员长邹家华向大会发来贺信，陕西省省长程安东致欢迎词，，国土资源部田风山部长致开幕词，副部长寿嘉华就新世纪中国矿业的变革、面临的挑战以及未来的发展趋势作报告。国际金融公司中蒙区首席代表冯桂婶、阿根廷前矿业部副部长 D. Meilan 等作了发言。来自美国、英国、日本、澳大利亚、南非、马来西亚等国及中国国家经贸委、外经贸部、财政部、环保总局和相关科研机构、企业的近250位官员与专家参加了会议。会议之前(9月18日)温家宝副总理在中南海会见参加“中国矿业——2001”国际研讨会的部分外方代表。

20至24日 萤石行业在长春召开了全国萤石业务洽谈会。会议研究了如何加强萤石资源有效保护和合理开发，如何严厉打击萤石出口走私等问题。

25日 非金属矿行业在北京召开“矿业政策研究和行业调查会议”。会议主要根据国家经贸委的要求，研究如何开展行业大调查，针对当前行业面临的重大问题，研究相应对策与措施，向国家提出建议和意见。

26至28日 国家计委牵头组织有关部门在辽宁阜新召开阜新市经济转型专题会。

10月

9日 国际钨协第14届年会在广州召开，来自西欧及美国、加拿大等国家的钨企业、贸易商代表和内地57家钨采掘、冶炼、加工、贸易企业代表共200余人参加了会议。

12日 “2001年中国矿业城市可持续发展论坛”在安徽淮南市召开。国土资源部副部长叶冬松在开幕式上讲话，中国矿业联合会会长朱训、中国城市发展研究会理事长厉有为、陕西省省长程安东在论坛上作重点发言。

16日 国家计委针对现行石油价格接轨办法存在的调价滞后期长、方法过于直接透明、与国内市场供求不一致，以及价格变动频繁等问题，经国务院批准，决定对现行石油价格接轨办法做进一步完善。提出完善石油价格接轨办法的原则和具体措施。

17日 黄汲清青年地质科技奖基金委员会正式成立。黄汲清先生是国内外著名的地质学家，是新中国地质事业的开拓者和奠基人之一。其子女根据其遗愿，将所获首届何梁何利基金优秀奖奖金中的50万港元捐献给中国地质学会，中国地质学会同时匹配50万元人民币作为建立黄汲清青年地质科技奖奖励基金的发起基金，用于奖励地质事业中长年从事野外地质、科研、教学及相关工作并在地质学领域做出重要贡献的杰出青年地质工作者。该项奖励基金总计已有660万元人民币。

18至21日 石墨行业在苏州召开全国石墨行业会议，研究了国内外石墨市场形势和新产品的开发方向等问题。

20日 中州铝厂四项科技成果通过专家鉴定。“以加种子闪蒸结晶为特色的碳分母液高浓度蒸发工艺”属国家首创；“铝土矿浮选精矿双流法溶出新工艺工业试验”属国际领先；“高效无传动免维护沉降槽”属国内首创；“气体悬浮焙烧炉自动控制技术”属国内首创且达到国际先进水平。

23日 “中智双边铜工业合作研讨会”在北京召开。中智双方政府和企业界人士就共同关心的在世界经济不断向全球一体化发展的形势下，如何扩展各国的交流与合作，加强企业间的经济往来，推进双向投资等问题进行探讨。双方共同签署了《中国有色金属工业协会与智利国家铜委员会关于开展铜工业领域合作的谅解备忘录》。

26日 为进一步研究和推进矿产资源税费改革工作，财政部税政司和国土资源部财务司联合在京召开了“矿产资源税费改革座谈会”。参加座谈会的有煤炭、冶金、化工、石油等有关矿业行业协会，以及集团公司、科研院校的专家和领导。

11月

3日 国务院办公厅印发《国务院办公厅转发国土资源部关于进一步治理整顿矿产资源管理秩序意见的通知》。

7日 投资1.9亿元的鞍钢“十五”重点改造项目东鞍山烧结厂冷矿改造工程正式投产。

8至9日 由中国钨业协会主办、厦门钨业有限公司承办的“纪念方毅同志题词‘振兴钨业’20周年暨中国钨工业科技创新大会”在厦门召开。

9日 中共中央政治局委员、国务院副总理吴邦国，在国家经贸委副主任蒋黔贵、中国人民银行副行长史纪良、辽宁省委书记闻世震、省长薄熙来和中央国家机关有关部委、省委省政府有关部门负责人陪同下到抚顺铝厂视察。

12日 中国铝业股份有限公司与美铝国际(亚洲)有限公司在人民大会堂交换了中国铝业境外首次公开发行的战略投资者购股协议，并正式签署了平果铝中外合资企业谅解备忘录。

15至18日 首届国际矿业博览会在厦门召开，中国矿业联合会年会、“面向21世纪中国矿业主题论坛”及“矿山技术与信息现状展望”等9个专题论坛同时举行。100多家来自国内外的矿业单位在博览会上设立展台。来自煤炭、石油、冶金、有色金属、黄金、建材、非金属、核工业、化工、轻工和国土资源、地勘、矿业教育、科研及装备、技术、贸易等部门的领导、代表逾千人参观了博览会。美国、加拿大、南非、蒙古等10多个国家和地区的代表参加了会议。

16日 平果铝业公司与贵阳铝镁设计研究院同印度卡奇公司、卓越国际有限公司签订“320kA大型铝电解槽技术”转让合同。这标志着中国铝电解技术开始走出国门，走向世界。

18日 国家计委、中国经济导报组织在北京召开了“2001年中国煤炭产业国际化战略研讨会”。

20日 由中国煤炭学会主办的“发展洁净煤技术，提高煤炭企业竞争力”学术研讨会在浙江召开。中国煤炭学会濮洪九理事长、芩可法和陈清如院士等做学术报告，与会百位专家共同呼吁“大力推进洁净煤技术产业化”。专家们还提出了改变煤炭终端消费比例过高和燃烧技术陈旧等落后的消费方式；组织实施洁净煤技术综合应用工程及清洁能源开发示范工程等一系列加快洁净煤技术产业化步伐的建议。

23日 中国黄金协会在北京成立，中国黄金总公司总经理成辅民当选为会长。中国黄金协会的成立是国家黄金管理体制改革的重要组成部份，是中国黄金市场开放的重要标志性事件之一。中国黄金协会会员单位覆盖全国，基本形成了以黄金为主导，以生产、加工、销售为链条的“大黄金’产业格局。

26日 全国治理整顿矿产资源管理秩序电视电话会议在北京召开。国土资源部、国家安全生产监督管理局、北京市政府等有关领导出席会议。新疆、河北、山东、湖南等4个省(区)在会上介绍了矿产资源管理秩序治理整顿的情况。国务院办公厅、国家发展计划委员会、国家经贸委、公安部、监察部、国家环保总局、国家工商总局、国家安全生产监督局、北京市政府有关部门的负责人，以及国土资源部等有关单位和人员分别在主会场和各地分会场参加了会议。

28日 上海黄金交易所挂牌运行，中国黄金市场全面放开。

30日 中国地质“野战军”建设进入实施阶段，这标志着中国基础性、公益性地质与商业性地质工作正式开始分体运行，是中国地勘业的一次重大改革。

12月

5日 国家劳动和社会保障部复函，批准中国有色金属工业协会成立“有色金属行业职业技能鉴定指导中心”。

11日 第七次李四光地质科学奖颁奖大会在北京举行。中共中央政治局委员、中央书记处书记、国务院副总理温家宝向获奖者颁奖，并作了重要讲话。李四光地质科学奖委员会主任、国土资源部部长田凤山主持会议。全国政协副主席朱光亚，全国政协常委、李四光地质科学奖委员会名誉主任朱训，科技部部长徐冠华等领导人以及李四光的亲属出席会议。颁奖大会前，温家宝等领导接见获奖代表，并与大家合影留念。

11至12日 中国铝业股份有限公司(中国铝业)分别在纽约、香港成功挂牌上市。中国铝业的上市，是大型国有企业优化资源配置、整体改组改制、迅速与国际接轨的重大举措，是直接提升其国际竞争力与综合实力的战略性步骤。

12日 中国工程院公布2001年新当选院士名单，其中化工、冶金与材料工程学部8人，能源与矿业工程学部11人。他们是：钢铁研究总院干勇、中国兵器装备集团公司才鸿年、中国科学院上海硅酸盐研究所江东亮、大连理工大学杨锦宗、宁夏有色金属冶炼厂(院)何季麟、南京玻璃纤维研究设计院张耀明、中国科学院物理研究所陈立泉、南京化工大学欧阳平凯、北京航空航天大学王浚、西藏地质矿产勘查开发局地热地质大队多吉、北京昌平石油大学沈忠厚、中国科学院高能物理研究所陈森玉、中国科学技术大学范维澄、中国地质科学院赵文津、哈尔滨工业大学秦裕琨、洛阳水利工程技术研究所顾金才、中国石油勘探开发研究院韩大匡、中国工程物理研究院傅依备、中国矿业大学谢和平。

13日 国务院办公厅转发了国家经贸委和国家计委《关于从严控制平板玻璃生产能力切实制止低水平重复建设意见的通知》。

17日 鞍钢弓长岭矿业公司“提铁降硅”反浮选工艺改造工程投入生产，精矿品位由65.4%提高到68.5%以上，二氧化硅含量由8%降至4%左右，产品质量达到世界一流水平。

20日 第五次全国煤炭科学技术大会暨首届煤炭科技市场日在北京举行，启动了中国煤炭科学技术奖和免费科技咨询电话系统，会议还表彰了第六届全国煤矿“双十佳”矿长。同时，开展了煤炭科技成果展览交流、企业难题招标等活动。

同日 “20世纪中国重大工程技术成就”评选揭晓，其中与矿业相关的石油、钢铁，地质勘探与资源开发，稀有金属及采煤工程榜上有名。

同日 第五次全国煤炭科技大会在京召开。会议提出了煤炭工业“十五”及2015年发展意见，“煤炭工业科技奖励办法”等。

21日 江西铜业公司A股在上海交易所发行。

26日 上海梅山矿业有限公司二期工程全面通过国家验收。

(中国矿业年鉴编辑部)

概　　况

矿产资源

【概况】 1.中国矿产资源总体态势。截至2001年底，全国有探明储量的矿产共157种，其中，能源矿产9种，金属矿产54种，非金属矿产91种，其他水气矿产3种。

2001年矿业生产继续保持增长，主要矿产品产量有所增加，原油产量1.65亿t，原煤产量11.1亿t，十种有色金属产量856万t。

2000年国内外市场矿产品价格普遍上涨，2001年矿产品价格普遍下跌，国内主要矿产品消费需求旺盛。

2001年中国矿产品进出口总额突破1000亿美元。"走出去，引进来"开发利用矿产资源取得新的进展。

① 矿产勘查。2001年矿产勘查投资有所增加，但由于找矿难度加大，新发现矿产地数量下降。

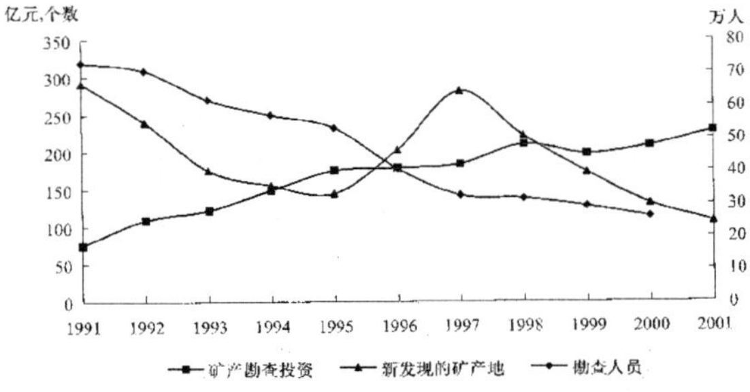

图1　中国矿产勘查投资、新发现矿产地和从业人员变化趋势

② 矿产开发。矿业产值持续增长，2001年全国矿业总产值达5672亿元。

2001年全国矿石总量下降，主要矿产品产量有所增加。

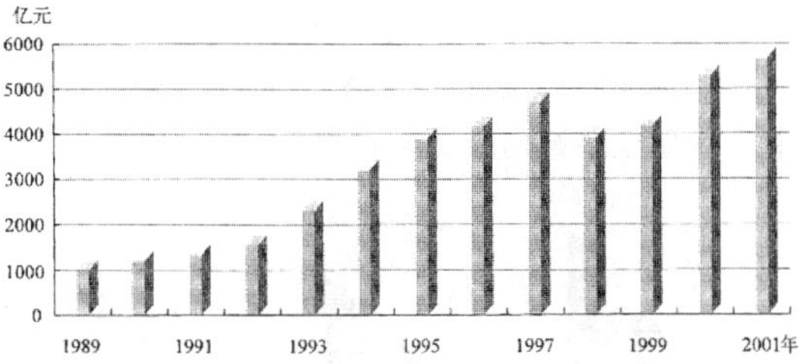

图2　全国矿业产值变化趋势

表1　　2001年中国主要矿产品产量

产品名称	单位	2000年	2001年	增减变化
原煤	亿t	9.99	11.10	⬆
原油	亿t	1.63	1.65	⬆
铁矿石	亿t	2.24	2.17	⬇
钢	亿t	1.27	1.53	⬆
10种有色金属	万t	760.00	856.00	⬆
磷矿石	万t	1937.42	2100.00	⬆
原盐	万t	3126.00	3108.00	⬇
水泥	亿t	5.83	6.40	⬆

③ 主要矿产品生产和消费。2001年国内石油、天然气供求失衡，煤炭供需基本持平。中国主要能源矿产的产量与消费量：

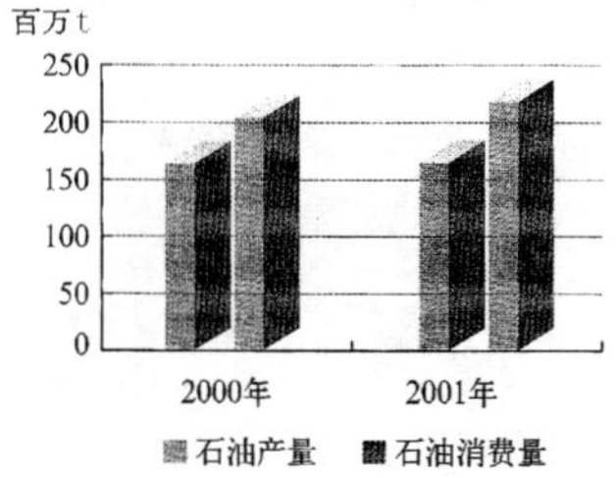

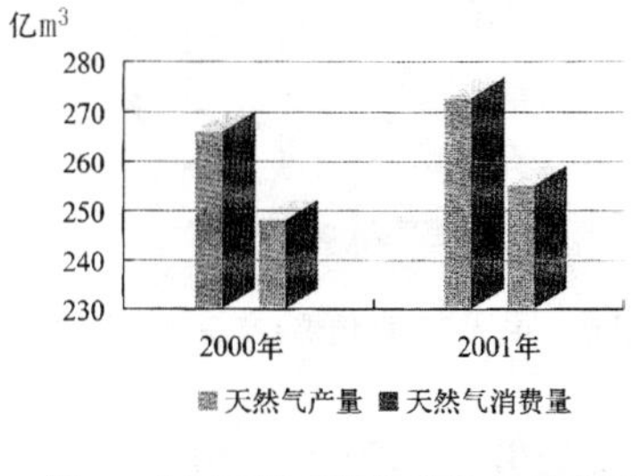

图3　中国石油天然气产量与消费量

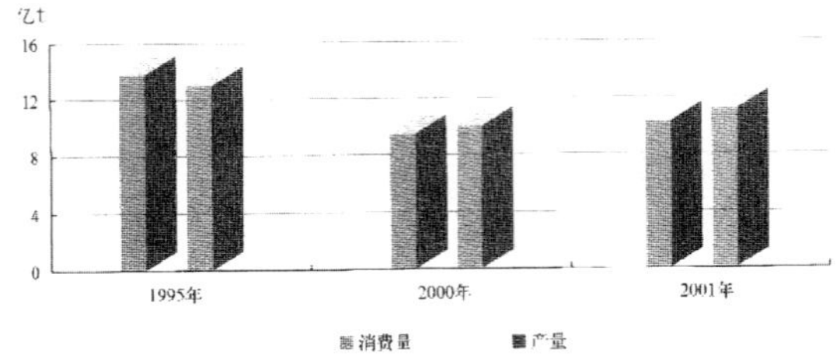

图4　中国煤炭产量与消费量

主要冶金原料矿产产量有升有降;钢铁产品市场供过于求的状况有所改善,铁矿石短缺的局面将长期存在。中国铁矿石的产量与消费量:

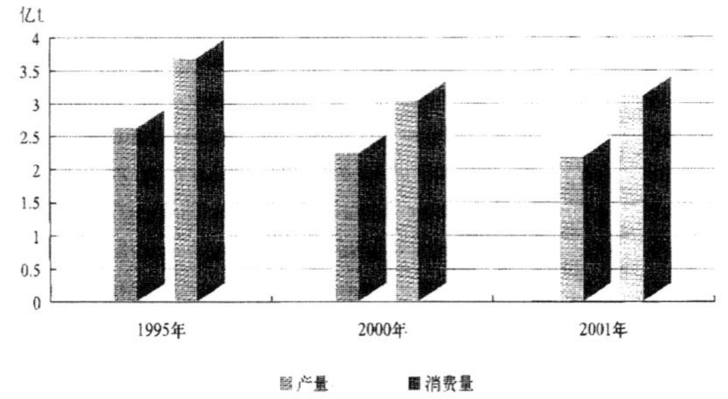

图5　中国铁矿石产量与消费量

国内有色金属矿产产量总体上升。中国主要有色金属的产量(精炼)与消费量

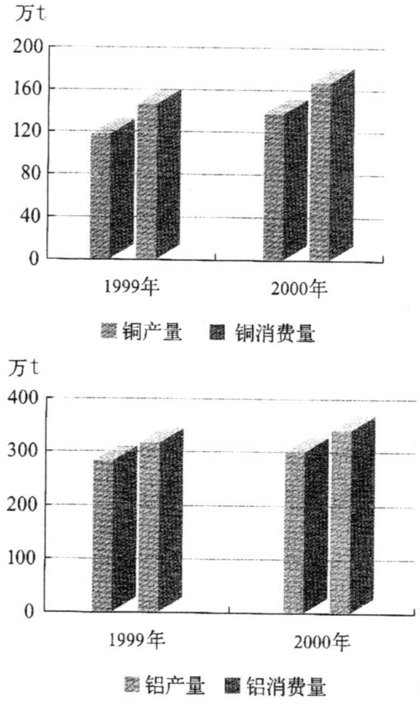

图6　中国铜铝(精炼)产量与消费量

④ 矿产品进出口。2001年中国矿产品进出口总额达到1050亿美元。

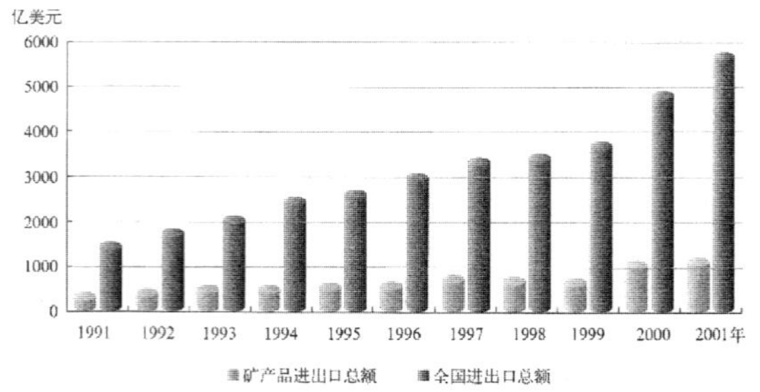

图7　1991~2001年中国矿产品进出口贸易变化趋势

⑤ 矿产品价格。2000年世界大多数矿产品价格上涨,2001年由于世界经济增长速度减缓,国际市场矿产品价格下跌。世界部分主要矿产品价格变化趋势:

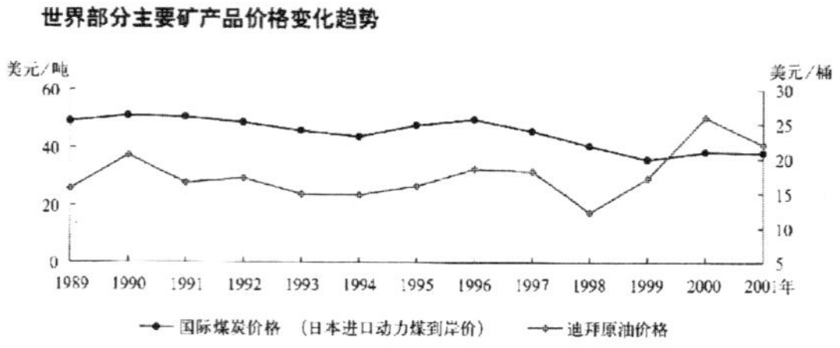

图8　世界原油及煤炭价格变化情况

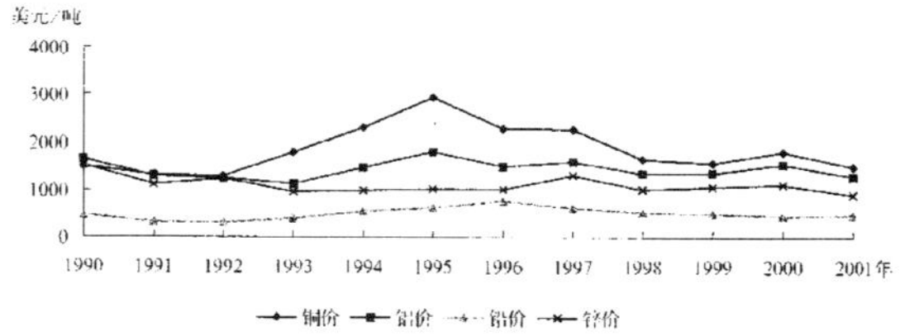

图9　世界主要有色金属价格

受国际市场价格变化的影响,2001年国内大多数矿产品价格下跌。国内主要矿产品价格变化趋势:

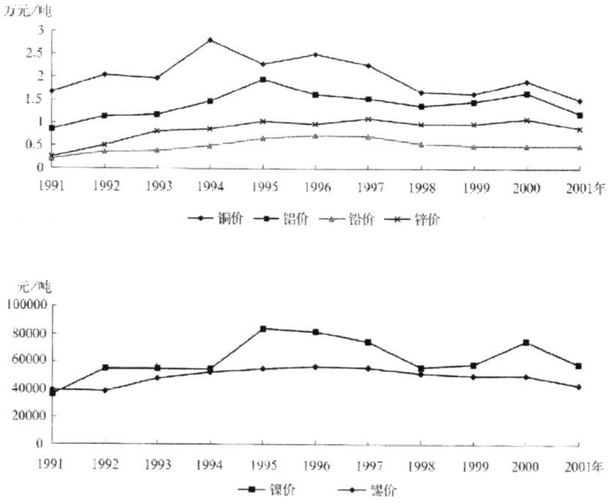

图10　国内主要有色金属价格变化

2.中国主要矿产资源储量、产量和消费量在世界上的地位。

① 中国主要矿产储量在世界上的地位。迄今为止，中国已发现矿产171种，其中有探明储量的矿产157种，矿产地2万多处，已探明的矿产资源总量约占世界的12%，是世上矿产资源总量丰富、矿种比较齐全的少数几个资源大国之一，但人均占有量不足，仅为世界人均占有量的58%，居世界第53位。

目前，中国探明储量在世界上居前3位的矿种主要有：煤、铅、锌、钨、钼、锑、铋、钒、稀土、重晶石、菱镁矿、萤石、石墨、滑石、高岭土等；

探明储量在世界上排第四至第十位的矿种主要有：铁、锰、铝土矿、铜、镍、金、银、金刚石、硫、磷、硼等；

探明储量在世界上居10位以后的矿种主要有：石油、天然气、铬、钴、铂族金属和钾盐等。

② 中国主要矿产产量、消费量在世界上的地位。2000年全国固体矿产矿石总产量44.38亿t，原油1.626亿t，天然气272.26亿m^3。全国矿业总产值5277.66亿元，矿业总产值占工业总产值的6.16%。中国煤炭、铁矿、磷矿、硫铁矿、10种有色金属等矿产品产量分别位居世界第一至第五位，中国已成为世界少数几个矿业大国之一。

目前，中国矿产品产量居世界前三位的主要有：煤、铁矿、锰矿、铅、锌、钨、锡、钼、锑、铋、稀土、重晶石、菱镁矿、重晶石、萤石、磷矿等16种；

矿产品产量居世界第四至第十位的主要有：石油、铬铁矿、铜、铝、镍、钴、金、银、硫、硼、钾盐等11种；

矿产品产量居世界10位以后的主要有：天然气、铂族金属和金刚石等3种。

我国27种主要矿产品中，消费量居世界前5位的有24种。

目前，中国主要矿产品消费量居世界前3位的有：石油、煤、铁、锰、铜、铅、锌、铝、钨、锡、钼、锑、钴、铂族金属、稀土、萤石、重晶石、硫、磷、钾盐和硼等22种；消费量居世界4～10位的矿产品主要有铬铁矿、镍、金、银等4种；消费量居世界10位以后的主要矿产品是天然气。

（国土资源部《中国矿情通报》）

地质矿产勘查

【概况】 2001年国家公益性地质调查工作的重点：西部地质工作程度极低地区的空白区和东部人口密集区生态环境地质调查以及战略性矿产资源的勘查工作。全年安排地质调查计划项目69个，工作项目1372个，经费总额8.5亿元，有88个单位、近2万人从事地质调查工作。

1.地质调查。完成1:25万区调50万km^2，1:5万区调1.84万km^2，1:20万区重10万km^2，1:100万区重22万km^2，1:25万水文地质调查26万km^2，1:25万区域环境地质调查15万km^2，1:20万区化12.8万km^2，航空物探8.2万测线km，航空遥感5万km^2，机械岩心钻探13.9万m。2001年新发现物化探异常3893处，检查物化探异常1104处，验证异常456处，见矿异常395处，查证异常334处。

主要成果：青藏高原空白区首次发现大批古生物化石，为该区地层层序建立和时代的确定提供了有力的证据；发现并调查一些具指示意义的构造蛇绿岩套、超高压变质带及火山岩，为板块构造厘定奠定了基础；古文化遗址和铁、铜等的发现为人文历史研究和经济发展提供了依据。在高原隆升和生态环境调查方面取得了一批重要资料。长江中游地区发现一批具指导意义的古生物化石和沉积建造，为该区古地理环境恢复提供了素材；超高压变质带、孔兹岩系、表壳岩系变形的调查为区域构造厘定提供了证据；第四系调查成果为地下水和环境地质调查提供了支撑；东南沿海人口密集区多目标地质填图和数字填图系统示范取得丰富成果。华北地台北缘热河生物群调查研究丰富了区域古地理环境恢复的依据，花岗岩、韧性剪切带的调查为区域成矿提供了地质依据。

2.矿产勘查。新发现矿产地140处，其中大型48处，中型69处；提交可供普查矿产地81处，其中大型28处，中型30处；可供详查矿产地14处，其中大型9处，中型5处。矿产新增333+3341资源量分别为：铜矿163金属万t，银矿2450金属t，锰矿226矿石万t，铅锌矿162金属万t，锡矿21金属万t，煤3亿t。主要成果：

东天山地区：新发现矿产地7处，333+3341资源量铜已达721万t，金6t，钼10万t；

西天山地区：新发现矿产地3处，已累计获取333+3341资源量：铜62万t，金3t，银321t；

西南三江地区：新发现矿产地30处，已累计获取333+3341资源量：铜244万t，银7065t，铅锌918万t，金113t。矿产资源主要集中在云南元江中上游、云南澜沧上允—南角河、四川白玉—得荣义敦岛弧带、西藏东部秀格山—则达地区、云南南汀河等。在四川义敦岛弧带银锡多金属成矿带，2001年控制砂西、脚根玛、热朗泽、热隆等4个矿产地，初步查明（333+3341）资源量银3329t、锡14万t。云南兰坪白秧坪银多金属矿，截止1998年底，初步控制银储量接近3000t，预计全区银的远景资源量7000t以上，有望成为我国迄今为止发现和评价的最大银矿床。云南金平铜厂地区共发现9个原生金矿体,主矿体长1000~3900 m,平均厚1.75~5.10 m,平均品位2.45~7.69 g/t,估算金6 t以上,初步控制金资源量达95 t,平均品位8.95 g/t,有望成为百t级金矿。云南南汀河铅锌银多金属矿,初步控制远景资源量铅锌可达100万t以上、银1000 t、铜10万t、金10 t;

湘西南地区:新发现矿产地24处,已累计获取333+3341资源量:锡53万t,铅锌236万t,金172 t,银1778 t,铜62万t,铁锰矿10130万t,铋10万t;

青海东昆仑地区:新发现矿产地5处,已累计获取333+3341资源量:钴20486 t,铜28万t,金25 t,铋2767 t;

鄂豫陕相邻地区:新发现矿产地35处,已累计获取333+3341资源量:银15071 t,铅锌532万t,铜226万t,金52 t,铌17万t,钼1022 t;

西藏冈底斯东段:已发现了化探异常80余处、矿点30余处、矿床10余处;

青海可可西里地区:通过地质填图和槽探揭露,初步划分出13条铜矿化带,矿化体为层状,初步查明砂岩型铜矿化的横向分布稳定,可望成为中国的又一铜矿勘查基地。其中扎西尕日、二道沟地区,经工作查明,该地区的铜异常由侏罗纪风火山群含砾长石石英砂岩中的铜矿(化)体引起;

陕甘川相邻地区:新发现矿产地23处,已累计获取333+3341资源量:金188 t,铜69万t,银915 t,铅锌109万t,锰1722万t;

内蒙古—黑龙江德尔布干:新发现矿产地6处,已累计获取333+3341资源量:金22 t,银1500 t;

粤西—桂东:新发现矿产地6处,已累计获取333+3341资源量:银1337 t,铜8万t,金11 t,铅锌226万t;

闽赣粤相邻地区:新发现矿产地19处,已累计获取333+3341资源量:银2451 t,铜21万t,金24 t,铅锌401万t,优质锰78万t,锡13万t,钼19563 t;

冀蒙相邻地区:新发现矿产地10处,已累计获取333+3341资源量:银1729 t,金62 t,铅锌68万t,硫铁矿6296万t;

浙赣皖相邻地区:新发现矿产地9处,已累计获取333+3341资源量:金95 t,铅锌109万t,锡8万t,锰矿248万t;

四川攀西地区:新发现矿产地8处,已累计获取333+3341资源量:优质锰252万t,金119 t,银1704 t,铅锌769万t,铂钯50 t;

甘肃北祁连山西段:新发现矿产地6处,已累计获取333+3341资源量:铜54万t,金17 t,银554 t,钨17万t;

东南沿海地区:新发现矿产地6处,已累计获取333+3341资源量:金红石297万t,凹凸棒石粘土矿14837万t;

桂西南:锰矿评价,已累计获取优质锰333+3341资源量3600万t;

湖北大冶市:银铅锌多金属矿评价,已累计获取银333+3341资源量717 t;

苏州善安浜:钽矿评价,已累计获取钽333+3341资源量5184 t;

辽宁凤城青城子:铅矿外围金银矿评价,已累计获取金333+3341资源量15 t;

辽东古元古代:裂谷底部层控型铜钴矿产资源评价,已累计获取钴333+3341资源130485 t;

东沙、西沙海域:完成的8条测线上发现了BSR显示,总长度约256km,圈出面积大小不等的4个区块,总面积超过1万 km^2。利用海底摄像技术在西沙海槽拍摄到碳酸盐结壳照片,获取了水合物赋存的直观证据。经初步估算,仅西沙海槽海区天然气水合物远景资源量超过40亿t油当量。(中国地质调查局　胡茂焱)

【西部地区地下水勘查】　1.鄂尔多斯盆地地下水勘查,盆地周边岩溶水勘查取得重大突破,找到优质丰富的隐伏深埋岩溶水。打出一批单井日出水量5000~10000 m^3 的优质深层岩溶水井。对盆地周边岩溶区的地层岩性、岩溶发育程度、岩溶水的补给和赋存富集规律以及岩溶地下水系统的构成取得了重要认识。对盆地周边整个碳酸盐岩区进行岩溶地下水资源评价。白垩系自流盆地地下水勘查取得重要进展,盆地深部发现优质淡水资源。在盆地北部施工白垩系深部水文地质勘探钻孔,发现量大、质优的地下水,在内蒙古伊克昭盟鄂托克旗完成的971 m深孔,总涌水量3500 m^3/d,矿化度0.796 g/l,反映了盆地深部白垩系储存有丰富的淡水资源,具有良好的开发前景。对鄂尔多斯盆地白垩系深层水的埋藏、赋存、运移规律认识有了新的突破。初步查明白垩系自流盆地浅层地下水,主要由近期大气降雨补给形成;深层地下水的年龄高达2万多年。在东部黄土覆盖区,找到了可供利用的地下水源,总结了适宜于当地地下水勘查开发的多种方式,结合勘查开发示范施工了55处取水工程,在过去人们认为难以找到地下水源的地区,直接提供水量3.6万 m^3/d,解决了23.2万人的生活饮用水问题。

2.陕西、宁夏、甘肃、内蒙古、山西、青海、新疆、重庆、四川等9省(市)20个严重缺水县(市)部署人畜饮用水地下水紧急勘查工程。先后在西北干旱地区探采结合成井18眼,日出水量2万余 m^3,在西南红层地区实施浅井1900余眼,单井日出水量1~70 m^3 不等,共解决近8万人的饮水问题。

例如,在甘肃会宁成功实施一眼探采结合孔,单井最大涌水量达 2313 m^3/d,水质良好,解决革命老区会宁县城一直没有解决的供水问题,对推进甘肃中部大面积干旱缺水地区寻找同类型地下水从理论和实践上具有典型的示范作用。在陕西革命圣地延安的吴旗县施工的一眼 780 m 的探采结合深井,最大日出水量可达 1000 m^3 以上,矿化度 1.43 g/L,基本解决了当地 4000 多人的饮用水问题,为陕北苦咸水区寻找可供人畜饮用的地下水源找到了一条新的途径。在富县建成的渗流井取水工程,从根本上解决了困扰富县城区 35000 名居民多年的生活饮用水问题,富县人民万分感谢。

西南红层严重缺水地区地下水勘查获得重大成果。在四川省南充市嘉陵区、西充县和重庆市壁山、铜梁等严重缺水地区施工分散农户供水浅井共计 1921 口,小型集中水源地供水井 13 口,解决了 1.3 万余人的饮用水困难,实现自来水化,极大地改善了农户的生活条件。这项工作的开展得到当地政府和人民群众热情的欢迎和称赞,都说"政府、共产党为老百姓办了一件实事,大好事,解决了我们祖祖辈辈都没有解决的吃水问题,让我们老百姓享用到清洁的地下水,这是江泽民总书记'三个代表'的具体体现。"认为红层找水工程是一项"德政工程",为西南红层缺水地区人畜用水的解决指明了方向。

在松辽西部的辽、吉、蒙交界地区成井 12 眼,总计出水量 9023 m^3/d,解决了 12 个村屯万余人的用水问题。

3. *西南岩溶石山地区地下水勘查,实施打井示范工程,缓解干旱缺水问题。*共完成水文地质钻井 88 口,进尺 12450 m,成井 64 口,获得出水量 80696 m^3/d,解决了 24.47 万人的饮用水,6.39 万头牲畜用水,1.74 万亩农灌用水,促进了地方经济发展。完成地下水调查 13.8 万 km^2,调查地下河 610 条,岩溶大泉 832 个,已查明大泉、暗河、富水构造和岩溶盆地可有效开发利用的地下水资源量为 108.43 亿 m^3/a。岩溶水文地质调查获得重要认识成果。采用适当的工程措施,利用地下岩溶空间的调蓄能力,大部分干旱地区的缺水问题可开发地下水解决。　　(中国地质调查局　胡茂焱)

【环境地质调查】　1. *1:50 万区域环境地质调查。*1999 至 2001 年,先后完成了 19 个省、自治区、直辖市的 1:50 万或 1:20 万区域环境地质(以地质灾害为主)调查工作,完成调查面积 400 多万 km^2,并提交有关部门使用。基本查清了环境地质背景、人类工程经济活动与地质环境相互作用和影响因素,初步查明了开发利用自然资源遇到和诱发的各种主要地质灾害、特殊不良地质环境条件和环境地质问题的发育特征和分布规律。为各级政府制定减灾、防灾、国土开发与整治、经济建设和社会发展规划,以及地质环境监督管理提供了宏观决策依据。

2. *长江中游主要水患区环境地质调查评价。*完成区域环境地质调查。应用同位素测年等多种现代技术方法,建立了长江中游地区第四系标准系列。对研究区新构造运动进行了分区。边滩、心滩的冲淤变化主要受新构造运动、人为活动、河道形态、护岸工程、洪水位等因素控制。洞庭湖、鄱阳湖、巢湖淤积现状及控制因素分析表明,湖滩淤积还在继续发展。江湖淤积是形成高洪水位的主要因素之一。查清了汉江丹江口水库、资水柘溪水库、澧水三江口水库等建成前后其下游河床的冲淤、河道的演变历史。查明了崩岸的形成条件。查明了管涌形成的工程地质条件。查明了人类工程活动对水患成生的影响。通过对长江中游河段、洞庭湖盆、鄱阳湖、江汉湖群的形成和演变研究表明,随着人类历史的发展,河湖演变逐步转为受人类工程活动的影响和控制。在综合分析一江四湖的地质环境条件、江湖演变规律及各类环境地质问题的基础上,认为区内主要环境地质问题的形成、加剧,是控制区内河湖演变的自然作用与人类工程活动不和谐的结果。提出了从被动防洪转变为积极防洪,从"抵抗"洪水转变为顺应自然演化规律,从以防为主转变为以疏导、蓄泄为主,人、地、水相互协调发展的综合防洪治水对策新思路。具体对策有"三水"分流、导蓄结合、闸住"三口"、江湖两利;退田还湖、挖泥还湖与修闸控湖相结合等。

(中国地质调查局　胡茂焱)

【县市地质灾害调查与区划】　在中国 20 多个省区滑坡、崩塌、泥石流等突发性地质灾害多发、频发、重发的 400 个县、市,部署了"以人为本"的地质灾害调查与防治区划工作。截至 2001 年底已完成 284 个县(市)的地质灾害野外调查,调查面积累计达 90 多万 km^2,查出对居民生命和财产安全具有潜在威胁的地质灾害隐患点 4 万多处。对可能造成重大灾害的 1100 余处隐患点实施了应急避让方案。实现了查出的地质灾害隐患点,点点有人管,出现险情即处理的有效体系,群测群防取得了显著的减灾防灾效果。据不完全统计,成果预报和避让崩滑流地质灾害 231 处,避免人员伤亡 4203 人,避免直接经济损失 8604 万元。

(中国地质调查局　胡茂焱)

【地质灾害勘查与治理】　1999 年至 2001 年在云南、四川、甘肃等 25 个省(区),部署了对城市(县级以上)重要建筑、学校、厂矿、国家基础设施等安全威胁严重的滑坡、崩塌、泥石流、地面塌陷等重大地质灾害,勘查与治理工程 82 项。其中滑坡灾害体勘查治理 39 处,泥石流灾害勘查治理34处，崩塌灾害治理3处，地面塌陷勘查治理6处。截至2001年底已完成重大地质灾害治理工程42处，正在施工的勘查与治理工程40处。通过重大地质灾害勘查与治理工程的实施，有效地制止了重大灾害的发生，保证了灾害体影响区内居民生命和日常生活、生产秩序的安全，避免直接财产和间接的经济损失数百亿元。（中国地质调查局 胡茂焱）

【三峡库区地质灾害调查与监测预警系统建设】 自1999年开始，结合三峡工程库区移民重点工程建设，开展了库区地质灾害调查及监测预警系统建设工作。历时2年，完成了库区19个县、区的地质灾害调查工作，完成面积54468 km^2，调查的乡镇总数855个。调查的地质灾害点共计6138个。编制了库区地质灾害防治总体规划，包括三峡库区崩滑地质灾害防治规划、三峡库区塌岸防护规划、三峡库区地质灾害监测预警规划、三峡库区高切坡防护和深基础处理规划等。为三峡工程库区的地质灾害治理工程的实施提供了翔实的基础资料。三峡库区地质灾害监测预警系统，至2002年2月，库区20个市、区、县（自治县、市）已建17个地质环境监测总站。（中国地质调查局 胡茂焱）

【科学技术研究成果】 《中华人民共和国1:50万数字地质图数据库》、《区域地球化学与农业和人类健康》项目荣获国家科技进步二等奖；在辽西热河生物群中发现的多瘤齿兽类和真兽类化石，将有胎盘哺乳动物的最早出现时间提前了大约5000多万年；在贵州瓮安陡山沱组磷块岩的磷酸岩化岩体中发现磷酸岩化原肠胚化石；西藏羌北无人区大型科学考查与探险活动，发现存在稳定的芒硝层和地热田；青岛海洋地质研究所建成中国拥有完全自主知识产权的天然气水合物模拟实验室；初步实现野外区域地质调查记录的数字化；2001年8月4日，受到国内外关注的大陆科学钻探工程正式开钻。到2001年底，获取了一批极为宝贵的岩心、岩屑、岩层流体和地球物理测井资料，试验成功的螺杆马达/液动锤/金刚石取心钻进工艺属世界首创，研制出的硬岩金刚石取心钻头达到国际先进水平；中国地质科学院同位素地质开放实验室引进了中国第一台高分辨二次离子探针质谱计，建成了“北京离子探针中心”。

（中国地质调查局 胡茂焱）

【石油天然气勘探开发成果】 1.石油天然气探明储量持续增长。“九五”期间，全国新增探明石油地质储量40.25亿t，天然气11508亿 m^3。2001年原油探明地质储量新增7.3425亿t，老油田复算核减2.6484亿t，合计增加4.6940亿t。天然气探明地质储量新增4521亿 m^3，老气田复算核减55亿，合计增加4466亿 m^3。

表1 2001年石油公司新增石油、天然气地质储量表

	新增探明石油地质储量（亿t）	新增探明天然气地质储量（亿 m^3）
中石油	24.42	9187
中石化	9.08	1600
中海油	6.75	721
延长油矿	3.69	-

2.各公司油田原油、天然气产量稳中有增。4年来，全国年产石油持续在1.65亿t左右。天燃气产量从1988年的200亿 m^3 增加到2001年303亿 m^3。全国石油、天燃气原矿矿业产值每年均超过2500亿元，约占全部矿业产值的50%～55%，2001年原油进口6025 t。

表2 2001年石油公司原油和天然气产量

	原油（万t）	天然气（亿 m^3）
中石油	10336.16	205.8
中石化	3791.04	46.12
中海油	1880.86（其中自营804.7万t，对外合作：1076.16万t）	42.14
延长油矿	132	-
延安、榆林15个县	约350	-
齐齐哈尔富拉尔基油田	0.3	-
广西田东油矿	0.5	-

矿产资源开发

【矿产资源开发概况】 2001年，全国（未含台湾省和香港、澳门特别行政区。下同）矿产资源开发总量（原矿产量）45.65亿t（不含天然气、煤层气和二氧化碳气），比2000年下降1.96%。全国开采天然气248.40亿 m^3（不含海域），煤层气1.60亿 m^3，二氧化碳气0.50亿 m^3。

表 1

2001 年分类矿产开发情况

矿种类别	矿山数(个)	从业人数(个)	年产矿量(万 t)	工业总产值(万元)	矿产品销售收入(万元)
总计	153723	9239267	456488.39	46011320.73	40848787.50
能源矿产	31872	4676064	123615.35	35262063.04	32236136.30
金属矿产	10922	1003438	40995.98	4650643.52	3574234.58
非金属矿产.	109988	3517329	289441.60	5882757.34	4838218.72
水气矿产	941	42436	2435.46	215856.83	200197.87

注:原矿产量中不含海域石油、煤层气、天然气和二氧化碳气(下同)。

表 2

2001 年主要矿种开发情况

矿种名称	矿山数(个)	从业人数(人)	年产矿量(万 t)	工业总产值(万元)	矿产品销售收入(万元)
煤	30995	4220956	105142.26	11642717.32	10018585.62
石油	45	409375	14365.80	22629682.12	21535121.16
天然气	20	23506	3375.00	949376.29	661321.48
铁矿	4036	327808	19670.89	1659674.25	1362977.98
锰矿	520	30763	430.68	127724.58	70447.24
铜矿	790	114433	5453.90	532981.76	412376.87
铅矿	905	49438	1465.19	273172.20	216388.61
锌矿	1191	89777	1361.28	354236.96	262651.14
铝土矿	274	13500	416.57	21964.55	13873.19
镁矿	12	164	13.80	354.15	354.15
镍矿	38	13093	448.15	103014.38	90590.58
钨矿	190	42140	754.41	130530.59	117295.48
锡矿	269	46387	789.13	247972.88	99677.58
钼矿	146	28531	1313.30	120792.80	43005.71
汞矿	8	1303	9.01	2443.00	1625.00
锑矿	85	10075	130.10	61267.06	58371.60
砂金	132	6605	1897.10	21418.07	21063.48
金矿	1806	197669	4259.98	890927.78	712416.29
银矿	64	7687	159.34	31737.34	23634.70
重稀土矿	23	932	327.42	6591.20	6591.20
轻稀土矿	100	6195	411.93	15517.23	15080.92
菱镁矿	197	8616	364.64	20865.45	20062.25
萤石(普通)	877	20179	358.42	40120.86	36327.42
铁钒土	16	153	10.77	323.00	323.00
磷矿	512	57118	2397.85	160630.71	138518.71
金刚石	4	864	89.90	6264.00	4830.00
石墨	144	16410	433.89	29342.80	26786.93
地下水	12	974	919.06	2502.80	2485.80
二氧化碳气	3	281	5040.00	3099.00	2774.00

截至 2001 年底,全国共有各类矿山企业 153723 个(不包括海域石油和天然气),比 2000 年增加了 647 个。其中煤矿减少 4756 个,黑色金属矿山数增加 320 个,稀有及分散元素矿产矿山数增加 63 个,建材及其他非金属矿产矿山数比 2000 年增加 5086 个,水气矿产减少 64 个;大中型矿山企业 1754 个,占全国矿山企业总数的 1.14%,比 2000 年减少 9.50%。(详细情况见表 2 和表 3)。

表 3　　2001 年全国矿业经济结构(分投资类型)情况

经济类型	矿山数(个)	从业人数(人)	原矿产量(亿 t)	工业总产值(亿元)	销售收入(亿元)	利润总额(亿元)
总 计	153723	9239267	45.65	4601.13	4084.88	360.31
内资企业	153383	9212286	45.22	4583.53	4072.87	359.96
港澳台商投资企业	165	14367	0.14	6.40	4.03	0.37
外商投资企业	175	12614	0.28	11.20	7.98	-0.02

在全国矿山总数与矿业工业总产值、产量中，东、中、西部地区分布情况见表 4，其中三地区矿山数和原矿产量、矿业工业总产值在全国所占比重分别见图 1、图 2、图 3 所示。从图中可以看出，东部地区矿山数的比重由 2000 年 39% 下降到 38% 而居第二位，中部地区上升为第一位(40%)。但矿产量仍以东部地区为多，占全国矿产总量的 44%；中部地区矿业总产值最高，占全国总量的 45%；西部地区矿山数、矿产量及产值分别占全国的 22%、19% 及 22%，反映了西部地区矿业开发仍较滞后及其发展潜力的巨大。

表 4　　2001 年东、中、西部矿业开发情况比较

项　　目	全国合计	东　部	中　部	西　部
矿山企业数(个)	153723	58882	61103	33738
其中：大中型矿山	1754	641	722	391
从业人数(万人)	923.93	309.14	422.14	192.64
原矿产量(亿 t)	45.65	20.18	16.82	8.65
矿业总产值(亿元)	4601.13	1503.72	2066.48	1030.93

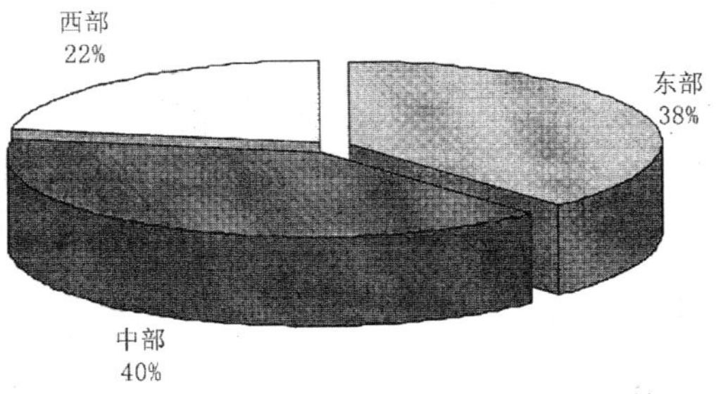

图 1　2001 年东、中、西部矿山数占全国比例

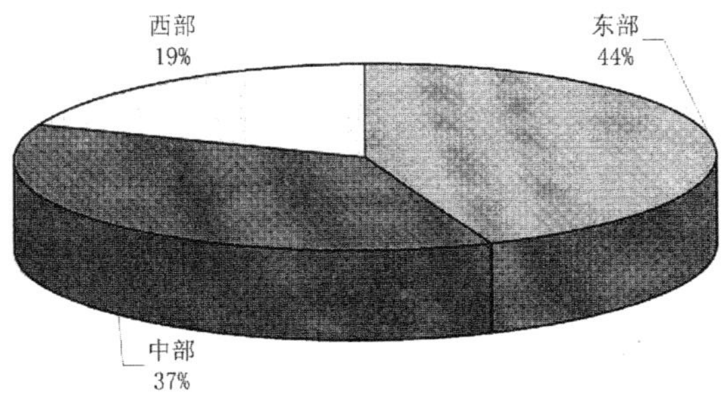

图 2　2001 年东、中、西部矿业产量占全国比重

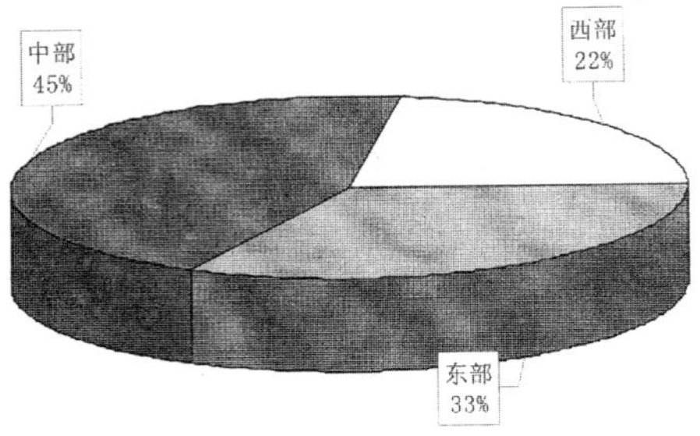

图 3　2001 年东、中、西部矿业产值占全国比重

（国土资源部矿产开发管理司　常玉刚）

【矿产品供需情况】　2001 年中国矿产品市场仍保持较大的需求，基本满足了经济建设与社会发展的需要，少数矿种有一定的出口，紧缺矿种尚需进口补充。全年全国各类矿山企业现价工业总产值 4601.13 亿元，比 2000 年增加 2.76%，占国内生产总值 4.80%；矿产品销售收入为 4084.88 亿元，比 2000 年下降 2.79%；利润总额为 360.31 亿元，比 2000 年下降 63.73%；综合利用产值为 123.79 亿元，比 2000 年下降 35.97%(见表 5)。

表 5 全国各类矿山企业现价工业总产值及占总额的比重

行业类型	产 值(亿元)	比 重(%)	比上年增长(%)
全国合计	4601.13	100.00	2.76
其中：煤炭	1164.27	25.30	18.25
油、汽	2357.91	51.25	-5.33
黑色金属	180.58	3.92	13.92
有色金属	184.88	4.02	6.76
贵金属	94.41	2.05	—
稀有、稀土和分散元素	5.19	0.11	9.03
冶金辅助原料	20.28	0.44	-13.55
化工原料矿产	81.36	1.6777	10.54
建材及其他非金属矿产	490.66	10.66	-13.76
水气矿产	21.59	0.47	—

2001 年矿产品及其相关产品进出口贸易额约占全国贸易总额的 20%，主要进口原油 6025 万 t、铁矿石 404 万 t、铬铁矿 109 万 t、铜矿石 226 万 t、钾肥 543 万 t；

近几年间非金属矿产品所占比重逐步增加。

到2001年为止,中国矿产品进口关税下调情况如图4。

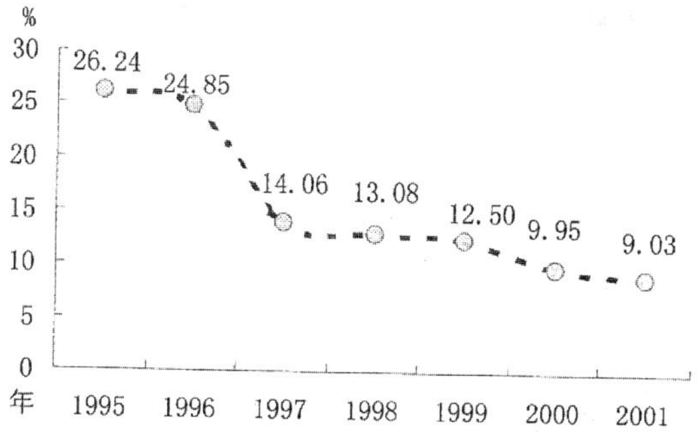

图4　中国矿产品进口关税调整情况

(国土资源部矿产开发管理司　常玉刚)

【矿山企业利用外资情况】 2001年港、澳、台商投资和外商投资的矿山企业共340个(见表6)。其中:煤矿11个,地热10个,铁矿7个,金矿2个,化工矿产11个,冶金辅助原料4个,矿泉水矿79个;港、澳、台商投资所占比重如图5所示。

表6　2001年外商及港、澳、台商投资矿种情况

名称	矿山数(个)	原矿产量(万t)	工业产值(万元)
能源矿产	21	264.72	17832.68
黑色金属	9	214.68	7482.15
有色及贵金属	10	20.95	4362.46
非金属	220	3612.78	97025.14
水气矿产	80	148.27	49330.05
合 计	340	4261.40	1760325

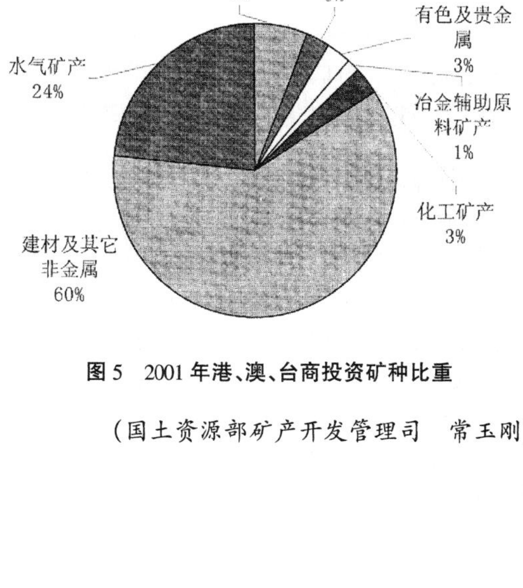

图5　2001年港、澳、台商投资矿种比重

(国土资源部矿产开发管理司　常玉刚)

矿产品产供销

【概况】 2001年中国矿产采选业开始恢复,而相关能源与原材料加工制造(制品)业由于增加了进口矿产品原材料的供应,则更进一步回暖。主要矿产品产量有不同程度的增长,但也有一些重要矿产品生产出现下降,国内外两个市场进一步沟通,市场供需基本平衡。国际市场除能源和黄金价格有所上涨外,其他绝大部分矿产品价格有所下降。中国矿产品进出口数量都有增加,但进口的增长明显快于出口,只是由于进口价格下降,贸易逆差才比2000年度有所减少。

1.*矿业产值*。2001年中国国有及500万元以上非国有矿产采选业和相关能源与原材料加工(制品)业工业总产值32432亿元,比2000年增长8.49%,占全国同口径统计的工业总产值(95449亿元)的33.98%,比2000年减少0.91个百分点,工业增加值(指工业企业在报告期内以货币表现的工业生产活动的最终成果)10987亿元。其中,矿产采选业总产值5299亿元,比2000年减少0.73%(主要原因是油价下跌导致油气开采业工业总产值大幅下降),占同口径统计的矿产品相关工业总产值的16.34%,工业增加值3058亿元;能源与原材料加工(制品)业总产值27133亿元,比2000年增长10.50%,占同口径统计的矿产品相关工业总产值的83.66%,工业增加值7929亿元。

2.*矿产品产量*。据国土资源部矿产开发管理司对全国15.37万个国有及其他经济类型的矿山企业的统计,2001年全国各生产矿山开发利用矿种188种,固体矿产矿石采掘总量(原矿产量)45.65亿t,比2000年减少4.69亿t,减幅9.32%。据国家石油和化学工业协会统计,原油产量1.649亿t,天然气产量303.44亿m^3。

3.*矿产品进出口贸易*。2001年国际市场大部分矿产品价格有所下降,中国矿产品进口减少,出口增长,进出口贸易总额925.4亿美元,比2000年增加27.9亿美元,增长3.1%;矿产品进出口贸易总额占全部商品贸易总额的18.16%,其所占比重与2000年基本持平。其中,矿产品出口额338.5亿美元,比2000年增加30.9亿美元,增长10%;进口额586.9亿美元,比2000年减少3亿美元,下降0.5%;贸易逆差248.4亿美元,比2000年减少33.9亿美元,降幅为12%,表明中国矿产品贸易仍存在巨大逆差。

4.*主要矿产品供需关系分析及市场价格走势*。

① 石油和天然气:原油产量1.649亿t,比2000年增长1.42%,加上净进口原油5270万t,净进口成品油

1219万t,国内石油表观消费量约2.3亿t,比2000年增长8%。由于国际油价持续上涨,导致国内市场成品油价格跟随其上扬,11月份全国柴油批发平均价2780元/t,比2000年同期上扬5.3%。

天然气产量303.44亿 m^3,比2000年增产11.45%,加上石油气和其他烃类气的净进口量267万t(折合26.7亿 m^3),国内天然气表观消费量达到330亿 m^3。

② 煤炭:原煤产量11.61亿t,比2000年增长16.17%;出口9014万t,进口266万t,表观消费量约10.74亿t,比2000年增加9.54%,国内外油价的上扬牵引煤价上升,6月中旬山西优混秦皇岛火车车板价217~222元/t,比2000年同期上涨11~13元/t。

③ 铁矿石:原矿产量2.17亿t,比2000年减少3.1%;表观消费量4.02亿t,比2000年增长10.4%,国产原矿2t折合国外富矿1t计算,可满足消费量的54%,其余部分依靠进口;全年进口富铁矿石9231万t,比2000年增长31.93%;平均吨价27.11美元,折合人民币220元,与2000年持平。国内市场首钢矿业公司铁矿石精粉(品位67.7%)价格295元/t。上海梅山矿业公司铁精矿粉(品位59%)价格238元/t,与国外相比,已不具价格竞争优势。

④ 钢材:产量16067.61万t,比2000年增长22.22%;净进口钢材1248万t,比2000年增长9.47%;国内市场对钢材的需求明显增加,表观消费量1.73亿t,比2000年增长22.7%;供过于求态势依旧存在,价格有所下降。

⑤ 铜:矿山铜产量58.70万t,比2000年减产0.94%;而精炼铜产量152.33万t,比2000年增长11.1%;加上净进口精炼铜及铜合金81.15万t,精炼铜的表观消费量达233.48万t,但市场出现明显供应过剩,过剩量在40万t以上;而据有关专家估计,国内精铜消费约180万t,如考虑到国内还有10多万t废杂铜的回收量,则国产原料最多可满足冶炼需求的38%~40%,其余大部分只能依赖进口。除精炼铜及铜合金外,2001年净进口铜矿砂223万t,废杂铜322万t。

实际上,中国每年还大量进口铜材。2001年净进口铜材70万t,如考虑这部分铜材的含铜量,则国内铜的实际消费量将高达230~240万t,国产原料只能满足冶炼需求的29%~30%。

铜的大量进口使市场仍处于供应过剩价格疲软状态。2001年LME行情总的趋势是逐月下行,全年LME现货铜平均价为1578美元/t,比2000年下跌13%。国内期铜的走势基本与国际期铜价一致。2001年SHME期铜平均价为16039元/t,比2000年下跌12.5%,仍比国际铜价高22.5%。

⑥ 铝:产量357.58万t,比2000年增长19.62%;净进口12万t,使原铝供应量接近370万t,加上近10万t铝材的净进口量,铝的消费量估计在375~380万t之间,增幅10.3%~11.8%。国内市场SHME 3个月期铝年平均价14342元/t,比2000年下跌11.75%,比国际铝价高19.7%。

炼铝原料氧化铝国内产量474.65万t,比2000年增长9.67%;净进口332万t,消费量达807万t,比2000年增长30.2%;国产氧化铝只能满足冶炼需求的58.8%。

⑦ 铅:产量119.54万t,比2000年增长8.68%;而国内消费量仅50万t,其余部分主要依靠出口。全年净出口铅及铅材47.395万t,不考虑历年库存,市场仍有约22万t的供应过剩。2001年LME铅价476美元/t,比2000年下跌4.85%。国内铅年均价为4759元/t,比2000年下跌了1.08%,但仍比国际铅价高20.5%。

⑧ 锌:产量203.76万t,增长4.12%;而国内消费量130万t左右,其余部分主要依靠出口。全年净出口锌及锌材59.89万t,国内供应过剩达23万t左右。2001年LME的锌价逐月下滑,全年LME现货平均价为886.1美元/t,比2000年下跌21.48%。国内市场锌价与国际锌价走势完全相同,全年平均价为9197元/t,比2000年下跌15.7%,比国际锌价高25%。

⑨ 黄金:产量181.87t,比2000年增长2.80%。2001年国际金价再次转跌,LME年平均价271美元/盎司,比2000年下跌2.97%。中国黄金价格定价机制已完全与国际接轨,因此,国内金价基本上与国际金价同频调整。

⑩ 水泥:产量6.61亿t,比2000年增长10.7%,而消费量估计达6.38亿t,比2000年增长4%,除去净出口(约341万t),国内市场供需基本平衡,高质量的高标号水泥短缺状况已有相当改善,而低标号水泥供应仍有过剩。

⑪ 肥料:磷肥产量739.44万t,增产11.52%,钾肥产量79.43万t,增产15.92%;钾肥和以磷铵为主的高效复合肥生产仍不能满足需求,需要大量进口,而普通磷肥则有能力大量出口。2001年净进口钾肥508万t,高效复合肥474万t,净出口以过磷酸钙为主的磷肥370万t。

(吴荣庆)

【矿产品产供销情况】 1.能源矿产品。能源矿物采选业及加工业国有及500万元以上非国有企业工业总产值11944亿元,比2000年增长3.69%,其工业总产值占矿产品相关工业总产值的36.83%,工业增加值5076亿元。其中,煤炭采选业1531.28亿元,比2000年增长19.93%,工业增加值698.65亿元;石油天然气开采业2780.05亿元,比2000年下降11.18%,工业增加值2018.79亿元;原油加工及炼焦业4587.76亿元,比2000年增长3.65%,工业增加值883.3亿元;火电及核电生产业总产值3045.01亿元,比2000年增长13.91%,

工业增加值 1475.33 亿元。

能源矿产中原油有小幅增长，原煤和天然气产量有大幅增加。原煤产量增至 11.61 亿 t，比 2000 年增长 16.17%。原油产量 1.65 亿 t，比 2000 年增产1.42%。天然气产量 303.44 亿 m^3，比 2000 年增产 11.45%。

原煤消费量 10.74 亿 t，比 2000 年增长 9.54%；原油消费量 2.5 亿 t，比 2000 年增长 17.37%。

能源矿产品（含电力）进出口贸易总额 259.23 亿美元，占矿产品贸易总额的 28%，比 2000 年减少 26.15 亿美元，降低 9.16%。其中，出口额 84.05 亿美元，进口额 175.18 亿美元，贸易逆差 91.13 亿美元，比 2000 年减少 37.13 亿美元，减少 28.95%。煤炭进出口贸易总额 27.58亿美元，比 2000 年增长 80.26%；其中出口煤炭 9013.5 万 t，比 2000 年增加 3507 万 t，增长 63.69%，出口额 26.68 亿美元，增长 82.61%，由于国际煤价随油价而上涨，吨煤出口创汇 29.6 美元，比 2000 年提高 11.53%；进口煤炭 265.7 万 t，进口额 0.9 亿美元，贸易顺差 25.79 亿美元，比 2000 年增长 85.27%。原油进出口贸易总额 130.45 亿美元，比 2000 年减少 39.48 亿美元，降幅 23.23%；其中出口原油 755.06 万 t，比 2000 年减少 275.64 万 t，减少 26.74%，出口额 13.83 亿美元，比 2000 年减少 7.49 亿美元，减少 35.13%；进口原油 6025.54万 t，比 2000 年减少 1001 万 t，减幅14.25%，进口额 116.61 亿美元，比 2000 年减少 32 亿美元，减幅 27.44%，贸易逆差 102.78 亿美元。成品油出口量 919 万 t，比 2000 年增长 11.09%，出口额 21.2 亿美元，与 2000 年持平，进口量 2137.66 万 t，比 2000 年增长 18.45%，进口额 37.45 亿美元，比 2000 年增长 2.35%，贸易逆差 16.25 亿美元。合计净进口石油 6489.14 万 t，贸易逆差 119 亿美元，比 2000 年降低 22%。

煤炭主要销往韩国、日本、印度、菲律宾和台湾地区、香港地区等。原油主要出口日本、美国、印尼、韩国、朝鲜和新加坡等，进口来源主要为伊朗、沙特、阿曼、苏丹、安哥拉、印尼、也门和越南等。成品油主要出口新加坡、韩国、俄罗斯、日本、越南、美国和香港地区等，进口来源主要为韩国、新加坡、俄罗斯、日本和沙特等。

2. *金属矿产品*。金属矿产采选业和冶炼压延加工业国有及 500 万元以上非国有企业工业总产值 8686.66 亿元，比 2000 年增长 16.08%，其工业总产值占矿产品相关工业总产值的 26.78%，工业增加值 2335.39 亿元。

金属矿产品贸易总额 314.06 亿美元，占矿产品贸易总额的 33.94%，比 2000 年减少 21.49 亿美元，下降 6.38%。其中出口额 80.25 亿美元，比 2000 年减少 17.96亿美元，减少 18.29%。进口额 233.81 亿美元，比 2000 年减少 3.43 亿美元，下降 1.45%，贸易逆差153.56 亿美元，增加 14.53 亿美元，增幅 10.45%。

① 黑色金属矿产品。黑色金属矿产采选业和冶炼压延加工业国有及 500 万元以上非国有企业工业总产值 5898.34 亿元，比 2000 年增长 17.92%，工业增加值 1602.43 亿元。其中，采选业工业总产值 191.03 亿元，比 2000 年增长 15.9%，工业增加值 72.28 亿元；冶炼及压延加工业工业总产值 5707.31 亿元，比 2000 年增长 20.6%，工业增加值 1530.15 亿元。

2001 年黑色金属矿产工业继续呈现上游减产，下游增产之态势。铁矿石原矿产量 2.17 亿 t，减产 3.10%；锰矿石原矿产量 430.68 万 t，增产 22.58%；铬铁矿原矿产量 18.19 万 t，减产 12.55%。生铁、钢和钢材的产量分别为 1.56 亿 t、1.52 亿 t 和 1.61 亿 t，增幅都明显高于 2000 年，增长率分别达 18.7%、19.18% 和 22.22%。

黑色金属矿产品进出口贸易总额 159.05 亿美元，比 2000 年增长 4.5%，占矿产品贸易总额的 17.19%。出口额 22.4 亿美元，进口额 136.65 亿美元，贸易逆差 114.25 亿美元，比 2000 年增长 33.72%。其中，进口铁矿砂 9231 万 t，比 2000 年增长 31.93%；进口金额25.03 亿美元，比 2000 年增长 34.70%；进口废钢铁 988.24 万 t，比 2000 年增长 92.23%；进口金额 10.68 亿美元，比 2000 年增长 108.13%；进口锰矿砂 171.01 万 t，比 2000 年增长 42.06%；进口金额 1.31 亿美元，增长37.89%；进口铬铁矿砂 109.04 万 t，比 2000 年减少2.05%；进口金额 0.81 亿美元，减少 16.50%；进口钢铁产品 2603.36 万 t（其中绝大部分为钢材），比 2000 年增长 29.92%；进口金额 117.52 亿美元，增长 10.22%；出口钢铁产品 1205.39 万 t，比 2000 年减少 21.73%；出口金额 74.55 亿美元，减少 5.27%。

铁矿砂进口主要来源于澳大利亚、巴西、印度、南非和秘鲁；锰矿砂进口主要来源于澳大利亚、加蓬、加纳、巴西和印度；铬矿砂进口主要来源于印度、越南、伊朗、巴基斯坦和南非；钢材进口主要来源于日本、台湾地区、韩国、哈萨克斯坦、俄罗斯和乌克兰。

② 有色金属矿产品。有色金属矿产采选业和冶炼压延加工业国有及 500 万元以上非国有企业工业总产值 2788.32 亿元，比 2000 年增长 7.84%，工业增加值 732.96 亿元。其中，采选业工业总产值 419.15 亿元，比 2000 年增长 3.4%，工业增加值 141.78 亿元；冶炼及压延加工业工业总产值 2369.17 亿元，比 2000 年增长 8.67%，工业增加值 591.18 亿元。

10 种常用有色金属产量 883.47 万 t，比 2000 年的 783.81 万 t 增长 12.75%。铜、铝、铅、锌、钛、镁、锑产量均有不同程度的增长，其中镁增长幅度高达40.53%，其次有钛、锑、铝，分别增长 29.55%、28.62%、19.62%。黄金生产也有一定程度增长，成品金产量181.87t，比2000年增长2.80%。

有色金属矿产品（包括初级产品及原材料）进出口贸易总额155.01亿美元，占矿产品贸易总额的16.75%，比2000年减少23.18亿美元，减少13.01%。其中进口额97.16亿美元，出口额57.85亿美元，逆差39.31亿美元，比2000年减少14.28亿美元，减少26.65%。其中，铜矿产品进口额57.85亿美元，占有色金属矿产品进口总额的59.5%，出口额6.27亿美元，占有色金属矿产品出口总额的10.8%，贸易逆差51.58亿美元，比2000年增长11.16%；铝矿产品进口额27.43亿美元，占有色金属矿产品进口总额的28.2%，出口额13.38亿美元，占有色金属矿产品出口总额的23.1%，贸易逆差14.05亿美元，比2000年减少49.48%。铜、铝矿产品贸易逆差合计高达65.63亿美元，比2000年减少11.56%，但仍是2001年有色金属矿产品存在贸易逆差的主要原因。

铜矿砂进口主要来源于智利、澳大利亚、蒙古、加拿大、秘鲁和伊朗；精炼铜进口主要来源于智利、日本、哈萨克斯坦、菲律宾、俄罗斯和波兰；铜材进口主要来源于中国台湾、韩国、日本、哈萨克斯坦、德国和中国香港；氧化铝进口主要来自澳大利亚、印度、牙买加和委内瑞拉；未锻铝进口主要来源于俄罗斯、哈萨克斯坦、澳大利亚和台湾地区；铝材进口主要来自日本、韩国、美国、澳大利亚和台湾地区。锌及锌合金主要出口澳大利亚、比利时、韩国、加拿大、泰国和台湾地区。

3.*非金属矿产品*。2001年非金属矿采选业和制品业国有及500万元以上非国有企业工业总产值10703.2亿元，比2000年增长9.23%，工业增加值2938.57亿元。其中，非金属矿采选业工业总产值373.52亿元，比2000年增长4.65%，工业增加值125.42亿元；非金属矿物制品业工业总产值4026.02亿元，比2000年增长9.02%，工业增加值1211.88亿元；化学原料及化学制品制造业工业总产值6303.66亿元，比2000年增长9.65%，工业增加值1601.27亿元。

非金属矿产品生产有升有降。其中产量减少的有硫铁矿（-8.29%）、原盐、海盐、硫化碱、高岭土、菱镁矿原矿、蓝晶石原矿等，其他非金属矿产品产量均有不同程度的增长。非金属制品中，水泥增长10.73%，平板玻璃增长11.68%，卫生陶瓷增长26.4%。

非金属矿产品贸易总额352.14亿美元，占矿产品贸易总额的38.05%，比2000年增长75.47亿美元，增长27.28%。其中，出口额174.2亿美元，进口额177.94亿美元，贸易逆差3.74亿美元。其中，出口额较大的非金属矿产品有：非金属矿物制品进口55.73亿美元，比2000年增长48.6%，出口94.6亿美元，比2000年增长53.6%。水泥，出口量620.94万t，出口额1.96亿美元，分别比2000年增长2.55%与3.03%；石材，出口量531.58万t，比2000年下降2.12%，出口额9.4亿美元，比2000年增长16.33%；建筑卫生陶瓷，出口金额15.69亿美元，比2000年减少11.18%；进口额较大的主要是肥料，进口钾肥542.56万t，金额6.47亿美元，分别比2000年减少12.24%与13.63%；进口高效复合肥（主要是磷铵）546.75万t，金额9.05亿美元，分别比2000年减少3.76%与7.25%。

水泥主要出口美国、韩国、波多黎各、缅甸和尼日利亚；萤石主要出口日本、美国、荷兰、意大利、加拿大、韩国和印度；磷肥主要出口日本、孟加拉、印尼、马来西亚和斯里兰卡；钾肥主要从俄罗斯、加拿大、约旦和以色列进口，磷铵等高效复合肥主要从美国、俄罗斯、挪威、摩洛哥和比利时等国进口。

4.*其他矿采选业*。其他矿采选业国有及500万元以上非国有企业工业总产值3.57亿元，占矿产品相关工业总产值的0.01%，工业增加值1.04亿元。

（吴荣庆）

伤亡事故分析

【概况】 2001年全国共发生各类事故1000629起，死亡人数130491人，事故量和死亡人数同比分别上升20.5%和10.4%。其中，一次死亡10人以上特大事故140起，死亡2556人，同比减少31起，减少985人，分别下降18.1%和27.8%；一次死亡30人以上特大事故16起，死亡707人，同比起数持平，人数减少514人，下降42.1%。

（国家安全生产监督管理局　杨大明　康亚宏）

【工矿企业发生伤亡事故】 2001年，全国工矿企业共发生伤亡事故11402起，死亡12554人，同比增加672起，增加789人，分别上升6.3%和6.7%。其中，一次死亡3~9人重大事故609起，死亡2655人，同比增加37起，增加154人，分别上升6.5%和6.2%；一次死亡10人以上特大事故65起，死亡1341人，同比减少26起，减少342人，分别下降28.6%和20.3%；一次死亡30人以上特大事故10起，死亡490人，同比增加2起，增加52人，分别上升25.0%和11.9%。

1.*煤矿企业*。煤矿企业共发生死亡事故3082起，死亡5670人，同比增加361起，减少127人，分别上升13.3%和下降2.2%。其中，一次死亡3~9人重大事故336起，死亡1587人，同比减少55起，减少196人，分别下降14.1%和11.0%；一次死亡10人以上特大事故49起，死亡1015人，同比减少29起，减少735人，分别下降37.2%和30.0%；一次死亡30人以上特大事故8起，死亡373人，同比增加2起，增加3人，分别上升33.3%和0.8%。

① 国有重点煤矿发生死亡事故524起，死亡781人，同比增加184起，增加16人，分别上升54.1%和2.1%。其中，一次死亡3～9人重大事故36起，死亡166人，同比增加13起，增加73人，分别上升56.5%和78.5%；一次死亡10人以上特大事故4起，死亡96人，同比减少5起，死亡人数减少242人，分别下降55.6%和71.6%。

② 国有地方煤矿发生死亡事故632起，死亡1044人，同比增加102起，增加217人，分别上升19.2%和26.2%。其中，一次死亡3～9人重大事故40起，死亡216人，同比减少17起，减少37人，分别下降29.8%和14.6%；一次死亡10人以上特大事故9起，死亡189人，同比增加6起，增加136人，分别上升200.0%和256.6%。

③ 矿办小井发生死亡事故50起，死亡200人，同比减少47起，减少71人，分别下降48.5%和下降26.2%。其中，一次死亡3～9人重大事故5起，死亡24人，同比减少7起，减少20人，分别下降58.3%和45.5%；一次死亡10人以上特大事故3起，死亡121人，同比减少5起，死亡人数减少22人，分别下降62.5%和下降15.4%。

④ 乡镇煤矿发生死亡事故1876起，死亡3645人，同比增加123起，减少288人，分别上升7.0%和下降7.3%。其中，一次死亡3～9人特大事故255起，死亡1181人，同比减少44起，减少212人，分别下降14.7%和15.2%；一次死亡10人以上特大事故33起，死亡609人，同比减少22起，减少262人，分别下降40.0%和30.1%。

2.非煤矿山企业。非煤矿山企业共发生伤亡事故1313起，死亡1932人，同比增加604起，增加978人，分别上升85.2%和102.5%。其中，一次死亡3～9人重大事故114起，死亡479人，同比增加48起，增加218人，分别上升72.7%和83.5%；一次死亡10人以上特大事故9起，死亡214人，同比增加5起，增加139人，分别上升125.0%和185.3%；一次死亡30人以上特大事故1起，死亡81人，2000年没有发生一次死亡30人以上事故。

3.非矿山企业。非矿山企业共发生伤亡事故7007起，死亡4952人，同比减少293起，减少62人，分别下降4.0%和1.2%。其中，一次死亡3～9人重大事故159起，死亡589人，同比增加44起，增加132人，分别上升38.3%和28.9%；一次死亡10人以上特大事故7起，死亡112人，同比减少5起，减少91人，分别下降41.7%和44.8%；一次死亡30人以上特大事故1起，死亡36人，同比减少1起，减少32人，下降50.0%和47.1%。

（杨大明　康亚宏）

【火灾事故】　2001年，全国共发生火灾事故（不含森林、草原等火灾）215863起，死亡2314人，伤3752人，直接财产损失139454万元，同比分别上升14.1%和下降23.4%、14.8%、8.4%。其中，一次死亡3～9人重大事故132起，死亡489人，同比起数上升7.3%，人数下降2.4%；一次死亡10人以上特大事故2起，死亡38人，同比减少7起，减少463人，分别下降77.8%和92.4%；没有发生一次死亡30人以上特大事故。

（杨大明　康亚宏）

【道路交通事故】　2001年，全国共发生道路交通事故760327起，死亡106367人，伤54.9万人，直接经济损失30.9亿元，同比分别上升23.2%、13.3%、33.0%和15.9%。其中，一次死亡10人以上特大事故39起，死亡639人，同比减少19起，减少271人，分别下降32.8%和29.8%；一次死亡30人以上特大事故4起，死亡137人，同比增加3起，增加58人，分别上升300%和73.4%。

（杨大明　康亚宏）

【水上交通事故】　2001年，全国共发生水上交通事故644起，死亡和失踪490人，同比分别上升12.6%和下降5.2%。其中，一次死亡10人以上特大事故7起，死亡162人，同比起数持平，人数减少73人，下降31.1%；一次死亡30人以上特大事故2起，死亡80人，同比起数持平，人数减少91人，下降53.2%。

（杨大明　康亚宏）

【铁路事故】　2001年，全国共发生铁路路外伤亡事故12335起，死亡8409人，同比分别下降7.4%和5.7%。其中，一次死亡3～9人重大事故7起，死亡40人；一次死亡10人以上特大事故3起，死亡59人，同比增加2起，增加48人，分别上升200.0%和436.4%。

（杨大明　康亚宏）

【2001年事故特点】　1.全国一次死亡10人以上特大事故大幅下降。

2.火灾事故、水上交通事故、铁路路外事故死亡人数下降。

3.工矿企业部分地区、行业和非公有制企业事故多发。

① 从地区分析。在全国31个省(区、市)中,发生一次死亡10人以上特大事故较多的省份有贵州12起,死亡187人,分别占工矿企业事故起数和死亡人数的18.8%和14.1%;山西7起,死亡141人,分别占工矿企业事故起数和死亡人数的10.9%和10.6%。

② 从行业分析。发生事故较多的行业是采掘业、制造业和建筑业。采掘业发生事故4390起,死亡7500人,分别占工矿企业事故起数和死亡人数的38.6%和60.2%。在采掘业中,煤炭采选业和非金属采选业发生事故较多,伤亡起数和死亡人数分别占采掘业的70.0%、75.6%和14.4%、11.3%。在非金属采选业中发生事故最多的是小采石场,占非金属采选业死亡人数的80%。制造业发生事故3754起,死亡2144人,分别占工矿企业事故起数和死亡人数的33.0%和17.2%。建筑业发生事故1675起,死亡1653人,分别占工矿企业事故起数和死亡人数的14.7%和13.3%。

③ 从经济类型分析。非公有企业发生事故较多,共发生事故6637起,死亡8365人,分别占工矿企业事故起数和死亡人数的58.3%和61.2%。其中,发生10人以上特大事故48起,死亡1002人,分别占工矿企业10人以上特大事故起数和死亡人数的75.0%和75.5%。

④ 从发生的事故类型分析。主要是瓦斯爆炸、冒顶片帮和高处坠落事故。瓦斯爆炸事故665起,死亡2439人,分别占工矿企业事故起数和死亡人数5.8%和19.6%;冒顶片帮事故1777起,死亡2198人,分别占工矿企业事故起数和死亡人数的15.6%和17.6%;高处坠落事故1606起,死亡1217人,分别占工矿企业事故起数和死亡人数的14.1%和9.8%。

4.国有地方煤矿事故上升。矿办小井、乡镇和个体煤矿事故下降。国有地方煤矿事故起数和死亡人数同比分别上升19.2%和26.2%。矿办小井事故起数和死亡人数同比分别下降48.5%和26.2%;乡镇和个体煤矿事故起数和死亡人数同比分别上升7.0%和下降7.4%。

5.非煤矿山企业伤亡事故上升。非煤矿山企业共发生伤亡事故1313起,死亡1932人,同比分别上升85.2%和102.5%,分别占全国工矿企业伤亡事故的11.5%和15.4%;特大事故发生9起,死亡214人,同比分别增加5起,增加139人,分别占全国工矿企业特大事故的13.8%和16.0%。

6.非矿山企业事故下降。 (杨大明 康亚宏)

【煤矿安全生产专项整治】 2001年4月,国家进行煤矿安全生产专项整治。各级地方政府、煤矿安全监察机构和煤矿企业积极贯彻落实"国务院办公厅25、68号通知"(《关于煤矿安全生产整顿》)的指示精神,关闭国有煤矿矿办小井和乡镇煤矿停产整顿,煤矿安全生产专项整治取得显著成效。同时,国有重点煤矿补还了部分煤矿安全生产投入欠帐,减少了煤矿事故隐患。煤矿安全生产形势好转。

1.全国煤矿安全生产死亡人数减少,重特大事故明显下降。2001年,全国煤矿安全生产事故共死亡5670人,同比减少126人,下降2.2%。全国煤矿一次死亡3~9人的重大事故起数和死亡人数分别下降14.1%、11.0%;一次死亡10人以上特大事故起数和死亡人数分别下降37.2%、30.0%。

2.瓦斯事故减少。全国煤矿发生瓦斯事故662起,死亡2436人,同比减少62起,少死亡696人,分别下降8.6%、22.2%。

3.乡镇煤矿重特大事故减少。乡镇煤矿发生安全生产事故死亡人数同比下降7.3%。一次死亡3~9人重大事故的起数和死亡人数分别下降14.7%、15.2%;一次死亡10人以上特大事故分别下降40.0%、30.1%。

4.小煤矿数量减少。2001年共关闭各类小煤矿12257处,其中:国有煤矿矿办小井1208处,乡镇煤矿11049处。乡镇煤矿由整治前的33977处减少到22928处,矿点数减少32.5%。

5.整顿验收进展顺利。按照国办25号、68号通知要求,小煤矿整顿验收已进入最后阶段,到2002年2月底,全国通过省级验收的小煤矿共17956处,占整顿矿井22928处的78%。

6.小煤矿办矿秩序有所好转。主要表现在:小煤矿依法办矿意识明显增强,办矿秩序有所好转。通过验收,小煤矿基本都完善了劳动用工制度,签订劳动合同。为井下从业人员办理了意外伤害保险,一些地区还试行煤矿安全风险抵押金制度。非法、超层越界开采行为得到有效遏制。

7.小煤矿装备水平有所提高。据调查,在专项整治期间,仅山西、河北、河南、四川、黑龙江五省投入小煤矿整顿资金就达17亿元,已验收小煤矿普遍实现主扇通风、双电源供电和机械提升;一些小煤矿实现了正规开采;部分高瓦斯矿井建立了瓦斯监测和瓦斯抽放系统。 (中国煤炭工业协会)

非煤矿山安全生产形势

【概况】 2001年,中国非煤矿山安全生产形势严峻,事故起数和死亡人数比2000年大幅上升。截至11月30日,全国共发生非煤矿山伤亡事故1096起、死亡1654

人，同比分别增加435起和770人，分别上升65.8%和87.1%。其中：一次死亡30人以上的特大事故1起、死亡81人，2000年未发生1起死亡30人以上的事故；一次死亡10～29人的事故7起、死亡123人，同比分别增加5起和96人，分别上升250%和355.6%；一次死亡3～9人的事故101起、死亡431人，同比分别增加37起和178人，分别上升57.8%和70.4%。

（国家安全生产监督管理局监管一司）

【非煤矿山事故主要特点】 1.按经济类型划分。集体企业和个体、私营企业的事故起数和死亡人数所占比重大，共发生事故731起、死亡1196人，分别占非煤矿山事故起数和死亡人数的66.7%和72.31%。

2.按行业划分。有色金属、非金属矿采选业的事故起数和死亡人数所占比重大，共发生事故864起、死亡1342人，分别占非煤矿山企业事故的78.83%和81.14%。

3.发生非煤矿山事故的类型。主要是坍塌、冒顶片帮和物体打击，共发生633起、死亡941人，分别占非煤矿山事故起数和死亡人数的57.76%和56.89%。

4.发生非煤矿山事故地区较为集中。主要有广西、浙江、云南、广东、贵州、辽宁省（区），共发生事故585起、死亡890人，分别占全国非煤矿山伤亡事故起数和死亡人数的53.38%和53.81%。其中：广西109起、死亡247人；浙江187起、死亡202人；云南88起、死亡130人；广东97起、死亡117人；辽宁81起、死亡95人。　　（国家安全生产监督管理局监管一司）

【非煤矿山事故主要原因】 1.一些地方政府对非煤矿山安全生产工作不够重视。放松对非煤矿山安全生产的监督管理；有些领导干部和企业经营管理者对党中央、国务院有关安全生产指示精神没有认真贯彻落实，仅停留在会议上、文件上、口头上，形式主义、官僚主义严重；个别领导干部严重失职、渎职，为自己或局部的利益拒不执行中央政令。

2.大量的中小型非煤矿山企业无证开采、非法生产经营。片面追求经济效益，缺少安全投入，不具备基本的安全生产条件，工艺落后，设备、设施陈旧简陋，存在着大量的事故隐患。

3.有些企业不认真贯彻执行现有安全生产法规。违章指挥、违章作业、违反劳动纪律的“三违”现象严重，大量矿山从业人员未经过上岗前的安全培训，以致冒险蛮干，缺乏基本的安全技能。

4.有些安全生产监督管理部门监管不得力。有法不依、执法不严、违法不究的现象比较严重，助长了不重视安全，甚至是违反安全规定的坏风气。

2001年非煤矿山伤亡事故上升幅度大的一个重要原因是：由于地方机构改革，不少地方的安全生产监管机构出现工作断档，而非煤矿山安全生产监管工作的问题尤为突出，以致2000年非煤矿山伤亡事故上报的数据严重失真。

（国家安全生产监督管理局监管一司）

矿山二次资源利用

【矿山二次资源】 矿山二次资源是指矿山尾矿、固体废料、废水（液）、废气、余热余压、坏损土地以及待治理的生态环境要素的总称。从产业经济和资源科学的角度，矿山二次资源是综合利用产业和环保产业经营的对象，可以从中获得资源性产品和能源产品，表明矿山各类废弃物具备资源的基本属性；从矿山环境保护和地质灾害防治的角度，二次资源又是污染和灾害产生的重要因素，是影响可持续发展的障碍。待治理的生态环境要素之所以也是二次资源，是因为当环境舒适度不能满足人们对生态环境质量的要求时，就存在对较好环境舒适度的需求，优质的生态环境要素便成为稀缺资源，成为环保投资的动因。

（中国矿业年鉴编辑部）

【矿山二次资源现状】 目前尚没有进行全国矿山二次资源总量系统的统计工作，从几次局部调查的情况看，其数量已足以说明中国矿山二次资源总量潜力巨大。据调查，全国煤矸石历年堆积量约30亿t，每年新增煤矸石1亿多t。全国冶金矿山尾矿堆存量达7亿m^3以上，侵占和直接污染土地约100余万亩，目前每年新增尾矿约1.5亿t。截至1997年底，有色金属工业固体废弃物累计堆存量达17亿t，其中尾矿累计堆存量为15.3亿t。目前中国已形成一定规模的金属矿山尾矿库1500处，相应的废石场亦应在1500处以上。全国因采矿造成的塌陷土地面积84201.4 ha，1957至1990年间，全国各项建设用地、弃地、浪费与灾损耕地达42.73万ha，矿山占地达49.1%。上述数据说明，中国矿山二次资源数量巨大，如能变废为宝，化害为利，将成为中国社会的一笔巨大财富，成为矿业城市持续发展的资源基础。　　（中国矿业年鉴编辑部）

【矿山二次资源利用情况】 目前，中国矿山二次资源的总体利用水平比较低。尾矿的利用量和治理率不到7%，废石治理率国有矿山个别矿种近50%，低的达7%左右，利用水平则更低。煤矸石的利用率大约20%左右。矿山土地复垦(生态重建)率国有矿山 26.83%，集体和个体矿山为 9.18%。从利用水平看，中国矿山二次资源大有潜力。在二次资源综合利用技术水平方面，中国虽与世界先进水平有一定差距，但总体而言，满足矿山二次资源利用的一般技术需求不存在问题。例如煤矸石发电、制砖技术、低品位矿石堆浸技术等在中国已十分成熟；从废液、烟尘中回收稀散元素的技术达到国际先进水平。目前要做的主要工作是各种二次资源利用技术的推广，试验与应用。

(中国矿业年鉴编辑部)

矿业企业问题与对策

【矿业企业存在主要困难和问题】 矿业产业集中度低，大型骨干矿山少，小矿山多，在国际竞争中难以发挥比较优势；矿山企业税费负担沉重，高于加工工业。矿山企业缺乏自我发展能力，在中国加入 WTO 后，矿业面临更为严峻的挑战；地勘工作滞后，生产矿山资源危机；矿工生活艰苦、队伍不稳定，已成为社会弱势群体；矿业企业安全生产欠账多，重大伤亡事故频繁发生；矿产资源开发中造成的环境污染相当严重。

(卢业授)

【解决矿业企业发展问题的对策】 确立矿业的基础产业地位，改善和加强政府的宏观调控；改革现行的矿业税费，与国际接轨，制定科学公平合理的税费制度，维护矿山企业在两个市场中的公平竞争；积极稳妥解决矿山企业办社会问题；建立矿山反哺机制，解决好资源枯竭企业的发展问题；深化企业改革，实施大集团发展战略，提高中国矿业在国际市场上的竞争力；深化改革，扩大矿业对外开放力度；充分发挥行业协会的桥梁与纽带作用。

(卢业授)

【矿山企业办社会职能移交情况】 党的十五届四中全会上提出将企业办社会职能逐渐移交当地政府，并针对具体问题提出不同的要求。各地政府和企业就企业办社会职能移交的问题做了大量的工作，通过对 81 家煤炭、冶金、有色金属、化工矿山的调查，矿山企业办社会职能移交地方政府的工作进展情况如下：破产矿山企业办社会职能已经或正在逐步移交当地政府。一些矿山企业的公安已移交当地政府公安系统或挂当地公安的牌子。移交当地后的费用，企业基本上在 3 至 5 年内逐年递减，直到全部移交当地政府。公安挂牌的企业，费用基本上全部由企业承担。企业反映公安移交当地所用费用比在企业的费用高，原因是企业人员的工资比地方政府公安的低，移交后人员的工资要向上提，因而移交后企业负担费用增加。少部分矿山企业的学校移交当地，移交时教职员工有的政府全部接受，有的政府只接受部分教职员工，对未被接收的教职员工，企业无法安置。移交后费用矿山企业在 3 年过渡，逐年递减，直到全部移交当地政府。远离城市，处于乡镇地区的矿山企业，乡镇政府原本是依赖矿山的存在而设立的，企业办社会职能如学校移交乡镇政府，乡镇政府承担不起，列为贫困县的财政也难以接收。

总之，矿山企业办社会移交当地政府的工作发展不平衡，经济发达地区和当地政府重视企业改组改制的地方移交工作有所进展，但大多数矿山所在地政府由于财力不足，矿山企业办社会职能的移交工作进展缓慢。

(卢业授)

矿 业 管 理

矿产资源勘查开发管理

【概况】 各省、自治区、直辖市人民政府高度重视矿产资源管理秩序治理整顿工作，成立了由有关部门参加的治理整顿领导小组，有22个省（区、市）由主管省级领导任组长。各省（区、市）共组织召开了89次各自行政区内的治理整顿会议，下发了314个关于治理整顿的指导性文件，组织了330个治理整顿工作组到基层工作，深入到1821个市县、5949个重点矿区进行督促检查。其中有5个省的省级领导亲自带队，国土资源厅领导带队督查达258人次，指导整顿、查处违法行为、解决存在的矿业纠纷。

各地在治理整顿工作中明确治理整顿的重点地区、重点矿区和重点矿种，提出治理整顿措施并付诸实施。有的地方公布举报电话，公告举报奖励措施。有的省在制定工作方案时，将治理整顿任务列为地方行政领导的考核指标，建立领导责任制和过错责任追究制。具体做法：

1．领导重视，建立责任制。有22个省（区、市）按要求调整、充实省级政府分管领导任组长、相关部门领导参加的治理整顿工作领导小组；19个省（区、市）成立国土资源厅（局）长任组长的治理整顿工作领导小组；大部分市、县人民政府结合本地区实际，也成立了相应的领导机构。9个省（区）建立了全省自上而下的领导责任制，签订领导年度考核责任书，将治理整顿工作的成效与领导干部的政绩考核挂钩，层层抓落实，形成健全有力的工作网络，保证了整顿工作顺利展开。湖南省委副书记、常务副省长周伯华强调，对非法采矿“不关井就关人，先关人后关井”，要以“铁的手腕、铁的纪律、铁的措施”严厉打击破坏矿产资源的违法行为，要求整顿工作实行行政首长负责制，对工作不力，矿产资源管理秩序没有明显好转，造成责任事故的，要从严追究当地党委、政府和有关部门领导的责任。湖北省大冶市市长提出“宁可经济发展速度慢一点，宁可日子过得紧一些，也要把治理整顿工作抓紧抓好”。

2．部门联动，形成合力，综合治理。矿产资源管理秩序治理整顿涉及面广、综合性强，各级人民政府注意发挥整体功能，调动国土资源、经贸、安全、工商、公安、监察、环保等部门的力量，发挥各自职能，实施综合治理，形成了“政府负责、国土资源部门牵头、各部门积极参与、齐抓共管”的工作机制。各地做法是，先由矿政管理部门依法排查，理出查处名单，公安、税务、工商、保险、安全、电力等部门分别采取措施，有效、彻底地卡死非法勘查开采活动的源头，达到取缔非法勘查开采的目的。地（市）、县政府把矿产资源管理秩序治理整顿工作列入议事日程，市、县长、书记带队实地检查无证矿、夜间突查无证矿。山西省临汾市市长在全市打击无证矿会议后，亲自上山按动炸毁无证矿的按钮。临汾市纪委在发现行政区内仍存在无证采矿后，按照有关规定，在全市安全生产大会上公开宣布对汾西、乡宁两县的有关领导等14名责任人的纪律处分，给予汾西县长行政记大过、乡宁县分管副县长行政记过处分，撤销了包括汾西县县委常委、副县长、两县地矿局局长、相关的乡镇党政领导在内的12名负责人的职务，在全省引起极大的震动和反响。湖南省涟源市因整顿不利，多次发生安全事故，分管副市长被就地免职。吕梁行署将打击非法采矿列入公安“严打”范围，为排除地方政府的干预，从市、县公安局抽调100多名干警参与整顿。

3．突出重点，抓落实，务求实效。各地结合勘查、开采的实际，制定具体措施，解决长期未能解决的勘查、开采纠纷，理顺权属关系。各省（区、市）均结合实际确定本行政区内治理整顿的重点矿区、重点矿种，规定时间进度进行集中治理。大多数省（区、市）国土资源主管部门的厅（局）领导作风扎实，深入基层，亲率督（检）查组赴基层和矿区对治理整顿工作情况进行实地督促检查和验收，对发现的问题进行现场指导和解决。如海南省把历年来的纠纷多发区文昌市铺前锆钛砂矿区作为治理整顿的重点，在省政府的严令下，经过整顿，实现规模开发、综合利用。西藏自治区根据其生态环境脆弱的特点将保护环境和合理利用资源放在首要地位，依法关闭一批严重影响环境的小采石场。

4. *加强管理，疏堵结合，标本兼治*。各地结合矿产资源管理秩序治理整顿加强矿产资源规划的编制工作，针对矿产资源管理秩序极易反弹和矿产开发“散、小、乱”的特点，在巩固和维护整顿成果的同时，不断加强矿产资源的开发规划和监管工作，引导和推进规模化、集约化的开采模式。如福建省出台“生产小矿关闭、淘汰、联合、改造实施意见”等一些相应的政策性规定。用政策引导矿山企业的规模开采和集约化经营，加强对勘查开采矿产资源的宏观调控。河北省沙河市对新办矿山坚持实行“两优先一限制”的审批原则，即投资能力大、开采技术水平高的优先审批；限制投资少、规模小、技术水平落后的矿山企业上马。不少地方还针对矿产资源状况和经济可持续发展的需求，制定一系列关于保护资源、保护环境等方面的规范性文件。如河北省邢台市在全省率先推行了闭坑保证金制度和选矿许可制度。

（国土资源部矿产开发管理司）

【矿产资源管理秩序治理整顿主要做法】 《国务院关于整顿和规范市场经济秩序的决定》（国发〔2001〕11号，以下简称国发11号文件）下发后，国土资源部多次召开党组会议进行学习和研究，结合矿产资源管理秩序领域存在的问题，明确将矿产资源管理秩序治理整顿作为市场经济秩序专项整治的重要组成部分，列入国土资源部的重点工作。

1. *矿产资源管理秩序治理整顿工作的组织部署和督促检查*。国办85号文件下发后，按照文件要求，国土资源部负责全国矿产资源管理秩序治理整顿工作的组织部署和督促检查。成立主管副部长任组长、7个有关司局参加的治理整顿领导小组，做出“分步实施、扎实推进”的工作部署，在认真分析和研究全国矿产资源管理秩序现状及存在问题的基础上，确定全国治理整顿工作在一年内分三个阶段进行的方案。

第一阶段，全面部署，专题调研，确定目标任务。第二阶段，也是重点阶段，集中治理整顿，力求取得明显成效。分两步走，即2001年底前，完成取缔非法采矿、清理勘查许可证、采矿许可证的任务；2002年6月底前，完成关闭限期整改不合格的矿山，纠正乱采滥挖行为，全面落实治理整顿的各项目标任务。第三阶段，检查验收，并研究探索巩固成果的治本之策。

2. *召开全国矿产资源管理秩序治理整顿工作会议*。2001年9月、11月先后召开两次全国矿产资源管理秩序治理整顿工作会议，田凤山部长在会上作重要讲话，确定全国矿产资源管理秩序治理整顿工作的指导思想及目标任务。根据国务院和部领导的指示，从“破坏资源环境就是破坏生产力，保护资源环境就是保护生产力，改善资源环境就是发展生产力”的高度，部署和安排全国矿产资源管理秩序治理整顿工作。2001年初，国土资源部就2001年底前的治理整顿阶段性任务完成情况，及时向国务院报告。同时下发《关于印发〈2002年矿产资源管理秩序治理整顿工作安排意见〉的通知》（国土资发〔2002〕25号，以下简称25号文件），对2002年治理整顿工作提出明确要求，特别是将破坏浪费资源、布局不合理、污染环境、采选技术落后的小煤矿、小金矿、小钨矿、小锑矿、小锡矿、小铅锌矿和小磷矿作为整治的重点。2001年5月，国土资源部下发《关于做好治理整顿矿产资源管理秩序检查验收工作的函》（国土资函〔2002〕200号），对整顿工作提出阶段验收标准和完成时限。

3. *指导、推动矿产资源治理整顿工作*。2001年，治理整顿领导小组在督促检查全国治理整顿工作中，采取对重点矿区、重点地区、重点矿种跟踪督办与对全国面上整顿整体推进相结合的方式，指导、推动全国治理整顿工作的稳步开展。整顿办公室根据国务院领导的批示和新闻媒体反映的问题，对11个省的13个矿区出现的局部秩序混乱情况，督促有关省进行重点整顿并跟踪督办；工作中，根据全国的治理整顿进展，分别在上述三个工作阶段，分三批，派出12个督查组，赴26个省（区、市）的66个县市、乡镇和126座矿山进行现场督促检查和指导，及时、准确掌握全国各地治理整顿的进展情况，发现各地工作中的好思路、好经验和好做法以及存在的各类苗头、倾向和问题。通过编发的55期《矿产资源管理秩序治理整顿工作简报》和在报纸上开设治理整顿专栏等形式，弘扬典型经验，警示不良倾向，批评存在问题。在此期间，还针对全国各地出现的不同情况，专门就小金矿的整顿和出让采矿权提出指导性意见；分别下发从严控制海域建筑用砂勘查开采的有关规定、加强汛期河道采矿（砂）管理的规定等，有效遏制了一些区域海砂、河砂无序开发的局面。同时，还针对一些地区矿山安全事故屡发不止的情况，及时下发《关于认真落实国务院第五十八次常务扩大会议精神在矿产资源管理工作中切实履行职责的通知》，要求各级国土资源主管部门在矿山安全生产中积极协助和配合安全管理机构做好相关工作；对新建矿山安全设施的设计，未经安全管理机构审查同意，不得颁发采矿许可证；对安全管理机构决定停产整顿却擅自恢复生产的，国土资源主管部门应按无证采矿进行处罚；对安全管理机构决定关闭的矿山，国土资源主管部门应立即依法注销或吊销采矿许可证。

（国土资源部矿产开发管理司）

【矿产资源管理秩序治理整顿成果】 2001年，通过对矿产资源管理秩序集中治理整顿，基本完成国办85号文件规定的主要治理整顿任务，达到了预期的阶段性目标。

1. *勘查许可证和采矿许可证的清理工作全面完成，探矿权、采矿权管理得到进一步规范。*各地按照国办85号文件的规定，对原委托市县颁发采矿许可证的34个矿种的审批权全部收回到省级国土资源主管部门。对全国9232个勘查许可证和151886个采矿许可证进行清理检查，发现并查处越权发证739起，违规发证5904起，查处非法转让探矿权33起，查处矿产资源管理行政违法案件63起，给予行政处分30人。

2. *违法勘查、开采行为得到坚决查处。*全国共查处无证开采53645起，持勘查许可证进行违法开采194起，吊销勘查许可证29个，吊销采矿许可证2261个；查处越界开采3023起；查处以承包等方式非法转让探矿权、采矿权858起，涉及金额424万元；没收违法所得和罚款共4874万元，没收矿产品2319万t，因严重违反矿产资源法律、法规被依法追究刑事责任的1048人。

3. *一些长期难以解决的问题得到解决。*苏皖交界的南京钢铁集团冶山矿区纠纷，长广煤矿区内的大小煤矿纠纷，内蒙古小金矿污染环境、青海“三江源”自然保护区、湖南省雪峰山金矿区、香花岭锡矿安源矿区的问题等均在整顿期间得到解决。赣南的钨矿和稀土矿开发的混乱局面被遏制，具有几百年开采和几十年纠纷历史的云南个旧锡矿区矿业秩序在治理整顿中受到云南省委、省政府的高度重视，制定的解决方案已付诸实施，得到全国人大执法检查组的肯定。

4. *乱采滥挖得到了有效遏制。*各级国土资源及有关部门对不按矿山设计施工开采、破坏浪费资源、污染环境、安全隐患大等问题多的矿山进行分类排查、集中整治，重点地区的乱采滥挖、浪费资源等问题基本解决。全国责令停产整顿矿山23281家，关闭矿山11843家；责令停产整顿选矿厂558家，关闭选矿厂506家，注销采矿许可证12148个。

5. *探矿权、采矿权出让、转让行为得到进一步规范，探矿权、采矿权市场初步建立。*全国有22个省（区、市）按照探矿权、采矿权的审批权限，采用招标、拍卖方式出让探矿权22起，采矿权570起，收取探矿权、采矿权价款4.7355亿元。其间，帮助大中型矿山企业改组、改制，依法处置采矿权价款350起，涉及37个矿种，总价值59亿元。为108个开采煤矿、铁矿、金矿、铜矿、铝土矿等的大中型企业改制上市理顺了采矿权的资产关系。不少地方制定了采矿权招标拍卖管理办法。一批国有大型煤矿、铝土矿、铜矿等矿山企业改制上市，为进一步建立健全探矿权、采矿权市场积累了经验、打下了基础。共清理国家出资勘查并已经探明的矿产地788处，并向社会公告。要求对这些矿产地的探矿权一般应采取招标、拍卖、挂牌等方式出让。实践证明，采取公开方式有偿取得探矿权、采矿权的矿区，其勘查、开采秩序明显好于其它矿区。

6. *钨矿、黄金、磷矿等重要矿产的开发管理更趋规范。*在对钨矿开采进行2年专项治理的基础上，2001年继续执行停止颁发钨矿采矿许可证的政策，通过对资质条件的严格审查，确定123家钨矿企业的开采资质，全国钨矿山数量比2000年减少49.6%。下达2002年钨矿开采总量为43740t（钨精矿65%）。并以此逐一核定钨矿山的开采规模。

7. *监督管理和执法监察得到加强。*在治理整顿过程中，多数地方在当地政府支持下，建立执法监察队伍，有的地方实行垂直管理，推动行政执法和监察工作的开展。2001年已批准并派驻238名国家级矿产督察员、242名国家级油气督察员进入大中型矿区、重要矿产地开展督察工作。开展利用卫星遥感技术对采矿集中区实施监控试点工作。一些地区建立健全年度闭坑报批、动用储量年度审批、矿山复垦抵押金等制度，矿产资源开发管理更趋规范，包括建立探矿权、采矿权市场在内的矿产资源管理秩序治本之策也在不断的探索和实施之中。

此次治理整顿是多年以来规模最大，力度最强，措施最具体的一次，矿产资源管理秩序是近十年来最好的时期。（国土资源部矿产开发管理司）

【矿产资源管理秩序整顿措施】 整顿矿业经济秩序、规范矿产资源勘查开采活动任重道远。按照国务院领导对矿产资源管理秩序的重要批示精神和李岚清副总理关于“坚持树立长期作战的思想，克服各种形式的麻痹松劲厌战情绪”的要求，要继续持续深入地组织力量打击非法勘查开采矿产资源，严防反弹和回潮，加大标本兼治的力度，切实巩固整顿成果。具体措施：

1. *继续打击各种非法勘查开采行为。*要求各地对重点和热点矿区，对国务院领导批示过的、新闻媒体曝光过的突出问题，要进行“回头看”，坚决防止死灰复燃；对此次整顿的“死角”和“硬骨头”，要组织力量坚决一查到底，必须取得成效。继续关闭在矿业活动集中区无合法矿石来源的独立小选冶厂；继续关闭分布在大中型矿产地内布局不合理和浪费资源、破坏环境的小矿。

2. *加强监督管理，实现资源利用方式、管理方式的转变和制度创新。*建立和完善采矿登记与年度检查、与矿山督察及年度报告等几个管理环节环环相扣的矿产开发监督管理体系。加强对探矿权人、采矿权人日常的监督管理。利用卫星遥感技术监控矿业开发活动的热点地区；发挥矿产督察员的作用，使之成为维护矿产资源管理秩序的重要力量。

加大行政执法和监察力度，做到对违法勘查、开采行为的查处及时、有效。拓展监管手段，并敦请最高人民法院尽快对“非法采矿罪”、“破坏矿产资源罪”的定罪量刑作出司法解释，以解决治理整顿中的法律适用问题。

3. *加强政府的宏观调控力度，逐步发挥行业自律、他律的作用。*对中国的优势矿产分步实施核定和限制开采量的措施。进一步对钨矿总量实行严格调控，同时将对钨矿综合治理的经验推广至对锡、锑、离子型稀土等重要矿产的保护和开发管理之中，结合治理整顿，全面扭转中国优势矿产供大于求、无序竞争的不利局面。

4. *全面推进探矿权、采矿权市场的培育和建设，发挥市场优化资源配置的作用。*加快研究和制定包括招投标、拍卖、资质管理等在内的探矿权、采矿权市场的管理制度。各地不得无偿出让探矿权、采矿权；不得将可以实行招标、拍卖的探矿权、采矿权采取申请审批的方式出让。

5. *加强矿产资源管理队伍的建设。*建立健全政府机关行政不作为和越权行政的责任追究制度。建立探矿权、采矿权审批中的公平、公正、公开的程序，从制度上杜绝腐败行为滋生的可能性。

（国土资源部矿产开发管理司）

【矿产资源管理秩序存在问题】 2001年，中国矿产资源管理秩序存在的主要问题：

1. *无证采矿，非法采矿。*经过多次治理整顿，全国大规模的非法采矿得到基本遏制，但一些地区，无证采矿问题仍然突出，影响恶劣。有的地方还存在采矿权人越层越界开采、抢夺资源的情况，如有的煤矿、金属矿山，擅自越界开采，破坏井下安全防护系统，造成重大事故。

2. *边探边采，以采代探。*有的探矿权人，未经审批擅自进行边探边采。有的只有勘查许可证，以勘探之名从事非法采矿活动，牟取暴利，严重地破坏浪费资源。有的甚至在提交勘查报告时，矿产地已失去了应有的开发价值。广西南丹大厂矿区“7．17”特大透水事故中，就存在以采代探的问题。

3. *越权发证，违法处置。*有的省级和省级以下地矿行政主管部门，超越规定批准权限，违法进行矿产资源勘查开采的审批发证，特别是违法审批颁发油气、海砂勘查、开采许可证，以及未经授权擅自批准在国家划定的自然保护区、重要风景区等重要区域开采矿产资源。有的地矿行政主管部门对明令停止发证的矿种，照样受理采矿申请并审批发证。有的不依法定程序办事，给不具备办矿资质条件的申请人发证。另外，一些地方政府或地矿行政主管部门，超越权限擅自处置探矿权、采矿权，擅自承包转让探矿权、采矿权，从中牟取暴利。有的部门还将取得的探矿权、采矿权非法转让给不具备资质条件的个体采矿者。

4. *乱采滥挖，大矿小开。*非法采矿活动严重破坏浪费资源，即使是合法采矿权人，有些也不遵守规划和经审批的开采方案，不讲科学办矿；有的粗放开发，对共生伴生的综合矿产不去综合开发利用。一些地方的大型金矿、铝土矿、磷矿、珍贵建材矿区，被众多的小矿乱采滥挖，采富弃贫现象尤其突出，中、低品位的矿石基本被抛弃，有的富矿也被抛弃。有的大矿经常受到小矿干扰，特别是一些重要的金属矿区，周围盲目地建设了许多小选厂，各种小矿蜂涌而上。

5. *重采轻治，破坏环境。*点多面广的露天采矿，大量剥离山体植被和土层，引发滑坡泥石流。有的采矿活动造成矿区耕地破坏，污染了地表水体，破坏了地下水系统。有的江河沿岸遍布开采矿洞与小选厂，尾矿乱堆乱放，大量有毒矿渣、矿液排入江河，直接影响流域内群众饮水、农田灌溉，造成部分农田绝产。

（中国矿联信息中心）

【《地质勘查资格管理办法》修订】 针对原地矿部14号令已不适应社会主义市场经济体制的情况，为建立公平、公正、公开的勘查市场准入机制，维护地质勘查秩序和地勘单位的合法权益，将《地质勘查单位资格管理办法》修订工作列入国土资源部2001年立法工作内容。按照立法程序，2000年起草了讨论稿，征求了154个地勘单位的意见，对7个省36个部门和单位进行实地调研。用修订后的《地质勘查资格管理办法》标准对73个地勘单位进行测算，经司务会讨论并进行了修改。已将《地质勘查资格管理办法》送审稿提交部国土资源部法规司。

（国土资源部地质勘查司）

【石油天然气勘探开发登记管理】 1998年2月12日，《矿产资源勘查区块登记管理办法》、《矿产资源开采登记管理办法》和《探矿权采矿权转让管理办法》颁布实施，《石油及天然气勘查、开采登记管理暂行办法》同时废止，社会主义市场经济体制下石油天然气（含煤层气，以下简称油气）探矿权、采矿权管理法律法规体制框架基本建立。4月8日，国土资源部成立，全国资源委油气办的管理职能并入到国土资源部，实现了矿产资源法及其三个配套管理办法对全球矿产资源实行集中调整和国土资源部一个部门对所有矿产资源实行集中管理的两个重大飞跃。

几年来，通过宣传、贯彻执行矿产资源法律法规，加大管理力度，强化制度建设、增强服务意识、改进工作方法，基本实现了油气探矿权、采矿权管理的区块化、信息化、系统化、科学化，油气管理工作达到新的水平。近百处历史遗留争议纠纷和因法规更替造成的申请探矿权、采矿权矛盾问题得到了解决。陕北及其他地区油气开采秩序得到进一步规范和治理。油气探矿权、采矿权秩序基本好转，从而为全国油气勘探、开发和石油天然气集团公司、中国石油化工集团公司、中国海洋石油总公司相继完成了大规模的改制、重组。至2001年，由三大公司重组、剥离后形成的中国石油天然气股份有限公司、中国石油化工股份有限公司、中海石油（中国）有限公司分别在海外成功上市，初步建立了中国油气工业的现代企业制度。通过几年来的勘探，陆续发现了一大批新的油气田，如：渤海湾贫地蓬莱19—3油日、曹妃甸油田、鄂尔多斯盆地苏里格气田、长北气田、隆东油田、塔里木盆地塔河油田、克拉2气田等。

（国土资源部地质勘查司）

【国土资源部重申采矿企业全面清理整顿】 国土资源部于2001年重申，对管理混乱的矿区必须集中进行综合治理整顿，无证开办和严重污染环境、浪费资源、安全无保障、技术落后的小矿山要坚决予以关闭，没有按批准的设计或开采方案进行开采造成资源浪费的矿山也要停产整顿。

治理整顿矿产资源管理秩序主要内容：

对已发放的勘查许可证、采矿许可证进行全面清理；坚决制止无证勘查开采、越界开采、持勘查许可证进行非法开采、非法转让探矿权和采矿权等违法行为；抓紧整顿乱采滥挖，限期停产整顿乱采滥挖、浪费资源、破坏环境的矿山，重点解决矿山布局不合理和优势矿产开采过量的问题；进一步建立健全严格的探矿权、采矿权审批与管理制度；切实强化开发监督管理；加强矿产资源执法监察，从严查处矿产资源违法行政案件。

对非法勘查、开采行为要坚决依法予以取缔，不能罚款了事、停采了事，坚决防止死灰复燃。必须依法没收非法采出的矿产品及其非法所得，并依法从重处罚，情节严重的要依法追究刑事责任。对未经批准擅自进行边探边采，或以探矿为名实施采矿活动的，吊销其勘查许可证，并按无证采矿查处，责令立即停止开采行为，没收其违法所得、从重处以罚款。对擅自非法承包、租赁或擅自将探矿权、采矿权倒卖牟利的，要坚决依法查处。对越界采矿的，限期依法纠正并没收越界开采的矿产品和违法所得，对拒不停止越界开采行为的，依法吊销其采矿许可证。

（中国矿联信息中心）

【勘查和采矿许可证清理】 2001年，国土资源部对现有的矿产资源勘查许可证和采矿许可证依法进行了全面清理。清理重点，一是越权颁发的“两证”；二是对不符合法定条件和规划的申请者颁发的“两证”；三是对同一矿区内违法设置的相互重叠或交叉的“两证”。“两证”清理工作以各省、自治区、直辖市国土资源行政主管部门为单位进行组织部署，对清理出来的违法违规发放的“两证”，及时予以纠正。该吊销的坚决吊销，该注销的要坚决注销，该协调处理的要妥善处理。对群众或当事人举报的问题，有关部门已作查实处理。（中国矿联信息中心）

【出口优势矿产品严格限采】 钨、锡、锑、稀土、钼、汞等供过于求的矿产，以及重晶石、萤石、菱镁矿等出口优势矿产，将受到中国政府严格的总产量限制。这是中国政府严格调控矿产资源开采总量的重要举措之一。国务院2001年批准发布实施的《全国矿产资源规划》明确了中国政府调控矿产资源开采的方针：鼓励开采国内短缺的矿产资源，限制开采供过于求的矿产，对出口优势矿产实行限产保值；使矿产开采总量与社会、经济发展步调一致。

中国还将调控煤炭开采总量，限制开采高硫煤、高灰煤，控制新建铝土矿矿山，暂时不批准新建硫铁矿矿山，限制开采石棉矿。（中国矿联信息中心）

【小煤矿关井压产力度加大】 针对煤矿安全生产形势严峻及已关闭小煤矿死灰复燃现象难以控制的情况，国家经贸委要求加大关井压产、总量控制力度，确保煤炭经济形势进一步好转。

国家经贸委要求各地经贸委要在第二季度组织煤炭行业管理部门、煤矿安全监察机构对近几年已关闭的小煤矿，进行一次全面复查，凡发生死灰复燃的必须立即予以彻底关闭；对复查不严格、走过场，导致死灰复燃的小煤矿发生安全事故的，要依法追究有关部门的责任；对不具备生产条件的矿井通过生产许可证年检的，要严肃追究发证机关和发证人员的责任；如无特殊情况，2001年一律暂停颁发新的煤炭生产许可证。

国家经贸委要求各地经贸委和煤炭行业管理部门要把2001年下达的总量调控目标，分解落实到所属地市、县和有关煤炭生产企业，并逐月严格检查、考核其完成情况；对大量超产的地区和企业，采取必要措施予以限制；严禁各类煤矿超能力生产。加快关闭国有煤矿井田范围内各类小井，特别是国有重点煤矿自办小井；对已落实到具体矿点的811处国有重点煤矿自办小井，各地经贸委、煤炭行业管理部门要组织有关企业尽快制定关闭方案，督促其认真实施。国家经贸委在全国经贸委系统信息网络公布国有重点煤矿自办小井名单，银行不得为其开设账户，提供贷款，其他相关行业不得为其提供生产销售条件。

（中国矿联信息中心）

【小煤矿治理采用经济手段】 转变煤炭资源管理方式，建立资源有偿使用制度，提高煤炭采掘的准入“门槛”，运用经济手段解决采矿“小散乱”的问题。

21世纪80年代以来，国家对小煤矿几乎是两年一整顿，但问题随即反弹，进而又冒出一大批小煤矿。2001年，中国的小煤矿经历了严厉的一次关闭整顿。但仍有一些小煤矿在“顶风作案”，手法更加隐蔽。

小煤矿问题的出现，表明国家在按照市场经济规律管理资源方面还存在诸多不适应。虽然中国目前也对采矿单位收取矿产资源补偿费和资源税，但根据的是生产量、甚至销售量事后收取，而没有根据资源蕴藏量事前进行有偿转让，收费的额度也是微乎其微。这种政策等于在鼓励浪费资源。中国煤炭储量人均拥有量有限，应当采用国际通用办法，逐步实行资源有偿使用政策，抬高采矿准入的经济门槛。只有把好这道关，才能走上投入有保证、资源有人珍惜、安全有人也有能力负责的良性发展之路。

运用经济手段解决小煤矿存在问题，还在于创造公平合理的竞争环境，真正实现优胜劣汰。安全标准等法规决定着投入水平，也决定着t煤成本。目前小煤矿的t煤成本只有30元左右，而大矿t煤成本一般在118元左右。其中有大矿包袱沉重等因素，但也与小矿与大矿执行不同的安全标准紧密相关。矿无论大小，当执行同一个标准。这样，可以使小矿的生产成本归于合理水平。

在事故的处理方面，除继续严格执行地方行政领导责任追究制，对于采矿单位更要强化经济制裁手段。应制定相关法律法规，在开工前要收缴足够的事故处理保证金，规定较高的赔付额度，加大经济处罚力度。

由于中国资源条件较为复杂，许多边角煤、浅层煤不适于大矿开采。从国情出发，中国一段时期内还要允许部分小煤矿存在。因此，专家建议，对合法小矿要采取规范引导的办法，通过联营、转卖等形式，使其按市场经济规律壮大规模。有关部门要帮助合法小矿通过获取贷款支持来加大投入，增加机械设备，改善作业条件。同时，通过立法硬性规定要为矿工投保人身意外伤害保险，引导小矿走上可持续发展之路。

（中国矿联信息中心）

【黄河流域矿产资源开发市场开放】 为适应西部大开发战略需要，国家决定开放黄河流域矿产资源开发市场，鼓励东部沿海省份和外商参与矿产资源的开发与投资。根据2001年达成的一项协议，青海、内蒙古、山西、陕西、河南、山东等黄河流域九省区一致同意，打破地域封锁，鼓励流域内现有矿产企业进行跨省区联合、兼并、重组，形成矿产开发集团，实现规模效益。同时，吸引东部沿海经济发达省份和外商向流域内投资，或以其它合作方式，共同开发黄河流域矿产资源。

今后，黄河流域各省区将依托国家重大工程项目，重点加快矿产资源富集区开发建设。以“西气东输”工程为重点，加快塔里木盆地和鄂尔多斯盆地油气资源勘探、开发，加快建设一批油气化工项目；以“西电东送”工程为突破口，加快晋陕蒙交界区坑口电站火电群基地建设；从“西煤东运”、“北煤南运”的大局出发，加快榆（林）神（木）、榆（林）横（山）等一批矿区的建设步伐；同时，加快青海柴达木盐湖和黄河上游有色金属资源开发。

黄河流域各省将视矿产资源开发市场的需要，设立矿产品交易市场，并逐步发展形成辐射全国的矿产品集散地。

黄河流域矿产资源丰富，已探明的45种主要矿产中，黄河流域占37种。其中铝、钼储量占全国的44%以上，稀土储量占全国的98%，煤炭储量占全国的46%以上，石油储量占全国的26%以上。

（中国矿联信息中心）

探矿权、采矿权市场管理

【概况】 加快推进探矿权、采矿权市场建设，规范探矿权、采矿权市场行为，是新形势下中国矿产资源管理面临的新任务。随着经济全球化发展和中国加入世界贸易组织，随着国土资源管理事业的向前发展，推进这项工作日显重要和紧迫。这不仅对维护矿产资源国家所有权，有效保护与合理利用资源，而且对保障国民经济健康发展，完善社会主义市场经济体制，扩大对外开放，都具有重大而深远的意义。

1．加快推进探矿权、采矿权市场建设，是提高矿产资源对中国经济社会可持续发展保障能力的需要。江泽民总书记指出，“国土资源工作，要以提高可持续发展的保障能力为目标”。还强调，“为了中华民族的子孙后代始终拥有生存和发展的良好条件，必须扎扎实实做好人口资源环境工作，坚定不移地实施可持续发展战略”。作为实施可持续发展战略基础保障的自然资源，不仅是国计民生的根本依托，也是兴国富民的重要条件。重视和加强自然资源的管理、促进资源保护和合理利用已成为世界性的大趋势。建国50多年来，中国矿产资源勘查开发取得巨大成就，基本保证了国民经济发展对矿产资源的需求。随着中国经济社会的快速发展，工业化、城市化进程的不断推进，经济社会发展对矿产资源的需求呈增长态势，大宗支柱性矿产短缺的矛盾日益突出，矿产资源对经济社会发展的支持力度呈下降趋势。

要解决全国和地方经济发展过程中的资源保障问题，必须注意运用新的机制提高勘查开发能力，利用两种资源、两个市场。重要的是必须真正发挥市场对资源配置的基础性作用，通过加快探矿权、采矿权市场培育和规范，推进探矿权、采矿权的招标、拍卖和挂牌出让的力度，促使采矿权人珍惜和节约利用资源，提高资源利用效率和水平，进而提高对经济社会发展的保障能力。

2．加快推进探矿权、采矿权市场建设，是发挥市场配置资源基础性作用的必然要求。探矿权、采矿权市场是社会主义市场经济的一个重要组成部分，建立社会主义市场经济体制，就是要使市场在国家宏观调控下对资源配置起基础性作用。党的十五届五中全会明确提出，要发挥市场在资源配置和结构调整中的基础作用。《国民经济和社会发展第十个五年计划纲要》指出，“要深化矿产资源有偿使用制度改革，规范和发展探矿权、采矿权市场”。在2001年召开的中央人口资源环境工作座谈会上，江泽民总书记指出，“建立政府管理与市场运作相结合的资源优化配置新机制，深化国土资源有偿使用制度改革，推进国土资源市场体系建设，做到产权明晰，规则完善，调控有力，运行规范，依法维护资源所有者和使用者的合法权益”。但长期以来，由于国家的矿产资源基本上实行行政配置，因此，矿产资源行政管理也是市场化程度较低的领域之一。建立和完善社会主义市场经济体制，要求研究探索资源性资产的市场化途径和实现方式，走出一条适合中国国情的资源集约型经济发展的新路子，因此就必须下决心推进矿权市场建设，改变矿权单一的靠行政授予的配置方式，使之能真正按照价值规律、供求规律和竞争规律办事，建立适应社会主义市场经济要求的“集中统一、精干高效、依法行政、具有权威”的矿产资源管理体制，从制度上保证和促进资源利用率的提高和配置方式的转变。

3．加快推进探矿权、采矿权市场建设，是促进地区经济发展的重要手段。促进地区经济的不断发展是本地区实现可持续发展的内在要求，管好用好矿产资源，必须有一个科学、有序的矿权市场作保障，通过矿权市场合理配置矿产资源，可以使资源的综合使用效益达到最优，提高资源的保障能力；通过矿权市场明晰产权关系，可以使资源管理秩序得到改善，缓解各种社会矛盾；同样，通过矿权市场淘汰落后生产工艺，减少资源浪费和环境污染，最终实现经济、资源和环境的协调发展。　（国土资源部开发管理司）

【探矿权、采矿权市场建设】　培育和规范探矿权、采矿权市场，是矿产资源行政管理的核心，国土资源部将推进矿权市场建设作为工作重点来抓。近年来，在加强矿权制度建设的同时，重点抓了矿权市场建设的环境治理和试点推广工作。

1．进一步完善探矿权、采矿权制度建设。1998年以来，为配合《矿产资源法》3个配套法规的实施，启动中国探矿权、采矿权市场建设的步伐，出台一系列部门规章和规范性文件，重点对矿权出让中的批准申请、招标、拍卖和矿权转让中的出售、作价出资、合作、出租、抵押以及矿权评估行为进行规范；2002年3月，国务院又出台《地质资料管理办法》，进一步规范地质资料的管理和使用行为，保护了资料汇交人（矿权人）的合法权益。

2．整顿探矿权、采矿权市场环境。结合《国务院关于整顿和规范市场经济秩序的规定》的要求，将治理整顿矿产资源管理秩序、净化矿权市场环境作为当前的工作重点来抓。2001年，全国矿产资源管理秩序明显好转，为矿权市场建设营造了一个良好的环境。

3．加强探矿权、采矿权市场调研工作。为及时了解和掌握矿权市场建设中的新问题、新动向，就目前存在的突出问题，有针对性地安排了调研。如矿权有偿出让方式选择、招标拍卖的程序要求、探矿权人申请采矿权的条件、采矿权转让的条件、无偿取得采矿权到期延续问题、政策性关闭破产矿山采矿权的处置问题等。根据调研中掌握的情况，对调研中发现的问题进行研究，2001、2002两年陆续出台一批规范性文件，进一步指导和规范矿权市场建设。

截至2002年4月底，采矿权共有偿出让2944个，其中招标出让123个，占4.2%，拍卖出让342个，占11.6%，有偿出让金额近7亿元(招标占12.6%，拍卖占36.8%)；采矿权有偿转让共839个，转让金额达30多亿元。（国土资源部开发管理司）

【探矿权、采矿权市场建设措施】 1. 提高认识，加强领导。加快推进矿权市场建设，最重要是解放思想，转变观念，提高认识。冲破传统观念和习惯做法的束缚，在管理机制和管理方式上创新。要按照经济规律的要求，调整管理的范围，将对“两权”侧重于审批，逐步转变到主要搞好监管上来，保护公平竞争，探索市场机制调配资源的途径，通过招标拍卖转让等多种形式，运用市场手段来处理、规范权力行使。

继续深入开展矿产资源法律法规的宣传教育，增强全社会的矿产资源的国有意识、资产意识和法律意识，正确理解矿权有偿取得和依法流转制度。深刻体会市场经济体制对矿权市场培育和规范的现实要求，认真学习借鉴各地试点经验，结合当地实际，勇于探索实践。

2. 创造良好的探矿权、采矿权市场建设环境。建立规范的市场经济秩序，既是保证当前经济正常运行的迫切需要，又是完善社会主义市场经济体制的重要举措。矿权市场是中国市场经济的有机组成部分，维护正常的矿权市场秩序，是经济持续快速健康发展的必然要求。健康有序的矿产资源管理秩序，是矿权市场建立的前提条件。各级政府要对此切实加强领导，统一部署，将整顿和规范矿权市场秩序，作为整顿和规范市场经济秩序的重要内容之一，运用法律、经济和行政等多种手段，扎扎实实、坚持不懈地抓好这项工作，使矿权出让转让在有序规范的市场环境下进行。

垄断一级市场，控制矿权的总量投放。根据矿权市场的容量和矿产品的供需情况，决定一级市场的投放量，保证国家对一级市场的垄断，管好“龙头”。

3. 抓好探矿权、采矿权市场建设的基础工作。做好矿产资源规划的编制和实施工作，发挥规划的宏观调控作用。政府部门要科学编制，严格落实，自觉维护矿产资源规划的法律权威。要根据当地经济发展的实际和资源形势的变化，及时做好规划的修订工作，让规划真正成为调控矿权市场容量的基础手段。

加强矿权市场信息披露工作，充分利用网络工具，提高矿权市场建设的效率；加强中介评估机构的培育和监管，严格市场准入制度，完善中介机构的责任承担机制。及时纠正和惩治中介组织违规操作行为。

4. 加大探矿权、采矿权招标、拍卖出让的力度。坚持矿权有偿出让的总原则不动摇。《国民经济和社会发展第十个五年计划》提出，“深化矿产资源有偿使用制度改革，规范和发展探矿权、采矿权市场”。2001年的《政府工作报告》指出，“提高资源综合利用率，健全资源有偿使用制度”。

加大矿权招标、拍卖、挂牌出让的力度。参照对经营性土地使用权招标拍卖的原则要求，认真总结前期矿权招标、拍卖试点工作的经验，完善招标、拍卖的管理程序，逐步扩大招标、拍卖的矿种范围，充分发挥市场优化配置资源的作用，使矿权向资金密集、技术密集、方案优化的企业转移。除中央有关部门已经安排好的事关国计民生的重大矿产项目外，其他项目的矿权原则上都要通过招标、拍卖或挂牌的方式有偿出让。同时，通过招标、拍卖这种公开、公平、公正的机制，根除权力腐败的土壤。

5. 加强探矿权、采矿权市场建设培训。按照中共中央组织部《关于印发〈2002年中央、国家机关有关部委抽调地方党政领导干部参加专题研究班计划〉的通知》精神，特邀31个省（区、市）的31个地市分管国土资源工作的政府领导和国土资源局长，学习中央人口资源环境工作座谈会和国务院关于整顿和规范市场经济秩序的决定精神；学习探矿权采矿权市场管理有关知识；总结交流探矿权采矿权市场建设和管理经验；研讨在探矿权采矿权市场建设与推进中亟待解决的主要问题；探讨矿产资源管理秩序长治久安治本之策。（国土资源部开发管理司）

【探矿权市场培育和完善】 1. 完成新疆东天山土屋铜矿勘查招标工作。新疆东天山土屋铜矿探矿权招标活动如期在北京开标，福建紫金矿业股份有限责任公司分别以58万元和28万元连中两标。

2. 组织对探矿权、采矿权市场运行情况调研。九届人大四次会议上，谢义行等7位代表提出《关于建立规范有序的探矿权、采矿权市场的建议》。国土资源部和全国人大常委会办公厅联合组成调研组，陪同人大代表考察山东、浙江探矿权、采矿权市场建设情况，为第七期国土资源市长研讨班提供培训、观摩的典型，对促进探矿权、采矿权市场的宣传、培育起到了良好效果。

3. 完成“全国探矿权、采矿权评估师执业资格考试”组织工作。分别在中国地质大学和吉林大学举办两期探矿权、采矿权评估师考前培训班，来自全国各地的1100人参加了培训；组织全国首次探矿权、采矿权评估师执业资格考试。人事部和国土资源部向370名考试合格人员颁发探矿权、采矿权评估师执业资格证书。（国土资源部地质勘查司　孟海涛）

【勘查登记情况】 2001年共受理探矿权申请536项（其中非油气矿产资源勘查项目116项，油气矿产勘查项目420项）。受理油气采矿权申请35项。颁发勘查许可证533个（其中非油气矿产勘查许可证78个，油气矿产勘查许可证455个），颁发油气采矿许可证41个。受理地质调查申请14项，颁发地质调查证14个。颁发的勘查许可证勘查面积合计2916648m^2，其中非油气矿产勘查面积3300m^2，油气矿产勘查面积2913348m^2。油气开采许可证开采面积57189m^2。

【探矿权、采矿权转让情况】 受理确认探矿权评估结果60个，其中已确认40个，不予确认1个，其余正在逐步审查中；审查批准探矿权转让申请8个；审查批准探矿权采矿权评估机构1个。

【地质勘查资格审批发证情况】 受理地质勘查资格单位申请38项，其中变更申请30个，新申请的地勘查单位8个，经审查，同意颁发地质勘查单位资格证38个。
（国土资源部地质勘查司　孟海涛）

【采矿权管理】 1.*采矿许可证管理*。2001年，各地结合矿产资源管理秩序治理整顿，进一步加强换证工作的领导，并对原委托市县颁发采矿许可证的34个矿种的审批权全部收回到省级国土资源主管部门。通过换证，采矿许可证由1997年的230184个减少到2001年底的149252个。2001年部共受理采矿权申请134个，颁发采矿许可证128个，其中新发证7个，换发证86个，变更31个，延续4个；划定矿区范围14个，转让11个。全国征收采矿权使用费18487.17万元，其中属于部发证征收的采矿权使用费3887.40万元。

通过换证工作，关闭了一些浪费资源、破坏或污染环境、安全没有保证的小矿山，达到规范集体和个体采矿，促进矿业开发中企业布局合理化、开采规模化，提高资源利用水平。为采矿权人日后科学、合理开采矿产资源和行政管理机关行使监督管理奠定了基础。

2.*采矿权市场建设*。建立和培育探矿权、采矿权市场是社会主义市场经济条件下矿产资源管理的重要任务。2001年开展的工作：一是组织有各省（区、市）国土资源厅（局）矿产资源开发管理处处长和市长培训班学员参加的采矿权拍卖现场观摩会，对参加者触动很大，推动了各地采矿权的拍卖和招标工作。二是明确要求新批准的采矿权必须实行有偿出让，凡是可以用招标或拍卖方式出让的采矿权，不得再用行政审批的方式进行。三是改革采矿权评估师考试办法，完成了第一批评估师的考试和确定工作。四是加大对采矿权价款评估和确认的规范化管理，修改了采矿权的评估方法，将大部分评估结果的确认委托给省级管理机关。2001年组织确认评估结果210份，共计31.96亿元，其中国土资源部确认51份，委托确认159份。为一批大中型国有矿山企业转制或改制上市处置了采矿权的产权。

截至2001年底，全国有偿出让采矿权共2011个（见表1），其中77个通过招标出让，151个通过拍卖出让的，出让金额共计45878万元；采矿权转让27.97亿元。采矿权有偿出让与转让比较见图1。

表1　采矿权出让转让情况（截止2001年底）

矿产名称	采矿权有偿出让		采矿权转让
	矿权（个）	金额（万元）	金额（万元）
煤	29	13736	216197
黑色金属	191	7074	4485
有色金属	253	661	19818
建材非金属	1350	22166	5259
其他	188	2241	33920

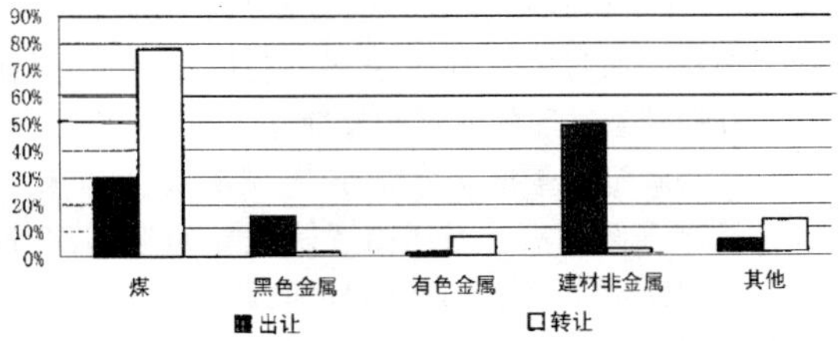

图1　采矿权出让、转让金额比例

（国土资源部矿产开发管理司）

【油气探矿权、采矿权管理】 1.*依法开展石油天然气资源勘查开采登记工作*。依据《矿产资源勘查区块登记管理办法》和《矿产资源采矿登记管理办法》的规定，于1999年底完成了全部570个油气勘查许可证和采矿许可证的换证工作，比原计划提前了1年时间。

2000年，中国石油、中国石化、中国海洋石油陆续筹备海外上市。为支持三大石油公司的重组、境外上市，相继办理了1150余项油气探矿权、采矿权的变更登记手续，及时、有力地保障了石油公司在境外上市的成功进行。

截至2001年底，全国共设置油气探矿权956个，勘查面积$2683599.73km^2$，其中对外合作探矿权36个，勘查面积$96518.07km^2$；采矿权643个，开采面积$57258.52km^2$，其中对外合作采矿权13个，开采面积$3196.48km^2$。

2.依法征收探矿权、采矿权使用费。依据《探矿权采矿权使用费减免办法》、《关于国家紧缺矿产资源探矿权采矿权使用费减免办法的通知》的规定，至2001年底，累计收取油气探矿权、采矿权使用费43824.08万元。同时，为鼓励石油公司在西部、海域勘查开发油气资源，鼓励煤层气资源的勘探开发，综合考虑对高含水、低渗透、难开采油田开采的实际困难，累计减免油气探矿权、采矿权使用费8.5亿元，极大地鼓舞了油气公司在西部、海域勘探开发油气资源的积极性，勘探开发探矿权、采矿权面积由1998年的67万km^2增至296万km^2。

3.建立油气勘查开采督察员制度。为加强油气矿产勘查开采生产过程中的实地监督管理，维护探矿权、采矿权人的合法权益，保障油气勘查开采工作依法、有序、健康发展，国土资源部于2001年颁发了《关于建立油气勘查开发采督察员制度的通知》(国土资发[2001]93号)，建立由236人组成的油气勘查开采督察员队伍。油气督察员的主要职责是：受国土资源部委托督促探矿权、采矿权人依法勘探开发，维护矿业矿人合法权益，制止非法侵权勘查开采油气行为并及时向国土资源部报告。通过实行油气督察员制度，进一步强化了油气勘探开发秩序的监督和管理。

4.解决油气勘查开采纠纷，油气探矿权、采矿权申请争议得到全面解决。根据国务院领导的指示，在各石油公司的配合支持下，通过大量的调查研究和细致的协调工作，相继对新疆、四川、吉林、陕北等地重大油气纠纷和探矿权、采矿权申请争议近百个项目进行裁定，协商和协议解决，使一些长期困扰企业发展的疑难纠纷得到彻底解决。为石油公司之间的有序竞争建立了公平、公开、公正平等的环境，为石油公司集中精力勘探开发油气资源创造了良好的环境。

5.依法维护油气勘探开发秩序。从1998年开始，国土资源部依法对油气勘探开发进行了较为严格的监督管理，相继制止了一系列非法侵权勘查开采油气资源的行为，深入油气开发秩序问题较多的四川、重庆、新疆、甘肃、宁夏、陕西、黑龙江、吉林等地开展调查研究，及时进行现场整改，将许多破坏油气开发秩序的行为和事件消灭在萌芽之中，有效地保护了油气探矿权、采矿权的合法权益，保障了油气勘探开发的正常进行。

6.陕北石油开采秩序专项整治工作取得初步成效。在国务院的统一部署下，国土资源部和国家经贸委等有关部门相继数次深入陕北延安、榆林两市开展现场整顿工作，取得了以下进展：

① 摸清陕北地方开采石油的历史、现状、存在的问题，为整顿陕北石油开采秩序提出政策建议。

② 经过数次现场整顿，使当地的石油开采秩序得到极大改善，有效地制止了一些当地政府越权、侵权审批发证、出卖石油区块、出卖井位等违法行政行为。

③ 制止延安宝塔区违法侵权对外合作勘查开采石油行为。

④ 制止在靖边、横山、定边、志丹、安塞、吴旗等县发生的多起侵权勘查开采石油行为。

7.创建油气探矿权、采矿权管理系统及油气探矿权、采矿权数据库。成功地组织开发了油气探矿权、采矿权管理信息系统，建立了油气探矿权、采矿权及油气探矿权、采矿权使用费数据库，实现了对油气探矿权、采矿权申请、审查、发证、查询、统计等工作的信息化管理，提高了审查发证及油气探矿权、采矿权使用费减免、收缴工作的效率及质量，从根本上避免了油气探矿权、采矿权设置上的交叉重叠问题。

8.编绘勘查开采登记管理图件。由国土资源部主编，中国石油、中国石化、中海石油和中联煤公司协助，中国石油杭州石油地质研究所承办编绘了《中华人民共和国石油天然气(含煤层气)2001年勘查开采区块登记状况图》、《中华人民共和国石油天然气资源量状况图》和《中华人民共和国石油天然气(含煤层气)炼厂及管线图》，进一步提高了政府的油气管理水平。

(国土资源部地质勘查开发司)

【探矿权、采矿权二级市场搞活】 随着加入世界贸易组织和经济全球化，国家采取措施大力培育和规范探矿权采矿权市场机制，搞活二级市场，促进矿产资源的有效保护和合理利用。

国土资源部副部长寿嘉华提出，要千方百计提高市场配置探矿权采矿权的比重，改变过去政府主导型行政授予探矿权、采矿权、矿产勘查只投入不产出的状况，建立取之于矿、用之于矿的可持续发展机制。凡能进入市场配置的，原则上要停止行政审批授予；政府通过加强对探矿权、采矿权一级市场调控，来控制市场需求、调节市场空间；要尽可能地采用招标、拍卖或协议委托等方式有偿出让。要努力搞活二级市场，对于依法有偿取得的探矿权采矿权，要探索依法出售、市场交易、作价出资、股权转让等合理流转的新路子。

(中国矿联信息中心)

【采矿审批权限调整】 2001年国土资源部对采矿权审批程序进行调整，一些原来由省级以下国土资源主管部门审批登记发证的矿产，其采矿权的审批将上收到省级人民政府国土资源主管部门。

矿产资源法及其配套法规已将维护正常管理秩序、依法对违法勘查、开采行为的行政处罚权，明确授予县级以上地方人民政府和其主管部门。

今后在审批采矿权申请时，国土资源管理部门将执行更加严格的要求和规定。采矿许可证的发放必须符合矿产资源规划、矿区总体规划、行业发展规划、产业政策及安全、环保要求；开采规模必须与矿区的矿产储量规模相适应；一个矿山原则上只能审批一个采矿主体，不能违法重叠和交叉设置探矿权采矿权；未完成规定的勘查工作和审批程序，不能发放采矿许可证；新办矿山要严格执行环境影响评价制度，必须进行地质灾害危险性评估；铁路、重要公路等交通沿线两侧不得露天采矿，禁止在耕地上取土烧制砖瓦。

今后，凡是审批在矿产集中地或大中型矿产地附近新设立地方小矿，应当从严控制，不得将适合于大中型规模开采的矿产地分割，不得因小矿山的设立而影响大中型规模矿山企业的开采。需要批准新建小矿山的，应当在批准前征求计划、经贸主管部门意见。

（中国矿联信息中心）

矿产资源储量管理

【概况】 矿产资源储量管理是矿政管理的基础。矿产资源储量管理是最早实施地矿行政管理职能，并贯穿于矿产资源调查、规划、管理、保护和合理利用的全过程，具有重要的基础性作用。换句话说，矿产资源规划的是储量，勘查的是储量，开采的是储量，节约的也是储量。矿产资源储量管理工作的目的，就是算清资源家底。2001年，矿产资源储量管理情况：

1.储量站登记工作。储量登记统计体系在计划经济体制下曾经发挥过重要作用。改革开放20多年来，矿产资源开发力度加大，矿产资源储量变化很快，由于矿产资源储量的探明、开采情况不能及时地反映到各级地矿行政管理部门的资源储量账户上，政府掌握的数据与实际情况严重不符。鉴于此情况，1995年起国家开始了全国范围内的矿产资源储量补登记工作。6年来，地矿部门已经全面完成了矿产资源储量补登记工作。全国已登记的生产矿山有13.5万个，地勘单位探明矿产资源储量的矿区达9000个。

资源消耗情况明了，新增资源储量清楚，后备资源储量心中有数，是储量登记统计工作目的之所在。建立与探矿权、采矿权审批制度挂钩的矿产资源储量登记制度，用行政手段推动矿产资源储量审查工作，是各地在实际工作中探索出的有效办法。河南省郑州市国土资源局将采矿登记作为前置程序，矿山企业不进行矿山储量认定，就拿不到证明其合法办矿的采矿许可证；黑龙江省国土资源厅将矿产资源储量登记作为采矿权流转的必要条件，实行一票否决。

资源的资产属性日渐凸显，使忽视矿产资源储量登记的矿山企业开始认识到矿产资源储量登记工作的重要性，随之出现了瞒报储量的现象。黑龙江省鹤岗市有的国有矿山为控制小煤矿规模，人为少报煤层厚度，使一些小矿的矿产资源储量含在国有矿山矿产资源储量之中，存在重复占用问题；还有一些矿山为提高承包费，随意修改地质报告，增加矿产资源储量，使国有煤矿与小矿之间储量关系混乱。为理顺国有矿山与集体、个体小煤矿储量间的复杂关系，鹤岗市国土资源局把国有矿区的矿山企业作为开展矿产资源储量登记工作的突破口，组织人员到矿山和井区逐户进行图件和资料复核。通过对国有煤矿的矿产资源储量登记，摸清了当地煤炭资源家底，推动了矿产资源储量登记工作。

各地将登记矿山的矿产资源储量数据录入数据库，实现与矿产资源储量统计系统的衔接。通过矿产资源储量登记统计工作，各地都获得了丰富的基础资料。2001年，山西省在制定矿产资源规划时，利用这些成果，及时纠正了一些矿山不切实际的开发方案。新疆塔城地区国土资源局经过测量，计算出矿山实际的采矿回采率系数，为矿产在补偿费征收提供了依据。

2.储量评审认定制度确立完善。资源储量管理职能沿革久，涉及范围广，专业性很强，为适应市场经济发展的需要，必须在管理制度、方式、手段上不断创新。将中国延续近半个世纪的储量审批制度改革为资源储量评审认定制度，使储量管理工作从技术性、事务性工作中解脱出来，把着力点转到依法行政和矿产资源宏观调控上来。目前，中国矿产资源储量评审认定制度已经确立并不断完善，标志着矿产资源储量审批制度改革取得阶段性成果。政府不再直接审批矿产资源储量，而是由评审机构进行评审，政府负责对评审机构和评估人员资格进行认定管理。此项工作正好契合中国加入WTO和国务院关于行政审批制度改革的大背景。

目前，全国约有1/4的省（区、市）的评审认定工作基本走向正规。国土资源部组建了矿产资源储量评审中心、油气储量评审办公室和放射性矿产储量评审办公室，陆续认定北京、山西等8个评审机构。经过考核培训，637名矿产储量评估师获得执业资格，推动了全国矿产资源储量评审工作。

储量评审就是对储量经济效益的评审。一家矿山企业如果要上市，就会希望有更多的矿产资源储量；要是交税，就希望尽可能少报矿产资源储量。评审机构要是投其所好在评审报告中搀杂水分，国有资产就会大量流失。这也是评审机构进行评审认定时最让人担心的问题。山东省国土资源厅把住“三关”：首先，抓好矿产资源储量报告的受理关。在企业改制、探矿权、采矿权评估过程中，探矿权、采矿权人有意识地增减矿产资源保有储量，有的变表内储量为表外储量，变高级别储量为低级别储量，变能利用储量为不能利用储量，以达到削减国有资产份额的目的，或增减评估值的目的。山东省国土资源厅除对此严厉批评外，还到现场进行台账检查。第二，严把监督检查评审关。在评审的全过程，山东省国土资源厅着重监督程序。评审前，严守评审人员秘密，保持评审人员不与评审对象接触，一经发现即更换评审人；评审中，监督整个评审过程，防止弄虚作假和人情活动；评审后，检查评审记录，保持专家组意见与记录数据的一致性。第三，严把认定关。在认定时，要对所有评审人的意见进行审查，核查主审意见是否全面、公正、客观、准确，一经发现问题，及时与专家组进行协商，并交换意见和看法，做到既不影响正常的专家评审，尊重专家意见，又要保证认定工作无误。

3.*推进地质资料管理制度改革*。自20世纪90年代以来，中国地质资料汇交管理工作出现严重滑坡现象，随着矿产资源产业化的显现，地质资料涉及到商业机密，拖交、欠交、互相封锁现象普遍存在。地质资料是国家的宝贵财富，其汇交质量的高低将直接影响到地质资料的二次开发、矿产资源的综合管理和信息的社会化服务，甚至成为开展矿业对外合作的“瓶颈”。

国土资源部组建以后，明确提出“地质资料管理法制化、地质资料数字化、馆藏机构标准化、社会服务网络化”的改革思路，出台《公益性地质资料提供利用暂行办法》，打破长期形成的公益性地质资料部门封锁的局面，在社会上引起积极反响。同时，国土资源部组织开展了地质资料数字化工作，对现存重要的地质资料进行扫描数字化，至2001年6月底已完成7000份公益性地质资料的扫描数字化，借助信息网络技术，开展了地质资料管理和服务网络化建设。

各地也根据自身情况对症下药。福建省国土资源厅对全省历年来的地质资料汇交情况进行调查摸底，结果仅A类地质资料就欠交1000多份。这些地质资料多是近年形成的，可利用价值普遍较高，长期封锁将会对社会造成严重损失。资料欠交情况的摸清，为下一步催交提供了依据。与此同时，福建省国土资源厅对所有新开工或延续地质勘查项目进行事前记录备案，实行追踪管理，一年来已记录各类地勘项目250多个，防止了出现新的地质资料流失。

山东省国土资源厅把加强地质资料汇交的突破口定位在矿产资源补偿费形成的地质成果上，以此带动其他项目成果的汇交，同时也进一步增强探矿权、采矿权人和部门对汇交地质资料义务的认识。2001年，山东省国土资源厅针对地质资料汇交问题专门下发2个文件，要求对1996年至1999年使用矿产资源补偿费的地勘项目成果进行清理，否则，除给予经济处罚、停止其借阅地质资料外，今后不再安排这类地勘项目。从目前情况看，地质资料的汇交有了突破性进展，1996年至1999年500多个地勘项目，绝大部分项目的成果资料已经按要求进行了补交、汇交。

4.*矿产储量套改工作*。截至2001年6月，经过各级国土资源部门的努力，按照新的与国际接轨的矿产资源储量分类标准，已对148种(固体)矿产、19468个矿区的矿产储量(1999年底)进行了套改。矿产资源储量套改工作是一项开创性工作，不仅是实施新分类标准的要求，更重要的是适应中国社会主义市场经济发展、摸清矿产资源家底、实现与国际惯例真正意义上接轨的需要，同时对于改善中国的矿业投资环境，吸引外资，也具有重要的促进作用。通过对储量套改结果分析，得出三点基本认识：一是中国矿产资源总量丰富、品种齐全；二是已勘查的矿产资源中经济可用性差和经济意义不明确的资源储量所占比重达2/3；三是可采和预可采储量比例低，45种主要矿产可利用的资源储量大幅度减少，矿产资源对中国经济社会的保障程度出现下降趋势。矿产资源供需形势越是严峻，摸清中国矿产资源家底的工作也就显得越是重要和迫切。

(中国矿业年鉴编辑部)

【矿产资源储量情况】 2001年度是在储量统计工作中施行新的《矿产资源/储量分类》国家标准的第一年，工作量较大，使全国固体矿产资源储量的统计汇总推迟。国土资源年鉴2002年卷只记录截至2001年底中国有探明储量的油气矿产，包括石油(原油、凝析油)、天然气(气层气、溶解气)、煤层气及二氧化碳气等4种矿产的储量变化情况。

1.*原油*。2001年度全国探明地质储量新增73425万t，老油田复算核减26484万t，合计增加46941万t，因吐哈的红南油田2000年多填报1万t，因此2001年全国原油探明地质储量比2000年增加46940万t，增长2.20%；探明可采储量新增15121.3万t，老油田复算核减4166.7万t，合计增加10954.6万t。其中，中国石油天然气集团公司探明地质储量新增49942万t，老油田复算核减26566万t，合计增加23376万t；探明可采储量新增10562.6万t，老油田复算核减4164.6万t，合计增加 6398.0 万 t。中国石油化工集团公司探明地质储量新增 20030 万 t，老油田复算核增 82 万 t，合计增加 20112 万 t；探明可采储量新增 3622.9 万 t，老油田复算核减2.1 万 t，合计增加 3620.8 万 t；其中中国石化集团新星石油有限责任公司探明地质储量新增 4687 万 t，探明可采储量新增 779.7 万 t。中国海洋石油总公司探明地质储量新增 3902 万 t，探明可采储量新增 1070.5 万 t（由于中石化新星上海局与中海油上海分公司分别填报残雪合作油田的新增储量：探明地质储量 449 万 t、可采储量 134.7 万 t，致使两总公司汇总储量重复，但在全国总量中已扣除重复部分）。

2001 年全国新增原油田（藏）共 13 个，探明地质储量新增 13613 万 t，占全国新增探明地质储量的 29.00%，老油田新层（块）增加储量 33328 万 t，占全国新增储量的 71.00%。

2001 年全国探明地质储量新增大于 2000 万 t 的原油田（区块）有 7 个，增加探明地质储量 30961 万 t，占新增探明地质储量的 65.96%。

2.凝析油。2001 年度全国探明地质储量新增 1346.3 万 t，老油田复算核增 190.1 万 t，合计增加 1536.4万 t，比上年增长 12.34%；探明可采储量新增 397.4 万 t，老油田复算核增 107.9 万 t，合计增加505.3 万 t。其中，中国石油天然气集团公司探明地质储量新增 472.3 万 t，老油田复算核增 174.8 万 t，合计增加 647.1 万 t，探明可采储量新增 126.2 万 t，老油田复算核增 103.5 万 t，合计增加 229.7 万 t；中国石油化工集团公司探明地质储量新增 874.0 万 t，老油田复算核增 15.3万 t，合计增加 889.3 万 t，探明可采储量新增 271.2 万 t，老油田复算核增 4.4 万 t，合计增加 275.6 万 t，其中中国石化集团新星石油有限责任公司探明地质储量新增 783.4 万 t，探明可采储量新增 243.2 万 t；中国海洋石油总公司探明地质储量新增 694.6 万 t，探明可采储量新增 216.6 万 t（由于中石化新星上海局与中海油上海分公司分别填报了残雪和断桥两合作油田的新增储量：探明地质储量 694.6 万 t、可采储量 216.6 万 t，致使两总公司汇总储量重复，但在全国总量中已扣除重复部分）。

2001 年全国新增凝析油田（藏）共 5 个，探明地质储量新增 1059.1 万 t，占全国新增探明地质储量的 68.93%；老油田新层（块）增加储量 477.3 万 t，占全国新增储量的 31.07%。

2001 年全国探明地质储量新增大于 100 万 t 的凝析油田（区块）有 6 个，新增探明地质储量 1328.4 万 t，占新增探明地质储量的 86.46%。

3.气层气。2001 年度全国气层气探明地质储量新增 4521.96 亿 m^3，老油气田复算核减 55.32 亿 m^3，合计增加 4466.64 亿 m^3，因吉林大老爷府 2000 年多填报 0.01 亿 m^3，因此 2001 年全国气层气探明地质储量比 2000 年增加 4466.63 亿 m^3，增长 17.51%；探明可采储量新增 3489.30 亿 m^3，老油气田复算核减 16.90 亿 m^3，合计增加 3472.40 亿 m^3。其中，中国石油天然气集团公司探明地质储量新增 4102.88 亿 m^3，老油气田复算核减54.81 亿 m^3，合计增加 4048.07 亿 m^3；探明可采储量新增 3264.59 亿 m^3，老油气田复算核减 16.13 亿 m^3，合计增加 3248.46 亿 m^3。中国石油化工集团公司探明地质储量新增 419.08 亿 m^3，老油气田复算核减 0.51 亿 m^3，合计增加 418.57 亿 m^3；探明可采储量新增 224.71 亿 m^3，老油气田复算核减 0.77 亿 m^3，合计增加 223.94 亿 m^3；其中中国石化集团新星石油有限责任公司新增探明地质储量 359.45 亿 m^3，探明可采储量新增 193.63 亿 m^3。中国海洋石油总公司探明地质储量新增 191.11 亿 m^3，探明可采储量新增 106.82 亿 m^3（由于中石化新星上海局与中海油上海分公司分别填报了合作气田的新增储量：探明地质储量 191.11 亿 m^3、可采储量 106.82 亿 m^3，致使两总公司汇总储量重复，但在全国总量中已扣除重复部分）。

2001 年全国新增气层气田（藏）共 8 个，新增探明地质储量 2566.91 亿 m^3，占全国新增探明地质储量的 57.47%，老气田新层（块）增加探明地质储量 1899.73 亿 m^3，占全国新增探明地质储量的 42.53%。

2001 年全国新增探明地质储量大于 50 亿 m^3 的气层气田（区块）有 9 个，增加探明地质储量 3829.12 亿 m^3，占全国新增探明地质储量的 85.73%。

4.溶解气。2001 年度全国探明地质储量新增 435.77 亿 m^3，老油气田复算核减 293.88 亿 m^3，合计增加 141.89 亿 m^3，因吉林、吐哈、青海和河南 2000 年填报的探明地质储量合计少填报 3.17 亿 m^3，因此 2001 年度全国探明地质储量比 2000 年增加 145.06 亿 m^3，增长 1.35%；探明可采储量新增 98.97 亿 m^3，老油气田复算核减 32.32 亿 m^3，合计增加 66.65 亿 m^3。其中，中国石油天然气集团公司探明地质储量新增 281.14 亿 m^3，老油气田复算核减 295.06 亿 m^3，合计减少 13.92 亿 m^3；探明可采储量新增 66.96 亿 m^3，老油气田复算核减 33.83 亿 m^3，合计增加 33.13 亿 m^3。中国石油化工集团公司探明地质储量新增 130.35 亿 m^3，老油气田复算核增 1.18 亿 m^3，合计增加 131.53 亿 m^3；探明可采储量新增 26.21 亿 m^3，老油气田复算核增 1.51 亿 m^3，合计增加 27.72 亿 m^3；其中中国石化集团新星石油有限责任公司探明地质储量新增 35.39 亿 m^3，探明可采储量新增7.17亿 m^3。中国海洋石油总公司探明地质储量新增 36.58 亿 m^3，探明可采储量新增 9.49 亿 m^3，（由于中石化新星上海局与中海油上海分公司分别填报了合作气田的新增储量:探明地质储量 12.30 亿 m^3、可采储量 3.69 亿 m^3,致使两总公司汇总储量重复,但在全国总量中已扣除重复部分)。

2001 年全国新增溶解气田(藏)共 11 个,新增探明地质储量 87.90 亿 m^3,占全国新增探明地质储量的 61.95%,老气田新层(块)增加探明地质储量 53.99 亿 m^3,占全国新增探明地质储量的 38.05%。

2001 年全国新增溶解气探明地质储量大于 20 亿 m^3 的气田(区块)有 4 个,增加探明地质储量 133.41 万 t,占全国新增探明地质储量的 94.02%。

5.煤层气。2001 年度全国探明地质储量新增 352.26 亿 m^3,比 2000 年增长 52.51%,探明可采储量新增 176.13 亿 m^3。2001 年全国新增煤层气田 1 个,新增探明地质储量 352.26 亿 m^3,新增的煤层气田为中石油的范庄矿。

6.二氧化碳气。2001 年度全国没有新增二氧化碳气储量。 (国土资源部储量司　唐正国)

【矿产资源储量管理法规与制度建设】 1.地质资料管理法规制订工作。2001 年,《地质资料汇交管理条例》的修订工作继续进行,年初通过国土资源部部务会议审议,将其名称改为《地质资料管理条例》,修订草案于 2001 年 2 月报国务院法制办审查。

在修订《地质资料管理条例》的同时,国土资源部储量司组织进行其配套法规规章的制订工作,《地质资料管理条例实施办法》于 2001 年 6 月完成内部征求意见稿,并进入征求意见程序。委托国土资源部矿产资源储量评审中心、核工业总公司地质局、全国地质资料馆及部分省国土资源厅分别承担的《实物地质资料汇交管理办法》、《地质资料委托管理办法》及《馆藏地质资料管理办法》均于 2001 年底前完成了征求意见稿。

2.完善矿产资源储量评审认定制度。2001 年 6 月,国土资源部发布《矿产资源储量评审机构资格管理暂行办法》(国土资发〔2001〕172 号),使矿产资源储量评审认定制度进一步趋于完善。截至 2001 年底,已经授予陕西省地质矿产厅矿产资源储量评审中心、北京中矿联咨询中心、山西省地质矿产科技评审中心、浙江矿产资源储量评审咨询有限公司、辽宁富源矿产资源储量评估有限公司、北京市矿产资源储量评审中心、江苏省矿产资源储量评审中心、河北省国土资源厅矿产资源储量评审中心 8 个单位评审机构资格。

对全国首批矿产储量评估师作了增补,经资格考核、注册,补充授予矿产储量评估师资格 82 人,至此全国共有矿产储量评估师 637 人。

(国土资源部储量司　赵晓静)

【矿产资源储量评审认定管理】 1.矿产资源储量套改工作。为实施新的《固体矿产资源/储量分类》国家标准而开展的矿产资源储量套改工作,2001 年上半年完成第一阶段 45 种主要矿产的储量套改任务。第二阶段套改任务于 2000 年 8 月部署,2001 年 9 月国土资源部向各省(区、市)国土资源厅印发了《关于印发矿产资源储量套改工作验收意见的函》(国土资函〔2001〕95 号)。至此,全国固体矿产资源储量的套改工作全面完成。

矿产资源储量套改涉及《矿产储量表》上的 148 种固体矿产,19468 个矿区(铀、钍矿另行统计)。石油、天然气、煤层气、地热、地下水、矿泉水、二氧化碳气 7 种能源和水气矿产未列入本次套改范围。

套改过程中,共发放矿山调查表 15621 份,实际回收 14695 份,回收率平均为 85%。通过调查,共修改套改信息 25285 处,其中矿产利用情况 5421 处,矿产未利用原因 4627 处,地质工作程度 10315 处,矿产组合 4256 处,综合回收情况 666 处。

中国固体矿产资源储量与套改前相比,在数量、质量、结构上都发生重大变化,套改后基础储量占查明矿产资源(相当于套改前的保有储量)的 36.3%,资源量占 63.7%,基础储量中的储量占查明矿产资源的 18.9%。由此可以看出,可利用的部分仅占套改前保有储量的 1/3(其中经济可采出的部分只占 1/5),可利用性差的部分占 2/3。

本次套改结果突出了矿产资源在市场经济条件下开发利用的经济可行性,有利于政府部门加强矿产资源规划、正确制定矿产资源政策,对矿产资源的保护和开发利用实施宏观调控;有利于矿业的改革开放以及探矿权、采矿权市场的培育与发展;有利于矿山企业按市场经济规律合理配置资源,提高资源利用水平。

2001 年 12 月,国土资源部发出《关于表彰全国矿产资源储量套改和登记工作先进集体的决定》(国土资发〔2001〕390 号),浙江、安徽、山东、河南、湖北、云南六省国土资源厅获“矿产资源储量套改工作先进集体”称号。

2.矿产资源储量报告评审认定。2001 年,国土资源部和各省(区、市)国土资源厅对 952 份矿产资源储量报告的评审工作进行认定,其中,国土资源部认定 215 份,省(区、市)国土资源厅认定 737 份。

认定报告中,按矿床规模统计,大型 76 份,中型 232 份,小型 644 份;按勘查工作程度统计,普查 262 份,详查 203 份,勘探 287 份,核实 200 份;按矿产类别统计,能源矿产 363 份(其中石油天然气 161 份,煤 184 份,其它 18 份),金属矿产 252 份(其中黑色金属 70 份,有色金属 88 份,贵金属 86 份,其它 8

份），非金属矿产173份（其中化工非金属33份，建材非金属132份，其它8份），水气矿产164份（其中地下水40份，其它124份）；按报告利用情况统计，基建72份，开采486份，停采4份，闭坑35份，未用298份，不明确57份；按提交报告单位所属系统统计，地矿309份，石油天然气170份，矿山170份，煤炭81份，建材34份，有色33份，冶金24份，化工14份，武警黄金7份，核工业1份，其它109份。

3．*地质勘查规范修订工作*。配合《固体矿产资源/储量分类》国家标准的实施，对现行矿种规范进行修订的送审和报批。召开20多次规范修订工作研讨会，统一修订原则和编写要求。

2001年底，《地质勘查规范总则》和《地质勘查报告编写提纲》2个综合性规范以及《煤炭、泥炭地质勘查规范》、《铜、铅、锌、银、镍、钼矿地质勘查规范》、《铀矿地质勘查规范》、《铁、锰、铬矿地质勘查规范》、《钨、锡、汞、锑矿地质勘查规范》、《砂矿地质勘查规范》、《铝土矿、菱镁矿地质勘查规范》、《稀有金属地质勘查规范》、《稀土金属地质勘查规范》、《粘土矿地质勘查规范》、《玻璃硅质原料地质勘查规范》、《磷矿地质勘查规范》、《硫铁矿地质勘查规范》、《重晶石、毒重石地质勘查规范》、《盐湖地质勘查规范》、《岩金地质勘查规范》17个矿种规范已经全国地质标准化委员会审查批准。待《地质勘查规范总则》经国家质检总局批准发布后，其它规范报其备案实施。（国土资源部储量司　宋全祥）

【矿产资源形势分析及政策研究】　1．*矿产资源可供性论证工作*。在2000年工作的基础上，矿产资源可供性论证作为部2001年重点工作，继续稳步推进。论证工作的5个子项进展顺利。

中国主要矿产资源基础信息收集汇总子项，2001年完成主要矿种勘查矿区的地理、地质、矿山开发和技术经济信息、矿产品产供销、信息和部分矿产资源远景区信息的收集汇总，开展部分矿产的补充调查，将所有调查信息及从矿产储量库和矿产开发利用库转换的信息都归入“矿产资源可供性论证数据库”。起草了《中国主要矿产资源基础信息收集汇总报告》。

世界主要矿产资源基础信息收集汇总及对中国可供性分析子项，收集整理了世界石油、天然气、煤、铁、铜、钨、钾盐、银、铀、锰、铬等16个矿种的国外资料，并完成数据库开发和数据入库工作。起草了《世界主要矿产资源基础信息收集汇总及对中国可供性分析报告》。报告从世界矿产资源储量、勘查开发利用现状、供需形势以及对中国可供性等方面进行分析和研究。

中国主要矿产资源可供性分矿种论证子项，2001年完成45个矿种可供性论证工作，起草了论证报告。报告对矿产资源现状与特点、开发利用情况和条件、矿产可供性、矿产资源供需形势、资源对社会经济发展的保证程度、利用两种资源和两个市场、存在的主要问题与对策等方面进行了评价、分析和研究。

中国主要矿产资源可供性专项分析子项，2001年提交综合利用、二次资源及非传统资源、未查明资源等三个单项的论证成果。

中国矿产资源可供性软件开发及系统建设子项。2001年建设完成了可供性基础数据库。可供性评价和经济评价系统程序编制已经完成。

《矿产资源可供性论证总报告》的起草工作已开始准备。

2．*磷矿资源政策研究*。根据国务院领导和部领导关于磷矿问题的重要批示，国土资源部储量司对中国磷矿资源集中的湖北、四川、贵州、云南四省进行调研，向部提出《开展磷矿资源管理秩序专项治理整顿的建议》，《建议》阐述中国磷矿资源的基本情况和开发利用中存在的问题，提出对其进行专项治理整顿的政策措施。之后，国土资源部将磷矿治理整顿列为矿产资源管理治理整顿工作的重点，并向4个磷矿大省发出通知，提出具体要求，加大治理整顿力度。

3．*单矿种政策研究*。2001年矿产资源储量司组织开展石油、天然气、铁、铜、钾盐等5种矿产的单矿种资源政策研究，系统分析了中国和世界资源储量分布特点、利用状况以及供销价格方面信息，提出加强资源勘探，提高短缺资源国内保障能力，积极参与国外资源勘探开发，建立稳定的海外生产基地和进口市场，节约利用资源，提高资源利用效率，建立国家战略储备，确保短缺资源安全稳定供应，加快企业重组改造步伐调整产品结构，提高国际竞争力等政策建议。

2001年，矿产资源储量司对1999、2000连续两年暂停颁发采矿许可证的煤、钨、锡、锑、稀土、钼、重晶石、萤石等8种矿产组织跟踪调研，针对8种矿产的产、供、销方面仍然存在的问题，向国土资源部提出继续暂停颁发采矿许可证的政策建议。

（国土资源部储量司　许大纯）

【矿产资源储量登记统计管理】　1．*矿产资源储量登记工作*。1995年开始的全国已经探明、占用、压覆矿产储量的补登记跟踪在2000年达到基本目标。2001年12月国土资源部发出《关于表彰全国矿产资源储量套改和登记工作先进集体的决定》（国土资发〔2001〕390号），获得矿产资源储量登记工作先进集体的有山西、吉林、黑龙江、江西、山东、湖北省国土资源厅和北京市昌平区地矿局，河北省张家口市地矿局、邯郸市地矿局，山西省长治市国土资源局、太原市国土资源局，内蒙古自治区赤峰市地矿局、通辽市地矿局，辽宁省抚顺市地矿局、本溪市国土资源局，吉林省桦甸市地矿局、白山市国土资源局，黑龙江省鹤岗市地矿局、黑河市地矿局，江苏省南京市国土资源局、徐州市国土资源局，浙江省金华市地矿局，安徽省宿州市地矿局、芜湖市地矿局，福建省三明市地矿局，江西省赣州市地矿局、九江市地矿局，山东省淄博市国土资源局、烟台市国土资源局，河南省三门峡市地矿局、郑州市地矿局，湖北省黄石市地矿局、荆门市国土资源局，湖南省株洲市国土资源局，广东省湛江市规划国土资源局、韶关市国土资源局，广西壮族自治区南宁地区地矿局，重庆市永川市国土资源和房屋管理局、荣昌县国土资源局，四川省攀枝花市地矿局、成都市国土资源局，贵州省黔南州地矿局、遵义市地矿局，云南省文山壮族苗族自治州地矿局，陕西省宝鸡市矿产资源管理局、汉中市矿产资源管理局，甘肃省金昌市地矿局，青海省西宁市地矿局，宁夏回族自治区银川市地矿局，新疆维吾尔自治区昌吉州地矿局、塔城地区地矿局。

2. *矿产资源储量统计和年报通报工作*。为便于更好地了解中国矿产资源的总体态势，以及“入世”对中国矿业可能产生的影响。矿产资源储量司组织编印了《中国矿情通报－WTO专辑》。该专辑主要介绍中国主要矿产资源储量、生产、消费和贸易现状及其在世界的地位，中国矿业“走出去，引进来”所取得的新进展，列举了近年来中国矿产品进口关税的变化情况，并简单介绍了“入世”后与中国矿产品贸易及相关行业有关的承诺内容。

在分析研究矿产资源储量统计结果的基础上，矿产资源储量司组织编制了截止2000年底的《中国矿产资源年报》、《全国矿产储量通报》、《全国油气矿产储量通报》、《全国矿产品产供销综合统计通报》、《矿产品国内外市场价格通报》、《国内外矿产年评》和《矿产资源潜在价值（总值）》等系列通报年报。

为推进新的《矿产资源/储量分类》国家标准，矿产资源储量司组织开展矿产资源储量按新标准统计试运行工作。开发矿产资源储量按新标准统计试运行软件系统，较好地解决了新旧分类标准统计矿产资源储量的衔接。试运行工作于2001年10月完成，为全国正式按新标准统计固体矿产资源储量奠定了基础。

（国土资源部储量司）

地方矿产资源管理

河北省武安市国土资源局

【概况】 河北省武安市地矿局，始建于1985年。2001年，地矿局和土地局合并，组建成国土资源局。共有干部职工93人，设5科1室8个矿管所，1个服务中心。

十几年来，地矿局先后按照“责任到人，严格标准，从严整治，彻底取缔”的原则，按标准取缔无证非法矿点1000余个，于1998年实现了矿产资源管理秩序的全面好转；按照“控制总量，限制数量，合理布局，综合开发”的工作方针，对全市布局不合理的小矿点进行联改，申请注销69个采矿权，减少和制止了越层越界开采，有效保护了矿产资源；按照“公开受理，封闭运行，限时办理，集体会审”的办法，实行了窗口式办公，减少了办事程序，提高了办事效率，促进了廉政建设；同时，为促进矿业可持续发展，在全市推行了“植树封碴，恢复生态”的地质环境治理工程，绿化了地质环境，减少了地质污染，得到广大群众的称赞和上级领导的充分肯定。

多年来，在各级领导的支持、帮助下，经全体干部职工的共同努力，取得了突出的成绩，促进了全市的经济发展。先后被评为“全国矿管行政执法先进单位”、“河北省依法行政典型单位”、“河北省地矿系统信息工作先进单位”等多项荣誉称号，1998年以来，连续4年被评为文明单位。

（河北省国土资源局）

河南省南阳市国土资源管理局

【概况】 1986年矿产资源法颁布实施，成立“南阳地区矿产资源管理委员会”，结束了南阳地区矿业活动无法可依的历史，1990年组建“南阳地区矿产资源管理局”，1995年撤地设市时更名为“南阳市地质矿产局”，2001年机构改革，“南阳市地质矿产局”与“南阳市土地管理局”合并，组建“南阳市国土资源管理局”。至今，健全了全市国土资源行政执法体系。肩负全市保护、开发土地资源，全面规划、严格管理、合理利用土地和切实保护耕地及矿产资源勘察行业管理、矿业开发监督管理、矿产资源综合管理、地质环境管理和矿产资源国家所有权管理等项职能。

南阳市国土资源管理工作以服务经济建设为中心，以实现耕地占补平衡和确保矿业秩序稳定为目标，正确处理资源保护与经济发展的关系，全面推进依法行政，加强国土资源市场建设和整顿力度，深入开展精神文明建设，开创了国土资源管理工作新局面。

（王保湘　黄学林）

【矿产资源储量】 南阳市位于河南省西南部，东西最长 263 km^2，南北最宽 168 km^2，总面积 2.66 万 km^2，耕地 1524.2 万亩，人均耕地 1.26 亩。辖一市两区十县，228 个乡（镇），4664 个行政村，全市人口 1048 万人。南阳市矿产资源比较丰富，现已发现各类矿产 84 种 468 处，已探明地质储量的 66 种 141 处。金属矿产 23 种、非金属矿产 54 种、能源矿产 5 种、地热矿产 2 种。特大型矿床 2 处，大型矿床 40 处，中型矿床 41 处，小型矿床 58 处。其中天然碱、银矿、金红石、高铝三石（蓝晶石、矽线石、红柱石）储量居全国第一；石油、金矿储量居全省第二；独山玉是全国绝无仅有的天然玉石品种，是全国四大名玉之一；位居全省储量前列的矿种有钒、铜、金、冶金用硅石、蛇纹石、岩盐、石膏、透闪石、凹凸棒石、白云母等。

（王保湘　黄学林）

【国土资源管理】 1.*耕地保护*。2001 年，南阳市国土资源管理局将耕地保护指标分解下达各县市区，实行目标管理。全市 89.49 万 ha 基本农田保持稳定，为省厅下达指标的 103.6%。全市储备开发复垦整理项目 129 个，其中国家级 4 个、省级 3 个、市级项目 30 个，通过开发整理，增加耕地 547.9 ha。严格审查建设项目，落实土地用途管制制度，做到先补后占，全年净增耕地 266 ha。实现了耕地占补平衡有余。

2.*建设用地管理*。妥善处理耕地与经济建设的关系，把确保重点项目建设、投资推动经济增长项目、小城镇建设用地项目作为土地管理的重中之重。保证了宁西铁路、市体育中心、滨河路拓宽、经济适用房建设用地，完成许平南高速公路用地前期工作。

3.*土地市场管理*。全面开展了土地市场清理整顿工作，全市建立土地有形市场 18 家，全市出让土地 779 宗，土地收益 8360 万元。探索国有土地收购储备工作，全市储备土地 290.5 ha。积极为国企改革、改制、上市做好土地产权界定、估价和土地资产处置工作。

4.*地籍管理*。完成国土资源调查评价工作，达到省优秀级成果标准；完善了地籍信息系统数据库；全年进行初始土地登记 10692 宗，变更登记 3661 宗；发放集体土地所有权证 615 本，集体建设用地使用权证 3260 本；调解土地权属纠纷 75 起。

5.*土地执法监察*。建立行政执法责任制、过错追究制、动态巡查制和重大案件听证制度。全年共查处土地违法案件 724 宗、立案 717 宗、结案 705 宗，依法查处率 98%、结案率 96%，建议相关部门对违法违纪当事人党纪、政纪处分 5 起，移送司法机关 2 起。

6.*地质勘查行业管理*。2001 年地质勘查管理更加规范有效，编制全市勘查计划；完善勘查资金的筹措、使用与管理；加强对勘查项目的监督管理；加强储量审批和建设项目压覆矿床的审批。2001 年对在全市探矿的 15 家勘查单位，84 个勘查项目进行登记并进行监督管理，探矿持证率 100%；对 6 个储量报告进行评审；申报《南阳市区地热普查立项报告》等 3 个地质勘查项目。累计探明 D 级以上保有储量经济潜在价值 2183.02 亿元。

7.*矿产资源开发监督*。2001 年加大矿产资源开发监督工作力度，将过去年检、“三率”考核、统计年报制度“三合一”，变事后监督为事前监督。全年审查采矿权人 443 家，审查率 75.5%。年审采矿权人合格率 98%。年审中注销采矿许可证 53 个。追缴矿产资源补偿费 8.8 万元。完成《南阳市“十五”及 2015 年矿产资源规划》编制工作。

8.*地矿法制工作*。设立政务公开栏。依法查处市蓝晶石矿非法转让采矿权和南阳金昌选矿厂等 4 家采矿企业无证采矿的违法行为。全年全市地矿行政部门共查处各类违法案件 126 起，吊销采矿许可证 4 个，罚没款 52.6 万元。受理行政复议案件 2 起，行政复议维持率 100%。共受理各类来信来访 60 余起，全年无越级、赴省、赴京上访事件发生。

9.*地质环境管理*。为宁西铁路建设编制提供《南阳市地质灾害分布图》。上报 3 个地质环境治理报告，其中大河铜矿矿山环境治理恢复已被国土资源部批准立项，拟下拨资金 120 万元。汛期采取得力措施，确保全市未发生重大地质灾害。南阳恐龙蛋化石群古生物遗迹省级保护区获得省政府批准。修订后的保护区总体规划和设计方案已通过省厅和有关部门专家的评审。省政府批准西峡恐龙蛋化石博物馆一期建设资金 200 万元。完成了省厅布置的“矿山生态恢复治理土地复垦规划项目”和“矿山尾矿、固（液）体废料、土地及地质环境情况调查”。

10.*矿产资源补偿费征收*。依法征收矿产资源补偿费对于维护国家所有权益，支持矿业经济发展，保障地矿行政管理经费具有重大意义。市局进一步规范征管工作，严格执行补偿费征收及使用管理制度，逐级签订征收入库目标责任书，克服困难，大力宣传，全年征缴入库 890 万元，超额完成省厅下达任务。

11.*矿业秩序治理整顿*。为贯彻落实国家、省安全生产电视电话会议精神和豫国土资文[2001]119 号《关于开展整顿治理违法矿业活动的通知》，按照《南阳市人民政府关于对卧龙区矿业秩序进行全面整治的决定》提出的整顿措施，督促指导卧龙区对独山、磨山等矿区长期存在无证采矿、越界采矿、以勘代采、乱采滥挖进行整治。独山的8家、磨山的34家，共42家非法采矿企业被责令停产整顿。对热点矿区蒲山的开采设计方案和综合治理方案已制定完毕，这两个方案将有效解决蒲山矿区重采轻治、大矿小开、乱采滥挖、环境污染严重、安全隐患大的问题。

地址：河南省南阳市兴隆路9号
电话：0377－3111971
传真：0377－3111750
邮编：473004

（王保湘　黄学林）

平顶山市国土资源局

【概况】　平顶山市国土资源局是主管全市土地资源、矿产资源等自然的资源的规划、管理、保护和合理利用的市政府工作部门，现有干部职工780余人，机关内设办公室、政府法规监察科等13个科室，下属土地复垦管理处（副处级单位）、土地收购储备发展中心、测量队、稽查大队等11个事业单位。

平顶山市国土资源局自2001年成立以来，围绕全市经济建设的大局，充分发挥职能作用，认真贯彻资源保护基本国策，全面落实《土地管理法》、《矿产资源法》，努力提高国土资源管理水平，不断强化队伍建设，各项工作取得了新的成效。积极为全市经济建设服务，经济社会发展的用地需求得到保障；耕地保护制度日益强化，全市基本农田面积稳定在27.03万ha；矿业秩序治理整顿成效显著，矿产资源开发和利用水平有了新的提高；资源有偿使用制度改革不断深化，市场配置国土资源的机制逐步形成；执法监察工作力度进一步加大，国土资源管理秩序明显好转；干部队伍建设继续加强，新的国土资源管体制初步建立。

2001年，平顶山市国土资源局获得“全国基本农田保护工作先进单位”、“全市责任目标完成先进单位”、“全市督查工作先进单位”等荣誉称号。同时，坚持“两手抓、两手都要硬”的方针，全面提高部门的整体素质和服务质量，精神文明建设取得了新的成绩，市局机关、复垦管理处，卫东分局、湛河分局保持市级文明单位称号，新华分局跨入“省级文明单位”行列。

（平顶山市国土资源局）

南京市国土资源局

【矿产资源勘查概况】　南京市以优越的地理位置、完整的地层、丰富的矿产资源和程度较高的地质调查研究而被誉为中国“地质工作的摇篮”，截至2001年已发现矿产58种，已探明储量的矿产35种，已发现产地但未探明储量的矿产23种，其中17种矿产保有储量占全省60%以上。有4种矿产在国内处于领先地位，分别为锶矿、凹凸棒石粘土、玄武岩、石膏矿，全市矿产地128处。初步探明的23种矿产资源储量20亿t以上，潜在经济价值1000多亿元。境内各种矿山企业850家，有38种矿产得到不同程度的开发利用。

（南京市国土资源局）

【矿产资源管理】　1．加强矿业法律、法规宣传教育。宣传矿业法规，树立全民矿业法制观念，充分利用各种形式进行广泛深入的宣传，做到电视上有形象、电台里有声音、报纸上有文字。

2．开展矿产资源管理秩序的治理整顿。依靠各级政府和有关企业在全市开展大规模的矿产资源管理秩序的治理整序工作，全面实行采矿许可证制度；做好各类矿山的定点划界工作；帮助矿山建立健全各项规章制度。

3．全面加强地矿行政管理的基础工作。在制定和完善国有矿山“三率”考核指标的同时，逐步开展全市乡镇矿山“三率”的调查工作，帮助乡镇矿业资源效益大幅度提高；矿产资源储量管理已取得明显的成效，矿山企业占用储量的登记、建设项目压覆矿产储量的登记等工作得到规范。

4．地质环境管理职能全面到位。不断强化汛期地质灾害的防治工作，对矿山地质灾害进行调查，并编制防治预案；对全市的地质遗迹进行确定并制定保护方案，落实责任制；建设用地地质灾害危险性评估全面启动，对全市郊区地质灾害与区划工作已经展开。

5．矿产资源补偿费征收管理不断取得进步。在深入宣传的同时，抓好矿产资源补偿费征管入库工作。严格征管纪律，完善制约机制。（南京市国土资源局）

苏州市国土资源局

【矿产资源勘查开发概况】　苏州市下辖5市8区，面积8848.2 km^2，人口580万，是著名的风景旅游城市和历史文化名城。全市地势低平，平原占54.8%，水面占42.5%，丘陵占2.7%，平均每拔4m左右，东南部地势低洼，西南部多小山丘，穹隆山主峰高351.7 m，为全市最高点。全市矿产资源已探明的有高岭土、瓷石、硫、花岗石、石灰石、石英、煤、天然气、铜、铁、铅、锌、铟、镉、银、磁铁等16种，现有开采企业主要以非金属矿产

为主，其中高岭土、花岗岩分别以储量丰富、质量优异而闻名全国。（苏州市国土资源局）

【矿产资源管理】 2001年市、县级机构改革以后，苏州市国土资源局下设矿产资源管理处和地质环境处，主管全市矿产资源和地质环境等。各县级市和区国土资源局也分别建立地质矿产管理机构，为全市地质矿产管理提供了组织保障，进一步加强了矿产资源管理和地质环境工作。

为保护山体资源，1999年市人大常委会颁布了《苏州市禁止开山采石条例》，随后市政府制定了《苏州市禁止开山采石实施规划》，对全市开山采石企业实行分类、分期、分批关闭。截至2001年底，苏州市已关闭开山采石企业89家，占原有企业的77.4%，到2004年，全市仅保留传统花岗岩石材企业1家。为重点企业和重点项目配套的开山采石山体及宕石的环境综合整治，各地在关闭的开山采石宕口上进行综合整治与利用，根据采石山体的不同类型，通过整坡植土，喷播草种灌木及乡土树种，构建生物防护网层，最终形成一个乔、灌木及地被混交的自然生态种群，达到恢复山体郁郁葱葱的本来面目。各地依托山地，搞起了生机勃勃的种养经济，摸索出一条与苏州建设国家园林城市相适应的环境综合整治路子。（苏州市国土资源局）

淮北市国土资源局

【概况】 淮北市国土资源局组建于2002年2月，是主管全市土地资源、矿产资源等自然资源的规划、管理、保护与合理利用及测绘行政管理工作的市人民政府工作部门。局机关内设10个职能科室，行政编制32名。另有直属事业机构9个，现有在职员工104人。

淮北市国土资源局的前身原市土地管理局、地质矿产局分别成立于1988年、1995年，均是市政府直属局，市级文明标兵单位。2001年，两局被省国土资源厅评为“三五”普法先进单位和市委、市政府“三五”普法先进单位，全省土地行政、地矿行政工作先进单位。市土地监察大队被团省委评为“青年文明号”；党建工作、岗位目标责任制工作、财务工作、计生工作、社会治安综合治理工作都取得好成绩，受到市委、市政府的表彰奖励。（淮北市国土资源局）

【矿产资源勘查开发利用】 淮北市矿产资源蕴藏量丰富，目前辖区内已发现矿种54种，已探明并得到开发利用的矿产资源15种，分别为煤、水泥用灰岩、高岭土、石膏、建筑石料用灰岩、砖瓦用粘土、铁矿、铜矿、金矿、矿泉水等。其中，以煤炭资源最为丰富，保有储量约82亿t，且煤种齐全，有焦煤、1/3焦煤、气煤、肥煤、瘦煤、贫煤、无烟煤、天然焦等8大主要煤种。其中，焦煤、肥煤、瘦煤为国家稀少短缺煤种，储量占矿区总储量85.7%。另赋存6.2亿t优质高岭土、2.58亿t水泥用灰岩、8.9t黄金、1.5亿t天然焦和3200亿m^3煤层气等矿产资源。

截至2001年底，淮北市境内有各类矿山企业361家，年产矿石量2455万t（不含孟庄、芦岭、桃园、朱仙庄、祁东等境外矿山），矿产值32.53亿元。（淮北市国土资源局）

【矿产资源开发监督】 维护矿产资源国家所有权益，加强矿产资源补偿费的征收管理工作，超额完成了省厅下达的计划任务。根据省国土资源厅统一部署，在全市深入开展了矿产资源管理秩序治理整顿工作，联合公安、供电、工商等部门对濉溪县境内矿业秩序“回潮”现象进行坚决打击，积极配合有关部门治理整顿地方小煤矿，确保了首批8对矿井顺利通过（乡）镇、县（区）、市、省四级政府验收。全面完成了换发采矿许可证工作，通过换证关闭一批浪费资源、影响环境、危害安全的小矿山，基本上改变了矿山企业“多、小、散”的状况，各类矿山持证率均达100%。严格“三率”管理，“三率”指标制定率和考核率保持100%，促进了矿山企业不断提高资源管理水平。全市煤矿实际完成的平均开采回采率比制定的标准高出8个百分点，每年多回收原煤达150万t。（淮北市国土资源局）

【矿产资源综合统计】 按时完成了国土资源综合统计年报、半年报、快报以及矿产资源开发利用情况统计工作。按时向省厅汇交了统计报表及基础数据软盘，向市、县人民政府及市直有关单位通报了矿产资源开发利用情况；矿产储量管理得到加强，基层矿产储量表填报率达100%，建立了矿产储量数据库，并向省厅提交了矿产储量数据软盘。（淮北市国土资源局）

【地质勘查与地质环境监督】 2001年地质勘查工作步入规范化管理轨道。为5位探矿权申请人核实申请区块范围内有无探矿权、采矿权重置情况，并向省厅出具证明材料。新办非金属小矿勘查许可证6个，勘查持证率100%。按时对辖区内矿产资源勘查项目进行年度检查，年检率100%，并向省厅提交年检报告。协助省厅向有关探矿权人催交到期地勘专项费及资金占用费21.12万元。加大地质灾害防治力度，汛期到来前，在全市范围内开展地质灾害隐患调查，制定地质灾害防灾预案，提出明确具体地质灾害预防措施和应急措

施，减少了地质灾害损失。（淮北市国土资源局）

长兴县国土资源局

【概况】 长兴县国土资源局由原长兴县土地管理局和长兴县地质矿产局撤并，于2001年12月正式成立。长兴县地质矿产局成立于1998年10月，其前身是长兴县矿产管理办公室。自1999年起，长兴县地质矿产局连续三年被评为省资源补偿费征管先进单位、省年报统计先进单位和省换证工作先进集体。

长兴县是浙江省的非金属矿产资源大县，截至2001年已发现矿产26种，探明储量的矿产有17种，以建筑石材和硅酸盐工业原料矿产为主，其中石灰石、硅灰石、方解石、膨润土、石英石等产量均占全省总产量的30%。2001年，全县原矿开采量1200万t，矿产品延伸总产值14亿元，占全县工业总产值的10.7%。

（长兴县国土资源局）

【《长兴县矿产资源开发利用与保护规划》编制和实施】 1999年，长兴县被浙江省国土资源厅列为省规划试点县。长兴县国土资源局根据全县矿产资源的分布状况，结合区域经济发展和资源开发的相关性，自行编制了《长兴县矿产资源开发利用与保护规划》，规划了6个矿业开发区、10个矿产品生产基地、2个限采区、4个资源储备区和5个禁采区。通过《规划》的实施和引导，调整矿点布局和矿业结构，推行科技兴矿战略，鼓励企业向“高”（高科技）、深（深加工）、长（长产业链）、新（新兴产业）方向发展，几年来先后关闭212家矿山，压缩产量300万t。至今，全县10个矿产品生产基地全面启动，新投入资金5亿多元，并成功地开发出3个省级科技新产品，年新增产值6.6亿元。预计到2005年，矿业延伸产值可达30亿元。（长兴县国土资源局）

【采矿权有偿出让改革】 1999年，长兴县国土资源局在全省率先进行采矿权有偿出让改革试点，并于2001的1月1日起在全县铺开。截至2002年7月底，县发证的142家矿山，已有137家办理了出让手续，覆盖面达96%。全县采矿权出让金总额达5660万元，首期已收2900万元。在此基础上，长兴县国土资源局还引入市场竞争机制，采用拍卖、招标、挂牌出让的方式进行有偿出让采矿权。自2001年11月8日起在全市成功地拍卖8家采矿权，拍卖成功率为100%，拍卖总标的达1250.8万元。（长兴县国土资源局）

【矿管职能拓展延伸工作】 长兴县国土资源局针对全县矿山企业点多面广的特点，采用内外两条监测渠道，建立全县矿产资源动态监控网络：对内主要由执法人员在全县范围内开展经常性的拉网巡查，对外则通过设立非法开采举报电话、举报信箱、来访等形式，保持投诉渠道的畅通。两年来，共查处各类非法开采点47处，全县矿山企业持证开采率达100%。同时，全面启动矿山自然生态环境治理工程，加强地质灾害的防治工作，为矿山企业选址、采矿和招商引资提供地质资料和技术指导。从2002年7月起，长兴县国土资源局还结合国土资源中心所的建设，在各国土资源中心所配备专职的矿管员，将矿管职能延伸到乡镇。

（长兴县国土资源局）

【地质遗迹保护区建设】 2001年3月，长兴灰岩剖面被国际地科联确认为全球二叠—三叠系界线层型剖面和点（即“金钉子”）。为保护和开发这一珍稀的自然地质遗产，长兴县国土资源局已投入资金近1000万元，兴建“金钉子”纪念碑、生命演化奥秘仿真化石墙、科考观光天桥，新辟“逆冲断层”、“牵引褶皱”等自然地质景观，拟将“金钉子”保护区建设成集科考、教育、旅游于一体的公园式国家级地质遗迹保护区。保护区规划总面积3.1 km^2，划分为地质博物馆、地质游览区、扬子鳄观赏区、游览购物区、休闲度假区、山顶观光区和园艺馆等8个分区。（长兴县国土资源局）

海盐县国土资源局

【概况】 海盐县一直重视矿产资源管理工作。1986年《矿产资源法》颁布实施以后，成立矿产资源管理委员会，并下设一个临时的矿产资源管理机构，于1989年2月18日经县人民政府批准，正式设立矿产资源管理委员会办公室，定编3人，2000年根据海盐县矿管工作的现状，经县编委批准增加2人。当时行政挂靠县计委，2001年11月，根据县机构改革的要求，县矿产资源管理办公室并入县国土资源局。国土资源局作为县政府矿管职能部门内设一个行政职能科室、一个事业单位，矿管机构基本理顺。（海盐县国土资源局）

【矿产资源开发利用】 海盐县地处杭嘉湖平原、杭州湾畔，是一个面积507 km^2、人口38万的小县。全县矿产资源相对贫乏，地表下均被火山凝灰岩所覆盖，可开发的矿产资源很少。目前开发的矿产仅三种：即建筑石料、砖瓦粘土、矿泉水。据2001年年报统计，目前全县有建筑石料、砖瓦粘土13家、水泥厂8家、矿泉水1家。全年生产建筑石料640万t，工业产值约9650万元,利润 520 万元,从业人员 2160 人:年采挖粘土约 150 万 t,生产标准砖约 8 亿块。石料企业主要集中在南部的三个镇,而砖瓦企业基本上每一个镇都有分布。海盐县的矿产企业起步于 50 年代,发展于 80 年代,曾是海盐县的支柱产业之一,对海盐县的经济发展做出了贡献。 (海盐县国土资源局)

【矿产资源管理】 自《矿产资源法》颁布实施以来,全县通过全面宣传发动,矿产资源国家所有和依法开采意识基本形成,通过逐步对建筑石料,砖瓦粘土和矿泉水的开采发放采矿许可证,矿山企业的持证率达 100%,没有发现无证和非法探采矿现象。矿产资源补偿费征收工作一直较好,企业按时足额缴纳,真正维护了矿产资源的国家权益。

为在保护前提下进行合理利用十分有限的建筑石料等资源,海盐县及时制订矿产资源规划,经县人大同意并报省国土资源厅批准组织实施。通过实施矿产资源规划,一方面要控制矿山企业的开采总量,另一方面已与有关部门酝酿加大矿山布局结构和矿业结构调整力度,真正达到禁采区内关停,限采区内压缩,开采区内集聚的目的。

【采矿权使用制度改革】 自国务院《探矿权采矿权转让管理办法》颁布实施以来,海盐县加大采矿权使用制度改革。县政府召集矿产资源管理等有关部门共同商讨,形成规范矿山企业转让行为的协调纪要,专门出台《关于规范资源性企业采矿权转让的若干规定》,掌握建立和规范采矿权市场主动权。在省厅的支持下,海盐县采矿权的拍卖工作列入省试点县。2000 年 3 月 22 日,海盐县敲响了浙江省采矿权的拍卖第一锤。全县举行首次矿产资源采矿权拍买会获得成功,六里茶院石料三厂采矿权以 157 万元出让给竞得者,试点成功后,以点带面,加大推广力度。全县已有 7 家企业拍卖成功,占现有矿山企业总数的 17%。目前全县采矿权有偿使用企业有 26 家,占矿山企业总数的 63%。2001 年内所有矿山企业都实行了采矿权有偿使用。

(海盐县国土资源局)

福建省大田县国土资源局

【矿产资源开发利用概况】 福建省大田县有较丰富的矿产资源,素有“闽中宝库”之称,已发现矿种有 30 余种,开发利用的有煤、铁、石灰石、瓷土(高岭土)、硫、石英石、锰、铜、铅、锌、石墨、砂、石、粘土、温泉(地热)等,其中煤、铁、石灰石、硫、瓷土为优势矿种。该县是资源型山区县,矿业从 80 年代起至今一直是大田县经济支柱产业之一。煤炭是全国 100 个重点产煤县之一,铁矿是供应三明钢铁厂原料的主要基地之一。目前全县有矿山企业 152 家,其中国企业有 15 家、集体企业 121 家,年采矿石总量 315.14 万 t,年实现工业产值24022.02 万元,占全县工业总产值的 15.30%。矿业的发展带动了水泥、冶金、陶瓷、电力、运输服务等相关产业的发展,现有水泥厂 13 家、石灰窑 35 个、小治炼厂 9 家,瓷厂、瓷土加工厂各 5 家;结晶硅厂 1 家、火电厂 1 家、砖瓦厂 13 家、年实现生加工业产值 40024 万元。矿业产值加上加工工业产值,占全县工业总产值40.78%,矿业从业人员约1.4万人,解决了城乡大量剩余劳动力的出路。

大田县经济的发展离不开矿业的发展,大田县国土资源局作为县矿产资源管理部门,认真贯彻“在保护中开发,在开发中保护。资源开发与节约并举,把节约放在首位,努力提高资源利用效率”的方针,加强管理,有效保护、合理开发,促进了当地矿业经济的可持续发展。 (福建省大田县国土资源局)

南宁地区国土资源局

【概况】 1958 年 12 月南宁地区始建冶金、煤炭、地质局;1959 年 9 月合并成立南宁专署第一工业局;1960 年 4 月改工业局为南宁专署重工业局;1962 年 11 月将重工业局合并到经委。1972 年 3 月成立南宁专区革委会重工业局;1984 年 9 月机构改革撤销重工业局组建南宁地区矿山公司;1987 年 3 月撤销矿山公司成立南宁地区矿产管理局;1988 年 3 月撤销矿产局成立南宁地区矿产冶金化工局;1995 年 5 月撤销矿产冶金化工局成立南宁地区地质矿产管理局;2001 年 11 月机构改革,土地与矿产部门合并成立南宁地区国土资源局。

近几年来,南宁地区国土资源局矿业开发工作,在各级党委、政府的正确领导下,取得长足发展,矿业经济已成为南宁地区经济新的增长点。

“九五”全地区矿业(含区矿)完成工业总产值39.55 亿元,年均增长 16.7%,比“八五”时期增加 4 个百分点。产值总量是“八五”期间总量的 2.7 倍,其中采选业完成 24.54 亿元,年均增长 11.8%;冶炼加工业完成 15.01 亿元,年均增长 26.6%。开采矿石总量合计 1.034亿 t,年均增长 3.5%。矿产品总量是“八五”期间总量的 2.1 倍。实现利税合计 3.81 亿元,年均增长 14.9%,约为“八五”期间合计利税总量的 2.62 倍。矿产资源补偿费征收入库总额 1100 万元,年均增长 5%。

2001 年实现矿业产值 12.65 亿元,同比增长 15%;

利税收入1.15亿元，同比增长15%，其中税金收入8434万元；矿产资源补偿费征收入库超额完成国土资源厅下达的任务。南宁地区国土资源局先后被国土资源部评为“九五”普法先进单位、全国矿产资源储量套改和登记工作先进集体，全区“九五”矿产资源补偿费征管先进单位，全区“九五”矿产储量登记统计工作先进单位，全区地矿行政先进单位；被自治区黄金局评为全区黄金工作先进单位。（南宁地区国土资源局）

【矿产资源开发利用】 南宁地区地层发育齐全，地质构造比较复杂，成矿条件较好。

全地区已发现的矿产资源有48种，已探明储量的有35种，主要有煤、锰、铁、膨润土、稀土、黄金、银、水泥用石灰石、粘土、河沙等。已开发利用的矿产有32种。其中，锰矿储量1.49亿t，居全国首位，占全国1/4强，占广西68%；膨润土储量达6.08亿t，宁明膨润土矿床是国内外罕见特大型矿；隆安凤凰山银矿金属储量达1333t，是国内四大独立银矿之一；林钒矿五氧化二钒储量达135万t，属大型矿山。全地区矿产资源总概算潜在价值1600多亿元。截至2001年底，全地区国有矿山47座，集体个体矿山1067处。总从业人员约5万人。（南宁地区国土资源局）

【矿产资源开发利用保护工作】 南宁地区矿产资源开发利用保护工作的主要措施和经验：

1.*加强领导，把矿产资源利用和开发同实现富民兴桂战略紧扣在一起。*过去的几年，南宁地委和行署始终坚持“在保护中开发，在开发中保护”的总方针，积极围绕自治区八次党代会提出的富民兴桂目标，把矿产业作为新的经济增长点列入工作议事日程来抓，通过抓好保护和开发利用工作，努力实现可持续发展，为地方经济建设服务，从而为推动全地区经济建设起到了积极促进作用。

2.*依法行政，严格执法，维护矿产资源国家所有权益。*根据国务院、自治区政府有关指示精神，积极遵循“找矿、护矿、地质环境监督管理，矿产资源管理”要求，通过狠抓矿业秩序治理整顿，规范矿业市场秩序，为矿业发展提供了宽松平和的发展环境，依照整体推进和抓住重点的原则大力开展工作，促使全地区矿政工作向“有让、有序、有偿”方面发展。如2002年上半年，全地区共下发了717份补充通知书，注销采矿许可证16份，取缔无证采矿点87处，炸毁不具备安全条件的矿井110处，责令整改300多处，作出行政处罚65起，罚没款60450元，为有效促进矿山稳定提供了保证。

3.*培育和建立探矿权、采矿权市场。*逐步推行招、投标制度，努力探索与国际矿权市场接轨的新路子，从而向由市场配置资源迈出了新的一步。2001年，有选择地对大新县土湖锰矿区孟零、大岭两个矿段，通过公开、公平、公正的竞标方式授予采矿权，开创了广西采矿权公开招标的先河，改变了过去行政审批授予采矿权的方法。

4.*以结构调整为主线，抓矿产资源初、深加工工作。*使以销原矿为主的矿业经营传统有所改变，有力地促进了矿产品的转化增值。近年来，坚持鼓励、扶持规模开发，限制或取缔不安全的、小型矿山，使矿山总数降到1000处（点）左右，减少了一半。同时，努力在初、深加工方面做文章，使矿产资源经济发展速度不但不降，反而发展速度很快，增长率接近20%。

（南宁地区国土资源局）

大柴旦行委国土资源和环境保护局

【概况】 大柴旦行委国土资源和环境保护局成立于2002年4月，担负着全区矿产资源管理、监督等职责、现有人员3名，克服诸多不利因素的制约，把大柴旦地区的矿产资源开发和利用工作带上新台阶。该局被省国土资源厅评为地矿先进单位和资源补偿费征缴先进集体。（大柴旦行委国土资源和环境保护局）

【矿产资源勘查】 大柴旦，蒙古语称伊克柴达木，意为大盐湖，地处柴达木盆地北缘，东至羊肠子沟与德令哈毗邻，西至南八仙与冷湖相连，南起察尔汗盐湖，北岸与格尔木相望，北到达肯达板山的查那扎与甘肃接壤，全区面积约3.3654万km^2，海拔2892～5656 m之间。祁连山脉伸入该区东北部，全区地势东北高，西南低，区内多高山、沙漠和由高山分割而成的小盆地，是海西州一个资源相对富集的地区。据统计，到目前为此，发现各类矿产18种，发现大小矿床、矿点及矿化点90余处，主要有钾、钠、硼、锂、镁等盐湖资源以及煤、铝、锌、铁、铜、铬、锰、金、银、粘土、石灰岩等矿产，其中已探明大小柴旦湖硼矿521.8 t，钾矿364万t，钠矿63782.9万t，镁矿1761.3万t，以及西台乃尔湖氯化锂267.7万t，氯化钾1985.5万t，三氧化二硼112.14万t，镁矿3280.9万t，鱼卡煤田已探明储量1.13亿t，以及大头羊、绿草山、大煤沟和高泉等煤矿区，预测储量18663万t，是海西主要产煤基地。锡铁山铅锌矿累计探明储量149.5万t，还伴有较多金、银、镉、硫等。滩涧山岩金矿床已勘查探明储量32 t，前景储量将增加10倍，岩金生产稳步增长，2000年青龙山金矿成为青海省首家黄金生产万两矿，2001年大柴旦区成为黄金生产“双万两”县，地质工作仍在进行。泉吉粘土矿731.7万m^2，其中铅、锌、硼、金锂、硫、煤等矿的探明储量居全省前列，潜在价值极大。大柴旦地区是海西西部资源开发的支撑点和实施开发重点地区之一。

（大柴旦行委国土资源和环境保护局）

海西蒙古族藏族自治州

【概况】 海西蒙古族藏族自治州位于青海省西北部，距青藏高原北部，北邻甘肃，西接新疆，南眺西藏，总面积 30 万 km^2，总人口 32 万，素有“聚宝盆”之称的柴达木盆地是自治州的主体。自治州首府所在地德令哈市，东距省会西宁 514 km^2，境内交通方便，以公路、铁路、航空为主的交通运输网络已基本形成。电信发达，移动电话、无线寻呼在境内各地开通，兰西拉光缆纵贯全境，现代化的通讯手段已将海西和世界紧密联系在一起。

自治州境内共划分为东西部两个经济区。东部经济区以农业为主，西部经济区以工矿业为主。格尔木市，德令哈市，花土沟镇，锡铁山等依托资源开发建立起来的工业城镇基础设施日趋完善，城市化和工业化步伐不断加快，已成为青海省重要的石油、天然气、盐化工、有色金属、建材资源开发、加工的基地。矿业在海西国民经济中占有主要地位，是海西经济的支柱产业。随着改革开放的不断深入和西部大开发战略的实施，州委、州政府依据资源优势，确立了以资源开发利用带动和促进全州经济社会全面发展的战略，加大了资源开发的力度，矿业得到了长足的发展。

（海西州国土资源局）

【矿产资源勘查】 海西蒙古族藏族自治州是全国主要的矿产资源富集区之一，因其能源资源丰富而被国家列为“西部十大矿产资源集中区”之一。建国以来，国家花费大量人力、物力、财力在海西地区开展了地质勘探工作，先后发现 39 大类 84 种矿产，矿产地 1000 余处，其中探明储量的矿有 42 种，矿产地 210 处。探明的主要矿产有石油、天然气、煤、钾盐、镁盐、湖盐、芒硝、石棉、石灰岩、硼、锂、铅、锌、金、银、铁、硅灰石等。这些矿产的储量占青海省资源总量的 80%以上。主要矿产资源的潜在价值在 16 万亿元以上，占全省矿产资源潜在价值总量的 95%以上，是青海省矿产资源的主体，部分矿产在全国也占有十分重要的地位。

（海西州国土资源局）

【矿产资源开发】 目前，油气资源开发实现了采输及深加工一体化，原油采输能力达到 200 万 t，天然气 20 亿立方，气柴油、甲醇、聚乙稀等产品填补了石油化工业的空白。西气东输工程涩—宁—兰天然气管道全线贯通。100 万 t 钾肥、年处理矿石 30 万 t 天青石选矿厂、45 万 t 碳酸锶、50 万 t 铁选厂、20 万 t 生铁冶炼等项目正在紧锣密鼓地建设，马海湖 15 万 t 钾肥，大浪滩 10 万氯化钾和 5 万 t 硫酸钾项目已基本建成投产，盐湖、锂、钾、硼分离工艺正进行工业性试验。在资源开发中，青海石油管理局、中国石油天然气股份公司、青海油田分公司、青海盐湖工业集团公司、西部矿业有限公司、芒崖石棉矿等一批中央、省属大型矿山企业日益发展壮大。这些企业大规模的资源开发，有力地推动了地方矿业和相关产业的发展。地质勘查工作取得了突破性进展，2001 年在格尔木市找到大型钴金矿和大型铜矿，同时发现了一批以金为主的多金属矿床(点)，新增氯化钾 50 万 t，天青石 10 万 t，为进一步开发资源提供了矿产地。

《海西州“九五”计划和 2010 年远景目标纲要》确立了依据资源优势，振兴海西经济的目标，州委、州政府资源开发的总体思路：加大矿产资源勘查开发力度，努力变潜在的资源优势为经济优势。抓好以石油、天然气、盐类矿产，有色金属和黄金矿产为主的矿产资源开发，依靠资源开发，实现富州、富民的战略目标。以此为指导，制定了资源开发方面的一系列优惠政策，鼓励国内外各类经济组织或个人来海西勘查，开发矿产资源，为海西进一步扩大资源开发招商引资成果创造了条件。同时为使海西矿业今后在全球经济一体化的形势和市场经济条件下取得新的发展，自治州积极培育矿业市场，改革探矿权、采矿权审批制度，在实行探矿权、采矿权招投标、拍卖、挂牌出让制度方面正在进行积极的探索。

（海西州国土资源局）

【矿山企业生产】 海西蒙古族藏族自治州共有各种经济成份的矿山企业 142 个，开发的主要矿产有石油、天然气、煤炭、钾盐、镁盐、湖盐、芒硝、硼、铅、锌、铜、金、天青石、石棉、石灰石、矿泉水、萤玉石、砂土、粘土等。2001 年全州年产矿石量 1460 万 t，天然气 57800 万 m^3。从业人数 21714 人，实现矿业产值 33 亿元，矿业产值占青海省矿业总产值的 92%，占全州工业总产值的 70%。

（海西州国土资源局）

格尔木市国土资源局

【概况】 格尔木市国土资源局是市政府主管矿产资源的规划、管理、保护、合理利用的职能部门。通过机构改革,推行竞争上岗制度,把原来的四科一室调整成了两科一室,现有领导班子成员全是大专以上文化程度,达到了专业化、知识化,实现了法制化、规范化、制度化的三项管理,办公体系实现了"相关业务集约化、基本业务专业化、专门业务窗口化",建立了政务公开和部门负责两项制度,树立了特殊部门登门服务、批量业务现场服务、公共业务网络服务,提高了办事效率。

(格尔木市国土资源局)

【矿产资源勘查】 格尔木市是一个典型的资源型地区,资源配置在全国独一无二,截至2001年已发现矿种300余种,探明储量的矿种50余种,有30多种矿产居全国前10位,其中钾、钠、镁、锂总量占全国第一位,主要矿产资源潜在经济价值约占全省矿产资源的90.8%,人均占有矿产资源潜在经济价值居全国各县市之首。境内面积为5856 km^2 的察尔汗盐湖不仅是中国最大的钾镁盐矿床,也是世界上罕见的盐湖,已探明钾盐3.2亿t、镁盐31.6亿t、钠盐33.1亿t;其次还有锂、碘等。另外有石油3亿多t,远景储量达10亿t;天然气1575亿 m^3,远景储量达3000亿 m^3,是中国四大气田之一。此外,昆仑玉,与新疆的和田玉互称为姐妹玉并与和田玉齐名。其质量、储量、规模都比较喜人,而且产量占同类玉石的60%。 (格尔木市国土资源局)

【矿山企业管理】 近年来,随着西部大开发,特别是涩—宁—兰西气东输工程的竣工,青藏铁路的开工建设钾100万t二期正式开工,给格尔木市的经济腾飞带来了新的机遇,给国土资源局的管理工作带来了新的挑战。格尔木市国土资源局及时提出了"加强队伍建设,做好开发与保护并重、管理与服务并举"的方针,建立了采矿权、探矿权、登记、年检、年报制度,同时与59家矿山企业签定了《矿山企业管理责任书》,规范实施国家及省级与市县级矿区的审批、审查、办证工作权限,清理整顿矿业秩序,明确采矿权力合法权利,建立、完善高标准、规范化的各类档案。

2001年,全局以江总书记的"三个代表"为指导,推进政务公开,加强廉政建设,接受社会监督,组织较大规模的宣传活动6次。完成了青藏铁路格拉段青海境内的砂石开采规划、审批、发证、监督管理工作,查处矿产违法案例6宗,获得省国土资源厅、州局先进单位。

全局以"求实、务实、落实"为宗旨,按照"规范管理、强化服务、开拓创新、争创一流"的方针,形成政务畅通、优质服务、严格执法、廉政勤政的行业作风,通过强化"三项管理",积极促进国土资源持续发展。

(格尔木市国土资源局)

中国国土资源经济研究院

【概况】 中国国土资源经济研究院建于1976年,当时是以硬科学为主的"地质部勘察技术研究院";从1982年起,由原来的研究室逐步发展为地矿部"地质技术经济研究中心",人员规模达300人,科研人员占2/3;1990年,改为"中国地质矿产经济研究院",人员规模保持了适度增长,科研人员比例进一步提高;1998年,随着国务院机构改革及国土资源部的成立,更名为"中国国土资源经济研究院"。

中国国土资源经济研究院(简称经研院)是国土资源部直属的专门从事国土资源经济研究的科研事业单位。主要职责:坚持面向国土资源管理、面向政府、面向社会,为国土资源管理决策科学化、国家宏观经济决策及地方经济建设提供咨询服务。现有9个科研单位:经济政策研究室、区域经济与国土规划研究室、资源资产与市场研究室、资源经济研究室、环境经济研究室、产业经济研究室以及国土资源预算与价格研究中心、国土资源标准化研究中心、国土资源经济信息研究中心。有科研人员140人,博士10人(包括在读)、硕士32人(包括在读),其中高级职称63人,中级职称36人,初级职称34人,其他技术人员7人。累计完成各类科研项目558项,承担并完成的国家科技攻关项目和各类基金项目共51项,获部级一、二、三、四等科技进步奖项目116项;公开发表学术论文1368篇,出版学术著作123部,开展国内外学术交流活动890次,与世界上近30个国家和地区建立合作与交流关系。

2001年中国国土资源经济研究院科研工作围绕"国土资源部2001年工作要点",结合部各司局管理工作需要和国土资源经济学科建设发展要求,抓重大问题研究,推进科研工作上新台阶。全年开展科研项目86项,经费总额达1256万元;开展了重大问题研究策划等一系列具有超前性、创新性的学术活动,参加各种学术交流200余人次,其中组织开展外事交流活动10余次;完成了上级有关部门下达的122项对策研究任务。公开出版学术著作13部;发表各类学术论文近200篇,其中核心期刊23篇,13篇论文获院外优秀奖;涌现了一批科研先进集体和先进个人。

2001年中国国土资源经济研究院与有关单位合作举办了"WTO与国土资源管理学术研讨会",重点策划组织了"三农四矿"等专题调研活动,与中央电视台、光明日报等媒体以多种形式开展了"树立全民资源忧患意识"的系列宣传活动,这些工作均取得较好效果,领导肯定,社会认可。 (中国国土资源经济研究院)

矿 业 科 技

【成矿作用及矿集区预测通过评估】 国土资源部、科技部、教育部、中国科学院等主持召开的国家重点基础研究项目——《大规模成矿作用及大型矿集区预测》评估会，于2000年12月9日至11日在贵阳市召开，来自全国11个省(区、市)的地学领域的院士、专家对这一项目进行了评估。

根据国情和发展的需要，国家于1999年12月启动了《大规模成矿作用及大型矿集区预测》研究项目。这一项目旨在选择当前和下世纪初对中国经济发展有着重要意义、又有资源潜力的铜、金、铀、铅锌、银、铂等矿种为重点研究对象，用现代科学理论对中国大陆重要成矿区的大规模成矿作用进行深入剖析，建立中国大陆成矿理论体系，提供一批大型矿集区和巨矿的战略靶区。从事这一项目的专家、学者在一年中进行了15个课题的科研工作。各课题组根据项目任务的要求，在中国环太平洋成矿区、中亚成矿区等20多个省(区、市)开展了详细的野外地质研究，分别进行了对构造、岩石、地层、矿床及其相互关系的深入考察，取得了一系列重要成果：

1.重点精测了一批典型矿床的成矿时代，初步厘定中国东部大规模成矿作用所发生的时限是1.6亿年到1.1亿年，西南“三江”地区大规模成矿的时限为0.5亿年到0.3亿年。

2.新发现华北、大别山和华南的中生代火山岩均存在富钠的中酸性火山岩。华南腹地存在一条长约1400km、宽约150km的巨型北东向中生代富碱侵入岩。这些发现为探讨中国东部中生代的下地壳拆沉和岩石圈减薄提供了重要依据。

3.以往学术界普遍认为矿床是岩浆熔离的产物，而这次研究却进一步发现热液在铂族元素的化学急变带。据此预测，兰坪和个旧地区地球化学边界的三结点是成矿的最有利地段，同时在兰坪、泸水、固东一线有可能形成大型矿集区。

4.针对贵金属信息提取与分析的难题，研制出了高灵敏活动态金、铂、钯联测分析方法，这在世界上尚属首次。

5.专家、学者推出了113篇科学论文，并有近一半的论文发表在国内外权威的科学杂志上。这些科学成果将产生重要的社会效益和经济效益，也会对世界矿产资源研究产生新的影响。

（中国地科院矿产资源研究所）

【紧缺矿产基地综合勘查与高效开发技术研究项目启动】 “十五”国家科技攻关计划“大型紧缺金属矿产资源基地综合勘查与高效开发技术研究”项目，于2001年启动，2003年底前完成。

项目课题设置有：中国主要金属矿产资源保障程度及开发利用发展战略研究、金属矿产资源快速评价预测系统研究、西部荒漠戈壁区大型铜镍金矿勘查评价技术及综合示范研究、西部高寒山区铜金矿产勘查评价技术方法与综合示范研究、三江中北段深切割区铜金多金属矿床综合勘查评价技术方法及示范研究、大型矿山接替资源探查技术与示范研究、新疆优势矿产资源勘查评价研究、大型深凹露天矿高效运输系统及强化开采技术研究、深部矿床开采关键技术研究、大间距集中化无底柱采矿新工艺研究、复杂难处理矿高效选矿新工艺和新药剂研究、选矿过程监测技术与自动控制系统研究、大型高效节能选矿设备研制、高质量铁精矿选矿新技术与装备研究、矿浆电解新工艺及成套装备研制、难处理多金属铜矿加压浸出技术研究、生物冶金技术及工程化研究、砂状氧化铝生产技术研究、镍精炼生产工艺产业化技术研究、钛精矿盐酸法制取人造金红石产业化技术研究、硼铁矿高炉分离新技术研究。

（中国矿联信息中心）

【数字化采集技术应用】 随着中国第一代数字填图技术的诞生，地质调查正在进入数字化时代。以往野外调查中沿袭数十年的手工记录式调查方法，将被迅速、高效、准确的数字填图技术所替代。从定位到素描，从资料整理到成图，地质调查将直接在野外一次成型。专家认为，这是地质调查领域的一场革命性变化。

开发地质调查和填图的数字化采集技术，成为地学界的热点和难点。2000年起，中国地质调查局就此立项。经过近两年的研究和实验，传统的笔记簿被具有 GPS(全球定位系统)导航、图形显示、漫游、路线显示及定点图形编辑功能的新一代电子笔记簿取代。新一代电子笔记簿提供了从野外到室内的地质调查数字化过程,中国人第一次可以用计算机语言对野外路线观测的全过程进行精确的定量化描述,开创了地质调查和填图的数字化时代。

除了可以直接在野外输入相关数据外,这套系统还可显示三维数字高程模型、遥感、航空图像整合显示,直接在野外勾绘地质界线。

由于采用新技术,地质图的绘制效率大大提高,最高可达10倍。这一成果将加速地质数据为全社会服务的进程,为构建“数字国土”奠定基础。这一技术不仅填补了中国高新技术在地质填图领域应用的空白,而且实现了地质填图的全数字化。(中国地质调查局)

【核技术治理煤矿自燃火灾运用】 2001年11月太原理工大学防灭火课题组,运用国际领先水平的“同位素测氡精确探测火源位置技术”,结合新型胶体灭火技术,成功地将山西焦煤集团西铭煤矿自燃发火区大火全部扑灭,并完好地取出了被封闭在井下工作面100架液压支架及泵站等设备,挽回经济损失1650万元。

自燃火灾是煤矿一大突出灾害。据不完全统计,在全国统配煤矿中,自燃火区和自燃发火危险区已占煤矿灾害的56%,因自燃而造成煤炭资源的破坏,每年达数十亿元的经济损失。自燃火灾防治的关键是自燃发火的早期预测预报和自燃火源位置的精确探测,这也是国际性难题。太原理工大学矿业工程学院防灭火课题组对此进行了长期的攻关研究,在国内外首次将核探测技术应用于自燃火灾防治中,特别是自燃火源探测技术已达到国际领先水平。该技术近年来在山西、山东、内蒙古等自燃严重的省区进行了应用,使许多矿井得以安全回采,累计新增煤炭1350万 t,新增产值18亿元,并延长了矿井服务年限,避免了大量煤炭资源的浪费。

山西省曾发生多起因煤炭自燃而导致工作面封闭的灾害,使工作面采掘设备无法撤出,给企业造成巨大经济损失。运用火源探测结合新型胶体灭火技术具有灭火时间短、成本低、见效快、成功率高、井下无污染等优点。该技术于2000年通过山西省科技鉴定,并已成为中国自主知识产权的新技术,目前已与澳大利亚联邦研究院达成技术合作协议。

(中国矿联信息中心)

【洁净煤利用技术】 华东理工大学研制成功新型水煤浆气化炉技术,其性能达到国际领先水平。

中国为煤资源大国,但煤的有效利用率低,环境污染严重,解决水煤浆的高效洁净利用是一个关键技术。华东理工大学科研人员通过冷模实验,提出数学模型和设计软件包,成功应用于兖矿鲁南化肥厂中试装置,提高了煤浆气化的有效气成分,降低了能耗,技术性能优于进口装置。(中国矿联信息中心)

【整套煤层气储集性能测试技术】 新星实验地质研究院与华北石油局共同承担的《煤层气储集性能测试方法研究及初步应用》项目,2001年取得了一系列成果:

1.建立了一套较完整的煤样加工处理和保存的特殊技术方法,保证了煤样新鲜完整,原始结构基本不受破坏。

2.研制了一台 WD－97 型围压多向流气体渗透率测定仪。该仪器不仅改进了常规小煤岩心和单向流气体渗透率测定方法,而且扩大了测定范围,提高了测定精度,实现了自动操作,从而为煤岩储集性能测试提供了先进的测试手段。

3.建立了一整套在不同围限压力条件下煤岩多向(单向、径向、侧向)流气体渗透率测定方法与流程。大量测试样品表明,这套方法能更好、更真实地反映煤岩各向异性的特点,能更真实地反映煤岩储层储集空间特征和流气体运移聚集状况。

进一步拓展了无损探伤技术(X射线照相和着色探测)应用范围,使其用于煤岩储集性能测试方法试验和研究。试验结果表明,这两方面技术有机结合起来,能有效地了解煤岩内部结构构造、裂隙系统分布发育程度和定性解释煤岩成分差异。尤其是对着色探测法作了重大改进,为煤岩裂隙系统的定量对比和评价提供了依据。(中国矿联信息中心)

【全自动化刨煤机系统试运行】 开采1.5 m以下薄煤层一直是困扰中国煤炭行业的难题。铁法煤业(集团)公司采取引进核心技术和关键设备、国内配套的方式上马一套全自动化刨煤机系统,试运行期间薄煤层开采量比过去提高5倍多。

铁法矿区已探明的煤炭工业储量为22.59亿 t,占辽宁省煤炭总储量的1/3强,但其中有26%为薄煤层。过去用传统的方式开采,难度大、产量低,每年薄煤层开采量只有10万 t左右。2001年为寻求一条高产高效的薄煤层开采方式,铁法煤业集团公司以3800万元人民币从德国 DBT 采矿技术公司引进了刨煤机自动化控制系统的刨煤机、中心控制和滑行轨道等关键设备与核心技术,其他的工作面生产设备全由国内生产厂家配套。由于“核心”与配套相结合,全套系统只花了6000万元人民币,比单纯进口节省资金2/3。

这套全自动化刨煤机系统在铁煤公司小青矿63

天有效开采时间中，在煤层厚度为 11.3 m 的煤层中共推进 635 m，采煤 21.59 万 t，平均日采煤 3427 t，最高日产达到 4750 t。按现有条件来看，这套全自动化刨煤机系统正式投入生产后，年产可达 150 万 t。

这套系统采取定高开采，刨头切割煤层，散落煤中的杂物少，块煤多，出煤质量明显提高。同时刨煤机体积不大，对空气阻力小，井下通风好，瓦斯不易超限。另外井下操作人员远离作业面在控制室里遥控，提高了作业效率。（中国矿联信息中心）

【矿灯充电式发爆器获专利】 河南省义马煤炭集团 2001 年成功研制出“矿灯充电式发爆器”，并获国家知识产权局颁发的实用新型专利证书。

中国煤矿井下爆破均采用电池充电式发爆器引爆，易出现电池电量不足而产生拒爆或延爆现象。义马集团常村矿通风区放炮队副队长王宝国等青年矿工针对这一问题，研制出一种能够利用矿灯电源充电的新型发爆器。矿灯、充电式发爆器经上海防爆专家鉴定，具有体积小（比原发爆器小 1/3）、重量轻、携带方便和安全可靠、不污染环境等特点，具有较高的实用价值和推广价值。（义马煤炭集团公司）

【灰熔聚流化床粉煤气化技术试验运行】 由中科院山西省煤化所研究开发的灰熔聚流化床粉煤气化技术工业试验装置，2001 年 6 月 19 日，在陕西城化股份有限公司工业试验运行获得成功。全部装置操作平稳，产出的合成气已并入生产系统，达到理想效果。这标志着中国在先进煤气化技术研究开发领域实现了重大突破。

长期以来，中国煤炭化学合成及合成氨工业一直采用较落后的固定床间歇水煤气技术生产合成气，用无烟块煤或焦炭作原料，工艺流程成本高、效率低，既浪费资源，又造成严重的环境污染，而引进国外先进技术，装置及技术费用等投资较高。山西省煤化所研究开发的灰熔聚流化床粉煤气化技术采用多种粉煤为原料，降低了造气成本，装置设备材料相应要求也低，设备投资仅为国外进口设备的 1/2。中国目前有 600 多家以煤为原料的合成氨企业，每年使用无烟块煤与焦炭达 3000 多万 t，若按 10% 改用灰熔聚流化床粉煤气化技术，仅原料费每年就可下降 6 亿多元，合成氨成本费用预计每吨可降低 150～200 元，经济效益可观。

有关专家指出，灰熔聚流化床粉煤气化工业装置试验的成功，将推动洁净煤技术的蓬勃发展，促进中国合成氨、炭化学合成及大规模制氢等清洁技术的升级，将带来显著的经济效益、社会效益与环境效益。

（煤炭信息研究院）

【煤炭地下气化技术实现产业化应用】 2001 年山东新汶矿业集团煤炭地下气化产业化工程，于 2001 年通过煤炭科技专家鉴定。这是中国首次实现煤炭地下气化技术的产业化开发应用，这一技术的普及将有力推动中国煤炭资源的深度开发与清洁利用。

“孙村煤矿煤炭地下气化技术研究与应用”项目，是由新汶矿业集团与中国矿业大学合作进行的。煤炭地下气化，就是对处于地下的煤炭进行可控燃烧，从而产生可燃气体。目前，煤炭地下气化已成为世界煤炭开发利用的主要方向之一，也是中国煤炭科技研究的前沿课题。现在，全世界只有为数极少的几个国家掌握这一技术。

该项目采用“有井式、长通道、大断面、两阶段”气化工艺和 U 型双炉并联运转方式，变常规物理采煤为化学采煤，将地面气化炉搬到井下，使建井、采煤、气化三大工艺合而为一。从 1999 年开始，孙村煤矿利用储量 45 万 t 的废弃矿井进行实验开发，目前日产煤气 4 万 m^3，已开始为 1 万户居民家庭和部分工业锅炉供气。

煤炭地下气化的环境效益显著。煤炭地下气化将彻底解决传统煤炭开发造成的废气、废水、废渣污染，并使煤炭利用产业链的后续污染在源头得到解决。同时由于煤炭气化后废渣会留在原地，也可减少地面下沉，辅以充填措施后，可保证地面建筑不受影响。煤炭地下气化技术也将使难以开采或价值较低的劣质矿床得到开发，并带动相应的煤化工产业发展，延长老旧煤矿的寿命。（中国矿联信息中心）

【高灰经济型水煤浆燃用成功】 山东新汶矿业集团良庄煤矿在利用低热值煤泥生产中，高灰经济型水煤浆燃用成功，并设计出燃用这种燃料的锅炉，改写了中国只能利用优质煤炭生产水煤浆的历史。

水煤浆是一种新型的流体洁净燃料，具有代油、节能、环保和高效燃烧的特点，其生产和燃烧技术是中国重点攻关课题，被国家列为“十五”期间重点推广项目。据统计，全国目前共有 50 万台中小型锅炉直接用散煤，每年燃煤量约 3 亿 t，由于燃烧效率低和大部分锅炉没有使用或使用简易脱硫设备，造成了空气污染。而作为低热值煤炭产品的煤泥在直接燃用时燃烧利用效率更为低下，还达不到 40%。良庄煤矿的此项技术可利用煤泥直接生产出中、高灰经济型水煤浆，这种水煤浆雾化后，在 800℃ 温度下遇有明火就可燃烧。由于水煤浆呈液态，可与脱硫剂充分混合，脱硫效果更为理想。此技术可使煤浆泥这种低热值煤炭产品增值创收和充分利用，并可缓解矿区煤泥运输带来的环境污染，降低矿井排污费用。

良庄煤矿设计改造的新型水煤浆锅炉与传统直接

燃烧锅炉相比,燃烧率大大提高,可达98%,普通燃煤锅炉只有70%;负荷调整灵活,启动升温快,可更加有效方便地控制炉内温度,适应负荷变化;简化生产流程,节省了灰渣和贮煤场地,减轻了运行人员的体力劳动,改善了工作环境。(中国矿联信息中心)

【新型煤矿防灭火材料通过鉴定】 由兖矿集团东滩矿和徐州意创化工科技有限公司共同研制开发的一种新型防灭火材料——MEA-1新型煤矿防灭火剂,2001年通过鉴定。

该材料实现了高分子材料在煤矿防灭火方面的应用,使煤矿防灭火技术发生了质的飞跃。

中国大约60%的国有重点煤矿有煤层自燃发火危险,而目前普遍采用的黄泥灌浆、汽雾注化剂、氮气、惰气、凝胶等防灭火技术,都存在着不同程度的缺陷。其中最常用的凝胶防灭火材料不是易产生大量的氨气,就是有腐蚀性,对工人的健康极为不利。而MEA-1新型煤矿防灭火剂主要由高分子聚合物组成,与传统的防灭火材料相比,具有高水、速凝、阻化、降温、无毒、无味、无腐蚀性、附壁性能好、综合成本低、具有环保功能等特点。

这种新材料遇热就会焦化,在煤体表面形成一层厚厚的炭层,就像一床湿棉被,捂住煤体,断了氧气;如果火已经烧起来了,这种材料还能释放出大量电子,把在火焰上方帮助燃烧的自由基"拖走"。

MEA-1新型煤矿防灭火剂目前已被山东兖州集团、广西钦州矿务局、淮北矿业公司等煤矿使用过,经受了不同煤层条件的检验,得到使用单位的一致好评。

(兖州矿业集团公司)

【综合机械化放顶煤开采技术】 2001年12月8日,国家"九五"科技攻关项目—兖矿缓倾斜厚煤层高产高效综放开采成套技术与装备研究通过鉴定,把中国综合机械化放顶煤开采技术推向世界先进水平,兖矿集团创造出综放工作面年产501万t的新纪录。

综合机械化放顶煤技术是在综合机械化采煤技术的基础上发展起来的一种新的采煤方式,其特点是将需要多次分层采出的煤一次全部采出,具有高产、高效、低耗的优点。1991年,阳泉矿务局应用该技术首创工作面月单产14万t的记录,由此拉开了综采放顶煤技术在中国迅速发展的序幕,综放工作面的数量、开采产量和年产百万t综放队数量逐年上升,其中年产200万t以上综采队的81%是采用这一技术实现的。

然而,综合机械化放顶煤开采技术在世界范围内作为一种全新的采煤工艺,也存在尚未克服的技术难题,诸如煤尘量大、设备寿命短、工艺复杂等,制约着这一技术潜力的发挥。目前这项技术在国外呈萎缩状态,国内80多个综放工作面真正实现高产高效、年产达到200万t的只是少数,大部分处于低指标水平。兖矿的成功,表明中国在综采放顶煤技术方面已走在世界前列。(兖州矿业集团公司)

【无煤柱煤炭开采技术应用】 处于国际领先技术水平的无煤柱开采技术,2001年在淮北矿区研究应用取得成功,使以前无望开采的5亿多t煤炭获得"新生"。

淮北矿区建立以来,煤层中作为水(沙)下采煤的预留煤柱的煤炭储量有5亿多t,相当于一个50 km^2 的煤田储量,由于受到科技水平限制,一直无法开采,造成煤炭资源的极大浪费。为攻克具有世界性技术难题的无煤柱煤炭开采技术的难关,从1999年起,淮北矿业集团与淮南工业学院联手进行"厚松散及超薄覆岩条件下无煤柱开采技术研究",经过两年多时间的边调研、边采掘、边研究,获取了大量的第一手资料。2001年6月,在首个采煤工作面进行应用获得成功后,又在另外一个工作面进一步验证研究成果,到2001年10月,淮北矿区应用该技术已成功开采出煤炭40多万t,创造产值7000多万元,直接经济效益4000多万元。安徽省科技厅组织有关专家对无煤柱煤炭开采技术进行鉴定后认为:该项技术已达到国内外领先水平,淮北矿区5亿t防水(沙)煤柱开采成为可能,在全国同类型煤炭资源开采中推广应用后,对节约煤炭资源意义重大。

(淮北矿业集团)

【粉煤灰井下锚喷支护新技术】 河南省平顶山煤业集团成功研制出粉煤灰井下锚喷支护新技术。

平煤集团所属的电厂每月产出粉煤灰5000多t,粉煤灰占地,污染环境,每外排1t粉煤灰就耗资46元。平煤集团于2001年12月开始在井下进行锚喷原材料掺和粉煤灰锚喷支护试验。经过100多天的反复试验,发现利用粉煤灰锚喷,初凝速度快、回弹少,利环保,效益好。经河南省建材工业质量监督检验站取芯检测,粉煤灰锚喷支护强度完全符合井下锚喷支护设计要求。

此项新技术有广阔的推广使用价值。若按利用粉煤灰锚喷支护每米节约资金40元,平煤集团每年巷道进尺2000 m计算,每年可节约资金100万元,可使大量粉煤灰变废为宝,减少环境污染。

(平顶山煤业集团公司)

【粉煤灰和废旧塑料共混技术取得突破】 2001年4月,中科院长春应用化学研究所承担的粉煤灰和废旧塑料复合新材产业化中试基地通过专家评估。

几年来，在调研和分析的基础上，该所对多种废旧塑料和粉煤灰共混的不同配比、粒度、辅助剂的协同效应及在线反应加工等，进行了深入探讨，并经反复实验，总结出了一套行之有效的废旧塑料和粉煤灰复合新材料配方及工艺，其研究目前已处于国际先进水平，从而为粉煤灰、废旧塑料的综合利用，开辟了一条可靠途径。仅以排水井盖为例，以粉煤灰与废旧塑料复合制造的井盖，由于90%以上利用废旧物质，没有任何钢材或其他材料作骨架，成本低，经济效益显著，比同类铸铁制品售价低10%～20%。因此采用这种"绿色井盖"，既可防止丢失，又有市场竞争力。用这种新材料生产的下水井盖，其抗压、抗弯、抗冲击强度等综合性能良好，经过各地的实际使用，其质量达到并超过了同类铸铁产品的水平。

应用这种复合新材料还可以开发出许多种物美价廉的产品，如墙壁分线盒、薄板材、枕木等。根据市场需要，开发了可应用于建筑、电子、汽车、公路、给排水、城市绿化等领域的新产品。有关课题组已申请国家发明专利3项，实用新型专利3项，现已授权2项，并获得2001年国家重点环保推广实用技术证书。

（中国矿联信息中心）

【增压流化床联合循环(PFBC－CC)发电技术】 由东南大学承担技术支持的"九五"国家重点科技攻关计划项目—"增压流化床联合循环(PFBC－CC)中试电站工程试验及其关键技术研究"项目通过国家科技部组织的验收。

增压流化床燃烧联合循环(PFBC－CC)是一种具有高效率和良好环保性能以及经济性的新型发电技术之一。经过多年攻关，通过产、学、研结合建成了由中国自行研制开发的徐州贾汪1.5万kW PFBC－CC中试电站。到目前为止，该中试电站已完成72小时连续运行试验，累计运行919小时。和美国、德国、瑞典等四座PFBC中试装置相比较，在规模、配套完整性、技术水平和总体水平上，都达到了国际同类装置的水平。

中国是以煤炭为主要能源，以火力发电为主的国家，如何更好地利用丰富的煤炭资源，减轻火力发电给环境造成的污染，洁净煤发电技术是中国可持续发展战略的必然要求与选择。与世界上其他洁净煤发电技术相比，PFBC－CC发电技术具有高效、环保、经济、能适用各种煤种等优点。该中试电站实现了燃气/蒸汽联合循环发电运行，燃烧效率达到99%以上；粉尘和二氧化硫、氮氧化物的排放远远低于国家标准，其中脱硫效率大于90%，同时灰渣实现了综合利用。

（中国矿联信息中心）

【渣油加氢处理(S－RHT)成套技术通过鉴定】 由中国石化股份有限公司组织开发的国家"九五"重点科技攻关项目——渣油加氢处理(S－RHT)成套技术于2001年4月23日在广东茂名通过工业技术鉴定。

用该技术建成的茂名石化200万t/a渣油加氢处理装置运行平稳，催化剂活性和稳定性良好，主要经济技术指标先进，整体技术达到国际先进水平。

渣油加氢处理技术是含硫原油深度加工的关键技术之一。由于工艺过程复杂，目前国外仅有少数大型石油公司和技术开发公司拥有此项技术，国内一直处于空白。

渣油加氢处理(S－RHT)成套技术的成功开发，是中国含硫原油加工技术的重大突破，填补了中国在渣油加氢技术领域的空白，为中国含硫原油加工和资源合理利用提供了有力的技术支撑，对提高中国炼油工业整体技术水平、增加企业经济效益和环境保护具有重要作用。（中国石化股份有限公司）

【聚合物交联微凝胶体系驱油技术通过鉴定】 由河南油田承担的"聚合物交联微凝胶体系驱油技术"2001年通过中国石化股份有限公司的鉴定。该项技术与聚合物驱技术相比，具有聚合物用量少、使用范围广等特点。矿场试验在保持聚合物驱效果的条件下，降低了化学剂费用，整体技术达到国际先进水平。

微凝胶体系驱油技术的原理是在聚合物溶液中加入少量化学添加剂，通过发生化学反应提高聚事物溶液的粘度和耐温抗盐性能，以达到降低聚合物用量，改善聚合物驱油技术的应用效果和扩大其应用范围的一种新技术。

与聚合物相比，该技术使聚合物浓度从1000 mg/L降低到400 mg/L，应用于现场可大幅度降低聚合物的使用量，可以实现污水配制聚合物溶液，节省大量污水处理费用，同时还可以动用聚合物驱技术无法动用的75℃～95℃油藏的地制裁储量，具有广阔的应用前景。仅以河南油田为例，开展微凝胶驱后，每年节约聚合物干粉50%用量、综合成本下降20%以上，即可节省费用上千万元。（中国矿业年鉴编辑部）

【炼油废水资源化新技术通过技术鉴定】 北京桑德环境工程股份有限公司开发的一体式A/O膜生物反应器2001年通过国家环保总局的技术鉴定。该技术具有投资少、占地省、成本低的优点，而且流程简单、维护方便、系统稳定性高，是一种适合炼油废水资源化回用的简单高效的处理方法，为彻底实现石化炼油废水达标排放并资源化回用提供了全新的解决方案。

该技术在北京燕山石化西区污水处理现场进行了

炼油废水动态连续试验，100余天的实际运行结果表明，整个工艺对COD、NH_3—N、酚、油、SS的去除率分别达到93%、98%、99%、98%、85%。系统处理出水COD≤40mg/L，NH_3—N≤1mg/L，SS≤15mg/L，油≤0.5mg/L，达到了国家工业回用水水质要求。

目前国内外炼油行业废水处理装置普遍存在运行环境不稳定、处理效果不理想的现状，如采用A/O膜生物反应器处理技术对现有工艺进行改造，工程施工量少、周期短，且改造方便、节省投资。

一体式A/O膜生物反应器工艺用于石化炼油废水的净化回用，可以极大地改善目前国内炼油废水的排放现状，提高炼油废水达标排放的合格率，同时实现污水资源化，具有经济、环保等多重效益。

（中国矿联信息中心）

【石油勘探开发产业科研成果】 近年来，中石化集团石油勘探开发产业在开展科技攻关、深化研究理论、加快成果应用等方面又获一批高质量的研究成果，其中获国家科技进步一等奖2项、二等奖3项、三等奖4项，另有24项科研成果获省部级科技进步一等奖。

获国家科技进步一等奖：由中石化石油勘探开发研究院与其他单位合作完成的“大中型天然气田形成条件、分布规律和勘探技术研究”、由中石化河南石油勘探局与其他单位合作完成的“聚合物驱油技术”。

获国家科技进步二等奖：由中石化集团胜利石油管理局地质科学研究院完成的“济阳坳陷第三系沉积、构造及含油性研究”、由中石化集团新星石油公司西南石油局完成的“川西碎屑岩大中型气田勘探目标及气田开发研究”、由中石化集团胜利石油管理局地质科学研究院完成的“胜利海上埕岛油田高速高效勘探开发技术”。

获国家科技进步三等奖：由中石化中原石油勘探局完成的“中原油田生产系统腐蚀与防护技术研究”；由中石化新星石油公司上海海洋石油局完成的“东海西湖凹陷油气田群的发现与评价”；由中石化集团新星石油公司西南石油局完成的“四川省威西盐矿”、由中石化石油勘探开发研究院合肥石油化探研究所完成的“井中及地表油气地球化学勘探”。

获省部级科技进步一等奖：高邮坳陷北斜坡精细圈闭及油藏描述方法研究；埕岛潜山坡覆构造高效勘探技术；东濮凹陷北部滚动勘探开发增储研究；垦东潜山坡覆构造带油气成藏条件及勘探技术；济阳坳陷陡坡带砂砾岩扇体勘探技术与效果分析；胜利海上埕岛油田高速、高效开发技术；胜利油区油气层保护技术；胜利油田未熟—低熟油成烃机理、判识标志、成藏条件及资源预测；胜利探区高分辨率地震勘探技术研究；济阳坳陷第三系沉积、构造及含油性研究；川西碎屑岩大中型气田勘探目标研究；川西致密碎屑岩气田开发研究；PS防沙、涂敷防砂及分层充填防砂技术；屋脊式断块油藏和特稠油藏侧钻水井配套技术研究；中原深层石油地质研究与目标评价；胜利探区油气资源评价研究；深层特低渗油气层压裂工艺优化技术；胜利油田稠油、超稠油开采新技术；可移动桶形基础采油系统技术研究；新疆塔里木盆地石油天然气勘探；中国大中型气田勘探开发研究；东海西湖凹陷油气区带工业勘探报告；四川省德阳市新场气田三维油气地震勘探研究。

（中国石油化工股份有限公司）

【含硫原油加工技术通过技术鉴定】 中国加工含硫原油技术取得重大突破。由中国石化股份有限公司组织开发的国家“九五”重点科技攻关项目——渣油加氢处理（S－RHT）成套技术2001年4月23日在广东茂名通过工业技术鉴定。

用该技术建成的茂名石化200万t/年渣油加氢处理装置运行平稳，催化剂活性和稳定性良好，主要经济技术指标先进，整体技术达到国际先进水平。

渣油加氢处理技术是含硫原油深度加工的关键技术之一，由于工艺过程复杂，目前国外仅有少数大型石油公司和技术开发公司拥有此项技术，国内一直处于空白。

渣油加氢处理（S－RHT）成套技术的成功开发，是中国含硫原油加工技术的重大突破，填补了中国在渣油加氢技术领域的空白，为中国含硫原油加工和资源合理利用提供了强有力的技术支撑，对提高中国炼油工业整体技术水平、增加企业经济效益和环境保护具有重要作用。（中国矿联信息中心）

【石油勘探开发重大技术攻关情况】 2001年，中石化集团石油勘探开发产业多项重大技术攻关取得显著进展。

1.两个石油勘探开发“十条龙”项目取得丰硕成果，胜利“出龙”。两项成果之一是特高含水主力油田提高采收率技术攻关，形成了以油藏地质建模、剩余油监测描述、堵水调剖综合调整、聚合物驱和三元复合驱油为主的技术系列，应用在胜利等5个主力油田平均提高采收率3.1个百分点，增加可采储量3356万t，已累计增产原油809万t，为阶段储采平衡和高效稳产提供了保障。成果之二是滩海石油工程技术攻关，形成了滩海油田开发技术系列，包括可移动桶形基础采油平台等13项技术应用于生产，为完成埕岛油田241万t的产能建设提供了技术支撑。

2.济阳坳陷第三系隐蔽油藏勘探目标及配套技术

研究。通过对下第三系隐蔽油藏综合地质研究和高精度地震、测井等先进技术的应用,在惠民凹陷和车镇凹陷获得了突破;发展了对上第三系河流相成藏规律的认识,提高了对河流相储层的识别精度,在垦东、义东地区获得了突破。该项目2001年完成探井45口,试油获工业油流井32口,累计新增探明石油储量3100万t。

3.三维地震采集、处理、解释一体化技术。初步掌握了以地质建模为核心的采集、处理、解释一体化技术,中浅层地震分辨率平均提高一倍,深层信噪比也有明显提高。该项技术应用于义东地区,提供井位9口,实钻的6口井5口见油层,新增探明石油储量1400万t。

4.欠平衡压力钻井技术攻关。完成工业试验井9口(累计19口),平均产量相当于普通井的2~3倍,其中纯71-平1井综合应用了欠平衡和水平井技术,在沙四段获23 t/日的高产,为薄互层致密油藏开发走出了一条新路。

5.通过西部新区地质综合研究,确定了塔里木和准噶尔盆地中8个最有利的勘探区块。通过加强对塔河外围有利区带评价研究,新部署的沙86井在奥陶系获日产油265 t、天然气1.4万m^3,为下一步的勘探和扩大储量规模提供了地质依据。塔河油田储层改造技术研究也取得了较大进展,TK439井乳化酸酸压工艺技术试验一次成功,有效酸蚀距离达102 m,获得了350 m^3高产油流。在川西应用适应于不同气藏类型的丛式定向井工艺(两年共实施34口定向井),达到了控制较大开采面积、经济高效开采的目的。

6.在东海进一步深化天然气富集规律的研究。明确了纵向分为三个成气组合,盆地中发育有6个含气富集带的勘探思路,扩大了含气面积,去年新增天然气探明储量约200亿m^3(累计探明810亿m^3),新增原油探明储量约1140万t(含凝析油)。在东部老区,东濮凹陷深层天然气勘探获得突破,前8井在沙三段获得日产油77 m^3、天然气3.8万m^3,杜、桥、白地区深层连片含气的局面和610亿m^3储量背景基本明朗。

7.国外油气资源选区评价方面的选区思路。提出了"俄罗斯、中亚、西北非、东南亚为重点战略地区"的选区思路,并积极展开评价选区工作,为投标作准备。

(中国石油化工股份有限公司)

【石油勘探开发产业9项科技成果】 在"九五"国家重点科技攻关计划中,经中石化集团科技人员和科技管理人员共同努力,取得了一大批科技成果,涌现出一大批优秀科技工作者。为此,科技部、财政部、国家计委、国家经贸委联合作出"关于表彰'九五'国家重点科技攻关重大科技成果、优秀科技成果、突出贡献者和先进个人的决定"(国科发计字[2001]45号文)。中石化集团石油勘探开发产业共有9项成果获"九五"国家科技攻关计划优秀科技成果表彰。

9项获表彰的科研成果:由中石化新星石油公司西北石油局规划设计研究院和中石化石油勘探开发研究院新区勘探研究所共同完成的"新疆塔里木盆地阿克库勒凸起寒武—奥陶系碳酸盐岩储层预测及圈闭评价研究";由中石化石油勘探开发研究院无锡实验地质研究所完成的"新疆塔里木盆地塔河油区成藏历史与成藏机制";由中石化新星石油公司上海海洋石油局规划设计研究院完成的"东海西湖凹陷浙东中央背斜带大中型气田目标评价";由中石化新星石油公司西南石油局完成的"川西致密碎屑岩大中型气田勘探及开发技术";由中石化石油勘探开发研究院完成的"中国天然气勘探开发战略研究";由中石化新星石油公司西北石油局规划设计研究院和中石化石油勘探开发研究院南京石油物探研究所共同完成的"新疆塔里木盆地北部海相碳酸盐岩储层识别与预测物探新技术";由中石化石油勘探开发研究院无锡实验地质研究所完成的"塔里木盆地生油岩与油源研究";由中石化胜利石油管理局完成的"海上自升式钻修平台、浅海运输驳船研制";由中石化胜利油田有限公司完成的"浅海集注储输中心站主体结构及生产系统研究"。

(中国石油化工股份有限公司)

【大中型天然气田形成条件、分布规律和勘探技术研究】 由原中国石油天然气总公司石油勘探开发科学研究院、原地矿部石油地质研究所(现更名为中石化石油勘探开发研究院)等五家单位联合承担的"八五"国家重点科技攻关项目"大中型天然气田形成条件、分布规律和勘探技术研究"(85~102项目),取得了13项重大成果:

川东高陡背斜带石炭系勘探技术的重大突破及其成藏富集规律的建立,在过去的勘探禁区发现了多个气藏;四川盆地的西部建立了以水溶相运移为主,适时古隆起上成藏的模式,总结了致密砂岩气成藏的六个地质条件,指导探明了新场大型气田;鄂尔多斯盆地中部气田奥陶系风化壳成藏机制研究的重大突破,为探明中国第一个大气田起了重要作用;莺歌海盆地泥底辟成藏富集规律的确立,在莺歌海盆地连续发现了大中型气田——东方1-1、乐东15-1;东海西湖凹陷大中型气田形成条件的研究成果指导在春晓构造取得了重要发现;中亚煤成气聚集域的超前研究使中国西北地区侏罗系煤成气(烃)的勘探取得了一系列的重要发现;基本查明了松辽南部浅层天然气的成藏规律,为在中国东部已知油区浅层天然气勘探提供了重要勘探思路;煤层气地质评价与勘探开发工艺在柳林试验区取得了实质性的突破性进展；进一步建立与完善了天然气勘探的技术方法系列；提出和完善了“多源复合、主源定型；多阶连续、主阶定名”天然气形成和成藏理论，突破了传统的干酪根晚期成烃的概念，对天然气勘探有重要指导意义；运用天然气成因理论，完成了国内外最完善、最系统的气聚集带的分类，为中国天然气勘探提出了一批有利区带；开展了符合中国地质特点的天然气地质理论研究，扩大了四川、鄂尔多斯、东海等主要含气盆地的天然气勘探领域和前景；总结了中国各类大中型气田的形成条件，为“九五”天然气储量大幅度增长(探明 $1\times10^{12}m^3$)提供了可靠的地质依据。

该项目获2001年度国家科技进步一等奖。

（中国石油化工股份有限公司）

【济阳坳陷第三系沉积、构造及含油性研究】 中石化集团胜利石油管理局地质科学研究院为了深化对隐蔽油气藏分布特征及成藏规律的认识，提高隐蔽油气藏预测的准确性，从而进一步准确提高勘探成功率，有针对性地开展了“济阳坳陷第三系沉积、构造及含油性”课题攻关。

该课题以高精度层序地层学和同沉积构造研究为突破口，对济阳复杂断陷盆地第三系主要含油气层系进行了全面系统的研究。该课题首次开展了全盆地第三层系层序地层学研究，建立了三级层序地层格架，实现了各凹陷下第三系三级层序地层的等时对比，建立了陆相复杂断陷盆地层序模式和低位扇沉积模式；通过对主要同沉积断层断裂几何学、运动学特征及其与沉积关系的研究，创建了“断裂坡折带”与“低位扇”的成因关系理论模式，并提出断裂坡折带是低位扇发育的有利地带，三级层序的低位扇含油性最好等规律。这一理论不仅对济阳坳陷岩性油气藏的勘探具有重要的指导作用，而且对于中国东部陆相断陷盆地岩性油气层的勘探具有重要的推广价值。

根据该课题研究成果，3年共部署岩性油藏探井200余口，探明石油地质储量8 379万t，控制加预测石油地质储量11 427万t，增加石油可采储量3 565万t，累计建成石油生产能力157万t，已生产石油100多万t。预测有利勘探目标38个，圈闭资源量1亿t以上。

该项目获2001年度国家科技进步二等奖。

（中国石油化工股份有限公司）

【川西碎屑岩大中型气田勘探目标研究】 中石化集团新星石油公司西南石油局通过该项研究，查明川西自晚三叠世以来发生了11次构造事件，发育5个原型盆地；系统建立了致密碎屑岩层序地层格架，划分出14个沉积层序；突破了传统的储层分类方法，提出“渗透体”概念；提出5种不同类型的圈闭；总结了川西大中型气田的5个地质条件；形成了以气藏描述、水力压裂变、气层保护技术为核心的三大技术系列。

通过上述攻关，天然气年产量由1996年的6.66亿 m^3 增加到1999年的10.52亿 m^3，气藏综合递减率由31%降到14.3%。四年产值达73.54亿元，利税13.72亿元。

该项目获2001年度国家科技进步二等奖。

（中国石油化工股份有限公司）

【胜利海上埕岛油田高速高效勘探开发技术】 在油气勘探方面，该项技术配套形成了适合不同层系、不同类型油藏的勘探技术，即以神经网络、测井约束反演和地震多参数判识、分形分维技术为代表的上第三系河道砂体储层描述和油气判识技术；以高分辨率层序地层学和测井约束反演技术为代表的下第三系湖相隐藏砂岩储层预测描述技术；以迭前深度偏移，构造应力场模拟、合成声波测井为代表的前第三系潜山裂缝储层预测描述技术。

在油田开发方面，浅海油田开发可概括为十一项技术，即油气藏资源优选评价技术、少井条件下河流相砂体定量描述技术、三维可视化模型建立技术、大井距油砂体定向井布井技术、浅海油田开发技术政策研究、油气层保护技术、防砂完井配套技术、油层压力连续测试技术、胜新型平台设计技术、海底管线设计技术、CAD海工设计优化技术。

“八五”和“九五”期间，该项技术在胜利极浅海地区大力推广，对4800 km^2 的区域进行了油气勘探，探明石油地质储量近4亿t，并对埕岛地区成藏特征有了新的系统认识，即本地区有三个供油单元，两套区域性盖层，三个含油气结构层系，三个复式油气聚集带。油田开发工作全面实施，到2001年底已完钻开发井241口，钻井成功率100%，预测油层厚度符合率92%，层数符合率90%，深度误差1～3 m。累建产能214×104 t。建中心平台二座，井组和单井平台67座，铺设海底管线65.8km，2001年产油213万t。

该项目获2001年度国家科技进步二等奖。

（中国石油化工股份有限公司）

【新型屏蔽暂堵保护油层技术】 2000年10月，江汉油田钻井处钻井液技术人员研制出新型屏蔽暂堵保护油层技术，使钻井液密度高与油层压力低这对正压差的矛盾所包含的不利因素转化为有利因素，开创了油层保护新局面，提高了勘探开发效益。

开发了30多年的江汉油田，油层压力系数已远低于正常值，常规的钻井液密度大于油层压力的现象普遍存在，这对保护油层是一个严峻的挑战。钻井过程中，一旦污染了油层，就影响到勘探开发的整体效果。“八五”后期，江汉油田决定专题攻关，初步形成暂堵技术，使沙27井一举成为江陵凹陷第一口试油自喷井。

2000年以来，江汉油田组成新一轮攻关项目组，进一步扩大战果，研制出全新的屏蔽暂堵剂。新型的屏蔽暂堵剂加入钻井液中，在井壁迅速形成坚固的暂堵带。它在保护油层的同时还节省了技术套管，不仅提高了钻井速度，而且降低了开发成本。更有深远意义的是屏蔽暂堵技术为江汉乃至其他存在正压差地区的勘探开发提供了强有力的技术支撑。

（中国矿联信息中心）

【新型生物采油技术研发成功】 一项新型生物采油技术2001年4月26日在大港油田研发成功。采用这项新技术，预计将使断块油田的老油井提高采油率10%以上。

这项新技术名为本源微生物驱油技术，在中国尚属空白。据专家介绍，它是利用因长期注水而带入油层并已适应油层条件的细菌，注入适当的营养物质，将其激活，使之大量繁殖，在代谢原油的同时产生提高原油流动的物质，进而提高采油率。此技术与目前国内采用的异源微生物驱油技术相比，既省去了菌种筛选和工业发酵的过程，又具有成本低、适用范围广的特点，更具有推广价值。

在研发过程中，中俄科研人员在大港油田老油区——孔店二断块北油田的含水量高达94%的低产油井，先后开展了油藏地质分析、矿物取样分析及室内试验研究。

2001年，这项新技术已在大港孔店二断块北油田正式投入先导性矿场试验。设计注入井11口，产出井18口，投入面积1.6 km^2，共674万t地质储量，预计两年内可增产原油3万t。（中国矿联信息中心）

【超深超薄油藏开发】 2001年塔里木油田哈得水平1排1井在5000 m以深超薄油层试油中，用7 ml油嘴求产，日产油160 m^3，天然气5311 m^3。这口井完钻井深5453 m，获得高产工业油气流的油藏只有1 m和1.5 m厚，属超深、超薄油藏，钻井和开发十分困难。此井获得高产，填补了中国陆上石油超深、超薄油藏钻井和开发技术的空白。（中国矿联信息中心）

【“莺琼大气区勘探关键技术”通过验收】 由中国海洋石油总公司牵头承担的国家863计划重大项目“莺琼大气区勘探关键技术”通过了国家科技部的验收。据悉，这项高新技术成果已部分成功地运用于钻探莺琼盆地东方1-1-11井。

南海莺琼盆地是中国海域具有丰富天然气潜在资源的地区。为了维护中国海洋权益及满足中国东南沿海地区经济发展的需要，尽快建成莺琼大气区势在必行。但该盆地天然气埋藏深和高温超压的特点影响着大气区的勘探进度，给地震勘探和钻井带来很大困难。

经过国内20多个科研院所200多名研究人员3年多的努力，各项课题均达到了预期的目标：发展了高分辨率地震技术，为高温超压所引起的复杂地质现象提供了一套海洋中深层油气精细勘探技术，该项技术处于国际领先水平；研制了一体化的海底多波（多分量）地震采集设备及相应的软件，打破了国外在海底地震电缆方面的技术垄断，为发展中国海上多分量地震勘探奠定了基础；研制了包括钻前预测、随钻预测、实时检测的地层压力预、监测系统；研制了高温超压油基钻井液和溴盐完井液体系；研制了用于高温超压地层测试的地面数据监测和安全控制系统。

（中国矿业年鉴编辑部）

【造纸黑液提取有机钾肥新技术】 陕西杨凌亨泰绿色高科技股份有限公司与西北大学联合建立的碱法草浆造纸黑液处理研究中心，2001年，研制开发出利用草浆造纸黑液提取有机钾肥的成套工艺和设备，解决了造纸厂排水污染问题。

这项技术已于2000年3月获得国家专利。此技术可使造纸黑液变废为宝，即年产1万t的造纸厂可以“孵化”出年产1万t的有机钾肥厂。利用造纸黑液提取的有机钾肥直接用于农作物，或加工生产有机复合肥，每年可以实现利润1000多万元。使用该技术可以从造纸黑液中提取98%的废弃物质，经过酸碱中和处理，使水变清，循环使用，使造纸厂节约2/3以上的水源，还可以浇灌庄稼。据称此项技术的推广应用还可以带动绿色环保农业、机械设备加工等行业的发展。

（中国矿业信息中心）

【双层环氧粉末涂敷技术开发】 2001年9月，双层环氧粉末涂敷技术及产品由宁波科鑫腐蚀控制工程有限公司研制成功并通过鉴定。

钢铁腐蚀为工业中的一个严重问题。为延长钢铁使用寿命，宁波科鑫腐蚀控制工程有限公司在国内率先研制成功由有机分子树脂聚合物为基材的单层环氧粉末涂敷技术及产品。后又继续攻关，在解决了双独立式粉末回收系统涂层装备及生产工艺难题后，终于研制成功双层环氧粉末涂敷技术及产品。通过喷砂除锈、中频加热、环氧粉末喷涂、固化冷却等工艺流程后，钢材的耐腐蚀性和抗冲击力大大增强，可有效防止管道施工中的机械和自然条件划伤。

该项技术已应用于天然气煤气管道、油品输送管道等领域，并得到使用单位较高评价。

（中国矿业年鉴编辑部）

【西码西控释专用肥研制通过鉴定】 由湖南星沙实业发展有限公司西码西科研所研究开发的——“西码西控释专用肥”，于2001年3月通过鉴定。

该产品利用不同的粘土矿物制成包膜材料，能有效地控制释放养分，这是一项创新，具有广阔的应用前景。

“西码西控释专用肥”通过长沙、江永等县市的5个田间试验证明，这种肥料不仅资源丰富，成本较低，而且能显著提高化肥利用率和增加产量，并有改善农产品品质的作用。（中国矿业年鉴编辑部）

【水溶硅酸锂富锌涂料研制】 天津大学材料学院2001年研制成功了一种水溶硅酸锂富锌涂料，可广泛应用于石油化工设备、桥梁、造船等行业。

富锌涂料的基液和锌粉的配比为2:5。涂料的附着力，耐冲击性优异，安全能满足富锌底漆的一般要求；耐盐雾试验1000小时涂层无变化，耐水、耐化学试剂性能好，可作为钢铁的长效耐蚀涂料，如桥梁等设施的防护；有优异的耐温性，可用作烟囱、热电厂的热交换器的耐温涂料；涂料的表面电阻小于10万Ω，符合国家关于导静电涂料的标准；同时具有优良的耐溶剂性，故可作为导电涂料用于大型储罐的内壁以防腐蚀。

（中国矿联信息中心）

【胶性硅酸镁锂开发研制】 被列入国家科技中小企业技术创新基金项目的纳米矿物材料——胶性硅酸镁锂在杭州问世，由浙江省浙地科技开发有限公司研制。

胶性硅酸镁锂产品是一种超高纯度的纳米矿物材料，世界上仅美国拥有工业矿床。这种纳米矿物资源十分短缺，而其独特的成胶性、吸附性和触变性，又赋予它在工业上作为出色的增稠剂、悬浮剂、粘合剂、触变剂和分散剂使用。该产品可广泛应用于化妆品、牙膏、洗涤用品、涂料、食品、医药、建材、电子等领域。

胶性硅酸镁锂产品已经过省级新产品技术鉴定，它的研制成功，填补了中国用化学原料人工合成这种新材料的空白。（中国矿联信息中心）

【盐湖锂矿制取碳酸锂技术通过评审验收】 中国盐湖锂资源提取技术已获得突破性进展，这将为中国建立具有国际竞争优势的盐湖锂盐产业打下坚实基础。

标志这一重大技术进展的“东台盐湖锂矿制取碳酸锂试验”科技攻关项目，2000年12月在西宁市通过由青海省科技厅组织的专家委员会的评审验收。这一科技攻关项目是由中国科学院青海盐湖研究所经过多年刻苦研究完成的。

这一科技攻关项目取得的成果包括：盐田富集钾盐和浓缩锂试验运转成功，首次在柴达木盆地东台盐湖修建成功面积达12万m^2的盐田，按预定的盐田工艺路线平稳运行2年，制得合格的钾盐中间产品和富锂原料卤水6600 t；发明了从盐湖高镁含锂卤水提取锂盐的新技术，设备配套合理，并形成年产100 t碳酸锂的生产能力。（中国矿联信息中心）

【海水中提炼锂技术】 2001年，台湾科研人员从海水中提炼出制造锂电池的原料碳酸锂。

据报道，台湾“工研院”的研究人员使用自行研制的吸附剂，从海水或卤水中将锂吸附出来，然后将海水中的锂浓度从0.15 PPM（百万分之一）浓缩到1500 PPM，最后经电透析，将浓度提升到1.5万PPM，再经化学纯化，提炼成纯度高达99.95%的碳酸锂。

（中国矿联信息中心）

【新型磷矿浮选捕收剂应用】 化学矿产地质研究院继开发H917浮选捕收剂，并应用于江苏连云港锦屏磷矿之后，又成功研制出一种新型磷矿浮选捕收剂AW－02，应用于中国北方地区最大的磷矿基地——河北省矾山磷矿。

AW－02捕收剂是一种聚复型磷矿浮选捕收剂。该药剂原料来源广、价格低、无毒、无“三废”排放。与矾山磷矿过去使用的H907捕收剂相比，解决了精矿后处理沉降过滤中因粘性大，导致部分细滤流失的难题，每t药剂可节省成本1000元以上。按年处理磷矿石100万t/a、捕收剂用量1.8 kg/t（原矿）计算，仅此一项就可降低成本180万元。

AW－02是中国磷灰石和沉积型磷块岩的有效捕收剂，具有可在常温、粗磨、低碱工艺条件下进行浮选等优点。自投入使用AW－02以来，矾山磷矿选矿厂磷精矿品位稳定在33%～37%之间，回收率达93%～95%，比采用H907捕收剂提高5%，经济效益相当可观。（中国矿联信息中心）

【无毒金属表面化学镀膜新工艺开发】 一种无毒无污染的金属表面化学镀膜新工艺，2001年在山东省莱州市府前科技中心研究成功。

该工艺可代替电镀铬和电镀镍，具有优良的防腐性和耐磨性，成本仅为电镀铬的1/2。更为重要的是该工艺解决了实施电镀过程中6价铬致癌和对环境的污染等疑难问题，可广泛应用于石油化工、国防、电子、航空航天、机械、纺织等行业。

该工艺弥补了电镀的不足，且操作简单，采用市场上来源广泛的化工原料，按科学配方混合而成，不需直流电源，只需镀槽容器便可实施镀膜。该工艺采用金属盐和还原剂在同一溶液中氧化还原而在固体表面沉积出金属镀层的新成膜技术，其优点是不存在的电流分布对电镀的影响，因而能在复杂形状的零件表面获得厚度均匀的镀层，镀膜表层为非晶态合金，具有高耐蚀、高耐磨、非磁性等优点，是目前从工艺上代替电镀，在功能上超过电镀的理想方法。

（中国矿联信息中心）

【深层芒硝开采技术应用】 2001年，江苏南风化工有限责任公司探采结合井在地下2751 m深处实现连通对流，这是中国目前芒硝开采最深的一口连通井，标志着深层芒硝开采技术达到新水平。

该井投产后，每年可开采芒硝60多万t，出卤总量比单井提高3倍，年节省维修井费300多万元，降低采卤成本150余万元，实现销售收入1600万元，加快了芒硝资源开发利用的进程。（中国矿联信息中心）

【万吨级超重力法合成纳米碳酸钙生产线在山西投产】 2001年11月26日，国家“863”计划成果产业化项目、国际首条万t级超重力法合成纳米碳酸钙生产线，在山西芮城县华泰科技工业园正式投产。

中国的纳米技术处于世界领先水平。北京化工大学开发的超重力法纳米粉体工业化制造技术是国家“863”计划成果产业化重点推广项目，其方法和技术属国际首创，获国家专利。在有关方面支持下，形成产业化生产，于2001年10月在山西芮城华泰科技工业园建成国际首条万t级超重力法合成平均粒径在15～40纳米范围之间可调的纳米碳酸钙粉体生产线。此项技术利用旋转产生的比地球重力加速度高得多的超重力环境，在分子尺度上有效地控制化学反应与结晶过程，获得粒度小、分布均匀的高质量纳米粉体产品，与国外同类产品相比，质优价廉，具有很强的国际竞争力。可广泛应用于塑料、橡胶、涂料、造纸、油漆、油墨等行业。

（中国矿联信息中心）

【高性能耐火耐候建筑用钢研制】 中国科研人员首创的新一代建筑用钢——高性能耐火耐候建筑用钢，由武汉钢铁(集团)公司研制成功。

生产这种可替代进口的钢种，是国际首创的新技术。这种新的钢种可广泛用于各类高层建筑、超高层建筑、大跨度建筑和轻钢轻板建筑工程，特别是耐火耐候要求高、条件比较苛刻的建筑工程。它集高耐火性、高耐候性、高Z向性能等于一体，在600℃高温下仍能确保高屈服强度，不折不弯，因而可以提高建筑物的防火安全性和稳固性。由于添加了大量抗大气腐蚀性能的元素，其耐候性能比普通用钢高2至8倍，因而延长了使用寿命。它自身具有良好的耐火性能，可减薄建筑物防火层的厚度，大量节省建造费用。

（武钢矿业公司）

【新型合金耐磨材料投产】 一种广泛用于冶金矿山选矿、水泥厂、发电厂原料破碎的新型耐磨新材料——能替代高锰钢衬板材料的合金耐磨新材料，由云南省通海万泰耐磨有限责任公司研制成功并投入批量生产。

用这种新合金材料制造的耐磨衬板，硬度高、韧性好、耐磨蚀，高温下亦不变形，其耐磨性能是ZGMN13高锰材料衬板的1.5～2倍以上。冲击值 $ak \geqslant 25\ J/cm^2$，硬度GRC = 50－55，在4.5 m高程的落球试验机上用φ125钢球作抗疲劳冲击试验3万次，衬板未出现裂纹和变形，失重仅为2GMn13高锰衬板的1/4。

该合金耐磨新材料经云南省有色冶金、电力、水泥等行业数十家用户近3年试用，结果表明其耐磨效果甚佳，尤其是水泥行业φ3.5 m球磨机和铅锌矿、铜矿、锡矿、钨矿等金属矿及火电厂φ3.2 m、φ4.2 m的球磨机和棒磨机上使用，均未出现变形和断裂，且磨耗均匀。而生产该合金耐磨材料的成本和价格仅与高锰钢耐磨材料持平。目前，这种新一代耐磨新材料已被列为重点推广的科技新产品。（中国矿联信息中心）

【海绵铁生产新工艺在西安投产】 陕西海达科技企业公司成功开发出采用二步还原法生产海绵铁的新工艺，投入产业化生产。

随着世界各国短流程炼钢工业的迅速发展，作为炼钢原料的废钢资源日益紧缺。海绵铁作为冶炼高等级钢材不可替代的原材料，不仅能替代废钢，而且可以大幅度降低生产成本，缩短生产周期，提高优质钢的质量。目前，中国海绵铁的年需求量为500万t左右，基本上依赖进口，且价格高，阻碍了生产发展。

陕西海达科技企业公司投资800多万元开发的采用竖炉气体还原法生产海绵铁新工艺，生产率高，产品质量好，中试表明金属化率可达93%；煤气能回收循环利用，有利于降低成本，保护环境。它充分利用了陕西丰富铁矿石和煤炭资源，就地取材，可节约大量资金。

这项新工艺经过有关专家鉴定，已获得国家专利。陕西省有关部门已批准由海达公司局部改制发起设立的陕西恒迪环保新材料股份有限公司，建设一条年产

10万t海绵铁的生产线，投入产业化生产。

（中国矿联信息中心）

【氧化钼球替代钼铁炼钢试验】 陕西金堆城钼业公司和大冶特钢股份有限责任公司合作进行的氧化钼球替代钼铁炼钢试验获成功。这标志着国内钼球在钢铁生产中推广应用技术取得重大突破。

2001年2月，金堆城和大冶特钢签订了合作试验协议，由金堆城无偿提供高质量氧化钼球和相关的国外技术指导服务，在大冶特钢11个炉做低合金结构钢和不锈钢两种钢冶炼试验。试验各项技术指标稳定，产品质量高，生产成本明显下降，每t钢仅炉料成本较以前减少5000元。随后，在大冶特钢的炉料订货招标中，金堆城中标，包揽了300t氧化钼球和240t钼铁的全部供应量。 （中国矿联信息中心）

【纳米双相钕铁硼磁粉及粘结磁体研制通过鉴定】 由山东省冶金科学研究院、山东大学、山东中天永磁厂共同完成的“高性能纳米双相钕铁硼磁粉及粘结磁体的研制”课题，2001年通过山东省科学技术厅组织的技术鉴定。

经鉴定专家委员会鉴定，该材料属低钕高硼纳米双相永磁材料，填补了国内空白，主要技术指标达到了国际先进水平和国内领先水平。该材料潜在经济效益和社会效益显著，具有广阔的市场开发前景。

该项目是山东省科技厅1999年科技进步项目，它是以含4.5%钕的合金，通过添加Co、Dy、Si、Ca等微量元素，采用快淬工艺形成非晶材料，通过不同温度和时间进行晶化处理，生产出具有纳米双相复合结构的高剩磁、中矫顽力的高性能快淬磁粉。该磁粉通过与黏结剂混合，生产出高性能永磁体。

（中国矿联信息中心）

【低场强脉动磁选机工艺及设备研究通过鉴定】 由安徽马鞍山矿山研究院完成的“新型低场强脉动磁选机新工艺及设备研究”通过专家鉴定。该成果已广泛应用于矿山企业磁铁矿选矿厂，并可明显提高铁精矿品位；与普通磁选机相比，该机的精矿品位可提高1～2个百分点。

这种新型低场强脉动磁选机的技术关键是在普通筒式磁选机上加装循环运转的磁屏蔽板，使磁选机筒表面形成永磁脉动磁场，从而提高了选择性。

专家鉴定认为，该技术属国内外首创。若在全国推广，经济效益会相当显著。 （马鞍山矿山研究院）

【高品位硅锆铁合金应用】 2001年，南京南方稀土研究所推出达到国际产品标准的锆30%～40%高品位硅锆铁合金，回收率在80%以上，生产成本比国外产品降低10%以上。

硅锆铁是用于炼钢的优质脱氧剂和变质剂，具有良好的脱氧、脱硫、细化晶粒的作用。由于锆在含氮量较高的钢中生成氮化锆，可以改善钢的高温蠕变强度，降低低碳薄钢板的时效倾向，改善钢板的深冲性能，欧美一些国家和日本、俄罗斯等国家已普遍将硅锆铁应用于炼钢工业。由于锆有细化晶粒的特性，适量的硅锆在球铁或普通灰铁中作为添加剂在铸铁中应用愈来愈广泛，对提高钢种和铸铁质量有广泛应用前景。

（中国矿业信息中心）

【纳米技术治理重金属废水运用】 2001年，湖南省成功运用纳米材料水处理剂治理重金属冶炼废水，其生产性扩大试验通过了专家鉴定。用湖南省智能达有限公司开发的“Z氏法”纳米超高效水处理剂处理水口山矿务局四分厂的含锌废水取得了显著效果。经环保部门取样监测，污水重金属去除率在99%以上，净化水中锌、铅、砷等10项指标全部达到或优于国家一级标准，完全可作为生产用水循环使用。废水中锌的平均回收率达到96.9%，锌渣品位较高，脱水后平均含锌达到38.9%，具有回收价值。每m^3废水处理成本仅0.8元，且废水处理工艺流程简单，无需特别设备，易于操作，废水处理现场清洁，工程占地面积、一次性投资减少40%左右，综合效益显著。 （中国矿业信息中心）

【铜基无银无镉合金材料研制】 中国铜基无银无镉合金新型电工材料产业化示范工程，2001年在哈尔滨市启动。

中国首创的铜基无银无镉合金材料是哈尔滨工业大学、哈尔滨东大电工有限公司研制的，以铜为基体，添加微细碳粒子及特种合金元素，经粉末冶金工艺制成的一种代替银基合金材料的新型电工合金材料，主要用于机电、铁路、汽车、家电等行业的交、直流接触器、空气开关等，其国内外市场前景十分广阔。

电工触头是低压电器中的关键部件，易损耗，需求量大。过去中国一直采用银基合金为触头材料，其通断性能差，价格昂贵，又含有污染环境的镉。铜基无银无镉电工合金材料成功解决了电工触头以铜基合金代替银基合金的世界性难题，其性能稳定、取材方便、工艺简单，是一种不含镉的理想环保材料，被誉为“低压电器行业的一场革命”。

中国80%的工业用银依靠进口。这项新材料的成功研制和推广，将从根本上改变中国工业用银主要依赖进口的状况，有效降低企业的生产成本。

为使铜基无银无镉合金材料实现产业化，哈尔滨东大电工有限公司已应用这种材料开发出铜基无银电工触头系列产品，并形成了年产 50 t 的生产能力。这项新产品在沈阳低压电器厂、开水长城电器厂、北京铁路局等单位装机应用，均取得明显成效。

年产铜基无银无镉新型电工材料 700 t 的高科技产业化示范工程将成为中国最大电工合金材料基地。

（中国矿联信息中心）

【含金尾矿资源综合回收工艺通过专家鉴定】 由湖南省湘西金矿与长春黄金研究院完成的国家"九五"重点科技攻关项目《湘西金矿含金尾矿资源综合回收工艺研究》，2001 年通过专家鉴定。该项目对回收成分复杂的含金矿石和含金尾矿具有很好的借鉴示范作用。

湘西金矿含金尾矿资源是国内外罕见的以微细粒及包裹金嵌布为主，成分复杂。该工艺既可回收对氰化有害的元素锑及包裹在硫化物中的微细粒金，又最大限度地实现了金的回收。利用冶炼厂排出的二氧化硫气体对含氰尾矿水进行治理，以废治废，实现了达标排放，工艺流程和技术指标均达到国际先进水平。

湘西矿有着丰富的尾矿资源，3 个尾矿库总量近 400 万 t，其中 1 号库堆存的是 1955 年至 1968 年排放的老尾矿，经勘测，金、锑、钨平均品位分别为 4.18 g/t、0.174%、0.161%。该工艺经工业生产试验表明，当给矿品位达到平均品位时，采用"浮选金锑 + 尾矿氰化"流程，选矿回收率金可达 73.18%，锑可达 30.5%；选冶总回收率金为 69.9%，锑为 24%，可年产黄金 105 kg，2 号精锑 62 t，年经济效益可达 340 万元。（湘西金矿）

【稀土复合脱氧剂（RE－CD）开发应用】 由包头市东宇金属加工有限责任公司开发的稀土复合脱氧剂（RE－CD），是利用中国钢铁工业技术和稀土资源优势，并消化吸收国内外大量复合脱氧剂资源而研制的新型铁合金材料，具有广阔的应用前景。

该产品的主要特点是：稀土元素与碱土元素有机结合，从而有很强的脱氧能力。通过首钢、包钢等 6 家炼钢企业的平炉、转炉、电炉冶炼结构钢、耐热钢、合金铸钢，包括模铸、连铸不同工艺试用证实，脱氧能力与纯铝相当，好于现用的硅铝铁、硅锌铝铁。发挥稀土去杂作用，提高钢的质量，测试表明比硅钡铝铁夹杂平均降低 6.3%；比硅铝铁降低 8.7%。提高钢的机械性能，脱氧后本产品比硅钡铝铁处理的钢提高冲击力 10%。本产品比重大、熔点高、有利炼钢的深度脱氧，而且易破碎、不分化、生产不污染环境。本产品成本低，炼钢企业降低 t 钢成本，经济效益明显。

（中国矿联信息中心）

【大面积双面高温超导薄膜通过国家评审验收】 2001 年北京有色金属研究总院承担的国家"九五"重点科研项目"大面积双面高温超导薄膜"通过国家评审验收。

北京有色金属研究总院采用自行研制的设备，成功地制备出国内最大面积的 2 英寸高质量双面钇钡铜氧超导薄膜，达到国际同类材料的先进水平，加快了中国超导技术实用化进程。

高温超导材料一般是指在液氮温度以上（－196℃）电阻为零的超导材料。高温超导薄膜有优异的电性能指标和极低的微波表面电阻，且易于集成。用这种材料制备的微波器件具有插入损耗小、能耗低、体积小、重量轻等优点，以大面积双面超导薄膜为关键材料的移动通信电子系统将成为新一代移动通信工程的升级产品。这个子系统将改善移动通信基站接收器的选择性、灵敏度，减少功率损耗，使发射半径增加 1 倍。

（北京有色金属研究总院）

【球团包衣焙烧氧化法研究成功】 中国地质科学院金矿堆浸中心研究出一种金矿选冶的新方法——球团包衣焙烧氧化法。该法结合了焙烧氧化法和加压氧化法的优势，消除了各自的缺点，保留了焙烧氧化法具有的技术设备成熟、投资少、运行成本低、适应性强等优点，解决了环境污染问题。

该项目已完成了实验室试验。实验样品的硫砷固定率大于 99.98%，焙砂的金浸出率比普通焙烧氧化法和固硫砷焙烧氧化法高 10%～20%。

球团包衣焙烧氧化法与球团焙烧氧化法的最大区别在于，前者的球团分为内外两部分，内核为矿粉、粘结剂的混合物，在内核的外部有一层连续覆盖的、有一定厚度的、由硫砷固定剂组成的包裹层（称包衣层）。包衣层的存在确保球团内部硫砷化物氧化时生成的气体在向外部扩散时被固定剂捕获，实现彻底固定硫砷。

球团包衣焙烧氧化法的工艺流程包括原料制备、配料、混合料制粒、球团包衣、包衣球干燥、焙烧、焙烧球去衣及氰化提金等工序。该工艺流程简单，操作成本低，设备投资少，焙烧烟气不需要任何净化设施，可直接实现无污染排放，省去了二氧化硫和三氧化砷净化回收设备。另外，粘结剂和固定剂来源广泛，价格低廉并没有重大技术设备问题，是含硫砷型难浸出金矿适宜的预处理方法。 （中国地质科学院）

【砷化镓单晶拉制技术通过国家验收】 北京有色金属研究总院研究开发出中国首套蒸气压控制直拉法（VCZ）晶体生长系统和工艺技术，2001 年通过国家验收。该院成功拉制出国内第一根 4 英寸 VCZ 半绝缘砷化镓单晶，可满足高品质超高频、超高速集成电路的要求，填补了国内空白，使中国成为继日本、德国之后第三个掌握该技术的国家，标志着中国砷化镓晶体生长技术进入世界领先行列。

该项目各项技术指标达到并超过合同要求。该系统结构简单，拆装方便，可重复使用。这个自主设计的单晶生长系统，已成功地拉制出多根半绝缘砷化镓单晶，位错密度比常规液封直拉法（LEC法）晶体低一个数量级，各项指标能满足高品质集成电路的要求。

（北京有色金属研究总院）

【铋系高温超导带材超导研制】 北京有色金属研究院研究中心近期研制成功中国第一根百米长的铋系高温超导带材，填补了中国高温超导长带制造的空白，达到国际先进水平。

此次研制成功的高温超导带材长 116 m，宽 3.6 mm，厚 0.28 mm，以螺旋管方式缠绕，用四引线法全长度测量，77K 液氮温度（－169℃）自场下临界电流达 12.7A，各项技术指标均达到国内领先水平。

高温超导带材达到 100 m 以上，即可进入生产领域。它主要用作输电电缆、变压器、核磁共振成像等。一般输电电缆在长距离输送时电力损耗达 20%，而高温超导长带做成的输电电缆，输电损耗几乎为零，可极大地降低输电成本。（北京有色金属研究总院）

【滑石型钼矿选矿技术通过专家验收】 中国地质科学院郑州矿产综合利用研究所科研人员解决了中国三大钼矿资源基地之一——河南省栾川县上房沟滑石型钼矿选矿的技术难题，使钼回收率从 50% 提高到 71.09%，从而为经营该矿的洛阳钼都矿冶有限公司的发展提供了技术保证。

栾川上房沟钼矿是特大型钼矿床，钼金属储量丰富，且伴生铁、硫元素可供综合利用。但该钼矿中 82.88% 的矿石为含滑石的难选矿石，工业生产中选矿回收率低，药剂耗量大，成本高。钼都冶炼公司曾先后 9 次试图解决选矿技术难题，虽耗资巨大，但均未取得理想效果。

1999 年 5 月，中国地质科学院郑州矿产综合利用研究所受钼都矿冶公司委托，开始对上房沟滑石型钼矿选矿进行技术攻关。攻关组经试验研究，确定了矿石预选、矿泥重选和浮选的工艺流程，后经工业试验及工业生产证明：该工艺指标稳定，流程可靠，既能减少药剂用量，降低生产成本，又能显著提高钼的回收率和增加伴生元素的回收率。2001 年这一滑石型钼矿选矿工艺通过了专家验收。（中国矿业信息中心）

【"矿用高水速凝胶结充填复合材料"研制】 2001 年，西北矿冶研究院研制出达到国际领先水平的"矿用高水速凝胶结充填复合材料"。

这种复合材料性能优良，采用连续制浆、管道自流输送等配套的新型充填工艺，具有固水性能高、快速凝结硬化、早期强度大等优点，可用矿山的废料——尾矿和废石作充填骨料进行胶结充填。还可以形成轻质建筑墙体类材料，也可作为新型注浆堵漏和堤坝、路基抢修材料。（中国矿联信息中心）

【阳极磷铜研发成功】 被国家经贸委列入 2001 年国家重点技术创新项目的电子工业用阳极磷铜产品，2001 年在铜陵有色金属（集团）公司研制成功，正式投入生产，年产量可达 3000 t。

阳极磷铜产品是印刷电路板的基础原材料，科技含量高，生产工艺复杂。近年来中国使用的大多为进口产品，每年要耗费大量外汇。该产品的研发成功填补了国内一项空白。目前，产品已销往美国、台湾等国家和地区，深受国内外客户的欢迎。

（铜陵有色金属公司）

【钛资源综合利用技术攻关计划启动】 国家计委、四川省将投入大量资金支持攀枝花钢铁集团公司的钛资源综合利用技术攻关，占中国总储量 90% 以上的攀枝花钛资源将得到综合开发。

目前，由于技术的原因，中国的钛资源综合开发力度落后于发达国家，如攀枝花钢铁集团公司的钛资源综合利用率仅为 4.9%。中国钛资源储量丰富与综合利用率极低形成了极大的反差。鉴于此，攀钢集团公司向有关部门申报钛资源综合利用计划，2001 年国家计委批准了该项计划。此次技术攻关的重点是推进中国氯化法制取钛白技术的产业化。

（攀枝花钢铁集团公司）

【尾矿微晶玻璃生产工艺研究通过验收】 中国地质科学院尾矿利用技术中心用矿山尾矿生产出一种新型"绿色建材"——微晶玻璃花岗岩。最近，这项名为"尾矿微晶玻璃生产工艺研究"的科技攻关成果通过了由国家科技部组织的成果验收。

据介绍，该成果的技术关键是尾矿微晶玻璃的基础配方、控制尾矿微晶玻璃成核和晶体生产的诸因素、形成尾矿微晶玻璃气孔的因素及工业生产消除方法、造成尾矿微晶玻璃变形及碎裂的原因及解决方法。

目前，这项新工艺已完成在多个矿山的工业试验，尾矿利用率可达到 30%～40%。经与国内同类技术比较，更具有原材料成本低，能耗、综合成本低以及产品花色品种多等优势。测试还表明，用该项技术生产的微晶玻璃花岗岩,理化性能均优于天然大理石和天然花岗岩,被专家认为是新世纪高档石材的换代产品。另外,这一新技术和新工艺的问世,对解决矿山环境污染问题等具有现实意义。(中国矿联信息中心)

【复合硅酸盐水泥研制开发】 一种新型的环保、绿色水泥——复合硅酸盐水泥已由陕西秦岭水泥(集团)股份有限公司研制成功,并推向市场。

复合硅酸盐水泥,是指由硅酸盐水泥熟料、两种或两种以上规定的混合材料、适量石膏磨细制成的水硬性胶凝材料,其中混合材料的总掺量为15%~50%。这种新型水泥最大的特点是环保,由于充分利用工业废渣作为混合材料,从而更多地节约水泥熟料,减少环境污染。这种环保水泥还具有需水量小、凝结时间适中、保水性好、干缩水、水化热低、耐腐蚀性好、抗裂性好、后期强度增进率大、所配制混凝土的和易性好、成本低等特点,综合性能优于其它通用水泥。

这种环保水泥适用于水利、住宅、道路等不同建筑工程,但由于早期强度低于普通水泥,凝结时间略长于普通水泥,因而不适宜配制要求快硬的混凝土和严寒地区处于水位升降范围内的混凝土。

(中国矿联信息中心)

【低品位石灰石烧制高标号水泥】 浙江诸暨八方水泥有限责任公司和浙江省建筑材料科学研究所合作,在新型干法回转窑中利用低品位石灰石烧制高标号水泥获得成功,为综合利用石灰石资源开辟了新途径。

低品位石灰石含有较多的杂质和有害成分,对新型干法回转窑系统有较大的影响。他们在反复试验中选择了合理的工艺路线、操作参数、控制参数,解除了“拦路虎”。这是本项目的关键技术和创新点。该项成果填补了国内空白,在国际上亦属技术创新。

(中国建材科学研究院)

【新型矿用自卸卡车投放市场】 2001年,由内蒙古北方重型汽车股份有限公司研制的25 t级3303新型矿用自卸卡车投放市场。该车除了保持高动力性、可靠性和耐久性外,重点在转向、制动和驾驶操作性能等方面具有创新,特别适用于中小型矿山企业及公路、铁路、水电等施工单位。该产品具有以下优势:

动力系先进高效——选用最新一代CumminsM11-C300发动机,低油耗,排放好;在海拔3000 m以上额定功率输出不变,性能可靠。吸收国际著名ZF技术开发的同步器换档变速箱,具有8个前进档、1个倒档,切换平顺,冲击小。驱动桥利用TEREX成熟技术,采用双级传动,牵引力大;高强度铸钢组焊式本体,承载力强,可靠耐用。

行驶系平稳安全——变刚度、氮/油式悬挂,弹性好、震动衰减快、使用寿命长,消除了钢板弹簧的诸多弊病;前部独立式结构,具有优越的行驶平顺性。双回路控制、气推油盘式制动系统,为当今同t级车型的领先结构,响应迅速,接合柔顺;抗衰退能力强,自动调隙,效能稳定;备选下坡缓行装置,更为安全。先进的负荷传感式、全液压动力转向,相比机械式操作省力、机动灵活;储能装置能够自动提供应急动力。

主体结构坚固耐用——车架为全箱型截面焊接结构,其高应力部位均采用高强度合金铸钢件制造,承载可靠;车箱主体采用新型高强度、高硬度钢板制造,耐冲击、耐磨损。

驾驭操作舒适便捷——新型ROPS结构驾驶室满足国际矿业权威安全标准;室内设计符合人体工程,密封、隔音、软饰化、附件齐全;方向盘和座椅舒适可调,配备安全带;全新车头设计,驾驶视野开阔;电气化、自动控制;选装冷/暖一体空调装置。

为满足不同用户的特殊需求,该产品功能设计多元化,根据需要利用其底盘基础,可以选用不同型式的变速箱、增容型或煤斗型车箱;还可改装为专用车辆,如矿用洒水车等。(中国矿业信息中心)

【联合磁选机获专利】 2001年,成都地矿研究所科技人员发明的“联合磁选机”获发明专利。

该发明的推广使用,将使过去无法回收的尾砂金矿进一步得到回收。金的回收率可达97%以上,经济效益和社会效益均十分显著。

该磁选机分选原理主要是根据磁性矿物的各种磁性参数特性差异,使其在二次迭加复合脉动磁效应的作用下,受到合磁场强度以排斥力为主、吸引力为辅的磁力,分别沿不同的轨迹产生强烈的振动沸腾,消除磁粘聚作用,使之单体解离,排除非磁性杂质,从而达到高纯度分离目的。而常规磁选机分选原理,主要建筑在以吸引力为主的基础上,吸引磁性矿物,磁性矿物之间相互吸引,形成磁链,非磁性杂质被夹杂其中,不易排除,造成分离纯度不高。

经有关金矿山试验,采用该发明“磁-电(介)联合选别流程”,效果显著。

1.二次精矿尾砂试验。主要对过去无法回收的游离金粒进行金的回收试验。金回收率达到97%~99%(回收的金粒相当于采金船每天粗选金精矿品位200 g/t)。

2.最终尾矿试验。该尾砂中含有4~5 g/t的难选金粒,采用常规氰化堆浸处理效果差。利用新流程试验后,金回收率可达到99%,又避免了氰的污染。

该流程还有以下优点：

1.与传统的小摇床、淘洗、混汞、氰化等作业流程相比，不仅可以提高金的回收率，而且无污染，成本低，操作简便。

2.解决了多种强磁性矿物的分离难题。两种以上强磁性矿物的分离问题，常规磁选法难以解决，如磁铁矿、磁黄铁矿之间的分离，传统法主要采用“磁～浮联合流程”，而采用联合磁选机将两者分离，回收率均达95%以上，工效提高5倍，而且矿石不受污染。

3.提高磁铁矿石、磁化焙烧铁精矿回收率。常规磁选法获得的铁精矿回收率最高90%左右(湿式)，一般为85%左右。而采用联合磁选机，铁精矿回收可达到95%～99%。（成都地矿研究所）

南昌有色冶金设计研究院

【概况】 南昌有色冶金设计研究院创建于1957年10月，现已发展成为集工程设计、科研、工程咨询、工程总承包、工程建设监理、环境评价与治理、地质灾害防治工程、水土保持业务为一体的国家甲级综合性设计研究院。全院现有36个专业，职工886人，其中具高级职称者279人，教授级高工64人，含全国设计大师2人、享受政府特殊津贴专家24人、各类国家注册执业人员219人。

院本部辖有矿山、冶金化工、建筑、环保市政、工程经济和勘察分院，并在深圳、宁波、厦门、海口、上海、杭州、重庆等地设有驻外分院。业务范围遍及国内20多个省市、自治区，并具有对外经营权和外派劳务许可证，取得世界银行注册，已在亚洲、非洲承接国外工程业务。1998年7月通过了ISO－9001质量体系标准认证。获江西省质量管理先进企业、重合同守信用企业、全国CAD应用工程示范企业、AAA级优良信用企业等称号。（南昌有色冶金设计研究院　魏中超）

【生产经营情况】 2001年度，南昌有色冶金设计研究院新签合同249份，合同收费总额9608万元，实际已收费9180万元。累计结转至下年度的合同总额达到15928万元，生产任务饱满。院本部以冶金化工设计业绩最佳，全年新签合同收费总额3496万元，实际已收费1918万元，其中境外工程设计收费466万元。累计结转下年合同额5673万元。在国内铜冶炼设计市场处于领先地位。

2001年矿山工程设计走出低谷，全年新签合同43份，创历史最好水平，累计结转下年的合同总额达到1669万元，显示了良好的发展前景。该分院应用从美国Mintec公司购买的MineSight矿业软件，与江西铜业公司合作，在永平铜矿露采扩帮延深项目的研究中取得重大进展，经江西省科技厅组织有中国工程院院士和知名专家、教授参加的成果鉴定，确认“研究成果为国内领先，达到国际先进水平”。在福建紫金矿业集团紫金山铜矿的设计投标中，应用地质统计学建立矿床模型，技术手段先进，经济合理，一举中标。

驻外分院受当地市政、建筑工程市场萎缩的影响，占全院收入的比重有所下降，各驻外分院全年新签合同收费额2955万元，实际已收费2438万元，累计结转下年合同额5140万元。其中深圳分院实际已收费1302万元，为驻外分院之冠。

（南昌有色冶金设计研究院　魏中超）

【管理与技术创新】 2001年是有色金属企事业单位实行属地化管理后的第一年。南昌有色冶金设计研究院在江西省委、省政府直接领导下，按国务院关于工程勘察设计单位体制改革的意见进行改企转制，新领导班子转变思想、强化管理，拟定了建立现代企业制度的方案，逐步创建国际型工程公司。技术创新是科技型企业生存与发展的动力，在技术创新活动中，全院累计拥有专利技术12项，拥有专有技术76项，取得国家和省部级科技成果奖87项，部分创新成果已应用于国外工程，取得良好的经济效益。2001年全院用于科技活动费用总额450万元，约占全院总收入的5%，给后续生产经营新增数千万元的合同额，并大幅度提升矿业设计水平。2001年2月19日，江泽民等党和国家领导人亲自为2000年度国家科学技术奖获得者颁奖，由南昌有色冶金设计研究院和铜陵有色金属公司共同创新的“常温变量喷射—动力波洗涤闪速炼铜技术”获国家科技进步一等奖。MineSight矿业软件的引进与应用取得突破性进展，采矿设计效率、质量和效益基本达到或接近国际先进水平。选矿自磨工艺的设计与实践也保持了国内有色行业的领先水平。

综合应用矿山排土、污水处理、地下帷幕防渗技术，20世纪90年代设计中国第一座城市生活垃圾卫生填埋场(杭州天子岭垃圾场)以来，不断完善和创新，相继在深圳、南昌、贵阳、长沙等数10个大、中城市推广应用，处于国内领先地位。

（南昌有色冶金设计研究院　魏中超）

矿 业 行 业

煤 炭

【概况】 煤炭工业是中国重要的基础产业。长期以来,煤炭在中国一次能源生产和消费构成中均占2/3以上。实现第三步发展战略目标,人均国民生产总值达到中等发达国家水平,人民过上比较富裕的生活,能源消费量将有较大幅度增长。中国煤炭资源丰富,在未来相当长的时期内,以煤为主的能源供应格局不会改变。随着加工转换和利用技术水平的提高,煤炭可以成为高效、清洁利用的能源。为保障中国能源供应安全,保证国民经济和社会持续、稳定、健康发展,必须加强煤炭的基础能源地位。"十五"时期是中国煤炭工业结构调整的重要时期,要通过实施大集团、科教兴煤、洁净煤、综合经营四大战略,促进煤炭工业健康发展。

1."九五"期间煤炭工业取得的主要成就。

① 煤炭工业技术水平进一步提高。"九五"期间,实施了科教兴煤战略和技术创新工程,综采及综采放顶煤开采技术取得重大突破,已建成世界先进水平的特大型矿井及采煤工作面。国家安排煤炭企业技改投资50亿元,重点对矿井、选煤厂和劣质煤电厂等154个工程进行技术改造。建成了一批高产高效矿井。2000年与1995年相比,国有重点煤矿全员效率由每工1.8 t提高到2.5 t;采煤机械化程度由72%提高到75%。

② 煤炭工业综合经营的格局初步形成。为调整结构和安置富余人员,煤炭行业大力发展综合利用、多种经营,涉及农业、工业和服务业三大产业中20多个行业。2000年,多种经营的生产经营总额达到582亿元,比1995年增加了146亿元,从业人员近200万人,多种经营开始由人员安置型向经济效益型转变。

③ 煤炭工业对外开放步伐加快。"九五"期间,煤炭工业利用外资11.4亿美元,其中,煤层气开发利用外资近1亿美元,技术装备进口总额4.8亿美元。通过技贸结合,引进了国外先进的采煤、掘进、洗选等技术和设备,经过消化、吸收,促进了中国煤矿机械制造技术水平的提高。2000年煤炭出口比1995年增加了一倍左右,在世界煤炭贸易市场中的份额由6%提高到11%。

④ 煤炭工业企业改革取得进展。国有煤炭企业以建立现代企业制度为目标的公司制改革全面展开,94户原中央财政企业中,已有35户完成了公司制改造,其中5家公司在境内、境外上市。国有煤炭企业关闭破产工作开始实施,到2000年底,已批准65个关闭破产项目,其中已实施11个,进入破产法律程序33个。债转股工作取得进展,确定了对62户国有煤炭企业实施债转股,到2000年末,已实施39户,金额392亿元。

⑤ 依法取缔非法开采和关闭布局不合理的小煤矿取得阶段性成果。1998年底,国务院决定关闭非法和布局不合理煤矿,到2000年底,全国已累计关闭各类小煤矿4.7万处、压产3.5亿t,淘汰了一批落后生产能力。小煤矿随意布点、越层越界、乱采滥挖现象得到初步遏制,办矿秩序和生产经营秩序趋于好转。

2.存在的主要问题。

① 组织结构不合理。2000年,全国矿井平均每处产煤只有3万多t。国有重点煤矿矿井平均年生产能力80万t,是先进采煤国家的1/3左右。产量位居前4家的煤炭企业,市场占有率仅为9%,前8家为13%;119家国有重点煤矿平均每个企业年销售煤炭440万t,市场占有率不到0.5%。没有形成产、运、销一体化综合经营体系,经营效益受外部条件制约严重。

② 技术和装备水平低。全国煤矿非机械化采煤占60%以上,大中型矿井生产设备老化,小型矿井生产技术装备水平极低。煤矿用人多、效率低。乡镇煤矿生产工艺落后,破坏和浪费资源现象十分严重。

③ 产品结构单一。2000年全国原煤入选比重只有35%左右,大量原煤未经加工直接燃烧,洁净煤技术开发和应用进展缓慢。煤炭产业链短,高附加值产品少。

④ 煤矿安全事故居高不下。"安全第一"的思想意识淡薄,安全生产责任制不落实,管理不到位,安全技术与装备水平低,事故隐患多,矿井防灾抗灾能力差。部分地区煤矿,特别是不具备安全生产基本条件的小煤矿,重大、特大事故频繁发生,造成人民生命、财产重大损失。

⑤ 国有煤炭企业尚未摆脱困境。受煤炭市场供大

于求以及煤价下滑的影响，2000年国有重点煤矿整体亏损，煤款拖欠严重。由于资金短缺，导致部分矿井采掘失调，生产接续紧张，拖欠职工工资和下岗职工基本生活费。国有重点煤矿社会负担重。

⑥ 资源枯竭矿区转产困难。长期以来，大部分煤炭企业靠国家财政补贴维持生产及职工生活，没有资金积累，资源枯竭煤矿自身难以退出或进行结构调整，实现产业转移。绝大多数煤矿处于经济不发达地区，且远离城市，富余人员就业困难，影响社会稳定。

⑦ 矿区环境综合治理进展缓慢。煤矿地表塌陷面积日益扩大，煤矸石堆积占地增加，部分矸石山自燃，矿区瓦斯排放量大，粉尘浓度高，生态环境恶化的势头没有得到遏制。（国家经贸委行业规划司）

【煤炭工业面临形势和市场需求】 1.世界煤炭工业发展趋势和煤炭需求展望。近年来，世界煤炭工业发展主要呈现以下趋势：

① 通过兼并联合，企业向大型化、集团化发展，竞争力增强。主要产煤国家中，前三四家煤炭企业市场占有率提高到40%以上。美国、德国、英国、澳大利亚等国家的煤炭公司，通过合并或购买煤矿股份等方式，实现了跨国经营。主要石油跨国公司拥有煤矿股份，发展煤化工、煤路港航等综合经营，企业迅速发展壮大。

② 拥有世界先进采煤技术和设备的国家，通过技术改造，实现了集中高效生产。德国矿井平均生产规模达到280万t，波兰200万t，英国180万t。高新技术的应用改变了煤炭工业的面貌，发达国家在实现煤炭生产工艺综合机械化的基础上，向遥控和自动化发展，煤炭工业由劳动密集型向资本及技术密集型转化。20世纪80年代以来，美国、澳大利亚、南非、加拿大等国劳动生产率提高了1~2倍。

③ 洁净煤技术的开发和推广应用，受到各国越来越广泛的重视。日本、美国和欧盟国家先后研究开发洁净煤技术，已进入工业化应用阶段。

④ 欧洲的主要产煤国家煤炭开采成本越来越高，政府采取关闭经济效益差的煤矿及减少财政补贴等措施，导致煤炭产量下降。

世界煤炭需求量将继续增长。据国际能源机构发表的《1998世界能源展望》预测，到2020年，世界石油消费量年均增长1.9%，天然气消费量年均增长2.6%，煤炭消费量年均增长2.2%。在世界煤炭需求增长中，亚洲呈较强增长势头，大部分国家年均增长3.8%左右，北美年均增长2.1%，西欧和北欧煤炭需求呈下降趋势，年均下降0.6%。世界煤炭需求增长带动贸易量增加，未来5年，世界煤炭贸易量将以年均3.6%的速度增长。世界煤炭进口量最大的是亚洲，其次是欧洲。由于亚洲新建燃煤电厂用煤量增加和欧洲煤炭生产规模萎缩，两地区的煤炭进口量将有所增加。

2.加入世界贸易组织面临的机遇和挑战。随着经济全球化和贸易自由化进程的加快，特别是中国加入世界贸易组织，为煤炭工业发展带来机遇。

① 与国际经济接轨，有利于引进国外资金、技术和管理，促进煤炭工业结构调整。

② 中国具有煤炭资源丰富、品种齐全、靠近主要进口国家和地区的优势，特别是目前中国在亚洲煤炭贸易市场中仅占有20%的份额，煤炭出口增长潜力较大。

加入世界贸易组织后，中国能源供应将在一个更加开放的体系中配置，国外石油、天然气等优质能源进口量和价格的变化，将直接影响国内煤炭市场的供求关系。钢铁、建材、化工等高耗能产品关税下降，国外同类产品以价格、质量优势进入国内市场，进口量可能增加，将间接减少国内煤炭消费。中国外贸体制将逐步与国际接轨，实行外贸经营资格登记注册制度，逐步对各类企业进出口贸易的放开经营，对中国现行的煤炭出口贸易管理体制将产生重要影响。

3.煤炭国内发展环境和需求预测。“十五”期间，国民经济增长速度预期为年均7%左右，煤炭需求量稳步上升。但随着产业结构、地区结构、能源消费结构的调整和节能技术的发展，煤炭需求增长速度趋缓，煤炭消费和生产格局将发生变化。

① 实施西部大开发战略将促进西部地区经济和社会的发展，特别是大型坑口火电站的建设，将带动西部地区煤炭生产和消费的增长。

② 运输等基础设施的加快建设，铁路实行“网运分离”，将进一步改善煤炭运输条件，促进中西部地区煤炭开发，有利于煤炭开发布局重点向西部转移。

③ 随着污染物排放标准的提高和石油、天然气价格变动，将推动洁净煤技术的开发和应用，并带动煤炭消费增长。

④ “西电东送”、“西气东输”及“三峡工程”等项目的建设投产，将改善华东和中南地区能源供应状况，东南沿海地区煤炭消费增长速度放慢。

“十五”期间，随着国民经济持续快速发展及工业结构调整，能源需求总量增加，但增长速度趋缓。能源及煤炭需求趋势是：石油、天然气、水电和核电等清洁能源增长速度加快，煤炭在一次能源中的比重将有所下降；全社会技术进步加快，将进一步提高能源利用效率，节能效果更加明显；电力工业火力发电仍以较快速度增长，对煤炭需求持续增加；冶金、化工、建材等主要耗煤行业生产稳步发展，但在结构调整、产业升级及技术进步的推动下，煤炭消费量变化不大；居民生活用能向天然气、石油液化气、电能等方面转变，用煤量将逐步减少。综合考虑各方面因素,预测"十五"期间,国内煤炭需求量年均增长2000万t左右。

(国家经贸委行业规划司)

【煤炭工业发展思路及目标】 1.发展思路。认真贯彻党的十五届四中、五中全会精神,以发展为主题,以市场为导向,以企业为主体,以改革开放和科技进步为动力,大力调整煤炭工业结构。实施大集团战略,以资产为纽带,发展一批对全国煤炭供需平衡和参与国际竞争起关键作用的大公司和企业集团,稳定国内市场,扩大煤炭出口。实施综合经营战略,以煤为基础,依托矿区资源,发展高附加值产品,提高企业经营效益。实施科教兴煤战略,采用先进适用技术和高新技术,推进大型煤矿改造,建设高产高效矿井。实施洁净煤战略,加强政策引导,注重加工转换,强化清洁利用,推进洁净煤技术产业化。完善有关法规和标准,淘汰落后生产能力,提高安全生产管理及装备水平,加强安全监察,实现安全生产。推进企业节能降耗,保护矿区生态环境,促进煤炭工业可持续发展。

2.主要目标。煤炭工业发展和结构调整的总体目标是:煤炭企业建立现代企业制度取得重大进展,产业集中度明显提高,经济运行质量明显好转。洁净煤技术开发和产业化取得实质性进展,优质煤炭和煤炭转化的优质能源产品比重明显增加。煤炭产品在国际市场上的占有率进一步提高。矿区综合利用、环境治理工作取得显著成效。

① 组织结构调整目标:到2005年,产业集中度明显提高,煤炭产量位居前8家的企业,市场占有率达到35%以上。形成2至3个煤－电－路－港－航综合经营、具有国际竞争力的特大型公司和企业集团。

② 技术结构调整目标:到2005年,煤矿生产技术和装备水平进一步改善,安全生产可靠性明显增强。大型煤矿采掘机械化程度达到90%以上,中型煤矿达到60%以上,小型煤矿机械化、半机械化开始起步。大中型煤矿科技进步贡献率达到40%以上。

③ 产品结构调整目标:到2005年,全国原煤入选率达到50%以上,动力配煤量达到7000万t左右,煤层气产量30亿～40亿m^3,水煤浆产量1000万t左右,煤炭液化产油250万t以上。煤炭出口8000万t左右。

(国家经贸委行业规划司)

【煤炭企业发展和结构调整重点】 1.深化企业改革,实施大集团战略。深化国有煤炭企业改革,建立现代企业制度。组建大型煤炭公司和企业集团,提高产业集中度。延伸煤炭产业链,组建一批综合经营的特大型企业或企业集团。

① 按照现代企业制度的要求,推动煤炭企业改制。大型煤炭企业要通过规范上市、中外合资、互相参股等形式,改制为多元持股的有限责任公司或股份有限公司,建立规范的法人治理结构。对国有中小煤矿采取改组、联合、兼并、租赁、承包经营和股份合作制、出售等形式,进行产权制度改革。

② 按照市场取向和规模经济的原则,组建大型煤炭公司和企业集团。发挥优势企业的龙头作用,通过兼并、联合、参股等方式,推动资产重组,提高规模经济效益,更好地满足市场需求和维护公平竞争秩序。鼓励各类煤炭企业通过资产重组,按地域、煤种、运输通道和市场组建大公司和企业集团。"十五"末,形成1至2个煤炭年生产能力在1亿t以上、5至6个5000万t以上的大公司和企业集团。

③ 按照产业关联度,培育特大型公司和企业集团。根据煤炭资源和市场分布特点,抓好煤矿、铁路、港口和水运等环节的衔接,着力培育和发展对全国煤炭供求平衡起关键作用和以煤炭出口为导向的跨地区、跨行业、跨所有制和跨国经营的煤－电－路－港－航特大型公司和企业集团。优化资源配置,降低环节费用,实现国内煤炭有效供给和产需平衡,提高企业在国内外市场上的竞争力。

2.加快煤炭企业技术改造步伐,促进产业升级。围绕满足市场需求,优化产品结构,提高产品质量。注重提高效率、保障安全、节能降耗和防治污染。通过采用高新技术和先进适用技术,在矿井开发、煤炭加工、安全生产和信息管理等领域提高技术与装备水平,促进产业升级。

① 建设一批大中型现代化矿井。"十五"期间,要加快建设25处、年生产能力6000多万t的在建矿井。同时,要按照西部地区煤电同步建设、"三西"(山西、陕西、内蒙古西部)地区调节全国供需平衡、东部地区稳定生产规模的煤炭开发布局原则,重点做好建设低灰、低硫、高发热量的优质动力煤基地的前期准备工作。加强煤田地质勘探,提高勘探程度,满足建井条件,适时开工建设一批有市场、经济效益好的接续型矿井,增强煤炭工业发展后劲。

② 对现有大中型矿井进行技术改造。通过增加储量、集中生产、简化工艺、减少环节、优化装备、科学管理等措施,对现有大中型矿井进行技术改造,实现矿井生产、管理现代化。到2005年,建成140处高产高效现代化矿井,其原煤工效达到10 t以上。

③ 改造小煤矿。按照统一规划、合理集中、正规开采、保障安全、依法监管的方针,对依法开办的小煤矿进行改造,减少生产矿井数,扩大单井生产规模;改进采煤方法和回采工艺,提高矿井回采率;制定和实施小

煤矿生产强制性标准,促进安全生产。

④ 改造煤矿安全技术装备。一是对矿井通风系统进行技术改造;二是完善高突矿井瓦斯抽放系统和通风安全监测、监控系统;三是提高矿井防灭火和防尘技术与装备水平;四是用先进的救护设备装备矿山救护队伍,提高抢险救灾能力。

⑤ 改造和建设企业信息系统。加强企业信息系统建设,提高信息传输速度和准确性,为企业科学决策提供依据。大力发展电子商务,推动营销、运输和服务方式的变革,降低采购成本和销售费用。发展先进的安全生产监测、监控系统,提高矿井自动化生产水平。建设连接国家、省、处三级煤矿安全监察网络,建立专家灾害事故处理和救护会商远程视频系统。

3.限制、淘汰落后生产能力,完善退出机制。制定和实施产业政策,制止低水平重复建设,淘汰落后生产能力,完善退出机制。

① 制止低水平重复建设。通过实施产业政策,停止建设以下四类煤矿。一是单井井型低于以下规模的煤矿项目:山西、陕西和内蒙古地区年产 15 万 t,新疆、甘肃、宁夏、青海、北京、河北、东北以及华东地区 9 万 t,西南和中南地区 6 万 t,开采极薄煤层及不稳定煤层 3 万 t;二是采用手工开采和穿洞式巷采等落后开采方法的煤矿;三是商品煤达不到国家环保法规要求的各类高硫煤矿;四是矿井回采率低于 50%的煤矿。

② 淘汰落后生产能力。严格采矿许可证、煤炭生产许可证管理,加强煤矿生产安全监察。通过制定和实施有关法规、产业政策和技术标准,关闭非法开采、矿井回采率低、威胁大矿生产安全、不具备安全生产基本条件、破坏生态环境和污染严重的小煤矿。

③ 加大关闭破产力度。按照国家煤矿关闭破产政策,对资源枯竭的国有煤矿依法关闭。对资源及开采条件较差、产品无市场、长期亏损且扭亏无望的国有煤矿依法实施破产。

4.实施科教兴煤战略,推进技术创新。完善以大型企业为主体,高等院校、科研实体为依托的技术创新体系。加快建立具有较强技术创新能力的企业技术开发中心,提高研发费用在销售收入中的比重。高等院校和科研机构要积极探索和建立新型的科技服务体系和机制,逐步形成基础研究与高新技术研究相结合,产、学、研相结合的技术创新体系,在涉及煤炭工业共性技术和关键技术的领域,瞄准世界先进水平组织科技攻关。全面提高职工队伍技术素质。

① 组织行业共性技术和关键技术的攻关研究。在抓好现有科技成果转化为生产力的同时,围绕煤炭的开发、生产、加工、安全和可持续发展等方面的重点技术,组织科技攻关。一是开展煤炭地质勘探及深部矿井开发技术的攻关研究,主要包括:西部地区煤炭开采及相关的水资源、生态环境保护的综合研究;东部地区深部找煤、资源潜力评价以及煤炭深部开采的关键技术研究;600 m 以上深厚表土层冻结施工技术、大型矿井深部开采技术以及千米深井井筒装备技术研究。二是开展高产高效现代化矿井关键技术攻关研究和建设示范项目,主要有:年产 600 万 t 综采放顶煤工作面的配套技术项目;年进 8000 m 以上煤巷、半煤岩巷快速掘进成套技术项目;年提升能力 700 万 t 以上的交流提升机变频调速控制系统和自动化采煤工作面的技术项目。三是开展煤矿安全技术研究,主要包括:重大瓦斯煤尘爆炸事故的预防与控制、煤矿突发性灾害监测及防治、煤矿快速救援抢险以及安全信息管理等技术研究。四是开展洁净煤技术的攻关研究,重点开展机电一体化大型高效选煤关键技术、细粒煤高效脱水脱硫降灰技术、煤炭直接液化技术、地下煤炭气化及应用等技术研究。五是煤炭工业可持续发展和综合信息化技术研究,主要包括:开展煤炭资源型城市生态环境控制与可持续发展的研究,煤炭综合信息化技术研究。

② 加强人才培养和职工培训。发挥重点院校的作用,培养适合煤炭工业发展的技术人才。采取切实措施,以多种形式吸引煤炭行业内外、海内外优秀人才,形成留住人才、吸引人才、调动人才积极性的激励机制,发挥人才的作用。注重科技人员的知识更新。鼓励建立以大公司和企业集团为主体的职业教育体系,积极开展多层次、全方位的岗位培训。发展职业培训,逐步提高工人职业培训率。

5.实施洁净煤战略,推进洁净煤技术产业化。发展和推广洁净煤技术是保证中国能源安全和可持续发展的战略选择。在推广成熟技术的基础上,积极开发与引进大型先进技术,加快推动洁净煤技术产业化。

① 改造和建设选煤厂。采用先进的洗选技术和设备改造现有选煤厂,发挥选煤厂的能力利用率,优化产品结构,提高质量和效益。大中型煤矿要有配套的选煤厂,小型煤矿要依托大矿的选煤厂或建设群矿集中选煤厂。重点在山西、陕西、山东、内蒙古、河南、安徽等省(区)建设一批先进的选煤厂。2005 年,选煤厂平均工效达到 40 t。

② 发展配煤一条龙服务体系。在煤炭中转港口和主要集散地建设配煤厂,为用户提供质量稳定、价格合理、环保型动力配煤。制定配煤质量标准和相应的政策,由耗煤集中的大用户到分散的小用户,逐步推广使用动力配煤。建设 3 至 5 个大型动力煤配煤基地。2005 年,初步形成产、配、销、送及售后服务一条龙体系。

③ 完善水煤浆制备和应用技术。研究开发水煤浆新型添加剂,提供质量稳定、满足市场需求的水煤浆。在总

结白杨河电厂、燕山石化应用水煤浆的基础上，重点研究提高燃烧器效率和水煤浆在炉内燃烧过程中的固硫、脱硫技术。进一步降低燃油锅炉改造费用，建设10万kW以上机组改造示范工程。在集中改造燃油锅炉的地区，鼓励煤矿与用户合资建设水煤浆制备、配送公司，发展集中洗选、制浆、管道输送、燃烧发电一体化工程。

④ 发展煤层气产业。实行地面开发和井下抽放并举的煤层气开发方针，重点加快山西沁水煤田、河东煤田、安徽两淮煤田、辽宁铁法、抚顺矿区、贵州六盘水等地区煤层气的勘探评价及开发利用。2005年，大中型煤矿瓦斯利用量达到当年抽放量的80%，建成2至3个煤层气地面开发及利用示范基地，煤层气产量达到30亿～40亿m^3。积极支持煤层气产业发展，使其成为煤炭工业新的经济增长点。

⑤ 推进煤炭液化和气化技术的开发和应用。在完成神华神东、云南先锋和黑龙江依兰煤炭直接液化示范厂可行性研究的基础上，通过经济技术合作建设1～2个煤炭液化示范厂，2005年煤炭液化产油250万t以上。引进国外先进的煤炭气化技术，建设大型煤炭气化与煤化工示范项目。继续做好煤炭地下气化试验，探索煤炭开发和利用的新途径。

6.煤炭矿区实施综合经营战略。因地制宜地利用矿区各种资源，实施综合开发经营，延伸产业链，促进矿区资源合理开发，提高资源和废弃物的综合利用水平，保护矿区生态环境。

① 延伸产业链。依托煤炭资源优势，通过吸收外资、多元持股和与下游产业的企业联营等多种方式，大力发展煤－电、煤－化工、煤－焦、煤－建材等高耗能、高附加值产业，实行多元化经营。推动单一煤炭资源矿区发展接续产业和替代产业，把资源优势转化为经济优势，研究探索矿区开发的新模式。

② 抓好劣质煤的综合利用。根据原煤生产及洗选加工过程中劣质煤的品种和数量，发展与之相匹配的综合利用项目。选择先进适用的锅炉燃烧技术，建设和改造劣质煤电厂，发展热电联产，配建区域电网，以自用为主，余电上网。扩大煤矸石在建材产品生产和在筑路、复垦、回填等方面的利用。

③ 开发利用与煤共伴生矿物。加强煤系地层中共伴生矿产资源，如高岭土(岩)、膨润土、油母页岩、蒙脱石、石膏、硫铁矿、硅藻土、耐火粘土等矿物的开发和利用，合理配置矿区生产力要素，发展共伴生资源的深加工，开拓新的经济增长点，提高企业经济效益。

④ 加强矿区环境综合治理。以土地复垦为重点，协调各方面力量，建立各种类型的矿区生态重建示范基地，逐步形成与生产同步的生态恢复建设机制。“十五”期间，矿区土地复垦、生态建设工作要取得明显成效。对矿井水、生活污水进行处理，提高复用率，实现达标排放。到2005年，大中型煤矿矿井水复用率达到60%以上，外排水达标率100%。

（国家经贸委行业规划司）

【煤炭工业发展主要政策措施】 1.完善煤炭工业宏观调控体系。适应社会主义市场经济发展要求，充分发挥市场配置资源的基础性作用，综合应用经济、法律和必要的行政手段，加强宏观调控。修订和制定行业规范、规章和技术标准，及时发布煤炭工业鼓励、限制、淘汰的生产工艺和产品目录，规范企业生产经营活动。研究制定有关经济政策，促进煤炭行业摆脱困境，步入健康发展的轨道。

2.进一步规范市场竞争秩序。打破部门、行业垄断和地区封锁，完善全国统一、公平、规范有序的市场体系。实施探矿权、采矿权制度，逐步对煤炭资源实行资产化管理，为各类煤炭企业参与市场公平竞争创造条件。对具有重要价值的稀缺煤种实行保护性开采。鼓励有条件的煤炭企业建设大型坑口电站、铁路货运公司，或通过资产重组等形式与电力、铁路等企业联合经营，进一步降低成本，提高煤炭产品在国内外市场上的竞争力。

3.培育大公司和企业集团。优先支持主业突出、核心能力强、经营机制健全、经济效益好、发展潜力大的大公司和企业集团的发展，在股票上市、财政贴息、高新技术开发等方面给予政策倾斜，优先分离企业办社会职能，为大公司和企业集团的发展创造良好的外部环境。引导和支持大公司和企业集团跨行业发展，组建综合经营的特大型企业集团。

4.支持煤矿建设和技术改造。落实新建煤矿资本金和银行贷款，支持煤矿建设和前期准备工作，提高煤炭资源勘探程度。国家采取财政债券贴息等政策，引导和扶持煤炭企业对矿井、选煤厂等项目进行技术改造，提高装备水平及防灾抗灾能力，促进安全生产。支持煤炭企业发展综合利用项目，保护生态环境，研究制定劣质煤电厂上网及电价的优惠政策。

5.推动洁净煤技术产业化。制定有利于煤炭清洁生产及利用的法规和技术经济政策，在注重生产洁净煤产品的同时，逐步限制直接销售和使用原煤，扩大工业锅炉和窑炉燃用洗选煤、固硫型煤、固硫配煤等清洁燃料的比重。为保障中国能源供应安全，制定有利于煤炭液化项目发展的政策。

6.提高国际化经营水平。煤炭出口重点企业要在巩固市场、提高产品质量和售后服务水平的基础上，提高市场占有率。扶持有条件的矿区，建立出口煤生产基地，实行必要的鼓励政策，提高中国煤炭在国际市场上的竞争力。鼓励企业到境外投资建矿、办厂，简化审批程序，赋予海外融资权，政策性银行优先提供信贷。

7.减轻煤炭企业负担。采取有效措施，加快分离国有煤炭企业办社会的职能，切实减轻企业负担。研究解决煤炭企业税赋过重的问题。依据煤炭法，并借鉴国外主要产煤国家的经验，研究制定衰老报废矿区和煤炭资源型城市的转产配套政策，通过政府转移支付或从其它渠道筹集资金，建立衰老报废矿区和煤炭城市的转产基金，用于发展接续产业和替代产业，安排煤炭企业职工转岗培训。

8.发挥中介组织作用。充分发挥行业协会等中介组织在行业统计、技术服务、市场开发、信息咨询等方面的作用，为政府制定法规、政策提供依据，为企业提供优质服务。发挥协会在行业自律方面的作用，规范企业的市场行为，维护市场公平竞争秩序。组建出口煤炭企业商会，加强企业自律，避免恶性竞争，提高企业抵御国际市场风险的能力。

9.加强企业内部管理。进一步优化开采设计，提高资源回收率。处理好采煤与掘进的关系，实现煤矿正常接续。加强煤矿安全生产管理，加大资金投入，提高安全装备水平，避免发生重大、特大安全事故。进一步改善劳动环境，加强劳动保护，建立和完善特殊工种社会保险。抓好节能、节水、降耗和环保工作，提高职工生活质量和水平。

10.加强企业经营者队伍建设。建立经营管理者和企业家队伍健康成长的激励、考核、监督机制，并逐步制度化、规范化。提高经营者依法办事、合法经营的自觉性。实行经营管理者收入与企业的经营业绩挂钩，继续搞好经营者年薪制、股份期权等分配方式的试点。建立具有创新精神和创业能力，适应国内外市场竞争需要的企业家队伍。（国家经贸委行业规划司）

【煤炭工业存在问题】 面对继续推进煤炭工业结构调整、改革脱困的新任务，面对世界煤炭工业发展和国民经济发展提出的新挑战、新要求，中国煤炭工业在许多方面还存在着严重的不适应。主要表现在：

1.企业组织规模小而散，产业集中度过低，竞争力差。经过近几年关闭整顿，中国小煤矿由近8万处减少到2万多处，但生产规模小、布点过于分散的问题仍相当突出，每处平均年产万吨左右，小的只有两三千t，与世界主要产煤国家的差距很大。中国国有重点煤矿生产集中度过低，调控和影响市场的能力十分有限。神华、兖矿、大同3户全国最大的煤炭企业合计占全国煤炭总量也仅10%左右。而美国前4家大公司煤炭产量占全国总产量的36%，俄罗斯1家大公司占95%，德国2家大公司占93%。

2.开采技术装备总体水平低，劳动生产率低，安全状况差。美、俄、德等国家采掘机械化程度都达到或接近100%。中国目前仍是机械化、部分机械化和手工作业并存，采煤机械化程度仅35%左右，特别是小煤矿一半以上是原始的手刨肩拉方式。中国600多万人一年生产10亿多t煤炭，而美国10万人生产近10亿t，澳大利亚2.5万人生产2亿t，南非6.2万人生产2.1亿t。中国煤矿每年事故死亡人数在6000人左右，百万t死亡率达到5，而美国仅为0.04，澳大利亚为0.02，南非为0.23。

3.产业、产品结构和生产经营方式单一，内在素质低。国外大型矿区一般均采取煤炭、电力、化工、建材等综合开发，效益好、竞争力强。中国跨行业发展起步晚、进展慢、步履维艰，大多数煤炭企业仍是单一产业和产品。近几年发展起来的一些多经三产项目，相当一部分规模小、档次低、效益差、不具备竞争能力。世界主要产煤国洁净煤技术已进入工业化生产阶段，而中国洁净煤技术刚刚起步，煤炭入洗率仅25%左右。

4.国有煤炭企业改革不到位，经营机制未实现根本性转变。目前，还有相当一批国有煤炭企业未进行公司制改革，已改制的也大多是单一的国有独资形式，“翻牌”的味道较浓，政企没有真正分开。在企业内部未形成规范的法人治理结构，现代企业制度的运行机制尚未确立。三项制度改革，在相当一部分企业始终没有迈出实质性步伐。企业办社会的问题还十分突出。

在看到差距的同时，还应看到，推进煤炭工业结构调整、改革脱困和发展，也有许多有利条件：一是中国坚持扩大内需的方针，继续实施积极的财政政策和稳健的货币政策，2001年又发行1500亿元长期建设国债，重点用于在建国债项目和新开工大型基础设施项目，这将直接或间接地拉动煤炭需求。二是国家继续稳定近几年对煤炭工业采取的一系列扶持政策和措施。将继续关闭整顿小煤矿，鼓励扩大煤炭出口，加大支持煤矿技术改造和对资源枯竭矿井关闭破产的力度。三是随着煤炭经济形势的恢复性好转，国有煤矿开始补还了一部分生产、安全和职工生活上的欠账，采掘关系有所改善，生产后劲有所增强。这对进一步优化煤炭生产结构，发挥国有煤矿对保障国民经济发展能源需求的主导作用奠定了基础。四是通过近几年的实践，摸索出了在社会主义市场经济条件下，通过实施总量调控、关闭整顿小煤矿、淘汰过剩和落后生产能力，实现煤炭供求总体平衡，推动行业扭亏的基本经验。这对于进一步提高宏观调控水平，增强驾驭市场经济能力提供了重要借鉴。（中国煤炭工业协会）

【小煤矿关闭整顿成果巩固发展主要环节】 中国煤炭工业必须走现代化、规模经济的路子，绝不能建立在

"小土群"的基础上。关闭整顿小煤矿、淘汰落后生产能力,是提高中国煤炭行业整体素质,促进健康发展的战略措施,必须持之以恒、常抓不懈。围绕巩固和发展关闭整顿小煤矿成果,突出抓好以下几个环节。

1.加紧对已停产整顿的乡镇煤矿的检查验收。按照国务院部署,经过产煤省(区、市)的积极努力,关闭整顿小煤矿工作取得阶段性成果。目前存在的问题是,一方面部分小煤矿停而不整,以停代整,有的未经过验收就擅自恢复生产,使停产整顿走了过场;另一方面,有的地方政府怕承担责任,对小煤矿整顿验收不积极,不核发"四证",对明停暗采现象睁只眼闭只眼,拖延整顿进度。为此,尚未完成停产整顿小煤矿验收任务的省区,务必集中力量,严格按照规定程序和标准,全面完成整顿验收任务。从市场需求看,小煤矿年产量原来高达6亿t左右,经过近几年关井压产减少到现在的2亿多t。从目前情况看,国内需求少不了这2亿多t煤,否则供求总量就难以平衡。

2.加强对关闭整顿工作的监督检查,决不容许已关闭的小煤矿死灰复燃。随着煤价的恢复性上升,一些小窑主见利忘义、铤而走险,卷土重来。因此,把关闭整顿小煤矿作为一项长期工作来抓,在完成对乡镇煤矿的全部检查验收和关闭任务后,把工作重点转到加强经常性的监督检查上来。严格按照国办25、68号通知和各地规定标准,重点检查属于"四个一律关闭"的小煤矿是否得到全部、彻底的关闭,已关闭的小煤矿是否又恢复生产,已恢复生产的小煤矿是否真正达到了规定条件。这项工作要长期坚持下去,纳入经常化、制度化的轨道。

3.加强"四证"管理,严格煤炭生产准入制度,建立正常的监管机制。进一步贯彻落实国务院有关规定,坚决将采矿许可证、煤炭生产许可证、营业执照和矿长资格证的审批发放权力上收到省级政府有关部门,并严格审批权限,依法审批。建立健全小煤矿定期安全评估和"四证"年检制度,年检不合格的要及时吊销"四证",予以关闭。建立行政审批责任追究制度,实行"谁验收、谁签字、谁负责",对徇私舞弊、滥批滥发证照的,要严肃查处。按照国家有关法规、产业政策和技术标准,完善煤炭准入机制,抬高办矿门槛,禁止新建生产能力低、生产条件差、威胁大矿生产安全、不具备安全生产基本条件、破坏生态环境和污染严重的小煤矿,对在建矿井也要按产业政策进行把关审核,该停建的停建,该关闭的关闭。建立完善煤矿登记注册制度,对证照齐全的各类煤矿在新闻媒介上公布,接受社会监督。

(中国煤炭工业协会)

【煤炭市场逐步规范,供求基本平衡】 保持煤炭供求总体上基本平衡,既是国民经济正常运行的基本条件,也是为煤炭企业提供良好的市场环境、实现扭亏脱困的基本要求。组织国有大矿根据市场需求,在确保安全的前提下,放开马力生产,保证有效供应。关闭整顿小煤矿为国有大矿充分发挥生产能力创造了有利的市场空间。煤炭企业要从大局出发,守合同、讲信用,树风范,认真落实兑现订货交易合同,维护合同的严肃性。要优化用户结构,与资信好、用量大的用户建立起稳定的供求协作关系,签订中长期合同,实行直供直销。增强质量意识,严把产品质量关,做到质量稳定,质价相符。抓住机遇,提高货款回收率,加大清欠力度。

随着煤炭市场的逐步好转,非法经营活动又有所抬头。抓住国家集中整顿市场秩序的有利时机,认真贯彻实施《煤炭经营管理办法》,以建立健全煤炭经营资格依法审查和监督管理体系为重点,加强对煤炭经营企业的清理整顿和煤炭经营许可证的年检工作,坚决取消违规、违法、非法经营煤炭的企业,扭转煤炭经营秩序混乱局面,维护煤矿和消费者的合法权益。结合区域经济发展的实际,要搞好煤炭经营企业的合理布局,有重点、分步骤地培育和完善统一公平、规范有序的煤炭经营市场体系。 (中国煤炭工业协会)

【国有煤炭企业减员增效推进】 煤炭工业要走出困境,还需经过3至5年的继续努力,根本出路是加大改革力度,继续推进减员增效工作。到2001年底,国有重点煤矿职工人数由1992年的366万人减少到277万人,原煤人员效率由1992年的1.33 t/工提高到2.76 t/工,翻了一番多。但是国有煤炭企业用人多、效率过低的问题还没有得到根本解决。目前中国煤炭行业劳动效率远远低于其他产煤国家,一个煤矿工人每年生产煤炭,美国为12000 t,澳大利亚为10800 t,加拿大为11000 t,南非为3900 t,英国为3200 t,德国为590 t,波兰为627 t,而中国国有重点煤矿仅234 t。即使在国内企业之间相差也十分悬殊。2000年人均产煤,神华神东煤矿为3646 t,山西晋城为500 t,山东兖州为486 t,而淮南、抚顺、阜新、鹤岗、双鸭山、鸡西等一批老矿区人均年产煤仅100多t,有的煤矿还不到100 t。差距就是潜力。实现煤炭脱困和发展目标,必须继续把减员增效作为一项重要措施,坚定不移地抓下去。

推进减员增效与深化改革、结构调整和技术进步相结合。通过技术改造,改革开拓布局,合理集中生产,提高机械化水平,加快高产高效矿井建设,改变战线长、人员多的状况。通过调整产业结构,积极培育新的经济增长点,扩大再就业安置容量。因地制宜地发展劳动密集型产业,以利于扩大再就业。把发展三产,特别是商业、饮食业、家庭和社区服务业等,作为再就业的主要方向，制定扶持政策，发展集体和个体、私营经济，鼓励下岗职工自谋职业或组织起来就业。

（中国煤炭工业协会）

【国有煤炭企业战略性改组推进】 深化国有煤炭企业改革，以建立现代企业制度为目标，进一步完善法人治理结构，规范股份制改革，积极推进大公司大集团战略。针对国有大中型煤炭企业国有独资“翻牌”公司多的特点，加快股份制改造的步伐，通过规范上市、中外合资、互相参股等形式，改制为多元持股的有限责任公司或股份有限公司。积极推动煤、电、路、港、航和煤化工及金融等不同行业间的相互参股、债权转股权，引进企业外部资金以及民资入股，加快国有煤炭企业产权多元化进程。贯彻落实《公司法》和《基本规范》，以建立健全责权统一、运转协调、有效制衡的法人治理结构为目标，从组织结构、管理体制和资产组织形式三个方面规范公司法人治理结构。

积极培育和发展一批具有国际竞争力的大型煤炭公司和企业集团。按照国办《关于发展具有国际竞争力的大型企业集团的指导意见》，结合本地实际，突破传统思想观念的束缚，以国有重点煤炭企业为核心，以资本为纽带，充分发挥其资金、技术、人才和品牌优势，按地域、煤种、运输通道和市场，通过市场机制和政府推动，积极组建跨地区、跨行业、跨所有制的大型煤炭公司和企业集团。在积极组建大公司、大集团的同时，继续加大对资源枯竭、扭亏无望矿井的关闭破产力度，推动劣势企业退出市场。 （中国煤炭工业协会）

【煤炭工业技术改造推进产业优化升级】 关闭整顿小煤矿，为国有大矿的发展创造了有利的市场空间。在关闭淘汰小煤矿的同时，加大对大中型煤矿的技术改造力度，促进产业升级，提高国有煤炭企业竞争力。国有煤炭企业技术改造的基本方向是，以市场为导向，增加品种、改进质量、保护环境、扩大出口、提高效益。

1.*煤矿安全系统改造*。集中支持一批资源可靠、产品有市场但安全隐患大的国有煤矿，实施煤矿通风、瓦斯治理、防尘、灭火、治水等安全设备、设施的升级改造，完善安全信息管理系统，提高矿井防灾抗灾能力。

2.*提高煤矿采掘机械化水平*。重点支持主要产煤地区、煤炭出口基地和西部开发地区的大型煤炭企业，采用先进技术，对超期服役和年久失修的综采、综掘装备实施升级改造，实现采掘、运输等环节高效机械化。

3.*洁净煤生产与资源综合利用*。支持大型煤炭企业发展洁净煤技术，支持重点出口煤基地提高煤炭洗选和配煤能力，支持资源优势企业实施稀缺煤种深度洗选加工，开发稀缺产品，鼓励条件适宜的煤炭企业改造建设坑口劣质煤电厂，推广煤矸石建材产品的应用，促进经济效益和社会效益的共同提高。

（中国煤炭工业协会）

【煤炭安全生产管理与监察】 1.*贯彻“安全第一、预防为主”的方针，全面落实安全生产责任制*。适应新形势的要求，抓好安全生产工作的“四个转变”，即从对事故的事后查处向事前预防转变，从抓国有企业向抓各种经济成份企业转变，从传统的安全生产管理模式向现代化管理模式转变，从“要我抓安全”向“我要抓安全，我会抓安全”转变，积极探索加强煤炭安全生产管理与监察的新机制、新办法。

2.*继续抓好国有煤矿安全整治*。针对安全生产欠账多的实际，以“一通三防”为重点，增加安全投入，加强安全系统改造，提高矿井综合防御能力。正确处理安全与生产、安全与效益的关系，坚持生产必须安全，不安全不生产，尤其在煤炭市场逐步转旺的形势下，坚决防止超通风能力和不顾安全突击生产。坚持重大事故隐患排查制度，及时治理整改，严防各类重特大事故的发生。

3.*落实特大安全事故行政追究制度*。围绕安全生产工作的重点和薄弱环节，有针对性地加大安全监督和监察的力度。对经过检查验收，重新核发“四证”的小煤矿，以新颁布的《煤矿安全规程》为标准，继续深入整改，促其完善安全设施，提高防御能力。对整顿过后管理滑坡、不具备基本安全生产条件的小煤矿，继续按“四个一律关闭”要求和六条标准，及时吊销“四证”，炸平填实，彻底关闭。进一步明确事故分级和事故调查处理权限，落实行政追究责任，对重特大事故按照“四不放过”的原则一查到底。 （中国煤炭工业协会）

【煤炭工业生产发展情况】 2001年，在国家继续扩大内需政策和近几年来国家对煤炭行业关井压产等一系列调控政策的持续作用下，煤炭经济运行态势恢复性好转，经济运行质量有所提高，表现出以下主要特点：

1.*原煤产量增加，结构趋于合理*。2001年，全国生产原煤108967万t，同比增加9050万t，上升9.1%。其中，国有重点煤矿生产61832万t，增加8259万t，增长15.4%；国有地方煤矿生产22541万t，增加3115万t，增长16.0%；乡镇煤矿生产24594万t，减少2324万t，下降8.6%。全国六大地区原煤产量同比都上升。其中，华北地区同比增量最多，为4011万t；华东地区增幅最大，达22.2%；东北地区增量增幅最小，增量69万t，增幅0.6%。全国31个产煤单位中，原煤产量同比增加的有22个，合计增产9893万t。其中，增产300万t以上的有8个：山西、安徽、福建、山东、河南、重庆、平朔和神华，合计增加9433万t，占全国增产量的95.4%。其中，增量最多的是山东，增产 2786 万 t；增幅最大的是神华，增长 50.9%。原煤产量同比减少的单位有 9 个，合计减少 843 万 t。其中减产最多的是湖北，减产 201 万 t；减幅最大的是广东，下降 41.7%。

在 2000 年原煤产量结构优化的基础上，2001 年原煤产量结构进一步优化。国有重点、国有地方煤矿原煤产量占全国原煤产量的比例分别为 56.7%、20.7%，同比分别上升 3.1 和 1.3 百分点；乡镇煤矿产量在 2000 年压减 4783 万 t 的基础上，2001 年又压减 2324 万 t，而同期国有重点煤矿产量增加了 8259 万 t。国有重点、地方国有和乡镇煤矿产量比重由 2000 年的 5:2:3 调整为 2001 年的 6:2:2。

2. *煤炭铁路运量和主要港口煤炭发运量增加*。尽管 2001 年世界经济增速明显减缓，但中国国民经济稳定增长。据资料统计，2001 年中国 GDP 增长 7.3%。工业增加值同比增长 9.9%。全国发电 14333 亿 kW·h，同比增长 8.6%；其中，火力发电 11768 亿 kW·h，同比增长 8.9%。钢产量 14893 万 t，同比增长 15.9%；水泥产量 6.3 亿 t，同比增长 10.3%；平板玻璃 20364 万重量箱，同比增长 14.5%。内需扩大，国民经济稳定增长特别是耗煤多的工业产品产量增加，有力地拉动了煤炭市场需求，促使煤炭运量销量增长。

2001 年全国煤炭铁路日均装车、运量保持持续增长势头，创三年来最高水平。全国煤炭铁路日均装车高达 34213 车，同比增长 11.9%；其中，国有重点煤矿装车 21091 车，同比增长 12.5%。全国煤炭铁路运量完成 76634 万 t，同比增加 8089 万 t，增长 11.8%；其中，国有重点煤矿煤炭铁路运量完成 47064 万 t，同比增加 5226 万 t，上升 12.5%。全国主要港口煤炭发运量累计完成 23215 万 t，同比增长 17.2%。

3. *煤炭销量增加，出口创历史新高*。全国商品煤销量完成 104705 万 t，同比增加 6305 万 t，增长6.4%。其中，国有重点煤矿销量完成 58964 万 t，同比增加 7327 万 t，上升 14.2%。第一、二、三、四季度，全国煤炭销量持续增长。

2001 年，国际国内市场环境有利于中国煤炭出口。在国际方面，能源价格上涨，美国等世界主要煤炭出口国由于本国煤炭需求增加或其他因素而减少煤炭出口，中国与日本、韩国等世界主要煤炭进口国和地区地理位置相近的优势更加明显。在国内方面，国家继续实施鼓励煤炭出口的政策，煤炭企业积极开拓国际市场，煤炭出口企业加强质量管理，煤炭产品在国际市场中的竞争力增强。2001 年中国煤炭出口分别创月度、季度、年度最高历史纪录。9 月份，煤炭出口达 819 万 t；三季度，煤炭出口达 2439 万 t 且每月出口量都在 800 万 t 以上；全年累计煤炭出口达 8590 万 t，同比增加 2707 万 t，增长 46.0%。其中，中煤公司完成 5084 万 t，同比增加 1163 万 t，增长 29.7%；山西地方完成 1363 万 t，同比增加 315 万 t，增长 30.1%；神华集团完成 1806 万 t，同比增加 999 万 t，增长 123.6%；五矿集团完成 337 万 t，同比增加 230 万 t，增长 212.7%。全国煤炭出口从 1 月份的 521 万 t 增加到 9 月份的 819 万 t，增幅高达 57.2%。煤炭出口增势强劲。煤炭出口大量增加对缓解国内煤炭市场供大于求的压力起了重要作用。

4. *煤炭价格呈恢复性增长*。2001 年原中央财政煤炭企业商品煤平均售价 150.59 元/t，同比上升 10.90 元/t，升幅为 7.8%。六大地区中，仅西北地区累计平均售价下降，其余五个地区都上升。其中：华北地区 141.01元/t，同比上升 10.82 元/t，上升 8.31%；华东地区 183.84 元/t，同比上升 16.72 元/t，上升 10.00%；东北地区 141.28 元/t，同比上升 0.65 元/t，上升 0.47%；中南地区 139.17 元/t，同比上升 19.68 元/t，上升 16.47%；西南地区 163.20 元/t，同比上升 3.36 元/t，上升 2.10%；西北地区 110.48 元/t，同比下降 1.23 元/t，下降 1.10%。

2001 年 1 至 12 月，原中央财政煤炭企业商品煤平均售价呈逐月上升态势：12 月份平均售价为 159.27 元/t，比 1 月份的 141.74 元/t 上升 17.53 元/t，上升 12.37%，月均上升 1.43%元/t。

5. *煤矿安全生产专项整治取得阶段性成果*。2001 年 4 月，国家进行煤矿安全生产专项整治。各级地方政府、煤矿安全监察机构和煤矿企业积极贯彻落实“国务院办公厅 26、68 号通知”关于煤矿安全生产整顿的指示精神，关闭国有煤矿矿办小井和乡镇煤矿停产整顿，煤矿安全生产专项整治取得显著成效。同时，国有重点煤矿补还了部分煤矿安全生产投入欠账，减少了煤矿事故隐患。煤矿安全生产形势好转。

①全国煤矿安全生产死亡人数减少，重特大事故明显下降。2001 年，全国煤矿安全生产事故共死亡 5670 人，同比减少死亡 126 人，下降 2.2%。全国煤矿一次死亡 3～9 人的重大事故起数和死亡人数分别下降 14.1%、11.0%；一次死亡 10 人以上特大事故起数和死亡人数分别下降 37.2%、30.0%。

②瓦斯事故减少。全国煤矿发生瓦斯事故 662 起，死亡 2436 人，同比减少 62 起，少死亡 696 人，分别下降 8.6%、22.2%。

③乡镇煤矿重特大事故减少。乡镇煤矿发生安全生产事故死亡人数同比下降 7.3%。一次死亡 3～9 人重大事故的起数和死亡人数分别下降 14.7%、15.2%；一次死亡 10 人以上特大事故分别下降 40.0%、30.1%。

④小煤矿数量减少。2001 年共关闭各类小煤矿 12257 处，其中：国有煤矿矿办小井 1208 处，乡镇煤矿 11049 处。乡镇煤矿由整治前的 33977 处减少到 22928

处,矿点数减少32.5%。

⑤整顿验收进展顺利。按照国办25号、68号通知要求,小煤矿整顿验收已进入最后阶段,到2002年2月底,全国通过省级验收的小煤矿共17956处,占整顿矿井22928处的78%。

⑥小煤矿办矿秩序有所好转。主要表现在:小煤矿依法办矿意识明显增强,办矿秩序有所好转。通过验收,小煤矿基本都完善了劳动用工制度,签订了劳动合同。为井下从业人员办理了意外伤害保险,一些地区还试行了煤矿安全风险抵押金制度。非法、超层越界开采行为得到有效遏制。

⑦小煤矿装备水平有所提高。据调查,在专项整治期间,仅山西、河北、河南、四川、黑龙江五省投入小煤矿整顿资金就达17亿元,已验收小煤矿普遍实现了主扇通风、双电源供电和机械提升;一些小煤矿实现了正规开采;部分高瓦斯矿井建立了瓦斯监测和瓦斯抽放系统。（中国煤炭工业协会）

【煤炭行业规模以上企业实现利润】 截至2001年7月底,中国规模以上煤炭企业实现利润10.58亿元,同比减亏增盈18.77亿元,甩掉了连续多年的亏损“帽子”。

国有煤炭企业扭亏脱困来之不易。首先得益于国家出台的一系列重要政策措施。近几年国家对资源枯竭、扭亏无望的国有重点煤矿实施破产,先后共批准65个项目,全部实施后将从源头减少亏损20多亿元。共批准煤炭企业一次性债转38户,转股额388亿元。2001年安排安全技改国债补助资金5.4亿元、贴息贷款7.9亿元。这些政策的出台及实施,对国有重点煤矿扭亏脱困发挥了重要的支持和推动作用。

实施关井压产、总量调控和扩大出口,使煤炭企业市场环境有了明显改善。到2001年6月末,全国累计关闭各类小煤矿5.25万处,约占原有各类小煤矿的2/3,比1997年压减产量3亿t左右。同时,国家实施积极财政政策,促进国民经济出现重要转机,电力、冶金、建材等耗煤工业对煤炭需求持续增长,拉动了煤炭销售。国家随后又出台鼓励煤炭出口的6项政策,扩大煤炭出口。在这些措施综合作用下,煤炭供求关系出现明显好转,库存下降,价格恢复性上升。

煤炭企业立足自身,确保了扭亏目标的实现。2001年34户国家重点煤炭企业,已有28户完成了公司制改造。兖矿集团公司等10户骨干企业股票成功上市,从境内外募集资金70多亿元。煤炭行业还推进减员增效、下岗分流,国有重点煤矿职工总数由1997年的315万人减少到2001年6月末的283万人,全员效率提高。采煤和掘进机械化程度达70%以上,生产技术水平不断提高。（中国矿联信息中心）

【全国煤炭订货交易会】 于2001年2月5日在山东烟台召开。2001年全国煤炭订货交易会的原则和要求:继续贯彻和落实国务院关于关井压产的决定,优化煤炭工业结构,严格控制总量,做好重点煤矿、重点用户和运输企业之间的产运需衔接平衡。通过订货,促进重点企业之间实行互保,建立长期稳定的合作关系,以市场为导向,衔接铁路运输能力和落实资源,逐步推广使用低硫、低灰煤。

2001年全国煤炭订货在2000年全国煤炭订货的基础上,采取对增量作适当调整的方法来组织。对具有订货资格的重点用户和重点煤矿,保证其订货数量和运输等外部条件,双方按此签订合同。个别重点行业和用户订货数量如确有必要调整,须由订货方牵头单位汇总后,征得有关部委局的同意。2001年发电和出口等煤炭需求增长行业的订货数量,可以超出2000年的基数以加快开拓国际市场,对于能够出口的煤炭企业运输上要给予保证。2001年要特别支持国有大中型煤炭企业扭亏脱困,具体流向安排要与实际运输能力相衔接,不要把增量放在运输受限制的区域。对2000年订货合同兑现率较差的用户以及煤炭资源少而订货量大的供方企业要视情况调减其订货数量。

2001年的电煤政府指导价格,仍按国家规定的2000年电煤价格政策。全国煤炭订货仅限于在经审查确认资格的重点煤矿和重点用户之间进行选择和签订合同,具体的订货仍按2000年制定的程序组织实施。会议要求煤炭企业和用户要依法鉴订规范的煤炭买卖合同和运输合同,明确各自的权利义务,维护经济合同的严肃性;认真执行《煤炭送货办法》,严格计质、计量和合法结算;严格禁止订购已列入关闭范围的小煤矿的产品,禁止与无煤炭经营资格的经营企业签订供货合同,通过严格制止非法开采和布局不合理的煤矿产品进入流通领域,巩固煤炭行业关井压产,整顿经营秩序的成果。作为供方的煤矿企业要主动走出去,走访用户,多听意见,取得谅解,按市场需求品种、数量安排好生产,决不能再走生产多、存煤多的老路子。煤炭用户要对目前的煤炭供求形势有清醒的认识和准确把握,对煤矿企业的困难尽可能地给予同情和理解。供需双方要密切配合,进一步做好煤款清欠工作。煤款不能再拖欠下去,以前的欠款要做还款计划逐步偿还。

国家发展计划委员会副主任张国宝,国家经济贸易委员会副主任石万鹏,中纪委委员、中纪委驻国家煤矿安全监察局纪律检查组组长濮洪九,国家煤矿安全监察局副局长赵铁锤,山东省委常委、常务副省长韩寓群,铁道部副部长刘志军,交通部副部长洪善祥,国家电力总公司副总经理陆延昌出席会议开幕式并讲话。山西省副省长王显政,陕西省副省长巩德顺,烟台市市长杨金镜，煤炭供运需三方代表，有关省、自治区、直辖市计委，经贸委负责人共100余人出席了会议开幕式。中国煤炭工作协会会长范维唐主持开幕式。

（中国矿业年鉴编辑部）

【水煤浆开发与市场需求】 株洲洗煤厂是国内较早从事水煤浆研制生产的厂家之一，其开发的水煤浆，浓度达到68%以上，存放1年以上仍不产生硬沉淀，略经搅拌即能喷雾燃烧，取得了在小型锅炉上以浆代替柴油燃用的重大突破。近年来，株洲洗煤厂针对烧油企业对燃料热值高、灰分低、排污少的要求，开发出完全可以代油燃烧的“油－煤－水”三元燃料浆，可降低25%重油成本或45%的炉用柴油成本。湖南省每年燃油缺口60万t，如50%以浆代油，每年将减少燃料费用1亿元以上。广州市每年燃油在400万t左右，佛山市年用重油200万t，即使1/10以浆代油，年需求量在100万t以上。

尽管以“水煤浆代油”经济效益不错，水煤浆的市场需求量也大，但销售形势不乐观。主要原因是燃油企业拿不出资金来进行锅炉改造，其次是受运输限制。

（中国矿联信息中心）

【煤炭液化制油等高技术工程列为国家重点建设】 中国将在2005年前重点建设十二大高技术建设工程，推动发展20个战略性重点领域。其中，煤炭液化制油工程和洁净煤技术应用示范工程被列为重点建设之列。

发展煤炭液化是保证中国能源安全的战略性举措。加快建设年产百万t以上煤炭液化制油示范工程，形成适合于中国煤炭资源特点和国情的煤炭液化技术，为商业化装置提供成套技术工艺和装备。重点建设大型循环流化床应用工程、水煤浆加压气化技术应用工程、整体煤气化燃气－蒸汽联合循环发电示范工程、增压流化床－蒸汽联合循环发电示范工程、水煤浆应用示范工程、煤炭地下气化示范工程、煤层气开发利用示范工程等，加速大型超临界发电机组的产业化，达到大型化、自主化和商业化的目标。

（中国矿联信息中心）

【21世纪煤炭高层论坛】 于2001年4月15日，由中国能源研究会和中国煤炭工业协会在北京联合举办。旨在帮助社会客观、公正地认识煤炭以及煤炭工业，科学、真实地反映煤炭以及煤炭工业的地位、现状和未来发展趋势。

有关专家在“论坛”上指出，21世纪煤炭仍将是中国的主要能源，煤炭工业在国民经济和社会发展中的重要地位不会改变。必须大力推动洁净煤技术的开发应用，实现煤炭的清洁、高效利用，从而减少污染、提高终端能源效率。

中国煤炭工业经过几十年的开发建设，产量迅猛增长，到20世纪80年代中期结束了长达30年的煤炭供应紧张局面，1996年原煤产量达到13.74亿t，为国民经济的发展做出了重大贡献。但是，随着社会主义市场经济的发展，经济增长方式发生转变，产业结构不断调整，节能技术日益推广，近几年出现了煤炭供过于求的局面，煤炭工业面临着前所未有的困难。

煤炭资源探明储量占中国化石能源的90%以上，是保障安全供应最可靠的能源，同时也是最廉价的可利用能源；煤炭本身不是污染，是可以通过技术进步实现洁净利用的；从可采资源、保障供应、经济性和技术等方面看，煤炭仍将是中国不可替代的主要能源，为社会提供优质煤炭、保障能源供应、提高煤炭效率、减少煤炭污染，是21世纪煤炭工业的重要责任。

专家建议，应当坚持用发展的观点来解决煤炭工业存在的问题，突出结构调整的主线，搞好煤炭供需总量平衡，推进国有资产重组；加快实施科教兴煤战略，积极进行产业结构和产品结构的调整，发展高产高效生产技术，提高煤炭竞争力；发展洁净煤技术，解决环境污染问题，推动煤炭工业向高效、安全、洁净、优质的方向持续、稳定、健康发展。　（中国矿联信息中心）

【煤炭工业2001年度十佳煤矿、双十佳矿长评选】 为表彰在煤炭工业改革与发展中做出突出贡献的先进煤矿和培养造就一大批优秀矿长队伍，中国煤炭工业协会自1995年起组织开展了全国煤炭工业双十佳矿长的评选表彰活动。在进入21世纪新的历史时期，特别是在中国加入WTO的新形势下，中国煤炭工业协会决定把全国煤炭工业双十佳煤矿、双十佳矿长评选表彰活动更加规范地长期开展下去。对2001年度全国煤炭工业双十佳煤矿、双十佳矿长的评选表彰工作，各煤炭集团公司（矿务局）十分重视，积极申报，各省（区）煤炭管理部门、省（区）煤炭行业协会认真审核，共推荐了36个煤矿、44名矿长。在此基础上，经认真组织审定，报会长办公会同意，评选结果揭晓。中国煤炭工业协会决定：授予神华集团神府东胜公司大柳塔煤矿等20个煤矿为2001年度全国煤炭工业双十佳煤矿，授予寇平等20名矿长2001年度全国煤炭工业双十佳矿长的光荣称号。

这次获奖的全国煤炭工业双十佳煤矿、双十佳矿长是近年来涌现出的全国先进煤矿和优秀矿长中的代表。他们认真实践江泽民总书记“三个代表”的重要思想，在新形势下，继续发扬煤矿职工队伍特别能战斗的光荣传统，锐意改革，勇于创新，坚持科技兴矿，抓好高产高效矿井和质量标准化矿井建设，加强现场管理，实现安全生产、文明生产，煤矿经济效益不断提高，多项技术经济指标在全国煤炭工业同类型煤矿中处于领先水平,有的已达到世界先进水平。加强精神文明建设,搞好民主管理,实行矿务公开,企业整体形象不断改观,在煤炭工业现代化建设中取得了突出的成就。

(中国煤炭工业协会)

【第七届全国煤炭工业优秀企业,优秀企业家评选】 改革开放以来,全国煤炭工业优秀企业和优秀企业家的评选表彰活动已经进行了六届。第七届全国煤炭工业优秀企业、优秀企业家的评选工作,在各省(区)煤炭管理部门、煤炭行业协会推荐的基础上,经认真组织审核,报会长办公会批准,中国煤炭工业协会决定:授予神华集团神府东胜有限责任公司等34个企业为第七届全国煤炭工业优秀企业,授予杨景才等35人第七届全国煤炭工业优秀企业家光荣称号。

这届命名表彰的煤炭工业优秀企业、优秀企业家,在煤炭行业多年处于困境的情况下,奋力拼搏,克服困难,坚持以市场为导向,以改革开放和科技进步为动力,转机建制,调整结构,盘活存量资产,不断加强和改进内部管理,努力提高企业经济效益和市场竞争力,在企业改革、企业管理现代化、安全生产、科技进步和精神文明建设等方面不断创新,取得了突出成就。

(中国煤炭工业协会)

【《中国煤炭报》】 1988年1月5日,作为原煤炭工业部机关报正式创刊,是较早创办的几家行业报之一,现为周三刊对开四版,国内外发行,2003年拟改为每期八版。目前,由国家安全生产监督管理局(国家煤矿安全监察局)、中国煤炭工业协会主管主办。

创刊近20年来,《中国煤炭报》紧跟时代发展的脚步,自觉遵循新闻规律,在报道内容上全面展示了煤炭工业的改革情况,先后创办了《中国煤炭报》月末版、半月刊、星期刊、经济周刊、《今天》周刊等一系列专刊,与主报一起形成多侧面、多层次的报道体系。2002年10月,报社实施重点集中战略,创办了《中国安全生产报》,形成"一社两报,并重齐飞"的格局。

中国煤炭报将继续秉承"为社会了解煤炭开辟窗口,为煤炭走向社会构建平台"的办报宗旨,放宽眼界做大文章。

1.在报社总体发展上,立足于当前实际和未来发展空间,树立建设报业集团大目标。在两报并举的大格局下,《中国煤炭报》秉承其一贯务实厚重之作风,弘扬煤炭业特别能战斗之传统精神,迎难而上,扎实推进,稳健成长;《中国安全生产报》白纸作画,恣意挥洒,意气风发,风头正劲,开局良好,前途无量。两报报道领域面向近30个行业,横跨第一、二、三产业,从天空到地下,从陆地到海洋,从城市到乡村,从国内到国外;报道对象和读者从稚龄学童到老人,不分职业、性别,一律涵盖。从宏观看,国富民强是中华民族发展之目标和愿望,欲国富,就得发展经济,而这必须强化基础能源(主要是煤炭)之地位;欲民强,必须保护人民群众之生命和财产安全,通过运用政治、经济、法律等各种手段来保障安全生产,从微观看,当前以煤炭或安全生产为报道主要的报刊为数较多,不断有新的媒体出现,这就需要自觉运用市场经济手段,发展合作伙伴关系,为建设报业集团打下基础。实践证明,一社两报,相互促进,相得益彰。

2.在报纸采编业务上,从:"大煤炭"的视野出发,确立办报思路,组织日常报道,使读者及时了解煤炭行业发展走向和企业发展状况。在新形势下,坚持与时俱进,重树新的报道理念和思路,报道对象从以国有重点煤炭生产企业为报道重点,到面向整个煤炭行业、与煤炭相关联的诸行业以至整个能源产业;报道思路从指导企业工作到服务于企业,报道内容从一地一时一事的企业微观生产经营,到宏观的行业、产业发展,逐步树立"大煤炭"的观念,不断地追赶着现代新闻发展的步伐。

报道组织围绕以下几个方面进行:报道行业宏观发展方向,及时传递信息,服务于企业决策;展示企业改革进程,推动发展;发挥舆论监督作用,抑恶扬善,弘扬正气;关注弱势群体,体现人文关怀;发挥媒体优势,创造舆论氛围,关注总体,关爱生命,关注人、物、技、环(境)四者的相互协调和配件,推动煤矿安全生产实现根本性好转;加强对相关行业的报道,打开煤炭了解社会的窗口,在实践中建设一个学习型的团队。

3.在报社经营上,树立"大经营观",不断开拓新的经营方式和渠道,走多角经营之路。近两年来,报社在立足于报纸平面广告经营的基础上,解放思想,逐步涉足立体化的实体经营,并向文化产业发展。

(中国煤炭报社)

石油天然气

【概况】 新中国的建立为中国石油工业的发展创造了根本条件。20世纪,中国石油工业经历了50年代恢复和探索、60~70年代高速发展和80年代以后稳定发展的三大历史阶段。1959年大庆油田的发现,从根本上改变了中国石油工业的面貌,1965年结束了对进口石油的依赖,实现了自给;在60~70年代,胜利、辽河、长庆、华北等油气田的相继发现和开发使全国原油产量

中国石化新星东北分公司
新星石油公司东北石油局

新领导班子成员

现代化的办公楼

中国石化股份公司新星东北分公司、新星石油公司东北石油局是中国石化集团公司在东北地区以从事石油天然气勘探、开发和生产经营为主的企业，具有油气地质研究、地球物理勘探、钻井、测井、固井、测试、油建以及采油、输气等综合开发生产能力，有员工820多人，中、高级职称人数占40%多。经过重组改制，新星石油公司东北石油局于2002年5月分别设立了新星东北分公司（上市部分）和新星公司东北石油局（存续部分）。

这支队伍立足松南地区，22年来已探明并拥有一定的石油、天然气和二氧化碳地质储量，勘探开发了5个天然气田、2个油田、1个二氧化碳气田，建有一座油气联合处理站和4座大型集输气站以及数十座卫星气站，日输气能力近百万立方米，年处理原油10万t。铺设的500多km的输气管道，由各气田输往一气集团公司和长春、吉林、四平、公主岭及长岭县等地，为数十万户城镇居民和数十家企事业单位提供天然气能源，占吉林省天然气能源供应的90%以上。

公司2001年生产原油和天然气23万t油当量，人均生产油当量近300t，在国内同行业处于领先水平；二氧化碳气年产销2万多t，覆盖东北三省和内蒙古市场，广泛应用于工业、饮食、科研、油田注采、人工降雨及食品保鲜等领域。

“十五”期间公司的指导思想为：进一步勘探评价十屋断陷深浅含油气组合，整体评价长岭凹陷的含油气性，解剖德惠断陷重点构造的含油气性，重新认识评价伏龙泉断陷含油气性。

“十五”目标：打成油气发现井6～8口，提交油气地质储量2700万t油当量，新发现中小型油气田一处，年油气产量达到30万t油当量，进一步把二氧化碳资源优势转化为经济优势。

4座大型天然气集输气站和数十座卫星气站，日输气能力近百万立方米

秦家屯油气田现代化油气联合处理站

中国五矿集团

集团总裁：苗耕书

中国五矿集团是以金属和矿产品国际贸易为主，兼营金融、房地产、货运、招标、内贸和投资业务，实行跨国经营的大型企业。1999 年，五矿集团列入由中国政府直接管理的 44 家国有重要骨干企业。中国五矿集团 2001 年的总经营额为 60.85 亿美元。

中国五矿集团具有 50 余年的经营历史，长期发挥国家进出口主渠道作用，在海内外享有盛誉。改革开放以来，中国五矿集团顺应国家外经贸体制的变革，积极主动地参与市场竞争，坚定地实施国际化发展战略，坚持一业为主、多种经营，在国内外进行广泛的实业投资，经营规模和经济实力大为提高，为企业的长远发展奠定了雄厚基础。

集团总部大楼

与国际银团签署 1 亿美元三年期贷款协议

中国五矿集团拥有一支高素质的员工队伍，他们知识全面，勤奋努力，富有朝气。

中国五矿集团以诚信为本，在平等互利、重合同、守信用的原则下，广泛开展“双赢”和“多赢”合作，在中国和世界各地的客户达 8000 家以上，其中绝大多数是长期稳定的贸易伙伴。

为了提高核心竞争力，中国五矿集团积极实施新的企业发展战略，按照钢铁、有色金属、原材料、综合贸易、金融和房地产六大业务板块进行运作，各项业务保持健康发展，经济效益良好。在新的世纪里，五矿集团将以贸易为基础，集约多元，充分发展营销网络；以客户为中心，技术创新，积极提供增值服务，努力发展成为提供全球化优质服务的企业集团。

中国五矿集团建立了全球化的营销网络，目前在国内 13 个省（区）拥有 98 家全资或合资企业，控股和参股的国内上市公司有 12 家，在世界 17 个国家和地区拥有 30 家海外公司和机构。

作为中国最大的五金矿产品贸易企业，中国五矿集团以服务为先，努力向客户提供包括融资、报关、仓储、运输、加工和资讯在内的一条龙服务，全方位满足客户的需求。

中国五矿集团与国内各大商业银行保持密切的合作关系，获综合授信额度 120 亿元人民币。从 1996 年开始，集团在美国成功发行和续发了计 6 亿美元的商业票据，获国际权威信用评级机构好评。2001 年，集团首获国际银团 1 亿美元三年期贷款。

与国外客商进行商务洽谈

中矿金业股份有限公司

第三届中国杰出（优秀）青年科技创业奖获得者、中矿金业股份有限公司总经理：王永选

中矿金业股份有限公司位于“中国金都”——山东省招远市，是招远黄金行业的四大骨干企业——北截金矿、罗山金矿、玲南金矿、阜山金矿的集合体。公司拥有固定资产13亿元，职工4566人。2001年4月份以来，通过对采、选、氰、冶的技术改造，日采选能力达到5000t，成为我国采选规模最大的黄金行业。

2001年4月份，面对9亿元负债总额和3540万元的亏损，以王永选为首的新一届领导班子以重塑“招远工业之母”新形象为己任，提出了“教育、调整、规范、振兴”的第一阶段工作指导思想。他们顶住多方面的压力和困难，遵循“科学决策、科学技术、科学管理”的经营理念，坚持“不求最大，但求最佳”的经营模式，对职工思想观念进行“重塑自我”的转变教育，对生产结构、组织机构和人事制度进行“外科手术”式大改革，对生产工艺进行“脱胎换骨”大改造，对运行机制进行“破旧立新”大转变，建立了经济责任制、岗位动态管理和特殊事项奖惩三位一体的激励机制，形成了独具特色的企业文化，使企业在短时间内从困境中崛起。2001年，公司自产黄金10万两，冶炼成品金40万两，分别占招远市自产黄金和冶炼成品金总产量的48%和50.6%；全年上缴税费总额达到6025万元，同比增长49%。

公司所属北截冶炼厂和罗山冶炼厂均属国家黄金冶炼定点单位，是全国最大最早的黄金氰化、冶炼企业之一，至今已有２０多年对外加工金精矿的历史，技术先进，信誉可靠，素以“成本低、检测准、周期短、成色足、服务优”的“五大优势”而著称，客户遍布国内外。1996年研究成功的湿法“提取金银新工艺”，获得国家发明专利，被专家誉为“黄金冶炼史上的第二次革命”。

中矿金业愿与社会各界朋友及新老客户真诚相待，互惠互利，共同发展！

团结奋进的公司领导班子

中国石化江汉油田分公司

CHINA PETROLEUM & CHEMICAL JIANGHAN OILFIELD BRANCH

经理:方志雄

中国石化股份有限公司江汉油田分公司（江汉油田），主要从事石油天然气勘探、开发和盐卤化工生产，是我国南方陆上重要的石油、天然气生产基地，拥有探矿权面积11.67万km^2，先后发现和开发了湖北江汉油田、建南气田，山东八面河油田和陕西安塞坪北油田等。

江汉油田地理环境优越，科技实力雄厚，诚邀国内外同行和专家进行广泛合作与交流。

愿我们在“严谨、创新、诚信、协力”的准则下共谋发展。

油田一角

WWW.JHPA.COM.CN

石油天然气勘探、开发和盐卤化工生产

2000型压裂车组

SM26HD可控震源车组

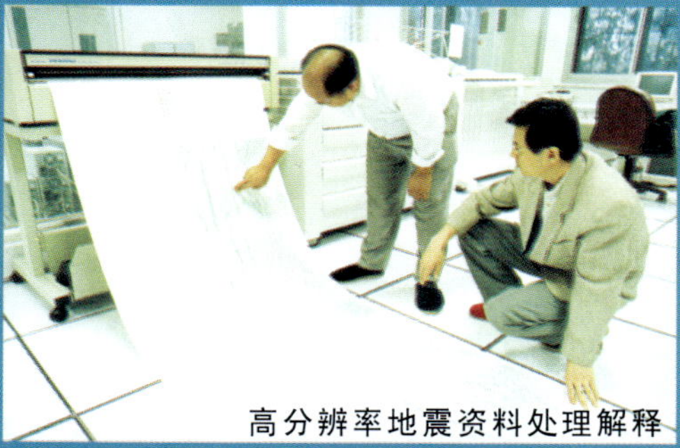
高分辨率地震资料处理解释

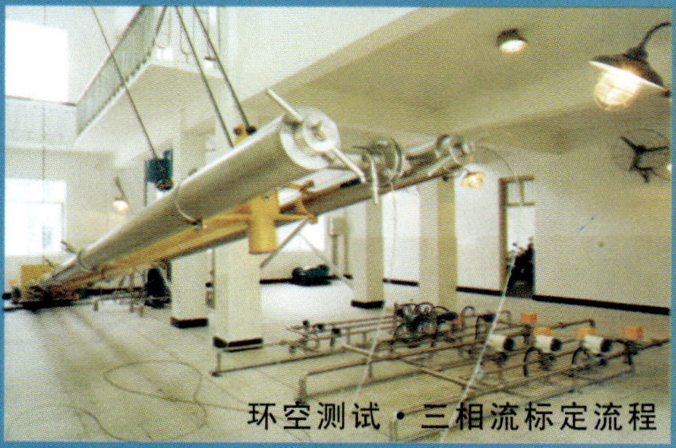
环空测试·三相流标定流程

地址：湖北·潜江·广华
邮编：433124
电话：0728-6502051
传真：0728-6502074

原油联合站

天然气开发

胜利油田

胜利石油管理局局长
胜利油田有限公司董事长　宋万超

三次采油聚合物注入站

胜利油田是胜利石油管理局和胜利油田有限公司的统称。工作区域主要分布在山东省的东营、滨州、德州、济南、潍坊、淄博、聊城、烟台8个市的28个县区境内。自1996年以来，勘探区域逐步延伸到新疆、安徽、浙江等地区；2001年到伊朗参与风险勘探。目前,胜利油田共取得探矿权面积14.9万km^2。1998年石油、石化行业大重组，胜利油田划归中国石化集团公司管理，并分立为胜利油田有限公司和胜利石油管理局两个法人实体。其中，胜利油田有限公司下设24个二级单位，共有员工9万多人，资产净值86亿元；胜利石油管理局下设45个二级单位，共有员工12万多人，资产净值117.4亿元。截至2001年底，胜利油田已找到71个不同类型的油气田，累计探明石油地质储量41.59亿t，探明天然气地质储量1907.37亿m^3，生产原油7.46亿t，实现工业总产值（现价）3210.84亿元,累计上缴利税（费）849.15亿元。2001年新增地质储量1.13亿t，生产原油2668万t，实现利税240.8亿元,其中利润141.61亿元。

经过近40年的工作实践，胜利油田逐步掌握了勘探开发复式油气藏和滩海油田的规律，创造了具有胜利特色的滚动勘探开发理论和方法。勘探上，坚持以提高勘探效益为中心，把明晰储量的经济性和可靠性作为重要工作内容来抓，用地质理论、勘探观念和技术上的突破带动和促进勘探实践上的突破，坚持近期目标与远期目标相结合、综合性课题研究与单项重点理论和技术研究相结合，连续19年年平均新增探明地质储量在1亿t以上。开发上，坚持效益优先原则，以“新区高效高速、老区优化调整减缓递减，促进良性循环”的思路指导开发工作，油田整体开发水平明显提高，连续5年实现了储采平衡，在技术创新和技术进步上，先后在地质综合研究、物探、测井、钻井、复杂油气藏开发、浅海油田开发、地面工程建设等技术领域取得突破，形成了全国领先的十大优势技术自“七五”以来，共取得各类科技成果3700多项，其中89项获得国家级奖励，424项获省部级奖励；取得专利700余项，累计实施专利技术470件，创经济效益近8亿元。在经营管理上，大力实施市场化经营，经济运行质量有了明显改善。在投资管理上，以强调投资回报为核心，建立新的投资管理制度，以效益目标为基准确定资本性支出，投资效益有了新的提高。在成本管理上，以加强成本监控、降低成本支出为目的，实行全面预算管理，建立集中控制的财务管理制度，实现了由物化管理向价值管理的转变。开拓外部市场的力度不断加大，进一步拓宽了油田生存发展的空间，2001年，全油田共实现外部市场收入25亿元。

河50丛式井组

胜利2号极浅海步行坐底式钻井平台

浅海采油

北 京

海地人机构领导（从左至右）：李洪光、易廷斌、张振凯、彭绍贤

“北京海地人”是在1998年由国土资源部同意成立的北京海地人资源咨询有限责任公司的基础上不断发展壮大起来的为探矿权、采矿权人、政府机构、矿业投资人服务的“联合舰队”。业务涉及探矿权、采矿权评估、矿业投资咨询、国土资源开发规划咨询、房地产评估等诸多领域。目前北京海地人有“四大核心机构”、“三项资质”，涉及“六大业务范围”，在全国有9个分支机构。

机构及人员素质：海地人四大核心机构是北京海地人资源咨询有限责任公司、北京海地人矿业权评估事务所、北京海地人房地产评估事务所、北京海地人资源咨询有限责任公司。北京海地人拥有地质、采矿、选矿、经济、法律、财会等各类人才，其中具有国家认可的执业资格的执业律师7名，注册探矿权、采矿权评估师16名、注册土地估价师7名、注册资产评估师2名；具有高级技术职称的人员有：研究员2名、副研究员3名、高级工程师（或教授级高级工程师）8名、高级会计师3名。

资质及业务范围：海地人具有国土资源部颁发的《探矿权采矿权评估资格证书》（证书编号：矿权评资[1999]002号）；《矿产资源勘查开采登记申请代理机构资质证书》（国矿代资001号）；《土地评估机构资质证书》（资质等级：备案，证书编号：2000备案022）。

业务范围：1.探矿权和采矿权评估；2.国土资源规划、矿产资源开发利用规划；3.矿业投资咨询；4.房地产估价、土地使用权评估；5.代理开发业务，代理申办探矿权、采矿权、土地使用权；代理组织矿产资源开发利用方案审查；承担矿山设计方案、矿产资源开发利用方案和矿产资源开采的环境影响评价报告的拟订，土地管理、使用、保护和整治规划；土地复垦、生态环境保护与重建规划；6.法律咨询服务，提供国土资源法规咨询，提供探矿权、采矿权、土地使用权侵权救助，提供国土资源政策法规咨询，提供探矿权、采矿权、土地使用权民事流转的咨询服务。

主要业绩

探矿权、采矿权评估：截至2001年底，完成探矿权、采矿权评估项目近200余项。其中探矿权评估近40项，全部得到国土资源部的确认；采矿权评估160余项，依法必须经国土资源部确认近120项；完成矿业企业以探矿权、采矿权资产上市的项目有：山西神州股份有限公司、山西西山煤电股份有限公司、上海大屯能源股份有限公司、邢台金牛能源股份有限公司、山东兖州煤业股份有限公司、中金黄金股份有限公司、中国铝业股份有限公司等；完成以探矿权、采矿权资产合资合作项目有：新疆哈密聚宝资源开发公司、云南兰坪铅锌矿、西藏玉龙铜矿、青海湖钾盐矿等；完成矿业企业债权转股权探矿权、采矿权评估项目主要有：北京水泥厂、广西柳州鱼峰水泥集团公司、唐山山友有限责任公司等；完成矿业企业以其探矿权、采矿权资产抵押的评估项目主要有：海南三亚铁矿、峨眉山温泉度假有限公司、广西拉幺锌矿等；完成矿业企业重组改制的探矿权、采矿权评估主要有：云南东川矿务局、淄博矿务局、四川久大盐业公司等；完成以拍卖为目的的探矿权、采矿权评估主要有：河北省鹿泉市建筑石料用灰岩矿、湖北襄樊市六柱垭磷矿、广东深圳市建筑石料用灰岩等。

土地评估：北京市东梨广场用地地价评估，北京市东郊农场和平医院用地地价评估，北京市东风农场加油站地价评估，宁夏灵州矿业集团公司101宗土地地价评估，武汉湖滨花园大酒店房地产评估。

资源规划：《全国矿产资源规划总体纲要》（参与），浙江省湖州市矿产资源保护与开发利用规划（作为国土资源部规划试点，获得成功），黑龙江省阿城市矿产资源保护与开发利用规划，浙江省湖州市矿山生态环境治理规划，石家庄土地开发整理规划等。

代理：首都高速公路发展公司秉承北京市公路一环约300km高速用地的征地、勘测定界、地质环境评价、压覆矿产资源评价等。中房公司珠海海砂开发利用的勘查登记、海域使用许可、采矿登记代理。

法律顾问单位：河北地质勘查局，黑龙江地质勘查局，广西地质勘查局，江西地质勘查局，北京海淀区财政局，比力顿矿业公司，云锡集团。

海 地 人
海地人秉承
“海—宁静致远
地—厚德载物
人—明理尽责”的理念

本溪钢铁(集团)矿业有限责任公司

本钢矿业公司党政班子成员在研究工作

本溪钢铁（集团）矿业有限责任公司组建于1995年12月28日，是本钢最大的全资子公司。赵永杰任董事长、党委书记、总经理。公司位于辽宁省本溪市平山区平山路15号。公司下属单位有：南芬露天铁矿、歪头山铁矿、南芬选矿厂、石灰石矿、田师傅黏土矿（含本钢水泥厂）、设备修造厂、南芬房产管理经营公司、汽车运输大队、矿业开发公司9个单位，拥有全民职工1.58万人，固定资产原值30.49亿元，净值13.69亿元，生产装备总重量8.37万t，9974台套，注册资本8.8亿元，年产铁矿石1165万t，铁精矿470万t，石灰石原矿155万t，水泥25万t。本钢铁精矿自给率达到90%以上，石灰石产品基本满足本钢生产需要，是本钢生产优质产品的重要原料基地。

本钢矿山具有悠久的开采历史。南芬露天矿始建于1911年。本钢矿山历经多次扩建、改造、结构性调整和资产优化重组，初步形成了以矿业为主、多业并举、采矿、选矿、运输相适应，检修、汽运、生活服务协力配套，具有一定现代化管理水平和装备水平的大型露天矿山企业。改制后的本钢矿业公司适应市场需要，深化改革促发展，创新管理上水平，企业素质明显提高，活力逐步增强。

苦练内功，挖潜增效，“一提双降”成效显著。自1997年以来的五年中，经济效益以每年减亏近亿元的速度滚动发展，累计减亏5.1亿元，铁精矿单位成本由1996年的358.75元/t，下降到2002年的248元/t，取得了良好的经济效益和社会效益。

展望未来，生机无限。本钢矿业正以新的

适应市场需要，坚持稳产高产，主要产品产量创历史新水平。本钢矿山具有得天独厚的自然资源。它的铁矿石储量丰富，现已累计探明储量 12.03 亿 t，铁矿石品质优良，具有低磷、低硫、有害杂质少、易选、易冶炼等特点，用它冶炼出的生铁获“人参铁”的美称，饮誉中外。铁矿石的产量由 1996 年的 1003.42 万 t，提高到 2001 年的 1165 万 t；铁精矿产量由 1996 年的 373.6 万 t，提高到 2002 年的 475 万 t，增加了将近 100 余万 t，相当于新建一个中型矿山企业。

依靠科技进步，加快技术改造，保证矿山增产增效和可持续发展。本钢矿山装备先进，拥有 45R、60R 牙轮钻机，WK-4、195B、295B、MK-36 电动轮、325M、3311E、3307、3303 矿用汽车等大型采矿及与之配套年处理能力达 1500 万吨的选别设备和日产 300 吨活性灰的套筒窑等设备。坚持科技兴企的战略方针，一些重点经济、技术指标处于国内同行业领先水平。展望未来，生机无限，本钢矿业正以新的姿态迎接新的挑战，以新的发展创造新的辉煌。

本钢矿业公司办公楼外景

姿态迎接新的挑战，以新的发展创造新的辉煌

本溪钢铁(集团)矿业有限责任公司石灰石矿

石灰石矿领导班子

石灰石矿地处本溪市溪湖区，是本钢惟一的熔剂矿石原料基地，截止2001年底保有储量7690万t。石灰石矿从1915年伴随着该地区冶铁业的发展而兴起，至今已走过80多年漫长的历史。解放后，特别是改革开放以来，石灰石矿生产建设不断发展，为本钢生产做出了贡献。

该矿现有职工1668人，其中生产（操作）人员1445人，管理、技术人员153人，高级职称人员12人；共设置5个主体车间，14个科室。截止2001年底，拥有固定资产原值20817.3万元，净值12000万元，2000年～2001年共投资7781万元，新建了贝肯巴赫环型活性石灰套筒窑、0～3mm粉石灰破碎工程、3#、4#竖窑除尘器等生产环保设备。2001年完成剥采总量276.3万t，是全年计划的111.87%；成品石灰石139.8万t，生灰总量35.27万t。其中，有22项生产指标分别创矿月、季、年产历史最高水平。全年实现工业总产值4684万元，消化各种不利因素1200万元，实现利润610万元。

石灰石矿坚持以建一流生灰基地、创一流职工队伍为企业目标；以产品求优、技术求精、工作求实、效益求新为企业信念；以奉献本钢、服务社会、滚动发展、绩效创优为企业宗旨，开展生产经营工作。首先全面提升质量管理水平，相继制订了以冶金石灰为核心，以原料内外部质量为重点的全面质量管理方案、产品内控标准、产品实物质量保证措施和考核办法。加强每个生产环节的质量控制，强化中和配矿，严格执行矿石品位分段管理办法。2001年原矿一级品率达89.55%，原矿稳定率达90.36%。完善管理制度，将基层质量工作改由专人负责，使产品实物质量有了较大幅度的提升。竖窑生过烧率基本控制在10%以内，竖窑生灰活性度达233.4ml左右，全矿优质品创收61.9万元。吨钢灰耗最好成绩56.59kg，创历史最好水平。其次大力推进实施低成本战略。在资金管理上，强化存货管理和费用管理，坚持量入为出原则，深挖资金潜力，加速资金周转频率，提高资金使用效率，全年降低变动费用480万元，降低采购成本30万元。围绕重点消耗定额指标、工序成本、工程投资成本三大攻关目标，加大管理、考核力度。在计量能源管理中，各生产单位严格按标准方法计量，堵塞跑冒滴漏，严防非生产流失，节约用水11万t，节约用电571.4万kw·h。在设备管理上，强化设备基础管理，重抓检修，狠抓维护和隐患治理。提高设备技术状况，实现安全经济运行。全年加大安全教育、检查、整改、检查力度，实现了稳定的、长周期的安全生产局面。千人负伤率1.2‰，粉尘合格率85.1%，保持了省清洁工厂和市花园式文明单位称号。同时加强党政班子自身建设。通过强化思想、制度、作风、约束机制几方面的建设工作，使管理干部能够勤政务实、率先垂范。党政班子始终坚持深入一线靠前指挥，厂务公开，民主议事，为职工办实事。大力推进党建工程，正式启动干部培训工作，共有64名干部参加各类培训，分别在不同方面取得进步。继续推进企业两个文明建设蓬勃发展。采取有效措施，开展宣传思想政治工作，大力推进具有矿山特色的企业文化建设，提高职工素质，为维护稳定、促进发展提供有力的思想保证。支持群团组织独立负责地开展工作，形成党群工作携手并进的良好局面。积极开展劳动竞赛和科技承包活动，广泛的调动了职工工作热情。

石灰石矿活性灰套筒窑

本溪钢铁（集团）矿业有限责任公司 南芬选矿厂

选矿厂班子在研究工作

本溪钢铁（集团）矿业有限责任公司南芬选矿厂是一所现代化国有企业，具有80余年悠久历史，位于辽宁省本溪市南25公里的南芬庙儿沟矿区，厂区占地面积达604万m^2，建筑面积21万m^2。现有在职职工2869人，专业技术人员191人（其中高级职称10人），企业固定资产原值6.10亿元，净值1.86亿元。

南芬选矿厂于1918年由日本人投资建成，1948年回到人民手中。建国后，通过不断改建、扩建，生产规模不断扩大。到1991年，已经发展为拥有运输、碎矿、选别等10个主体车间，26个系列，年处理矿石能力达1000万t的大型矿山企业，成为国内最大的磁选厂之一。

该厂是本钢的主要原料生产基地，矿石来源于南芬露天铁矿。矿石属于鞍山式磁铁石英岩，采用单一湿式磁选方法加工精选，经过三段破碎、二段磨矿、四段选别和过滤脱水等工艺流程，生产出高品位、低磷、低硫的铁精矿，成为驰名中外的“人参铁”和“人参钢”的优质原料。新中国成立以来，共为国家出产铁精矿1.44亿t，精矿质量曾被国家经委评为优质产品金牌奖。

选矿厂机关办公大楼

该厂在生产建设中，始终把科学管理和技术进步作为主攻方向。特别是近几年来，国有企业处于改革与发展的攻坚阶段，他们积极向管理要效益，以提高金属回收率为中心，实现设备经济运行，有效降低能源消耗，以修旧利废等手段确保完成备件成本；牢固树立安全是最大效益的思想，连续10年保持长周期安全生产的良好态势。坚持低成本战略，仅“九五”期间，就累计实现利润1.175亿元。在科研技改方面，不断采用新工艺、新技术、新设备，进行革新改造，先后完成四选工艺流程改造、研制高效永磁筒式磁选机、推广顶部磁系脱水槽、推广细筛自循环工艺、研制旋转磁力脱水槽、建成尾矿库静压回水工程、实现四选浓密机底流浓度高效化，以及近期的一段磨矿自动化、精尾泵类、磨矿“三对二”、尾矿坝工艺等重大改造项目。1985年以来，选矿厂取得科技进步成果432项，创造经济效益5000多万元。

四选车间主厂房

1999年以来，该厂以本钢的发展大局为重，克服资金短缺、备件严重不足等各种不利条件，自我加压，深挖潜力，精矿产量三年迈了三大步，由277.5万t增加至310.5万t，为本钢三年脱困做出了重要贡献。2001年，该厂生产铁精矿310.5万t，创造了新的历史纪录。铁精矿工序成本在可比条件下达到国内同行业领先水平。目前，二期尾矿库、二选红矿等重点建设工程正在加紧进行，将为选矿厂的长远发展提供源动力。

多年来，南芬选矿厂多次荣获省级花园式工厂、市级文明单位标兵、集团公司先进单位和先进党委等荣誉称号。在新世纪，选矿厂广大干部职工将按照两级公司“十五”规划的总体要求，同心同德，奋勇拼搏，再创辉煌，为本钢实现高起点布局、跨越式发展做出新的贡献。

选矿厂花园式工厂一瞥

本溪钢铁(集团)矿业有限责任公司 南芬露天铁矿

露天矿领导班子在研究工作

露天矿154T电动轮运矿车和295B电铲在作业

露天矿60R牙轮钻机在作业现场

在富饶美丽的辽宁东南部，距以钢铁闻名的山城本溪市区25公里处，坐落着我国著名的现代化大型冶金矿山——本钢（集团）矿业有限责任公司南芬露天铁矿。南芬铁矿属于长白山山脉及千山山脉的一个山地，具有得天独厚的自然资源。矿区总面积20.19km²，铁矿石储量丰富，现已累计探明储量12.89亿t，是亚洲最大的单体铁矿山。矿石中有害杂质少，硫、磷含量低，品质优良，易选，易冶炼。生铁获“人参铁”的美称，饮誉中外。

南芬露天铁矿是本钢重要的钢铁原料生产基地。拥有全民职工4175人，其中管理和专业技术人员312人。生产装备先进，拥有154T电动轮汽车、45R（60R）牙轮钻机、295B电铲等多部大型现代化开采和铲运设备。建矿50多年来，该矿累计生产优质铁矿石3.1亿t，完成采剥总量9.58亿t，为本钢整体经济效益的提高做出了重要贡献。

与此同时，矿山现代化管理水平逐步提高。1953年进行第一次技术设计，从1956年开始，矿山开始实施机械化开采；20世纪80年代初，国家正式批准1000万吨扩建设计，1988年底工程竣工并通过国家验收，铁矿石产量连续8年突破800万t，1991年实现890万t，创历史最好水平；1991年11月和1992年1月，原国家计委、冶金部批复了南芬露天铁矿扩帮过渡工程方案和设计，1992年6月10日矿山首次大爆破，打响了跨世纪宏大工程的战役；进入新世纪以来，矿山坚持走“低成本兴矿”之路，向科学管理要效益，成本逐年下降，产量稳步攀升。矿山科研成果不断涌现。在矿山群体中，第一个采用汽车运输；第一个应用多排孔大区微差爆破；第一个从国外引进大型成套采矿设备。一些重大科研成果先后多次被评为国家、冶金部和省科技进步奖。该矿连续多次荣获省、市、公司先进单位殊荣。职工生活水平发生了巨大变化，先后建起了科技楼、安全楼、技校教学楼、俱乐部、游艺室和灯光球场六大职工文化活动中心。生活区内，鳞次栉比的新楼群取代了低矮潮湿的旧平房，配套设施齐全，职工的吃、穿、用正向小康水平迈进。

露天矿采场全貌

本溪钢铁(集团)矿业有限责任公司 歪头山铁矿

歪头山铁矿位于辽宁省本溪市西北部，开采历史久远，清道光年间即有人工采矿，后遭到日本人的掠夺开采。1948年10月，矿山获得解放。1970年5月，歪矿作为国家改造本钢的重点项目之一，开始大规模建设。经过30多年的发展建设，如今的歪矿已成为集采矿、选矿、运输等于一体的大型综合性矿山，拥有固定资产净值3.5亿元，是本钢钢铁生产的两大重要原料基地之一。2001年完成采剥总量1883万t，铁矿石334万t，生产铁精矿153万t，铁精矿单位成本245.56元/t，全员劳动生产率为44513元/人·a。

歪头铁矿领导班子在现场办公

歪头山铁矿职工总数4504人，矿下设12个职能科室，28个车间级单位，现任党委书记南宝海，矿长李有臣。

歪矿矿石总储量为26958万t，按鞍山冶金设计研究院1996年修改设计，主采区还可服务23年，达产矿量400万t/a，另有马耳岭采区达产矿量150万t/a，而歪矿目前两采场年采矿石总计为417万t（含外购矿），因此，歪矿还可开采30年以上。

歪头山铁矿封闭圈标高164m，目前开采最低标高92m，矿山已转入深凹露天开采，最终境界开采标高为-52m。露天开采台阶段高为12m。主要生产工艺为：

穿孔 YZ35 45R → 中深孔爆破作业 自产乳化油炸药 → 铲装 4m³电铲 →

运输 3307汽车 150T电机车 → 选矿 磁选 → 精矿67% → 铁厂 废石场

歪头山铁矿选矿三水平衡科研项目，使歪矿成为全国首家无污染选矿厂

歪头山铁矿以改革总揽全局，逐步完善经济责任制，转换企业内部经营机制，推广应用“网络技术”、“线性规划”、“成本否决”、“全面质量管理”等现代化管理方法，企业管理水平日益提高。依靠科技推动矿山发展，大块矿石干式磁选研究、尾矿再选工艺研究、边坡稳定性研究、三水平衡研究等科研成果达到国际国内先进水平。

坚持“一业为主，多种经营”，通过职工持股会形式成立本溪市福星现代建材公司和本钢矿业弘贺公司，福星公司年产彩色地面砖、承重砌块等系列产品10万m^3，产品已陆续投放市场，该公司的发展方向符合国家产业政策，发展前景十分看好。

歪头山铁矿非铜产业项目——本溪市福星现代建材有限责任公司生产线

矿区环境日新月异。宽敞整洁的公路，布局合理的绿色景点，漂亮的矿山公园，鳞次栉比的住宅楼等等，使这座花园式矿山焕发出青春活力，成为广大职工深深眷恋的美好家园。

歪头山铁矿主采场全貌

首钢矿业公司

▲ 浮雕

首钢矿业公司是首钢（集团）总公司的子公司，位于河北省迁安市。企业以“首钢矿业，品质卓越”为宗旨，以市场为导向，以创新为动力，具备了良好的产品开发能力和质量保证、售后服务体系，矿产主业和非矿产业的各类产品，畅销国际国内市场。经过40多年的建设发展，成为从事采矿、选矿、球团、烧结和机械制造、矿车制造、电力修造、建筑安装等多行业的国有大型矿山企业，是一座充满活力、全面开放的现代化矿山。

公司资源优势得天独厚。企业拥有的铁路专用线与京山、通坨、京秦铁路干线相连，交通十分便利。采矿、选矿、烧结、球团的主体工艺设备先进。选矿系统原矿处理能力2700万t，氧化球年生产能力将达300万t，烧结矿年生产能力700万t。通过健全质量保证体系，铁精粉品位68.11%，获国家金质奖章；烧结矿品位57.35%；氧化球品位65.21%。

公司为实现可持续发展，实施了产业结构调整，非矿产业已初具规模。矿用汽车、磨球、冶金轧辊、耐磨耐热件、建材建筑安装、土石方工程等项目发展迅速；橡胶制品、电子电器、化工、服务业等项目已按千万元产值规划实施；开发了10m³铲斗和铲杆、磁性衬板、电脑打印纸等上百个新产品。非矿产值在“十五”期间预计年均增长1亿元，总产值达到10亿元以上。

公司坚持“科技兴厂”，采用先进技术改造提升传统产业，小球团烧结技术应用、链篦机－回转窑－环冷机球团生产新工艺等取得显著效益。成功开发了固定资产管理、生产现场数据综合监视查询、电力监控与网络一体化管理、生产经营信息管理、生产分析指挥决策，在北京中关村注册了“北京速力科技有限公司”。

公司始终注重矿区生态环境保护，大力实施以水土保持、土地复垦、防风固沙、污染治理、绿化美化为主要内容的清洁环保工程。尾矿库变成了绿洲；烧结电除尘和灰制粒技术的应用、球团除尘灰闭路回收工程的实施，有效减少了大气污染；利用废石生产道碴，利用尾矿砂生产彩色地砖，实施烧结余热和尾矿库渗水回收，取得了明显的社会、经济和环境效益。

▲ 选矿厂一角

▲ 采场一角

▲ 胶带半连续排岩系统筑路机

▲ SGA3722矿用汽车

▲ 道碴生产线

▲ 烧结厂区

▲ 球团生产线

上海梅山矿业公司

董事长、党委书记：焦贤仲

经理：贡锁国

上海梅山矿业有限公司是上海宝钢集团梅山公司下属全资子公司。其前身是梅山铁矿，成立于1961年12月，于1995年8月转制为全国冶金矿山中第一家具有独立法人资格的矿业子公司。梅山矿业公司是我国重点黑色金属矿山之一，具有矿体集中、形态规整、储藏量大、品位较高、易于开采等独特的赋存条件。梅山矿区占地面积333.34万m^3，位于江苏省南京市西南郊，距南京市中心仅13公里，是国内距大城市最近的大型地下矿山之一，交通便利，具有极好的发展条件。公司具备年采选综合生产能力400万吨的生产规模，2001年工业总产值达5.16亿元，其中非矿产业产值达1.5亿元，全员劳动生产率达9.08万元／人年。

近年来，梅山矿业公司通过改革与创新，在注重搞好生产经营建设的同时，解放思想，转变观念，理顺和完善了企业内部各项管理机制，企业市场竞争力和抗风险能力逐步增强，有效提升了企业的核心竞争力。通过认真分析企业现状和未来发展走向，深入研究企业发展战略，针对矿山企业特点，公司制定了企业中长期发展战略，先后形成了“以矿为本求生存，多业并举求发展”和矿产业、非矿产业、社区事业“三大块”分块管理的发展思路，形成了以“不留缺陷，追求卓越”为理念的“零缺陷”管理模式。梅山公司一方面剥离辅助，精干主体，充分发掘主体产业矿产业的优势，提高矿产业的劳动生产率，有效提高矿产业增产创效的能力；另一方面，采取措施做大做强非矿产业，形成以硫酸、铸球、陶瓷复合钢管等产品为主的化学、金属制品,建筑安装,汽车运输,社区服务等非矿产业，增强非矿产业的市场竞争力，促进其成为矿山的支柱产业，为矿山未来的发展奠定了良好基础。在搞好生产、经营、建设、不断加强社会主义物质文明建设的过程中，梅山矿业公司还注重加强精神文明建设，多形式、多角度、多层次地开展了一系列精神文明创建活动，在企业物质文明建设不断发展的同时，职工队伍的整体素质不断提高，企业的向心力和凝聚力不断增强，在整个矿区形成了安定祥和、健康向上的良好氛围。近年来，梅山矿业公司多次获得省、部级奖励，2000年被中国矿业联合会评为国企改革与发展矿山（油田）企业先进单位。

为使企业今后获得更好的发展，梅山矿业公司提出了全面建设国内一流矿业企业的目标。为此，梅山矿业公司将以效益为中心，坚持改革开放，进一步实施低成本战略，加快机制创新，树立“依托矿山，走出矿山”观念，跳出梅山求发展，不断增强对市场环境的适应性和驾驭能力，实现矿山的可持续发展，力争为国家经济建设作出新的更大的贡献。

梅山矿业公司选矿厂

井下－198m水平检修

梅山矿业公司硫酸厂

井下－330m水平运输线

居住区一角

梅山矿业公司办公楼前广场夜景

武汉钢铁集团矿业有限责任公司

开拓进取的领导班子

机制总厂大型激光设备对轧辊进行激光表面硬化处理

金山店铁矿硫酸厂

武汉钢铁集团矿业有限责任公司共有大冶铁矿、程潮铁矿、金山店铁矿等10个二级单位，分布在湖北省武汉市、黄石市、鄂州市、大冶市及河南省的焦作市，在职职工25124人。

经过几代人几十年的艰苦奋斗，武钢矿山在武钢发展史上留下了辉煌的一页，为武钢生产建设乃至国家钢铁工业的振兴作出了不可磨灭的贡献。至2001年，矿业公司共向国家提供成品矿约18000万吨，其中铁精矿约9500万t，另外有矿山铜38万t、黄金1.8万t、白云石矿1700万t、石灰石成品矿4400万t。“九五”期间，矿业公司累计实现销售收入60.43亿元，减亏4.92亿元，共向国家上缴各种税款67851.65万元。

随着我国改革开放步伐的加快，矿业公司机构几经变动，企业改革发展不断深化。尤其是近10年，矿业公司坚持“一业为主、多种经营”的发展方针，使武钢矿山发生了深刻变化，矿山生产规模不断扩大并持续发展，基础建设成果显著，市场开拓进一步深入，企业管理水平明显提高，党的建设得到加强，精神文明建设硕果累累。1995年以来，矿业公司年年被武钢党委评为思想政治工作先进单位，2001年被武钢评为双文明建设先进单位。

董事长、总经理：匡忠祥
党委书记：王春华

程潮铁矿井塔

为了加快武钢矿山改革发展，矿业公司制定了“十五”发展规划，全方位培育和提高企业竞争力。按照规划，“十五”期间武钢矿业公司争取年销售收入平均以10%的速度递增，形成铁成品矿300万t/a、球团矿200万t/a、活性炭18万t/a、轻烧10万t/a、冶金炭10万t/a、冶金灰块料10万t/a的生产能力，在职职工控制在1万人以内，并大幅度提高劳动生产率。

目前，武钢矿业公司正带领广大干部职工，按照“十五”发展规划，与时俱进，开拓创新，抓紧各项工作的组织实施，共同描绘和开拓武钢矿业公司更加辉煌的明天。

竖炉球团厂全景

公司地址：湖北省武汉市青山区建设六路　联系电话：027-86802603
邮政编码：430080　电子邮件：wisgmcoa@public.wh.hb.cn

鞍山矿业公司

经理：陈平

矿山采场一角

东烧厂烧结厂房

东烧厂360m²烧结机

浮选厂一角

鞍山矿业公司是鞍钢集团全资子公司，是鞍钢主要生产原料供应基地，现有三座大型露天铁矿、三个大型选矿厂、一条烧结矿生产线和四座辅助原料矿山，拥有专门的矿山研究和设计单位及矿山机械运输设备修造、备品备件制造、动力、矿山建设等单位33个，是国家大型矿山联合企业。公司现有职工32389人，其中工程技术人员6148人，具有高级技术职称的487人、中级技术职称的2426人。公司有固定资产原值56亿元，净值27.5亿元，年产铁矿石802万t、铁精矿688万t、烧结矿330万t以及石灰石、锰铁等其他辅料产品。其中，赤铁精矿品位达67%以上，跨入世界一流行列，烧结矿品位达到58.5%。

“九五”以来，公司对生产工艺进行大刀阔斧的改造，全面提升了生产工艺和装备水平，实现了产品质量升级。“十五”末期，公司生产的铁精矿品位将达到67%以上，烧结矿品位将达到59%以上。

在巩固矿山主业的同时，公司通过实施管理体制改革和优良资产重组，积极推进技术创新，稳步发展非矿产业，形成了以实业发展总公司、矿山机械制造厂、矿山建设公司等为依托的非矿产业发展格局，是矿山备件加工、选矿设备制造、耐磨材料生产、矿用车辆制造、钢球生产、机械制造加工的重要基地。公司企业自行研制开发的同步机、励磁柜、无功补偿网、S9节能变压器等已经成为定型产品，基础油、润滑油、建材、选矿药剂等产品已经形成生产规模。所属矿山建设公司获国家一级建设企业认证。鞍矿公司还是美国康明斯发动机有限公司和艾里逊变速箱中国总代理——深圳通达实业公司授权东北地区惟一的全资服务代理机构。目前，公司非矿产业年收入达5亿元以上。

鞍钢集团弓长岭矿业公司

矿区一角

采选生产现场

大型文化广场——月华广场

“提铁降硅”工程竣工投产

鞍钢集团弓长岭矿业公司是鞍钢集团公司的全资子公司，是鞍钢的主要原料基地之一。公司地处辽阳市弓长岭区境内，占地面积55平方公里。

矿区磁铁矿和赤铁矿资源丰富，开采历史久远。据史志记载，明初弓长岭一带“处处都出铁”，并建有“铁场”。解放后，经过50多年的建设，矿山已由单一的井下生产发展为井采、露采两种开采方式，还建有大型选矿厂和球团厂，是特大型国有矿山企业，主要产品有铁精矿、球团矿、富矿粉、铁矿石、石灰石、水泥、矿泉水等。

弓矿公司现有职工1.38万人，各类专业技术人员1834人，其中中高级以上技术人员632人。公司下属13个生产单位，其中矿业生产单位7个，即露天铁矿、井下铁矿、中茨铁矿、选矿厂、铁运公司、建设公司、灯塔石灰石矿；辅助生产单位5个，即机械厂、动力厂、汽运公司、生活服务公司和职工医院；非矿产业单位两个，即实业发展公司和附企公司。

近两年来，公司从提高市场竞争力、应对“入世”挑战出发，不断推进企业“三改一加强”，实施“精品战略”，全面开展“管理推进年”活动，企业面貌发生了根本性变化，产品质量达到世界一流水平，连续两年实现盈利。

目前，公司已建成国内处理能力最大的600万吨矿石高效预选工程，为国内首创，其工艺及设备达到世界领先水平；完成了“提铁降硅”改造工程，使铁精矿Fe品位由65.4%提高到68.5%、SiO_2含量由8%降低到4%，挑战世界一流水平，实现了产品质量的跨越式升级；坚持“多业并举”的发展思路，大力发展非矿产业，年产2万t的现代化矿泉水生产线已正式投产。加大环境建设和住宅改造投入，新建了1.2万m^2大型文化广场，完成了4.5万m^2的住宅改造，矿区环境得到明显改善。

实施多元化发展战略，建成年产2万吨的矿泉水厂

职工居住条件不断改善

唐钢矿业有限公司

董事长、经理：张久甲

唐钢矿业有限公司成立于1996年，现有4座铁矿山和3座辅料矿山，年产铁矿石330万t、铁精粉134万t、球团矿36万t、石灰石成品矿47万t、生石灰15万t、白云石成品矿40万t。公司现有固定资产原值11.78亿元，注册资金2.7025亿元，有职工5039人，其中各类专业技术人员527人（高级职称65人、中级职称256人）。

唐钢矿业有限公司1998年正式开始按子公司独立运作。4年来，公司不断深化内部改革，坚持管理创新，强化对标挖潜，注重市场和新产品开发，主业生产稳中有升，成本逐年下降，产品质量达到国内同行业先进水平，年均减亏增效1300万元以上，2002年1月开始扭亏为盈，实现了历史性的飞跃。

在新的五年发展规划中，唐矿人将以新的姿态，坚持可持续发展的方针，进一步深化改革，转换经营机制，加快技术进步，大力调整产品结构，形成矿粉、球团、铁、钢和石灰石、水泥等系列产品，将公司建设成为唐钢的原辅料基地。

后屯石灰石矿石灰竖窑车间

棒磨山铁矿选矿厂

石人沟铁矿

石人沟铁矿选矿车间

石人沟还原铁厂的两座连续焙烧炉

庙沟铁球团竖炉车间

创新发展的 山东金岭铁矿

山东金岭铁矿隶属山东冶金总公司，是一个井下开采、采选联合的国有中型矿山，下设召口分矿、铁山分矿、侯庄分矿、选矿厂、机械厂、水泥厂、实业公司等17个二级单位和职能处室，有固定资产4亿元，职工4100多人，年产铁精矿60多万t、铜精矿金属量800吨、钴精矿金属量35t，年销售收入2亿元、利税2000多万元。主要产品“铁鹰”牌铁精矿1981年荣获国家金质奖章，2000年被国家经贸部中国企业发展研究中心授予“质量、服务、信誉AAA级品牌”，产品主要销往济南钢铁集团公司、莱芜钢铁集团公司、河南安阳钢铁集团公司、河北邯郸钢铁集团公司、安徽铜陵有色金属公司等十几家单位。

金岭铁矿在生产经营过程中不断采用新技术、新工艺、新设备、新材料，采选设备不断更新，生产条件不断改善，产量、经济效益稳步提高。采矿生产中，推广应用大密度爆破参数、孔底起爆、分区通风、高分段采矿法等多项新技术，采用电动铲运机、潜孔钻等高效节能设备，同时对选矿厂的老设备进行改造、更新，使铁精矿年产量由30多万吨提高到60多万t。

为了适应市场经济发展的需要，金岭铁矿坚持走“精干主体、分离辅助”、“一业为主、多种经营、全面发展”之路，进一步提高了劳动生产率，增强了企业活力。机械厂研制开发的金-0.75型、金-0.4型、金-1.5型电动铲运机在满足本矿使用的同时，产品销往祖国大江南北，受到用户的欢迎；多种型号的采选设备，销往全国各地；多种型号的水暖（冷）空调机，应用于宾馆、饭店、商场和居室，产品供不应求。水泥厂生产的“奇景”牌水泥，以过硬的质量、优质的服务，得到用户的好评，在山东水泥市场站稳了脚跟。金牛乳业公司生产的袋装鲜奶、AD钙奶、酸奶等系列产品，以产品质量好、服务质量好，受到消费者的欢迎，在当地乳品市场占有一席之地。金泉纯净水厂生产的“金泉”牌纯净水，以质量好、服务优、价格低赢得了市场，获得了显著的经济效益。

山东金岭铁矿按照“巩固老矿区、建设新矿区，促进三产发展”的基本思路，同兄弟单位合作成立了金鼎矿业有限公司，联合开采王旺庄矿区，为矿山发展增添了后劲。

山东金岭铁矿将遵循“产品与人品同优、赢利和赢心共存”的宗旨，与国内外朋友精诚合作，共谋发展。

矿长：张相军

水泥厂生产线

电动铲运机在井下铲运矿石

职工在加工产品

铁精矿

“金牛”乳业产品

●地址：山东省淄博市张店区 ●邮编：255081
●电话：（0533）3081201 ●传真：（0533）3081263

山东莱芜矿业有限公司

董事长、经理：亓俊峰

山东莱芜矿业有限公司为莱钢集团有限公司子公司，主营铁矿石采选，主导产品铁精粉为省优质产品、莱芜市质量免检产品。公司现有职工 3000 人，其中专业技术人员 362 人;固定资产原值 2.29 亿元，生产设备总重量 3541t，年产值 1 亿元。

公司有马庄铁矿、马庄东矿和业庄铁矿三个原矿井下生产单位，采用浅眼落矿、上向分层胶结充填“无公害”新工艺采矿技术，控制地表不塌陷，年产原矿 50 万 t。公司拥有三个磁－重联合选矿生产车间，年产铁精粉 40 万 t，同时浮选部分铜钴金属。44 年来，公司已累计生产原矿 1385 多万 t、铁精粉 600 万 t，建成了具有国际先进水平的马庄铁矿摩擦轮提升系统，完成重大技术改造项目 50 余项。

2000 年 10 月，职工自愿出资进行“钢结构建筑新技术体系的产业化开发与研究”，规划建设“山东省生态节能钢结构建筑新技术体系莱芜试验园”,项目科研报告、产业化示范基地项目建议书已由北京中咨海外咨询有限公司和国家计委产业经济与技术经济研究所编制完成，课题项目列入建设部2000年科技项目计划和2001年科技项目攻关计划，体系技术于2001年9月8日通过了建设部组织的专家预审。

不久的将来，一个欣欣向荣、多业并举、现代化气息浓厚的新型矿山将展现在世人面前！

全数字控制的矿井摩擦轮提升机井塔楼

神华准格尔能源有限责任公司

董事长兼总经理：马军

党委书记：刘子安

神华准格尔能源有限责任公司于2001年3月由原准格尔煤炭工业公司改制更名而成。原公司成立于1986年，是集煤炭开采、坑口发电、铁路运输为一体的特大型综合能源企业，1998年9月由煤炭部划归神华集团公司管理，2001年改制更名为神华准格尔能源有限责任公司。

准格尔煤田位于内蒙古鄂尔多斯市准格尔旗，属晋陕蒙交界地区。煤田探明地质储量267.6亿t，煤层平均厚度为32.08m，属低硫、特低磷、高灰熔点、较高挥发份和较高发热量的长焰煤，应用基低位发热量为4000～5600cal/kg，是优质动力和气化及化工用煤，有“绿色煤炭”之美称。准格尔项目一期工程是国家“八五”重点建设项目，1990年开工建设，1999年11月24日正式投产，项目总投资93亿元。建成的主体工程包括：年产1200万t的特大型露天煤矿及配套选煤厂，装机容量为2×100MW机组的坑口发电厂，正线长264km、初期运输能力为1500万t/a的单线Ⅰ级电气化专用铁路以及相应的辅助配套工程。一期工程主要生产及辅助设备从美、德、英等国引进，代表20世纪90年代初世界先进水平。公司已和华北、华东、华南等多家电力、燃料公司建立稳定的合作关系。坑口电厂年发电量10亿～11亿kw·h。公司以电石为拳头产品的多种经营产业发展迅速。

公司从基本建设到生产经营，对环境保护、水土保持和资源合理开发都给予了高度重视，使其与经济建设协调发展，为矿区实现可持续发展奠定坚实的基础。进入新世纪的准格尔能源公司，秉承“诚实、正直、敬业、创新”的企业精神，进入了一个持续、快速、健康发展的新阶段。

施工作业现场

坑口发电厂

坑口发电厂

机械作业现场

●地址：中国·内蒙古呼和浩特薛家湾
●邮编：010300
●网址：http:www.shenhua-zhn.com.cn
●电话：0477-4316033　4316092
●传真：0477-4316206

厂区一角

选煤厂

党委书记、总经理：苏强

职工住宅

露天矿采区一角

边生产边恢复植被的露天矿

伊敏华能东电煤电有限责任公司

伊敏华能东电煤电有限责任公司是国务院批准的全国第一家煤电联营试点单位，位于内蒙古自治区呼伦贝尔市鄂温克族自治旗，距呼伦贝尔市（原海拉尔市）85km。公司前身是伊敏河矿区建设指挥部，现属中国华能集团公司。公司目前建成了装机 2×50 万 kw 的发电厂以及与其配套的年产 500 万 t 的露天煤矿，固定资产 106.2 亿元。

伊敏煤田储量 126 亿 t，煤层赋存 6～15m，煤层倾角 3^0～6^0，煤层最大厚度 50.35m，顶板松软，多为泥岩、粉砂岩、炭质泥岩或直接与第四纪层接触，底板多为砂岩、粉砂岩、细砂岩。矿区水资源丰富，煤质低磷、低硫，属优质褐煤，非常适于露天开采、就近发电。

江泽民、李鹏、朱镕基等党和国家领导人先后到公司视察指导工作。1991 年，国务院批准建坑口电站，变输煤为输电，煤电联营，并将伊敏确定为国家能源发展战略基地。1993 年 7 月，伊敏煤电一期工程开工，引进俄罗斯两台 50 万 kw 超临界燃煤发电机组，露天矿实行单斗－汽车采矿工艺、

公司养殖场

职工班中自助餐

GPS 卫星定位卡车自动调度系统，设计年生产能力 500 万 t，煤炭破碎后经 3.8km 封闭式输煤走廊为电厂供煤，疏干水输送到电厂，作为发电循环补给水。为恢复采空区植被，电厂灰渣经封闭式除灰走廊返排回填露天矿采空区。1998 年，露天矿达产 500 万 t，1999 年两台机组投产发电，同期建设并入东北电网的伊敏－冯屯－大庆 500kv 双回路超高压输变电工程也同时投入运行。至此，伊敏煤电公司进入了煤电一体化生产阶段，成为东北经济区的重要电力供应基地。

公司 2000 年通过了 ISO9002 国际质量体系认证，2001 年一次性通过了华能集团无泄漏电厂达标验收。截至 2001 年年底，电厂已连续实现安全运行 3 个一百天，露天矿连续实现安全生产 4 个百万 t 无事故，2000 年跨入全国特级高产高效煤矿行列。

为深入贯彻江泽民总书记“三个代表”重要思想，公司针对职工衣、食、住、行实际情况，修建住宅、道路，发展种植、养殖业，职工生活水平不断提高。

伊敏煤电公司远景规划将建成装机容量 400 万 kw、年产煤炭 2000 万 t 的现代化大型能源基地，目前正在进行年产煤炭 1000 万 t、装机 2 × 60 万 kw 机组二期扩建工程前期准备工作。

露天采掘场全貌

开滦（集团）有限责任公司

董事长、党委书记：杨中

总经理：钟亚平

开滦（集团）有限责任公司前身为开滦矿务局，始建于1878年，是国有特大型煤炭企业。企业原煤核定生产能力为年产1825万t，年选煤能力为1755万t，2001年实际生产原煤量和洗精煤量在全行业均排第三位。肥煤、焦煤、1/3焦煤、气煤等煤种齐全，主要供应冶金、焦化、发电等大企业。集团公司下属39个二级单位，除煤炭主产品外，还经营机械制造、建筑安装、电力、化工、建材、矾土、运输、商贸等产品和业务。公司1993年在全国质量万里行活动中被评为“中国百家优质产品企业”，1997年被中国质量管理协会全国用户委员会评为“用户满意服务企业”，多年被河北省评为“重合同、守信用”企业和“市场质量无投诉”先进单位。公司有职工10.4万人，资产总额100.8亿元。新中国成立后的52年间，共生产原煤8亿多t，生产洗精煤2亿多t，上缴利税50多亿元，为国民经济发展作出了重要贡献。

1991年9月，时任国务院副总理的朱镕基同志来开滦现场办公。以此为动力，公司坚持深化改革，强化管理，推进技术进步，1994年结束了长达8年的亏损局面，此后始终保持盈利水平。特别是近几年来，公司认真贯彻落实中央精神，以建立现代企业制度为方向，加快企业内部改革和经济结构调整，加大管理创新力度，推动了企业的发展。公司1991年荣获全国“五一”劳动奖状，1998年荣获中国企业管理最高荣誉奖“金马奖”，1994年和1996年被评为“全国煤炭优秀企业”，1999年被河北省评为“质量效益型先进企业”，2000年被河北省企业管理协会授予煤炭行业惟一的“明星企业”和“百强企业”称号，2001年被中国质量协会评为“全国质量效益型先进企业”。

开滦毗邻京津，位于环渤海经济区，地理位置优越。同时，公司在长期的发展过程中积累了丰富的管理经验，具有雄厚的发展基础和良好的发展前景。近两年来，面对激烈的市场竞争，为了加快发展，积极研究发展战略，在充分调研论证的基础上，初步确定了战略发展目标：力争用10年左右时间，把开滦集团公司建设成为结构合理，技术先进，管理科学，面向国内外两个市场，具有较强市场竞争力，国内一流的“四跨”型企业集团。

现代化矿区鸟瞰

高产高效的综合机械化采煤工作面

现代化的重介质选煤车间

京唐港开滦业主码头

义马煤业（集团）有限责任公司

董事长：付树林

总经理：付永水

党委书记：牛森营

义马煤业（集团）有限责任公司是国家经贸委确定的520家国有重点企业之一，是煤炭行业特大型企业；矿井总设计能力1146万t/a，核定能力1150万t/a。义马矿区素有“豫西煤仓”之称，煤炭资源丰富，煤炭品种齐全，主要煤种有长焰煤、焦煤、贫瘦煤，广泛应用于发电、造气、工业锅炉、炼焦、建材和民用，产品销往河南、湖北和华东等13个省。义煤集团现有职工51000人，企业资产总值46亿元。

义煤集团公司的前身义马矿务局始建于1958年。企业历经40多年建设，不仅具有比较雄厚的经济技术基础，而且也造就了一支特别能战斗的职工队伍，他们以煤为业，以矿为家，顽强拼搏，为建设义马、发展煤炭事业谱写了光辉的篇章，多次受到上级的表彰和奖励；1994～1996年连续两年被煤炭部命名为全国煤炭工业优秀企业，获“金石奖”。

义煤集团公司的改革与发展始终倾注着上级领导的关心和支持，中央和部、省领导多次到义马考察工作。1992年7月，时任国务院副总理的朱镕基同志亲临义马视察工作，极大地鼓舞了百里矿区广大职工群众的斗志；1997年8月，邹家华副总理莅临义马考察煤气化工程，对义煤集团的工作给予了充分的肯定，并亲自为改制后的“义马煤业（集团）有限责任公司”题词。

义煤集团公司地处河南省西部，位居黄河经济带的中心，是河南实施东引西进战略的前沿，经济地理位置十分优越。新的千年，新的世纪，面对西部大开发这一千载难逢的历史机遇，义煤集团愿以强大的技术、设备、资源、人才优势与各方朋友携手合作，共创美好明天。

校长、中国工程院院士谢和平

中国矿业大学

中国矿业大学是一所直属教育部管理，以工科为主，理、工、文、管相结合的全国重点大学，是国家“211 工程”重点建设的高校之一。

中国矿业大学前身为焦作路矿学堂，始建于 1909 年。历经中国矿业学院、北京矿业学院、四川矿业学院等几个发展时期。1988 年，更名为中国矿业大学。1997 年，设立中国矿业大学北京校区。2000 年，获准试办研究生院。

中国矿业大学经过 90 多年的发展，已经形成了以矿业为特色，理工文管协调发展的学科专业体系。目前，学校徐州校本部设有 14 个学院、2 个系，49 个本科专业，北京校区设有 8 个学院。学校有 4 个具有博士、硕士学位整体授予权的一级学科，7 个“长江学者奖励计划特聘教授”岗位设置学科，8 个博士后科研流动站，7 个国家“211 工程”重点学科建设项目，17 个博士点，48 个硕士点，2 个专业硕士点，有 7 个国家级重点学科，10 个省部级重点学科，涉及 7 个学科门类、27 个一级学科。

在长期的办学过程中，中国矿业大学先后为国家培养了 75000 多名毕业生。改革开放以来，学校先后有 10 项教学成果获得国家级奖，39 项教学成果获省部级奖，已建成省级优秀课程 28 门，5 部教材获国家级优秀教材奖，54 部教材和专著获省部级优秀教材（论著）奖。

中国矿业大学致力于科学研究，取得了一大批高水平的研究成果。1982 年以来，学校通过鉴定的科研成果 970 项，其中 40 项成果获国家级奖，473 项成果获省部级奖，321 项成果获国家专利，出版专著 860 多部，在国内外刊物上发表学术论文 13700 多篇。学校承担科研项目总数 2152 项，其中国家级项目 134 项，国家杰出青年基金项目 7 项，“九五”攻关项目 20 项。近年来，学校积极实施国际化教育制度，全方位加强对外交流与合作，同美、英、德等国的近 50 所高校和科研机构建立了学术交流和合作关系。

学校现有教职工 3391 人（其中徐州校本部 2780 人，北京校区 611 人），其中专任教师 1176 人；有中国工程院院士 5 人，在全国高校中排名第 28 位，博士生导师 137 人，教授 205 人，副教授 495 人。

中国矿业大学具有良好的办学条件。学校校园占地面积 1800 多亩，校舍建筑面积 59 万 m^2，图书馆藏书 169 万余册，学校固定资产总值 57999 万元。学校拥有较为完备和先进的教学科研实验设施，有国家专业实验室 1 个，省部级重点实验室 8 个。出版有《中国矿业大学学报》、《矿山压力与顶板管理》等学术期刊。

跨入 21 世纪，学校确立了未来 5～15 年的总体发展战略，决定通过 15 年的努力，在 21 世纪初叶，将学校建设成为一所以理工为主、理工文管法经门类齐全、协调发展，在学科建设、人才培养、科学研究、社会服务和学校管理等方面达到国内先进水平，能源科技与工程技术的优势特色学科保持世界先进水平，若干新兴学科取得重大进展，接近世界先进水平，国内外有重要影响的高水平大学。

江泽民主席、吴邦国副总理视察学校科研工作

教育部部长陈至立来校视察

校长谢和平院士与英国诺丁汉大学校长签订合作办学协议

第 29 届计算机在矿业工程中的应用国际会议在本校召开

平顶山煤业（集团）有限责任公司 铁路运输处

办公楼外景

平顶山煤业（集团）有限责任公司铁路运输处，是新中国自行设计的第一个特大型煤炭工业基地——平顶山矿区专用铁路的管理部门。自1962年7月1日开始自营以来，已走过40年艰辛而光辉的发展历程，由建处时70余公里线路、9个小站、8台蒸汽机车、1300名职工的企业，发展为横跨三县四区，有260多公里线路、26个车站、25台蒸汽机车、480多辆自备车、4000余名职工，车、机、工、电、辆、客工种齐全，结构完整，布局合理的煤矿地面准轨铁路运输单位，年总运量达2600多万t。40年来，累计完成铁路总运量6.5亿多t，上缴利税7.4亿多元，不仅是平煤集团经济建设发展的大动脉，也成为平顶山地方经济发展的黄金通道，被誉为“太阳使者”。

近几年来，铁路运输处曾先后获得全国煤炭工业现场管理最佳单位、全国煤炭工业设备管理优秀单位、中国煤炭工业优秀企业“金石奖”、河南省企业管理达标示范企业，并晋升为全国煤炭工业一级企业、档案管理国家一级单位，多次被评为煤炭工业质量标准化特级企业，连续9年保持市级文明单位称号，多次被集团公司授予先进单位等荣誉称号，成为煤炭铁路运输企业中的一面旗帜。

团结奋进的领导班子

长风破浪会有时，直挂云帆济沧海。展望美好的21世纪，锲而不舍的铁运处职工有信心在市场经济的海洋里，以“立足铁路、服务矿区”为宗旨，全面落实“优质服务，高运高效，畅通无阻，保障有力”的企业理念，全力构筑“安全运输高效化、生产服务市场化、生活后勤社会化、多种经营多元化”的新格局，依靠科技进步实施精细化管理，充分发挥自身优势，积极采用先进技术，积极开拓，勇当平煤集团经济建设的“先行官”。

长歌当咏时代潮，机车嘶鸣战犹酣。铁路在延伸，平煤铁路运输处开始新的超越……

第二届职工运动会开幕式

机械化捣固作业

地址：河南省平顶山市新华区矿工中路59号　　联系人：许晓伦
邮编：476000　　电话及传真：（0375）2924338

新疆生产建设兵团农四师工矿联合总厂

厂长：黄国强

新疆生产建设兵团农四师工矿联合总厂始建于1957年3月，位于伊宁市西北郊16km处的铁厂沟，距省道218线仅7km，离中国最大的内陆通商口岸霍尔果斯仅93km，是一个集煤炭开采、日用陶瓷生产为一体的综合性企业。

工矿联合总厂煤炭资源极为丰富，煤质优良，年生产能力在30万t以上，生产的优质工业用煤以低硫、低灰、火焰长而著名，发热量高达7300～7500cal/kg。

工矿联合总厂下属的铁厂沟煤矿，引进国内煤炭行业先进的大倾角皮带运输机和锚网支护新工艺，是兵团单井提升能力最大的矿井。下属的干沟煤矿已探明可采储量950多万t、地质储量1560多万t，是企业后续生产基地。下属的铁厂沟陶瓷厂是自治区惟一的日用陶瓷生产厂，是国家民委和自治区民委指定的民族特需用品生产企业，曾被评为“自治区民族用品工业生产先进企业”，生产的民族花大碗被评为自治区民族用品“优质产品”，年生产碗、盘、壶、砖等系列产品700万件。

建厂45年来，工矿联合总厂为边疆建设和兵团屯垦戍边作出了突出贡献。凭借得天独厚的资源优势、交通优势、市场优势、价格优势，工矿联合总厂竭诚为各族人民服务，并热忱欢迎各界朋友前来洽谈合作。

副厂长郑海林（右一）、马坪（中）在井口检查技术改造引进设备大倾角深槽式皮带运输机

副厂长郑海林（右一）在地下延深工程现场与施工方一起检查施工质量

“矿山小虎队”是矿工对救护队小伙子们的爱称

釉面砖

陶瓷厂部分产品

●厂址：新疆伊宁市巴彦岱镇铁厂沟　●电话：0999—8150016

●邮编：835005　●传真：0999—8150074

董事长、党委书记：冯喆芪

长春煤炭集团有限责任公司

长春煤炭集团有限责任公司成立于2001年8月，是以长春羊草矿业有限责任公司为母公司，长春市黄金公司、长春市煤田地质勘探队、长春市煤炭运销公司为子公司组建的国有独资企业集团公司。公司以矿产品开采、经销、加工、利用为主，以洁净能源开发、地质勘探、机械设备维修、货物运输、物资贸易、食品加工为辅的综合性企业集团。

集团公司揭牌仪式

公司本部位于长春九台市东湖镇，现有职工5065人、生产矿井5对。其中，煤炭生产矿井4对，年生产能力75万t长焰煤，发热量4500～5500kcal/kg；黄金矿井1对，年产黄金100kg。公司年产值1.4亿元，年创利税1000余万元。

多年来，公司各项经济技术指标均列全省地方煤矿前列，先后被授予全国采选行业“利税百强企业”、吉林省“综合经济评价百强企业”、吉林省“三好”企业、长春市“经济效益十强”企业、长春市“管理十佳”企业、长春市重合同守信誉单位、长春市重点支持企业、长春市文明单位、长春市花园式工厂等荣誉称号。

目前，集团母公司正进行改扩建，规划到2005年形成年产75万吨的生产能力。公司还有丰富的煤矸石、煤层气、膨润土、沸石等资源等待开发，这些项目符合国家环保政策，具有良好的市场前景，欢迎各界朋友前来合资合作，共同开发，共同发展。

从澳大利亚进口的先进筛分设备

微机监控井下瓦斯

董事长：文培斌

萍乡矿业集团有限责任公司

萍乡矿业集团有限责任公司前身安源煤矿创建于1898年，曾是中国近代工业的“十大矿厂”之一。经过一个多世纪的发展壮大，萍矿集团公司现有7对生产矿井、18家工厂（公司），其中包括一家控股上市子公司——安源实业股份有限公司，总资产21亿元，年产值12亿元，职工3.2万人。

萍矿集团公司依靠科技进步，坚持“以煤为本、多业并举、综合发展”的战略，一方面加大投入，竭力稳定煤炭生产，使近几年的煤炭产量稳定在230万t水平；一方面大力发展非煤产业，不断推进产业升级换代，先后改造了客车厂、制冷设备厂等一批骨干企业。公司投资2亿元，使玻璃生产能力达到550万重箱/a；投资1.95亿元，新建了安源管道实业公司等一批技术含量较高的工厂（公司）。目前，公司非煤产业的产值已超过总产值的70%，走出了一条资源型企业转型发展的新路子，被评为全国资源型企业转型典型。

在立足国内发展的同时，公司把发展的触角延伸到了国外，先后在阿尔及利亚、尼泊尔、喀麦隆、西班牙、马来西亚等国开展广泛的经济技术合作，2001年完成国外工程量1500万美元、外贸出口320万美元。

在综合发展能力和竞争力显著增强的同时，公司连续多年被评为全国煤炭行业“优秀企业”和江西省“优秀企业”，2001年被江西省列为重点扶植的30家企业（集团）之一。

萍乡矿业集团本部

萍乡客车制造厂总装车间

钢骨架塑料复合管生产线

萍乡浮法玻璃二厂生产线

地址：江西省萍乡市昭萍东路27号　邮编：337003　电话：0799-6333803　传真：0799-6333804　网址：http://www.pxcoal.com

招金集团

ZHAOJIN

永远的招金　永远的选择

山东招金集团有限公司位于以盛产黄金闻名于世的中国金都山东招远市。公司成立于1974年，前身为招远市黄金工业集团总公司。现为中国黄金行业规模大、产量高、效益佳的企业之一，公司拥有14户全资子公司、5户控股公司、2户参股公司和1户承包企业,职工1.2万人。公司现有总资产26亿元，黄金探采、选冶、精炼、金银制品加工、矿山机械制造配套成龙，形成了完整的生产体系，采选规模达到10000t/d，冶炼规模达到1700t/d，年采选能力330多万t，年产黄金79万两，占全国总产量的七分之一。公司年销售收入15.3亿元，利润2亿元。1998年被山东省政府列为重点企业集团，1999年被国家列为520户重点企业，2001年成为上海黄金交易所首批综合类会员单位和首批可提供标准金锭的合格精炼企业，2002年被中国矿业联合会评定为“全国十佳矿山（油田）企业”。

招金集团有限公司为国家和地方经济发展做出了重大贡献。建国以来，招金集团累计向国家交售黄金600万两，“七五”和“八五”期间，连续两次被国务院授予“为黄金事业发展做出突出贡献的先进集体”荣誉称号。现保有金储量300t，潜在储量1000t以上，占全国总储量的1/10。集团公司主要产品有金锭、银锭、电解铜、硫酸、塑料管材、黄药、金银饰品、钢球、钎头、电线电缆、机油滤清器等。

“十五”期间，公司将按照“营销理念国际化、经营手段市场化、生产方式现代化”的要求，全面实施以“做大黄金主业，做大非金产业，做大资本运作，做强黄金企业”为主要内容的“三大一强”发展战略，坚持走“集团化运作、集约化经营、规模化办矿、多元化发展”的路子，推动招远黄金的“四区”建设（即黄金储量的扩张区、生产技术的创新区、金银制品的聚散区、非金产业的孵化区），实现金都招远由黄金大市向黄金强市的跨越。到“十五”末，年产黄金100万两，白银200t，年实现销售收入达到30亿，力争50亿元，利税5亿元，力争8亿元，争取“十五”末，使招金集团公司跨入世界黄金矿业30强行列。

董事长、总经理 路东尚
公司地址:山东省招远市文化路2号
邮编：265400
Http://www.gold-zhaoyuan.com
E-mail:Zjjt@public.ytptt.sd.cn
电话：（0535）8213367　8227500
传真：（0535）8212274

陕西略阳铧厂沟金矿

企业地址：陕西略阳县郭镇　　邮编：724312　　电话：0916-4932347

企业法人代表：曹益富

所获荣誉

积极向上的领导班子

井下现场

陕西略阳铧厂沟金矿是中国黄金总公司安康金矿、汉中市黄金公司、略阳县化工总厂三方组成的股份制企业，位于秦岭南缘、嘉陵江西侧乐素河上游的铧厂沟，距略阳县城51km，交通便利。

矿山1990年由国家黄金局长春黄金设计院设计，储量139.4万t矿量，金属量6935.37kg，1997年1月由陕西略阳铧厂沟金矿投资1.03亿元开工建设，1998年9月建成450t/d规模采选冶联合企业。

2000年2月起，企业在矿长曹益富的带领下，解放思想，开拓创新，转换经营机制，健全各种规章制度，加快探矿步伐，不断盘活地质资源和人力资源，依靠现代化的科学管理，步步紧逼成本极限，矿山呈现勃勃生机。矿山建成污水处理厂一座，可回收尾矿中全部贵液，使污水治理由纯投入转为盈利。经过努力，企业生产经营三年上了三个新台阶，呈现出良好发展势头。

在狠抓管理的同时，企业扩大发展目标，2001年成功组建了甘肃华泰黄金矿业有限公司，将企业带向集团化发展的轨道。

格尔珂黄金矿业有限责任公司

董事长兼总经理：尕尔项

副董事长兼副总经理：田六斤

千吨选矿厂改扩建工程竣工投产

甘肃省甘南藏族自治州玛曲县位于举世闻名的“天下黄河第一弯”——黄河首曲。格尔珂黄金矿业有限责任公司由玛曲县黄金公司、省第三地质矿产勘查院、甘南州黄金公司及玛曲县尼玛乡出资组成，黄金产量名列全省第一，在全国也名列前茅。

公司具有一级企业法人资格，下属堆浸场、选矿厂和机修厂3个二级核算企业，公司对下属企业实行统一领导、统一管理、统一规划。

公司于1999年在原玛曲县格尔珂金矿堆浸总场、一分场、三分场和选矿厂的基础上组建而成。黄金矿业开发区位于玛曲县城东北18km处，坐落在玛曲县尼玛乡境内。公司所辖矿山位于青藏高原东端，包括格尔珂、贡北及格尔托3个矿区，总面积近3km^2。原探明黄金储量为29.18t，通过10年边探边采，储量增至49t，已开采黄金12.14t，现保有黄金储量13吨，并存有品位在4.5g/t左右的堆浸尾渣120余万t。公司已建成生产竖井3眼、斜井2个、平硐46个，矿山日处理矿石2600t（主要为堆浸），选矿厂日处理矿石1150t。

公司牢固树立“资源开发与环境保护并举，近期生产与长远发展兼顾”的指导思想，按照“探采结合、注重探矿、贫富兼采、处理尾矿、增强科技创新、降低生产成本”的要求，强化管理，实施科技兴企，推动公司建设与发展不断取得新的成就。截至2001年年底，公司有固定职工730人，固定资产7960万元，累计采出矿石量235余万吨，生产黄金12140.9kg，累计实现产值10亿元（现价），上缴利税3.64亿元。其中，2001年产金2371.9kg，产值1.7亿元，利税7339.9万元。

主采矿巷道PD703

机算机中心

千吨选矿厂球磨车间

千吨选矿厂浸吸车间

堆浸场生产现场一角

紫金大厦

紫金”生物冶金及工程化”项目被列入国家“十五”重点科技攻关项目

福建紫金矿业股份有限公司

全面采用先进陡帮开采技术的紫金山金矿露天采场

2001年10月12日，福建省省长习近平（左二）考察紫金矿业股份有限公司，称赞紫金“体制活、效益好、环保有创新”。图为省计委主任苏增添（右二）、公司董事长陈景河（左一）、总经理罗映南陪同调研

现代化花园式的紫金黄金冶炼厂

紫金高度重视环保工作，到2001年底已投入5300万元用于环保建设

办公大楼

中国铝业

中国铝业股份有限公司贵州分公司

第二铝矿

在云贵高原的“林城”贵阳，有一个现代化的特大型铝联合企业——中国铝业股份有限公司贵州分公司。

40多年来，一批批来自祖国各地的建设者，怀着振兴祖国铝工业的责任感，不畏艰险，开拓创业，在荒山野岭之中，建起一个布局合理、生产要素组合协调、技术经济实力雄厚、竞争与发展能力较强的现代化铝工业基地。

40多年的建设，中铝贵州分公司依靠科技进步，具备了年产电解铝23万吨t、碳素制品17万t、氧化铝40万t 、铝土矿90万t、石灰石矿65万t和多种高附加值产品的生产能力，拥有总资产53.5亿元。公司生产的铝锭、氧化铝、碳素制品、铝型材四大系列39个品种的产品中，有10种获省、部级以上“优质产品”称号，“华光”牌重熔铝锭获国家“优质金奖”，“乌玉”牌半石墨质阴级碳块获国家“优质银奖”。公司优质产品产值率达95%以上，P1020铝锭国内首家在伦敦金属交易所注册，砂状氧化铝为国内首创，高纯铝为国内独家生产。公司在同行企业中首家获得ISO9002质量体系认证，是国家一级计量企业。

科学技术是第一生产力。公司领导历来十分重视科技进步，科研人员先后完成了“大比例尺地面数字测图系统”、“大孔距小抵抗线爆破研究”、“凹陷露天开采工艺及边坡稳定试验研究”、“铝土矿的配矿与均化”、“高硫铝土矿利用研究”、“穿孔爆破优化参数试验”、“石灰石矿洗选流程改进”、“缓倾斜矿井下开采方法”等科研项目，解决了一直困扰生产的矿石质量不均、粒度大、边坡不稳等问题，促进了生产发展。

公司现有两个铝土矿山和一座石灰石矿，设计规模为年产铝土矿90万t、石灰石65万t，公司还与遵义、清镇、织金等地建立了多种形式的联办矿。

创新是企业发展的永恒主题，矿山的发展也离不开科技进步。矿山系统将依托公司科技发展战略，努力完善自身建设，提高科技含量，充分利用贵州铝土资源，在分公司“做大、做强、做美”战略思想指导下，以崭新的姿态、创新的精神、求实的态度，开拓进取，建设新一代、现代化的矿山。

电解铝厂

中国铝业河南分公司

总经理：王锡慧

中国铝业河南分公司是大型跨国上市公司——中国铝业股份有限公司的分公司，集采矿、冶炼、运输、科研、设计、建筑、机械制造为一体。公司位于中原腹地郑州，交通发达，运输便捷，区位优势、资源优势、战略优势明显。

河南分公司现有员工13656名，资产总值40亿元，年销售收入33亿元，产品有氧化铝、重熔用铝锭、炭阳极、氢氧化铝、金属镓及其深加工、机械制造等，目前已形成了年产氧化铝130万t、铝锭5.8万t、碳素制品12万t、铁路运输600万t、矿山采剥500万t、自发电2亿kw·h的生产规模。

河南分公司全面推行“缺陷管理－标准化管理－信息化管理”的管理升级三步走战略，实现物流、资金流、信息流的高效运作；并通过技术升级、产能扩张和资本运营，使公司到“十五”末形成年产氧化铝200万t、铝锭20万t、碳素制品20万t、铝板材10万t的生产规模，成为内有控制力、战斗力，外有竞争力、影响力的中国铝业核心企业。

公司鸟瞰

中原有色基地

繁忙的采场

中国铝业股份公司山西分公司

总经理：孙兆学

孝义铝矿松土机－ 铲运机剥离新工艺

石灰石矿采场全貌

孝义铝矿索道运输

中国铝业股份公司山西分公司位于山西省河津市，是国家“六五”至“八五”期间的重点建设项目之一。公司总体规划为年产氧化铝200万t、电解铝40万t，铝材加工10万t、水泥180万t。公司1972年筹建，1983年开工，1994年建成，设计能力为年产120万t氧化铝，2000年达标达产，2001年超过设计规模10万t。近年来，企业荣获“全国设备管理优秀单位”、“山西省优秀企业”、“全国先进基层党组织”等荣誉称号。

中国铝业山西分公司拥有两座大型矿山：石灰石矿和孝义铝矿。石灰石矿采用露天开采、汽车运输，主要生产工艺有穿爆、采装、运输、破碎、筛分等，采用三段破碎筛分流程，主要产品有45～100mm和0～20mm两种规格的石灰石成品矿，年采矿能力130万t。孝义铝矿是全国最大的露天开采铝矿山，采用先进的松土机、前装机、汽车采矿新工艺和平铺直取配矿工艺，创造了剥离、采矿、复垦一体化土地复垦新工艺，在矿石生产和土地复垦方面都取得了显著成绩，主要产品为铝矾土矿石，现已探明矿石储量7892万t，设计开采能力为180万t/a。

“十五”期间，中国铝业山西分公司扩建80万吨氧化铝项目、建设28万吨电解铝及配套电站项目已经国务院批准正式立项，实施后将建成具有国际竞争力的世界级铝工业企业。

石砂选矿场地鸟瞰

中国铝业山西分公司生产区全景

凡口铅锌矿

矿长：郑文达

凡口铅锌矿位于广东省韶关市北东48km处的仁化县董塘，隶属深圳市中金岭南有色金属股份有限公司，是一家资源储量大、矿石品位高、年产矿石超百万吨、技术工艺和装备现代化程度高、拥有4000多名正式员工的大型采选冶联合生产矿山。

凡口铅锌矿于1965年开始建设，1968年投产，原设计规模为日处理铅锌矿石3000t；1987年～1992年扩大生产规模，具备了日处理矿石4000～4500t的综合生产能力；近年又对采选工艺和装备进一步改造，达到了年产15万t金属量的设计要求。

1997年7月，凡口铅锌矿与韶关冶炼厂联合组建广东韶关岭南铅锌集团公司；1998年4月，岭南铅锌集团与深圳中金公司资产重组上市，发行的股票名为“中金岭南”；2001年12月，岭南集团撤销，凡口铅锌矿以自身雄厚的实力成为中金岭南公司的直属主体企业。

大型进口设备井下作业

凡口铅锌矿牢固树立“安全第一”的思想，曾连续7年实现安全生产。到2001年，矿山已累计生产铅锌金属量280余万吨，实现工业总产值90多亿元，上缴利税18亿元，综合经济效益名列国内同行业前茅。公司1990年成为“国家一级企业”，1994年主要经济指标排序跨入“中国行业一百强”，是中华人民共和国海关“信得过企业”，曾获得1995年“全国思想政治工作优秀企业”、2000年“国企改革与发展矿山企业先进单位”等荣誉称号。

索道源源不断地把矿石运往选矿厂

凡口铅锌矿技术力量雄厚，先后与20多个国家的企业建立合作关系，命名并推广光面爆破技术——廖观寿顶板控制等多种先进操作法。矿山采用的VCR采矿法、盘区机械化采矿法、全尾砂充填等工艺属目前国内外先进水平，装备的地下采矿设备——铲运机、凿岩台车、PLC控制全自动化主副井提升机、高压变频调速机等，也是目前国内外先进装备。选矿工艺中，高碱快速浮选电位调控优化工艺是目前铅锌选矿行业的世界先进水平，选矿装备——陶瓷过滤机、荧光分析仪、自动给药机均为国内外最新设备。

凡口铅锌矿累计完成了270多项生产、安全和管理重大科研课题，其中7项获得国家科技进步奖，包括一等奖2项、二等奖1项，59项获得省部级科技进步奖。

大型浮选车间

大型锌电解车间

白银有色金属公司

公司一角

金牛出山——转入地下开采的白银铜矿继续为国家作出新的贡献

白银有色金属公司成立于1954年，从白银矿田铜资源开发起步，是一家资源开发型企业。经过将近半个世纪的开发建设，白银公司已成为集采矿、选矿、冶炼、加工、化工和科研一体化，铜、铝、铅、锌、金、银、硫综合开发的特大型联合企业，是我国目前规模最大的多品种有色金属综合生产基地之一。

白银公司有色金属品种由单一铜产品发展为铜、铝、铅、锌四种主要产品，生产规模由3万t扩展到30万t。公司目前拥有铜、铅、锌、金、银、硫各类矿山10座，主体矿山有白银深部铜矿、小铁山铅锌矿、厂坝－李家沟铅锌矿以及兼顾石英石开采的石灰石矿；有选矿厂两座，公司本部选矿厂处理白银深部铜矿及小铁山铅锌矿多金属矿石，厂坝选矿厂处理厂坝—李家沟铅锌矿铅锌矿石。

近年来，公司矿山企业按照“矿山上规模、选矿打指标”的总要求，遵循“矿山生产发展十原则”，即采掘并举，掘进先行，确保稳定生产原则；比照历史，根据实际，确保高限生产原则；采选配合，互相支持，确保协调生产原则；外引科研，内抓攻关，力争指标不断进步原则；增加投入，加快建设，确保长远生产原则；安全第一，预防为主，确保安全生产原则；狠抓管理，增收节支，致力增加经济效益原则；全民、集体统筹兼顾、统一安排，确保矿床开采整体经济效益原则；抓住主要矛盾，解决关键问题，在发展过程中逐步解决问题原则；顾全大局，自加压力，最大限度满足公司生产经营需要原则等，贯彻“抓过渡衔接，保重点建设，促矿山发展，增规模效益”总方针，取得了预期的效果。

白银有色金属公司深部铜矿

白银有色金属公司深部铜矿是原白银露天矿开采结束后转入地下开采的矿山。矿山实行分期开采，一期工程1987年投产，核定生产能力75万t/a，采矿方法为无底柱分段崩落法和空场法。二期工程设计生产能力为33万t/a，总投资4270万元，井下深部二期基建正在进行

优美的厂坝铅锌矿矿区

作业场面

法人代表、董事长、党委书记：杨志强
电话：0943-8811984
传真：0943-8811778

“三十六年回故地，白银一爆出新天。”朱镕基总理为“新中国第一爆”题词

“新中国第一爆”——1956年白银露天铜矿万吨级大爆破现场

白银有色金属公司

中。2001年供矿量90.2万t，成功创建“安全标准化生产矿山”。

白银有色金属公司小铁山矿

矿床属于铜、铅、锌多金属共生矿床，累计探明地质储量1000万t。矿床深部及外围由中加合资进行探矿。1980年矿山正式投产，实际采矿能力为30万t/a，采矿方法为上向进路式尾砂胶结充填采矿法。2000年8月至2001年5月进行主井延深和主井系统改造。2001年完成供矿量19万t，比计划超产1万t。

白银有色金属公司选矿厂

选矿厂管理铜、多金属两个选矿系统。铜系统处理深部铜矿铜矿石，产品为铜精矿。2001年主要技术指标：铜精矿品位23%，回收率95.5%，回收率指标为目前国内领先水平。多金属系统处理小铁山矿多金属矿石，产品为铜精矿和铅锌精矿。2001年主要技术经济指标：铜精矿品位17.45%，铅锌混合精矿中铅15.12%、锌27.91%。选矿回收率：铜55.32%，铅79.22%，锌91.20%。选矿厂提高铜选矿回收率指标工艺流程改造和小铁山矿主井延深及改造工程，分别被誉为公司“最成功的技术改造项目”。

白银有色金属公司厂坝铅锌矿

厂坝铅锌矿位于甘肃省成县，是我国特大型铅锌矿之一，由厂坝和李家沟两个矿山组成。“七五”、“八五”期间先后投资7.5亿元建设露天矿山。1997年，厂坝铅锌矿遭到群采严重破坏，一、二期露天矿山报废，矿山被迫转入地下开采。深部采矿工程项目总投资约40141万元，计划于2005年建成矿石生产能力为110万t/a的大型井下矿山，采矿方法为充填法、分段空场法和留矿法。2001年矿山采选矿石68.06万t，其中井下生产28万t。

选矿厂生产车间工人聚精会神地观察生产流程

现代化施工设备井然有序地驶往井下

矿山企业主管经理：王龚明
电话：0943-8812053
传真：0943-8811778

矿山企业主管部门：计划技术部
电话：0943-8812541
0943-8812542
传真：0943-8812530
E-mail:netass@sina.com

内蒙古东乌珠穆沁旗钨矿

党委书记：王亚军

矿长：付小军

东乌珠穆沁旗钨矿建于1971年，是生产钨精矿的专业厂矿。矿山生产的钨精矿（WO_3）品质优良，品位高，成色好，矿物成分简单，有害物质少，闻名国内外市场，1983年在北京全国出口商品基地专厂建设成果展览会上受到国家对外经济贸易部的好评，并获得了优质产品荣誉证书。

井下采矿

近年来，东乌旗钨矿生产规模不断扩大，工艺水平不断提高，经济效益成倍增长，主要原因是不断加大技术改造投入，加强科学管理，增加产品科技含量。自1987年获全盟"利润超百万企业"称号后，东乌旗钨矿1991年至1997年多次被盟、旗评为"超百万利润企业"、"纳税先进企业"、"民族团结先进集体"、"社会保险先进集体"、"社会治安综合治理先进单位"、"全盟工业现场达标单位"、"旗文明单位"、"科技先导企业"等。

2001年，东乌旗钨矿在旗党委、政府的关怀和大力支持下，组建了新的领导班子。新班子统一思想、坚定信心、沉着应对、与时俱进、转变作风、扎实工作，带领全矿员工以安全生产为重点，建立健全管理制度和监督机制，在抓落实、求效益上狠下功夫，降低成本，压缩开支，真正做到了高产增效，实现了"自我加压、安全生产、高效降耗"的目标。矿山当年产量同比增长47.09%，总产值同比增长68.46%，利税总额同比增长145.58%，单位成本同比下降11.94%。

东乌旗钨矿是东乌旗利税大户，是东乌旗经济发展的支柱企业，目前经济效益达到了建矿30年来的最好水平，为东乌旗经济发展作出了很大贡献，今年3月27日，旗政府在全旗城镇经济工作会议上将惟一的"经济效益突出奖"颁发给了东乌旗钨矿。

东乌珠穆沁旗钨矿

年产6万t矿石的竖井井口

东乌珠穆沁旗钨矿选矿厂

景宁浙南钼业有限公司

董事长兼总经理陈建春被联合国计划署、国务院扶贫办评为“21 世纪封面人物”

董事长兼总经理陈建春获澳大利亚拉筹伯大学MBA 学位

主要管理人员在听报告

高层管理人员中荣获MBA 学位人员留影

高层管理人员在墨尔本矿业公司考察

景宁浙南钼业有限公司是中国钼联体成员企业，创建于1997年11月，现有员工200多人，其中工程技术人员35名，2000年度被景宁畲族自治县评为骨干企业，2001年被评为纳税先进企业、重合同守信用企业。2001年，公司投入资金1500万元，建成日采选110t原矿的采选配套工程，年处理矿石1.85万t，生产及销售钼精矿500t，实现销售收入1025.3万元，上缴增值税112.5万元。

公司钼矿属石英脉型，3个矿区已控制矿脉10条。矿物组合以石英、辉钼矿为主，偶见方解石及萤石组合。公司钼精矿主要销往江苏、安徽、辽宁等地。丽水市政府提出“以青田钼业开发带动景宁钼业开发与发展”，公司瞄准这一目标，抓住机遇，加大投入，狠抓技改，提高产品质量和市场占有率，实现高产、高效的目标。省、市、县有关部门的关心和支持，使公司更有信心加大投资力度。目前公司已形成一支年富力强、结构合理，开拓创新的管理和技术人才队伍，为公司今后的生产、经营、技改等奠定了基础。

公司目标：2002～2007年，吴山头炉西矿段计划投入技改、探矿及采选配套资金1000万元，吴山头矿区计划投入技改、探矿及采选配套资金1100万元，油田矿区计划投入技改、探矿及采选配套资金500万元。2007年前主攻资源转化，筹建矿业股份有限公司。预计2002～2007年生产钼精矿5000t，产值超1亿元，实现税利3200万元。

为此，公司将注重产业集聚和提升，进一步完善法人治理结构，加快管理制度和管理方式改革，积极探索有效的激励和约束机制，加大技改投入和建设力度，落实好安全生产、环境保护等工作，以提高产品科技含量为前提，加快技术改造和矿业经济量扩张，增强公司经济实力，力争在五年内实现成为“华东地区主要钼矿”的目标。

地址：浙江省景宁县东坑镇吴山头
邮编：323504
电话：0578-5062018　　5062017
传真：0578-5062018　　2157758

洛阳栾川钼业集团有限责任公司

董事长：杨清川

总经理：段玉贤

选矿二公司4500t/d选厂

选厂二公司4500t/d选厂浮选车间一角

花园式工厂钨钼材料公司钼粉车间

选矿二公司4500吨/日选厂粉碎车间一角

公司简史

1971年成立钼酸铵厂，后扩大规模，1982年更名为栾川县钼业公司，1988年与栾川钼矿合并成立洛阳栾川钼业公司，1999年与栾川县冶金化工公司共同组建洛阳栾川钼业集团有限责任公司。

基本情况

公司为以钼采、选、冶和深加工为主的国有大型一档综合性有色冶金矿山企业，是河南省54家重点企业和洛阳市16家重点集团之一。公司位于洛阳市栾川县，现有职工6840人，有总资产9.8亿元，具备11000t/d采选能力，居国内同行业第二位，深加工能力45000t/a，居国内同行业第一位，冶炼能力5000t/a，居国内同行业第二位。集团下属3个分公司、11个子公司、1个省级技术中心。主要产品有钼精矿、钼铁、氧化钼、二硫化钼、钼酸铵及钼金属材料制品等30多个品种，其中钼精矿、钼铁、氧化钼、钼酸铵为省优产品和出口免检产品。钼产品年出口创汇900万美元，是河南省主要出口创汇基地之一。

主要荣誉

洛钼集团多次被河南省、洛阳市评为“先进单位”。其中：1990年，被洛阳市人民政府授予“经济效益显著单位”和“职工民主管理优秀企业”，被洛阳市重工局授予军工系统“职工教育工作先进单位”和“干部培训先进单位”，公司“价值工程在采矿方法中的应用”被评为“洛阳市企业管理现代化成果”三等奖，被洛阳市总工会评为“企业民主管理达标先进单位”，公司晋升为二级企业，公司被洛阳市授予“重合同、守信用企业”称号；1991年，被命名为省一级标准化企业，被洛阳市政府评为“税法宣传教育先进单位”和“守合同、重信用企业”；1992年，被工商行洛阳支行授予“一级信用企业”称号，被省工商局授予“重合同、守信用”称号；1994年，被河南省评为“利税百强企业”和“企业综合实力百强企业”；1996年，被洛阳市人民政府授予“经济效益显著企业”，被洛阳市重工局授予“先进企业”称号；1997年，被国家划为大型一档企业，公司中心化验室获得省进出口商品检验局“钼产品认可实验室”商检认可证书，被洛阳市评为“第三次工业普查先进集体”，被河南省评为”第三次工业普查先进单位“，被洛阳市重工局授予“生产贡献奖”。

贵州开磷集团

具20世纪90年代国际先进水平的井下采掘设备

基于先进采矿工艺的井下运输巷道八六○硐口

贵州开磷(集团)有限责任公司

法人代表：屈庆麟
企业地址：贵阳市中华南路203号
海天商厦12层
电　　话：0851-5872030
传　　真：0851-5873133
电子信箱：kljt-zjlb@163.net
网　　址：http://www.gzkl.com.cn

贵州开磷（集团）有限责任公司始建于1958年，是国家最早重点投资建设的三大磷矿石生产基地之一，现已形成矿肥结合、矿化结合的大型磷化工企业集团，1994年列为国务院确定的全国100家现代企业制度试点单位，1995年6月经国家经贸委和贵州省人民政府批准，改制为国有独资公司。

开磷集团按集团化管理、专业化分工的模式设置，下辖5个全资子公司、1个控股子公司、3个分公司，并托管贵州剑江化肥厂。截至2001年12月底，贵州开磷集团总资产达17.38亿元。

开磷集团拥有丰富的磷矿资源，占全国P_2O_5总量的18.48%，已探明储量4.19亿t，保有工业储量3.92亿t，资源总量6.54亿t。其中：含$P_2O_5$30%以上的富矿储量达3.31亿t，占全国富矿的35%；全国P_2O_5含量大于32%的富矿资源，有78%集中在开阳磷矿区，是国内目前惟一不经选矿就可直接用于生产高浓度磷复肥的优质原料。经过40多年建设，开磷集团矿山基地已形成250万t/a的磷矿石生产能力。

20世纪80年代末期，开磷集团发挥自身优势，选择矿肥结合、矿化结合的路子，大力发展磷化工。经过14年的建设与发展，开磷集团磷化工业初具规模，现已形成重过磷酸钙（TSP）10万t/a、磷酸一铵（MAP）16万t/a、磷酸二铵（DAP）32万t/a、普通过磷酸钙20万t/a、复混肥20万t/a、饲料氢钙（DCP）1.5万t/a、黄磷5000t/a的生产能力。矿业和磷化工业已成为开磷集团的两大支柱产业。

中国加入WTO后，国内磷复肥行业在面临国内国际激烈竞争双重压力下，进入了资源优化组合和加强合作的新时代。开磷集团将充分发挥自身资源、管理和技术优势，采取滚动发展和低成本扩张战略，进一步做大做强磷化工业，为增强国内磷复肥产业的竞争力作出自己的贡献。

欢迎业内企业加强与开磷集团的合作，共同为提高我国磷复肥产业的竞争力而共同努力。

宜春钽铌矿

全国劳动模范
国务院政府津贴获得者
教授级高级工程师
宜春钽铌矿矿长：钱国文

宜春钽铌矿是我国目前规模最大的钽铌锂原料生产基地，1970 年建设，1986 年投产，现已形成日采选矿石1500t，年产钽铌精矿138.6t、锂云母精矿4.56 万t、长石粉10 万t 的生产能力。矿山隶属江西稀土金属钨业集团公司，为省属重点企业，有职工1197 人，其中专业技术人员263 人，具有中高级职称人员129 人。

矿山采选工艺先进，企业管理科学，达到国内外同类矿山先进水平，按国家标准、部颁标准和用户需求生产的“银岭牌”钽铌精矿（省优）、锂云母精矿（省部优）、长石粉和白花岗石材等产品，质量稳定，价格合理，行销全国20 多个省（市）的100 多家用户，并远销欧美、东南亚等国家和地区。2001 年，矿山生产经营达到建矿以来最好水平，实现利税3467.53 万元。矿山还投入资金近4000 万元建成了一座质量高、库容量大的新尾矿库，按现有生产规模计算可使用105 年。矿山先后获江西省先进企业、国家二级企业、江西省和全国有色金属工业优秀企业、江西省文明单位、江西省诚信纳税双十佳企业、江西省百家诚信纳税优秀企业、全国模范职工之家、全国五一劳动奖状等百余项荣誉称号。

地址：江西省宜春市袁州区
邮编：336003
电话：0795-3638075 3638076 3638125
传真：0795-3638123

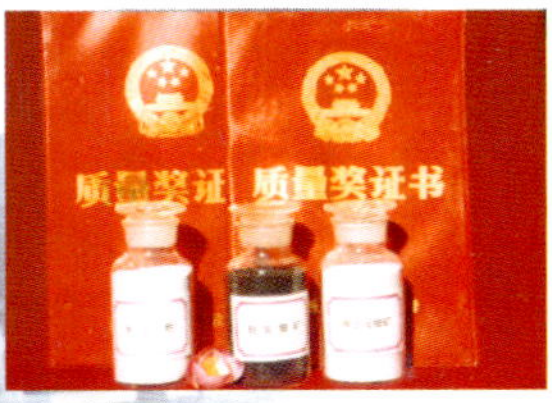

南京铅锌银矿业有限责任公司

董事长兼总经理：张美山

南京铅锌银矿业有限责任公司是2001 年3 月经南京市人民政府批准，由原国有南京铅锌银矿整体改制而成的股份制企业。南京铅锌银矿建于1957 年，拥有华东地区最大的铅锌矿床，已探明和经批准开采的铅锌矿地质储量近2000 万t，并附含相当数量的金、银等贵金属。经过40 多年的自我积累和发展，企业拥有固定资产近2 亿元、员工2000 余人。

公司现有7 家控股公司、4 家全资公司、2 家股份合作制公司及6 家托管企业。根据管理和发展需要，按照“精干、高效”的原则和建立现代企业制度的要求，公司初步形成了总公司决策和投资中心、二级公司利润中心、车间班组成本中心的管理模式。

“十五”期间，公司将对矿山采掘、选矿生产进行技术改造，扩大生产能力，预计2004 年可形成年采选35 万t 的综合产出能力，企业工艺技术水平、经济技术指标、整体环境、综合经济效益力争达到全国同行业一流水平。

公司办公大楼

浮选车间主厂房

选厂远眺

●地址：中国南京栖霞街89 号●邮编：210033 ●电话：025-5761651（总机40 线）●传真：025-5767981 ●Email：minejs.pb-zn.com ●网址：http://www.pb-zn.com

武钢矿业有限责任公司灵乡铁矿

团结奋进的领导集体

武钢矿业有限责任公司灵乡铁矿建于1958年，是武钢重要的原料基地和辅料生产基地之一。截至2001年，已为武钢提供铁矿石1341.71万t，其中平炉矿294.58万t、高炉矿236.04万t、粉矿557.54万t、硫粉矿131.72万t。此外，灵乡铁矿还远赴工业港加工粉矿275.965万t，转运矿石723.295万t。

灵乡铁矿充分利用鄂东南特有的资源优势，充分发挥矿山设备、技术和人才优势，一手抓优质矿石加工增值，保持矿业主体收入增加，一手抓矿山机制转换，加大转产经营，以矿（地方矿石资源）养“矿”（矿山的生存），以矿促“创”（二次创业），内抓管理，外闯市场，使老矿焕发青春。

进入21世纪的灵乡铁矿，把“完成生产经营指标是前提、推动改革发展是方向、提高生活质量是目的”作为战略目标，狠抓管理，强化拓展市场，深化成本控制，促进改革发展，加快环境整治，努力提升企业整体形象。2001年，灵乡铁矿为实现“洁、绿、亮、美”的厂容目标，坚持“高起点规划，高质量建设，高水平管理”的原则，统筹规划，分步实施，开展矿区环境整治，改善了职工生产生活条件。矿山制定了一系列环境卫生管理办法和规章制度，按照厂容管理目标责任制的要求，对各单位进行厂容管理和考核，并通过了武钢（集团）公司的验收。

蕲春县九棵松精制石英砂厂

法人、厂长：周定保

湖北省蕲春县九棵松精制石英砂厂，是依托灵虬山石英矿兴建的大型石英砂生产基地，灵虬山石英矿优质矿石储量大、品位高、质量稳定。该厂年产不同规格的优质石英砂20多万t，地理条件优越，公路、铁路运输及水运十分方便。

该厂是湖北省重点乡镇企业之一，20世纪80年代初建厂，占地面积3.7万m^2，员工1500多人、机械设备200多台套。该厂连年被省、市、县评为“先进企业”、“重合同守信用单位”、“管理样板企业”。

“质量第一，信誉第一，用户至上”是该厂一贯的服务宗旨。该厂生产的“九棵松”牌石英砂经权威部门多次检测，质量稳定，颜色洁白，含硅高，含铁低，是高档玻璃、酒瓶、玻璃器皿、电子工业的高级原料，产品销往国内20多个省、市，深受广大用户青睐。

奋进中的王洼煤矿

王洼煤矿座落在六盘山下固原市彭阳县境内，为国有地方煤矿。矿山设计年生产能力21万t，正进行技术改造，改造后产能为60万t。王洼煤矿工业储量14477万t，开采煤层煤种为长焰煤，具有低灰、低硫、低含矸、发热量高等特点，发热量每6000cal/kg左右，是理想的民用、工业用煤。

王洼煤矿外拓市场、内抓管理，以市场为导向，以诚实守信为营销理念，积极开拓市场，扩大销售空间，煤炭销售量逐年大幅度提高。产品以固原市场为中心向外辐射，运销到浙江、山东、江西、湖北、江苏、甘肃等省。企业以改革为动力，强化内部管理，管理水平不断迈上新台阶，经济运行质量不断提高，经济发展步入“快车道”。王洼煤矿始终把安全生产作为头等大事和永恒主题，坚决贯彻“安全第一，预防为主”的方针，保证安全生产，实现连续安全生产9年无事故。

企业双文明建设得到上级领导部门的首肯，先后被原国家煤炭部授予“特级质量标准化矿井”、“全国地方煤矿甲级通风矿井”、“全国煤炭系统造林绿化四十佳单位”等荣誉称号，被宁夏回族自治区党委、政府授予“文明单位”、“思想政治工作先进单位”，连续9年被自治区煤炭工业局评为“安全生产先进单位”，被固原市委、市政府评为“先进基层党组织”。

企业法人、厂长：陈世雄

团结务实的领导班子

煤炭外销

崇义章源钨制品有限公司

董事长：黄泽兰

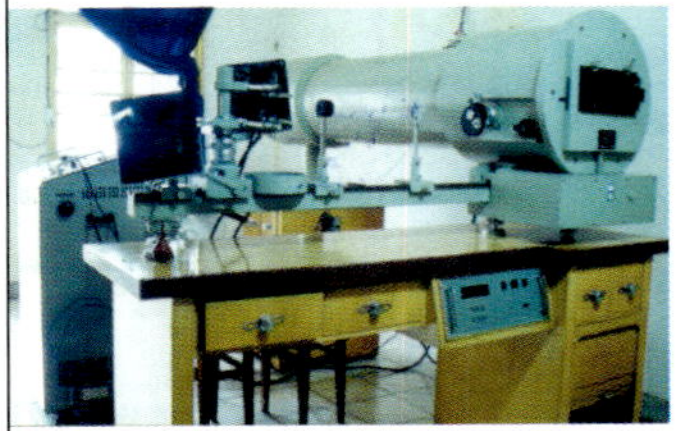

光谱仪

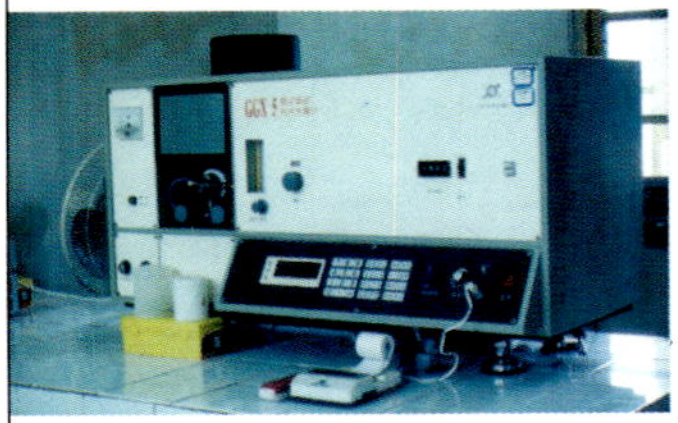

原子吸收分光度计

崇义章源钨制品有限公司是集采矿、选矿、冶炼、加工、贸易为一体的钨制品企业，拥有崇义县淘锡坑钨矿、崇义县新安子钨矿、大余县石雷钨矿和冶炼加工厂，资产总值1.68亿元，矿山地质储量12万t，具有年产黑钨精矿4500t、仲钨酸铵4000t、氧化钨3000t、钨粉2000t、碳化钨粉1500t的生产能力。公司2001年完成销售收入1.02亿元，上缴税收683万元。公司有职工1353人，其中工程技术人员157人，劳动生产率7.54万元/人，并安排了158名下岗员工实现再就业。

公司坚持以“降本增效”为中心，各厂矿独立核算，加强资金统一筹集及运作，2001年实现了生产经营目标。公司非常重视向科技要效益，投入30万元进行的淘锡坑钨矿选厂技术改造工程，使钨精矿金属回收率提高0.5%；投入200万元进行的淘锡坑钨矿环保技改工程，通过了“三达标一排放”工程验收；投入60万元进行的冶炼加工厂车间改造，新增APT1000t/a，金属回收率提高0.3%；投入5800万元进行的钨制品深加工技改工程，新增钨粉2000t/a、碳化钨粉1500t/a的产能，并建立了钨制品检测中心。

目前，公司钨精矿、仲钨酸铵金属回收率达到国内先进水平，2001年通过了ISO9000质量体系复审。公司与高校联合开发的新产品，预计2002年年底投放市场。

迅速增长,1978年产量突破1亿t大关,从此中国跨入世界产油大国行列;80年代以来,由于国民经济的快速增长和对环境保护要求的提高,对石油天然气的需求逐步加大,中国从1993年起成为石油净进口国,天然气供求矛盾也较突出。中国石油工业继续发展面临的形势是复杂而富挑战性的,回顾以往,分析现状,展望未来,制定前瞻性的石油工业"十五"发展计划和远景规划,尽早做好全局性战略部署,有利于使中国资源、环境、人口、经济相互协调,形成健康有序的发展格局。

1.石油工业已成为国民经济的重要基础产业。新中国成立50多年来,中国石油工业取得了巨大进步,为国民经济发展作出了重大贡献。截至2001年全国有25个省、直辖市、自治区和近海海域发现了油气田688个,形成了六大油气区,建成了大庆、胜利、辽河、新疆、四川、长庆、渤海和南海等24个油气生产基地。全国原油产量从1949年的12.1万t增至2000年的1.6亿t,列世界第五位;2000年天然气产量277亿m^3,列世界第15位;至1999年底,建成长距离输油管线1.13万km、输气管线1.18万km,基本形成了东北、华北、华东地区的输油管网和华北、川渝地区的输气管网。全行业形成了油气勘探、开发、设计、施工、科研和技术服务配套的工业体系。

石油工业的发展带动了地方经济和机械制造、钢铁、交通、石化、纺织工业等相关产业的发展,壮大了国家的经济实力。目前,以油气为主要燃料和原材料的工业部门的产值约占全国工业总产值的1/6。

石油工业的发展也促进了中国能源结构的改善。石油消费量从1949年占全国能源消费总量的3.8%上升到1998年的19.8%;天然气消费量从1953年占全国能源消费总量的0.02%上升到1998年的2.1%。北京、天津、重庆、成都等大中城市把天然气作为清洁燃料用于工业和居民生活,并已开始使用天然气汽车,在一定程度上遏制了大气环境的恶化。由于工业结构调整力度进一步加大和国家对环保要求的提高,1999年国内煤炭比1998年减产16.4%,使油气在整个能源消费结构中所占比例明显提高。2000年石油和天然气在一次能源消费中的比例分别达到25%和3%左右。

到1999年底,中国油气开采行业已形成1860亿元的固定资产,年销售收入1876亿元,实现利润总额290亿元,占全国国有及国有控股企业利润的30%,成为国民经济中的重要基础产业。

2.石油储量和原油产量保持稳中有升。

① 中国石油资源仍有潜力,进入稳定增长阶段。全国第二轮油气资源评价结果表明,石油地质资源量为940亿t,结合目前技术经济条件分析,最终石油可采资源量为140亿t左右。截至1999年底,累计探明石油地质储量205.6亿t,可采储量为59.3亿t,石油可采资源探明率为42.4%,剩余可采资源量为80.7亿t,仍有较大勘探潜力。世界主要产油国140年来的石油发展史表明,当资源探明率达到40%~60%时,其储产量将进入一个相对较长的稳定时期。总体上看,中国石油储产量开始进入稳定增长期,1986年以后,新增探明石油地质储量进入稳定增长阶段,"七五"和"八五"期间年均增长5亿t左右。

② "九五"以来,石油新增探明储量保持稳定增长。"九五"期间,随着石油地质理论的深化和勘探技术的提高,勘探成果不断扩大。在松辽、渤海湾、鄂尔多斯和塔里木盆地以及渤海海域,先后发现和控制了永乐、月海、秦皇岛32_6、蓬莱19_3、9-1、渤中25-1、曹妃甸11_1、12-1、靖边、塔河等10个亿t级油田和石南、莫北、小拐、南堡35_2、龙虎泡5个5000万t级油田。埕岛、曙光、安塞、石西4个老油田储量进一步扩大,新增储量均超过5000万t。大油田的不断发现和扩大,使全国新增储量保持稳定增长,年均增幅7亿t以上。

"九五"期间,中国东部地区油气勘探继续稳定发展。松辽盆地高效勘探低渗透油藏取得重大进展,相继发现并控制了龙虎泡、葡西、齐家、他哈拉英台、大情字井5个亿t级储量区,具备了800万t低渗透油气生产能力。渤海湾盆地随着滩海地区油气勘探的不断深入,自北而南在月海、赵东、埕岛、垦东等地先后控制了多个大型含油构造带;盆地内勘探老区在千米桥潜山及火成岩油藏有重大突破,进一步扩大了勘探领域。两大盆地老区新带和老区新层的不断发现为东部地区油田稳定发展作出了重要贡献。

在"发展西部"方针的指导下,"九五"期间加大对西部地区勘探力度,成效显著。以靖安油田为代表的富油区块的连续发现,使鄂尔多斯盆地连续5年新增储量超亿t。在准噶尔盆地腹地,先后探明和控制了石西、石南和莫北3个亿t级油田。在塔里木和吐哈盆地,分别发现塔河油田和吐玉克稠油油田。四大盆地勘探不断取得新突破,使西部原油产量快速增长。

以蓬莱19_3、秦皇岛32_6油田和春晓、乐东22_1气田为代表的海上油气田的不断发现,为"十五"海上油气产量翻番提供了坚实的储量保证。

③ 原油产量超过1.5亿t并保持稳中有升。全国原油产量自1996年突破1.5亿t以后,生产保持稳定,已连续5年产量超过1.6亿t。

3.天然气勘探连续取得重大突破,产量处于快速增长期。

① 天然气资源丰富,探明率低,勘探潜力大。全国天然气地质资源总量为38万亿m^3,预计天然气可采资源量约10.5万亿m^3。截至2001年,截至2001年累计探明天然气地质储量2.3万亿m^3,探明可采储量1.48

万亿 m^3，可采资源探明程度仅为 14%，中国天然气勘探仍处于勘探初期阶段。中国煤层气资源比较丰富，初步预测陆上埋深 2000 m 以浅的煤层气地质资源量为 30～35 万亿 m^3。从全国范围内看，煤层气勘探仍处于起步阶段。

② 天然气勘探连续取得突破，“九五”新增储量突破万亿 m^3。“九五”期间，认真贯彻“油气并举”方针，加大勘探力度，以中西部地区为重点的天然气勘探连续取得重大突破，累计新增大中型气田 28 个。鄂尔多斯盆地上古生界、柴达木盆地三湖地区、塔里木盆地库车地区、四川盆地川东和川西地区的天然气勘探突破和成果的不断扩大，形成了陆上四大气层气资源区，尤其是库车坳陷克拉 2 气田的发现和陕北上古生界勘探成果不断扩大，为西气东输奠定了资源基础。准噶尔盆地南部、大港千米桥、苏北盐城地区天然气勘探的突破，扩大了陆上含油盆地找气领域。南海和东海西湖凹陷勘探的新进展，构成了海域油气工业发展的新的增长点。

世界主要油气生产国石油天然气储产量大幅度增长的历程表明，一般天然气储产量大幅度增长期滞后于石油 30～40 年。中国也存在同样规律，天然气从 1990 年开始进入储量增长高峰期，比石油滞后 30 年。“八五”期间新增储量为 7005 亿 m^3；“九五”期间新增储量超过 10000 亿 m^3，下世纪初将继续保持这一快速增长势头。

煤层气勘探开发试验取得进展。“九五”在沁水盆地南部晋城地区开展了两个区块的开采试验，最高单井日产量超过 10000 m^3，初步控制可开发地质储量 1000 亿 m^3。

③ “九五”期间天然气产量保持年增 10% 的快速发展势头。随着天然气储量的增加和国民经济发展对洁净能源需求的快速增长，天然气产量也在快速增长。1996 年产量突破 200 亿 m^3 大关，开始进入产量快速递增期。“九五”期间天然气产量年均增幅达到 10%，2000 年天然气产量超过 277 亿 m^3，是 1995 年的 160%。在西气东输干支线和海气登陆海底管线相继建成后，中国天然气产量的增幅将更大。

4. 对外开放稳步发展。20 世纪 80 年代以来，中国采取多种灵活的合作合资方式引进国外资金、先进技术和管理经验，加快了国内油气资源勘查速度，提高了油气田开发水平；90 年代开始到国外合资合作勘探开发油气资源，不断扩大中国在国外的资源份额。

① 对外开放引进外资 70 多亿美元。1982～2000 年，中国海洋石油总公司先后同 18 个国家的 70 家石油公司签订了 140 个石油合同，在中国海域进行勘探和开发，直接利用外资 64.5 亿美元，合作钻探发现了 19 个油气田和 62 个含油气构造，探明石油地质储量 8.7 亿 t，天然气地质储量 1302 亿 m^3。

截至到 1999 年底，中国陆上石油对外开放 167 个区块，签订合同 52 个，引进外资 11 亿美元。陆上石油对外开放有力地促进了大庆、胜利、辽河、中原等油田深层油气藏、稠油油藏、低渗透油藏及裂缝性油藏的开发，使复杂油气藏开采技术得到了明显的改进，提高了采收率。大港油田赵东地区和四川盆地川东地区的合作钻探成功，使中国以井筒技术为代表的勘探技术进一步提高。

“九五”期间，煤层气项目已签订 7 个产品分成合同，引进外资近亿美元，促进了中国煤层气勘查评价技术的提高，加快了勘查步伐。

② 实施“走出去”战略初见成效。近年来，中国加强与世界石油生产国和消费国政府、国际能源组织和跨国石油公司间的交流与合作，境外油气勘探开发取得了明显成效。海外勘探开发在苏丹、马六甲、南美、墨西哥湾和中亚等地区取得控股、参股和独立勘探开发权益，控制海外份额油剩余可采储量超过 4 亿 t，建成原油生产能力 1300 万 t，天然气生产能力 8 亿 m^3。

国内三大石油公司在参与境外油气勘探开发的同时，境外技术服务范围不断扩大，积极开拓物探、钻井、测井、录井和管道建设等工程技术服务市场，带动了技术、装备和材料的出口及劳务输出。

5. 石油工业经过重组改制，提高了竞争力。

① 具有较强的规模优势和上下游一体化优势。1998 年石油行业进行战略性重组和结构调整，按照上下游、内外贸和产销一体化的原则，分别组建中国石油天然气、中国石油化工两大集团公司。在世界 50 家大石油公司中，按油气储量、油气产量、石油炼制能力、油品销售量等六项综合指标，中国石油天然气集团公司名列第 11 位，中国石油化工集团公司名列第 20 位，两大集团均具有较强的规模优势和上下游一体化优势。重组改制实现了政企分离，打破了行业垄断，引入了竞争机制，特别是省市石油公司分别划入两大集团后，不仅增强了两大集团公司实力，加强了产销一体化优势，而且通过上下游生产自行调节，降低了市场的价格风险，增强了抵御市场波动和参与市场竞争的能力，为石油石化工业的健康持续发展奠定了基础。

中国石油天然气、中国石油化工和中国海洋石油三大公司通过重组改制，先后创立股份公司，不仅进一步突出主业，而且拓宽国际融资渠道，开始按国际石油公司经营模式运作，国际竞争力明显增强。

② 增强产研结合的科技优势。中国石油行业拥有勘探、开发、管道输送等研究机构，技术力量雄厚。重组改制后实行产研一体化，科研管理体制进一步理顺，

创新机制进一步完善,广大科研人员以面向生产、贴近生产为科研指导思想,促进了科研成果的转化。近年来,地质认识的深化和勘探主导技术的发展成为油气勘探开发的强大推动力。如山地地震资料采集处理与成像技术的突破、欠平衡钻井为主导的配套井筒技术以及地震资料反演为主体的工业化储层预测技术带来了克拉2气田、千米桥潜山油气田的发现和鄂尔多斯油气勘探的大发展;陆相沉积砂岩多层油田研究并推广应用早期注水分层开采技术,使大庆油田已连续25年稳产5000万t以上。

在油气勘探开发领域,具有国际领先水平的技术有:陆相石油地质理论,陆相盆地隐蔽油气藏勘探技术,多层砂岩油田早期注水分层开采技术,高含水油田控水稳油综合治理开发技术,聚合物驱提高采收率技术,复杂断块油田滚动勘探开发技术。达到或接近国际先进水平的技术有:盆地模拟技术,油气藏描述技术,稠油蒸汽吞吐开发配套技术,低渗透油田注水开发技术及一些特殊类型油田开发配套技术。这些配套技术在"九五"期间发挥了主导作用,"十五"期间将在科技创新、降低成本、提高效益等方面作出更大贡献。

6.*超额完成"九五"计划*。"九五"计划2000年原油产量为1.55亿t、天然气产量为250亿m^3。2000年实际生产原油1.62亿t、天然气277亿m^3,油、气产量均超额完成"九五"计划目标。"九五"计划新增探明石油地质储量38亿t、天然气地质储量8000亿m^3。5年间实际新增探明地质储量石油超过43亿t、天然气超过12800亿m^3。 (国家经贸委行业规划司)

【石油工业"十五"发展面临的环境】 1.*石油储量和产能接替困难的矛盾尚未缓解*。随着勘探程度不断提高,新发现油田规模总体呈变小趋势,而且新增探明储量中的低渗透与稠油储量所占比例逐年加大,储量品质变差,新增及剩余储量可动用性较差。目前,全国剩余可采储量为23.8亿t,储采比为14.8,已开发油区储采比只有10.9,储采结构与"八五"相比没有明显改善。根据国内外油田开发规律,在这样的储采比配置下,稳产处于临界状态,上产难度较大。

与此同时,在役油田稳产难度加大。主要产油区已进入中后期开发阶段,主力老油田进入高采出程度、高含水率的双高开采阶段,主力油田挖潜效果变差,稳产难度加大,采油成本上升。

2.*石油供需矛盾加剧,更加依赖资源进口*。中国能源消费居世界第二位,在一次能源消费结构中,1998年原油占19.8%。近10年来中国国民经济按年均9.7%的速度增长,原油消费量按年均5.77%的速度增加,而同期国内原油供应增长速度仅为1.67%。这种石油供求矛盾使中国自1993年成为石油净进口国以来,进口量逐年增大,尤其是"九五"期间,石油净进口量从1996年的1348.5万t增加到1999年的2858万t,2000年净进口量超过6000万t。

未来15年内,中国国民经济将以7%左右的速度发展,原油需求将以4%左右的速度增加;同期国内原油产量增长速度只有2%左右,低于原油需求增长速度,国内原油供需缺口逐年加大。预计2005年原油需求2.45亿t左右。

3.*天然气需求大,但市场开拓有难度*。

① 天然气市场发展空间广阔,消费潜力较大。目前天然气在中国一次能源消费结构中所占比例远低于24%的世界平均水平和8.8%的亚洲平均水平。国内天然气市场有较大发展潜力,天然气发电和工业用气以及城市燃气等消费需求将快速增长。2000年天然气需求量为260亿m^3以上,2005年将达到600~700亿m^3。天然气在一次能源消费结构中所占的比例将逐步增加到5%。

② 天然气具备快速发展的资源基础。中国基本形成了以四川、鄂尔多斯、塔里木、柴达木、莺琼、东海六大盆地为主的气层气资源区和渤海湾、松辽、准噶尔三大盆地气层气与溶解气共存资源区的格局。

另外,中国周边国家俄罗斯、乌兹别克斯坦、土库曼斯坦、哈萨克斯坦天然气资源丰富,占世界天然气总地质资源量的32.7%,剩余可采储量54.51万亿m^3。这些国家每年尚有400~600亿m^3产能的天然气需寻找新市场。中国已与上述各国进行了多年的有关向中国输送天然气的可行性研究工作。

③ 市场开拓难度大。天然气市场的开拓主要取决于气价及天然气消费结构等因素。中国天然气价格偏高,而消费者价格承受能力差,因此市场开拓难度大。

天然气价格主要受制于上游成本和中游管输费。一方面,中国绝大多数天然气产区地质条件复杂,如产层薄、含气丰度低和埋深大及地表条件恶劣,决定了天然气上游成本投入较高;另一方面,中国天然气资源主要分布在中西部地区,远离东部经济发达的天然气主要消费市场,管输费用高,占气价比例较大。由于这两方面因素的影响,造成天然气价格偏高。从天然气消费结构上看,主要用于化工、油气田开采和发电等工业部门,它们在天然气消费中所占比例在87%以上,其中化肥生产就占38.3%。但化肥用气的气价和天然气作为工业燃料的气价承受能力差。价格承受能力最大的居民用气在天然气消费结构中所占比例不到11%,目前全国有配气管网的城市很少。建设城市配气管网、新建用气项目、改扩建用气设施等用气工程都需要投入大量的资金,这些都进一步加大了天然气市场的开拓难度。

4.经济全球化和石油行业大规模重组,使中国石油公司面临严峻挑战。

① 面临全球化和市场化运行机制的严峻考验。随着经济全球化和信息网络化进程的加快,全球统一大市场正在形成。进入20世纪90年代,拉美、东欧、亚太和前苏联各国都对油气工业进行了民营化改革,颁布了一系列新的石油法律和政策,积极鼓励引进外资和对外合作,进行油气资源勘探开发,这为中国走向国际油气资源市场提供了契机。随着中国加入WTO,中国石油工业的发展既受益于经济全球化,也越来越受到市场竞争的直接冲击。国内外的竞争将更加激烈。

② 面对国际石油公司联合、兼并和重组形成的巨大竞争压力。为增强整体实力,降低成本,提高市场竞争力,近年来一些国际大石油公司纷纷调整战略,进行了大规模的企业兼并、联合和重组,形成优势互补、强强联合的巨型石油公司,如埃克森莫比尔、BP-阿莫科阿科、英荷壳牌、埃尔夫菲纳道达尔等四个超大规模石油石化公司。这种发展态势增强了这些国际大石油公司的竞争实力,对中国石油公司形成了巨大的国内外市场竞争压力。

③ 国际石油市场价格波动的影响依然存在。1998年由于世界金融市场和经济形势动荡,国际油价爆跌,国际原油价格从1996年的25美元/桶下跌到1998年底的10.39美元/桶,为20年来的最低点;1999年9月原油价格开始回升,年底至30多美元/桶,达到近10年来的最高点。国内石油市场受到国际油价急剧涨落的巨大冲击。今后原油价格波动周期也可能拉长,但不排除在短期内再发生油价的下跌或攀升。如何在低油价条件下生存和图发展,这是中国石油公司需要长期面对的问题。

5.国际环境有利于中国走向世界油气资源市场。

① 世界石油资源分布与消费地区分布不均衡。世界常规石油可采资源量为3113亿t,常规天然气资源量为328.3万亿m^3。油气资源主要分布在中东、北美和前苏联三个地区。其中,中东拥有世界油、气资源的39.6%和22.4%,北美拥有17.7%和18.6%,前苏联拥有15.1%和32.7%。截止到1999年底,世界剩余石油可采储量为1386亿t,中东北非、中亚俄罗斯和北美三个地区占82.2%。1999年底剩余石油可采储量大于100亿t的5个国家都在中东,依次为沙特阿拉伯(356亿t)、伊拉克(153亿t)、科威特(128亿t)、阿联酋(126亿t)和伊朗(122亿t),占世界剩余石油可采储量的63.9%。

占世界石油剩余可采储量72%的中东和前苏联地区,1999年石油消费量仅占世界同期石油消费总量的12%;而占世界石油消费量78%的北美、亚太和欧洲石油剩余可采储量仅占世界的12%。世界油气资源与石油消费地区的这种不均衡性有利于中国走向世界油气资源市场。

② 未来15年世界石油供求关系有利于中国开拓国际市场。近几年世界石油产量年均增长速度在1.4%左右,1998年原油产量为35.2亿t;石油消费增长为1.2%左右,1998年消费量为34亿t,供略大于求。今后几年或更长时期内,预计世界石油消费将以年均1.8%的速度增长,石油产量将以年均1.7%的速度增长,2015年左右预计达到年产45亿t的高峰。

2015年前世界石油供需大致保持平衡,因此目前国际上资源实行开放政策,大多数国家制定优惠政策吸引外资勘探开发石油资源,为中国石油企业进入国际勘探开发市场提供了良好的机遇。

③ 有利的国际环境。自改革开放以来,中国积极开展各类外交活动,与俄罗斯、中亚等一些富油国家建立了战略合作伙伴关系;与伊朗、伊拉克以及非洲广大发展中国家保持着长期的友好往来。同时,同处东北亚地区的日本、韩国等,在保持地区石油市场稳定方面也与我们有共同的利益。这为中国参与分享世界油气资源的竞争提供了一个良好稳定的国际环境。

6.石油工业增长方式的转变要求加快科技进步。全球石油工业的增长方式发生了根本性的转变,过去靠高投入拉动增长的经营方式已不再适应新的形势,目前科技创新、技术进步已成为带动石油勘探开发发展的主要动力。近几年来,世界各石油公司管理理念和经营策略逐步转变,纷纷采取加大科技投入的低成本发展战略,在地震、钻井、油气开发、地面工程建设等方面取得了一批举世瞩目的成果。近10至20年来,世界石油工业以降本增效为核心的技术进步所创造的经济效益十分显著,主要表现有:提高了勘探辨识能力和解释能力,使世界石油储量不断增长(1982~1992年增加储量470亿t);提高了油田采收率(北海达50%,美国本土为60%~80%);拓展了海洋石油新领域(1990年占19.3%,1995年升到36.4%);降低了油气成本,即使在低油价时还有较大利润。

中国石油行业经过1998年改革重组,以经济效益为中心,由计划经济体制下实行的速度发展型经营模式转向靠技术进步、科技创新带动石油勘探开发稳步发展。“九五”期间,中国石油工业科技进步贡献率达50%,在勘探、开发投资没有大幅度增加的情况下,各项经济指标有了明显好转,但与国外先进水平比较仍有明显差距。尽快提高科技水平,努力缩短与国外的差距,是中国石油工业“十五”期间的重要任务之一。

(国家经贸委行业规划司)

【石油工业“十五”发展方针和目标】 1.发展方针。“十五”期间，中国石油工业将实施市场化、国际化、低成本、科技创新和持续重组战略；进行以改善石油储采结构，提高天然气对原油产量的比例、境外份额油与国内原油的比例及油气在中国一次能源消费结构中的比例为重点的结构调整。以较小的经济代价换取石油的长期稳定供应，实现保障国民经济持续稳定健康发展的目标。贯彻“立足国内、开拓国际，加强勘探、合理开发，厉行节约、建立储备”二十四字发展方针。

立足国内、开拓国际：立足国内油气生产，保障市场基本需求；大力拓展海外业务，扩大海外份额油产量和储量，积极有效利用国外油气资源。

加强勘探、合理开发：加强油气勘探，合理有效开发利用有限资源，加速发展天然气工业，积极改善储采结构和消费结构。

厉行节约、建立储备：实施厉行节约的法规，抑制不合理消费；逐步建立和完善国家战略储备体系，提高应对突发事件的能力，保障国家石油供应安全。

2.发展目标。

① 油气探明储量。探明石油地质储量38亿t以上、可采储量8.5亿t以上；探明天然气地质储量1.2～1.4万亿m^3、可采储量7000～8000亿m^3；探明煤层气可开发地质储量约1000亿m^3。

② 油气产量。2005年，原油产量达到1.7亿t以上，天然气(含煤层气)产量达到500亿m^3以上，海外份额油达到1500～2500万t。

③ 重点储运设施建设。“十五”期间，建设油气管道总长约14500 km，地下储气库11.4亿m^3。

④ 油气占一次能源比例。在5年内提高3个百分点以上。

⑤ 技术进步与创新。石油天然气勘探开发科技贡献率由目前的平均50%提高到55%以上。

⑥ 主要经济技术目标。油气探井成功率较“九五”提高2%，原油采收率提高1%，钻井完井周期缩短1/3，原油和天然气成本下降15%～20%。

（国家经贸委行业规划司）

【石油工业“十五”发展重点】 加强国内石油勘探，增加后备储量，实现东部稳产、西部和海域有较大发展的目标；加快天然气基础设施建设，改善能源结构；坚持利用国内外两种资源的战略方针，积极拓展海外油气勘探开发业务；加快建设国家战略储备库，保障国家石油供给安全。

1. 加强勘探、合理开发，实现老区稳产、新区增储上产，保持原油产量稳定增长。

① 通过深化勘探和提高采收率，保持东部地区原油生产稳定。东部地区是中国最重要的石油生产基地，1999年石油年产量为11678万t，占全国总产量的73%；截至1999年底，已累计产油30.83亿t。东部地区大多数油田已进入开发的中后期，尤其是主力油田都已进入高采出程度、高含水率的双高开发阶段，稳产难度很大。

根据勘探开发成果分析，东部地区石油资源量较全国第二轮油气资源评价结果有明显增加，资源勘探潜力仍然巨大。东部地区仍是中国今后主要产油区。

今后的重点工作是深化老区勘探和提高原油采收率，提高未动用储量动用率。在深化老区勘探方面，以富油气凹陷为主要勘探对象，以寻找可动用优质储量为目标，采用新理论、新技术、新方法寻找新的含油区块、含油层系，通过滚动勘探开发扩大其含油面积，进行精细深化勘探，增加油气储量和产量；在提高原油采收率方面，认真做好已开发油田的综合调整和提高采收率工作，以改善二次采油和三次采油为手段，努力增加经济可采储量，力争“十五”期间在2000年动用探明储量的基础上提高采收率1.5%～2.0%，增加可采储量2.25亿t以上，并提高难采储量的动用率，延长油田稳产期。大庆油田应加快攻关和完善三元复合驱等三次采油技术，适时建设相关配套工程，保持原油产量在5000万t以上，为减缓东部地区产量递减起到重要作用。

② 加快西部石油资源勘探开发，早日实现油气战略接替。西部地区主要指西北和西南十省区，包括中部、西北和青藏三大油气资源区。据全国第二轮油气资源评价结果，西部地区有石油资源量295.4亿t，截至1999年底，已在8个盆地内累计探明石油地质储量32.9亿t。目前西部地区仍有250亿t以上石油资源有待探明，整体上资源探明程度比较低，是中国石油工业增储上产的主战场以及国家安全的战略后备基地。应加快西部石油勘探开发，增储上产，早日实现油气战略接替。

西部地区1999年产原油2668万t，占全国总产量的17%。至1999年底，西部地区已累计产油3.11亿t，总体上属于开发中期阶段。预计到2005年，西部地区原油产量占全国总产量的比重将从目前的17%提高到20%。

西部地区的油气资源勘探开发要充分利用国家政策支持，吸引国内外资金、技术和人才，以市场为导向，以重大发现为目标，加大勘探力度，查明资源分布，择优强探。在勘探方面，要突破复杂地表及地下构造条件的综合勘探技术，寻找规模油气储量和产量接替区；在开发方面，要应用深层和特殊类型油气藏的开采技术，适时扩大建设油气生产能力。

③ 加强海域勘探开发,实现海洋油气快速发展。中国近海海域油气资源丰富,10个大中型含油气盆地石油资源量为245亿t左右。截至1999年底,累计探明石油地质储量12.2亿t。近10年来由于技术进步,海域勘探开发得到长足发展,但整体上看勘探程度比较低,具有十分广阔的勘探前景,将是中国21世纪油气工业重要的战略接替区之一。

近期重点工作是在加强渤海、南海和东海海域油气勘探开发的同时,合理有效地动用现有探明储量,尤其是通过加速蓬莱19_3等油田的开发,迅速提高原油产量,由目前的1617万t提高到2005年的3000万t以上,增幅达85.5%,原油产量由目前占全国产量的10%提高到17%。

④ 坚持南方含油气区评价勘探工作。中国南方含油气区古生代海相碳酸盐岩层系和中、新生代陆相盆地具有广阔的勘探领域,但石油地质条件复杂。应精心选择适用的评价方法和勘探技术,继续坚持评价勘探工作,力求尽早突破。

2.*抓住西气东输、海气登陆机遇,实现天然气工业快速发展*。开发利用天然气对改善中国能源结构、缓解石油供需压力具有重大现实意义。为实现中国经济、社会和环境的协调发展,力争在今后10至15年内建成全国天然气工业体系,实现天然气工业快速发展。

在加快上游建设的同时,要组建强有力的营销体系。对迫切需要开发利用天然气的长江三角洲地区、环渤海地区和珠江三角洲地区加大市场开拓力度,根据不同用户的需求,落实用气计划。

"十五"期间,重点加快建设新疆轮南上海的"西气东输"管道干线和涩北、西宁、兰州等陆上输气管道,以及东海气田春晓至宁波、南海气田东方1_1_东方市海底输气管道。还要加快建设地下储气库及引进液化天然气基础设施。

经过"十五"或更长一点时间的努力,建成西气东输管道干线、实施海气登陆管道工程,促进天然气上下游协调发展,在全国形成四川、鄂尔多斯、塔里木和海域四个累计探明储量在万亿m^3以上、年产量在100亿m^3以上的天然气生产基地。

同时要加快发展煤层气产业,重点是加快沁水盆地、河东煤田、两淮地区、韩城及六盘水地区等含煤盆地的煤层气勘探开发,建成3至5个煤层气开发利用示范基地。

3.*拓展海外油气勘探开发,弥补国内油气资源不足*。鼓励国内石油公司按照"积极开拓、慎重决策、稳步发展"的方针,积极实施"走出去"战略,努力开拓国外油气资源合资合作勘探开发领域,不断扩大中国在国外的油气资源份额;同时积极研究并落实油气进口的来源、品种、方式、渠道,尽早实现国内外两种油气资源战略互补。

海外油气勘探开发应本着"减少和分散风险、确保投资安全和获得最大回报效益"的原则,确定勘探开发方式,扩展战略选区。"十五"期间要立足中亚俄罗斯、中东北非及南美三大战略区,重点扩大和巩固在俄罗斯、哈萨克斯坦、土库曼斯坦、伊朗、伊拉克、苏丹、委内瑞拉、印尼等国的油气勘探开发业务,扩大占有的产量和储量份额,建成几个稳定的生产基地;建设伊尔库茨克—满洲里—大庆的跨国输油管道。实现原油进口多源化。到2005年,海外份额油要达到1500~2500万t。

4.*加快建立国家石油储备体系,保障国家石油安全*。石油储备是稳定供求关系、平抑市场价格、应对突发事件、保障国家石油安全的重要手段。目前,中国尚未建立石油储备体系,现有原油、成品油储罐多属生产和流通的配套设施,难以发挥储备功能,一旦遇到突发事件,处境将十分被动。国外研究机构普遍认为,未来20年国际油价呈上涨趋势。及早建立中国石油储备体系,可以减少经济代价,有利于中国在国际政治、经济角逐中处于主动地位。

"十五"期间,按照国家储备与企业储备相结合、以国家储备为主的方针,统一规划,分批建设国家石油储备基地。 (国家经贸委行业规划司)

【石油工业发展主要政策措施】 1.*鼓励石油企业加快科技创新,加大对石油科技的投入*。21世纪初期,中国石油工业将进入以"总体效益"为中心、以"自主创造"为主的科技产业化发展阶段,技术创新和技术进步将成为石油工业发展的强大推动力。"十五"期间要按照有所为有所不为的原则,集中优势科研力量,选择制约石油工业发展的关键勘探开发技术,力争在理论上和技术上取得突破。

优先发展关系石油工业可持续发展的关键技术。在油气勘探方面包括:建立油气勘探快速评价决策系统,以含油气系统动态模拟技术为主线的海相碳酸盐岩成烃机理、深部油气成藏机理的研究和评价系统;研制开发适用于复杂地质条件的复杂结构井、多分枝水平井、大位移井钻井技术;研究成像测井、核磁共振测井技术。在油气田开发方面包括:优先发展注水油田高含水后期油藏描述、剩余油监测、稳油控水配套技术,聚合物驱工业化应用技术,低渗透油藏、稠油油藏、凝析气藏提高采收率技术。在煤层气勘探开发方面包括:开展高、低煤阶煤层气基础理论及评价研究,煤层气勘探开发技术研究,煤层气技术、规范和经济评价方法研究。在油气储运方面包括:开展寒冷地区油气集输技术、天然气高效除砂设备研究,管道风险管理和管道系统可靠性技术研究，地下储气库设计建造技术研究。

完善和提高一批已具备先进水平的技术，包括：完善和提高以山地、黄土塬及深层地震勘探为主线的高精度地球物理方法技术系列；全三维地震和四维地震技术以及油藏动态经济评价技术；海上平台设计技术；海底管线结构设计、铺设及泄露监测技术；水下自动生产技术；海洋环境调查及预报技术；高含水油田节能降耗系统配套技术，三次采油油气水处理工艺配套技术；复杂油田地面工程简化工艺配套技术。

为石油工业长远发展，探索研究一批储备技术，主要包括：非常规资源的评价勘探技术，提高采收率的新理论、新方法，深水勘探、开发、管输技术。

科学技术发展是提高石油企业竞争力的核心所在，也是振兴中国石油工业的必然选择。鼓励企业对科技开发的投入，加快科研成果转化，提高科技贡献率，促进增长方式的根本转变；进一步加大协调力度，在宏观上对科技资源配置进行总体指导，组织重大科技攻关，真正形成由国家行业主管部门协调下的各企业所属研究院所和社会科研力量组成的科技创新网络体系和集成系统。

2.*运用经济手段，鼓励国内油气勘探，增加后备储量*。研究制定相关政策，充分发挥各方面的人才、技术和资金优势，引导企业增加勘探投入，加大勘探力度。研究集中利用国家石油地质事业费和资源补偿费，设立专项风险勘探基金，开展国内石油勘查，打破目前石油企业海、陆划界和区域垄断的局面，促进竞争，加快摸清国内整体资源状况，逐步改善储采结构，形成一定程度的国家石油资源储备。

本着“优势互补、双赢互利”的原则，进一步完善中国陆上、海上石油资源对外合作条例，扩大对外合作勘探开发石油天然气的范围和领域。鼓励外国公司投入勘探油气资源潜力较大、风险也较大的地区；投资开发未动用储量和提高老油田采收率；参与天然气基础设施建设，推进天然气上下游一体化发展。

对达到经济极限含水和极限产量的老油气田，制定尾矿政策。研究通过减免税费等政策，提高企业开采边际储量的积极性，延长油气田的有效开采期，提高资源利用率。

3.*发展天然气工业，优化能源结构*。加大天然气勘探开发力度，适当提高天然气投资在油气总投资中的比例，尽快增加储量和提高产量。

鼓励多渠道筹集天然气勘探、开发、管道运输及其利用项目的建设投资。调动地方、社会、企业各方面的积极性，把天然气推向市场，本着谁用气、谁投资、谁受益的原则，多方面筹集建设投资。同时，提倡石油工业扩大开放，鼓励合作或利用外资参与天然气管道运输和发电、化工等下游项目。

对天然气项目在贷款等方面予以一定的优惠政策。在天然气价格、税收、环境保护和利用方面研究和制定有利于天然气工业发展的法规，支持天然气工业的发展。

加大煤层气勘探开发资金投入，减免税种和降低税率，促进中国煤层气产业的快速发展。

4.*鼓励石油企业积极开展国际化经营，实施油气进口多元化*。进一步加强与世界石油生产国和消费国政府、国际能源组织和跨国石油公司间的交流与合作，建立稳定的协作关系和利益纽带。通过政治、外交途径，改善与石油出口国，特别是中东、中亚、俄罗斯等国的关系，争取签订政府间长期石油合作与贸易协议，改善进出口结构，形成稳定供应的多元化油气进口渠道，完善中国的石油贸易体系。

利用市场优势和当前的良好时机，积极实施“走出去”战略。研究采取积极的财政、税收和放宽境外油气项目投资限额，简化审批程序，建立国家专项基金等政策措施，鼓励并协调石油公司联合起来参与国际竞争，开展国际化经营，从事境外油气勘探开发，形成一定规模的境外油气生产基地，同时带动国内技术、装备、物资出口和劳务输出。鼓励境外份额油进入国内市场。

在鼓励石油企业“走出去”开展国际经营的同时，研究制定有关条例或规定，对于“走出去”合作开发资源，合作建厂、加工企业、技术服务、劳务输出等一律实行登记备案。加强对各石油公司在境外的活动的协调。

5.*统筹安排，加快建立国家石油储备体系*。根据中国国情并借鉴国外经验，建立中国的国家石油储备体系必须遵照国家储备与企业储备相结合、以国家储备为主的方针。国家储备由中央政府直接掌握，主要功能是防止和减少因石油供应中断、油价大幅度异常波动等事件造成的影响，保证稳定供给。

建立国家石油储备，要坚持统一规划、合理布局、规范管理、循序渐进的原则，充分利用现有设施进行改建、扩建。储备的石油可在国家的调控下，按一定比例进行商业运作，通过低收高出，筹集运行和维护资金。起步阶段宜加大商业运行比例，以减轻国家负担。储备设施的建设资金应以国家投资为主，广开融资渠道，利用政策性贷款、发行债券等多种方式予以解决。

企业储备是在与其生产规模相匹配、正常周转库存的基础上，按有关法规承担社会义务和责任必须具有的储存量，主要功能是稳定市场价格，平抑市场波动。要通过制定相关法规，国家给予财税等政策支持，加快建立企业储备。

*6.坚持厉行节约，抑制石油消费过度膨胀，促进可持续发展。*坚持“开发与节约并重，把节约放在首位”的原则，一方面要依靠科技进步，挖掘资源潜力，实现资源保护和可持续利用的统一，实现资源开发、资源保护与经济建设同步发展；另一方面通过节约能源、提高能源利用效率，充分利用市场机制有效配置资源，改善能源供应结构和布局，提高清洁能源比例，加快建立节约型的石油消费模式。

从以下三方面入手提高石油利用效率：贯彻《节能法》，综合运用投资、财税、价格等经济杠杆，鼓励节油，杜绝和抑制无效、低效的石油消费；大力推广应用新工艺、新技术，改善产业结构和产品结构，压缩高耗能设备，开发节油型产品；以立法为基础，修订和健全技术标准体系，完善节能、环保等测评指标，建立全国性宏观节油监控网络，定期发布监控信息，对相关设备和产品进行定期的抽检。

*7.改革石油投融资体制，加强监管，完善政策和组织保障。*改革目前逐个项目投资审批制度为企业自主决策、自担风险，银行独立审贷，政府宏观调控的新的投资体制。按照“谁投资、谁决策、谁受益、谁承担风险”的原则，改革投资管理模式。

参照国际惯例，必须通过立法和行政的手段，健全管理主体，规范市场运作。进一步划分政企职责，加强政府对石油工业的宏观管理，明确石油工业政府管理部门的作用和职能，将政府的政策制定职能与监管职能分离，相对集中行业监管职能，形成健全的石油市场经济管理体制。国家综合管理部门侧重制定政策、规划，负责综合平衡。监管机构在政策法规框架下，对油气资源、市场准入、价格调控、服务标准、信息以及质量、安全、环保等实行统一监管。通过系统化地建立和完善石油政策法规，把石油资源管理及石油业务活动纳入法制化轨道。

*8.深化改革，加强管理，提高企业竞争力。*为了适应国际竞争，各石油公司在已有改组、改造、改制的基础上，以存量资产的优化重组和结构调整为主要手段，以资产为纽带，对管理体制、业务划分、生产布局、产品结构、组织结构、技术与人员结构等进一步深化改革，连动和带动一批企业的改组和发展，逐步建立和完善现代企业制度。在上下游一体化、内外贸相结合、产销一条龙的企业组织结构条件下，通过进一步的改革、重组和上市融资，不断壮大整体实力，通过加强管理和实施低成本战略，形成能够与国外大公司相抗衡、可以担当起国民经济支柱产业发展重任、能够确保国家经济安全的综合性的特大型跨国集团公司。

（国家经贸委行业规划司）

【中国石油在国际资本市场系列评选中获名次】 在由亚洲权威融资投资管理杂志《亚洲货币》进行的“2001年度最佳管理公司、10项系列评选中，中国石油均榜上有名，其中最佳管理公司、最佳投资者关系、最佳公司治理等8项进入前三名。这是中国石油继2000年在《亚洲货币》评选亚洲区域最佳管理公司中获得三项最佳。此次评选结果表明，中国石油上市以来取得的各项成果和进展，已获得国际资本市场的广泛认可。

在中国石油获得此次系列评比奖项后，股份公司董事、副总裁王福成接受了《亚洲货币》杂志及中国石油报的采访。《亚洲货币》是亚洲一份权威的金融及投资管理杂志，其评选结果具有较高的权威性和代表性。王福成在接受采访时指出，2001年是中国石油成功实现海外上市的第二年。作为按照原油和天然气产量计算在世界上市的综合石油公司中排名第四位，同时也是迄今为止国内资产规模最大、业绩表现良好的海外最大一家上市公司，中国石油在过去的一年中，加大改革与重组力度，全面加强企业经营管理，注重加强和改进与投资者的关系，兑现对投资者的承诺，经过努力，取得了良好的经营业绩，进一步确立了在国际资本市场的良好形象和信誉。

此次10项系列评选中，中国石油有8项进入前三名，另2项获得第四名。主要获得的是“总体最佳管理公司”第三名、“总体最佳投资者关系”第二名，“最佳管理公司战略”第三名、最佳公司治理第三名、最佳年度报告第二名、“最具亲和力的管理层”第二名等。最为突出的是在“最佳投资者关系”评选取中，中国石油的排名较上一次大幅攀升，升至第二名。评选结果公布后，海外媒体对中国石油也给予了高度评价，认为良好的财务表现及强有力的管理使得中国石油成为中国大型优良公司之一，其股票成为国际投资界的首选股份。

（中国矿业年鉴编辑部）

【世界石油大会亚洲会议】 于2001年9月18日在上海开幕，是世界石油大会首届区域会议。世界石油大会高级副主席、中国国家委员会主任王涛，世界石油大会主席埃瓦德·罗林，上海市市长徐匡迪出席开幕式并向大会致辞。出席开幕式的各界人士还有：国土资源部副部长蒋承菘，世界石油大会中国国家委员会名誉主任侯祥麟，中国石油天然气集团公司总经理马富才、副总经理吴耀文，中国石油化工集团公司总经理李毅中，中国化工进出口总公司总经理刘德树，中国海洋石油总公司副总经理周守为等。560名来自亚洲17个国家和地区的石油和能源部长，世界石油大会高级官员及会议代表参加了开幕式。

王涛宣布会议开幕并致辞。他说，为了进一步加强世界石油大会成员国之间的联系和交流,增进各国石油界的相互了解与合作,使石油工业为全球经济发展和环境改善发挥更大的作用,世界石油工业大会执行局决定,在两界大会之间召开区域性会议,并把第一次区域性会议——亚洲地区会议选在中国上海举行。会议的筹备与组织工作交由世界石油大会中国国家委员会主办。他期望通过这次会议能凝聚起亚洲石油界的智慧和力量,进一步加深相互之间的了解、友谊与合作。

埃瓦德·罗林致辞说,中国国家委员会1997年在北京组织举办的世界石油大会是世界石油大会史上最成功的范例之一。

会议就亚洲国家经济、工业、环境和社会的发展,亚洲能源发展势头,以及这个势头在未来多年的持续发展和石油工业对该地区的经济支持和产品供应所起的作用等进行了探讨。

徐匡迪代表上海市人民政府和全市人民对会议的开幕表示祝贺,并向出席会议的全体代表表示欢迎。他说,上海是一个正在迅速崛起的经济中心城市,能源消费量年均增长5.4%,其中石油消费量约占能源消费总量的的30%。石油石化工业是中国重点发展的一个行业,也是上海产业发展的一个重点。上海欢迎世界石油界朋友前来交流技术,参与合作,为推动亚洲乃至全球石油工业新的发展施展抱负,共同作出新的贡献。

马富才代表中国石油天然气集团公司、中国石油化工集团公司、中国海洋石油总公司及中国化工进出口总公司致辞。他说,此次亚洲地区会议是世界石油大会历史上召开的第一次地区性会议,这充分显示了亚洲在世界石油及石化工业中的重要地位。在新的世纪,中国石油及石化工业,愿与世界各国石油及石化企业在技术、设备、资金及人才方面加强交流与合作,携手共创世界石油石化工业的美好未来。在为期4天的会议上,邀请有关国家政府和石油界的高层人士作主题发言。会议有8个大会报告,设6个技术专题分组宣读论文68篇,张贴论文68篇。

(中国矿业年鉴编辑部)

【2001·北京——世纪石油论坛】 于2001年10月24日,由国家经贸委主办在北京召开。会议汇聚了国内石油、石化四大公司、石油经济界以及国外一些石油大公司的高层人士。国家经贸委副主任张志刚、中国石油天然气集团公司总经理马富才、中国石油化工集团公司总经理李毅中、中国海洋石油总公司总经理卫留成、中国化工进出口总公司总经理刘德树以及英国能源工业部部长 Brian Wilson 等出席了会议。

中国石油天然气集团公司总经理马富才应“2001·北京——世纪石油论坛”组委会邀请,就“中国石油与天然气的发展”在会上发表演说,阐明了中国石油今后的八大发展战略。

马富才介绍了中国石油集团的概况与业绩后指出,石油一直是国家和社会各界关注的热点。作为一种对国民经济发展至关重要的战略物资,从中国改革开放以来,随着国民经济的持续稳定发展,石油的需求量逐年增长,国内石油供需出现缺口,且有不断扩大的趋势。据多家机构预测,在未来的10至20年里,中国的石油需求将持续增长,国内石油消费总量的40%将要依靠进口。与此同时,中国即将加入WTO,国内石油市场日趋国际化,这一方面更加有利于中国石油企业进入国际市场,另一方面也意味着中国石油企业将面临着更加激烈的全方位的国际竞争。这既是一种难得的发展机遇,也是一种严峻的挑战。面对国内外重大环境的变化,必须用新的思维、新的理念及时调整发展战略,即坚持以市场为导向,以效益为中心,更加突出主营业务,持续进行改革重组,不断提升核心竞争能力,实现石油集团公司整体的持续、稳定、协调发展。

今后,重点实施经营战略:第一,发挥资源优势,加大国内石油勘探开发力度,进一步增强上游业务的竞争优势,突出并不断加强石油勘探开发业务是战略发展的重点;第二,加快天然气发展,构筑新的经济增长点,培育新的竞争优势;第三,加快推进炼油化工的结构调整和优化升级,提高产品质量,增强盈利能力;第四,开拓市场,加快建设营销网络,不断提高服务水平和竞争能力;第五,实施“走出去”战略,努力拓展国际市场,培育国际竞争实力;第六,搞好石油工程技术服务业的改组改造,加快培育具有国际竞争力的专业化队伍;第七,推进科技进步和技术创新,为企业发展提供有力的技术保障;第八,推进管理创新,加快建设适应市场经济和集团化经营的新型管理构架。马富才最后说,面向新世纪,中国的未来充满着希望和机遇。中国经济的持续、快速、健康发展,为中国的石油工业搭建起了广阔的舞台。CNPC真诚地希望与国内外石油界、金融界、科技界加强合作与交流,共同为21世纪人类社会的繁荣与进步和世界石油石化工业的持续发展,作出新的贡献。 (中国矿业年鉴编辑部)

【春晓气田开发工程启动】 东海最大的气田春晓气田联合开发工程于2001年3月20日全面启动。

迄今中国石化集团新星石油公司已在东海发现8个油气田和一批含油气构造,获探明加控制储量约2000亿 m^3。其中,春晓地区天然气累计探明储量已达到540亿 m^3。

中国石化集团决定加速春晓构造带的勘探开发,使探明天然气储量大幅增长,尽快形成一个大型天然气开发基地。预计在2004年可建成以东海春晓构造为中心的一期开发工程,年产天然气20亿 m^3,至2010年天然气年产可达80亿至100亿 m^3。东海天然气的开发利用具有建成时间快、距离中国沿海地区近的优势,可满足东部发达地区对能源需求增长的要求。

(中国矿联信息中心)

【天然气市场需求趋势】 未来几年内,中国天然气需求增长将快于煤炭和石油,天然气市场在全国范围内将得到发育。预计2010年,天然气在能源总需求构成中的比重约为6%,需求量将达到900亿 m^3。2020年需求量将达到2000亿 m^3,占整个能源构成的10%。

天然气市场的具体构成:

1.发电占42%。天然气将是替代煤炭发电的主要能源,特别是在人口密集、污染严重、经济发达的东南沿海地区,天然气将成为新建电厂的主要能源。

2.城市燃气占22%。城市燃气前景十分好,它不仅可以与液化石油气竞争,也可以替代煤气、燃油甚至煤炭。预计到2020年中国城镇天然气用户将达到40%,需求将达到440亿 m^3。

3.化工用气占16%。目前化工领域是天然气的第二大用户,近1/4的天然气被用于化工原料,其中90%以上用于生产化肥。另外,天然气化工在制氢、甲醇、乙烯等方面也会有所发展。预计2020年,化工领域对天然气需求将达到325亿 m^3。

4.工业等其他用户占20%。随着中国经济中高质量、高附加值产品比重的提高以及天然气管网的不断完善,预计2020年,工业等其他用户的天然气需求将达391亿 m^3。 (中国矿联信息中心)

【油气资源战略调查办公室成立】 国土资源部油气资源战略调查办公室2001年8月16日在京成立。油气资源战略调查办公室是进行油气资源战略研究,为政府调查、决策提供咨询服务的事业单位。主要职责是分析论证中国油气战略远景选区,建立与各油气公司、科研院校、有关部门及国外相应机构的联系,研究油气资源勘探、开发、生产、利用的现状、趋势、问题和对策建议,为政府进行战略调查、决策服务,为实现中国油气的重大发展和突破提供建议;了解分析油气勘探开发"走出去"重点目标国家的资源、法律法规、行政管理等投资环境情况,为"走出去"的企业提供选区建议和信息服务,促进"两种资源、两个市场"战略目标的实现。组织开展国内外油气科技发展、市场动态、新能源开发利用等有关研究工作,及时提供相应的研究资料和报告等。 (中国矿联信息中心)

【中国石油天然气集团等三大公司成功上市】 1998年7月,国务院撤销原中国石油天然气总公司和中国石化总公司,重新组建中国石油天然气集团公司和中国石油化工集团公司,成为国内集油气勘探开发、运输炼化和销售内外贸一体化的两大石油集团公司。

1999年3月24日,国务院批准中国石油天然气集团公司、中国石油化工集团公司享有陆上石油对外合作勘查、开采的专营权。

2000年2月4日,国务院批准国家经贸委《关于中国新星石油公司整体并入中国石油化工集团公司的改组方案》,新星公司整体并入石化集团。

1999年8月20日,中国海洋石油总公司在香港注册成立中国海洋石油有限公司。1999年9月14日,对外贸易经济合作部批准"中海石油(中国)有限公司"成立,9月15日,"中海石油(中国)有限公司"注册成立。2001年2月28日,在纽约和香港成功上市。

1999年11月5日,国家经贸委批复中国石油天然气集团公司内部重组,成立了集团公司控股的中国石油天然气股份有限公司,股份公司在国内注册,在海外发行H股,采用一级法人制,下设专业分公司。集团公司原持有的探矿权采矿权已全部转让给股份有限公司,股份公司于2000年3月在纽约和香港成功上市。

2000年2月28日,国家经贸委批复中国石油化工集团公司内部重组,成立中国石油化工股份有限公司。集团公司原持有的探矿权采矿权已全部转让给股份有限公司。股份公司于2000年10月在香港、纽约、伦敦成功上市。2001年8月,中国石油在国内成功发行A股并收购新星石油有限责任公司。至2001年底,三大公司全部成功上市。(国土资源部地质勘查司)

【煤层气】 煤层气是一种油气资源,属非常规天然气;其成分与常规天然气基本相同(甲烷含量大于90%,发热量大于800kW)。煤层气集中分布在一些主要含煤盆地和不同成煤时代的煤层和煤系地层中。

中国不仅有丰富的煤炭资源,而且还蕴藏着极为丰富的煤层气资源。据测算,全国陆上埋深小于2000 m范围内煤层气资源量达30~35万亿 m^3,与常规天然气资源量相当,位居世界第三。其中大多数资源量又集中分布在人口稠密,工业发达的中、东部地区,约占全国总资源量的68%,仅市场潜力较大的地区就达10万亿 m^3,正好与常规天然气的分布呈互补关系,弥补了常规天然气的不足。在中国西部,煤层气与常规天然气的分布区域大致相同,便于运输。同时,煤层气还集中分布在几个主要地区,有利于开发。

煤层气是一种优质洁净能源，其燃烧所产生的污染仅约为石油的1/40，煤炭的1/800。燃烧同样热值的煤层气，排放的颗粒物只是煤炭的1/616。煤层气可以与常规天然气混输、混用。其用途广泛，与常规天然气同样可作为燃料和优质能源化工原料。开发利用这一优质洁净的能源，对于优化中国的能源结构、减轻大气环境污染、解决煤矿安全问题有重大的意义。也符合中国政府关于节约资源、保护环境的基本国策。

（中联煤层气有限责任公司）

【国外煤层气开发利用】 世界上一些国家开发利用煤层气起步较早。从政府制定政策法规到行政管理积累了较成熟的经验。美国作为煤炭生产大国的同时，在世界上率先开展了煤层气的商业开发利用，并取得成功。2000年，美国年生产煤层气400亿 m^3。继此之后，借鉴美国的经验，英国、澳大利亚、俄罗斯、印度等也开始开发本国的煤层气资源；勘探开发与利用技术较为成熟，规模化商业开采取得了显著的社会经济效益。

美国煤层气商业化开采之所以取得成功，原因是美国政府制定了优于常规天然气的经济扶持政策。

美国的“能源意外获利法”中规定给予非常规能源开发税收补贴政策，并将煤层气作为政府鼓励和支持的主要清洁气体能源。为使煤层气从开发成本、销售价格诸多方面可与常规天然气竞争，政府实行了税收补贴。美国的税收优惠政策对其煤层气产业的发展起到了巨大的推动作用，使煤层气产量从1983年的1．7亿 m^3 猛增到2000年的400亿 m^3，约占美国当年天然气总产量的7%。从而使美国成为煤层气商业开发最为成功的国家。（中联煤层气有限责任公司）

【中国煤层气开发利用】 近10年来，中国煤层气勘探开发有了显著的长进，尤其是进入20世纪90年代以来，煤层气开发带来日益明显的社会效益和经济效益。但总体上中国的煤层气资源勘探开发处于初期阶段。勘探程度较高的煤炭资源为煤层气资源勘探开发奠定了坚实基础。从80年代起勘探的井田中均有煤层气含量的测定资料。近几年来煤层气勘探有较大幅度的发展，山西、辽宁、黑龙江、安徽、江西、河南、陕西、宁夏、新疆、云南、贵州等省区都在勘探煤层气资源。如沁水盆地、阳泉矿区、铁法矿区等探明的煤层气资源量不断提高。全国煤层气资源评价已经完成。

近十年来，中国开始引进和研发煤层气地面垂直钻进开采技术，并在十余个含煤地区开展了煤层气的勘探，已施工各类煤层气井170余口，其中的部分井组进入了实验性生产阶段，获得一批平均日产量超过3000 m^3 的煤层气生产井；基本掌握了适合中国特点的煤层气勘探开发技术；在几个重点含煤地区获得了重要的储层评价参数；基本确定了在当前经济技术条件下的重点有利地区；并初步查明了资源可采状况。山西沁水盆地和河东地区为煤层气高渗富集区，已在两地区投入了较多的工作量。中联煤层气有限责任公司（简称中联公司）在沁水盆地东南部发现并探明中国第一个大型煤层气田——沁水煤层气田，煤层气探明储量402亿 m^3，可采储量218亿 m^3。同时，还获得了产气突破，单井日产达16000 m^3。经济评价表明，该气田具有工业开发价值。中联公司正在进行先导性开采试验。

另在煤层气对外合作方面，国家赋予中联公司对外合作开发煤层气的专营权，截至2001年底中联公司已与美国、澳大利亚的6家石油公司签署了13个合作开采煤层气产品分成合同，合同区面积13000 km^2，引进外资近亿美元。目前，外国公司已在合同区内实施勘探，并取得可喜的成果。

另外，中国从安全角度考虑，煤矿采取井下抽放煤层气的方法已有长期历史，并形成较完整的技术体系。到2000年底全国已有162个煤矿建立煤层气井下抽放系统和地面输气系统，年抽放量达8．2亿 m^3。到1998年抽放率达到27．8%，利用率为70%左右，年利用量3．62亿 m^3，平均利用率为61%。抚顺、阜新、焦作、阳泉、淮北等矿区井下抽放煤层气供居民生活、工业用气，已经取得了显著成果。

中国近年来对煤层气的产业给予了充分重视，有关法律法规建设和政府管理方面取得了有效的进展，国家已把开发煤层气资源列入“十五”计划；国土资源部已将煤层气列为独立矿种，并规定煤层气产业的管理和发展完全参考石油、天然气产业，包括政策、法规及区块登记。法律也规定，煤层气资源属国家所有，勘探开发活动必须向国土资源部申请相应许可证，许可证具有排他性。国家鼓励煤炭企业综合开发利用煤层气。煤层气的国际合作项目必须遵守《中华人民共和国对外合作开采陆上石油资源条例》，由中联公司实施专营。为鼓励煤层气产业发展，中国已将煤层气的勘探开发列入了外商投资指南和国家鼓励的高新技术产业目录中。

为促进煤层气产业的发展，国家相继出台了一些经济优惠政策。主要规定：井下抽出的煤层气属于废气综合利用，可享受所得税优惠政策；地面煤层气开发项目可享受征13%返8%的增值税税率；煤层气开发项目所需设备和材料的进口关税和进口环节税全免；煤层气价格由开发企业和消费者双方协商确定。

（中联煤层气有限责任公司　杨　坚）

石油化工

【概况】 石化工业是能源和原材料工业的重要组成部分。石化产品广泛应用于工业、农业、国防科技和人民生活等各个领域，在国民经济中具有举足轻重的地位和作用。中国石化工业经过50年的建设，特别是"七五"、"八五"、"九五"三个五年计划的快速发展，已经具备了相当规模和基础。"九五"期间，通过重组改制，调整投资方向和加大技术改造力度，企业规模、生产能力、技术装备等又上了一个新台阶，为"十五"的战略性调整和发展奠定了基础。随着经济全球化进程的加快和中国改革开放的深入，石化工业面临着前所未有的机遇和挑战。石化工业作为国民经济的支柱产业必须抓住机遇，迎接挑战，加快发展，为国民经济的持续、快速、健康发展作出新的贡献。

中国石化工业已经形成了比较完整的工业体系，进入世界石化大国行列。但由于结构性矛盾比较突出，严重地削弱了中国石化工业的竞争力。

1. 基础和优势。

① 主要石化产品的产能位居世界前列。截至1999年底，中国原油一次加工能力达到2.76亿t(综合配套加工能力约2.2亿t)，同年加工原油1.76亿t，生产汽煤柴三大类油品1.05亿t，基本满足国内市场需求；乙烯生产能力达到442万t，同年乙烯产量为434.6万t，满足国内市场需求的46.4%；五大类合成树脂(聚乙烯、聚丙烯、聚苯乙烯、聚氯乙烯、ABS，下同)的生产能力为915.6万t，产量842万t，占国内市场表观消费的49.4%；合成橡胶(丁苯橡胶、顺丁橡胶、丁腈橡胶、氯丁橡胶、丁基橡胶、乙丙橡胶，下同)的生产能力为85.9万t，产量为66万t，占国内市场表观消费的71.6%；合纤原料(精对苯二甲酸、乙二醇、丙烯腈、己内酰胺、尼龙66盐，下同)的生产能力为341万t，产量为323.4万t，占国内市场表观消费的56.3%。

1999年中国原油一次加工能力居世界第三位，乙烯生产能力居世界第五位，五大类合成树脂生产能力居世界第5位，合成橡胶生产能力居世界第四位。

② 部分石化技术可以立足国内。通过自主开发，炼油技术基本上可以立足国内；石油化工技术在引进、消化、吸收的基础上，自行开发了一些成套的工业化生产技术。催化剂国产化率已达到85%以上，一批重要催化剂达到国际先进水平。石油化工技术和装备开始从单向引进转变为有进有出的双向交流与合作，发生了历史性转折。

催化裂化家族工艺(DCC、MGG和MIO等)、重油加氢脱硫、加氢裂化、国产乙烯裂解炉、环管法聚丙烯、顺丁橡胶、溶聚丁苯、热塑性弹性体SBS、催化裂化干气与苯烃化制乙苯、邻法苯酐等一批工业化技术开发成功，催化裂化、连续重整、加氢裂化、甲苯歧化、乙苯脱氢制苯乙烯、二甲苯异构化、聚乙烯、聚丙烯、环氧乙烷、丙烯腈等国产催化剂实现替代进口，标志着中国石化工业技术自主开发能力有了明显进步。

③ 与市场经济相适应的行业体制初步形成。1998年，中国石油和石化工业完成了行业管理体制改革和行业内最大的国有资产重组，实现了政企分开。按照上下游、内外贸和产销一体化的原则，分别组建了中国石油天然气集团公司和中国石油化工集团公司。1999年两大集团的原油一次加工能力为2.5亿t/a，占全国总能力的90.6%；乙烯生产能力为410.7万t/a，占全国总能力的93%，基本形成了石化工业的集团化经营格局。

重组后两大集团分别拥有一定比例的上游勘探开发、原油加工业务和具有控股权的原油及成品油进出口外贸公司。省市石油销售公司划转给两大集团后，进一步强化了集团的产销一体化优势，形成了遍布全国的成品油批发、零售网络。

随着改革开放的深入，石化企业引进外资速度加快，产权结构趋向多元化。近年来，石油、石化两大集团对外合资建设了大连西太平洋炼厂、扬子巴斯夫苯乙烯和聚苯乙烯、BP-川维醋酸、金山菲力普斯聚乙烯、金桐烷基苯和高桥丁苯胶乳等项目；地方对外合资或独资建设了镇江奇美聚苯乙烯、宁波甬兴ABS、南通丁苯橡胶等一批石化项目。石油、石化集团和海洋石油总公司分别控股的中国石油天然气股份有限公司、中国石油化工股份有限公司和中国海洋石油有限公司已在境外成功上市，国有大型石化企业开始向多元化产权结构的商业化公司转变。

④ "九五"计划的完成为"十五"的发展奠定了基础。"九五"期间，石化工业按照国家确定的指导思想、发展战略和发展目标，通过重组改制初步建立了现代企业制度，通过调整投资方向、加大技术改造力度，促进了行业的结构调整，主要石化产品产能大幅度增加。

"九五"期间，先后建成了镇海、茂名、齐鲁、金陵四大含硫原油加工基地，新增含硫原油加工能力3000万t/a；完成了上海、齐鲁、大庆等乙烯一轮扩能改造。燕山石化等乙烯二轮改造和小乙烯的挖潜改造开始起步。这些装置的建成，进一步提高了中国石化工业的技术水平和生产能力。截止1999年底，与1995年相比新增原油一次加工能力5463万t(不含地方小厂),年均增长率为6.2%;增加乙烯产能163.9万t,年均增长12.3%,原油加工能力和乙烯产量完成了"九五"预期目标。1995年至1999年,增加合成树脂产能393.1万t,年均增长15.1%;增加合成橡胶产能38.2万t,年均增长15.8%;增加合纤原料产能111.6万t,年均增长10.4%。

2.问题和差距。

① 企业布局分散,规模偏小。目前,全国共有原油加工企业130余家,除西藏、海南、云南、贵州以外的省、直辖市、自治区都建有炼厂。18套乙烯装置分布15个城市。而美、日、韩等石化工业较为发达的国家,石化工业布局相对比较集中,如美国休斯顿附近集中了2.5亿t/a的炼油能力和500万t/a(7座工厂)的乙烯能力,分别占全美国的30%和20%;日本的千叶有5座乙烯厂,生产能力240万t/a,占日本总能力的31%;韩国有32%的炼油能力和46%的乙烯能力集中在蔚山。

1999年全世界炼厂平均规模约540万t,其中最大炼厂规模4085万t,最大单套蒸馏能力1250万t;中国炼厂平均规模仅160万t,最大炼厂规模只有1350万t,最大单套蒸馏能力只有800万t,均低于世界先进水平。中国16个乙烯生产企业的18套乙烯装置,平均规模不足25万t,最大单系列只有48万t,而世界平均规模1996年就已达到45万t,最大单系列规模为116万t。由于乙烯装置规模偏小,导致下游三大合成材料生产装置也存在规模偏小的问题。

② 总体技术水平不高,创新能力差。中国石化工业的总体技术水平与国际先进水平相比存在较大差距,大部分炼厂和乙烯装置的能耗、物耗指标高于世界平均水平。如国外炼厂一般原油加工损失率小于1%,而国内炼厂平均原油加工损失率为1.33%。特别是一些地方化工企业,其工艺技术和原料路线仍停留在国外60、70年代水平。

中国从70年代开始先后重复引进了17套大中型乙烯装置,19套聚丙烯装置,18套聚乙烯装置,11套环氧丙烷装置等等。这些引进的大型技术装备,至今国产化的程度仍较低,技术改进较少,在引进若干年后,其产品性能、消耗指标又落后于国际水平,消化吸收创新不够。

石化工业技术创新能力低还表现在自主开发的专利技术少,高新技术和产品应用开发薄弱。国内石化行业每年申请的技术专利数远小于国外公司在中国申请的专利数;国内自行开发的多数高新技术仅停留在小试或中试水平上,往往只拿到一些试验产品,实现工业化的较少;新产品的应用开发缺少市场化机制。在控制技术和信息技术应用方面差距更大。

③ 国内石油资源短缺,石化产品不能满足市场需要。中国从20世纪80年代开始进口原油,1993年成为石油净进口国。1999年国内加工原油1.76亿t,其中加工进口原油3773万t。从未来发展趋势看,全球油气供应相对充足,而国内油气资源相对不足,供需矛盾越来越大。

在油品上,生产总量基本上可以满足国内市场的需要,但也存在比较突出的问题:一是柴汽比不适应国内市场需求,1999年国内生产柴汽比是1.67:1,而市场消费柴汽比为1.83:1。二是部分石油产品质量和数量还不能满足市场需要,润滑油、燃料油和重交沥青表现尤为突出,1999年中国进口润滑油18万t,进口重交沥青147万t。三是中国汽、柴油的质量标准落后于国际先进水平,难以适应越来越严格的环保和国际市场要求。

在化工产品上,三大合成材料和有机化工原料的市场占有率只有一半,需要大量进口。1999年主要石化产品进口量为:五大合成树脂872万t,合成纤维原料251万t,合成纤维104万t,合成橡胶25万t,合计进口量达1252万t。三大合成材料中合成树脂专用料产量少,档次低,共聚产品少;合成橡胶的产品质量标准体系落后,丁苯橡胶、丁腈橡胶、乙丙橡胶及热塑性弹性体的产量、牌号偏少。

在有机原料方面,不能满足下游精细化工发展的需要,石化工业与传统化学工业的衔接和结合不够。

④ 人员和债务负担沉重,资产利润率低。中国石化企业人数是规模相当的国外公司的数十倍,劳动生产率低。新建和改扩建项目资本金比例低,企业资产负债率高。管理薄弱,约束机制不健全,规模不经济等原因,又造成一些不良资产。企业办社会,形成了一批非经营性资产。加上技术水平和经营管理水平较低,导致产品成本偏高,资产利润率较低。

(国家经贸委行业规划司)

【石化工业"十五"发展面临的环境】 1.前所未有的机遇。未来五年是中国改革开放和现代化建设的关键时期,石化工业面临着良好的发展机遇。经济全球化、金融国际化、经济知识化与信息化的进程加快,为石化工业提供新的发展空间,注入新的动力,必然促进中国石化工业总体水平再上一个新的台阶。

其次,国民经济持续、快速、健康的发展和西部大开发战略的实施,必将对石化工业产生拉动作用,提供更大的市场空间。"十五"期间汽、煤、柴油消费量将以年均4.3%~4.6%的速度增长,到2005年,汽、煤、柴三大类油品总需求量预计达到1.36~1.38亿t;乙烯当量需求将以8.5%的速度增长,预计到2005年,乙烯当量需求约为1500万t。五大合成树脂年均增长速度预计达到7.0%~8.0%,其中聚乙烯、聚丙烯和聚氯乙烯增速较快。预计到2005年，五大合成树脂需求量为2500～2700万t。合成橡胶的消费增长速度将会减缓，年均增长速度预计在4%左右，预计到2005年，需求量110万t左右。合纤原料的年均增长速度5.4%～8.3%，预计到2005年，需求量为1080～1260万t。

包括丁辛醇、醋酸、醋酸乙烯、顺酐、环氧乙烷、苯酚、丙酮、苯酐、环氧丙烷/丙二醇、丙烯酸及酯、TDI和MDI在内的14种主要有机原料的年均需求增长为6.9%，到2005年需求量预计达到560万t左右。

此外，加入世贸组织总体上有利于中国石化工业在平等的条件下参与国际竞争，有利于扩大石化产品出口，有利于改善投资环境。

2.激烈的竞争和严峻的挑战。经济全球化、科技革命和结构调整的进程加快，国际竞争更加激烈，有市场不等于有份额。知识经济为世界经济增长注入了动力，也给以传统产业为主的国家带来新的压力。中国石化工业面临更加严峻的挑战。

① 世界石化工业结构调整加快，对中国石化工业影响深远。第二次世界大战后，世界石化工业进行了三次结构调整。以煤化工向石油化工转变为标志的第一次结构调整，使化学工业的原料构成发生了根本变化。20世纪70年代后的第二次结构调整，以两次石油危机以及新技术革命的兴起为背景，实现了从粗放经营向资本集约经营转变，降低了成本，进一步适应了市场。90年代中期，开始了以资产重组、突出核心业务、从资本集约走向技术集约为主要特征的第三次结构调整，掀起了兼并联合浪潮，造就了新一代巨型跨国公司。巨型跨国公司在全球范围内对资源、技术和市场的控制力不断增强，对包括中国在内的发展中国家进一步发展石化工业、拓展国际化经营极为不利。

三次大规模的结构调整使世界石化工业上了三个大台阶，为发展中国家发展石化工业提供了经验。中国石化工业当前存在的许多问题是世界石化工业第二次产业结构调整时就已经解决的问题。因此，中国石化工业面临着进行自身第二次产业结构调整和跟上世界石化工业第三次产业结构调整步伐的双重压力。

② 周边国家和地区石化工业迅猛发展，对中国构成严峻挑战。由于欧美等地的常规石化产品市场需求已经趋于饱和，为了获取更大的利润，欧美大石化公司一方面压缩本地区的生产能力、提高开工率，另一方面积极向以亚洲为主的发展中国家拓展，利用其资金、技术、产品和服务上的优势，提高其在亚洲的市场份额。1998至1999年间，欧美大石化公司参与了亚洲十几个乙烯项目的投资。

20世纪90年代以来，亚洲经济高速发展，当地的石化工业也因此获得了长足进步，规模扩大，竞争力增强。目前中国大陆石化产品进口主要来自韩国、日本、新加坡和中国台湾省。1999年，五大合成树脂中约有64%来自日本、韩国和中国台湾省；涤纶由日、韩、台湾省进口的数量约占进口总量的86%；合成橡胶由日、韩和台湾省进口的数量约占进口总量的67%。另外印度、泰国等国家的石化工业也在迅猛发展，泰国已经成为净出口国，印度也正在逐步实现石化产品的进口替代。

80年代以来，中东产油国依托丰富的油气资源，吸引外国的资金、技术和管理经验，在较高的起点上大力发展本国的石化工业，建成规模大、技术新、管理水平高的石化装置，成为亚洲乃至世界石化工业的新兴力量。由于中东地区的市场需求较小，其石化产品主要用于出口，目前50%以上的石化产品(主要是常规石化品)销往亚洲其它国家，尤其乙烯下游产品在中国市场中的份额会逐步提高。

1998年全球五大合成树脂能力12813万t，产量9680万t，开工率只有76%；合成橡胶能力1393万t，产量1036万t，开工率74%；合成纤维能力2929万t，产量2274万t，开工率78%。未来五年，石化产品总体上仍呈供大于求局面。预计一段时期内周边10个国家和地区的主要石化产品供大于求的态势依然存在，仅中东地区2000年五大合成树脂生产能力将超过本地区需求量约400万t，中国市场将是它们的主要争夺目标。

③ 加入世贸组织后，石化工业面临的竞争更加激烈。加入WTO对中国石化工业的影响不可低估。一是取消配额和其它进口数量限制措施，国内市场竞争加剧。中国目前实行非关税措施管理的石油石化产品有：成品油、聚酯切片实行进口配额管理；部分合纤原料和合成纤维实行限定数量、限定用途的暂定低关税；原油实行限量登记；塑料原料和合成橡胶实行自动登记；原油、成品油实行授权经营。在加入WTO后5年内将逐步取消上述数量限制措施。二是减让关税，使进口产品更具吸引力。三是给予外国公司贸易权和分销权，这将使中国石化工业面临包括营销策略和管理水平在内的综合竞争力的较量。

从石化工业内部看，炼油业受到的最大冲击将来自恢复成品油进口和外商在中国进行成品油分销；合成树脂受到的挑战将来自于外商卓著的信誉和完善的服务；大部分合纤将因进口配额的取消，面对低价格高质量进口产品而处于明显的劣势。

④ 环保要求日益严格，石化工业面临新的压力。为了实现可持续发展，世界各国对石化生产过程中“三废”排放标准和产品质量标准提出了更高的要求。中国石化生产在污染物排放及产品质量、能耗、物耗等方面与国际水平有较大差距。如中国炼厂t原油加工生产用水量和排水量分别为2.41 t和1.78 t，而国际一般

水平则分别为0.5 t和0.1 t。欧美等国家1995年以来就对汽柴油的硫含量、汽油的烯烃含量等提出了新的标准,而中国汽油中硫含量、烯烃含量高,高辛烷值清洁组分比例偏低。柴油硫含量高、十六烷值较低和氧化稳定性较差。三大合成材料的回收利用及无害化问题也日显突出。 (国家经贸委行业规划司)

【石化工业“十五”发展方针和目标】 1.指导方针。未来五年,石化工业发展的指导方针是:跟踪世界石化发展趋势,以结构调整为主线,以提高竞争力为核心,提升炼油、发展乙烯。通过改革开放、结构调整、技术创新、规范市场,推动产业升级,实现从粗放走向集约,从石化大国走向石化强国的重大转变,为国民经济持续、快速、健康发展作出更大贡献。

2.发展目标。“十五”期间结构调整要取得进展:

① 在企业组织结构上,培育石油、石化集团和海洋石油总公司,使之成为拥有著名品牌和自主知识产权、主业突出、核心能力强,具有国际竞争力的大型企业集团。加快落后企业关停并转,促进中小企业向“专、精、特、新”的方向发展,提高与大企业的配套能力。提高产业集中度,生产能力布局逐步趋于合理。

② 在资产结构上,继续推进投资主体多元化,加快引进外资步伐,强化资本经营,改善企业资产结构,提高资产质量和投资效益。依法破产长期亏损、资不抵债、扭亏无望的企业。

③ 在资源结构上,统筹国际、国内两个市场,两种资源。合理开发国内资源,充分利用国外资源。实现资源进口的多元化和多渠道。确保原油进口安全、稳定、经济。天然气在能源结构中的比例有所增加。

④ 在产品结构上,要形成综合竞争优势,提高产品的科技含量。石油产品不仅在数量上,更要在品种、质量上满足国内市场需求;合成树脂、合成橡胶、合纤原料和主要基本有机原料的市场占有率及合成树脂专用料比例进一步提高。

⑤ 在技术结构上,通过技术创新,逐步形成中国石化工业的核心技术,石化生产技术达到或接近国际先进水平,实现高新技术对传统石化工业的改造和提升。

能耗、物耗指标降低,“三废”排放达到环保要求。

“十五”期间全国炼油综合能力达到2.7亿t,其中进口含硫原油加工能力达到7500万t以上,建成8~9个千万t级炼油基地。乙烯生产能力达到900万t以上,建成上海、扬子2个百万t级乙烯基地。乙烯的国内市场满足率达到60%左右。合成树脂在三大合成材料中的比例提高65%以上,合成树脂专用料比例达到40%以上,合成橡胶中丁苯和顺丁橡胶比例达到1.4:1。

(国家经贸委行业规划司)

【石化工业“十五”发展重点】 根据资源特点、技术特长和市场优势,重点提升炼油水平、发展乙烯总量,以聚烯烃及聚酯为重点,逐步培育中国石化工业的核心产品和核心业务。

1.炼油。以结构调整为重点,以提高炼油企业的集中度和竞争能力为目标,加强炼油能力的完善配套,优化资源配置,调整装置结构,提高油品质量,提高柴汽比,满足市场对清洁燃料的需求,在有条件的地区加快进口含硫油加工基地的建设。同时,要做好新建项目和若干扩能项目的前期工作,为下一个五年的发展作好准备。

① 调整行业布局,发展规模经济。加大炼油布局调整力度,淘汰或核减一部分落后、无效的炼油装置。对一些有竞争力的企业进行一、二次加工及系统的综合配套。建成若干个进口原油加工基地。对规模小于100万 t/a以下的小炼油厂,要加强质量和环保的监督力度,按市场经济规律优胜劣汰,有条件的小炼厂要发展特色产品,实现企业转型、转向。

② 坚持市场导向,优化产品结构。调整装置结构、优选原油品种,增产柴油、石脑油,扩大汽油出口,缓解国内汽油生产过剩而柴油、石脑油供应不足的结构性矛盾;选择合理的原油加工深度,适当增产燃料油。尽可能为乙烯工业提供优质原料,增产高等级道路沥青、优质润滑油和石蜡等产品。

③ 调整原油流向,优化资源配置。充分利用原油特性和企业装置的特点,优化原油资源配置,增产高附加值的产品。配套完善原油储运设施,根据不同运输条件,合理调整原油流向,降低运输成本。

④ 适应环保要求,实现清洁燃料生产。增加重整、烷基化、异构化、MTBE等高辛烷值清洁汽油组分生产装置的能力。近期通过改进催化裂化催化剂、优化装置操作条件等措施,降低催化汽油烯烃和硫含量。增加加氢精制能力,使柴油中的硫含量和氧化安定性均符合新质量标准。对有条件的企业,要具备按国际产品标准组织生产的技术基础和能力。

⑤ 推进技术创新,为发展提供支撑。“十五”期间应重点发展的炼油技术有:降低汽油烯烃含量的催化裂化新工艺,催化轻汽油醚化,催化汽油异构化、加氢脱硫和催化柴油加氢脱硫技术,催化裂化家族系列工艺(特别是重油接触催化裂解制烯烃等工艺),适应加工进口含硫原油需要的配套技术(特别是渣油加氢和大型硫回收技术),高档润滑油生产技术,第四代汽油清净剂,与炼油配套的催化剂、添加剂和助剂等。

2.乙烯。坚持改造与新建、独资与合资并重,持续快速发展的原则,优化原料,集中布局,现有乙烯围绕品种、质量、效益,实施以提高竞争能力为目的的技术改造。同时,加快合资乙烯项目建设的进度,提高乙烯生产能力和下游产品的市场占有率。

① 加快现有乙烯装置的技术改造。"十五"初期要继续完成现有乙烯装置一轮、二轮技术改造,使其在规模、技术水平、产品质量、节能降耗、生产管理等方面上一个新台阶。

② 加快大型合资乙烯项目的进程。合资建设的世界级乙烯联合装置具有世界先进技术水平和管理水平,其下游产品方案的选择,要充分体现"品种、质量、效益"的发展原则,带动中国乙烯工业的整体水平和竞争力的进一步提高。力争"十五"末期建成中海 Shell、扬子 BASF、上海 BP/AMOCO 三套合资乙烯工程和兰州乙烯工程。此外,"十五"期间应继续推进其它有关合资大乙烯项目的前期工作。为推动中国乙烯及其下游装置工艺技术的国产化进程,对于有条件、有能力的企业,应鼓励并加快其大型国产化乙烯工程的前期工作进度。

③ 优化乙烯原料。充分利用油化一体化的优势,以经济效益为中心,优化乙烯原料。在来源上既要考虑国内资源,也要考虑国外资源;在构成上既要利用好石脑油和加氢尾油,也要利用好轻烃和凝析油资源,减少柴油在乙烯原料中的比例。

④ 加快乙烯工业园区的建设。新建乙烯坚持集中布局,鼓励企业采用独资、合资等不同形式,在同一区域集中建设大型乙烯和下游装置,形成石化工业园区,使乙烯、丙烯等资源获得优化互供,同时乙烯装置副产品可以集中利用,建设经济规模的下游装置。

⑤ 加快乙烯技术的国产化和技术创新。乙烯技术国产化的重点是:能力大、选择性高、热效率高、操作周期长的裂解炉;先进的分离技术,如高效节能的分凝分离技术、催化精馏加氢技术、混合冷剂制冷技术。抓紧大型乙烯成套技术国产化和工程设计总承包工作,集中生产、科研、设计等各方面力量,努力完成大型乙烯装置的工艺设计及基础设计的攻关,形成自己的专利和专有技术。

3.合成树脂。坚持装置大型化、产品系列化、结构均衡化、技术独特化、服务优质化的原则,在以更快的速度扩大总量的同时,重视品种牌号的开发,特别是合成树脂专用料比例的提高,缓解总量不足和结构性短缺双重矛盾。

① 发展总量,解决品种上生产和消费之间的矛盾。占五大合成树脂消费量 80% 的聚乙烯、聚丙烯和聚氯乙烯仍是今后发展的重点。特别是聚氯乙烯消费增长较快,"十五"期间要增加产量,改进工艺。聚苯乙烯和 ABS 目前主要依赖进口,生产和消费的矛盾比较突出,要采取多种投资方式,结合合资大乙烯和现有乙烯改扩建,建设和改造聚苯乙烯和 ABS 装置,逐步提高国产聚苯乙烯和 ABS 在合成树脂总产量中的比例和市场占有率。鼓励国有企业、民营企业和国外投资者采取独资、合资等不同形式,配合乙烯改造和新建乙烯项目,采用先进的工艺技术改造和新建经济规模的合成树脂生产装置。

② 调整结构,提高合成树脂专用料比例。调整合成树脂品种牌号的生产,提高档次,促进其向多样化、系列化、专用化、高性能化的方向发展。开发生产诸如低密度聚乙烯高强度拉伸缠绕膜专用树脂、重包装袋专用树脂和电缆专用树脂;高密度聚乙烯薄壁注塑成型制品专用树脂、汽车油箱专用树脂和纤维专用树脂;聚丙烯洗衣机内桶和底座专用树脂、薄壁注塑制品专用树脂以及聚丙烯吹塑容器等市场急需的专用树脂。

③ 注重国产化与创新,提高合成树脂整体技术水平。"十五"期间,合成树脂技术发展的重点:继续完善超冷凝气相聚乙烯、环管本体法聚丙烯国产化成套技术以及共聚单体、催化剂等配套技术。要重视研究开发塑料回收、再利用技术和合成树脂新产品。

4.合成橡胶。重点是提高丁苯和顺丁的比例,增加品种,改善质量,降低成本,提高负荷,开拓市场、抢占市场。

① 调整顺丁橡胶和丁苯橡胶的比例。针对中国丁苯/顺丁橡胶的产能比低(目前为 1.1,世界平均水平 1.83,美国和日本分别为 1.6 和 2.1),根据中国国情和合成橡胶需求量预测,丁苯橡胶/顺丁橡胶产能比以 1.3~1.5为宜,需在现有基础上增加 20 万 t 左右的丁苯橡胶生产能力。

② 制定分胶种发展重点。顺丁橡胶重点是提高产品质量和稳定性,开发新牌号,增产锂系低顺胶、充油胶以及充油充炭黑的母炼胶。丁苯橡胶发展重点是要根据市场需求组织生产羧基丁苯胶乳、高苯乙烯丁苯橡胶,以及充油丁苯橡胶、母炼胶等改性产品;增加丁苯橡胶的鞋用料牌号;重点开发第二代、第三代溶聚丁苯橡胶。丁基橡胶、乙丙橡胶和丁腈橡胶的重点是开拓和挖掘市场潜力,加大应用研究、市场开拓和售后服务的力度,扩大国内市场占有率。逐步将氯丁橡胶(CR)落后的电石乙炔法工艺路线改为技术相对先进的丁二烯氯化工艺,以降低产品成本,提高产品市场竞争力。

③ 建立适应市场需要的新标准体系。根据市场需要建立与世界接轨的标准体系,真正做到以市场为导向,使标准化体系为产品进入市场服务,在指标上切实以用户的要求为依据,使产品更适应市场的需求。

5.合纤原料及聚合物。重点是加快乙二醇和精对苯二甲酸的发展;适当改造现有己内酰胺装置;建设大型丙烯腈装置。提高聚酯建设的集中度。

① 加快精对苯二甲酸、乙二醇装置的改造和建设。

改造与新建相结合,加快合纤原料及聚合物的发展。加快对精对苯二甲酸、乙二醇生产装置的扩能改造,新建1~2套世界级规模的大型精对苯二甲酸和乙二醇装置。

② 提高聚酯建设的集中度。鼓励大型聚酯企业采用国产化技术进行扩建;中型聚酯企业要通过脱瓶颈逐步达到经济规模;"三资"聚酯企业,符合条件的改扩建项目原则上予以支持,但不再布新点;小型聚酯生产企业,要进行调整和淘汰,一部分小厂可发展特殊品种或非纤品种。此外,对己内酰胺和丙烯腈装置重点进行技术改造,鼓励拥有新生产工艺的外国公司来国内投资建设己内酰胺和丙烯腈装置。

6.*有机原料*。鼓励发展以乙烯、丙烯等为原料的工艺路线,淘汰小而分散、技术落后的传统生产工艺,主要基本有机原料的生产技术达到国际90年代中后期水平。逐步使有机原料生产规模化、基地化,提高有机原料的市场竞争力。

① 采用新工艺,改变传统原料工艺路线。积极、合理地利用现有国内外石化基础原料,采用新工艺、新技术逐步改造或淘汰落后工艺。如以羰基合成工艺替代酒精法醋酸工艺;以邻二甲苯法苯酐工艺替代落后的萘法苯酐工艺;以苯和丙烯为原料的苯酚丙酮取代落后的磺化法苯酚和粮食发酵法丙酮工艺;以乙烯法逐步淘汰电石法氯乙烯和醋酸乙烯工艺等。对现有大型羰基合成法醋酸,采用新的催化剂体系,进行翻番改造;对现有环氧丙烷、丙烯酸、苯酚/丙酮等市场缺口较大的产品,进行扩产改造,使之达到经济规模。

② 结合大型石化项目,建设有机原料生产基地。以大型石油化工基地的建设为依托,采用先进的石化原料工艺路线,鼓励建设一批上规模、上水平的基本有机原料项目。如15万t/a苯酚/丙酮、8万t/a环氧氯丙烷、20~30万t/a氯乙烯单体、10万t/a醋酸乙烯、6万t/a双酚A、6~8万t/a丙烯酸及酯、15万t/aMDI、10万t/a TDI等。

③ 采用先进技术,促进有机原料行业的技术升级。立足国内开发的技术:羰基化和氧化合成技术以及配套催化剂的改进。加快甲醇低压羰基合成醋酸技术、树脂法双酚A技术工业化进程。注重局部技术或单元操作技术的改进以及引进技术的消化吸收和创新。需要重点引进的技术:树脂法双酚A技术、TDI、MDI、三丙、三羟甲基丙烷和二元醇醚溶剂等生产技术。限制发展的工艺技术:汞法醋酸和酒精法醋酸、磺化法苯酚、萘法苯酐、煤头小联醇和电石法醋酸乙烯生产技术。 (国家经贸委行业规划司)

【石化工业主要政策措施】 1.*深化改革,实施持续重组*。深化石化企业改革,基本完成产权清晰、权责明确、政企分开、管理科学的现代企业制度的建设。健全责权统一、运转协调、有效制衡的公司法人治理结构。建立健全行之有效的激励机制和约束机制。在完成石化行业的整体重组和改制上市之后,继续推动集团内部和集团间的重组。建立分工明确的国有资产管理、经营和监督体制,强化对国有资产经营主体的外部监督。

2.*扩大开放,加快国际化经营步伐*。制定相应政策,允许企业以灵活多样的产权组织形式,多渠道筹措资金。鼓励不同投资主体的企业集团、国外大公司和私人资本参与石化工业投资。原则上炼油厂和乙烯裂解装置投资建设项目由国家控股,下游装置采用多元化投资方式进行。鼓励国内石化企业"走出去",参与国际投资和经营。赋予大型石化企业集团更加广泛和灵活的产品进出口权限,对鼓励出口的产品,在出口退税方面提供优惠政策。

3. *改革现行审批制度,加快投融资体制改革*。改革石化项目现有的审批程序,做到有管有放。由目前以行政审批手段为主的调控方式向以经济杠杆、政策法规为主,行政手段为辅的方式转变。加强政策、规划、信息引导,建立以产业政策、投资导向目录、规划以及财政、货币、税收等经济、法律和必要的行政手段为主要内容的宏观调控体系。建立和健全一大批为投资服务的中介机构,如设计、咨询、招标、投资顾问等,运用市场经济的办法,加强项目的前期工作。

4.*调整产业布局,实现资源优化配置*。加强石化行业的规划引导,突出东南沿海地区的市场优势和东北及西部地区的资源优势,在适当的地区建立2~3个国家级的石油化工产业区,集中布点建设大型炼油和乙烯装置。利用国内外两个市场,实现各种资源的最佳配置,合理有效地利用有限的国产石油资源,特别是大庆原油资源。鼓励石化企业加大天然气在石化资源中的利用比例。推动大型石化企业炼油化工一体化发展,整体优化原料互供和公用工程。

5.*完善技术创新体系,提高开发能力*。进一步深化科研体制改革,加速科研机构向企业化转制。建立健全科技创新激励机制,按照市场经济规律,更新分配观念,把知识、技术、能力、经验等作为生产要素参与分配。加强对技术创新的组织引导,制定有关石化工业技术创新的规划和政策,组织协调好具有基础性、前瞻性和重大战略意义的科技创新课题研究。加大科技开发投入,逐步提高科技投入占年销售额的比重,鼓励企业建立风险基金。引入竞争机制,促进新技术、新产品的商品化。发挥产学研联合优势,加强企业间、行业间、大专院校和科研院所的有偿合作。

6.*采取措施,确保石油资源供应安全*。实现石油进口多元化,与产油国建立直接的进口渠道,鼓励产油国石油公司参与国内石化项目的投资建设，参加有关国际联盟、论坛或基金组织，保持与重要产油国良好的经贸和外交关系。形成中东为主，非洲、东南亚、独联体等多渠道进口原油的格局。改善石油资源进口的单一局面，实现以原油进口为主，成品油、化工原料为必要补充的多元化资源进口格局。进一步完善和扩建东南沿海大型水路接转设施，加快开辟从俄罗斯远东地区进口原油的陆上运输通道。逐步建立一定规模的国家和企业两级石油储备系统和海上溢油事故应急处理系统。

7.加强管理，规范市场秩序。充分利用加入WTO后有限的过渡期限，继续规范国内成品油市场秩序，清理整顿不合格流通企业，加强对成品油批发和零售企业的政府监管。完善成品油与国际价格接轨的方案和运作办法。继续打击走私，规范来进料加工。加大行业反倾销力度，使反倾销立案、调查、取证等工作制度化、规范化。

8.坚持厉行节约，实现可持续发展。提高现有资源的利用效率，发展替代能源，推进节油、代油工作，开发燃料酒精等石油替代产品。加快治理和淘汰不符合环保要求的生产工艺，鼓励开发节能、降耗与环境友好的工艺技术，节约用水；限制生产污染环境的石化产品，鼓励开发绿色产品。不断提高石化行业污染物排放标准和产品质量标准，逐步与国际先进水平接轨。实现以最小的环境代价和最少的能耗、物耗获取最大的经济效益和可持续发展。　　（国家经贸委行业规划司）

【中国石化获5项国家专利优秀奖】 2002年1月9日，第七届中国专利奖在北京颁发，12个项目获中国专利金奖，61个项目获中国专利优秀奖。中国石化有5个项目获中国专利优秀奖。

中国石化获中国专利优秀奖的5个项目分别是：“流化床催化剂的两段氧化再生方法”、“烯烃聚合用的球形催化剂组分、制备方法和应用以及球形催化剂”、“具有MFI结构的含磷分子筛”、“甲苯与重质芳烃的岐化与烷基转移工艺”、“一种馏分油加氢精制催化剂及其制备”。中国专利奖创立于1989年，每两年评选一次，是全国惟一对授予专利权的发明专利进行奖励的政府部门奖。到目前为止，获得中国专利金奖的项目已达82个，获中国专利优秀奖的项目达436个。

（中国矿业年鉴编辑部）

【2001年石油化工学术年会】 以“新世纪中国石化工业面临的挑战、机遇及技术发展”为主题的中国化工学会2001年石油化工学术年会，于2001年10月18日至19日在北京举行。

21世纪是全球经济、技术发展的时代，资源、环境等给石油化学工业带来了巨大的挑战。作为国民经济的支柱产业，中国的石油化学工业正处于高速发展时期，但在规模、成本和产品结构等方面存在许多问题。与会的两院院士、专家、教授、企业领导围绕新世纪中国石化工业面临的挑战、机遇和技术发展作了精彩的主题报告。会议共交流学术论文275篇。中国石油天然气股份有限公司在会上作了《中国石油化工业务重组和技术发展战略》的专题报告。此次会议由中国化工学会石油化工专业委员会主办，北京化工研究院承办，得到了中国石油天然气股份有限公司和中国石油化工股份有限公司的大力支持。除大会主报告外，学术研讨会还设立了4个分会场，300多名来自石油石化企业、研究院所以及清华大学、北京大学、浙江大学、石油大学、北京化工大学的领导、专家、学者等就石油化学工业发展的新思路、新 方向、新问题进行了认真的探讨和交流。　　（中国矿业年鉴编辑部）

化　工

【概况】 化学工业是国民经济基础产业之一，与国民经济各领域及人民生活密切相关。化学工业包括以石化基础原材料为加工对象的延伸化工、煤化工、盐化工、生物化工及精细化工等领域。化学工业为工农业生产提供重要的原料保障，其质量、数量以及价格上的相对稳定，对农业生产的稳定与发展至关重要；化学工业肩负着为国防生产配套高技术材料的任务，并提供常规战略物资。“十五”是进行经济结构战略性调整的重要时期，也是完善社会主义市场经济体制和扩大对外开放的重要时期。因此，必须从战略高度做好化学工业“十五”规划。

1.基本情况。经过50年的发展，中国已经形成了门类比较齐全、品种大体配套并基本可以满足国内需要的化学工业体系，包括化学矿山、化肥、无机化学品、纯碱、氯碱、基本有机原料、农药、染料、涂料、新领域精细化工、橡胶加工、新材料等12个主要行业。2000年，销售收入在500万元以上的企业有12216家，职工人数403万人，资产净值4054亿元，全行业工业产值4661亿元（现价），工业增加值1376亿元，实现利税397亿元，其中利润140亿元。

建成了一批具有先进水平的大型生产装置。现有年产30万t以上合成氨厂30个、60万t以上的纯碱厂5个、200万条以上轮胎厂10余个、30万t以上的硫酸厂5个、12万t以上的高浓度磷肥厂10个，10万t以上的烧碱厂15个。一批大型有机原料和精细化工装置也达到或接近国际先进水平。全行业大型、特大型企业540多家,有61家企业进入国家重点联系企业行列。

建立起了门类比较完整的科研开发和工程设计队伍。化学工业共有独立的科研院所245家,从事研究的科技人员达5万多人,建立了一批部级和国家级工程中心。“八五”以来,共获得国家级科技成果1865项,每年有300多个精细化工新产品问世,还先后对引进的大型合成氨、尿素、磷铵、离子膜烧碱等生产中关键技术和装备进行了消化、吸收与创新。

2.“九五”取得的成绩。

① 化工生产稳步增长。主要产品产量增长情况(见主要化工产品产量表1)。

② 产品结构明显优化。“九五”期间,化工行业按照“品种、质量、效益和增加出口”的原则,通过调整投资方向,加大技术改造力度,大力发展高档、高附加值和短线产品,加快产品的更新换代。投资重点向优先发展的农用化学品等四大系列产品倾斜,重点抓了化肥、农药等七大工程建设。与“八五”末相比,尿素产量由1739万t增加到3070万t,在氮肥中的比例由48%上升到59%;高浓度磷复肥(以 P_2O_5 计)产量由71万t增加到235万t,在磷肥中的比例由15%增加到35.5%;农药生产品种从170种增加到250种;离子膜烧碱产量由64万t增加到144万t,在烧碱中的比重由11%增加到26%;子午线轮胎产量由736万条增加到3188万条,在轮胎中的比重由12%增加到32%。与此同时,还较大幅度地缩减了电石法PVC、石墨法烧碱、电石法醋酸乙烯、斜交轮胎在总产量中的比重。

表1　　主要化工产品产量表　　单位:万t

产品名称	1995年产量	2000年产量
合成氨	2764	3105
化肥	2497	3186
其中:氮肥	1858	2398
磷肥	619	663
钾肥	22	125
硫铁矿	1696	964
磷矿	2654	1937
硫酸	1777	2164
纯碱	589	834
烧碱	507	646
甲醇	147	177
醋酸	51	79
苯酐	19	38
聚氯乙烯	137	264
农药	35	60
染料	24	44
涂料	167	166
轮胎(万条)	7119	9980

③ 技术进步成果显著。“九五”期间,化工行业加速科研机构向企业化转制,积极推进建立以企业为主体的技术创新体系,自主开发能力和科研成果转化能力得到增强。重点突破了一批行业急需和对行业技术进步带动性较大的新技术、新工艺。如:万t有机硅,80克、100 g新工艺苯酐,新型多喷嘴对置化肥气化、大型磷石膏综合利用,反浮选-冷结晶法和兑卤脱钠法生产氯化钾、10万t低压法甲醇、高速、低滚动阻力子午线轮胎系列产品、万t微生物法丙烯酰胺生产技术等。通过市场和产业政策等手段,基本淘汰了萘法苯酐、酒精法醋酸、水银法烧碱、磺化法苯酚等落后的工艺和技术。

④企业改革步伐加快。按照集中优势、加强协作的原则,化工行业组建了上海天原、上海轮胎、辽宁华锦、乐凯胶片、山东海化等集团公司,使产业的集中度、竞争力得到进一步提高和增强。在加强产业重组的同时,国有企业改革进一步深化,一批企业初步建立现代企业制度。有近30%的化工企业进行了股份制改造,有近百家企业成为上市公司。这些企业的产权结构已走向多元化,运行机制更加适应市场经济的要求。

3. 存在的主要问题。

① 结构性矛盾十分突出。在国内化工产品长期处于供应短缺状态下,中国化学工业发展以外延扩张为主,忽视了结构升级和产品质量的提高。

一是企业规模小而散、集中度低,难以形成规模效益。许多装置达不到经济规模,如烧碱装置平均规模不足4万t/a,而美国平均规模为58万t/a,八大烧碱公司的生产能力约占美国烧碱总能力的86%;国内PVC树脂生产企业平均规模不足5万t/a,而发达国家装置规模一般在15~20万t/a,最大规模达63.5万t/a;国内子午线轮胎生产企业的平均规模为100万条/a,而国外平均规模达300~400万条/a。

二是化工产品在品种和质量上不适应市场快速变化的要求。产品结构不合理集中表现在石油化工产品、有机化工产品和高档新产品的比重过低,而高消耗、粗加工、低附加值产品的比重高,造成一方面总量上已供过于求,生产能力过剩;另一方面许多产品又大量进口。国产新品种农药仅占农药总量的20%,新品种染料仅占35%,子午线轮胎仅占32%(世界平均已达80%以上),节能低污染涂料所占比例仅15%~20%(发达国家已达60%以上),高浓度氮肥只占氮肥总产量的60%、高浓度磷肥仅为磷肥总产量的35.5%,离子膜烧碱占26%,重质纯碱占20%(发达国家已达80%以上)。

三是一些产品的原料技术路线落后。近十几年来，中国有机原料路线已逐步从以煤焦、农副产品为主向以石油（包括天然气）为主转变，按产量计算已接近 50%～60%。但是，这种择优改变原料路线的进程十分缓慢，目前中国乙烯法 PVC 树脂的生产能力仅占 30%左右；电石乙炔法醋酸乙烯约占 50%；氯丁橡胶全部采用电石乙炔路线。而上述产品在国外已基本被石油化工路线取代。另外，相当一部分化工产品的生产仍采用高能耗、高消耗、高污染的原料技术路线。

② 机制转换速度慢，管理体制不适应新形势要求。化学工业的国有经济比例偏高，国有资产配置分散，影响了整体素质的提高。化工行业进行股份制改造的企业，只占企业总数的 30%左右，机制转换速度慢，建立现代企业制度和规范的法人治理结构的任务还很重。大多数化工企业人员多，负担重，缺乏活力，生产效率低，没有建立起对市场快速反应的运行机制，竞争能力差。

③ 科研基础薄弱，技术创新能力弱，自有技术少。科研开发与技术创新能力不能满足生产发展的要求，与国际化工科技水平相比有较大差距。缺少自主开发的核心技术，大部分产品的生产和装备技术长期落后于发达国家。科研投入少、基础差，缺乏创制和对引进技术的消化能力，工程化能力也较差，成套技术的开发能力弱。

④ 环境保护任务还相当繁重。“九五”期间，加大了“三废”污染的治理力度，新建和技术改造项目始终坚持“三同时”和以新带老的原则，有效地控制了新污染源的产生。但从总体上看，化工“三废”治理率还较低，污染仍十分严重。同时，发达国家正在不断地将其污染严重的化工产品生产转向发展中国家，也进一步加重了中国的环保负担。

（国家经贸委行业规划司）

【化学工业“十五”面临环境分析】 1. 世界化学工业发展趋势和对中国化学工业的影响。20 世纪 90 年代以来，经济全球化进程加快，国际竞争日趋激烈，化工企业的经营环境发生了巨大变化，促使世界化工行业进行经营战略的调整。主要表现在以下几个方面：

① 不断进行企业重组，调整核心产业，向专业化和特色化方向发展。世界大型化工公司纷纷通过兼并、合作、收购等手段调整产品结构。并购趋势是从多元化发展转向专业化发展，收缩经营范围，放弃弱项，加强核心产业，使其在某一领域的垄断地位进一步加强，并开始逐步退出低附加值、污染严重的传统化工领域。美国杜邦公司从 1991 至 1997 年进行了 6 次较大的改组。汽巴嘉基和山德士联合成立的诺华公司，2000 年又与英国的捷利康合并成立先正达公司，成为世界农药工业的巨头。大型跨国公司的这种调整，使其在一些领域里垄断性更强，也使国内企业与其差距进一步加大，给国内企业带来巨大压力。

② 更加注重发展高新技术和高附加值产业。发达国家不断加大研究开发投入，以技术创新和领先作为抢占未来制高点的首要手段，使世界化工技术更新的速度进一步加快。为适应市场需要和追求高利润，大型化工公司纷纷将精细化工作为发展重点，并将其核心产业向精细化工和高新材料方向转移。美国杜邦公司精细化学品业务已占总销售额的 60%；瑞士的汽巴精细公司等专业精细化学品生产公司，精细化工销售额占总销售额的 80%～90%；德国巴斯夫、赫司特和拜耳三大化工公司以及英国 ICI 公司都将精细化工发展作为重点。发达国家在确保石油化工进入成熟期的同时，正在大力推进生物技术、新材料、新能源技术的发展，使之进入快速成长期；发展中国家在加速石油化工发展的同时，也在加快引进西方先进技术，改造传统化工生产，并多方吸引外资建设大型、先进的化工生产装置。这一趋势，迫使中国化学工业必须要加快技术赶超，努力缩小与发达国家在技术上的差距。同时，要在引进技术和外资上，与其它发展中国家展开竞争。

③ 调整生产布局，大宗化工产品生产逐渐向原料和市场所在地转移。由于环保压力、运输和劳动力价格等因素，发达国家的初级化工产品、大宗石化产品及传统化工产品正在向拥有广阔市场、原料丰富和廉价劳动力的发展中国家转移。亚洲地区是化工生产及消费增长最迅速的地区，环保要求低，资源和劳动力相对廉价。因此，亚洲地区已成为国外大公司生产转移的首选地区。要在经过环境、市场和技术、经济收益的全面平衡后，抓住机遇，有选择地接受大型化工生产装置的转移。

④ 重视可持续发展。化学工业不仅是能源消耗大、废弃物量大的产业，也是技术创新快、发展潜力大的产业。因此，世界各国都非常重视化学工业的节能、环保和安全技术的开发与应用，正逐渐从“末端处理”转变为“生产全过程控制”。这一趋势，促使中国化学工业既要注重当前竞争能力的提高，更要注重可持续发展能力的提高。

2. 经济环境变化带来的影响。中国加入 WTO 后，国内市场国际化的进程加快，化学工业既有发展机遇，也面临较大挑战。

① 有利方面：一是化学工业生产能力和产量基数

较大,有十余种主要化工产品产量居世界前列,其中,合成氨、化肥、电石、染料居世界第一位,硫酸、农药、纯碱、烧碱居世界第二位,硫铁矿、磷矿、磷肥、醋酸、涂料、轮胎等也在较前位次;二是生产成本相对较低,由于中国大部分化工产品前期开发费用较少,加之国内资源(包括自然资源和劳动力资源)相对便宜,因此,一些产品的生产成本相对较低;三是中国市场潜力较大,具有市场本地化的优势。

② 不利方面:中国化学工业生产技术普遍较落后,生产规模小而分散,资本实力不足,科研创新能力弱,营销网络还未完全建立;加入 WTO 后,市场、资源都将“一体化”,外商在国内要享有国民待遇,国内企业将失去生产成本上的优势。而在产品质量、新产品开发和人才竞争等各方面将显露出国内企业的竞争弱势。同时,市场放开、关税降低和取消非关税措施等,将彻底改变我们现行的营销网络体系。一些目前受到国家政策保护、对资金和技术依赖性强的行业将面临较大的冲击。

“十五”期间,市场对资源配置的基础作用增强,有利于提高资源利用率和促进产业升级。但化学工业在计划经济下长期积累的结构性矛盾还未解决,在国际大环境的影响下,还可能进一步激化。国有大中型企业将面临深化改革和进行结构调整的双重压力。

从宏观管理方面,国家将根据行业发展情况,逐步完善产业政策,建立公平的市场竞争秩序,制定和实施合理的利用外资政策和内外贸易政策,有利于促进化学工业实现产业升级和向集约化、规模化方向发展。“十五”期间国家将加大环保监管力度,继续实施总量控制目标并逐级分解,提高有关地区的环保达标值,这对于淘汰落后,促进结构优化和产业升级将起到有力的推动作用,同时,也将导致企业环保治理费用上升。

3.竞争力分析。中国化学矿资源总量虽然较大,但贫矿多、富矿少、难采矿多、易采矿少,资源分布较偏远,远离下游加工企业,受交通的制约性强。加之整个行业技术装备落后、生产效率低、长期以来经济效益差,缺乏对投资的吸引力。加入 WTO 后,将会导致该行业发展停滞甚至萎缩。

① 化肥工业。目前以天然气为原料的大型氮肥企业,在享受优惠的计划内原料价格条件下,具有较强的竞争能力;而以轻油、重油为原料的大氮肥和以市场价格供应的新建的天然气大氮肥,受原料价格高和装置投资大两方面因素的影响,生产成本偏高,竞争力较差;原料价格较低的中型规模的氮肥装置,在享受优惠电价的条件下,经过节能降耗和增产技术改造后,有一定的竞争能力;其他尤其是远离原料产地的小型氮肥装置,多数生产成本较高,没有竞争力。

大型磷肥装置在提高开工率和解决了债务负担后,成本与进口产品基本相当,有一定的竞争力;中小型磷肥装置虽然成本偏高,但由于符合国情,具有地域上的优势,对进口产品也有一定的抵御能力。

② 无机盐工业。中国无机盐工业目前仍属于粗放型、资源型产业,由于生产装置投资少和廉价的本地化资源等原因,在国际市场上有一定的竞争优势。加入 WTO 后,若外国资本大量进入,中国无机盐行业将面临严峻的挑战。

③ 纯碱工业。中国纯碱生产能力及产量较大,合成碱的生产规模和技术装备水平属世界的先进水平。加入 WTO 后,纯碱行业具有一定的竞争能力。

④ 氯碱工业。由于氯碱行业规模小而散、技术装备差,氯碱用电价格大大高于国际上主要生产国氯碱用电的价格,氯产品结构不合理等,氯碱工业竞争力是很脆弱的。

⑤ 基础有机原料。除少数近年引进技术和装备建设的大型装置外,中国大多数有机原料装置规模普遍偏小,技术装备落后,加上原料技术路线不合理,与上游原料结合不紧密等因素,加入 WTO 后,没有竞争力。

⑥ 农药工业。国内产品由于前期开发费、生产装置投资等较低,中国农药产品在国际市场上有一定的竞争力。加入 WTO 后,外商进入中国市场的步伐将加快,他们在新产品开发、技术装备、产品质量、生产规模和市场战略上的优势将得以充分体现,中国农药工业的竞争弱势将不断显露。

⑦ 染料工业。中国苯系、萘系、蒽醌系的大 t 位中间体,传统的硫化染料、分散染料、还原染料,中低档黄、红、蓝色有机颜料,在产量、价格上具有较强的竞争优势。但由于中国染料工业普遍存在工艺装备水平低、产品质量差等问题,随着中国纺织工业服装面料高档化的发展,以及印花工艺的革新,有可能导致活性、直接及分散染料中的中高档品种的大量进口。

⑧ 涂料工业。涂料产品的本地化要求较强。中国涂料工业能力较大,市场化经营较早,因此加入 WTO 后,不会给中国涂料行业带来很大冲击,相反会有利于涂料用原材料和产品质量的提高。但中国颜料工业由于技术装备、产品质量、档次和成本等方面原因,将面临较大的挑战。

⑨ 新领域精细化工。新领域精细化工在中国起步比较晚,大部分产品在工艺技术、产品品种、质量上与国外有较大差距,应用开发和技术服务跟不上。除少数产品,如磷酸盐、柠檬酸、赖氨酸、维生素 E、维生素 A、异维生素 C 等已具一定规模外,其他大部分产品随着国外优质、价低产品和完善服务的进入,将面临严峻的挑战。

⑩ 轮胎工业。轮胎行业技术水平和产品质量已有较大提高，具备一定的技术开发能力，并实现了原材料和大部分设备的国产化，在市场上有一定的竞争力。但从综合竞争能力看，国内企业在技术开发、产品品牌、生产规模、品种数量等方面与国外大公司相比仍有差距。

⑪ 化工新材料。中国化工新材料行业尚处于起步阶段，由于化工新材料属高科技产品，中国自主开发能力较弱，引进国外先进技术也较困难，因此整体竞争能力较差。

4.国内外主要化工产品需求预测。

① 国外主要化工产品预测。世界主要化工产品供应充足，大部分产品已经形成买方市场。产品市场大致可分为三类：第一类市场是世界总体呈供需基本平衡或略有富余的局面，但各地区的发展不平衡。这类产品主要包括化肥、纯碱、烧碱、甲醇等大宗化工产品。以化肥为例，世界合成氨生产能力估计为12033万t(折纯氮，下同)，需求量为10810万t，生产能力过剩约10%；尿素生产能力5500万t，需求量约4822万t，生产能力过剩约8%；甲醇生产能力过剩在8%左右。第二类市场是需求增长较快，生产增长也快，在一些地区，特别是发展中国家和地区，仍有一定的发展空间。这类产品主要包括合成材料、橡胶产品和醋酸、MDI(二苯基甲烷二异氰酸酯)、TDI(甲苯二异氰酸酯)、1,4-丁二醇等有机原料产品；第三类市场是增长较快，变化较大，需求和供应不断细化。这类产品主要是精细及特种化学品。生产厂家为了适应市场的变化，不断加大研究和市场开发力度，新产品层出不穷，市场竞争呈拉锯式变化的态势。这一类产品是世界化学工业竞争的热点所在。世界主要化工产品需求情况：

表2　世界主要化工产品需求预测表　单位：万t

产品名称	1999年消费量	2005年需求预测
合成氨	10500	11600
化肥	13790	16000
其中：氮肥	8270	9400
磷肥	3240	3850
钾肥	2280	2750
纯碱	4000	4700
烧碱	4400	4900
甲醇	2650	2980
醋酸	650	750
PVC	2500	3200
染料	80	95
涂料	2400	2600
轮胎(万条)	95000	115000

（摘自美国斯坦福研究所CEH报告）

② 国内主要化工产品预测。目前，国内市场供需矛盾已由短缺转向了相对过剩，化工的发展由供给约束转为需求约束。根据国民经济和相关行业发展情况，以近年来国内化工产品消费情况为基础，化工产品市场需求预测的结果是：大宗化工产品的需求增长低于同期GDP的增长，精细化工产品增长率略高于GDP增长速度。2005年主要化工产品需求量见表3。

“十五”主要化工产品需求预测表

表3　单位：万t

产品名称	2000年消费	2005年需求预测
合成氨	3000	3600
化肥	4100	4600
其中：氮肥	2530	2740
磷肥	900	1070
钾肥	507	700
硫铁矿	1570	1200
磷矿	2950	3800
硫酸	2400	3000
纯碱	650	850
烧碱	620	700
甲醇	300	380
醋酸	85	140
苯酐	50	70
聚氯乙烯	440	500
农药	32	42
染料	13	32
涂料	200	270
轮胎(万条)	7450	12200

（国家经贸委行业规划司）

【化学工业发展方针和目标】 1.指导方针。按照“有所为有所不为”、“有进有退”的原则，遵从市场经济规律，以调整和优化结构为目的，加快科技进步，提高经济效益和竞争力。稳定和优化支农产品，加快发展精细化工和为支柱产业配套的产品，控制和调整市场已饱和的产品。加强环保、节能，确保可持续发展。在优化企业组织结构、全面建立现代企业制度和与国际经济全面接轨的情况下，使化学工业总体水平上一个新台阶。

2.“十五”主要目标。

① 总量目标。化工整体经济增长速度保持和国民经济总体发展速度基本一致，年均增长7%左右。“十五”末化学工业产值达到4600亿元。

② 主要产品产量目标见表4。

表4 主要产品产量目标 单位:万t

产品名称	2005年产量
合成氨	3600~3700
磷矿	2800~3000
化肥	3800~4100
硫酸	3100~3200
其中:氮肥	2600~2750
硫铁矿	1200~1350
磷肥	950~1050
烧碱	750~800
钾肥	250~300
纯碱	850~870
甲醇	310~340
醋酸	120~140
苯酐	70~80
聚氯乙烯	380~400
农药	45~50
染料	30~32
涂料	250~270
轮胎(万条)	12200~13000

③ 产品质量和结构调整目标。

主要化工产品质量和国际全面接轨,绝大部分产品质量标准采用国际通用标准(见表5)。

④ 技术进步目标。完成一批具有自主知识产权的技术创新成果。淘汰一批污染大、消耗高的落后技术和装备。在节能和环保方面有明显改善。每吨产品综合能耗达到:大型合成氨37 GJ、中小型合成氨55 GJ、隔膜法烧碱1.5 t标煤、联碱法纯碱8000 MJ、氨碱法纯碱13000 GJ。化工行业水的重复利用率提高10%、污水排放量减少10%、废气治理率提高5%、固体废物综合利用处置率比2000年提高10%。行业整体技术和装备水平达到国际90年代初的水平。

表5 主要行业的产品结构目标

产品名称	2000年比例	2005年比例
高浓度化肥占化肥总产量的比例	54%	65%
其中:高浓度氮肥占氮肥的比例	59%	75%
高浓度磷肥占磷肥的比例	35.5%	45%
重质碱占纯碱总产量的比例	20%	40%
离子膜烧碱占烧碱总产量的比例	26%	40%
乙烯法聚氯乙烯占聚氯乙烯总产量的比例	30%	50%
低毒农药占农药总产量的比例	33%	55%
高档染料占染料总产量的比例	22%	30%
节能低污染涂料占涂料总产量的比例	30%	40%
子午线轮胎占轮胎总产量的比例	32%	50%

⑤ 组织结构调整目标。通过改组和改制,培育出少数大型企业集团和一批比较有优势的骨干企业,加快一般性企业转变机制,调整发展方向和市场定位,使企业小而分散的局面得到改善,主要产品的生产集中度明显提高。合理国有经济布局,使产业的经营主体多元化,所有制结构有明显改善。

(国家经贸委行业规划司)

【化学工业"十五"发展重点】 1. 继续将农用化学品的发展放在重要地位。

① 化肥工业。重点是提高国产化肥的竞争能力,保证在国内市场的主导地位。从传统的单纯增加产量转移到提高化肥行业的国际竞争力以及经济效益上来。大力推进行业结构的调整,加快原料路线和技术路线的调整,降低基础肥料的生产成本;努力提高肥料复合化比例,提高农化服务程度与水平;合理划分大、中、小化肥企业的分工,调整基础肥料和化肥二次加工的生产力布局;在抓好基础肥料的同时,要结合中小化肥的企业结构和区域布局调整,加快发展化肥二次加工,推广科学施肥,使中国科学施肥水平和肥料复合化施用比例向国际先进水平靠拢。

② 氮肥工业。重点抓好大、中企业以降低成本、提高技术水平为目的的节能、增产和提高产品质量的技术改造。改造内容包括:以油品为原料的大中型氮肥原料路线改造;无烟煤价格较高的大、中型氮肥厂,采用当地廉价煤、先进煤气化技术的原料路线改造;大、中型氮肥厂的增产、节能技术改造;部分氮肥企业增建大颗粒造粒系统,改善产品应用性能等。同时,争取在天然气资源产地适当建设一些大型氮肥生产装置。通过在有资源的地区进行增产改造、新建等手段,调整基础氮肥的区域布局,部分没有资源优势的基础氮肥生产厂逐步退出基础肥料的生产。

③ 磷肥工业。磷肥是化肥工业发展的重点,继续贯彻"矿肥结合"、"酸肥结合"的发展方针,立足现有高浓度磷复肥企业,以提高高浓度磷复肥产品的国际竞争力为目标,在加强产品结构调整的同时,促进区域布局和企业组织结构的调整。一是抓好已建成装置达标达产工作;二是依托中国磷肥工业已形成的格局,在现有原料和配套条件较好的地区继续搞好基础肥料的改造和扩建,向大型化方向发展;三是以云贵现有的磷肥骨干企业为基础,以改扩建或新建的方式,积极推进磷复肥基地的建设,形成接近100~200万t级的基础肥料生产基地;四是吸引外资、民间资本等多种资金,新建磷肥项目。

硫酸作为磷肥工业的基础原料,一是继续加强冶炼烟气制酸的回收和利用;二是充分利用国内、国际两种资源，积极稳妥地发展硫磺制酸，合理利用周边国家的冶炼烟气制酸；三是稳定硫铁矿制酸的产量，加强技术进步，促进节能、降耗和余热利用；四是适度发展磷石膏制酸。

④ 钾肥工业。在提高资源利用率和生产技术水平的前提下，努力提高国产钾肥的比例，重点建设好青海钾肥基地；探讨新疆及其他地区钾资源的开发和利用；积极寻求利用国外资源，缓解中国钾肥供应压力。“十五”期间，争取在国外控制开采100～200万t/a的钾肥资源。

⑤ 化学矿山。主要是抓好11个骨干化学矿山基地（即6个磷矿基地、3个硫铁矿、青海钾矿和辽宁硼矿）建设，加强管理，提高资源利用率，提高产品质量。支持条件较好的矿山由单一原料生产型向原料生产与深加工并举的方向发展。

⑥ 农药工业。重点是进行产品结构调整和企业组织结构调整。加强科研开发和新品种发展，发展替代高毒有机磷杀虫剂的新品种和地下害虫防治剂；适应水田轻型耕作技术的除草剂和新型旱田除草剂；用于水果蔬菜的新型杀菌剂和病毒抑制剂、杀线虫剂；高效农用生物抗生素；环境相容性好、使用方便的悬浮剂、水乳剂、微乳剂、水分散粒剂和微胶囊剂等新型制剂。争取到“十五”末，原药品种达270种以上；甲胺磷、对硫磷、甲基对硫磷、久效磷等高毒杀虫剂在产量中所占比例，由目前的30%降低到5%以下；杀虫剂、除草剂和杀菌剂的比例达到65∶25∶10的较合理水平；降低粉剂、乳油、可湿性粉剂在制剂中所占比重，使悬浮剂、水乳剂、微乳剂、水分散粒剂和微胶囊剂等新型制剂在农药产品中占主导地位。制止重复建设，压减过多的生产厂点，逐步走向规模化、集约化经营。在继续严格控制新开厂点的同时，采取多种限制措施，关、停、并、转一批生产条件和产品质量差、环保不合格的企业，促使加工、分装型企业向原药生产企业归并。在进一步完善知识产权保护、加强技术引进的同时，形成一批具有较强实力和科技创新能力的企业集团。

2．搞好为国民经济重点产业的配套。

①化工新材料。在加大自我开发能力的同时，加快对外引进和合作的步伐。创造条件，吸引拥有先进技术的外商来华合资、合作，建设具有世界先进水平的新材料生产基地，使有机硅、有机氟、聚碳酸酯、聚甲醛、聚氨酯、聚酰胺、PBT、LCP、聚苯醚、聚苯硫醚、膜材料、芳纶、碳纤维以及主要感光、信息化学品和功能性高分子材料，形成规模化生产。加强深加工与应用，使之既能满足支柱产业的需求，又能带动传统化工向高技术、高附加值方向发展。

② 橡塑制品。将子午线轮胎、汽车及机械用新型橡胶制品、精密电子和电器及军工配套的橡胶制品、建筑用塑料制品和防水材料等作为发展重点。子午线轮胎行业在合理外资进入比例的同时，支持一批国内基础好的骨干企业尽快达到规模化（500～1000万条/a）生产。在产品结构上，轿车子午胎以发展宽断面系列、高速度级产品为主；载重子午胎重点发展无内胎全钢丝子午胎，并配套建设相应的原材料，以满足未来汽车和道路升级发展的需要；橡塑制品重点抓好骨架油封、高压耐油胶管和汽车车门骨架复合密封件、同步齿形带、建筑减震橡胶块等产品；建筑用塑料制品和防水材料重点是加快PVC门窗、装饰材料和新型防水卷材、建筑密封胶的发展。

此外，还要加快建筑、汽车、交通用新型高档涂料的发展，重视电子工业用无机化工材料、为国防军工配套的重要化工产品的发展。

3．加快精细化工产品发展，提高化工精细化率。

① 精细无机化工。重点加强现有产品的深加工，发展经表面处理的、高纯的、晶型单一化的、超细和纳米级无机盐产品。

② 涂料工业。在解决高档涂料所用的关键原材料的同时，大力发展节能、环保型和耐久性涂料，如水性涂料、粉末涂料、辐射固化涂料、有机硅、有机氟改性丙烯酸酯类涂料、重防腐涂料，以及具有特殊功能的专用涂料等。

③ 染料工业。重点发展符合国际纺织品环保法规要求的分散染料、活性染料、酸性染料、直接染料以及有害颜料替代产品等。

④ 新领域精细化工。主要抓好有发展优势、对国民经济有重要支撑作用、量大面广的短缺产品的发展。重点是饲料添加剂中的蛋氨酸、赖氨酸、泛酸钙、维生素（E、A、D)、丙酸和脱氟磷酸盐等；食品添加剂中的L-乳酸、山梨酸、核酸、安全的脂肪和蔗糖代用品等；造纸化学品中的乳液松香、AKD、EDTA；高分子量聚丙烯酰胺、天然或半天然絮凝剂等；生物化工产品中的新型酶制剂、新型可生物降解高分子材料、长链二元酸、新型生物农药等。

4．加强同石油化工的结合，优化原料和技术路线。推进资源的合理配置与利用。通过政府引导，鼓励石化企业生产的基础石化原料向传统化工企业流动，促进化学工业的传统原料技术路线向石油化工技术路线转移。加快PVC的发展，使乙烯氧氯化法PVC替代电石法PVC有突破性进展。要引导现有石化企业将乙烯更多地供给现有氯碱企业增产PVC，在新建和扩建大型石化企业的产品方案中，采取措施鼓励建设大型PVC单体VCM生产装置，提供商品，以加快现有 PVC 企业电石法原料路线的转化步伐。在其他基础有机原料（如苯酐、辛醇、苯酚、丙酮、醋酸乙烯）和氯丁橡胶等主要产品的生产中，也要进行以石化原料路线替代传统的、特别是以煤和粮食为原料路线的改造，淘汰落后工艺，形成一批达到经济规模和具有现代水平的生产装置，使化学工业技术进步有一个大的飞跃。

5.加强节能、环保与节约资源。节能、环保与节约资源是化工行业持续、快速、健康发展的重要内容和前提条件。“十五”期间要抓住结构调整的有利时机，贯彻“资源开发和节约并举，把节约资源放在首位”的原则，将推行清洁生产与结构调整、技术进步、节能降耗、资源综合利用、加强企业管理相结合。

在水污染防治中，重点是节水和污水资源化；在大气污染防治中，重点是节能和综合利用；在固体废物污染防治中，重点是废物减量和资源化。在氮肥、磷肥、氯碱等行业建立清洁生产示范工程。

在节约资源方面，推广新技术、新工艺，淘汰高消耗、高能耗的落后工艺和技术，把节水和节油工作放在突出位置。“十五”节水工作重点是，增加节水措施，提高水的重复利用率；节油工作重点是改变用油化肥企业的原料路线、以洁净煤或天然气替代工业窑炉用燃料油。

发展化工环保产业，加速化工废水处理设备、药剂、废气处理设备、排烟脱硫装置的国产化、成套化、系列化和标准化，使化工环保产业技术和装备水平有较大提高。

6.发挥西部优势，加快西部化工发展。在充分研究和分析西部优势的基础上，结合实际，加强资源的本地化加工利用，培育优势化工产业。提升具有比较优势的化工产品（如化肥、无机盐等）的规模和水平，有选择地加大石油化工、轻烃类（包括天然气、煤层气和油田半生气等）化工的发展力度。力争在化肥、甲醇和甲醛、PVC、无机盐生产方面建成一批具备较强竞争力的现代化化工生产装置，形成西部化工的主导产业。

（国家经贸委行业规划司）

【化学工业技术进步与创新】 1.发展高新技术。力争在以下几个方面有所突破：

① 新催化技术。重点是合成氨催化技术、环保催化技术、酶催化技术、碳－化学新型催化技术、新催化材料的研制及应用技术。进行催化反应器放大、设计和制造研究。

② 新分离技术。重点是超临界萃取技术、膜分离技术、精细精馏技术、变压吸附分离技术。

③ 聚合物改性技术。重点是接枝共聚技术、聚合物合金化技术、交联互穿网络技术、纳米材料改性和短玻璃纤维改性技术，实现聚合物品种多样化、系列化、差别化、功能化、高性能化。

④ 精细加工技术。重点是超真空技术、定向合成技术、表面处理和改性技术、插层化学技术、纳米级产品生产及应用技术、超纯物质加工与纯化技术等。

⑤ 生物技术。重点是菌种培养技术、产品分离及精制技术、发酵设备大型化技术、自动控制技术和外围技术等。

⑥ 新型节能和环保技术。重点是热管技术、热泵技术、贮存氢技术、新型氧化技术、高效预处理技术、高效生化处理技术等。

⑦ 计算机化工应用技术。重点是计算机生产控制与优化技术、集成制造技术、化工故障诊断技术、监控与安全系统技术、工程设计技术、分子设计技术、仿真技术等。

2.加快新技术的应用推广。

① 化肥。推广先进的气化技术；大型化的 MDEA（二甲基乙醇胺）、NHD（聚乙醇胺二甲醚）脱硫、脱碳技术，缓释尿素生产技术，二水法湿法磷酸技术，管式反应器技术，硫酸低温位余热回收系统技术，大型化硝酸钾生产技术。

② 农药。推广生物酶拆分、转位技术，酶反应器技术，定向合成技术，推广先进的化工单元操作技术及大型化反应器，连续化反应技术。

③ 基础有机原料。发展新型碳－化学合成技术，如以羰基合成工艺替代酒精法和乙烯法醋酸工艺；合成气直接合成二甲醚生产技术等。

④ 氯碱。推广金属阳极隔膜法烧碱节能配套技术，离子膜法烧碱生产技术，氧氯化法 PVC 技术，水相法替代溶剂法生产氯化高聚物技术。

⑤ 精细化工。推广新型反应床技术；新型高效精馏技术；新型氧化、硝化、磺化、氟化、还原技术；新型耐候性涂料、水性涂料、粉末涂料和气干性高固体份涂料生产技术；国产生物法生产赖氨酸、长链二元酸、聚丙烯酰胺等生产技术、松香产品系列加工生产技术。

⑥ 化工新材料。推广工程塑料生产和加工技术；通用塑料改性技术，有机硅、有机氟材料生产技术，电子配套材料生产技术。

⑦ 轮胎。推广高等级轿车、轻卡子午线轮胎、低断面、无内胎全钢载重子午线轮胎生产技术，子午线轮胎翻新技术。

⑧ 信息技术。加快信息化带动传统化学工业发展的步伐。在科研、生产、管理等方面采用计算机及网路技术，重点加快企业上网工程的实施，发展电子商务，提高市场反应速度。

3.淘汰、削减或限制落后的产品和生产工艺。

① 淘汰的产品和生产工艺。合成氨中的水洗脱碳、常压变换、三套管式氨合成工艺;常压法及综合法硝酸工艺;硫酸水洗净化工艺;氨钠法和氰熔体法氰化钠;土法硫磺;反射炉生产水玻璃、碳酸钡、硫化碱、碳酸锶等;电解法双氧水;开放式电石炉;磺化法苯酚;萘法苯酐;粮食发酵法总溶剂;聚乙烯醇水玻璃内墙涂料(106);乙烯醇缩甲醛涂料(107);淀粉涂料;纤维素改性淀粉涂料;硝基苯铁粉还原制苯胺技术;邻硝基甲苯铁粉还原制邻甲苯胺技术;邻硝基氯苯锌粉还原法生产3,3－二氯联苯胺技术;对硝基苯酚铁粉还原法对氨基苯酚技术;石墨隔膜法烧碱生产技术;天然气法甲烷氯化物生产技术;能分解产生致癌芳胺及含有对氨基偶氮苯、邻氨基苯甲醚2个致癌芳胺的染料,以及LD50低于2000 mg/kg的染料品种;酒精法醋酸;采用四氯化碳为溶剂和采用无水氟化钾为氟化剂化工生产工艺等。

② 削减生产能力的产品。化肥中的碳铵;PIC(关于在国际贸易中对某些危险化学品和农药采取事先知情同意程序的鹿特丹公约)和POPS(关于就某些持久性有机污染物采取国际行动的斯德哥尔摩公约)限制的农药及其它高毒农药;高有机溶剂含量的农药制剂;高溶剂含量涂料和低档涂料(天然树脂、酚醛树酯、沥青、油脂类);联苯二胺类染料和颜料;破坏臭氧层的CFC物质;斜交轮胎等。

③ 限制的产品和工艺。年生产能力小于以下规模的生产装置:20万t联碱及氨碱,8万t合成氨,13万t尿素,3万t磷酸(P_2O_5),12万t磷酸二铵,8万t硫酸,2000 t黄磷,2000 t蒽醌法双氧水(100%H_2O_2),1万t红矾钠,5000 t沉淀法白炭黑,5万t无水硫酸钠,1万t碳酸钡,2000 t工业氰化钠;浓度在30%以下的三元复合肥、有钙焙烧铬盐、电石法PVC(电价较高的地区),电石法醋酸乙烯,有毒的红丹,铬黄等铅铬系防锈颜料,普通氧化锌,氧化铁和立德粉,硫酸法钛白,精萘磺化碱熔法2－萘酚,甲醛水合肼法3,3——二氯联苯胺,发烟硫酸磺化法间氨基苯磺酸,传统法DSD酸及H酸、固相法2,3酸、对皮肤有过敏性及刺激性的染料,每亩/次用量大,毒性偏高、生产能力过大的老品种农药、普钙、钙镁磷肥等。　　(国家经贸委行业规划司)

【化学工业产业结构调整】　1. 企业组织结构调整。“十五”期间要通过上市、兼并、联合、重组等形式,加快现有化工企业的改组。按照规模经济和专业化协作的原则,形成产业内适度集中、企业间充分竞争,大企业为主导、大中小企业协调发展的格局。促使现有企业向三个方向转化:一是在重点行业培育1至2家在行业中处于主导地位,拥有自主知识产权,主业突出,核心能力强、能在国际、国内市场上有较强竞争力的大企业集团。二是在主要行业培育一批既有优势产品,又有一定生产规模、技术水平、产品档次和市场占有率较高的优势企业。三是加快一般性企业的淘汰和转化。通过市场机制优胜劣汰和实施限制性政策,促使一般性企业转化,成为大型企业集团的配套伙伴和关联性企业,发展专业性强、批量小的个性产品。

2. 区域结构调整。重点突出区域优势,加强区域间的分工协作,减少区域间产业趋同。中西部地区,利用市场和资源优势,与东部的技术、人才和机制方面的优势结合,加强资源本地化深加工与利用,形成优势化工产业。东部沿海,发展沿江、沿海外向型工业,重点放在高新技术、深加工的产品上,弱化传统产品和原料型的生产,适度向中西部地区转移。

3. 行业结构调整。按照行业特性和在国民经济中的地位,将化学工业划分三类:第一类是对国民经济发展有重大影响,为国家基础产业、支柱产业和国防建设提供保障的行业,包括:化肥、化学矿山、农药、国防化工。第二类是处于成长期、与现代技术发展联系紧密、市场发展较快,对经济增长和产业升级有明显带动作用的高新技术行业,包括:新领域精细化工、化工新材料、信息用化学品、轮胎等。第三类是市场属性较强,竞争程度较高的行业。这类行业多数为传统化工行业,生产能力很大,生产厂点也较多,市场竞争的格局早已形成。包括:有机原料和中间体、三酸两碱、涂料、染料、无机盐等。今后,要稳定和提高第一类行业,重点发展第二类行业,调整和控制第三类行业。　　(国家经贸委行业规划司)

【化学工业主要政策措施】　1. 加强宏观调控。① 加强产业政策的制定和执行。加强产业政策制定和颁布,扩大产业政策的影响面,并根据市场变化情况及时补充、调整和完善,使之具有时效性。严格产业政策的执行,加强对违规行为的查处。

② 制定、完善行业技术标准和技术法规。形成以技术标准、法规、规范等技术经济手段为主的市场管理体系,并以此构建有效、规范的市场准入和退出机制。主要抓好以下几个方面的工作:

严格产品质量标准。修改现行过于陈旧的质量标准,提高指标值、增加控制项目。通过严格执行产品质量标准,推动企业进行结构升级。

加大环保监管力度。完善和修订污染物排放标准,加强中央一级的监管力度,强化地方管理者的责任。推行ISO14000管理体系的认证工作,全面启动

ISO14000 管理标准，实行与国际接轨的标准化管理。

增加其他限制标准。实施可持续发展战略，颁布和实施关于能源消耗、资源消耗等方面的标准，全面促使结构调整与升级。

2. 建立和完善创新机制。

① 坚持引进与自主开发并重。进一步增强自我开发和科研创新能力。对于目前属于空白的产品或差距较大、在短期内又难以取得突破的产品，鼓励企业通过多途径、多方式引进。

② 支持建立科技创新体系。将建立以企业为主体的科技创新体系放在十分重要的位置，在加快科研院所转制，促进产学研联合的同时，大力支持和推进重点企业或企业集团建设技术开发中心。列入国家重点联系企业的国有和国有控股企业，全部建立规范的技术开发中心。

③ 拓宽融资渠道，提高科技投入强度。在加大政府投入的同时，积极鼓励社会资金和企业自有资金用于科研开发，给予相应政策。借鉴发达国家的成功经验，研究建立科技开发与创新的风险基金，解决企业科技开发与创新的先期投入不足的问题。

3. 进一步扩大开放。

① 进一步加大利用外资的力度。修订“外商投资产业指导目录”，对一些不影响国家总体安全和中国急需的高新技术产品，适时放宽利用外资的限制条件。

② 不失时机地“走出去”。将“走出去”放到十分重要的位置。充分利用经济全球化提供的各种机会，将中国已经过剩的或有一定竞争优势的产品生产，如尿素、纯碱、感光材料、轮胎、农药、染料、涂料、烧碱等，转移到国际上有市场和比较优势的国家生产。对本国需求量大而先天不足的资源（如钾矿、磷矿等），采取多种优惠政策，积极鼓励企业到国外投资建厂，开拓资源，弥补国内不足。

③ 完善配套措施，提高整体效益和竞争力。针对目前化工产品出口存在同一产品多头对外、内部竞相压价；硬环境不配套，通道不畅；有关认证、检测还不被国际承认，企业被迫到国外寻求有关的机构给予认证和出具检测证明等问题，今后，在加强出口硬环境建设的同时，大力支持主要行业和产品建立相应国际认可的高水平的国家级认证、检测机构，倡导成立受国家支持和管理的产品或行业出口协调组织，提高出口效益和整体竞争力。

4.为化学工业企业创造公平竞争的外部环境。

① 主要原料和能源价格要向国际靠拢。目前中国基础大宗化工产品的原料和能源供应价格高于国际平均价格，如国内烧碱用电价格是国际主要国家烧碱用电平均价格的两倍多；化肥用天然气、重油等原料和电力也高于国际平均水平。要结合电力体制改革等措施，逐步使大宗原料和能源价格与国际接轨。给企业创造一个同国外产品公平竞争的前提条件。

② 进一步规范市场秩序，制止无序竞争。结合政府职能转变，强化《反不正当竞争法》、《反倾销和反补贴条例》、《反垄断法》等法规的执行和监督力度，制止不公平竞争和无序竞争。充分发挥行业协会在行业中的组织和协调作用，促使企业把提高竞争力的着眼点放到企业技术进步上，突出产品性能差异，提高产品质量和应用服务。

5.化学工业矿产资源合理利用。中国的萤石、重晶石、硼矿、锶矿、钡矿、稀土、磷矿石等矿产资源，是重要的国际性战略资源。对这一类矿产资源要制订战略性开发利用规划，采取措施进行保护性开采，制止盲目超量开采和滥采滥挖。在强化综合利用和深加工的同时，严格限制这些资源的直接出口和粗加工品出口。

（国家经贸委行业规划司提供）

【化工矿业“十五”发展方向】 1.“十五”期间，中国重点发展磷、钾及硼矿，硫铁矿将维持现有生产能力。同时，将继续抓好11个化学矿山基地的建设，使其成为具有国际先进水平、在化学矿山行业中起支柱作用的现代化龙头企业，它们包括：云南昆阳，贵州的开阳、瓮福，湖北的荆襄、宜昌、保康及四川金河－清平7个磷矿基地；广东云浮和安徽新桥两个硫铁矿基地；青海格尔木钾肥基地；辽宁翁泉沟硼矿基地。

2.加强地质勘查工作，为化学矿山的持续、稳定发展提供可靠的后备资源。程度较高的地质勘查工作主要放在化学矿产资源保有储量丰富和已开发利用的地区，特别是围绕11个化学矿山基地的矿区。

3.加快产业结构调整步伐，发展化学矿山行业的深加工产品。进一步实行矿肥结合及矿化结合措施，使化学矿山企业由单一原料生产型向原料生产与深加工并重的方向转移，以提高化学矿山企业的整体经济效益。

4.加强科技攻关和科技成果的推广应用。加大技术改造和科技成果转化的力度，坚持走科技兴矿道路。

5.继续高度重视环境保护工作。硫、磷、硼及矾等化学矿产延伸产品的开发环境的污染相当严重，在开发新产品的过程中，要尽量采用先进的工艺技术和装备，不造成新的污染。

6.实施“走出去”的发展战略。积极开展国外钾盐的前期风险勘探工作，到境外开发钾资源，以缓解国内钾资源的紧缺局面。

表6　化学工业“十五”规划主要矿产品产量目标

产品名称	2005年产量(万t)
合成氨	3600~3700
化肥	3800~4100
其中:氮肥	2600~2750
磷肥	950~1050
钾肥	250~300
涂料	250~270
磷矿	2800~3000
硫酸	3100~3200
硫铁矿	1200~1350

(中国矿联信息中心)

【化工矿业生产发展情况】 化工矿业是集化工地质勘探和磷、硫、钾、硼、明矾石、重晶石、天青石和萤石等20余种矿产的采掘为一体的工业,其产品是化肥、化工及其它相关工业的主要原料,具有基础原料工业和支农工业的双重属性,在国民经济中具有重要地位。

2001年度,全行业在加大改革力度,科技创新,培养新的经济增长点和开拓国内外产品市场等方面取得了较大进步,生产和建设情况好转。

化工地质勘探全年共完成地质项目36项,完成岩心机械钻探5189.55 m,槽探工作量12300.37 m^3,新发现矿产地4处,新增磷、硫等8个矿种资源量3.9亿t,其中:磷36000万t、硫43万t、铅7748t、锌16917t、石墨23.79万t、天青石30万t、膨润土1900万t、方解石1000万t。

矿山生产建设全年累计生产:磷矿石2100.79万t,与2000年同期相比增长14.18%;硫铁矿883.98万t,与去年同期相比下降8.21%;钾肥130.35万t,与去年同期相比增长13.55%。矿石生产基本满足了市场的需求。2001年度化工地质矿山行业生产基本稳定,无重大安全事故。

2001年度化学矿开采业全年工业增加值为19.41亿元,同比增长17.98%,产成品资金872887亿元,同比增长7.45%;销售收入54.67亿元,同比增长31.01%;利润总额0.52亿元,同比增长81.79%,经济运行情况好转,全行业扭亏为盈。

全行业新增资产53.8亿元,占化工行业11.1%,资产负债率为46.1%,比2000年下降26.3%,行业发展势头良好。

全年国家安排工业大型项目1个,即安徽新桥硫铁矿二期扩建工程。　(中国化学矿业协会)

【化工矿业科研与技术开发】 行业科研、设计单位改革进展顺利,连云港设计研究院、长沙设计研究院进入中国蓝星公司,华北规划设计院进入中国寰球公司,化工矿产地质研究院进入中国明达化工矿业总公司;科研设计单位企业化改革全部到位。成功开发利用氯化钾和硝酸铵为原料,复分解结晶法制取优质硝酸钾新工艺,并在上海筹建高技术产业化示范工程,获得上海市高新技术成果转化项目证书(编号2001380),本项目的建设不仅可以填补国内农用硝酸钾的生产技术空白,使中国农用硝酸钾的生产在短期内达到国际先进水平,也为中国农用硝酸钾的大型化提供了示范。

(中国化学矿业协会)

【化工矿业行业管理体制改革】 根据《国务院办公厅关于转发国家经贸委管理的国家局所属地质勘查单位管理体制改革实施方案的通知》(国办发〔2001〕2号文)精神,部分地勘单位下放地方,实行属地化管理,部分地勘单位交由中央管理。其中:广东、安徽、四川、辽宁四个化工地勘院,实行属地化管理;云南、贵州、福建、湖北、河南、吉林、江苏等16个院改组为中国明达化工矿业总公司并入中国昊华化工(集团)总公司,交由中央管理。至此地勘单位管理体制改革顺利完成。根据国有企业改革精神,云南磷化学工业(集团)公司完成了债转股,在化工矿业行业率先建立了现代企业制度,推动了全行业生产企业的改革。贵州开磷集团和广东云硫集团、贵州宏福实业开发总公司、湖北黄麦岭磷化工集团公司等大中型企业正在加紧改制。

(中国化学矿业协会)

【化学矿粗放开采浪费原因】 1.乡镇小矿山发展过多。由于技术设备落后,同时又急功近利进行掠夺式开采,致使资源严重浪费。据统计,全国乡镇化工小矿山露天开采回收率仅为15%~25%。在云南、贵州、湖北、四川等省的规划区内,乡镇小矿山的采矿损失率高达75%~85%。每采出1 t矿石,就丢掉4~5 t矿石。以磷矿为例,截至2001年乡镇小矿山的总产量已连续几年占全国的1/2,年产量1500万t左右,意味着仅乡镇小矿山每年就丢弃近亿t磷矿石。

2.由于乱采滥挖,采富弃贫,造成国家骨干矿山的服务年限缩短。如贵州一个设计年产250万t采选规模的磷矿,因此将减少5年服务年限。在云贵川鄂四省的国家规划矿区内,乡镇矿山对富矿进行掠夺式开采,年产量100~300万t,损失率高达75%~85%,降低了该区域磷资源对发展高浓度磷复肥的保证程度。

3.出口竞相压价,优质矿石低价外流。中国磷矿石出口量已由1996年的132万t,增加到1999年的242万t,而2000年1至10月份就已达到285万t。出口量增加而出口价格却急剧下跌。贵州磷矿石离岸价已由

1996年的48美元/t，跌至2000年的29～31美元/t，症结就是湖北宜昌地区出口价仅为27～32美元/t，外商利用两地较大差价坐收渔利。

专家认为，应首先限制和规范小型矿山的建设和发展，特别是在资源富集地区应制止规模小型化和生产分散化趋势。其次应指定行业协会来协调磷矿出口价格，制止无序竞争。第三应加大科技兴矿的力度，减轻企业负担，让企业有一个能够积累资本进行技术创新的环境，提高开采水平。（中国矿联信息中心）

【锂资源综合开发利用】 由中信国安锂业科技有限责任公司承担的青海台吉乃尔盐湖综合利用项目2001年3月26日通过国家级技术鉴定，破解了高镁锂比盐湖卤水镁锂分离技术，将提高中国锂化工的生产能力。

中国锂资源储量排在世界第三位，主要集中在青海省西部柴达木地区的台吉乃尔盐湖地区。锂的保有储量为323万t，钾的保有储量为2635万t，潜在经济价值近千亿元。但由于台吉乃尔盐湖属高镁锂比盐湖，镁锂分离困难，每年需要从智利、澳大利亚等国进口大量碳酸锂、硫酸钾等化工产品。

1999年以来，中信国安锂业科技有限责任公司对台吉乃尔盐湖卤水锂、钾、硼资源的综合利用技术进行了攻关研究，并在盐湖成功进行了年产3000 t硫酸钾、250 t碳酸锂的工业性实验。

锂镁分离技术的成熟和应用将提高中国锂化工的生产能力，有效替代进口。为推动台吉乃尔湖丰富锂资源的规模化生产，中信公司投资4亿元，对东台吉乃尔盐湖的锂资源进行综合开发。

（中国矿联信息中心）

【海水资源开发利用】 海水中化学物质提取将是前景无限的新兴产业。

溶解于海水的3.5%的矿物质是自然界给人类的巨大财富。不少发达国家已在这方面获得很大利益。中国对海水化学元素的提取，形成规模的有钾、镁、溴、氯、钠、硫酸盐等。但除氯化钠是从海水中直接提取的以外，其他元素仅限于从地下卤水和盐田苦卤中提取，且综合利用工艺流程落后，产品质量与国际有一定差距，急需技术更新和设备改造。2001年中国海水化学元素提取技术主要有以下几方面：

1.*提溴技术*。溴素是重要的化工原料，广泛用于阻燃剂、灭火剂、制冷剂和医药、农药、感光材料、油田等行业。中国溴产量的90%以上是用空气吹出法，10%用水蒸气蒸馏法。所用原料是地上卤水和盐田浓海水或卤水。必须发展海水提溴高新技术，以及含溴精细化学品和有拉动作用的溴化物合成技术。

2.*提钾技术*。中国陆用钾矿十分贫乏，每年的钾盐产量只有30万t，主要是从苦卤中提取氯化钾和硫酸钾。利用沸石法从海水和卤水中提取钾技术，在"八五"、"九五"科技攻关期间已取得进步，有望实现产业化。

3.*提镁技术*。从卤水中提取的产品主要有氯化镁、硫酸镁、氧化镁和氢氧化镁等，可广泛用于农业、建材、冶金、环保和医药等行业。发展方向是量大面广的系列镁肥和高技术含量、高附加值的其他镁产品。

4.*综合利用开发技术*。与发达国家相比，存在一定差距。但是，自20世纪90年代以来已有很大发展，从传统的苦卤化工"老四样"（氯化钾、氯化镁、硫酸钠和溴），已经发展到现在的近百个品种。

海水资源的开发利用存在着进一步向广度和深度开发的前景，中国应加大力度发展下列项目：一是积极发展提溴新技术，以提高现在地上卤水资源的溴利用率，提高溴质量，减少能耗，降低成本；二是积极发展"无机离子交换法海水、卤水提钾技术"；三是积极发展高技术含量、高附加值的镁产品；四是加强海水提铀技术的研究开发；五是加强直接从海水中提取其他化学物质的研究开发，以及水、电、热联产与海水综合利用的结合。（中国矿联信息中心）

【磷肥工业发展现状】 磷肥是氮磷钾三种常量化肥之一。建国以来，中国磷肥工业经历了从无到有、从小到大的发展过程。20世纪50年代发展过磷酸钙，60年代发展钙镁磷肥，80年代后期加快发展重钙、磷铵、氮磷钾、硝酸磷肥等高浓度复肥。现有磷肥企业552家，职工30万人，总资产已达到近500亿元，磷肥生产能力和产量仅次于美国，居世界第二位。

1.*磷肥产量增加*。1985年磷肥产量只有176万t P_2O_5（下同），1995年达到619万t。"七五"到"八五"10年间中国磷肥产量平均每年递增13.4%，是世界上发展最快的国家之一。1998年为663万t，1999年略有下降为655万t。

2.*产品结构调整已见成效*。1990年过磷酸钙（SSP）、钙镁磷肥（FCMP）产量占94.2%，高浓度磷复肥只占5.8%。1999年重钙（TSP）、磷酸二铵（DAP）、磷酸一铵（MAP）、氮磷钾三元复合肥（NPK）、硝酸磷肥（NP）等高浓度磷复肥产量已占磷肥总产量的34%。1990年到1999年，高浓度磷复肥产量平均每年递增26.56%。

中国已经陆续建成投产的高浓度磷复肥企业有104家，实物生产能力达到1272万t。其中，磷酸二铵11家，201万t；磷酸一铵64家，310万t；NPK三元复合肥27家，520万t；重钙6家，136万t；硝酸磷肥2家，105万t。

3.生产技术装备水平提高。从80年代中期以来，中国花了8亿美元，引进了一批(16套)国外先进的高浓度磷复肥生产工艺、技术和关键设备。湿法磷酸分别从6个国家引进了8种生产工艺，建成了规模从50～1000 t/d P_2O_5 的11套装置；磷铵/NPK从5个国家引进了6种生产工艺，建成了规模从100～1600 t/d的生产装置；重钙引进了料浆法和陈化法两种工艺，建成了40万、56万、80万t/a 3套装置；硝酸磷肥引进了世界上最大系列2973 t/d的冷冻法装置。从而缩小了中国与国际先进技术装置水平的差距。

高浓度磷复肥生产技术和装置国产化也取得了很大成绩。中国自行开发的料浆法磷铵全部实现了国产化，许多企业不仅达产达标，而且实现翻番。重庆涪陵3万t磷酸一铵已经达到12万t。山东红日集团将磷铵、硫酸钾和NPK复合肥生产结合起来，实现一体化生产，从而简化了流程，降低了投资和生产成本，产品具有很强的竞争能力。山东鲁北集团新建成的15－20－30料浆法磷铵和磷石膏硫酸联产水泥的放大装置，已经实现产量翻番。现在，8万t/a P_2O_2、12万t/a P_2O_5 的传统法磷酸装置和24万t/a磷铵、30万t/a NPK装置、28万t/a硫铁矿制硫酸和40万t/a硫磺制硫酸装置，从设计到设备和自控仪表都已经实现了国产化。云南磷肥厂正在建设30万t/a P_2O_5 磷酸、60万t/a磷铵装置，设备国产化率超过90%以上。以前引进的大中型磷复肥关键设备和备品配件的国产化率也已达到90%以上。

经过10多年的努力.中国高浓度磷复肥生产在生产技术、工程设计和成套设备等方面已经进入主要依靠国内，进行低成本扩张、发展的新阶段。

4.消费情况增长。中国磷复肥产量还不能满足农业发展的需要。由于国产磷复肥总量不足，产品结构不合理、每年大量进口高浓度磷复肥。近10多年来，进口的磷复肥平均占磷肥表观消费量(产量＋进口)30%，国产磷肥自给率为70%。

从1989年至1999年，中国磷肥的表现消费量在逐步增长，从535万t增长到943万t，年均增长约5.83%。但1995年以后磷肥的消费基本趋于稳定。

5.进口数量增加。中国进口的的磷复肥品种主要是磷酸二铵(DAP)和NPK复合肥。近年来中国磷铵和NPK三元复合肥进口量在1994年为379万t(实物量)和101万t，到1999年分别为528万t和236万t，一直呈现上升趋势。

2001年由于农业耕种面积减少5%以上，加上北方大旱，用肥量减少；同时，国家加强宏观调控，组织国内企业“以产顶进”，进口量大幅度下降。由于国产磷铵和NPK复合肥产量迅速增加，2002年进口量继续下降。

中国有少部分磷复肥出口，主要品种是重钙和磷铵。重钙每年出口一半左右，出口地区主要是东亚和东南亚。1999年中国出口重钙32.58万t(实物量)，磷铵出口14.5万t(实物量)。2001年1至8月出口重钙18.21万t，磷铵17.22万t，NPK7.23万t。以后出口量还将有所增加。另外，从2001年年底将开始向印度等国家出口一部分湿法磷酸。中国高浓度复肥工业的发展，关键在于以较强的市场竞争力顶替进口磷铵和NPK复合肥，以逐步拓展市场空间。

6.国产磷复肥与进口产品肥效一样。大量的田间试验和大面积农作物种植实践证明，中国生产的各种磷复肥，在有效养分相同的条件下，其肥效与进口产品是一样的。中国农科院土肥所和中国磷肥工业协会共同出版了《国产磷复肥与进口的一样好》一书，书中收集了近50家企业各种高浓度磷复肥与进口磷复肥的肥效对比试验数据，证明，国产磷复肥的肥效与进口产品一样好，有的试验结果比进口产品还要好一些。但由于国产高浓度磷复肥大量投放市场时间短，而进口产品已有几十年历史，企业知名度和产品品牌不如进口产品，加上农贸市场不规范，国产磷复肥的肥效没有被广大农民认识。为此，目前国产DAP市场售价比进口DAP每t便宜200元，国产NPK比进口NPK每t便宜400～600元，使国产磷复肥在市场竞争中处于不利位置。另一方面也说明，国产磷复肥与进口产品相比确实是物美价廉。商家与企业要加强国产磷复肥的宣传，让农民在使用国产磷复肥中得到实惠。

过磷酸钙和钙镁磷肥这两个磷肥老品种在磷肥中占有很大比重。过磷酸钙从1987年到1997年的10年间，产量由233万t P_2O_5 增加到418万t，平均年递增6%。两个老品种不仅可以利用品质较差的磷矿资源，投资省、价格低廉，产品中还含有中量元素(硫、钙、镁)。而多数作物对硫和镁的需求量与对磷的需求量相当。

过磷酸钙含有10%～16%的硫和17%～28%的氧化钙；20%～25%的二氧化硅，广大农民已有长期使用的习惯。因此，两个老品种符合中国国情，在磷肥总产量中仍将占有很大比重。　　（中国化学矿业学会）

【磷肥主要品种】　中国磷肥生产的主要品种有：过磷酸钙、钙镁磷肥以及磷酸一铵、磷酸二铵、重过磷酸钙、硝酸磷肥、NPK复合肥等。

1.过磷酸钙：过磷酸钙是中国最早、产量最高的磷肥品种。目前共有大中小型企业超过400家，产量占磷肥总产量的60%左右，约占世界过磷酸钙产量的70%。

2.钙镁磷肥：钙镁磷肥是由磷矿石与含镁矿石经高温熔融后水淬、烘干、磨制而成。截至2001年产量约占磷肥总产量的19%,居世界第一位。

3.磷酸铵(磷酸一铵、磷酸二铵):磷酸铵是含有氮和磷两种养分的高浓度磷复肥,是磷肥的主要品种,在世界磷肥总量中约占60%。磷酸铵产品养分含量高,一般达60%以上,适用于各种作物和土壤,是生产复混肥料和液体肥料的基础肥料。早期生产的磷酸铵主要是磷酸一铵,到20世纪40年代后期开始生产磷酸二铵。磷酸铵发展很快,1974年后开始在世界磷肥产量中占主导地位。美国产量居全球首位。

中国第一套3万t/年磷酸二铵装置于1966年在南化公司建成,1990年2月从罗马尼亚引进的12万t/a磷酸二铵装置建成投产。磷酸一铵从80年代末起步,90年代初形成一定规模,但大都为3万~6万t/a的小型装置。目前中国磷酸铵产量占磷肥总产量的20%左右。

4.重过磷酸钙:重过磷酸钙有效 P_2O_5 含量40%~50%,是过磷酸钙的2至3倍,故称为双倍过磷酸钙或三倍过磷酸钙。中国第一套湿法重过磷酸钙装置1982年在云南磷肥厂建成,"九五"期间陆续建成了云南、湖北和贵州三套大装置,年生产能力达到214万t(实物量)。重过磷酸钙产品养分含量高,水溶性好,但与磷酸铵及NPK复合肥相比,其养分单一,与尿素的混配性能较差,对二次磷矿活性要求较高,国内市场有待进一步开拓。

5.硝酸磷肥:硝酸磷肥是用硝酸分解磷矿制成的氮磷复合肥料。在生产过程中加入钾肥,即生成NPK复合肥。中国每年进口的200多万t NPK复合肥大多是此类型肥料。硝酸磷肥的优点是既利用了硝酸的化学能将磷矿分解转化为可溶性的 P_2O_5,又把硝酸根作为养分留在肥料中,肥料中的氮呈铵态氮和硝态氮,易被作物吸收。

80年代山西化肥厂引进硝酸磷肥生产装置,能力为90万t/a,是国内最大的硝酸磷肥企业。另外采用国内自己开发的技术,已建成15万t/a硝酸磷肥装置,如开封化肥厂。目前,中国硝酸磷肥年生产能力为105万t(实物量)。　　　　(中国化学矿业协会)

【磷肥工业存在主要问题】 中国磷肥工业发展迅速,但也存在很多问题,亟待解决。

1.产品结构不合理。过磷酸钙、钙镁磷肥仍是磷肥中的主导产品。高浓度磷复肥不能满足农业需要,其产量只占磷肥总产量的33.7%。与发达国家占70%相比差距较大。

2.装置开车率低,生产能力不能充分发挥。磷肥产量仅发挥了生产能力的70%左右,高浓度磷复肥生产能力只发挥了约50%。

3.管理水平低,经济效益差。引进的大中型磷复肥装置虽然具有国际80年代末、90年代水平,但由于管理水平低,在生产能力发挥、劳动生产率、能耗、原材料消耗等方面达不到国外水平。小磷酸铵、小重过磷酸钙装置1/3未达产达标,其中一部分厂长期停产。

4.企业结构不合理,装置规模偏小。中国平均单套装置规模只有年产2万t,而国外一般大于20万t。目前,在中国磷肥企业中,大中型企业所占比例约10%,而国际上70%以上为大中型企业。

5.技术装备落后,技术改造任务繁重。特别是相当数量的过磷酸钙、钙镁磷肥企业消耗高,质量差,污染较严重,亟需进行技术改造。

6.磷复肥企业负债率高,经济效益差。磷复肥装置投资多,建设周期长,一个大中型项目少则需5至6年,多则需8~9年。企业筹资能力低,国内资金短缺,只能利用外资建设,建设中由于汇率、贷款利息、物价等因素影响致使投资大幅度增加,造成一些企业建成投产后,债务负担重,无力还本付息,经济效益差,亏损严重。

7.优质磷矿少且分布不平衡。中国磷矿资源丰富,但优质磷矿少,而中低品位磷矿多为难选矿,磷精矿成本高。优质磷矿又主要集中在云南、贵州,磷矿外运受铁路运输制约严重。这些对磷肥的发展都起到限制作用。

8.多数企业靠国家优惠政策运转。目前,磷肥产品中,过磷酸钙、钙镁磷肥、重过磷酸钙、复混肥料及小磷酸铵厂生产的磷酸铵全部享受免增值税的优惠政策,此外,化肥、磷矿运输享受优惠运价。中小型磷肥厂还享受优惠电价政策。中国加入WTO后,这些优惠政策如果不能继续,将有相当部分企业陷入困境或倒闭。磷酸铵、NPK复合肥进口准入量较大,对国产磷肥冲击会更大。

9.磷复肥在中国属幼稚工业,还没有形成品牌优势。农民对国产磷复肥也缺乏认识,产品竞争力差。而国外化肥装置多是在国际化肥大发展时期(1960~1975年)和调整时期(1975~1985年)建设的,投资省,单位产品投资仅相当于低速增长期(1985年至今)的1/3。加上进口磷肥的长期使用,已为农民认识,品牌优势早已形成。为了争夺市场,国内各企业竞相压价,使国产磷肥价格也低于进口磷肥价格,同品质的磷酸铵国产比进口每吨低200~400元,国产NPK复合肥比进口低400元左右。这种无序竞争使已经不景气的磷肥行业处境更加困难。　　　　(中国化学矿业协会)

【磷肥工业国内外需求预测】 1.国际市场预测:据有关资料报道,目前世界化肥年生产能力约19400万t,其中氮肥约12170万t,磷肥约3550万t,钾肥约3680万t。化肥年产量约14320万t,其中氮肥约8670万t,磷肥约3380万t,钾肥约2270万t。世界化肥年贸易量约5500万t,其中氮肥约2400万t,磷肥约1100万t,钾肥约2000万t。据联合国粮农组织预测,今后5年内世界化肥生产和消费增长缓慢,年均增长2%左右。2005年世界化肥消费量约为15600万t,其中氮肥9400万t,磷肥3800万t,钾肥2500万t。世界磷肥消耗量从1995年的2962.5万t增加到2000年的3359.5万t。目前,世界磷肥生产形势是供大于求,但从亚洲的生产与消费形势来看,磷肥供求矛盾比较大,中国仍将是世界上磷肥进口最多的国家之一。

2.*国内需求趋势预测*:中国是农业大国,1997~1998年度,化肥消费量3598.8万t,占世界总消费量的26.2%,居世界首位。其中磷肥消费量913.9万t,占世界消费量的27.9%,是全球第一。2000年中国化肥计划总需求量为3800万t。其中氮肥约2370万t,磷肥约900万t,钾肥约470万t。实际表观消费量为3741万t。

中国对化肥需求数量受下面几个因素的影响:一是农业发展目标;二是农民收入变化趋势;三是科学技术;四是国家调控政策;五是化肥资源情况。"十五"及2010年前,中国农业仍将保持稳定增长,化肥增长应该与农业发展趋势相适应。但考虑以下因素:近几年全国各地农产品价格继续处于低位,加上自然灾害影响,农民收入和农民对农业投入的积极性增长趋缓;各种技术措施使化肥利用率的提高;有机肥料、生物肥料等新型肥料施用增加;国家实行退耕还林、退耕还湖、退耕还草、调整农业产品结构、农村城镇化等政策的实施;中国加入WTO后,国外农产品进口的增加对国内种植业产生影响等因素,这些因素将使化肥需求增长的势头减弱。而化肥需求的结构问题将会明显,对高浓度磷复肥、复混肥料、专用肥料的需求将增加。预计到2005年中国化肥需求量约4300万t,其中约需磷肥1000万t。

(中国化学矿业学会)

【磷肥工业发展思路】 要以经济效益为中心,由单纯追求数量的增长转变为提高技术含量、降低消耗、减少污染、提高产品质量,提高与国外产品的竞争能力;

发挥已形成的生产能力,已建成的装置要尽快达产达标。开好、管好现有装置,打好基础再求发展;

调整产品结构,提高高浓度磷复肥的比例和肥料复合化、专用化比例。处理好品种、质量、效益和数量的关系。调整品种,提高质量,不片面追求数量。新增数量应该主要是高浓度磷复肥。产品结构调整指的是磷肥行业产品结构的调整,而不是每个企业都搞产品结构调整。要避免重复建设,避免出现新一轮的小而全、大而全、投资高、效益差的困境;

发展磷复肥要有新思路、新观念、新机制。立足于国内外两种原料、两个市场、两种资金,以经济效益为中心,以有条件的老企业的技术改造为主,除有资源优势的地区外,一般不布新点。在立足中国磷、硫资源的同时,可适当利用国外的硫磺、合成氨等资源,积极稳妥地引进外资;

加强对引进技术装备的消化、吸收和国产化工作,降低项目投资,提高投资效益;

优化企业组织结构。扶优扶强,支持优秀企业强强联合,兼并、租赁困难企业,盘活不良资产,形成在国内外有规模优势、有影响、有竞争力的磷复肥大企业集团。关、停、并、转一批管理差,技术水平低,污染严重,产品质量低的企业。鼓励企业以资产为纽带,组成跨地区、跨行业、跨部门的企业集团。加速云南、贵州等磷复肥基地建设。大型基地建设,要优化经济规模,发挥资源优势。做好规划,搞好评估,真正做到项目经济效益好,产品具有国际竞争能力。

(中国矿业年鉴编辑部)

【磷肥工业发展重点策略】 1.*磷肥品种发展以磷酸铵为基础,重点发展三元复合肥和专用肥*。有磷矿资源优势的企业适当发展农用商品磷酸,填补中国农用商品磷酸的空白。以运磷酸替代运磷矿和替代进口,满足一些磷肥企业特别是缺磷地区的氮肥企业以磷酸为磷源调整产品结构生产NPK复合肥的需要,同时还可以减轻磷石膏占地和污染。

2.*二次磷矿控制发展*。重过磷酸钙由于养分单一,与尿素的混配性能较差,对二次磷矿活性要求较高,与磷酸铵及NPK复合肥相比,国内农民对其还缺乏认识,因此,今后若干年内应控制发展。

3.*硝酸磷肥适当发展*。硝酸磷肥是一种好肥料,但由于对磷矿要求较高,不宜大发展。在硫资源短缺、有合成氨和硝酸优势的氮肥企业,在有经济效益情况下可适当发展。

4.*过磷酸钙及钙镁磷肥不再发展*。过磷酸钙及钙镁磷肥中 P_2O_5,含量虽然不高,但它们还含有硫、钙、镁、硅等中量元素。可利用品位不高的磷矿生产,这符合中国磷矿资源中低品位占绝大多数的国情。充分考虑中国特色,对现有过磷酸钙、钙镁磷肥总生产规模维持现有水平,不再发展。通过市场竞争淘汰管理水平低、产品质量差、污染严重、无竞争能力的企业。有条件的企业可进行产品结构调整。

(中国矿业年鉴编辑部)

【磷肥工业优惠政策制度制定】 1.磷肥、磷矿运输费用、生产用电继续享受优惠政策。在加入 WTO 后的过渡时期内,磷肥继续享受免征增值税政策(或以其他政策代替)。

2.加快进行大中型磷复肥企业的"债转股"、"贴息技改"工作。截至到目前,贵溪化肥厂、铜陵化工集团、云南磷肥厂、云南云峰、大黄磷、红河、贵州瓮福、湖北大峪口、黄麦岭、金昌等企业,已和有关金融资产管理公司签订了"债转股"协议,国家经贸委已同意对广西鹿寨实行"债转股"。贵溪化肥厂、黄麦岭、大峪口、天脊集团、金昌化工、云南红河、陕西华山等企业的"债转股"已经国家批准,建议加快这一工作。贵溪、铜陵、云磷、云峰、红河、中阿等企业的贴息技改项目也应加快进行。对大峪口、大黄磷、鹿寨等企业的结构调整技改项目应尽快批复,以使这些企业早日脱困。

3.继续执行磷复肥"以产顶进"、进口钾肥"戴帽下达"的政策。

4.建议国家以"债权转股权"为契机,联合化学矿山、氮肥企业一起组建产、供、销、科研、设计一体化的化肥企业集团。

5.鉴于中国磷复肥刚刚起步,属于幼稚工业,国家应制定加入 WTO 后有关保护性政策。

6.抓紧制定化肥法和化肥反倾销法,维护化肥企业和农民的利益。

7.支持磷、硫两矿的发展,磷、硫两矿也应享受与化肥同等的优惠政策。 (中国矿业年鉴编辑部)

冶 金

【概况】 改革开放以来,冶金工业作为国民经济的基础产业,得到了迅速发展。自 1996 年以来,中国钢产量已连续五年超过 1 亿 t。冶金工业在历经了以数量扩张为主的发展时期后,进入了加速结构调整、提高竞争力为主的新阶段。

中国钢铁工业在品种、质量、成本、服务和劳动生产率方面与世界先进水平仍存在一定差距,面对日趋激烈的国际国内市场竞争,必须加快结构调整步伐,这不仅是中国冶金工业生存与发展的需要,也是当今世界冶金工业发展的趋势。

21 世纪,钢铁产品仍将是人类社会最主要的不可替代的结构材料和产量最大、覆盖面最广的功能材料。世界冶金工业结构调整步伐加快,生产的重心将由发达国家向发展中国家转移。中国正处在工业化进程中,国民经济各部门的持续、快速发展和产业升级对钢铁产品的品种、质量提出了更高的要求。加快中国冶金工业的结构调整,将具有重要意义。

中国冶金工业经过多年来的建设,已形成了包括由矿山、烧结、焦化、炼铁、炼钢、轧钢以及相应的铁合金、耐火材料、炭素制品和地质勘探、工程设计、建筑施工、科学研究等部门构成的完整工业体系。到 2000 年底,全国年销售额在 500 万元以上的冶金企业 4376 家,从业人员约 261 万人。其中钢铁企业 2506 家,总资产 8252 亿元,从业人员约 127 万人;独立矿山 537 家、铁合金企业 515 家、炭素制品企业 157 家、耐火材料企业 661 家。

主要产品年生产能力分别为:钢 1.34 亿 t、生铁 1.2 亿 t、成品钢材 1.38 亿 t。2000 年钢产量 1.27 亿 t、生铁 1.31 亿 t、钢材 1.31 亿 t,当年完成工业总产值 3688 亿元。

1."九五"取得的主要成绩。① 市场占有率稳步提高,品种结构调整取得较大进展。1995 年钢材国内市场占有率为 86%,2000 年达 90%。品种结构调整取得了较大进展,国民经济各部门和国防建设急需的一些钢材品种,如重轨、轻轨、造船板、集装箱板、桥梁钢板、管线用钢板、矿用钢丝绳等已可立足国内解决。

② 工艺技术装备总体水平与国产化程度明显提高。中国冶金工业坚持以老企业改造为重点,在加快上海宝钢集团公司、天津钢管有限责任公司建设的同时,通过对鞍山钢铁集团公司、武汉钢铁(集团)公司、首钢集团、包头钢铁(集团)有限责任公司、马钢(集团)控股有限公司、太原钢铁(集团)有限公司、攀枝花钢铁(集团)公司、邯钢集团、抚顺特殊钢(集团)有限责任公司等一批大型企业的技术改造,建成了一批现代化生产线,行业整体技术装备水平得到了明显提高。同时淘汰了一大批落后的工艺装备,2000 年底全行业基本淘汰平炉。一些过去主要依靠进口的冶金技术装备,如连续式棒材轧机、高速线材轧机等已实现国产化。

③ 依靠科技进步,主要技术经济指标取得明显进步。通过以喷煤、连铸和连轧等为重点的技术改造,主要技术经济指标达到或超过了历史最好水平,有的已接近国际先进水平。大中型钢铁企业 t 钢综合能耗,2000 年达到 0.92 t 标准煤/t 钢,比 1995 年降低了 22%;连铸比,2000 年达到 82%,比 1995 年增长 36 个百分点,接近世界平均水平。

④ 深化企业改革取得实质性进展。到 2000 年底,按现代企业制度要求,实行公司化改组的大中型冶金企业已占 70%以上,上海宝钢集团公司、鞍山钢铁集团公司、武汉钢铁(集团)公司、首钢集团、邯钢集团、攀枝花钢铁(集团)公司、吉林炭素厂、钢铁研究总院等 52 家企业实行了规范化的股份制改造,通过上市共募集资金约 400 亿元,有力地支持了冶金工业的发展。上海地

区钢铁企业的联合重组、邯钢集团兼并舞阳钢铁公司、湖南冶金企业组建华菱集团、攀枝花钢铁(集团)公司兼并成都无缝钢管厂等,使中国冶金工业区域性组织结构调整迈出了重要一步。

2.*存在的主要问题*。① 产品结构方面。钢材生产的板带比同实际消费还有较大差距。2000 年中国钢材消费的板带比为 40%左右,而钢材生产的板带比只有 34%。2000 年进口板带材共 1410 万 t,占当年钢材进口总量的 88%。

部分高附加值关键钢材品种满足不了需求。这部分产品每年仍需进口解决,其中数量较大的品种有厚度小于 1 mm 的冷轧薄板、厚度小于 3 mm 的热轧薄板、不锈钢薄板、镀锌板、冷轧硅钢片等品种。

型线材、窄带钢等产品急需升级换代。目前中国建筑行业普遍使用Ⅱ级螺纹钢筋,在发达国家已是淘汰产品。属于限期淘汰范围的叠轧薄板、落后的热轧窄带钢,2000 年产量超过 700 万 t,仍呈增长趋势。

钢铁产品标准制(修)定工作相对滞后,影响了冶金工业的技术进步。到目前为止,冶金产品标准总数为 1562 个,其中 1989 年以前制定的标准 689 个(占 44.1%),1990 至 1994 制定的标准 578 个(占 37%)。现行标准中的 80%以上急需修订。

② 工艺及技术装备结构方面。落后工艺技术和装备还占有相当的比重。很多企业精料基础还未建立,一些大企业仍采用热烧结矿工艺;铁水预处理、炉外精炼处理技术普及程度远远不能满足品种质量提高的要求;落后的小高炉、小炼钢、小轧钢仍有一定比重。

能耗高、环境污染严重的状况没有得到根本改善。中国吨钢能耗比世界先进水平高出 20% ~ 30%,主要原因是铁钢比高,高炉余压发电、干熄焦等大型有效的节能环保装置配备率低,高炉、转炉煤气等余能余热回收利用率低。

技术开发与创新能力急需提高。科研开发与技术改造衔接不紧密,科技成果系统集成和转化应用不够,42 家国家重点联系的冶金企业,只有 19 家企业的技术中心通过国家认定。

重大冶金技术装备国产化率低。国内钢铁生产所需的一些重要、大型冶金设备仍主要依靠进口;一些重要的备品、备件由于国内不能供应,也长期依靠进口。重复引进现象仍十分严重。

③ 企业组织结构方面。专业化程度低,缺乏必要的分工与协作。中国大型钢铁联合企业基本上都是“万能型”工厂,其产品几乎包括了所有钢材品种。特殊钢厂本来产品是有所分工的,但在发展过程中,新上项目几乎选择同样的工艺、装备和产品大纲,各自的特色和专长逐步消失,产品出现严重趋同化。

生产力分散,区域重复建设较为严重。中国现有钢铁布局是在计划经济条件下形成的,大中小并举,基本上每个省(自治区、直辖市)都建立了一定规模的钢铁生产基地。由于管理体制及观念等方面的原因,重复建设十分严重,特别是一些地区盲目发展了很多落后的生产能力,如土焦、土烧结、小高炉、小电炉、小轧钢等;有的企业还引进了一些落后的二手设备。大企业也不同程度地存在盲目扩大规模、不断填平补齐的倾向。

劳动生产率低,与发达国家相比差距很大。1997 年世界主要产钢国实物劳动生产率,美国 541 t 钢/人·年、日本 740 t 钢/人·年、德国 412 t 钢/人·年、法国 462 t 钢/人·年、韩国 662 t 钢/人·年。2000 年中国钢铁主业劳动生产率约 100 t 钢/人·年。

④ 铁矿石资源方面。中国铁矿资源主要分布在辽宁的鞍本地区、川西的攀西地区和河北的冀东地区等。在现已探明的铁矿石储量中,97.5%为贫矿,平均含铁量为 32.7%。大部分铁矿储量已被开发利用。近十多年来,国内铁矿石产量不能满足钢铁生产增长的需要,进口量逐年增加,2000 年全国铁矿石原矿产量 2.4 亿 t,进口铁矿石 6997 万 t,用进口矿生产的生铁占全国生铁总产量的 1/3。 (国家经贸委行业规划司)

【国内外钢材市场分析与预测】 1.*国内钢材市场分析与预测*。

① 钢材需求总量预测及消费结构分析。中国已成为最大的钢材消费国之一,随着经济持续、快速、健康发展,钢材消费增长的潜力仍然很大。国内经济结构的变化、钢材质量稳步提高以及各种材料的替代性增强,钢材的消费强度趋于减弱;同时,国家继续加大基础设施建设的投入以及西部开发战略的实施,钢材需求量将保持增长趋势。预测 2005 年中国钢材表观消费总量达 14000 万 t 以上。

随着中国产业结构调整步伐的加快,钢材需求将发生变化,消费结构将继续保持多层次、多样性,并逐步向高层次转化。板带材的消费量及比例将保持较强的增长势头,长材的消费比例将逐步下降,但消费量仍保持一定的增长。预计到 2005 年消费板带比由 2000 年的 40%提高到 44%。

中国钢材市场容量很大,仍有许多领域需进一步开发:农业和建筑业等所需要的新型钢材;汽车、机械、家电及电力、石油、交通等产业升级换代所需要的高档钢材;西部开发用钢材品种,如西气东输用管线钢、西部油气田开采用高强度、高耐腐蚀性石油钢管;国防建设、军工生产所需的钢材新品种。

② 分地区钢材消费量预测。近年来中国钢材消费

的重心已明显转向东南沿海地区，并在较长的时间内仍保持这一趋势。华东、中南地区钢材消费量占全国的比例分别从1990年的28.1%和21.9%，上升到2000年的31.4%和22.3%，2005年仍维持这一消费比例。同期华北地区钢材消费占全国的比例由17.1%减少到16.8%，东北地区由16.5%下降到13.8%，"十五"期间消费比例还会略有下降。随着西部地区的大开发，特别是大规模基础设施建设，钢材消费量将有一定增长，近期增加幅度较大的品种有管线钢、重轨、大型材（包括H型钢）及建筑用中小型材、线材等。

③ 关键钢材品种需求及预测。近年来，中国每年进口钢材平均在1500万t左右，其中由于生产能力不足或产品质量达不到用户要求，目前还必须进口的约700万t。主要品种有热轧薄板、冷轧薄板、不锈钢板带材、轿车用板、家电用板、镀锌板、镀锡板、冷轧硅钢片、优质高碳盘条、石油管、优质合金钢长材等。

2.国际钢材市场变化趋势。目前全世界钢的生产能力约10亿t，近十多年世界钢产量在波动中呈缓慢增长趋势，基本保持在7.2～8.3亿t水平。2000年世界钢产量达到8.24亿t。

① 世界冶金工业结构调整特点。进入90年代以来，世界主要产钢国先后进入了新一轮资产重组和结构调整阶段，其主要特点：一是以资产为纽带，组建大型跨国公司，实现专业化分工和有限资源的合理配置；二是压缩生产规模，集中精力生产高质量、高附加值产品，以获得更高的经济效益。三是在向外输出产品和技术的同时，更加注重资本的输出，通过在钢材市场所在地合资、独资建厂（主要是高附加值和深加工产品），以回避贸易壁垒，扩大市场份额。

② 世界钢材贸易的主要特点与趋势。1986年世界钢材贸易量为1.6亿t，1999年达到2.7亿t，年均增长约4.1%，同期世界钢产量增长幅度为0.76%，贸易增长幅度超过同期钢产量增长幅度。从钢材贸易结构看，板管材占贸易量的65%，发达国家以出口高附加值产品为主，其出口钢材中板管比高达75%以上。从钢材价格变化趋势看，普通长材价格近20年来基本维持在300美元/t水平；板材价格波动的幅度高达40%。

③ 国际市场竞争日趋激烈，竞争的焦点集中在高附加值产品上。从世界范围看，一些高附加值产品的生产能力已远远大于需求，如不锈钢、镀锡板、镀锌板等设备开工率只有40%～70%，使得国际上高附加值钢铁产品的竞争白热化。一些世界著名的钢铁企业不惜耗费巨额投资对现有企业的先进生产线进行超前性的技术改造，以确保在高附加值产品领域的竞争优势。

3.加入世界贸易组织对中国冶金工业的影响。加入世界贸易组织，有利于中国钢铁产品扩大出口，对企业管理层转变经营意识，建立新的管理模式，以及企业股份制改制、企业间资本流通与合资合作等具有积极的促进作用。

加入世界贸易组织后，钢铁产品进口平均关税将进一步下调，但平均降幅不大。国产小型材（包括螺纹钢筋）、线材、中板等钢材品种在产品质量、生产成本等方面同进口钢材相比具有较强的竞争力。受冲击较为突出的钢材品种主要是热轧薄板、冷轧薄板、镀锌板、不锈钢板、石油管、优质合金钢等一些高附加值产品。但非关税措施取消（如进口限额、钢铁产品的核定经营等）的影响，将大于关税减让的影响。

（国家经贸委行业规划司）

【冶金工业"十五"规划指导思想和原则】 1.指导思想。贯彻中央关于实现两个根本性转变的方针和可持续发展战略，满足国民经济和社会发展的需要；以市场需求为导向，以结构调整为重点，以经济效益为中心，以科技进步为动力，深入学习邯钢经验，降低成本、改善环境、提高效益。搞好总量调控和淘汰落后工作，切实避免重复建设；利用"两种资源"，积极开拓"两个市场"，全面提高钢铁工业的质量和效益，迎接21世纪经济全球化的严峻挑战。

2.基本原则。①坚持搞好总量调控。按照市场需求，进一步推进企业组织结构调整，组建一批具有国际竞争能力的企业集团，搞好区域钢铁工业布局和总量调控。通过资产重组，大部分企业实现资源合理配置。加快淘汰落后生产能力，发挥现有大型先进生产设备的作用。鼓励部分企业通过区域结构调整和生产设备的更新改造，促进并逐步形成集约化生产方式。

②坚持以市场为导向。以改善钢质和全面提高产品实物质量为重点，推动钢铁产品升级换代，满足国民经济各行业结构调整的需要。集中力量发展目前进口数量较大的高技术含量、高附加值钢材品种，提高市场占有率。

③坚持科技进步。以现有大中型企业现代化改造为重点，按照高起点、专业化、大批量、高效益的改造方针，积极采用先进技术、优化工艺流程和技术装备结构。跟踪并加大对熔融还原、薄带坯连铸连轧、洁净钢生产等重大前沿工艺技术和装备的研究开发，形成有效的创新机制，发展具有自主知识产权的专有技术，带动冶金工业整体技术水平的提高，实现跨越式发展。

④坚持走可持续发展道路。继续搞好节能降耗、环境保护和资源综合利用。推进"清洁生产"工艺技术的应用，全面推广余能、余压、余热回收利用技术，实现废物的资源化、无害化、最小化。

⑤坚持扩大对外开放。开拓"两个市场"，把稳定

扩大钢铁产品出口作为一项长期战略任务。积极、有效、合理地利用国外资金、资源、先进技术和科学管理经验,加强国际技术交流与合作。

⑥坚持实事求是,量力而行。充分发挥地方和企业的积极性,把有限资金用于调整结构。企业的发展和重大建设改造项目的选择,要综合考虑资金等外部条件,强化投资风险分析,实事求是,科学决策。

(国家经贸委行业规划司)

【冶金工业“十五”规划目标】 冶金工业“十五”规划总的目标是通过技术进步、产业升级和企业的联合重组,搞好结构调整,优化资源配置,实现专业化分工,切实避免重复建设,进一步提高规模效益和竞争力,走可持续发展的道路。

上海宝钢集团公司、鞍山钢铁集团公司、武汉钢铁(集团)公司、首钢集团等企业,在产品质量、工艺技术、生产装备和劳动生产率等方面达到或接近世界先进水平,在国际市场上占有一定份额。

一批年产400万t钢以上的大型企业,通过联合重组和技术改造,形成完整的具有低成本、高效率并能达到国际同类产品实物质量水平的现代化生产线,生产高技术含量、高附加值产品,在国内外市场上有较强的竞争力。

1. 市场占有率:2000年国产钢材国内市场占有率约90%,2005年提高到95%。

2. 产品质量:2000年按世界主要产钢国实物质量水平生产的钢材比例为30%,2005年达到70%以上。

3.t钢综合能耗:2000年大中型钢铁企业为0.92 t标煤/t钢,2005年下降到0.8 t标煤/t钢以下。

4. 环境保护:2000年钢铁企业主要污染物排放基本达标,并实现污染物总量控制目标,2005年主要污染物排放总量比2000年再削减10%。

5. 节水:2000年大中型钢铁企业t钢耗新水量约30m^3,2005年降到16m^3以下。

6. 劳动生产率:2000年钢铁主业劳动生产率约100 t钢/人·年,2005年达到250 t钢/人·a。

7. 生产集中度:2000年前10位钢铁企业钢产量占总量的50%,2005年提高到80%以上。

(国家经贸委行业规划司)

【冶金工业布局和组织结构调整】 冶金工业“十五”规划的主要任务是通过品种结构、工艺技术装备结构、企业组织结构和布局调整,提高企业经济效益和竞争力。

中国冶金工业布局正处在从资源型向资源市场型转变的过渡阶段。要进一步发挥市场对资源合理配置的基础作用和规划的指导作用,搞好布局和企业组织结构调整。

1.搞好冶金工业布局。① 各地区经济发展不平衡,冶金工业发展应逐步向钢材市场容量逐渐增多的地区转移。

② 冶金工业利用进口矿的比例逐年增加,冶金工业应逐步向利用进口矿条件好的沿江、沿海地区发展。

③ 中国地域辽阔,运输费用对企业成本影响较大。普通钢材品种的发展,应尽可能考虑本地市场容量。

④ 华北、西北等地区严重缺水,钢铁企业不宜继续扩大规模。

⑤ 地处首都、大城市以及重要旅游城市、风景名胜地区的钢铁企业,应严格控制生产规模,并积极创造条件逐步缩减生产能力。

⑥ 大型钢铁企业的发展主要通过多种形式的联合与重组,组建跨国、跨地区或区域性、专业性(如不锈钢、无缝管、特殊钢)的企业集团。联合、重组的形式可以是资产一体化的兼并型模式;市场分配型、投资分工型的战略联盟;地处生态工业带的钢铁企业(主要在某些港口地区、资源富集地区),与其他类型企业联合组建综合性企业集团等。

⑦ 中小企业主要是通过联合、重组和专业化分工,向“专、精、特、新”方向发展,围绕地方经济发展的需要,搞好品种结构调整和节能降耗工作,加快淘汰落后生产能力,逐步发展成有特色产品、有竞争能力的企业。

2.企业组织结构调整。①东北地区。东北地区钢材总的生产能力略大于需求,供需基本平衡。在建和计划拟建的重大项目完成后,产品结构基本趋于合理,冶金工业发展所需的资源(铁矿石、辅助原料)基本可以立足本地解决。目前存在的突出问题是,板带材产品深加工能力不足;落后的工艺与装备所占比例高于全国平均水平;一些企业老污染源没有得到有效治理,环保欠账较多,能源消耗高;特殊钢企业的专业化分工不明确,缺少各自的拳头产品。东北地区冶金工业发展应在严格控制总量的前提下,逐步推动以鞍山钢铁集团公司为核心的企业联合、重组。加快发展冷轧薄板、镀锌板,以及汽车、机械、军工发展所需的高质量特殊钢材品种。积极采用冷烧结矿、干熄焦、无料钟炉顶、精炼等先进工艺技术,加大污染治理力度,淘汰落后的工艺技术装备,搞好环境治理和资源综合利用。到2005年,鞍山钢铁集团公司年出口钢材达到150万t以上。

②华北地区。华北地区突出问题是钢材品种结构不合理,长材的生产能力严重过剩,板带材生产能力不足,铁矿石资源、水资源不能满足发展需要。华北地区钢铁工业的发展要严格控制总量,压缩生产规模,调整

产品结构。适当发展优质冷轧、热轧、不锈钢薄板、涂镀层板，以及高质量石油用管、金属制品等。加快淘汰落后的小钢铁厂，尤其是河北唐山地区的小钢铁、武安地区小炼铁，山西的土焦和小炼铁。加快企业联合与重组，遵循积极稳妥、统筹规划、先易后难的原则，实现资源与市场的合理配置及专业化分工。首钢集团要在压缩现有生产规模和减少型线材生产能力的前提下，加快冷轧、热轧板生产机组的建设。到2005年，首钢集团年出口钢材达到150万t以上。

③华东地区。华东地区经济发展迅速，钢材需求旺盛，具有使用进口铁矿石的便利条件，中小企业多，深加工企业多。目前钢的生产能力和市场需求基本平衡。"十五"期间，应进一步加大企业改制、改造和重组力度。搞好上海宝钢集团公司等大企业的热轧、冷轧及涂镀机组、宽厚板轧机、不锈钢冶炼、热轧生产线、特殊钢生产线、金属制品生产线等一批重点技术改造工程，集中精力解决铁钢材各工序环节的综合效益最大化问题。产品除满足本地区需求外，面向全国并积极参与国际竞争，使上海宝钢集团公司成为中国最大的钢铁精品生产基地。到2005年，上海宝钢集团公司年出口钢材达到300万t以上。

④中南地区。中南地区特别是珠江三角洲，经济发展较快，钢材市场容量较大，中部地区靠近长江水道，运输方便，南部沿海地区有利用进口矿的良好条件，但冶金工业基础相对较弱，应充分利用国内外资源适度发展。积极推进组建以武汉钢铁(集团)公司为核心的企业集团，搞好武汉钢铁(集团)公司二热轧、二冷轧建设项目和其它大型企业的重点技术改造工程，将武汉钢铁(集团)公司建设成中国另一大钢铁精品生产基地。到2005年，武汉钢铁(集团)公司年出口钢材达到150万t以上。

⑤西部地区。西部地区冶金工业主要产品生产能力基本可适应区域经济的发展，但品种结构还有待于进一步调整。紧密结合西部大开发的需要，加大现有企业高速铁路用重轨、优质无缝钢管、优质合金钢材和精密合金钢材生产线的配套改造和国家已批准板带生产线的建设力度，提高产品实物质量。西部地区冶金工业的发展应以本地区资源为主，对开采条件较好的铁矿、锰矿应加快开发建设，同时还要合理利用国外的废钢、氧化球团资源。进一步做好攀枝花钢铁(集团)公司钒、钛资源的综合利用，形成新的经济增长点。通过企业重组，逐步建立以攀枝花钢铁(集团)公司为核心的大型企业集团。　　(国家经贸委行业规划司)

【冶金工业产品结构调整】　产品结构调整的重点是集中精力发展目前进口数量较大的关键钢材品种，通过完善工艺、提高钢质，实现产品的升级换代。

1.加快发展的主要钢材品种。① 冷轧薄板。加快发展高质量冷轧薄板，特别是解决冷轧薄板延伸产品(如镀锌板、镀锡板、涂塑板、硅钢片等)生产所需的高质量的原料，是"十五"期间中国钢铁工业品种结构调整的重中之重。在建设和改造过程中，必须坚持技术高起点，依托能提供高质量冷轧薄板原料、管理水平高、资金条件好的特大型企业进行布局。鼓励企业通过合资合作引进资金、技术和管理软件，尽快缩小高质量冷轧薄板产品质量与国外先进企业的差距。

② 镀锌板和涂镀层板。在靠近市场的地区和原料落实的企业，增建高质量镀锌板和涂镀层板生产线，除1~2条生产线主要针对汽车、家电产品需要外，其余主要满足建筑行业的需求。

③ 不锈钢薄板。按冶炼和热轧相对集中，冷轧、深加工适度分散的方针。重点建设好太原钢铁(集团)有限公司和上海宝钢集团公司(上钢一厂)两个不锈钢冶炼、热轧中心。在搞好现有冷轧不锈钢薄板机组改造的同时，在经济发展较快、市场容量较大的地区，建设冷轧不锈钢薄板生产线。

④ 冷轧硅钢片。采用冷轧硅钢片较使用热轧硅钢片节能效果显著，每1万t冷轧硅钢片年可节电1亿kW·h，加快建设新的冷轧硅钢生产线，尽快淘汰落后的热轧硅钢片生产工艺。

⑤ 热轧薄板。在统一规划指导下，建设热轧宽带钢机组(或薄板坯连铸连轧机组)。改造和新建的热轧机组，应从质量上能够保证为冷轧提供合格原料，尤其是要解决厚度小于3 mm供冷轧使用的高质量热轧薄板。新建设的薄板坯连铸连轧机组要多生产厚度小于2 mm的热轧薄板，替代部分冷轧板。淘汰落后的叠轧薄板和部分热轧窄带钢生产能力。

2.目前能力已满足需求，重点要增加竞争力品种。

① 小型材和线材。小型材和线材发展的重点是严格控制总量，加速淘汰落后的多火成材轧机，发展以400MPaⅢ级热轧带肋螺纹钢筋为标志的新一代产品，提高产品质量，降低成本，实现产品的升级换代。逐步以连续式小型轧机、高速线材轧机取代横列式小型轧机、复二重线材轧机。到2005年，实现小型连轧比90%左右和高线比95%以上，淘汰落后生产能力约2500万t/a。

② 无缝钢管。无缝钢管现有能力基本满足需要。应充分发挥现有机组的能力，搞好后部精整工序的配套完善，发展高强度等级、抗压溃、抗腐蚀的石油管和高压锅炉管等产品。

③ 重轨。中国现有轨梁轧机的生产能力完全可以满足需要。重点是对攀枝花钢铁(集团)公司、包头钢

铁(集团)有限责任公司的重轨生产线进行全面改造,提高产品质量,增加全长淬火钢轨生产能力,以适应铁路提速和建设高速铁路的要求。

④ 中厚板。中厚板生产基本上可满足社会需求。但高质量的专用板材如管线钢板、高强度造船板、压力容器板、桥梁用板等生产的比例很低,实物质量与国外先进水平差距很大。在条件好的企业,从炼钢开始进行系统改造,打通一批专业化中(厚)板生产线,淘汰一批落后的中板轧机,形成集约化、规模化、专业化生产。根据中国对4 m宽以上中厚板的需求现状,以及"西气东输"工程和国防、军工发展的需要,建设一套5 m级宽厚板轧机。

⑤ 合金钢长材。合金钢长材生产能力可以满足需要。国内用量最大的品种有轴承钢、齿轮钢、弹簧钢、模具钢、不锈钢长材,同国外先进厂家实物质量相比差距很大。特钢企业要结合组织结构调整,按专业化分工的原则,瞄准国际名牌产品的实物质量水平,进行工艺技术和装备的配套完善,逐步形成各自的拳头产品。

3.能力大于需求,应严格控制发展的品种。

① 大中型材。大中型轧机生产能力与2005年国内需求量相比已有较大富余,重点是提高钢材质量,进一步开拓H型钢市场,淘汰φ650开坯轧机(不宜再进行改造生产中型材)。

② 焊管。焊管能力富余,应严格限制新建焊管机组,进一步加快淘汰落后的高频焊管机组。为适应西部地区大开发的需要,可建设1~2套大口径直缝焊管机组,主要用于油气输送管道。

③ 热轧窄带钢。窄带钢主要用于焊管原料,随着焊管标准的提高,今后发展的趋势是用热轧宽带钢加以替代,基本淘汰热轧窄带钢。

④ 镀锡板。镀锡板(包括镀铬板)现有和在建能力已有富余,应限制建设新的镀锡线。目前国产镀锡板只能用于干态食品包装,对部分生产线进行改造,以便能生产食品包装市场用高档镀锡板产品(罐头、饮料用板),满足湿态食品包装的需求。

4.炭素制品、铁合金、耐火材料。积极引导、鼓励和支持炭素制品、铁合金和耐火材料企业的联合重组,提高集中度,实现专业化和集约化经营。

① 炭素制品。中国炭素制品数量可满足冶金工业的需求,但一些高档次产品(如大直径超高功率电极)尚需进口。搞好大直径超高功率电极技术改造工程。压缩普通功率电极、炭糊类制品,增加超高功率电极和特种石墨、微孔炭砖、炭纤维的产量。

② 铁合金。中国铁合金年生产能力居世界首位,总体上供大于求,但钢铁冶炼高质量产品所需的一些特殊铁合金能力不足。搞好几个特殊铁合金基地的技术改造,重点是节能、环保和资源综合利用。加强新产品的研制开发,增加铬系、锰系的低碳、低硫、低磷等精炼产品,发展中国富有资源的铁合金品种及各种合金粉剂,开发硅铝钡、硅钙钒、硅锰铬、硅钙铝等复合铁合金品种。进一步压缩硅系、锰系普通铁合金产量。

③ 耐火材料。国内耐火材料市场供大于求,而炉外精炼、板坯连铸以及建材、轻工、有色等行业所需的高质量耐火材料尚需引进。搞好重点企业的技术改造和新产品的开发研究工作。增加冶金、有色、化工、建材、轻工等行业所需的优质、节能、长寿、绿色型耐火材料,以满足产业升级和产品升级换代的要求。

(国家经贸委行业规划司)

【冶金工业工艺技术装备结构调整】 加快淘汰落后的生产工艺设备,推广先进成熟技术,推行"清洁生产",降低成本,从总体上提高冶金工业技术装备水平。

1.普及先进成熟技术。重点推广普及球团和球团烧结、干熄焦、高炉顶压压差发电(TRT)及高炉长寿、铁水预处理、炉外精炼、高效连铸和高精度轧制等共性关键技术。采用烧结余热回收、热风炉余热利用、焦炉煤气脱硫脱氰、高炉富氧喷煤、溅渣护炉、连铸连轧、连铸坯热装热送、一火成材、煤气回收及综合利用、电炉综合节能以及冶金过程自动化控制等先进成熟技术,以优化企业的生产工艺流程,降低生产成本。有条件的企业工艺技术设备应逐步实现大型化、连续化和自动化。

2.积极推行"清洁生产"。要使冶金工业实现可持续发展,必须将冶金工业改造成为无公害产业。要实现这一目标,必须转变观念,积极推进"清洁生产",投资向节能降耗、环境保护和资源综合利用方向倾斜。具体实施中,重点搞好以下几方面工作:

① 节能。现有连铸机高效化改造和一批大板坯、大方坯和薄板坯连铸的建设,进一步提高连铸比,2005年达到95%;高炉喷煤重点改造制粉及输、喷煤系统,提高综合喷煤能力。适宜的高炉应全部采用喷煤技术,2005年全国高炉喷煤量达到1800万t以上。大中型钢铁企业吨铁喷煤量达150 kg以上;建设干熄焦装置,年产钢100万t以上的钢铁企业干熄焦普及率达到60%以上;1000 m^3 以上高炉全部配建TRT装置;转炉煤气全部实现回收利用,t钢煤气回收量平均达到70 m^3 以上。推广高炉热风炉余热回收、烧结余热回收、入炉煤调湿等节能技术,利用副产煤气替代燃煤发电;对各种燃油式加热炉、锅炉等工业炉窑进行改造;有条件的企业要建立能源管理中心,应用计算机对能源进行统一的管理、调度,实行能源优化配置。

② 环境保护。采用"清洁生产"工艺技术,从生产

源头做起,控制污染的产生,解决老污染源治理问题。保证新、改、扩建工程中的环保技术、资金的到位,使环保"三同时"高水平配套。搞好钢铁企业总排水处理、钢铁渣综合利用、焦炉煤气脱硫脱氰,以及低浓度 SO_2 烟气治理技术的应用。

大中型钢铁企业中的焦炉应全部配备焦炉煤气脱硫脱氰装置;提高工业用水的重复利用率,推广节水技术,缺水地区的钢铁企业尽快建设一批总污水处理工程;采取精料方针,优化原料结构,降低消耗,改善环境。

③ 资源开发与综合利用。把资源的节约、开发和综合利用,作为企业新的经济增长点。推广济南钢铁集团总公司"四闭路"经验,实现钢铁厂排放的废物资源化、无害化、最小化。加强包头钢铁(集团)有限责任公司稀土和攀枝花钢铁(集团)公司钒钛磁铁矿资源的综合开发和利用,开发高附加值钢铁综合利用产品、稀土产品和钒、钛产品等。

④ "清洁生产"试点。搞好鞍山钢铁集团公司、首钢集团、武汉钢铁(集团)公司、上海宝钢集团公司、马钢(集团)控股有限公司、重庆钢铁(集团)有限责任公司、攀枝花钢铁(集团)公司、天津钢管公司、太原钢铁(集团)有限公司、济南钢铁集团总公司、昆明钢铁集团有限责任公司、杭州钢铁集团公司、莱芜钢铁集团有限公司、安阳钢铁集团有限责任公司等一批"清洁生产"示范试点企业的改造与建设。

*3.加大科研开发和技术创新力度,促进冶金新技术产业化。*从机制和体系上抓好技术创新,发挥技术中心在超前开发、技术储备、实现科研成果产业化等方面的先导作用。进一步加强科研、设计、大专院校、设备制造等单位与企业在科研开发方面的合作。加强洁净钢生产、高精度轧制、热轧薄规格带钢生产、热轧带钢直接镀锌及冷轧硅钢片生产等工艺技术的开发研究。注意跟踪国际冶金工业的前沿技术。对标准、规范的修改工作做出统一规划,以引导和促进冶金工业的技术进步。

*4.加速淘汰落后生产设备。*按照国务院办公厅关于清理整顿小钢铁厂的通知要求,淘汰一批落后的工艺和装备。主要有土焦生产、18 m^2 及以下烧结机和土烧结、热烧结矿的烧结设备、100 m^3 及以下小高炉、15 t 及以下小转炉、侧吹转炉、10 t 及以下小电炉、横列式小型和线材轧机。取缔生产"地条钢"和开口锭用的工频炉。

炭素制品行业,重点淘汰蒸气加热混捏、倒焰式焙烧炉、交流石墨炉、3340 kV·A 直流石墨化炉或其并联机组、最大电流 50000 A 以下石墨化炉等一批能耗高、污染严重的落后工艺技术装备。

铁合金行业,重点淘汰 3200 kV·A 及以下的矿热电炉、3000 kV·A 以下的半封闭式直流还原电炉和精炼电炉(钨铁、钒铁精炼电炉除外)、100 m^3 以下的锰铁高炉等落后工艺技术装备。

耐火材料行业,重点淘汰简易手工操作的土沥青焦油浸渍装置,矿石原料与固体燃料混烧、自然通风、手工操作的土竖窑,以煤为燃料、烟尘净化不能达标的倒焰窑。　　(国家经贸委行业规划司)

【冶金工业电子信息技术应用】 应用电子信息技术改造提升冶金工业是一项长期发展战略。"十五"期间重点发展冶金生产过程自动化、智能化和管理信息化技术,提高中国冶金自动化装备的国产化水平,推进冶金工业的现代化。

提高基础自动化水平,支持"现场总线"、"基于以太网的控制系统"等新一代基础自动化装备的国产化研究和产业化建设,降低基础自动化装备成本。

在过程控制自动化方面,结合国内钢铁生产原料成分波动大、工艺复杂的特点,重点搞好智能技术,对已有的或引进的工艺数学模型进行二次开发和创新,形成钢铁生产各工序和全线过程的智能化控制系统;推进"过程自动化工程软件开发工具"和"工程平台"等前沿高技术研究、开发和应用;加强过程自动化中智能化成套工艺装备的产业化研究,结合常规模型,应用专家系统等智能控制方法提高工艺精度和过程检测诊断水平;应用计算机辅助设计、计算机仿真及虚拟现实等技术,实现钢铁材料成分设计、产品性能预报(力学性能、金相组织等)。全面提高钢铁工业生产自动化水平。

在企业管理信息化方面,推进企业办公自动化系统、管理信息系统技术的应用;推广上海宝钢集团公司、鞍山钢铁集团公司等企业在财务管理、企业资源计划(ERP)、客户关系管理(CRM)及供应链管理(SCM)等现代管理模式应用的成功经验;加强行业管理与引导,推动企业应用互联网,开展电子商务等业务,与国际交流并参与国际竞争。　　(国家经贸委行业规划司)

【冶金工业发展资源及外部条件】 冶金工业所需的铁矿石、废钢、能源、淡水等资源和运输,对冶金工业的发展影响很大。

*1.铁矿资源。*随着贸易全球化发展,世界矿业也出现了全球化市场的趋势。中国冶金工业的发展必须从全球范围来考虑铁矿石资源的稳定供应,进行矿产资源优化配置,充分利用"两种资源"将是中国冶金工业发展的一项长期战略方针。要建立稳定的供应渠道,实行多国别政策,并采取一般贸易、长期购矿合同等多种贸易方式,鼓励企业在国外合资办矿。不仅要

从经济技术考虑，以求得最佳经济效益，而且还要从发展战略角度考虑，形成多元化、多渠道、多方式的竞争局面。

沿海和长江中下游等航运便利而国内铁矿石资源又相对紧缺的地区，企业应多使用进口铁矿石；内地资源条件较好的钢铁企业主要依靠国产铁矿石，进口铁矿主要作为配矿；内地钢铁企业要以资源条件来合理确定其发展规模和生产水平。

对国内现有生产的铁矿山，要有重点地择优进行技术改造，以增加产能，提高效益。同时采用新的建矿模式，对一些资源、建设条件较好的矿山，给予支持。

2.废钢资源。中国钢积蓄量较少，废钢产出率相对又较低，全社会废钢年产出量不能满足钢铁生产，尤其是电炉钢大发展的需要，电炉钢的发展应保持在一个适当的比例。搞好社会废钢资源的回收、加工和合理利用，加强对进口废钢的管理。合理使用进口直接还原铁。

3.能源。冶金工业能源消耗约占全国能源消耗的11%左右。2000年中国冶金工业的能源消耗总量为1.29亿t标准煤，其中电力26.8%，煤炭70%(其中炼焦煤48%、燃料煤22%)，重油3%，天然气0.2%。“十五”期间中国钢产量将保持适度增长，但随着技术进步和节能降耗工作进一步深入，能源消耗总量将保持在目前水平并略有减少。能源消耗结构中电力消耗将有所增加，炼焦煤消耗呈减少趋势。

冶金工业发展新增电力用量不大，大部分可通过企业的节能和余热、余压、副产煤气的回收发电解决。2005年炼铁用焦6600万t，加上其它用途使用焦炭，预计全国共需焦炭9000万t，需炼焦洗精煤1.30亿t，焦炭和洗精煤的生产能力均可以满足这一需求。

4.水资源。中国水资源严重短缺，而且分布不均。有些地区水资源短缺已经严重制约经济发展。从中国钢铁企业用水现状来看，t钢耗新水量平均为30 m^3，只有极少数企业较先进，如上海宝钢集团公司、首钢集团、济南钢铁集团总公司吨钢耗新水指标为10 m^3左右。要大力提高工业用水的重复利用率。

5.交通运输。冶金工业发展总的铁路运输量增量较少，与同期铁路增加运力相比，增长幅度不大。2005年中国大型矿石码头的接卸能力可达8000万t左右，基本可以满足进口铁矿石的要求，但北方接卸能力偏小，应建设一个深水矿石专用码头(大于15万t级为宜)。

(国家经贸委行业规划司)

【冶金工业发展政策措施】 1.综合应用经济、法律和行政的手段，加强宏观调控。根据经济发展的要求和行业科技进步的趋势，适时修订产业政策。

2.加快现行标准、法规与规范的制定、修订工作。逐步形成以标准、法规和规范等技术经济手段为主的市场管理体系，构建有效、规范的市场准入和退出机制。

3.加强执法力度，继续打击走私，规范市场秩序。加强行业反倾销工作，使反倾销立案、调查、取证等工作制度化、规范化。加强环保监管力度，强化管理者责任。

4.对联合企业矿山资源税降低到独立矿山水平。铁矿石进口关税减让，冶金产品出口实行全额退税，落后产品征收调节税等问题进行调查研究，配合国家财税部门研究提出解决措施。

5.鼓励企业加强对外合资、合作。特别是在高附加值、高技术难度产品生产、开发方面的合作。

6.支持冶金工业重大节能环保和综合利用技术改造项目。推进“清洁生产”，对资源综合利用及废渣、废水、废气处理形成的新兴产业和产品，实行优惠政策。

7.对于资源枯竭的矿山，在转产资金和关闭破产政策上给予支持。

8.解决国内铁矿石、铬矿石等资源不足问题。支持有条件的钢铁企业到国外合资、合作建矿。

9.深化企业改革，健全企业法人治理机构。支持、鼓励大企业集团海外上市。

10.建立以企业为主体的科技创新体系。加快科研院所转制，促进产学研商联合，支持企业技术中心的建设和新技术、新产品的产业化。

(国家经贸委行业规划司)

【钢铁工业生产发展情况】 1.适应市场，满足需求。适应市场、开发新品、满足用户对产品实物质量的新要求、提高竞争力，这无疑是2001年中国钢铁工业的一出“重头戏”。2001年，在保持国内钢材市场供需总量大体平衡的前提下，中国钢铁工业坚持以市场为导向，继续按照“限制长线、增产短线”产品的原则，实施总量调控，进行了有效的产品结构调整，特别在国家重大工程项目建设和国民经济发展急需产品的开发上，钢铁工业成绩显著。用作桑塔纳轿车发动机盖板的新型单面电镀锌钢板的研制成功，使中国已能够生产其车体全部外板；一批钢铁企业以其过硬的产品质量和一流的服务，一举中标“西气东输”X70管线钢，三峡工程基础建设、永久船闸、超高压输变电站工程等多项重大项目用钢；一期工程总投资约2.95亿美元的中外合资项目上海克虏伯不锈钢工程正式投产，提高了中国不锈钢市场的满足率；国产列车车轮成功应用于代表中国列车最高水平的“蓝箭”号高速列车上，创下了时速230 km的纪录；改造成功拥有当今世界最先进技术水平的重轨精整生产线，具备了生产 50 m 内任意定尺的重轨加工能力；直径 1050 mm 内燃机车整体辗钢车轮的轧制成功，结束了中国不能生产整体车轮产品的历史；具有世界先进工艺水平、年产 150 万 t 超薄热带工程开工建设；用于"西气东输"的 UOE 大口径直缝埋弧焊管在国内诞生；中国首根磁悬浮列车用 在 π 型钢开发成功；中国迄今为止最大断面合金钢连铸机建成；自行轧制的钢箱梁钢、围堰钢等，成功托起了南京长江二桥。

2.加快重组，迎接挑战。20 世纪，是钢铁工业在科技进步推动和市场需求拉动下的大发展时期；21 世纪的钢铁工业，将在高科技的推动下、其它材料的激烈竞争下，以及社会和环境的制约下，进入一个重组、整合、发展的新时期。目前中国的钢铁工业，已进入由企业组织结构调整来推进产品结构和工艺技术装备结构调整的新阶段，将是钢铁工业谋求未来发展的一个关键。

2001 年中国钢铁工业沿着经济结构战略性调整的大方向，继续坚持以市场为导向，并按照"关小、淘劣、限长、增畅"4 个层次，加大组织结构调整和资本运作的力度，启动或实施了一项项重大结构调整战略。

在世界钢铁业进入新一轮整合期及遵循 WTO 规则动作的大背景下，为了进一步提高中国钢铁工业的整体综合实力，3 家特大型钢铁联合企业宝钢、首钢和武钢，正式签署了实施战略合作的意向书，将为中国钢铁企业提供新的市场机遇，它标志着中国钢铁工业在组织结构调整面开始进入了一个新的发展阶段。同时，这种战略联盟会使大量的新技术、新管理、新观念迅速扩散，生产规模、销售网络不断扩充，企业边界无限延伸，这不仅会加快中国钢铁企业自身的发展，推动产业升级也将提高中国钢铁工业应对国际市场的整体核心竞争力。

在实施西部大开发战略的推动下，酒泉钢铁(集团)有限责任公司与新疆钢铁(集团)有限责任公司共同签署了合作意向书，进一步将双方合作的领域从销售延伸至生产组织，这种联盟将给合作双方及西部开发建设带来巨大的利益。

2001 年，中国钢铁工业不仅在组织结构调整上加大了力度，而且还在现代商务活动方式等方面进行了有效探索和实践。由中国信达、中国华融和中国长城公司加盟，注册资金 104 亿元的武钢"债转股"公司——武汉钢铁有限责任公司正式挂牌，这标志着中国钢铁企业的公司化改造步伐大大加快，并取得了实质性进展；马钢将集团公司 11 个单位依法改制为全资子(分)公司，构筑起母子公司管理体制；中国最大的铁合金联合体正式组建；为了迅速适应现代社会物流及交易方式，中国联合钢铁网信息平台首次开通，且提出了联合建设、信息共享、突出服务、加强沟通的现代信息服务理念。一些省份和地方和钢铁企业也已经或正在磋商和酝酿协作、联合、重组，以进一步实现市场对资源合理配置的基础作用。

3.科技领先迈向前沿。中国的国民经济发展水平要缩短与世界先进发达国家的差距，必须依靠科学技术的进步；而作为国家基础原材料的钢铁工业，其科技进步水平的高低和科研开发能力的强弱，直接关系综合国力的提高。

2001 年，经过广大冶金科技工作者的艰苦努力，一些最新的科研成果，有的接近或达到世界同类先进水平，有的在某一领域取得重大进展或突破，有的开始步入产业化阶段——国家重点攻关项目"千吨级非晶带材及制品开发"通过国家验收，标志着中国在该材料的研制和生产上达到国际先进水平，非晶材料生产能力继美国后跃居世界第二；"新一代钢铁材料的重大基础研究"项目，在理论上有创新，在关键技术上获突破，其平均钢晶粒达到最小 1μm 的世界先进水平，同时，其所属课题"厚规格热连轧超细晶粒钢生产技术研究"，已在攀钢钢研院进行了首轮实验室试验；"钳铁硼永磁合金制造新技术——共沉淀还原扩散法"，在国际东西方专利发明优秀成果推广研讨会上获金奖；中国的高炉喷煤技术进入世界前列，目前全国重点高炉平均喷煤比达到 124 Kg/t 的世界水平；"包头稀土企业孵化器孵化基地"，在中国最大的稀土科研机构包钢稀土研究院挂牌创立，此举将加快把高科技优势转化为经济优势；"铁、镍纳米金属材料"的研制成功，填补了国内空白，进而使中国成为目前世界上可工业化生产这类材料的少数几个国家之一。

2001 年，通过对高科技领域冶金产品研究与开发，认识到，要提高中国钢铁工业技术的核心竞争力、加快产业升级，就必须积极主动地踏进高科技领域，始终关注并不断向着钢铁工业科学技术领域的前沿迈进。

4.尊重知识，广纳贤才。2001 年，为了迅速适应全球经济一体化的竞争与挑战，中国许多钢铁企业将人才开发计划放在了其整体工作中的突出位置上。钢铁企业一项项"人才工程"相继启动，为一批批优秀人才营造施展才干的舞台。

鞍钢深化人事制度改革，选拔年轻干部在生产实践中挑大梁，目前中青年干部已成为鞍钢各级领导班子的工作主体；武钢制定并出台 21 世纪初期发展蓝图，实行科技成果参与收益分配制度，对公司引进的急需紧缺专业人才实行协议工资制；新钢首次外培冶金工程硕士研究生，并计划在 5 年内拥有相当数量的博士生；上海一些老钢铁企业开展以培养造就智能型工人队伍为目标的"职工素质工程"；攀钢开始实施引进高、精、尖人才计划，积极探索科技人员技术参股与分配、股票期权制等多种分配形式;首钢加大招“才”进“宝”的力度,开始实行定向奖励高学历人才政策,具有硕士研究生以上学历的应届毕业生进首钢工作,将得到一笔奖金;宝钢实施人才国际化战略,带着项目和职位组团赴国外广纳贤才,已有52名高层次人才有意加盟宝钢,其中绝大多数具有博士学位,同时,在2001年上海人才市场高层次人才招聘会上,宝钢向应聘者开出了年薪40万元的承诺,一批宝钢青年科技精英,已与著名两院院士签下师徒之约;此外,还有包钢、唐钢等一批钢铁企业也陆续推出并实施吸引优秀专业人才的激励政策。

5.保护环境,造福子孙。一个国家的生态环境质量如何,标志着它的社会文明程度及可持续发展的空间。中国钢铁界人士对此有清晰的认识:生产发展要与环境保护同步;没有环保就没有企业生存的空间,没有节能就没有降成本的优势;从先进制造技术和绿色制造流程的概念出发,钢厂将逐步演变为两种典型的模式,即都市周边型钢厂和生态工业带钢厂。

2001年,中国钢铁工业一批批企业的重大环保项目相继启动、实施或收到实效——攀钢投资8亿元的“十五”十大环保节能项目获国家批准,其被誉为“绿色工艺”的三氧化二钒冶炼工艺填补了世界空白;污染大户鞍钢铸管厂搬迁出市中心;济钢已确立包括精料、节能、清洁、精品、信息化等30个节能技改项目,向着生态工业园方向发展;杭钢实现工业废水全部循环利用,废气排放100%达标;首钢改进能源供应,实现无油化生产圆满成功,并投入12亿元开始启动“十五”环境保护项目;本钢将高炉废渣、转炉尘泥“变废为宝”,利用率达95%以上;马钢完成“平改转”工程,斩断了钢城上空长达38年之久的“黄龙”,并启动“OC”治污降耗工程;绿色宝钢生态资产攀升到70亿元;舞钢投巨资兴建污水闭路循环系统,使淮河上游又少了一个污染源;新疆八一钢铁(集团)公司顺利成为自治区首批“重点污染排放达标企业”;邯钢成为省级“园林式单位”。

6.把握机遇,融入世界。2001年,作为世界钢材生产、消费和贸易大国,中国钢铁企业在对外贸易交往中积极主动地向着世贸规则的范畴动作,其中最重要、最突出的就是观念的转变——为了提高中国钢铁工业的应变能力,中国和世界其它国家和地区在国内和国际市场上的竞争不容回避,合作是大趋势;要从新的国际分工格局和经济全球化潮流获益,必须学习和熟悉WTO规则,从容应对跨国贸易,妥善处理各种贸易磨擦和纠纷。

为了提高中国钢铁工业驾驭市场能力,注重了解国际钢铁生产、消费、市场、价格、贸易及贸易政策等的变化情况,并根据这些变化及时制定、调整自己的发展政策。

2001年,经济全球化对中国钢铁工业是一个严峻的考验:2月1日,美国启动232条款对铁矿产品、钢铁半成品进行反倾销调查;2月28日,加拿大对中国冷轧钢板反倾销;4月11日,泰国对莱钢冷轧工字钢反倾销。由于中国钢铁企业观念的重大转变,在处理和应诉这些案件中经受了锻炼和考验,并积累了许多极其宝贵的经验。在应对国外一些反倾销案过程中,学会了不少在计划经济体制下无法学到的新东西。

随着中国正式加入世界贸易组织,中国钢铁工业一定能够把握住历史机遇,应对国际大市场的挑战,融入世界经济的大舞台中,展示其钢铁大国的实力。

7.在科研开发、企业管理等方面,加大了创新力度。2001年,中国钢铁工业在科研开发、企业管理、工艺技术、市场营销、企业文化等等方面,加大了创新力度,这种创新可以说是全方位的。

武钢职工为提高企业工艺技术水平,创造出了许多具有企业自主知识产权的先进技术操作法 ,其中一项先进操作法3次刷新转炉复吹炉龄世界纪录;二十冶获7项QC全国大奖;重钢聘请 教授将“创造思维”引进班组。

涟钢创出“由销售公司向各生产厂下达钢材生产计划”的新型企业生产动作形式;太钢在业内率先实施“准时制生产”,具体体现“不断创新”的企业文化核心价值观。

湘钢向职工出让钢材营销权,有效降低了营销成本,加速了资金回笼;唐钢在国内首推“钢材精品防伪销售”和辅以实行“仓单质押”的金融创新方式,开创了厂商共创现代物流的新模式。

攀钢通过技术创新,成功破解了国内连铸界长期未能攻克的连铸坯质量不高、品种钢连铸比低、产量不高三大难题,并打破了氮化钒技术国外独家垄断的格局;本钢在国内首创用转炉尘泥生产酸性炉料先进工艺。

一批具有超前意识的钢铁企业领导人,在国内依靠跨入WBSA(世策联)这座“智慧宫殿”,在实践中努力寻找并运用“企业总裁创新”知识体系与思维模式,用以指导现代新型企业的生产经营管理;“数字钢铁”的要领在业界首次提出。

宝钢在向国际市场进军的同时,把眼睛盯准正在国际化的本土市场,创建了“青岛宝钢配送中心”,使传统贸易形式向集高技术、高智能为一体的新型贸易形式转变,并以其创造出的 、富有自己鲜明特色的“集中一贯管理”模式,获首届全国质量管理奖。

以首钢等为代表,中国钢铁企业率先在国内开创了“绿色工业旅游”项目;酒钢集团宏安包机 公司正式投入运营,至此,酒钢集团不仅在其所在地嘉峪关市享有始发兰州/北京特快列车的冠名权、联运权,而且已经开始参与开发西部民用及商务航空市场。

(中国矿业年鉴编辑部)

【钢铁工业“十五”期间资源状况及对策】 1.*铁矿资源*。截至1997年底,中国已探明铁矿储量462亿t,其中可供开发利用的储量290亿t,已开发利用的为160亿t,剩余铁矿资源大部分作为现有企业的接替矿山。

近十多年来,国内铁矿石产量不能满足钢铁生产增长的需要,铁矿石进口量逐年增加,1998年全国铁矿石原矿产量2.5亿t,进口铁矿石5177万t。2005年全国铁矿石产量预计为2.5亿t左右,可满足生产生铁7000万t的需求,全国需要进口铁矿石8000万t,国产铁矿石自给率约为60%。

从总体上看,今后5年中国钢铁工业发展需求仍将以国内铁矿石为主,因此对一些铁矿石资源较好地区的企业,应强调使用国产铁矿石。在铁矿石进口方针上,要建立稳定的供应渠道,实行多边进口的政策,并采取多种贸易方式,包括一般贸易、长期购矿合同和在国外合资办矿等。在进口铁矿石的使用方针上,对沿海和长江中下游等航运便利而当地铁矿石资源又相对紧缺的地区,应鼓励企业多使用进口铁矿石。对于内陆企业,进口铁矿石要充分考虑经济合理性,以资源定规模。

2.*废钢资源*。目前,中国钢积蓄量较少,废钢产出率相对又较低,全社会废钢年产出量在近期不能满足钢铁生产的需要。由于废钢不足,目前电炉炼钢普通使用了部分生钢替代废钢,预计钢产量达到1.4亿t时,国内废钢缺口为700万t左右。

3.*其它辅料*。① 耐火材料。目前,中国耐火材料年生产约2000万t,居世界首位。而国内钢铁工业年消耗只有约600万t/a,耐材市场呈供大于求态势。国内耐火材料行业可基本满足钢铁工业“十五”规划的需求,“十五”重点是调整品种结构,提高产品质量。

② 炭素制品。目前,中国炭素行业拥有炭素制品生产能力约80万t(不含铝工业用炭素制品),年产量约67万t,可满足钢铁工业的需求,但一些高档次产品(如大口径超高功率电极)尚需进口。预计,“十五”期间,随着吉炭、兰炭等企业技术改造的完成,中国炭素行业在数量上、品种质量上能够适应钢铁工业的发展需求。

③ 铁合金。目前,中国铁合金年生产能力超过500万t,居世界首位。钢铁工业年消耗量不到300万t,供大于求。“十五”期间应重点调整产业结构,鼓励少数条件好的企业发展特种铁合金,加快淘汰落后的小铁合金电炉,理顺矿石和产品的进出口秩序,保证中国铁合金工业健康发展。

4.*能源*。① 煤炭。2005年按全国产铁1.15亿t计算,考虑焦比降低,炼铁用焦为6600万t,加上其他用途使用焦炭、预计全国共需焦炭9000万t,需炼焦洗精煤1.3亿t、焦炭和洗精煤的生产能力均可以满足这一需求。现有焦炭产量1.2亿t。今后应加快淘汰土焦,严格控制机焦建设。

② 电力。“十五”期间,电力工业发展计划年增长4.2%,钢铁工业发展所需的电力电量可以得到保证。

(中国矿联信息中心)

【冶金行业结束平炉冶炼历史】 2001年12月28日上午10月30分,随着包头钢铁公司500 t 1号平炉流淌出最后一炉钢水,中国最后一座炼钢平炉宣告正式关停。这标志着中国冶金行业从此结束了半个多世纪的平炉冶炼历史,在钢铁冶炼技术方面跨入世界先进行列。

据国家经贸委工业经济运行局冶金处负责人介绍,平炉一度是中国钢铁企业的主要炼钢炉种,为国家经济发展做出过重大贡献。但是,伴随着冶金科技的迅猛发展,平炉炼钢能耗大、成本高、装备落后、污染环境的弱点逐渐显现。从20世纪80年代中后期开始,中国各大中型钢铁企业开始逐步淘汰平炉炼钢,包钢1号平炉是中国最后一座关停的大型平炉。

据介绍,平炉炼一炉钢需几十个小时,而转炉几个小时即可出炉。随着转炉炼钢技术的不断完善和进步,包钢不断降低平炉钢产量,先后于1985年、1997年、1999年关停了3座平炉。1992年以后,包钢积极实施转炉扩容改造工程,至今已形成5座80 t、1座210 t转炉生产的新局面。特别是2001年11月4日包钢首座210t转炉顺利出钢,使关停最后一座平炉的时机终于成熟。

(中国矿联信息中心)

【锰铁行业存在主要问题】 1.*锰矿资源依赖进口,严重制约着锰铁行业的发展*。近年来,中国每年进口锰矿达百万吨,主要来自南非、巴西、澳大利亚、印度、加蓬、加纳和纳米比亚等国。国际上锰矿出口国趋于大型化、垄断化,锰矿的价格不断上涨。由于锰系铁合金生产大量依赖进口原料,已严重制约着中国锰铁行业的发展,若中国不采取有效措施,很有可能发生由“锰铁出口国变为进口国”。

2.*国内上游产品上涨,锰系铁合金成本普遍增加*。2001年第一季度焦炭价格仍将居高不下。山西、河北地区因焦炭出口猛增,2000年焦炭价格比1999年上升70~100元/t,而且价格还将继续上涨。

3.*设备陈旧和生产工艺落后,制约了锰系铁合金的高品位产品的发展*。国外生产的锰系铁合金含磷量可达0.05%,而中国有的锰铁企业生产0.25%含磷量的高碳锰铁还有困难。

4.市场价格高低悬殊,缺乏有效的协调措施。近几年,钢厂面对铁合金市场严重过剩,实行了招标采购,但在招标中又不制定合理价位标底,引发了不合理竞标。在对外贸易中,中国的铁合金出口屡屡被日本、美国、欧洲等国家地区,以价格低于同行认为的市场合理价而诉诸法律。

针对锰铁行业的困境和存在的问题,专家建议:

①坚决执行总量控制政策。虽然2001年锰系铁合金市场需求有所增长,但总量控制政策不能松动。要坚决贯彻国家经贸委、国家冶金局提出的“控制总量,调整结构、淘汰落后、开拓市场和推进技术创新”的要求。要加大淘汰小铁合金的力度,坚决淘汰100 m^3 以下的小高炉、3200 kV·A以下的矿热电炉。

②加强锰矿进口的协调。由于锰矿进口多头,各类外贸部门和各铁合金厂分别向国外采购,使锰矿价格不断攀升,如锰矿进口价已由前几年40多美元升至近90美元,因此,有关行业协会应当加强锰矿进口的协调工作,减少多头进口和盲目进口,以保证锰矿进口价格的稳定。

③合理制定价格,避免低价竞销。专家认为,锰铁价格与锰系低合金钢的合理比价应是1:14,在锰系铁合金的品种之间,也有比价不合理之处,上述情况有待加强行业协调,避免低价竞销。 (中国矿联信息中心)

【超纯磁铁矿粉市场前景看好】 超纯磁铁矿粉是普通铁矿粉的深加工产品,具有粒度细、纯度高、有害杂质少等特点,在国外已广泛用于粉末冶金、铁氧体永磁材料、电子化工、环保等领域。中国粉末冶金、铁氧体永磁材料等行业的原料主要是铁鳞,因其性能不稳定,化学成分复杂,难以生产质量稳定的优质高档粉末冶金制品。而用超纯磁铁矿粉替代铁鳞具有稳定性高、有害杂质少及开采量大等优点,有利于大规模生产性能一致的优质粉末冶金制品。

随着中国工业尤其是汽车工业和家电行业的迅速发展,国内对优质还原铁粉和高档铁氧体永磁材料的需求量越来越大。目前,年需高档永磁预烧料2万t,元器件5000 t;需优质还原铁粉6万~9万t,需超纯磁铁矿粉15万t/a,如果再加上磁性材料等行业的需求,则每年超纯磁铁矿粉的耗用量将成倍增加,而目前国内的生产能力不能满足需求。 (中国矿联信息中心)

【钒钢年应用量】 随着中国钢铁工业的技术进步和钒产业的发展,中国钒钢的应用稳步增长,1999年中国钒钢的应用仅53万t,到2000年,达到120多万t,平均年增长率达到10%左右。

钒越来越多地应用在航空、航天等高科技领域。在钢中加入钒可显著改善钢的性能,提高强度10%~20%,减轻结构重量15%~25%。近年来中国钒钢含量不断提高,品种不断增加,特别是在建筑用钢等方面,发展十分迅速,1996年时中国各种含钒低合金钢的平均年产量为45万t,到1999年已达65万t。目前产量在万t以上的企业达到12家。中国特大型钢铁钒钛开发生产基地攀钢是国内最大的钒产品生产企业,也是世界三大钒生产企业之一,在含钒的新品种开发、钢铁材料中钒的作用机理研究等方面,开展了大量的工作,70年代末攀钢的低合金钢比不到1%,经过20年努力,已经开发并转产低含金钢品种达50多个(其中微合金钢19个)。1999年攀钢产钢330万t,其中低合金钢(包括微合金钢)122万t,低合金钢比已达到40%左右,并已开发出了一系列钒微合金化高、中碳和含钒低碳微合金钢。和发达国家比,中国仍有很大差距。中国钒的应用水平仅有欧洲发达国家的一半,仍有很大的潜力可挖。

钒钢的推广应用工作应该得到高度重视,以促进中国钢铁产品的更新换代。 (中国矿联信息中心)

【铁精矿质量监督检测中心成立】 经国家技术监督局认证,国家冶金工业铁精矿质量监督检测中心于2001年成立。

中心是在原冶金部质量监督检测中心的基础上重新组建的,具有技术执行、质量监督、行政管理等职能,具有相对独立的第三方公正地位。该中心除了开展不同金属矿及其产品中有色、稀有及贵重金属元素的分析检测之外,磁性材料、耐火材料中的各种成分以及蔬菜、粮食、水产、植物油等农产品中低含量有害物质都能通过相应的仪器进行分析检测。该中心已成为安徽省无公害农产品指定检测单位。

(中国矿联信息中心)

【2001年中国钢铁年会】 由中国金属学会主办的中国钢铁年会,于2001年10月31日至11月2日在北京举行。来自日本、美国、韩国、印度和加拿大等19个国家的近千名代表参加了会议。

这是21世纪初全球钢铁界的一次盛会,会议的主题是“结构调整,技术创新,提高竞争力”。随着科技进步和全球经济化的推进,中国钢铁工业面临着组织结构、工艺技术结构、产品结构等调整的繁重任务。

大会由中国金属学会常务副理事长、中国工程院院士殷瑞钰致开幕词,代表大会组织和学术委员会欢迎世界各地的代表的光临。他说,召开这次盛会的目的，是为世界各地冶金专家、学者提供一个国际性的论坛，研讨有关热点问题，交流观点，推进科技进步，并对全球 化的冶金工业发展提出建设性意见。

国务院发展研究中心副主任陈清泰以《发挥比较优势，提高产业竞争力》为题作了发言。国际钢铁协会 Ian Christmas 作了题为《世界钢铁工业的现状与发展前景》的发言。他重点讲述了中、短期世界钢材需求问题。指出：2000 年，世界钢材用量达到历年来的顶峰。从中期预报看，钢材的需求仍然看好。面对市场竞争，钢铁企业必须改善投资并在加强自身市场竞争力的同时，切实改善服务。谁在满足用户需要上最具竞争力，谁就能获得生存与发展的主动性。

中国金属学会理事长翁宇庆以《中国钢铁材料发展现状及迈入新世纪的对策》为题，在简要叙述世界近代钢铁发展史的基础上，介绍了中国改革开放后中国钢铁工业发展的过程，分析了中国钢铁工业迈入新世纪后面临的挑战和机遇，并提出了努力的目标和战略对策的相应建议。作为科技部“973”项目“新一代钢铁材料重大基础研究”首席科学家，翁宇庆认为：当前生产的钢材还有巨大的性能潜力。从 90% 以上已生产的钢铁结构材料强度来看，目前生产的最高强度只有理论强 度的 1/6～1/7。在 20 世纪 90 年代“超级钢”推动下，新一代钢铁材料（高洁净，高匀性，超 细晶）将会陆续问世。谁掌握了这些生产技术，谁的产品就有更多的市场占有率。因此，要求做到“政府、科研、生产、使用”的广泛结合，以形成推动新一代材料开发、生产和应用的合力。

韩国浦项制铁所李元杓先生谈了浦项钢铁公司科技开发的现状和未来的计划。他说，浦项公司的目标是到 2004 年主要生产流程、技术达到世界最高水平。根据这一规划，公司在各生产工序，提出了不同的科研项目，包括 5 方面：高附加值、高质量钢种；降低生产成本；服务客户的应用技术；环保技术和产品；新一代创新技术。他说，为保证这 5 方面实现，每个方面都提出了相应的评估参数（KPP），每年都有 KPP 目标值。

日本新日铁技术发展部菊间俊夫先生在题为《新日铁的管理改革与技术发展》的演讲中说，到 2001 年，日本钢铁工业从创建到发展已经历了 100 周年的时间。可以说，当今钢铁工业的全球竞争实质上是新制钢技术的竞争。每个人都关注新工艺的出现。但从日本自身的经验来看，从日本的自身条件来说，高炉—转炉流程仍然是最可行、最具竞争潜力的流程。他还就改革管理增强技术创新潜力等问题发表了看法。

宝钢集团总经理谢企华通过宝钢联合重组的成功实践，阐述了钢铁业的战略发展趋势。宝钢、上钢、梅山的联合方式作为一个组织结构调整的典型，从 1998 年实行以来，在科研组织结构调整，信息管理组织结构调整等方面 都取得了明显的成效。

全国人大代表、武钢集团董事长刘本仁着重就技术创新、新品开发与企业核心竞争力问题作了发言。他说，武钢加大科技投入力度，加强技术改造和扩建。从 1993 年至 2000 年，8 年间投入了 247 亿元，仅“九五”期间就投资 130 亿元。有效的投入为开发新产品奠定了良好的基础 。“九五”期间，武钢开发新产品 72 个系列，172 个品种。这些高技术含量、高附加值的新品，大多填补了国内空白，大大提高了武钢角逐市场的竞争力。例如，国内大桥高强度桥板用钢，武钢的市场占有率达 100%。从 1996 年以来，武钢已取得了芜湖长江大桥等 20 余座大桥桥梁用钢供货权。

会上，鞍钢、首钢等有关方面的代表也作了发言。各位代表的演讲从不同的视角对全球钢铁工业的发展分析与市场进行了展望，启发了与会代表们的思路。

北京市市长、原冶金部部长，原中国金属学会理事长刘淇出席了会议并讲话；原冶金部部分老领导和国家经贸委、科技部、解放军总装备等单位有关负责人也出席了会议。（中国矿业年鉴编辑部）

【2001 年中国钢铁原料国际研讨会】 于 2001 年 11 月 6 日至 7 日，在上海举行。本次研讨会由中国钢铁工业协会主办、中国贸促会冶金行业分会与英国金属通报承办。

来自世界各地的 300 多位中外专家、学者和钢铁炉料的科研、营销人员，就当前世界钢铁原料市场的现状、发展趋势以及其对中国钢铁工业发展的影响等问题，进行了深入 广泛的探讨和研究，取得了合作发展、互利双赢的共识。

会上，中国钢铁工业协会会长吴溪淳作了题为《共创合作发展的新时代》的讲话，他说，面对新世纪政治多极化、经济全球化不断发展，科学技术突飞猛进的新形势和新挑战，政治家和企业家们认识到弘扬合作发展精神，实现全球范围内共同发展和繁荣，是解决目前世界政治、经济发展中存在问题，推动各国经济进一步发展的根本途径。贯彻合作发展精神，实现国内外钢铁生产和原料供应商之间长期合作和互利双赢。

吴溪淳指出，伴随着中国钢铁工业的发展，中国铁矿石的进口量逐年增加，2000 年达到 6997 万 t。2001 年 1 至 9 月进口了 6708 万 t，预计全年进口量将达到 8600 万 t。进口矿石炼铁量已占全国铁产量的 1/3。进入新世纪，中国进入了全面建设小康社会，加快社会主义现代化的新发展阶段，钢铁工业将继续发展，对铁矿石的需求量也将相应增加。中国的政策是坚持利用国际国内两种资源、两个市场，从全球范围来考虑铁矿石资源和稳定供应和优化配置,并希望和国外的矿石供应商建立长期稳定、互利互惠的战略合作伙伴关系。国内用户企业要在掌握合理配矿供应方案,确定合适炉料结构,发挥联合采购优势,降低采购成本,通过大船运输降低运输费等方面加强与国际矿石供应商的沟通与合作。通过合资合作方式联合在国外采矿,这将是中国矿石用户与国外矿石生产商开展合作的重要途径。同时,我们也欢迎国外矿业企业参与中国的矿业建设,特别是在技术、管理等方面加强与中方的合作。

与会的中外代表认为,中国作为当今世界上最大的钢铁生产国和消费国,确保稳定和持续的钢铁原料供应渠道,尤其是铁矿石的供应,对中国钢铁工业的健康发展尤为重要。目前,世界铁矿业界的重组兼并趋势愈演愈烈,导致世界铁矿石的生产越来越集中,市场竞争日趋激烈。世界铁矿业企业普遍看好中国的市场,愿意与中国合作。会上,国外企业代表提出了许多友好合作的建议和措施,热情地表示要为中国钢铁工业的发展作出更大的贡献。

参加会议有全球最大的矿石企业、供应商和国内矿石进出口贸易企业。它的成功举行,对促进国际钢铁原料贸易与合作有重要意义。

（中国矿业年鉴编辑部）

【中国联合钢铁网全线开通】 中国联合钢铁网开通暨与中国工商银行签订了电子商务合作协议新闻发布会,于2001年8月7日在北京召开。冶金行业的百余名代表和40多家新闻单位的记者参加了会议。这是中国工商银行首次与行业网站实施战略合作。中国工部银行副行长张衢表示对这一合作充满信心。国家经贸委、国家信息产业部、中国物流与采购联合会等单位的有关领导到会祝贺,中国钢铁工业协会会长、北京中联钢电子商务有限公司名誉董事长吴溪淳,首钢总公司董事长、中联钢公司董事长罗冰生向与会人士介绍了中国联合钢铁网的发起设想和发展思路。吴溪淳说,中国联合钢铁网的开通并与中国工商很行实施战略合作是钢铁行业的一件大事。联合电子商务是一项开创性事业,是顺应历史潮流的广阔事业。

中国联合钢铁网是由中国钢铁工业协会牵头,由宝钢、鞍钢、首钢、武钢。攀钢、太钢、马钢、包钢、唐钢、本钢、邯钢和中国多铁工贸集团等国内钢铁行业12家龙头企业联合组建的行业电子商务平台。这种联合方式,在国内电子商务界尚属首例。中国联合钢铁网已于7月 底全线开通,它的推出,预示着作为传统产业的钢铁行业在现代信息化建设方面进入一个新的高度。

据罗冰生董事长介绍,中国联合钢铁网一期工程投资500多万元,建成了网络信息平台和电子交易平台,已可以向钢铁业界及其上下游行业提供信息和产品的BtoB电子商务服务。它将从钢铁企业的企业采购、联合采购起步,再逐步向联合销售、企业销售开拓。他说尽管组建单位的钢产量占了行业的“半壁江山”,但光靠这12家是不够的,我们将联合全国所有的钢铁及相关企业,共建中国联合钢铁网,探索一条采用国际先进技术而又具有中国特色的钢铁电子商务发展道路。

中国工商银行是目前国内最大的商业银行。中国联合钢铁网与之合作,有利于提高交易等流通环节效率;降低行业成本,促进产业信息化。中联钢公司总经理杨小宁透露,协议签署后,双方将致力于联合开展钢铁行业 B to B 网上销售等电子商务,工商银行将向联合钢组织 的钢铁产品网上销售提供安全、方便、快捷的在线支付服务,并凭借先进的网上很行系统为 中联钢的12家股东企业及其他会员提供网上结算,网上购物,集团理财等优先、优惠的网上 银行服务,继而为钢铁行业链接供、产、销各环节上下游企业提供网上银行服务。

（中国矿业年鉴编辑部）

【冶金重点企业能耗情况】 据统计,近年来世界钢铁工业能源消耗占世界总能耗的10%左右,中国钢铁工业总能耗也占全国总能耗的10%左右。1999年全国产钢量为1.237亿t,冶金工业总能耗为12869.81万t标准煤。2001年全国产钢量为1.526亿t,冶金重点企业产钢量为1.206亿t,其能耗为11455.71万t标煤。

据统计,1999年中国钢铁工业能源结构是:70%煤炭(其中:48%为炼焦用煤,22%为动力用煤),26.8%为电力,3%为燃料油,2%为天然气。

根据2001年冶金重点企业统计汇总能源消耗情况进行计算得出,各主要工序能耗占钢铁工业总能耗的比例。

各主要工序能耗占钢铁工业总能耗比例

工序	烧结	焦化	炼铁	球团	转炉	电炉	轧钢	动力	合计
比例(%)	5.30	13.27	38.69	3.54	2.40	20.82	9.40	5.94	100

从表中可看出铁系统的能耗占钢铁工业总能耗的61.43%,其次为电炉和轧钢,分别为20.82%和9.40%。

（中国矿联信息中心）

【冶金矿山生产经营情况】 近几年来,中国冶金矿山在极其困难的条件下,围绕钢铁工业发展需要,紧密结合企业实际,坚持并积极实践深化改革、加强管理、科技进步、开拓创新的工作方针,埋头苦干,扎实工作,生产经营各方面都取得了显著的成绩。

1.*矿石产量稳定增长,国产铁矿石自给率近60%*。从生铁产量与矿铁平衡角度分析,铁矿石实际产量呈稳定增长趋势。这几年国内生铁产量增长很快，2001年达到14540万t，比2000年增长11.43%，尽管进口铁矿石也有大幅度的增长，2001年达到9230万t，比上年增长31.92%。但从矿铁平衡的情况看，进口矿只能满足生铁产量40%的需求，其余60%是由国内生产的铁矿石满足的，2001年国内铁矿石成品矿的产量最少在13000万t左右，相当于生产铁矿石原矿28000万t左右。据英国《金属通报研究》一份研究报告认为，中国2001年铁矿石原矿产量估计在28800万t以上。

2.*矿产品市场竞争能力明显增强*。2001年重点矿山企业铁精矿品位平均比上年提高0.32个百分点，精矿生产成本平均下降了3.2%。首钢矿业公司2001年可比产量成本比上年降低1.06亿元，降幅4.64%，精矿粉、氧化球团、烧结矿的输出品位分别完成68.14%、65.34%和57.33%，保持了国内同行业的领先水平；鞍钢弓长岭矿业公司实施的反浮选改造工程，使铁精矿品位由65.5%提高到67.5%，铁精矿硅含量由8%下降至4%以下，精矿成本比上年下降了9.84%，这些指标在世界上也是处于前列的；鞍钢鞍山矿业公司采用先进技术对赤铁矿选矿工艺进行了改造，齐大山一选精矿品位稳定在65%以上，二选精矿品位保持在66.50%～66.70%左右，这表明，鞍矿赤铁矿产品质量已经达到世界领先水平，这一改造每年可给鞍矿公司增加效益4000多万元，为鞍钢带来经济效益1.7亿元。

3.*主要技术经济指标继续改善*。2001年，重点露天矿平均劳动生产率比2000年提高13.73%，汽车效率提高3.5%，轮胎消耗下降26.08%，原矿生产成本下降3.92%；重点地下矿平均劳动生产率提高6.74%，采矿和掘进效率分别提高16.08%和46.15%，电力消耗下降3.17%；重点选矿厂平均劳动生产率年提高7.11%，球磨机利用系数提高2.23%，钢球消耗下降2%。首钢矿业公司76项主要可比指标中，有54项超过上年水平，24项达到或超过历史最好水平，11项达到或超过国内同行业先进水平；太钢矿业公司48项可比指标中，有28项超过2000年水平，10项达到国内同行业先进水平。

4.*非矿产业快速发展*。发展非矿产业是资源型企业实施可持续发展战略的重要内容，也是矿山企业调整产品结构的主要途径。中国冶金矿山，对已有的非矿产业项目进行了结构性调整，加大了新项目、新产品的开发力度，促进了非矿产业规模和效益的显著提高。2001年，梅山矿业公司非矿产值达到1.5亿元，占企业全部总产值的30%，首钢矿业公司实现非矿产值6.7亿元，比上年增长了15.5%。

5.*企业经济效益明显好转*。2001年绝大部分重点矿山企业实现扭亏为盈。鞍钢弓长岭矿山公司全年实现销售收入10.55亿元，在消化减利因素1.16亿元的情况下，实现利润1200万元，比2000年增利1500万元；首钢矿业公司全年实现利润1860万元，比2000年增利1亿元；鞍钢鞍山矿业公司全年实现利税3.36亿元；太钢矿业公司、武钢矿业公司、攀钢矿业公司、梅山矿业公司等矿山企业的经济效益均比2000年有较大幅度的增长。 （中国冶金矿山企业协会）

【冶金矿山面临竞争环境】 1.*钢铁原料供应全球化*。世界铁矿资源丰富，储量1400亿t，质量稳定，生产能力有余，扩大产能也有潜力，产量主要取决于钢铁产量和需求量的平衡。目前，美国、日本及欧洲发达国家普遍钢铁生产开工不足，对铁矿石的需求减少，世界主要铁矿石供应厂商纷纷着手拓展中国市场，旨在获得中国铁矿石市场的更大份额，已经并将积极寻求和中国大型钢铁企业的联盟与合作。

2.*全球铁矿产业进行兼并联合*。20世纪90年代后期，世界铁矿石市场竞争日趋激烈，为了寻求提高竞争能力、增加收益和改善效益，世界主要铁矿石生产企业加快了推进全球战略的进程，通过兼并、联合等方式实现采购、生产、销售的全球化，并能充分发挥其基础设施系统的效率，特别是铁矿石装运的专用铁路线和港口，从而达到优化资源配置，优势互补，降低经营成本，发挥规模效益，增强竞争能力的目的。据澳大利亚矿业经济(AME)对13年国家66个大型铁矿的调查估计，1997至2001年，铁矿石的平均FOB现金成本从9.71美元/t降至7.08美元/t，下跌了27%，预计2005年前铁矿石的平均成本还将继续下降。世界铁矿石生产巨头——CVRD、RioTinto和BHP Billiton公司通过兼并、联合，使其铁矿石出口量占世界铁矿石出口量的份额由1997年的30%增加到目前的50%，离岸成本也是世界最低的。

3.*钢铁生产追求精料*。高炉生产为了实现优质、低耗、高产和长寿的目标，首先要求提高原料质量，改善炉料的冶炼性能。进口粉矿与国产精矿相比，含铁品位高，杂质含量低，粒度颁均匀稳定，水份低，不但有利于提高烧结矿的产量和质量，改善冶炼性能，而且烧损小，能耗低，受到国内钢铁企业的普遍欢迎。世界主要铁矿石出口企业为了提高国际市场竞争能力，已经制定实施并将继续进行了一系统改善铁矿石产品质量的计划和措施。

4.*国内港口铁矿石码头建设加快*。近10年来，交通部门在冶金、铁路部门的配合下，先后扩建了宁波港20万t级卸矿泊位，建成了青岛前湾20万t级、1100万t卸矿能力的矿石码头，宝钢三期配套工程马迹山25万t级矿石码头也已投入使用，部分沿海港口、钢铁企业也根据自身发展需要改扩建了一批3～5万t级的中小型卸矿码头。目前,国内有万t级以上专业化矿石泊位28个,总装卸能力为12560万t,已经具备接纳超大型散货船的能力,码头专业化、现代化水平基本与国际接轨,新建码头装卸设备的技术水平达到了国际一流的水平。预计到2010年,国内港口10万t以上大型矿石接卸码头达9～10个,港口基础设施建设将有明显改善,矿石码头大型化、专业化水平进一步提高,有利于降低占进口矿全部成本费用50%左右的运输和港口费用。 (中国冶金矿山企业协会)

【冶金矿山结构调整和技术改造】 中国铁矿资源的采矿条件虽然比较分散,但储量的65%主要集中在10大成矿区,有实行集中选矿和深加工的条件;国内铁矿虽然原生品位低,但不少铁矿经过选矿工艺改造后,铁品位很高,而且有害元素和杂质量较少,是一种优质的冶金原料;国内高炉炼铁的炉料结构是以烧结矿为主,占90%以上,球团矿比例不足10%,而世界先进的炉炼铁炉料中,球团矿的比例不断增加,一般已增加到30%～50%;另外作为世界产量长期在10%以上增长的直接还原铁生产,几乎都是使用优质球团矿。

这些情况,为中国铁矿企业的结构调整和技术改造指明了方向,应该充分发挥就近供应和本身的资源优势,围绕钢铁工业发展的需要,在结构调整中,采用新技术和先进适用技术改造传统工艺,把有条件的铁矿企业做大做精,逐步实现合理的高效采矿、细磨精选和生产优质球团的格局,同时,大幅度地提高劳动生产率,降低各种消耗,实现中国铁矿发展的集约化和现代化,提高矿产品的国内和国际市场竞争力。

【冶金矿山企业制度改革】 过去矿山企业进行的改革,大多是出于自己的需要,一些旧体制下长时期积累的社会负担重、冗员过多、老职工的社会保障问题以及分离与企业主体无关的社会福利事业等问题,没有得到很好的处理,企业经营机制也没有实现根本性的转变。加入WTO后,就要按照市场经济的规则和要求进行改革,加快建立现代企业制度,逐步分离企业办社会的职能,推进老职工社会保障制度的建设,发展非矿产业,分流企业富余人员,降低矿山企业劳动密集度;坚持推行劳动、人事、分配制度改革,特别是把人事制度改革和分配制度改革结合起来,把经营者的激励和约束机制结合起来,形成科学合理的企业领导体制和组织制度,构建一个有效的激励机制和约束机制,最大限度地调动企业职工的积极性和创造性,以适应全球化的市场竞争环境。

(中国冶金矿山企业协会 邹 健)

【冶金矿山企业管理信息化建设】 面对经济全球化和中国加入WTO的新形势,冶金矿山企业必须充分认识管理信息化的重要性,增强紧迫感,结合企业的实际,广泛采用现代管理方法和手段,从地、采、选、烧、球等各生产工艺过程的自动测量、自动调度、自动控制、计算机辅助设计到企业人力资源管理、财务管理、物资采购消耗管理、客户服务管理、产品质量管理等方面,进行科学规划,分步实施,重点推进,做好管理信息化的各项基础工作,提高企业的科学管理水平。

(中国冶金矿山企业协会 邹 健)

【冶金矿山企业"对标挖潜"活动】 以科技进步推动节能降耗,继续深入开展"对标挖潜"活动。"对标挖潜"就是通过企业自己和历史最好水平对标、和行业先进水平对标、和世界先进水平对标,找出自身的差距,采取技术改造和加强管理等措施,不断进行改进。"对标挖潜"活动要与企业科技进步和节能降耗相结合,与加强企业管理相结合,积极推广节能技术、耐磨材料、新型设备和先进的管理经验等。

(中国冶金矿山企业协会 邹 健)

【矿山企业间合作与联合】 加入WTO后,矿山企业应大胆借助外力完善自己,向外部寻求优势互补,把与国内外企业形成战略合作关系作为发展自身竞争能力的必不可少的手段。随着信息时代的到来,还要不断谋求相互合作形式的升级和创新,在全国范围和国际范围的企业合作方面跟上时代的步伐,通过联合发展来打造冶金矿山行业的大型企业集团。

(中国冶金矿山企业协会 邹 健)

有色金属

【概况】 有色金属是重要的基础原材料,广泛应用于国民经济和国家安全的各个领域。自改革开放以来,中国有色金属工业得到了迅速发展,10种常用有色金属总产量已连续6年居世界第二位。

中国有色金属工业经过多年建设和发展,已经形成了包括矿山、冶炼、加工和地质勘探、工程勘察设计、建筑施工、科研教育等部门构成的完整工业体系。

到2000年底,规模以上有色金属工业企业近3000家,总资产3100亿元,从业人员130万人。10种有色金属冶炼能力900万t,其中铜160万t,铝330万t,铅120万t,锌220万t;铜材加工能力256万t,铝材加工能力335万t。2000年,10种常用有色金属产量775万t,其中铜 137 万 t,铝 289 万 t,铅 105 万 t,锌 195 万 t;铜材 155 万 t,铝材 218 万 t,实现销售收入 2200 亿元,利润 66 亿元。

1.“九五”取得的主要成绩。① 产量持续增长,缓解了国内供需矛盾。“九五”期间,有色金属产量快速增长,10 种有色金属产量年均增长率达 9.3%,改变了长期短缺的状况。目前,除铜受资源条件限制仍需进口外,铝供需基本平衡,铅、锌、镁自给有余,钨、锡、锑、钼、稀土等传统出口产品仍保持一定的出口规模,有色金属冶炼产品已由净进口转变为净出口。

② 部分大企业技术装备水平明显提高。通过对江西铜业公司、铜陵和大冶有色金属公司、长城铝业公司、平果铝业公司、青铜峡铝厂、株洲冶炼厂及华北铝业公司、洛阳铜加工厂、株洲硬质合金厂等企业重点改扩建项目的实施,采用了世界上最先进的铜铝冶炼和加工技术与装备,如奥托昆普闪速熔炼、诺兰达熔池熔炼、拜耳法生产氧化铝、160 kA 以上预焙阳极铝电解槽、高精度铜铝板带(箔)轧机等,使一批有色金属生产基地的工艺技术装备达到了国际先进水平。

③ 依靠科技进步,主要技术经济指标明显改善。通过推广强化熔炼、铝电解槽大型化、低浓度 SO_2 烟气制酸等先进工艺技术,有色金属行业主要经济指标取得了很大进步。1999 年与 1995 年相比,氧化铝综合能耗降低了 23.9%,铝锭综合电耗降低了 6.0%,铜冶炼综合能耗降低了 2.7%,氧化铝、电解铜、电解铅、电解锌的制造成本分别下降了 15.2%、30.2%、22.4% 和 8.1%,增强了企业的市场竞争能力。

④ 企业改革取得较大进展。有 20 家企业实行了股份制规范化改制,其中原中国有色金属工业总公司直属的 13 家企业通过 A 股、H 股上市共募集资金约 90 亿元,有力地支持了企业的技术改造和发展。36 家大中型企业实施了债转股;杨家杖子矿务局、新华钼矿等 7 家末期矿山实行了关闭;沈阳冶炼厂实施规范破产;通过联合重组成立了中国铝业公司,提高了有色金属工业的总体实力。

2.存在的主要问题。① 矿产资源紧缺,形势严峻。中国铜矿品位低、大型铜矿少,可供利用的资源严重不足,难以满足铜工业发展需要。铝土矿储量虽然丰富,但大多属于高铝、高硅、低铁的一水硬铝石,矿石的溶出性差,且铝硅比偏低,与国外高铝硅比、易溶出的三水铝石相比,在氧化铝回收率、碱耗和综合能耗方面有较大差距。铅、锌、钨、锡、锑、稀土矿资源比较丰富,但富矿多数已开发利用。由于长期以来普遍存在的滥采乱挖,采富弃贫,使资源损失严重,资源优势逐步减弱,已面临无好矿可建的局面,铅精矿已大量进口,2000 年进口量达 31 万 t。

② 产品结构不合理。到 2000 年底,10 种有色金属矿山原料年生产能力 550 万 t,而冶炼能力达 900 万 t,矿山建设严重滞后于冶炼,40% 以上的铜精矿、30% 左右的氧化铝需进口。初级加工能力过剩,目前铜铝加工能力的利用率不足 50%。高新技术产品、高精度产品满足不了国民经济各行业发展的需求,如高精度铝板带、高档铝箔、电解铜箔、引线框架材料、电站用超长铜冷凝管、高纯金属材料、大直径单晶硅、航空航天材料、电池用无汞锌粉等主要依靠进口解决,按价值量计算占有色金属进口总额的 45%。

③ 生产集中度低。全国共有电解铝厂 116 家,平均规模 2.4 万 t/a,大于 10 万 t/a 的企业 8 家,占总能力的 39%。50 家铜冶炼厂,平均规模仅 2 万 t/a,大于 10 万 t/a 的企业 4 家,占总能力的 34%。770 多家铅锌冶炼厂,平均规模 0.3 万 t/a,规模在 5 万 t 以上的铅锌厂 11 家,占总能力的 50%;2500 多家铜铝加工企业,年销售收入超过 10 亿元的企业仅有两家。发达国家铜熔炼和电解铝厂的规模一般都在 20 万 t 以上,铅锌冶炼厂规模一般在 10 万 t 以上。

④ 技术装备落后,环境污染严重。按生产能力计算,目前技术装备达到国际先进水平的不足 20%。大多数中小企业技术装备落后,众多小冶炼企业仍采用土法工艺,浪费资源,污染严重。国家限期淘汰的 6 万 A 培以下及环保不能达标的自焙阳极电解槽,2000 年仍有 1 万余台,约占电解铝生产能力的 50%;中小炼铜厂仍沿用落后的反射炉、鼓风炉工艺,SO_2 利用率只有 65%;中小铅冶炼企业,普遍采用烧结锅炼铅工艺,烟气浓度低,无法利用,每年排入大气中的硫达 25 万 t;铜、铝加工“二人转”等落后轧机设备仍占相当比重。

⑤ 部分产品市场秩序混乱。受经济利益驱动,部分有色金属产品生产、流通秩序混乱。甘肃、陕西、广西、湖南、江西等地区有色金属矿产资源无证开采屡禁不止,浪费严重;稀土、锡、锑、钨、镁等初级产品大量出口、无序竞争,给国家造成极大经济损失。

(国家经贸委行业规划司)

【有色金属工业面临形势和市场环境】 1.世界有色金属工业发展趋势。

① 联合重组加快,产业集中度提高。为了适应市场竞争,国外大企业近年来普遍加快了收购、兼并、联合步伐,组建更大规模的跨国公司(多数为采选冶加工联合企业),实现规模化运营,扩大市场份额。美国铝业公司(Alcoa)是一家集铝土矿开采、氧化铝、电解铝生产和铝材加工为一体的综合性铝业集团,1998 年兼并了美国阿鲁玛克斯(ALUMAX)公司,收购了世界第三大制铝公司美国雷诺兹金属公司(Reynolds),现年销售额

达210亿美元,年生产铝352万t,占世界铝产量的15%。澳大利亚BHP公司兼并了英国比利顿公司(Billiton),市值达280亿美元,年销售收入186亿美元,年生产铜精矿含铜量100万t,约占世界铜精矿总产量的8%,居世界第二位。

② 初级产品向资源丰富国家转移。有色金属工业属资源开发型产业。随着市场竞争进一步加剧,受资源条件、能源供应、劳动力价格等因素影响,有色金属初级产品生产向资源条件好的国家转移。1999年智利、印度尼西亚、澳大利亚、加拿大和秘鲁5个铜资源丰富国家生产铜精矿含铜量700万t,占全球总产量的比重由1995年的43.8%提高到55%。未来铝的增长则主要集中在非洲、南美、中国及南亚等地。

③ 依靠科技进步,生产成本不断降低。随着科学技术的不断发展,有色金属生产成本不断下降。如湿法炼铜成本比传统火法冶炼成本低30%左右。1999年世界湿法炼铜产量达231.4万t,占世界铜产量的16.2%,与1992年的76.6万t相比,年均递增17.1%。预计未来10年内,湿法炼铜产量占总产量的比例将提高到25%左右。拜耳法和大型预焙槽电解技术的不断改进和广泛采用,使氧化铝、电解铝生产成本不断降低。惰性阳极,可湿润阴极电解槽的研制开发成功,使电解铝电流效率提高到97%以上,将使铝的生产成本进一步降低。

④ 新材料发展迅速。世界新材料发展迅速,大直径半导体硅材料、磁性材料、复合材料、智能材料、超导材料生产技术的开发、完善,使得结构材料复合化及功能化、功能材料集成化及智能化得以不断实现,如具有优良比强度、比模量的铝锂合金已被广泛应用于航天、航空飞行器、低成本发射装置;稀土永磁材料大量用于计算机、永磁电机、核磁共振仪等高技术领域;镍氢电池已实现大规模产业化,锂离子电池普遍用于通讯、计算机生产领域。既开拓了新的有色金属消费领域,又促进了新材料产业的发展。

⑤ 国际贸易日趋活跃。1999年世界铜、铝、铅、锌贸易量分别为669万t、1302万t、150万t、293万t,分别比1990年增长了89.7%、68.1%、72.4%、51.2%,占1999年世界铜、铝、铅、锌总产量的比例分别为46.9%、55.2%、24.8%、34.5%,比1990年分别提高14、15、9、6个百分点。贸易量增长幅度远远高于同期生产量的增长。

2.市场需求预测。"十五"期间,信息产业、交通、能源、建筑等消费有色金属较多的行业将保持快速发展,中国有色金属需求量仍呈现上升趋势。到2005年,铜、铝、铅、锌需求量分别为200万t、380万t、60万t、120万t;铜、铝年均消费增长率分别为1.0%、2.2%,铅锌略有增长。铜加工材需求量260万t,铝加工材需求量280万t。

铜消费的主要领域有电器、电子、轻工和交通运输,其消费量约占总量的77%。铝消费的主要领域有建筑、机械、包装和能源,约占总量的78.3%。铅消费主要领域有蓄电池、玻璃、电缆和制造业,约占总量的85.6%。锌消费的主要领域有轻工、冶金、颜料和铜合金材用锌,约占总量的84%。

世界有色金属消费量仍将稳步增长,但消费增长低于同期产量增幅。1999年与1990年相比,电解铜产量年增长率为4.8%,消费量年增长率为3.3%;电解铝产量年增长率为4.7%,消费量年增长率为3%。预计未来五年内,全球铜、铝需求仍保持2%～3%的增长率,铅锌需求也将保持1%～2%的增长率,供大于求的总体趋势不会改变,价格将呈周期性波动,竞争更趋激烈。

3.加入世界贸易组织的影响。中国有色金属工业较早与国际接轨,积累了利用"两种资源"、"两种资金"和开拓"两个市场"的经验。加入世界贸易组织,将有利于企业进一步转变观念,更加广泛采用国外先进技术和管理方法,发挥比较优势,全方位参与国际竞争。但同时也面临着严峻的挑战,一是与国外先进水平相比,国内企业在装备水平、新产品研发能力、能源资源利用效率、营销服务等方面存在较大差距;二是关税降低,国内有色金属深加工、高附加值产品生产企业竞争力较弱,将受到一定冲击;三是在高技术、新材料领域,跨国公司在资金、技术、管理和营销等方面具有较大优势,国内高新技术企业将面临更加激烈的竞争。

(国家经贸委行业规划司)

【有色金属工业发展指导思想及目标】 1.指导思想。以市场为导向,以经济效益为中心,以科技进步为动力,加快结构调整。重点发展矿产原料、深加工产品和新材料。搞好总量调控,加快淘汰落后工艺装备。加强技术创新,推进清洁生产。开拓两个市场,利用好两种资源。培育有国际竞争力的大型企业集团,实现有色金属工业持续、健康发展。

2.规划目标。① 总量调控。2005年10种有色金属产量调控目标为800万t,其中铜170万t,铝350万t,铅90万t,锌170万t。锡、锑各6万t,钨1.2万t,稀土氧化物6万t。

② 产品结构。铜精矿含铜量55万t,氧化铝产量600万t,铅锌精矿维持现有产量;完善并促进废杂料的回收,提高再生金属产量。铜加工材市场占有率由2000年的66%提高到2005年的70%;铝加工材由82%提高到90%。集中力量发展目前国内大量进口的有色

金属深加工产品,加快半导体及高纯材料、超导材料、储氢材料、高性能电池材料、粉体及微孔材料等新材料的产业化。

③ 技术装备。大型企业工艺技术装备和主要技术经济指标接近或达到世界先进水平。电解铝直流电耗:2000年为14300 kW·h/t,2005年降到13500 kW·h/t;粗铜能耗:2000年为0.72 t标煤/t,2005年降到0.65 t标煤/t;铜、铝加工成材率提高3~5个百分点。大于160 kA铝电解槽生产能力占总能力70%;采用强化冶炼的铜、铅先进生产能力分别占85%、60%。采用湿法和密闭鼓风炉法炼锌的先进生产能力占90%以上。

④ 组织结构。通过联合重组,培育12个具有国际竞争力的大型企业集团;组建810家具有比较优势的区域性集团,生产高附加值产品,在国内有较强竞争力;创建一批以新材料产业化为主的高新技术企业;中小企业以专业化生产为主,向特、精、深、新方向发展。铜、铝、铅、锌前5位企业产量占总产量的比重2005年分别达到75%、60%、50%、65%。

⑤ 环境保护。在2000年的基础上,2005年工业污染物排放总量再削减10%;工业水复用率由2000年的79%提高到2005年的85%以上。大中型冶炼加工企业环保设施达到国际先进水平,粗铜冶炼硫回收利用率达到95%,粗铅冶炼硫回收利用率达到90%,建成一批"清洁生产"企业。 (国家经贸委行业规划司)

【有色金属产业及产品结构调整】 1.铜工业。优先发展矿产原料,增加高技术含量铜加工产品。控制冶炼能力增长,引导冶炼企业投资矿山和深加工,培育一批优势企业参与国际竞争。

① 充分利用国内外两种资源,增加原料供应。抓好"九五"铜矿山建设工程的达产达标和老矿山接替工程,充分发挥投资效益。积极创造条件,开发国内新矿山,对前期工作准备充分的项目,尽早开工建设,争取精矿含铜生产能力增加10万t左右。充分利用国外资源,通过签订长期供货合同、海外投资办矿等多种方式,建立起稳定的原料供应基地。搞好与赞比亚谦比西铜矿的合作开发。

② 严格控制冶炼能力增加。"九五"期间中国大部分铜冶炼企业进行了全面的技术改造,技术装备水平基本处于国际先进水平,今后重点是推进清洁生产,进一步改善环境、降低成本,提高竞争力。现有铜熔炼、电解铜生产能力已可满足2005年的需要。严格限制以扩大生产能力为目的,无原料来源的新建、扩建铜熔炼和电解铜项目。对污染严重、金属回收率低的小型铜熔炼厂,按国家有关政令、法规予以淘汰。

③ 发展铜加工材紧缺品种。鼓励企业通过技术改造,提高技术装备水平,发展国内紧缺品种,如电力工业用超长冷凝管、高效散热管,厚度18μm以下及宽度1.2 m以上的电解铜箔、电子工业用引线框架铜材、变压器用铜带等产品。严格控制新建一般铜加工项目,淘汰"二人转"式轧机、热轧方法生产铜线杆等落后工艺,一般铜加工材能力不再扩大。

2.铝工业。积极创造条件发展氧化铝,集中力量发展铝加工紧缺品种,加快电解铝工艺技术装备升级,严格控制电解铝总量增长,避免重复建设,培育具有国际竞争力的大型企业集团。

① 鼓励发展氧化铝。重点对现有氧化铝厂进行扩建和改造。主要有广西平果铝业公司二期工程、长城铝业公司中州铝厂扩建工程、山东铝厂、贵州铝厂、长城铝业公司氧化铝厂的技术改造工程等。充分利用现有设施,做到投资省、见效快。利用国外氧化铝资源是铝工业发展的一项长期战略方针,要继续加强与国外铝业公司的合作,建立长期、稳定的供货渠道,对进口氧化铝,要加强统一管理和协调。

② 对电解铝总量增长严格调控。2005年,电解铝需求量约380万t,现有电解铝能力已达340万t/a,缺口已不大,对电解铝实施严格总量调控,新增电解铝项目必须纳入统一规划。自焙槽改造,要严格遵循"总量控制、因厂制宜"的原则,严格审批。

③ 集中建设预焙阳极生产企业。鼓励采用股份制、联营联合等方式,选择在石油焦产地,集中建设预焙阳极生产企业。

④ 发展铝加工材紧缺品种。支持企业通过技术改造,发展高精度铝板带、电子铝箔、亲水铝箔、大型铝型材和涂层铝材,积极创造条件建设一套热连轧铝板生产线。一般铝加工能力不再扩大,严格控制新建铝加工项目,限制铸轧能力的扩大。

3.铅锌工业。围绕节能降耗、环境保护,加快技术改造,培育一批集采选冶一体化,具有国际竞争力的优势企业。在满足国内需求的基础上,逐步减少出口。

① 严格控制冶炼能力增加。目前,中国铅锌产量供大于求,2000年铅出口44万t,占总产量的40%;锌出口量60万t,占总产量的30%。国内铅锌生产原料供应不足,大部分富矿已开采利用,未开发利用资源大部分建设条件较差。目前铅锌精矿已大量进口。要严格控制新建铅锌冶炼企业和现有企业生产能力扩大,加快淘汰土法炼铅锌的工艺及设备。

② 加强大中型企业技术改造。鼓励大、中型铅锌冶炼企业,围绕提高技术装备和综合利用水平、降低消耗和生产成本,改善环境,采用国内外先进的冶炼工艺和低浓度二氧化硫制酸工艺进行技术改造,实现产业升级。

4.其他有色金属。镍保持现有生产水平，重点支持金川镍基地产业升级等配套建设。根据市场需要，鼓励镍企业发展镍盐等深加工产品。

钨、锡、锑、稀土等国家保护性矿种和中国传统出口金属，要根据国内消费和合理的出口需要，加强资源保护和合理开发，严格控制矿山能力、冶炼能力和产量，使资源优势真正转化为产业优势。鼓励企业扩大产品品种，发展延伸产品及深加工。发展精细化工产品、高质量硬质合金、锆材、钛材、高比容钽粉、细径钽丝等。加快白钨资源的开发利用。

5.有色金属新材料。加强电子、信息、建筑、交通、机械、家用电器、国防等行业所需新材料的科研开发，形成具有自主知识产权的新材料生产技术，填补新材料产品技术和市场空白。以企业为主体，集中资金和力量，提高新材料研究开发的技术装备水平，加快科研成果的产业化，实现规模化生产。充分利用中国稀土、铌、钒、钛、钨、锑等资源，发展具有资源优势的新材料，积极参与国际竞争，改变初级产品大量出口的状况。

（国家经贸委行业规划司）

【有色金属工业技术结构调整】 推广先进适用技术，加强新技术、新工艺开发，促进高新技术产业化，培育新的经济增长点，加速淘汰落后的工艺和技术，提高有色金属工业发展的质量和效益。

1.推广先进适用技术，搞好一批产业化示范工程。推广坑内矿山无轨开采技术、选矿厂预选抛废技术、多碎少磨、多段磨矿新工艺、强化熔炼技术等。选择一批先进、成熟、可靠，且具备实施产业化条件的高新技术成果，搞好产业化示范工程，主要有：选矿拜耳法生产氧化铝、白钨矿制取仲钨酸铵及硬质合金深加工工艺和成套设备、超细高活性球形锌粉、汽车换热器铝合金材料、大规模集成电路引线框架铜带、钛镍记忆合金医用器材和多晶硅等。

2.加大科研开发力度，搞好技术创新。

① 提高资源保护程度和资源综合利用率。按照“加强西部、深化东部”的原则，重点开展中西部成矿远景区带有色金属矿产资源评价研究，东部主要矿集区资源巨量富集作用及定位预测综合研究和重要生产矿山接替资源评价研究。

开展中西部地区铜、铅、锌、钽、铌等复杂、难选矿山资源的选矿工艺、设备、药剂、自动控制等方面的技术研究和集成开发。开展多金属资源、镁锂资源，矿山尾矿、冶炼排放废气、废渣、废水等的综合利用和废金属回收工艺技术研究。

② 新工艺、新技术。湿法冶金和生物冶金技术的研究开发。重有色金属强化冶炼工艺技术及装备的研究，重点是铅强化熔炼、硫化铅精矿富氧熔炼还原熔炼新工艺的研究。研究投资省、工期短、成本低的电解铝自焙槽综合改造技术。

3.淘汰落后工艺技术装备。

① 土法炼铅锌。包括采用烧结锅、烧结盘、简易土高炉等落后方式和设备土法炼铅；用马弗炉、横罐、小竖罐等进行焙烧，简易冷凝设施收尘等落后方式和设备生产锌或生产氧化锌制品。

② 土法炼汞。包括采用土铁锅或土灶、蒸馏罐、坩埚炉及简易冷凝收尘设施等土法炼汞及年产汞 10 t 以下的企业。

③ 土法炼砷。包括采用土坑炉或坩埚炉焙烧、简易冷凝设施收尘等落后方式炼制氧化砷或金属砷制品的土法炼砷及年产砷(或氧化砷制品含砷量)100 t 以下的企业。

④ 炉床面积小于 1.5 m^2 以下的鼓风炉炼铜、冶炼烟气制酸干法净化和热浓酸洗涤工艺技术和设备。

⑤ 60kA 以下和环保不能达标的自焙槽电解铝技术及装备。

⑥ 热轧方法生产铜线杆。

⑦ 离子型稀土矿酸浸冶炼工艺和设备。

⑧ 未经国家主管部门批准开办的钨、锡、锑、离子型稀土矿山、冶炼及钨加工(含硬质合金)企业。

⑨ 土法炼锑工艺及设备。包括采用地坑炉、坩埚炉、赫氏炉等落后方式炼锑。

4.加速有色金属企业生产、经营管理的信息化进程。建立全行业信息网络，搭建有色金属行业信息、数据交换平台，建设信息资源数据库。建立或完善企业生产、经营、管理等内部局域网和远程通讯网，提高生产和服务的自动化、智能化、数字化和网络化水平，即时监控企业生产物资流、信息流、资金流及市场动向，使企业决策科学化。建设中国有色金属实时交易系统，促进国际、国内有色金属市场融通。

（国家经贸委行业规划司）

【有色金属区域结构调整】 发挥中西部地区有色金属矿产资源和能源的比较优势，加快矿产资源的开发。依托现有大型企业，建设一批新的有色金属矿山基地。加大金川铜镍、湖南柿竹园、广西大厂多金属和青海湖镁锂等资源的开发与综合利用力度。进一步搞好青海、贵州、平果铝厂(铝业公司)及西南铝加工厂等现有大企业的高起点技术改造和环境保护工作，形成一批优势企业。

东部地区老企业多、加工企业集中，具有技术、人才、资金和市场优势，但现有资源满足不了冶炼和加工企业发展的需求。鼓励企业投资西部矿山开发建设，积极利用国外资源,加快现有冶炼和加工企业技术改造步伐,发展深加工、精加工高附加值产品,同时做好引进技术的消化吸收和推广工作,增强技术创新能力,实现高水平发展,参与国际竞争。

(国家经贸委行业规划司)

【有色金属工业组织结构调整】 深化有色金属企业改革,实施大集团战略。组建各种类型的大公司和企业集团,提高生产集中度。延伸有色金属产业链,组建一批具有国际竞争力的特大型企业。

1.按照规模经济和专业化分工的原则,组建各种类型的企业集团。通过兼并、联合、参股等方式,推动存量资产重组,发挥中国铝业公司、江西铜业公司、铜陵有色金属公司、葫芦岛锌厂、株洲冶炼厂等优势企业的龙头作用,提高规模经济效益,更好满足市场需求和维护市场竞争秩序。支持中小企业向专业化方向发展,形成一批实力雄厚的专业化生产企业,逐步改变目前品种趋同、过度竞争的局面,使有色金属工业生产进入良性循环。

2.按照优化产业链的要求,推进行业内采选、冶炼、加工。企业通过联合实现一体化经营或组成战略联盟,鼓励铝电联产。

3.按照现代企业制度的要求,推动企业改组、改制。大型企业通过规范上市、中外合资、互相参股等形式,组建投资主体多元化的有限责任公司或股份有限公司。国有中小企业采取联合、兼并、股份合作制等形式,进行生产经营机制的转化。继续对资源枯竭、长期亏损、资不抵债的国有企业依法实施关闭、破产。

(国家经贸委行业规划司)

【有色金属工业发展政策措施】 1.加强地质勘探工作。重点安排铜、铅、锌等矿产资源勘探、找矿。对现有矿山的深部和周围加大勘探力度,增加储量,延长寿命,主要矿山有金川、中条山、锡铁山、红旗岭、水口山、大厂、云锡等。加大新区找矿力度,重点突破天山铜金、柴达木铅锌、西成铅锌,川滇铜锌矿带,提交可供建设的大型铜、铅、锌矿床。

2.支持中西部地区矿山开发建设。目前中国可供建设的大型铜、铅、锌矿山,多数位于中西部地区,为保持国产矿在矿产原料中的适当比例,国家采取优惠政策,大力支持中西部地区矿山的开发建设。

3.充分利用国外有色金属资源。主要是铜、铝、铅、锌资源,鼓励企业到有色金属资源丰富的国家建立原料供应基地,通过风险勘探、投资办矿、签订长期供货合同、承包建设等,多渠道增加铜、铅、锌精矿和氧化铝供应量。

4.积极推进铝电联营。电解铝生产是耗电大户,为了进一步降低成本,应积极推进铝电联营,实现稳定、廉价电力保障,降低电解铝生产中电费所占成本比重,以增强中国铝工业的竞争力。

5.支持环保、节能和综合利用技术改造。支持企业节能降耗、环境治理及综合利用技术改造。对资源综合利用及处理废渣、废水、废气形成的新兴产业和产品,实行优惠政策。

6.整顿和规范市场经济秩序。进一步修订完善有色金属工业产业政策,适时颁布鼓励发展、禁止投资和淘汰落后工艺的产品目录,引导投资,防止低水平重复建设。加强执法力度,禁止有色金属矿产资源的无证开采和乱采滥挖;取缔污染严重,对人民生命财产安全造成危害的土法炼砷、汞、铅、锌、锡、锑等。对钨、锡、锑和稀土等矿产资源实行保护性开采。加强有色金属废杂回收和来料加工贸易管理。

(国家经贸委行业规划司)

【有色金属工业经济运行情况】 2001年世界经济低迷,美国等西方有色金属消费大国有效需求不足,国际市场多数有色金属的价格下滑。在国内经济持续、稳定发展形势带动下,中国有色金属工业生产继续增长,实现利润仍好于上年盈利水平,但有色金属出口贸易出现负增长。

1.有色金属工业生产继续增长。

① 10种有色金属产品产量超过880万t。2001年10种有色金属产量883.7万t,同比增长12.75%。其中,矿产804.2万t,同比增长12.93%;杂产(再生)79.5万t,同比增长10.92%。2001年铜产量152.4万t,同比增长11.15%;铝产量357.6万t,同比增长19.62%;铅产量119.5万t,同比增长8.65%;锌产量203.8万t,同比增长4.12%;镍产量4.97万t,同比下降2.36%;锡产量10.51万t,同比下降6.49%;锑产量14.79万t,同比增长30.54%;镁产量19.97万t,同比增长40.53%。

2001年十种有色金属产量按地区分,前六位的省份是:河南省106万t、湖南省90.5万t、云南省83.6万t、广西壮族自治区72.6万t、甘肃省63万t、辽宁省52.5万t。

2001年氧化铝产量474.6万t,同比增长9.66%;矿产粗铜产量114.45万t,同比增长12.88%。

② 6种常用有色金属矿山原料总产量回落,钨、钼精矿有升有降。2001年6种精矿含量319.7万t(未包括群采矿金属量,下同),同比下降2.56%。其中,铜精矿含量58.7万t,同比下降10.1%;铅精矿含量67.6万t,同比增长3.04%;锌精矿含量169.3万t,同比下降4.89%;镍精矿含量5.15万t,同比下降2.18%;锡精矿

含量9.29万t,同比下降6.54%;锑精矿含量9.66万t,同比下降2.72%。

2001年生产钨精矿折合量(折三氧化钨65%)5.33万t,同比增长17.14%;生产钼精矿折合量(折纯钼45%)6.32万t,同比下降1.1%。

③ 有色金属加工产品产量继续增长。2001年铜材产量185.8万t,同比增长16.34%。其中浙江省57.2万t、江苏省40.2万t、广东省20.7万t、河南省13.3万t、上海市13.2万t、辽宁省10.4万t。2001年铝材产量234.2万t,同比增长7.83%。其中广东省52.2万t、江苏省22.2万t、河南省21.5万t、重庆市17.4万t、浙江省16.5万t、辽宁省16.4万t、福建省13.8万t、山东省12.2万t。

2001年生产铜盘条41.9万t,同比增长14.79%;生产铝盘条12.0万t,同比增长27.99%。

从2001年生产情况看,有色金属冶炼产品产量继续增长,而矿山原料产量下降,国内铜、铝、铅、锌等常用有色金属矿山原料日趋短缺,均需要大量进口才能满足冶炼企业的需要。

2.有色金属工业经济效益情况。2001年在国际市场常用有色金属价格普遍下滑情况下,中国有色金属工业仍取得了较好的经济效益,实现利润高于2000年的盈利水平。

① 规模以上企业实现销售收入继续增长。规模以上有色金属工业企业2001年实现销售收入2356.6亿元,比2000年增长6.54%。从各月份的累计增长幅度看,增幅呈下滑的态势,上半年的增长幅度为11.56%,下半年增幅下降到10%以下。从企业所有制形式来看,国有及国有控股企业实现销售收入1204.1亿元,所占比例为51.1%,非国有企业实现销售收入1152.5亿元,所占比例为48.9%。

从地区分布情况看,2001年规模以上有色金属企业实现销售收入超过100亿元的有8个省。分别是:江苏省实现销售收入232.3亿元、河南省实现销售收入182.6亿元、浙江省实现销售收入168.6亿元、广东省实现销售收入151.4亿元、辽宁省实现销售收入138.0亿元、湖南省实现销售收入133.1亿元、云南省和甘肃省均实现销售收入126.5亿元。

从行业分类看,2001年铝采选冶企业实现销售收入534.7亿元,铜采选冶企业实现销售收入408.3亿元,铅锌采选冶炼企业实现销售收入289.4亿元,轻有色加工企业实现销售收入344.1亿元,重有色加工企业实现销售收入330.7亿元。

2001年实现销售收入超过30亿元的有色金属工业企业有10家。这10家企业分别是:中国铝业公司实现销售收入194.2亿元,铜陵有色金属(集团)公司实现销售收入66.9亿元,江西铜业公司实现销售收入56.9亿元,深圳市中金岭南有色金属股份有限公司实现销售收入43.6亿元,云南铜业集团有限公司实现销售收入39.8亿元,葫芦岛锌厂实现销售收入34亿元,云南冶金集团总公司实现销售收入32.8亿元,株洲冶炼集团有限责任公司实现销售收入为32.8亿元,陕西有色金属有限公司实现销售收入30.5亿元。

② 有色金属工业实现利润超过70亿元。2001年规模以上有色金属工业企业共实现利润71.37亿元,比2000年增加5亿元,同比增长7.64%。其中国有及国有控股企业实现利润40.97亿元,同比增长6.58%,占规模以上企业实现利润的57.4%;非国有企业实现利润30.4亿元,同比增长9.12%,占规模以上企业实现利润的42.6%。

从分地区情况看,规模以上有色金属企业实现利润超过5亿元的有5个省、区。这5个省、区分别是:河南省实现利润10.43亿元、江苏省实现利润5.67亿元、浙江省实现利润5.53亿元、广西壮族自治区实现利润5.42亿元、山西省实现利润5.39亿元。

按行业小类分,铝采选冶企业实现利润32.62亿元,占有色行业利润总额的45.7%;铅锌采选冶企业实现利润7.97亿元;其他稀有稀土金属采选冶企业实现利润6.3亿元;轻有色压延加工企业实现利润8.1亿元;重有色压延加工企业实现利润4.78亿元。

2001年规模以上有色金属工业企业中,亏损850家,亏损面为24.85%,亏损企业个数比上年增加122家。其中国有及国有控股企业亏损个数261家,亏损户数增加28家;亏损企业亏损额23.19亿元,同比增亏3.35亿元。其中国有及国有控股企业亏损额12.60亿元,比2000年略有下降,占规模以上企业亏损额的比例由上年的64.32%降至54.33%。

2001年规模以上有色金属企业实现利税177.3亿元,比2000年增长4.55%。其中国有及国有控股企业实现利税110.8亿元,占规模以上企业实现利税的62.47%;非国有企业实现利润66.5亿元,占规模以上企业实现利税的37.53%。

3.管理费用和财务费用下降。2001年规模以上有色金属企业销售费用44.1亿元、管理费用134.9亿元、财务费用59.7亿元,与2000年相比较,销售费用上升8.24%、管理费用下降6.04%、财务费用下降22.00%。2001年规模以上有色金属企业三项费用合计为238.7亿元,比2000年三项费用减少22.1亿元。2001年国有及国有控股企业三项费用161.8亿元,其中销售费用21.2亿元、管理费用100.0亿元、财务费用40.7亿元;国有及国有控股企业三项费用比2000年减少26.5亿元,其中销售费用增加2.4亿元、管理费用减少10.6亿元、财务费用减少18.3亿元。国有及国有控股企业三项费用与2000年比虽有所下降,尤其是债转股后财务费用大幅度下降,但与其他多种所有制企业的三项费用所占产品销售收入的比例相比仍偏高,尤其是管理费用所占销售收入的比例偏大。因此加强管理,减少三项费用支出仍是国有企业增加利润的重要途径之一。

④ 规模以上有色金属企业资产变动情况。2001年,规模以上有色金属企业拥有资产总额为3402.4亿元,比2000年增长10.36%;负债总额为2150.9亿元,比2000年增加8.78%。资产负债率由2000年的64.14%下降到63.22%,下降了0.92个百分点。

2001年末国有及国有控股企业拥有资产总额2410.1亿元,同比增长7.41%,占规模以上企业的比例为70.83%。

2001年末国有及国有控股企业资产负债率与2000年大体持平。2001年末资产总额超过50亿元的有色金属工业企业有10家。这10家企业分别是:中国铝业公司493.5亿元,江西铜业公司121.8亿元,铜陵有色金属(集团)公司87.5亿元,云南铜业集团有限公司87.3亿元,葫芦岛锌厂80.5亿元,白银有色金属公司78.4亿元,陕西有色金属有限公司67.8亿元,金川集团有限公司62.3亿元,辽宁忠旺集团有限公司55.2亿元,云南冶金集团总公司55.1亿元。 (王华俊)

【有色金属工业生产经营】 1.生产情况。① 多种有色金属产品产量继续增长。2001年全国10种常用有色金属总产量突破800万t,达到883.7万t,同比增长12.75%。其中:铜产量152.4万t,同比增长11.15%;铝产量357.6万t,同比增长19.62%;铅产量119.5万t,同比增长8.65%;锌产量203.8万t,同比增长4.12%;锑产量14.79万t,同比增长30.54%;镁产量19.97万t,同比增长40.53%。氧化铝产量稳步上升,2001年累计生产474.6万t,同比增长9.66%。

铜铝材生产保持较快增长,2001年生产铜材185.8万t,同比增长16.34%;生产铝材234.2万t,同比增长7.83%。

② 技术经济指标稳中有升。2001年有色金属工业重点企业大部分生产技术经济指标好于2000年。考核的38项指标中有28项好于2000年,其中20项消耗指标有17项好于2000年;16项回收率指标有10项好于2000年;2项加工成才率指标有1项好于2000年,有6项指标创历史最好水平。

由于2001年各铝电解厂加强技术措施和管理措施,铝锭综合交流电耗降到15293千瓦时/t,原铝直流电耗降到13839千瓦时/t,均创造了历史最好水平;粗铜电耗、粗铜煤耗以及锡选矿回收率、锡冶炼综合能耗也达到了新的水平。

③ 技术进步取得成果,产业集中度有所提高。2001年中国铜、铝工业的技术进步取得明显成效,特别是新增电解铝生产能力基本上都采用了先进的大型预焙电解技术。

2001年采用大型预焙电解技术进行生产的电解铝厂已超过20家,当年采用大型预焙电解技术生产的铝锭超过150万t,约占全国铝产量的44%,比1991年提高了近30个百分点;铜加工材产品技术含量明显提高,尤其在高精度铜板带材、高产散热铜管(内螺纹管)等技术含量高的产品产量提高较快。

2.经营情况。2001年,由于世界经济低迷,美国等西方有色金属消费大国有效需求不足,国际市场常用有色金属价格普遍下滑。在这种情况下,中国有色金属工业仍取得较好的经济效益,实现利润高于2000年的水平。

① 规模以上企业实现销售收入继续增长。2001年规模以上的有色金属工业企业实现销售收入2356.6亿元,比2000年增长6.5%。国有及国有控股企业实现销售收入1204.1亿元,所占比例为51.1%;非国有企业实现销售收入1152.5亿元,所占比例为48.9%。

2001年实现销售收入超过10亿元的有色金属工业企业有36家,其中超过20亿元的企业有14家。

② 有色金属工业实现利润超过70亿元。2001年规模以上的有色金属企业实现利润71.4亿元。比2000年增加利润5亿元,同比增长7.6%。其中国有及国有控股企业实现利润41亿元,同比增长6.6%,占规模以上企业实现利润的57.4%;非国有企业实现利润30.4亿元,同比增长9.1%,占规模以上企业实现利润的42.6%。

2001年规模以上的有色金属企业实现利税177.3亿元。比2000年增长4.6%。

部分有色金属品种盈利呈现大幅度增长,其中:铝企业实现利润32.6亿元,同比增长7.8亿元,占有色行业利润总额的45.7%;轻金属加工企业实现利润8.1亿元,同比增利4.6亿元。 (段绍甫)

【有色金属工业行业宏观管理】 国家有色金属工业局撤销后,将原来有色金属工业局的一些行政管理职能划入国家经贸委,绝大多数有色企业下放地方管理,只将少数集团公司归中央管理,初步形成了中央负责宏观管理,地方政府负责具体指导的有色金属工业管理格局。

2001年,国家有关部门首先加强了钨、锑市场的宏观管理。国家经贸委、外经贸部、国土资源部等部委携手继续从生产、加工、出口三个环节上对钨、锑市场进行综合治理整顿。

2001年6月,国土资源部在江西召开了南方7省(区)钨和稀土矿产开发管理座谈会,探讨了如何进一步通过对办矿条件的严格限制来加强对开采资格的管理。2001年12月,对全国的钨矿山企业资质进行了复查审核,公布了第一批66家具有采矿资格的钨矿开采企业名单。国家经贸委、外经贸部按照2001年第21号令等有关文件精神,对钨及钨制品、锑及锑制品出口供货企业资质进行审定,并分期、分批进行了公布。其中钨品出口供货企业14家,锑品出口供货企业11家。外经贸部根据《钨及钨制品、锑及锑制品出口经营管理暂行办法》的有关规定,在各有关省、自治区人民政府和外经贸厅推荐的基础上,核定并公布了2002年度钨及钨制品出口资格企业13家、锑及锑制品出口资格企业7家;并要求获得钨及钨制品、锑及锑制品出口经营资格的企业必须按照国家已经颁发的有关法令、规定开展出口经营活动。

其次,暂停了铝锭边境小额贸易关税、增值税双减半政策。2000年边境贸易进口铝锭激增,对国内铝市场冲击较大,电解铝生产企业反映强烈。经国务院批准,财政部、外经贸部、国家计委、海关总署联合下发了《关于明确边贸进口铝锭税收政策问题的通知》,规定自2001年7月15日起,对边境小额贸易方式进口铝锭(税号为76011000)暂停执行减半征收进口关税和进口环节增值税的政策,一律按法定税率征收进口关税和进口环节增值税,此举对稳定国内铝市场起到了重要作用。 (尚福山)

【有色金属工业技术改造重点】 1.全面实施电解铝预焙化改造。目前中国共有9500多台铝电解自焙槽,生产能力约140万t,占全国铝电解生产能力40%。这一落后工艺生产电解铝每吨要排放30~32 kg氟,20~30 kg粉尘和SO_2气体。车间工作地带HF浓度超标6.5倍、粉尘超标4倍、环境大气中氟化物含量超标数十倍,致癌物质超标几倍到几十倍,不但危害工人及附近居民健康,而且危害农、林、牧业。同时电耗、物耗大大高于预焙阳极电解槽。对自焙槽进行预焙改造,大幅度提高电流强度,可将电流效率由87%提高到92%,吨铝直流电耗降低1200kW·h以上,氧化铝、氟化盐单耗也明显下降,t铝生产成本降低1000元左右,各种污染物排放也将大幅度减轻,经济效益和社会效益显著。

因此,加快铝电解预焙化改造,尽快淘汰自焙槽已成为有色金属工业结构调整的一项重要工作。目前各地对铝电解预焙化改造已形成共识,应明确提出2003年全国淘汰自焙槽铝电解生产的目标。具体作法,一是重点支持中国铝业公司和中西部地区(云南、山西、河南、广西等)一些条件好的、具有规模和技术优势的电解铝企业实施改造、做大做强;二是支持河南省于2002年在全国率先淘汰自焙槽炼铝工艺,河南省电解铝生产能力约120万t,占全国的1/4。建议对确已具备条件的企业列入“双高于优”项目范畴,对部分典型企业进行贴息补助。

2.铅锌冶炼烟气污染治理。铅锌冶炼是当前中国有色金属工业最薄弱的环节,目前国内无一条达到国际先进水平的生产线;生产厂家分散,达800多家,企业平均规模不到0.5万t/a。而国际铅锌冶炼企业一般规模都在10万t/a以上。铅锌冶炼的发展主要取决于资源和能源(电力),中国铅锌资源主要集中在西部地区,且水电资源丰富,价格低,而东部地区铅锌冶炼企业由于资源日渐缺乏,今后将更多依赖于进口铅锌精矿。同时铅锌冶炼烟气污染治理是一个世界性的难题,只有在达到定规模(10万t/a)的基础上治理,经济上才可能是合理的。

基于这样的分析,中国铅锌工业发展的战略格局必须做出大的调整,今后东部地区不再发展铅锌冶炼企业,少数规模超过10万t的企业,主要围绕环境治理、节能降耗进行技术改造。西部地区可选择几家条件较好的企业逐步做大做强,规模发展到10万t以上,大量环保不能达标的铅锌冶炼厂要下决心尽早关停。

3.加快发展高附加值的铜、铝等深加工产品,逐步减少进口量,满足日趋增长的国内市场和扩大出口的需求。

① 加快铝板带热连轧机组的建设。高质量铝板带箔材是一个新兴消费领域,进口量逐年增加,近10年中国铝加工材年进口总量增加了5倍,年均递增达到20.89%,已达45万t,到2005年国内铝材消费将达到350万t。其中高技术含量的铝板、带、箔材占50%左右。生产高质量冷轧铝板、带、箔的产品要求有高质量热轧铝板带作原料,中国各种装备水平的冷轧及箔轧设备已具有一定规模,但其原料除进口部分热轧铝板带外,主要使用铸轧工艺生产的铝板带,质量不能满足冷轧的需求。目前世界上共有热连轧铝板带轧机50套(日本4套,韩国2套,美国6套,法国3套,德国2套),其中精轧机为多机架的共47套,生产能力约1800万t/a。中国目前仅有一套精轧机为单机架的热轧铝板轧机,能力15万t/a,不能适应高精度铝板带材发展的要求。因此建设热连轧锅板带机组已成为有色金属工业调整产品结构的当务之急,近期可考虑在东部和西部各建一套30万t的热连轧铝板带机组。

② 其他有色金属加工业,鼓励发展国内市场前景好的深加工产品及中国具有资源优势、可批量出口的

深加工产品。随着中国人民生活水平的提高,铜铝材应用领域将迅速拓宽,铜水管、PC复合铜管、铝塑管、电解铜箔、工业用大型铝型材、高质量铜板带等深加工产品要鼓励发展。如铜水管(或不锈钢管)、铝塑管替代镀锌钢管用作自来水管在发达国家已十分普遍,在居民供水系统应用铜管率美国为85%,英国为80%,中国香港地区为75%。国内虽刚刚起步,但前景十分看好。初步测算,国内铜水管、铝塑管年需求量都在10万t以上,要将产品的开发生产与市场拓展和培育紧密结合起来,调动各方面的积极性,鼓励不同所有制企业参与开发、论证、生产。

对钨、锑、镍、锌、钽、镁、铟、钛等中国具有资源、技术、市场优势的有色金属深加工企业进行技术改造,重点是粉体材料、合金材料、制品、高纯金属等。这些深加工产品一般规模和市场容量不大,技术改造投资额不很多,但产品附加值高,经济效益比较明显。

4.加快西部有色金属基地建设。有色金属工业是耗电大户,生产1t铝、镁、锌、镍、铜、锡分别需耗电15500kW·h、21000kW·h、2300kW·h、5600kW·h、1300kW·h和1400kW·h,加快发展西部有色金属工业,不仅可以发挥西部矿产资源优势,而且为西部大型水电站提供稳定用户市场,发挥规模效益,同时作为电力资源的载体,"铝、镁、锌、镍、铜、锡金属东送"可作为"西电东送"的一个补充。

有色金属基地建设周期比较长,方案决定后要尽早实施,以促进西部的大开发。初步考虑是,充分利用云南、贵州、青海、甘肃等省区的水电优势,集中人、财、物力,发展大型电解铝基地。

依托平果铝业公司和贵州铝厂,进一步开发广西、贵州的铝土矿,扩大氧化铝生产能力,满足市场需求。积极创造条件,开发建设新疆、青海、西藏、云南、四川等地的大型铜矿,增加有效供给,缓解国内铜原料供应紧张局面。加快云南、甘肃、四川和内蒙古等省区已探明储量的大型铅、锌矿山的建设,促进中国铅锌工业产业结构调整。加强金川铜、镍、钴和铂族金属资源综合利用工作。积极支持青海、西藏盐湖锂、镁资源综合利用技术研究和产业化进程。继续贯彻保护性开采稀土的政策,内蒙古包头地区稀土骨干企业,在保持现有资源开发规模基础上,加大稀土深加工产品和新材料的开发力度。 (中国矿联信息中心)

【铜市新增资源与国内需求】 2001年上半年,国内铜资源稳步增长,消费较为旺盛,供求关系有所改善,但受国际大环境的影响,销售价格持续下滑,低位徘徊。预计下半年价格继续走低,但大幅下落的空间不大。

1.新增资源稳步增长。进入2001年后,尽管铜市行情低迷,价格疲软,但资源供给保持平稳增长态势。据测算,2001年上半年全国新增铜资源103.78万t,比2000年同期增长7.5%。其中6月份新增资源19万t,下降12.3%,这是上半年的第2次下降。

国内产量高水平增长。2001年以来,国内铜产量一直保持强劲增长态势。据统计,2001年上半年,全国产铜70万t,比2000年同期增长22.6%,其中6月份生产11.8万t,增长14.8%。

进口有较多下降。随着国际市场铜价格的持续跌落,与国内价格的差距逐步缩小,贸易商大量购铜运进国内市场套利积极性随着下降,导致了铜进口量的减少。据海关统计,2001年上半年全国进口铜33.8万t,比2000年同期下降14.6%。其中6月份进口7.2万t,下降35%,降幅明显扩大。

2.国内需求较为旺盛。2001年上半年,工业生产顺延2000年的快速增长态势,全国工业增加值增长11%,国家继续加大对电力工业投资和城乡电网的改造,铜材、线缆、汽车等产品呈现较高的增长水平。但进入二季度后,主要受出口形势逆转的负面影响,工业生产水平出现回落,与铜关系密切的多数工业产品产量增速相应下滑,加之同期出口大幅度下降,消费力度有所减弱。

主要耗铜产品中,上半年铜材产量为89.55万t,比2000年同期增长20.8%,其中6月份产量17.05万t,增长14.8%。其他一些机电产品,如汽车、发电设备、交流电机、计算机及通讯电子设备等,产量增长都高于工业平均速度。

消费构成中,出口有较多下降。据海关统计,上半年全国出口铜不足3万t,比2000年同期下降48%。其中5月份出口0.29万t,下降59%,降幅继续扩大。

根据上述几个方面的测算,上半年铜的社会消费总量在111万t左右,比2000年同期增长13.2%。其中6月份消费20万t左右,大约增长9%。

总体来看,上半年铜的消费多于新增资源,2000年的过量库存获得一定消化,市场基本面有所改善,但货源充裕的买方格局并未发生根本性改观。

3.市场价格持续下跌。2001年以来,虽然美国多次降息,但主要经济指标并未出现明显好转;日本经济则有恶化趋势;欧盟等国家经济也不理想。受其影响,国际市场铜的购买需求清淡,市场价格持续下滑,进入6月下旬后,LME价格跌破1600美元/t,全月平均价格为每吨1622.6美元。比5月有较多下降。上海期交所价位在相应滑落。

国内价格持续下跌。据中国物资信息中心统计,到6月末,全国铜的价格指数累计比2001年年初下降4.8%,比2000年同期下降3.1%。据对全国主要城市铜挂牌价格的监测情况来看,6月份铜的平均价格约为17169元/t,比2000年月下降0.5%。6月末,长江、华通及广东等有色金属市场现货铜价均跌破17000元/t,均比年初有较多下降,市场气氛较为低迷。

在国内外市场价格下跌的压力下,多数生产企业价格下降。据测算,6月份全国主要铜生产企业平均出厂价格为每吨16895元,比5月下降1.1%,降幅扩大。14家主要生产企业中,有9家下调了价格,4家企业价格持平,上调价格的仅有1家。

(中国矿业信息中心)

【铅锌工业发展状况】 中国的铅、锌工业发展迅速,目前已成为生产和出口大国,但产业结构、产品结构、品种质量、资源综合利用、环境保护以及企业整体实力并没有得到全面提高。中国有色金属工业协会指出,目前中国铅、锌工业问题突出亟待解决。

1.*发展速度过快,产量超出市场需求*。据统计,近10年来,世界铅、锌产量和消费量都有小幅度增长,而产量的增幅更大于消费的增长。中国铅、锌冶炼产品产量增长迅速,1999年全国铅产量91.8万t,锌产量170.3万t,与1990年相比,年均增长率分别为13%和13.3%;2000年铅产量103.4万t,锌产量191.9万t,又比1999年分别增长12.6%和12.7%。中国铅、锌工业已与国际市场接轨,必将在产量、市场上受到限制。

2.*企业生产规模较小,中小企业发展迅猛*。截至2001年,中国共有铅、锌冶炼企业700余家,几乎遍布全国。其中:铅冶炼企业没有1家产能超过10万t,绝大部分企业产能不到1万t,而国外生产规模一般都在10万t以上,个别达到30万t。中国7大铅、锌企业1999年与1996年相比,铅产量增长17%,锌产量增长35%,但其产量占全国比例,1999年与1996年相比,铅下降3.2%,锌下降4%。可见铅、锌产量的快速增长是以小企业为主的。

3.*结构失衡,矿山滞后冶炼*。截至2001年,中国铅、锌能力分别为90.7万t和174.8万t,而矿山生产能力分别为60.8万t和125.2万t,分别为冶炼能力的67%和72%。铅、锌矿产原料从1996年开始由净出口变为净进口。

4.*技术装备落后,环境污染严重*。2001年中国铅冶炼基本采用污染严重的烧结-鼓风传统炼铅工艺,国外80年代发展起来的直接炼铅的吉普塞特、QSL、艾萨法还未在中国正式使用。可以说,中国铅的发展是以牺牲环保为代价的。目前国家已要求限期治理铅冶炼产生的低浓度二氧化硫烟气污染。

中国的锌冶炼工艺火法、湿法并存,湿法炼锌在沸腾焙烧、余热利用、烟气制酸、浸出净化、自动控制等方面有长足进步,与国际先进水平差距缩小。

5.*后备资源不足*。截至1998年底,中国铅保有储量3487.7万t,锌保有储量8086.4万t,是开发效益较好的资源。但与国际上的铅、锌资源相比,大型矿床少、中低品位资源占50%以上,已开发利用的探明储量占了近55%,未被开发利用的储量大多集中在建设条件和资源条件不好的矿区。近几年,铅、锌矿民采的矿量增长较快,采富弃贫、滥采乱挖现象严重。部分老矿山资源枯竭,将消失一部分能力。

6.*再生金属综合利用率低*。中国的铅、锌冶炼厂仍以处理原生矿为主,近几年国内从事再生铅回收的企业增多。1995年再生铅产量占全国铅产量的比例为28%,1999年为10.6%,1999年再生锌产量占1%。国外再生铅产量占全部铅产量的60%以上,再生锌占30%以上,因此加强铅、锌再生金属的利用是铅锌工业可持续发展的当务之急。

7.*初级产品比重过大*。据统计,中国大型铅、锌生产企业深加工或延伸产品的产量与金属锭产量的比例为20%,发达国家已经达30%以上,vs1国锌产品技术含量高的深加工品种及产品延伸的新产品仍较少,亟待调整产品结构。 (中国矿联信息中心)

【再生铅业发展状况】 随着铅精矿资源的日益减少,大力加强再生铅业的发展是实现中国铅工业可持续发展的当务之急。

中国的再生铅工业始于50年代,多年来产量一直在千t左右徘徊,直到1990年才达到2.82万t。1994年中国再生铅业发展迅速,当年产量达到9.50万t,1997年达12.37万t。但是近年来,再生铅业发展缓慢,远低于原生铅的发展速度。1999年再生铅产量占全国铅产量的比重由1995年的28%降为20%左右。每年有大约5000万只废蓄电池产生,含铅金属量约为30万t。目前,再生铅原料85%以上来自废畜电池,从废蓄电池中回收铅在铅工业中占有十分重要的地位。随着中国汽车、通讯和化学工业的迅速发展,产生的废弃电池及其他含铅废料将不断增多,从而使再生铅工业有了更多的原料来源。目前,很多铅锌矿山开始步入开采晚期,已经出现资源危机,铅精矿产量已经连续两年减产。预计矿产铅产量不会有多大增加,发展再生铅可减少原生铅矿山的压力,延长其开采期限。生产再生铅可节约能源,降低成本。再生铅能耗仅为原生铅的25.1%~31.4%,据测算,再生铅生产成本比原生铅低38%左右。此外,生产再生铅资源有利于环境保护。铅是对环境和人体健康有害的重金属,各种铅废料若不加以合理回收,都将成为环境的污染源,尤其是废铅蓄电池,只有充分回收利用,才能避免其中的铅膏和硫

酸污染环境。（中国矿联信息中心）

【铝铜等有色金属需求量预测】 未来10年，中国对铝、铜、锌、铅、镍和锡等有色金属的需求量将随着经济规模的扩大急速增加。俄罗斯、美国、智利、澳大利亚等国家的有色金属企业都看好中国的市场前景。

据澳大利亚银行集团金属矿物研究机构预测，到2010年，中国对铝和铜的年需求量将分别达到745万t和390万t，比2000年分别增长126%和117%；镍和锌的需求量届时将分别增长158%和108%，为15.5万t和270万t；铅和锡的需求量分别达到90万t和8.5万t，分别增长65%和85%。到2005年中国铝的进口量将比2000年约增加190万t，铜的进口量将增加85万t。预计到2010年中国需要进口铝和铜分别为415万t和210万t。（中国矿联信息中心）

【镁工业发展状况】 2000年科技部把推广镁及镁合金应用列为“十五”开发规划，先后在四川、青岛、重庆等组建了镁及镁合金产业化基地。截至2001年，中国已经初步形成了以企业为主体，产学研用结合，东西部结合，具有自主知识产权的镁合金材料 及产品的研究开发、生产应用体系。

中国镁工业已成为参与国际竞争、可持续发展的优势产业，发展空间广阔，未来2～3年是良好的发展时机。

1.中国已初步形成完整的镁工业体系。

① 从规模和投资上看，20世纪90年代以来，中国镁工业在市场经济条件下发展十分迅速，2000年中国镁产能达到30万t，产量为20万t，出口16.15万t，产量和出口均占世界1/3以上，是世界最大的镁生产国和出口国。1995～2000年，累计出口创汇11.64亿美元，有20多个国家和地区来中国投资。

② 中国现有100多家镁生产企业，其中年产能在万t以上的有9家，5000～7000 t的有8家，3000～4500 t的有18家，在这100多家企业中，镁合金生产企业20家，镁粉(粒)29家，另外还有3个科研院所。

③ 拥有一批专家，为中国镁工业发展提供了技术支撑。2001年，在镁协登记的已有54位国内知名专家，可为中国镁企业从事镁的新项目和新技术研究提供有力支持。

2.中国镁工业面临良好的发展机遇。

镁是21世纪绿色工程材料，应用前景十分广阔。

① 环保和节约能源是21世纪可持续发展的首要问题，解决污染、节约资源又是企业面临的重要问题。中国的制造业必须以产品的轻量化作为首要选择，镁的比重轻，只有铝的2/3，强度大，抗冲击能力强；可以回收，有利于环保，是轻量化和环保化的首选。镁合金可以适应减重、节能和环保的需要，汽车、家电、电子等行业可利用镁来实现轻量化。

② 中国镁资源十分丰富，并且具有能源低廉、劳动力成本低的优势。科技部拟把镁合金开发应用和产业化课题列入国家科技攻关重点项目，这将为中国镁工业的跨跃式发展带来生机。2000年3月在科技部门的指导下，中国镁合金应用研究开发项目已经启动，有的已研制出新产品。

③ 国内外镁市场需求与日俱增，发展前景十分广阔。近几年来金属镁的需求量与日俱增，2001年全球镁的需求量将达到44.8万t。

④ “十五”期间，国家将重点开发西部地区，西部大开发战略的实施为中国镁工业提供了有利时机。

⑤ 经过多年的市场竞争，中国镁企业已经开始成熟，开始自发地组织起来保护自己，联合起来图强求大。

3.中国镁工业加强环保治理，走可持续发展之路。

① 对镁企业采用的皮江法无组织排放治理任务艰巨。皮江法大多是以煤为主要能源，控制煤燃烧所产生二氧化硫的排放量是摆在镁企业面前的重要课题。另外，有的企业乱排放粉尘和废弃物，少部分企业甚至无除尘设备。

② 推行清洁化生产。生产项目的立项，原材料的选择、生产工艺等都要进行评价，规避环境技术风险。

③ 加入WTO后，由环保问题而产生的贸易磨擦和争端将逐渐增多。目前，国外企业都在实施ISO14000环保标准，而目前中国企业的环保标准则与之相差甚远，因此国外就可能以中国镁产品达不到ISO14000标准而拒绝进口。

4.加入WTO展望。加入世贸组织后，镁市场的竞争格局和贸易方向都将发生重大变化。目前中国镁工业还存在着一系列问题，因此企业要注重抓质量、抓品牌、抓效益，积极应对挑战，建立以企业为主体，产、学、研、用相结合，东西部互补，具有自主产权的镁合金材料及产品的研究开发、生产应用体系，提高镁工业技术的创新能力，实现中国镁工业的两个转变，即由生产镁初级产品向生产高品质、高标准、高附加值的产品转变；由镁资源大国向镁应用强国转变。

（中国矿联信息中心）

【镁合金开发应用】 1.镁合金开发利用市场广阔。重庆大学的专家采用气体、熔剂复合保护的方法熔炼铸造出镁含量达90%的镁合金摩托车配件，并突破镁合金配件表层易氧化的难题，在重庆镁业科技股份有限公司试制出中国首辆镁合金概念摩托车，整车重量比铝合金铸件车减轻 6 kg。

镁是一种高性能轻型结构性材料，与其他材料相比，具有许多优点。镁的比重小，比铝轻，与塑料相近；刚度强度不亚于铝；具有很好的抗震性、防电磁性、导热导电性；同时镁的价格比铝低，无污染，可以全回收。由于海水中蕴藏有大量的镁，是取之不尽的资源，世界各国越来越重视对镁的开发利用。

中国镁资源蕴藏丰富，高品位镁资源储量居世界第一，2000 年镁产量近 20 万 t，超过世界产量的 1/3，居世界第一。但因为镁金属比较活泼，元素外层只有两个电子，很容易与空气中的氧发生反应，在高温状态下甚至会燃烧爆炸，材料表面容易腐蚀，因此深加工利用难度很大。由于目前工艺技术水平较低等原因，大部分镁产品以原材料的形式出口，少部分被用作了铝合金生产的添加剂和炼钢的脱硫剂。

业内人士认为，重庆大学熔炼铸造成型技术的突破，使得镁合金广泛应用成为可能，有利于中国镁资源的深度开发利用。镁合金市场应用极为广阔，汽车摩托车零部件大量采用镁合金后，可以减轻重量，降噪抗震，降低成本，节省能耗，有利于环保；便携电脑、手机、电器配件外壳采用镁合金可以防电磁干扰；航空航天、运动器材同样可以采用镁合金来减轻重量。

2. 中国镁工业是能参与全球竞争的优势产业。

① 单位投资较低。无论是电解法还是皮江法均比国际一般水平低。

② 生产成本较低。由于炼镁的矿石、煤炭及其他相关原材料价格较低，劳动力和管理成本也不高，所以总的生产成本较低。

③镁及相关资源丰富。中国是镁资源最富有的国家之一。菱镁矿总储量达 27 亿 t，白云石矿 40 多亿 t，青海省的钾镁盐和沿海的盐卤镁的储量都非常大。其次，中国的煤资源、电力资源及劳动力都有参与全球竞争的优势。

在新世纪，中国的镁工业将从全球的生产大国和贸易大国走向全球镁业强国。2005 年中国的电解镁产能将从现有的 1.9 万 t(民和镁厂 0.7 万 t，抚顺铝厂 0.7 万 t，遵义钛厂 0.5 万 t)增加到 6.9 万 t。

(中国矿联信息中心)

【中国是全球镁第一生产大国】 据中国有色金属工业加工协会提供，2000 年中国镁产量已接近 20 万 t，成为全球镁的第一生产大国，已超过世界总产量的 1/3。

2001 年中国镁企业有 120 家，生产能力 25 万 t/a，生产方法有电解法和皮江法，产品主要有镁锭、镁合金、镁粒、镁粉、镁屑、镁及其合金铸件、锻轧镁及镁制品、废杂镁等。近年中国镁的出口量约占产量的 80% ~85%，已成为镁的世界贸易大国。中国镁的消费量目前还不大，增长速度也不高，不及产量的增长速度(见表 1 ~ 表 4)。

镁主要用于铝合金，约占总消费量的 30% ~ 40%；其次是镁及其合金铸件。炼钢脱硫用镁则刚刚开始。

表 1 1995 ~ 2000 年中国镁的产量、出口量及国内消费量

单位：万 t

年份	1995	1996	1997	1998	1999	2000
产量	9.35	7.30	9.20	12.3	15.7	19.5
出口量	4.69	4.91	7.81	9.99	13.70	16.51
消费量	1.77	1.79	1.95	2.15	2.32	2.55

表 2 近年中国镁产品的出口结构(%)

出口产品	未锻轧镁(>99.8%)	其他未锻轧镁	粒粉，屑	废杂镁	锻轧镁	镁制品
所占比例	67 ~ 74	11 ~ 13	11 ~ 18	0.8 ~ 1.2	1.2 ~ 3.0	0.2 ~ 0.3

表 3 近年中国镁产品出口国别及所占比例(%)

国别	欧盟	日本	美国	韩国	加拿大	非洲	其他
所占比例	20 ~ 31	20 ~ 23	16 ~ 18	4 ~ 5	5 ~ 6	0.8 ~ 1.8	18 ~ 30

表 4 1999 ~ 2000 年中国镁消费用途(万 t)

年份	铝合金	铸件	金属还原	稀土合金	炼钢脱硫	其他	合计
1999	0.98	0.30	0.35	0.32	0.05	0.28	2.30
2000	1.15	0.43	0.37	0.35	0.25	0.4	2.95

(中国矿业年鉴编辑部)

【2001 年中国国际镁业研讨会】 于 2001 年 11 月 10 日至 12 日，由中国有色金属工业协会镁业分会(筹)、宁夏华源镁业集团、北京安泰科信息开发有限公司、青海西部化工有限公司联合在北京举办。协办单位：民和镁厂，支持单位：国际镁业协会、闻喜银光镁业集团公司、日本镁业协会、中国有色工业贸易集团公司、国家科技部高新技术及产业化司稷山华宇实业集团有限公司。

研讨会报告题目：中国镁工业的现状及未来、中国皮江法工艺的应用和进展情况、中国皮江法炼镁的环境保护和可持续发展、闻喜银光的镁合金生产实践及质量控制、中国盐湖资源的开发及综合利用、中国电解法工艺的现状与发展、皮江法工艺的高纯镁生产及杂质对镁合金性能的影响、中国的纯镁和镁合金标准现状及发展、全球镁的供需平衡及展望、走向国际化的中国镁市场和镁贸易、海德鲁公司的产品开发及其中国策略、日本镁应用状况、东西方的镁合金生产成本比较、澳大利亚新兴镁项目的进展分析、镁合金半固态工艺及应用研究、汽车工业的镁合金应用和开发、新型镁合金的研究与应用、汽车工业的镁合金压铸件的力学性能及其应用、西方汽车镁制零部件的演变:工程问题及潜在的机遇、镁废料回收处理的工艺研究及其经济性、触变成型技术在镁模铸中的最新的进展等。

发言单位:国际镁协、日本镁协、国家科技部、镁业分会、福特汽车、英国 Elektron、CRU、挪威海德鲁镁业、美国 Thixomat、郑州轻研院、有色标准所、上海交大、沈阳工大、有色研究院、东风汽车、民和镁厂、闻喜银光镁业、青海西部化工、安泰科信息公司、新乡久立镁业、澳大利亚投资与资询公司等。(中国矿业年鉴编辑部)

【有色金属矿产地质调查中心成立】 2001 年 7 月 11 日,中央机构编制委员会办公室同意中国有色金属工业地质勘查总局和地质资料馆合并,并更名为有色金属矿产地质调查中心,原批 78 名事业编制不变。此前国家经贸委贸易委员会曾向中央机构编制委员会办公室发函,就中国有色金属工业地质资料馆更名问题作了说明。

原中国有色金属工业总公司地质总局所属 19 个地质勘查局已全部属地化管理,但有色地质总 局机关及所属的规划处、物化探中心、遥感中心、测绘中心和地质资料馆等单位未划归地方管理。

新成立的有色金属地质调查中心的宗旨是:掌握有色金属矿产资源地质调查信息,服务政府与社会;开展有色金矿产地质与科研,促进有色金属工业发展。其业务范围是:

从事有色金属矿产地质勘查与科研工作;从事国家地质调查工作;负责收集、保管、研究全国有色矿产资源与地质资料;负责归口管理有色地勘单位承担的国家地质 调查工作;为社会提供有色金属矿产资源与地质勘查方面的技术信息咨询服务;为政府有关部门制订全国有色金属矿产资源和地质勘查规划及政策提供技术信息咨询服务。

国土资源部会同有关部门,开展了组建地质"野战军"的工作。根据国家有关部门的批复与指示精神,新成立的有色金属地质调查中心将作为有色地质"野战军"的核心和牵头单位,对有色金属矿产资源的战略调查、有色金属矿山资源的接替和中国有色金属工业可持续发展具有十分重要的作用。

(中国矿业年鉴编辑部)

【铜镍湿法冶金技术交流及应用推广会】 由中国有色金属学会和中国有色金属工业技术开发交流中心主办,于 2001 年 5 月 12 日至 14 日在厦门召开。

中国工程院副院长王淀佐院士等多位院士做了专题报告,国土资源部、国家科技部和北京有色研究总院等 55 家企业、科研、设计和高校的 150 余名专家和代表参加了会议,包括美国工程院士在内的多位外国专家也参加了会议。

铜湿法冶金技术,即浸出一萃取一电积方法制取铜的工艺技术。因其投资小、成本低、工艺流程简单、解耗低、对环境更好和适应未来成分更贫、更难提取的非传统矿石资源开发利用等特点,被视为 21 世纪铜资源处理的主要工艺技术,2000 年,使用该工艺生产的铜约为 240 万 t,占世界铜总产量的 20%以上,为中国同期铜产量的一倍多,中国在 20 世纪 70 年代就对铜湿法冶金技术展开了研究,"九五"期间该技术被列入国家重点科技攻关项目,并进行了有效地实验研究,成功地解决了一系列关键技术,为"十五"进一步实现工程化、产业化和规模化生产打下了良好的基础。

中国铜矿产资源不仅数量相对缺乏,而且铜含量相对低、质量差,精矿品位普遍低于国外,这就给冶炼带来了难度,增加了冶炼成本。湿法工艺技术有效地解决了以上问题。

铜湿法冶金工艺能够大大节省建设投资,降低生产成本。据北京有色冶金设计研究总院的资料,建设铜湿法冶炼工艺的投资不到选矿一火法冶炼工艺的 1/3,生产成本也只有火法冶炼的 2/3 左右。

铜湿法工艺适合难选的和品位较低的铜矿石,能够有效地处理采剥废石、采场残矿和选矿尾矿等。据北京有色设计研究总院估计,中国适合湿法冶炼的铜资源有 2000 万 t 左右,约占已探明储量的 1/3。2000 年中国湿法炼铜产量不足 3 万 t,不到铜产量的 3%。因此,发展湿法工艺将有效地缓解中国铜矿产资源严重匮乏问题,更好地开发利用贫矿、其前景十分广阔。

湿法工艺被称为"清洁工艺",将减少有毒气体及废液、废渣的排放量,适合环境保护的更高要求。

(中国有色金属学会)

【稀土工业发展现状】 "九五"以来,稀土行业坚持"以政策为导向,以推广应用为中心,以科技开发和技术改造为主要手段,生产与市场开发并重"的方针,充分发挥市场的主导作用,积极推进骨干企业的技术进步,不断调整产品结构,稀土工业迅速发展,为国民经济作出了重要贡献。

1.生产不断发展,产品结构和产品质量有所改善。针对中国稀土工业现状,通过增加基本建设投资和加强技术进步,使企业技术装备得到初步改善,产品质量有所提高,产业结构得到调整。2000 年中国稀土矿产品产量达 7.3 万 t(以氧化物计,下同),比"八五"末增加

2.5万t;稀土分离产品产量由1996年的4万t增加到8.2万t,占稀土产品总量的比例由1996年的24.9%上升到48.5%,高于世界稀土市场同类产品的消费比例。中国稀土产品已由初级产品逐步向高附加值产品转变,产品结构也向效益好的深加工方向调整,开始步入世界先进行列。

2.稀土应用市场不断扩大。"九五"以来,在抓好稀土在传统领域应用的同时,重点加强了稀土在高新技术领域的应用,并取得了显著的成效,稀土应用量由1996年的1.4万t增至2000年的1.9万t。在以下几个应用领域取得较大发展:

① 各类稀土钢年产量80万t,稀土应用量达到400t,是"八五"末期的1.5倍。稀土铸铁的产量以年平均9%的速度递增,2000年达到110万t左右,较"八五"末增长23.6%,稀土用量达3800t,占国内稀土总用量的1/5左右。

稀土在有色金属中的应用保持了年平均增长13%的速度,2000年稀土应用量达到900t,其中稀土铝电线电缆已成为国家级电网的规范产品,产量达30万t,并进入国际市场。② 稀土碳铵复合肥得到大力推广,已改造小化肥厂200余家,目前生产能力达700万t,较"八五"末期新增400万t,稀土年消费量增加到3000~4500t;改产稀土复合肥所需投资仅是改产尿素的5%,为国家节约资金160亿元以上。目前稀土农用肥料施用面积已达5000万亩左右;稀土在林业中的应用也从经济林木向速成林、防护林、花卉栽培、城市绿化方向发展。

③ 稀土在高新技术领域的应用量大幅度增加,从"八五"末期的1130t增至1999年的2200t,年均增长31.7%,2000年创记录达到4850t。2000年稀土永磁材料产量达到7080t,出口4500t,创汇2.1亿美元,各类中、小型稀土永磁电机产量达到60万台,稀土微特电机产量达1000万台。稀土荧光材料较"八五"末期增长近4倍,达到1100t,生产稀土荧光灯1.5亿支,彩色显像管2400万支以上。稀土贮氢材料初具产业化规模,生产能力已达到2000t左右。稀土汽车尾气净化器产量已达100万套,产值近5亿元,消费稀土氧化物达150t。

3.科技开发取得新的进展。"九五"以来,稀土科技研究及开发取得了重大进展。南方离子型稀土矿原地浸矿新工艺的开发和推广,保护了生态环境,使资源利用率提高了30%以上,同时降低了生产成本,社会效益和经济效益显著;稀土萃取过程自动控制与在线监测研究使产品合格率增加6~7个百分点,稀土回收率增加3个百分点;稀土永磁材料、发光材料、汽车尾气净化催化剂等高技术材料的应用研究也取得重大突破。

4.出口创汇稳定增加,市场竞争力得到增强。"九五"以来,稀土产品出口量由1996年的3万t增加到2000年的4.89万t(含出口稀土永磁体折氧化物2200t),占国外市场的60%~70%,创汇额5.22亿美元(含出口稀土永磁体创汇2.1亿美元)。其中,高纯、高附加值产品出口量由9600t增至2.99万t,年均增长23.6%,高纯产品出口量占总出口量的比例达61.1%,表明中国稀土出口产品结构由初级产品向高附加值产品转变又取得了新的进展。　　(国家经贸委行业规划司)

【稀土工业存在问题】 中国稀土工业取得很大成就,已成为世界稀土生产和消费大国,但企业经济效益下滑,产业结构不合理等问题还相当突出,主要表现在:

1.冶炼分离能力过剩,重复建设问题突出。1995年以来,世界稀土市场需求旺盛,刺激了中国稀土企业盲目扩建和新建稀土分离厂,重复建设问题相当突出。截止到2001年6月,全国稀土冶炼生产能力已超过18万t,而目前全世界需求量年仅7~8t,由此引起了产品积压、低价竞销,严重影响了稀土企业效益和行业的健康发展。

2.企业装备相对落后,产品质量不稳定。虽然中国稀土工业已达到相当规模,但由于企业装备相对落后,自动化水平低,导致有的产品质量批量稳定性较差,也使稀土产品回收率和合格率受到影响。

3.出口管理不力,产品低价竞销。目前中国稀土产品出口量占世界出口总量的70%以上,已成为具有调控国际市场能力的产品,但由于出口管理不力,使得稀土出口多头对外、低价竞销现象十分严重,加之国内生产能力过剩的影响,导致稀土产品出口价格一再下跌,影响了资源优势向经济优势的转化,使企业和国家利益遭受损失。

4.行业管理薄弱,资源浪费严重。在四川、江西、广东等地的稀土矿山,由于管理混乱,采矿许可证发放不规范,仍然存在着严重的滥采乱挖现象,盲目建立的小采、选厂无序开采,造成了严重资源浪费,水土流失和环境污染。　　(国家经贸委行业规划司)

【稀土工业"十五"发展面临形势和任务】 分析稀土工业未来发展环境,有以下基本判断:

1.市场容量继续看好,需求从整体上将保持上升势头。随着高新技术和信息产业迅猛发展,稀土产品市场需求呈增长态势。在高新技术领域,国外对稀土永磁材料、稀土贮氢材料、稀土荧光材料及稀土汽车尾气净化催化剂的需求将继续保持增长的趋势,平均年增长率在10%~15%之间,其中钕铁硼永磁材料将以30%的速度递增,部分高纯稀土材料如二氧化铈、氧化钕的消费量也将大幅度增加，年均增长率可达30%。这一市场的发展将加大对稀土产品的需求，为中国稀土产业发展拓宽了国际市场空间。

2.国内市场国际化，机遇与挑战并存，竞争将更加激烈。随着中国加入WTO，对中国引进先进技术，发展稀土高附加值产品十分有利。特别是近年来中国依靠多品种、低价格的优势，已从欧、美、日稀土企业中夺取了很大的市场分额，市场占有率已达到70%。从而大大增加了国外市场对中国稀土产品的依赖，为占据国际市场提供了机遇。同时，必须看到，国内外市场的一体化，将使稀土这一特殊工业商品的市场地位更加突出，外商将利用中国的扩大开放涉足国内稀土生产、加工及贸易领域，民族产业发展面临新的挑战。

根据中国稀土工业现状和面临的形势，“十五”期间，稀土工业的主要任务是充分发挥中国资源优势，以市场为导向，以企业为主体，突出重点，积极进行产品结构调整，尽快完成初级产品向高附加值产品的转变。努力开拓市场，搞好推广应用，发挥稀土在改造传统产业和发展高新技术产业中的特殊作用，将稀土资源优势转化为经济优势，巩固和发展中国稀土在世界市场中的主导和支配地位。（国家经贸委行业规划司）

【稀土“十五”期间市场预测】 “十五”期间，围绕中国国民经济发展的总体目标，根据交通、能源、信息产业等相关行业的发展对稀土产品的需求，国家计委对国内外稀土市场进行了分析预测。

1.冶金/机械：到“十五”末期稀土钢产量将由2000年的80万t增至200万t，稀土用量将由目前的400t增至1000t以上；稀土铸铁的产量由目前的110万t增加到170万t，稀土消费量由3800t增至5800t；稀土有色金属合金材料（含铝电线电缆）年产量由目前的30万t增加到60万t，稀土消费量将由800t增加到1200t。冶金/机械稀土用量合计为8000t。

2.石油/化工：目前中国采用稀土催化裂化剂处理加工原油能力为5000万t，到“十五”末期将突破8000万t，稀土消费量将由3800t增至6000t。

3.玻璃/陶瓷：稀土在该领域的消费量将随着电子行业、建筑行业等同步发展，可望由目前的1800t增至2800t。

4.农轻纺：目前施用稀土肥料的农田面积为5000万亩左右，仅占总耕地面积的3%，到“十五”末期可增加4倍，达到2亿亩，稀土消费量达到5200t。“十五”期间，计划改造小化肥厂100家，使稀土碳铵复合肥生产规模达到1000万t。

5.高技术产业：目前用于高技术的稀土材料的生产主要集中在中国，世界上用于彩电粉的高纯氧化钇、氧化铕90%在中国生产，稀土永磁材料、稀土储氢材料、稀土催化材材料等发展也很快，这将极大地推动中国高新技术产业的发展。

① 稀土荧光材料。彩电荧光粉：当前世界彩电显像管产量约1.6亿支，计算机用显示管约6000万支，需红色荧光粉约1500t。目前中国用于普通显像管、显示屏彩色稀土荧光粉年产量接近800t，配套生产彩显管2400万支以上，因此中国高清晰度彩电粉开发的空间非常大，“十五”末期需求量可能翻番。

灯用荧光粉：节能灯用稀土荧光粉，目前国内产量为300t，至“十五”末期国内需求量可望扩大3～4倍，达到1000～1200t，生产节能灯5亿支以上。

长途辉发光材料：目前国内已形成了近500t的生产能力，预计“十五”末期将达1000t。

② 稀土永磁材料。国内稀土永磁材料产量可从目前的7000t增至17000t左右，年均增长速度将超过20%，消费稀土将超过6000t。

③ 稀土贮氢材料。目前中国稀土贮氢材料初具产业化规模，稀土消费量600t左右，镍氢电池生产能力达到3亿支，到2005年有望达到6亿支，消费稀土2000～2500t，生产储氢合金材料5000～6000t。到2005年世界镍氢电池产量将达到20亿支，需稀土金属8000t。

④ 稀土汽车尾气净化材料。国内生产能力达到了100万套，消费稀土200t，“十五”期间，稀土汽车尾气净化材料将会强劲增长，汽车尾气净化器有望达到1000万套，预计消费稀土2000t。根据以上情况估算，“十五”期间，中国稀土应用将保持年均10%～11%的增长速度，消费量将由目前的1.9万t增至3.2万t。

2.国际市场。目前世界稀土总量约7～8万t，预计到“十五”末期可增至10万t。（国家经贸委行业规划司）

【稀土工业“十五”发展目标】 1.稀土生产目标：矿产品生产量控制在9万t水平；继续限制稀土冶炼分离能力，实行生产总量控制，重点提高装备水平，采用先进生产设备和控制装置，提高企业生产自动化水平。

2.稀土应用目标：由19200t增至32000～33000t。

3.稀土出口目标：出口量大体维持目前水平，保持目前世界稀土市场70%的占有率，重点是增加高附加值产品出口，创汇额由5.2亿美元增至8亿美元。

4.稀土科技目标：重点加强稀土新材料开发及应用研究，同时完善南方离子型稀土矿原地浸矿工艺；开展高纯稀土生产新设备和自控技术研究及稀土萃取分离过程在线监测系统和自动控制研究。

（国家经贸委行业规划司）

【稀土工业“十五”期间主要工作】 1.发展骨干企业，

提高装备水平。创造条件,重点改造包钢稀土高科、甘肃稀土公司、上海跃龙有限公司、珠江冶炼厂等企业的技术装备,提高自动化程度,争取达到国外先进水平;同时要调整产品结构,降低生产成本,提高生产效率和产品质量的综合效益。

2.推广成熟应用技术。

① 扩大稀土在冶金行业中的应用,重点要扩大稀土在钢、铁、铝导线中的应用,使重轨钢、耐候钢、管线钢及船用钢等稀土低合金钢的产量达到200万t,扩大稀土在其他有色金属中的应用。

② 扩大稀土抛光粉、稀土玻璃、稀土工程陶瓷的应用领域,扩大稀土催干剂、塑料加工热稳定剂、稀土精细化工产品的消费量。

③ 扩大稀土在纺织染色、皮革染色和鞣制中的推广应用,以改善产品品质,提高产品质量,减少环境污染,增加企业经济效益。

④ 推广稀土在农业、林业、牧草业中的应用,重点改善西部生态环境,防治荒漠化,在抓好稀土在经济林中的推广应用的同时,重点要开发稀土在城市绿化、花卉栽培、保鲜、造林等方面的应用,大力发展稀土碳铵复合肥及其他稀土肥料,使施用稀土肥料的农田面积以20%的速度增长,推广面积争取达到2亿亩。

⑤ 扩大在稀土永磁材料、稀土荧光材料、稀土贮氢材料、稀土催化材料等新材料领域的推广应用。

3.加大科技开发力度。

① 稀土基础理论研究。重点在稀土材料、稀土分离化学和稀土生物科学等领域展开研究,以发现新现象,寻找新性质,发展新材料、新器件为主,开发出具有自主知识产权的新技术、新工艺、新材料。

② 稀土冶金分离新工艺研究。走自主开发与消化吸收相结合的道路,围绕提高稀土收率、降低生产成本、提高产品档次和加强环境保护,开展采选冶新工艺研究;完善高纯稀土生产新设备和自控技术研究及稀土萃取分离过程在线监测系统和自动控制研究;同时引进吸收国外先进技术和设备,实现生产规模化,自动化;完善原地浸矿新工艺研究。

③ 高新技术领域稀土新材料研究。加强若干重大高新技术应用领域产业化关键技术研究,重点发展稀土镍氢电池及其在电动汽车中的应用、稀土永磁材料及其在计算机硬盘中的应用、稀土发光材料及其在高清晰度电视和平板显示中的应用。继续对以下高新技术材料进行开发应用研究,包括:稀土激光体和玻璃,稀土半导体,稀土纳米材料,稀土超磁致伸缩材料,稀土巨磁阻材料,稀土精密陶瓷等功能材料及器件。加快稀土新用途的开发,形成一批新型稀土材料产业,如稀土高温超导材料、稀土硬磁致伸缩材料、第四代永磁体以及稀土在生物工程、生命科学中的应用等。

④ 稀土应用研究。继续开展稀土农、林、畜牧、养殖业应用研究,加强稀土在轻纺行业的应用研究,开展稀土在医药临床上的应用研究。

加强稀土合金材料在航空航天、交通、建筑等产业中的应用技术研究,开发新的稀土钢种及新型稀土铸造材料。开发各类稀土永磁电机,开展电动汽车用镍氢电池、稀土充电电池以及新型稀土节能灯的应用研究。加大力度开展稀土汽车尾气净化催化剂和净化装置应用研究,开发具有自主知识产权的稀土净化器产业化技术。

开发各类含稀土的分子筛复合催化剂和催化裂化剂;继续开展五毒性稀土颜料、稀土隔热和保温涂料、高温稀土润滑剂及稀土盐改性剂等的研究。

(中国矿联信息中心)

黄　金

【概况】 黄金具有货币和商品双重职能。20世纪90年代以来,随着金融市场的进一步改革,黄金的货币功能已经减弱,许多国家中央银行对其储备资产进行了调整,减少了黄金持有量。黄金目前已基本上不作为直接购买和支付手段,但在世界经济领域和现实生活中,它仍是比任何纸币更具有储藏价值的一种储备手段。黄金对保证国家经济安全、国防安全和规避金融风险方面也是任何物品所无法替代的。而且随着现代工业的发展和人民生活水平的提高,黄金在航天、航空、电子、医药等高新技术领域和饰品行业也有着广泛的市场前景。

中国黄金工业经过多年的发展,现已形成了包括矿山、冶炼、建筑安装、工程设计、科技研究等部门构成的独立完整工业体系。截至2000年底,全国采选生产规模在日处理矿石50t以上的矿山企业近800家,年产金能力150t,从业人员近40万人。2000年全国产金175t,名列世界第四位。当年完成工业总产值150亿元,实现利润11亿元。

1."九五"计划完成情况。

① 产量持续增长,新增生产能力稳步提高。"九五"期间共生产黄金823t,年均增长率达到10%,2000年产量达到175t,创历史最好水平。五年间黄金行业新增生产能力34t,为黄金产量持续增长打下了基础。

② 地质勘探工作取得了观念上的突破,资源危机的状况得到了一定程度的缓解。"九五"期间提交黄金储量有了较大幅度的增长,为黄金工业的发展增加了

后劲。矿山企业及地方各级管理部门对资源勘探高度重视，过去单纯依靠国家投入地勘资金的状况有了明显改变，自筹地勘资金的比重已增加到60%，随着国家西部开发战略的实施，西部几个省的黄金勘探工作取得了可喜成绩，为西部黄金矿产开发奠定了坚实基础。

③ 企业改革取得新进展。2001年已有60%的大中型企业建立了现代企业制度，以产权为核心的资产重组工作在积极推进，股份制企业的数量大幅度增加，中金黄金股份有限公司、山东黄金股份有限公司、福建紫金山矿业股份有限公司、山东招金股份有限公司等一批大型股份制企业已完成规范化股份制改制工作，企业内部的三项制度改革正在深入开展。

④ 结构调整取得积极进展。通过联合、兼并、资产重组和企业改制等多种方式组建了十几家大型企业集团，年产金万两以上的矿山增加到100多家，其产量平均增长15%，而年产金1 t以上的矿山也增加到30多家，产量年平均增长31%左右，使企业规模效益得到了充分发挥。在继续发挥东部和中部老黄金工业基地作用的同时，西部产金基地有了进一步发展。目前，西部地区黄金产量占全国产量的比重已达30%。

2.*存在主要问题*。

① 资产重组进展缓慢。在黄金资源比较集中地区，企业结构调整和资产重组虽有突破，但仍停留在少数重点企业上，在全国黄金企业中所占的比重还不够大。总体上看黄金企业的结构调整滞后，很难适应改革和发展的需要。

② 企业规模小、管理差的状况没有根本改变。多年来受行政区划及管理体制的影响，形成黄金资源严重分割，重复建设，小矿连片，缺乏规模经济格局。目前全国日处理矿石200 t以下的黄金矿山企业数量仍占80%左右。由于矿山规模小，技术力量十分薄弱，技术和管理落后，效率低，效益差，在金价低迷的情况下，抗风险能力较弱，缺乏国际市场竞争力。

③ 地质勘探工作仍然滞后，难以满足黄金生产发展的需要。经过"七五"、"八五"、"九五"3个五年计划的努力，金矿勘探工作虽取得较大成绩，但仍没有从根本上缓解资源危机的状况。由于种种原因，国家地勘部门提供的金矿普查成果相对减少，可供勘探和开发的资源不足，"等米下锅"的状况仍没有太大改观。"九五"期间新增金矿储量只能与当期生产消耗的储量持平。据统计，岩金矿山保有储量在1t以下的生产矿山占31%，资源危机的矿山在急剧增加。因此，黄金资源短缺，保有储量严重不足，仍是制约黄金工业发展的关键问题。

④ 劳动生产率低。企业人员多、劳动生产率低是黄金行业的老问题。富余人员的大量存在致使人工成本居高不下，加上近几年金价低迷，企业效益受到较大影响，已经成为关系到企业生存的严重问题。

⑤ 融资渠道单一影响黄金工业的发展。目前黄金行业资金渠道只有商业银行贷款。引进外资风险勘探和开发工作以及上市融资工作进展缓慢，地方和企业自筹建设资金能力较弱。

⑥ 乱采滥挖造成资源和环境严重破坏。一些地方受利益驱动，群采大量涌入黄金资源区，对没有探清的资源进行大量无序开采，既干扰了地勘工作，又破坏了生态和生产环境，同时对资源也造成了极大的破坏和浪费。（国家经贸委行业规划司）

【黄金工业面临的形势】 1.*世界黄金工业发展趋势及市场预测*。近几年来，国际金价已跌至20年来的最低点，但全球范围内矿产金的产量并没有减少，1999年全球矿产金总量2576 t，创历史新高。价格下跌的重要原因是黄金的货币职能不断削弱，加之美元坚挺，许多国家中央银行大肆抛售黄金。目前黄金货币功能虽不断削弱，但将来仍是具有一定储藏功能和不可替代的特殊商品。

从世界黄金需求量看，1999年制造业总用量为3722 t，总体呈上升趋势。黄金在中国消费市场的需要主要反映在饰品业和工业上。随着国家经济发展，人民文化物质生活水平的提高，黄金饰品的消费需求也将随之增加；另外，黄金以其特殊的金属特性，在工业特别是高科技和宇航工业及医药、建筑装饰等领域的消费和应用呈现大幅度上升趋势。随着中国经济的快速发展，工业用金也将会有较大发展，金币旺销给中国黄金市场需求又增添了一个新的增长点。"十五"期间，中国制造业黄金需求量每年将达250～300 t。

2.*加入世界贸易组织对中国黄金工业的影响*。加入世界贸易组织后，中国黄金工业面临的挑战主要有两个方面：一是开放黄金市场问题。按照世界贸易组织市场准入原则，中国黄金市场将向国际开放，而目前国内黄金市场尚未建立，对黄金市场的运作缺乏经验；二是企业竞争力问题。企业在规模、资本、技术、成本上与国际先进水平相比，有差距，企业竞争能力较差。

同时，加入世界贸易组织也将给黄金工业带来很大的发展机遇。

① 可以引进境外资金开发国内黄金资源。

② 有利于行业技术进步和技术创新。随着外资的引进，国外的一些先进技术也将引入，可以大大提高中国黄金生产技术水平，加快利用难处理金矿资源。

③ 黄金行业融资渠道得到拓宽。中国黄金企业可以直接引进国外资金，加快黄金勘探和开发，甚至可以到境外上市直接融资。

④ 有利于行业结构调整。通过组建大型企业集团,实现资源统一规划,合理开发,规模经营,降低成本,提高经济效益和企业竞争能力。

（国家经贸委行业规划司）

【黄金工业发展方针及目标】 1.指导思想。以市场为导向,以效益为中心,以科技进步为动力,按照建立现代企业制度的要求,对企业结构进行全局性、战略性调整。加大地质勘探力度,开辟多元化融资渠道,加快企业技术改造和技术创新步伐,杜绝重复建设和资源无序分割,增强企业发展后劲,提高国际竞争力,积极适应黄金产品全面走向市场和加入世界贸易组织后黄金行业所面临的新形势,实现黄金工业持续快速健康发展。

2.基本原则。

① 以存量为主,走内涵式发展道路。黄金行业发展要立足于现有黄金企业的资产重组和挖掘内部潜力,坚持规模经营,杜绝资源分割开发,不断提高经济效益、生产效率和技术水平。

② 以技术进步与技术创新为动力,促进黄金工业发展。加快技术改造和技术创新步伐,推动产业技术升级,促使重点黄金企业主要工艺技术指标接近或达到国际先进水平,使工艺进步和创新成为行业发展的新的增长点。

③ 搞好安全生产、环境保护和资源综合利用,走可持续发展之路。采取有力措施,改善劳动条件,搞好安全生产,加强环境保护,保护生态环境,做好有价元素的回收利用,提高资源综合利用水平。严格执行探采结合、采掘并举、掘进先行的技术政策。加大探矿增储和弥补掘进欠账的力度,认真抓好资源勘探、开发、利用与保护。多渠道筹集资金,加强地质勘探的投入,强化地质勘探工作。实现黄金工业健康稳定的发展。

④ 加快企业组织结构调整,发展规模经济。调整黄金企业结构和布局,促进黄金企业间的联合、兼并、改组,努力培育大型黄金企业集团(公司),形成规模优势,发挥规模效益。对新的黄金资源实行大矿大开,小矿联开,提高黄金矿山生存发展能力与国际竞争能力。

⑤ 扩大开放,提高黄金企业国际竞争力。运用好两个市场、两种资源。引进外资开发国内黄金资源;同时要走出去,开发利用国外资源。鼓励黄金重点企业在成本、效益、技术和资源利用上向国际水平看齐,改变黄金企业管理、技术落后的现状,提高重点黄金企业的国际竞争力。

⑥ 加快西部黄金资源开发。充分发挥西部产金区黄金资源丰富的优势,加大西部产金区黄金资源的勘探开发力度,使黄金产业进一步成为西部经济发展中的一个新的增长点。

⑦ 一业为主,多种经营。要调整黄金产业、产品结构,积极发展非金产业,逐步改变资源型产业单纯依赖现有资源求发展的局面,并解决好矿山、企业因资源枯竭而陷入困境的状况。

3.主要目标。

① 黄金产量。“十五”期间,黄金产量年平均增长率在5%左右。2005年全国黄金产量将达到220 t,其中有色副产金14 t。“十五”期间黄金产量约1000 t。

② 新增黄金储量。加大地质勘探工作力度和地勘资金投入,“十五”期间黄金地质储量增加45%。

③ 新增生产能力。坚持规模经营的原则,杜绝重复建设和资源分割。为保证黄金工业持续稳定发展,“十五”期间新增生产能力55 t。

④ 技术装备。大型企业工艺技术装备和主要技术经济指标接近或达到国际先进水平。攻克难处理金矿选冶技术难关,实现产业化,利用难处理金矿资源300 t;解决矿山企业地探、采矿和环保等专项技术问题,并使资源消耗比由现在1:1.7下降到1:1.5。加大节水节能工艺设备研究,降低矿山能耗物耗。

⑤ 结构调整。以资产为纽带,通过联合、兼并、重组等措施,培育12家具有国际竞争力的大型企业集团;结合黄金企业分布特点,组建一批区域性集团公司,2005年其产量、利润分别占全国黄金矿山企业的40%和50%。重点创建2~3家以黄金提纯、深加工为主的高新技术企业。

⑥ 环境保护。提高环保意识,积极推行清洁生产工艺,搞好综合利用,企业“三废”排放必须达到国家或地方规定标准。积极开展矿区绿化工作,矿区绿化覆盖率达50%以上。有条件的大中型黄金企业积极创建“园林式企业”和“零排放矿山”,创造优美的生产环境。

（国家经贸委行业规划司）

【黄金工业发展政策措施】 1.深化改革,实现黄金行业和企业的体制与机制创新。面对中国加入世界贸易组织和国内黄金市场全面开放的机遇和挑战,黄金行业要解放思想,转变观念,以市场为导向,对行业和企业的管理体制、经营机制进行改革与创新,适应市场经济发展的形势。要努力探索公有制多样化的实现形式,建立现代企业制度,健全决策、执行、监督体系,转换企业内部经营机制,使企业真正成为自主经营、自负盈亏的法人实体和市场主体,最大限度地调动企业经营者和生产者的积极性,推动企业走上健康发展的道路。

2.加强地质工作,为黄金生产发展和矿山企业的规模经营创造条件。继续实行黄金地质探矿基金政策,建立有效的地质工作激励机制,使黄金企业成为地质投入的主体；把地勘工作重心放在老矿周围、深部增储和新区工作验证及储量升级上，解决好地质部门与矿山地质工作的衔接问题，提高探矿效果。在增加地质储量的同时，要节约资源，科学、合理、综合、高效地开发利用现有黄金资源。做好多金属矿床资源、落地和残存有利用价值资源的开发、利用和综合回收工作，缓解储量危机的局面。

3.扩大开放，拓宽融资渠道，增强黄金工业发展后劲。随着国家宏观经济政策的调整，黄金行业要搞好投资体制改革。要加快对外开放步伐，利用多种渠道筹集资金，鼓励有资金实力的行业内外企业，参与开发、联合投资；引进国外资金进行风险勘探和资源开发，为外商创造良好投资环境，缓解资金短缺的局面。

4.加大技术创新和技术改造力度，全面推进产业技术升级。从黄金行业总体看，技术创新是全方位的创新，尤其在难采矿床的采矿技术、难处理资源的选冶技术、多金属矿床和高品位尾矿的综合回收，含氰污水、尾矿及有害气体的治理技术、节能节水工艺设备研究等方面，要尽快有所突破。因此，大、中型黄金矿山企业要建立企业技术研发中心，与专业科研院所、大专院校紧密结合，形成产学研一体，面向生产，联合攻关，促进成果转化，切实解决黄金行业所面临的技术难题，并加强黄金高附加值产品的研究和开发。在技改和新建项目中，要坚持高起点，广泛应用具有国际、国内先进水平的新技术、新工艺、新设备、新材料，要运用攻关创新的成果，在上水平的前提下实现规模经济，发挥规模效益。同时要积极推进企业自动化和信息化进程，用信息技术改造传统工业，促进产业技术升级。

5.加大企业结构调整力度，建立现代企业制度。对现有企业格局加大调整力度，改变黄金矿山小而散的状况。结合各地区、各企业的实际情况，通过资产重组、企业兼并、联合，做大一批；通过各种政策措施，加强内部管理，救活一批；通过技术改造、辐射带动，提高一批；通过引进国内外资金、管理、技术、人才，搞活一批；通过破产、关闭，淘汰一批。通过调整使黄金企业大的大而强，小的小而精，实现真正的资源优化配置。

在企业结构调整的同时，加快建立现代企业制度。通过公司制和股份制改造，使企业形成科学的法人治理结构。最大限度地调动资产所有者、企业经营者和全体员工的积极性，使国家各项政策措施在黄金企业发挥最大效应。

6.贯彻西部大开发战略，促进区域结构优化。认真贯彻国家西部大开发的战略方针，在巩固原有产金基地的同时，集中力量开发西部黄金资源，培育新的经济增长点。积极推进“北矿南下、东矿西转”，鼓励行业内有实力的企业到西部新区投资开发，实现资源、技术、管理的最佳配置。

7.规范资源的勘探和开采秩序。加强执法力度，严厉打击非法采金，彻底治理整顿矿区生产秩序，规范采矿权的管理，依法坚决制止各种乱采滥挖现象，最大限度地减少对黄金资源的破坏和浪费，保证矿山安全。做好矿山复垦工作，保护生态环境。

8.对资源枯竭矿山，在企业转产资金和破产政策上给予支持。（国家经贸委行业规划司）

【中国实行新的黄金管理体制】 2001年，中国长期实行的黄金”统购统配”计划管理体制将被取消，代之以黄金市场的建立。主要内容包括：

取消黄金的计划管理。按照会员制的形式，在上海组建黄金交易市场；取消对黄金制品零售、批发、加工制造等业务的许可证管理制度；根据外汇体制改革的进程，逐步放松黄金进口管理；建立健全新型的黄金流通管理法律法规。

2001年中国人民银行积极进行了各项准备工作：一是抓紧黄金交易市场组织筹备工作，会同有关部门，拿出一整套方案，报国务院批准后实施，2001年下半年开始试运行。二是抓紧制定《黄金管理暂行条例》。

同时，尽快启动黄金报价制度，实行挂牌收购、配售黄金；加大对现行黄金管理政策的调整力度，争取2001年上半年取消黄金零售业务许可证制度。

（中国矿联信息中心）

【莱州市黄金产量居全国首位】 2001，经国家有关部门验收，山东省莱州市黄金冶炼厂国内首家引进、达到国际先进水平的“含砷金精矿细菌氧化法提金工艺”运行成功，年增加黄金产量7万两。至此，2001年莱州市黄金年产量可达50多万两，居全国重点产金县(市)首位。

莱州市黄金矿产资源丰富，黄金总储量占全国储量的1/6，居全国县级市首位。莱州在深挖黄金资源潜力的同时，不断加大技改投入力度。近年来，莱州黄金系统投资7000多万元，完成了120多项技改项目，年增经济效益2000多万元，加快了黄金企业由数量型向效益型的转轨步伐。仓上金矿自主开发的“氰化金泥全控电湿法直接精炼工艺”，实现了黄金冶炼工艺从传统火法炼金向现代湿法冶炼的重大转换；金城金矿“全尾砂胶结充填采矿方法”的开发应用，填补国内空白，提高了尾矿利用率；黄金冶炼厂与清华大学合作开发的“溶剂萃取处理氰化浸液”新工艺，攻克了含氰污水“零排放”的世界性难题，获山东省科技进步一等奖，被国家环保总局列为“国家重点环境保护实用技术项目”。莱州市2002年黄金生产能力可达70万两，预计2005年将达到100万两，届时将成为全国生产工艺最先进、产

量最高的黄金生产基地。 （中国矿联信息中心）

【中国黄金报社】 中国黄金报社（北京黄金经济发展研究中心）是目前国内从事黄金及贵金属经济研究、信息咨询及媒体发布的国家事业机构。其下设有黄金及贵金属研究中心、《中国黄金报》、《中国黄金珠宝》杂志（双月刊）、中国黄金信息网站（www.gold.org.cn）。

《中国黄金报》每周出版两期，文字总量200万字，是国家经贸委、中国人民银行指定发布黄金首饰行业政策、法律法规的专业媒体，是中国上海黄金交易所、上海钻石交易所指定信息发布媒体，是专业从事黄金市场分析、报道、预测的在国内公开发行的报纸。

《中国黄金珠宝》（双月刊）由中国黄金总公司主管，是中国黄金、首饰、钟表行业公开发行的高档、品牌、权威期刊。全册136页，装帧精美，内容充实。

中国黄金信息网站是中国黄金、首饰业具有影响力的行业网站，设有国内网上实时金价查询、评论、市场资讯等栏目，平均日点超万人次。

（北京黄金经济发展研究中心）

建 材

【概况】 建材工业是中国重要的材料工业。建材产品包括建筑材料及制品、非金属矿及制品、无机非金属新材料三大门类，广泛应用于建筑、军工、环保、高新技术产业和人民生活等领域。改革开放以来，中国建材工业发展迅速，形成了研究开发、地质勘探、装备制造、生产加工、销售服务、国际贸易等较完整的工业体系。水泥、玻璃、建筑陶瓷和卫生陶瓷的产量多年位居世界第一位，产品的质量、档次也有了不同程度的提高，基本上满足了国民经济和社会发展的需要。随着经济体制改革的不断深入，宏观经济环境和市场供求关系发生了深刻变化。经济全球化趋势增强，中国加入世界贸易组织，环境保护、合理利用资源越来越受到重视，对建材工业的发展提出了更高的要求。建材工业必须继续实行控制总量、调整结构，进一步转变经济增长方式，加速由数量增长型向质量效益型转变，实现行业“由大变强、靠新出强”的历史性跨越。

1.*“九五”取得的成就*。经过“九五”的发展，建材工业经济运行质量明显提高，科技进步步伐加快，结构调整取得进展，国企改革初见成效，基本完成了“九五”计划所确定的主要任务。

① “控制总量、调整结构”取得初步成效。“九五”期间，建材工业围绕“两个转变”，正确处理了发展与淘汰、技术进步与经济效益、产品开发与市场应用的关系。在加快用先进技术改造传统产业的同时，对重点产品的总量提出了阶段性控制目标，实现淘汰小水泥窑3069座，压减落后生产能力6335万t；关闭淘汰小玻璃生产线187条，压减落后生产能力2592万重量箱。2000年，旋窑水泥产量1.51亿t，占水泥总产量的25.3%；水泥散装率达到19.1%，散装量比1995年增长了近1倍；新型墙体材料产量2100亿块标准砖，占墙体材料总产量的28%；平板玻璃产量1.82亿重量箱，其中浮法玻璃产量达70%；池窑拉丝玻璃纤维产量4.8万t，占总产量的比重由“八五”末的15%提高到27%；玻璃钢机械化成型率由5%提高到20%左右。

② 科技进步取得明显进展。重点开展了新型干法预分解窑（以下简称新型干法）水泥生产线的“优化设计、低投资、国产化”工作，新型干法工艺技术水平达到国际先进水平。特别是实施项目业主负责制和招投标制，使改扩建新型干法水泥生产线投资从1000余元/t降到400～500元/t，采用新型干法水泥工艺的企业在产品质量、规模效益，环境保护等方面具有了明显的竞争优势。通过建设示范线，“洛阳浮法”玻璃工艺技术水平得到进一步完善和提高。自主开发了年产7500 t池窑拉丝技术装备，建设了万吨级池窑拉丝生产线，为池窑拉丝技术与装备赶上国际先进水平奠定了基础。建成了一批具有竞争优势的新型墙体材料生产线，技术装备水平明显提高，产品开发和推广应用成效明显。非金属矿物超细、提纯、改性技术及应用取得重大进展，深加工技术不断提高。以电子级玻纤织物、高档耐磨超硬材料、特种工业陶瓷制品为代表的一批无机非金属新材料的开发与应用，促进了高新技术产业的发展。

③ 组织结构得到明显改善。与“八五”末相比，水泥企业的平均规模由7万t提高到10万t，前十家企业的生产集中度由2.9%提高到5%；玻璃企业的平均规模由31万重量箱提高到81万重量箱，前十家企业的生产集中度由28%提高到33%；玻璃纤维生产企业的平均规模约1500 t，前四家企业的产量占总产量的比重为36%。

④ 国有企业改革步伐加快。按照建立现代企业制度的要求，通过改组、改造、兼并、收购等方式，形成了一批具有一定实力的大公司和企业集团。建材工业经济运行质量和效益明显提高，国有企业改革与脱困三年目标基本实现，1999年扭转了全行业连续两年亏损的局面，2000年生产经营形势进一步好转，全行业实现利润94亿元，建材及非金属矿产品出口创汇28.7亿美元。建材上市企业已超过40家，融资100多亿元。

2.*存在的主要问题*。建材行业发展中还存在一些突出问题，主要表现在组织结构、技术结构和产品结构不合理。企业规模小、数量多,大多数企业工艺装备落后,产品质量差,污染环境、浪费资源的现象还相当严重。

① 企业规模小,生产集中度低。建材国有及年销售收入500万元以上非国有企业个数仅占全行业企业总数的10.8%。大中型骨干企业与国外大企业相比,规模和实力有相当大的差距。7000多家水泥企业中,前10家企业生产集中度仅为5%。前10家玻璃企业生产集中度为33%,浮法玻璃生产企业有20多家,而作为世界平板玻璃生产第二大国的美国,仅有6家玻璃公司。与美国相比,中国玻璃钢企业平均规模相差25倍,玻璃纤维企业平均规模相差200多倍。陶瓷、砖瓦、水泥制品等行业的生产集中度也相当低。

② 产品结构不适应市场需求。重复建设屡禁不止,导致工艺落后的传统建材产品严重过剩,过度竞争造成行业总体效益低下。先进生产能力增长缓慢,部分优质、高档产品结构性短缺。新型建材产值占建材工业总产值的比重仅为20%。水泥总生产能力为7.1亿t,其中新型干法水泥只占10%左右,而质量不稳定、浪费资源、污染环境的立窑水泥仍占75%左右。优质浮法玻璃和加工玻璃、高档建筑卫生陶瓷、玻璃纤维及制品、部分非金属矿深加工产品等尚需进口。

③ 高新技术产业化步伐缓慢。高技术风险投资机制和科技创新激励机制尚不完善,科研开发资金投入不足,企业技术创新能力不强。科研开发与生产相互脱节的状况尚未根本改变,影响了建材高技术产业的形成与发展。

④ 资源利用和环保问题突出。建材工业生产耗能占全国能耗的比重为9%左右,占工业能耗的比重约13%,万元产值能耗近5 t标煤。以窑炉生产为主的建材工业,煤炭消耗约占建材生产总能耗的比重为70%以上。全行业年排放二氧化硫占全国排放量的比重为14%左右;排放粉尘和烟尘占全国工业排放量的比重为55%左右。每年生产实心粘土砖近6000亿块,耗用土地约66万亩,耗煤5000多万t。水泥熟料平均烧成热耗146 kg标煤/t,比国际先进水平高30%多。

(国家经贸委行业规划司)

【建材工业发展环境和市场需求分析】 1.发展环境分析。"十五"期间是建材工业产品结构、技术结构、组织结构、地区结构调整和优化的关键时期,外部环境对行业技术进步和结构调整将产生重要影响。

① 国际建材工业发展的主要趋势。国际建材工业技术与产品的发展趋势:一是产品生产与环境保护协调一致,注重经济和社会的可持续发展;二是生产设备趋向大型化,生产过程向自动化和智能化发展,注重规模效益和节能降耗;三是全面提高产品质量,改善保温、隔音等建筑功能,注重开发有利于人体健康的抗菌、防霉、杀虫、净化空气等功能性材料;四是主要建材企业在以先进技术、管理和雄厚的资金实现全球性扩张的同时,其市场营销、服务逐步向网络化、信息化方向发展。

② 加入世界贸易组织面临的机遇与挑战。加入世界贸易组织,有利于中国建材企业转变观念,跟上世界建材工业发展趋势,吸收国外先进技术和管理经验,发挥比较优势,全方位参与国际竞争,同时也面临着严峻的挑战。与国外先进水平相比,国内企业在技术装备水平、研究开发能力,以及能源、资源利用效率等方面存在较大差距。部分商品关税降低可能导致进口量增加,国内市场国际化,跨国公司将依托其在资金、技术、管理等方面的优势,加大对中国建材领域的投资,国内建材企业将面临更加激烈的竞争。

③ 实施西部大开发战略有利于地区比较优势的发挥。实施西部大开发战略,将加快水利、交通、通信、电力及城市基础设施建设,对建材产品的需求产生新的拉动。东部地区建材工业在技术、资金、管理和人才等方面具有明显的优势。西部地区在资源、能源和劳动力等方面具有独特优势。西部大开发战略的实施,为东中西部地区间的优势互补提供了契机,有利于推动地区间的合作,促进东中西部协调发展。

④ 可持续发展对建材工业提出了更高要求。在相当长时期内,建材工业以煤为主的能源消费结构不会根本改变,二氧化碳、二氧化硫、氮氧化物和烟尘的排放治理日趋紧迫。资源紧缺,耕地减少等问题日趋突出,建材工业必须改变以浪费资源和牺牲环境为代价的发展方式,加快推行清洁生产,向提高质量、节能、节地、节水、利废和环保方向发展。

2.需求预测分析。

① 市场需求趋势分析。"十五"期间,按GDP年均增长7%计,平均每年全社会固定资产投资4万亿元左右,国民经济与社会发展对建材产品的需求将保持稳定增长的态势。拉动建材产品需求增长的主要因素有:城市化进程加快,中小城镇建设投资规模将有大幅增长;住宅产业化和人民生活水平的提高,农民住房的改善,对高品质、多功能的绿色建材产品,以及工厂化系统集成住宅产品的需求将有较快增长;长江三峡、黄河小浪底等水利枢纽,一批大型水库建设以及南水北调工程,龙滩、小湾、水布垭、构皮滩、公伯峡、三板溪等水电站,青藏铁路、京沪高速铁路和西南、西北进出境铁路,20万公里"五纵七横"公路等基础设施建设力度继续加大;军工、汽车、信息、石化等相关产业对建材产品的需求将进一步增加。

② 主要产品需求分析。传统建材在提高产品质量的基础上,需求总量保持相对稳定。2000年水泥产量

5.97 亿 t,平板玻璃产量 1.82 亿重量箱。随着水泥新标准的实施和混凝土标号的提高,水泥需求结构将发生重大变化。由于采用高强混凝土和高性能混凝土可减少水泥用量 30%以上,预计 2005 年水泥总需求将维持在现有水平,而可配制高强混凝土和高性能混凝土的优质水泥的需求将大幅度增加。平板玻璃总需求将保持相对稳定,其中能够替代进口和满足加工玻璃要求的优质浮法玻璃需求明显增加。建筑卫生陶瓷需求变化的趋势是低档产品的市场不断缩小,中高档产品将适度增长,可替代进口的高档卫生陶瓷和节水型卫生陶瓷的需求将有明显增长。

新型建材、无机非金属新材料和非金属矿主要产品需求将有较大增长。随着建筑、军工、汽车、信息、石化等相关行业的发展,新型建材、无机非金属新材料和非金属矿深加工产品的应用领域不断扩大,需求量将有较大增长。特别是新型建材中的新型墙体材料、新型保温材料、新型防水材料,无机非金属新材料中的玻璃纤维及制品、复合材料/玻璃钢,非金属矿深加工产品中的超细、改性功能材料的需求将会有较快增长。

满足房屋装饰和改善住房功能要求的装饰装修材料将有更快增长。随着住宅的商品化,住房装饰装修在中国逐步普及,装饰装修材料将有更快增长。外墙涂料,高档外墙装饰板,安全环保型的内墙涂料,高档五金件,以及优质塑钢门窗和塑料管材管件等化学建材产品的需求将有更快增长。

③ 主要建材产品国内需求量预测见表 1。

表 1　　主要建材国内需求量

产品	单位	2005 年需求量
水泥	亿 t	6
其中:优质水泥	亿 t	2
平板玻璃	亿重量箱	1.8~1.90
其中:优质浮法玻璃	亿重量箱	0.6~0.65
卫生陶瓷	万件	5500
建筑陶瓷	亿 m^2	15
玻璃纤维	万 t	38
其中:池窑拉丝玻璃纤维	万 t	23
墙体材料	亿块标准砖	7500
其中:新型墙体材料	亿块标准砖	3000

(国家经贸委行业规划司)

【建材工业发展方针和主要目标】 1.*发展方针*。以市场为导向,以企业为主体,以结构调整为主线,以科技创新、体制创新为动力,以企业技术改造、提高产品质量、节能、节地、节水、利废和环保为重点,积极发展高新技术及产品,控制总量,加大落后技术和产品的淘汰力度,推进企业资产重组,重点培育拥有自主知识产权、主业突出、核心能力强、有国际竞争力的大公司和企业集团,搞活中小企业,促进建材工业持续、稳定、健康发展。

2.*主要目标*。建材工业增加值预期年均增长 7% ~8%。① 产品结构调整目标。到 2005 年,新型干法水泥产量达到 1.2~1.3 亿 t,占水泥总产量的比重为 20%,特种水泥产量占水泥总产量的比重为 3%,水泥散装率达到 30%;浮法玻璃产量达到 1.6 亿重量箱,占玻璃总产量的比重为 80%以上,其中优质浮法玻璃产量 5000~6000 万重量箱,占浮法玻璃的比重达到 30%以上,玻璃深加工率达 30%;新型墙体材料产量 3000 亿块标准砖,占墙体材料总产量的比重为 40%;池窑拉丝玻璃纤维产量达到 23 万 t,占玻璃纤维总产量的比重为 60%;玻璃钢机械化成型率为 40%以上。

② 技术结构调整目标。行业共性技术、关键技术和装备研发取得明显进展,新增生产能力技术装备水平总体达到国际先进水平。日产 2000~5000 t 熟料新型干法水泥生产线技术与装备达到 20 世纪 90 年代国际先进水平。积极发展日产 8000 t 以上超大型水泥生产线,形成技术装备研发制造体系。全面提高“洛阳浮法”玻璃技术水平,实现优质浮法玻璃生产技术和管理方面的重大突破,产品实物质量达到国际先进水平。玻璃加工技术装备及产品质量达到国际先进水平。开发和引进年产 2~3 万 t 规模的电子级玻璃纤维池窑拉丝技术装备以及电子级玻纤布生产技术,使行业的技术水平达到国际先进水平。新型墙体材料技术与装备基本实现国产化。

③ 组织结构调整目标。“十五”末期,水泥生产企业的平均规模由目前的年产 10 万 t 提高到 25 万 t,前 10 家水泥企业(集团)生产集中度由 5%提高到 17%;玻璃企业的平均生产规模达到 300 万重量箱以上,前 10 家玻璃企业的生产集中度达到 50%;前 4 家玻璃纤维企业的生产集中度达到 60%以上。

④ 能源利用和环保目标。全面推进清洁生产,实现环保达标。到 2005 年,主要建材产品的平均能耗降低 20%。平板玻璃、建筑卫生陶瓷、池窑拉丝玻璃纤维的生产以应用优质能源为主。水泥和墙体材料的生产要积极研究和开发多种能源和资源的利用途径。全行业年节能 1900 万 t 标煤,减少粉尘排放 210 万 t。

(国家经贸委行业规划司)

【建材工业发展和结构调整重点】 1.*发展新型干法水泥*。坚持以发展促调整的方针,发展新型干法水泥,加速淘汰落后工艺。优化生产力布局,推进企业重组,支持大公司和企业集团的发展。禁止除新型干法以外的其他水泥生产线的建设。严格禁止对立窑进行扩径改造。节约并合理利用资源和能源,加强环境保护。“十五”期间要按照“等量淘汰”或“超量淘汰”的原则，发展新型干法水泥，新增新型干法水泥生产能力 6000 万 t，实现新型干法水泥生产能力翻番。

① 扶持大企业集团的发展，优化水泥工业生产力布局。重点支持 8 ~ 10 家大公司和企业集团发展日产 4000 t 以上新型干法水泥生产线，开发日产 8000 ~ 10000 t 大型水泥技术装备。华东、华南及沿江沿海大中城市周边地区，要利用交通和经济较发达的优势，因地制宜做好规划，加快调整水泥工业结构。在石灰石资源富集地区建设大型熟料基地，将靠近市场、符合条件的小型水泥企业改建为现代化水泥粉磨企业。同时，大力发展散装水泥和商品混凝土搅拌站，推广矿渣和粉煤灰超细粉磨，根据市场需求配制水泥干浆和高性能混凝土。水泥工业布局要适应加入世界贸易组织和实施西部大开发战略的要求，引导并鼓励东部和中部地区优势水泥企业到西部地区投资。西部地区水泥工业发展应结合国家重点工程建设，依托现有优势企业进行技术改造，加大水泥工业结构调整的力度。

② 改造一批重点企业，带动水泥工业结构的调整和技术升级。鼓励一批省、区、市的重点水泥企业进行技术改造。按照一定区域内“等量淘汰”或“超量淘汰”落后工艺的原则，通过对湿法窑、立波尔窑、中空窑等落后工艺的技术改造，建设一批日产 2000 t 以上新型干法水泥生产线。除边远山区、交通不便和经济欠发达的地区，以及生产特种水泥项目外，原则上不再新建、扩建日产 1000 t 及以下规模新型干法水泥生产线。引导机立窑企业按照可持续发展的要求，采用新型干法技术实施改造，逐步淘汰立窑工艺。

③ 重视和加强环境保护。水泥企业要把治理污染、保护环境作为生存和发展的必要条件，在抓好清洁生产的同时，积极利用煤矸石、矿渣、粉煤灰、磷石膏、脱硫石膏等工业废渣，研究和开发城市建筑垃圾、生活垃圾、废油、废轮胎等利用途径。进一步开发完善劣质能源、工业废弃物在水泥生产中应用的新技术、新工艺，在保证水泥产品质量的前提下，使水泥生产逐步向节能、利废、环保方向发展，成为可持续发展的“绿色工业”。

2.发展新型建材，促进经济与资源、环境协调发展。围绕环境保护、生态建设和提高人民生活质量的要求，以提高质量、节能、节地、利废为重点，以政策法规为导向，以科技创新为动力，开发完善应用技术，使新型建材生产和应用取得较大发展。到 2005 年，新型墙体材料占墙体材料的比重达到 40%，节约土地 20 万亩，减少二氧化碳排放量 2000 万 t，综合利用煤矸石 9000 万 t、粉煤灰 4500 万 t。

① 推进新型墙体材料的快速发展。要适应建筑结构体系的发展、建筑节能与建筑功能改善的要求，大力发展新型墙体材料。在重点抓好 170 个大中城市用 3 年过渡时间完全禁止使用实心粘土砖的同时，积极引导其他地区用新型墙体材料替代实心粘土砖，分类指导，城乡全面推进，提高新型墙体材料应用比重。重点发展非粘土类空心制品、混凝土砌块、各种轻质板材和复合板材。大力推广使用以粉煤灰、煤矸石等工业废渣和江河淤泥为原料的新型墙体材料生产技术与装备，建设一批大规模、高水平的生产线，促进优势企业发展壮大，培育 2 至 3 家具有一定规模和市场影响力的大公司和企业集团。

② 因地制宜发展主导产品。各地要根据本地区建筑结构的特点，因地制宜地确定主导产品，通过主导产品的示范作用，带动各类新型墙体材料的发展。重点发展单班年产 5 万 m^3 以上规模的混凝土砌块生产线，实现成套设备的国产化，着力解决混凝土砌块的施工应用配套技术；发展加气混凝土板材和年产 10 ~ 20 万 m^3 加气混凝土砌块生产线，开发大型机械化切割机，完善发泡成型技术；根据市场需求，重点抓好纸面石膏板的市场开拓与推广应用工作，发展以农作物秸秆为原料的轻质板材，开发成套技术与装备，提高产品功能及装饰性能；发展年产 6000 万块以上规模烧结空心砖生产线，推广废渣高掺量、全煤矸石烧结新工艺。

③ 增加花色品种，提高产品质量与配套能力。积极发展内外墙装饰材料、塑料门窗等现代建筑门窗以及塑料管材管件等新型建材产品。重点解决外墙涂料的研制开发、生产和供应，以及保温材料在建筑节能中的应用等问题。塑料门窗重点发展优质产品，抓好配套五金件的生产与供应，提高产品的整体质量。塑料管材的发展重点是开发和推广室内上水管、燃气管、热水管和地下排水管等新品种，形成一批品种齐全、规格系列配套、年产 3 万 t 以上规模的企业，增强其国际竞争力。

3.全面提高“洛阳浮法”技术水平。平板玻璃工业的主要任务是进行结构调整和实现产业升级，重点是发展优质浮法玻璃，全面提高“洛阳浮法”玻璃技术水平，实现浮法生产技术和管理的突破，使平板玻璃实物质量达到国际先进水平。“十五”期间要严格限制新建、扩建平板玻璃原片生产线，防止低水平重复建设，淘汰小平拉等落后工艺。积极发展玻璃深加工产品。

① 提高技术水平，发展优质浮法玻璃。“洛阳浮法”玻璃技术是中国玻璃生产的主体技术，玻璃行业整体技术水平的提高基本立足于“洛阳浮法”玻璃技术的提高。针对“洛阳浮法”生产工艺在原料处理、熔化、成型工艺技术和生产管理等方面存在的问题，以及产品在表面平整度、渗锡量、微气泡等质量指标与国际先进

水平的差距，重点建设优质硅质原料基地，提高耐火材料产品质量，加强配套工作，提高熔窑的自动化控制、锡槽密封、冷端在线检测等技术装备水平，并在生产线控制技术和管理软件方面有突破性进展，窑龄达到8至10年，产品实物质量以及能耗和环保指标达到国际先进水平。在提高“洛阳浮法”玻璃整体水平的基础上，特别是在实物质量达到国际先进水平的前提下，结合冷修改造若干条浮法玻璃生产线。

② 开发新产品，增加花色品种。抓住多功能、深加工玻璃市场迅速扩大的机遇，走引进加工设备和自我开发相结合的路子，玻璃深加工通用设备国产化和现代化水平要有明显提高。重视玻璃应用技术的研究，开发超薄、超厚及大规格产品、多品种着色玻璃、热反射玻璃、低辐射玻璃、在线镀膜和制镜制品，提高深加工玻璃在玻璃产品中的比重，满足国内外市场需求。推动玻璃深加工产品向配套化、系列化方向发展。

③ 优化组织结构，提高生产集中度。鼓励平板玻璃企业通过资产重组等方式不断优化组织结构，建立和完善现代企业制度。扶持大企业、大集团的发展，初步形成2至3个具有国际竞争力的科工贸一体化的大公司和企业集团。这些大公司和企业集团基本实现全浮法生产，优质浮法玻璃比重达到50%以上，有自己的研发中心和具有世界先进水平的系列化、配套化、规模化的玻璃加工生产基地。淘汰四机以下引上工艺及小平拉工艺，部分淘汰六、九机引上工艺及小规模格法工艺。企业的平均规模达到300万重量箱以上。

4.*加快无机非金属新材料产业化进程*。无机非金属新材料是国防建设和高新技术等相关产业所必需的重要材料。支持重点企业、重点技术和重点产品的发展。加大科技开发和企业技术创新工作力度，加快产业化进程，把发展无机非金属新材料作为建材工业新的经济增长点。

① 发展池窑拉丝玻璃纤维，实现生产技术和装备的重大突破。瞄准当今世界先进水平，发展万吨级以上规模玻璃纤维池窑拉丝生产线，推动行业技术进步。建设优质原料基地，继续实施用先进池窑拉丝工艺技术对落后生产工艺进行全面改造，使池窑拉丝生产能力的比重由目前的27%提高到60%以上，生产技术达到20世纪90年代国际先进水平，形成具有自主知识产权的技术装备系列。淘汰陶土坩埚生产，严禁其产品流入市场。重点扶持、培育3～5个年产5万t以上，在国际市场上具有一定竞争力的大公司和企业集团。

② 开发新产品，加快高新技术产业化。根据市场需求，发展电子级覆铜板纱、布以及优质增强型玻纤无捻粗纱、短切纤维及毡等产品，到2005年，出口增加到9万t左右，进口由目前4.5万t减少到2万t左右。加大电子级玻璃纤维织物类制品及复合材料/玻璃钢新技术、新产品的开发和市场开拓力度，重点研究开发片状模塑料(SMC)低压成型技术，干、湿法玻璃纤维毡增强热塑性塑料(GMT)片材制备，A级表面处理技术，以及玻璃钢渔船、风力发电机叶片的整体优化设计与机械化成型等成套技术。支持特种纤维、特种玻璃、石英玻璃、特种陶瓷、高品质人造金刚石及特种光电晶体等高科技产品开发和成果转化，加快其产业化进程，形成新的经济增长点和出口创汇优势产业。

5.*发展非金属矿深加工产品，扩大出口创汇*。通过企业技术改造，提高技术装备水平，发展深加工产品。扩大出口。

① 支持骨干企业技术改造，提高产品科技含量。围绕建筑、石化、汽车、机电、环保等产业的需要，发展超细粉碎、精细提纯、表面改性、超微细和微孔技术，研究开发纳米技术和产品。发展高性能摩擦材料、绝缘材料、密封材料、工程塑料功能填料、电子工程材料和环保矿物材料，提高产品的科技含量和产业化水平。支持现有骨干企业用高新技术进行改造，在技术装备水平、产品质量、规格品种等方面尽快缩小与国际先进水平的差距。鼓励企业通过各种形式进行重组，提高生产集中度。

② 积极开拓国际市场，增加非金属矿物制品出口。发展优势矿种的深加工，逐步实现产品标准化、系列化、配套化。积极开拓国际市场，在保持和增加东南亚市场份额的同时，努力扩大对欧洲、北美及南美的出口。鼓励非金属矿大企业、大集团积极参与国际市场竞争。调整出口产品结构，逐步控制和减少初级产品出口，增加高附加值产品的出口，实现出口创汇稳步增长。

6.*优化建筑卫生陶瓷产品结构*。建筑卫生陶瓷工业要发展高档产品，增加中档产品，压缩低档产品。加强技术改造，采用新型装饰技术，提高产品质量和档次，加强配套并发展环保产品、节水产品，满足国内外市场的需求。

① 发展新型工艺技术，增加建筑陶瓷花色品种。建筑陶瓷的发展以全自动液压砖机、新型装饰技术和使用洁净燃料的辊道窑为重点，淘汰手动压砖机和煤烧窑。大力推进二次布料、梦幻布料、渗花、彩色大颗粒、干法施釉、抛光、水刀切割拼花、多次装饰、多次烧成等新型工艺和装饰技术，增加产品花色品种，提高产品质量和档次。发展环保、抗污、抗菌等多功能产品，综合利用尾矿和工业废渣。

② 以节水为中心，提高卫生陶瓷档次和配套水平。卫生陶瓷的发展在提高质量、档次和加强配套的前提下，大力推进卫生陶瓷产品节水技术，如改进排污道和

布水孔,采用射流技术等,增强陶瓷便器的冲洗功能,采用新型水箱配件,根除水箱漏水,实现水量分档冲洗,用纳米技术形成超平滑的抗污、憎水的陶瓷釉面,减少冲洗水量等,满足社会对节水型卫生陶瓷产品的需求。同时,提高卫生陶瓷产品节水标准,使之达到国际先进水平,增强产品在国际市场上的竞争力。

(国家经贸委行业规划司)

【建材工业发展措施与政策】 1.措施。① 适应加入世界贸易组织的需要,抓紧行业规章、规范、技术法规和标准的制定和修订工作。加强产品质量监督并制定严格的产品使用条例,规范企业行为,创造良好的经济秩序和公平竞争的市场环境。根据行业发展情况,适时修订产业政策,发布建材行业鼓励、限制、淘汰目录,引导企业健康发展。

② 加强产学研结合,加快科技成果转化,提高全行业整体水平。建立国家实验室或科技开发中心,集中研究国防军工、电子信息等高新技术产业急需的、具有战略意义的新材料、新技术、新工艺、新装备。对涉及产业发展的重大科研开发项目、高新技术产业化项目,加大在研发经费方面的支持力度,确保相关产业的发展和国家安全。加强技术创新和装备研制开发,在主要领域发展拥有自主知识产权的关键技术与装备。大公司和企业集团要成为技术创新的主体,提高科技开发资金在销售收入中的比重,将关键技术的突破和高新技术产业化与大集团的发展紧密结合起来。支持以工程总承包等形式整套输出中国成熟的新型干法水泥、浮法玻璃、卫生陶瓷等技术与装备。

③ 适应国有经济战略性调整的要求,探索建材工业发展新模式。培育一批拥有自主知识产权、主业突出、核心能力强的大公司和企业集团,增强国有经济对行业的影响力。同时,通过政策引导,加快改革,促进企业资本多元化,放开搞活中小企业。按照"积极扶持、合理规划、分类指导、依法管理"的原则,发展和完善中小企业服务体系,鼓励和支持各地建材中小企业根据本地经济发展特点,向"专、精、特、新"方向发展。

④ 发挥行业协会的桥梁与纽带作用,密切政府与企业的联系与沟通。加强行业管理,促使企业自觉执行国家法律、法规和有关政策,加强会员企业之间的协调,维护行业市场秩序。

⑤ 用高新技术改造传统产业,推进建材工业信息化建设。推广应用计算机集成制造系统(CIMS)、计算机辅助制造技术(CAM)和集散控制系统(DCS),提高生产自动化水平,增强新产品开发能力。建立企业计算机生产监控调度系统,实现企业生产调度现代化。不断扩大信息技术在企业管理中的应用,推广企业资源计划(ERP)、客户关系管理(CRM)等现代管理技术。积极推动电子商务在建材行业的发展,逐步实现网上信息发布、分类查询、商务谈判和交易结算等。

⑥ 西部建材工业要合理确定发展重点。西部地区应认真吸取东部地区建材工业发展的经验和教训,加强宏观调控,科学制定规划,积极发挥本地区的比较优势,避免产业结构趋同。合理配置资源,吸引人才、资金、先进技术,做到优势互补。严防将淘汰的技术和设备转移到西部。根据西部大开发的总体部署和市场开发程度,合理确定发展重点,防止盲目扩大规模,禁止低水平重复建设。

2.政策。① 在鼓励投资的政策(贴息、债券)中,继续将新型干法水泥、新型墙体材料和无机非金属新材料等重大技改项目列入国家重点支持目录。

② 对具有战略价值的非金属矿资源实行保护性开采,保证国家对大型优质矿山、具有国际竞争优势的矿产资源和战略资源的控制力。

③ 支持优势骨干企业进入资本市场,利用资本市场的融资功能,有效解决建设资金不足问题。

④ 鼓励企业综合利用各种资源,对以工业废渣、尾矿、废液、城市垃圾等为原料和燃料进行生产的企业实行减免税等优惠。

⑤ 及时修订产品标准、能耗标准和污染物排放标准,限制高能耗、高污染、资源利用率低的产品发展,加速淘汰落后生产工艺。

⑥ 对大型成套装备出口提供卖方信贷支持。

(国家经贸委行业规划司)

【建材工业"十五"规划实施重点】 1.调整企业组织结构。通过各种形式,加快培育一批主业突出、核心能力强的大公司和企业集团,增强其市场竞争力和影响力。创造条件,促进一部分中小企业向"专、精、新、特、深"的方向发展。形成大中小企业相互协调、分层次竞争的格局。

2.调整生产技术结构。鼓励发展高新技术与装备,加大淘汰落后生产能力的力度,从根本上推进建材工业技术升级。发展日产 2000 ~ 5000 t 熟料新型干法水泥生产线技术与装备,开发日产 8000 t 以上超大型水泥生产线,形成技术装备研发制造体系;禁止除新型干法以外的其他水泥生产线的建设,禁止对立窑进行扩径改造。全面提高"洛阳浮法"玻璃技术水平,实现浮法生产技术和管理的突破,使平板玻璃实物质量达到国际先进水平;严格限制新建、扩建平板玻璃原片生产线,淘汰小平拉等落后工艺。发展万 t 级以上规模玻璃纤维池窑拉丝生产线,生产技术达到 20 世纪 90 年代国际先进水平,形成具有自主知识产权的技术装备系列;

淘汰陶土坩埚生产。开发玻璃钢制品的整体优化设计与机械化成型等成套技术。发展以全自动液压砖机、新型装饰技术和使用洁净燃料的辊道窑为重点;淘汰手动压砖机和煤烧窑。

3.调整产品结构。发展高档产品、深加工产品,压缩低档产品和限制初级矿产品出口。玻璃纤维工业要发展电子级覆铜板纱、布以及优质增强型玻纤无捻粗纱、短切纤维及毯等产品。卫生陶瓷工业要在提高产品质量、档次和加强配套的前提下,发展环保、抗污、抗菌等多功能和节水产品。无机非金属新材料和非金属矿深加工产品具有良好的市场前景,是建材工业新的经济增长点,要发展超细粉碎、精细提纯、表面改性、超微细和微孔技术,生产高性能摩擦材料、绝缘材料、密封材料、特种陶瓷、高品质人造金刚石及特种光电晶体等高科技产品,研究开发纳米技术和产品,满足高新技术产业、国防工业和新能源等工业发展的需要。调整出口产品结构,改变目前"高进低出"现象,逐步控制和减少初级产品出口,增加高附加值产品的出口,实现出口创汇稳步增长。

4.坚持节约资源、保护环境。发展新型建材,满足人民生活质量提高的要求;减少能源、资源的消耗,适应环境保护、生态建设的需要,争取实现产量增加、产品质量提高,能源、资源的消耗不增加,污染物排放总量逐步减少的目标。为此,要以科技创新为动力,完善应用工业废渣技术,开发城市垃圾、废弃物的利用途径,使新型建材生产和应用取得较大发展。重点发展煤矸石、粉煤灰高孔率砖和加气混凝土砌块,替代粘土实心砖,实现170个大中城市用三年过渡时间完全禁止使用实心粘土砖。到2005年,新型墙体材料产量3000亿块标准砖,占墙体材料总产量的比重为40%,节约土地20万亩,综合利用煤矸石29000万t、粉煤灰4500万t,减少二氧化碳排放量200万t。

(中国矿联信息中心)

【建材工业生产销售】 2001年建材工业承接2000年增长速度大幅回升的走势,上半年继续保持快速增长。一季度工业总产值(不变价)的增长速度为13.08%,二季度的增长速度为12.56%,进入三季度,开始形成一个平稳增长的平台,三季度的增长速度为9.66%,四季度的增长速度为9.55%。全年增长速度为12%。

全年主要产品产量都有不同程度的增长。全年生产水泥6.26亿t,比2000年增长7.4%;其中大中型水泥企业产量达3.3亿t。生产平板玻璃2.04亿重量箱,比2000年增长12.1%;其中大中型平板玻璃企业产量达1.8亿重量箱。卫生陶瓷产量44.56亿t,比2000年增长8.33%。建筑陶瓷产量18.1万m^2。生产玻璃纤维纱26万t,比2000年增长16%。水泥管产量389万t。加气混凝土制品产量922万m^3,比2000年增长42.74%。石膏板产量1.3亿m^2,比2000年增长19.62%。石棉制品产量14万t,比2000年增长18.92%。水泥设备产量13万t,比2000年增长42.5%。在统计的22种建材产品中只有水泥电杆、砖、大理石板材和石棉四种产品比2000年下降。

全年完成不变价工业总产值3020.12亿元,比2000年增长13.12%。完成工业增加值1023亿元,比2000年同期增长11.6%。实现销售收入3146亿元,比2000年同期增长11%,其中国有及国有控股企业不变价工业总产值、工业增加值和销售收入分别增长7.3%、8.9%和5%。 (中国建筑材料工业协会)

【建材行业企业经营】 2001年建材行业实现利润118.9亿元,比2000年增长26.8%。这是近几年来建材行业取得的最好成绩。其中水泥制造业实现利润29.8亿元,比2000年增加20亿元,增长3.2倍.主要产品平均销售率稳定在96%左右,其中8、9、11月3个月产品销售率达到97%。大中型企业累计产品销售率为96.72%。

建材工业主要产品平均出厂价在低价位徘徊。回转窑P.0525#水泥每吨261元,P.0425#水泥每吨237元,均比年初上涨7元;全国水泥平均出厂价格停留在5年前的最低水平。平板玻璃平均出厂价年末比年初有所下降,2 mm白玻每重量箱57元,比年初下降6元;3 mm白玻56元,比年初下降4元;5 mm白玻每重量箱60元,比年初下降5元。全国平板玻璃出厂价基本停留在1999年的平均水平。

企业经济运行质量有明显改善。财务费用减少9.8亿元,下降10.28%,成本费用利润率提高0.5个百分点,资金利税率提高0.4个百分点,工业增加值全员劳动生产率提高15.14%,亏损面23.37%,下降了1.4个百分点,亏损企业亏损额下降3.98%。建材行业31个小类中,除云母采选、防水密封材料和建材机械制造业略有亏损外,其他均为盈利。全国31个省市区,实现利润总额10亿元以上的有山东、浙江和江苏,是建材行业的盈利大省;实现利润5亿元以上的有河南、河北、福建、新疆和上海5个省市;盈亏相抵后亏损的有广西、云南、湖南、海南、陕西、江西和山西7个省,比2000年减少2个亏损省份。

(中国建筑材料工业协会)

【建材工业进出口】 2001年,在世界经济整体下滑,中国进出口面临困难的情况下,建材工业进出口继续增长,全年出口建筑材料及非金属矿创汇33亿美元,累计增长15.1%，进口建筑材料及非金属矿用汇23亿美元，累计增长8.2%，有10个亿的顺差。据统计，出口增长超过10%的14种建材产品，绝大多数是深加工产品，表明建材出口产品的附加值有了较大提高。石材类、平板玻璃类、建筑卫生陶瓷类、水泥类和玻璃纤维类五大类产品已成为建材及非金属矿商品出口的主流产品。其中出口水泥构件112万t，创汇6023万美元，增长22.9%；出口夹层玻璃1.11亿美元，增长35.8%；出口卫生陶瓷614万件，创汇7976万美元，增长53.5%；出口釉面砖和墙地砖合计5312万 m^2，共创汇1.55亿美元，分别增长95.4%、110.9%；出口花岗石板材252万t，创汇6.45亿美元，增长20.3%。出口玻璃纤维纱6万t，创汇6684万美元，增长69.2%。

进口用汇增长较多的有石棉和石棉制品、钢化玻璃、石英玻璃、水泥熟料。石棉进口11万t，石棉制品进口6600 t，分别增长53.5%和16.4%；钢化玻璃进口用汇2256万美元，增长63.7%；石英玻璃进口9762 t，用汇2.4亿美元，比2000年增长62.3%。

（中国建筑材料工业协会）

【建材行业总量调控与结构调整】 根据中央经济工作会议和全国经贸工作会议精神，国家经贸委发出了《关于2001年建材行业总量控制的实施意见》，明确了2001年建材行业进行总量调控的指导思想、调控目标和主要措施．提出以科技创新、体制创新为动力，以企业技术改造、提高产品质量、节能、节地、节水、利废和环保为重点做好总量控制、结构调整工作。各地在结构调整方面，注重发展和淘汰相结合，推动新型干法水泥、新型墙体材料、散装水泥的快速发展。2001年有40多条新型干法水泥生产线相继投产，新增优质水泥生产能力2000多万t；新型墙体材料产量占墙体材料总量达32%，比2000年提高4%。水泥散装率21.7%，比2000年提高3%。同时，继续清理整顿“小水泥厂、小玻璃厂”。将列入关停名单的近4000家小水泥厂和小玻璃厂在互联网上公布，加强社会监督。各地对关停企业收回生产许可证、排污许可证，注销工商营业执照，停止供电、停止贷款并拆除主要设备。到年底，共淘汰落后小水泥生产能力近1520万t，小玻璃生产能力263万重量箱。全国累计关闭小水泥厂3894家，关闭淘汰小玻璃生产线238条，压减落后小水泥生产能力9450万t，小玻璃生产能力2855万重量箱。基本完成国办发(1999)49号文件规定的淘汰目标。

在制止重复建设方面加大了工作力度。针对平板玻璃行业出现的又一轮重复建设，国家经贸委在摸清情况的基础上，联合国家计委提出了《关于从严控制平板玻璃生产能力切实制止低水平重复建设的意见》，国务院已转发各地各部门执行，有力地制止了平板玻璃行业的重复建设。 （中国建筑材料工业协会）

【建材工业“十五”规划编制】 在原国家建材局工作的基础上，国家经贸委继续组织编制建材工业“十五”规划，经征求企业界、科技界、经济界专家学者的意见，于2001年下半年分别出台了《建材工业“十五规划”》、《墙材革新“十五”规划》和《散装水泥发展“十五”规划》。到年底，建材7个分行业“十五”规划的制订工作已经完成。将有力地指导建材工业的健康发展。

（中国建筑材料工业协会）

【水泥新标准实施】 2001年4月1日起全国水泥行业实行新标准，这是水泥行业提高整体产品水平，与国际接轨的重要举措。为保证水泥新标准的实施，水泥企业及各级行业主管部门、科研、设计、质检机构等单位做了大量准备工作。各地加大水泥新标准的宣传力度，组织相关材料在媒体上宣传，同时加强行业管理和检查。浙江、湖北、河南、山东等省建材主管部门协调质量监督、工商、环保等部门对新标准的执行情况进行了专项检查。中国非金属矿集团公司在各地建材主管部门的支持下，在重点省市、重点地区打击售假标准砂的不法活动，使有关犯罪分子得到惩处，净化了标准砂市场，为水泥新标准的实施奠定了基础。

（中国建筑材料工业协会）

【新型建材产品未来需求预测】 部分新型建材产品2000年产量及2010年需求量预测如下：

1.防水密封材料。2000年，全国新型防水卷材产量达到8300万 m^2，市场占有率达到20%，全国城镇永久性建筑采用新型防水材料达到60%。到2010年，全国新型防水卷材产量将达到2.5亿 m^2，市场占有率达到50%，城镇永久性建筑采用新型防水材料将达到80%。

2.保温隔热材料。2000年，全国保温材料需求量为：岩(矿)棉40万t，玻璃棉4万t，膨胀珍珠岩30万t，硅酸铝纤维4万t。预计到2010年，全国保温材料需求量为：岩(矿)棉60万t，玻璃棉10万t，膨胀珍珠岩40万t，硅酸铝纤维8万t。

3.矿棉吸声板。2000年，全国矿棉吸声板需求量为2000万～2500万 m^2。预计到2010年全国矿棉吸声板需求量为4000万～5000万 m^2，产品品种、质量和数量不但可以满足国内市场需求，而且将有部分产品出口。

4.装饰石膏板。2000年，全国装饰石膏板需求量为700万 m^2。预计到2010年，全国装饰石膏板需求量为 1400 万 m^2。

5.建筑涂料。2000 年,全国建筑涂料需求量为 100 万 t,中、高档建筑涂料将占较大比例。预计到 2010 年,全国建筑涂料需求量将达到 160 万 t。

6.塑料异型材和门窗。2000 年,全国塑料异型材需求量为 20 万 t,可组成 1000 万 m^2 塑料门窗。预计到 2010 年,全国塑料异型材需求量为 50 万~60 万 t,可组成塑料门窗 2500 万~3000 万 m^2。

7.塑料地板。2000 年,全国塑料地板需求量为 8000 万 m^2。预计到 2010 年,全国塑料地板需求量将达到 1.5~2 亿 m^2。届时,各种塑料地板(包括弹性卷材地板)和各种功能地板(抗静电、防腐蚀、防火、保健)的品种、档次将有显著的提高,可基本满足不同层次的需求。

8.塑料管道。2000 年,全国塑料管道需求量为 40 万 t(其中 33 万 t 为排水管、7 万 t 为给水管),塑料管材与管件不配套问题基本可解决。预计到 2010 年,全国塑料管道需求量将达到 100 万 t,其品种包括塑料给水管、电线导管、冷热水管、燃气管等。

9.壁纸、墙布。2000 年,全国壁纸、墙布的需求量为 2.5 亿~3 亿 m^2。胶印壁纸、全天然壁布、水墨印刷及其他功能的壁纸将进一步发展,可基本满足高级宾馆、饭店的需要。预计到 2010 年,全国壁纸壁布需求量将达到 4 亿 m^2 以上。

10.化纤地毯。2000 年,全国化纤地毯需求量为 1200 万 m^2。预计到 2010 年,全国化纤地毯需求量将达到 5000 万~8000 万 m^2,品种基本配套,可满足不同要求的建筑物对抗静电、阻燃、防毒、防沾污、耐磨等特殊功能的要求。 (中国矿联信息中心)

【新型墙体材料"十五"发展思路、目标及重点】 1.发展思路。节能、节土、节约资源和能源、保护环境为目标,以提高人民生活质量为目的,根据各地建筑的特色和资源情况,因地制宜地发展高性能、高质量的新型墙体材料。重点:一是根据中国新型墙体材料发展的客观要求,完善政策法规体系,强化依法行政,加大执法力度;二是研究确定满足当地建筑结构体系、建筑功能要求,与当地资源、经济发展水平相适应的主导产品;三是研究、开发有利于改善建筑环境、提高施工效率、节能、节土、利废、保护环境的轻质、高强、多功能、复合型新型墙体材料的生产和应用技术;四是研究产品的绿色化和配套化,再生资源应用中的无害化,以适应新世纪的要求和未来市场的需要;五是到 2003 年 6 月 30 日以前禁止使用实心粘土砖的 170 个城市主导产品的确定、配套政策的制定和分步实施的具体措施。

2.发展目标。2005 年全国新型墙体材料产量达到 3000 亿块,比 2000 年增加 900 亿块,年均增长速度为 8%;淘汰实心粘土砖生产企业 2 万家,减少产量 600 亿块,实心粘土砖总量控制在 4500 亿块/年以内,累计节约土地 110 万亩,节能 8000 万 t 标准煤,利用废渣 3 亿 t。

2005 年,新型墙体材料产量占墙体材料总产量的比重达到 40%,其中城镇达到 50% 以上,大中城市(辖区内)达到 60% 以上,市区达到 80% 以上,农村达到 25.3%,中西部地区和东部地区的差距减小 2 个百分点;采用新型墙体材料的建筑竣工面积占城镇建筑竣工面积的 50%,其中大中城市(辖区内)达到 60% 以上,市区达到 80% 以上。严寒和寒冷地区城镇新建、扩建的居住建筑及其附属设施全部采用新型墙体材料并达到民用建筑节能标准要求。

2005 年,新型墙体材料烧结制品平均单线生产能力达到 1500 万块标准砖以上,其中煤矸石、粉煤灰、页岩等废渣烧结制品平均单线生产能力达到 3000 万块以上;小型混凝土空心砌块平均单线生产能力达到 5 万 m^3 以上;加气混凝土平均单线生产能力达到 10 万 m^3 以上;轻质墙板平均单线生产能力达到 15 万 m^2 以上。

3.发展重点。新型墙体材料要适应建筑功能的改善和建筑节能的要求,满足不同建筑结构和不同档次建筑的需要,积极发展利用当地资源,低能耗、低污染、高性能、高强度、多功能、系列化,能够提高施工效率的新型墙体材料产品。

以框架结构为主的高层建筑,应积极发展满足建筑功能要求,保温隔热性能优良,轻质高强,便于机械化施工的各类内、外墙板;多层砌筑结构和高层框架结构,承重墙体材料应重点发展承重混凝土小型空心砌块和承重利废空心砖;非承重墙体材料应以利废的各类非承重砌块和轻板为主。

有煤矿和火力发电厂的地区,应积极发展高强度、高孔洞率、高废渣掺加量、高保温隔热性能的煤矸石烧结空心砖和粉煤灰烧结空心砖、粉煤灰加气混凝土、粉煤灰蒸压砖以及其他利废制品;页岩和灰砂原料丰富的地区,应积极发展烧结页岩和蒸压灰砂制品,使这些产品成为当地新型墙体材料的主导产品。

烧结砖,发展利用粉煤灰、煤矸石等工业废渣,江河(湖、海)淤泥,生活、建筑垃圾为主要原料的非粘土资源的烧结多孔砖。要求达到四高:即高掺量(掺加废渣 50% 以上),高孔洞率(孔洞率 25% 以上),高强度,高保温性能,同时还要满足自装饰效果的要求。

混凝土空心砌块,在解决好渗漏、保温问题的同时,向系列化、装饰化、双排孔、多利用废渣方向发展。

板材,提高质量和档次,做到轻质、高强、保温、隔热、防火,易于施工,并向复合板方向发展,特别要注意解决好施工标准与规范的配套问题。

技术装备,重点推广利用废渣生产烧结空心砖的国产化技术与装备;消化吸收混凝土空心砌块生产技术与装备;规范板材的生产技术与应用规范,提高装备的自动化、成套化、系列化、规模化水平。

（中国矿联信息中心）

【水泥产品结构调整实施】 中国从2001年4月1日起开始实施水泥新标准,此举加速了淘汰中国落后水泥生产力的进度,有利于水泥产品的结构调整及总量控制。此次共有硅酸盐水泥、普通硅酸盐水泥、矿渣硅酸盐水泥、火山灰硅酸盐水泥、粉煤灰硅酸盐水泥、复合硅酸盐水泥等6大通用水泥实施新的国家标准。

水泥新标准采用世界上大多数水泥生产国使用的国际标准,即ISO679水泥强度检验方法,可以消除中国与国际交往的障碍。特别是在中国加入世界贸易组织(WTO)的时候,正式实施中国水泥新标准更显得意义重大。

中国有几千家水泥企业,年产水泥超过5.8亿t,占世界水泥总产量的30%以上,是世界上第一水泥生产大国。然而,中国的水泥实物质量同国外相比大多处于中低档水平。企业数量多,规模小,总体技术水平落后。相当部分的小企业产品质量低劣、浪费资源、污染和破坏环境。实施水泥新标准,采用国际上通用的强度等级代替原水泥标号,质量要求有所提高,可以促进企业加强管理、改进工艺、采用新技术、新材料等,以适应新标准带来的变化。

根据建筑、建村科研单位的大量试验证明,按ISO方法评定水泥强度时,可以更真实地反映出水泥的活性,消除原方法评定水泥强度虚高的现象。这对于保证建筑工程质量,促进高标号水泥使用,提高社会综合效益具有重要意义。

新的水泥标准与老标准的不同主要体现在三个方面:一是检验方法不同。水泥新标准采用了ISO679水泥强度检验方法,对水泥质量的要求提高了一个档次。二是标准砂不同。老的标准砂为颗粒度在0.25~0.8之间的中等均砂,新的标准砂为颗粒度在0.5~2.0之间粗中细不等的砂。三是标识不同。按照新标准,水泥标识由标号改为强度等级。采用新标准后,中国水泥尤其是小水泥要普遍降低一个强度等级,同时对水泥的早期强度也提出了更高的要求。

新标准的实施,将有35%~40%的小水泥企业被淘汰,给大型水泥企业带来不少的市场空间,也促成短中期内水泥价格的上涨。（中国矿联信息中心）

非金属

【概况】 改革开放20多年来,中国非金属矿工业发展很快,根据国土资源部统计资料,截止2000年底,全国共有各类非金属矿山企业103627个,从业人员284万,占全国矿业职工总数的29.43%,采掘总产值达512.41亿元,超过黑色及有色采选产值总和的17.7%,占全国矿业总产值的11.44%。从全国矿业总产值来看,低于石油、煤炭行业,位居全国第三大矿业(见表1)。

表1 2000年全国非金属矿业基本情况

矿产名称	矿山数(万个)		从业人数(万人)		工业总产值(亿元)	
		占比例%		占比例%		占比例%
合计	15.31	100	964.44		4477.69	100
能源矿产	3.63	23.71	496.89	51.52	3475.91	77.63
煤	3.58		444.05		984.56	21.99
石油	45(个)		43.56		2438.68	54.46
天然气	20(个)		8.59		51.96	
石煤	437(个)		0.685		0.65	
金属矿产	10591(个)	6.92	104.12	10.80	435.34	9.72
有色	6173(个)		37.12		275.00	6.14
黑色	4418(个)		67.00		160.34	3.58
非金属矿产	10.36	67.67	284.00	29.44	512.41	11.44

（中国非金属矿工业协会）

【非金属矿工业现状】 1.资源状况。中国是世界上矿产种类较齐全、资源较丰富的国家。截止2000年底,世界上业已发现的近200种矿产,在中国已发现171种。其中,非金属矿产95种,占55.56%。非金属矿产中,储量居世界首位的矿产有:石膏、石灰石、菱镁矿、石墨、膨润土和重晶石等;居世界第二位的矿产有:滑石、萤石、硅灰石和芒硝等;居世界第三位的矿产有:珍珠岩、沸石、硼石等;其次,高岭土、石棉、铝土矿、天青石等也名列前茅;另外,凹凸棒石、海泡石、硅藻土、蓝晶石、伊利石、叶蜡石等潜在储量也很大,大理石、花岗石资源也十分丰富,且石质优良,花色美观,其开发利用前景广阔。

2.生产情况。中国已探明储量的88种非金属矿产中,大部分已开发利用并形成了一定的生产能力。其中:菱镁矿、萤石、重晶石、石墨、滑石、硅灰石、高铝粘土产量居世界首位,其产品不仅从数量和品种上能满足生产建设的需要,而且大量出口。这充分说明中国已建成了基本自给、比较完善的非金属矿业体系,并跃居世界非金属矿业大国的地位。中国主要非金属矿产品生产能力比较大,企业生产主要以销定产,随市场变化而变化(见表2)。

1997~2001年主要非金属矿产品产量

表2　　单位:万t

	1997年	1998年	1999年	2000年	2001年
石棉	43.70	29.70	32.90	31.46	30.00
石膏	2662	1957	1891	2000	2100
石墨	168.27	162.10	150	165	160
其中:鳞片	14.27	12.80	20.13	28.00	25.00
滑石	220	210	205	190	200
高岭土	150	156.2	146	269	250
硅灰石	20	22.50	24	26.8	27

(中国非金属矿工业协会)

【非金属矿特点】 非金属矿既是矿业又是矿物原料加工制品工业,其有以下特点:

1.非金属矿资源多分布在边远山区,建设条件和生活环境差。多数矿山是在群众办矿的基础上发展起来的,小矿山多,大型骨干矿山少,难以形成合理的经济规模。由于管理体制混乱,造成无序开采,资源浪费严重,投资效果不佳。

2.非金属矿开采方便,加工简单。多数资源赋存在地表、浅地表,埋藏不深容易开采。许多非金属矿物不需经过深加工就可以作为工业原料直接使用。如建筑用砂石、水泥原料、玻璃、陶瓷原料、粘土类非金属矿产等,采出原矿经简单加工后即形成最终产品提供用户使用。有的原矿产品不经加工即可进市场销售。

3.非金属矿产品用途广,用量有大有小。可以说非金属矿产品的应用范围遍及国民经济各个领域。其中建筑材料业消耗量最大,约占整个非金属矿产量的90%;其次是农业用非金属矿产,主要用于化肥、农药、土壤改良等;其他用作冶金熔剂和耐火材料、隔热保温材料;化工原料、载体、填料、涂料;研磨材料、光学材料、电器绝缘材料;建筑业用骨料、饰面材料以及航空航天、电子工业、高科技领域。

4.非金属矿具有一种产品多种用途的特点。如石灰石冶金用作熔剂,化工用作制碱、电石、碳酸钾和氮肥的原料,建材用作水泥、石灰和建筑石料等。又如高岭土用作陶瓷、造纸、橡胶、塑料、石化等。同时,非金属矿又具有相似性能的矿物在应用过程中可以相互取代的特点。如滑石用于造纸,碳酸钙、高岭土可以替代;纤维状硅灰石和海泡石可以替代石棉用作摩擦材料和纤维水泥制品等等。

5.非金属矿具有良好的可加工性与可改造性,经深度加工后可获得巨大的增值。如滑石、石墨、云母、高岭土、硅灰石、膨润土、凹凸棒土、海泡石、碳酸钙等,其应用价值取决于他们的深加工程度。深加工产品比原矿的价值要增值几倍到几十倍。

6.非金属矿具有储量大,分布广、运量大、价值低和运输费高的特点。客观上决定了非金属矿适合以当地资源为主。并非是有资源就可以变为经济优势,没有必备的市场条件,没有良好的投资环境和先进技术,有资源不可能有优势。

从长远发展观点上来看,非金属矿的资源分布状况和有效资源的保证程度并不理想,以传统计划经济体制为基础论证,所得出资源总量可以保证的结论,与市场经济为基础的需求现实尚有差别。

(中国非金属矿工业协会)

【非金属矿发展方向】 进入21世纪,资源、环境、人口是人类面临的三大核心问题。非金属矿资源作为自然资源的重要组成部分是人类社会发展不可缺少的物质基础,要确保中国国民经济的健康、稳定、持续发展,非金属矿必须调整结构,转变经济增长方式,走矿业集约化、现代化和可持续发展的道路。21世纪将是非金属矿大发展的时代,抓住机遇,脱颖而出。

1.以国家重点支持发展的四大支柱产业带动非金属矿加工制品业的发展。

汽车工业:带动磨擦材料、密封材料、尾气净化材料、汽车玻璃、陶瓷发动机、复合材料、珠光云母粉等的发展。

建筑业:除带动传统建筑材料外,以石材、石膏制品、纤维水泥制品、硅钙制品、防水、防火、隔热保温制品等新产品的推广使用,从而为石膏、石棉、蛭石、珍珠岩、硅藻土等矿物的应用开辟了广阔的前景。

电子工业:带动石墨制品、云母、石英、萤石、氧化镁等超细矿物材料和制品的发展。

石油化工:石墨制品、密封材料、隔热保温材料、泥浆材料、优质催化剂、吸附剂、载体、耐酸碱材料、重晶石、膨润土、高岭土、凹凸棒石、海泡石等得到应用。

2.发展农业、改良土壤将对非金属矿用量大增。用于化肥、农药的非金属矿除硫、磷、钾外,蛇纹石、石膏、膨润土、滑石、海泡石、高岭土等矿物用量增加；用于改良土壤的沸石、蛭石、云母、石膏、珍珠岩等将供不应求。

21世纪中国农业将实现工场化、产业化，无土栽培用非金属矿物及饲料添加剂矿物将得到广泛应用。

3.保护生态环境、治理污染，为开发环境矿物和应用技术开辟新途径。随着人类物质文明的不断进步，人们对环境科学的研究也逐步深入，“搞好环境保护”是中国的基本国策。非金属矿的发展必须围绕“环保”做文章。环境矿物学的研究主要与人类的矿业活动有关，尤其是与煤、硫化物矿床的矿业活动有关。污染环境的矿物开采加工，给环境带来危害，如硫化物、砷化物、石棉等。但也有治理环境的矿物，应用它们的某些特性可以治理、改造和保护环境。沸石、硅藻土、石膏、石灰石、吸附性强的粘土矿物等具有治理环境、改造环境和保护环境的功能。这些环境矿物的开发将有利于提高低价值、低品位非金属矿产品的科技含量。研究安全使用石棉、使用洁净煤，消除硫、磷、砷及重金属残留物的危害，添加具有特殊性能的环境矿物，非金属矿产将大有作为。

4.节约能源，节约资源将是21世纪国民经济可持续发展的核心内容之一。节约能源、节约资源对开发利用非金属矿的研究提出新课题。非金属矿工业本身就是耗能低的生产部门。许多非金属矿产是节能矿物，如硅灰石、透辉石、硅藻土、霞石正长岩、石墨等。对煤系共生矿物如硬质高岭土、膨润土；金属矿山丢弃的尾矿和伴生非金属矿物的综合利用，将是变废为宝节约资源的好途径。

5.大力发展矿物深加工，开发利用非金属矿物材料。非金属矿物深加工是当今热门课题。利用其可加工、可改造性，经过磨细、提纯、改性、复合，由原矿或初级原料加工成矿物材料和制品，使其提高技术含量获得更高的经济效益。专家认为：“矿物材料是指从天然矿物岩石的物理性能和化学性能出发，经过选矿、加工处理，以及人工合成和晶体生长，研制成为工农业发展所需的材料”。从广义上说，传统的硅酸盐工艺产品和制品都包括在非金属矿物材料范畴之内。非金属矿物材料的开发研究是发展 方向，将成为中国非金属矿工业的主体。

6.科技进步和国内外市场对非金属矿产品的需求变化，将加速非金属矿调整产品结构的步伐。

长期以来生产原矿和初级产品的格局将被打破，用户对产品质量的稳定性、均衡性、可靠性将要求更高更严。原矿、初级产品将逐步退出市场，用户将有更大的选择余地，直接使用经加工后的产成品。

（中国非金属矿工业协会）

【非金属矿发展对策】 体制不顺，机制不活是当前制约非金属矿发展的主要因素之一。在大发展的同时，也面临着严峻的形势。在研讨中国矿业现状及发展对策时，专家指出：“要对中国矿业全局形势有个清醒的估计”。中国非金属矿和其他矿业一样，都存在一定的困难和问题。

为能够改变“困在体制上，死在机制上”的状况，非金属矿得以发展，应采取以下对策：

1.改革现行管理体制，打破行业界限，树立大矿业的观念，给非金属矿工业重新定位。非金属矿是矿业又是原材料加工制品业。传统的计划经济体制管理模式造成它从属性强，生产单一。人为地将非金属矿按资源用途划分归属建材、冶金、化工、轻工、地矿管理，组织生产仅仅是为某个部门提供矿产原料，难以统一规划，不能集中有限的财力物力，综合开发利用资源。为此，必须改革现行管理体制，打破行业界限，重新优化组合，形成一个完整的、统一的非金属矿产业。发展方向定位在以采选为基础，以矿物材料加工为主体的轨道上来。

2.调整产业目标和产品结构。节约资源，保护环境，淘汰、改造一批落后的矿山，彻底改变单一开矿卖原料的格局。矿产资源采后不能再生，对一些特殊矿种实行保护性开采；合理利用资源，开源与节约并重；综合利用伴生、共生矿产；开发利用再生资源。为保护环境，制止破坏生态的无序开采。非金属矿产业结构应由单一的采矿业转变为矿物加工制品业，以卖原料转变为卖矿物材料。

3.转变矿业经济增长方式，实施科技兴矿战略。与发达国家相比，中国非金属矿企业规模小，用人多，技术落后，装备水平差，产品科技附加值低，污染环境，生态破坏日趋严重。因此，要依靠科技进步，引进先进技术，改变工艺装备落后状况，提高科技含量，向科技进步和先进管理要效益，逐步将传统的劳动密集型矿业，改造成新型的技术密集型产业。

4.加强专业人才培养，提高行业队伍素质。总体上看，中国非金属矿的技术水平要落后先进国家20年，特别是在矿物深加工和矿物材料开发应用方面起步晚，缺乏高级专业人才。加上行业队伍素质较低，有待于加强专业人才的培养和提高行业队伍素质，吸纳人才，加强科技队伍的建设，以求尽快改变落后面貌。

中国非金属矿在全社会强化对矿产资源的忧患意识、节约意识、改革意识和法制意识的教育下，是可以理顺关系，调整结构，转变经济增长方式，走出一条集约化、现代化和可持续发展的道路。

（中国非金属矿工业协会）

【非金属生产发展存在问题】 随着中国社会主义市场经济体制的建立和完善，矿业正不断向法制化、市场化和多元化方面发展。国家对矿产资源勘查、开发、保护和合理利用的宏观调控和依法管理得到加强；市场对矿业活动的基础调节和资源优化配置的作用不断提高，矿业投资多元化格局逐步形成。但是，当前中国在非金属矿产资源勘查、开发、保护与合理利用中也存在不少问题。

1.矿产品供给总量过剩和结构性短缺并存。近几年来，中国非矿产品生产总量供大于求，一些产品积压。同时，一些质量优、品种适销对路的矿产品供不应求，可利用的矿产储量不足，现在生产矿山产能消失严重，接替资源短缺。

2.矿业经营粗放，矿产资源利用率普遍较低，资源破坏相当严重。中国大部分国有矿山是50～60年代建立的，企业负担重，技术改造难度很大，自我发展能力较差，而多数中小型集体、个体矿山缺乏科学管理，或资金技术力量薄弱，矿山企业生产技术及设备普遍落后，采富弃贫，经营粗放，效益不高，一些资源优势未能转化为经济优势。

3.矿山生态环境问题突出，矿产资源开发利用造成的环境污染和生态破坏严重。矿山生产过程中排放的“三废”治理率低，对生态环境污染严重；开发矿山诱发的灾害与生态环境问题未引起足够的重视，防范不力。

4.矿产资源勘查、开发管理体制改革滞后。矿山市场尚未形成，传统的矿山管理体制、矿山企业经营机制越来越不适应社会主义市场经济发展的要求，国有矿山企业负担重，经济效益差，困难重重，投资环境不佳，投入严重不足，缺乏活力和发展后劲。

5.矿山管理调控能力较弱。在矿山经济总量平衡、矿山区域政策、矿山结构调整、矿山生产和矿产品进出口秩序等方面都存在不少问题。矿山生产的上、中、下游产业发展比例不协调，加工生产能力明显大于采矿能力。

以上问题已成为制约中国非金属矿工业可持续发展的重要因素，必须加以解决。

（中国非金属矿工业协会）

【非金属矿工业发展前景】 从国际市场上看，随着科学技术和经济的发展，各国对非金属矿产品的需求量将会长期、稳步地增长。世界非金属矿产资源分布不均，目前部分国家的一些矿产资源已面临枯竭，而中国非金属矿资源较丰富，其矿产品质优价廉，在国际市场上颇具竞争力。据预测，今后中国非金属矿产品的发展速度将会高于先进国家和世界平均速度。

中国对非金属矿产的需求量将日益扩大。资源的供需矛盾将随着总人口的持续增长、经济总量的增长而日益突出。随着资源可供量的逐年下降，供需矛盾亦将日趋严峻。2000～2020年中国部分非金属矿产品需求量预测见表3。

非金属矿与中国目前四大支柱产业的关系极为密切。如建筑和建材工业的发展必将带动以大理石、花岗石、硅钙板、石膏板为代表的装饰材料的发展；汽车工业的发展必将带动以石棉、石墨为主要原料的摩擦密封材料的发展；机电工业的发展，必将带动云母等绝缘材料和密封材料的发展；石化工业的发展，必将带动催化剂、载体、吸附剂、耐酸碱材料的发展。

表3　2000～2020年中国部分非金属矿产品需求量预测　单位：万t

序号	矿物名称	2000年产量	2005年需求量	2010年需求量	2020年需求量
1	石墨	165	250	300	400
	其中：鳞片石墨	28.00	35	40	50
2	石膏	2000	3000	4000	5000
3	滑石	200	300	400	600
4	石棉	31.46	30	35	40
5	高岭土	264	300	400	500
6	硅灰石	26.80	30	40	60
7	硅藻土	30	40	50	60
8	饰面石材※	12036	112000	300000	40000
9	萤石	200	220	400	300
10	菱镁矿	1000	1100	1300	1600
11	重晶石	302	350	400	500
12	石灰石	51518	60000	70000	1000000
13	膨润土	200	250	300	400

※计量单位：万m^2。

非金属矿物材料是新兴功能矿物材料，由于它具有充填、改性、节能、代用等多种功能，已经越来越受到人们的青睐。它不仅广泛应用于造纸、橡胶、油漆、涂料、电缆、日用化工、精细化工、医药、农药、饲料、肥料以及环保等行业，而且随着深加工技术的发展，高纯度、超细度、特定形状和性质的非金属矿填料不断出现，已成为高新技术和新材料的最理想的原材料，其潜在需求市场巨大。

21世纪矿物材料发展的方向：科学家们认为，必须发展生命力极强的具有环保功能的矿物材料。

具体发展主要研究开发以下几种矿物材料：

1.绿色建筑材料：保健环境材料、生态墙体材料、生态建筑防水材料等。

2.轻质高强材料：复合材料、多相材料、塑钢材料、玻璃钢等。

3.高温节能材料：主要包括耐火材料、高温绝热材料和发热材料等。

4.环保矿物材料：助滤剂材料、过滤有毒气体材料、新型环保吸附材料、天然矿物合成去污粉、抗菌材料、工业污水处理材料、新型强力除尘材料、饮用水矿化剂材料、绿色材料等。

5.新型矿物功能材料：矿物电功能材料、光功能材料等。　　　　（中国非金属矿工业协会）

【非金属矿产资源开发利用指导思想】 根据中国非金属矿资源状况、人口、经济等特点，非金属矿产资源开发的指导思想应该是“开源节流、合理开发、综合利用、保护环境、优势互补、持续发展”。其主要内容包括以下几方面：

1.调整产业结构，提高资源利用的宏观效益。根据矿产资源的特点、开发利用条件、市场供需形势和国民经济发展要求，对全国矿产资源进行统筹规划，建立合理的资源节约型产业结构，有目的地发展低能耗、低耗材产业、技术密集型产业；坚持控制高耗能、高耗材产业的发展，并加速对传统产业的技术改造，降低能源及原材料消耗，逐步淘汰技术落后、能耗高的产品。

2.矿产资源开发利用与区域经济发展相结合，实现资源与区域间的优势互补，协调发展。自然资源地区分布的不均衡性形成了不同地区的不同资源优势，而地区生产发展水平的不平衡性，又构成了不同地区的不同产业优势，各地区都应扬长避短，实行资源与地区间优势互补、协调发展。东部地区应充分发挥资源、技术、经济和地理优势，以发展出口深加工产品为主，研制新产品，扩大应用领域；西部地区要贯彻实施中央西部大开发战略，加大矿产资源勘查与开发利用的力度，促进资源优势尽快转变为经济优势。

3.充分利用国内外两种资源、两个市场，保障矿产资源供给。进一步开放国内矿业市场，改善投资环境，鼓励国内外投资者投资勘查和开发非金属矿产资源，促进其发展。积极引导中国矿业企业跨国经营，打入国际市场，发挥中国非金属矿资源的相对优势，提高在国际矿产品市场上的竞争能力。

4.坚持矿产资源开发利用的经济效益与环境效益相统一，防止生态环境破坏。增强环境保护意识，制定矿山环境保护法规，依法保护矿山生态环境。贯彻“谁开发谁保护，谁闭坑谁复垦，谁破坏谁治理”的原则，对矿山开采全过程的环境状况进行监督管理。

5.矿物材料发展中注意研究的几个问题。

① 非金属矿物应用基础理论研究重点。非金属矿的开发利用不同于金属，其应用价值取决于矿石本身的矿物组成、结构，光、电、磁、热、声及溶解、吸附、催化或扩散等特性的发展。因此，矿物应用基础理论的研究对非金属矿的技术开发研究有着极重要的现实意义。应用基础理论研究重点是：粘土类矿物的物化特性研究、石墨及其层间化合物的基础研究、节能保温矿物（如霞石、蛭石、硅灰石等）应用基见，要改变中国非金属矿物材料加工技术落后的局面，必须尽快提高中国非金属矿应用基础理论的研究水平。

② 非金属矿物材料开发研究重点。非金属矿材料开发研究要以四大支柱产业配套服务为基本点，积极扩大在农业、环保工业中的应用范围。开发研究重点是：汽车工业用新型高性能摩擦材料、密封材料及工程塑料功能填料；石油化工用耐腐蚀、耐高温高压、裂化催化等密封材料、载体、复合材料及功能填料；机电工业用的高性能绝缘材料、高性能减磨材料及润滑材料、电子元件包覆材料、研磨材料、高性能电极材料（包括功能涂料）；农业、饲料工业用农药和化肥载体材料、农膜功能填料、土壤改良剂和饲料添加剂；环保工业用净化材料、生活及工业废水废气处理吸附材料、核废料处置材料及辐射屏蔽材料。

③ 加强环境矿物材料学科研究。20世纪90年代初，在材料学与环境科学之间诞生了一门新兴的交叉学科——环境材料科学。其目的是研究材料与环境的相互作用，定量评价材料活动过程对环境的影响，研究改善材料给环境带来的副作用，开发环境协调性的新材料及绿色产品。环境材料将是21世纪的重要材料。

根据矿物材料的特点和环保领域的应用情况，环境矿物材料的主要发展方向应是环境工程矿物材料，即具有环境恢复（如大气、水污染治理等）、环境净化（如杀菌、消毒、过滤、分离等）和环境替代功能（如替代环境负荷大的材料）的矿物材料和环境相容矿物材料，即与环境有很好相容协调性的矿物材料（如生态建材等）。矿物材料用于环保近年来倍受关注，新技术、新材料、新应用成果层出不穷。矿物材料除了在传统的污水处理、大气吸附、过滤脱色等方面应用水平不断提高外，在生态建材（如低温快烧陶瓷，具有保温隔热、吸音、调光等功能的建材等）、杀菌、消毒剂、矿山尾矿综合利用等方面有新应用的技术和产品。但是环境矿物材料学作为一门分支科学还没有建立，环境矿物材料、环境工程矿物材料、环境相容材料、环境降解矿物材料、环境负担性评估、生命周期评估等概念尚未被广泛接受。因此，发展环保矿物科学任重而道远。今后环保矿物材料科学应重点研究利用矿物的物化性能有效治理“三废”的技术及设备，加快非金属矿物在环保领域的应用技术及相关工艺设备的研究，使其尽快成为新的经济增长点。

未来非金属矿物材料发展重点是：节能材料、电子工程材料、环保材料、密封材料、摩擦材料、耐火保温材料、生物工程材料及填料和涂料等。与这些材料密切相关的非金属矿物是:粘土类矿产(高岭土、膨润土、凹凸棒石、海泡石等)和火山岩类矿产(天然沸石、珍珠岩、麦饭石、浮石、玄武岩等)以及一些重要的或新型工业矿物(石墨、云母、硅石、石膏、硅灰石、霞石等),这些矿种本身除了一些共同性能外,还具有某些特殊性能和综合性能。因此,技术进步的重点主要是在这些领域中。

6.加强矿物深加工技术的研究。深加工技术的研究是当前非金属矿物开发利用的关键。在深加工技术上,要努力向粒度超细化、质量高纯化、性能改性化、加工工艺复合化、表面活性化方向发展。

① 高纯化。自然界极纯的单矿物很少,所以常有一个提纯加工的过程。随着矿物纯化度的提高,加工技术上的难度也在增加,新的高纯化是深加工技术的重要组成部分。矿物只有高纯化以后,其各项物理、化学特性才能充分发挥。

② 超细化。矿物的细化问题常常影响应用的质量。这是因为随着细度的增加,矿物的比表面积也不断随之加大,矿石的表面活性也不断地改善,使矿物的功能作用得到更加充分的发挥。细化能促使各项物化反应加速,颗粒之间的结合力增强,复合、互补性加大,适用不同粒径要求的设备发展也很快。矿物超细化的研究既是一项复杂高技术的深度研究,也是一项提高矿物经济价值的重要手段。目前,矿物细度的研究已从微米级逐步进入纳米级。

③ 复合化。矿物材料的开发,主要靠矿物与矿物、有机与无机、活化与改性、关联与渗透等一系列工艺过程来形成复合矿物材料。因此,复合化的过程是非金属矿深加工技术的核心与综合。它涉及工艺矿物学、结晶学、物理化学、表面化学、无机及高分子化学、光学、电学、热力学等应用基础科学,也与机械化工、选矿等工程技术密切相关。因此,复合化反应是深加工的关键与终结。

7.加强矿物加工技术和设备的研究。国外从20世纪40年代起,以超细粉碎、分级、改性为基础的非金属矿深加工技术引起人们的注意和研究。到60年代,该技术得到了迅速发展。美国、德国、日本、英国等国家的非金属矿深加工技术与设备已具有较高的水平。随着新型材料及合成材料的迅速发展,这些国家超细粉碎的分级设备逐步向大型化、系列化方向发展,超细粉碎和分级设备也日趋完善。中国的超细粉碎、分级、改性技术设备研究工作始于60年代。近年来,中国有关科研院校及企业对非金属矿粉碎、超细、表面处理或改性技术和设备进行了研究开发,取得了一定的进展和成果。今后应加快开发大型干式及多种类型的超细粉碎及分级装备,开发集超细与表面处理于一体的复合加工技术及装备,开发高效低耗湿式超细、分级、脱水、干燥成套设备,使中国非金属矿物深加工技术与装备实现系列化、配套化,产品达到世界领先水平。

8.对关键的矿物加工技术组织技术攻关。科技进步是一个多内容的复合体,是科学技术与生产相结合的产物,是复杂的系统工程。企业的科技进步,必须要走产、学、研相结合的道路,只有相互配合,协调发展,才能充分发挥各自的优势,形成强大的战斗力。为此,对关键的矿物深加工技术,要组织各方面力量进行科技攻关,如精矿提纯工艺与设备、超细粉碎技术、改性与表面处理等。

9.建立非金属矿物研究学科体系,培养专业人才。目前,中国从事非金属矿物材料学科研究开发的队伍已有一定规模,也开始建设了一些试验基地,但还远不能满足需要,因此,积极培养和建立一支符合这一边缘学科发展需要的人才队伍,十分必要。

为了更好地满足非金属矿物材料工业的发展,应依据矿物科学自身发展规模,尽快与国际矿物研究活动接轨。因此,有必要在现有基础上,建立中国现代非金属矿科学体系。　　(中国非金属矿工业协会)

【高岭土工业生产技术现状】 高岭土(KAOLIN)其主要成分为高岭石族矿物,以其发现地——中国江西省景德镇东北郊高岭村而得名。高岭土在中国有着极其悠久的应用史。1769年德国人瑞希霍芬(RICHTHOFEN)考察了景德镇,并著文将高岭土译为“KAOLING”,后以“KAOLIN”作为其英文名称而流传于欧美。

1.高岭土的种类及分布情况。在不同的地区及不同的工业、商业部门,高岭土还有各种专用名称,如瓷土、瓷石、球土、木节土、蛙目粘土、燧石粘土、耐火粘土、高岭质腊石、陶石、陶土等。

中国主要的高岭土矿可划分为五类:风化残积型、风化淋积型、热液蚀变型、近代及现代河湖海湾沉积型、高岭土粘土岩型。

高岭土在生产中通常又分为软质高岭土(包括砂性高岭土)、硬质高岭土(燧石粘土)、球土(如水曲柳土、木节土等)。

软质高岭土主要分布在中国东南部,江苏、福建、广东、广西、湖南、云南等地储量较大。四川、安徽、浙江、湖北等地也有不少矿点。硬质高岭土(燧石粘土)常与煤矿为伴,主要产地集中在中国西北部,山西、陕西、内蒙、青海、新疆、河南等地储量较大,山东、江苏、安徽等地也有出产。

2.中国高岭土生产技术现状:① 开采:主要有下面

三种方法:露天旱采:剥离表土层后进行人工或机械开采,并剔除杂质,手工分级。

露天水采:剥离表土层后用高压水枪冲矿,粗砂留在采区内,细砂连同矿浆汇集在采坑低洼处,泵送至粗选厂。

井下开采:开凿平硐、斜井、竖井,布置各中段的运输、联络、通风巷道,进入高岭土采区内。打翻井到工作面,自上而下,用小断面分层崩落法采出高岭土,同时按品种分采、分装、分运、分堆成为各品级手选或机选的原料。

② 选矿:高岭土选矿分干法和湿法两种:干法选矿简单,包括破碎→干燥→磨细→空气浮选→包装。干法选矿应用范围窄,一般用于生产质量较差的产品或处理白度高、含砂低、粒度分布适宜的易选原矿;湿选工艺是:备料→破碎→分散→除砂→分级→漂白(除铁、钛)→浓缩→过滤→干燥→粉化→包装。目前高岭土选矿采用高梯度强磁选除铁和剥片技术等提高产品质量。

③ 深加工:主要是指高岭土经提纯后的焙烧、超细粉碎、表面改性处理等。

对于硬质高岭土都用这种方法深加工。目前有武汉理工大学非矿所设计的湖北恩施硬质高岭土深加工工艺是:原矿破碎→超细磨→湿法剥片→提纯、漂白→过滤→干燥→煅烧→破碎→超细磨→包装。产品质量可达到:白度≥90%,细度负 2 μm≤90%。

(中国矿联信息中心)

【陶瓷和造纸用高岭土增长情况】 中国高岭土在陶瓷和造纸领域消费呈强势。目前中国有高岭土选矿厂近40家,生产能力为 25 万 t/a。其中生产能力在 1 万 t/a 以上的有 7 家,其余生产能力均较小。一些企业因原料质量差、资源不足、技术不过关等原因,开工率只有50%左右。生产主要集中在广东省的湛江和茂名、江苏省的苏州、河北省的武安和沙河等地。

中国高岭土消费构成是陶瓷 60%,耐火材料 12%,造纸 6%,橡胶 4%,其他 18%。近年来随着陶瓷领域不断发展,对高岭土的消费增长较快,年增长率约为7%左右,2000 年消费 210 万 t 左右。预计未来将继续有较大的增长。

全世界精制高岭土产量的 75%以上用于造纸,年消耗量在 1200 万 ~ 1500 万 t。国外发达国家高岭土用于造纸填料的用量略大于涂料行业。据有关业内人士分析,预计今后 10 年高岭土用于造纸填料的需求量年均增长率将达 16%。

由于中国造纸和涂料级高岭土产品的质量和品种满足不了生产需求,每年都要进口 3 万 t 左右,主要来自英国和美国,近年澳大利亚产品也进入中国市场。从产品质量看,除色调不被消费者认可外,在白度、粘度、晶型、纯度和质量稳定性上,优于中国大部分企业的产品,价格也与国产干粉相近,有较强的市场竞争力。

造纸领域在中国今后相当长的时间内将是一个不断发展的行业。今后 5 年内,中国纸张产品的结构调整,主要是提高质量和档次。涂布纸、纸板及信息办公用纸是发展重点。这些产品的发展,需要大量的优质高岭土。目前中国铜板纸年产量 55 万 t 左右、涂布白板纸年产量 80 万 t 左右,总计年需优质涂布材料 27 万 t。

(中国矿联信息中心)

【硅灰石在陶瓷行业中的应用】 硅灰石是一种新型的工业矿物,因其独特的物理化学性质而广泛用于陶瓷、涂料、橡胶、冶金铸造、磨料、电焊条、玻璃、矿棉等行业中,在石棉代用品方面,硅灰石是理想的原料。

随着科技不断发展,对硅灰石的应用研究日益深入。硅灰石磨细方法的改进以及超大型细料级硅灰石粉料的获得,将不断地开拓硅灰石新的应用领域。

硅灰石在陶瓷工业中的应用在于:可生产釉面砖、卫生瓷、日用瓷、美术瓷、电力瓷、高频低耗无线电瓷、化工陶瓷、釉料、色料、玻璃模具等。

硅灰石用于陶瓷工业中的主要作用是:降低烧成温度、缩短烧成周期、提高生坯和烧成坯体的温度、易于成型、减少坯体的烧成收缩、减少坯体的湿膨胀、减小玻璃相的粘度。

(中国矿联信息中心)

【玻璃行业钼用量情况】 钼在玻璃纤维、石英玻璃、平板玻璃和电视机玻壳生产中被广泛使用。中国近年来在玻璃行业中每年要消费金属钼 40 t 左右,其用量呈上升趋势。

玻璃纤维生产中的用钼量较大,约占玻璃行业总用钼量的 75%。中国石英玻璃生产年需钼坩埚 25 个左右,耗钼材约 6 t;玻壳生产年需钼搅拌器用钼量在 5 t 左右。此外,一些瓶罐玻璃、灯泡玻璃、保温瓶生产中也采用钼电极作加热器。

(中国矿联信息中心)

【国际非金属矿技术装备及深加工应用展览会】 由科学技术部批准,于 2001 年 11 月上旬在北京展览馆举办。本届展会是由中国非金属矿集团总公司主办,北京市中进明程展示服务有限公司和原国家建材局科技开发中心共同承办。

本次展会宗旨是为了更广泛地开展非金属矿工业加工及应用技术的国际交流与合作,展示国内外非金属矿新技术、新装备、新制品,推动非金属矿工业技术开发、技术改造和技术引进工作，提高深加工技术水平及资源利用率，促进非金属矿工业技术开发、技术改造和技术引进工作的国际交流，促进非金属矿工业快速、健康的发展。（中国矿业信息中心）

【2001年石材工业基本情况】 2001年中国石材工业保持了较好的发展势头。

全国石材产量突破1.3亿m^2，高于2000年水平，保持了稳中有升的发展势头，其中花岗石可达到8000万m^2。石材荒料开采突破650万m^3，达到1600万t以上，仍居世界首位。

石材出口贸易虽然受到"9·11"事件的影响，但仍然突破了2000年水平，达到9.48亿美元。石材进口总额为4.5亿美元，高于2000年。石材进出口贸易总额仍居全国建材行业单一产品第一位。

另外，中国石材出口产品结构发生了变化。据2001年1至8月份统计，花岗石、大理石荒料出口同比减少30%以上，石材加工产品出口同比增长29%，出口金额增长25%。进口石材也逐渐转向以进口荒料为主的轨道。据统计，同比花岗石、大理石荒料进口增长46%和42%，板材进口同比下降49%、55%。情况表明：中国石材加工水平和参与国际石材贸易竞争能力有了新的进步和提高；

在合理开发利用石材资源，提高矿山开采技术与管理水平，扩大开采规模，发展石材生产基地等方面也取得了新的进展。

全国上百家各类石材技术装备制造企业生产形势基本稳定，并把出口国外市场作为拉动机械行业发展的重要举措，全国已有十几个石材机械厂（包括各类机具）出口到欧、美洲和亚州地区，标志着中国石材机械出口成为石材业出口贸易的新的增长点。

2001年中国石材行业取得了应诉欧盟控诉中国石材产品倾销案的胜利和考验，通过办案，增长知识，锻炼了队伍，为中国石材扩大国际贸易，保护和巩固国际石材市场份额积累了经验。

（林玉华）

矿　业　城　市

综　述

【概况】 矿业城市(镇)是指因当地的矿产资源开发而形成、发展,并且矿业及相关产业在当地经济结构中占有重要地位的城市(包括城镇,下同)。它具有两个基本特征:一是对一定区域的经济社会发展能发挥带动、辐射、中心作用的一般城市特征;二是以矿产资源开发为主要功能之一,矿业对城市的兴衰有显著影响的标型特征。矿业城市的形成不外两种模式,一种是先矿后城式,另一种是先城后矿式。前者如大庆、金昌、攀枝花、克拉玛依,因矿业开发而新建城市,矿业对社会的贡献显著,因矿引起的结构性矛盾也比较突出。后者如大同、邯郸、乌鲁木齐,是矿业使城市有了新发展,增加了新功能,当然也带来相应的问题。

矿业城市的形成发展是一个历史过程。中国矿业城市按形成时期可划分为四种类型。古代型如景德镇、铜陵、自贡,它们标志着中华民族悠久的历史;近代型如大冶、萍乡、唐山,这些城市的兴起与19世纪80年代前后的洋务运动有关;第三种类型是20世纪50年代以来,中国工业化初期兴起的一大批矿业城市,它们是中国矿业城市的主体,对奠定中国独立工业体系基础功不可没,但往往计划经济色彩浓厚,经济结构倚重单调,在向市场经济转化过程中遇到不少困难;第四种类型是改革开放以来兴起的矿业城市,如朔州、灵宝、福鼎、岑溪、库尔勒等,此期处于所谓二次工业化时期的二元城市化阶段,除政府推动外,市场推动发挥了越来越大的作用,对市场经济的适应性较强。

界定矿业城市的定量指标是一个重要研究课题,由于缺乏系统的专门统计资料,研究比较困难。以1999年为基准,提出界定矿业城市的指标体系:(1)矿业产值地级大于1亿元,县级、镇级大于4500万元(入选代号C);(2)矿业产值占国内生产总值的比重大于5%(入选代号B);(3)矿业从业人数大于6000人(入选代号R),符合上述指标之一即入选。此外,著名的老矿业城市(入选代号L)、发展势头迅猛的新型矿业城市(入选代号X)、统计数据明显漏列大数的矿业城市(入选代号W),虽然低于前三项指标,也予以特别保留。

按照上述标准统计结果,全国现有矿业城市(镇)426座,其中地级市78座,占全国地级市236座的33.05%,地级区盟8座;县级市98座,占全国县级市427座的22.95%,市属县级区26座;县城180座,占全国县级行政区划单位1682个的10.7%;建制镇36座。矿业城市数量较多的省区依次是河北、河南、贵州、山西、新疆、陕西、四川、江西、广西、福建、湖南、湖北、山东、辽宁。按工业类型划分,依次为煤炭149座,有色金属81座,建材及非金属54座,黑色金属38座,黄金37座,化工28座,油气25座。全国矿业城市全年矿业产值的总和达2895亿元,占国内生产总值的9.51%,占全国当年矿业总产值的81%,可见中国矿业向矿业城市的集中度是很高的。矿业城市制约着矿业的兴衰,在城市中占有较高比重,是中国城市的重要类型,对全国经济社会的稳定和发展也具有举足轻重的作用。

矿业城市的发展阶段,划分为老年期、中年期和幼年期,分别有54座、290座和82座,各占12.68%、68.07%和19.25%。老年期矿业城市矿产资源濒临枯竭,或采选条件恶化、成本攀升、效益低下,或主打产品市场萎缩,矿业经济衰退,结构调整转产就业压力加大,矿山环境问题突出,困难较多,亟待给予政策扶持或经济救助,有的通过结构调整已走出困境,异化为其他类型城市。幼年期矿业城市矿业尚处于创立时期,城市功能还未能充分发挥,可塑性较强。此类城市特别需要借鉴先行者的经验教训,作好规划,实现科技创新和体制创新,创立可持续发展矿业城市模式。中年期矿业城市介于二者之间,是中国矿业城市的主体所在。此类矿业城市的主要任务是节约资源、保护环境、延长矿山服务年限;搞好政企关系,各司其职,协调发展,未雨绸缪,加速结构调整步伐,避免矿竭城衰现象发生。中年期矿业城市不但数量多,而且个体差异大,需要具体分析、区别对待。　(胡　魁)

【矿业城市存在问题】 1.老年型矿业城市存在的问题,在以重化工为主的老工业基地省份表现尤其突出。

如辽宁省,矿产资源比较丰富,自"一五"以来,国家安排大量重工业建设项目,建成重工业基地,同时兴起一批矿业城市,如阜新、抚顺、本溪、鞍山、盘锦、北票等,它们是著名的煤都、钢都、煤铁之城、煤电之城,五十年间,它们分别提供数亿 t 矿产品,数百亿工业产值、数十亿元利税,为全国的经济发展作出过巨大贡献。

但是这些矿业城市产业结构单一,以采矿业为主导产业,并形成了一条关联度高、依赖性强的产业链,矿业是支撑地区经济发展的主导力量,也是财政收入的主要来源。矿业人口所占比例很大。如阜新市煤炭工业税收占地方财政收入的1/3以上,矿区人口占全市人口的59.7%。抚顺矿区人口占全市人口的1/3,本溪仅煤炭、铅锌两个矿区人口就占全市人口的1/6。

进入20世纪90年代,随着矿产资源的枯竭,部分矿山企业亏损严重、难以为继,相继关闭破产。全省35座重点煤矿10年内将有11座报废,著名的阜新海州露天矿和抚顺西露天矿将于2007年报废。8户国有有色金属矿山,有7户已于2000年实施破产。矿业城市主导产业衰退,接续产业没有形成,导致经济萎缩、财政收入锐减。失业人员骤增,就业压力加大,安置下岗职工任务十分艰巨,部分职工生活特别困难。城市基础设施和社会事业的欠账难以补还,社会保障投入甚微,社会事业整体发展滞后,社会不稳定因素增加。

由此可见,随着市场经济体制的建立和世界经济一体化进程的加快,老年性矿业城市经济发展每况愈下,所带来的一系列问题和矛盾远远超过了城市本身的承载能力,迫切需要国家将其作为中国新世纪发展的一个重大而又特殊的问题来对待,进一步加大扶持力度。这样做体现了社会公平,对矿业城市是十分必要的,对全局形势也有重大意义。

2.地质环境恶化,土地复垦任务艰巨。据1998年调查,每采万 t 煤引起地面下沉0.2 ha;每形成万 t 铁生产能力,需占地3.5 ha;每采万 t 矿石压占土地0.5~1 ha。全国矿业历年损毁土地400万 ha,矿业污染土地、水源、破坏自然环境与区域生态以每年4~5万 ha 递增。有关煤炭城市的描述:挖走的是煤炭,留下的是报废的矿井、塌陷的土地、污染的水源、堆积如山的煤矸石和粉煤灰。

山西省是中国产煤大省,煤田分布面积占全省的37%,矿山地质环境问题非常突出。大同市50年来累计生产原煤20多亿 t,形成采空区近450 km^2,地面塌陷随处可见,地面裂缝纵横交错,耕地、道路、房屋损毁。太原市土地塌陷和裂缝面积达42000 ha。由于地下采空,导致山体开裂、崩塌、滑坡、泥石流等地质灾害。采矿疏干破坏水均衡,水位下降,井泉干枯,人畜吃水困难,如大同市左云县15316人,3660头大牲畜在疏干漏斗内,无水吃。古交市有416个自然村断水。采矿压占土地,加剧了水土流失和沙化。因矿山环境问题引发的纠纷和社会矛盾日益增多。这些问题往往相当尖锐地摆在矿业城市的面前。

矿山地质环境问题是长期积累下来的。由于矿山鼎盛时期没有预留复垦资金,到老年期加以治理已是积重难返,首先遇到的就是资金问题。尽管1988年以来中国开始重视矿山地质环境的整治、矿区土地复垦和生态重建,在唐山、淮北、邹城、平朔等地创建了若干示范区,但全国的矿山土地复垦率仅为12%,历史欠账太多。首先要从法制、监管和复垦基金等方面,扼制新的矿山环境恶化,再逐步处理历史遗留问题。

(胡　魁)

【矿业城市可持续发展经验】 面对严峻的形势和挑战,矿业城市为实现可持续发展,艰苦探索,创造了许多宝贵的经验。

1.大庆市发展替代产业的经验。大庆市是中国著名的石油城,自1960年开发会战以来,已累计生产原油15亿 t,高产稳产23年,贡献巨大。大庆资源采收率世界领先,从而大大延长了矿产服务年限,但毕竟资源消耗不能再生,其开发鼎盛期即将过去。1992年2月江泽民总书记视察大庆提出"未雨绸缪,考虑长远发展问题"。大庆市据此制定了二次创业13633发展战略,加大发展替代产业力度。发展石化产品深加工、农副产品深加工、乳畜产品深加工、建筑建材、电子信息、机械仪表等六大支柱产业。规划到2010年实现石油、石化、替代产业三足鼎立格局(52.2:22.7:25.1)。

2.白银市坚持"三不三互"原则促进区域经济整体发展的经验。白银市是中国重要的有色金属工业基地,典型的因矿而兴的矿业城市。在条块分割体制下,其管理体制、生产力水平、战略目标以及城市功能的二元化现象极其明显。1985年驻地大中型企业产值23亿元,利税1.82亿元,只有20%的产品税留在市里,地方财力薄弱,城市功能不全,企业只好背上"办社会的包袱。为扭转这种局面,白银市创立处理地企关系的"三不三互"原则,即"地企之间,不比大小,互相尊重;不搞分割,互相协作;不分彼此,互相支持",形成以工业为主导,以农业为基础,城乡一体,工农并举;以工带农,工农互补,以城带乡,整体推动区域经济发展。1992年8月14日,江泽民总书记视察白银市,称赞这是正确处理地企关系的一个创造。实践结果农村经济稳定发展,地方工业不断壮大,财政收入稳定增长,城市设施逐步完善,区域经济一体化进程加快,经济高速发展,由1992年到1996年,工农业总产值年均递增13.83%,地方财政收入年均递增18.21%。

3.攀枝花市资源开发与城市建设、科技进步同步推进的经验。攀枝花是年轻的矿业城市。从1965年开始，经过32年的建设，已成为中国重要的钢铁基地、最大的钒钛生产基地和辐射20万km^2、2000万人口的川滇交界地区经济科技、社会文化的中心。该市创造的高炉铁钛钒分离新技术领先世界，目前仍把高附加值共生金属利用列为重大战略目标。为了发挥城市综合功能，攀枝花市对工业建设和城市建设实施了统一两个规划、分别投资、建设管理，面向全市共同使用、服务受益，城市从总体上调度的“两统三分三共一调”政策，使钢铁基地与地方工业协调发展，地方经济比重达到38%。钢铁以外产业的比重1994年达39.56%。城市由长达60 km的八个片区小城镇组成，建设规划独具特色。

4.鹿泉市矿产开发与环境保护并重促进地方经济可持续发展的经验。鹿泉市是改革开放以来发展起来的矿业城市，鹿泉市依托丰富的非金属矿产资源发展地方工业，1999年建材工业总产值达30.1亿元，占全市工农业总产值的1/3。科学地同步进行矿产资源开发规划和地质环境保护规划，严格管理，开发与保护并重，积极开展废矿尾矿再利用工作，碎石企业成功地研制推广密封袋式抽尘工艺，不但消除了粉尘，而且回收粉尘用作填料，提高了综合利用收益。为防治污染美化环境，还实施了矿山绿化工程，注重保护和节约耕地。

5.淮北市矿区生态环境整治的经验。淮北市是中国著名的能源基地，年产原煤2300万t，地下采煤造成塌陷。30多年来矿务局征地14667 ha，采煤塌陷11667 ha，占当地可耕地的9%，加上煤矸石、粉煤灰压占，累计损毁土地1.33万 ha，生态环境恶化，引发种种社会问题。从20世纪80年代中期起，淮北市积极开展塌陷区整治，发展生态农业，统一规划，分区治理，强化组织领导与协调，建立了五种改造模式。经过几年的努力，已治理塌陷区5413 ha，治理率40.6%，其中复垦耕地3500 ha，开挖精养鱼塘513 ha，建设用地733 ha。形成固定资产原值2.1亿元，产值4.36亿元，安置就业2.8万人，丰富了市民的菜篮子，美化了环境。

实现矿业城市的可持续发展，除了维护良好的生态环境之外，就是适时地进行优势转换，变单一资源优势为综合优势。其转换途径，沈镭归纳为优势替代、优势再造、优势互补、优势延伸、优势挖潜。

矿业城市的发展规律，符合事物运动的螺旋式上升法则，其前途在于自身特征的异化。矿业城市以开发矿产资源、向社会提供矿产品为城市的主要职能或主要职能之一，发达的矿业是其产业结构特征。在一定时期内，矿业发展越快、城市贡献越大、发展越快，但是矿产资源是不可再生的耗竭性资源，随着矿产资源的耗竭，矿业的衰落是不可避免的。然而矿竭不一定城衰，城市的出路在于不失时机地调整产业结构、发展非矿的替代产业。假如见事早、处置得当，城市可以保持繁荣或再度繁荣。再度繁荣的城市已经异化为别种类型的城市，只是历史上的矿业城市了。

以矿业城市纵向的发展规律，演绎横向的各种类别，那些所谓不太典型的矿业城市，即兼有其他职能的城市，其结构调整的难度要小些，异化的阵痛要轻些，不可把它们划到矿业城市之外，它们将是未来兴建矿业城市首选的规划模式。（胡　魁）

【中国矿业城市基础数据库】 于2000年11月至2001年4月建立。矿业城市作为中国一种特别的城市类型，在建设社会主义市场经济体制的特定历史时期，受到各方面特殊的关注。所有研究者首先遇到的一个共同问题，就是缺少有关矿业城市的基础资料。中国矿业城市基础数据库的发表填补了这一空白。

编撰中国矿业城市基础数据库的方法：第一步，提出矿业城市的概念范畴，向各省区、各矿业部门征询矿业城市的初步定性名单；第二步，拟定数据项，收集初步名单上各城市的有关统计数据；第三步，进行统计分析，拟定界定指标，对初步名单进行筛选。

每一步骤都经过多次反馈修改，至2001年4月底完成，并在小范围印行内部使用。这次发表基本上是2001年4月底的版本。

中国矿业城市基础数据库包括前言、综述、分类统计表和数据表。此外，还附上矿业城市分类分布图。此数据库以1999年为基准，是当前最新、最系统、最全面的一份。但由于种种因素限制，此库在数据项选取、数据源沟通、以及对项目含义理解的准确性和统计口径的一致性方面，还存在一些问题。矿业城市数据库是需要定期加以更新的，而且应当逐步扩充内容。只有这样，它才是一个活库，一个发展的库，才能满足科研、管理以及科学决策等各方面的要求。（胡　魁）

表 1 中国矿业城市基础数据库数据表

编号	城市名称	行政级别	人口（万人）	矿业从业人数（人）	矿业从业人数比例（%）	国内生产总值(万元)	矿业产值（万元）	矿业产值比例（%）	发展阶段	入选条件	主要矿业类型	代表性矿业企业
332	宽城县	县城	23.1467	10358	4.47	69142	11286.0	16.32	中年期	CBR	黄金	豆子沟铁矿、峪耳崖金矿
333	隆化县	县城	41.393	25000	6.04	152359	18000.0	11.81	老年期	CBR	黄金	马栅子金矿、韩家店萤石矿
334	承德县	县城	47.4	20000	4.22	170569	6138.0	3.60	中年期	CR	有色	黑山铁矿、承德银矿
401	大同市	地级市	86.35	218413	25.29	1569588	489488.9	31.19	老年期	CBR	煤炭	大同矿务局
402	朔州市	地级市	53.56	54160	10.11	769498	177579.9	23.08	幼年期	CBR	煤炭	平朔大露天矿
403	阳泉市	地级市	62.58	155212	24.80	909498	187597.9	20.63	中年期	CBR	煤炭	阳泉煤业公司
404	晋城市	地级市	73.05	87806	12.02	1336030	177579.9	13.29	中年期	CBR	煤炭	晋城矿务局
405	太原市	地级市	245.95	106898	4.35	3180000	126089.2	3.97	中年期	CR	煤炭	西山煤电集团公司
406	临汾市	地级市	119.01	37847	3.18	1584092	79703.2	5.03	老年期	CBR	冶金	汾州矿务局、临汾钢铁公司
407	原平市	县级市	46	4158	0.90	154332	6000.0	3.89	中年期	C	有色	轩岗矿务局、山西第二铝基地
408	古交市	县级市	19.2	31004	16.15	275453	24235.2	8.80	中年期	CBR	煤炭	西山矿务局
409	孝义市	县级市	41.2	6450	1.57	184676	11278.3	6.11	中年期	CBR	有色	河津铝厂、肥西矿务局
410	霍州市	县级市	27.2	1234	0.45	144848	4384.0	3.03	中年期	W	煤炭	霍州矿务局
411	高平市	县级市	48.2	26493	5.50	226469	65472.8	28.91	中年期	CBR	煤炭	县煤矿
412	离石市	县级市	21.8	2363	1.08	82000	4661.1	5.68	幼年期	CB	煤炭	河东煤田、小煤矿
413	河津市	县级市	35.3	5500	1.56	195195	16328.1	8.37	幼年期	CB	有色	山西铝厂
414	平鲁区	县级	16.7	18573	11.12	282040.01	225712.0	80.03	中年期	CBR	煤炭	平朔大露天矿
415	左云县	县城	12.5	30365	24.29	83084.72	83084.7	100.00	中年期	CBR	煤炭	县煤矿
416	灵丘县	县城	21.5	3328	1.55	25025	6637.1	26.52	幼年期	CB	有色	灵丘铜矿、灵丘锰矿
417	阳城县	县城	39.6	21199	5.35	270032	52701.4	19.52	中年期	CBR	煤炭	县煤矿
418	繁峙县	县城	23.7	1605	0.68	41787	4500.0	10.77	幼年期	CB	黄金	义兴寨金矿
419	宁武县	县城	14.9	7848	5.27	35468	13366.2	37.69	中年期	CBR	煤炭	县煤矿
420	柳林县	县城	27.6	6447	2.34	82523	8175.4	9.91	中年期	CBR	煤炭	县煤矿
421	交口县	县城	10.3	1597	1.55	50488	2894.2	5.73	中年期	B	煤炭	交口煤矿
422	乡宁县	县城	20.7	10671	5.16	83664	24316.0	29.06	中年期	CBR	煤炭	乡宁煤矿
423	浑沅县	县城	15.605	2717	1.74	70584	13015.1	18.44	幼年期	CB	非金属	县煤矿、花岗石材厂
424	垣曲县	县城	21.9	13202	6.03	80257	32893.5	40.99	中年期	CBR	有色	中条山铜矿
426	灵石县	县城	23.3	15718	6.75	158361	15325.7	9.68	中年期	CBR	煤炭	县煤矿
501	乌海市	地级市	40.24	17318	4.30	338519	28644.7	8.46	中年期	CBR	煤炭	乌达、海勃湾矿务局
502	包头市	地级市	135.53	18694	1.38	1748616	67627.6	3.87	中年期	CR	冶金	包头钢铁公司
503	东胜市	地级	129.7	48207	3.72	1181100	12921.2	1.09	中年期	CR	煤炭	神华集团
504	霍林郭勒市	县级市	6.5	8046	12.38	67874	37753.2	55.62	中年期	CBR	煤炭	霍林河煤业集团
505	白云矿区	县级	2.2	7217	32.80	46662	39861.6	85.43	中年期	CBR	冶金	白云鄂博铁、稀土矿
506	石拐区	县级	6.3	5103	8.10	10377	7927.1	76.39	老年期	CB	煤炭	包头矿务局
507	元宝山区	县级	28.32	39106	13.81	177260	79477.0	44.84	幼年期	CBR	煤炭	平庄矿务局
508	薛家湾镇	建制镇	6.4	1887	2.95		53863.6		中年期	CB	煤炭	黑岱沟露天矿
509	乌兰木龙	建制镇	2.67	7244	27.13	29011	29011.0	100.00	幼年期	CBR	煤炭	神华集团
510	锡林浩特市	地级	92.37	13603	1.47	618700	181850.4	29.39	幼年期	CBR	油气	二连油田
511	准格尔旗	县城	26.3	11449	4.35	212106.3	59057.9	27.84	幼年期	CBR	煤炭	神华集团
512	伊金霍洛旗	县城	14.4	21704	15.07	123771.5	35092.6	28.35	幼年期	CBR	煤炭	神华集团
601	抚顺市	地级市	226.91	42765	1.88	2057915	165534.8	8.04	老年期	CBR	煤炭	西露天矿务局
602	阜新市	地级市	191.37	39429	2.06	644568	47859.7	7.43	老年期	CBR	煤炭	海州煤矿
603	鞍山市	地级市	340.26	40518	1.19	5249721	175664.5	3.35	中年期	CR	冶金	弓长岭铁矿
604	本溪市	地级市	156.69	38875	2.48	1331939	90847.3	6.82	中年期	CBR	冶金	南芬铁矿
605	葫芦岛市	地级市	266.23	33369	1.25	1517184	62624.7	4.13	中年期	CR	有色	八家子铅锌矿、杨家杖子钼矿
606	盘锦市	地级市	120.77	134825	11.16	2515475	1266069.0	50.33	中年期	C	油气	辽河油田
607	大石桥市	县级市	70.8	9414	1.33	624846	6032.5	0.97	中年期	CR	非金属	大石桥镁矿
608	海城市	县级市	109.4	11817	1.08	1732389	49453.1	2.85	中年期	CR	非金属	范家堡子滑石矿
610	铁法市	县级市	23	29984	13.04	169752	16981.3	10.00	幼年期	CBR	煤炭	铁法矿务局
611	瓦房店市	县级市	102.3	3462	0.34	1094630	13509.2	1.23	中年期	C	非金属	瓦房店金刚石矿
612	南票区	县级	14.5839	13301	9.12	134302	32897.3	24.49	老年期	CBR	煤炭	南票煤矿
613	北票市	县级市	62.5	10851	1.74	116437	16612.2	14.27	老年期	CBR	煤炭	北票煤矿
614	清原县	县城	34.4019	8405	2.44	360199	27462.6	7.62	老年期	CBR	黄金	红透山铜矿、金矿
615	宽甸县	县城	44.7608	8243	1.84	589940	7573.0	1.28	中年期	CR	化工	宽甸硼矿

续表 1

616	凤城市	县级市	60	18960	3.16	374799	30671.8	8.18	中年期	CBR	化工	翁泉沟硼矿
701	白山市	地级市	131.67	38448	2.92	738500	70500.0	9.55	中年期	CBR	综合	通化矿务局、通化钢铁公司
702	松源市	地级市	268.87	75086	2.79	1359900	461100.0	33.91	幼年期	CBR	油气	吉林油田
703	辽源市	地级市	124.64	29122	2.34	557800	40600.0	7.28	中年期	CBR	综合	辽源矿务局
704	盘石市	县级市	52.52	9768	1.86	313100	44300.0	14.15	中年期	CBR	有色	吉林省镍业公司
705	桦甸市	县级市	44.09	9768	2.22	361000	44300.0	12.27	中年期	CBR	黄金	省夹皮沟黄金矿业公司
706	舒兰市	县级市	66.76	13227	1.98	352000	15600.0	4.43	中年期	CR	煤炭	舒兰矿务局
707	珲春市	县级市	20.99	10597	5.05	96000	15100.0	15.73	中年期	CBR	煤炭	珲春矿务局
708	蛟河市	县级市	46.61	9129	1.96	236000	7300.0	3.09	中年期	CR	非金属	蛟河煤矿
709	九台市	县级市	83.21	22856	2.75	305000	16800.0	5.51	中年期	CBR	非金属	长春羊草沟煤矿
710	通化县	县城	25.06	5636	2.25	124000	15900.0	12.82	中年期	CB	有色	吉林省镍业公司通化石膏矿
714	八道沟镇	建制镇	0.768	1100	14.32	35400	7520.0	21.24	幼年期	CB	非金属	赛力特硅藻土公司
715	郭家店镇	建制镇	7.3448	450	0.61	970000	250000.0	25.77	中年期	CB	非金属	中非硅灰石矿业公司
717	刘房子镇	建制镇	2.4038	2010	8.36	14764	2196.0	14.87	幼年期	B	非金属	刘房子煤矿、膨润土公司
718	红旗岭镇	建制镇	2.4471	4834	19.75	46500	39600.0	85.16	中年期	CB	有色	红旗岭镍矿
801	大庆市	地级市	245.8	113704	4.63	7129000	5700682.5	79.96	中年期	CBR	油气	大庆石油管理局
802	鹤岗市	地级市	110.7	80522	7.27	629000	170755.8	27.15	老年期	CBR	煤炭	鹤岗矿务局
803	七台河市	地级市	84.9	72950	8.59	530000	266700.0	50.32	幼年期	CBR	煤炭	七台河矿务局
804	双鸭山市	地级市	148.3	73857	4.98	820000	126691.0	15.45	中年期	CBR	煤炭	双鸭山矿务局
805	鸡西市	地级市	194.9	146472	7.52	1230000	146006.6	11.87	老年期	CBR	煤炭	鸡西矿务局
806	阿城市	县级市	64.5	7386	1.15	595836	32217.5	5.41	中年期	CBR	非金属	爱尔爱石材公司
807	嫩江县	县城	49.3	3946	0.80	217969	7060.4	3.24	中年期	C	有色	黑宝山煤矿、地勘所砂金矿
810	呼玛县	县城	5.3	1145	2.16	30748	1475.7	4.80	老年期	L	黄金	兴隆沟金矿
1001	徐州市	地级市	877.53	145100	1.65	6000300	313661.0	5.23	中年期	CBR	煤炭	大屯煤电公司、徐州矿务局
1002	吴县市	县级市	97.09	15100	1.56	1817200	17104.0	0.94	中年期	CR	非金属	中国高岭土公司
1003	淮阴市	县级市	502.48	23600	0.47	2527000	13113.0	0.52	幼年期	CR	化工	淮阴盐化厂、淮阴县芒硝矿
1004	栖霞区	县级	32	3200	1.00	139500	16041.0	11.50	中年期	CB	有色	南京铅锌银矿
1005	雨花台区	县级	20.8	7300	3.51	265000	34064.0	12.85	中年期	CBR	冶金	上海梅山集团矿业有限公司
1006	江都市	县级市	107	26000	2.43	890000	257385.0	28.92	幼年期	CBR	油气	江苏石油勘探局
1007	丹徒县	县城	37.19	4500	1.21	464300	5521.0	1.19	中年期	C	非金属	青龙山矿业化工公司
1101	青田县	县城	48.7448	32438	6.65	157749	13204.5	8.37	中年期	CBR	非金属	青田县山口腊石矿
1102	武义县	县城	32.85	3100	0.94	260233	21954.0	8.44	中年期	CB	非金属	东风萤石公司
1103	矾山镇	建制镇	4.3	3200	7.44	11204	4200.0	37.49	幼年期	B	化工	苍南县矾山明矾石矿
1104	新安江镇	建制镇	8.9338	884	0.99	670000	5077.9	0.76	中年期	C	有色	建德县岭后铜矿
1105	平水镇	建制镇	3.4071	1113	3.27	104893	6162.1	5.87	中年期	CB	有色	绍兴县平水铜矿
1106	璜山镇	建制镇	2.9003	11300	38.96	45499	172.0	0.38	中年期	R	有色	璜山金矿
1107	煤山镇	建制镇	2.7	9200	34.07	71700	16200.0	22.59	中年期	CBR	非金属	长兴县大煤山灰石矿
1201	铜陵市	地级市	67.7	29432	4.35	643600	78032.9	12.12	中年期	CBR	有色	铜陵有色金属(集团)公司
1202	马鞍山市	地级市	116.56	20676	1.77	1171100	122089.8	10.43	中年期	CBR	冶金	马钢(集团)股份有限公司
1203	淮南市	地级市	200.42	93020	4.64	1203400	258097.4	21.45	中年期	CBR	煤炭	淮南矿业(集团)有限公司
1204	淮北市	地级市	186.58	90507	4.85	942200	282951.0	30.03	中年期	CBR	煤炭	淮北矿业(集团)有限公司
1205	滁州市	地级市	415.37	35666	0.86	2300200	57679.8	2.51	中年期	CR	有色	琅琊山铜矿
1206	宿州市	地级市	563.17	52159	0.93	1872000	89728.6	4.79	中年期	CR	煤炭	皖北煤电有限责任公司
1207	铜陵县	县城	34.59	9720	2.81	150100	22800.0	15.19	中年期	CBR	有色	黄狮涝金矿
1208	当涂县	县城	66.11	6165	0.93	276200	2178.8	0.79	中年期	R	冶金	姑山铁矿
1209	凤台县	县城	65.52	12472	1.90	370200	46825.9	12.65	中年期	CBR	煤炭	国投新集能源股份有限公司
1211	凤阳县	县城	68.31	7142	1.05	320100	21787.0	6.81	中年期	CBR	非金属	凤阳水泥厂
1212	定远县	县城	83.8	11084	1.32	342100	16685.4	4.88	中年期	CR	化工	定远盐矿
1213	颍上县	县城	143.71	8050	0.56	347400	21257.0	6.12	幼年期	CBR	煤炭	谢桥煤矿
1301	龙岩市	地级市	45.35	13100	2.89	697600	34465.0	4.94	中年期	CR	煤炭	龙岩矿务局东宫下高岭土矿
1302	南平市	地级市	49	4100	0.84	504812	7570.0	1.50	幼年期	X	有色	西坑铌钽矿
1305	邵武市	县级市	30	2800	0.93	308280	5416.0	1.76	老年期	C	煤炭	邵武煤矿
1306	福鼎市	县级市	55.4	2000	0.36	344812	10465.0	3.03	幼年期	C	非金属	白琳玄武石材公司
1307	晋江市	县级市	101	1674	0.17	2740000	2684.0	0.10	幼年期	W	非金属	花岗石板材加工业发达
1308	南安市	县级市	148	2213	0.15	1680000	2062.0	0.12	幼年期	W	非金属	花岗石板材加工业发达
1309	上杭县	县城	47.9	2600	0.54	254323	26370.0	10.37	幼年期	CB	黄金	紫金山金矿
1310	永定县	县城	46.3	6200	1.34	286821	11771.0	4.10	中年期	CR	非金属	永定矿务局
1311	大田县	县城	36.3	6600	1.82	191868	18878.0	9.84	中年期	CBR	冶金	上京矿务局

续表 2

1312	永安市	县级市	31.6	7000	2.22	478629	18457.0	3.86	中年期	CR	非金属	永安矿务局
1314	平潭县	县城	38.3	1600	0.42	300012	5927.0	1.98	中年期	C	非金属	中国标准砂厂
1315	永春县	县城	54.1	3900	0.72	468037	10224.0	2.18	中年期	C	煤炭	天湖山矿务局
1316	德化县	县城	30.2	2300	0.76	294053	9141.0	3.11	幼年期	C	黄金	双旗山金矿
1317	惠安县	县城	126	4095	0.33	1030000	4112.0	0.40	幼年期	W	非金属	花岗石板材和石雕业发达
1318	东山县	县城	20.1	1300	0.65	333765	3914.0	1.17	幼年期	X	非金属	东山硅砂矿
1320	龙海市	县级市	77.4	3000	0.39	956071	12191.0	1.28	幼年期	C	非金属	紫山矿泉水公司
1321	漳平市	县级市	27.3	4100	1.50	283249	16569.0	5.85	中年期	CB	冶金	潘洛铁矿、漳平煤矿
1322	尤溪县	县城	41.8	1900	0.45	291428	8969.0	3.08	幼年期	C	有色	金鑫金矿、金东铅锌矿
1323	顺昌县	县城	24.2	2100	0.87	269267	4996.0	1.86	中年期	C	非金属	洋姑山水泥灰岩矿
1401	景德镇市	地级市	142.3	14889	1.05	813000	21885.0	2.69	中年期	CR	非金属	陶瓷原料总厂
1402	新余市	地级市	107.78	18651	1.73	482606	15246.0	3.16	中年期	CR	冶金	杨桥铁矿、良山铁矿
1403	萍乡市	地级市	178.07	55266	3.10	920000	75881.0	8.25	老年期	CBR	煤炭	萍乡矿业公司
1404	德兴市	县级市	30.7	19715	6.42	194000	117135.0	60.38	中年期	CBR	有色	德兴铜矿、铅锌矿、金山金矿
1405	乐平市	县级市	75.1	9155	1.22	322279	14732.0	4.57	中年期	CR	煤炭	乐平矿务局
1406	贵溪市	县级市	53.9	3029	0.56	267509	3173.0	1.19	中年期	W	有色	冷水银矿、罗塘石膏矿
1407	瑞昌市	县级市	41.6	5730	1.38	117156	14951.0	12.76	中年期	CBR	有色	武山铜矿、亚东水泥厂
1408	高安市	县级市	78.6	8328	1.06	248777	11264.0	4.53	中年期	CR	综合	高安煤矿
1409	丰城市	县级市	119.5	37746	3.16	398545	41779.0	10.48	中年期	CBR	煤炭	丰城矿务局
1410	樟树市	县级市	53.5	3033	0.57	180343	13601.0	7.54	中年期	CB	化工	江西盐矿、煤矿
1411	万年县	县城	34.5	1331	0.39	91040	3132.0	3.44	中年期	W	非金属	银金矿、煤矿、万年石矿
1412	星子县	县城	22.7	755	0.33	46810	1147.0	2.45	幼年期	WX	非金属	五里麻石厂、横塘青石厂
1413	大余县	县城	27.4	6113	2.23	129500	11366.0	8.78	老年期	CBR	有色	漂塘钨矿、伟良钨业公司
1415	崇义县	县城	19.5	4160	2.13	85840	9247.0	10.77	老年期	CB	有色	陶锡坑钨矿、茅坪钨矿
1416	龙南县	县城	29.4	3612	1.23	77859	9044.0	11.62	中年期	CB	有色	龙南稀土公司
1417	全南县	县城	18.1	4549	2.51	79517	4365.0	5.49	老年期	B	有色	大吉山钨矿
1418	会昌县	县城	40.9	2944	0.72	103901	3844.0	3.70	幼年期	X	有色	九二盐矿、会昌锡矿
1419	永平镇	建制镇	1.9	3474	18.28	50000	26792.0	53.58	中年期	CB	有色	永平铜矿
1420	于都县	县城	81.3	9233	1.14	169273	13435.0	7.94	老年期	CBR	有色	盘古山钨矿、县银矿、县煤矿
1421	赣州市	地级市	794.72	50970	0.64	2505231	82920.0	3.31	中年期	CR	有色	稀土分离厂、钨冶炼厂
1501	东营市	地级市	169.18	248378	14.68	3200000	2340938.9	73.15	中年期	CBR	油气	胜利油田
1502	济宁市	地级市	779.04	123143	1.58	5200000	632897.5	12.17	中年期	CBR	煤炭	兖州煤矿集团
1503	临沂市	地级市	987.64	50992	0.52	4600000	88510.8	1.92	中年期	CR	煤炭	归来庄金矿
1504	淄博市	地级市	403.68	70599	1.75	5193600	169432.8	3.26	老年期	CR	煤炭	淄博矿务局
1505	兖州市	县级市	59.47	19015	3.20	760000	132202.1	17.40	中年期	CBR	煤炭	兖州煤矿
1506	招远市	县级市	57.87	17801	3.08	801000	121746.2	15.20	中年期	CBR	黄金	招远金矿股份公司
1508	莱州市	县级市	87.58	17780	2.03	1120158	98977.0	8.84	中年期	CBR	黄金	焦家金矿
1509	枣庄市	地级市	354.53	84132	2.37	2340000	201584.1	8.61	中年期	CBR	煤炭	枣庄矿业集团
1510	邹城市	县级市	109.47	42921	3.92	1020000	288699.2	28.30	中年期	CBR	煤炭	兴隆庄金矿
1511	莱芜市	地级市	121.88	34442	2.83	1063200	69711.0	6.56	中年期	CBR	冶金	莱芜钢铁总厂
1512	肥城市	县级市	95.58	36895	3.86	732600	79982.9	10.92	中年期	CBR	煤炭	肥城矿业集团
1513	新泰市	县级市	132.98	67156	5.05	800200	166830.6	20.85	中年期	CBR	煤炭	新汶矿业集团
1514	龙口市	县级市	61.82	23237	3.76	1075000	67855.5	6.31	中年期	CBR	煤炭	龙口矿务局
1516	寿光市	县级市	98.02	5856	0.60	981000	22066.3	2.25	幼年期	C	化工	寿光盐场
1517	平度市	县级市	132.7	8499	0.64	1024500	22146.6	2.16	幼年期	CR	非金属	平度滑石矿
1518	昌乐县	县城	60.4	3563	0.59	396000	6135.4	1.55	幼年期	C	非金属	兰宝石矿
1601	平顶山市	地级市	470	11000	0.23	2495000	215034.0	8.62	中年期	CBR	煤炭	平煤集团、盐业公司
1602	濮阳市	地级市	41.5	55000	13.25	1781410	609715.7	34.23	中年期	CBR	油气	中原石油勘探局
1603	焦作市	地级市	55	48000	8.73	2700000	600000.0	22.22	老年期	CBR	煤炭	焦作矿务局、白庄煤矿
1604	鹤壁市	地级市	49	35000	7.14	427000	76413.9	17.90	老年期	CBR	煤炭	鹤煤集团、豫鹤水泥
1605	三门峡市	地级市	219	66700	3.05	1677000	158000.0	9.42	中年期	CBR	黄金	文峪、秦岭金矿、义煤集团
1606	郑州市	地级市	622.7	24800	0.40	6600000	676300.0	10.25	中年期	CBR	综合	长城铝业公司、郑煤集团
1607	南阳市	地级市	1040	77220	0.74	5400000	146182.3	2.71	中年期	CR	油气	河南油田
1608	永城市	县级市	130	156000	12.00	507500	168000.0	33.10	幼年期	CBR	煤炭	神火集团、永煤电集团
1609	义马市	县级市	15.3032	83000	54.24	111256	46000.0	41.35	中年期	CBR	煤炭	义煤集团
1610	灵宝市	县级市	72.4	15000	2.07	647000	75548.0	11.68	中年期	CBR	黄金	小秦岭金矿
1611	汝州市	县级市	91.2	10579	1.16	563861	9720.0	1.72	中年期	CR	煤炭	煤矿
1613	石龙区	县级	6	13122	21.87	252332	30098.4	11.93	中年期	CBR	煤炭	五七煤业集团

续表 3

1614	新华区	县级	21.6	16927	7.84	55600	27525.3	49.51	中年期	CBR	煤炭	香山煤矿
1616	新密市	县级市	73.7	90000	12.21	641000	192000.0	29.95	中年期	CBR	煤炭	郑煤集团
1617	登丰市	县级市	60.9	51200	8.41	620000	198000.0	31.94	中年期	CBR	煤炭	新登煤电集团
1618	巩义市	县级市	77.9	56000	7.19	860000	188000.0	21.86	中年期	CBR	有色	大峪沟矿业集团
1619	荥阳市	县级市	66.2	32000	4.83	620000	65000.0	10.48	中年期	CBR	煤炭	王河煤矿、张青岗水泥灰岩矿
1620	禹州市	县级市	115.8	146000	12.61	670651	118000.0	17.59	中年期	CBR	煤炭	中峰集团、新峰一矿
1621	上天梯区	县级	2.4	16000	66.67	31000	26500.0	85.48	幼年期	CBR	非金属	信阳上天梯非金属矿
1623	渑池县	县城	32.8	65000	19.82	253000	1651.0	0.65	中年期	R	有色	义煤集团、长城铝业公司
1624	陕县	县城	34.5	50000	14.49	225149	25599.0	11.37	中年期	CBR	煤炭	县煤矿
1626	鲁山县	县城	80	842	0.11	185000	5824.0	3.15	中年期	C	煤炭	梁洼煤矿
1628	新安县	县城	50	50000	10.00	330000	50000.0	15.15	中年期	CBR	煤炭	新安煤矿、洛阳铝矿
1629	栾川县	县城	33	41000	12.42	118000	20000.0	16.95	幼年期	CBR	有色	洛阳栾川钼业集团
1630	伊川县	县城	71.4	25000	3.50	267000	30000.0	11.24	幼年期	CBR	煤炭	煤矿金刚砂
1631	宜阳县	县城	64.5	20000	3.10	138560	25000.0	18.04	中年期	CBR	煤炭	宜洛煤矿、顺达煤业公司
1632	桐柏县	县城	42.8	10690	2.50	205000	20500.0	10.00	幼年期	CBR	化工	桐柏天然碱矿、桐柏金银矿
1633	修武县	县城	27	12000	4.44	700000	120000.0	17.14	中年期	CBR	煤炭	金科尔集团
1634	安阳县	县城	110	32500	2.95	370000	52750.0	14.26	老年期	CBR	冶金	安阳矿务局
1635	卫东区	县级	26.2	10903	4.16	67858	29238.4	43.09	中年期	CBR	煤炭	焦化厂
1701	黄石市	地级市	249.36	74286	2.98	1800312	183734.0	10.21	中年期	CBR	冶金	武钢大冶铁矿
1702	荆门市	地级市	300.06	31386	1.05	2298460	55483.8	2.41	中年期	CR	煤炭	荆襄磷化集团
1703	鄂州市	地级市	104.38	12862	1.23	815400	39394.4	4.83	中年期	CR	有色	武钢程潮铁矿
1704	应城市	县级市	67	24356	3.64	430000	107800.0	25.07	中年期	CBR	化工	省应城石膏矿
1705	大冶市	县级市	87.89	36600	4.16	560081	77985.3	13.92	中年期	CBR	冶金	大冶有色铜绿山铜铁矿
1706	钟祥市	县级市	106.07	15856	1.49	701605	52485.4	7.48	老年期	CBR	化工	荆襄磷化集团
1707	铁山区	县级	6.18	11700	18.93	88359	45494.6	51.49	中年期	CBR	冶金	武钢大冶铁矿
1708	阳新县	县城	97.29	16700	1.72	421000	53000.0	12.59	中年期	CBR	有色	大冶有色丰山洞铜矿
1709	宜昌县	县城	57.89	8665	1.50	503000	57300.0	11.39	中年期	CBR	非金属	县桃坪河磷化集团
1711	保康县	县城	29.8	3500	1.17	73800	29000.0	39.30	中年期	CB	化工	县金马磷矿公司
1712	陈贵镇	建制镇	5.98	3240	5.42	191000	13727.7	7.19	中年期	CB	黄金	刘家畈矿业公司
1713	铜绿山镇	建制镇	2.52	4300	17.06	20055	17257.6	86.05	中年期	CB	有色	大冶有色铜绿山铜铁矿
1714	灵乡镇	建制镇	3.4	2120	6.24	50740	2914.9	5.74	中年期	B	有色	武钢灵乡铁矿
1715	富池镇	建制镇	4.35	5300	12.18	76000	15683.8	20.64	中年期	CB	黄金	湖北鸡笼山金矿
1716	樟村坪镇	建制镇	1.6	4475	27.97	33500	30900.0	92.24	中年期	CB	化工	宜昌县柳树沟磷化工公司
1718	胡集镇	建制镇	9.74	15633	16.05	66121.9	51685.4	78.17	老年期	CBR	化工	荆襄磷化集团
1719	马河镇	建制镇	0.8974	1903	21.21	37803	23174.0	61.30	中年期	CB	煤炭	荆门市马河煤矿
1801	郴州市	地级市	450.03	93957	2.09	2310084	169543.4	7.34	中年期	CBR	有色	柿竹园有色矿、资兴矿务局
1803	冷水江市	县级市	35	18000	5.14	297848	120000.0	40.29	中年期	CBR	有色	锡矿山矿务局
1804	桃江县	县城	81.84	9800	1.20	200000	1337.5	0.67	幼年期	R	冶金	板溪锑矿、桃江锰矿
1805	常宁市	县级市	84.3	10258	1.22	383212.3	16587.4	4.33	中年期	CR	有色	水口山铅锌矿、常宁金矿
1806	涟源市	县级市	105.7	13237	1.25	345405.4	29004.5	8.40	中年期	CBR	煤炭	牛马市煤矿、涟源煤矿
1807	宁乡县	县城	130.66	11000	0.84	617220	26626.0	4.31	中年期	CR	煤炭	煤炭坝能源有限公司
1808	临湘市	县级市	47.3	3770	0.80	196533	4311.7	2.19	老年期	L	有色	桃林铅锌矿
1809	临武县	县城	38	31000	8.16	14400	3390.0	23.54	中年期	BR	有色	泡金山铅锌矿
1810	花垣县	县城	26.4	42000	15.91	60200	12000.0	19.93	幼年期	CBR	有色	三立(铅锌)集团
1811	浏阳市	县级市	134	7812	0.58	665982	8535.5	1.28	中年期	CR	化工	永和磷矿、永和海泡石矿、七宝山硫铅锌矿
1812	娄底市	地级市	38.9	49387	12.70	402118.8	108945.1	27.09	中年期	CBR	煤炭	涟邵矿务局金竹山煤矿
1813	苏仙区	县级	26.07	9664	3.71	320769	33404.8	10.41	中年期	CBR	有色	柿竹园有色矿
1814	资兴市	县级市	36.2	16518	4.56	292074	22666.9	7.76	中年期	CBR	煤炭	资兴矿务局
1815	桂阳县	县城	76.8	27183	3.54	328644.4	27344.4	8.32	中年期	CBR	有色	黄沙坪铅锌矿
1816	邵东县	县城	116.9	13978	1.20	676607.5	15854.6	2.34	老年期	CR	非金属	邵东石膏矿
1817	双峰县	县城	89.3	8655	0.97	432479.2	14735.4	3.41	中年期	CR	煤炭	双蜂煤矿
1818	永兴县	县城	62.9	11593	1.84	273109.8	7561.3	2.77	中年期	CR	煤炭	马田煤矿
1819	宜章县	县城	54.8	6576	1.20	223950.9	19172.1	8.56	中年期	CBR	煤炭	杨梅山煤矿
1901	茂名市	地级市	68.82	13776	2.00	850015	18660.0	2.20	中年期	CR	油气	茂名石油公司
1902	云浮市	地级市	27.69	10660	3.85	290185	41730.5	14.38	中年期	CBR	化工	云浮硫铁矿
1903	韶关市	地级市	50.6	33307	6.58	810065	105984.9	13.08	老年期	CBR	综合	大宝山铁矿、凡口铅锌矿
1904	高要市	县级市	71	2802	0.39	1074464.6	14295.0	1.33	幼年期	C	黄金	河台金矿

续表 4

1905	连平县	县城	36.2	2858	0.79	122196	37287.0	30.51	中年期	CB	冶金	大井铁矿
1906	曲江县	县城	40.5	8454	2.09	244519	13919.0	5.69	中年期	CBR	冶金	大宝山铁矿
1907	仁化县	县城	18.2	7755	6.58	112720	54180.0	48.07	中年期	CBR	有色	凡口铅锌矿
2001	柳州市	地级市	180.41	9683	0.54	1752300	7223.6	0.41	中年期	R	非金属	鱼峰水泥厂
2002	河池市	县级市	30.72	1960	0.64	237815	5395.5	2.27	中年期	C	有色	五圩有色金属矿
2004	象州县	县城	34.81	1728	0.50	114813	3366.9	2.93	中年期	W	非金属	寺山重晶石矿
2005	合山市	县级市	14.22	9261	6.51	62675	22300.9	35.58	老年期	CBR	煤炭	合山矿务局
2006	岑溪市	县级市	76.65	395	0.05	207628	998.5	0.48	幼年期	X	非金属	花岗石材厂
2007	环江县	县城	33	6812	2.06	120400	64817.1	53.83	中年期	CBR	有色	北山都川铅锌矿、红茂矿务局
2008	南丹县	县城	27.67	21012	7.59	197967	197966.8	100.00	幼年期	CBR	有色	龙泉冶炼总厂、高峰锡矿
2009	大新县	县城	35.2	2979	0.85	92187	9988.7	10.84	中年期	CB	冶金	大新锰矿、长屯铅锌矿
2010	天等县	县城	39.95	905	0.23	75116	1295.2	1.72	幼年期	X	冶金	东平锰矿
2011	隆安县	县城	36.62	1017	0.28	87159	1366.7	1.57	幼年期	X	黄金	凤凰山银矿
2012	横县	县城	104.8	1545	0.15	318133	10468.8	3.29	中年期	C	黄金	南乡金矿、云燕白水泥厂
2013	龙胜县	县城	16.68	1624	0.97	64488	8500.9	13.18	幼年期	CB	非金属	桂广和龙广滑石矿
2014	平果县	县城	44.89	964	0.21	171000	9210.2	5.39	幼年期	CB	有色	平果铝业公司(产值未计入)
2015	桂林市	地级市	479.19	10714	0.22	2763200	21905.2	0.79	中年期	CR	综合	贵广滑石矿
2017	南宁市	地级市	285.87	10491	0.37	2745500	7226.4	0.26	中年期	R	煤炭	南宁市矿务局
2018	百色市	县级市	32.21	2683	0.83	225100	3831.0	1.70	幼年期	X	煤炭	百色矿务局
2019	贺州市	县级市	87.49	1928	0.22	401600	5646.1	1.41	幼年期	C	黄金	龙水金矿
2021	田林县	县城	23.33	690	0.30	56900	8041.4	14.13	幼年期	CB	黄金	高龙金矿
2022	钟山县	县城	47.42	3586	0.76	230700	5355.8	2.32	老年期	C	有色	钟山石材总公司、平桂矿务局
2023	藤县	县城	88.79	495	0.06	245600	1036.9	0.42	中年期	W	化工	钛白厂
2101	东方市	县级市	46.8834	3821	0.82	171580	91034.0	53.06	幼年期	CB	油气	富岛化工有限公司
2102	昌江县	县城	22.5131	15135	6.72	116510	77621.0	66.62	中年期	CBR	冶金	海南钢铁公司
2201	万盛区	地级	26.8	25269	9.43	134100	4712.0	3.51	老年期	R	煤炭	南桐矿务局
2202	北培区	地级	64	14453	2.26	529000	5619.0	1.06	老年期	R	煤炭	天府矿务局
2203	南川市	县级市	64.2	12198	1.90	299271	11511.0	3.85	幼年期	CR	有色	南川市铝矿厂
2204	云阳县	县城	124.7	4860	0.39	210796	14594.0	6.92	老年期	CB	化工	云峰硫铁矿厂
2206	荣昌县	县城	80	8703	1.09	296844	13484.0	4.54	中年期	CR	煤炭	永荣矿务局
2207	城口县	县城	21.3	1043	0.49	41855	21562.0	51.52	幼年期	CB	冶金	巴山钡矿
2208	长寿县	县城	88.1	4297	0.49	450777	37015.0	8.21	中年期	CB	煤炭	永荣矿务局
2209	奉节县	县城	99.06	20000	2.02	219531	44702.0	20.36	中年期	CBR	煤炭	龙潭煤矿、草堂煤矿
2210	铜梁县	县城	80.5173	12500	1.55	400100	140035.0	35.00	中年期	CBR	化工	
2212	江津市	县级市	145	22000	1.52	801500	382800.0	47.76	中年期	CBR	非金属	地维水泥有限公司、华能石粉有限公司
2301	德阳市	地级市	375.5	11600	0.31	2434500	41980.0	1.72	中年期	CR	化工	清平磷矿、金河磷矿
2302	攀枝花市	地级市	64.15	31200	4.86	916058	95127.5	10.38	中年期	CBR	冶金	攀钢矿业公司、攀煤集团公司
2303	自贡市	地级市	314.78	26300	0.84	1423811	48996.0	3.44	中年期	CR	化工	长山盐矿自流井盐厂、鸿化厂
2305	凉山州	地级	393.93	129400	3.28	1344087	198409.0	14.76	中年期	CBR	有色	铅锌矿
2306	旌阳区	县级	59.85	500	0.08	522633	20662.6	3.95	幼年期	C	油气	德阳市新场气田
2309	米易县	县城	19.42	1800	0.93	78142	6176.1	7.90	中年期	CB	冶金	县白马铁矿
2310	盐边县	县城	18.23	4500	2.47	88900	8858.9	9.97	中年期	CB	煤炭	红坭矿务局
2311	荣县	县城	88.65	5200	0.59	275070	15254.0	5.55	老年期	CB	煤炭	荣县盐厂
2313	宝兴县	县城	5.4	5000	9.26	47283	20000.0	42.30	中年期	CB	非金属	县碧盛石材有限责任公司
2314	汉源县	县城	34.21	136400	39.87	89256	43116.0	48.31	中年期	CBR	有色	省汉源黎洲实业有限公司
2315	石棉县	县城	11.59	17000	14.67	70400	16300.0	23.15	老年期	CBR	非金属	四川石棉矿、四川新康石棉矿
2316	荥经县	县城	13.18	26600	20.18	84166	61900.0	73.55	中年期	CBR	非金属	县自然花岗石有限公司
2317	天全县	县城	14.3	4000	2.80	90825	27248.0	30.00	中年期	CB	化工	省天全县长河集团公司
2318	芦山县	县城	12.19	14400	11.81	27611	6930.0	25.10	中年期	CBR	非金属	县富源花岗石有限公司
2319	会理县	县城	42.09	17400	4.13	184937	97829.0	52.90	幼年期	CBR	有色	县铅锌矿
2320	冕宁县	县城	30.81	3400	1.10	100984	6351.0	6.29	中年期	CB	有色	县铅锌矿
2321	会东县	县城	35.99	15000	4.17	87298	10000.0	11.46	中年期	CBR	有色	县铅锌矿
2322	甘洛县	县城	17.3	8000	4.62	90161	15000.0	16.64	老年期	CBR	有色	县铅锌矿
2325	乌斯河镇	建制镇	0.7728	890	11.52	3539	2600.0	73.47	中年期	B	有色	苏古铅锌矿
2326	绵竹市	县级市	51.37	6400	1.25	470968	15781.6	3.35	中年期	CR	综合	清平磷矿
2402	六盘水市	地级市	97.81	63693	6.51	367443	119421.6	32.50	中年期	CBR	煤炭	水城、盘江矿务局
2403	贵阳市	地级市	180.89	34367	1.90	1843555	102480.1	5.56	中年期	CBR	综合	开阳磷矿贵州铝矿

续表 5

2404	盘县	县城	111.41	25287	2.27	261808	36779.8	14.05	中年期	CBR	煤炭	盘江矿务局
2405	水城县	县城	71.05	10408	1.46	74980	32636.2	43.53	中年期	CBR	煤炭	水城矿务局
2406	开阳县	县城	42.19	9234	2.19	134171	58676.1	43.73	中年期	CBR	化工	开阳磷矿
2407	清镇市	县级市	49.56	6980	1.41	230060	14282.5	6.21	中年期	CBR	有色	贵州铝矿
2408	福泉市	县级市	29.8	1596	0.54	137000	7683.1	5.61	中年期	CB	化工	瓮福磷矿
2410	纳雍县	县城	73.08	3921	0.54	97115	5671.1	5.84	中年期	CB	煤炭	小矿群
2411	织金县	县城	88.94	4954	0.56	122399	5224.9	4.27	幼年期	C	煤炭	小矿群
2412	修文县	县城	29.39	3972	1.35	90788	6317.3	6.96	幼年期	CB	有色	贵州铝矿
2413	大方县	县城	94.5	4716	0.50	142644	5568.7	3.90	中年期	C	煤炭	小矿群
2415	晴隆县	县城	27.55	2412	0.88	32005	5489.4	17.15	中年期	CB	黄金	晴隆锑矿老万场金矿
2419	毕节市	县级市	120.11	2079	0.17	306521	5266.5	1.72	中年期	C	煤炭	小矿群
2420	安顺市	县级市	78.89	6800	0.86	247552	11748.0	4.75	中年期	CR	煤炭	轿子山煤矿
2421	平坝县	县城	34.51	1739	0.50	101030	5122.3	5.07	中年期	CB	煤炭	小矿群
2422	都匀市	县级市	46.98	3377	0.72	151103	6586.1	4.36	中年期	C	煤炭	小矿群
2423	瓮安县	县城	44.24	5086	1.15	112492	8009.7	7.12	中年期	CB	化工	瓮福磷矿
2424	花溪区	县级	31.79	4861	1.53	201610	6109.0	3.03	中年期	C	煤炭	贵阳电厂用煤
2425	乌当区	县级	29.16	3127	1.07	221526	7918.0	3.57	中年期	C	有色	贵州铝矿
2426	钟山区	县级	40.86	19245	4.71	264130	36506.8	13.82	中年期	CBR	煤炭	水城矿务局
2427	六枝特区	县级	60.44	8753	1.45	103313	13498.9	13.07	中年期	CBR	煤炭	六枝工贸公司
2428	遵义县	县城	134.33	3732	0.28	510370	6838.1	1.34	中年期	C	冶金	遵义锰矿
2429	普安县	县城	27.48	1759	0.64	31956	5259.0	16.46	中年期	CB	综合	普安铅矿楼下煤矿
2430	黔西县	县城	79.68	4058	0.51	143071	8345.2	5.83	中年期	CB	煤炭	小矿群
2431	金沙县	县城	57.56	4474	0.78	147366	6409.2	4.35	中年期	C	煤炭	小矿群
2432	万山特区	县级	6.23	16200	26.00	9397	789.6	8.40	老年期	CBR	有色	贵州汞矿
2501	个旧市	县级市	38.5	24545	6.38	241211	70800.7	29.35	中年期	CBR	有色	云锡公司
2502	安宁市	县级市	24.8	5158	2.08	347642	14086.2	4.05	中年期	C	化工	昆明盐矿
2503	东川区	县级	29.11	8266	2.84	69486	22571.1	32.48	老年期	CBR	有色	东川矿务局
2504	兰坪县	县城	18.6	5866	3.15	42174	27554.6	65.34	幼年期	CB	有色	兰坪有色金属公司
2505	富源县	县城	63.7	19845	3.12	188483	29431.8	15.62	中年期	CBR	煤炭	后所煤矿
2506	牟定县	县城	19.8	2050	1.04	54398	3287.5	6.04	老年期	B	有色	牟定铜矿
2507	禄汁镇	建制镇	17.1	3525	2.06	87786	18422.4	20.99	老年期	CB	有色	易门矿务局
2508	六苴镇	建制镇	27.9	2964	1.06	77540	13274.0	17.12	中年期	CB	有色	大姚铜矿
2509	矿山镇	建制镇	87.2	3862	0.44	175546	7749.0	4.41	中年期	C	有色	会泽铅锌矿
2511	塔甸镇	建制镇	14.6	2471	1.69	70146	4862.0	6.93	老年期	CB	煤炭	塔甸煤矿
2512	昆阳镇	建制镇	26.2	5883	2.25	169345	9664.0	5.71	中年期	CB	化工	昆阳磷矿
2515	都龙镇	建制镇	34.5	9640	2.79	60640	17503.0	28.86	中年期	CBR	有色	都龙锡矿
2516	小龙潭镇	建制镇	25.8	2050	0.79	192450	34458.8	17.91	中年期	CB	煤炭	小龙潭煤矿
2601	曲松县	县城	3.11	2000	6.43	15721	12000.0	76.33	中年期	CB	冶金	西藏矿业总公司罗布沙铬铁矿
2602	申扎县	县城	3.2	390	1.22	8817	5714.0	64.81	幼年期	CB	黄金	西藏矿业总公司贡纳藏布金矿
2603	羊八井镇	建制镇	0.4669	450	9.64	6090	1549.2	25.44	中年期	B	油气	地热实验电厂
2701	铜川市	地级市	82.5	19300	2.34	388113	64000.0	16.49	中年期	CBR	煤炭	铜川矿务局
2702	渭南市	地级市	529	70300	1.33	283548	182369.0	64.32	中年期	CBR	有色	金堆城钼业公司
2703	榆林市	地级市	41	4100	1.00	15100	9100.0	60.26	幼年期	B	综合	大柳塔煤矿
2704	商州市	县级市	53.7			83250		0.00	幼年期		有色	
2705	韩城市	县级市	36	16800	4.67	165542	42004.0	25.37	中年期	CBR	煤炭	韩城矿务局煤矿
2706	澄城县	县城	39	11800	3.03	114632	5070.0	4.42	中年期	CR	煤炭	澄合矿务局煤矿
2707	太白县	县城	4.9	3000	6.12	17429	4963.0	28.48	中年期	CB	黄金	太白金矿
2708	白水县	县城	23	8400	3.65	65657	12158.0	18.52	中年期	CBR	煤炭	蒲白矿务局煤矿
2709	略阳县	县城	20.03	5445	2.72	70101	19060.0	27.19	幼年期	CB	黄金	县东沟坝金矿
2710	志丹县	县城	11.75	1420	1.21	58025	26648.0	45.93	幼年期	CB	油气	延长油矿管理局永宁钻采公司
2711	合阳县	县城	43.05	3571	0.83	74053	6178.0	8.34	中年期	CB	煤炭	县第二煤矿
2712	潼关县	县城	14.1	5852	4.15	67767	29279.0	43.21	老年期	CB	黄金	东桐峪金矿
2713	黄陵县	县城	11.62	9286	7.99	73603	11457.0	15.57	中年期	CBR	煤炭	黄陵矿业公司
2714	吴旗县	县城	11.99	940	0.78	43339	12165.0	28.07	幼年期	CB	油气	延长油矿管理局吴钻采公司

续表 6

2715	子长县	县城	22.75	3222	1.42	48904	18926.0	38.70	幼年期	CB	油气	延长油矿局瓦窑堡钻采公司
2716	延川县	县城	17.09	1074	0.63	13456	4222.0	31.38	中年期	B	油气	延长油矿局青平川钻采公司
2717	靖边县	县城	27	3000	1.11	46200	22800.0	49.35	幼年期	CB	油气	神煤公司
2718	横山县	县城	33	2000	0.61	63000	14400.0	22.86	幼年期	CB	煤炭	神煤公司
2719	神木县	县城	36.9	8270	2.24	218000	97209.5	44.59	幼年期	CBR	煤炭	神木县三道峁煤矿
2720	洛南县	县城	44.07	5148	1.17	79805	18662.0	23.38	中年期	CB	黄金	陈耳金矿
2721	大柳塔镇	建制镇	3.5	4500	12.86	50500	7350.0	14.55	幼年期	CB	煤炭	神煤公司大柳塔煤矿
2722	金堆城镇	建制镇	2.5	8800	35.20		57957.0		中年期	CBR	有色	金堆城钼业公司
2801	金昌市	地级市	19.27	100000	51.89	203277	51913.5	25.54	中年期	CBR	有色	金川有色金属公司
2802	白银市	地级市	45.1	124400	27.58	453716	154666.4	34.09	中年期	CBR	有色	白银有色金属公司
2803	嘉峪关市	地级市	14.55	101900	70.03	168848	18717.8	11.09	中年期	CBR	冶金	酒泉钢铁公司
2804	玉门市	县级市	19.7	102300	51.93	177193.8	505.6	0.29	老年期	R	油气	玉门石油管理局
2805	平川区	县级	17.56	50400	28.70	108074	43102.5	39.88	中年期	CBR	煤炭	靖远矿务局
2806	庆阳县	县城	31.9	50000	15.67	183972	936.0	0.51	幼年期	R	油气	长庆石油管理局
2807	华亭县	县城	17.7	32180	18.18	73822.8	26273.8	35.59	中年期	CBR	煤炭	华亭矿务局
2808	成县	县城	24.1	6000	2.49	60392.7	10500.0	17.39	中年期	CBR	有色	厂坝铅锌矿
2809	玛曲县	县城	3.7	1000	2.70	21649	18809.6	86.88	中年期	CB	黄金	大水金矿
2810	张掖市	县级市	46.8	6000	1.28	238092.3	1740.9	0.73	老年期	R	有色	小矿群
2901	石咀山市	地级市	32.59	32618	10.01	294056	78635.0	26.74	中年期	CBR	煤炭	太西煤炭公司
2902	青铜峡市	县级市	24.4	651	0.27	191066	794.0	0.42	中年期	W	非金属	青铜峡水泥公司
2903	平罗县	县城	26	6452	2.48	100892	14396.0	14.27	中年期	CBR	冶金	汝萁沟煤矿
2904	中宁县	县城	22.9	1985	0.87	80601	3780.0	4.69	中年期	W	非金属	中宁水泥厂
2905	盐池县	县城	15.2	1718	1.13	30623	9527.0	31.11	幼年期	CB	油气	马家滩采油三厂
2906	灵武市	县级市	25.7	10754	4.18	120057	26393.0	21.98	中年期	CBR	煤炭	灵州煤炭集团
3001	格尔木市	县级市	9	8075	8.97	128328	50977.0	39.72	幼年期	CBR	化工	青海盐湖集团公司
3002	大通县	县城	42	8122	1.93	160496.8	10860.0	6.77	老年期	CBR	煤炭	大通矿务局
3003	花土沟镇	建制镇	2.3	5808	25.25	308651	303499.0	98.33	中年期	CB	油气	青海石油局
3004	芒崖镇	建制镇	0.6	3149	52.48	14201	8346.0	58.77	中年期	CB	非金属	芒崖石棉矿
3005	锡铁山镇	建制镇	0.4	1721	43.03	36532	32432.0	88.78	中年期	CB	有色	锡铁山铅锌矿务局
3006	冷湖镇	建制镇	2.4	285	1.19	3730	1372.0	36.78	中年期	B	非金属	冷湖盐业公司
3007	大柴旦镇	建制镇	1	1504	15.04	25791	13040.0	50.56	幼年期	CB	综合	滩间山金矿
3008	桥头镇	建制镇	6	1157	1.93	24589	1170.0	4.76	老年期	L	煤炭	大通矿务局
3101	乌鲁木齐市	地级市	143.22	25543	1.78	2319720	53583.0	2.31	中年期	CR	煤炭	新疆新兴石油公司
3103	哈密市	县级市	36.5	13264	3.63	365751	52127.6	14.25	幼年期	CBR	综合	土哈油田、新疆钢铁公司雅满苏矿、哈密矿务局
3104	阿勒泰市	县级市	21.5	1161	0.54	97989	2071.8	2.11	幼年期	X	黄金	市富荣金矿公司
3105	库尔勒市	县级市	34.4	3063	0.89	743754	6130.0	0.82	幼年期	C	油气	塔里木石油指挥部巴州煤矿
3106	克拉玛依市	地级市	26.86	1926	0.72	1019903	685295.2	67.19	中年期	CB	油气	克拉玛依油田
3107	水磨沟区	县级	11.63	8129	6.99	140000	20249.2	14.46	中年期	CBR	煤炭	乌鲁木齐矿务局六道湾煤矿苇湖梁煤矿
3108	南山矿区	县级	1.84	2776	15.09	15700	10500.7	66.88	中年期	CB	煤炭	新疆艾维尔沟煤矿
3109	东山区	县级	9.11	5026	5.52	120000	9634.9	8.03	中年期	CB	煤炭	乌鲁木齐矿务局小红沟煤矿
3110	轮台县	县城	8.6	1523	1.77	35136	5017.2	14.28	中年期	CB	煤炭	农二师30团煤矿轮台县盐厂
3111	拜城县	县城	19.3	3988	2.07	51712.8	7671.6	14.83	中年期	CB	煤炭	拜城县铁热克煤业公司
3112	鄯善县	县城	20.2	2175	1.08	392441	15308.2	3.90	幼年期	C	综合	鄯善金矿
3113	伊宁县	县城	38	3294	0.87	114369	18847.8	16.48	中年期	CB	黄金	新疆阿希金矿
3114	察布查尔县	县城	15.8	1246	0.79	44000	4049.9	9.20	中年期	B	煤炭	县供销社煤矿
3115	霍城县	县城	33.8	1957	0.58	101687	6068.0	5.97	中年期	CB	煤炭	县三道河乡煤矿
3116	巩留县	县城	15.2	1047	0.69	41334	2177.8	5.27	中年期	B	有色	农四师南岗水泥厂石灰石矿
3117	尼勒克县	县城	14.7	1228	0.84	35188	3462.4	9.84	中年期	B	煤炭	农四师71团焦化厂二矿
3119	富蕴县	县城	8.2	4224	5.15	48990.4	16022.3	32.70	老年期	CB	黄金	可可托海稀有金属矿、喀拉通克铜镍矿
3120	哈巴河县	县城	7.5	524	0.70	25051	3041.0	12.14	幼年期	B	黄金	新疆哈巴河进鑫金矿
3121	托里县	县城	8.2	3509	4.28	25821.2	10664.8	41.30	中年期	CB	非金属	塔城地区铁厂沟煤矿新疆克拉玛依金矿
3122	和布克赛尔	县城	5.1	5319	10.43	25824	14444.4	55.93	中年期	CB	煤炭	县宏达盐业公司,兵团膨润土矿、煤矿
3123	若羌县	县城	2.9	1819	6.27	18020	13803.4	76.60	中年期	CB	非金属	新疆巴州石棉矿
3124	和田市、县	县级市	25.1	1116	0.44	42039	3269.0	7.78	中年期	B	煤炭	布亚露天煤矿

表 2　　**各省、市、区矿业城市(镇)分类统计表**

编号	省、区、市	合计	行政级别						发展阶段			主要矿业类型							
			地级市	地级	县级市	县级	县城	建制镇	幼年期	中年期	老年期	煤炭	油气	化工	冶金	黄金	有色	建材	综合
1	北京市	3		2			1			2	1	1			1			1	
2	天津市	1		1						1			1						
3	河北省	33	5		5	2	21		2	23	8	8	1	1	8	9	1	4	1
4	山西省	25	6		7	1	11		6	17	2	17			1	1	5	1	
5	内蒙古	12	2	2	1	3	2	2	5	6	1	9	1		2				
6	辽宁省	15	6		6	1	2		1	9	5	5	1	2	2	1	1	3	
7	吉林省	14	3		6		1	4	3	11		2	1			1	3	5	2
8	黑龙江	8	5		1		2		1	4	3	4	1			1	1	1	
10	江苏省	7	1		3	2	1		2	5		1	1	1	1		1	2	
11	浙江省	7					2	5	1	6				1			3	3	
12	安徽省	12	6				6		1	11		5		1	2		3	1	
13	福建省	19	2		7		10		10	8	1	3				2	2	2	10
14	江西省	20	4		7		8	1	2	13	5	3		1	1		11	3	1
15	山东省	16	6		9		1		3	12	1	9	1	1	1	2		2	
16	河南省	30	7		9	4	10		5	22	3	19	2	1	1	2	3	1	1
17	湖北省	17	3		3	1	3	7		15	2	2		5	3	2	4	1	
18	湖南省	18	2		6	1	9		2	14	2	7		1	1		8	1	
19	广东省	7	3		1		3		1	5	1		1	1	2	1	1		1
20	广西区	20	3		5		12		9	9	2	3		1	2	4	5	4	1
21	海南省	2			1		1		1	1			1		1				
22	重庆市	10		2	2		6		2	5	3	5		2	1		1	1	
23	四川省	20	3	1	1	1	13	1	2	15	3	2	1	3	2		7	4	1
24	贵州省	26	2		5	5	14		2	23	1	15		3	1	1	4		2
25	云南省	13			2	1	3	7	1	8	4	3		2			8		
26	西藏区	3					2	1	1	2			1		1	1			
27	陕西省	22	3		2		15	2	10	11	1	9	5			4	3		1
28	甘肃省	10	3		2	1	4		1	7	2	2	2		1	1	4		
29	宁夏区	6	1		2		3		1	5		2	1		1			2	
30	青海省	8			1		1	6	2	4	2	2	1	1			1	2	1
31	新疆区	22	2		4	3	13		5	16	1	11	2			4	1	2	2
	总计	426	78	8	98	26	180	36	82	290	54	149	25	28	38	37	81	54	14

(胡　魁)

【2001 年中国矿业城市发展论坛】　2001 年 10 月 12 日至 14 日在安徽省淮南市举行。全国 50 多个矿业城市、国家有关部委、科研院所的两百多名代表参加，共同探讨中国矿业城市可持续发展的道路。

论坛由中国矿业联合会、中国城市发展研究会和淮南市人民政府共同主办，淮南市人民政府承办。论坛主题是中国矿业城市可持续发展，内容包括：21 世纪头 10 年矿业城市面临的形势；矿业城市经济结构调整；建设生态矿业城市；矿业城市与西部大开发；矿业城市规划及可持续发展；老年型矿业城市发展战略及政策扶持；矿山地质环境保护；新型矿业城市模式；加入 WTO 对矿业城市的影响与对策等。

矿业城市占中国已有城市总数的 1/5 左右，为国家建设作出了巨大的贡献，但当国家突破了资源短缺的瓶颈、进入社会主义市场经济轨道之后，矿业城市普遍表现为产业结构失衡、后备资源不足、企业包揽行政、环境恶化，甚至“矿衰城竭”。“2001 年中国矿业城市发展论坛”就是在这种背景下，选定在大型煤炭城市淮南市举办的。论坛通过主题论坛、专题论坛等形式，为嘉宾提供深入探讨的机会。有关专家一致认为，为保障国家经济的长远、健康发展，解决矿业城市可持续发展问题刻不容缓，应引起社会各界的广泛关注。

大庆、玉门、铜陵、枣庄、淮北等 44 座矿业城市的代表联合签署了“中国矿业城市 21 世纪宣言”，向全国 400 多个矿业城市发出倡议：“矿业城市要走可持续发展和环境保护之路，以科学、求实、奉献的精神把我们的城市建设成为山清水秀、自然和谐、文明富裕、生机盎然的美好家园。”

(中国矿业联合会)

矿业城市介绍(部分)

包头市

【概况】 包头市位于内蒙古自治区西部，地处渤海经济区与黄河上游资源富集区交汇处，北部与蒙古国接壤，南临黄河，东西接沃野千里的土默川平原和河套平原，阴山山脉横贯中部。面积为27691km^2。

包头市境内有阴山山脉的大青山、乌拉山(以昆都仑河为界)，山峰平均海拔2000 m，最高峰海拔2324 m。全市由中部山岳地带、山北高原草地和山南平原三部分组成，呈中间高，南北低，西高东低的地势。

经过40多年的建设，包头市已经形成了钢铁、稀土、有色金属、机械电力、纺织、重型汽车、电子、化工、轻工等门类比较齐全的工业体系。工业总产值及实现利税均占全自治区的1/4强，在内蒙古自治区国民经济和社会发展中具有举足轻重的地位。

包头市是内蒙古自治区最大的工业城市。位于富饶的黄河河套“金三角”地带，是中国重要的冶金、机械、化工、能源工业基地，世界著名的稀土之都。

包头的矿产资源具有种类多、储量大、品位高、分布集中、易于开采的特点，尤以金属矿产得天独厚，其中稀土矿不仅是包头的优势矿种，也是国家矿产资源的瑰宝。目前已发现矿物74种，矿产类型14个。主要金属矿有：铁、稀土、铌、钛、锰、金、铜等30个矿种，6个矿产类型。非金属矿有：石灰石、白云岩、脉石英、萤石、蛭石、石棉、云母、石墨、石膏、大理石、花岗石、方解石、珍珠岩、磷灰石、钾长石、珠宝石、紫水晶、芙蓉石、铜兰、膨润土、高岭土、增白粘土、砖瓦粘土等40个矿种。能源矿有：煤、油页岩等。

截至2001年底，包头市共有各类矿山企业177个，2001年矿业总产值120亿元，占本地区工业总产值的40%。

(张招斌)

【稀土钕铁硼生产企业在包头市建成投产】 2001年世界钕铁硼产量近2万 t，中国数百家企业年产钕铁硼8500 t。包头市具有稀土资源丰富及气候干旱、钕铁硼生产过程中不易被氧化等得天独厚的优势。2000年7月，浙江韵升集团投资6000万元，在包头市开工建设1.4万m^2、年产钕铁硼1000 t的厂房，现已正式投产。2001年，该集团又投资6000万元，再建设8000m^{2}厂房，钕铁硼生产规模扩大1000 t，2001年年底建成投产。三期工程将投资8000万元，建设1.35万m^{2}厂房，于2003年初开工建设，当年建成投产。到2003年底，该集团将年产钕铁硼3500 t，年产值达到4亿元，是中国最大的稀土钕铁硼生产企业。

(中国矿联信息中心)

【石拐区矿产资源管理】 石拐区位于包头市东北38 km处。区内矿产资源较为丰富，除富集长石、红陶土、膨润土等十几种矿石外，煤炭资源极其丰富，且煤种齐全，煤质良好，煤炭业一直作为石拐区的主体产业。几十年来，石拐区一直是包头市的重要煤炭基地，为包头市的经济建设做出了巨大贡献。

石拐区矿山企业以煤炭开采为主，且煤炭业一直作为支柱产业。由于历史原因，乱采滥掘、超层越界，破坏资源的现象时有发生，加之辖区内除神华包头矿业公司为国有煤矿外，均为集体小煤矿，数量多，但规模较小，超层越界等行为不断发生。在市国土资源局(原地矿局)的指导下，成立了矿业秩序整顿领导小组，积极稳妥地开展煤矿整顿工作，对135个煤矿进行了全面系统的拉网式检查，关闭了72个不符合开采要求，资源纠纷严重的煤矿。2001年，根据国务院文件精神，成立了煤炭专项整治领导小组，逐矿进行详细检查，只保留27家采区范围开采条件好符合生产条件的矿井，是1998年底煤矿数量的20%，煤炭产量由120万 t减少为100万 t，产量仅下降16.7%，有效地保障了矿产资源集约化开发。

(石拐区矿管局)

大庆市

【概况】 大庆市位于黑龙江省西部，松辽盆地中央坳陷区北部。市区地理位置北纬45°46'～46°55'，东经124°19'～125°12'之间，东与绥化地区相连，南与吉林省隔江(松花江)相望，西部、北部与齐齐哈尔市接壤。滨洲铁路从市中心穿过，东南距哈尔滨市159 km，西北距齐齐哈尔市139 km。全市总面积21219 km^2，其中市区面积5107 km^2，人口243万。大庆是一个新兴的工业城市，是中国最大的石油、石化基地，在全国国内生产总值超百亿元的城市评比中，大庆排名第10位；人均国内生产总值名列全国第一；在全国城市综合经济实力50强评比中排名第18位。

大庆油田是世界上累计产油超过10亿 t的11个特大油田之一。1995年生产原油5600万 t，已保持原油稳产5000万 t以上22年。石化工业全市现有大庆石油化工总厂、林源炼油厂、黑龙江石油化工有限责任公司、大庆炼化公司、大庆联谊石化股份有限公司等几个大、中型石化企业，原油加工能力已达到1500万 t。生产的石化产品共有165种，主要有汽油、煤油、柴油、润滑油、合成氨、尿素、腈纶丝、丙烯腈、乙烯、塑料等。48万 t乙烯改扩建工程已经建成投产。

大庆的石油勘探范围，包括黑龙江省全部和内蒙古自治区呼伦贝尔盟共72万km^2的广大地区，占据中国陆地面积的1/13。其中松辽盆地面积26万km^2，纵跨黑龙江、吉林、辽宁三省，在黑龙江境内约占12万km^2。在地质历史上，这里曾是一个大型内陆湖盆，中生代侏罗纪和白垩纪时期，沉积了丰富的生油物质。盆地中心的沉积岩厚度达7000～9000多米。据"大庆市志"记载，在这个地区，科学预测，至少蕴藏着100～150亿t石油储量，可供开采的石油储量为80～100亿t；天然气总储量为8580～42900亿m^3。大庆油田自1960年开发至2000年，探明含油面积3989.9 km^2，石油地质储量55.09亿t，控制天然气含伴生气储量2703.05亿m^3。（中国矿业年鉴编辑部）

阜新市

【概况】 阜新市是因煤而立，由煤而兴的资源型城市，煤炭资源开发历史悠久。全市人口193.37万，面积为10355 km^2，下辖两县五区，即阜新蒙古族自治县、彰武县、清河门区、海州区、太平区、细河区和新邱区。

阜新的矿产资源比较丰富，已发现矿种43种，有矿产地240余处，以煤炭和黄金资源著称，另有硅砂、玛瑙石、麦饭石、膨润土、石灰石、沸石、珍珠石、草炭等20多种非金属矿产，铁、铅、锌、银、铜等金属矿产也比较丰富，尤其是煤炭、黄金、玛瑙、麦饭石资源的开发、利用和加工在国际、国内市场都有一定的影响。

阜新有全国特大型煤炭生产企业阜新矿务局，现保有煤炭地质储量9亿t，年产近800万t；有全国乃至亚洲著称的坑口火力发电厂阜新发电厂、全国大型现代化黄金生产矿山排山楼金矿、大型玛瑙玉石生产加工地阜新蒙古族自治县十家子玛瑙玉石市场；近年来，阜新的煤层气、地热的勘探开发也有了长足的发展，对拉动阜新经济发展，促进城市经济转型起到了积极的作用。（中国矿业年鉴编辑部）

本溪市

【概况】 本溪市是一座山水工业城，地处辽东半岛中部城市群，1993年本溪被国务院批准为全国较大的市。本溪是中国的工业重地，素有"煤铁之城"、"工业粮仓"之誉。改革开放以来，本溪的工业得到长足的发展，形成了钢铁、机械、化工、电子、纺织、轻工等门类齐全的工业互联体系。

本溪矿产资源得天独厚，被誉为"山上摇钱树，地下聚宝盆"。截至2001年已探明地下矿产资源近50种，铁、煤、石灰石、耐火粘土等储量大，开采价值极高。

（中国矿业年鉴编辑部）

鞍山市

【概况】 鞍山素以中国"钢都"闻名海内外，地处美丽富饶的辽东半岛中部。现辖海城市、台安县、岫岩满族自治县和铁东区、铁西区、立山区、千山区。全市总面积9252km^2，总人口339.2万人。1988年，鞍山被国务院正式批准为辽东半岛对外开放城市；1992年被确定为全国18个综合配套改革试点城市之一；1995年被确定为全国50个优化资本结构试点城市之一。改革开放以后，鞍山经济得到了迅速发展，国民生产总值年平均增长8.38%，年生产总值超过400亿元。

鞍山矿产资源非常丰富。已探明有35种矿产资源。其中铁矿储量达100亿t，占全国储量的1/4；菱镁矿储量23亿t，占世界储量的1/4；玉石和滑石矿储量居全国之首。鞍山的地热和矿泉资源也十分丰富。

依据矿产资源的优势，鞍山经过50年的建设，已由一个冶金工业城市发展成为工业基础雄厚，商业金融发达，基础设施完备，旅游富有特色的现代化城市。目前，鞍山在热能、焦化耐火、静电、矿山开采、钢铁冶炼等方面的技术处于全国领先地位。

（中国矿业年鉴编辑部）

邯郸市

【概况】 邯郸市位于河北省南部，西依太行山，东临华北平原，北距省会石家庄150 km，距北京450 km。总面积1.2万km^2，其中市区面积457 km^2。

邯郸地理位置优越，交通便利。境内铁路、高速公路、国道和各等级公路纵横交错，形成了发达的交通网络，是连接晋冀鲁豫四省的交通枢纽。

邯郸市地势西高东低，是太行山隆起与华北平原沉降区之间的过渡带。大致以京广铁路为界，东部地区为山前洪积冲积平原，地势开阔平坦；西部为侵蚀剥蚀地形，山脉、丘陵、盆地相间，河谷辗转穿越，地表差异很大。

邯郸矿业开发历史久远，当地的矿产资源蕴藏极其丰富。金属和非金属矿产达40多种，已探明储量的有29种，已开发利用的有13种，主要矿产有煤矿、铁矿、水泥用灰岩、铝土矿、粘土矿等，其中煤和铁矿储量相当丰富，是全国著名的焦动力煤和铁矿石产区之一。至2001年底，本市共有各类矿山企业1232个，矿业总产值为26.97亿元。（中国矿业年鉴编辑部）

大同市

【概况】 大同市是国家首批公布的24个历史文化名城之一，同时也是中国著名的矿业城市。大同市位于山西省最北端，地处黄土高原东北边缘，为三晋北方之门户、首都北京之屏障。

大同市地处晋、冀、蒙交界之处，区位条件优越，矿产资源丰富，是闻名全国的“煤都”，已探明的煤炭总储量达376.9亿t，储量大、质量好、热值高，是中国重要的优质动力煤生产基地。除此外，全市探明的其他矿产资源尚有40余种，已开发利用的有27种，煤炭、石灰石、膨润土、沸石、花岗岩、石墨、铁、铜、锌等均为优势资源。截至2001年底，全市已有各类矿山企业678个，矿业从业人数26万余人。2000年全市矿业总产值98.73亿元，占本地区工业总产值的61.78%。

（中国矿业年鉴编辑部）

【大同市生产水煤浆作为煤炭替代产业】 山西大同将生产水煤浆作为煤炭替代产业。目前一条年产30万t的生产线已建成投产，并以每小时20 t的产量直接运往北京，2001年将达到年产80万t规模。水煤浆是一种清洁的代油、环保流体燃料，由70%的干煤、29%的水和1%的化学添加剂构成，可直接用于工业锅炉、电站锅炉、工业窑炉和民用锅炉。水煤浆的燃烧率可以达到99%，对大气的污染极小。它的价格大大低于液化气、天然气、城市煤气和重油。

水煤浆作为中国代油燃料，经过近20年的技术开发研究和实践，已进入工业化示范应用阶段，具备产业化条件。水煤浆代油不仅可获得可观的经济效益，而且符合国家能源政策，对中国煤炭产品的升级、调整煤炭产品结构、保障能源安全意义重大。

山西是中国煤炭工业重要基地，煤炭探明储量占全国总量的1/3，煤炭调出量占全国省际调出量的80%。多年来，由于产业结构的严重失衡，山西省经济一直在低效益、高污染的状态中徘徊。大同市情况更为严重。

大同市把水煤浆作为改变原煤能源输出模式，提升产品档次，摆脱困境的省级潜力产品起步项目。大同煤炭资源丰富，成本优势明显，煤种特别适合生产水煤浆，原煤直接制浆在国内独一无二；动力煤制浆节约稀缺焦煤资源。这里交通方便，有中国第一条重轨运煤专线铁路，北京—大同的高速公路也即将开通。另外，大同与北京800多m的落差，也便于修建输浆管道。

水煤浆的潜在市场广阔，2000年全国消费重油约3000万t，按2 t水煤浆替代1 t重油计算，市场对水煤浆的年需求量约为6000万t，前景十分看好。

据初步调查，仅京、津、唐地区的石化、电力企业改用水煤浆后，年需水煤浆600万t以上。大同市水煤浆已成功地打入北京市场，2000年8月与燕山石化签订了2001年下半年供应30万t水煤浆合同。

（中国矿联信息中心）

平顶山市

【概况】 平顶山市被誉为“中原煤仓”的太阳城，是一个新兴的工业城市。平顶山因为是战国时期应（通“鹰”）国故地而称为“鹰城”。经过40余年的开发建设，平顶山已成为以能源、原材料工业为主体，煤炭、电力、钢铁、纺织、化工等工业综合发展的新兴工业城市。

1.*地理位置*：平顶山市位于河南省中南部，全境西高东低，呈阶梯状递降，海拔最高2153 m，最低68.5 m；东西长150 km，南北宽140 km。总面积7882 km^2，总人口470万。

2.*矿产资源*：平顶山市是国家能源原材料基地。原煤还能开采近200年，钠盐千年取之不尽，还有铁、铝矾土、石灰石、石墨、耐火粘土、黄金、硅石等等。现已探明的各类矿藏57种，其中原煤总储量103亿t，占全省总储量的51%，素有“中原煤仓”之称；钠盐储量2300亿t，是中国东部第二大井盐矿；铁总储量6.64亿t，占全省总储量的60.5%，是全国十大铁矿区之一；石膏储量3.16亿t，占全省总储量的77.3%；铝钒土、粘土、花岗岩、水泥灰岩、石灰石等几十种矿产资源品位高、储量大、易开采；水资源总量32亿m^3，人均水资源拥有量居全省前列。

平顶山市是河南省工业基地之一。平顶山煤业集团公司现有14对现代化矿井，年产原煤2000多万t，是全国第二大煤炭企业；舞阳钢铁公司是中国特宽、特厚钢板和特种钢材的生产、科研基地。

（中国矿业年鉴编辑部）

三门峡市

【概况】 三门峡市是1957年伴随着万里黄河第一坝的建设而崛起的一座新兴城市，辖三县两市一区，总面积10496 km^2，总人口219万。

三门峡市位于河南西部边缘的豫、陕、晋三省交界处，陇海铁路横贯东西，310和209两条国家公路干线纵横交汇，黄河水运直达潼关，洛阳至灵宝高速公路已经全线开通，县（市）区之间公路相通连接成网，通讯设施先进，联络便利。

三门峡市矿产资源极为丰富。已发现矿藏 57 种，占河南省的 60%；已探明有开采价值的 34 种，已开发利用的 27 种，其中黄(黄金)、白(铝)、黑(煤炭)是三大优势矿产资源。黄金储量、产量均居全国第二位，铝土矿、煤、锌、锑、硫铁矿、玻璃石英砂岩、铸型用砂、砷等 17 种矿为全省之冠；钼、铀、铅、银、磷、压电水晶、熔炼水晶、石墨等 9 种矿居全省第二位。这些矿藏不仅储量大、品位高、质量好，而且分布相对集中、覆盖浅、易开采，共生、伴生矿产多，利于综合开发利用，可谓河南省乃至全国重要的贵金属和能源开发基地。

(三门峡市黄金管理局)

【黄金工业】 三门峡市是全国第二大黄金生产基地，黄金资源丰富，其主要矿脉集中在小秦岭田区内，矿田面积约 500 km^2。

从 20 世纪 70 年代中期到 2001 年，20 多年来，三门峡市黄金工业由起步到发展，连续跨越了三个台阶。从 1975 年到 1989 年用 14 年时间，使黄金生产突破生产 10 万两；1989 年至 1993 年用了 4 年时间，突破了生产 20 万两；尔后又经过近 6 年奋斗，到 1999 年底突破了生产 30 万两大关；2001 年底突破年产 40 万两大关。黄金工业是三门峡市的支柱产业，十多年来，黄金工业的利润一直占全市地方工业总利润的 50%左右，连续 17 年排名全国产金市第二位，全省第一位，截至 2001 年底，累计生产黄金 140 余 t，为国家黄金储备和全市经济发展做出了突出贡献。

2001 年底，全市共有 46 个黄金矿山企业，其中直属国营企业 2 个，地方国营企业 16 个，乡镇企业 28 个。全市地方黄金企业总生产规模达到 5325 t/a，其中地方国营 3950 t/a，乡镇 1375 t/a，拥有固定资产6.3999亿元，职工人数 5290 人，年产金能力突破 40 万两。保有地质储量矿石量 600 万 t，金属量 42318 kg、品位 7.05g/t。

“十五”期间，小秦岭地区上部资源已进入尾声，但据地质院校、科研部门利用传统地质理论以及遥感地质、地球化学、数学地质等多种科学方法综合研究预测，该区存在着深部第二成矿带，远景储量在 1000 t 以上，只要加强地质探矿，三门峡市黄金工业具有良好的发展远景。

三门峡市已初步形成以黄金矿山、黄金冶炼厂、黄金设计院、黄金机械厂、黄金建筑安装公司、黄金工业学校为基础的黄金工业基地，具备从事科研、设计、施工、生产、加工、机械制造、安装、技术人员培训和职工培训等门类齐全的综合能力。

在黄金管理体制改革和黄金进入市场的新形势下，为适应管理工作的需要和促进小秦岭地区黄金企业的规模经营，联合发展，2001 年，三门峡市成立了由不同隶属关系的黄金企事业单位和武警部队组成的“三门峡市黄金协会”，在此基础上又成立了“三门峡市黄金协会技术服务中心”，组建三门峡黄金网站，在全国黄金行业管理体制改革中率先探索了管理模式的调整和转变。

(三门峡市黄金管理局)

朔州市

【概况】 朔州市是 1989 年 1 月经国务院批准设立的省辖地级市，位于山西省北部，大同盆地西南端，在东经 111°54′～113°35′、北纬 39°03′～40°31′之间，南邻忻州，北接大同，西北与内蒙交界。总面积 1.06 万 km^2，总人口 53.56 万。

朔州市是全国能源化工基地的重要组成部分，经济和社会发展条件良好，矿藏资源丰富，全市已探明的矿藏有 30 余种，主要有煤炭、石灰石、铝矾土、耐火粘土、云母、石墨、铁矿等，其中煤炭储量 400 多亿 t，占全省总储量的 20%多，煤系分布面积占全市总面积的 15.9%，埋藏浅，易开采，有 4 个县区是全国重点产煤县区；石灰石储量约 1600 亿 t，储量大，品位高；铝矾土储量 500 多万 t，这些都为朔州地方工业的发展提供了有利条件。

新中国成立后，特别是党的十一届三中全会以来，朔州的面貌发生了巨大变化。依据朔州得天独厚的资源优势，国家相继在这里进行了大规模的重点工程建设，已经建成的有平朔安太堡露天煤矿、神头一二电厂、神朔铁路和陕京天然气管道工程，正在建设的有引黄入晋工程、朔黄铁路、平朔第二露天煤矿。

(朔州市国土资源局矿管科)

铜川市

【概况】 铜川市是联系陕西关中与陕北地区的交通要塞。北依延安，南俯西安，与渭南、咸阳接壤。距西安 90 km，延安 250 km，北行 60 km 便到黄陵。西(安)—包(头)210 国道纵贯全市，西(安)—铜(川)高等级公路终止于市区，咸(阳)—铜(川)铁路与陇海铁路联通。对外通讯设施发达，可通过程控电话实现对国内各大中城市及世界发达国家长途电话全自动拨号。

铜川是一个新兴的工业城市，陕西的能源建材基地。工业以煤炭、建材、冶金、机械、陶瓷、纺织、化工为主。门类比较齐全，实力比较雄厚。其中煤炭、水泥、电解铝、陶瓷、耐火材料产品一直在陕西占领先地位。

铜川矿产资源丰富，已发现的矿产资源有 4 大类 20 种，建材工业的水泥配料黄土、耐火粘土居陕西省第一位，陶瓷粘土、铝土矿居第二位，水泥石灰岩居第三位；全市煤田面积522 km²，煤炭产量占全省总产量的1/3。目前已探明保有储量分别为原煤25.6亿t、油页岩4.7亿t、水泥石灰岩4.2亿t、耐火粘土3400万t、陶瓷粘土34.7万t。

（中国矿业年鉴编辑部）

铜陵市

【概况】 铜陵位于安徽省南部，北临长江，南望世界名山——黄山和佛教圣地——九华山，是皖南旅游风景区的西北大门。铜陵因铜而得名，是中华民族青铜文明的发祥地之一，铜的采冶历史源远流长。早在商周，就开始采矿冶铜，及至唐宋，已颇为兴盛。唐代大诗人李白因有感于当时壮观的冶铜场面，欣然命笔，写下了“炉火照天地，红星乱紫烟。赧郎明月夜，歌曲动寒川”的千古名句。由此可见，三千年延绵不息的炉火，不仅熔炼出一脉辉煌灿烂的铜文化，而且铸出了一座闻名中外的“中国古铜都”。

1956年，经国务院批准，铜陵正式建市，由省直辖。以后随政治、经济形势变化，行政区划曾多次更迭。现铜陵总面积1113 km²，总人口67.7万人。

（中国矿业年鉴编辑部）

连云港市

【概况】 连云港市现辖赣榆、东海、灌云、灌南四县和新浦、连云、海州三区，拥有一个国家级经济技术开发区和一个国家级风景名胜区，总面积7444 km²，人口465万，其中市区面积880 km²，人口70万。

连云港市矿产资源比较丰富，是江苏省三大矿业区域之一。目前已发现的矿种有40多种。其中埋藏条件好、储量丰富、符合工业要求、已进行开采的有磷矿、水晶、脉石英、蛇纹石、大理石、花岗岩、地下热水、矿泉水、玄武岩、石榴子石、蛭石、蓝晶石、建筑用黄砂等18种。埋藏条件好、储量丰富、通过地质工作和科技攻关后有开发前景的矿产有金红石、石榴红宝石、云母、榴辉岩、瓷石、天然玻璃砂、钾长石、红砂岩等。蛇纹石储量非常丰富，已探明储量9亿t，东海县每年供应上海宝钢蛇纹石矿30万t以上，已成为宝钢的原料基地。同时，连云港市东海县又是著名的水晶之乡，水晶年产量居全国之首。此外，亚洲第一深钻也座落在东海县，目前已进地2000余m，有许多重大地质矿产方面的发现，此处将成为中国乃至国际重要的地学科研基地和地学博物馆。

改革开放以来，连云港以其独特的区位优势和巨大的发展潜力受到了国家、省的高度重视和海内外各界人士的广泛关注，成为中国沿海首批对外开放城市和新亚欧大陆桥的东桥头堡。经过多年的开发建设，连云港市的经济社会得到了较快发展。进入新世纪的连云港已逐步呈现出特色海滨城市、现代港口城市、沿海开放城市、新兴工业城市和重点旅游城市的崭新面貌。现在的连云港，是全国49个重点旅游城市和46个重点环境保护城市之一，也是江苏省三大旅游区之一，传世名著《西游记》中的花果山风景区已成为国家4A级景区和全国文明风景旅游区示范点。

（中国矿业年鉴编辑部）

江阴市

【概况】 江阴市位于江苏省南部，长江三角洲太湖平原北端，北滨长江，南与无锡接壤。境内地势平坦，山丘弧耸，有“三十三座半”之说，高度一般在200 m以下，定山最高273.8 m。采矿业主要从事于开山采石，产品有建筑石子、石砂及石英石、白泥粉，除供市内需要外，销往上海和省内各地，被用户誉为“信得过”产品。采矿业有力地支撑了江阴社会经济的发展。

江阴市采矿历史较长，从1935年起，江阴境内就有矿业活动。进入20世纪80年代后采矿业高速发展，建筑石粉大规模开发。到1994年，全市共有采矿企业93家，年产石料2180万t，年利税1.1亿元，为历史最高纪录。

矿业发展为江阴市乡镇工业发展积累了原始资金，以采矿为母体经济，发展其他行业从而成为市、镇、村骨干企业的有：月城沿山的冶金企业，周庄倪家巷的毛纺行业，顾山古塘村高档建材行业，华士华明的电器行业，云亭百益采矿场的矿山机械行业，月城采矿二厂的自行车行业等。江阴石料质量较好，还用于长江大桥、锡澄高速、新长铁路等大型工程建设。废弃的碎石、砂材料为新型墙体材料提供约15%的原材料，少用了粘土，节约良田约500多亩。采矿企业现有47家，镇属12家、村级35家。采矿业还对改变农业经济结构，安置农村剩余劳动力，壮大集体经济作出了贡献。

（江阴市矿业协会）

【资源环境保护】 自1995年8月15日市人大常委会通过《关于控制开山采石，加强生态环境保护的决议》以来，按照市政府的统一部署，逐年关闭禁采区内采矿企业，对限采区、准采区内的采矿企业控制规模，限制产量。自1996年江阴市实施控制开山采石以来，全市共关停45家采矿企业，采矿企业已由1996年的92家减少到2001年底的47家。

对关停矿区复垦复绿。原华士向阳采矿厂经改造后,宕口已形成草坪、花木生产基地,现被列为江阴市旅游观光点;原云亭毗山采矿厂的宕口改造成鱼塘50余亩、农田70余亩,宕坡还种植了树木;原南闸花山、花果采矿厂使废弃宕坡成为社会福利事业用地150余亩,相间栽种了松柏。还有的镇、村企业都根据自己的不同情况,因地制宜地对关停的采石场种植竹、茶、果树等经济作物。

对于复垦复绿难度较大的宕坡,选择了高速公路沿线的已关停的云停花山采矿厂开展复绿试点工程,实施爆破降坡后复土造绿。云亭轧石厂、定山采矿厂已停止了山体开采,转入环境修复性整治。地处江阴与常熟、锡山交界的顾山,三地争夺资源矛盾突出的问题得到解决,对残留山体设置界桩,划定保护区,禁止开采。

8000多亩废弃宕场正逐步得到利用,通过"修复式开采"、"造景式开采"等方式,使其能绿则绿,也可投资建厂搞其他建设,发挥多方面利用价值。

(江阴市矿业协会)

【矿产资源管理秩序整顿】 2001年开展矿产资源管理秩序的治理整顿,对照标准,全面实施,量化考核,逐项落实,有效实施资源的合理利用和环境保护的双重管理。建立健全监督检查网络,把矿管秩序动态化置于有效控制之下,发现问题及时解决,切实整改,坚决制止无证开采、乱采滥挖、越界越层等非法行为。2001年以来,全市共协调矿界矛盾8起,设置矿界桩86个,发出整改通知书12份,停产整顿企业9家,矿产资源管理秩序趋向良好。 (江阴市矿业协会)

【产业结构调整】 根据市府控制开山采石所规定的目标任务,江阴市近年来每年都要关停部分企业。企业关停后的机制转换,人员分流等一系列问题,做到及早安排。近几年来,江阴市鼓励集体、私企和外商投入资金达1000多万元,已平整废弃宕口近千亩,新办各类企业13家,总投资2.6亿元。如周庄倪家巷改造废弃的宕场350亩,用以扩建毛纺厂区等工程建设项目;已关停4年的顾山采矿区现已与日商签订合同,利用废弃宕口投资近亿元的旅游一次性拖鞋项目;周庄山泉、龙山采矿厂关停后,废弃宕场规划为私营工业园区。经过产业结构调整,培育了新的经济增长点,创造了新的发展机会和就业机会,为关停企业转制走出了一条新路。 (江阴市矿业协会)

大冶市

【概况】 1.地理位置。大冶市位于湖北省东南部,长江中游南岸,地处武汉、鄂州、黄石、九江城市带之间和湖北"冶金走廊"腹地,西北与鄂州市为邻,东北与蕲春、浠水县隔江相对,西南与武汉市、咸宁市毗邻,东南与阳新县接壤。距省会武汉仅90 km,全市总面积1566.3km²。

大冶市地处幕阜山脉北侧的边缘丘陵地带,地形分布为南山北丘东西湖,南高北低东西平,一般海拔高度为120~200 m,最高点海拔840 m,最低点海拔11 m。主要山脉有大同山、天台山、龙角山、云台山、茗山、黄荆山等。

2.历史沿革。大冶历史悠久,殷商小乙时期,人类的祖先在这里掘井取矿,点燃了炉冶之火。唐天佑二年(公元905年),武昌节度使秦裴置大型冶炼机构青山场院。宋乾德五年(公元967年),南唐升青山场院,并划武昌三乡与之合并建县,取"大兴炉冶"之意,定名为大冶县。千余年来,县地隶属之变化,行政区划之变更,区域之扩大与缩小,十分频繁,而县名始终未变。1994年2月18日,国务院批准撤销大冶县,设立大冶市,1995年1月1日,大冶市举行建市庆典。

3.矿业生产发展状况。大冶矿藏资源丰富,得天独厚,素以"百里黄金地,江南聚宝盆"著称于世。境内已发现和探明的大小矿床273处,其中大型矿床30多处。计入省储委的金属矿有铜、铁、锰、金、银、钨、钴、钼、铅、锌、镍等17种,非金属矿有硫、煤、大理石、硅灰石、石膏、白云石、富碱玻璃矿等25种。其中,铁矿石储量3.5亿t,是全国11个重点铁矿石生产县(市)之一;铜铁矿260万t,名列全国6大铜矿石生产基地之一;黄金122 t,白银750 t,储量居全省之冠;煤炭1.32亿t,跻身全国重点煤炭生产县(市)之列;硅灰石1400万t,储量世界第二。大冶矿产资源的特色是种类多、品位高、储量大,开采前景十分广阔,引来中外企业竞相投资。在资源优势得以发挥的基础上,大冶形成了以冶金、机械、建材、煤炭四大行业为主,以化工、轻纺、电力、食品、饲料等行业为辅的工业体系,许多工业产品形成了拳头产品,铁矿石、水泥、煤炭年生产能力分别达到百万t。 (中国矿业年鉴编辑部)

攀枝花市

【概况】 "中国钒都"攀枝花市是全国惟一以花命名的城市,攀枝花钢铁(集团)公司也是全国甚至是全世界惟一以花命名的特大型钢铁公司。攀钢位于四川省西南部、川滇交界处的金沙江与雅砻江汇合处,成昆铁路贯穿攀枝花全境,北距四川省省会成都749 km,南距云南省省会昆明351 km。攀钢所处的位置正好是世界著名的攀西大裂谷地区,有着让人叹为观止的丰富矿产,被称为“难得的聚宝盆”。

这里已探明储量的矿产资源就有近50种,已开发利用的有40多种。钒钛磁铁矿储量达100亿t,是中国第二大铁矿区。攀枝花钒钛磁铁矿中还伴生有钒、钛、镓、钪、钴等20多种稀贵金属元素。攀西地区钒资源(以五氧化二钒计)占全国资源量的62.6%以上,占世界资源量的11.6%以上。

攀枝花钢铁(集团)公司是依靠中国自己的力量建设起来的特大型钢铁联合企业,其独特的设计工艺闻名于世,被誉为“中国钢铁工业的骄傲、金沙江畔的明珠”。投产30多年来,不但成为中国著名的十大钢铁基地之一,而且因其钒制品生产的规模、品种和质量,已经成为全球第三大钒制品生产基地。

(中国矿业年鉴编辑部)

【钒制品生产】 钒(V)是一种神奇的金属,呈银灰色。世界上85%~90%的钒主要用于钢铁添加剂,以钒铁等合金形式加入钢中,生产高强度低合金钢、高速钢、不锈钢及永久磁铁等。含钒钢具有强度大和韧性、耐磨性、耐腐蚀性好等优点,广泛用于机器制造、汽车、航空航天、铁路、桥梁等,也广泛地应用到了化工、电子工业、农业等领域。在钢中加入钒,可显著改善钢的性能。实践表明,在结构钢中加入0.1%的钒,可提高强度10%~20%,减轻结构重量15%~25%,降低成本8%~10%。若采用含钒高强度钢时,可减轻金属结构重量40%~50%,比普通结构钢的成本低15%~30%。

(中国矿业年鉴编辑部)

【钒制品出口】 全球钒矿和钒制品的主要产地是南非、中国、俄罗斯、美国、澳大利亚、新西兰和日本等7国。其中,从20世纪80年代以来,南非、俄罗斯、中国一直是三大产钒国。70年代以前,中国的钒需要进口,现在,中国已成为钒制品出口大国。这是一个巨大的变化。中国钒工业的崛起,主要是攀枝花钒钛磁铁矿的开发利用。攀钢拥有的大量钒制品生产专有技术,处于世界领先水平。攀钢已形成年产钒渣15万t、五氧化二钒3200t、三氧化二钒3350t、高钒铁7200t,氮化钒已具工业化规模生产能力。钒制品已占全国钒市场的74%,占世界钒市场的18%。随着1972年攀钢雾化提钒投产,(从1980年开始)中国已有由一个钒的进口国变成钒的出口大国。 (中国矿业年鉴编辑部)

个旧市

【概况】 个旧市属红河哈尼族彝族自治州下辖县级市,位于云南省南部,市域总面积1587 km^2,全市有13个乡镇,总人口38.5万人。

个旧市的矿产资源极为丰富,是国内外有名的锡都。至今已发现矿产30余种,探明储量的矿产26种,其中锡探明储量230万t,年产量4.5万t,占全国首位,保有储量80万t,占全国第二位。此外,铜、铅、银、钨的储量达大型以上规模;霞石矿探明储量1亿t,远景储量20亿t;石膏、石灰石、白云石矿储量也达大型以上规模。

个旧市矿业开发历史悠久,是中国重要的有色金属生产基地,2001年全市主要矿产品产量为锡4.6万t,铅7.2万t,锌1.2万t,铜精矿含铜1.5万t,银30t;水泥20万t,砂、石200万t,石膏2.8万t,长石及高岭土1.5万t、红砖1.2亿块。2001年全市工业总产值45亿元,以有色金属为主的矿业产值达35亿元,占78%,矿业已成为全市的龙头产业。改革开放以来,个旧的有色金属工业取得了长足的发展,锡、铜、银产量连年增长,一直保持历史最好水平。然而由于历史和体制的原因,个旧矿区内形成了中央(省属)企业、地方国有企业和集体、民营企业多种采矿主体共同存在的局面,部分国有矿山企业矿区范围严重重叠交叉,资源纠纷此起彼伏,重复投资严重,安全隐患突出。多年来地方政府及矿管部门集中精力,下大力气做了大量艰苦卓绝的工作,特别是最近两年,市政府按部、厅布署加大矿山秩序的整顿力度,使矿产资源管理秩序基本实现全面好转,为云锡公司全面完成国家任务做好企业改革创造了有利条件。在部、省指导下,2001年在推进国企改革、重新整合矿区资产方面又取得了历史性的重大进展,个旧市属的8户国有企业(6矿2厂)成建制划转云南锡业公司,这将为巩固良好的矿产资源管理秩序,实现资源优化配置,为培育和规范矿业权市场创造了极为有利的条件。 (中国矿业年鉴编辑部)

白银市

【概况】 白银市是甘肃省省辖市,位于黄河上游、甘肃省中部,现辖白银区、平川区、靖远县、景泰县、会宁县。全市总面积2.12万 km^2,市区面积为50.5 km^2,全市总人口45.1万人。白银市又称“铜城”,是一座新兴的工业城市。与甘肃省的省会兰州相毗邻。境内矿产资源丰富,种类多,储量大,已探明的有铜、铁、铅、锌、金、银、锡、石英石、长石、石灰石、石膏等30余种。明朝初期,很多人在此开采金银、有“日出斗金”之说,当时官方就设有办矿机构——白银厂。新中国成立后,自第一个五年计划以来,国家先后建成了白银有色金属公司、银光化学工业公司、甘肃稀土公司、靖远矿务局、靖远电厂、长通电缆厂等一批中央、省、市属企业,形成了以有色金属为主，产业门类比较齐全的新兴工业城市，素以“铜城”闻名遐迩。白银市是全国最大的有色金属工业基地和甘肃省重要能源化工基地。

（中国矿业年鉴编辑部）

金昌市

【概况】 金昌市位于河西走廊东部，祁连山北麓，东连银武威，西邻金张掖，南托古长城，与甘肃南裕固族自治县和青海省门源回族自治县毗邻，北同内蒙古自治区阿拉善右旗接壤。

金昌历史悠久。早在4000多年前的原始氏族社会，就有人类在此繁衍生息。商周时期，为西戎牧地。春秋战国至秦，月氏驻牧于此。汉初，属匈奴休屠王辖地，自西汉武帝置县，到元初的千余年间，曾设弯鸟、番和、细靴、显美、番禾、焉支等郡、县。元置永昌路，明置永昌卫，清改为永昌县，沿用至今。1936年11月，中国工农红军西路军进驻永昌，曾建立了中华苏维埃永昌区（县）政府。

1958年10月，永昌县白家咀发现大型硫化铜镍矿。随着镍矿的开发，昔日黄羊出没、人迹罕至的荒漠戈壁上建起了一座新兴的工业城镇——金川。1981年2月9日，国务院批准设立金昌市，将武威地区所辖永昌县划归金昌市，市人民政府驻金川区。

金川镍矿是世界著名的多金属共生大型硫化铜镍矿之一，在世界同类矿床中仅次于加拿大萨德伯里矿，居第二位。镍储量达553万t，铜的储量仅次于江西德兴，钴的储量仅次于四川的攀枝花，与镍铜伴生的铂、钯、锇、铱、钌、铑等稀贵金属储量居全国之首。镍产量占全国的88%，铂族金属产量占全国的90%以上，被誉为祖国的“镍都”。

金昌地处两个地质构造单元，以龙首山南侧深大断裂为界，北部为阿拉善台块，南部为祁连山褶皱带。经过复杂的地质演变，生成了丰富的矿产资源。现已探明的矿藏有镍、铜、钴、金、银、铂、钯、锇、铱、钌、锗、硒、铬、硫、铁、煤、石灰石、膨润土、硅石、陶瓷粘土、白云岩、花岗岩、萤石、玉髓玛瑙、水晶石等40余种。发现矿产地94处，其中大型矿床14处，中型矿床7处，小型矿床23处。

（中国矿业年鉴编辑部）

克拉玛依市

【概况】 克拉玛依市位于准噶尔盆地西北缘，加依尔山南麓，东北与和布克赛尔蒙古自治县相邻；东南与沙湾县相接；西部与托里县和乌苏县毗连。

1．建制沿革。“克拉玛依”维吾尔语为“黑油”，得名于市区东北部的天然沥青丘—黑油山。1956年克拉玛依油田进入大规模开发建设后，随着石油生产的迅速发展和人口的不断增加，使一个新兴的石油工业城市初具规模。1957年1月24日，新疆维吾尔自治区人民委员会第14次会议决定设立克拉玛依市；1958年5月29日，国务院批准克拉玛依设立县级市；同年7月25日，克拉玛依市召开第一届人民代表大会，成立市人民政府，正式宣告克拉玛依市的诞生。1982年2月16日，自治区人民政府批准克拉玛依市升格为设区的地级市；1984年8月17日，又改为自治区直辖的不设区的县级市，下辖街道办事处和乡、镇。1990年1月8日，自治区恢复克拉玛依市为区辖地级市。克拉玛依区是克拉玛依市和新疆石油管理局政治、经济、文化和商业中心。

2．矿产资源。石油和天然气是克拉玛依的主要矿产资源。克拉玛依的石油和天然气储量大、油层浅、质地优良。油气田分布横向连片、纵向叠合，由多种油气层系和油气藏类型组成，便于开采、加工、运输和使用，被誉为“黑色的金子”。1983年，在市辖白碱滩、红山嘴、风城地区又发现油层埋藏浅、物性好、储量丰富的重油，成为中国少见的宝贵资源。此外，还有天然沥青、煤、石膏、石灰石、芒硝、盐、石棉、水晶、耐火材料以及烧制砖瓦和超轻陶粒的黄土、砂石等建筑材料。

（中国矿业年鉴编辑部）

【石油工业】 石油是克拉玛依的支柱产业，并在自治区经济发展中占有举足轻重的地位，油田勘探开发40多年来，原油产量连上新台阶，石油生产已建成克拉玛依和独山子等4个主要石油生产基地，是一个拥有地质勘探、油田开发、油气集输、炼油化工、产品销售、油田建设、科研设计、机修制造以及生产服务等门类齐全的特大型石油联合企业。（中国矿业年鉴编辑部）

格尔木市

【概况】 格尔木市1954年建政，1980年撤县设市。1992年设立省计划单列市。格尔木地处青藏高原腹地，市区位于柴达木盆地中南部，海拔2780 m。辖区总面积13.54万km^2，人口9万。

格尔木地处素有“聚宝盆”之称的柴达木盆地，矿产资源极为富集。现已探明各种盐类、石油天然气、有色金属和非金属资源矿种50余种，有30余种储量居全国前10位，其中钾、钠、锂、镁四种矿产资源储量居全国之首。主要矿产资源潜在经济价值约15.34万亿元，占青海省矿产潜在经济价值总量的90.78%，人均占有潜在价值居全国各县市之冠。其中氯化钾保有储量4.4

亿 t，占全国总储量的 97%；氯化钠保有储量 3263 亿 t，占全国总储量的 81%；钾矿保有储量 1392 万 t，占全国总储量的 83%：氯化镁保有储量 31 亿 t，占全国总储量的 99.7%。已探明石油地质储量 2 亿多 t，天然气储量 1500 亿 m^3。天然气储量占全国已探明储量的第四位。格尔木的锑、铁、黄金、宝玉石等金属、非金属资源的储量也十分丰富。

2001 年青海钾肥一期工程，格尔木炼油厂、格尔木钾镁厂等一批国家和地方重点项目已建成投产，形成年产氯化钾 40 多万 t、原盐 100 多万 t、加工原油 100 万 t 的能力。一批以盐湖、石油天然气为依托的现代化大中型项目正在进行前期工作。

柴达木盆地素有“聚宝盆”之称。格尔木昆仑经济开发区是聚宝盆中一颗璀灿的明珠。资源丰富，尤以盐湖资源和石油天然气资源为最。在格尔木丰富的自然资源中，盐湖资源和石油天然气资源最具有优势。位于市北部 60 km 的察尔汗盐湖，是中国最大的钾镁盐矿床。该矿床东西长 128 km，南北宽 20 ~ 40 km。各种盐总储量超过 600 亿 t。其中，钾盐总储量 5.4 亿 t，镁盐 40 亿 t、钠盐 300 亿 t，均居全国首位。氯化钾储量占全国已探明储量的 97%，硼、锂、碘、溴、铷等的储量也居全国前列。这些矿产资源大多品位高、埋藏浅，宜开采。天然气密集分布于市区北部，主要涩北、一号、二号盐湖、驼峰的四个气藏储量达 500 亿 m^3，远景达 2000 亿 m^3，是中国四大天然气田之一。另外，柴达木西部丰富的石油资源、柴达木西部丰富的石油资源、储量达 1.88 亿 t。

产业已形成群体优势。格尔木地区在对盐湖资源和石油、天然气资源多年的开发利用中已经形成了自己的产业框架和基础，具备了一定的技术水平，形成比较优势。随着格尔木百万吨炼油、青海钾肥厂及“九五”期间，80 万 t 钾肥二期、石油天然气新三项工程等国家重点建设项目的投产和兴建、为开发区提供了新的产业支点和生产力载体。

（中国矿业年鉴编辑部）

地 方 矿 业

吉 林 省

【矿产资源概况】 1.*矿产资源特点*。①矿产种类比较齐全,部分矿产在国内占较重要地位。目前查明资源储量的矿产中既有能源矿产,又有金属和非金属矿产。资源配套较为齐全,为煤炭、石油、冶金、化学、建材和轻工等几大重要原材料工业的发展奠定了资源基础。有些矿产,如油页岩、镍、钼、金、耐火粘土、硅灰石、硅藻土、膨润土、浮石、火山渣、沸石、饰面石材、矿泉水等,保有资源储量在国内占有较重要地位,尤其是硅灰石、硅藻土等矿产资源储量大,矿石质量好。吉林省矿产种类虽然齐全,但总量相对不足,尤其是国民经济发展需要的主要矿产,如煤、铁、铜、铅、锌、硫、磷等都明显不足,铝、钾等尚无查明资源储量,而且找矿前景不明。

②全省矿产资源分布广泛,地区特色明显。全省各类矿产的分布具有明显的地区特色和优势。如石油、天然气、油页岩等能源矿产及地下水主要分布在松辽平原;煤主要分布在山前地带和山间盆地之中;金属、非金属矿产、地热和优质饮用天然矿泉水主要分布在东部山区;硅藻土主要集中分布在白山地区;硅灰石集中分布在梨树和磐石等地区。

主要矿种在区域上分布既具有分布广,又具有资源储量相对集中的两重性。如铁矿,全省有矿床、矿点、矿化点475处。而三处大型矿床资源储量就占全省总资源储量的80.61%。金、煤、石灰岩等也都具有这样的特色。

③矿产质量优劣不一,贫矿多、共伴生矿产多。目前查明资源储量的矿产中,除金、银、镍、硅灰石、硅藻土、膨润土、浮石、火山渣、沸石、石灰岩、饰面石材、石油、天然气、二氧化碳气、耐火粘土外,其他矿产的大部分矿石质量都不太好,或共伴生组分多。如铁矿石,全省平均品位为31.70%,品位在50%以上的富矿只占2.25%,塔东铁矿其资源储量占全省的29.34%,品位只有24.56%,并伴有磷、钒等。全省钼矿平均品位为0.069%,含钼大于0.1%的矿石仅占28%,伴生组成分有硫、金、铜、钨、镓、铼等。

2.*矿产种类及矿区数*。①矿产种类。截至2001年底,全省已发现矿产137处(按亚种计为154种)。其中已查明资源储量的矿产97种,具体如下:

能源矿产6种:石油、煤、油页岩、天然气、铀、地热;

金属矿产27种:

黑色金属矿产5种:铁、锰、铬、钛、钒;

有色金属矿产10种:铜、铅、锌、镁、镍、钴、钨、钼、汞、锑;

贵金属矿产2种:金、银;

稀有、稀土、分散元素矿产10种:锆、重稀土氧化物、磷钇矿、独居石、锗、镓、铟、镉、硒、碲;

非金属矿产61种;

冶金辅助原料非金属矿产9种:蓝晶石、红柱石、萤石、熔剂用灰岩、冶金用白云岩、冶金用石英岩、铸型用砂、冶金用脉石英、耐火粘土;

化工原料非金属矿产8种:硫铁矿、电石用灰岩、泥炭、砷、硼、磷、化工填料用灰岩、明矾石;

建筑材料及其他非金属44种:石墨、压电水晶、熔炼水晶、硅灰石、滑石、石棉、云母、长石、石榴子石、透辉石、沸石、石膏、冰洲石、宝石、制灰用灰岩、水泥用灰岩、饰面用灰岩、泥灰岩、玻璃用白云岩、玻璃用砂岩、水泥配料硅质岩、建筑用砂、硅藻土、陶粒页岩、高岭土、陶瓷土、伊利石粘土、膨润土、霞石正长岩、水泥配料用粘土、水泥配料用黄土、饰面用闪长岩、饰面用辉长岩、饰面用玄武岩、安山岩、饰面用花岗岩、珍珠岩、浮石、火山渣、饰面用大理岩、建筑用大理岩、水泥用大理岩、建筑用玄武岩。

水气矿产3种:地下水、矿泉水、二氧化碳气。

②矿区数。全省固体矿产矿区(井田)741个。矿区矿产911处,其中煤238个、油页岩11个、铁79个、锰3个、铬1个、钛1个、钒2个、铜57个、铅24个、锌21个、镁(炼镁白云岩)6个、镍19个、钴9个、钨3个、钼8个、汞1个、锑3个、金113个、银22个、锆1个、重稀土氧化物1个、磷钇矿1个、独居石1个、锗5个、镓1个、铟1个、镉4个、硒3个、碲3个、石墨4个、硫铁矿10

个、压电水晶3个、石棉1个、云母4个、长石1个、石榴子石2个、透辉石1个、沸石6个、明矾石1个、石膏5个、冰洲石2个、萤石3个、宝石3个、电石用灰岩2个、熔剂用灰岩8个、水泥用灰岩37个、饰面用灰岩1个、制灰用灰岩1个、泥炭岩1个、冶金用白云岩4个、玻璃用白云岩1个、冶金用石英岩1个、玻璃用砂岩2个、玻璃用砂5个、水泥配料硅质岩1个、铸型用砂2个、建筑用砂1个、冶金用脉石英2个、硅藻土24个、陶粒页岩1个、高岭土2个、陶瓷土7个、耐火粘土8个、伊利石粘土2个、膨润土11个、水泥配料用粘土9个、水泥配料用黄土2个、饰面用玄武岩3个、建筑用玄武岩1个、饰面用闪长岩2个、饰面用辉长岩2个、饰面用花岗岩12个、建筑安山岩1个、泥炭4个、砷3个、硼10个、磷10个、霞石正长岩1个、珍珠岩1个、浮石2个、火山渣2个、饰面用大理岩1个、水泥用大理岩11个。

全省已探明油气田26处，二氧化碳气田1处，地热产地5处，矿泉水产地283处。（吉林省矿业协会）

【矿产资源勘查开发】 吉林省截至2001年末，共发现矿种137种，占全国发现矿种数的81.5%。硅藻土、火山渣、硅石的产量居全国第一；镍、硼、二氧化碳气的产量居全国第二；浮石、天然碱、泥炭居全国第三；另有黄金、银、钼、硅灰石、珍珠岩、石油、天然气、膨润土、沸石、石墨等16种矿产产量居全国前十位。

截至2001年底，全省共有各类矿山4480户(大型1户，中型20户，小型4444户)，其中国有矿山247户，股份有限公司28户，有限责任公司70户，港、澳、台合资经营企业3户，中外合资企业4户，集体企业2481户，私营个体采矿1647户。各类矿山固体矿石产量6959.58万t，液体(含地热、矿泉水)产量470.36万t，气体(含天然气、二氧化碳气)产量22877万m^3。实现矿业产值88.31亿元，工业销售产值88.22亿元，利润总额16.09亿元，税金总额6.51亿元，矿产品销售收入84.44亿元。

全省矿业产量在全国各省排位(与全国2000年数据相比)：固体产量居第二十三位；液体产量居第十三位；气体居第十三位。全省矿业产值居全国第十五位。矿业产值占全省地方工业总产值4.34%。能源矿业开发利用的主要矿种是煤、石油、天然气、油页岩。其中石油是吉林省重要支柱产业。分布在松原、白城、长春、四平地区。2001年生产原油407.5万t，创产值52.9亿元，占全省矿业总产值59.9%。石油利润总额17.81亿元，税金总额3.71亿元。煤炭亦是吉林省主要能源矿产之一。主要分布于白山、通化、辽源、梅河、舒兰、蛟河、珲春、九台等33个市、县(区)。开发利用矿山838户，生产原煤1559.7万t，产值14.79亿元。利润总额亏损1.58亿元，税金总额1.26万元。

黑色金属矿产主要是铁矿。主要分布在白山、桦甸等地。其特点是贫矿多，富矿少。2001年开采矿山50户，矿石产量290.09万t，产值3.4亿元。

有色金属矿产包括铜、铅、锌、镍钼等矿，其中前三种是吉林省短缺急需的矿产；后两种是吉林省优势矿种。镍主要分布于磐石、透化等地。开采矿业大户，年矿石产量29.3万t，产值2.97亿元。钼主要分布在永吉、桦甸、磐石。开采矿山4户，年矿石产量52.29万t，产值0.23亿元。省内非金属矿产比较丰富，已开发利用56种，占全省开发利用矿种数74.36%。其中硅藻土质量较好，在国内外驰名。主要分布在临江、白山等6个县(市)。开采矿山19户，年产量11.23万t，产值6778.16万元。

2001年全省共受理各类探矿权申请163个，授予探矿权155个，按矿种分：煤12个，黑色金属矿产1个，铜、镍等有色金属矿产14个，金矿67个，银矿3个，非金属矿产34个，地热项目2个，矿泉水项目22个。

从探矿权分布上看，吉林35个，白山33个，延边31个，通化25个，长春12个，四平8个，辽源6个，白城4个，松原1个。

2001年有36家地勘单位在省内从事地质勘查工作，从勘查投入的情况看，计划安排资金4814.46万元，实际勘查投入为3957.10万元，全省直接从事地质勘查的从业人员为1458人，共完成钻探工作量23386 m，完成槽探工作324430 m^3，完成坑探工作量5193 m。总体上看，勘查投入较2000年有较大的增长，增长幅度为35%。

2001年地质找矿取得了新进展。据不完全统计，全省共发现大中型矿产地10处，其中金矿产地6处，非金属矿产地4处。白山市板庙子金矿勘查、龙井市金谷山金矿勘查、老岭成矿带金矿勘查、桦甸市6批叶金矿勘查、夹皮沟金矿外围找矿、德惠市杨树沟陶粒金矿页岩矿详查都取得了较好的成果。其中有色地勘局在桦甸市6批叶金矿的勘查，初步估算，已获得金矿资源量30余t，平均品位8.0 g/t；夹皮沟金矿外围马家店、老牛沟地区新发现6条矿脉。吉林省地勘局在老岭成矿带大松树矿段预计可提交金矿资源量13 t。

（吉林省矿业协会）

【地质勘查管理】 为促进吉林省内地质勘查业的发展，开展矿产资源管理秩序的治理整顿，杜绝以采代探、越界勘查等违法勘查现象的发生。同时吉林省积极加强探矿权市场建设，为地质勘查融汇更多的勘查资金，吸引社会资金对地质勘查业的投入。2001年进行探矿权的出让试点准备工作，清理了国家出资形成的勘查地，为探矿权的招标拍卖工作打下良好的基础，组织地矿、有色、煤炭行业主管部门，分别到长春、四平延边、通化、吉林、白山6个市(州)对地勘单位上报的地勘成果和工作区进行实地核查，从上报的25个项目中筛选出12个具有成矿条件好，有一定前景的项目，作为吉林省第一批公开的探矿权招标拍卖项目，在《吉林日报》上向社会公示。

从2002年起，新开发的矿产，原则上取消申请审批，实行招标拍卖出让。要按照市场交易规则和程序，规范矿业权转让行为，优化资源开采主体，重点解决以承包擅自转让矿业权的不规范行为，创造有偿、有序、公开、平等的市场竞争环境。（吉林省矿业协会）

【矿产资源管理秩序治理整顿】 2001年，国家先后召开两次会议，部署和研究矿产资源管理秩序治理整顿工作，国务院办公厅还专门下发《关于进一步治理整顿矿产资源管理秩序的通知》(国办发[2001]85号)。吉林省矿产资源管理秩序的突出问题主要表现为：无证采矿、边探边采、越权发证、破坏矿产资源和环境等，同时也反映出个别地方政府和执法部门存在一定问题。

吉林省认真贯彻《关于进一步治理整顿矿产资源管理秩序的通知》精神并按照《矿产资源法》规定，加强对治理整顿工作的领导，把这项工作当作影响社会稳定，关系广大人民群众生命财产安全，关系社会经济安全运行的大事来抓，摆上议事日程。

一要结合本地实际，明确目标，落实责任，建立领导责任追究制度。二要彻底解决本地区存在的重点、热点和难点问题。重点解决煤炭、黄金、火山渣、矿泉水、油气等省内燃点矿种的管理秩序。依法对产品质量低劣、浪费资源、污染环境、不具备安全生产条件和生产设备、技术、工艺落后的矿山进行整改，并按照国发85号文件要求，2002年5月底前，各市、州政府要完成关闭限期整改不合格的矿山，纠正乱采滥挖现象，全面落实治理整顿的各项目标和任务，并报省检查验收。省政府将于6月底前汇总全省情况报送国家检查验收。三要抓好制度建设和基础建设，巩固治理整顿成果。在制度建设和基础建设上研究治本之策，进一步规范勘查、开采行为，规范行政管理行为，规范和健全矿业权市场，发挥市场配置矿产资源的基础性作用，促进资源管理方式和利用方式的转变，从根本上解决矿产资源秩序问题。（吉林省矿业协会）

【矿山生态环境保护和管理】 吉林省在加强矿产资源开发利用与保护的同时，搞好矿山生态环境的保护和管理。由于矿产资源开发不当造成的地面沉降、塌陷、山体崩塌、滑坡、泥石流和地下水位下降等地质灾害越来越多，开采后的废渣、废气等随意排放污染环境、破坏自然景观的问题也越来越突出。对此，省各级政府采取措施，加强矿山生态环境的保护，减少矿业开发对生态环境的影响和破坏。

首先要严格执行矿山环境影响评价制度，无环境影响评价报告的不得授予采矿权，严格限制在耕地、林地、草地、湿地等生态功能区开采矿产资源；

其次，要逐步建立起矿山生态环境治理备用金制度，保证采矿权人依法履行整治矿山生态环境的义务；

第三，要采取措施，促使现有矿山对生态环境进行恢复治理。今后对铁路、公路、旅游区等环境敏感区，要严格控制采矿，对已有的矿山逐步取缔和改造。

加强矿产资源开采监督管理，促进矿产资源的保护和合理开发利用。对矿产资源开发实行总量控制。根据市场需求，合理确定开采规模，做到开采技术条件与储量和开采规模相适应。强化执法手段，依法制止和查处不按批准的开发利用方案开采和破坏、浪费矿资源的行为。依靠科技进步，推动矿山生产技术改造，提高矿产资源开发利用水平。（吉林省矿业协会）

【天然矿泉水资源勘查开发利用】 天然矿泉水作为矿产资源中特殊矿种，其勘查工作阶段划分为两个时段。

1.20世纪70年代末期至80年代中期，以国家投资为主的区域性水文地质勘查及综合研究工作阶段。这期间由国家投资先后开展了全省1:50万区域水文地质普查、部分地段开展了1:20万区域水文地质普查，全省地热、矿泉水资源远景区划，长白山区找水方向预测研究等基础性综合性研究工作。同时开展了防治地方病水文地质勘查和热矿水详查为重点的专门性水文地质工作。上述勘查工作虽不是专门的矿泉水资源勘查，但其勘查成果基本揭示了区域水文地质条件，系统总结了东部山区地热、矿泉水资源的赋存条件及分布规律，提出勘查工作方向性意见。此后重点对东部山区进行了地热、矿泉水路线调查和踏勘、热矿泉点测量和局部地区的地质测绘工作，获得长白山天池附近大量的热矿泉和碳酸泉的温度、流量和水质等监测资料，为后来矿泉水资源勘查评价工作奠定了基础。

2.20世纪80年代中期至2001年，以开发为主，为投资主体的单泉(单井)矿泉水勘查评价阶段。20多年来，矿泉水基本评价工作经历了从探索、起步、提高和成熟的发展过程。这期间国家于1987年颁布实施了《饮用天然矿泉水》国家标准(GB 8537—87)，(1995年进行了修订)，从此进入了矿泉水专项基本评价阶段。专业队伍陆续进入矿泉水勘查市场，利用科会资金广泛开展了勘查评价工作，为矿泉水资源开发利用提供了科学依据，促进了矿泉水事业的发展。截至2001年末，全省勘查评价并通过省级及国家级鉴定的矿泉水产地283处，总允许开采量每日可达17.4万t，居全国各省区之首。

3.*矿泉水开发企业发展情况*。吉林省矿泉水资源大规模开发从1992年开始，尤以长春和延边地区发展速度较快。此后，白山、吉林、通化等地相继建成了一批矿泉水开发企业。目前全省共有开发企业69家，矿泉水年产量在60万t左右，年增长率17%。已开发矿泉水产地数占勘查评价矿泉水产地数的26%，开发的资源量占允许开采量的11%，资源开发程度较低，尚有巨大的开发潜力。1998年，杭州娃哈哈集团在靖宇和磐石建厂开发矿泉水资源，同年，中国矿业联合会天然矿泉水专业委员会授予靖宇县为“靖宇矿泉城”的荣誉称号，带动了全省矿泉水企业的迅速发展。此后，亚泰集团、靖宇吉源、延边天池、四平铁路等企业迅速发展，已成为省内矿泉水生产的龙头、其产量占全省的25%。就总的经营形势来看，其投资额适度、采取规模经营、产品形成系列的企业均有较好的经济效益。

（吉林省矿业协会）

【矿泉水水源保护区建立】 根据2001年度全省矿泉水水源水质统检的结果表明，在已开发的矿泉水水源中，有21处矿泉水水源按国家规定建立了卫生防护区。尚有相当一部分企业没有按要求建立水源卫生防护区和对水源进行长期动态监测工作。有些矿泉水源水质受到污染。其原因是开发企业保护意识不强，保护资金投入少，一些行之有效的保护措施不落实。尤其是未开发矿泉水水源的保护问题更需重视。矿泉水资源可持续利用的重要方面在于良好的生态环境和水质水量的相对稳定。2001年4月份经省政府批准在靖宇县建立了全省第一处矿泉水水源保护区。此外，安图县二道白河矿泉水水源保护区、抚松县漫江矿泉水水源保护区建设的前期工作也开始起步。

（吉林省矿业协会）

【地热资源勘查开发利用】 吉林省对地热资源的勘查开发工作起步于70年代，由于缺乏勘查资金，地热的勘查开发利用还处于初级阶段，多处地热资源勘查研究程度低，资源不清，没有形成综合开发的经济效益。

1. *地热地质条件*。省内地热地质资源主要受新华夏系构成控制。新华夏系构造体系对老构造体系的复合、联合、干扰、形成一些接近地幔的深大断裂，这些断裂构成了地幔向上传导热能的良好通道。省内主要活动性深大断裂有松辽沉降带东缘大断裂、伊通—依兰断裂、敦化—密山断裂、兴华—白头山天池断裂，沿这些断裂带晚近火山活动和现代地震活动频繁。深大断裂带岩浆及火山活动产生的大量热能将岩层裂隙、孔隙中的水加热形成地热田，地下热水沿构造裂隙带向上迁移涌出地表形成温泉或被巨厚的中、新生带沉积物封存于深部含水层中，形成沉降带盆地型地热田。

另外，吉林省西部松辽平原沉降带地球莫霍面埋深浅、地壳较薄，加之基底（前中生界）基岩断裂构造发育，岩浆活动活跃，巨厚的中生代湖相沉积地层具有形成热储的良好条件。

2.*地热资源的开发利用*。目前发现的地热资源主要有延边州安图县白头山天池温泉群、白山市抚松县仙人桥镇地热田和临江花山镇老三队温泉群、吉林市永吉县桦皮厂镇、长春市城区等五处地热田，多属中低温型。

① 长白山天池温泉群地热田。位于“长白山国家级自然保护区”内，天池火山口附近。属火山余热断裂带裂隙热对流型热储。目前发现出露温泉179个，水温25～86.5℃，其中温泉水大于40℃以上的温热水自流总量8683.2 m^3/d，属特大型温泉群。该温泉群开发利用程度低，仅少量用于宾馆、疗养院的洗浴和辅助供暖，大部分汇入河流。

② 抚松县仙人桥镇地热田。位于抚松县仙人桥镇西南7 km。热异常区长110 m、宽20～60 m。出露温泉11个，水温45～57℃，泉水总流量96 m^3/d，含放射性元素氡25.41～64.52埃曼。区内现已建成地热井5眼，水温72℃，总开采量1141.2 m^3/d，并建成吉林省农业银行疗养院、通化煤矿疗养院、白山市疗养院、通化铁路局疗养院、吉林林业疗养院等5家疗养院，地下热水大部分用于洗浴和医疗保健。

③ 临江市花山镇老三队温泉群。位于临江市北，面积约0.148 km^2。出露温泉21个，平均水温30℃，其中心地带水温33～34℃，向外围水温降低。单位涌水量571.03 m^3/d。当地居民已利用温泉水围池养鱼、洗浴。此外，已有两家矿泉水开发企业，正在此处建设集旅游、娱乐、疗养等多功能的温泉度假村，并将进行地热矿泉饮料的开发。

④ 永吉县桦皮厂镇地热田。位于以永吉县桦皮厂镇为中心的长春－吉林工业、经济走廊上，地处伊通－依兰断陷盆地内。该地热田为吉林油田管理局施工石油探孔时发现，并成为地热处流井一眼，井深250.239 m。井口水温49℃，自流量144 m^3/d。属沉积盆地地热传导型地热田，地热增温梯度3.92℃/百米。

目前当地居民已开发利用其洗浴、生产饮料。

⑤ 长春市区地热田。分布于城市西北部及郊区。属沉积盆地地热增温型地热田，平均增温梯度为3.65～3.8℃/百米，盆地的地热地质条件良好。热储层受走向

北东、倾向南西的大型单斜构造控制，为层间孔隙、裂隙承水压热储。存在上下叠置的两个热储层。

上部热储层在柏家屯至小南火车站以西，埋深400～900 m，向西北热储的埋深和温度都变大，热储温度25～40℃，属温水区，在潘家油房至大营子一线以西北部热储埋深大于900 m，温度大于40℃，属温热水区。具钻孔资料，在埋深504.5～512.0 m，电测井释为含水层，单井涌水量146.88 m^3/d，最大可达400 m^3/d。

下部热储层在长春火车南站至铁北上台子乡一线西北站，顶板埋深870～1300 m，热储温度高于40℃，但资源前景不清。

长春地热资源研究程度较低，还达不到开发利用的程度。2000年长春市政府与日本政府联合开发了地温热交换技术，并应用于制冷、供暖，为长春市，乃至全省开发利用地热资源打下了基础。

（吉林省矿业协会）

河　南　省

【矿产资源概况】 河南省地处中原，横跨南北两大板块，地质构造复杂，成矿条件优越，矿产资源丰富，是中国重要的矿产资源省份。截至2000年底，全省已发现各类矿产126种(含亚矿种为154种)，有探明资源储量的为73种(含亚矿种为81种)，计有矿产地2002处，其中，能源矿产地299处，金属矿产地981处，非金属矿产地722处。

全省矿产绝大多数分布在京广线以西和豫南山区、丘陵，豫北、豫东平原除中原油田和永城煤田外，金属和非金属矿床极为少见。从矿产地规模看，特大型矿产地有4处，大型的有12处，中型的247处，小型的349处，暂无规模指标的1处。截至2000年年底，全省累计探明矿产资源储量的潜在价值达20826亿元(1990年不变价，下同)。

资源储量与开采量均有较大的优势矿产为：煤、石油、天然气、铝土矿、钼、金、银、耐火粘土、萤石、水泥灰岩、珍珠岩、玻璃用石英岩、玉石、天然碱、岩盐等，尤以煤、石油及天然气、铝土矿、耐火粘土、钼、金等矿产的采选对河南省相关工业的发展有重大影响，在全国亦居重要地位。截至2001年底，煤炭探明资源储量281.41亿t，保有资源储量245.09亿t；铝土矿探明资源储量4.34亿t，保有资源储量3.63亿t；金矿(岩金)探明资源储量647.62t，保有资源储量168.64t；钼矿探明资源储量294.79万t，保有资源储量284.77万t。此外，河南省非金属矿产资源丰富，已发现非金属矿产80余种，探明资源储量的有46种，其中12种居全国前三位，31种居全国前十位。

纵观河南省矿产资源，有如下特点：矿种齐全，配套较好，储量较大，分布相对集中；组分复杂，贫矿多，优质富矿少；总量多，人均少，人均拥有的资源量的潜在价值，仅为全国平均水平的1/4。

1998年，国家对地勘队伍的管理体制实行改革。从事固体矿产地质的勘查队伍多实行属地方管理，石油天然气地质队伍划归全国性行业集团公司。目前在河南省境内从事矿产勘查的地质队伍有地矿、石油、煤炭、有色、化工、建材、核工业、武警黄金等，据不完全统计总人数约8万人，实际从事地勘工作的只有3万多人。

近年来，适应市场化的矿政管理和矿权设置取得了实质性的进展；地质勘查已由单一的中央财政出资，形成了多元化投资格局。2001年，勘查登记正在实施的非油气勘查项目610个，油气勘查项目30个，地质调查项目20个。调查评价和勘查总面积(含重叠部分)17万km^2。在勘查项目安排上，以有色金属、贵金属、煤、铝土矿为主。勘查资金投入15793.92万元(不含油气)，较2000年增加1079万元。其出资构成比例为：地勘费28.2%，地方财政19.6%，企事业51.9%，其他0.3%。完成机械岩心钻探104321 m，坑探21144 m。2001年新发现矿产地13处，新探明储量矿产地8处，新增天然气26亿m^3。

丰富的矿产资源为矿业开发创造了良好的条件。按国有及限额以上矿产采选及加工企业计，2001年矿业总产值占河南省全部国有及限额以上工业企业总产值的38.54%。矿产品贸易亦具相当规模，1998年至2000年三年间，出口矿石31.96万t，创汇3002.47万美元，矿产交易顺差1780.04万美元，从而摆脱了卖原矿的被动局面。依托矿产资源和区位优势，河南省建立了煤炭、石油、电力、有色、冶金、建材、化工等一批国家级原材料基地。矿产资源的开发利用，支持了国民经济的持续发展，还带动了相关产业，并兴建了平顶山、濮阳、焦作、鹤壁、义马、舞钢、灵宝、永城、禹州、汝州、巩义、新密等矿业城市，加快了城市化进程。因此，矿业确已成为河南省重要的支柱产业之一。

【矿产资源开发利用】 据2001年度矿产资源开发统计年报，全省共有8974个各种经济性质的独立核算采矿单位从事矿业生产活动，开发利用矿产79种。国有及国有控股矿山数253个，其中：生产矿山181个，比2000年减少了53个，开发利用矿产30种；其他经济类型矿山(点)为8721个，其中：生产矿山(点)为6205个，比2000年增加了312个。全省固、液体矿石产量为2.0194亿t，比2000年增加了0.07亿t。其中：国有及国有控股矿山企业年产量 4913.86 万 t,比 2000 年减少了 1224.03 万 t;其它经济类型矿山(点)年产量为 14674.61 万 t,比 2000 年增加了 1294.58 万 t。全省原油年产量 562.07 万 t,天然气年产量为 6.05 亿 m^3,比 2000 年减少 7.23 亿 m^3。全省从事矿业生产人数为 68 万人,比 2000 年减少 3 万人。

河南省矿产资源,由于多年来持续强力开发诸多因素的影响,矿产资源形势严峻,主要问题是:金属、贵金属和能源矿产后备资源严重不足,不少矿山企业出现了资源危机;优质非金属矿产开发利用水平低下,对传统名优矿产保护不力;矿山地质环境和生态环境恶化,但恢复建设滞后;矿产资源利用粗放,矿山企业小、散、多,经济效益较差;地质勘查资金缺乏,影响了找矿效果。针对河南省矿产资源勘查与开发利用存在的问题,应积极拓宽多元化投资渠道,加大地质勘查资金投入,有重点地开展地质找矿工作,扭转矿产后备基地严重不足的被动局面;同时,应加快矿业结构调整的步伐,促进小矿山企业的联合、兼并和重组,充分发挥矿业在经济发展中的基础产业地位和作用,促进矿业持续健康发展。 (河南省矿业协会)

【矿山企业生产】 2001 年河南省全部国有及限额以上矿产采选业共 664 个,当年完成工业总产值 402.98 亿元,占全省国有及限额以上工业企业总产值的 10.49%;矿产原料加工制品业共有国有及限额以上工业企业 2378 个,当年完成工业总产值 1078.22 亿元,占全省国有及限额以上工业企业工业总产值的 28.06%。矿产采选和矿产加工制品业合计,共有国有及限额以上企业 3042 个,共完成工业总产值 1481.20 亿元,占全省国有及限额以上工业企业总产值的 38.54%。因此,矿产采选及矿产加工制品业在全省工业中占有重要地位。

2000 年由于煤炭滞销、价低和国家对煤矿实行了关井压产政策,河南省原煤产量在 1999 年减产的基础上又进一步减产 400 多万 t。尽管如此,煤炭采选业仍占有十分重要的地位,其产值占全部矿产采选业总产值的比例仍高达 41.28%,煤炭采选业的“龙头”地位仍未动摇。石油及天然气开采业的产值占全部矿产采选业总产值的 34.02%,在矿业中的地位仅次于煤炭采选业。有色金属矿产采选业,其产值占全部矿产采选业总产值的 19.19%。非金属矿产采选业,其产值占全部矿产采选业总产值的 4.81%。黑色金属矿产采选业产值所占比例很小,只占 0.76%。其他矿产采选业的产值甚微,仅占 0.03%。

在矿产原料加工制品各行业中,产值居首位的是非金属矿物制品业,其产值占矿产原料加工制品业总产值的 31.59%,其中水泥和玻璃建材非金属矿产的加工制品占了较大比重;其次是化学原料及化学制品业,占 22.51%;第三位的是有色金属冶炼及压延加工业,占 16.82%;能源矿产加工业的产值最低,只占矿产加工制品业总产值的 14.39%,这与能源矿产采选业的产值占全部矿产采选业总产值的 75.30%形成强烈反差,说明能源矿产,特别是煤炭加工程度低,仍以售原煤为主。

2001 年度,全省矿山企业工业总产值 234.40 亿元,比上年度增加了 30.55 亿元。矿山企业工业总产值中,国有及国有控股矿山企业为 168.44 亿元,占 72%,比 2000 年度下降了 1 个百分点;其他经济类型矿山(点)为 65.96 亿元,占 28%,比 2000 年度上升了 1 个百分点。石油、天然气开采业现价工业总产值为 115.64 亿元,占全省矿山企业现价工业总产值的 49.3%。

2001 年度,全省从事矿业生产人数为 68 万人,比 2000 年减少了 3 万人。其中:石油、天然气开采业 6.4 万人,占 9.4%,从事其他矿业生产活动的人数 61.6 万人,占 90.6%;国有及国有控股矿山企业为 29 万人,占 42.6%,其他经济类型矿山(点)为 39 万人,占 57.4%。

河南省 2001 年度矿山年产矿石量为 2.02 亿 t,较 2000 年增加了 676 万 t。工业销售产值 220.43 亿元,销售收入 205.28 亿元,较 2000 年增加了 9.13 亿元。其中,销售收入超过 1 亿元的,主要是煤炭、石油(天然气)、铁矿、钼矿、金矿、砖瓦用粘土、建筑石料用灰岩、水泥用灰岩生产企业,销售收入合计为 200.55 亿元,占矿山企业销售总额的 97.69%。尤以石油(天然气)、煤炭生产企业销售收入所占比重较大,计 174.17 亿元,占矿山企业销售总额的 84.85%。2001 年度,矿山企业生产形势总体情况较好,利润总额为 22.02 亿元,较 2000 年略有下降,税金总额为 23.21 亿万元。石油(天然气)、煤炭、黄金行业为超过 1 亿元的盈利大户,利润额分别为 16.97 亿元、2.58 亿元、1.74 亿元,合计为 21.29 亿元,占矿山企业利润总额的 96.72%。铁、钼、银、铜、锑矿企业,经营情况较差,多为亏损企业,尤以铁、钼矿行业亏损严重,年亏损额分别为 5210.26 万元、1790.92 万元。

河南省 2001 年度各省辖市拥有的矿山数以郑州市、洛阳市、南阳市、平顶山市、许昌市、安阳市、三门峡市居多,均在 500 个以上,其中,郑州市、洛阳市在 1000 个以上,前者以煤炭企业居多,后者以金矿、铝土矿居多。矿山企业销售收入超过 10 亿元的企业有濮阳市、南阳市、平顶山市、三门峡市、郑州市、商丘市。盛产石油(天然气)的濮阳市为销售收入首户,为 61.01 亿元,其次是南阳市,为 32.74 亿元。在 18 个省辖市中,绝大多数地市矿山企业运行情况良好,其中,盈利最多的是濮阳市,为 11.24 亿元,其次为南阳市,为 6.0 亿元。较

2000年，平顶山市、安阳市、焦作市均扭亏为盈，惟鹤壁市矿山企业总体经营，较2000年扩大了亏损额，为1.09亿元。（河南省矿业协会）

【河南省取缔未经资格审批的煤炭经营企业】 河南省整顿煤炭经营秩序办公室信息，河南省27586户煤炭经营企业中，取得煤炭经营资格证的有2803户（其中从事批发的422户，零售的750户，型煤加工的1629户。），未经过资格审批的煤炭经营企业将被很快取缔。

整顿验收将是下一步整顿煤炭经营秩序工作的重点。凡不按规定申报，没有煤炭经营资格证的煤炭经营企业，发现一处，取缔一处；不服从管理，继续经营的，将依据有关法律、法规，予以严厉处罚。同时，对已取得煤炭经营资格证的批发企业，也要进行复查，力争通过整顿验收，促使河南省煤炭经营秩序整顿工作再上一个新台阶。（中国矿联信息中心）

【河南铝土矿资源破坏严重】 河南省是中国的铝工业大省，铝土矿资源十分丰富。保有储量居全国第二位；工业储量居全国第一位。全省铝土矿平均铝硅比为5.5，其中大于7的富铝矿石约占总量的30%左右。经过几年来的发展，河南省已形成年产铝土矿产品300万t的规模，2001年郑州、中州、山东、山西四大铝厂在河南省鉴订了铝土矿供矿意向合同363万t。

但是，由于条块分割，缺乏统筹规划、合理开发和综合利用，近几年来该省众多小铝土矿乱挖滥采、采富弃贫、采一毁一、采一毁二现象四处可见。大小铝土矿一直靠"吃"铝硅比在10以上的高品位矿石生产，致使铝土矿资源破坏浪费十分严重。据初步测算，河南省目前铝土矿采出率不到30%，最低的仅有17%，残留部分支离破碎，难以再次回采。

河南省的铝土矿资源被严重浪费，其根本原因是铝土矿供大于求，价格严重偏离。许多个体小矿为了赚钱，就不择手段地拼命采富弃贫，提高出矿品位，竞相低价出售矿石，每t富铝矿石价格仅为30～40元。而国内四大铝厂为降低成本，提高效益，近几年都不按工艺设计品位进矿，收购的铝土矿铝硅比竟高达13以上，从而进一步刺激和诱导了铝土矿采富弃贫。

业内人士认为，河南省的铝土矿资源开采已到了非治理不可的地步了，必须把整顿铝土矿生产经营秩序提高到经济可持续发展的战略高度上来认识，建立、健全铝土矿行业管理的政策调控体系，运用经济、法律、技术和行政手段依法关闭一些不具备生产条件、布局不合理的铝土矿山，压缩部分矿山过剩能力，引导矿山走联合办矿、集约化经营、资源节约型经济发展的路子。同时要加强低品位矿石应用范围研究，加大合成原料的开发力度，提倡优矿优用，使铝土矿资源利用得更科学、合理、有效益。（中国矿联信息中心）

【鹤壁市发现大型水溶性二氧化碳气藏】 2001年，河南省鹤壁市施工了一口深达3276 m的地热井，并发现了全国第一座水溶性二氧化碳气藏，储量目前居全国第二，极具开发价值。

该地热井位于鹤壁市新区内，于2001年，通过了全国地热专家参加的测试验收。专家认定，这口井具有地热资源、二氧化碳气藏、医疗矿泉资源等综合开发价值。在地热井勘探中，同时发现了伴生的二氧化碳气藏，预计日产气可达27705 m^3。根据地质构造测算，该区的二氧化碳气藏储量为94亿～115亿 m^3。

据专家介绍，二氧化碳属于一种较为稀有的气体矿产，目前主要用于化工行业生产醋酸，是生产染料、食品添加剂、消防灭火原料、大棚气体肥料的重要原料，应用领域十分广泛，此前只在中国东部地区发现过油气型二氧化碳气藏，此类水溶性二氧化碳气藏的发现尚属首次。（中国矿联信息中心）

【峦川县探明大型金矿床】 武警黄金第九支队历时12年，在河南省探明一大型金矿床。截至2000年12月底，该支队在峦川县狮子庙乡元岭金矿区累计探明黄金储量22t。这一大型金矿床的发现，将会为栾川这个国家级贫困县的经济发展起到推动作用。

武警黄金九支队1988年以来，先后在该区33 km^2范围内发现含金蚀变破碎带20多条。从1994年至2000年，加大了找矿投入，大致查明了该区主要碎裂蚀变带内的矿体数量、产状、规模及矿石构造。

（中国矿联信息中心）

【泌阳县境内发现大型芒硝矿床】 2001年河南省地矿局在河南泌阳县境内新发现一大型芒硝矿床。该矿床芒硝矿层埋藏深度在900～1200 m，累计厚度达20 m左右，经初步勘探，估算芒硝矿资源量在2000万t以上，属大型芒硝矿床。该矿易于水溶开采，有广阔的开发利用前景。（中国矿联信息中心）

【油气井用陶粒支撑剂在洛阳建厂生产】 美国卡博陶粒有限公司与洛阳高新技术开发区管委会于2001年签订协议，独资兴建油气井用陶瓷粒支撑剂生产企业，首期投资950万美元。美国卡博陶粒有限公司是世界上最大的油气井用陶粒支撑剂生产企业，其产品占全球市场份额的65%。在对南非、澳大利亚、中国进行了为期3年的考察后，最终选择在中国洛阳投资，这也是该公司第一次在国外投资。

该企业建成后，生产出的油气井用陶粒支撑剂能满足中国、俄罗斯及澳大利亚等国的市场需求，每年可实现工业产值6300万元，利税2153万元。

（中国矿联信息中心）

【洛阳栾川钼业集团与北京工业大学强强联合】 2001年，北京工业大学与洛阳栾川钼业集团有限责任公司就校企合作事宜举行了签字仪式。

栾川钼业集团是一家集钼钨选、冶、深加工为一体的大型企业，并有一处潜在价值达2000亿元的钼钨矿田的开采权。北京工业大学是一家在稀土钨、钼加工与应用领域取得突出成就的院校。双方合作开展后，北京工业大学以技术转让、许可、入股等形式，向洛阳栾川钼业集团提供多种形式的技术支持。栾川钼业集团将作为北工大的试验基地，为校方的新技术产业提供试验条件，为学生实习提供便利。双方合作的最终目标是不断研究和开发高技术含量、高附加值的钨、钼深加工产品，将校企科研项目合作发展为股份制合作，共同构建上市公司，逐步将栾川的资源优势转化为经济优势，把栾川建成在国际上有较大影响的钨、钼系列产品生产基地。 （中国矿联信息中心）

山 西 省

【矿产资源开发利用概况】 2001年，全省矿产资源开发利用的矿种62种。全省参加统计的各类矿山企业年产矿石量35400.353万t，其中煤矿产量为24485.210万t。2001年度，全省矿山企业矿井实际回采率平均为40.59%，采区实际回采率平均为55.45%。其中煤矿矿井实际回采率平均为43.16%，采区实际回采率平均为58.31%；铁矿平均采区回采率为77.97%，铜矿为82.31%，铝土矿为48.52%，金矿为75.22%，硫铁矿为52.45%。

全省矿山企业工业总产值249.162亿元，全省煤炭企业工业总产值为223.547亿元。全省矿山企业利润总额为58970.80万元，其中煤矿的利润总额为62017.86万元，比2000年度增加45741.95万元。2001年，全省矿山企业实现利润总额占矿产品总产值的1.33%。全省矿山企业利润总额比2000年增加35314.95万元，但冶金、化工矿山仍有一部分亏损，如铁矿亏损2062.45万元，铜矿亏损8092.08万元，熔剂用石灰岩亏损527.66万元，冶金用白云岩亏损760.62万元。耐火粘土亏损467.38万元。

2001年，参加统计的各类矿山企业从业人员为956259人，比2000年增加6082人。

（山西省矿业协会）

【矿产企业生产】 截至2001年底，山西省共有各类矿山企业9183个，其中大型矿山企业62个，中型矿山企业419个，小型矿山企业5273个，小矿矿山3429个。按投资类型分：国内投资采矿权人9175个，外商投资采矿权人8个；按矿种划分，煤矿企业5365个，金矿32个，银矿4个，钼矿3个，铜矿18个，铅锌矿4个，铝矿47个，铁矿361个，锰矿5个，硫铁矿322个，磷矿2个，重晶石矿3个，矿泉水4个，其他3013个。

2001年度，全省上报“统计年报”的矿山企业总数是8445个，上报率是92.2%。其中煤矿企业上报4860个，上报率80.7%；铁矿333个，上报率92.2%；硫铁矿322个，上报率86.3%；铝土矿25个，上报率53.2%。

煤矿分布在山西省11个地（市）。主要集中在太原市、大同市、朔州市、长治市、阳泉市、晋城市。煤矿企业年产矿石总量为2.448亿t；从业人数840629人；利润总额62017.86万元；工业总产值417.87亿元，比2000年增加235.30亿元。

全省上报铁矿企业333个，分布在太原等8个地（市）。以忻州市、临汾市、长治市、太原市为主。全省年产矿石总量1440.51万t，比2000年减少83.53万t；工业总产值为109828.05万元，比2000年增加1852.00万元。从业人数为26070人。矿山企业亏损2062.45万元。

全省上报铜矿13个，分布在大同市、忻州市、运城市，以运城市为主。全省年产矿石量为90.673万t；工业总产值31650.02万元，比2000年增加155.37万元。从业人数为10955人，矿山企业亏损8092.08万元。

金矿矿山企业上报“统计年报”的有28个，分布在大同市、朔州市、忻州市、临汾市、运城市，以大同市和忻州市为主。年产矿石总量524.309万t，比2000年上报年报增加435.585万t。工业总产值为7873.85万元，实现利润为1073.50万元，比2000年减少49.40万元，从业总人数为2865人。

硫铁矿矿山企业上报“统计年报”的有278个，分布在阳泉市、晋城市、吕梁地区和临汾市，以阳泉市为主。年产矿石总量为110.978万t，比2000年减少82.565万t，工业总产值为4171.05万元，比2000年减少211.14万元，从业人数达7301人。

水泥用石灰岩矿的企业共有75个，分布在大同市、太原市等十个地（市），以大同市为主。年产矿石总量为1066.41万t，比2000年度减少69.23万t，工业总产值28637.65万元，比2000年增加11816.81万元，利润总额为574.33万元，矿山企业扭亏为盈；从业人数为

5885人。

全省石膏矿山企业97个，年产矿石总量为77.008万t，工业总产值为2569.40万元，利润总额为113.50万元，从业人数为2563人，矿山企业扭亏为盈。

全省芒硝矿山企业2个，年产矿石总量为90.55万t，工业总产值6003.50万元，实现利润总额501.00万元，从业人数达510人。

耐火粘土矿山企业169个，分布在太原市、阳泉市、晋城市、吕梁地区等。年产矿石总量为21.421万t，工业总产值为1155.81万元，行业亏损总额为467.38万元，比2000年减少193.88万元。从业人数为5066人。

（山西省矿业协会）

【太原市矿产资源开发利用】 太原市开发利用的矿种19种，已上报“统计年报”的各类矿山企业841个，其中煤矿企业504个，铁矿23个，石膏35个，建筑石料用灰岩72个，砖瓦用粘土136个。实际年产矿石量为4050.307万t，其中煤矿2565.038万t，铁矿484.05万t，石膏30.368万t，建筑石料用灰岩190.868万t，砖瓦用粘土192.574万t，从业人员119256人，工业总产值为310312.43万元，其中煤矿246461.21万元，铁矿42711万元，石膏866.18万元，建筑石料用灰岩890.53万元，砖瓦用粘土2376.46万元，水泥用灰岩15458.35万元。全市矿企业亏损总额932.44万元。亏损主要是熔剂用石灰岩和铁矿，分别亏损617.66万元、606.00万元。其余矿企均有利润。（山西省矿业协会）

【大同市矿产资源开发利用】 大同市开发利用矿种22种，已上报矿山年报的矿山企业655个，其中煤矿516个，锰矿4个，金矿3个，水泥用灰岩10个，饰面用辉绿岩12个，饰面用花岗岩25个。年产矿石量6907.12万t，其中煤矿5973.283万t，锰矿6万t，水泥用灰岩54.79万t，饰面用辉绿岩0.81万t，饰面用花岗岩4.167万t；从业人员176204人，其中煤矿165496人，锰矿599人，水泥用灰岩矿2098人，建筑石料用灰岩矿798人；工业总产值445736.15万元，其中煤矿412403.29万元，锰矿1600万元，水泥用灰岩7674.01万元；矿山企业总利润额为1.645亿元，其中煤矿利润1.272亿元，水泥用灰岩利润149.24万元，锰矿、金矿、饰面用花岗岩分别实现利润14.00万元、801万元、1802.20万元。

（山西省矿业协会）

【阳泉市矿产资源开发利用】 阳泉市开发利用的矿种有29种，已上报“统计年报”的矿山企业647个，其中煤矿262个，耐火粘土矿138个，硫铁矿79个，建筑石料用灰岩矿46个。年产矿石总量为2965.876万t，其中煤矿2707.794万t，耐火粘土16.841万t，硫铁矿40.279万t，建筑石料用灰岩65.541万t；从业人员183694人，其中煤矿170769人，硫铁矿3722人，耐火粘土3739人，建筑石料用灰岩1710人；工业总产值18.4849亿元，其中煤矿17.9818亿元，耐火站土847.31万元，硫铁矿1359.75万元，建筑石料用灰岩398.20万元，全市矿山企业利润总额14287.41万元，其中煤利润14854.02万元，建筑石料用灰岩利润73.00万元，但耐火粘土矿亏损483.03万元，硫铁矿亏损204.68万元。

（山西省矿业协会）

【长治市矿产资源开发利用】 长治市已开发利用的矿种有16种，已上报“统计年报”的矿山企业1089个。其中煤矿643个，铁矿34个，石膏矿26个，建筑石料用灰岩矿75个。实际年产矿石量3573.975万t，其中煤矿2574.990万t，铁矿145.682万t，石膏16.860万t，建筑石料用灰岩518.889万t；从业人员81042人，其中煤矿69770人，铁矿5400人，石膏矿294人，建筑石料用灰岩954人；工业总产值26.108亿元，其中煤矿24.166亿元，铁矿15528.91万元，石膏183.52万元，建筑石料用灰岩1143.43万元；企业实现利润总额11011.06万元，其中煤矿9793.61万元，石膏矿12.60万元，建筑石料用灰岩矿36.86万元。

【晋城市矿产资源开发利用】 晋城市开发利用的矿种有8种，已上报“统计年报”的矿山企业数为982个，其中煤矿626个，铁矿85个，硫铁矿146个；年产矿石量为3391.366万t，其中煤矿3019.785万t，铁矿19.92万t，硫铁矿51.689万t；从业人员102840人，其中煤矿97144人，硫铁矿2787人，铁矿1289人；工业总产值33.739亿元，其中煤矿33.176亿元，硫铁矿2200.57万元，铁矿853.27万元；企业实现利润总额1.359万元，其中煤矿1.310万元，硫铁矿412.96万元，铁矿61.54万元。（山西省矿业协会）

【朔州市矿产资源开发利用】 朔州市开发利用的矿种有7种，已上报“统计年报”的矿山企业275个，其中煤矿223个，建筑石料用灰岩28个，砖瓦用粘土19个；年产矿石量3333.339万t，其中煤矿3084.974万t，建筑石料用灰岩104.528万t，砖瓦用粘土63.202万t，从业人员49839人，其中煤矿48030人，建筑石料用灰岩479人，砖瓦用粘土660人；工业总产值51.149亿元，其中煤矿50.976亿元，建筑石料用灰岩1040.40万元，砖瓦用粘土450万元；矿山企业实现利润826.76万元，其中煤矿775.91万元，建筑石料用灰岩21.80万元，砖瓦用粘土21.30万元。（山西省矿业协会）

【忻州市矿产资源开发利用】 忻州市开发利用的矿种31种,已上报“统计年报”的矿山企业658个,其中煤矿338个,地热15个,铁矿24个,金矿17个,建筑石料用灰岩52人,建筑用白云岩28个。年产矿石量1183.499万t,其中煤矿518.156万t,铁矿463.796万t,金矿18.131万t,建筑石料用灰岩39.532万t,建筑用白云岩12.469万t;从业人员28690人,其中煤矿14312人,地热430人,铁矿6012人,金矿1992人,建筑石料用灰岩353人。建筑用白云岩551人。工业总产值6.317亿元,其中煤矿1.647亿元,铁矿3.007万元,金矿3612.25万元,冶金用白云岩9743.00万元,建筑石料用灰岩215.29万元。建筑用白云岩126.90万元。矿山企业亏损总额2593.56万元,其中铁矿亏损3462.64万元,冶金用白云岩亏损810.00万元,煤矿实现利润1005.47万元。

（山西省矿业协会）

【吕梁地区矿产资源开发利用】 吕梁地区开发利用的矿种有24种,已上报“统计年报”的矿山企业953个,其中煤矿544个,铁矿25个,铝土矿9个,水泥用灰岩14个,砖瓦用粘土108个;年产矿石量为2184.404万t,其中煤矿1056.397万t,铁矿48.200万t,铝土矿50万t,水泥用灰岩145万t,砖瓦用粘土456.012万t,从业人员50607人,其中煤矿43844人,铁矿765个,铝土矿2178人,水泥用灰岩754人,砖瓦用粘土1615人。工业总产值6.660亿元,其中煤矿6.161亿元,铝土矿94.05万元,铁矿2905.50万元,水泥用灰岩469.60万元,砖瓦用粘土1054.85万元。矿企实现利润6066.49万元,其中煤矿5559.70万元,铁矿204.30万元,铝土矿16.30万元,水泥用灰岩30.10万元。砖瓦用粘土169.60万元。

（山西省矿业协会）

【晋中市矿产资源开发利用】 晋中市开发利用的矿种共12种,已上报“统计年报”的矿山企业751个,其中煤矿558个,硫铁矿38个,铁矿7个,石膏9个,水泥用灰岩8个,建筑石料用灰岩32个。年产矿石总量3395.203万t,其中煤矿1632.789万t,硫铁矿17.200万t,铁矿57.392万t,石膏矿9.670万t,水泥用灰岩54.220万t,建筑石料用灰岩866.668万t。从业人员93125人,其中煤矿87349人,硫铁矿421人,铁矿571人,石膏矿749人,水泥用灰岩289人,建筑石料用灰岩520人;工业总产值16.240亿元,其中煤矿15.499亿元,铁矿1480.88万元,硫铁矿556.50万元,石膏矿660.70万元,水泥用灰岩355万元,建筑石料用灰岩1102.92万元。矿山企业亏损总额1437.80万元;其中煤矿亏损1762.68万元;石膏矿利润84.80万元;建筑石料用灰岩利润103.30万元。 （山西省矿业协会）

【临汾市矿产资源开发利用】 临汾市开发利用的矿种有8种,已上报“统计年报”的矿山企业722个,其中煤矿559个,铁矿127个,铜矿2个,石膏矿13个,水泥用灰岩2个。年产矿石量1594.344万t,其中煤矿1174.399万t,铁矿201.816万t,铜矿1.756万t,石膏矿16.70万t,水泥用灰岩68.050万t;从业人员40384人,其中煤矿31457人,铁矿6930人,铜矿697人,石膏矿232人,水泥用灰岩222人;工业总产值8.261亿元,其中煤矿6.462亿元,水泥用灰岩205.90万元。矿山企业实现利润4894.29万元,其中煤矿4316.27万元,铁矿648.25万元,铜矿亏损150.00万元。

（山西省矿业协会）

【运城市矿产资源开发利用】 运城市开发利用的矿种有23种,已上报“统计年报”的矿山企业872个,其中煤矿87个,铜矿9个,芒销矿2个,砖瓦粘土矿622个。年产矿石量2820.920万t,其中煤矿177.605万t,铜矿67.417万t,芒销矿90.550万t,砖瓦粘土矿474.228万t。从业人员30578人,其中煤矿5450人,铜矿9518人,芒硝矿510人,砖瓦用粘土10516人;工业总产值65976.02万元,其中煤矿15911.00万元,铜矿28775.02万元,芒硝矿6003.50万元,砖瓦用粘土7804.63万元。矿山企业亏损总额3192.14万元,其中铜矿亏损7994.08万元,芒硝矿利润501.00万元,但煤矿盈利1623.44万元,水泥用灰岩利润371.30万元,砖瓦用粘土利润1808.11万元。 （山西省矿业协会）

【矿产开发利用存在问题】 1.山西省矿产资源浪费破坏极为严重。矿山企业遍布全省各地,星罗棋布,是全省经济发展的支柱产业,然而这些矿山企业大部分先天不足,规模偏小,5000多个乡镇煤矿平均矿井生产能力不足1.6万t,采矿方法落后,技术装备水平低,尽管经过十几年的开采,由于种种原因,矿山企业并没有积累壮大,“小”、“土”、“群”的格局并未根本改变(尽管通过地矿主管部门的外部监督,资源利用状况有所好转),资源破坏浪费仍很严重,大部分小煤矿回采率仅为20%左右,资源综合利用率比较低,由于受市场经济的影响,国有煤矿提出了开采经济可采储量,违背开采程序,资源破坏浪费现象不可忽视,加之管理松懈,投入不足,新技术、新工艺得不到推广应用,资源利用水平并未提高(大部分在50%左右),而且有下降的可能。破坏浪费资源最为严重的要数私开矿和越层越界矿,私开滥挖不仅回采率极低,而且破坏了资源的整体性,为以后的规模开采留下了隐患。有的私开矿开在有证矿的井田内(有的为一证多坑矿),扰乱了有证矿山的开拓部署和巷道布置,既浪费了资源,又给矿山企业和国家造成了重大经济损失。非煤矿山企业资源开发利用水平也比较低,破坏浪费资源也较严重,在沉积变质铁矿、铝土矿、高铝粘土矿、硫铁矿等矿区中,大矿小采、采富弃贫、采易充难的现象也相当普遍,将大量的矿石丢弃沟谷造成资源的破坏、浪费。非煤矿山的综合回收利用水平也较低,铝土矿中伴有丰富的镓,目前尚不能回收利用,煤矿等废矿渣综合利用率也不高,高岭岩、硫铁矿、铝、锌多金属等应该回收的矿产回收率均较低。有些虽然在采选时回收了,但利用率及效益不高。

2.山西省矿政管理仍以事后管理为主,尚未过渡到事前管理状态。制止私开矿和对有证矿山的监督管理是矿政管理的两项重要工作,多年来由于私采乱挖消耗了矿政管理部门的大部分人力、物力、财力,对有证矿山的监督管理工作迟迟难以深入,致使有证矿山越层越界、一证多坑、资源浪费严重等违法行为得不到及时发现并予以纠正,这些违法行为的事后治理将给企业、人民和国家带来重大的经济损失和社会问题,在某种程度上讲,这些违法问题的发生与矿政管理有直接关系,不能把事后管理过渡到事前监督,使许多违法行为消灭在萌芽状态,减少对违法行为的治理代价。

3.矿产开发监管力量不足,执法力度不够。受矿产品市场价格的影响,矿产资源易开采的地区和大矿周边残采区私采滥挖极易死灰复燃,需要不间断地昼夜巡查方能有效;对有证矿山推广实施块段管理需要大量懂采矿、地测技术的矿管人员,然而,目前不论是从矿管人员的数量和素质,还是从制度建设上都不具备这样的条件,尤其各地(市)、县正在进行机构改革,正在推行统一财务结算制度,矿管队伍和矿山纠察队伍都面临着缩编和裁减的可能,矿产开发监督管理将被弱化。

4.矿产品深加工程度低。山西省绝大多数矿山企业是销售原矿和初级品。在煤炭的深加工上,虽然焦炭产量在全国处于重要地位,焦炭副产品煤焦油年产量约百万 t,但 80% 的作为原材料销往外省,没有产生足够的经济效益。而资料显示,对煤焦油提炼成萘增加剂,产值可分别增长 42.5 倍、200 倍,如再深加工成染料、医药、化纤产品,产值可分别增长 500 倍、750 倍、1750 倍。全省 67 个饰面花岗岩矿,没有一个能生产出符合国际市场标准要求的板材(厚度低于 0.7cm),大都是出售荒料或进行粗加工,经济效益降低。如浑源县花岗岩出售荒料 7000 元/t,运到日本或台湾深加工成板材,价格翻 10 倍左右。

5.年报填报、录入的还不够全面,审核不够仔细。2001 年度上报的统计年报数据,总的看填报的还不错,但还是存在的问题不少,报表中有的数据小数点差一位,把千 t 误填成万 t,不该空白的却留下空白不填,有的地市如阳泉市甚至填成“-”,例如:对应矿产组合代码、矿产名、矿山环境情况等许多为空项;该填代码的却填成文字,代码与名称不对应,数据之间的大小关系不平衡等等,例如:工业销售总产值小于年各销售收入之和,工业总产值小于税金总额、利润总额和补偿费实交三者之和,各地市上报的年报报表中存在的问题较多,即有报表填报不全、审核不够仔细方面的问题,也有数据录入方面的错误。 (山西省矿业协会)

【山西省矿产资源管理建议】 1.继续治理整顿矿产资源管理秩序。矿产资源法已颁布实施多年,但矿产资源管理秩序混乱状况仍然存在,其中关键问题是管理机制不落实,多层次、多渠道管理抵销了执法的力度。尤其是地方部门保护主义,不能以法明断,长官意识作怪是治理整顿的主要障碍。为此,应加强各级政府及国土资源部门矿产资源管理秩序治理整顿工作责任制,把好矿产开采登记申报、开发方案评审设计、资源占用、生态环境保护与评价、经济资质等环节的审批,同时公安、工商、煤炭、司法给予配合,就可以建立良好的矿产资源管理秩序。具体措施区别对待,配合煤炭管理部门对国有矿井内小煤窑关闭工作,严厉打击私采滥挖,落实省政府有关文件精神。

2.加大对矿山企业资源监督管理的力度。国务院机构改革已完成 3 年,国土资源管理部门已接收了各行业主管部门的资源行政管理职能,但以目前的情况看,各级国土资源管理部门并未真正介入到矿山监督管理工作中,对矿山企业的资源损失破坏并不重视,还没有真正站到代表国家行使资源所有权这样的高度认识问题,需要有危机感和紧迫感,要在实践中不断摸索和运用新的资源管理手段和利用方式,变事后管理为事前与事后管理并重。

3.通过出租、转让等形式优化矿山企业的资产结构调整资源开采布局。从矿山企业自身的改革与发展来看,随着国家宏观经济政策落实,经过激烈的市场竞争,矿山企业已逐步认识到自身存在的问题和行业发展中的问题,已经开始了战略性转变和结构性调整。按照现代企业制度的要求,组建区域性的矿业公司已成为必然选择,要适应市场经济的要求,企业必须走规模化经营的路子。在竞争中,乡镇小矿已认识到虽有较多的优势,但远远比不上大企业有竞争力和抵御风险的能力,因此,逐步在通过出租、转让的形式进行集团化改造,逐步走上规模化经营的发展之路。目前煤炭的关井压产给煤矿企业带来较好的发展前景,许多人已盯住了煤炭行业,不论是外商还是内地私营企业全都要到煤矿投资,或联营或购买,形式不拘一格,这对合理开发、有效保护资源非常有利。

4.鼓励综合开采、综合利用。建议国土资源厅与省经贸联合制定有利于资源综合开采、综合利用的优惠政策,从资源税和资源补偿费方面减税让利。

(山西省矿业协会)

【经济发展与矿产资源保护的矛盾】 1.矿产资源保护性开采存在的问题。

① 矿山数量过多,规模过小。小型以下矿山占97.5%,有些小矿的面积只有零点几 km^2,部分完整资源被零星分割,也有些小矿占资源过大,大矿小开。小矿山生产能力低,采矿方法落后,资源利用效率普遍较低。

② 乡镇集体矿山擅自承包经营比较普遍。承包者大多急功近利,对资源实行掠夺式开采,采厚弃薄,采易充难,采富弃贫,厚煤层留顶去底,以掘代采,如有的小煤矿采 6~7 m 厚的煤层只采 2 m 多,资源破坏浪费极大。

③ 部分外贸企业和业主及铝厂大量收购富铝土矿和铝矾土。铝土矿区的农民滥采乱挖铝土矿层中铝硅比大于10的富矿,不惜采1丢9,多次反复、多次治理,造成铝土矿资源的严重破坏和贫化。近几年,每年收购的富铝土矿石量近100万t,造成资源破坏损失严重。

④ 矿产资源管理秩序治理难度较大,易反复。煤、铁、铝、金等矿区内私开乱采,超层越界开采的现象时有发生。收购者收购私开矿的矿产品,为私开者销售矿产品提供方便,监督管理乏力,以罚代管普遍,矿产资源遭受破坏。

⑤ 矿业投入不足,效益不高,整体技术装备水平、工艺水平落后。大矿山设备老化无力更新,小矿山设备简陋,机械化程度较低,重开采,轻加工,粗放开发,矿产资源的利用率低。煤矿井回采率国有重点煤矿为50%,地方国有煤矿为35%,乡镇煤矿仅为25%左右。煤炭的洗选率也低,全省仅30%左右。共伴生矿产的综合利用受资金、效益、科技能力限制利用水平不高,煤矿的共生矿产综合利用率为30%,而铝土矿中伴生的许多重要的稀有元素如银、钽、钪、锂等的回收利用尚未引起重视。

2.经济发展与矿产资源保护关系协调上的矛盾。

① 矿产资源多分布在贫困山区,山区的干部群众在发展经济与致富的过程中,往往认为办矿投资少,收效快,在靠山吃山的观念下首选开矿。由于资金短缺,技术人员很少,开办的矿山大多规模小,技术水平、开采方法落后,投产后矿产资源的浪费、破坏极大。

② 矿产资源属于国家所有,站在国家的立场上,关心的是如何保护好不可再生的资源,国家通过出让将矿产资源交给矿权人开采:使用者(矿权人)关心的是如何获取最大的利益。中国实行的矿业权有偿取费制度与产出量的多少及资源的价值没有联系,而且取费很低,矿产资源是廉价的,使大多数采矿权人没有把对资源的合理开发与其经济效益紧密联系,即对矿产资源的保护缺乏自觉性。此外,中国没有建立对矿山企业保护资源,提高综合开发利用方面的奖励机制,对矿山企业在这方面缺乏激励,靠地矿行政部门宣传与监督虽有一些成效,但效果有限。

③ 部分领导干部出于地方保护或贪图眼前利益,对矿产资源法阳奉阴违,敷衍推诿,使破坏浪费资源及矿业秩序混乱的问题时有发生,使违法者有机可乘,有恃无恐。

3.矿产资源规划制定与事实上存在的突出问题。

① 矿产规划制定与实施的法律依据不充分,比较明确的只有国土资发(1999)356号文件,缺乏权威性与强制性,应通过立法明确矿产资源编制及实施的法律地位。

② 矿产资源规划编制未纳入同级国民经济与社会发展规划编制体系,与之未形成有机整体。编写者对本地区经济社会发展指导思想、目标、任务、措施等难以吃透(只靠收集部分资料),影响规划编制质量、针对性与可操作性。此外,规划的审批办法目前实行由上一级地矿主管部门审批(经同级政府同意),但不是联合审批(可以由部门牵头)的做法,客观上弱化了地方政府对矿产资源规划编制与实施的管理。

③ 矿产资源规划编制缺少保护体系。往往把规划编制看成一项具体任务而不是一项系统工程,临时组织一个班子编写,编写完了即散伙。这样很难保持规划工作的连续性、科学性和可操作性。应按体系工程的管理办法建立组织保证体系,有个常设的规划单位,具体负责规划编制、信息收集、动态跟踪、调整修改、有关政策、建议、措施的研究等工作,成为政府地矿行政部门宏观调控的参谋部和作战部。

4.探矿权、采矿权市场建设方面存在的突出问题。

① 探矿权、采矿权出让基本上是登记审批发证的传统做法,目前招投标方式出让矿权者很少。对重要矿产及重要区域的矿业权出让缺少竞争机制。部分勘查许可证、采矿许可证的范围太小,不利于矿产资源的开发,也容易发生以探代采,越界开采等问题。

② 缴纳探矿权、采矿权价款的政策规定是:矿法修改前(三个办法出台前)已取得探矿权、采矿权的不缴纳,而矿法修改后取得探矿权、采矿权的要缴纳。这种双轨制的规定不合理,因为缴纳价款是有偿取得制度的一部分,矿法修改后只要按有偿制度取得矿权者(换证或新办)均应缴纳价款即一视同仁。

③ 在矿业权市场建设中居重要位置的中介组织——矿业权评估的行业管理薄弱，缺乏行业自律，矿权评估市场不规范，同一个项目评估结果差距可达一个数量级。

④ 在集体、乡镇矿山企业中存在的"承包经营"实质是非法转让矿权，扰乱了矿业权二级市场建设。

5.矿产资源开发与环境保护存在的问题。

① 占用了大量土地。据统计，不包括市县企业的尾矿情况，单省属矿山企业就占用土地61170.82 ha，其中耕地 11774.87 ha，林地 4159.62 ha。对于占用的土地，已复垦的有 10489.17 ha，已复垦土地是总占用土地面积的 17.1%。

② "三废"严重污染了环境。固体废料：不包括市县企业的尾矿情况，单省属矿山企业固体废料现积存总量为 266407.95 万 t，而且固体废料每年还要产出 23149.62 万 t，但目前综合利用率只有 10%左右；废水、废液：据不完全统计，原八大矿务局由于采煤漏水已涉及 18 个县、市和 240 个村庄，造成 23 万人吃水困难，30 多万亩水浇地变为旱地。矿井水等废水的任意排放，对地表河流等产生较大的污染。山西煤矿矿井涌水量相对较小，生产 1 t 煤排放 0.4 ~ 1 m^3 水，其中国有重点、统配煤矿 0.53 m^3/t，地方煤矿为 1.2 m^3/t，乡镇煤矿为1.6m^3/t，山西全省煤矿现状涌排水量为 3.5 亿 m^3/a，利用量为 2400 万 m^3/年，占到 49.2%。另外，由于全省仍有 50%以上的选煤厂没有实现洗水闭路循环，全省每年洗煤水的排放量约为 500 万 m^3。据统计，省矿山企业每年排出废水、废液 11284.58 万 m^3，年废水处理量仅为10714.88 m^3。废气：目前全省每 km^2 大气污染负荷 为全国平均值的 1.6 倍，焦炭生产地区则高达 6 至 10 倍，烟尘排放量为全国平均值的 7 倍，二氧化硫和颗粒排放为全国平均值的 6.5 倍。

③ 诱发了矿山灾害。全省煤炭地下采空面积达 1300 km^2，土地塌陷面积为 520 km^2，造成的地裂、滑坡、煤层自燃等自然灾害，估计直接经济损失大约每年 2000 多万元。（山西省矿业协会）

【洁净燃料型煤在山西省试制投产】 一种宜运输、高热效、低粉尘、无污染的洁净燃料型煤，2001 年在山西省试制投产。

山西一家公司利用洗煤厂遗弃的煤泥、焦化厂排出的废料焦粉，煤矿愁于处理的贫煤、矸石为原料研制的型煤，经初步检测具有如下特点：粒度均匀，透气性好，燃烧完全，使用方便，热稳定性好，热效率高，炉膛温度可达 1100 ~ 1400℃，较燃烧散煤工业锅炉可节能 20% ~ 25%，民用炉可节能 25% ~ 30%。燃烧过程中锅炉无结巴现象，可减少锅炉零部件损坏，且烟尘达到国家允许排放标准。（中国矿联信息中心）

【核探测技术应用于煤矿自燃火灾防治】 太原理工大学防灭火课题组，运用国际领先水平的"同位素测氡精确探测火源位置技术"，结合新型胶体灭火技术，2001 年成功地将山西焦煤集团西铭煤矿自燃发火区大火全部扑灭，并完好地取出了被封闭在井下工作面的 100 架液压支架及泵站等设备，挽回经济损失 1650 万元。

自燃火灾是煤矿一大突出灾害，据不完全统计，在全国统配煤矿中，自燃火区和自燃发火危险区已占煤矿灾害的 56%，因自燃而造成煤炭资源的破坏，每年达数 10 亿元的经济损失。自燃火灾防治的关键是自燃发火的早期预测预报和自燃火源位置的精确探测，这也是国际性难题。太原理工大学矿业工程学院防灭火课题组对此进行了长期的攻关研究，在国内外首次将核探测技术应用于自燃火灾防治中，特别是自燃火源探测技术已达到国际领先水平。该技术近年来在山西、山东、内蒙古等自燃严重的省区进行了应用，使许多矿井得以安全回采，累计新增煤炭 1350 万 t，新增产值 18 亿元，并延长了矿井服务年限，避免了大量煤炭资源的浪费。

山西省曾发生多起因煤炭自燃而导致工作面封闭的灾害，使工作面采掘设备无法撤出，给企业造成巨大经济损失。业内人士指出，运用火源探测结合新型胶体灭火技术具有灭火时间短、成本低、见效快、成功率高、井下无污染等优点。该技术于 2000 年通过山西省科技鉴定，并已成为中国自主知识产权的新技术，2001 年与澳大利亚联邦研究院达成技术合作化协议。

（中国矿联信息中心）

【乡宁县煤矿中下分层复采成功】 2001 年 8 月，山西省乡宁县毛则渠煤矿煤层中下分层复采获得成功。此项技术可使煤炭资源回收率增加 40%左右，进而达到 70%以上，使矿井服务年限延长 10 余年，为保护性地合理开采 2 号稀有煤种，提高资源利用率探索出一条新路。

多年来，由于受采煤技术的限制，2 号煤层只能采到上分层，中下分层则无法有效地开采，资源回收率仅有 30%左右，造成资源浪费。毛则渠煤矿投资 200 余万元，与太原理工大学合作，经过一年多的反复论证和试验，大胆地把箱形支架支护金属网假顶技术引入复采工作面，并首次采用了单巷掘进、独头通风的施工方式，使中下分层复采难题得以破解。

毛则渠煤矿新坑口采用该项技术后，可增采煤 300 余万 t，按每年增采 30 万 t 计算，可使矿井服务年限延长 10 余年。

（中国矿联信息中心）

【山西沁水探明大型煤层气田】 2001年在山西沁水盆地南部发现并探明了大型煤层气田—沁水煤层气田。

沁水煤层气田新增煤层气探明储量通过国土资源部有关部门的评审。气区含气面积为164.2 km²,探明煤层气地质储量402.19亿m³,可采储量218.39亿m³,可以建设形成年10亿m³的生产能力。已完钻29口井,单井最高日产气量达1.6万m³。

煤层气储存于煤层中,与常规天然气相同。作为一种新型高效洁净能源,煤层气具有广泛用途,可以用作民用燃料、汽车动力燃料以及重要的化工原料。

中国是世界上煤炭资源和煤炭生产大国,也是煤层气资源丰富的国家之一。据介绍,沁水盆地面积2.4万km²,预测煤层气资源量6.85万亿m³,目前探明的只是盆地的极小部分。 (中国矿联信息中心)

【山西钕铁硼磁体基地建设初具规模】 浙江宁波地区、京津地区和山西省形成了中国钕铁硼三大基地,产量占全国产量的90%以上。其中山西建设钕铁硼磁体生产基地初具规模。从20世纪80年代中期,第三代稀土永磁钕铁硼问世起,山西就利用资源优势开拓创业。山西已经建成一大批生产企业,其中钕铁硼专用设备厂8家,可以生产除熔炼和烧结炉以外的所有设备。现已形成年产各种型号和规格的烧结磁体5000 t毛坯,且产品技术水平为全国先进水平。据近5年的统计,山西钕铁硼产量每年以30%的速度增长。全省钕铁硼磁材年产量4000 t,占全国的1/3,产品的技术性能在国内也处于领先地位。 (中国矿联信息中心)

陕 西 省

【矿产资源概况】 截至2001年底,陕西省已发现各类矿产137种,列入陕西省矿产储量表的矿产81种,矿产地698处,其中大型矿床125处,占17.9%,中型矿床194处,占27.8%,小型矿床379处,占54.3%;中小型规模矿床占82.1%,陕西保有储量列全国前3位的矿产有27种,前5位的矿产有36种,前10位的矿产有55种。在全国45种主要矿产中,陕西省已探明储量37种,其中居全国前10位的矿产有盐矿、水泥石灰岩、天然气、汞、高岭土、煤、钼、金、石棉、玻璃用石英岩、隐晶质石墨、重晶石、镍、晶质石墨、石油、锑、磷、锰、铅、钒、稀土、钛、锌等23种矿产。煤、铝土矿、金、磷矿储量居西北首位,石油、天然气、铅、锌、硫铁矿居第二位,铁矿居第三位。

陕西省列入矿产储量表的矿产保有储量潜在总值为420162.03亿元,约占全国矿产保有储量潜在总值的33%,居全国第一位。人均占有保有储量潜在价值居全国第二位,列青海省之后。每km²国土面积拥有矿产保有储量潜在价值居全国第一位。

陕西省勘查程度较高(勘探储量占80%以上)的矿产有铁、锰、铝、汞、镉、冶金用石英岩、化肥中蛇纹岩、石棉、石榴子石、石膏等11种;勘查程度中等(详查储量占80%)的矿产有金、钒、镍、铬、硫铁矿、滑石、澎润土等32种;勘查程度较低(普查储量占80%以上)的矿产有煤铸型用砂、镁盐、砷、透闪石、高岭土、玻璃用白云岩、海泡石粘土、水泥用大理岩等8种。从以上统计数字看出,陕西省勘探程度的矿产储量所占比例偏低,特别是煤炭可供建井的精查储量仅占探明储量的12.09%,不能满足开采需求。金矿勘查程度中等,但开发程度较高,从目前开采能力与探明储量相比,后备储量明显不足。

最新统计表明,陕西省探明的多数重要矿产资源利用程度较高。在列入陕西省矿产储量的698处矿产地中,正在开发利用的矿产地为250处,占矿产地总数的35.82%;可供开发利用的矿产地为276处,占矿产地总数的39.54%。其中煤、锰、铬、钛、钒、铜、锌、钴、钼、汞、锑、金、银、硒、镉、硫、萤石、芒硝、毒重石、重晶石、电石灰岩、化肥用蛇纹岩、镁盐、隐晶质石墨、石膏、玻璃用石英岩、水泥灰岩、膨润土等矿种开发利用程度较高,正在开采利用的保有储量占该矿种全省保有储量的40%以上;煤炭、熔剂灰岩、磷、长石、水泥配料粘土等矿种开发利用程度较低,正在开采利用的保有储量占该矿种全种保有储量的20%以下:铝、镍、锶、稀土、冶金用脉石英、耐火粘土、岩盐、晶质石墨、水晶、蓝石棉、透辉石、透闪石、蛭石、海泡石粘土等矿种,现有的保有储量尚未开发利用。 (陈志勤)

【矿业企业生产】 截至2001年底陕西省共有各类矿山企业3977个,其中生产矿山企业3507个,筹建矿山94个,停产矿山376个。按生产规模统计:大、中型矿山企业66个,占矿山总数的1.7%;小型矿山企业3911个,占矿山总数的98.3%。

按行业统计:煤炭矿山957个,石油、天然气开采企业17个,冶金矿山70个,有色矿山201个,贵金属矿山67个,冶金辅助原料矿山18个,化工矿山80个,建材及其他矿山289个。按不同经济类型统计:国有、国有独资公司及国有联营矿山企业289个,占矿山总数的7.2%;集体矿山企业1479个,占矿山总数的37.19%;私营矿山企业1930个,占矿山总数的48.53%;股份合资、合作、联营、有限责任公司等矿山273个,占矿山总数的6.78%,,中外合作、中外合资经营矿山企业6个,占矿山总数的 0.15%。

陕西省 2001 年度开发利用的矿种 75 种，其中能源矿产 5 种：煤炭、石油、天然气、石煤、地热；黑色金属矿产 4 种：铁、锰、钛、钒；有色金属矿产 8 种：铜、铅、锌、镍、钨、钼、汞、锑；贵金属矿产 2 种：金、银。冶金辅助原材料金属矿产 5 种；化工原料非金属矿产 10 种；建材非金属及其他矿产 41 种。

2001 年度陕西省矿业从业人数为 313930 人。其中国有矿山企业从业人员 142000 人，非国有矿山企业从业人员 171930 人。2001 年陕西省矿山企业总的采矿设计能力为 17200 万 t/a，选矿设计能力为 3437 万 t/a。生产矿石总量 12700.31 万 t。其中固体矿产生产矿石量 11282.2 万 t；液体矿产：石油原油产量 746.44 万 t；地热、矿泉水 467.57 万 m^3；气体矿产：天然气 20.10 亿 m^3。

1. 工业总产值。2001 年陕西国有和年矿产品销售收入 500 万元以上的非国有矿业及相关工业企业实现工业总产值 508.13 亿元，占全省规模以上企业工业总产值 1184.58 亿元的 42.89%。其中矿业采掘业总产值 219.23 亿元，占全省工业总产值的 18.51%。

2. 工业增加值。2001 年陕西国有和年矿产品销售收入 500 万元以上的非国有矿业及相关工业企业实现工业增加值 207.07 亿元，占全省工业增加值 410.93 亿元的 50.39%。其中矿业采掘业实现工业增加值109.07 亿元，占全省工业增加值 26.54%。

3. 利税总额和利润总额。2001 年陕西省国有和年矿产品销售收入 500 万元以上的非国有矿业采掘业实现利税总额 93.83 亿元，占全省利税总额 155.51 亿元的 60.34%。其中石油、天然气开采业实现利税 60.88 亿元，占全省矿业采倔业利税总额的 96.32%；有色金属开采业实现利税 1.87 亿元，煤炭开采业实现利税 0.36亿元。

2001 年陕西国有和年矿产品销售收入 500 万元以上的非国有矿业采掘业实现利润总额 41.77 亿元，其中石油、天然气开采业实现利润 42.33 亿元，有色金属采选业实现利润 0.94 亿元。而煤炭开采业亏损 1.36 亿元，黑色金属采选业亏损 395 万元；非金属采选业亏损 67 万元。矿业相关加工制造业全行业亏损总额 4234 万元，较 2000 年减亏 88709 万元。

4. 企业亏损总额。2001 年陕西国有和年矿产品销售收入 500 万元以上的非国有矿业及相关工业企业 2553 户，其中亏损企业 971 户，亏损总额 33.99 亿元。亏损企业数与亏损总额均比 2000 年有所减少。在矿业采掘业中共有 196 户企业，其中亏损企业 71 户，占企业总数的 36.2%，亏损总额 1.82 亿元。在亏损的矿业采掘业企业中，煤炭采选业亏损企业 32 户，占全省矿业采掘业亏损企业的 41.5%，亏损额 14564 万元，占矿业采掘业亏损总额的 80.13%，其次是有色金属采掘业，亏损企业 24 户，占全省矿业采掘业亏损企业的 31.17%，亏损额 2725 万元，占矿业采掘业亏损总额的 14.89%。

（陈志勤）

【煤炭资源勘查与开发利用】 陕西省境内含煤面积 6 万 km^2。经过 40 多年的地质工作，共完成 165 个勘探区（井田）或矿点的勘探任务。截至 1998 年底，累计探明储量 1625 亿 t，保有储量 1618 亿 t。据最新储量预测，2000 m 以浅储量 3887 亿 t。1999 年不详、精查储量 455.7 亿 t，占保有储量的 28.2%。

1. 渭北石炭二叠纪煤田：位于关中平原北部的韩城、澄城、合阳、白水、铜川等县市，含煤面积 8300 km^2，探明储量 61.3 亿 t。含煤共 11 层，可采 3～4 层。平均厚度 1.3～5 m。原煤灰分 13%～27%，硫分 0.8%～4.5%，挥发分 27.6%，发热量 18.0～30.2MJ/kg。已建成铜川、蒲白、澄合、韩城四个国有重点矿区，2001 年合计生产原煤 1198.7 万 t。地方国有和乡镇煤矿 2001 年合计生产原煤 273.3 万 t。

2. 黄陇侏罗纪煤田：位于延安、铜川、咸阳、宝鸡等地市，含煤面积 6500 km^2。至 1999 年底，累计探明储量 135.5 亿 t，含煤共 8 层，可采 1～2 层，平均厚度 1.5～12m。原煤灰分 14%～18%，硫分 0.4%～1.7%。挥发分 33%～37%，发热量 28～29MJ/kg。该煤田规划建设黄陵、彬长、焦坪和旬耀四个矿区，焦坪矿区已建成生产，黄陵矿区一期也已建成试生产，彬长矿区 1997 年已经国家计委批准立项，旬耀矿区只有一些地方国有和乡镇煤矿零星开采。2001 年该煤田生产原煤649.3万 t。其中国有重点煤矿生产原煤 263 万 t。

3. 陕北晚三迭纪煤田：位于延安和榆林市的子长、子州、延长、安塞、横山等县，含煤面积 2100 km^2。至 1999 年底累计探明储量 20.3 亿 t。含煤共 7～15 层，可采1 层，平均厚度 0.7～2.9 m。原煤灰分 15%～20.5%，硫分 1.2%，挥发分 34.4%～49.2%，发热量 21.2～34.4MJ/kg。目前只有小型地方国有和乡镇煤矿开采，2001 年生产原煤 100 万 t。

4. 陕北石炭二叠纪煤田：位于榆林市的府谷、佳县、吴堡等县，含煤面积 13700 km^2，至 1999 年底，累计探明储量 56.7 亿 t。含煤共 10 层，可采 8 层，平均厚度 2.8 m，原煤灰分 20.5%～40.7%，硫分 0.5%～4.1%，挥发分 21.5%～40.6%，发热量 30.3～33.4 MJ/kg。该煤田勘查程度较低，目前只有少数小型煤矿开采。

5. 陕北侏罗纪煤田：位于榆林市的府谷、神木、榆林、横山、定边等县，含煤面积 22000 km^2，至 1999 年底探明储量 1349.4 亿 t，含煤共 20 层，可采 8 层，平均厚度 2.3 ~ 12.3 m，原煤灰分 3% ~ 10%，硫分 0.3% ~ 0.9%，挥发分 34% ~ 40%，发热量 25.2 ~ 34.2 MJ/kg。初步规划为神府、榆神和榆横三个矿区。神府矿区由神华集团 1985 年开工建设。现已建成大柳塔、大海则、榆家梁、哈拉沟 4 个煤矿。2001 年生产原煤 2490 万 t。其中出口煤炭 1500 万 t。地方国有和乡镇煤矿 2001 年生产原煤 580 万 t。

6. 陕南煤炭：位于商洛地区。累计探明储量 1.3 亿 t，地质构造复杂、煤质差，不宜建大中型矿井，目前只有零星小矿生产，2001 年生产原煤 19 万 t。

（陕西省煤炭工业协会）

【煤炭工业生产经营】 全省生产原煤 5256 万 t。其中国有重点煤矿生产原煤 3950 万 t，地方国有煤矿生产 587 万 t，乡镇煤矿生产 719 万 t。

销售原煤 5349 万 t。其中：国有重点煤矿 4053 万 t，地方国有煤矿 585 万 t，乡镇煤矿 711 万 t。

国有重点煤矿（不含神木东胜煤炭有限责任公司）经营亏损 1.67 亿元，比 2000 年同期减亏 4780 万元；商品煤售价 97.6 元/t，比 2000 年同期降低 0.4 元；原煤成本 90.8 元/t，比 2000 年同期上升 2.5 元/t；职工年均收入 7380 元/人，比 2000 年同期增加 558 元/人。

（陕西省煤炭工业协会）

【煤矿安全生产】 2001 年陕西省煤矿发生各类事故 72 起，死亡 177 人，比 2000 年同期减少 20 起，死亡人数增加 36 人。其中国有重点煤矿发生各类事故 22 起，死亡 107 人，比 2000 年同期增加 7 起，多死亡 87 人；地方国有煤矿发生各类事故 14 起，死亡 17 人，比 2000 年同期增加 4 起，多死亡 6 人；乡镇煤矿发生各类事故 34 起，死亡 49 人，比 2000 年同期减少 32 起，少死亡 57 人。发生的 72 起各类事故，当年已结案 58 起，受到处理的责任者 221 人。其中移送司法机关追究刑事责任的 7 人，给予党纪处分的 80 人。在受处理的人员中，涉及政府公务人员 9 人，国有企业副处级以上干部 8 人。

（陕西省煤炭工业协会）

【榆林市建设特大型矿区】 榆神矿区位于陕北侏罗纪煤田的"白菜心"，它是中国探明储量最大、煤质量优、开采条件最好的大型整装煤田。榆神矿区面积 2625 km^2，含煤面积 2355 km^2，探明储量 301.7 亿 t，详查储量 160.8 亿 t，可采煤层总厚度在 15 m 以上，在大保当一带可达 20 m 以上。这里地势平坦，储量巨大，煤层稳定，埋深适中，构造简单，煤质优良，开采容易，交通便利，水源丰富，将成为中国 21 世纪煤炭工业的重要基地。矿区总体规则于 2000 年 10 月由国家计委正式批复。矿区一体总体规模为 5500 万 t，规划建设 23 个煤矿，其中建设规模在 400 ~ 1000 万 t 的特大型煤矿 6 个，120 ~ 150 万 t 的大型煤矿 5 个，60 ~ 90 万 t 的中型煤矿 5 个，备用井田 7 个。

陕西省政府已成立了榆神矿区开发领导小组，矿区规划、管理、协调工作已经展开，并完成大保当、榆树湾井田的精查、勘探和预可研设计，规划区内耳林滩、小壕兔、秃尾河、沟岔、瑶镇水源地勘察业已完成，为矿区的总体开发创造了条件。（中国矿联信息中心）

【煎茶岭镍金矿竣工验收】 2001 年，陕西煎茶岭镍金矿一期金矿通过竣工验收，标志着陕西省产量最大的金矿全面建成。煎茶岭镍金矿一期金矿，建设规模为年采矿石 30 万 t，年产黄金 6 万两，是陕西省"九五"期间建设的重点工程之一。（中国矿联信息中心）

【商州两岔河金矿控制富矿储量】 陕西省商州市两岔河金矿勘查开发取得新成果。勘查区位于商州市夜村至丹凤县商镇一带，近东西向展布，长 12 km，宽 3 km。矿体长度几十 m 至几百 m 不等，延伸达 100 多 m。围岩蚀变以黄铁矿化、绢云母化、硅化、方解石化为主。矿石类型以少硫化物半氧化石英脉含金矿石类型为主，矿石平均含金 17.2 g/t，平均厚度 0.69 m。截至 2001 年已控制 C + D + E 级储量 4913 kg。还发现一批有远景的矿点。（中国矿联信息中心）

【商南县矿产资源情况】 商南县位于秦岭造山带中部，是陕西、河南、湖北 3 省 8 县的结合点，土地面积 2300 km^2，人口 23 万。商南矿产资源丰富，已探明境内在矿床（点）115 个，包括黑色金属，有色金属，贵金属，稀有金属，特种金属，冶金辅助材料，化工原料，耐火材料，新型建筑材料，化学电讯材料 10 个大类。具有极高，较高经济开采价值的有 23 种。其中，有储量丰富、品质优良，位居全国之冠被誉为当今世界铸造业明珠的镁橄榄石砂矿；稀有珍贵的镍矿；有用途特殊，价值很高的蓝石棉、白石棉、水晶矿；有国内稀有的铬铁矿；有色彩艳丽、花纹雅致的大理石矿，还有特大型天然金红石矿等。矿点之多、矿种之丰，独天独厚。商南，基础设施建设日趋完善，交通、通讯、供水、供电等基础设施建设加快。交通便利，312 国道二级公路横穿东西，同时沿 312 国道的西（安）合（肥）铁路也已基本建成。万门程控电话和 GSM 全球通无线电话，可直拨世界各地，西北网电覆盖全县。

商南县矿产资源管理办公室（现陕西省商南县国土资源局）成立于 1989 年，经过十多年的发展，矿管职工增加到 15 人，资源开发也由原来的单一型向多元型发展,矿产资源补偿费也由原来年征收1万多元,发展到年征收10多万元。矿产业逐渐成为该县的支柱产业,矿业经济将在商南县经济领域中起着愈来愈重要的作用。 (陕西商南县国土资源局)

安徽省

【矿产资源概况】 安徽省地处华东腹地,地形地貌复杂,长江、淮河横跨境内,形成了淮北平原、江淮丘陵、皖东丘陵、皖南山区和皖西大别山区。全省土地总面积14.01万 km^2,约占全国土地总面积的1.3%。2001年末全省人口6400万人,居全国第七位,人口密度达每平方公里443人。国内生产总值首次突破3000亿元,属经济欠发达省份。

安徽省矿产资源多样,现已发现各类矿种130种,探明储量的矿产67种,矿产地690多处,有39种矿储量位居全国前10位;已发现的矿产中,能源矿产8种,黑色金属矿产5种,有色金属矿产和贵金属矿产14种,稀有金属矿产12种,建筑材料非金属矿产31种,特种非金属矿产和工艺美术原料矿产35种。其中经济优势矿产有煤、铁矿、铜矿、硫铁矿、明矾石、水泥灰岩等。经济比较优势矿产有金矿、熔剂用灰岩、萤石、盐矿、石膏等,经济一般矿产有铅、锌、银等,经济劣势矿产很多,主要有石墨、石棉、重晶石、锰矿、磷矿等。

安徽省矿产资源对矿业开发的保证程度可分为三类:一类是有充分保证的矿种,主要有熔剂用灰岩、冶金用白云岩、明矾石、盐矿、水泥用灰岩、石膏等;一类是较长期内可保证的,主要有煤、铁矿、硫铁矿等;一类是储量不能保证的矿种,主要有铜、金、银、萤石、磷矿等。其余为难以保证的矿种。

(安徽省国土资源厅矿管处)

【矿产资源开发利用】 2001年安徽省已开发利用的矿产有73种(含亚矿种),各种经济类型矿山7500个,矿业从业人员47.41万人,年产矿石量1.89亿t,与2000年相比,矿山从业人员减少近3万人,矿石产量减少200万t(全省矿产资源开发利用情况详见表1)。

2001年全省矿业总产值150亿元(国有企业占68%),矿业利润8.78亿元,与2000年相比增长了近40%,矿业产量、产值、利润趋于稳定。淮南市、淮北市两市矿业年产值在30亿元以上,铜陵市、宿州市、巢湖市在10亿元左右。(全省矿产资源开发利用情况分行政区和经济类型汇总情况详见表2)。

表1 2001年安徽省矿山企业矿产资源开发利用情况汇总表

序号	矿种名称	矿山数(个)	从业人数(人)	年产矿石量(万t)	工业总产值(万元)
	总计	7500	474063	18924.408	1502539.98
1	煤	361	209181	5438.438	813957.62
2	石油	1	2366	0.000	8588.00
3	石煤	34	1158	12.947	1070.40
4	地热	8	299	0.000	207.68
5	铁矿	134	15379	810.424	58144.52
6	锰矿	7	98	0.430	65.05
7	铜矿	201	14554	425.783	62686.44
8	铅矿	23	1336	28.662	5415.23
9	锌矿	9	572	13.135	4301.50
10	钨矿	1	40	0.600	78.00
11	钼矿	3	655	0.100	10.00
12	锑矿	3	36	0.060	69.29
13	砂金	1	25	0.000	0.00
14	金矿	38	2721	32.770	10616.88
15	银矿	2	360	5.000	589.00
16	萤石(普通)	41	1423	13.763	1242.26
17	熔剂用石灰岩	17	2227	137.000	3007.27
18	冶金用白云岩	81	1657	95.975	2701.22
19	冶金用石英岩	6	75	2.920	42.70
20	铸型用砂	5	6	1.235	34.60
21	冶金用脉石英	5	65	0.610	43.01
22	耐火粘土	8	100	1.413	41.20
23	熔剂用蛇纹岩	1	30	1.00	30.00
24	硫铁矿	36	9620	129.795	20799.70
25	明矾石	7	45	0.160	14.00
26	重晶石	6	58	0.319	63.75
27	电石用灰岩	1	170	27.080	405.46
28	化肥用蛇纹岩	1	11	0.010	6.00
29	石盐	2	3420	28.100	17280.00
30	磷矿(主矿、共生矿)	19	331	5.140	470.80
31	石墨	5	156	0.350	314.85
32	硅灰石	3	32	0.440	24.00
33	滑石	4	110	1.710	59.00
34	石棉(温石棉)	1	30	0.000	0.00
35	云母	2	8	0.100	5.00
36	长石	4	61	1.530	162.10
37	叶腊石	2	56	0.900	74.00
38	沸石	10	251	17.600	265.80
39	石膏	7	1082	35.610	1899.00
40	方解石	132	1895	60.266	6543.43
41	宝石	3	38	0.001	35.60
42	水泥用灰岩	288	19744	2273.007	301642.08
43	建筑石料用灰岩	2143	32512	3530.912	30015.25
44	制灰用灰岩	137	1632	42.983	2682.11
45	建筑用白云灰岩	189	2095	492.974	2262.79
46	玻璃用石英岩	84	2280	121.875	7854.85
47	水泥配料用砂岩	25	347	24.530	249.92
48	建筑用砂	315	5622	886.035	10342.09

续表

序号	矿种名称	矿山数（个）	从业人数（人）	年产矿石量（万 t）	工业总产值（万元）
49	砖瓦用砂	5	53	4.267	17.00
50	玻璃用脉石英	20	214	3.325	219.05
51	陶粒页岩	1	7	4.000	8.00
52	砖瓦用页岩	2	39	4.200	8.80
53	水泥配料用页岩	6	293	11.500	185.60
54	高岭土	46	401	6.300	233.70
55	陶瓷土	25	866	5.633	455.23
56	凹凸棒石粘土	6	343	2.600	759.00
57	伊利石粘土	1	20	0.100	12.00
58	膨润土	19	350	7.647	482.98
59	砖瓦用粘土	2411	128264	3584.598	117677.22
60	水泥用粘土	21	104	9.200	77.00
61	铸石用玄武岩	2	70	1.100	85.00
62	饰面用辉绿岩	1	20	0.030	25.00
63	建筑用辉绿岩	8	487	10.977	139.30
64	建筑用安山岩	132	1498	126.049	1142.77
65	建筑用闪长岩	49	551	38.774	512.50
66	建筑用花岗石	160	1844	246.147	1454.01
67	饰面用花岗岩	62	309	40.528	1028.22
68	珍珠岩	1	39	0.480	39.90
69	建筑用凝灰岩	16	240	15.462	184.00
70	饰面用大理石	5	69	0.324	42.50
71	建筑大理石	20	252	85.474	459.90
72	矿泉水	38	1556	5.160	781.62
73	其他矿产	27	145	4.116	96.23

表 2　2001 年度安徽省矿产资源开发利用情况分行政区汇总表

项目名称	矿山数（个）	从业人数（人）	年产矿石量（万 t）	工业总产值（万元）	利润总额（万元）	税金总额（万元）
总计	7500	474063	18924.41	1502539.98	87826.99	113279.61
合肥市	255	16533	433.96	15196.40	－787.85	1102.11
芜湖市	476	24649	1530.85	94709.22	9480.51	8305.19
蚌埠市	294	12207	449.86	10612.75	665.55	287.41
淮南市	214	92939	3308.92	371650.55	37086.84	15149.72
马鞍山市	159	13327	852.47	45439.81	7941.59	6557.58
淮北市	380	83596	2456.03	325369.92	23383.85	33663.73
铜陵市	226	28253	827.24	116766.04	－10851.27	8701.28
安庆市	944	27120	1682.37	49027.04	84.43	2177.92
黄山市	274	3769	121.18	2497.12	338.40	61.47
滁州市	534	32996	1001.37	76012.95	1652.19	5029.02
阜阳市	173	1906	52.40	2148.12	234.94	35.41
宿州市	688	46577	1313.95	131420.12	867.70	10089.07
亳州市	240	8327	294.50	7981.81	976.92	211.30
六安市	580	18778	1343.34	49479.13	3242.02	3808.25
宣城市	5791	25677	891.57	79284.59	7869.69	8194.05
巢湖市	913	21448	1501.19	96051.41	4087.44	7340.24
池州市	559	15961	863.14	28892.78	1554.04	2565.86

表 3

2001 年度安徽省矿产资源开发利用情况分经济类型汇总表

项目名称	矿山数（个）	从业人数(人)	年产矿石量（万 t）	工业总产值（万元）	利润总额（万元）	税金总额（万元）
总计	7500	474063	18924.408	1502539.98	87826.99	113279.6
国有企业	279	218589	7403.871	1025634.91	65742.33	85887.06
集体企业	3538	168805	6550.322	189397.12	6959.74	13377.67
股份制企业	138	26782	1326.558	206483.46	10090.21	8564.83
私营企业	3258	56544	3421.914	76575.14	5121.86	5175.32
合资、外资企业	9	1281	32.81	2149.02	－384.2	160.14
其他企业	278	2062	188.933	2300.34	297.05	114.59

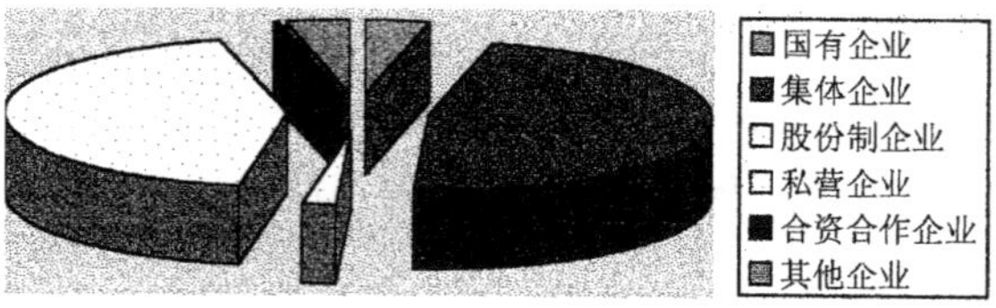

图 1　2001 年矿山企业类型比例图

国有大中型矿山企业在安徽省的矿业经济中仍占主导地位，大中型矿山数量占全省矿山总数的 1.3%，其工业总产值、综合利用产值、销售收入、利润总额和税金总额分别占相应总量的 72%、36%、72.8%、109%和 74.6%（详见表 3 和图 1、图 2）。全省小型矿山占矿山总数的 98.7%，建筑用砂石粘土矿山数量占矿山总数的 80%左右。

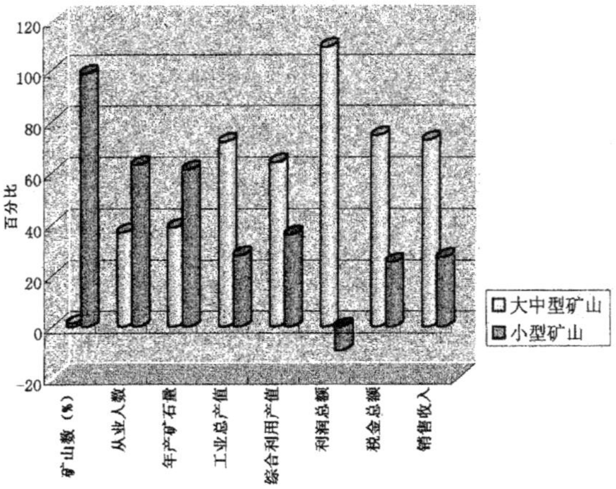

图 2　2001 年度安徽省大中型矿山与小型矿山经济指标占总量的百分比对照图

（安徽省国土资源厅矿管处）

【矿业企业生产】　1.矿山生产能力。2001 年安徽省矿山企业的实际生产能力普遍低于设计生产能力，铜矿、磷矿因后备资源不足而小于设计生产能力。（各类矿山的生产能力情况详见表 4）

表 4　　2001 年安徽省矿山生产能力统计表

矿产类型	设计生产能力		实际生产能力	
	采矿	选矿	采矿	选矿
能源	5738.94	1888.42	5419.09	1816.81
煤矿	5684.42	1870.00	5393.97	1810.30
黑色金属	1429.06	1062.20	1055.20	927.55
铁矿	1426.51	1062.20	1055.20	927.55
有色金属	694.89	673.77	490.50	404.69
铜矿	651.47	646.91	439.03	363.89
贵金属	67.87	23.33	51.29	29.42
金矿	47.57	21.83	47.39	28.52
冶金辅助原料	578.75	2.50	420.48	2.46
萤石	26.05	0.50	14.91	0.46
熔剂用石灰岩	258.00	0.00	187.50	0.00
冶金用白云岩	271.50	0.00	207.50	0.00
化工原料	310.75	86.70	242.99	101.50
硫铁矿	163.20	84.00	154.98	101.50
岩盐	63.00	0.00	55.20	0.00
磷矿	30.00	2.70	5.82	0.00
建材及其他非金属	13052.48	1696.50	9913.68	1094.16
石膏	54.00	30.00	30.70	28.70
方解石	180.60	6.10	113.76	7.00
水泥用灰岩	2828.88	85.70	2399.04	63.70
玻璃用石英岩	254.10	0.00	123.07	0.00
高岭土	49.10	0.00	14.10	0.00
凹凸棒石粘土	8.00	0.00	8.00	0.00
膨润土	35.95	8.50	20.66	3.71

2.矿产品产量。2001 年安徽省矿产矿石产量除了煤炭和铅矿的年产量比 2000 年有所增加外，其他矿种矿产量基本持平(详见表 5)。

表 5　安徽省 2000 年与 2001 年主要矿种矿产量对比表

序号	矿种名称	2000 年产矿石量(万 t)	2001 年产矿石量(万 t)	增减量
1	煤	5112.34	5438.438	326.098
2	铁矿	809.671	810.424	0.753
3	锰矿	0.4	0.43	0.03
4	铜矿	402.63	425.783	23.153
5	铅矿	5.217	28.662	23.455
6	锌矿	14.235	13.135	-1.1
7	锑矿	0.113	0.06	-0.053
8	砂金	2.151		3.098
9	金矿	29.672	32.77	3.098
10	银矿	1	5	4
11	萤石(普通)	18.046	13.763	-4.283
12	硫铁矿	128.273	129.795	1.522
13	岩盐	25.2	28.1	2.9
14	磷矿(主矿、共生矿)	8.21	5.14	-3.07
15	石膏	12.6	35.61	23.01
16	方解石	40.26	60.266	20.006
17	水泥用灰岩	2162.307	2273.007	110.7
18	玻璃用石英岩	194.651	121.875	-72.776
19	建筑用砂	961.141	886.035	-75.106
20	高岭土	7.96	6.3	-1.66
21	凹凸棒石粘土	3.5	2.6	-0.9
22	膨润土	4.268	7.647	3.379

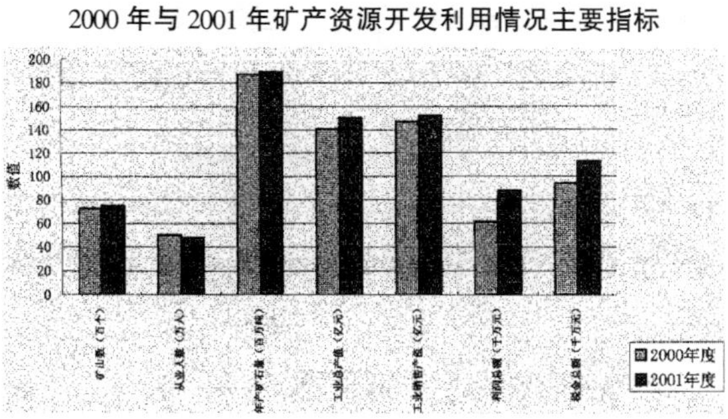

图 3　2001 年与 2000 年安徽省矿产资源开发利用情况主要指标对比图

总体来看，自 1998 年以来，安徽省矿山企业数量和矿山从业人数总体呈现逐年递减趋势(见图 4)，矿石产量、矿业产值及销售趋于稳定，但由于市场需求变化，各年度间矿业利润总额有较大波动。

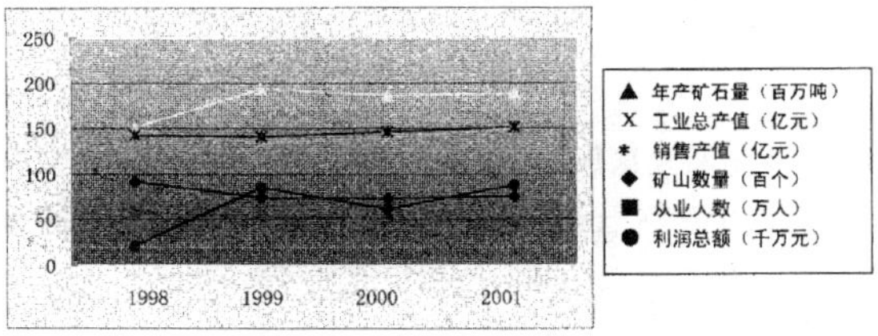

图 4　1998～2001 年安徽省矿产资源开发利用情况主要经济指标趋势图

(安徽省国土资源厅矿管处)

【矿业开发中存在问题】　1.一些地方仍然存在无证采矿、违法采矿现象，法制观念淡薄，必须进一步强化矿产资源管理秩序治理整顿，加大执法力度，严厉打击。

2.追求经济效益和眼前利益而不顾资源效益和长远利益。采富弃贫，采厚弃薄、采易弃难、随意分割资源，“大矿小开、一矿多开”的现象依然存在，不仅造成了矿产资源的浪费，而且引发了诸多的矿产资源纠纷。需强化监督管理措施，提高资源利用水平。

3.小型矿山布局不合理、规模偏小、经营粗放，开采条件差，资源利用水平低，安全隐患大的问题仍然比较突出。研究制定政策，引导矿山企业通过改革、改组、改造和联合兼并，实行集约化生产、规模化经营、科学办矿。

4.部分矿种后备资源严重不足。有色金属、贵金属及磷矿矿山可采年限不多，铅锌、钼、磷等矿山资源面临枯竭，需切实加强资源的保护与合理利用，积极寻找新的接替资源。

因省级机构改革的影响，原各行业协会尚未形成统一协会，安徽省矿业协会工作基本处于停滞状态。

(安徽省国土资源厅矿管处)

【安徽出让霍邱矿部分探矿权】 安徽省国土资源厅以1280万元成功地将霍邱县吴集铁矿南矿段探矿权出让与河北省武安市大昌矿产品经贸有限公司。

霍邱铁矿是国家出资勘查和评价的特大型铁矿。整个矿区由9个大中型矿床组成,南北长32km,东西宽5km,探明铁矿内外储量共16.5亿t,位居华东第一位、全国第五位,是目前中国惟一一座未开发利用的特大型铁矿。该矿矿石成分单一,硫磷含量低,矿石可选性好,铁精矿品位高达70%以上。霍邱铁矿9个铁矿床中仅有1个达到勘探程度,其他8个均需要进一步进行地质勘查工作。为尽快将资源优势转化为经济优势,安徽省国土资源厅在有关媒体上公布了霍邱铁矿部分矿业权出让信息,先后有福建、江苏、湖北、浙江、河北等地的矿业企业前来考察洽淡。武安市大昌公司最终获得了相关矿段的探矿权。吴集铁矿南段储量2.7亿t,大昌公司准备分三期投入1亿元进行勘探和开发。

(中国矿联信息中心)

【涡阳县发现大煤田】 安徽省涡阳县发现丰富的煤炭资源。这个矿区含煤面积565 km^2, - 1000 m的储量为27.5亿t, - 1200 m的储量为32亿t。

据勘测,涡阳矿区煤质较好,煤层稳定,煤种齐全,储量可观。不仅有主焦煤、气煤、无烟煤,而且有工业价值极高的低硫、特低磷煤种。

(中国矿联信息中心)

【庐江县龙桥铁矿开发正式启动】 安徽省庐江县先期投资3600万元的龙桥铁矿开发项目已正式启动。

龙桥铁矿位于庐江县城东南25 km处的龙桥村。该矿系地下大型磁铁矿床,矿石品位高、可选性好,并可综合回收铜精矿及硫精矿。其铁矿石总储量10363.7万t,伴生铜储量90144 t,伴生硫278.6万t,磁铁占有率达84%。

建设项目正式启动,可行性研究报告通过专家评审,首期1000万元资金已到位,2001年8月开工建设。

(中国矿联信息中心)

【铁精矿质量监督检测中心】 经国家技术监督局认证,国家冶金工业铁精矿质量监督检测中心于2001年在马鞍山矿山研究院正式挂牌。

中心是在原冶金部质量监督检测中心的基础上重新组建的,具有技术执行、质量监督、行政管理等职能,具有相对独立的第三方公正地位。中心除了开展不同金属矿及其产品中有色、稀有及贵重金属元素的分析检测之外,磁性材料、耐火材料中的各种成分以及蔬菜、粮食、水产、植物油等农产品中低含量有害物质都能通过相应的仪器进行分析检测。中心已成为安徽省无公害农产品指定检测单位。(中国矿联信息中心)

【安徽省投资铝生产】 安徽省计划投资约45.21亿元,建成年产电解铝12万t的淮北铝生产基地。这个项目的建成,使淮北市形成一个大型的现代化铝冶炼加工体系,极大地促进安徽省铝业发展。该项目预计每年可实现利税43894万元,投资利润率为16.61%,投资回收期为8.9年。 (中国矿联信息中心)

【新型非金属材料基地在东至县破土动工】 2001年由安徽国风塑业股份有限公司投资兴建的年产100万t新型非金属材料基地,在安徽省东至县破土动工。该项目的开工标志着安徽省将成为目前国内最大的新型非金属材料生产、加工、经营和出口基地,也标志着国内新型非金属材料使用长期依赖进口的局面成为历史。

新型非金属材料产品是世界上最为热门的产业之一,先进国家把对非金属矿开发应用的程度,作为衡量国家技术和生产水平的标志之一。它主要被广泛用于塑料、橡胶、造纸、建材、日用化工、食品、医药、涂料等行业,有着广阔的市场和良好的效益。中国的非金属材料加工和使用技术装备一直比较落后,在20世纪80年代末,该产品几乎是空白,长期依赖进口。近年来,随着中国经济建设的高速增长,非金属材料工业发展迅速,成为方兴未艾的朝阳产业。据预测,2001年中国非金属材料市场需求量超过800万t,生产量不能满足市场需要。

国风新型非金属材料项目是安徽省政府"十五"规划中的五大重点项目之一,也是国家计委、国家经贸委批准立项的重点项目工程。东至县及附近地区的石灰石、方解石储量大、品位高,开采方便,是国内少见的优质矿产资源。该项目将利用安徽丰富的非金属矿产资源,研究开发高档产品,尤其是纳米技术的开发和利用,将提高产品的附加值和科技含量,使中国的非金属材料产品赶上世界先进水平。

以塑料加工为主导产品的安徽国风集团是安徽省重点企业集团,也是国家高新技术重点企业,2000年,综合经济效益位居全国同行业首位。该项目建成后,集团将增加产值12亿元,利税达4~5亿元。

(中国矿联信息中心)

【富氧炼铅示范工程施工】 在安徽省池洲市南郊,一座占地150亩,总投资8221万元的新型炼铅厂施工。该厂是国家高新技术示范工程,采用氧气底吹富氧炼铅工艺,将彻底改变传统工艺机械化程度低、作业环境差的状况。

该项目完成后，年产量将达 3 万 t，可实现年产值 2 亿元。工程 2001 年 3 月投产，届时，池洲冶炼厂老的炼铅系统全部关闭。　　（中国矿联信息中心）

【非金属矿深加工业投资】　安徽省计划在未来 10 年内，投资 106 亿元发展非金属矿深加工业，建成全国重要的非金属矿深加工基地，实现年销售收入 148 亿元，年出口创汇 2 亿美元。

非金属矿产品广泛应用于建材、机械、化工、石油等传统工业领域，同时也是航空航天、新能源、环保产业等新兴工业的重要材料，非金属矿产资源的开发利用水平已成为衡量一个国家经济综合发展水平的重要标志之一。安徽省非金属矿产资源丰富，方解石、膨润土、凹凸棒石粘土、煤系高岭土等矿种在国内乃至世界范围内都占有重要地位。

安徽省将以巢东水泥股份有限公司为依托，在未来 10 年内分步实施全省的非金属矿深加工项目。2001 至 2005 年期间，全省将重点建设纳米级轻钙、超细重钙、凹凸棒粘土、煤系高岭土、蒙皂石、膨润土等 6 大项目。

巢东水泥股份有限公司的水泥年产量达 300 万 t，位居全国第 5 位。由于水泥和非金属矿产品在生产环节上非常近似，公司发展非金属矿深加工产业有着得天独厚的条件。公司已于近期投资近 2 亿元，开始动工建设年产 3 万 t 纳米级轻质碳酸钙项目。

（中国矿联信息中心）

江　苏　省

【矿业资源开发利用概况】（见表 1～9）

表 1　　**江苏省矿产资源开发利用矿种数、矿山数一览表**

矿产类别	矿种数	矿山数	主要矿种名称及矿山数
合计	59	4716	
能源	3	48	煤 33、石油 2、地热 13
黑色金属	1	6	铁 6
有色金属	3	6	铜 4、铅锌 2
贵金属	2	2	金 2 银(与铅锌共生)
稀有金属	1	1	锶 1
冶金辅助原料非金属	6	72	熔剂用石灰岩 34、冶金用白云岩 3、熔剂用蛇纹岩 1、铸型用砂 13、铸型用砂岩 11、耐火粘土 10
化工原料非金属	5	26	硫铁矿 1、芒销 3、岩盐 19、磷 2、含钾岩石 1
建材及其他非金属	36	4525	水泥用灰岩 273、建筑石料用灰岩 674、石膏 12、高岭土 12、陶瓷土 28、凹凸棒石粘土 15、砖瓦用粘土 2419、建筑用花岗石 211、建筑石料用砂岩 174
水气	2	30	二氧化碳气 1、矿泉水 29

表 2　　**江苏省各市 2001 年度矿产资源开发利用情况汇总表**

地区	矿山数（个）	从业人数（人）	年产矿量（万 t）	工业总产值（万元）	销售收入（万元）	利润总额（万元）	税金总额（万元）
总计	4716	434637	22606.22	982676.38	945417.26	102509.28	91356.17
南京市	85	66633	3893.01	122950.93	102078.02	－110.98	1158.73
无锡市	246	16800	3347.25	54577.23	53513.67	6294.99	3035.90
徐州市	751	159378	4502.94	383324.52	395487.34	30285.61	38256.98
常州市	301	7068	1173.15	20371.40	19145.92	872.30	2755.22
苏州市	228	29805	1510.61	28682.21	27105.05	962.69	1738.06
南通市	375	7953	973.86	7574.48	7574.48	233.73	1047.75
连云港市	359	22007	1255.27	19759.16	14042.30	514.57	1322.00
淮安市	341	18843	935.51	30260.33	16177.63	2912.10	2844.18
盐城市	443	28517	482.68	22959.23	22821.19	－73.41	1602.68
杨州市	204	33651	534.68	230094.08	229319.69	58452.09	21588.69
镇江市	274	16715	2468.29	49835.73	46277.63	2224.48	3888.97
泰州市	108	11832	706.26	4914.38	4871.64	－702.39	1285.70
宿迁市	235	15435	822.69	7372.70	7002.70	643.50	431.31

表 3　　江苏省 2001 年度矿产资源开发利用情况汇总表

序号	矿产名称	矿山总数（个）	从业人数（人）	年产矿量（万 t）	工业总产值（万元）	销售收入（万元）	利润总额（万元）	税金总额（万元）
	总计	4716	434637	22606.22	982676.38	945417.26	102509.28	91356.17
1	煤	33	131358	2245.12	356628.30	369750.19	28679.86	34596.30
2	石油	2	25744	158.70	246995.00	246361.00	58678.00	22514.00
3	地热	13	310	151.76	1367.70	1247.51	26.00	88.37
4	铁矿	6	11504	397.81	71743.46	57461.63	-1644.60	8369.24
5	铜矿	4	633	10.97	1836.00	1899.00	-103.00	142.50
6	铅锌银矿	2	2244	30.63	17779.00	15535.05	248.00	1541.00
7	金矿	2	556	10.21	1683.11	1683.11	77.60	31.60
8	锶矿(天青石)	1	100	1.62	536.00	536.00	10.00	110.00
9	熔剂用石灰岩	34	3745	724.70	19704.80	14921.40	990.30	1713.07
10	冶金用白云岩	3	2594	300.80	6425.66	6403.86	57.30	681.80
11	铸型用砂岩	11	231	5.38	288.40	240.73	12.31	20.65
12	铸型用砂	13	540	9.00	342.00	351.70	14.70	27.10
13	耐火粘土	10	135	3.61	104.10	103.20	7.86	7.34
14	熔剂用蛇纹岩	1	94	18.60	486.10	456.40	6.00	88.60
15	硫铁矿	1	1059	27.58	1492.00	1510.00	1.00	107.00
16	芒硝(含钙芒硝)	3	176	71.34	6637.70	5203.04	1650.92	721.79
17	含钾岩石	1	60	1.50	14.70	14.70	1.23	0.95
18	岩盐	19	543	154.20	7892.26	7582.40	240.21	1344.65
19	磷矿	2	2488	48.15	4952.00	2077.00	-264.40	216.00
20	硅灰石	1	65	2.10	15.00	15.00	0.30	1.20
21	长石	1	20	0.50	7.50	7.50	2.00	1.30
22	叶腊石	1	3	0.50	1.10	1.10	0.10	0.05
23	蛭石	1	30	0.20	10.00	10.00	2.00	1.20
24	沸石	3	170	4.30	129.00	129.00	6.00	10.30
25	石膏	12	4404	157.00	5076.20	5277.2	-113.30	935.20
26	方解石	3	35	3.80	35.40	34.60	-0.20	0.90
27	水泥用灰岩	273	16399	2518.39	33765.31	32814.87	2051.62	2767.67
28	建筑石料用灰岩	674	18909	3866.68	36000.33	34014.13	2007.27	2799.02
29	制灰用灰岩	35	1997	398.92	6029.30	5214.96	311.97	330.86
30	玻璃用白云岩	1	321	8.10	80.20	80.20	2.00	1360
31	建筑用白云岩	36	1812	459.77	2805.62	3865.36	109.62	162.63
32	玻璃用石英岩	5	64	2.80	16.80	16.80	1.00	1.00
33	水泥配料用砂岩	6	49	12.00	157.00	159.00	21.80	15.45
34	建筑石料用砂岩	174	11362	2213.64	45616.84	4416.51	5838.79	2376.93
35	玻璃用砂	10	478	13.50	645.00	285.00	18.00	7.10
36	建筑用砂	206	8247	958.42	12337.64	11941.66	888.94	515.52
37	粉石英	9	133	10.9	211.80	196.80	12.10	11.90
38	陶粒页岩	5	167	27.00	285.00	274.00	7.00	3.44
39	高岭土	12	1218	38.23	2785.90	2446.42	-169.80	37.21
40	陶瓷土	28	572	48.40	1085.45	1085.53	33.88	23.98
41	凹凸棒石粘土	15	338	29.95	1233.61	507.90	30.65	35.47
42	膨润土	11	373	6.58	347.80	335.80	38.40	44.90
43	砖瓦用粘土	2419	163982	5692.90	62987.56	46319.43	2757.47	5974.55
44	水泥用粘土	11	1546	33.03	449.16	437.28	-10.82	32.53
45	铸石用玄武岩	109	1291	106.01	1424.00	1330.00	117.10	111.03
46	建筑用玄武岩	104	3076	464.78	3172.54	3162.51	195.00	195.30
47	建筑用安山岩	90	3524	164.89	1775.03	1507.88	39.21	97.24
48	建筑用闪长岩	17	458	60.30	561.75	508.76	24.16	48.00
49	建筑用花岗石	211	7176	826.89	6554.98	5889.78	611.89	535.16
50	饰面用花岗岩	2	50	1.74	80.00	50.00	10.00	0.50
51	建筑用流纹岩	11	118	8.44	130.40	130.40	5.10	7.48
52	建筑用粗面岩	4	50	1.04	15.58	14.46	0.40	1.05
53	建筑用凝灰岩	20	499	34.04	325.85	269.60	7.31	20.10
54	饰面用大理石	2	188	19.95	620.60	620.60	-116.90	22.67
55	建筑大理石	3	60	10.80	96.00	96.00	3.00	6.00
56	矿泉水	29	1162	2041	7762.13	6779.30	-209.07	1449.77
57	二氧化碳气	1	180	7.62	2134.00	2134.00	-714.00	436.00

注：二氧化碳气年产矿量为气体 3810 万 m^3，折合液态二氧化碳为 7.62 万 t。

表 4

江苏省矿业结构一览表(按行业类型分)

行业类型	矿产总数(个)	从业人数(人)	年产矿量(万 t)	工业总产值(万元)	销售收入(万元)	利润总额(万元)	税金总额(万元)
总计	4716	434637	22606.22	982676.38	945417.26	102509.28	91356.17
煤炭	33	131358	2245.12	356628.3	369750.19	28679.86	34596.3
石油	2	25744	158.7	246995	246361	58678	22514
黑色有色金属	12	14381	439.41	91358.46	74895.68	-1499.6	10052.74
冶金辅料非金属	72	7336	1062.09	27351.06	22477.29	1088.47	2538.56
化工原料非金属	26	4326	302.77	20988.66	16387.14	1628.96	2390.39
建材非金属	4525	249184	18206.49	225871.96	203166.04	14743.06	17148.44
水气及其他	46	2308	191.64	13482.94	12379.92	-809.47	2115.74

表 5

江苏省矿业结构一览表(按经济类型分)

经济类型	矿产总数(个)	从业人数(人)	年产矿量(万 t)	工业总产值(万元)	销售收入(万元)	利润总额(万元)	税金总额(万元)
总计	4716	434637	22606.22	982676.38	945417.26	102509.28	91356.17
国有企业	149	171822	4323.41	612864.55	605686.63	72487.79	63988.97
集体企业	2568	150422	10812.71	150437.33	137127.90	11627.69	10465.67
私营企业	1334	62534	3494.90	33216.78	27935.90	1889.51	3309.59
外资企业	12	476	331.78	8593.07	8075.89	1574.90	1021.00
股份制等其他企业	653	49383	3643.42	177564.65	166438.94	14929.39	12570.94

表 6

江苏省矿业结构一览表(按规模分)

矿山规模	矿产总数(个)	从业人数(人)	年产矿量(万 t)	工业总产值(万元)	销售收入(万元)	利润总额(万元)	税金总额(万元)	补偿费实缴(万元)
总　计	4716	434637	22606.22	982676.38	945417.26	102509.28	91356.17	6296.79
大二型	11	39661	1628.00	360288.56	342660.37	71653.10	33705.95	2279.30
中一型	11	73121	1324.69	135748.09	150031.57	15882.72	16027.33	922.49
中二型	21	30778	1260.90	150358.50	142191.43	5890.20	13382.32	725.12
小　型	4673	291007	18392.23	336281.23	310533.89	9083.26	28240.57	2369.88

表 7

江苏省矿山企业规模一览表

矿山类型	矿山数				
	合计	大二型	中一型	中二型	小型
总计	4716	11	11	21	4673
煤	33	1	4	5	23
石油	2	1			1
黑色、有色金属矿山	15	1		4	10
冶金辅料非金属矿山	72	2	1	1	68
化工原料非金属矿山	26	2	2	3	19
建材及其它非金属矿山	4525	4	4	7	4510
水气及其他矿山	43			1	42

表 8　　江苏省 2001 年度主要矿种“三率”指标完成情况

矿种名称	开采回采率(%)		采矿贫化率(%)		选矿回收率(%)	
	核定	实际	核定	实际	核定	实际
煤	77.32	83.16	1.19	2.51	67.79	65.05
铁	81.00	77.59	17.74	12.64	70.36	79.92
铜矿	81.44	88.50	9.70	9.99	93.44	89.47
铅锌银	83.81	83.94	8.27	6.63	87.82	90.67
熔剂用石灰岩	85.00	86.00	5.00	0.70		
冶金用白云岩	92.19	95.37	2.59	1.89		
磷	72.00	69.22	19.17	14.23	87.69	86.47
岩盐	73.55	62.84		1.20	50.00	68.00
石膏	19.45	20.49	5.00	2.00		
水泥用灰岩	93.38	97.84	2.00	1.39	95.00	68.00
高岭土	75.79	84.14		2.00	65.00	71.00
凹凸棒石粘土	85.00	81.43				
建筑石料用灰岩	95.78	96.63	5.00	5.62	95.00	95.00

表 9　　江苏省 2001 年和 2000 年采煤矿山和开山采石企业主要指标对比表

矿种	矿山总数(个)		从业人数(人)		年产矿量(万 t)		工业总产值(亿元)		销售收入(亿元)		利润总额(亿元)		税金总额(亿元)	
	2001	2000	2001	2000	2001	2000	2001	2000	2001	2000	2001	2000	2001	2000
煤	33	162	131358	107233	2245.12	2286.42	35.66	30.77	36.98	31.35	2.87	0.56	3.46	2.15
开山采石	1727	1652	6544	65348	11029	10451	13.58	12.73	13.16	11.28	1.21	0.56	0.93	0.87

（江苏省矿业协会）

【南京化学工业园建成】　规划面积 41 km^2 的南京化学工业园，2001 年 9 月举行揭牌仪式。总额 4 亿多美元的一批化工项目同时签约。

地处南京北郊的南京化学工业园，位于长江北岸，是南京高新技术产业开发区的重要组成部分。与园区毗邻的有金陵石化公司、仪征化纤公司、南京化学工业公司等国内著名化工企业。园区内约 10km^2 已建有中国石化集团扬子石化公司，正在建设中的总投资 26.5 亿美元的中德合资扬子巴斯夫石化公司等大型石化企业。以此为基础，南京化学工业园以高新技术为先导，重点发展石油化工、基本有机化工原料、精细化工、高分子材料、生命医药、新型化工材料等 6 大领域的化工产品。经数年建设，南京将建成经济总量和综合实力居国内领先的世界级石油化工产业基地。

具有用水、排水便利和运输优势的南京化学工业园受到海内外投资者关注。一批跨国公司和工商、金融界人士今日实地考察了南京化学工业园，中国工商银行、招商银行与南京化工园签定了银企合作协议。

（中国矿联信息中心）

【锆系列产品生产基地在吴江投产】　由法国圣戈班集团与中国峥嵘化工实业公司合作开发的“21 世纪最有前途的高科技新材料”－锆系列产品生产基地 2001 年 12 月在江苏吴江市投产。该基地建成投产后，科技含量和产量都居行业之首。

锆系列产品广泛应用于原子能工业、航天工业、光纤电缆、电子工业、冶金工业、高温陶瓷、特种玻璃、人工晶体等高科技领域。吴江生产基地首期工程占地 2.64万 km^2，拥有世界一流的设备和环保设施，产品 90% 销往欧美和日本，年出口创汇达 2500 万美元。

（中国矿联信息中心）

湖　南　省

【矿产资源概况】　湖南省矿产资源丰富，矿产种类较齐全。截至 2001 年底，全省共发现各类矿产 120 种(含亚矿种为 141 种)，占全国 171 种已发现矿种的 70.18%。其中能源矿产 10 种，金属矿产 53 种(含亚矿种为 55 种)，非金属矿产 55 种(含亚矿种为 74 种)，水气矿产 2 种。全省已发现矿产中，有探明储量的共 83 种(含亚矿种为 101 种)，占全国已发现矿种的 48.54%，列入矿产储量表的共 68 种(含亚矿种为 81 种)，占全国已发现矿种的 39.77%。全省共有各类矿床、矿点 7000 余处，其中大型矿床 92 处、中型 174 处、小型 1268 处。列入储量表的矿区共 1565 个。全省共有 57 种(含部分亚矿种)矿产的保有储量居全国前十位，34 种(含部分亚矿种)矿产的保有储量居全国前五位。钨、锑、铋、独居石、普通萤石、海泡石粘土、隐晶质石墨等11种矿产居全国之首;锰、钒、锑、重晶石等居全国第二;金刚石位居第三;锌、铅、高岭土、铌钽分别居四、五、六、七位;铁矿位居十三;铜矿名列十七;煤矿居第十八位。按矿石有用成分全部回收利用计算,其潜在经济价值达12170亿元。

湖南省矿产资源有如下基本特征:

1.*矿产种类与储量特征*。矿种较齐全,保有储量总量也居全国较前位次。国内已发现的全部有色金属矿种湖南省均有探明储量,其中钨、铋、锑的保有储量在全国和全球均具绝对优势,分别占世界总储量的34.81%、37.18%和9.34%。但大宗用途的富铁、富锰、富铅锌矿及铜、铝等矿产储量严重不足,镍、钴、铬等矿产资源奇缺;海泡石粘土、磷矿等矿产因用量小或矿石难选冶而虽有庞大储量却不能大规模开采利用。

2.*矿产储存特征*。共、伴生矿产多,单一矿产少。如伴生金矿保有储量居全国第五位,岩金只居第十九位;银几乎全是伴生矿,有色金属与稀有分散金属矿产也大多为共生、伴生矿。据148个有色金属矿山统计,其中有两种以上共生矿产的矿区129处,有伴生组份的矿区127处。共、伴生矿产难冶难度大,开发利用技术要求较高,但综合利用价值大。

3.*矿产分布特征*。湖南省矿产种类与储量分布具明显的区域性,反映了各地区成矿条件的差异和勘查程度的不同。湘南以钨、锡、铋、铅、锌、金、银等有色金属矿产和贵金属矿产为主,而且规模较大;湘中、湘西矿种较单调,以煤、石灰岩、锑、金等矿产为主,规模除个别大型矿床外,总体以中、小型为主;湘东、湘北内生矿产较贫乏,砂金及建筑用矿、粘土等外生矿产分布广泛;湘西北矿产稀少,湘东北有色金属、稀有金属及金、海泡石等矿产种类较多,但除海泡石粘土外,其余矿产探明储量不多,尚有找矿前景。

(湖南省国土资源厅)

【矿产地质勘查】 湖南省地质矿产勘查力量雄厚,省地勘局、省有色地勘局、省煤田地质局、核工业地质局等地勘部门,石油、冶金、化工、建材等工业部门及一些矿山企业均有其专门的地质勘查队伍。截至2001年底,全省具有勘查资格证的地勘单位共62个。62个地勘单位中,主要从事综合性矿产勘查的16个,专门性矿产勘查的34个,水文工程、物化探、测试等专业地勘单位12个。2001年国家投入湖南省直接开展地质勘查工作的经费共2730万元,其中大部分工作由地勘局承担,工作费用为2108万元。除国家投入外,2001年各部门自筹资金和社会资金投入地勘的资金约1200万元。全省去年直接用于地勘工作的资金约为4000万元。2001年,全省新发地质勘查许可证55个,延续、变更登记的勘查项目18个,以往未到期续作勘查项目67个,到期或完成注销勘查项目36个。到2001年年底,全省实施的地质勘查项目共140个,涉及基本单位区块6664.18个,面积20194.4 km^2。其中油气勘查面积17747.4 km^2,非油气勘查面积2477 km^2。

2001年,湖南省进一步加强了地质找矿工作,取得了喜人成果。湖南千里山－骑田岭锡铜锌银矿评价项目,是国家在南方地区投资最大的项目,从1999年开始,国家三年累计投资1080万元,到2001年已获锡资源量突破50万t,达特大型规模。在花垣、保靖、沅陵、平江、祁东、通道等地新发现了一批金、铜、锡、铅锌等重要矿产地,并具有很好的找矿前景。在加强找矿工作的同时,湖南省进一步加强了对全省地质勘查工作的监督管理。2001年完成了对全省实施的132个地质勘查项目的年检,通过年检,注销了24个地勘项目,延续、变更了11个地勘项目,对地勘项目的按时开工、按期投入、按时完成具有积极的监督和促进作用。

(湖南省国土资源厅)

【矿产资源开发利用】 截至2001年底,全省已开发利用矿产77种(含亚种)。矿山总数达8875个,其中按规模(矿山统计年报标准)分,有大型矿山14个、中型72个、小型8789个;按经济类型划分,有国有矿山363个、集体矿山3016个、私营矿山2968个、私营合伙矿1839个、“三资”矿山14个、其他类型矿山675个。矿业从业人员43.07万人。2001年固体矿产矿石产量2.41亿t、液体矿产产量197.226万 m^3,矿山企业矿业总产值129.37亿元,居全国第8位,占全省国内生产总值3.23%,加上非矿山企业的矿产品加工、冶炼产值,全省矿业总产值约占全省工业总产值的1/4。

2001年底,湖南省重晶石和石墨已利用矿区占用储量达保有储量的100%;石煤、锡(原生矿)、铋、锑、岩金、镓、普通萤石、岩盐、水泥配料用砂岩等9种矿产为90%以上;锰、伴生金、镉、冶金白云岩等4种矿产为80%以上;铅、锌、钨、钼、耐火粘土、煤、钒、银、伴生硫、芒硝、砷、高岭土等12种矿产为60%以上;砂锡矿、熔剂用灰岩、水泥用灰岩、陶瓷土等4种矿产为50%左右;铁、磷等矿产在湖南省虽储量较丰富,但因矿石品位低、难选,近期尚难大规模利用。2001年,在湖南省主要矿产中,矿石产量占全国比重在10%以上的是:锰矿石产量119万t,占全国的27.72%;铅矿石产量819.77万t,占全国的55.95%;锌矿石产量184.26万t,占全国的13.54%;钨矿石产量159万t,占全国的21.08%;锡矿石产量41.56万t,占全国的5.27%;铋矿石产量0.3万t,占全国的90.91%;锑矿石产量78.78

万 t,占全国的 60.55%;重晶石产量 46.351 万 t,占全国的 11.6%;海泡石粘土产量 2.13 万 t,占全国的 75.3%;石墨产量 46.3 万 t,占全国的 10.7%;煤(2665 万 t,占全国的 2.53%等矿产产量虽在全国所占比重不大,但在南方位居前列。

湖南省矿产资源开发利用水平逐年提高,尤其是黑色和有色金属矿山具有较高的采矿技术水平。如锰、铁、铜、铅、锌、锡、锑、钨、铋、钼等矿产全省平均开采回采率高于全国平均水平;采矿贫化率低于全国平均水平;除铁、锡、钨、铋因矿石成分复杂、难选,选矿回收率低于全国平均水平外,其余的选矿回收率均高于全国平均水平。但煤和一些非金属矿产因开采技术差,采选方法落后或管理不到位等原因,开发利用水平较低;乡镇矿山开采回采率和选矿回收率相对重点矿山要低 10~20 个百分点。在综合利用方面,我省开展综合利用的矿山占可综合利用矿山数的 25%左右,已综合利用的矿种占可综合利用矿种数的 40%左右。有色金属矿床中的共伴生矿产综合利用水平较高,综合利用率达 60%~70%,综合回收率约 40%,均高于全国平均水平。黑色金属矿床中的共伴生矿产综合利用率为 30%~35%,综合回收率 30%左右,与全国持平。

(湖南省国土资源厅)

【矿产资源开发管理】 2001 年,湖南省在加强矿产开发管理方面主要做了以下几项工作:

1.整顿矿产资源管理秩序。2001 年,湖南省按照国土资源部和省委、省政府的要求,进一步加大了对矿产资源管理秩序治理整顿力度。一是严格清理采矿许可证,对发现的问题及时进行纠正和处理。到 2001 年年底,全省 8878 个采矿许可证清理 7315 个(省本级换发的 683 个采矿许可证清理工作全面完成),占 82.4%。通过清理,发现越权换(发)采矿许可证 108 个,纠正 79 个,占 73.1%;矿区范围重叠换(发)采矿许可证 121 个,调处 72 个,占 59.5%;资料不全或达不到规定要求换(发)采矿许可证 575 个,补充完善相关资料 331 个,占 57.6%。为配合矿山安全生产整顿,对列入关闭对象的矿山,及时依法吊(注)销采矿许可证。全省共吊(注)销矿山采矿许可证 667 个,其中煤矿 404 个,非煤矿山 263 个。二是开展了集中治理整顿。为解决重点矿种、重点矿区的问题,各地组织对醴陵金矿区、雪峰山金矿区、廖家坪金锑矿区、辉山矿区、欧阳海灌区周边矿区、香花岭锡矿区、鲁塘石墨矿区、牛头寨锑矿区、分水岭煤矿区、祁阳煤矿区等 42 个重点矿区开展了地毯式的集中整顿行动。通过整顿,全省共取缔了非法矿山(点)3673 个,雪峰山金矿区、廖家坪金锑矿区、辉山矿区、欧阳海灌区周边矿区、醴陵金矿区、湘潭锰矿区、分水岭煤矿区等 30 多个重点矿区非法采矿、乱采滥挖问题已得到解决;因采矿引起的河流污染、堵塞、地面塌陷、植被破坏等得到部分恢复和治理。三是以查处案件为突破口,加强与公安、法院、检察院等司法部门的配合,严厉打击矿产资源违法行为。截至 2001 年年底,全省共立案查处无证采矿、越界开采、非法转让矿业权、以采代探等违法案件 1986 起,已结案 1559 起,没收违法开采的矿产品 2.29 万 t,没收违法所得和罚款 449.44万元,处分 1402 人,其中移交司法机关处理 228 人。各地在加强治理整顿的同时,通过采取设立护矿组织,加强重点矿区巡回检查,公布有奖举报电话,严格执行“六不准”规定,加强矿产品运销环节监督管理,完善有关规章制度等措施,防范非法采矿反弹,切实巩固了治理整顿成果。

2.加强采矿权管理和采矿权市场建设。2001 年,省国土资源厅相继建立或完善了《湖南省矿产资源开采登记会审办法》、《采矿权转让审批办法》等制度,并实行政务公开,将采矿权登记发证、延续、变更、转让、注销的审批依据、审批条件、审批结果及缴费标准等予以公布,广泛接受社会监督,有效地防止了不按有关规定、程序办证或越权办证以及以证谋私、以矿谋私等违法行为的发生。各市、州也建立了相应的制度和办法,使全省采矿权管理做到公开透明、规范运作。为培育和规范采矿权市场,我省在 2001 年采取了一些措施,取得了一定进展。一是制定政策。省国土资源厅和省财政厅联合印发了《湖南省矿业权招标拍卖管理实施办法》和《湖南省矿业权转让管理实施办法》,为我省采矿权市场的建立和规范提供了政策依据。二是组织采矿权招标拍卖试点。先后有岳阳县东洞庭湖采砂权拍卖,桃江县石英砂岩采矿权招标、望城县湘江河道采砂权招标取得了成功,收取招标拍卖价款 85 万元,实现了我省采矿权招标拍卖零的突破。三是规范运作。省国土资源厅直接组织了澧县无水芒硝矿、涟邵矿务局矿产关闭煤矿残余资源采矿权有偿出让,收回采矿权价款 60 余万元。组织资兴矿务局破产关闭的宇字、黄牛岭、唐洞等矿山残余资源有偿出让,到年底已评定采矿权价款 1000 余万元。湘东钨矿铌钽矿、秋湖煤矿依法进行采矿权转让,交易金额达 657.3 万元。

3.加强补偿费征收管理和矿产开发监督管理。在补偿费征管方面,省国土资源厅多次向省政府汇报,改变了高速公路等重点建设工程不征补偿费的做法;会同省财政厅先后赴郴州、衡阳、娄底、邵阳、岳阳、常德、益阳等地开展稽查,协调处理征费中的有关问题,推动了征管工作的开展。2001 年全省入库补偿费 1258 万元,超额完成了国家下达我省的入库任务。在矿产开发监督管理方面,组织开展了全省矿山年检,促进了资源保护和合理开发利用；通过各方努力，加大对重点矿山保护性开发的投入，争取中央财政保护性支出专项资金240多万元；加大资源纠纷调处力度，对形成时间长、处理难度大的水口山铅锌矿、灰汤温泉资源纠纷问题，进行了多次调处，使问题得到较好解决。

（湖南省国土资源厅）

【有色金属工业生产】 湖南有色金属工业有着悠久的历史，是闻名遐迩的“有色金属之乡”。经过系统的地质勘探，已发现各类矿种145种（含部分亚种），占全国已发现矿种171种的84.80%，已发现有色金属（含贵金属和稀有、稀土、稀散金属）51种，已探明储量31种（均上储量表）。有色金属矿分布在全省87个县（市），具有品种多，分布广，共生元素多，大型矿床地理位置好，中小型矿床遍布全省各地的特点。截至1999年底，主要有色金属保有储量为1321万t（其中工业储量452万t），潜在经济价值为810亿元（工业448.3亿元）。其中在全国居第一位的有钨、铋和萤石，居第二位的有锑、钒、铷，居前五位的还有砷、锡、铅、锌和汞、钽、锂、碲、铯、铪、铼、伴生金等。

新中国成立后，湖南有色金属工业遵循国家产业政策，经过50年的艰苦奋斗，历经恢复生产、改造扩建、文革十年、调整巩固、高速发展五个发展阶段，共投入79.53亿元（其中基建12.89亿元），已形成以国有大中型骨干企业为主体，集地质、勘探、勘察、冶建、设计、科研、教学和采、选冶、深加工生产为一体的完整的有色金属工业体系，拥有一批为国家有色金属工业作出重要贡献的骨干企业。销售收入在全国有色金属前50名企业有3家（株冶、水口山、株硬）。湖南有色金属工业全部国有企业及年销售收入500万元以上非国有企业共197家，职工总人数14.73万人，其中从业人员9.15万人（技术人员2.24万人）。2000年湖南10种常用有色金属产量居全国第一位，产品远销60多个国家和地区。 （冯小白、盛忠杰、章炯、李一枝）

【有色金属工业管理体制改革】 2000年6月，党中央、国务院从发展中国有色金属工业和安定团结大局出发，经反复调查研究，国务院以国发（2000）17号文下达了《关于调整中央所属有色金属事业单位管理体制有关问题的通知》，决定将中央所属有色金属企事业单位下放地方实行属地化管理，这是中央、国务院的战略决策，通过调整有利于解决有色管理体制条块分割，长期不顺的状况，对湖南有色金属工业的发展是一次难得的历史机遇。2000年9月，湖南省人民政府与国家经贸委、国家有色金属工业局、中国铝业集团公司、中国铜铅锌集团公司、中国稀有稀土金属集团公司签署《关于在湘中央所属有色金属企业单位管理体制改革问题商谈纪要》。至此，中央在湘35户企事业单位98亿元资产，在职职工8.79万人正式下放地方管理。省人民政府决定，在下放交接的过渡期内，中央在湖南省各有色单位有关下放交接、行业管理、企业稳定等各项工作，由有色长沙公司负责。2000年12月，中共湖南省委下达了湘发（2000）29号文件“中共湖南省委、湖南省人民政府关于印发《湖南省轻工集团总公司等9个单位进一步深化改革的实施意见》的通知”，决定将中国有色金属工业长沙公司更名为湖南省有色金属工业总公司。要求公司要指导全省有色企业单位进行改组改制，逐步实现国有企业多种经营形式，并授权在一定时期内行使全省有色金属行业管理职能。2001年2月22日，总公司正式挂牌成立。

（冯小白、盛忠杰、章炯、李一枝）

【有色金属工业生产经营】 2001年，在湖南省委、省政府的正确领导下，全省有色行业全体职工奋力拼搏，克服世界经济增长放缓、主要有色金属产品大幅度降价等不利因素带来的困难，各项工作取得了较好的成绩。全省有色金属完成工业总产值77.14亿元，同比增长21.9%，其中总公司59.15亿元，增长8.05%；完成工业销售产值93亿元，增长15.63%，其中总公司71.69亿元，增长1.95%；实现工业增加值28.01亿元，增长26.84%，其中总公司18.66亿元，增长4.94%；实现利税6.61亿元，同步增长15.43%，总公司企业5.88亿元，增长9.92%；利润1.4397亿元，增长3.2%，总公司1.4428亿元，增长3.10%，完成10种有色金属89.68万t，同比增长8.8%，其中总公司59.89万t，增长4.16%。矿山6种精矿含量24.10万t，同比增长9.98%，其中总公司11.36万t，增长0.97%。10种常用有色金属产量中：铅28.69万t，锌及锌品49.81万t，铋783 t，锑及锑品5.26万t，硬质合金3024 t，常用有色金属合金8.92万t（其中铅合金1.6万t，锌合金7.31万t），常用有色金属加工粉1.40万t，选矿药剂9456t，氟化盐5.60万t。

全省有色金属行业产销率99.2%，主要产品的技术经济指标好于2000年。总公司企业出口创汇2.9亿美元，比2000年增长6.2%，为湖南省创汇大户。由于采取了安全生产目标责任制等有力措施，2001年生产伤亡人数是历史上最少的一年（降为1位数）。科研院所面向市场争项目、抓收入、降成本，事业费收入、营业收入、产品销售收入均有不同程度增长。

（冯小白、盛忠杰、章炯、李一枝）

【有色金属技术改造与技术创新】 2001年初，制订完善了湖南有色金属“十五”发展规划和技改计划。随后,总公司召集了研讨会、技改工作会逐户落实。2001年,总公司企业共完成固定资产投资7.61亿元,同比增长47%。承担国家和省技改项目24项,总投资14亿元,其中国债支持重点技改项目5项。全年重点技改完成投资6.3亿元,已竣工或基本竣工重点项目共计8项,其中5项全部竣工投产。株洲冶炼厂和株洲硬质合金厂到位国债补助资金共2112万元。株冶烟气治理工程、42M^{2}6号沸腾炉及配套设施;水口山康家湾铅锌精矿二期改扩建工程、水污染治理工程;湘铝年产1.5万t干法氟化铝扩产工程;株硬钨钼异型大制品深加工、株冶ITO靶材生产线、黄沙坪中深部开拓工程项目已基本竣工。株硬高性能精密硬质合金可转位刀片和配套刀具生产线、水口山年产5000 t无汞锌粉生产线等项目已部分竣工投产。株洲硬质合金厂与柿竹园共同出资的钨冶炼节能降耗技改项目、瑶岗仙深部及西部开拓等工程进展顺利。

2001年全省有色系统完成各类重大科技攻关64项,其中国家科技攻关15项(含国家级技术创新1项),省厅项目11项,企业自选38项,通过省部级鉴定和验收17项。大洋长远发展项目、ITO靶材制备工业试验、镁钕合金的制备、锌湿法冶金工业生态模拟及生命周期评价系统开发、广东云浮集团硫酸烧渣综合回收利用研究等一批重大成果国内领先。"钼系列产品"等15个产品获省名牌产品称号。获全国优秀QC小组4个、质量信得过班组4个。黄沙坪和湘铝被省经贸委认定为省级企业技术中心。

(冯小白、盛忠杰、章炯、李一枝)

【有色金属企业改制】 2001年以债转股为契机,锡矿山、湘铝、柿竹园、水口山、长锌等5户企业年内改制为有限责任公司,5户企业改制后的名称分别为:锡矿山闪星锑业有限责任公司、湖南湘铝有限责任公司、柿竹园有色金属有限责任公司、水口山有色金属有限责任公司、长沙锌业有限责任公司,初步实现了投资主体多元化,构筑了现代企业制度的雏形。5户债转股额4.04亿元,每年减少财务费用2700万元,加上企业内部改制的资产评估盘盈和土地增值,使总公司企业资产负债率由2000年末的71%下降到65%。

2001年8月17日,株洲硬质合金厂与柿竹园有色金属有限责任公司签订合资协议,12月30日正式挂牌成立郴州钻石钨制品有限责任公司,标志着钨产业链的联合迈出了新的步伐。株洲冶炼厂、株洲硬质合金厂分别制订了建立现代企业制度、内部改制为集团的方案。株洲冶炼集团有限责任公司于2002年1月18日挂牌成立,株洲硬质合金集团有限公司已于2002年6月挂牌成立。各单位采取得力措施,深化三项制度改革,精简机构,减少管理层次和人员,推行岗薪制。株洲硬质合金厂基本工资与岗位工资之比为3:7,岗位工资全额浮动。黄沙坪工资浮动部分占80%。这些措施大大调动了员工的积极性。科研院所加快了改制转企的步伐,机构和员工精简的力度都很大,拉大了分配差距。设计院、长勘院拟采取员工持股、身份置换的方式,改制方案正在酝酿过程中。稀土所组建了股份制的"湖南升华稀土金属有限责任公司"、"湖南稀土新材料科研生产中心(国家军工新材料定点企业)"均获国家高新技术企业认证。

(冯小白、盛忠杰、章炯、李一枝)

【有色金属工业"十五"展望】 2001年12月17日,省政府常务会议正式确定,"十五"期间重点抓好10个标志性项目,"有色深加工"名列其中,省委副书记、常务副省长周伯华为对口联系领导。

1.*发展目标*:以产品结构调整为主线,以资本结构调整为核心,通过企业组织结构的调整,实现湖南有色金属工业结构的总体优化和产业升级;通过发展深加工和高新技术产业,大幅度提高产品附加值,实现效益和产值同步增长。力争到"十五"末,使十种常用有色金属产量达90万t以上(确保85万t),深加工产品的比例由现在的15%增加到30%左右。预计工业总产值达到150亿元,年销售收入达到180亿元,利税总额达到29亿元,出口创汇达到5.8亿美元。

2.*发展重点*:加速有色产品深加工产业化工程建设。对钨、锑、铅、锌、铋、稀土及硬质合金、氟化盐等优势品种,重点实施五大产业化工程;加强有色金属矿产资源的勘探和开发,特别是湖南省铅、锌、铜、铝等短缺资源和钨、锡、锑等优势资源;加大特色产品的开发和推广力度,形成多品种、系列化,并搞好后续产品的延伸开发,坚持可持续发展战略。

3.*发展的突破口和具体方案*:抓紧矿山资源的探矿工作,重点实施黄沙坪、水口山康家湾、宝山、柿竹园柴山、锡矿山、瑶岗仙等矿深部、周边外围的探矿、找矿工程,向中深部开拓,延伸工程等;加大对钨、钼及硬质合金产品的投入力度,使株洲硬质合金集团有限责任公司成为全国最大的硬质合金及深加工产品制造中心,世界上有影响的硬质合金刀具(工模具)制造中心;保持铅锌全国优势地位,在冶炼能力上实行总量控制,淘汰一批小冶炼。同时积极开发铅锌系列产品和ITO靶材等深加工产品,并对铅烟气进行治理;积极发展湖南铜、铝、锡工业。利用中国加入世贸组织及产业结构大调整时机,大力发展铜、铝、锡高精尖深加工产品;大力发展钨、铋、锑、砷精细化工产品,实施项目包括铋深加工工程、钨冶炼易地改建工程、高技术含锑化工系列产品工程和砷系列深加工产品开发等;对市场潜力大,而目前中国不能生产或远远不能满足国内市场需求的高科技产品,如稀土、稀有深加工产品要通过引进国内外先进的技术设备,实现高起点的新产品开发与生产。

(冯小白、盛忠杰、章炯、李一枝)

福 建 省

【矿产资源概况】 1.福建省已发现并探明储量的矿产有77种:能源矿产3种:煤、铀、地热;黑色金属矿产3种:铁、锰、钛;有色金属矿产10种:铜、铅、锌、铝、镍、钴、钨、锡、铋、钼;稀有、稀土、分散元素金属矿产有9种:铌、钽、铍、锂、锆、重稀土、轻稀土、镓、镉;贵金属矿产3种:金、银、铂;非金属矿产。冶金辅助原料类8种:硅线石、普通萤石、熔剂石灰岩、冶金用白云岩、冶金用石英岩、铸型用砂、冶金用脉石英、耐火粘土;化工原料类9种:硫铁矿、明矾石、重晶石、电石用灰岩、制碱用灰岩、化肥用蛇纹岩、泥炭、砷矿、磷矿;特种类2种:压电水晶、熔炼水晶;建材及其他类28种:石墨、滑石、云母、长石、叶腊石、宝石、玉石、水泥用灰岩、玻璃用石英岩、水泥配料用砂岩、玻璃用砂、建筑用砂、水泥标准砂、粉石英、硅藻土、陶粒页岩、高岭土、陶瓷土、膨润土、砖瓦用粘土、水泥配料用粘土、岩棉用玄武岩、水泥混合料用安山玢岩、建筑用花岗岩、饰面用花岗岩、珍珠岩、饰面用大理岩、水泥用大理岩。水气矿产2种:地下水、矿泉水。

2.已发现但未探明储量的矿产有41种。能源矿产4种:石油、天然沥青、油页岩、钍;金属矿产14种:铬、钒、铷、锗、铟、硒、碲、汞、镁、铯、铪、钪、铊、铼;非金属矿产23种:松脂岩、硼、玛瑙、泥灰岩、石榴子石、透闪石、片麻岩、透辉石、方解石、硅灰石、沸石、凝灰岩、蛭石、石膏、伊利石、浮石、火山灰、含钾长石、冰洲石、刚玉、粗面岩、橄榄岩、红柱石。

全省上储量表的固体矿产地(矿区)839处;福建省探明储量居全国前十位的矿产有38种,前5位的矿产有17种,名列全国第一位的矿产有铸型用砂、水泥标准砂、建筑用砂、玉石、名列全国第二位的矿产有玻璃用砂、水泥标准砂、建筑用砂、玉石、名列全国第二位的矿产有玻璃用砂、叶蜡石、粉石英、建筑用花岗石,名列全国第三位的矿产有高岭土、明矾石、陶粒页岩、压电水晶、宝石。福建省非金属矿产较为丰富,具有鲜明的优势矿产和特色矿产。 (福建省国土资源厅)

【矿产资源勘查开发利用】 2001年,福建省在勘查项目252项,共投入勘查资金5641万元,其中国家和地方财政出资2662万元,占47%,地勘单位、企业和其他社会资金投入2979万元,占53%。全年完成1/25万区域地质调查33543 km^2,1/25万生态地质调查1000 km^2,1/5万区域地质调查1600 km^2,1/2.5万生态地质环境调查273 km^2,1/20万环境地球化学测量1272 km^2,1/20万区域重力测量7200 km^2,1/5万土壤化学测量603 km^2,1/1万土壤化探测量49 km^2。一年内全省共提交各类地质报告33份,新发现矿产地6处,新增储量:Au8623kg,Ag580 t,pb + Zn54万t,Mn7912 t,石灰石4500万t,紫砂陶矿500万t。

2001年,全省已开发利用矿种有72种,采矿权人6138个,其中国有237个,三资54个,集体1497个,股份86个、私营4137个,年产矿石量11440万t,其中国有2177.6万t,三资266.6万t,集体3166.8万t,股份303.4万t,私营5367.5万t。全省原矿工业总产值45.12亿元,占全省GDP1.04%,占全省规模以上工业总产值1.53%,其中国有16.6亿元,三资0.93亿元,集体10.86亿元,股份4.22亿元,私营12.16亿元。全省矿业开发实现利润总额5.74亿元。其中国有1.79亿元,三资0.028亿元,集体1.45亿元,股份1.24亿元,私营1.28亿元。全省矿业开发从业人员13.19万人。全省能源矿产煤:采矿权人404个,从业人员3.21万人,年产矿石量876万t,工业产值11.56亿元,利润1.65亿元;金属矿:采矿权人253个,从业人员1.14万人,年产矿石量887万t,工业产值9.13亿元,利润1.41亿元;非金属矿:采矿权人5432个,从业人员8.61万人,年产矿石量9511万t,工业产值25.42亿元,利润3.68亿元。

2001年全省开发利用的矿产中,年产值大于5亿元的有煤、饰面用石材;年产值3~5亿元的有金矿、砖瓦用粘土、建筑用花岗岩、水泥用灰岩;年产值1~3亿元的有铁矿、锌矿、建筑用砂;年产值5000万元~1亿元的有萤石、高岭土、玻璃用砂;年产值2000~5000万元的有锰矿、铅矿、铌钽矿、铸型用砂、硫铁矿、叶腊石、饰面用辉绿岩、建筑用凝灰岩、矿泉水;年产值1000~2000万元的有地热、冶金用白云岩、冶金用脉石英、重晶石、透辉石、水泥配料用砂岩、陶瓷土、水泥用大理岩。 (福建省国土资源厅)

【矿产资源开发利用管理】 2001年,福建省矿产资源开发利用与保护工作深入贯彻“在保护中开发,在开发中保护”的总原则,根据国土资源部的统一部署,全面开展矿产资源管理秩序治理整顿工作,抓住“查处非法采矿和全面清理采矿许可证、勘查许可证”两个重点和“煤、黄金、花岗石、铅锌矿、河砂”重点矿种,并结合本省的实际,切实做到标本兼治。经省政府同意,省国土资源厅下发了《福建省国土资源厅关于矿产资源开发利用与保护“可采区、限采区、禁采区”划定若干意见》的函;省国土资源厅联合省经济贸易委员会、省计划发展委员会、省环境保护局、省工商行政管理局下发了《福建省已建、新建矿山部分矿种最小开采规模目录》;省国土资源厅联合省经济贸易委员会、省环境保护局、省工商行政管理局下发了《福建省生产小矿实行“关闭、淘汰、联合、改造”实施意见》。

1.全省县(市、区)政府完成了矿产资源开发利用与保护“可采区、限采区、禁采区”的划定。并予以公布实施,使全省矿产资源开发利用与保护工作从此纳入规划管理。

2.严格执行已建、新建矿山部分矿种最小开采规模的规定。对全省生产小矿达不到最小开采规模和不符合“三区”规划的矿山一律实行“关闭、淘汰、联合、改造”,一年内全省矿山总数减少了近1000个,矿业布局和结构趋向合理,全省矿业开发利用的规模化、集约化水平有了明显的提高。

3.进一步重视矿山的恢复治理工作。市县政府加强了对矿业开发造成的“青山挂白”的治理,关闭了影响重要水源的矿山369个。

4.按照建立社会主义市场经济体制的要求,在严格矿业权审批,培育和规范矿业权市场。充分发挥市场对资源配置的基础性作用,采矿权的一级市场的建设取得了实质性的突破,福州市罗源县一个花岗石矿山采矿权的出让拍卖成功,此后,又有几个非金属矿山的采矿权实行有偿出让,市场在福建省矿产资源配置中开始发挥作用。 (福建省国土资源厅)

【福建省对19种矿最小开采规模作出规定】 《福建省新建、已建生产矿山部分矿种最小开采规模目录》,2001年发布实施。《目录》规定了17个新建矿山和19个矿种已建矿山的最小开采规模及矿山的改造期限。《目录》把小氰化池、小混汞池、小混汞洗金机和溜槽等土法黄金采选企业、含砷0.5%以上的高砷硫铁矿矿山、无采矿许可证和煤炭生产许可证的煤炭矿山、采用落后开采工艺等破坏性开采矿产资源和污染环境的矿山企业作为取缔的对象。 (中国矿联信息中心)

【石狮市发现玻璃原料矿床】 2001年福建省石狮市发现特大型海相沉积石英砂类玻璃原料矿床。该矿床位于石狮市祥芝镇莲坂村附近,已圈定矿体面积6123375 m^2,矿体厚度为5.60~7.50 m,探明石英砂原矿储量6544万t,精矿4470万t,是一特大型玻璃硅质原料矿床。

实验结果表明,该矿石英砂达到二类质量标准,其产品可作一般瓶罐玻璃或有色玻璃硅质原料。其副产品长石砂可以综合回收利用,适宜做陶坯、釉的配料。该矿床开采技术简单,开发前景良好,开发该矿床可获较好的经济效益和环境效益。(中国矿联信息中心)

【福建省探矿权审批办法】 《福建省探矿权审批办法》自2001年4月1日起施行。《福建省探矿权审批办法》规定探矿权实行分级审批制度。勘查跨省的矿产资源、领海及中国管辖的其他海域的矿产资源、外商投资勘查的矿产资源以及《矿产资源勘查区块登记管理办法》附录中所列的勘查投资大于500万元的矿产资源,应当由福建国土资源厅转报国土资源部审批颁发“矿产资源勘查许可证”;勘查其他的矿产资源,由省国土资源厅审批并颁发“勘查许可证”。普通建筑用石料、河道采砂一律采取招标、拍卖方式直接出让采矿权,不办理勘查登记和颁发“勘查许可证”,但在招标拍卖前,应将其方案上报国土资源厅备案。

此外,探矿权实行有偿取得制度,探矿权使用费以勘查年度计算,逐年缴纳。探矿权也可以通过招标、拍卖或协议等形式出让。 (中国矿联信息中心)

广西壮族自治区

【矿产资源概况】 截至2001年底,自治区已发现矿种147种(含亚矿种),已探明储量的矿产97种,约占全国已探明储量矿种(212种)的45.75%,已发现但尚无探明储量的矿产有50种。国民经济赖以发展的45种支柱性重要矿产,广西已有35种探明储量,目前探明储量的矿产地1326处,保有储量矿产地1286处,其中固体矿产地1166处,具有特大型规模的2处,大型128处,中型279处,小型757处。已探明矿产保有储量居全国前十位的有64种,已开发利用891处,开发利用率77.68%。全区共有在册矿山7018座,从业人员16.59万人,年产矿量达11393.58万t,采选业工业总产值48.16亿元,综合利用产值0.8亿元,利润总额2.75亿元。基中销售收入超亿元以上的矿种有:煤、锰、锌、锡、金矿、重晶石、滑石、方解石、水泥用灰岩、建筑石料用灰岩、砖瓦用粘土。2001年全区国有及规模以上非国有矿产采选业和相关原材料加工制造业销售收入、工业增加值、利税总额分别达到480.13亿元、169.54亿元、59.97亿元,分别占同比口径全区工业企业销售收入、工业增加值、利税总额的46.7%、49.5%、48.7%,矿业在广西经济运行中继续维持支柱产业的地位。

(黎谊锴)

【矿产资源管理】 2001年自治区地矿行政管理部门坚持以保护和合理利用矿产资源为主线，以调整资源开发利用结构为重点，以科技创新和制度创新为动力，以提高矿产资源保护和合理开发水平为出发点，全面推进依法行政，有效保护和合理利用矿产资源。2001年完成了自治区矿产资源总体规划编制初稿，11个地市和34个县开始了地、县级矿产资源规划编制工作。建立了广西地质勘查专项经费并开展了运作实施，获得了良好效果。全区严格矿业权申请审批制度，矿山年检和年报工作正常开展，矿产资源勘查开发管理得到加强，2001年自治区政府吸取"5.18"合浦恒大石膏矿重大塌方事故和"7.17"南丹龙泉矿透水事件的教训，加大矿山停产整顿和矿产资源秩序治理整顿力度，坚持依法治矿、可持续发展，安全第一，发展先进生产力四条原则，把矿产资源管理秩序治理整顿与矿山安全生产治理和反腐败结合起来，彻底解决矿产资源管理中存在的问题。据不完全统计，治理整顿中，共取缔无证非法开采行为5619起，查处越界采矿56起，非法转让采矿权25起，责令不符合安全生产条件、不按开发利用方案开采的矿山企业2677个停产整顿，关闭历次治理整顿后又反复的无证、不具备安全生产条件的矿山1087个，注销采矿许可证487本，吊销采矿许可证34本，通过治理整顿使勘查许可证和采矿许可证的审批得到进一步规范，监督管理更加严格；使无证采矿、非法采矿等行为得到有效遏制，长期以来作为热点难点的大厂矿区内的非法矿业活动被全面彻底取缔。

2001年自治区矿产储量管理、地质环境管理、地矿法制建设、矿业权市场培育都有新的进展，矿产资源储量评审认定、矿业权评估工作走上法制轨道，组建了自治区级矿产资源储量评审机构和矿业权评估机构，完成评审认定各类地质勘查报告、储量报告20份，全面完成了矿产资源套改并通过国土资源部验收，完成全区矿山企业占用矿产储量补充登记工作。逐步建立和完善了矿业权出让转让审批制度和矿业权招标制度、矿业权信息系统，规范矿业权转让行为，培育矿业权二级市场。全区地矿行政部门逐步推行依法行政步伐，规范行政执法行为，进一步修订完善并全面推行内部会审制度和执法责任制，推行窗口办文和政务公开制度。完成了《广西钟乳石资源管理条例》和《外商投资勘查开发矿产资源管理办法》等重要法规的起草送审任务。地质灾害防治和生态环境建设进一步加强，编制了《2001～2015年广西地质灾害防治工作规划》、《广西2001年汛期地质灾害防治预案》和《广西地质环境公报》，加强地质灾害调查和重要危险点的勘查与治理，妥善治理了融水县101矿区地裂、凤山县城危岩等重点项目，21个矿山生态环境恢复与重建工作都有不同程度的进展，开展了对资源丹霞地貌、乐业"天坑群"等地质遗迹资源的保护与开发，加强对矿泉水资源的监督管理，完成了矿泉水水源地年检和审批工作，完成了广西地下水资源评价和广西地下水资源战略研究。

（黎谊锴）

【矿山企业生产】 2001年广西地勘队伍实现了地矿、有色、核工业三家地勘队伍统一集中管理，生产经营实体与基地管理机构分体运行改革进展顺利，三大产业中心（建设、旅游宾馆、工贸）和地质勘查总院正式组建，总院所属各分院和三个产业中心所属各经营实体的重组改造基本完成，各地勘单位基地管理结构已经组建，初步形成了适应社会主义市场经济发展的地勘工作新体制。在地质勘查投入上；采取"地方政府拿一点、企事业法人出一点、地勘单位自筹一点。"的办法，共争取到地勘投入9018万元，比2000年增长25%，全年共开展地质项目81个，年内共评审验收地质报告19份，提交新发现矿产地4处，圈定一批找矿远景区，有五个矿种新增了储量，其中铝土矿3014.71万t、金矿21.8t、重晶石977.26万t、铅锌矿27.03万t。地勘经济在高速稳定平台上持续发展，据统计，广西地质矿产勘查开发局实现工业总产值8.86亿元，比2000年增长21%，实现生产增加值3.02亿元，比2000年增长36%，实现利税2093.36万元，比2000年增长15%。

矿业企业生产、经济效益持续增长。2001年广西工业企业生产平稳增长，全区全部工业总产值1903.14亿元，较2000年增长8.03%，全区国有及规模以上非国有矿山采选冶及相关原材料加工业企业1638家，年末从业人数505416人，固定资产净值295.07亿元。全年完成工业总产值477.97亿元，比2000年增长10.1%；工业增加值169.54亿元，比2000年增长6%；利税总额59.98%亿元，比2000年减少0.5%；产品销售收入480.13亿元，比2000年增长8.3%；柳州钢铁集团、柳州华锡集团和平果铝业公司年销售收入都超过10亿元以上，桂广滑石工业公司、八一铁合金集团、隆林有色工业公司、平桂矿务局、泗顶铅锌矿、广西鱼峰集团水泥有限公司等20多家矿山企业年销售收入均超亿元。

在主要产品产量方面，冶金和有色金属产品产量都比2000年有所增加，其中钢1229206 t、生铁1504034 t、钢材1286630 t、铁矿石815536 t、铝189213 t、铅118670 t、锌295023 t、锡38451 t、锑67752 t、铜10097 t，锰矿石1168500 t（比上年略有减少）。为了提高有色工业科技和生产水平，2001年全区投入资金（包括国家投资）10.42亿元扩大有色金属工业基本建设和企业技术改造。平果铝二期工程、来冶铟锌工程、高峰矿业公司技改工程、桂西铝土矿勘探工程等一批重点项目开工和续作。

煤炭工业生产全年完成经营总值8.68亿元，比2000年增加8.22%，其中煤炭产值6.18亿元，全年销售原煤609.08万t，产销率102.68%，非煤多种经营产值2.5亿元。年末生产能力3万t的国有煤矿矿井37处，核定生产能力352万t，2001年由于矿井报废、单位破产等原因减少矿井22处，核减生产能力271万t，由于扩建、收购小井等原因新增矿井14处，新增生产能力120万t，增减相抵矿井减少8处，生产能力减少151万t。

黄金生产。2001年全区生产黄金2372.096千克，其中成品金2099.23千克，实现工业总产值17367万元，工业增加值3924万元，3个黄金企业，实现工业总产值9538万元，在基建技改方面，龙水金矿启动了张公岭坑口探建结合工程、龙头山金矿新建100t/日炭浆厂已于2001年底试产、龙胜金矿技改工程已产生效益、凤山县引进资金技术开发难选冶金矿等正在进行建设前期工作，这些将有助于改善生产经营困难状况，提高企业技术经济水平。

大新县立足锰矿资源优势，大力发展矿产品深加工，调减电价；扶持企业扩大生产，发展硫酸锰、电解二氧化锰、电解金属锰等科技含量高、市场畅销的产品，同时清理关闭300多家非法小矿洞，做强了矿产业，2001年全县矿业总产值3.5亿元，实现税收2324万元。

（黎谊锴）

【百色探明铝土矿】 继平果铝土矿之后，广西有色地勘局2001年，又在百色地区靖西县新圩提交一处特大型铝土矿床。

靖西县新圩铝土矿区面积260 km^2，为岩溶堆积型铝土矿，矿体分布于现代岩溶盆地内，相对集中于8个地段。经过评审，该矿区铝土矿的经济基础储量3660.58万t，内蕴经济资源量8202.51万t，预测资源量5068.20万t，伴生镓内蕴经济资源量10848.82 t。铝土矿大于100万t的矿体达33个，占总储量的70%，矿体埋藏浅。二级品以上矿石量达7360.93万t，伴生成分镓、钛、铌、钪等具有较高的综合利用价值。

（中国矿联信息中心）

海南省

【矿产资源概况】 1.矿种比较齐全、资源储量相对丰富。截至2001年底，海南省共发现矿产88种，经勘查有工业储量的66种，矿床（点）1121处，矿产地338处；其中已列入全国矿产储量统计的矿产有50种，矿产地295处，包括大型矿床59处、中型107处、小型129处。全省保有储量位居全国前列的矿产有：石英砂、锆英石、天然气、钛铁矿、独居石、蓝（刚玉）宝石、油页岩、饰面辉长岩、饰面花岗岩、富铁矿、脉石英、水晶、饮用天然矿泉水、医疗热矿水等；石油、金、钴、铝、独居石、水泥灰岩、萤石、高岭土、白云岩、重晶石、石墨、硅石、粘土、地下水等保有资源储量的人均占有量，也高于全国平均水平。

2.矿产资源富集区相对集中。天然气、石油富集在琼东南、莺歌海盆地、珠三凹陷和南沙各盆地以及海南岛西北部的福山凹陷；钛锆砂矿富集在海南岛东部滨海沉积地带；石英砂富集在海南岛沿海沉积阶地；金矿富集在乐东、东方、昌江、定安等市县；铁矿、白云岩、石英岩富集在昌江石碌地区；水泥用灰岩和粘土富集在东方、昌江、儋州等市县；饮用天然矿泉水、医疗热矿水富集在海口、琼海、三亚和儋州等市；地下水富集在琼北自流盆地。资源储量主要集中在富集区的大型矿床中。

3.富矿比例大，共（伴）生组分较少。已探明的油气田多属高产能油气田，石英砂、铁、钛、锆、金、钴、钼、水泥灰岩等重要矿产品高品位富矿比例也较多。除石碌铁矿与钴、铜矿共生并伴生银、镍、硫，蓬莱铝土矿与钴土矿、蓝宝石共生并伴生镓，东海岸钛铁矿与锆英石共生并伴生独居石、金红石之外，大多数矿床共（伴）生组分较简单。

4.矿床开采技术条件好。已探明资源储量的多数矿床，具备“近、浅、易”的特点，或者开采技术条件比较简单，适宜露天开采和有利选冶的条件良好。

5.主要矿产资源的资源潜力大。到目前为止，有关部门对成矿条件良好、资源潜力较大而开展预测的矿产资源主要有天然气、石油、天然气水合物、钛铁矿、锆英石、独居石、金红石、金、银、宝石、水泥用灰岩、玻璃用砂等15种。

6.矿产资源具有特色和比较优势。从保有可采储量的数量和排位、资源潜力、市场需求、用途及效益等综合因素分析，海南省的优势矿产资源主要有海域的石油、天然气、天然气水合物，陆域的富铁矿、锆英石、钛铁矿、黄金、钴、石英砂、饰面辉长岩和花岗岩、饮用天然矿泉水、医疗热矿水等；具特色和比较优势的矿产资源有水晶、高岭土、脉石英、蓝宝石、油页岩、独居石、石墨等。这为海南省建设和发展壮大资源型具特色的矿业体系，实施优势矿业战略，奠定了重要的物质基础。

（梁新南　王宜合）

【矿产资源勘查开发】 1.地质矿产资源调查与商业性勘查。在海南从事地质矿产资源勘（调）查的常驻单位主要有海南省地质矿产勘查开发局暨所属的海南地质调查院和海南有色地质调查局、武警黄金部队第九支队、核工业海南地质大队。此外，在海南从事海陆油气资源调查和勘查的单位有中国地质调查局所属的广州海洋地质调查局、中国海洋石油总公司所属的南海西部公司及与其合作的外国石油公司、中国石油天然气总公司所属的南方公司。

2001年，全省开展的勘查项目50个（未含海域油气项目），总面积2475 km^2；其中新批准登记的21项，勘查投资3008万元（商业性勘查投资约占80%）。在50个项目中，金矿22项，锆钛砂矿6项，石英砂2项，热矿水3项，矿泉水3项，其他14项。

2001年，全省完成并提交矿产资源储量报告审批认定的商业性矿产勘查8项，新增可供开发利用的矿产资源储量分别为：锆英石（矿物）27.86万t，钛铁矿（矿物）89.17万t，钴（金属）6816.79 t，铜（金属）24715.61 t，玻璃石英砂719.54万t，花岗岩建筑石料159万 m^2，饮用天然矿泉水（允许开采量）3614 m^3/d，医疗热矿水（允许开采量）700 m^3/d。

2. *矿产资源开发及矿业经济情况*。在海南从事矿产资源开采的矿山企业（未含油气开采企业）共479个，从业人员17434人，其中国有矿山51个（从业10514人），三资矿山5个，集体矿山57个，私营及个体采矿366个。开采矿产（包括共伴生矿产）32种，其中能源化工矿产3种，金属矿产11种，非金属矿产15种，水气矿产3种。固体矿产开采矿石总量2537.4万t，天然气开采量33.46亿 m^3，凝析油6.6万t，水气矿产（含饮用矿泉水、医疗热矿水、地下水）开采量19742万t。全省矿产资源采选产值15.53亿元。开采量较大的矿产主要是天然气、锆钛砂矿、富铁矿、金矿、饰面花岗石材、水泥灰岩、玻璃石英砂、建筑用砂石粘土、饮用天然矿泉水、医疗热矿水和地下水等。

随着海南新兴工业省建设的发展，以优势矿产为主要原料的矿产开采加工业有力地促进了矿业经济发展。据有关矿产开发加工企业的资料，经过初步综合统计，能源化工矿产方面，天然气转化加工生产尿素、气电、煤（液化）气和凝析油炼制加工系列油料及精细化工产品产业年产值达12.6亿元；金属矿产方面，铁、金、铝土矿炼制生产钢铁、金属制品、黄金饰品、黑刚玉砂磨料和进口钴废料加工氧化钴系列产品的年产值达14.95亿元；非金属矿产方面，水泥用灰岩、砖瓦（含油页岩质）粘土、高岭土、饰面花岗岩等加工生产水泥、饰面花岗板材等的年产值达9.35亿元；饮用天然矿泉水及系列矿泉饮料的年产值达2.13亿元；全省以矿产资源为主要原料的炼制加工年产值共达39.03亿元。

2001年海南省矿产采选产值为15.53亿元，矿产炼制加工产值为39.03亿元，合计矿业经济总产值54.56亿元。海南省矿产资源的利用方式和矿业经济的增长方式，已开始由过去的粗放型向现代的集约型方向转变。（梁新南　王宜合）

【矿山企业生产】 据省统计局海南统计年鉴的相关资料，2001年海南省主要矿产采选产品的增加值与销售率分别为：煤，+106万元，99.1%；凝析油，98.1%；天然气，100%；铁矿，+15117万元，99.6%；有色金属，+4240万元，99.3%；钛矿，+802万元，98.6%；非金属矿，+2464万元，94.5%；建筑用砂石粘土，93.3%；地下水，+6332万元，94.1%。主要矿产炼制加工产品的增加值和销售率分别为：尿素，+29337万元，100%；凝析油精细化工产品，+11385万元，71.6%；煤气，+6542万元，99.2%；钢材，94.9%；黑色金属加工产品，+8445万元，销售率不明；有色金属加工产品，+1271万元，91.9%；成品金，100%；金属制品，+15633万元，97.0%；非金属制品，+16284万元，97.2%；水泥，+11119万元，98.8%；砖瓦，+443万元，97.7%；陶瓷制品，-338万元，87.9%；矿泉系列饮料，+8647万元，79.8%。总体来看，矿业生产经营状况良好，仅少数企业对市场经济的适应性较差。（梁新南　王宜合）

【矿产资源开发利用管理】 1. *制定海南省矿产资源总体规划*。建设生态省是海南省的战略目标，海南省矿产资源开发一直坚持矿业经济与环境保护协调发展的方针。2001年，海南省制定出矿产资源总体规划（2001~2010年），明确了要依托资源优势、区位优势和经济特区"小政府，大社会"的体制优势，发展优势资源产业；利用"两种资源，两个市场"，以市场配置资源，通过调整矿业结构和布局、实施总量控制和规模开发，促进矿产资源的勘查、开发利用方式和矿业经济增长方式由粗放型向集约型的转变，实现矿产开发与生态环境保护的良性循环。

2. *全面完成矿产资源管理秩序治理整顿工作*。按照国办发（2001）85号文的要求，海南省把2001年矿产资源管理秩序治理整顿工作与全省经济秩序整顿工作结合起来，各市县根据实际情况扎实开展治理整顿工作，重点对那些经常反复、回潮严重的热点矿区进行多次整顿。全省共清理了矿产勘查项目50个，矿山492个（其中部、省级发证72个，市县级发证420个）；查处市县越权颁发采矿许可证3个；取缔无证采矿232宗，吊销采矿许可证26个，查处侵权越界5起，责令停产整顿矿山5个，限期整改35个；查处破坏浪费资源11起；关闭了位于自然保护区、旅游风景区、主要干道两侧及占用耕地、破坏环境的小矿山、砖厂12处。

3.开展矿产年检工作。2001年全省应检矿山492个,实检454个,年检率为92%;抽检394个,抽检率为80%。通过年检,对侵权越界、乱采滥挖和破坏环境资源等行为进行严肃查处,保障了矿产资源的合理开发利用和矿产资源管理秩序的稳定,维护国家和采矿权人的合法权益。

4.加快探矿权、采矿权市场建设。海南省根据各市县矿产资源管理秩序稳定程度、矿业基础和发展要求的不同,授权琼东沿海5个市、县为试点,以拍卖的方式出让国家出资探明的表外、零星分散和残留的滨海锆钛砂矿及砂石、粘土的采矿权,出让矿块面积1966亩,收回采矿权价款800.2万元。通过总结各试点成功经验,海南省将在全省范围内逐步推广采矿权出让的招标、拍卖工作,积极培育和规范探矿权、采矿权市场。

(梁新南　王宜合)

【东方市化肥基地建设】 中国海洋石油总公司2001年在海南省东方市建设全国最大的化肥基地。

富岛海洋天然气化肥二期项目,年产80万t大颗粒尿素、45万t合成氨,是国内最大的尿素生产装置,总投资26.8亿元,年用气量8亿m^3,这个项目2000年已经投入3亿元,2001年投入13亿元,2001年8月从国外进口的设备陆续到货,开始安装,2002年底前投入生产。

在东方市建设的富岛海洋天然气化肥一期项目总投资25亿元,以海南省三亚市海域的崖13—1天然气田的天然气为原料,年产50万t大颗粒尿素、30万t合成氨,于1996年10月投产,是全国第一套大颗粒尿素装置。富岛公司生产的尿素产品各项技术指标均达到国际先进水平,1998年被科技部、国家质量技术监督局等部门评定为“国家重点新产品”,2001年3月被国家质量技术监督局认定为国家免检产品,2001年出口澳大利亚等国尿素22万t。

中国海洋石油总公司利用东方市海域丰富的东方1—1天然气田资源,在3至5年内,陆续投资100亿元以上在东方市建设化工城,还兴建60万t复合肥、60万t甲醇等项目,形成250万t化工产品的生产能力、40亿元的工业产值,使海南省东方市成为全国最大的化肥基地和全国最大的天然气化工基地之一。

(中国矿联信息中心)

【万宁市公开拍卖锆钛砂矿采矿权】 海南省万宁市2001年,首次公开拍卖矿业开采权,民营企业家翁振清分别以75万元和120万元竞得保定锆钛砂矿区春园湾和草兰两矿段的开采权。以拍卖方式对矿业开采权进行出让,这在海南省尚属首次。

万宁市东部海岸和太阳河中下游地区储藏着丰富的钛锆资源,钛铁矿和锆英砂矿储量分别占海南省的71%和40%。但过去乱采滥挖现象严重,造成资源严重浪费。为规范矿业开采市场,合理开发利用矿产资源,万宁市委、市政府制订了《万宁市统一开采锆钛资源方案》和《万宁市锆钛资源公开拍卖开采实施办法》,首期选定保定锆钛砂矿区春园湾、草兰两矿段的开采权进行公开拍卖。

据介绍,这次公开拍卖的矿区总面积为549亩,其中春园湾矿段223亩,草兰矿段326亩,主要是表外零星分散矿体。有20多家企业和个人报名参加这次公开拍卖,经审查,有4家企业和个人符合竞买资格。拍卖结束后,万宁市政府委托市国土环境资源局与买方签订了有关合同。合同约定,买受方要做到边开采边复垦,每开采30亩须复垦一次,并达到造林要求,矿段开采完毕后还要负责封闭矿坑。

(中国矿联信息中心)

【儋州市建石英砂采选基地】 全国最大的优质石英砂采选基地及配套出砂码头2001年在海南省儋州市光村镇兴建,计划年产石英砂78万t,预计2003年可向市场大量供应。该矿总面积3.71 km^2、区内石英矿砂储量达2853万t,矿区东距海口市130 km,南距儋州市50 km,西距洋浦40 km,项目总投资1.93亿元,建设规模为年产优质玻璃用石英砂65万t、其他行业所需特种石英砂13万t及5000 t级泊位出砂码头一座。

(中国矿联信息中心)

宁夏回族自治区

【矿产资源概况】 截至2001年底,宁夏回族自治区探明矿产储量的矿种有31种。其中能源矿产3种;黑色金属矿产1种;有色金属矿产2种;贵金属矿产1种;冶金辅助原料非金属矿产6种;化工原料非金属矿产4种;建材和其他非金属矿产12种;水气矿产2种。全区累计探明矿产地数137处(未统计地下水),其中能源矿产66处,金属矿产12处,非金属矿产46处,水气矿产13处。

(许常杰)

【矿产勘查开发利用】 1.矿产资源勘查情况。截至2001年底,宁夏回族自治区共颁发勘查许可证15个,其中新立项目14个,变更项目1个。按矿种分:金矿1个,煤炭2个,地下水3个,冶镁白云岩3个,水泥灰岩4个,石膏2个,辉绿岩1个。从资金来源分:地质市场6

个,计划项目3个,勘查基金项目2个,其他项目4个。收缴探矿权使用费19760元。

2.*矿产资源开发利用情况*。全区共有矿山企业1002个,其中:煤炭86个,铁矿8个,矿泉水2个,普通砂、石料及建材类478个,砖瓦粘土270个,其它158个。全区已建立了以国有矿山企业为主体,多种经济成分并存的矿业多元经济体制。现有的矿山企业,按行政区划分,四个地(市)级市和地区,以矿山数量从多到少排列是吴忠市、石嘴山市、银川市、固原地区;以从业人数从多到少排列是石嘴山市、吴忠市、固原地区、银川市;以矿产品的产量从多到少排列是石嘴山市、吴忠市、银川市、固原地区。

全区共开发矿种27种,矿山数1002个,从业人数57828人,年产矿石量2352.756万t,工业总产值129615.98万元,工业销售额126678.17万元。2001年征收补偿费523.18万元,超额11.6%完成全年的征收任务。

3.*矿业在宁夏回族自治区经济中的地位和作用*。在矿业产值中,煤炭采选业占57.73%,石油天然气开采业占41.85%。矿业及相关产业总产值占宁夏工业总产值45.63%,其中矿业总产值占宁夏工业总产值12.54%。

(许常杰)

【矿产资源管理队伍建设】 宁夏矿产资源管理队伍的建设是伴随着矿产资源管理工作的全面开展而逐步发展起来的。宁夏20个市、县设立了矿产资源管理机构,为贯彻《矿产资源法》和进一步搞好矿产资源管理工作提供了有力的组织保障。在已建立的矿产资源管理机构中,市级机构3个,县级机构18个。人员总数为225人。

(许常杰)

【吴忠市构建西部重化工基地】 随着加拿大耐特公司、香港雅高集团、中国宝塔石化等公司纷纷入驻吴忠进行煤炭、石油、天然气等能源的开发,资源富集、水电充足、区位优势明显的吴忠市构建"中国西部的重化工基地"的设想正在实施中。

丰富而独特的煤炭、石油、天然气等资源为吴忠市建设重化工基地提供了优质原料保障。位于吴忠市境内的宁东含煤区共有煤炭290多亿t,其储量相当于东北三省总储量的总和,占全区煤储量的88%。其煤质好、低硫低灰,为全国少有的优质化工原料;加之煤区地质结构简单,开采条件好,采掘成本低,"十五"期间规划建设的年产300万t的灵武羊肠湾大井、年产500万t的枣泉矿以及现有的灵州集团的开采能力,年产量将超过1000万t,将为建设重化工基地提供煤源。煤炭丰富而优质,石油、天然气等资源更为密集。目前全市共探明石油储量2300万t,天然气储量12亿m^3,是陕甘宁油区的核心部分。石膏储量达127亿t,位居全国第一。这些能源优势将为开发二甲醚、煤变油等新型化工用品奠定坚实的基础。

面对国家调整"以煤代油"的产业政策和发展以煤炭为原料进行液化的汽油、柴油、烯烃、二甲醚、聚氯乙烯、层状硅酸钠等工业产品为能源的转化带来的广阔的市场空间和前景,吴忠市已将能源开发列为"十五"重点发展的特色产业之一。在自治区高度重视和支持下,目前,筹建"西部重化工基地"的前期规划已制定,各项勘探选址已进行,项目论证进入实质性阶段。为加快能源开发,吴忠市不断优化投资环境,通过转变政府职能,积极为重化工基地的建设提供高效、优质的服务。目前,已有近十家国际、国内知名企业和公司到吴忠进行前期的能源开发洽谈。香港雅高集团已投入近10亿元开发年产300万t的灵武羊场湾大井,加拿大耐特公司拟着手对横山天然气进行开发;中国宝塔石化已在灵武等地建成2个精细化工助剂厂,并与灵州集团合建银川大学实验基地;二甲醚、煤变油等项目引进正在进行之中。以高科技开发为主的新型重化工基地在不久的将来在吴忠市崛起。(中国矿联信息中心)

【宁夏建立镁合金产业基地】 科技部2001年决定,在镁资源丰富的宁夏建立高品质镁合金产业化基地。

镁合金具有质地轻、无毒性、可回收、有利环保等特点,被广泛用于汽车、化工、通讯、电子等生产领域。宁夏发展金属镁产业基础条件优越,相关矿产资源丰富。近年来,宁夏镁产业有了较快的发展,以华源冶金实业有限公司为龙头的宁夏镁产业企业,连续两年销售额在全国同行业中排序第一,跻身全国出口贸易前三强,全自治区镁合金全年总产量近3万t,出口创汇近2554万美元。

根据国家科技部要求,宁夏在镁合金基地建设中大量聘用科技人才,全面提升镁产业技术水平,实现传统产业结构调整和升级换代,努力建成国家高品质镁合金的生产基地和示范区。

(中国矿联信息中心)

【镁粉生产线在银川市建成投产】 一条3000t镁粉生产线2001年在宁夏银川市建成并投入生产,这是宁夏回族自治区目前规模最大的镁粉生产企业。这条生产线是由宁夏时兴龙公司与美国LTC公司以及华源冶金进出口公司联合兴建的。2002年初二期工程完工后,镁粉产量可达5000t,其中90%销往美国,预计可创汇900万美元。镁粉主要用于炼钢脱硫。镁合金近年来开始大量用于轿车生产,它可以减轻车体重量。镁产业目前在国际上被誉为朝阳产业。

生产镁所需要的白云石、硅铁、煤等原料在宁夏储量丰富，价格便宜。近年来，宁夏原镁生产及镁制品企业发展很快。但镁产业长期停留在镁屑、镁锭等初级产品加工上，这条生产线的建成将较大的改观宁夏镁产业面貌。（中国矿联信息中心）

甘肃省

【矿产资源概况】 甘肃省幅员辽阔，地质构造和成矿条件得天独厚，矿产资源丰富，不但种类繁多、类型多样，而且组分复杂、规模各异，远景可观。目前已发现各类矿产156种，占全国已知矿种的91%。已知各类矿床、矿点、矿化点约3500余处，其中，已查明矿产资源储量的矿产有81种，共计有各类矿床700余处。有29种矿产的保有资源储量居全国前五位，前10倍的有53种。已开采利用的矿产66种，矿山企业2177家(其中国有矿山218个)，从业人数超过17万人。矿业及相关原材料加工制品业历史悠久，产值已占全省工业总产值的63%。

煤炭、石油、天然气、油页岩等燃料矿床产地79处，其中大、中型矿床15处；铁、锰、铬、钒等黑色金属矿，矿床产地67处，铬和钒的保有资源储量分别占全国的第四、六位；铜、铅、锌、镍、钴、钨、锡、镁、铂族、金、银、硒、稀土、铌等有色贵金属及稀有、稀土、稀散元素矿产已查明30多种。从矿产资源保有储量看，镍、钴、铂族(铂、钯、锇、铱、钌、铑)等矿种居全国第一，锌、铊、镉居全国第一，铜、铬、铅居全国第四，锑居全国第五。

甘肃的冶金辅助原料、化工原料、建材及其他非金属矿产品产地众多，种类齐全，质量优良，冶金用石英岩、伴生硫铁矿、重晶石、钾盐、菱镁矿、透辉石、红柱石、岩棉用玄武岩、水泥配料用砂、黄土等矿产保有资源储量均居全国前五位；饰面蛇纹岩、铸型粘土则居全国第一。

甘肃丰富的矿产资源表现出9大明显特征：一是矿种多，查明矿产资源储量丰富，人均占有量高。二是伴生、共生矿床多、组合复杂、综合矿床多，但综合利用程度差。三是有些重要矿产如铁矿贫矿多、难采难选冶的矿多、富矿少。四是有色金属矿产以品位富为特点，资源在全国占优势。五是某些重要矿产资源储量高度集中在一个地区或一个巨大产地。六是有些矿种资源储量稀缺，因而资源不配套。七是地质矿产勘查程度低。八是开发利用不平衡。九是水资源不足，呈现区域性缺水。

（甘肃省国土资源厅）

【地质勘查与开发利用】 1.地质勘查情况。2000年，甘肃省直接从事地质勘查工作的人员约1万余人，分属7个地勘部门，即甘肃省地勘局、甘肃省有色地勘局、甘肃省煤田地质局、中国建材地勘中心甘肃总队、西北冶金地勘局五队、核工业部西北地勘局、中国人民武装警察黄金部队，共30多个地勘单位。其中省外地勘单位有7个。主要开展煤、锰、金、银、铜、铅、锌、钨、镍、钒、锑、水泥灰岩、粘土、含碘凹凸棒石、白玉石、高岭土、陶瓷粘土等矿产的调查评价与地质勘查工作。上述矿产，在新登记的项目中普查占98%。

2000年开展和完成地质勘查及综合研究项目51项，其中基础地质成果9项，矿产勘查成果32项，水工环成果5项、综合研究5项。发现矿点30多处，检查评价矿点23处，矿产调查评价6处，估算或预测矿产资源量金73t、银2093t、WO_3 18.92万t、煤3024万t、石棉350万t、白玉石79.2万m^3，粘土95.43万t，探明水源地一处，地下水允许开采量7.45万m^3/a等。

2.矿产资源开发利用情况。2000年度全省共有矿山企业2177个，从业人数165731人，开采利用矿种66个。

全省矿产开发利用中年产矿石量总计为6472.241万t，工业总产值476827.11万元，综合利用产值9383.6万元，工业销售产值524816.11万元，利润总值30523.25万元，其中开采矿石量最多、产值较高的矿产依次为煤炭、有色金属、黑色金属、贵金属、水泥用灰岩、冶金辅助原料等。(见表2)

全省14个地(州、市)，按矿石产量、产值多少排列，依次是：白银市、兰州市、金昌市、平凉地区、陇南地区、酒泉地区、甘南州、嘉峪关市、天水市、武威地区、张掖地区、临夏州地区、庆阳地区、定西地区。

甘肃省国内生产总值占全国1.1%，经济发展水平较低，总量比较小，但是甘肃矿业及相关原材料加工制品业却占全省工业总产值的62.9%，在经济发展中处于主导地位，对工业起到了支撑作用，所以，矿业经济在甘肃省实施“西部大开发”战略中，具有举足轻重的地位。

表 1　　地质勘查投资及完成主要工作量

地勘单位	地勘投资(万元)							工作量			职工人数(人)
	合计	类别						钻探(m)	坑探(m)	槽探(m^3)	
		国家预算拨款	地质勘查基金(含大调查)	补偿费	自筹资金	地方财政拨款	其他资金				
合　计	18576.6	14013.6	2835	670	46	353	659	53768.75	2848	90544.8	10116
甘肃省地勘局	16003	13130	2325	270		278		42429	1054	46316	6955
甘肃省有色地勘局	1293	533	390	150		60	160	5800	1700	36714	2411
甘肃省煤田地质局	216			200	16			1952.45	94	70.30	155
中国建材地勘中心甘肃总队	894.6	350.6		30		15	499	3040		5969	267
西北冶金地勘局五队	170		120	20	30			547.30		1475.5	328

表 2　　甘肃省矿产资源主要技术经济指标分矿种汇总表

序号	矿产名称	矿山数(个)	从业人数(人)	年产矿石量(固体)(万 t)	工业总产值(万元)	综合利用产值(万元)	工业销售产值(万元)	利润总额(万元)
	总计	2177	165731	6472.241	476827.11	9383.60	524816.11	30523.25
1	煤	720	853885	2098.089	183795.23	0.00	183749.80	18949.68
2	高岭土	0	0	0.000	0.00	0.00	0.00	0.00
3	地热	6	324	0.000	74.30	0.00	68.30	－8.00
4	铁矿	22	3685	542.434	27682.39	0.00	70871.88	1831.44
5	钛矿	0	0	0.000	0.00	0.00	0.00	0.00
6	锰矿	2	30	0.400	48.00	0.00	48.00	36.00
7	铬铁矿	2	99	2.300	545.00	0.00	545.00	127.00
8	钒矿	3	26	0.000	0.00	0.00	0.00	0.00
9	铜矿	30	3443	110.473	7025.13	298.00	7270.57	－1190.39
10	铅矿	7	2974	74.750	20165.41	0.00	1928.80	1783.07
11	锌矿	17	4312	97.368	28214.20	0.00	27090.00	3780.90
12	镍矿	2	5024	355.890	56470.48	6114.90	56240.43	－12690.50
13	钴矿	0	0	0.000	0.00	0.00	0.00	0.00
14	铂矿	0	0	0.000	0.00	0.00	0.00	0.00
15	钨矿	1	15	0.000	0.00	0.00	0.00	0.00
16	锑矿	4	56	0.120	103.63	0.00	99.23	13.00
17	砂金	2	260	262.900	256.98	0.00	256.98	0.00
18	金矿	57	4193	90.041	31726.87	43.00	30040.73	7401.33
19	银矿	0	0	0.000	0.00	0.00	0.00	0.00
20	菱镁矿	2	52	2.00	143.00	0.00	120.00	0.00
21	萤石(普通)	40	720	7.625	730.30	0.00	656.18	31.14
22	熔剂用石灰岩	4	905	115.500	2214.51	312.00	579.40	－1492.56
23	冶金用白云岩	1	75	4.660	353.59	0.00	353.59	180.00
24	冶金用石英岩	32	720	31.764	1533.21	0.0	1531.31	－134.23
25	冶金用脉石英	3	10	0.500	11.00	0.00	11.00	0.00
26	耐火粘土	3	28	0.000	0.00	0.00	0.00	0.00
27	芒硝(含钙芒硝)	18	424	21.150	1380.00	273.70	1007.00	28.50
28	重晶石	1	20	0.000	0.00	0.00	0.00	0.00
29	电石用灰岩	9	121	10.000	660.00	0.00	660.00	0.00
30	泥炭	1	25	0.050	10.00	15.00	13.00	2.00
31	岩盐	1	304	3.300	944.00	0.00	617.00	－29.00
32	湖盐	1	45	0.190	38.00	0.00	45.00	0.60
33	滑石	12	126	1.785	459.53	0.00	459.58	10.29
34	石棉(温石棉)	26	1563	11.401	6622.23	0.00	5089.73	283.49
35	长石	5	94	0.263	127.38	0.00	86.08	32.20
36	透辉石	1	5	0.533	8.00	0.00	10.00	0.00
37	蛭石	1	40	0.100	50.00	0.00	0.00	0.00
38	石膏	23	477	35.072	2317.01	0.00	1596.69	22.96

续表

序号	矿产名称	矿山数（个）	从业人数（人）	年产矿石量（固体）(万 t)	工业总产值（万元）	综合利用产值（万元）	工业销售产值（万元）	利润总额（万元）
39	方解石	3	78	0.400	16.00	0.00	16.00	0.00
40	水泥用灰岩	163	8171	598.131	59244.97	2294.00	69107.23	8517.48
41	建筑石料用灰岩	37	373	140.339	106.95	0.00	104.60	4.53
42	制灰用灰岩	2	80	10.600	212.00	0.00	104.00	5.00
43	玻璃用白云岩	1	20	0.240	2.00	0.00	2.00	0.40
44	建筑用砂岩	5	52	5.672	58.80	0.00	58.80	1.65
45	玻璃用砂岩	4	32	0.000	0.00	0.00	0.00	0.00
46	玻璃用砂	2	19	1.000	50.00	0.00	50.00	0.00
47	建筑用砂	55	852	76.580	973.35	0.00	898.55	23.11
48	水泥配料用砂	2	345	101.540	2932.39	0.00	2932.39	-693.77
49	玻璃用脉石英	1	20	0.200	7.00	0.00	4.00	2.10
50	粉石英	1	20	0.000	0.00	0.00	0.00	0.00
51	水泥配料用页岩	2	116	7.000	65.00	0.00	63.00	2.20
52	陶瓷土	7	121	3.200	243.00	0.00	74.00	-57.94
53	膨润土	7	50	1.356	146.99	0.00	146.99	-1.42
54	砖瓦用粘土	753	37890	1123.894	25385.12	0.00	23705.41	1734.75
55	陶粒用粘土	6	46	0.650	14.95	0.00	14.95	1.60
56	水泥用粘土	11	479	23.840	11826.65	33.00	17272.26	1981.72
57	水泥配料用红土	3	310	3.100	161.80	0.00	161.80	1.80
58	水泥配料用黄土	2	44	23.400	2.00	0.00	2.50	0.30
59	饰面用蛇纹岩	1	50	1.325	860.00	0.00	860.00	-15.50
60	饰面用辉绿岩	1	20	0.000	0.00	0.00	0.00	0.00
61	建筑用花岗石	23	282	28.072	175.40	0.00	192.55	14.43
62	饰面用花岗岩	6	167	177.668	295.10	0.00	297.30	23.44
63	麦饭石	1	22	0.041	15.00	0.00	5.00	0.00
64	建筑用凝灰岩	3	29	11.078	64.50	0.00	61.90	0.70
65	饰面用大理石	1	20	108.000	6.00	0.00	4.70	1.40
66	建筑大理石	1	40	135.000	7.00	0.00	4.00	2.00
67	水泥用大理石	5	277	8.257	145.50	0.00	238.50	1.05
68	矿泉水	3	50	1.000	40.26	0.00	34.40	3.30
69	其他矿产	6	75	0.000	60.00	0.00	0.00	0.00

（甘肃省国土资源厅）

【甘肃省首次以招标形式出让探矿权】 甘肃省国土资源厅 2001 年举办了天祝县阿沿沟一带以铅锌为主的多金属矿的探矿权招标会。

此次招标面积 170．9 km²，设 4 个单元区块进行。共有 10 支省内外专业化队伍通过投标资质审查，获得投标资格，依法进入投标、开标程序。陕西银河电力矿业有限公司分别以 8 万元和 36 万元获第一、第三单元的探矿权，第二、第四单元的探矿权则由甘肃省有色地勘局 106 队分别以 1 万元和 3 万元获得。

业内人士指出，本次探矿权招标会的成功举行，将对矿业市场的运行和发展起到促进作用。

（中国矿联信息中心）

【兰州建成记忆合金产业基地】 兰州西脉记忆合金股份有限公司，经过多年艰苦努力，现已成为全国最大的记忆合金产业基地。这家企业投入 3000 万元建设的生产线，目前已达到年产形状记忆合金板、丝材 30 t 和形状记忆合金骨科器械 5000 kg 的生产能力。

形状记忆合金是一种具有“形状记忆效应”和“超弹性”的新型智能材料，20 世纪 60 年代问世后，引起了国际材料界的浓厚兴趣。其后，形状记忆合金的理论研究和新材料开发方兴未艾，其开发应用已遍及电气控制、能源交通、机械制造、医学生物等工程领域。

兰州西脉记忆合金公司经过近 20 年的研究开发，已在新型形状记忆合金及产品开发领域取得了一系列的成果，他们研制的形状记忆合金新材料及形状记忆合金控温阀、管接头、永久过载保护器等新产品，不仅获得国家发明专利，而且达到了国际领先水平。近十年来，他们又与兰州大学等单位的专家合作，将形状记忆合金应用于骨科机械，相继研制开发出形状记忆合金接骨板、自加压骑缝钉、髌骨爪、髓内针、骨卡环等系列产品。这些骨科机械产品已在全国数百家医院临床应用，并于1999年被列入国家级火炬计划和国家高新技术产业化推进项目。

（中国矿联信息中心）

【陇南铅锌精矿基地生产建设】 甘肃陇南地区已成为中国重要的铅锌精矿生产基地。2001年全区共生产铅锌精矿金属27.3万t,占全国同类产品总量的20%以上,铅锌工业产值占全区工业总产值2/3以上,成为全区财政收入支柱。

陇南地区铅锌矿藏资源十分丰富,绵延300多km的西成铅锌矿带,横跨西和县、成县和微县等3县,是亚洲第二大铅锌矿带,铅锌矿金属储量达2000多万t。陇南地区注重调整产品结构,陆续建成了以成州、洛坝、磨沟等大型铅锌矿为依托的骨干企业73户,专门从事铅锌矿石的采选冶炼、电解等,日矿石采选能力达8600 t。2001年,陇南地区的成州矿业、微县锌宇等5个万t以上重点冶炼项目,已建成或接近尾声,将成为陇南铅锌矿工业新的增长龙头。

（中国矿联信息中心）

青 海 省

【矿产资源概况】 青海省位于中国西部腹地,青藏高原北部。全省国土面积72.17万km^2,地势西高东地,以高原山地为主。海拔1650～6860 m,其中大部分在3000 m以上。气候寒冷干燥、多风少雨、缺氧、温差较大,太阳光辐射强,属高原大陆性气候,年平均气温-5.6～8.6℃,年平均降水量17.6～764.4mm,自然灾害易于发生。青海是长江、黄河、澜沧江的发源地,具有“中华水塔”之称,但生态环境十分脆弱。

1.*矿产种类及产地*。青海是个资源大省,矿产资源丰富,得天独厚,至2000年底,全省共发现各类矿产125种(表1),各类矿床、矿点和矿化点2600余处,其中探明有储量的矿产有105种,编入《矿产储量表》的有89种,产地589处(表2)。

2.*矿产保有储量在全国的地位*。至2001年底,各类矿产资源保有储量中有54种矿产保有储量排在全国前十位。其中,有9种矿产保有储量排在全国第一位(表3、图1)。

3.*矿产资源潜在价值*。根据全省编入2000年《矿产储量表》的矿产储量所计算潜在总价值为172489.91亿元,其中未包括石油、天然气、地下水、地下热水、矿泉水、铌钽矿、铷矿、压电水晶、熔炼水晶、玉石、岩棉用玄武岩、碘、溴等24种因无计价标准及其他原因无法计算潜在价值,参与计算的矿产为65种。

根据2000年全国矿产保有储量潜在总价值排序,青海占全国总值的13.6%。在全国31个省(区、市)中位居第二位,列陕西之后;人均保有储量潜在值居全国第一,单位国土面积保有储量潜在总值列全国第五位。

（青海省矿业协会　刘振庄　王永祥）

【矿产资源勘查】 青海省内从事地质勘查工作的单位主要有青海省地质矿产勘查开发局、中石公司青海油田分公司、青海有色地质勘查局、青海煤田地质局、中国建材地质勘查中心青海总队、青海省核工业地质局等部门。地勘行业职工总数为12659人,其中地质技术人员1439人(表4)。

1.*勘查项目*。本年度全省地质勘查项目共136个,包括地质大调查、资源评价、预查、祥查、勘探。在这些项目中,省地勘局承担82个,有色地勘局8个,核工业局5个,建材总队2个,武警黄金部队24个,煤田地质局3个,省外地勘单位12个。

按资金渠道,中央投资74个项目,地方投资50个,商业性投资12个。

从勘查程度分,矿产调查项目58个,勘查项目78个(其中预查12个,普查59个,详查5个,勘探2个)。

按矿种分,金矿50个,铜金多金属矿2个,铜多金属矿12个,铜钴矿1个,铌钽矿3个,银钨矿1个,钾盐矿4个,锶矿2个,1非金属矿5个,地下水2个,铀矿1个,煤矿2个,其他51个。

2.*勘查投资*。本年度地勘总投资8457万元,其中,中央投资4812万元,地方投资1973万元,商业性投资1445万元,地勘单位自筹227万元。

按工作程度划分:大调查3498万元,预查759万元,普查2645万元,详查732万元,勘探823万元。

从矿种看,铌钽矿投入101.48万元,银钨金矿29.96万元,铜金多金属矿41.26万元,铜多金属矿441.71万元,铜钴矿492.45万元,钾盐矿943万元,锶矿488万元,金银矿2285.14万元,煤矿160万元,铀矿46万元,非金属矿156万元,地下水230万元,其他3042万元。从立项和投资情况看,大调查和普查项目最多,占用资金也最多。从矿种看,金、银矿最多,再依次是钾盐,铜钴矿,铜多金属矿,锶矿,这也是青海的优势矿产。

3.*主要成果*。本年度全省发现矿致异常8处,其中铌1处,钨矿2处,铜铅锌2处、金2处,银1处。提交铜铅锌矿普查基地3处。发现矿产地5处,其中铜1处,铜钴矿2处,金钴矿1处,软质高岭土矿1处。

提交资源量:金147.85t,,银1515.3t,铌325t,钨986t,铜310.2万t,铅6.2万t,锌4.8万t,铜铅锌混合

21万t,钴1.934万t,铋1383.7万t,水泥用大理岩2000万t,软质高岭土100万t,煤232万t。锶基础储量1100万t,钙质石英岩资源量+基础储量1000万t,氯化锂基础储量611.39万t(其中新增288.37万t),三氧化二硼基础储量334.37万t(其中新增192.22万t),氯化钾资源量+基础储量15770万t(其中新增基础储量2297万t)。油田水KCL资源量6.32万t,油田水LiCl资源量9160万t,油田水B_2O_3资源量3.51亿t,油田水I(碘)资源量268万t。

通过工作研究取得重大进展的矿区是曲麻来县大场岩金矿和唐古拉风火山铜矿。新发现了杂多县旦荣铜矿。经工作有新进展的矿区4个:驼路沟钴金矿、索拉沟银矿、东台吉乃尔湖锂矿、大风山锶矿。

从取得的地质成果看,对全省矿产资源形势有了新认识,特别是对优势矿产的认识提供了更多的依据。尤其是从肯德克棵—野马泉—驼路沟钴成矿带越来越明显,甚至可往东延伸至索拉沟,乃至德尔尼,形成横跨全省中部的一条钴成矿带,其雏形及延伸更加明显。从2000年索拉沟独立银矿的发现,向东向西都有找矿线索及显示,初步形成了一个银成矿带。在东昆仑成矿带上的找矿有了较大的进展。

(青海省矿业协会刘振庄　王永祥)

【矿产资源开发利用】　截至2001年底,青海省共有各类矿山企业585家,上报年报的522家,其中生产矿山394家,停产矿山128家。从业人数为37543人(表5)全省开发利用矿种46种,年产固体矿石2768.76万t,液体矿206.08万t,气体矿57800万m^3。年产矿石量50万t以上的矿产有11种,分别为石油(天然气)、煤、钾岩、湖岩、砂金、铅锌矿、石棉、水泥用灰岩、建筑用花岗岩、建筑用砂和砖瓦用粘土。全省矿业总产值为359855.09万元。

青海矿产上《矿产储量表》的有89种,有54种保有储量排在全国前十位,已开发利用的46种,有15种开发规模较大,其余规模很小。多数矿山以销售原矿为主,综合利用水平低,大多数矿山仅采主矿种,对共、伴生矿种开发利用不够,多数矿山未进行综合利用,开采技术、生产工艺落后,采富弃贫、采厚弃薄,浪费资源现象较严重。　(青海省矿业协会　刘振庄　王永祥)

表1　　青海省2001年度矿产资源开发利用情况分经济类型汇总表

序号	项目名称	矿山数(个)	从业人数(人)	年产矿量固(万t)	工业总产值(万元)	工销售产值(万元)	利润总额(万元)	销售收入(万元)	采出量矿(万t)	采出量金(万t)
1	国有企业	88	24818	2017.645	314045.3	290249.21	46250.96	267659.96	5532.94	18.8
2	集体企业	179	6485	194.89	5659.33	5127.94	432.33	4931.72	6493.17	0.59
3	股份合作企业	25	615	145.036	3338	2735	637.3	1378	224.74	0.18
4	联营企业	14	1282	223.7	21417.13	21415.93	4614.98	17094.68	8623.42	0.07
5	有限责任公司	13	380	25.765	1576.9	1256.4	44.1	1223.4	197.34	3
6	股份有限公司	5	734	55.72	5999.81	3672	20.1	3672	10.54	0
7	私营企业	52	1002	22.697	2491.76	1942.38	301.6	1885.53	10.02	0.03
8	私营独资企业	132	1802	74.539	4833.16	4562.84	150.96	4515.5	64.66	0
9	私营合伙企业	10	337	7.857	436.5	393.65	0	393.65	5.42	1
10	其他企业	3	42	0.914	57.2	57.2	32.6	37.2	0.01	0
11	港、澳、台商独资经营企业	1	46	0	0	0	0	0	0	0
	总计	522	37543	2768.763	359855.09	331412.55	52484.93	302791.64	21162.3	23.67

(青海省矿业协会)

表 2　　**青海省 2001 年度矿产资源开发利用情况分矿种汇总表**

序号	项目名称	矿山数（个）	从业人数（个）	年产矿量固（万吨）	年产矿量液（万吨）	年产矿量气（万 m^3）	工业总产值（万元）	工销售产值（万元）	利润总额（万元）	销售收入（万元）	采出量矿（万吨）
1	煤	45	6691	165.753	0	0	12951.36	14407.44	567.63	13936.18	5078.7
2	石油	1	5759	0	206.019	57800	197270	173578	31486	173578	0
3	地热	1	10	3	0	0	1.2	1.2	0	1.2	0
4	铁矿	5	183	10.5	0	0	1658.06	1252.56	350.4 12	50.96	1.03
5	锰矿	6	127	0.2	0	0	25.5	25.5	0	19.5	0.2
6	铬铁矿	2	78	0.4	0	0	300	250	-57	55	0.04
7	铜矿	13	431	2.65	0	0	889.4	827.4	25	437.4	111.47
8	铅矿	35	3143	66.8	0	0	33889.2	33826.34	7868	8759.86	336.86
9	锌矿	2	80	1.54	0	0	210	213	-9	20321.91	1146.61
10	钨矿	1	21	0.01	0	0	63	63	-10	60	0
11	锑矿	1	38	0.01	0	0	8	8	1.5	8	10
12	金矿	10	842	22.925	0	0	5727.23	5695.73	768.22	7157.43	8409.72
13	砂金	1	269	935.685	0	0	1146.7	1146.7	1.66	0	0
14	锶矿（天青石）	1	32	3.7	0	0	486	406	0	373	0.37
15	钾盐	2	4940	639	0	0	68505	67804	12187	36822.02	6.92
16	湖盐	13	1639	52.186	0	0	9034.09	6319.38	92.69	4956.48	6.41
17	镁盐	2	76	0.2	0	0	6	6	0	6	0.02
18	硼矿	1	383	0.526	0	0	158	68	0	0	0
19	天然卤水	1	10	0.045	0	0	15.75	15.75	1	12	165.65
20	芒硝（含钙芒硝）	4	132	6.3	0	0	1021	614	-3.6	245	0.57
21	玉石	2	24	0.009	0	0	3.42	1.04	0	1.04	0
22	石棉（温石棉）	11	2989	141.6	0	0	9207.7	8921.9			
23	石膏	7	159	2.9	0	0	53.8	22.3	-45	22.3	0.08
24	饰面用大理岩	4	65	0.54	0	0	0	0	0	0	
25	饰面用花岗岩	2	86	0	0	0	0	0	0	0	
26	饰面用灰岩	3	133	1.358	0	0	20	20	10	20	3.53
27	水泥配料用红土	2	7	6	0	0	5	5	0	0	
28	水泥用大理岩	4	32	13	0	0	3604	3540	0	3540	1
29	水泥用灰岩	33	972	122.24	0	0	5261.84	5175.79			
30	水泥用粘土	5	64	21.07	0	0	195	195	1.5	195	0
31	冶金用白云岩	1	1	0	0	0	0	0	0	1	
32	冶金用石英岩	38	445	12.65	0	0	326.52	207.7	10.16	145.2	0.68
33	制灰用灰岩	7	205	1.625	0	0	26.89	25.89	1.3	11.37	0
34	制碱用灰岩	1	30	4.715	0	0	0	0	0	0	0.47
35	铸石用玄武岩	1	1	0	0	0	0	0	0	0	
36	熔剂用石灰岩	4	35	0.7	0	0	51.2	51.2	3.8	50.1	0
37	玻璃用白云岩	2	23	1	0	0	15	15	1.7	15	
38	建筑大理岩	2	11	0	0	0	0	0	0	0	0
39	建筑石料用灰岩	1	24	4.208	0	0	46.5	46.5	0	0	
40	建筑用白云岩	2	20	0.998	0	0	7	7	0	6	
41	建筑用花岗石	39	919	279.517	0	0	2623.1	2061.1	605.1	901.1	182.97
42	建筑用砂	96	1541	64.768	0	0	1396.88	1290.91			
43	砖瓦用砂	1	106	0.48	0	0	225	212.51	0	212.51	0.43
44	砖瓦用粘土	105	4717	177.835	0	0	3640.55	3080.71			
45	石墨	1	30	0.12	0	0	4.8	0	0	0	0
46	矿泉水	1	20	0	0.058	0	8	5	0	5	0
	总 计	522	37543	2768.763	206.077	57800	359855.09	331412.55	52484.93	302791.64	21155.69

表 3 **青海省矿产种类统计表**

<table>
<tr><td colspan="2" rowspan="3">矿产类别</td><td rowspan="3">矿种合计</td><td colspan="2">已发现矿种</td><td></td></tr>
<tr><td colspan="2">探明有储量矿种</td><td rowspan="2">未探明储量矿种</td></tr>
<tr><td>上矿产储量表矿种</td><td>未上表矿种</td></tr>
<tr><td colspan="2">燃料矿产</td><td>4</td><td>煤、油页岩、石油、天然气</td><td></td><td></td></tr>
<tr><td rowspan="5">金属矿产</td><td>黑色金属矿产</td><td>5</td><td>铁、铬</td><td>锰、钒</td><td>钛</td></tr>
<tr><td>有色金属矿产</td><td>13</td><td>铜、铅、锌、镁、镍、钴、钨、锡、钼、汞、锑</td><td></td><td>铝、铋</td></tr>
<tr><td>贵金属矿产</td><td>8(5)</td><td>金、银、铂、钯、铂族、(铂、钯、钌、锇、铱、铑)未分</td><td></td><td></td></tr>
<tr><td>稀有、稀土、分散元素矿产</td><td>20(14)</td><td>铌钽、锂、锶、铷、镓、铟、镉、硒、稀土(镧、铈、钕、钐、钇、镱)</td><td>铍、锗</td><td>碲、铯、锆</td></tr>
<tr><td>放射性矿产</td><td>2</td><td></td><td>铀、钍</td><td></td></tr>
<tr><td rowspan="3">非金属矿产</td><td>冶金辅助原料非金属矿产</td><td>10</td><td>菱镁矿、普通萤石、溶剂用灰岩、冶金用白云岩、冶金用石英岩</td><td>耐火粘土、型砂</td><td>耐火铝土质页岩、红柱石、蓝晶石</td></tr>
<tr><td>化工原料非金属矿产</td><td>20</td><td>自然硫、硫铁矿、芒硝、重晶石、天然碱、电石用灰岩、制碱用灰岩、化肥用蛇纹岩、泥炭、盐矿、钾盐、镁盐、碘、溴、砷、硼矿、磷矿</td><td>地腊</td><td>含钾岩石、明矾石</td></tr>
<tr><td>建筑材料极其它非金属矿产</td><td>40</td><td>压电水晶、熔炼水晶、硅灰岩、滑石、石棉、云母、长石、石膏、透辉石、水泥用灰岩、玻璃用石英岩、建筑用砂、砖瓦用粘土、水泥配料用粘土、水泥配料用黄土、水泥配料用泥岩、饰面用蛇纹岩、饰面用花岗岩、饰面用大理岩、铸石用玄武岩、岩棉用玄武岩、水泥用大理岩、玉石、水泥配料用板岩</td><td>冰洲石、石墨、脉石英、蛭石、透闪石、宝玉石、刚玉</td><td>辉绿岩、高岭土、叶腊石、石榴石、建筑石料、硼润土、镁质粘土、沸石、珍珠岩</td></tr>
<tr><td colspan="2">水气矿产</td><td>3</td><td>地下水、地下热水、矿泉水</td><td></td><td></td></tr>
<tr><td colspan="2">矿种总数</td><td>125</td><td>89(80)</td><td>16</td><td rowspan="2">20</td></tr>
<tr><td colspan="2"></td><td></td><td colspan="2">105</td></tr>
</table>

注:括号中是按元素组合统计列入《青海省矿产储量表》的矿种数,部分矿种探明有储量但未编入储量表的原因主要是其勘查工作程度低或未形成完整的地质资料。

表 4 **青海省地质勘查单位基本情况表**

部　门	年末职工人数	工程技术人员	地质人员
青海省地勘局	4188	1638	1182
中国石油青海油田分公司	5759		
青海省有色地质勘查局	882	219	83
青海省煤田地质勘查局	1011	61	7
青海省核工业地质局	341	116	26
中国建筑材料工业地质勘查中心青海总队	240	60	52
西宁市工程勘查设计院	185	80	61
青海省地质环境检测总站	33	20	20
锡铁山矿产地质勘查有限责任公司	20	17	8
合　计	12659	2201	1439

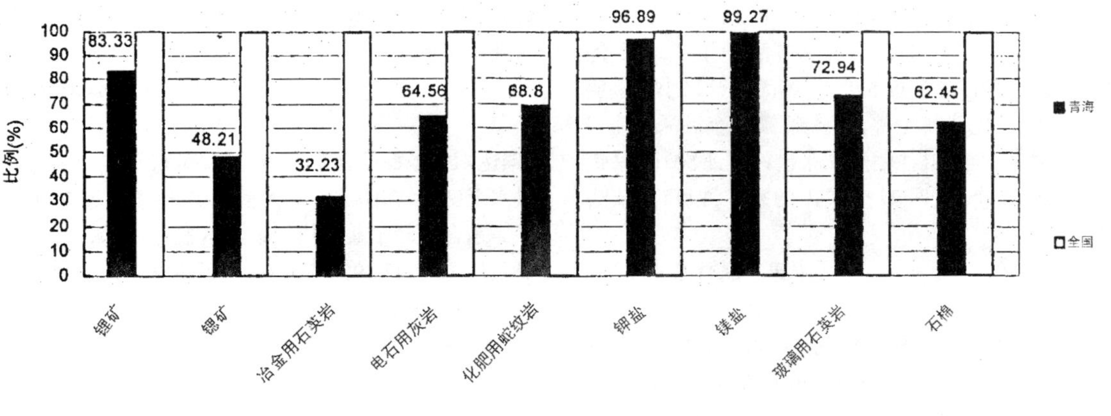

图1　保有储量在全国第一位的9种矿产与全国保有储量对比图

【**矿业企业生产**】　青海省矿产资源丰富，得天独厚，是资源大省，然而开发程度不高，矿山和从业人数少，矿石产量和矿业产值较低，是矿产开发小省，与矿产资源丰富程度极不相称。

1.*全省矿山数*。截至2001年底，全省共有各类矿山企业585家，而按上报年报统计的有522家。其中，有国有矿山88家，占16.85%，集体矿山179家，占34.29%，其他经济类型255家，占48.85%(表1)。其中生产矿山394家，停产128家。

矿山规模：矿山产值500万元以上的矿山有25家，其中5000万元以上的7家，依次是中国石油青海油田分公司、青海盐湖工业集团有限公司、西部矿业有限责任公司、青海昆仑矿业有限责任公司、国家建材局茫崖石棉矿、青海大通矿务局、青海盐业股份有限公司茶卡盐矿。

全省矿业活动分布极不均匀，与矿产资源分布和勘查程度密切相关。西宁市矿山数最多145家、海东地区138家、海西州112家、海北州70家、海南州25家、玉树州15家、黄南州13家、果洛州4家。

2.*矿业从业人数*。2001年全省从事矿业开发的总人数为37543人，其中国有矿山24818人，集体矿山6485人，其他经济类型矿山6240人。

3.*开发利用矿种及年产矿石量*。2001年，全省开发利用矿产46种(表2)，年产固体矿石2768.76万t，液体矿206.08万t，气体矿57800万m^3。年产矿石量50万t以上的矿产有11种，分别是：石油(天然气)、煤炭、钾盐、湖盐、砂金、铅锌、石棉、水泥用灰岩、建筑用花岗岩、建筑用砂和砖瓦用粘土。年产矿石量最多的地区是海西州，也是青海省矿业最发达地区(年产固体矿1253.71万t，液体矿206.08万t，气体矿57800万m^3)，再依次是西宁市、海东地区、海北州、玉树州、海南州、黄南州、果洛州(固体矿0.96万t)。

4.*矿业总产值*。2001年全省矿业工业总产值为359855.09万元，总产值在1000万元以上的矿产有15种，分别是石油(天然气)、煤炭、钾盐、芒硝、岩金、砂金、铅锌、铁矿、石棉、水泥用灰岩、水泥用大理岩、建筑用花岗岩、建筑用砂和砖瓦用粘土矿。年产值最高的是海西州(329681.25万元)，再依次是西宁市、海北州、海东地区、海南州、玉树州、黄南州和果洛州(仅66万元)。

5.*矿产资源开发利用程度*。青海省有54种矿产保有储量居全国前十位，其中有11种列全国第一位。已开发利用的有46个矿种，其中有15种开发规模较大，其余31种开发规模很小。值得提出的是占全国绝对优势，排在全国第一的锂、锶还未得到有效开发利用。

全省多数矿山企业以销售原矿为主，矿产品深加工水平和附加值均低，综合利用程度也较低。大多数矿山仅重视主要矿种的开发利用，对共、伴生矿产开发利用不够重视，而且多数矿山未进行综合利用。大多数矿山开采技术、生产工艺落后，采富弃贫、采厚弃薄，三率指标普遍较低，浪费资源现象较为严重。

(青海省矿业协会　刘振庄　王永祥)

【**矿业秩序整顿**】　青海省国土资源厅在坚持加大找矿力度的同时，不断强化矿产资源合理利用工作，治理整顿矿业秩序取得了明显实效。

近年来，青海省在矿产开发中一些地区由于利益驱动，重开发、轻保护、重开采、轻治理的问题较突出。

2001年面对青海省矿产资源破坏和浪费严重的状况，青海省国土资源系统开展一系列的宣传活动，反复宣传珍惜和保护矿产资源的重要意义，加大执法监察力度，发现一起就坚决查处一起，对察尔汗盐湖非法盐田全部进行了清理，马海盐湖11条生产线全部停产整顿，拆卸的设备搬出矿区，小干沟以及玉树、果洛等地的非法砂金矿进行了彻底清理。截至2001年底,依法取缔盐湖非法采矿点3处、无证采矿企业1家,责令停产的2家。清理砂金矿区5处,取缔无证开采小采金船109条,查处以包代转1件,停产整顿砂金开采企业2家。经过整顿,全省共注销煤矿采矿许可证50个,吊销采矿许可证37个,收回27个矿山的采矿许可证,依法炸毁矿井6个。

(中国矿联信息中心)

【青海首例出让探矿权、采矿权引资项目达成协议】 青海省国土资源厅2001年就平安元石山铁镍钴矿勘查开发项目,与加拿大在西宁设立的泰格金资源开发有限公司达成投资1.2亿元的协议。这是青海省探矿权、采矿权市场自2000年建立以来的首例对外招商引资项目。

元石山铁镍钴矿位于平安县古城乡,海拔2858 m。地处浅山农耕区,交通方便,水源较充足。从50年代末开始,该矿先后由国家进行了以铁矿为主的勘查评价,从小型铁矿扩大成为一个以镍为主的中型矿床,该矿开发条件较好,20世纪70~80年代就已开采。

作为该项目的投资方——青海泰格金资源开发有限公司,系加拿大中国西部开发控股有限公司在青海注册的独资子公司。泰格金公司技术人员在前人成果的基础上,提出了新的选冶工艺方案,并进行了可选性试验,取得了较理想的阶段性成果。

加拿大青海泰格金资源开发有限公司,主要从事矿产资源的开发、冶炼及产品销售。公司投资1.2亿元进行元石山铁镍矿的开发,第一期投资2900万~5000万元,计划建设年处理10万t矿石的采、选、冶联合企业。

(中国矿联信息中心)

【锶矿开发】 青海大风山锶业科技有限公司2001年12月16日在西宁成立,标志着中国加快开发国内最大的锶矿。

在金属、非金属材料、橡胶、涂料等有机材料中,添加适量的锶及其化合物,都可以改变某种性能,或使其具有特殊的性能,因用途广泛,市场前景特别好。世界上的锶矿主要分布在俄罗斯、巴西、中国等国家。中国的锶矿主要分布在青海、重庆、江苏等地。

锶矿是国内最大、世界罕见的超大型锶矿床,位于青海柴达木盆地腹地,总储量1800多万t。年采选30万t矿石的采矿厂和选矿厂于2002年3月开工建设,2003年试生产,总投资1.5亿元。

截至2001年,世界上已开发的锶产品有6大类50多种,其中用途最广、用量最大的锶产品是碳酸锶、硝酸锶、铬酸锶、铁酸锶、碳酸锶已经广泛应用于彩色显像管、磁性材料、电子陶瓷、金属冶炼、功能材料、军工、医药等领域。

(中国矿联信息中心)

【柴达木盆地探明锂矿】 青海省对东台吉乃尔盐湖通过水上钻探,探明了一个大型锂矿,储量超过50万t。

东台吉乃尔盐湖位于柴达木盆地中部,气候、交通等条件恶劣,自1957年开始,先后有9个地勘单位由于无法攻克"水上钻探"这一难题,漏掉了这个大矿。2001年,青海省地勘局解决了这个难题,获得了成果。

(中国矿联信息中心)

【天然气生产基地建成】 实施西部大开发以来,青海油田以"油气并举,以油养气,气为重点"为方针,加大气田勘探开发力度,形成以涩北气田为中心,辐射周边地区的输气管网。

2001年,涩北气田建成每年10亿 m^3 的产能,管道输气能力已达到每年33亿 m^3。针对气田探明程度低的现状,青海油田加大对气田资金、人力的投入,使气田储量从1500亿 m^3 增加到目前的2200亿 m^3。成为油田油气储量增长最快的地区,从而使涩北气田成为大型天然气生产基地。

青海油田已成功实现了油套分采、大压差新工艺增加气田产能及推广运用井下节流新工艺。此外,涩北气田还建成5个标准化集气站,生产井约60口,产能达到每年10亿 m^3,2001年已生产天然气3.8亿 m^3。

(中国矿联信息中心)

【柴达木天然气和盐湖资源综合利用】 青海省投资近112亿元的《柴达木天然气-盐湖资源利用基地规划》项目2001年已经中国国际工程咨询公司评估后报送国家计委。这是青海省在西部大开发战略中以资源开发带动经济发展的重大举措之一。

该《规划》计划分两期实施。一期主要规划有年产5万t镁合金和15万t聚氯乙烯,同时配套建设年产4.5万t金属镁、7万t乙炔和20万t甲醇装置;二期主要规划有新增7万t镁合金、20万t聚氯乙烯、6.2万t金属镁、10万t乙炔、30万t甲醇、20万t甲醛、5万t丁二醇和3万t多聚甲醛等装置。经评估,这个规划全部实施投资估算为111.63亿元,其中一期工程需投资42.399亿元,二期工程投资69.231亿元。

柴达木盆地是中国最重要的矿产资源集聚地。在30多万 km^2 的范围内,有丰富的石油天然气资源,更有在全国独具优势的盐湖资源。目前单独开发或相对独立开发某一种资源很不经济、很不合算。只有将柴达木盆地的天然气与盐湖资源进行综合开发利用,才能

产生较大的经济效益。（中国矿业信息中心）

新疆维吾尔自治区

【矿产资源概况】 新疆维吾尔自治区15年发现了大批黄金、铜镍、铅锌、氯化钾等重要矿产。

15年来，中国相继启动在新疆寻找矿藏的大规模计划，累计投资1.8亿元。已发现41条重要成矿带，初步确定364处找矿靶区。其中，黄金预测储量为895 t；铜镍预测储量为697万t；铅锌预测储量为1080万t；氯化钾预测储量为2.5亿t。还发现了一批重要成矿带，如阿尔泰南缘金和多金属矿带、土拉苏金矿带、天格尔金矿带、查汗萨拉锑银矿带、康古尔塔格金矿带等。

新疆是世界公认具有极大成矿远景和找矿潜力的地区，是中国重要的矿产资源战略接替区。2000年，新疆的黄金产量已超过20万两，而15年前，新疆的黄金产量还不足1万两。1999年新疆的矿业总产值已达到220亿元。占自治区工业总产值的2成多。

新疆取得的科研勘查成果也吸引了国外矿业公司，已与十几个国家的20多家矿业公司建立了联系，引进外资3200万美元，其中与澳洲WMC公司合作在伊犁地区开展金矿风险勘探，引进外资达2900万美元。

（梁伟超 汤建云 张志敏 王希智）

【矿产资源勘查开发】 截至2001年底，全区发现矿种138种(不含地下水，下同)，探明有资源储量的矿种75种。其中，能源矿产5种，金属矿产27种，非金属矿产43种，有探明资源储量的矿产地873处(不含石油、天然气、铀)。2001年，有新探明资源储量的矿种主要为：石油、天然气、煤炭、铜矿、镍矿、金矿、银矿、石棉、膨润土、饰面大理岩。全区18种主要矿产保有资源储量变化趋势：钾盐持平，天然气、石油、煤炭、铜矿、镍矿、金矿、银矿、芒硝、盐矿、石棉、膨润土呈上升趋势，铁矿、铬矿、铍矿、云母、蛭石、水泥用灰岩呈下降趋势。

1. *矿产地质勘查工作及其成果*。2001年全区加强了地质勘查和国土资源大调查工作，共计投入资金42.94亿元，较上年增长9.6%。其中，油气勘查投入41.5亿元，较2000年增长10.2%，非油气地质勘查和国土资源大调查投入1.44亿元，较2000年减少3.4%。

2001年发现有工作价值的矿产地(油气田)25处。其中，油气田8处，煤矿2处，铜矿3处，铅矿1处，金矿3处，硅灰岩矿1处，大理石矿1处，水源地6处。

在东天山地区鄯善县维权铜矿区找到自治区目前规模最大的银矿床，初步控制银资源量525 t；托克逊县天禧金矿通过工作，预测金资源量8000 kg。

在塔里木盆地北缘距尉犁县县城约15 km以北地区查明储存有符合饮用水标准的地下水，为解决尉犁县县城人民饮用高矿化度水问题提供了水源地；在塔里木盆地南缘且未县找到了可饮用地下淡水，为解决且未县塔提让乡约5000人长期饮用地下水咸水问题提供了重要依据。全区地质勘查行业共有25项科技成果获自治区科学进步奖。其中：一等奖1项，二等奖7项，三等奖17项。分别为：西北石油局四个获奖项目中，一等奖1项，二等奖7项，三等奖2项；新疆油田分公司10个获奖项目中，二等奖3项，三等奖7项；塔里木油田分公司3个获奖项目中，二等奖2项，三等奖1项；吐哈油田分公司6个获奖项目中，二等奖1项，三等奖5项；新疆地矿局1个项目获得三等奖；国家305项目办公室1个项目获得三等奖。

2. *矿产资源开发利用情况*。2001年全区开发利用的矿产有88种，实现矿业总产值288.43亿元，占全区工业总产值1084.22亿元的26.6%，较2000年下降了7.8个百分点，下降的主要原因：石油天然气价格下降。

3. *地质环境工作*。①地下水监测。截至2001年底，全区建有地质环境监测总站1个，地质环境监测站6个，涉及22个县级行政区，监测区控制面积13139 km^2。主要对地下水水位、水量、水质、水温、酸雨进行监测，获得有关数据75762组；提交地下水动态五年监测报告7份；发布地下水情通报7份，地下水情预报7份，地下水情季报14份。

②地质灾害调查及预警。2001年，开展了10个县(市)的地质灾害调查与区划工作，完成地质灾害调查面积11.7万平方千米。并针对各地州、市《汛期地质灾害防灾预案》中反映出的问题，布置了全区汛期地质灾害巡查和应急调查工作，向各级政府提交有关报告10份，重要隐患点地质灾害防灾预案259份，建立群测群防点49处。并成功预报了新源县境内两起地质灾害，避免了7人生命安全受到威胁和12万元的直接经济损失。

2001年全区发生地质灾害12起，其中：崩塌2起，滑坡7起，泥石流3起。死亡4人。直接经济损失1312万元。

③ 地质遗迹。经国土资源部批准，昌吉州奇台县—吉木萨尔县硅化木地质遗迹保护试点项目开始启动。（梁伟超 汤建云 张志敏 王希智）

【矿山企业生产】 2001年自治区矿山企业矿产资源开发利用统计资料表明，自治区有各类矿山企业2891家，其中石油天然气企业5家，固体矿山企业2880家，矿泉水、地热等液体矿产矿山6家；固体矿山企业从业人员

129102人。固体矿山企业中国有矿山企业480个,从业人数53128人;集体、个体及其他经济类型矿山企业2406个,从业人数75974人。开采矿种86种。全区485个国有矿山企业中,除5家石油天然气外,非石油天然气矿山企业大型矿山6个,中型矿山8个,均为国有企业,其余均属小型企业。国有矿山企业占全区矿山企业数的16.6%;从业人员占自治区矿业从业人数的41.2%。

2001年全区石油产量1943.19万t,较2000年增长5.1%;天然气42.13亿m^3,较2000年增长19.04%。固体矿石产量5915.72万t,较2000年下降6.9%。其中:煤炭减产116.33万t,较2000年下降4.9%;铁矿产量251.84万t,镍矿20.8万t,金矿107.82万t,水泥用灰岩617.47万t,石棉361.03万t,均属上升趋势。湖盐28.11万t,蛭石10.64万t,饰面用花岗岩4.03万m^3,呈下降趋势。

2001年全区矿产品出口贸易总额2948.9万美元,较2000年增长2.1%,占全区出口贸易总额的4.4%。与世界20多个国家和地区保持有矿产品贸易往来,出口的矿产品的矿种主要有:黑色金属矿产品,有色金属矿产品,稀有稀土矿产品,非金属矿产品等。

2001年全区主要能源生产与消费情况(按能源当量万t煤计算):石油生产2779.9万t,消费755.2万t;天然气生产554.8万t,消费461.5万t;煤炭生产2213.7万t,消费2111.8万t;水风电生产171.6万t,消费167.8万t。2001年主要能源产品消费构成:煤炭占60.4%,石油占21.6%,天然气占13.2%,水风电占4.8%。

为克服新疆区位条件中的制约因素,全区积极改善区内矿产资源开发利用的投资环境,招商引资取得新进展。在自治区人民政府和国土资源部联合发布东天山铜矿勘查、开发的招商、招标活动中:福建紫金矿业股份有限公司中标土屋——延东铜矿区外围4个区块的风险勘查权;上海鑫风能实业有限责任公司就买断哈密土屋铜矿(7.97 km^2)的探矿权达成初步协议。

国家305项目办公室自1997年与澳大利亚WMC国际资源公司签定对伊宁县吐拉苏地区进行风险勘查,已于2001年底向国土资源部提交了最终报告。

国家305项目办公室1998年利用日本政府无偿援助资金,与日本三井公司合作对伊犁-阿勒泰地区金矿进行风险勘查。目前该项工作已进入资料整理阶段。

2001年全区发生采矿权转让7处,其中:煤矿3处,铜镍矿3处,铅锌矿1处。转让合同交易933.21万元。

(梁伟超 汤建云 张志敏 王希智)

【矿产资源开发治理整顿】 2000年以来,新疆国土资源厅对矿业开发进行大规模的治理整顿,使长期混乱的矿业秩序有了根本好转。

2001年,新疆16个地区和自治州分别成立领导小组,对各类矿山企业进行年度检查,2001年共查处无证开采矿山44个,取缔非法采矿29个,停产整顿矿山115个,从而规范了采矿权人的依法采矿行为,使地质环境管理职能得到落实。目前,全区各类矿山企业采矿持证率达98%以上。

新疆国土资源厅还把采矿回收率与补偿费征收挂钩,对采矿回收率低、达不到考核指标的矿山进行处罚。 (中国矿联信息中心)

【西部原油生产基地建成】 截至2001年3月底,新疆石油工业累计生产原油2.5亿t,成为继黑龙江、山东、辽宁之后,全国第4个累计产油达到2.5亿t的省区。这标志着“将新疆建成西部地区最大的原油生产基地”的规划初步实现。

20世纪90年代,为实现石油资源的战略接替,国家加大对新疆石油资源的勘探开发力度,取得明显成效。1993年,新疆原油产量首次突破1000万t大关,成为全国第四大产油省区;1997年,新疆生产原油1630万t,成为全国第三大产油省区;到2001年,新疆已连续5年保持这一位次。

同时,新疆三大油田按照“油气并举”的方针,加大天然气勘探力度,特别是在2000年4月,中国最大的单个整装高产气田——克拉2气田的发现,塔里木天然气探明储量快速上升,获得国家批准的探明天然气储量达5267亿m^3,成为中国陆上四大天然气区之一,并成为西气东输工程的主气源。

新疆2001年将生产原油2085万t,首次突破年产2000万t原油大关。 (中国矿联信息中心)

【塔里木超深超薄油藏开发】 塔里木油田哈得水平1排1井日前在5000 m以深超薄油层试油中,用7毫升油嘴求产,日产油160 m^3,天然气5311 m^3。这口井完钻井深5453 m,获得高产工业油气流的油藏只有1 m和1.5 m厚,属超深、超薄油藏,钻井和开发十分困难。此井获得高产,填补了中国陆上石油超深、超薄油藏钻井和开发技术的空白。 (中国矿联信息中心)

【阿勒泰地区发现铁矿】 2001年由新疆钢铁(集团)公司出资390万元,经西北冶金地勘局第一期工程勘探,在新疆阿勒泰地区的蒙库大探明一大型铁矿。该矿远景储量在2亿t以上,品位全铁在23.93%~57.76%以上,矿石为优质磁铁矿。

经详查,该矿共圈定大小矿体35条,在长达5 km、垂深450 m的矿带内，铁矿远景储量在2亿t以上，其中1~9号铁矿体储量1.2亿t，10~22号矿体8000万t。（中国矿联信息中心）

【磁海铁矿投入开发建设】 经国家计委批准，新疆磁海铁矿2001年投入开发建设。该项目计划投资1.78亿元，3年后将形成80万t铁矿年产能力和矿石破碎能力。新疆磁海铁矿位于罗布泊东部，距哈密市280多km，探明铁矿石地质储量近亿t，金属地质储量2337万t。目前，新疆八一钢铁集团公司已经完成开发前期的各项准备。（中国矿联信息中心）

【鄯善县境内首次发现独立银矿】 新疆地矿局于2001年，在鄯善县境内发现一座白银矿区，是迄今为止新疆发现的第一座独立银矿。

该银矿控制的矿体长250 m、厚0.4~24 m，矿床规模属于中型。白银储量为532t，铜储量为1.5万t，潜在价值达10亿元。（中国矿联信息中心）

【罗布泊钾盐开发】 新疆罗布泊拥有丰富的钾盐资源，大规模开发的条件目前已经具备，将在数年后成为中国重要的钾盐工业基地。

罗布泊盐湖位于新疆塔里木盆地东北端，面积为10350 km^2，是中国第一大盐湖。该矿成矿条件较好，以液相矿产为主，固液并存，卤水化学特征为硫酸镁亚型，矿种包括硫酸钾、硝酸钾、镁盐等。已初步探明钾盐储量1亿t，远景储量2.5亿t，潜在经济价值超过5000亿元人民币，可与青海察尔汉盐湖相媲美。

钾盐在中国是紧缺的矿产资源。钾肥对蔬菜、瓜果、烟草等农作物的生长至关重要。目前中国钾肥年需求量为500万t，而国内钾肥产量仅为80万t，每年都要花费大量外汇从国外进口。

为了加快罗布泊钾盐资源的开发利用，新疆成立了罗布泊钾盐科技开发公司。2000年该公司与国内一家研究单位合作完成了用罗布泊卤水提硫酸钾工艺小试研究，并于2001年通过了专家评审。该工艺中间试验目前正在紧张地进行之中。

新疆罗布泊钾盐矿可建设年产100万t的钾盐基地，矿山服务年限在100年以上。建设分两期进行，首期规模为硝酸钾3万t，硫酸钾20万t。二期规模为硝酸钾5万t，硫酸钾100万t。

（中国矿联信息中心）

【塔里木发现大型天然气田】 新疆塔里木油田公司，继储量规模为2506亿 m^3 的克拉二号气田探明之后，又发现一个地质储量超过1500亿 m^3 的大型天然气田。

2001年6月下旬，塔里木油田公司对部署在盆地北部的一口重点探井——迪那2井进行测试，获得日产天然气218万 m^3、凝析油131m^3 的高产油气流，从而发现迪那二号气田。地质钻探初步证实，这个气田含气面积77 km^2，预测天然气地质储量超过1500亿 m^3。用储量规模在1000亿 m^3 以上者即为大型气田的国际标准来衡量，它可以跻身于世界大型天然气田的行列。

迪那二号气田地质构造复杂，地层压力很高，作业难度很大。石油地质工作者开展科技攻关，解决了井漏、垮塌、盐膏层和超高压等一系列技术难题，终于钻获巨厚的含气层系。

迪那二号气田距西气东输主干管道的首站轮南大约90 km，地理位置相当优越。目前，气田勘探的各项工作正在加速进行，2001年年底向国家正式上交探明储量，成为西气东输管道工程的又一主力气源。

（中国矿联信息中心）

西部矿业

【概况】 西部地区国土资源丰富，是发展西部优势产业、推进生态建设和环境保护、加快基础设施建设的重要条件，在实施西部大开发战略中发挥着重要基础性作用。

为了贯彻实施中央关于实施西部大开发战略的目标，依据《国民经济和社会发展第十个五年计划纲要》，制定《"十五"西部国土资源开发利用规划》（以下简称《西部规划》）。《西部规划》以1999年为基期，2005年为规划目标期，展望到2010年。《西部规划》的地区范围，包括重庆市、四川省、贵州省、云南省、西藏自治区、陕西省、甘肃省、宁夏回族自治区、青海省、新疆维吾尔自治区、内蒙古自治区、广西壮族自治区12个省、自治区、直辖市（以下简称西部地区）。

国土资源开发利用形势。西部地区国土资源总量丰富，优势突出，进一步开发利用的潜力大。但是开发利用程度不高，开发利用方式粗放，生态环境脆弱，地质灾害频繁，迫切需要在合理开发利用的同时，加大保护力度和实施综合整治。

1.优势和潜力。西部地区土地面积占全国陆地总面积的70%以上。到2000年底，西部地区总人口达到3.55亿，占全国总人口的28.1%。国内生产总值达到1.66万亿元，占全国的17.2%。土地资源总量多，后备资源开发利用潜力较大。西部地区拥有耕地72690万亩、林地179679万亩、牧草地387222万亩。人均占有耕地、林地、牧草地分别是2.1亩、5.1亩和10.9亩（按中国第五次人口普查结果计算),分别为全国平均水平的1.4倍、1.9倍和3.6倍;未利用土地占全国未利用土地总面积的86.7%。

2.矿产资源优势比较突出,分布集中,具备形成优势支柱产业的资源基础。在全国已有探明储量的156种矿产中,西部地区有138种。在45种主要矿产资源中,西部地区的煤炭、油气、钾盐、铬铁矿等资源在全国举足轻重;稀土、磷、镍、钒等资源优势十分明显;另有锰、铜、铝、锌等20多种矿产资源也具比较优势。在各类矿产资源中,石油、天然气储量集中分布于塔里木、鄂尔多斯、准噶尔、四川、柴达木、吐哈等盆地,煤炭储量的87%集中于内蒙古、陕西、新疆和贵州4省(区),锰矿储量的76%分布于广西和贵州,铜矿储量的78%集中在西藏、云南、内蒙古和甘肃4省(区),97%的钾盐集中于青海柴达木盆地,71%的磷矿集中在云南和贵州等省(区)。矿产资源的相对集中分布,有利于建设各具特色的矿产资源开发基地。

3.矿业开发已经成为西部地区国民经济发展的重要支柱产业。1999年,西部地区固体矿产矿石总产量为12.0亿t,占全国总产量的28.68%,煤炭产量为2.67亿t,占全国总产量的26%;石油产量为2771万t,占全国总产量的17%;天然气产量为134亿m^3,占全国总产量的53%;10种有色金属产量为278.54万t,占全国总产量的40%。西部地区矿业产值877亿元,占全国矿业总产值的25%。西部地区矿业产值占其工业总产值的11%,增加值占15%,分别比全国平均水平高4个百分点和3个百分点;矿业及其相关后续产业产值占工业总产值的39%,增加值占38%,分别比全国平均水平高8个百分点和5个百分点。西部地区一些主要资源性产品(如煤炭、油气、铝、铅、锌、钾、镍、锡、锰矿石、铬铁矿、磷矿石等)的产量已在全国占有较大的比重。攀枝花、六盘水、金昌、克拉玛依等城市依托资源优势及其开发利用已经成为地区经济发展中心,促进了地区工业化和城镇化进程。

4.矿产资源进一步发现和开发利用潜力巨大。西部地区成矿地质条件优越,是世界上矿产资源相对较丰富的地区,但以往地质勘查工作程度较低,通过进一步调查评价和勘查,发现新矿产地的潜力巨大。近年来,在石油、天然气、铜等国家紧缺矿产方面,已相继有重要发现。西部地区已探明的矿产资源开发利用程度较低,随着基础设施的改善,具有较大开发利用潜力。

5.地下水资源开发利用有潜力。西北大部分地区干旱少雨,生态环境脆弱,水资源贫乏,地表水时空分布极为不均;多年年平均水资源总量为2300亿m^3,地表水利用率已高达70%以上,进一步开发的潜力有限;地下水天然资源总量为1125亿m^3/a,其中可采资源量430亿m^3/a,目前的利用率为28%,具有较大的开发潜力;地下水资源分布广,调蓄能力强,可在很大程度上弥补地表水资源时空分布不均的缺陷,对一些严重缺水地区,地下水是主要可利用的水资源。另外,地下微咸水分布广,虽然可更新资源量较小,但储量大,农业和生态建设已开始试验利用,这也是一种巨大的潜在资源。西南岩溶石山地区在枯水季节,地表严重干旱缺水,水土流失和石漠化等生态环境问题严重,但这些地区有较为丰富的地下水资源,具有开发意义的岩溶地下水资源量达461亿m^3/a。加强地下水勘查和合理开发利用对脱贫致富、促进区域社会经济发展和生态建设与环境保护具有重要意义。　　(国土资源部)

【西部国土资源开发利用存在问题和制约因素】　西部地区国土资源开发利用存在的问题和制约因素主要表现在:

1.资源利用结构不合理,开发利用方式粗放。一是坡耕地数量大,有林地少,不利于生态环境保护。据对涉及坡耕地退耕还林还草的中西部14个省(区、市)(其中含河南、湖北两省)的调查:25°以上的坡耕地有0.79亿亩,占这些省(区、市)耕地总面积的8.3%;林地中人工林、优质林少,有林地只占林地总量的61%。二是土地利用方式粗放,利用率和产出率低下。耕地广种薄收现象普遍,据对贵州、四川、重庆、陕西等省(市)25°以上坡耕地的调查,粮食播面亩产一般在150 kg左右,低的只有15 kg;牧草地质量差,牧业方式粗放,产草量低,每公顷草地载畜量仅为一只羊单位左右;城乡居民点人均用地超过200 m^2,远远高于国家标准高限。三是基础设施严重不足,制约了矿产资源开发利用。大矿小开、一矿多开的现象较为普遍,开发利用效率低,破坏和浪费资源、污染环境的问题突出;矿产加工深度低,经济效益不高。四是水资源开发利用缺乏科学的规划和管理,有些地方河流上游地区用水过多,下游严重缺水,出现荒漠化;一些农灌区长期采用大水漫灌、串灌,土壤盐渍化加剧。

2.水土流失和荒漠化严重,地质灾害频繁,生态环境脆弱。全国水土流失总面积360多万km^2中,西部地区占80%。全国荒漠化土地面积已达262万km^2,每年新增荒漠化面积2400多km^2,大部分在西部地区。因荒漠化造成的特大沙尘暴对华北、京津地区造成了严重的大气污染,每年给西部地区造成的经济损失高达540亿元。西部地区崩塌、滑坡、泥石流等突发性地质灾害占全国的70%以上;青藏高原岩土冻融问题直接影响到基础设施建设和水土保持;西南山区地质灾害频繁,对人民生活、生产和基础设施建设等造成严重威胁;西南岩溶石山地区土地石漠化问题突出,直接损害人民群众的基本生存条件。

3.经济基础薄弱，市场化程度低。西部地区经济发展水平和经济总规模均较低，经济建设投入资金严重不足；中国贫困人口绝大多数分布在西部地区；基础设施和城镇建设落后；城市化程度低；对外开放程度低，进出口贸易额不到全国总量的4%，实际利用外资额不到全国总量的3%；新增建设用地的供给绝大部分靠划拨方式提供，原有划拨用地进入市场的数量很少，矿业权市场尚处于起步阶段，市场机制在国土资源使用和再配置中尚未发挥出基础性作用。

（国土资源部）

【国土资源开发利用总体思路】 实施西部大开发战略，加快西部地区发展，必须形成足以支持西部地区经济社会发展的产业群。充分发挥资源优势，发展资源产业，处理好国土资源开发利用与生态环境保护的关系。

1.指导思想。以邓小平理论和“三个代表”重要思想为指导，贯彻中央关于人口资源环境的基本国策和可持续发展战略、科教兴国战略，坚持“在保护中开发，在开发中保护”的方针，在国家宏观调控的引导下，充分发挥市场对资源配置的基础性作用，正确处理好当前与长远、整体与局部的关系，依靠科技进步和科学管理，合理开发利用和有效保护国土资源，使资源优势转变为产业优势和经济优势，促进西部地区社会经济持续、快速、健康发展。

2.基本原则。实施西部大开发战略，加强国土资源开发利用是新时期的重大战略任务，必须把握好以下基本原则：一是坚持开发与保护相协调的原则。要按照“在保护中开发，在开发中保护”的方针，提高资源开发利用水平。在西部地区国土资源调查评价、开发利用和管理中，要把生态建设和环境保护放在重要地位。加强国土综合开发整治，重视环境美化和污染防治，节约使用和综合利用资源，注重提高利用效益。二是坚持政府宏观调控和市场配置资源的原则。把市场需求与地区优势资源结合起来，发展具有竞争力的优势资源经济。加强政府规划调控和政策引导，充分发挥市场在配置资源中的基础性作用，促进国土资源开发投资主体多元化。三是坚持全方位改革开放的原则。把增强自身开发能力与扩大对外开放结合起来，把西部各省（区、市）的经济融入到国内外经济大循环中，坚持以开放促改革，以开放促发展，为吸引外资创造良好的投资环境，为西部资源开发注入活力。资源开发企业通过引进投资、先进技术和管理经验，不断提高资源企业的竞争能力。四是坚持科技创新的原则。把科技创新与促进西部地区经济发展结合起来，加强人才培养、培训和引进，努力提高广大劳动者的素质；积极采用国内外先进适用技术，提高国土资源调查评价、规划、管理、保护和合理开发利用水平。重视研究开发适合西部地区特点的资源调查评价、勘查和开发利用新技术，加大成果推广转化力度，提高科技对国土资源工作的贡献率，促进国土资源的集约高效利用。五是坚持因地制宜、全面规划、突出重点、分步实施的原则。根据西部地区国土资源的特点、产业布局和市场需求，统筹规划西部地区国土资源开发利用，选择一批重点项目，分期分步予以实施，促进经济增长和结构调整。

3.规划目标。经过5至10年的努力，实现国土资源开发利用的总体目标是：充分发挥国土资源在西部大开发中的基础性作用，完成退耕还林还草的阶段目标，为基础设施建设、生态建设和环境保护、产业结构调整提供支持；科学合理开发利用石油、天然气、优质煤炭、锰、铜、铅锌、稀土、钾盐、磷等优势矿产，使其在国内市场中占有较大份额；逐步形成符合市场体制要求，技术含量、开放程度较高的“绿色”矿业；合理利用地下水资源，综合整治国土，初步实现资源开发利用、经济发展与生态建设和环境保护的良性循环，建设山川秀美的新西部。

（国土资源部）

【西部“十五”国土资源开发利用目标】 1.保证基础设施等必需的建设用地，有计划地实施生态退耕地的退耕还林还草，保护和建设好基本农田。在合理用地、严格保护耕地的前提下，保证西部开发建设必需的用地。重点保障交通、能源、通讯、电网、城市建设、环境治理、优势资源开发、水利工程等基础设施和重点产业发展所需的建设用地，合理安排城镇等其他建设用地。有计划、有步骤地实施生态退耕地的退耕还林还草。充分利用西部地区荒山荒地多的优势，尽量利用荒山荒地和退耕地发展林果业、牧业，防止过多占用优质农田。2.完成重点地区国土资源调查评价，全面填补基础地质调查空白区。初步完成长江、黄河上游及青藏高原区域环境地质调查，完成西南地区地质灾害多发区的环境地质调查。加强基础地质工作，为经济社会发展和重大工程建设提供必要的基础资料。对西部工作程度极低地区区域矿产资源潜力作出初步评价，新发现一批找矿远景区，发现和评价一批战略性矿产的大型超大型矿产地，形成一批新的后备资源基地。

3.完成区域地下水资源潜力评价，圈定远景开发区，制定与土地、生态环境相协调的开发方案。查明区域地下水的分布和资源总量，评价可持续利用的地下水资源量，为贫困缺水地区和地方病严重区、基础工业建设和农牧业重点开发区提供地下水远景开发区；紧密结合生态环境建设,立足当地,合理开发、高效利用水资源,建立工农牧业与水资源建设、生态环境协调发展的良性系统。

4.加强结构调整和政策引导,有效保护和合理利用国土资源。正确处理农用地、建设用地、生态用地的关系,实现耕地占补平衡,农用地质量、结构和布局明显改善。经营性矿产勘查得到加强,战略性矿产储量有较大增长。推进建立若干重大矿产资源勘查开发基地。调整和优化煤炭结构,重点开发优质煤炭资源,加快开发和推进应用洁净煤技术。重点支持建设西部地区石油、天然气资源开发与加工基地,青海柴达木盐湖钾盐,云南、贵州磷,云南铅锌,甘肃镍,贵州、广西铝,四川攀西钒钛,内蒙古、四川稀土等矿产的生产、研究开发与加工利用基地,使矿产资源开发利用结构逐步趋于合理,资源利用效率明显提高。外商投资勘查开发西部矿产资源有实质性进展。

5.推进国土综合整治工作,加强土地整理和复垦,区域地质环境恶化的趋势得到控制。土地整理全面展开,土地复垦率进一步提高,土地生态环境明显改善。重点矿山生态环境得到初步恢复和治理。建立地质灾害、地下水监测和预警预报系统,建立和完善建设用地地质灾害危险性评估制度,一批重要地质灾害得到治理。地质灾害造成的经济损失和人员伤亡分别减轻50%和70%。地下水动态监测网络得到完善。

6.建立国土资源科学技术支撑体系,显著提高国土资源信息化水平。大幅度提高科学技术对国土资源规划、管理、保护与合理利用的贡献率。地质环境与灾害监测、预报与管理工作水平明显提高。完成主要国土资源基础数据库建设,基本实现西部国土资源信息服务社会化。（国土资源部）

【西部地区国土资源调查评价】 加强西部地区公益性地质调查工作,为西部大开发提供基础性和先导性资料。加强关系国计民生和国家安全的战略性资源、地下水水源地的调查评价、国家重大工程建设前期地质勘查工作,加强地质环境调查评价和地质灾害监测、预警工作。优先部署西部重要经济区的综合地质调查、战略性矿产资源调查评价。

1.基础调查:围绕西部地区基础设施建设战略的需要,针对重要成矿区、重要经济区、国家重点建设工程、生态环境脆弱地区、地质灾害多发地区的重大基础地质、环境地质问题开展专项调查;加强地质工作程度偏低地区地质综合调查工作。主要实施青藏高原及周边地区、长江上游及源区、长江中游、黄河上游、黄河中游黄土高原、西南岩溶石山地区等地质与环境综合调查;开展西北干旱、半干旱地区荒漠化环境地质调查,围绕国家实施西气东输、青藏铁路、西电东送、南水北调(西线)等重大建设工程,部署区域工程地质、环境地质调查评价。

2.土地资源监测调查:开展土地变更调查和耕地变化、建设用地规模扩展的遥感动态监测和土地利用规划修编基础调查与评价工作。在土地利用现状调查的基础上,进一步查清土地资源权属状况、利用状况、潜力,保持有关土地数据和图件的现势性,重点查清西部地区坡耕地和风蚀沙化耕地的数量、分布与变化情况及耕地后备资源情况,并作出科学评价,准确掌握可开发、复垦、整理的耕地后备资源状况,为退耕还林还草、农业产业化发展、建设工程和确定土地开发整理基地提供依据。进一步加强城镇地籍调查和农村集体土地产权调查,开展城市土地价格调查和集约利用潜力评价、农用地分等定级研究,摸清城镇土地价格、利用潜力和农用地的质量等级,为调整盘活存量土地、培育土地市场、完善征地补偿标准等提供依据,促进土地利用方式的根本转变。

3.矿产资源调查评价:重点加强西部地区矿产资源调查评价,为制定西部地区矿产资源勘查开发规划和社会经济发展规划提供依据,为西部地区经营性矿产勘查开发提供基础信息服务。进一步调查评价"西气东输"工程沿线各含气盆地、煤田的天然气、煤层气资源潜力,圈定新的找矿靶区。加强优质煤炭调查评价,开展鄂尔多斯盆地、六盘水、陕北、宁夏东部等产煤区煤层气资源潜力评价研究;进一步加强新疆和内蒙古中部可地浸砂岩型铀矿的调查评价;加速东天山地区、柴达木盆地周边地区、陕甘川相邻地区、川渝陕相邻地区、西南"三江"地区、攀西地区、黔西北地区、滇东北地区、滇黔桂相邻地区、大兴安岭中南段、德尔布干等重要成矿区带的铜、优质锰、铂族金属、铅、锌、银、金等矿产的调查评价;加大喜马拉雅、西昆仑、东昆仑、青藏铁路沿线地质走廊、阿尔金、南疆、阿拉善等地质工作程度较低地区的地质矿产调查工作;加强西藏"一江两河"地区以铜为主的有色金属和铬铁矿资源的调查评价、西藏盐湖资源综合调查及其开发利用技术研究工作。以西北地区鄂尔多斯盆地、河西走廊和塔里木盆地为重点,部署区域地下水资源调查评价工作,对西部地区地下水资源总量和可采量作出科学评价,建立西部地区区域性地下水资源监测系统和地质生态环境信息系统。

4.地质灾害预警系统建设:加强地质灾害区域调查评价工作,对西部地区地质灾害的区域分布规律、生成地质背景及机制作出综合调查评价,圈定地质灾害易发区,为部署地质灾害调查与区划提供依据。对地质灾害,尤其是崩塌、滑坡和泥石流等突发性灾害的区域控制因素和诱发因素进行综合评价，查清易发生灾害的岩土分布、新构造运动、地貌条件和诱发因素等，提出地质灾害防治和地质生态环境恢复治理对策建议。建立地质灾害防灾管理的技术支持和监测预警体系；加强三峡库区地质环境综合调查评价及监测预警系统建设。（国土资源部）

【西部地区国土资源规划工作】 以中央关于西部大开发战略思想为指导，在对土地资源、矿产资源、地质环境状况及发展变化趋势等进行深入调查研究基础上，抓紧做好国土资源规划工作。抓好土地利用总体规划的实施和管理。根据加快基础设施建设和生态退耕工程，部分规划指标需要在规划远、近期之间调剂使用和部分地区土地利用布局需要调整的实际情况，组织调查研究、提出规划指标和布局调整方案，报国务院批准后实施。依据土地利用总体规划，指导各地制定土地开发、复垦、整理等专项规划，作为总体规划的深化和补充。及时总结规划实施中出现的新情况、新问题，加强和改进规划实施管理，充分发挥土地利用总体规划对土地开发利用的宏观调控和微观指导作用，尤其要通过县、乡（镇）土地利用总体规划把土地用途管制制度落到实处。

1.组织编制矿产资源规划。按照《全国矿产资源规划》和国务院关于全国矿产资源规划的批复的要求，抓紧组织编制西部地区省级及省级以下矿产资源规划。立足为西部大开发服务，找准西部地区矿产资源的优势矿种和重点地区，对资源条件、开发利用条件和市场前景等进行充分论证，结合产业结构调整、基础设施和生态环境建设的要求，提出勘查开发指导意见，指导西部地区矿产资源勘查、开发利用。

2.抓紧制定地质环境保护规划。针对西部地区地质背景复杂多样、生态环境脆弱、地质灾害频繁等特点，制定西部地区省级地质环境和地质遗迹保护与建设、地质灾害防治等专项规划，促进西部地区生态环境的改善和与经济社会协调发展。（国土资源部）

【西部基础设施建设项目用地服务】 根据西部大开发的需要和国家产业政策，研究制定西部大开发中各类建设供地目录。依照国家有关西部的产业政策、《禁止供地目录》和《限制供地目录》，在用地上优先安排和重点保障以下重点项目：国道主干线、省区干线公路和连接城镇的骨干公路，跨省（区、市）和出境铁路通道，干线机场的配套完善和列入国家计划的支线机场，天然气管道运输项目，城乡电网建设和改造项目，城市基础设施建设项目，现有大中型水利工程的配套完善和列入国家计划的新建水利工程项目，优势矿产资源开发项目，国家产业政策支持和鼓励的其他建设项目。控制一般性建设项目用地，禁止向重复建设以及技术落后、浪费资源、污染严重、产品质量低劣、无销售市场的项目供地。研究制定吸引国内外企业和个人到西部地区投资建厂、开发资源、改造老企业的供地措施；对重点发展的产业实行低地价政策和投资风险与远期用途转变增值相挂钩政策。选择一批基础较好、有潜力、对区域经济发展有重点带动作用的城镇予以重点支持，合理确定城镇用地规模，加快城镇建设。

1.做好土地利用规划审批、计划编制和用地预审工作。加快市、县、乡级土地利用总体规划审批，为审批建设项目用地提供依据。做好年度建设用地需求的测算和预报，建设用地计划指标向西部地区适度倾斜，确保重点建设项目用地的需要。加强计划执行的台账管理和跟踪服务。提前介入建设项目，做好建设项目用地预审工作。严格执行土地用途管制制度，限制农用地转为建设用地，除重点基础设施、线性工程需要占用农用地外，一般建设项目、房地产开发项目和农民建房坚持在规划范围内安排，利用存量土地和闲置土地。

2.提高建设用地审批效率，做好用地审批服务。做好征地补偿调查和补充耕地措施制定等用地报批的前期工作，缩短正式报批时间；要针对西部地区的实际，研究提出征地安置补偿的措施；推行补充耕地储备制度，建设占用耕地争取做到先补后占；进一步改进和完善建设用地审批制度，简化用地报批环节；加强征地管理工作，抓好征地审批后的实施，及时提供并保障建设用地，保证基础设施等重点建设的顺利进行。

（国土资源部）

【生态建设和环境保护土地管理】 1.参与退耕还林还草工作，提出相关政策建议。结合西部土地资源调查评价工作，为退耕还林还草规划提供操作性强的实施措施，开展待退耕地确权工作，因退耕改变用地的要依法进行土地变更登记。在水土流失严重，直接威胁长江、黄河河道及主要支流水系的生态环境脆弱地区，沙化威胁严重的地区，重点安排退耕。在人均拥有高标准基本农田面积相对较大，所产粮食够人畜食用的地区，尽快安排坡耕地全部退耕；退耕后需要国家补助粮食才能保证人畜需要，但结合基本农田建设可以逐步恢复粮食生产能力的地区，要逐步退耕；人均拥有高标准基本农田面积很少，吃饭和经济收入基本上靠25°以上坡耕地维持的地区，要在妥善解决退耕农民生产和生活出路的前提下，结合退耕移民工作退耕。

2.加强基本农田保护和建设，稳妥地开展土地开发整理复垦。要从巩固加强农业基础地位，保证当地粮食安全出发，将足够的优质耕地划入基本农田，制定具体的强化管理和监督措施。根据生态退耕的实际情况,坡耕地较多的地区在调整划定基本农田保护区时,可以将部分经过多年整治、有良好的水利和水土保持设施的坡度在15°~25°之间的耕地划定为基本农田,也可将部分配套设施较好的新开发整理的耕地划定为基本农田。大力开展以改善农业生产条件,提高生产能力,增加优质耕地为目的的土地整理工作。宜农土地后备资源的开发要严格按照土地利用总体规划进行,搞好土地适宜性评价,宜农则农,宜林则林,宜牧则牧。宜耕地开发要与农田建设和水利建设同步进行,结合水土保持和治沙措施,如打坝淤地、引水拉沙等,新增部分耕地。适宜开垦的地方,适度开发部分耕地。重点开发整理地区包括北疆山前平原、伊犁河谷、南疆山前平原、银川平原、河西走廊、共和盆地、陕西榆林、乌兰布和沙漠、科尔沁沙地、四川攀西、云南热作河谷、晋北地区等。加强对荒山、荒沟、荒丘、荒滩开发的权属管理和规划管理,农用地开发禁止无规划、无组织地盲目开发土地。（国土资源部）

【西部地区矿产资源勘查与开发利用】 以市场需求为导向,以经济效益为中心,从矿产资源自身特点和优势出发,依靠科技进步和科学管理,吸引多渠道资金,加强优势矿产资源勘查开发与利用,发展有市场竞争力的优势矿业经济。把天然气的勘查开发作为重点,尽快建成大规模天然气生产和外输基地;加强西部地区,特别是塔里木、柴达木、准噶尔、鄂尔多斯等油气盆地的勘探;大力调整煤炭工业结构,加快开发和推广应用洁净煤技术;加强地热等新能源的勘查开发;开发比较优势明显、市场前景好的有色金属、优质锰、贵金属、稀土、钾盐、磷及重要建材非金属等矿产资源,逐步提高产品加工深度。重点加强“十大”矿产资源集中区矿产勘查与开发利用,带动基础设施建设和地区经济发展。

1.塔里木能源资源集中区:在天然气勘探取得重大突破的基础上,集中力量进一步加大塔里木油气资源的勘探开发力度,力争形成整装的特大型能源资源基地,为实现“西气东输”提供资源保证。同时,加大塔里木盆地北缘优质煤炭资源的开发利用。

2.黄河中游能源资源集中区:加快陕西榆林地区天然气、榆神煤田和鄂尔多斯盆地东缘等地区煤层气和油气资源的勘查与开发步伐,建立以石油、天然气、优质煤炭、煤层气为主的能源资源基地。同时,依托白云鄂博丰富的稀土资源,大力发展稀土深加工;加大内蒙古狼山地区有色金属和硫铁矿的勘查开发力度。

3.东天山北祁连有色贵金属及能源资源集中区:进一步加快东天山地区铜矿资源勘查、开发步伐,尽快形成中国新的重要铜矿资源基地。加强吐哈盆地的油气资源开发和可地浸铀矿资源勘查开发,进一步加强北祁连西段铜、锰、铅锌、金、银等资源的勘查开发。

4.柴达木能源化工矿产资源集中区:加快青海柴达木盆地油田天然气勘探开发;启动青海察尔汗钾盐二期工程建设,扩大钾资源开发规模。同时加强盆地周边地区多金属矿产勘查开发。

5.秦岭中西段地区有色贵金属资源集中区:在促进甘肃西成和陕西凤太铅锌矿、甘肃天水、四川马脑壳、陕西八卦庙、双王、马鞍桥、煎茶岭等金矿开发基础上,加大川西北、寸南、勉略宁及西成铅锌矿外围金铜铅锌矿勘查与开发利用力度。

6.西南“三江”中南段有色金属资源集中区:加大云南兰坪白秧坪银铜多金属矿、德钦羊拉铜矿、藏东地区铜铅锌银多金属矿和哀牢山地区有色贵金属矿产勘查力度,加速云南兰坪县金顶特大型铅锌矿和西藏玉龙铜矿的可行性研究和矿山建设,进一步开展四川白玉呷村银铅锌矿、四川夏塞银铅锌矿等资源开发的可行性研究,加快云南思茅大坪掌铜矿、景谷民乐－双龙铜矿、澜沧南角河地区和南汀河地区银多金属矿勘查开发,尽快形成新的有色金属资源基地。

7.攀西黔中矿产资源集中区:在加大攀西钒钛磁铁矿开发利用力度的同时,加快会理会东地区铜铅锌矿、东川铜矿、丹巴杨柳坪铂矿勘查开发,加强龙舟山地区铂族金属和雅安地区优质锰矿勘查,加强开阳和瓮福磷矿及配套富硫、贵阳和遵义铝土矿、六盘水煤层气、优质煤炭及贵稀金属的勘查开发,进一步促进磷化工与铝业基地建设和能源工业的发展。

8.四川盆地天然气资源集中区:在稳定四川盆地西北部天然气资源开发的基础上,加快川东、渝东地区的天然气和煤层气勘查开发步伐,为实施国家南线“西气东输”工程提供资源保障。

9.红水河右江有色贵金属资源集中区:在广西百色地区铝工业基地和桂北河池南丹地区锡多金属开发基地基础上,推进贵州紫木凼、烂泥沟和戈塘金矿、广西金牙金矿和凤凰山银矿、云南都龙铅锌矿等一批大型矿床的开发,加强桂西地区优质锰矿、铝土矿勘查开发。

10.西藏“一江两河”有色贵金属资源集中区:加强以铜、铬铁矿、金、银为重点的矿产勘查工作,进一步推进罗布莎和香卡山铬铁矿、甲马赤康铜多金属矿及砂金矿,以及羊八井地区地热资源开发利用,重点加强冈底斯铜多金属矿成矿带及岩金矿的调查评价。

（国土资源部）

【西部地区地下水资源勘查和开发利用】 根据生产力总体布局和地质环境与水文地质条件,圈定一批可供开发的大中型远景水源区，为重点工程建设、城镇发展及优势资源开发提供优质水源，为严重缺水地区人民提供基本生活用水。强化水资源合理利用，促进生态环境保护和建设。

1.加强地下水科学开采，促进水、土资源合理开发与生态环境保护的协调发展。紧密结合西部生态环境建设规划，围绕退耕还林还草和农业生产结构调整，搞好地下水资源勘查和合理利用的示范工作。在河西走廊、塔里木河流域、柴达木盆地等内流地区，针对水资源特征和土壤盐碱化、荒漠化等突出问题，以流域为单元，建立完善地下水动态监测网，加强流域上、中、下游之间，地表水和地下水之间的统一规划及联合调控；通过适度加大地下水开采量，适当降低农灌区地下水位，减少蒸发，促进盐碱地改良，达到土地资源的持续利用；通过增加内陆河系下游河道的径流量，控制下游区域地下水位持续下降，遏制生态环境的进一步恶化。在内蒙古河套平原和银川平原等外流地区，加大地下水开采量，实现井渠混灌，降低地下水位。改良日益严重的次生盐碱地，保护土地资源。加强重点地区和城市的地下水勘查。为满足天山北麓综合经济带、塔里木盆地农业石油化工重点开发区、河西走廊农业重点开发区、柴达木盆地农业盐化工开发区、鄂尔多斯能源基地和重点工程项目等的用水需求，以及严重缺水城市的供水要求，开展供水水文地质勘查，为工农业和城市经济发展服务。重视西北内陆盆地特有的山前凹陷带巨型天然地下水库的开发利用，实现水资源的多年调蓄，为工业和城市供水提供水质好，保证程度高的大型水源地，缓解春旱农业用水问题。

2.加强缺水地区找水和严重地方病区防病改水工作，保证人民群众的基本生存条件。重点加强陇西、陕北、青海东部、宁夏南部、内蒙古西部荒漠草原区、西南岩溶石山、川东渝西红层丘陵等水资源极缺地区的扶贫找水工作，解决人畜饮用水，改善群众生活、生产基本条件，促进脱贫致富。在新疆和田和喀什、甘肃陇西、陕北南部、内蒙古河套平原等地区，有针对性地开展地方病重灾区水文地球化学调查，为防病改水圈定水源地，力争取得显著成效。

3.加强地下水监测和监督管理。建设调整西部地区地下水监测站点，完善地下水监测网，建立西部地区地下水资源信息系统，及时为各级政府和公众提供地下水资源动态信息，验证和改进水土资源开发方向。加强国土资源管理部门对地下水开采的监督工作，加大监督力度，防止地下水的过量开采和污染，保证地下水资源的合理开采和可持续利用。

4.科学利用深层承压水。在勘查、评价和研究的基础上，有节制、有计划地适度开发和严格管理西北内陆盆地深层承压水，坚持开发和保护并重的原则，为缺水地区人民及特殊用途用水提供优质水源，也可在极其干旱年份作为工农业临时供水，但严禁长期作为工业耗水大户和农业灌溉用水水源。（国土资源部）

【西部地区地质环境保护和地质灾害防治】 1.制定防灾规划，加强评价预测和治理。积极部署地质灾害严重县市的地质灾害调查与区划工作，科学编制地质灾害防治规划，为地区经济发展和建设布局提供科学依据与安全保障。围绕城镇和基础设施建设，做好地质灾害危险性评价。加强重点城镇、重要经济区、大江大河和交通干线、重大工程区的地质灾害调查评价，提出地质灾害综合整治规划和对策；特别要加强长江中上游、“三峡”库区、黄河中上游经济区以地质灾害为重点的环境地质评价与防治区划；对危害严重的地质灾害体实施治理工程，保护人民生命财产安全。

2.加强地质遗迹资源的保护与开发，发展地质旅游事业。在对西部地区大量特有的地质地貌景观、地质遗迹等进行调查评价的基础上，建设一批世界级、国家级的地质公园。

3.加强矿山生态环境的保护。开展矿山生态环境调查、区划与监测，重点开展黄土高原能源化工、西南有色化工等开发的矿山生态环境调查区划与监测。对新建矿山，要严格依法执行环境影响评价制度和“三同时”制度；加强采矿活动对生态环境，特别是地表水和地下水系统的影响评估；要严格控制在自然保护区和其他生态脆弱地区进行矿业活动。加强对矿山生态环境的恢复与治理，建立矿山生态环境恢复的多元化投资机制，加大矿山生态环境治理力度，使矿区、矿山城市的环境质量有明显改善。以黄土高原煤炭和化工及有色金属基地、西南冶金和化工及有色金属基地、晋陕蒙能源开发区等开采基地为重点，选择不同类型的矿山进行生态环境恢复治理示范工程建设，对工矿区损毁土地进行复垦和绿化，对矿渣、废水进行无害化处理和资源化利用，对矿山次生地质灾害进行治理。

4.建立完善地质环境监测网络。完善地质环境监测省级总站和地市级分站的机构和监测设施，调整和充实地质环境监测点。以受地质灾害严重威胁的城镇地区和重要工程建设区为重点，建立健全群测群防和专业监测相结合的监测预警体系；对处于地质灾害多发区的县市，建立群测群防体系。完善地质环境信息系统建设，建立地下水环境和主要地质灾害的数据库，形成预测预警分析机制和决策支持系统，及时为各级政府部门和社会提供地质环境信息。

（国土资源部）

【西部地区国土资源信息化建设】 1.*加强西部地区国土资源信息化建设*。加快西部地区国土资源信息主干网络建设;开展西部地区已有国土资源资料和新一轮国土资源调查成果的数字化工作,建立地质、矿产、土地等方面的基础数据库;优先开发和建设适合西部地区国土资源管理特点的各级信息系统;建设有关西部地区国土资源的信息发布系统;集成和加工各类国土资源信息,建立西部大开发的决策信息支持系统,为西部大开发提供基础数据平台和宏观决策信息支持,实现国土资源信息社会化服务。

2.*加强新理论新方法研究与应用*。建立土地资源的动态变化及土地可持续利用模型;研究开发西部地区预测大型矿产地的新理论、新方法及基于GIS的矿产资源评价体系;建立国土资源合理和集约利用的指标体系;开展生态环境保护地质应用理论与方法研究。

以解决西部地区国土资源调查评价、保护和合理利用工作中的重大关键技术和方法为重点,积极探索适用于西部戈壁荒漠区、山前覆盖区、沙漠边缘区、黄土浅覆盖区等特殊景观条件下的国土资源调查新技术新方法的研究;探索大面积调查的低成本、适应性强的地面物探技术方法;探索高分辨率的遥感解译新技术,研究国土资源卫星在西部地区地质调查中的应用技术;探索野外地质调查工作中掌上机应用技术;努力突破野外快速、准确、高效的现场测试技术;加强提高共伴生矿产资源综合利用率的关键技术方法、难选冶矿产利用技术、地下水勘查新方法新技术等的攻关,推广先进实用技术。全面推广“3S”技术在国土资源调查评价与监测中的应用。大力推广矿产资源野外快速测试和资源评价技术;开发应用西北干旱区微咸水与盐碱地改良实用技术;积极推广应用无尾矿采矿技术、尾矿和矿山废弃物资源化利用技术、土地复垦和生态重建实用技术。对西部地区土地资源、地质生态环境、矿产开发及矿山生态环境、地质灾害等实现遥感动态监测;在国土资源调查中,利用卫星遥感资料,推广应用遥感技术,提高工作精度和效率;积极推广应用现代钻掘取样、卫星定位等技术方法,以及突发性地质灾害有效监测技术方法研究等。

3.*强化科学管理*。开展国土资源调查、经济技术合作、环境效应综合评价示范研究,探索西部地区国土资源最佳开发利用方式。加强矿产资源开发利用的市场预测和科学分析评价,优化勘查与开发利用方案,降低成本,减少损耗,提高资源利用效率,促进集约利用、节约使用和有效保护。 (国土资源部)

【西部矿产资源勘查优惠政策出台】 根据国务院颁布的重点支持西部大开发政策措施,国土资源部2001年,出台了西部大开发矿产资源若干政策措施。具体政策是:由国家出资勘查形成的探矿权、采矿权价款,符合下列条件之一的,按有关规定,经申请批准,可以部分或者全部转为国有矿山企业或地勘单位的国家资本。即:勘查、开采石油、天然气、煤层气、富铁矿、优质锰矿、铬铁矿、铜、镍、金、银、钾盐、铂族金属、地下水等矿产资源的;在国家确定的贫困地区和重点开发地区勘查、开采矿产资源的;大中型矿山企业因资源枯竭,勘查接替资源的;国有矿山企业经批准进行股份制改造或中外合资经营时,国有资本持有单位以探矿权、采矿权价款入股的;国有矿山企业因自然灾害等不可抗拒的原因,导致缴纳探矿权、采矿权价款确有困难的。

符合下列条件的,可以申请减缴或免缴探矿权使用费、采矿权使用费。即:石油、天然气、煤层气、富铁矿、优质锰矿、铬铁矿、铜、钾盐、铂族金属、地下水等矿产资源的勘查、开发;大中型矿山企业为寻找接替资源申请的勘查、开发;运用新技术、新办法提高综合利用水平的(包括低品位、难选冶的矿产资源开发及老矿区尾矿利用)矿产资源开发;国土资源主管部门会同有关部门认定的其他情形。

在开采费用方面,第一个勘查年度的探矿权使用费,可以免缴,第二至第三个勘查年度可以减缴50%;第四至第七个勘查年度可以减缴25%。

采矿权使用费,矿山基建期和矿山投产第一年可以免缴,矿山投产第二至第三年可以减缴50%;第四至第七年可以减缴25%;矿山闭坑当年可以免缴。

积极培育矿业权市场,促进探矿权、采矿权依法出让和转让。探矿权人投资勘查获得具有开采价值的矿产地后,可以依法获得采矿权。允许将勘查费用计入递延资产,在开采阶段分期摊销。出让矿业权的范围包括国家出资勘查并已经探明的矿产地、依法收归国有的矿产地和其它矿业权空白地。除依法申请采取批准方式外,可以招标、拍卖等其他方式出让矿业权,矿业权人可以采取出售、作价出资、合作勘查或开采、上市等方式依法转让矿业权,可以按有关规定出租、抵押矿业权。 (中国矿联信息中心)

【西北工业结构调整】 中国西北地区将逐步从制糖、煤炭、纺织、钢铁等没有比较优势的行业退出。国家对西北地区工业结构将作如下调整:

1.集中力量扶持优势行业。① 电力为主的能源工业。配合“西电东送”,加快以黄河水能资源开发为主的水电建设,积极发展大型坑口电站,在有条件的地区大力开发利用风能、太阳能等新能源和可再生能源。

② 石油天然气和化学工业。加快塔里木、准噶尔、吐哈、柴达木等盆地的油气资源勘探开发,抓好几大炼

油、乙烯、大化肥装置的改造,调整品种。

③ 有色金属、稀有金属和黄金工业。依托优势企业,支持重点企业,提高加工深度和生产水平。

④ 盐湖化工。把柴达木建成全国最主要的钾肥基地,搞好镁、锂、铷、铯、溴、碘等资源的综合利用。

2.改造提高传统行业,包括机械工业、轻纺工业、医药工业和建材工业。

3.积极发展高新技术行业。充分发挥中心城市和部分原“三线”基地的技术优势,积极发展电子及信息设备制造业、机电一体化产品制造业和生物工程业。重点发展以新型元器件、通信设备及网络产品、新型显示器件、数字视听产品、计算机软件产品;数控机床、自动化仪表、新型电机;生物制药、微生物发酵技术、酶技术、超临界萃取技术、胚胎移植技术以及转基因育种技术等。 (中国矿联信息中心)

【156种矿产九成在西部】 中国西部地区矿产资源比较优势突出,分布集中,具 备了形成优势支柱产业的资源基础。在全国已有探明储量 的156种矿产中,西部地区有138种,占88.5%。在45种主要矿产资源中,西部地区的煤炭、油气、钾盐、铬铁矿等资源在全国举足轻重;稀土、磷、镍、钒等资源优势十分明显;另有锰、铜、铝、锌等20多种矿产资源也具比较优势。

许多重要矿产资源集中分布在西部地区。石油、天然气储量集中分布于塔 里木、鄂尔多斯、准噶尔、四川、柴达木、吐哈等盆地,煤炭储量的87%集中于内蒙古、陕西、新疆和贵州4省(区),锰矿储量的76%分布于广西和贵州,铜矿储量 的78%集中在西藏、云南、内蒙古和甘肃4省(区),97%的钾盐集中于青海柴达木盆地,71%的磷矿集中 在云南和贵州等省(区)。

西部地区矿产资源的相对集中分布,有利于建设各具 特色的矿产资源开发基地。目前,矿业开发已经成为西部地区国民经济发展的重要支柱产业。

(中国矿联信息中心)

【涩–宁–兰输气管道工程全线竣工】 西部大开发重点项目、中国石油天然气股份有限公司涩北–西宁–兰州天然气输气管道工程2001年12月12日全线竣工,并在兰州举行点火仪式。涩–宁–兰输气管道西起青海柴达木盆地涩北一号气田,经青海省西宁到达兰州,全长930 km,设计年输气量为20亿 m^3,总投资为22.5亿元。

涩–宁–兰输气管道工程主要是向西宁、兰州和附近地区的工业、居民提供清洁能源天然气。第一批用户包括兰州铝厂等污染较为严重的企业。管道工程建成投产后,预计每年可减少二氧化硫4.6万t,粉尘2.4万t,炉渣及粉煤灰123.4万t,将极大缓解西宁和兰州大气污染严重的局面。

涩–宁–兰输气管道工程是目前国内线路最长、海拔最高的管线。 (中国矿联信息中心)

【西部建成特大型现代矿井】 中国西部的神府东胜煤田又一座特大型现代化矿井——活鸡兔煤矿最近建成,正式投入生产。这座煤矿1993年动工,使用日本政府第三批能源贷款建设,总投资18.82亿元人民币,设计年生产能力500万t,服务年限96年。矿井生产装备精良,具有当代国际先进水平,是神东公司所属的一座特大型高产高效现代化矿井。

(中国矿联信息中心)

【西气东输新闻发布会】 2001年2月5日,由中国石油天然气股份有限公司主办在北京举行。在西气东输新闻发布会上,国家西气东输工程建设领导小组组长、国家计委副主任张国宝向中外记者宣布,举世瞩目的西气东输工程项目可行性研究报告已获国务院批准。这标志着西气东输工程开始进入实质性的实施阶段。

国家西气东输工程建设领导小组副组长、中国石油天然气股份有限公司董事长马富才宣布,根据国务院办公会的决定和国家计委的批复以及项目招商的进展情况,中国石油天然气股份有限公司将对西气东输管道施工周期较长的江河穿越工程及江南水网地段的试验性工程先行开工建设,包括长江、黄河、淮河穿越段和江苏至上海以及新疆轮南至库尔勒段。

中国石油天然气股份有限公司总裁黄炎,副总裁王福成、史兴全,国家计委产业司司长刘铁男等领导及中外记者参加了新闻发布会。

自2000年3月西气东输工程项目正式启动以来,在国家西气东输工程建设领导小组的组织协调下,在各有关部门的大力支持下,中国石油及沿线省、市、自治区做了大量卓有成效的前期准备工作。天然气资源有了新的增长。到2001年年底,作为西气东输主供气源的塔里木盆地库车—塔北地区,获国家储委批准的探明天然气地质储量5267亿 m^3,可采储量3725亿 m^3,使西气东输工程年供气120亿 m^3、稳定供气20年的资源条件更加可靠。另外,2000年发现的具有上千亿 m^3 储量规模的迪那2气田,以及迪那1等气田,将使库车—塔北地区的天然气资源进一步增长。同时,作为西气东输启动气源的长庆气区,在苏里格地区的天然气勘探又取得一系列新进展。截至2001年,长庆气区获国家储委批准的探明天然地质储量达7504亿 m^3,成为中国探明储量规模最大的气区。

下游用气市场已落实可靠。西气东输工程的目标市场为长江三角洲地区的上海市、江苏省以及沿线的

市场为长江三角洲地区的上海市、江苏省以及沿线的河南省、安徽等省。目前,中国石油已与45家用户正式签订了供用气意向书,意向用气量2003年将达到123亿 m^3。下一步,中国石油将与外商合作伙伴成立联合工作小组,共同开发市场,力争在2002年上半年与用户签订照付协议合同。对外招商取得阶段性成果。在入围的外商投资集团中,中国石油首先选择与壳牌投资集团进行谈判。

经过磋商,中国石油与壳牌投资集团,包括壳牌公司、俄罗斯天然气工业股份公司,俄罗斯建设与输送股份公司,以及香港中华煤气有限公司,就双方的合作范围、参与范围、参与权益、合作期限、项目商业模式等原则条款,以及项目的健康、安全、环境和社会影响方面的标准等原则性问题达成了共识,并于2001年12月29日签订了"为完成西气东输合营框架协议奠定基础的阶段性协议"。在此基础上,中国石油现正与壳牌投资集团进行合营企业框架协议的起草和谈判工作。

现场施工准备就绪。专题技术研究工作基本完成,为工程施工提供了有力的技术支持。各项设计工作进展很快,可按计划提供施工图纸。施工所需的管材、板材及辅助材料,已按计划做了妥善安排。招标选择的施工队伍,经过严格培训,已具备了建设西气东输管道的水平和能力,能够确保工程进度和质量。工程建设土地征用工作,在有关部门、沿线各级政府和人民群众的大力支持下,总体上进展顺利。中国石油对西气东输工程的健康、安全、环境的社会影响评价工作给予了高度重视,对即将先行开工的江河穿越段及江南水网地段的试验性工程,中外双方按照双方同意的标准联合进行了评价工作。

西气东输工程总体建设计划安排是:2002年上半年全线开工建设,2004年年初靖边至上海段建成投产,开始向上海方向供气;2005年上半年轮南至靖边段建成投产,实现全线贯通,把新疆塔里木的天然气输送到上海及整个长江三角洲地区。西气东输工程总体是特大型基础设施建设项目,也是中国石油上市以来最大的投资项目。建设这一工程,有利于促进中国西部地区的经济发展,造福新疆各族人民;也有利于带动相关产业的发展,调整沿线地区的能源结构,改善大气环境,提高人民生活质量。对中国石油将资源优势转化为效益优势,使天然气业务真正成为公司新的利润增长点具有重要的战略意义。经过各方面的共同努力和密切合作,一定能够把西气东输工程建设成为一条国内一流、国际先进的输气管道,获得良好的经济效益和社会效益。

新闻发布会上,张国宝、马富才、黄炎等领导就工程建设投资、天然气价格、对外合作、投资成本等问题回答了中外记者的提问。 (中国矿业年鉴编辑部)

【西北矿冶研究院概况】 西北矿冶研究院的前身是北京矿冶研究院西北分院,1965年筹建,1972年7月2日正式成立,1986年1月更名为西北矿冶研究院至今。1987年11月经原中国有色金属工业总公司批准,并入白银有色金属公司。1999年作为国家经贸委所属的10个国家局管理的242家科研单位之一,整体转制为科技型企业。2000年随着有色企事业单位属地化管理方案的实施,划归甘肃省管理,并承担了中国特大型有色企业——白银有色金属(集团)有限责任公司技术中心的职能。经过30年的建设和发展,西北矿冶研究院拥有固定资产2700万元,其中设备类固定资产价值1200万元。全院共有各类仪器设备1100余台(套),属国家科委统一管理的23种大型精密仪器有X射线衍射仪、红外分光光度仪、原子吸收光谱仪、气相色谱仪、差热分析仪、等离子光谱仪和电子探针等。占地面积300亩,建筑面积60000 m^2,基建投资累计达1500万元。

截至2001年底,全院在册职工总数为522人,其中各类专业技术人员249人(教授级高级工程师2人,高级工程师47人,中级职称157人)。下设矿山研究所、选矿工程研究所、冶金新材料研究所、设备自动化研究所、精细化工研究所、环境资源研究所、应用化学研究所、矿物测试应用研究所、无机化工厂、食品添加剂厂、钎具厂、工程爆破公司、物业管理公司和信息中心等14个二级研究所(厂)。可承担采矿工艺、矿山机械、矿用钎具、炸药;选矿工艺、设备、新药剂、过程自动化;冶金工艺、新材料;环境监测、评价和"三废"治理、水土保持方案编制;理化分析与测试等研究设计与应用。在重有色金属行业相关学科及西北地区有色系统中,技术力量雄厚,专业学科门类齐全,科研装备比较先进,具有解决、攻关复杂技术问题的能力。

建院30年来,西北矿冶研究院共承担各类科研课题1020项(其中情报成果82项),获省部级以上成果100余项(其中"高水速凝复合材料研制与工业应用"获甘肃省科技进步一等奖、"鸡冠咀金矿全水全尾胶阶段充填连续回采采矿法试验"获国家经贸科技进步一等奖、"小铁山矿胶结充填采矿方法和充填材料长距离管道输送技术研究"获中国有色金属工业总公司科技进步一等奖)。各专业科技成果推广应用共485项,占科技成果总数的44.9%。先后开发了30余种产品,其中有5种获得国家级新产品。全国24个省、市、自治区近200家矿山应用,并打入东南亚中东等国际市场。环境保护研究方面,在全国有色金属工业系统首家获得甲级环评单位资格后,已成为西北矿冶研究院的经济增长点。 (西北矿冶研究院)

矿业企业

【2001年中国矿业上市公司发展论坛】 由中国矿业联合会和国家经贸委综合司联合主办2001年10月8日在北京召开。

参加此次论坛的有国务院体改办、国家经贸委、国土资源部、中国证监会、部分省市矿业主管部门的有关领导,国内知名专家、学者以及国外金融机构、矿业上市公司和国内知名证券公司、软件公司的代表在此共同围绕矿业企业资本运营和完善矿业税费政策问题进行研讨,并就典型问题提出解决方案。

中国矿业联合会会长、全国政协常委、全国政协港澳台侨委员会主任朱训在开幕式上讲话,中国已有一大批矿业股份公司,以市场为导向,充分利用资本市场,实施结构调整,资产重组和转换机制,进而建立现代企业制度,为矿业的改革与发展闯出了一条新路,积累了丰富的经验,为中国8000多座国有矿山企业树立了榜样。据不完全统计,在沪深两市证券交易所挂牌交易近1200家上市公司中,与矿业有关的上市公司约占15.63%,包括在境外上市的已逾180家。在2000年度第三届中证·亚商中国上市公司最具发展潜力的50强的评比中,与矿业有关的占1/3,其中包括10家钢铁股份公司,4家石化股份公司以及兖州煤业、中原油气等能源矿产股份公司,表明矿业虽然是传统产业,但通过体制创新、科技创新和管理创新,代表了先进生产力发展方向。

朱训强调,就矿业整体来说,国有矿业企业扭亏脱困后的经济基础还相当薄弱,现代企业制度还有待进一步完善,结构调整和改革创新的任务还很艰巨,整体素质和竞争力还有待进一步提高。举办这次论坛就是为了交流先行者们的宝贵经验,促进中国矿业和与矿业紧密相连的矿产品加工业的更好发展。

中国矿业联合会秘书长王燕国介绍说,此次"论坛"集中研究和促进解决矿业企业所关注的焦点问题,力图在前一段工作的基础上改进并提出解决方案;同时通过高层领导和有关专家对中国矿业上市公司当前发展形势和资本运营情况的分析和交流,树立改革发展的信心和决心,促进未上市矿业企业(包括地勘业)加快改制上市步伐,推动已上市公司通过产业升级,提高竞争力,实现可持续发展。 (中国矿联信息中心)

煤炭企业

兖州矿业集团有限公司

【概况】 兖州矿业集团公司的前身是兖州矿务局,成立于1976年。1996年3月整体改制,是国家百户现代企业制度试点企业和120家大型企业集团试点单位之一。截至2001年末,集团公司资产总额228.46亿元,在职职工9.5万人。集团目前拥有兖州、济宁东部两大煤田,井田面积为440.4km^2,地质总储量37.68亿t,可采储量21.36亿t,现有8对生产矿井,年煤炭生产能力3412万t,年煤炭入洗量2080万t,是中国最大的煤炭生产和出口基地之一。兖州矿业集团有限公司坚持技术、制度、管理创新,使一个1990年亏损2100万元的企业迅速发展壮大成为行业龙头企业。2001年与1990年相比:煤炭总量从1017万t提高到3637.84万t,增长2.85倍,煤炭出口量从20万t提高至1332万t,增长65.7倍,占全国煤炭出口总量的近16%;销售总收入从9.27亿元提高到112.58亿元,增长11.14倍,其中,非煤销售额从1.7亿元提高到44.69亿元,增长25.29倍;实现利税23.13亿元,利润5.65亿元,分别比1990年增长65.09倍和26.9倍。企业总资产从40.95亿元增长到228.46亿元,增长4.58倍。集团连续6年实现利税、利润和综采单产等主要经济技术指标行业第一,煤炭综采技术、生产效率等达到世界先进水平。

几年来,兖州矿业集团有限公司先后获十佳国有企业、全国先进企业、2001年度最具影响力企业等称号,并受到江泽民总书记、朱镕基总理和吴邦国副总理的称赞。 (兖州矿业集团公司 郭 军)

【兖矿企业综合管理信息系统】 世界领先的企业管理软件供应商SAP公司2001年与山东兖矿集团公司正式

签署协议，利用其R/3系统帮助兖矿集团构建“企业综合管理信息系统”。

兖矿将借助SAP享誉全球的R/3管理软件，以全面的企业资源管理系统为基本模型，在此基础上兖矿搭建统一的物流、资金流和信息流系统、集成的财务管理系统、完善的成本核算和控制系统、可延长的供应链系统、闭环企业计划系统以及多层信息系统框架。

R/3系统不论在业务操作层面、业务控制分析层面还是管理决策层面都为用户提供了内容丰富、灵活可靠、简单易用的功能，可以全面满足兖矿集团对企业综合管理信息系统的应用要求：搭建企业管理信息系统平台，适应长期发展的需要；实施以财务为核心的完整企业管理应用系统，支持企业按最高效、最先进的管理理论和体系，计划和控制人、财、物及信息等资源；构架面向不同层次的信息系统，为各级人员提供决策支持、管理监控和信息分析等全方位服务；帮助企业管理人员由日常管理型向管理决策型转移，从而使”管理信息系统在综合功能和性能方面与世界500强看齐。此次SAP公司和兖矿集团的合作将由世界著名的管理咨询顾问公司安达信协助进行。（中国矿联信息中心）

【煤炭出口情况】 兖矿集团2001年上半年煤炭出口613万t，比2000年同期增加212万t，创汇2亿美元。

1.出口绝对量和所占份额明显增加。在全国煤炭出口的订单中，兖矿订货量906.62万t，占全国煤炭出口订货量的65%，比2000年增长了116.89%

2.价格恢复性增长幅度较大。焦煤价格由2000年的每吨30.03美元，提高到35美元，动力煤价格由上年的每吨28.03美元，提高到每吨33.50美元。

3.在日本市场地位提高，出口主动性增强。由于煤炭质量过硬、数量充足和服务到位，兖矿在日本市场的影响和地位日益提高。在2001年的中日出口煤炭谈判中，没有沿袭过去以澳大利亚煤炭价格作为基础的谈判做法，而是由兖矿集团作为中国煤炭出口企业的代表牵头举行谈判，为国家对日本煤炭出口确立价格基础。

4.显现出巨大的市场发展潜力。一些日本企业表示要扩大兖矿煤炭进口，探讨新的合作领域。2001年的增量和现货出口还能保持较高的份额。

国家继续实行对煤炭出口的优惠政策，调动了煤炭生产企业出口的积极性。（兖州矿业集团　郭　军）

表1　**兖州矿业集团1990～2001年主要指标完成情况**

项　目	1990年	1995年	1996年	1997年	1998年	1999年	2000年	2001年	2001年比1990年增长
1.原煤产量(万t)	1017	1696	1846	2057	2215	2547	3040	3638	2.58倍
2.出口煤量(万t)	20	302	384	497	621	616	1015	1333	65.70倍
3.销售收入(亿元)	9.27	42.35	60.28	67.29	70.83	72.46	87.88	112.58	11.14倍
4.非煤收入(亿元)	1.70	11.65	19.75	25.48	29.13	30.35	35.97	44.69	25.29倍
5.利税总额(亿元)	0.35	7.88	12.24	14.06	14.97	14.04	13.20	23.13	65.09倍
6.税后利润(亿元)	-0.21	3.12	6.64	6.18	6.42	5.06	3.52	5.65	26.90倍
7.总资产(亿元)	40.95	90.95	113.63	113.76	146.99	175.73	203.06	228.46	4.58倍
8.人均收入(元/年)	3680	10388	11488	12951	13757	15023	14887	14946	3.06倍
9.原煤效率(t/工)	1.74	5.65	7.07	7.59	9.98	11.48	14.79	15.90	8.14倍
10.安全(人/百万t)	0.69	0.31	0.11	0.16	0.09	0.16	0.22	0.33	↓0.36

（郭　军）

淮北矿业集团

【概况】 淮北矿业集团有限责任公司是以煤炭采选加工为主，集电力、化工、建筑建材、医药、机械制造、商贸、旅游为体，多种经营、综合发展的国有特大型企业。公司拥有固定资产95亿元，现有生产矿井14对，在建矿井1对，年产原煤1700万砘以上，洗煤产量400多万t；公司拥有子公司等二级单位35个，职工8万多人，年销售收入40多亿元，多次被评为国家最佳形象“AAA”级企业、全国职工思想政治工作优秀企业、煤炭质量信得过单位，获“全国五一劳动奖状”和煤炭行业管理“金石奖”。

淮北矿区地处经济发达的华东地区、京沪、陇海、京九三大铁路运输干线及合徐（合肥—徐州）、连霍（连云港—霍尔果斯）两大高速公路贯穿期间。矿区资源蕴藏丰富，煤炭资源储量67亿t，并伴有3000多亿m^3的煤层气和近5亿t的优质高岭土。煤种有气煤、肥煤、1/3焦煤、贫煤 、瘦煤、天然焦等，其中市场紧俏的肥、焦煤占总储量的50%以上；煤炭发热量5000～

8000cal/kg(1cal = 4.1868J),含硫量很低,磷、砷、氯等有害元素含量极少,被誉为绿色能源。产品除供应国内电力、钢铁、化工等企业外,还远销日本、印度、韩国、台湾等国家和地区。多年来,淮北矿业集团以改革求发展,以改革促发展。按照现代化企业制度的要求,构建母子公司体制,初步形成以集团公司为母公司,煤业公司、多种经营公司、牧业管理公司和若干个专业化子公司四大块组成的"1 + 4"的母子公司管理体制格局。深化三项制度改革,全面施行劳动合同制,建立了职工业绩考核制度,并逐步规范了过去合同管理;根据责权划分和公司制改革的要求,按照精干、高效原则,合理设置各级机关机构、配备人员,压缩机关编制和各级管理人员。打破干部、工人的身份界限,各级管理人员实行聘用制;建立收入能高能低、有效激励的分配制度。合理岗位分类,明确岗位职责规范和技能要求,建立以岗技工资为主要形式的工资分配制度,以岗定薪,易岗易薪。同时,建立和完善经营者年薪制,调动了经营者和职工的积极性。

坚持走科技兴企之路。把发展企业的着力点放在依靠科技进步上,一方面,鼓励内部科技人员大胆创新;另一方面,与科研院所广泛开发合作,围绕解决制约效率提高和安全生产中的关键技术问题进行攻关。加大安全技术措施投入;目前 14 个生产矿有 12 个矿配置了安全监控系统,矿井抗灾能力明显增强。成立了集团公司省级技术中心,已正式运转并发挥作用。积极推进企业管理信息化,利用现代信息技术改进生产经营管理方式。

在发展煤炭主业的同时,不断进行产业和产品结构调整,多种经营非煤产品达 16 个系列,400 多个品种和产品,年销售收入达 15 亿元,并创造了水胶炸药、疝效天然植物生长调节剂"福乐定"、高科技产品"华蟾素"等名牌产品。

进入新世纪,为了加快发展,淮北矿业集团公司将继续发扬"艰苦创新业,开拓争一流"的企业精神,利用矿区现有资源,积极开拓第一产业,集约经营第二产业,发展第三产业,构建"一、三、五"产业发展格局(即:一个主导产业:煤炭;三个支柱产业:电力、建筑建材、化工;五个支持产业:机械制修、医药、轻工、农林养殖、第三产业)。把淮北矿业集团建成产权多元化、产品多样化、管理科学化、市场国际化的跨行业、跨地区、跨所有制的充满生机活力的、具有较强经济实力的大型企业集团。

(姚中华)

黑河市黑宝山矿业有限责任公司

【概况】 黑河市黑宝山矿业有限责任公司位于黑龙江省嫩江县多宝山镇境内,嫩(江)漠(河)公路距矿区 9 km 自南向北穿过,矿区公路与该公路 130 km 处相接,1989 年修通了嫩江至黑宝山 156 km 的地方铁路,构成了矿区通往各地的主要交通干线。

黑河市黑宝山矿业有限责任公司原为黑龙江省黑宝山煤矿,始建于 1984 年。1991 年末,60 万 t/a 生产规模的新型露天煤矿建成并移交生产。1998 年 10 月由省直属管理下放到黑河市管理。2001 年 6 月,黑宝山煤矿完成了国有到民营的股份制改造,企业更名为黑河市黑宝山矿业有限责任公司。19 年来,公司已发展成为一个拥有职工 968 人,固定资产 15000 万元,年产煤炭能力 60 万 t,销售收入 5000 万元,集煤炭生产、发电、农业开发为一体的生产机械化、管理科学化、环境公园化的中型现代化矿山企业,并形成为地方区域性经济中心,为国民经济的发展和周边地区经济的繁荣做出了重要贡献。公司生产的煤炭为长焰煤,品种有混煤、中块、大块灰份不超 15%,含矸量不超 3%,发热量为 4000 ~ 6500cal。煤炭销售范围纵跨四省区,南至大连,北至大兴安岭地区。多年来,公司始终坚持"诚信第一、用户至上"的原则。热情接待八方商客,信守合同,保质保量,按期发货,以优质优价竭诚为用户服务。

黑河市黑宝山矿业有限责任公司成立一年来,在新的党政领导班子正确领导下,经全体员工的共同努力,取得了较好成绩,多次获省、部级颁发的荣誉证书,并被评为省级精神文明先进单位。展望矿业公司未来,必将在新机制、新环境中得到快速发展。

法人代表:许荣德
地　　址:黑龙江省嫩江县多宝山镇
电　　话:0456 - 7850188　0456 - 7850207
邮政编码:161449

(黑河市黑宝山矿业有限责任公司)

邢台矿业(集团)有限责任公司

【概况】 邢台矿业(集团)有限责任公司是国有大型煤炭企业,成立于 1997 年 10 月 16 日,由原邢台矿务局改制而成。公司总部座落在河北省邢台市,京深高速公路、京广铁路纵贯矿区,交通条件便利。

邢台矿集团拥有一家控股上市公司——河北金牛能源股份有限公司;8 家全资和控股子公司,分别为深圳市金科威实业有限公司、石家庄煤矿机械有限责任公司、邢台矿业工程有限责任公司、邢台金牛矿业机械有限责任公司、邢台崆山塑料型材有限公司、邢台金兴塑料制品有限公司、邢台香港火锅城有限公司、邢台康隆化工有限公司;2 家分公司:生活分公司和经济开发分公司;3个直属二级单位:河北煤炭研究所、总医院、教育中心。现有员工2.5万人,总资产42亿元。

河北金牛能源股份有限公司,是邢矿集团的核心企业,主营业务是煤炭生产和销售,现拥有5个生产矿共计6对生产矿井:东庞矿(包括东庞矿井和邢东矿井)、邢台矿、葛泉矿、章村矿和显德汪矿,煤炭年生产能力约700万t,年产洗精煤280t。公司主要生产1/3焦煤、肥煤、气煤、贫煤、无烟煤,煤炭加工系统完善,可根据用户要求生产多种煤炭品种,其中六级冶炼焦煤获“国家银牌奖”,产品远销日本、韩国等国家和地区。

邢台矿业集团自1985年投入产出总承包以来连续16年实现盈利,其中在1998年企业利润水平跃居全国煤炭行业第二位,是国家经贸委和国家统计局评价的全国企业500强之一,国家520家重点企业,2002年被评为“河北省明星企业”和第二届“中国矿山(油田)十佳企业”,经过30年的发展壮大,邢矿集团已基本建成以煤炭生产为主,兼营电力、电子、建材、化工、机械制造、建筑安装、商贸等多产业的大型企业集团。

邢台矿业集团始终坚持“科技是第一生产力”的发展方针,不断推进技术进步和技术创新,以其在煤炭行业的科技领先地位和效益水平,成为全国煤炭行业的重要企业之一。1996至2001年连续六年被评为煤炭行业“科技进步十佳企业”,1996年的《煤矿重大开采工艺研究》项目和2000年的《煤巷锚杆支护成套技术研究》项目,均获“河北省省长特别奖”。

近年来,邢台矿业集团在积极发展煤炭主业的同时,制定了“以煤为主、煤与非煤并重”的长远发展战略,充分利用公司经济效益优势,发展非煤产业,为实现集团公司可持续发展奠定基础。

单位地址:河北省邢台市中兴西大街191号
邮政编码:054021
联系电话:(0319)2068232
传　　真:(0319)2068888
网　　址:http://www.goldbullenergy.com

(邢台矿业(集团)有限责任公司)

湖北宝源广得资源有限公司

【概况】 湖北宝源广得资源有限公司位于全国十大人工水库之一——漳河水库的北岸,与湖北省当阳市,南漳县接壤,风景秀丽。公司兴办于1970年,原名“荆门县马河煤矿”。1997年进行公司制改革,为湖北宝源广得资源有限公司。经过32年的奋斗和不懈努力,下辖马河煤矿3#、马河煤矿4#、马河煤矿5#、塑料包装厂、石膏制品厂、福桥石膏工业发展有限公司、荆门三鑫石膏有限公司、职工医院和劳动服务公司。拥有年产原煤12万t,塑料编织袋750万m^2、石膏15万t、普通石膏粉1.5万t、高强石膏粉1万t、石膏袋饰板20万m^2的综合生产能力。

公司于2000年11月,按照“国有有效控股、经营层持大股、全员参股”的原则,成功进行了产权制度改革,完善了法人治理结构,初步建立了现代企业制度。经股东大会选举产生了第一届董事会。

公司建立了系统的,规范的管理制度,每道工序,每个行为都有章可循。坚持“以煤为主,多经并举”的经营战略,抓住煤炭市场机遇,进行了一定资本积累后,现正向生态林业产业扩张。2002年3月,与宝源集团合作,在湖北省荆门市子陵镇上马,年产10万m^3的高中密度纤维板生产线,年底将正式投产。

连续10年来,公司经济效益一直居湖北省同行企业前茅,参与了本地区的和各项公益事业,社会效益明显,物质文明建设和精神文明建设相得益彰。公司正致力于向学习效益型企业过渡,逐步融入世界经济格局。追求“激情进取,诚信自强,安全高效,敬岗有为”的企业文化,先后被国家有关部委及湖北省政府和相关主管部门授予部级质量标准化矿井、全国煤炭工业企业现场管理先进单位、省级先进企业、省经济效益先进单位、省重合同守信用单位等荣誉称号。从1997年起,公司所产无烟煤被省统计局、省市场信息咨询协会授予全省同行业最畅销产品称号。

(湖北宝源广得资源有限公司)

泸州狐狸坡矿业有限公司

【概况】 泸州狐狸坡矿业有限公司是根据《泸州市人民政府关于泸州市狐狸坡煤矿体制改革方案有关问题的批复》(泸市府函[2000]136号),于2001年1月1日将原国有泸州市狐狸坡煤矿改制组建的股份制企业,公司现有员工1200多人,拥有资产3250万元。

公司位于泸县石桥镇境内,距泸州金鸡渡码头60 km,泸州福集火车站25 km,交通便利。

公司成立一年多来,在各级党委,政府和各有关部门的关心,支持下,经过全体员工的积极参与和努力,由60余名热爱矿山事业的职工共同出资组建了泸州狐狸坡矿业有限公司,成立了股东会、董事会、监事会和经营班子,完成了党委、纪委、工会的更名换届工作,初步理顺了各种关系,制定了机关的内部管理制度。

公司党、政、工团结一心,始终坚持“两个文明建设”一起抓,加强内部管理,带领全体员工艰苦奋斗,发扬“安全、求实、开拓、奉献”的企业精神,较好地完成了生产、工作任务,安全生产状况比转制前有明显好转,并取得了较好的经济效益,比转制前减亏300多万元,职工人均收入稳步增长。公司重视职工福利，关心职工文化生活、为职工解决了饮水和光纤电视等问题，现职工队伍稳定，政通人和。

公司下设后山分公司，位于叙永县后山镇321国道旁。年产热量高、含硫低的无烟煤9万t，矸石砖1500万匹，滤水煤1万t、硫铁矿石3万t。目前分公司正在进行技改，技改后无烟煤的年产量将达到21万t。

公司2001年产煤24万t，矸石砖3000万匹，矿井储量丰富，井巷布置正规合理，是泸州市目前年产能力最大的煤炭生产企业。

泸州狐狸坡矿业有限公司抓住西部大开发和国家加入世贸组织的机遇，进一步深化企业改革，坚持科技兴矿，加强内部管理、降低生产成本提高产品质量，奉行"安全第一、质量为本，用户至上"的企业宗旨，以优异的质量，低廉的价格为广大新老客户提供优质的服务，为西部大开发输送能源，为振兴泸州煤炭工业及开发古叙矿区作贡献。

董事长、总经理、党委书记：陈文军
电　　话：(0830)8879178
手　　机：13980254508
传真电话：(0830)8879059
邮政编码：646105　（泸州狐狸坡矿业有限公司）

曲江县煤炭工业总公司

【概况】 曲江具煤炭工业管理部门成立于1968年4月，现为"曲江县煤炭管理局、曲江县煤炭工业总公司"一套人马两块牌子，既肩负煤炭行政管理责任，又履行煤炭生产经营业务。曲江县地处广东粤北山区，全县总面积3097 km²，40多万人口，京广铁路、京珠公路贯穿全县，水陆交通发达，煤炭运输方便，为煤炭工业的发展奠定了良好的基础。曲江县煤炭资源丰富，现已探明地质储量2.3亿t，可规划开采利用的储量为1.2亿t，年生产能力稳定在130～150万t之间，形成了"矿、电、路、场"相配套，"产、供、运、销"一条龙，在1987年被原煤炭部列为全国第一批重点产煤县之一，也是全县经济的主要支柱产业。

【煤炭工业管理】 广东省和曲江县人民政府十分重视煤炭工业的发展，认真贯彻"扶持、整顿、改造、联合、提高"的方针，坚持"开发与保护并举，放开与管好同步"的原则，全县实行"统一规划、统一管理、统一调运、统一销售"的"四统一"管理规定，从而保证了全县煤炭工业的稳定发展。

"统一规划"是指对全民煤炭资源的勘查、开发利用，按上级主管部门产业政策要求以及国民经济发展计划要求，统一资源开发的长远规划和阶段性规划，做到合理布局、综合勘查，合理开采和综合利用。煤炭生产归口由县煤炭管理局实行行业管理统一规划，凭证开采，建立正常的开采秩序。

"统一管理"是指统一生产布局、生产技术管理及安全管理。实行对煤炭扶持的政策，不断改善煤炭矿区投资环境，增加对矿井和公用工程建设的投入，加强技术管理，提高投资效益。

"统一调运"是指在全县境内生产的原煤由县煤炭部门统一安排调运。

"统一销售"是指由县煤炭部门将所辖煤矿生产的原煤统一调拨销往韶关发电厂等用户单位，形成煤炭的规模经济和区域经济，扩大曲江县煤炭在省内的市场竞争力。

以"四统一"管理规定为准则，加强管理，依法行政，促进煤炭工业的稳定发展。

1.深化企业改革，提高经济效益。曲江县煤炭工业总公司在县委、县政府的领导下，在总经理吴玩雄的带领下，深化改革，加强管理，各项工作有序进行，用人、财经、管理机制等逐步实现两个根本性转变，取得较好的社会效益和经济效益。煤炭工业的发展，既带动了乡镇企业经济的发展，又繁荣了农村经济，拓宽了社会就业门路。

2.党政同心协力，两个文明并进。多年来，曲江煤炭坚持党的政治核心和行政的经济中心二心合为一心，加强了党的自身建设，领导班子政治坚定，开拓创新，团结实干，廉洁为民，促进两个文明建设的同步发展，2000年曲江县煤炭工业总公司被省委、省政府评为省先进集体。

3.坚持依法行政，科学开发资源。坚持依法治矿，改造老矿区，开发新矿区，是曲江煤炭一如既往的生产方针。自1989年以来，全县年产均稳定在150万t，保证了韶关发电厂的用煤需要，为粤北经济建设做出贡献。

4.抓基础工作，实现安全好转。安全上认真制定和落实领导安全生产责任制，努力加强现场管理，抓安全重点和各项培训工作，夯实安全基础工作，重点改造100对骨干矿井，加强煤矿基地建设，加大技改工程投入。近年来，积极开展关井压产和安全生产专项整治活动，小煤矿从1998年底的336对，到2001年底经整顿、改造后只留下105对，通过省的验收，全部合格。安全状况比较稳定，长时间没有发生特大事故，百万t死亡率在10%以下，连续十年被评为韶关市安全先进单位。

在"十五"发展规划中，曲江县煤炭工业根据发展规划，全县小煤矿经过治理、整顿、联合改造后，留下

60～65对矿井，每对矿井年产能力在3万t以上，全县煤炭年生产能力稳定在180万t左右，继续为全县经济建设做出积极贡献。

（曲江县煤炭工业总公司）

乌达矿务局五虎山煤矿

【概况】 内蒙古五虎山井田位于乌达矿区的西南部。井田走向长4.5 km，倾斜长2.5 km，面积约11.8 km^2。井田内共含煤24层，其中可采14层，可采煤层度36.5 m，现开采煤层为1、2、4、6、7、9、12、13等煤层。井田内原始能利用储量为3.06亿t，其中可采储量2.3亿t。煤为1/3焦煤，产品有：混煤（粒度：0～50 mm，发热量5500～5600 cal/kg，硫分≤1%）、洗混中块煤（粒度≥13 mm，发热量5700～5900 cal/kg，硫分≤1%）。五虎山煤矿于1965年动土兴建，1970年简易投产，设计能力为150万t/a，生产能力为150万t/a，1983年投产。该矿井在正常生产期间（达产后），产量一直保持在150万t/a以上，1990年产量突破200万t，机械化程度达96.2%，并先后获原煤炭工业部"部级质量标准化矿井"、"国家行业二级企业"、"内蒙古自治区文明企业""神华集团公司安全生产先进单位等30多项部级以上荣誉称号。

为了适应煤炭市场的需求，增强市场竞争力，在神华（集团）公司的支持和帮助下，本着"经济、合理、高效"。的原则，2000年8月五虎山煤矿对矿井进行了技术改造，于2001年12月底完工。这一技改任务的完成，不仅为五虎山煤矿今后的发展注入了新的活力，同时也为五虎山煤矿建设"高产、高效"矿井奠定了坚定的基础。

全矿发扬开拓创新，求实进取，顽强拼搏和特别能战斗的虎山精神，开创五虎山煤矿的美好明天。

（乌达矿务局五虎山煤矿）

内蒙古自治区呼伦贝尔煤业集团有限责任公司

【概况】 内蒙古自治区呼伦贝尔煤业集团有限责任公司是根据自治区人民政府1998年第16次常务会议决定成立的，直属内蒙古自治区管理，财务关系隶属于自治区财政厅，实行总经理负责制。其主要职能被定位为自治区资本运营试点企业，负责对外统一销售，受自治区委托行使国有资产出资人权利，对有关企业中国家投资形成的国有资产依法进行经营、管理和监督，并承担保值增值责任。集团公司在自治区管理的21家国有重要骨干企业中名列第4位。2002年4月自治区人民政府第6次常务会议决定，将呼煤集团划归呼伦贝尔市实行属地管理（内政字[2002]104号）。

呼伦贝尔煤业集团有限责任公司享有国家和自治区对国有重点煤矿的优惠政策，亏损补贴6460万元/年（其中扎煤4309万元，雁煤1683万元，宝煤468万元）。集团公司现有国有生产矿9个（包括7个井工矿和2个露天矿）。其中有6个井工矿是机械化程度程度较高的矿井。设计生产能力1083万t/a，核定煤炭生产能力1096万t/a。在建项目大雁三矿大井设计　力为300万t/a，一期工程为180万t/a。集团公司所属煤田探明储量为179亿t，可动用储量为151亿t。主要产品为中低灰分、低硫、低磷的优质褐煤，平均发热量为3500 cal/kg。

集团公司主要业务范围：煤炭生产销售、发电供电、基本建设、机械维修、地质勘测、汽车运输等。

集团公司组建以来，不断加大改革力度，初步　立了以呼煤集团为母体、各煤业公司为子公司的现代企业集团，基本形成了母公司框架，在统一订货、统一调运、平衡运量方面发挥了集团优势。2001　下半年以来集团公司采取积极的销售策略，成立了集团销售公司，调动各方面积极性，使煤炭销售下滑的趋势得到遏止。2001年呼煤集团公司完成工业产值30599万元，比自治区经贸委考核指标增加5082万元；盈亏比自治区经贸委考核指标超亏2366万元，扣除大雁核销呆坏账因素，比考核指标减亏3279万元；国有资产保值增值率完成87%，扣除大雁调出资产评估减值和亏损因素，国有资产保值增值率可达98.49%，比考核指标增加2.49个百分点。

2002年初集团公司进一步加大了销售力度，煤炭订货量比上年增加70万t，1～5月份生产煤炭290万t，比2001年同期超产17.4万t；商品煤销量270万t，同比增销28万t，其中外运263.57万t，同比增销43万t。

集团公司年税费1999年为8845万元，2000年为7292万元，2001年为8189万元。

依据2002年至2010年煤炭生产开发规划，到2005年，呼煤集团总产量预测达到1260万t。而且随着雁煤公司三矿大井的建成投产及扎煤公司灵东矿的开发，将改变目前煤炭品种单一、市场占有份额小、竞争力差的局面，市场份额将会逐步扩大，销售价格将会提高，企业将实现扭亏增盈。随差煤炭主业的发展，与煤炭生产、煤炭产品及地区特性有相互联系的洁净生产、空心砖厂、低热值煤综合利用热电厂、煤提油、褐煤汽化及褐煤伴生矿开发等一批非煤产业项目将陆续得到开发。

（内蒙古自治区呼伦贝尔煤业集团有限责任公司）

平庄煤业(集团)有限责任公司

【概况】 平庄煤业(集团)有限责任公司位于内蒙古自治区赤峰市境内,其前身是原平庄矿务局,成立于1959年,2000年7月改制为平庄煤业(集团)有限责任公司。经过40多年的发展,已经形成煤炭生产、铁路运输、机械加工、建筑建材、轻纺化工、啤酒酿造、食品加工、转供水电、通讯、林业、教育、卫生等一体化的综合性国有大型煤炭企业。

平庄矿区是华北、东北两大经济区域的结合部,国铁沈赤线纵跨全矿区,京通线横贯北端,赤朝公路、平双公路交汇贯通,可达京津、辽沈、东北各大中城市及口岸,交通十分便利,地理位置优越,自然环境适宜。

平庄矿区由平庄煤田和元宝山煤田组成,煤田面积81 km^2,现已探明储量16.7亿t,保有储量14.7亿t,储量大,范围集中。煤炭产品主要为褐煤,有部分长焰煤和无烟煤等,发热量在3000~6000 cal/kg之间。是火力发电、工业及民用较为理想的燃料。平庄矿区面积210 km^2。年生产能力在1000万t左右,是东北内蒙古地区重要煤炭能源生产基地。

平庄煤业(集团)有限责任公司,现有7个生产矿、1个在建矿,多个生产辅助、后勤服务单位和多种经营集体企业。其中有6个井工矿:元宝山矿、风水沟矿、古山矿、五家矿、红庙矿、六家矿(元宝山矿、五家矿已严重萎缩);2个露天矿:西露天矿、元宝山露天矿(在建矿)。现有全民职工32530人,离退休职工13158人,企业办大集体职工11406人(其中退休集体职工1410人),矿区职工和家属约16万人。年上缴各种税费6000万元以上,同时承担企业办社会费用每年约7200万左右,对带动地区经济的发展,维护社会稳定,起到了积极的促进作用。

近年来,平庄煤业(集团)公司以扭亏增盈为目标,以建立现代企业制度为重点,深化企业改革,强化企业管理,促进企业发展,取得了可喜的成绩,经济运行质量明显提高,员工收入逐年增加,矿区秩序比较稳定,两个文明建设协调发展。

平庄煤业(集团)有限责任公司将继续以提高企业经济效益为主要目标,以加快企业发展为主线,深化企业改革,创新企业管理,发挥自身优势,调整产业结构,开发企业潜能,实现持续发展,塑造主业突出、多业联动,核心竞争力强的大型煤炭企业集团,努力把平庄矿区建设成为一个文明、富庶、安定、祥和的现代化矿区。

(平庄煤业(集团)有限责任公司)

宁夏灵州集团公司

【概况】 宁夏灵州集团公司位于中国宁夏灵武市境内,银古(银川至古窑子)一级公路横穿矿区,古太(古窑子至太原)高速公路已经建成通车。石中高速公路从集团公司西部通过,银占及银青(银川至青岛)高速公路、大古铁路以及将要开通的中太铁路直通集团公司辖区,构成了灵州集团公司连接国内国际四通八达的交通运输网络。矿区距宁夏首府银川市42 km,矿区铁路专用线大古铁路(大坝电厂至古窑子站)全长70公里,与国铁包兰线接轨于大坝车站,至宁夏河东机场31公里,矿区交通十分便利。

灵州集团公司现有职工9000余人,其中专业技术人员2000余人,公司现辖煤炭生产、基本建设和其他各类直属公司等经营单位28个。公司所辖矿区是宁夏银川黄河东岸宁东煤田的一部分,宁东煤田南至萌城与甘肃交界,北沿古长城与内蒙相邻,南北长120 km。东西宽23~42 km,含煤面积3500 km^2。探明地质储量273.14亿t。占宁夏已探明总储量的88.6%。宁东煤田地质勘探分8个勘探区,灵武矿区前期开发的碎石井区含煤面积198 km^2,含煤地层为侏罗纪延安组,垂深750 m以上,探明地质储量28.39亿t,经查储量22.1亿t。煤种主要是低灰、低硫、特低磷、高化学活性的不粘结煤,是良好的动力用煤和化工原料。矿区煤炭储量丰富,煤层稳定,埋藏较浅,地质构造及水文地质条件简单,瓦斯含量低,开发条件优越。

灵州集团公司生产的“香砟子”煤炭产品是宁夏环保局认证推广的优质环保煤,被银川、延安等城市确定为环保首选煤种,享有“洁净燃料”的美誉,并经中国宁夏商标局批准,注册了“灵武香砟子”环保洁净煤品牌。

灵州集团公司重视产品质量及环境污染治理工作,积极开展ISO9002/ISO14001质量/环境管理体系认证工作,并于2001年11月28日顺利通过国家认证,取得了ISO质量/环境认证两张证书。它标志着灵州集团公司“香砟子”环保洁净煤的生产具备了进军国际国内市场、扩大市场销售份额、增强核心竞争能力的先决条件;标志着灵州集团公司的企业管理由传统的经验型管理向标准化、规范化、科学化管理迈出了坚实的一步;也标志着灵州集团所确立的“品牌战略、提供适销商品、保证过硬质量、给您满意服务”的营销理念和“企业的生命在市场、市场的生命在品牌、品牌的生命在质量、服务和不断创新”服务理念的形成。

矿区批准规模1190万t/a,矿区现有生产能力500万t/a。矿区主要供煤用户宁夏大坝电厂(设计规模为240万kW,年耗煤820万t,现已建成120万kW,耗煤

400万t),另外还向甘肃省、青海省、陕西延安等地区供应动力用煤和民用煤,受到良好赞誉。现已建成年产30万t的羊一矿和宁夏规模最大且技术含量高的现代化矿井—灵新煤矿(240万t/a)。矿区累计完成基建投资14.97亿元。公司在“七五”、“八五”期间被列为国家西部大型煤炭基地和全国20个煤电路综合发展的能源基地重点项目之一。

公司地址:中国宁夏灵武市磁窑堡镇
联系电话:0951－6960192
邮　　编:751411
传　　真:0951—6960057
网　　址:www.lwcoal.com.cn
电子信箱:wlzhx@—263.net　(宁夏灵州集团公司)

和龙煤矿

【概况】 吉林省和龙煤矿是延边朝鲜族自治州直属国有企业,始建于1959年,已有50年的开采史。矿区是侏罗纪时代形成的煤层,坐落在美丽富绕的长白山脚下,距和龙市区不到4km,是通往长白山观光旅游的必经之路,南部24km与朝鲜民主主义共和国接壤。

和龙煤矿有5.5km长的铁路运煤专用线,它与长图线铁路相接,四座筛选厂的煤炭装上火车可直接外运。公路运输方便,可直达省、州、市乃至全国各地。

和龙煤矿产出的是长焰煤,地质储量为1844.2万t,可采储量1515万t,有松下坪井、青道沟井、松月井三对正规矿井,设计能力为36万t/a,核定能力27万t/a,品种有大块、中块、粒煤和粉煤,是优质的工业用煤和居民生活用煤。

全矿现有职工2600余人,专业技术人员345人,技术力量雄厚。矿领导班子带领全体职工以“求实、苦干、团结、奋进”为企业精神,通过建立质量保证制度,更新技术设备,提高了煤炭质量。煤炭平均发热量为4600 cal,最高可达5700 cal。

和龙煤矿建矿50余年来,累计为国家生产原煤上千万t,年产值3250万元。煤矿抓主业不忘发展副业,利用矿山废弃物——煤矸石为原料建立了两座大型砖厂和一座水泥厂,利用林区资源,开展了以山菜深加工为主的绿食品基地和养殖业,做到了以副业促进采矿业的发展。企业大胆改革,成绩令人瞩目,曾多次获延边州“思想政治工作先进单位”“财务管理先进单位”“重合同、守信用企业”等荣誉称号,被吉林省政府命名为同行业中的“先进企业”。

企业本着“质量第一、用户至上”的服务宗旨,重合同、守信用,为消费者提供优质煤炭,并注重售后服务,得到了消费者的认同,广大用户与和龙煤矿建立了长年供需合作关系,煤炭市场逐年扩大。　(和龙煤矿)

邵阳市龙江煤炭有限责任公司

【概况】 邵阳市龙江煤炭有限责任公司坐落在湖南省武冈市东南15公里的文坪镇内,创建于1958年,开采龙江煤田、文坪井田范围内厚度0.3～0.72米不等、倾角0～8°的极薄煤层群。44年来,生产规模从建矿时的年生产原煤1万t发展到目前年生产原煤12万t;44年来累计生产原煤180万t,为邵阳市西南地区工业的发展和人民生活用煤做出了巨大贡献。改革开放以来,公司在董事长罗文的带领下,在生产技术、企业管理等方面进行全方位的改革,2000年6月29日成功地改制为有限责任公司,建立起产权清晰,责权明确的现代企业制度。两年来,企业生产能力从年生产原煤5万t,迅速提高到年生产原煤12万t,一举扭转了近20年亏损的局面。目前公司以入股合作、承包的方式经营其他兄弟矿山企业5个,到2003年,公司的生产经营总量可达30万t以上。

公司在极薄煤层开采方面进行了成功探索,对缺煤地区是非常有意义的,对缓解人口与资源矛盾,促进当地经济发展起到很大作用。

(邵阳市龙江煤炭有限责任公司)

补连塔煤矿

【概况】 补连塔煤矿是神华集团公司在神府东胜煤田开发建设的特大型现代化矿井之一,位于内蒙古自治区鄂尔多斯市境内,1987年开工建设,1997年10月16日建成投产,总投资12.874亿元人民币。井田面积130.9 km^2,可采储量为14.3亿t,矿井服务年限为102年。与矿井相配套建有年处理原煤1200万t的选煤厂和长6.22 km、年外运能力达1200万t的铁路专用线。

补连塔井田范围内地质构造简单,煤层厚度大,倾角平缓约1°～3°,赋存稳定,煤质为特低灰、特低硫、特低磷、中高发热量的不粘结煤,煤质优良,被誉为“绿色煤炭”。矿井生产组织模式为一井一面,目前,矿井的实际生产能力已达到800万t/a。补连塔煤矿积极采用新技术、新工艺、新设备,引进世界一流的采矿设备,提高和发展采掘一线的生产力,生产各系统实现了集中监控,矿井辅助运输实现了胶轮化,经营管理实现计算机网络化,自动化程度和综合技术装备居国内领先水平。

补连塔煤矿始终坚持以经济效益为中心,以科技进步为先导,以科学管理为基础,以安全生产为重点,以人才资源开发为依托,以思想政治工作为保证。投产至今累计生产原煤1800多万t,全员工效104.1 t/工,直接工效560.2 t/工,原煤生产效率等各项指标居于世界先进水平,矿井具有科学规范的质量管理体系,是本行业通过ISO 9001质量体系认证的首批单位,已连续三年被国家煤炭工业局评为"行业质量标准化矿井"和"行业特级高产高效"矿井,在同行业中取得了良好的经济效益。

补连塔煤矿坚持"两手抓,两手都要硬"的方针,按照"三个代表"的要求,走两个文明一体化建设的路子,加强党的建设、企业文化建设和精神文明建设,形成了具有补连塔特色的积极进取、团结向上的企业文化氛围,塑造了良好的企业形象,取得了显著的社会效益。在计划生育、环保、综合治理等诸方面受到了地方的好评,连年被自治区、市、旗评为先进单位,2000年4月被内蒙古自治区命名为"标兵文明企业"。

补连塔煤矿是神华煤转油项目主要的供煤基地。到2005年后,矿井实际生产能力可达1200~1600万t/a。煤转油项目在矿区建成运营后,矿井原煤通过皮带运输到煤转油的化工车间,直接进行深加工,矿井远期规划可增长到2000万t/a。届时,补连塔煤矿不仅是神华的骨干矿井,是中国的第一大矿井,也是世界的第一大井工矿井。

（补连塔煤矿）

彬县煤炭有限责任总公司

【概况】 彬县煤炭有限责任总公司属地方国有煤矿,是国家中二型企业。始建于1956年,最初是一个年产3万t的小煤窑,经过60年代的改扩建,生产能力达到35万t。改革开放以来,经过挖潜、革新、改造使百子沟四矿、五矿的生产系统和安全设施逐渐完善,生产能力幅度提高,产量从60年代的35万t提高到51万t。

1998年1月改造为国家控股、部分职工参股的股份合作制企业。资产总额2.54亿元,净资产9280万元,现有职工2300名,拥有百子沟四矿、百子沟五矿和下沟矿三对生产矿井,总设计生产能力120万t/年,附属一所骨科医院和一所职工医院。

进入90年代,公司把建设高科技现代化矿井作为企业的发展战略,在国家拨资金仅285万元的情况下,干部职工艰苦创业,挤出自有资金7000多万元的新建接续矿井——下沟矿,投资1.8亿元、年产45万t的下沟矿于1997年10月建成投产,总公司生产能力达到96万t。近年来,企业始终保持着强劲的发展势头。2001年和煤炭科学总院北京开采研究所合作完成了下沟矿一期改造项目。2002年4月又和煤炭科学总院上海分院合作完成了下沟矿提升系统的改造,技改后矿井生产能力由45万t提高到150万t。被陕西省经贸委评为"九五"技术改造优秀项目,获陕西省煤炭工业局1996年至2001年度"十大科技成果"奖,2001年12月中国煤炭工业第五次全国煤炭科技大会把这种企院合作,改造传统产业作为具有中国特色的煤炭企业科技发展的一种模式——陕西彬县模式,给予了很高的评价,并作为典范在全国煤炭行业进行推广。经过"九五"期间的创新发展,企业产量由51万t提高到现在的140万t,资产总额由9811万元增长到2.54亿元,年均增长35%,上缴国家利税从532万元增加到1400万元。2001年生产原煤128.7万t,完成工业总产值8532.8万元,同比增长38.2%,销售商品煤137.6万t,实现销售收入10519.3万元,同比分别增长57.5%和78.6%,上缴国家税费1309.1万元,同比增长89.6%,实现利润490.4万元。

（彬县煤炭有限责任总公司）

石油企业

中国石油天然气集团公司

【生产经营情况】 2001年,中国石油天然气集团公司在石油天然气勘探生产获得重大成果的同时,生产经营继续保持稳定发展。全年实现销售收入3401亿元;实现税利983亿元,其中利润530亿元,是国内工业行业中最多的。中国石油天然气集团公司总经理马富才介绍,2001年,中国石油石化行业经历了世界市场急剧变化的考验,2000年原油价格一路走低,对企业经济效益产生了重大影响。2001年,集团公司对部分炼化、销售企业进行了整合,按照联合重组的方式成立了工程设计有限责任公司等专业化公司,使资源配置进一步优化,企业竞争力得到加强。集团公司还加大改革力度,采取带资分流等改革措施,增强了一批企业的活力和赢利能力。

2001年是中国石油天然气勘探生产获得丰收的一年。石油天然气集团全年完成石油探明储量4.57亿t、控制储量3.53亿t。天然气新增探明储量4071亿m^3,是继2000年天然气探明储量超过4000亿m^3后,又一年探明储量超过4000亿m^3。2001年和2000年两年探明的天然气储量,是建国以来最多的两年。同时,以建设西气东输管道为代表,国内数条输气管道正在加紧建设。这表明,中国天然气工业进入了一个快速发展时期。2001年全公司国内生产原油10652.7万t,生产天然气205.8亿m^3,比2000年有较大提高。2001年,石油天然气集团在海外的业务也获得进展,生产原油1623万t、天然气9.3亿m^3,实现油气销售收入9亿美

元，利润超过1亿美元。（中国石油天然气集团公司）

中国海洋石油总公司

【概况】 2001年9月，国际著名信用评级机构标准普尔（S&P）和穆迪（Moody）公司分别授予中国海洋石油总公司BBB和Baa2的投资级评级，这是中国企业获得国际的最高信用等级，为国有全资企业首例。中国海洋石油总公司（CNOOC）是1982年2月15日成立的国家石油公司。注册资本500亿元人民币，职工2.1万人，总部设在北京。截至2000年12月31日，中国海洋石油总公司拥有净探明储量约18亿桶油当量，是世界上最大的独立油气勘探生产公司之一。中国海洋石油总公司于2001年2月在纽约和香港两地上市，5月份即以较大比重进入大摩国际资本指数，并于7月31日，破格纳入恒生指数成分股。目前公司的总市值已由470亿港元增至600多亿港元。2001年全球IPO的30多家公司的股票中，有3家一直保持在发行价以上，中国海洋石油公司是其中之一。

由亚洲权威金融及投资管理杂志《Asia money》进行的2001年度亚洲最佳管理公司评选中，中国海洋石油有限公司名列中国最佳管理公司榜首，成为2001年投资机构以及个人投资者最为青睐的中国上市企业。中国海洋石油总公司采用国际先进技术及经营管理模式，建设世界级或中国顶级的项目。中海油壳牌石化项目是目前中国最大的合资项目之一，总投资约40亿美元。2005年投产后，每年可生产230多万t高品位，高附加值的石油化工产品。

自成立以来短短十几年时间里，中国海洋石油总公司实现了高速高效发展。从1982年到2000年，中国海上油气年产量从9万t增到2235万t（油当量），公司资产总值从28亿元增至533亿元，净资产从22亿元增至415.5亿元，人均劳动生产率从1万元增至77.8万元，累计上缴税收141亿元，是国家投资的8.55倍。国家财政部对169家中直企业（集团）进行了2000年度经营效绩评价，在资产收益额超过100亿元的62家企业（集团）中，中国海洋石油公司位居榜首，净资产收益率22%，同时，2000年度国有资本保值增值率达到优秀水平的中直企业（集团）有17户，中国海洋石油公司为126.5%，在资产总额100亿元以上的企业（集团）中名列第一。（中国海洋石油总公司）

中国石油大港油田分公司

【概况】 大港油田分公司是中国石油天然气股份公司下属的大型油气田企业。拥有资产总额134.9亿元，现有员工12686人。公司总部位于天津市东南60 km，是中国环渤海经济圈的重要组成部分，距天津新港40 km，距首都北京190 km，距天津国际机场70余km，地理位置优越，海陆空交通发达，往来便捷。

大港油田勘探开发范围跨津、冀、鲁25个区、市、县，总面积达18802 km^2。石油资源蕴藏量25.64亿t，天然气资源蕴藏量6000亿m^3。目前，原油年生产能力400万t，天然气年生产能力3.6亿m^3。截至2001年底，累计探明石油地质储量8.8亿t，探明天然气储量715亿m^3，累计生产原油1.1亿t，生产天然气143亿m^3，具有广阔的发展前景。

（中国石油大港油田分公司）

【生产经营】 2001年，大港油田分公司按照简化、务实、继承、创新的工作原则，以增储稳产为主题，以成本控制为主线，充分发挥“科技+管理+政策导向”的推动作用，圆满完成了中油股份公司下达的各项业绩指标。全年新增探明可采储量614.7万t，为计划的101.8%；生产原油395万t、天然气3.89亿m^3，分别为计划的101.3%和101%；实现利润17.24亿元，为计划的108.2%；油气单位勘探、开发、操作成本分别为1.19、4.19、5.83美元/桶，均控制在股份公司下达指标范围内。在完成各项业绩指标的同时，公司各项重点工作也取得了显著的成效，并创出近年来的较好成绩。探明优质储量比例是“八五”以来较高的一年，达到68.8%；原油生产是“八五”以来较主动、平稳的一年，超出股份公司下达计划5万t；原油产能建设新井当年产油是“八五”以来较多的一年，达到30万t；科技增油是近年来效果较显著的一年，六大油田开发工艺专项工程增油20万t；管理体系的建立推进是近年来速度较快的一年，一年内完成了体系的换版、ISO 9000和HSE体系的认证；成本管理是近年来较为精细的一年，通过细化指标分解、实行预算控制、优化方案设计、推行招投标工作、压缩非生产性支出、依靠政策激励和强化审计监督等工作，保证了各类成本始终在受控范围内运行。

（中国石油大港油田分公司）

【技术创新】 2001年，大港油田分公司继续贯彻“规模、实用、有效”的立项方针，坚持走自主研究、产学研合作与“拿来”、消化、吸收、应用相结合的路子，按照“研究一批、试验一批、推广一批”三个层次展开科研工作，技术创新取得了长足的进步。

1.“研究一批”有了重大突破。一是通过中浅层精细评价研究，在官东发现了1000万t级效益储量区块，同时在唐南、孔店—羊三木外围、港西北坡发现3个富集高产储量区块，初步形成了成熟区精细勘探技术。二是通过隐蔽油气藏成藏规律研究，在歧口、板桥富油凹陷的斜坡区找到了新的油气勘探有利目标。三是通过滩海勘探研究和预探关家堡断阶区，形成了一个3000万t级的增储潜力区。

2.“试验一批”取得阶段成果。通过开展无固相低密度钻井技术、三次采油技术、低成本采油技术、凝析气藏开发技术等一批先导性试验，取得了阶段成果。培育并初步形成了中浅层目标识别及综合评价技术、长效防砂工艺技术、区块整体调驱技术等10项优势技术，为下步规模推广奠定了坚实基础。

3.“推广一批”见到规模效益。规模应用精细勘探技术，在老区找到了官东等一批中浅层优质高效区块；规模应用老油田油藏精细描述成果，产能建设井位落实率达到100%，当年产油比计划超出10万t。近两年来，大港油田分公司聚合物驱油、欠平衡钻井等10项成果获省部级以上科技进步奖。其中，《大港油田陆上高成熟探区千米桥潜山大型凝析油气藏成藏系统与勘探》，获国家科学技术进步一等奖。

（中国石油大港油田分公司）

中国石油吐哈油田分公司

【概况】 中国石油吐哈油田分公司是集油田勘探、开发、油气销售和科研为一体的现代化石油企业。现有员工3598人，拥有油水井1387口，拥有固定资产原值104.94亿元，净值55.01亿元。吐哈油田勘探区域主要分布在吐哈、三塘湖和民和盆地，总面积8.6万km^2，石油总资源量23.18亿t，天然气总资源量3650亿m^3。现已配套建成年原油生产能力340万t，天然气生产能力11.56亿m^3。截至2001年底，累计探明石油地质储量2.593亿t，天然气267.14亿m^3，探明油气当量合计2.8065亿t。共动用石油地质储量1.8亿t，开发和管理着鄯善、温米、丘陵、红连、葡北等20个油气田；累计生产原油2282.05万t。吐哈油田先后获全国“五一劳动奖状”和自治区“思想政治工作优秀企业”、新疆维吾尔自治区文明单位等荣誉称号。

（中国石油吐哈油田分公司）

【生产经营】 2001年，吐哈油田分公司以“稳油、增气、提效，保持经济总量不降”为目标，以科技创新为动力，以成本控制为重点，大力发展油气勘探开发，深化内部改革，规范企业管理，提升油田公司的竞争能力和盈利能力。油气勘探按照“油气并举，区域勘探和滚动勘探并举”的勘探思路，优化“立足吐哈，评价三塘湖，准备民和”的部署方案，强化项目管理，深化地质研究，完成三维地震194.18 km^2，完成钻探井22口，在6个圈闭6口井获得工业油气流井，探井成功率37.5%，圈闭预探成功率40%。全年新增探明石油地质储量1255万t；新增控制天然气地质储量71.31亿m^3；预测天然气地质储量48.68亿m^3。油田开发通过加大油田调整和注水工作力度，共实施5套调整方案，增加可采储量150万t，增注30.4万m^3，油田主力区块地层压力出现了恢复的趋势，油田自然递减率控制在22%以内，水驱采收率提高3.9%，含水上升率控制在6%，剖面动用程度保持在70%以上。全年生产原油255.3万t，生产天然气10.48亿m^3；新建原油生产能力30.7万t/a。2001年实现销售收入41亿元，上缴税费总额6.3亿元，上交国内利润16.42亿元；全员劳动生产率87.78万元/人。安全生产实现“四个杜绝、一个保持、一个为零”目标，全面完成了“188”工程目标和股份公司下达的各项业绩指标。

（中国石油吐哈油田分公司）

【科技工作】 2001年，吐哈油田公司科技工作围绕油田生产实际，加强科技管理，科技工作贴近现场，抓科研经费、人员、措施、目标与进度“四落实”，共承担11个国家级和股份公司级科研项目，“吐哈盆地侏罗系石油地质综合研究”获得新疆维吾尔自治区科技进步二等奖，“鄯善油田中含水期开发技术研究”获得新疆维吾尔自治区科技进步三等奖，高效开发丘陵油田、低渗油田老井侧个水平井技术等4个优秀开发项目受到股份公司表彰奖励。同时，积极推广应用先进适用技术，解决生产难题。勘探工作围绕寻找优质储量和三大盆地勘探目标评价和部署设计，配套应用物探、钻井、测井先进技术，开展研究课题16项，取得一批研究成果与认识，为勘探发展提供了科技支撑。油田开发强化老油田地质特征再认识及中含水期油田开发规律研究，开展研究课题35项，地质认识进一步深化，方案编制水平有所提高。采油工艺技术配套上，重点引进化学调剖PI决策技术以及高砂比压裂、高压分注、抽油井防气等新技术，现场应用取得好效果，单井日增油1.5t以上，施工成本降低10%，抽油机泵平均提高3%～5%。促进了科技人才的成长和油田公司整体技术水平的提高。

（中国石油吐哈油田分公司）

【企业管理】 2001年，吐哈油田公司企业管理工作进一步深化企业内部改革，夯实基础工作，建立健全物资采购、市场管理等规章制度，继续推行全员业绩管理，建立全员业绩考评体系，制订并落实各层次人员业绩、绩效考核办法，做到了体制、分配、激励政策和兑现“四个创新”。总经理与副总经理、总经理与机关处室长、基层行政正职签订了业绩合同;通过逐级授权,与全体员工签订了业绩合同,合同覆盖率97.6%。通过推行全员业绩考核,促进了经营管理人员思想观念的转变,增强了员工的责任心和竞争意识,打破了分配上平均主义,全员业绩考核走在股份公司前列。

计划管理严格控制投资规模,积极优化投资结构,提高了投资效益;项目实施加强前期工作,向方案、设计要效益;加强项目施工“三要素”管理,向施工管理要效益;加强“三算”工作,向基础工作要效益,提高了投资回报率。财务管理围绕降低成本的“六个关键作用”,以预算管理、成本控制和资金管理为核心,推行目标成本责任制,突出成本控制重点,实施全员、全方位、全过程的成本控制,确保了年度财务预算指标全面完成,管理费用、营业费用和财务费用等期间费用均控制在股份公司预算之内。

(中国石油吐哈油田分公司)

大庆油田有限责任公司

【概况】 大庆油田有限责任公司是中国石油天然气股份有限公司的全资子公司,是以油气生产为主的特大型工业企业。成立于2000年1月1日,注册资本475亿元。公司下辖油气勘探开发、科研设计、技术服务单位22个,员工90436人,固定资产原值、净值分别为1152亿元和610亿元。

截至2001年底,大庆油田已探明各类油田30个,含油面积4511.87km^2,石油地质储量56.83亿t;探明天然气田21个,含气面积2224.97km^2,天然气地质储量3181.82亿m^3。已开发或部分开发油田27个,动用地质储量483689万t,年新增可采储量3433万t;开发气田或含气区块18个,动用天然气地质储量2129.10亿m^3。全油田共有各类井50947口,其中采油井32106口,注水井16765口;累积生产原油16.76亿t,采出可采出量的73.9%,剩余可采储量59216万t;年末全油田综合含水87.7%;年注水50481 m^3,年注采比1.12,累积注采比1.090。

2001年,大庆油田有限责任公司全面贯彻“高水平,高效益,可持续发展”方针,按照“适应新形势,建立新体制,树立新形象,谋求新发展”的总体要求,实行规范化管理,市场化运作,高效益经营,圆满完成了各项生产经营指标。

油气勘探:全年预测石油地质储量11274万t,控制石油地质储量6762万t,探明石油地质储量6609万t;预测天然气地质储量159.15亿m^3,控制天然气地质储量113.3亿m^3,探明天然气地质储量26.21亿m^3,均超额完成了计划指标。

油(气)田开发:全年生产原油5150.16万t,天然气22.02亿m^3,均完成了年度计划。经济效益:总收入789.84亿元,总支出305.40亿元,利润484.44亿元,税费294.67亿元,利税总额620.20亿元。

(大庆油田有限责任公司)

【“瓶颈”技术应用】 大庆油田以解决制约企业长远发展的“瓶颈”技术为出发点,进一步解放思想、挑战极限、突破禁区,开展了复杂油气藏勘探和高含水后期开发三大主体配套技术攻关。其中,松辽盆地深层天然气勘探、海拉尔盆地勘探取得重大成果,松辽盆地东西部、外围盆地评价优选与勘探部署研究等重点勘探攻关项目取得新的进展;储层精细地质描述、高含水后期剩余油挖潜、外围低产油田有效开发等重点开发攻关项目取得一定成效。三元复合驱主剂攻关取得新突破,聚合物驱开发调整技术进一步配套完善。科学技术的不断发展,进一步提高了勘探开发水平,探明储量可动用程度大幅度提高;油田地层压力保持稳定,含水上升率控制在1.2%以内,老区油田采收率和外围难采储量动用程度进一步提高。

(大庆油田勘探部　孙宏智)

【油气并重、内外并举格局】 大庆油田适应资源采掘型企业可持续发展的需要,进一步优化调整了主营业务。

1.在抓原油生产的同时,加快天然气产业化进程。立足21世纪的能源需求,把天然气作为一个支柱产业来规划、经营和发展,成立天然气利用研究所,发挥天然气分公司和各采油厂两个积极性,按照“着眼长远、规划研究、培育市场、形成产业”的总体要求,规范用气管理,开辟民用商用气市场,加快烃类产品研发,发展计量仪表、燃气器具等相关业务,初步形成了产业化发展的雏形。

2.在立足油田发展的同时,加快走出去的步伐。把开辟国内国际两个市场、利用国内国际两种资源,作为缓解公司资源接替矛盾、实现可持续发展的重要途径,加强领导,加大力度,加快攻关,使国内市场份额进一步扩大,国际市场开发实现新的突破。全年外部市场创收8578万元,同比增长183%。同时,国内对外服务队伍由40个增加到56个、市场由8个增加到11个;国外与马来西亚、伊朗、埃及、俄罗斯签订5项技术服务合同,并同蒙古、印尼、俄罗斯、西非达成多项合作意向。

(大庆油田勘探部　孙宏智)

【科学规范管理模式】 大庆油田围绕建立油公司管理体制和运行机制，加快了同国际接轨的步伐。

1.探索推进项目管理模式。对勘探、科技、基建、小油田开发等试行项目管理，按新体制运作，保证了重点项目的顺利进行。

2.探索推进了作业区管理模式。采油九厂各矿全部改为作业区，采油五厂四矿进行了老油田作业区改造试点，进一步积累了作业区管理经验。同时，按照专业化管理的要求，把各采油厂测试大队划归生产测井研究所，成立测试技术服务分公司，优化了人才、技术、装备等资源配置。储运销售分公司进行了以岗定薪、按贡献取酬的绩效管理试点，设计院着手启动了股份制改造工作，为公司搞活内部管理机制积累了经验。

（大庆油田勘探部　孙宏智）

【勘探开发一体化推进】 大庆油田为提高油田总体经济效益，以葡31、新肇和海拉尔盆地呼和诺仁3个探明石油储量区为切入点，着力推进勘探开发一体化，初步实现了勘探开发双向介入、相互延伸，做到了规划部署、信息资料、综合研究、效益评价“四个结合”。海拉尔贝尔地区，专门成立一体化项目组，开发工作提前介入，边评价边打开发井，积极开辟开发试验区；葡31区块，利用已开发葡萄花油层进行加密或滚动扩边，加深钻探评价扶杨油层，既满足了扶杨油层区块优选的需要，又满足了葡萄花油层扩边部署的要求；新肇油田，把4口勘探评价井改为开发控制井，有效地节约了钻井成本和勘探投资。2001年，全油田有17口勘探评价井改为开发控制井，实现经济效益3600多万元。

（大庆油田勘探部　孙宏智）

【领导班子成员差额竞聘】 2001年，大庆油田以二级单位领导班子换届调整为契机，深化人事制度改革，对厂、矿两级领导班子副职调整全面引入竞争机制，实行差额竞聘，初步形成了干部能上能下的管理人员选拔任用机制。公司已调整的16个二级单位领导班子中，有148人报名参加84个副职岗位的竞争，差额比例达到76.2%；有44名原班子成员退出领导岗位，有25名竞聘进入领导班子；领导班子成员年龄结构由调整前的47.5岁下降到43.9岁，大学以上文化程度由调整前的80.4%提高到89.2%。 （大庆油田勘探部　孙宏智）

【资金运营管理】 大庆油田通过强化投资管理，实施区域整体优化和方案优选工作，严格执行设计技术标准和工程量定额标准，强化计划管理的“三保三压”，全年核减、节约各种投资费用4.95亿元，设计概算准确率94.7%，工程结算核减率控制在平均3%以下；强化成本控制，通过建立与区块、产量结构相匹配的级差定额预算管理模式，加大事前控制的力度，使成本指标控制在股份公司预算要求之内；强化资产管理，搞好增量资产中重大装备的投资论证，加强存量资产的调剂利用，加大逾龄资产的报废力度，全年盘活存量资产5.58亿元，报废资产23.59亿元，处理报废资产变现0.13亿元。

（大庆油田勘探部　孙宏智）

【人才队伍建设】 大庆油田高度重视人力资源开发，大力开展人才培养和储备工作，为公司可持续发展提供了保证。在人才机制上，认真落实原有人才政策，配套完善新的激励措施，先后评选公司级学术技术带头人45名，公司级技术能手30名，并有262人通过技师、高级技师的考聘；在人才引进上，强化“人才观”宣传，实行特薪政策，全年引进石油工程等主体专业和经济、法律等紧缺专业毕业生298人；在人才培训上，以培养高层管理人才、专业技术人才为重点，选送10名中高层管理人员继续参加清华大学工商管理培训班，选送64人赴上海财经大学及美国、加拿大、俄罗斯等国内外著名高校学习深造，并采取校企联合、委托办学等方式培养硕士、博士研究生92名。此外，公司机关各部门还根据本系统工作的需要，完成培训项目134个，培训人员12036人次。 （大庆油田勘探部　孙宏智）

胜利油田

【概况】 胜利油田现指胜利石油管理局、胜利油田有限公司的统称。工作区域主要分布在山东的东营、滨州、德州、济南、潍坊、淄博、聊城、烟台8个市的28个县区境内，主体部位在山东省东营市境内的黄河入海口两侧。自1996年以来，勘探区域逐步延伸到新疆、安徽、浙江等地区；2001年走出国门，在伊朗卡山地区参与了风险勘探。目前胜利油田共取得探矿权面积14.9万km^2。其中在山东勘探面积约6.1万km^2，济阳坳陷和浅海地区是油田勘探的主战场。1998年，石油、石化行业实行大重组，胜利油田划归中国石化集团公司管理，并分立为胜利油田有限公司和胜利石油管理局两个法人实体。其中，胜利油田有限公司下设24个二级单位，有员工9万多人，资产净值86亿元；胜利石油管理局下设45个二级单位，共有员工12万多人，资产净值117.4亿元。截至到2001年底，胜利油田已找到71个不同类型的油气田，累计探明石油地质储量41.59亿t，探明天然气地质储量1907.37亿m^3，生产原油7.46亿t，实现工业总产值（现价）3210.84亿元，累计上缴利税（费）849.15亿元。2001年新增探明地质储量1.13亿t， t,生产原油2668万t,实现利税240.8亿元,其中利润141.61亿元。

胜利油田属于多种油藏类型和多构造、多层系、多种原油物性的复式油气田,是全国著名的“石油地质大观园”,地下地质条件极其复杂,但是却蕴含着比较丰富的油气资源。经过近40年的工作实践,逐步掌握了勘探开发复式油气藏和滩海油田的规律,创造了具有胜利特色的滚动勘探开发的理论和方法。勘探上,坚持以提高勘探效益为中心,把明晰储量的经济性和可靠性作为重要工作内容来抓,用地质理论、勘探观念和技术上的突破带动和促进勘探实践上的突破,坚持近期目标与远期目标相结合,综合性课题研究与单项重点理论和技术研究相结合,从力量配置、资金投入等方面给予保证,连续19年平均新增探明地质储量都在1亿t以上。开发上,坚持效益优先原则,以“新区高效高速、老区优化调整减缓递减,促进良性循环”的思路指导开发工作,在认识上实现了向精细油藏描述的转变,在挖掘潜力上实现了向层内潜力层的转变,在管理上实现了向精细管理的转变,油田稳定基础进一步增强,整体开发水平明显提高,连续5年实现了储采平衡,开发工作逐步走上良性循环的轨道。在技术创新和技术进步上,先后在地质综合研究、物探、测井、钻井、复杂油气藏开发、浅海油田开发、地面工程建设等技术领域取得突破,形成了全国领先的十大优势技术。自“七五”以来,油田共取得各类科技成果3700多项,其中89项获得国家级奖励,424项获省部级奖励;取得专利700余项,累计实施专利技术470件,创经济效益近8亿元。在经营管理上,实施市场化经营,内抓管理,外拓市场,经济运行质量有了明显改善。在投资管理上,以强调投资回报为核心,建立新的投资管理制度,量入为出,量力而行,改变了长期以来按上产需要确定工作量,按工作量确定投资的传统做法,实行投资跟着项目走,以效益目标为基准确定资本性支出,对所有投资项目预期收益进行充分论证,投资效益有了新的提高。在成本管理上,以加强成本监控,降低成本支出为目的,实行全面预算管理,建立集中控制的财务管理制度,基本形成了“成本核算到班,业务核算到矿,内部结算上网,成本分解到项”的成本管理网络和“横向到边,纵向到底,层层负责,宏观调控,动态管理”的系统性成本管理模式,推行班组价值形态管理,实现了由物化管理向价值管理的转变。开拓外部市场的力度不断加大,进一步拓宽了油田生存发展的空间。2001年,全油田共有53个二级单位、927支队伍、1.6万多人走出胜利油田,分别闯入全国29个省市、21个油田和海外18个国家以及国内6个反承包市场进行施工作业和技术服务,共实现外部市场收入25亿元。　　（胜利油田）

石油化工企业

中国石油化工集团公司

【概况】 中国石油化工集团公司（简称中国石化集团公司，英文缩写 Sinopec Group）是在原中国石油化工总公司基础上，于1998年7月成立的特大型石油石化企业集团，是国家独资设立的国有公司、国家授权投资的机构和国家控股公司。中国石化集团公司注册资本1049亿元人民币，总经理李毅中为法定代表人，总部设在北京。是中国最大的“国企航母”。

中国石化集团公司对其全资企业、控股企业、参股企业的有关国有资产行使资产受益、重大决策、选择或推荐管理者等出资人的权力，对国有资产依法进行经营、管理和监督，并相应承担保值增值责任。2000年2月，中国石化集团公司独家发起设立了石油勘探开发、炼油化工、产品销售上中下游一体化的中国石油化工股份有限公司（简称中国石化，英文缩写 Sinopec Corp）。2000年10月和2001年7月，中国石化分别在纽约、香港、伦敦发行H股和在上海发行A股并成功上市。目前在中国石化的股权结构中，中国石化集团公司持股55．06%。国有资产管理公司和银行持股22．36%，外资持股19．35%，国内公众持股3.23%。

中国石化集团公司控股的中国石化股份公司，实行上中下游、内外贸、产销一体化经营，主要从事石油和天然气勘探、开发、生产和贸易；石油加工，石油产品生产，石油产品贸易及运输、分销和营销；石化产品生产、分销和贸易以及原油、石油化工产品进出口和对外合资合作业务。中国石化股份公司的目标是，建设成为主业突出、资产优良、技术创新、管理科学、财务严谨、具有国际竞争力的世界级一体化能源化工公司。与此相适应中国石化集团公司，将按照现代企业制度要求，进一步完善法人治理结构，健全规范有效的资产管理形式，成为管理和技术水平先进的国家控股公司。　　（中国石油化工集团公司）

【企业生产与发展】 1.2001年油气勘探情况。中国石化股份有限公司所属的202个勘探区块,其油气总资源量为石油170.33亿t,天然气11.25万亿m^3(此数据不包括新星石油公司和2001年新登记37个勘探区块的油气资源量)。下表为1998年至2001年中国石化股份有限公司油气勘探基本情况。

表 1 中国石化股份公司 1998～2001 年油气勘探基本情况

年度	二维地震（km）	三维地震（km^2）	完成探井		新增探明含油气面积、储量			
			井数（口）	进尺（万 m）	面积（km^2）		储量	
					石油	天然气	石油（万 t）	天然气（亿 $m)^3$
2001	21233	4007.2	495	135.6	207.1	133.1	22178	418.51
2000	18000	6146.4	442	122.4	206.6	318.2	20124	823.17
1999	10928	2178.4	294	77.9	115.2	7.3	14225	6.05
1998	10103	2009.8	301	78.6	145.5	8.3	13616	25.53

注：2000～2001 年度表中包含新星石油公司，其他年度数据不含。

2001 年，中国石化股份公司共完成二维地震 21233 km，三维地震 4007.2 km^2；完成各类探井 353 口，进尺 100.6 万 m（不包括滚动探井）；试油 336 口井，新获工业油气流井 204 口，探井成功率 41.2%。此外，完成滚动探井 142 口，进尺 35.02 万 m。

2001 年，中国石化股份公司共预探圈闭 162 个，同比增加 39 个，增长幅度 31.7%；获工业油气流圈闭 73 个，圈闭预探成功率 45.1%，同比增加 17.5 个百分点。

2.2001 年油气生产开发情况。2001 年，中国石化集团公司原油继续呈现恢复性增长，共生产原油 3791.04 万 t。其中，中国石化股份公司年产原油 3450 万 t，生产天然气 46.12 亿 m^3；完成油气开发投资 129.79 亿元；新建原油生产能力 583.6 万 t/a，新建天然气生产能力 10.1 亿方/年；原油完全成本 822 元/t，现金操作成本 6.15 美元/桶，实现内部利润 172 亿元。处于生产阶段的新星公司产量上升幅度最大，年增油量达 60.8 万 t，增油幅度达 25.3%；江汉油田、中原油田、江苏油田、河南油田继续保持产量上升势头；胜利、滇黔桂油田与去年产量基本持平。

表 2 1996～2001 年中国石化集团公司各油田原油产量表

油田＼年份	2001	2000	1999	1998	1997	1996
胜利油田	2668.01	2675.7	2665.2	2731.0	2801.2	2908.4
中原油田	380.17	377.1	375.4	400.2	402.1	400.3
河南油田	186.0	185.1	183.0	186.0	185.1	186.9
江苏油田	157.02	155.0	145.3	133.8	117.2	104.0
江汉油田	95.21	87.5	84.11	75.5	82.1	86.5
滇黔桂油田	3.3	3.4	3.44	5.0	4.9	7.0
新星石油公司	301.33	240.54	154.77	86.05	62.82	56.36
股份公司小计	3489.71	3483.81	3456.5	3531.5	3636.6	3693.1
集团公司合计	3791.04	3724.35	3611.27	3617.55	3699.42	3749.46

截至 2001 年底，中国石化股份公司油田共有采油井 27732 口，油井开井数 19540 口，开井率 70.5%；年产油 3791×10^4 t，年产液 32299×10^4 t，综合含水 88.3%，平均单井日产液 45.3t，平均单井日产油 5.2t；共有注水井 11381 口，开井数 7061 口，日注水 $77.6\times10^4 m^3$，年注水量 $28332\times10^4 m^3$，累积注水量 $462512\times10^4 m^3$，平均单井日注水 $112\times m^3$。

2001 年，中国石化股份公司天然气年产气量 46.12 亿 m^3，其中，气层气 27.16 亿 m^3，溶解气 18.96 亿 m^3，天然气商品量 32.72 亿 m^3。中石化股份公司共有气井 1353 口，投入开采气井 906 口，采气速度 2.48%，采出程度 25.1%，动用气层气剩余可采储量储采比 9.6。

2001 年，中国石化股份公司新增探明天然气地质储量 550 亿 m^3，天然气可采储量 274.5 亿 m^3，已开发气藏增加可采储量 82.3 亿 m^3。其中，新增溶解气可采储量 22.1 亿 m^3，新增气层气可采储量 60.6 亿 m^3；年新增天然气生产能力 10.1 亿 m^3/a，2001 年底核定生产能力为 46.94 亿 m^3/a。

3.油气勘探开发成果。

① 油气勘探取得一批新成果。中国石化集团强化储量效益意识，以区带勘探为主要对象，以发现优质储量为主要勘探目的，精心部署、优化设计，充分采用新技术、新方法、新理论，加大勘探力度，在三个方面取得了 18 项主要勘探成果。一是车镇、埕岛、塔河等 10 个重点区带发现一批高产井和规模储量区块，为完成全年原油储量任务打下了基础；二是天然气勘探取得重要成果，东海、四川西部、鄂尔多斯、百色等 4 个地区获得一批高产井及工业气井，为落实中国石化股份公司“十五”天然气勘探计划提供了依据；三是老区深层系及古潜山勘探取得新进展，车镇凹陷古潜山、东营南坡孔店组、东濮凹陷深层、泌阳凹陷大仓房组等 4 个目标获工业油流或发现油气层，为进一步展开勘探提供了充分依据。

② 油气开发水平有新的提高。2001 年，中国石化集团进一步加大滚动勘探开发、难采储量动用、“双低”单元治理、控制稳油、“三次”采油等老油田综合治理力度，不断细化油藏经营管理，特别是连续两年追加投入 20 亿元技改资金，老油田稳产基础得到加强，综合调整开始见到好的效果。与 2000 年相比，油田开发呈现出产油量、产气量、有效注水量、地层压力上升，综合含水、自然递减、综合递减稳定的“四升三稳”的良好态势。2001 年中国石化股份公司油田自然递减为 15.33%，综合递减为 7.56%，综合含水为 88.26%，继续保持稳定。

③ 油田重点建设工程取得新进展。2001 年，中国石化集团胜利浅海油气勘探 9 口井 14 层试油获工业油流；胜利东营凹陷油气勘探新获工业油气流 22 口井 31 层；鄂西—渝东天然气勘探通过对渝东鄂西区内勘探目标的评价，优先出 5 个勘探目标；塔里木天然气勘探正在组织编写雅克拉地区气雅 4 井新增探明储量报

告；新星东海西湖凹陷天然气勘探完成断桥和残雪新增油气探明储量报告。胜利浅海埕北产能建设工程上报产能12万t；江汉坪北产能建设工程完成产能9.34万t，地面工程经试运后全部投产；塔河产能建设工程完成产能95万t，地面工程燃气电站二期工程完成60%，输气首站工程完成70%。

（中国石油化工股份有限公司）

【企业“九五”油气田勘探开发】 中国石化集团石油与天然气的勘探开发在“九五”期间获多项重大发现。

1.塔河油田：新星石油公司西北石油局在塔里木盆地发现的最大石油生产基地。塔河油田是集十几年勘探经验与成果，应用大型古隆起上不整合面碳酸盐岩古岩溶原生油藏思路取得的重大发现。现已探明，塔河油田石油地质储量 17997×10^4t，控制储量 1569×10^4t。

2.埕岛油田：胜利油田在“八五”工作的基础上，“九五”期间继续加强埕岛油田的勘探工作力量，新增探明石油地质储量 $12\ 810\times10^4$t，使埕岛油田累计探明储量达到 $36\ 564\times10^4$t，并且每年净增 $2\ 000\times10^4$t 的势头不减，显示了胜利滩海地区巨大的剩余资源潜力，是胜利油田增储稳产的重要阵地。

3.东海西湖凹陷：“九五”期间，新星石油公司上海海洋石油局解放思想，应用新理论、新方法，在临近中国经济发达的浙江、上海发现了规模巨大的海上天然气田，新增探明天然气储量 $862.66\times10^8m^3$，凝析油 1351.8×10^4t。目前正在加快与中海油合作及中外合作步伐，使之成为西气东输的第二气源。

4.川西天然气勘探：近年来，新星石油公司西南石油局坚持对川西低渗透天然气藏的勘探，不断取得对活动型古聚新储天然气藏的新认识。目前在川西探明的天然气储量 $710\times10^8m^3$，控制储量 $633\times10^8m^3$，同时成藏格架日益清晰，展示了一个良好的增长前景。

5.中原深层天然气：中原油田近年来在开拓新领域勘探工作中，对地处中原腹地的深层天然气加大勘探力度，近期新增天然气探明储量 $110.26\times10^8m^3$，使天然气储量累计达到 $479.99\times10^8m^3$，并且发现了一系列新领域、新构造，初步勾画出了一个 $1\ 000\times10^8m^3$ 天然气的勘探前景和目标，为中原油田再次崛起提供了资源保证。

“九五”期间，中石化集团新增探明石油地质储量 9.08×10^8t，新增探明天然气地质储量 $1\ 595\times10^8m^3$，分别比“八五”增长了31.6%和163.1%；油气储采比分别由“八五”末的10.8和29.8上升到12.7和56；资源领域进一步扩大。中国石化集团充分利用国家西部大开发的政策，组织新区块登记，加上新星石油公司的整体并入，探矿权和采矿权由239个区块增加到422个区块，面积由 $6.61\times10^4km^2$ 增加到 $51.02\times10^4km^2$，相应资源量石油由 145.7×10^8t 上升到 245.6×10^8t，天然气由 $5.59\times10^{12}m^3$ 上升到 $15.5\times10^{12}m^3$，使中国石化集团在国内八大盆地之中的7个盆地开展了工作。在勘探效益方面，圈闭钻探成功率由31.3%上升到37.9%，探井成功率由45.7%上升到48.7%，单井获探明储量平均为 59.8×10^4t，净增加 11.9×10^4t，在勘探难度不断增加的情况下，保持了一个相对较好的水平。

（中国石油化工股份有限公司）

【油气勘探工艺技术】 中国石化集团在“九五”期间，勘探工艺技术配套获得了新的进展。

1.物探技术：针对勘探目标的深层化、薄层化、复杂化，物探技术在提高分辨率和提高信噪比方面取得了较大进步。中深层分辨率有了较大幅度的提高。胜利油田主要目的层的主频由40～50 Hz上升到了80 Hz，江汉油田潜江地区主要目的层主频可达到120 Hz，西部新区的目的层的主频也有明显提高，所获地震资料的品质在大多数工区较老资料都提高了一个数量级。此外，多井组合延迟激发地震技术攻克了黄土塬地区地震采集老大难的问题，昆仑山前、沙漠、戈壁以及十万大山等复杂地表的地震采集技术都有新进展。

2.综合钻井技术：为了配合勘探新发现和提高油田开采水平，“九五”期间发展了一系列综合钻井技术，其中有欠平衡钻井技术，油气层保护技术，水平井、多底井、分支井钻井技术等。成功钻探了国内水平段最长、水平位移最大的水平井，打成了国内深度较大的、油层最薄（只有0.9 m）的水平井，开窗侧钻井现已成为中石化集团各油田的常规生产手段。

3.油气藏改造技术：针对勘探目的层复杂化的特点，“九五”期间油气藏的改造技术向综合配套的方向发展。大型的油藏酸化压裂改造已经成了塔河油田、川西天然气、鄂尔多斯天然气以及中原深层天然气藏的定型工艺技术，对于提高资源的利用效益发挥了十分重要的作用。

4.测井录井技术：“九五”期间，配合油气发现的测录井工艺技术也得到相应发展。引进了美国、法国成像测井设备和技术以及成套综合录井设备，胜利油田也成功自行研制开发了独具特色的测井仪器——SL－3000生产测井仪。通过竞标，中国石化集团承担了中国大陆第一口科探井的全井录井工作。

（中国石油化工股份有限公司）

【石油勘探开发科技建设目标】 “十五”期间，石油工业仍是中国国民经济的支柱产业之一，中国石化集团将面临全球化的进一步激烈竞争，面临以西部大开发为龙头的国民经济新发展，以及进一步深化改革、规范管理、提高企业竞争能力等巨大挑战。为此，中国石化集团制定了“稳定东部、发展西部、准备南方、开拓海外”的资源战略方针，并制定出石油勘探开发产业“十五”科技建设的三项目标。

1.发展完善8项综合勘探技术系列：隐蔽油气藏综合勘探；小断块群滚动勘探开发；滩海油气田综合勘探系统；复杂推覆构造带油气田综合勘探技术；碳酸盐岩古岩溶油气藏综合勘探；海相油气田综合勘探系统；深层油气田综合勘探系统；天然气勘探气层检测；识别与描述技术。

2.加强6项专项技术攻关：全三维地震勘探技术；复杂构造带钻井及欠平衡钻井、完井技术；深层地震提高信噪比成像技术；复杂地表、地质条件地震技术；碳酸盐岩储层识别与横向预测技术；特殊油层井筒识别测、录井技术。

3.推广应用8项新技术：储层追踪及油藏描述技术；高精度地震技术；海上快速钻井技术；水平井、侧钻井、大位移井钻井技术；油层保护技术；低渗透油气层提高产能改造技术；成像测井、核磁共振测井技术；综合录井技术。（中国石油化工股份有限公司）

【中国石化集团位居世界最大500强企业第68位】 据美国《财富》杂志网上最新报道，按营业收入排序的2000年度世界最大500家企业已经揭晓。中国石化集团公司以453.46亿美元排名居第68位，居入选的12家中国公司(其中大陆11家，香港地区1家)首位。

（中国石油化工股份有限公司）

【中国石化股份有限公司收购中国石化集团新星石油公司】 中国新星石油公司于2000年3月整体并入中国石化集团公司，是中国石化集团公司的全资子公司，主要从事石油天然气的勘探开发。2001年，中国石化集团公司对新星石油公司实施了重组改制，并由中国石化完成了对其主业资产的收购。在重组中，按照“三分离”(主业与辅业相分离、优良资产与不良资产相分离、企业职能与社会职能相分离)的原则，对新星石油公司进行了“五重组”(业务重组、资产重组、债权债务重组、机构重组、人员重组)。重组后，经中介机构审计评估，截至2000年底，上市部分的资产总额为77.34亿元，净资产32.84亿元；油气剩余可采储量6.22亿桶当量，控制储量4.77亿桶当量。据中介机构评估报告，其总价值为11亿美元(折合人民币91.3亿元)，扣除净债务3.23亿美元(折合人民币26.84亿元)，收购价格最终确定为人民币64.46亿元。2001年8月24日，临时股东大会审议批准了此项收购事项。新星石油公司主业资产的成功收购，增强了中国石化石油勘探开发产业的实力，优化了一体化的产业结构，进一步提高了抗风险能力，同时加快了中国石化集团公司深化改革、减员分流工作，有利于中国石化集团公司的自立生存。

（中国石油化工股份有限公司）

【中国石化集团A股在上海挂牌上市】 2001年是中国石化集团公司重组改制取得新的重大成果的一年。这一年，中国石化股份公司发行A股、收购新星石油公司等资本运作项目取得了成功，推动了中国石化集团公司的改革发展进程。

发行A股于2001年初正式启动。6月20日A股发行方案获得中国证监会正式批准，8月8日中国石化A股在上海证券交易所正式挂牌交易。此次公开发行A股28亿股，每股定价4.22元，发行市盈率20.10倍，共募集资金118.16亿元。A股发行后，中国石化股份公司股权结构为：国家股占77.42%(其中中国石化集团公司55.06%，开发银行及资产管理公司22.36%)，外资股占19.35%，国内公众股占3.23%。全国社保基金和国内9家知名企业成为中国石化的战略投资者。作为已于2000年在纽约、香港、伦敦成功上市的国企大盘股，中国石化此次在国内资本市场发行A股，投资者反应热烈，申购踊跃，按股数计总认购倍数达68.7倍。中国石化A股的成功发行，开创了中国国有企业在境内外四地上市的先河，使中国石化股份公司股权结构和融资渠道进一步多元化，对完善法人治理结构和统筹境内外两个资本市场运作有着积极的意义。

（中国石油化工股份有限公司）

【中国石化集团西部新区勘探指挥部成立】 中国西部是中国油气工业的摇篮，是重要的石油生产基地，也是中国石化集团的资源战略重点之一。

为落实中国石化集团西部油气勘探开发的战略部署，加强对西部新区勘探工作的领导，中国石化集团于2001年12月21日成立了中国石化西部新区勘探指挥部。西部新区勘探指挥部设在新疆乌鲁木齐市，定员70人，下设7个处室，即：地质处、项目管理处、生产协调处、工程技术处、计划财务处、党群工作部、办公室。

西部新区勘探指挥部的主要职责是：按照中国石化集团公司发展西部的勘探部署原则，集中统一管理西部新区的勘探工作，负责西部勘探部署的决策、投资计划的审定，优化勘探投入方向；组织西部勘探项目管理、生产运作及协调各参战油气田企业的关系；统一协调处理与地方的关系。

西部指挥部成立后，中国石化集团将以集团化的队伍、资金、装备、技术优势，统一对西部新区展开油气勘探，为西部新区勘探注入了新的生机与活力，加快了西部新区油气勘探步伐。

（中国石油化工股份有限公司）

中国石化股份有限公司江汉油田分公司

【概况】 中国石化股份有限公司江汉油田分公司主要从事石油天然气勘探、开发和盐卤化工生产，为中国南方陆上重要的石油天然气生产基地，分公司机关位于风景秀丽的湖北省潜江市境内。勘探开发区域主要分布于湖北、重庆、陕西、四川、青海、新疆、甘肃、宁夏、内蒙古等省市自治区，探矿面积 11.67 万 km^2。先后发现和开发了湖北境内的江汉油田、建南气田，山东境内的八面河油田和陕西境内的安塞坪北油田等。拥有年产 24 万 t 精制盐、5 万 t 烧碱、1 万 t 漂粉精、6000 t 氯化石蜡和 5000 t 炭黑的化工生产装置。主要设备 2086 台套，资产总额 48 亿元。有员工 15000 人，其中各类专业技术人员 3750 人，高级专业技术及以上职称人员 450 人。

江汉油田经过 40 多年的勘探开发，积累了丰富的油气开采和管理经验，具有开发和管理大中型油气田的能力。在地质综合研究上，形成了独具特色的内陆盐湖盆地油气田勘探开发技术系列和方法，丰富了中国陆相成油理论，首次系统开展了中场子区海相地层层序地层学研究，发展和完善了一套高成熟碳酸岩地区有机地球化学、储集层成岩作用及成藏条件等综合研究技术，为深化中国南方海相油气勘探开发奠定了基础；在地球物理勘探技术上，具有不同地貌条件下的地震非地震施工能力，其中陆地高分辨率、山地、黄土塬地震勘探技术居国内领先水平，复杂地表三维地震勘探技术、非地震勘探技术和地震资料处理、解释、储层综合评价一体化软件系统在国内享有盛誉；在油藏工程上，精细油藏渗透油藏及稠油油藏原油渗流机理研究具有国际先进水平；在采油工艺上，机械采油技术及井下工具已成龙配套，研制的以 Y341 系列为主的深井分注技术、以深井高压封隔器为主的酸化压裂管柱和以高温高压堵水封隔为主的机械采油工具及工艺技术达到国际先进水平，抽油井环空测井技术在国内十几个油田推广应用，注水井环空保护与软密封隔离技术属国内首创。

江汉油田地理环境优越，科技实力雄厚，诚邀国内外同行和专家进行广泛合作与交流。在“严谨、创新、诚信、协力”的准则下共谋发展。

（中国石化股份有限公司江汉油田分公司）

化工矿山企业

重庆天青锶化股份有限公司

【概况】 重庆天青锶化股份有限公司主要从事锶矿开采、销售及碳酸锶造粒，位于“中国龙”的故乡——重庆市铜梁县巴川镇，是一家国有控股的综合性化工企业。公司总资产 5000 余万元，年创利税 2000 万元以上，其所属的天青石矿具有品位高、矿体集中、易开采等特点。公司具有年产 20 万 t 天青石矿的开采能力和年加工碳酸锶 1.5 万 t 的生产能力。2001 年度销售锶矿 15 万余 t，营业收入 6000 余万元。公司连续两年被铜梁县评为“工业二十强”和“纳税大户”。

重庆天青锶化股份有限公司作为矿山企业，安全生产是工作的重心，是企业正常生产经营的重要保证。要搞好矿山安全工作，必须要有安全投入和安全管理措施两大硬、软件作保证，因此，公司对安全工作十分重视。一是思想上重视，建立健全了安全管理的各项规章制度，特别是出入井登记制度、上岗前培训制度、特殊工种持证上岗制度和机电设备管理制度，并严格按操作规程执行。二是组织机构上重视，在矿区设置了安全监察科和专职救护队。各采掘大班、小班有现场安全员，每月定期对安全管理人员培训，每周召开一次安全生产分析会，对新工人上岗严格把关，经审查合格后才能上岗。三是加强对安全技术人员的培训，经过培训，公司有工程技术人员 26 人，其中，中级职称 9 人，初级职称 17 人。四是加大对安全的投入，对较大的安全隐患停产治理，发现安全隐患及时整改。矿山配置了较完备的安全监测仪器和救护设备。

（重庆天青锶化股份有限公司）

集安市得利硼业有限责任公司

【概况】 集安市得利硼业有限责任公司地处吉林省集安市境内与朝鲜隔江相望，列属对外边贸经济开发区，公路铁路交通较为方便，公司前身集安市硼矿，属全民所有制企业，列国家 100 家非金属矿山采选企业，原化工部 29 家重点化工矿山企业及吉林省化工矿山中型企业。

该矿为吉林省惟一硼矿石资源产地，有着得天独厚的资源优势，始建于 1958 年，扩建于 1978 年，国家和地方财政先后共投资 2014 万元。现有 3 个生产矿区，1

个硼砂厂，年产硼矿石5万t，硼砂（硼肥）1.2万t的生产能力，主导产品硼肥市场前景看好。“乐林”牌硼产品质量保证，在全国硼行业中处于优势地位，营销网络遍布全国，已形成了产、供、销一体化的格局。

企业拥有固定资产2600万元，占地面积100万m^2，建筑面积15万m^2，年创产值2100万元，利税总额300万元。

截至2001年末，实现工业总产值2033万元，硼砂（硼肥）产量12447 t，硼矿石53500 t，销售收入2029万元，利税总额243万元。产品主要销往：山东、浙江、江苏、福建等地。企业本着“诚信为本，顾客满意，不断创新，立足市场”的发展理念。为加入WTO迎接挑战，再创辉煌。

法人代表：候　林
电　　话：0435-6611339
销售电话：0435-6611801
传　　真：0435-6611800
地　　址：吉林省集安市清河镇清河大街41号
邮政编码：134213

（集安市得利硼业有限责任公司）

宜昌桃坪河化工有限责任公司

【概况】 宜昌桃坪河化工有限责任公司位于素称“三峡明珠”湖北省宜昌市夷陵区境内，与长江葛州坝毗邻，距兴建的三峡大坝30 km，是一个集矿山开采、加工、运输、经销等为一体的矿化、矿肥相结合的中型国有企业。公司现有职工1000余名，其中工程技术管理人员210余名，拥有总资产1.2亿元，占地总面积40万m^2。公司下辖一矿五厂（即桃坪河磷矿、平湖磷肥厂、晓峰矿粉厂、塑料制品厂、江南化工厂、石材工艺厂），年生产磷矿石（含$P_2O_5$30%以上）28万t，优质含钾钙美磷肥（$P_2O_5>18\%$）10万t，磷矿粉（$P_2O_5$28～32%）10万t，养料编织袋250万条。并设有港口和铁路专用货场，其产品畅销全国18个省市，远销东南亚、日本、印尼等国家。年实现工业总产值8000万元，销售收入6000万元，利税600万元。

公司经过20余年的建设与发展，始终坚持“发挥资源优势，发展精细化工，优化产品结构，推进科技进步，深化企业改革，强化科学管理”的总体思路，发扬“团结、进取、求实”的企业精神，先后被原化学工业部授予“全国增产化肥先进单位”荣誉称号，年产41万t采矿项目被原化工部评为优质工程，被湖北省授予“无泄漏工厂”，被省、市消费者委员会授予“消费者满意企业”等荣誉称号。

公司立足眼前，着眼长远，以磷矿资源为依托，以高新技术为方向，主攻磷化工系列产品，坚持走矿化、矿肥相结合的道路，逐步壮大企业经济实力。目前正在开发建设的项目有两个：一是年产1万t湿法饲料级磷酸氢钙扩建项目，总投资880万元；二是年产40万t磷矿石的丁东磷矿，该项目总投资4000万元，这两个项目建成后，年可实现工业总产值1亿元，销售收入1.5亿元，利税3000万元。

公司董事长、总经理：陈志孚
公司电话：（0717）7822133
传　　真：（0717）7829004
电　　挂：2711
公司地址：湖北省宜昌市夷陵区夷陵大道140号
邮　　编：44310

（宜昌桃坪河化工有限责任公司）

湖南省湘澧盐矿

【概况】 湖南省湘澧盐矿是湖南省最大的盐矿，隶属于湖南省轻工盐业集团，是中国最大的井矿盐生产企业之一。位于湘北重镇津市，矿区毗邻湖北省，位于湖南省澧县盐井镇内。

湘澧盐矿自1969年始建以来，始终坚持以质量创信誉，以科技求发展，以管理增效益的治企方针，经过30多年的艰苦创业，逐步发展成集水深采矿、真空制盐、冷冻提硝、供热发电、机械加工、自动化包装储运、粉煤灰综合利用、一、二类及钛材压力容器设计制造为一体的国家大Ⅰ型企业。具有年产精制盐50万t、工业无水硫酸钠4.5万t、碘酸钾80 t的生产能力，其技术装备和生产工艺水平始终处于同行业领先地位。

湘澧盐矿现有职工2200多人，中级以上各类专业技术人员300多人，其中高级专业技术人员占10%以上。企业固定资产2.8亿元。2001年，生产精制盐36.6万t，工业无水硫酸钠3.34万t，实现工业总产值1.36亿元，销售收入1.43亿元，实现利税2161.4万元，其中利润71万元。投产30多年来，湘澧盐矿累计生产精制盐786.8万t，工业无水硫酸钠70万t，为国家创造产值18亿元，上交利税5.7亿元，相当于回报了国家同等规模的14座盐矿。

近几年来，该矿面对全国盐、硝市场持续疲软、资金紧缺及澧水卡口南拓工程给正常生产经营带来的巨大影响等一系列困难，坚持以邓小平理论为指导，认真贯彻落实党的十五届四中、五中全会精神和江泽民总书记“三个代表”的重要思想，不断深化企业内部改革，精干主业，分离辅业，剥离子弟学校、职工医院等企业办社会职能；从严从紧制定一系列管理制度，严细考核，奖惩兑现；并坚持两手抓，两手硬，企业两个文明建设取得了齐头并进的较好成绩。在严峻的市场现实面前,该矿立足自身优势,按照"以盐为主,发展两翼,重点突破,多种经营"的发展构想,积极调整产业结构,寻求新的经济增长点。

湘澧盐矿以资本运营为手段,控股湖南晶鑫味精有限公司,实现了企业的低成本扩张,使企业由盐、硝产业扩展到味精产业。同时,多方集资2500万元,提高味精生产的技术水平和规模,将年产味精3000 t扩大到1万 t,企业朝着建立湘北食品生化基地的发展方向跨出了坚实的步伐。三年来,企业累计实现利税总额6500万元,先后获全国轻工先进企业、湖南省文明建设单位、湖南省优秀企业、全国食盐定点生产企业先进单位、常德市工业企业贡献大户等称号。2000年12月通过了中国质量认证中心ISO 9002质量体系认证。主要产品"雪"牌精制盐和"钻塔"牌工业无水硫酸钠质量优良,氯化钠、硫酸钠平均含量分别达99.3%、99.1%以上,均为省、部优产品,曾在首届全国轻工博览会和第二届北京国际博览会上分获银奖和金奖。

(湖南省湘澧盐矿)

锦屏磷矿

【概况】 江苏省连云港市锦屏磷矿是新中国成立后的第一座磷矿,系国家"一五"时期156项重点工程之一。东近连云港港口,南临宁连高速,西距连云港市白塔埠机场仅25 km,并拥有自己的铁路专用线与东陇海线接轨,海、陆、空及铁路运输便捷。现有职工6000余人。各类工程技术人员500余人,其中高中级职称170余人。近年来,矿山人进一步解放思想,抢抓机遇,逐步走出了一条"依托矿山,走出矿山;稳住地下,发展地面;多种经营,振兴矿山"的正确路子,已形成了采选生产、土石方采装运一体化、机电设备安装、勘察设计、机械设备制造、化工生产、公路铁路运输、刺绣、熔融石英、印刷等多种产业综合发展的经济产体,使老矿山又焕发了新的生机与活力。2001年生产磷精矿粉10.6万t,饲料级磷酸氢钙1.6万t,工业总产值5223万元。

(严德海)

【技术创新】 锦屏磷矿尾矿库,是江苏省安全十大隐患之一,被列为省政府防洪重点单位,容量达2000余万t。2001年,锦屏磷矿组织专门人员对尾矿砂综合开发利用进行研究,已利用尾矿砂研制成地砖、彩瓦、加气混凝土轻质砖等定形产品,特别是加气混凝土轻质砖,具有质轻、保温、隔热、施工方便等优势,广泛用于高层建筑框架结构的填充材料,是粘土烧结砖最好的替代产品,发展前景广阔,目前,正在积极筹措开发资金和寻求合作伙伴进行规模生产。同时,针对锦屏磷矿地质储量有限这一实际情况,科技人员实行难易兼采,贫富兼采,加强采场的管理,延长矿山寿命,预计可维持到2008年。

(严德海)

【经营管理】 进一步深化企业内部改革,切实转变企业内部管理机制,建立适应市场经济要求的新机制,努力拓宽创收渠道,实施成本管理、安全管理、质量管理、财务管理、营销管理、人才管理。2001年,锦屏磷矿先后进行了住房制度、人事制度、分配制度改革,职工住房人均面积已达12 m^2,一大批懂经营、善管理的年轻人走上了领导岗位;全矿职工平均工资达7868元/a,已超过全市平均水平。该矿土石方工程爆破公司,在激烈的市场竞争中,内抓管理、外塑形象,通过了国家ISO 9002质量体系认证,2002年又获国家建设部颁发的爆破与拆除爆破A级施工资质。3月份,该公司经上海长江口深水航道治理有限公司推荐,国家交通部批准,中标长江口深水航道治理,小黄龙岛石料开采工程,该工程总造价为9911.59万元,为矿山的发展作出了积极的贡献。

(严德海)

四川盐业地质钻井大队

【概况】 四川盐业地质钻井大队(第二名称:自贡市井矿盐矿山开发设计院)建于1963年,是中国轻工行业惟一的专业地勘单位。

四川盐业地质钻井大队具有国土资源部颁发的"矿山地质调查、勘查,水文地质勘查,环境地质勘查,地质测绘,地质勘探工程,岩石、矿物、土壤及水质分析、化验、测试、统检记录"等资格;具有建设部颁发的"一级资质建筑业企业"、"乙级水文地质勘察、工程设计、甲级岩土工程"、"丙级工程测绘"等资质。

现有职工2670人,其中离退休人员1017人,在册职工中有各类专业技术人员303人(高级17人、中级103人、初级183人)。全队现有各类机械岩心钻机9台套及工程地质钻机12台套。配套设置有钻井分队6个、地质勘察、天然气开发、机械修理、汽车运输、井下作业、建筑塔机、物资供应、物业管理等分公司,投资联办了四川宜宾四丰盐业公司、四川乐山盛通盐业矿山有限责任公司、四川荣县盐矿能承担井深4000 m以内的石油、天然气、盐卤勘查;地探、生产井的测绘、设计、钻井施工、测试、固井;工程地质钻探、井径1.5 m以内的基桩工程、地下水资源开发利用工程及CNG储气井工程等施工工程。全队现有资产总额1亿余元,是一支技术力量强大和施工经验丰富的专业地质勘查及施工队伍,是四川国有建筑企业综合实力五十强之一。

（四川盐业地质钻井大队）

【经营活动及成果】 四川盐业地质钻井大队坚持“面向四川,服务全国”的经营服务为综旨。建队40年来,先后施工钻井400余口,累计钻井施工进尺60万余m。先后在省内外进行过地质矿产勘查、井矿盐矿山建设、天然气开发、地热水开发、石油钻井等。曾获国家四部委(地矿部、劳动人事部、国家计委、中华全国总工会)联合授予的“全国地质勘查功勋单位”和四川省有关部门授予的“四川省轻化纺工等二等功单位”、“四川省先进职工之家”、“四川省厂务公开工作先进单位”、“四川省一百家最大(强)国有企业”和“四川省先进建筑企业综合实力五十强”等荣誉称号。

建队40年来,累计完成井矿盐勘探钻井进尺10多万米;提交各类勘查与科研成果报告23个;提交岩盐勘查储量82亿t;卤水勘查储量4亿m^3。在80年代初期,四川盐业地质钻井大队受原国家轻工业部委托主编了《全国井矿盐主要产区钻井工程概算定额》和《全国井矿盐钻井技术规范》,经轻工业部批准后作部颁标准执行。为四川乃至全国井矿盐开发作出了突出的贡献,在井矿盐的勘查、矿山设计和理论研究方面均取得了一定的成果。

（四川盐业地质钻井大队）

冶金矿山企业

首钢矿业公司

【概况】 首钢矿业公司是首钢总公司下属的子公司,位于河北省迁安市境内,始建于1959年,厂区占地7.6万亩,2001年末固定资产原值53.06亿元,净值30.29亿元,职工2.1万人。经过40多年的建设发展,成为从事采矿、选矿、球团、烧结和机械制造、矿车制造、电力修造、建筑安装等多行业的国有大型矿山企业。企业以“首钢矿业,品质卓越”为宗旨,以市场为导向,以创新为动力,具备了良好的产品开发能力和质量保证、售后服务体系,矿产主业的烧结矿、氧化球和非矿产业的重型汽车、轧辊等各类产品,进入了国际国内市场。“九五”以来,首钢矿业公司按照市场经济的要求,围绕可持续发展战略,以经济效益为中心,积极实践两个根本性转变,坚持深化改革、加强管理、科技进步、开拓市场的工作方针,巩固矿业,发展非矿产业,经济效益逐年提高,职工生活不断改善,走上了可持续发展的道路。2001年,实现销售收入33.63亿元,其中非矿收入6.7亿元。

（首钢矿业公司）

【生产经营】 首钢矿业公司是首钢总公司钢铁生产原料生产、供应基地,中国大型露天铁矿之一,以矿业为主,兼营机械加工制造、汽车修造、电力修造、建筑安装等多个产业。矿产主业有采矿、选矿、烧结、球团四大生产工艺流程,选矿系统原矿处理能力2700万t,氧化球年生产能力将达300万t,烧结矿年生产能力700万t。2001年,完成采剥总量7047万t,铁矿石969万t,加工和自产精矿粉637万t,烧结矿630.1万t,氧化球102.4万t。精矿粉、氧化球、烧结矿输出品位分别达到68.14%、65.34%和57.33%。凭借优异的产品质量,周到的售后服务,良好的企业信誉,迅速拓展了国内市场,销售网络以河北、京津为中心,辐射到黑龙江、山西、河南、四川等地;在抓好矿业生产经营的同时,大力实施产业结构调整,非矿产业已初具规模。矿用汽车、磨球、冶金轧辊、耐磨耐热件、建材、橡胶制品、电子电器、化工、服务业、土石方工程等发展迅速,2001年实现非矿产值6.7亿元,社会收入2.2亿元,分别比2000年增长15.5%和7.63%。企业在生产经营过程中,始终把安全生产放在首位,坚持“安全第一、预防为主”的方针,落实逐级安全生产责任制,形成了行政一把手负责、逐级责任到位、职工民主参与、党政工团齐抓共管的局面,为生产经营创造了稳定安全的环境,促进了企业的改革和发展。

（首钢矿业公司）

【技术和管理创新】 首钢矿业公司把科技和管理作为推动企业发展的两个轮子,大力实施“科技兴厂”战略,坚持群众性“双革两化”与重点技术改造相结合,引进技术与自主创新相结合,以工艺技术升级、节级降耗和提高产品附加值为主要内容,大力进行科研攻关和技术改造,主体设备工艺达到了国内先进水平。采矿系统以优化开拓运输方式为重点,开展技术攻关,建成了胶带运输半连续排岩系统。选矿系统以提高工艺水平为主要内容,实施技术改造,初步实现了生产全流程自动化。球团系统采用新技术改造传统工艺,完成了截窑改造,第一个在国内采用了回转窑—链蓖机—环冷机新工艺,生产效率明显提高。烧结系统通过实施以小球烧结技术为主线的技术改造,实现了工艺升级。机械制造业积极引进铸造加工新工艺,开发的产品打入了国际市场。2001年实施球磨分级自控技术、磁滑轮系统工艺优化、烧结水煤浆点火技术、球团造球攻关、复合燃烧技术等20多个重点科技攻关项目。烧结重油乳化及聚焦再辐射点火、烧结机漏风治理和计算机模拟爆破等三项技术通过市级鉴定。大型深凹露天矿高效运输系统及强化开采技术研究、选矿过程监测技术与自动化控制系统研究和高质量铁精矿选矿新技术与装备研究等三个项目，纳入了国家“十五”科技攻关项目。成立了矿业公司技术发展中心和产学研结合的6个科研所，形成了具有矿业公司特色的科技创新体系。科技进步有力促进了经营生产发展，科技效益在增收节支中的贡献率，由1996年不足10%提高到2001年25%。

首钢矿业公司在生产经营过程中，重视管理创新，不断更新管理观念，改进管理方法和手段，形成了以经济效益为中心，落实责任制为重点，班组建设为基础，适应现代企业制度和科技发展要求，不断创新的管理体系。通过实施管理责任追究制，进行月度“三查”发布考核，促进了责任制的落实和专业工作的加强。实行并不断强化班组“四个单元”建设，充分发挥班组作为生产、管理、核算、分配单元的作用。以贯标为重点，加强质量管理，严格工作标准，实行逐级质量索赔，烧结、球团、汽车制造、机械制造、建筑安装、道碴生产分别通过了国际质量体系认证。实施金属量平衡工程，严格工序管理，有效控制了金属流失。采用计算机技术和电子仪器设备，不断强化数据、计量、检验、定额、核算等基础管理工作，厂际间计量和班组核算面达到了100%。“九五”以来，取得90多项管理创新成果。其中2项获部级创新成果奖，4项获北京市创新成果奖，2001年取得36项成果。（首钢矿业公司）

上海梅山矿业公司

【概况】 上海梅山矿业有限公司是上海宝钢集团梅山公司下属全资子公司，其前身是梅山铁矿，成立于1961年12月，于1995年8月转制为全国冶金矿山中第一家具有独立法人资格的矿业子公司。梅山铁矿是中国重点黑色金属矿山之一，具有矿体集中、形态规整、储藏量大、品位较高、易于开采等独特的赋存条件。梅山矿区占地面积333.34万 m^2，位于江苏省南京市西南郊，距南京市中心直距仅13 km，是国内距离大城市最近的大型地下矿山。经过40年的建设，梅山矿业公司具备了年采选综合生产能力400万t生产规模，2001年工业总产值达5.16亿元，其中非矿产业产值达1.5亿元。截至2001年底，公司有职工5446人，全员劳动生产率达9.08万元/人年。梅山矿业有限公司现设6个党群部门、13个行政部门，其中党政合署办公的部门5个；公司下设党委建制单位5个，党总支建制单位6个，另有4个挂靠支部单位。（上海梅山矿业公司）

【生产经营】 2001年，梅山矿业公司整体经济运行质量进一步提高。矿产品生产、销售均创历史最好水平，并且实现了产销平衡。全年生产铁矿石281.41万t，比2000年增长4.5%；铁精矿186.59万t，比2000年增长9.63%；销售铁精矿188.04万t，比2000年增长11.29%。铁精矿综合合格率达99.63%，平均铁品位为58.72%，含磷量为0.24%。主要非矿产品产量也实现了增长，其中：硫酸6.05万t、铸球2187.46 t，陶瓷复合钢管850.48 t，饮食系统营业额同比增长12%。国家重点工程总投资5.4亿元的梅山铁矿二期扩建工程于2001年12月26日通过了国家正式验收。

2001年，梅山矿采选生产面临的主要问题是备采矿量不足、原矿品位下降。为解决采矿矿量不足的矛盾，通过招标方式引进了外委施工队伍，加快了负243 m水平的采准掘进进度，同时，完成了负198 m水平北部放顶和负258 m、负273 m两个分层的采准设计。针对原矿品位下降的情况，强化了原矿质量过程控制，严格实行回采截止品位、进路配矿和溜井配矿管理，进一步稳定了铁矿石的输出质量。以提高金属回收率为主线，严格控制重选作业选别工序，加强降磷系统操作和强磁选机设备管理，使选矿金属回收率提高到75.79%，选矿比下降到1.78%，既优化了输出铁精矿的各项指标，又提高了选矿生产的效益。在强化生产管理的同时，公司还加强了矿产品销售工作，在销售工作中牢牢把握“确保内销、扩大外销、搞好平衡”三个关键点，促进了销售的增长。为保证整个生产系统的稳定运行，公司进一步加强了设备管理，提前做好月度计划检修，全年安排计划检修项目1209项，完成率达100%，促进了主要设备的生产效率，降低了设备运行成本。

2001年，梅山矿业公司安全生产形势较为严峻，全年共发生各类事故8起，死亡1人、重伤1人、轻伤6人，千人负伤率为0.13‰。梅山矿业公司十分重视做好安全生产工作，在工伤事故发生后，开展了“大讨论、大检查、大整改，促进安全生产形势大转变”安全生产宣传教育检查整改活动，及时扭转了安全生产的严峻局面。对安全工作，梅山矿业公司还实行了党政工团齐抓共管，继续开展了“守三纪、抓三反、促三不”安全系列教育、党员安全联络员、群防群治等活动，收到了良好效果。（上海梅山矿业公司）

【技术创新】 2001年，梅山矿业公司科研项目共立项17个，课题主要涉及采选工艺、质量、设备、地质测量、信息系统开发、非矿产业开发等领域。公司重点项目取得了重大进展。其中：“无底柱分段崩落法加大结构参数的研究”2001年12月被评为国家科技进步二等奖；“梅山铁精矿选矿参数的研究”2001年12月被评为国家科技进步二等奖；“梅山铁精矿选矿降磷工艺研究及应用”科技成果被中国钢铁工业协会推荐参加2002年度国家科技进步奖评审；“大间距集中化无底柱采矿新工艺研究”、“金属材料爆炸复合工业化研究”分别被列入国家“十五”重大攻关项目和上海市新技术推广项目，并进入紧张的实施阶段；“选矿流程优化研究”完成了中碎机腔型改造、大井高效化改造、大粒度跳汰机工业试验等大量的技术改造和试验工作；“尾矿综合利用研究”完成了尾矿性质考查、粒度分析和尾矿压力制砖等试验。在抓好科研项目的同时，梅山矿业公司继续开展了群众性质量管理活动，在全公司建立了181个QC小组，有123个获得了成果，其中4个QC成果分别获得了国家、冶金工业局、上海市优秀成果。2001年，梅山矿业公司还开展了非矿产业贯标工作，推进了质量体系标准化进程。（上海梅山矿业公司）

【企业改革与管理】 按照矿产业、非矿产业、社区事业三大块内在管理要求，梅山矿业公司在2001年进一步实施了资产重组，对有关机构和职能进行整合，理清了内部管理、经营与服务职能，成立了机电设备、汽运工程、工贸实业、格灵化工4个子公司，建立了“三大块”管理体系，使专业化分工更加明晰。根据“三大块”改革的整体要求，公司对机关部室和管理单位的管理职能也进行了优化，使两级机关机构从原来的93个精简为80个，基层生产车间从87个精简为76个，机构数精简了13.3%。

探索建立减员新机制。着手调整生产组织，解决部分工种、工序分工过细的现象；推行大工种岗位作业，推广“巡检制”、“兼管制”和“操检合一”等岗位作业模式；充分利用宝钢集团、梅山公司政策，加大“内部退养”、“内部待养”及“协议解除劳动合同”的力度，全年减员分流377人。进一步打破单位、部门界限，完善竞争上岗机制，扩大公开招聘范围，全年共有200多人次参加了各类招聘，有近100人通过招聘走上了新的岗位。

梅山矿业公司在2001年的管理新举措：结合贯彻落实宝钢CS战略，在全公司范围内推行“零缺陷”管理模式。“零缺陷”管理的理念是“不留缺陷，追求卓越”，主要做了以下工作：加强了发展战略规划管理，制定了矿产业、非矿产业、社区事业中长期发展规划，形成了公司较为完整的发展战略规划体系；建立健全了企业管理制度体系，建立了管理制度的审批与会签制度，完成了公司管理制度的修订、增订和汇编，使企业的各项管理工作有章可循；推行全面预算管理，完善全面预算管理体制；制定了子公司通则，规范子公司运作，对下属三级子公司进行了清理；在生产岗位推行标准化作业，有效地促进了职工队伍整体素质的提高。

（上海梅山矿业有限公司）

武钢矿业有限责任公司

【概况】 1993年，在国有企业改革的形势下，武钢提出了“精干主体，剥离辅助”的改革措施，武钢矿山10个单位从钢铁主体中剥离出来，成立了武钢矿业公司。随着改革的进一步深入，1998年8月，武钢矿业公司正式改制为武汉钢铁集团矿业有限责任公司。是武汉钢铁集团公司下属的全资子公司，由大冶铁矿、程潮铁矿、金山店铁矿、灵乡铁矿、乌龙泉矿、焦作矿等6座矿山和机械制造总厂、建设公司、设计研究所、高级技校等共10个二级单位组成。截至2001年底固定资产原值27.25亿元，净值16.16亿元。2001年在职职工25141人，在岗职工17585人，完成销售收入17.24万元，利润208万元，在武钢矿山历史上首次实现了盈亏平衡目标。（陈国宏）

【生产经营】 2001年对武钢矿业公司来说，是困难较大，形势特别严峻的一年。大冶铁矿东露天即将闭坑，铁矿石产量大幅下降；程潮铁矿西区建设至今尚未形成新的生产能力；金山店铁矿主井转换，停产两个月之久；加之部分转产开发项目没有达到预期效益等等，由此对公司盈亏平衡经营目标的实现产生极大影响。面对重重困难和巨大压力，公司上下团结一致，通过一年的艰苦工作，初步打开了矿山的困难局面。全公司实现销售收入17.24亿元，比2000年增长8.37%，创历史最好水平；实现利润208万元。生产铁成品矿390.66万t，输出铁成品矿356.52万t，分别比年计划和2000年增长13.9%、4.56%和3.94%、3.14%；铁成品矿生产和输出创1980年以来的最好水平。产品输出合格率为100%。大冶铁矿球团二期、金山店铁矿生产能力接续等工程实现竣工投产；大冶铁矿东露天转地下等工程实现顺利开工。重大人身伤亡事故、重大设备事故、重大环境污染事故、重大火灾和治安事故为零，工业污染实现达标排放。此外，不少单位生产经营还取得历史性突破。以上这些，为武钢矿业公司实现全年盈亏平衡目标和“十五”良好开局提供了保证；同时，也为武钢矿山“十五”进一步发展奠定了坚实基础。

（陈国宏）

【企业经营管理】 为确保实现全年经营目标，2001年，武钢矿业有限责任公司加大了企业各项管理工作力度。生产组织方面，一是抓紧自产矿稳定高产和输出组织,生产指标基本保持或略超过上年水平;二是抓紧购矿增产,合理利用社会资源,既保存了自有资源,延续矿山寿命,又减轻了公司投资压力,增加了矿山的销售收入。在技术进步方面,坚持用现代技术改造传统产业提高矿山装备水平的原则,程潮铁矿选厂改造工程竣工、金山店铁矿转换工程完工,井下采场地压活动规律和控制技术及地表活动规律和控制技术的研究,选矿"多破少磨"、预选作业及高效过滤技术等等,均得到不同程度的推广应用。在财务管理方面,以贯彻实施《会计法》为契机,着力提高财务人员的政治和业务素质,制定实施了多项财务管理制度,抓会计信息的真实性、准确性,坚持集中采购原则,加大招议标力度,进一步降低了材料和备件的消耗,全年由成本费用自行消化大冶铁矿东露天因减产减收、矿山工资总额增加、新增矿山安全技术措施费等费用达1.08亿元。在企业改革方面,2001年,武钢矿业有限责任公司减员增效从公司机关开始,矿山系统全年完成减员1914人,比计划1087人多减827人;完成了将余华寺分矿归并到金山店铁矿的重组和部分辅助生产单位归并重组工作,各厂矿也相应地合并车间和科室,进一步深化了矿山机构重组工作;后勤系统整体剥离改革全面铺开,后勤系统职工工资60%自筹;本着实事求是的原则,在矿山顺利实行了"零基承包"方式,要求有效益的单位每年要有所增加,转产开发不允许出现亏损。 (陈国宏)

攀钢集团矿业公司

【概况】 攀枝花工业基地于1965年上马,1966年铁矿山开始大规模建设,1973年5月1日,攀枝花冶金矿山公司成立。1993年并入攀钢(集团)公司,1994年更名为攀钢集团矿业公司。攀钢集团矿业公司是中国西南地区最大的钢铁钒钛原料基地,矿区钒钛铁矿石储量近100亿t。2001年末,公司下属14个二级单位,公司机关19个职能处室,有全民职工13885人。拥有固定资产原值19.3亿元,净值8.4亿元。公司原设计规模为年产钒钛铁矿石1350万t,钒钛铁精矿588万t。现已形成年产钒钛铁矿石1200万t,钒钛铁精矿530万t的生产能力。公司成立以来,生产经营稳步发展,科技工作取得丰硕成果,企业管理水平不断提高,各项工作取得了显著成绩。1988年,公司被评为国家二级企业、荣获国家设备管理优秀单位称号。1989年被评为国家一级节能企业,1990年被评为国家一级计量单位,1991年被评为全国思想政治工作优秀企业,1988年和1992年被国家评为特大型企业,成为全国500家最大工业企业之一,1992年还被评为全国123家特大型企业之一。 (殷润林)

【生产经营】 攀钢集团矿业公司1970年投产后,坚持强化企业管理,采用新技术、新工艺、新设备,使公司企业管理,技术、装备水平不断得到提高。特别是YZ-35牙轮钻,7.6 m^3、8 m^3 电铲,33-07矿用汽车和Φ1050~2100 mm、Φ1050~3000 mm磁选机等代表国内(国际)先进水平的主体生产设备的应用,使生产能力不断得到提升。铁矿山采剥总量,剥离岩石,生产钒钛铁矿石、钒钛铁精矿,销售钒钛铁精矿等主要产品产量(销售量)分别由1970年的205万t、152万t、65万t、20万t、14万t逐年上升,1993年达到最高峰。1993年铁矿山采剥总量,剥离岩石,生产钒钛铁矿石、钒钛铁精矿,销售钒钛铁精矿分别达到2947万t、1811万t、1159万t、496万t和501万t,其中生产钒钛铁矿石、钒钛铁精矿,销售钒钛铁精矿分别创历史最好水平。在全国通报的重点黑色露天矿、多金属选矿厂18项可比技术经济指标中,公司4.6 m^3 电铲,球磨机作业率等12项指标名列第一名。到2001年,公司共完成铁矿山采剥总量68650万t,剥离岩石44503万t,生产钒钛铁矿石24524万t、钒钛铁精矿10845万t,销售钒钛铁精矿10863万t,生产钛精矿551361 t,销售钛精矿547769 t,生产、销售钛白粉1675 t、石灰石成品矿763万t、粘土成品矿74039 t,生产炸药110879 t,为攀钢生产和国家建设做出了巨大贡献。 (殷润林)

【科技攻关与技术进步】 攀钢集团矿业公司坚持"科学是第一生产力"的方针,十分重视科研工作,积极开展科技攻关、技术革新和群众性合理化建议活动,有力地推动了生产建设的发展。公司先后承担了国家"七五"重点科技攻关项目"朱矿高台阶排土场稳定性及监测技术研究"、国家"八五"重点科技攻关项目"高效浓缩分级箱与长柱旋流器的研制"、国家"九五"重点科技攻关项目"分级工艺及相关设备的研究"、国家"十五"攻关项目"陡坡铁路相关技术研究"。并对平硐溜井系统技术、穿孔爆破技术、采矿工艺技术、边坡和排土场技术、计算机在矿山应用的研究、选矿工艺改进与设备进行了攻关,取得了一系列科研成果。

截至2000年底,获国家、省、部级科技进步奖励39项,荣获市级科技进步奖14项。其中,"潜孔钻具攻关"荣获国家科技进步一等奖,"选钛厂重电选钛流程生产试验"、"钒钛在铸铁中的应用开发"、"朱矿高台阶排土场稳定性及监测研究"、"朱兰采场生产过程优化的研究"、"中国钒钛磁铁矿选矿"等获冶金部科技进步二等奖;"分级工艺及相关设备的研究"获国家冶金工业局科技进步一等奖,"冷固球团试验研究"、"高效浓缩分级箱与长柱旋流器的研制"、"朱兰开采工艺研究"、"整体硬化钢球研制与应用”、“攀枝花选钛工艺流程研究”、“朱矿北帮边坡挖潜”、“攀枝花矿区朱兰采场中深部开采技术研究”等获四川省科技进步二等奖。这些科研成果,攻克了生产建设的道道难关,优化了工艺流程,降低了消耗,提高了设备的装备水平,提高了产品的产量和质量,创造了巨大的经济效益和社会效益。

2001年,公司完成了国家“九五”重点科技攻关二期启动项目“白马铁矿风化矿处理工艺及成套技术研究”、“白马铁矿合理选矿工艺流程研究”两个专题试验研究工作,并通过了四川省科委的鉴定,从而全部完成国家“九五”科技攻关项目。完成重大科研项目“陡坡铁路相关技术研究”的立项申请书和联合申报协议书,并通过国家立项,还完成了该项目朱矿陡坡铁路的试验线路和牵引网络的研究设计。公司的“一种旁弓杆”、“一种静压轴承润滑装置”被国家专利局授予实用新型专利权。“石灰石矿滑体压矿综合开采技术研究”等两个科研项目通过了攀钢(集团)公司的鉴定。矿业公司内部验收科研项目29项,完成成果推广项目6项,重大技改项目11项,降本增效项目7项,创经济效益906万元。提合理化建议1868项,采纳1138项,实施708件,创效益2302.46万元。（殷润林）

【《攀矿志》编辑出版】 由攀钢集团矿业公司主办,《攀矿志》编辑部编纂,中国社会科学出版社出版,国内统一刊号ISBN7-5004-2763-8/K442,共印1000册。

《攀矿志》从1997年8月开始编纂,1999年10月定稿,2000年11月出版发行。所述内容,始于1965年,部分史料追溯到1940年,全书共60万字,分为概述、矿区建设、矿山生产、矿山科技、企业管理、党群工作、生活后勤、农副业和集体经济9章59节及大事记、附录等。

全书以翔实的材料,丰富的内容,客观记述了攀矿职工在1965年至1993年期间,依靠自力更生,艰苦奋斗,科技攻关和科学管理,在荒山峻岭中建起了攀西钢铁大粮仓的艰苦历程。反映了攀矿职工“艰苦奋斗,开拓进取,爱厂如家,实事求是,团结协作”的攀矿精神。

（殷润林）

马钢集团公司

【矿山生产概况】 马钢目前生产的冶金矿山有南山(包括凹山、东山)、姑山、桃冲三个铁矿区,均分布在长江沿岸,总计矿区占地面积19.96 km²。2001年底矿石保有储量:16804万t。其中:凹山采场:4583.1万t。东山采场:1624.3万t。姑山采场:9173.6万t。桃冲井下:1423.0万t。设计规模:凹山采场:600万t/a(现450万t/a);东山采场:50万t/a;姑山采场:130万t/a;桃冲井下:50万t/a。

职工总数:9545人,其中:南山5900人、姑山2183人、桃冲1462人;离退休职工人数4447人,其中:南山2490人、姑山1106人、桃冲851人。

（高　政　黄世光）

【生产经营】 2001年是马钢矿山全面实行子公司和分公司经营模式的第一年,马钢各矿业公司按《子公司运行通则》的规定,积极进行相关配套制度的改革,在新的条件下围绕生产经营目标,深化改革,加强管理,理顺关系,以满足市场需求为核心,以优化现场管理为手段,以提高技术进步为动力,实现了生产经营目标。非矿产业建设和重点工程建设进展良好。

1.*矿石生产稳定顺行*。2001年矿山克服采场条件恶化,运输距离增大,矿源不足,采场边坡稳定问题突出等不利因素,强化采场配矿和现场管理,生产基本保持稳定顺行,采剥总量、铁矿石、成品矿、精矿粉分别完成1266.49万t、703.59万t、299.46万t、267.06万t,完成年计划的99.61%、94.25%、108.70%、101.55%。

针对回采矿量不足的现状,矿山强化了剥离生产,其中姑山矿业公司剥离完成315.86万t、完成年计划的114.44%、剥采比达3.15,比2000年增加0.1%。

2001年桃冲矿业公司充分利用良好的市场需求,科学组织,严格管理,紧密协调,挑战生产极限,生产铁矿石55.88万t,一举突破50万t生产规模,铁矿石、成品矿、高炉粉矿、铁精矿等均创历史最好水平。

2.*精细管理提升效益*。马钢各矿业公司围绕“精干主体,搞活辅助,积极进取,健康发展”矿山发展总体思路,积极进行相关配套制度的改革,通过体制上创新、突出精细管理、瞄准“赶标超标”来提升效益,以努力完成新一轮承包任务。特别是在南山凹山采场进入底部开采的困难时期,产能迅速下降,铁矿石生产比去年减少36万t,精矿粉减少9万t的情况下,共实现利润(按每吨40元折让给集团公司后的内部新销售价格计)-2095.55万元,其中南山227.50万元,姑山-213.98万元,桃冲-2109.07万元。

2001年矿山紧跟市场需求变化,进一步调整产品结构,以适应市场的挑战。姑山矿业公司根据高炉块矿、跳汰小块市场需求萎缩的现实,加快选厂工艺流程的改造,用永磁强磁选机替换跳汰选别,同时提高粉精矿的生产,粉精矿产量达36.13万t,比2000年增加14.9%,并创历史最好水平。

针对矿石富矿减少、硬度增大、入选品位下降的情况,矿山科学合理配矿,强调细磨精选,加强现场操作,提高职工质量意识,精矿品位保持稳定64%以上;金属回收率达80.75%,增加1.78百分点,其中南山增加

3.30百分点。从而为马钢矿山顺利完成全年的效益指标打下了坚实的基础。

3.*加快矿山后续发展*。马钢矿山在进行重点工程和生产技术措施时严格执行工程网络计划,精心组织,认真实施。马钢南山矿高村铁矿恢复建设,凹山老库加高工程基本完成,凹选细碎改造进展迅速;姑山矿龙选跳汰改造全面结束等,这些工程和措施的顺利实施和完成,为稳定矿山生产规模,调整产品结构,提高精矿质量起了积极作用。

马钢矿山继续加大后续矿山建设以稳定主业,延长矿山寿命,弥补矿山生产的不足。高村铁矿作为马钢重要的后续矿山,设计年产矿石150万t,在2001年中,加快剥离力度,加强与地方的协调,截至年末剥离岩石97.27万t,为顺利出矿打下良好基础。马钢矿山还进行了南山采场(小南山)、高村二期、后观音山、和尚桥、白象山等矿的可行性开发研究,力争使矿山在"十五"之后5年或更长时间,矿石生产规模达到700多万t/a,成品矿300万t/a,矿石自给率为30%左右。

2001年马钢各矿业公司在解决好开采与收缩、效益与投资、维持与产业替代等关系的基础上,继续充分利用矿山的技术、设备和资源优势,全方位发展非矿产业,在上规模、提质量、增效益上下功夫。桃冲矿利用本地区丰富的石灰石资源和便利的交通优势,加大对水泥生产和经营的管理,2001年生产水泥19.03万t,比去年增产23.63%;姑山矿以市场为导向,走资源综合利用的道路,既符合国家的产业政策,又使产品有着很好的市场前景,姑山空心砖厂2001年生产空心砖823万块,产品供不应求;南山硫酸厂通过加强管理使产量比2000年增长28.04%,达2.36万t。另一方面,在抓好现有非矿产业项目管理的基础上,各矿业公司按"十五"规划目标,选择符合马钢矿山自身特点,投资少、见效快的项目,做好非矿产业项目储备工作。

(高 政 黄世光)

鲁中冶金矿业集团公司

【概况】 鲁中冶金矿业集团公司(原名冶金工业部张家洼矿山公司)是国有大Ⅰ型地下黑色冶金矿山企业,隶属中央企业工委管理,党群关系归上海市管理。公司地处山东省莱芜市,占地4.5 km^2,矿区有矿无山,交通十分便利。

1.*历史沿革*。鲁中冶金矿业集团公司于1970年经国务院批准开工建设以来,隶属关系历经三次大的变化。

建矿初期至1981年9月,公司由上海市和山东省双重领导,以上海市领导为主;1981年9月至1999年1月,由原冶金部(局)领导为主;1999年1月至1999年12月,由中央大型企业工委管理,1999年12月至今由中央企业工委管理,党群关系以上海市领导为主。

2.*矿山规模*。鲁中冶金矿业集团公司拥有小官庄、张家洼、港里三个铁矿床,已探明地质储量2.74亿t,含铁品位在45.5%以上,矿石可选性好,原设计规模为年产铁矿石400万t,总体设计"三矿两厂"即小官庄铁矿、张家洼铁矿、港里铁矿、选矿厂和机修厂及相应的公用辅助设施,分两期建设。以小官庄铁矿为主体的一期工程,自1970年12月开始建设,于1985年建成投产,现生产能力为年产铁矿石140万t。二期工程之一的张家洼铁矿,于1975年开始建设,1993年底建成,现年生产能力为铁矿石40万t。港里铁矿设计规模为年产铁矿石85万t,采用三矿联合开采的方式建设,目前正在施工,2003年将具备生产能力,公司三矿联合开采实现后,年产铁矿石可达200万t,并可稳产30年以上。

公司主产品为铁精矿,现年生产能力80万t,含铁品位稳定在64%,含硫(0.005%)、磷(0.011%)极低且保持全自熔,是高炉冶炼、造球和炼特钢的优质原料,被评为山东省优质产品、莱芜市免检产品。

3.*企业现状*。鲁中冶金矿业集团公司经过30多年的开发建设,现已建成一座集采矿、选矿、球团、轧钢、磁材、铜材、运输、机修、动力、建筑、安装为一体且辅助设施成龙配套的大Ⅰ型独立矿山企业。目前公司拥有资产9.6亿元,固定资产净值5.6亿元,负债3.6亿元,资产负债37.5%。现有职工7990人,其中各类工程技术人员1200多人;离退休人员1595人。公司分两级管理,下设生产经营和服务单位16个,职能处室18个。公司在上海设有办事处,主要从事餐饮、接待、工贸等业务。主体采选单位实行集中统一管理,相对精干。经营和服务性单位,实行资产经营承包管理,正推向市场,自负盈亏,逐步与主体分离。

经过30多年的艰苦创业,公司培育了"爱矿、开拓、求实、奉献"的企业精神,在物质文明和精神文明方面都取得了较好的成绩。近年来,公司先后被冶金部(局)命名为"清洁工厂"、"安全与文明生产先进单位",选矿厂被国家环保局命名为"全国环保先进企业",小官庄铁矿、选矿厂、动力厂分别被上海市委、市政府授予"上海市文明单位"称号等。

(鲁中冶金矿业集团公司)

济南钢城矿业有限公司

【概况】 济南钢城矿业有限公司(原济南张马屯铁矿),始建于1966年11月1日,1977年12月正式投产,

1987年划归济南铁厂，1990年随济南铁厂合并于济南钢铁集团总公司。1995年从济钢张三炼铁厂（原济南铁厂）分离，成立济钢张马屯铁矿，投资兴建了二期扩建工程，形成了具有年产50万t原矿，33万t铁精粉的生产能力。为适应企业新体制建立，2000年5月8日成立了济南钢城矿业有限公司，成为“四自两体”的济南钢铁集团下属子公司。

公司地处济南市东郊王舍人镇，东距济钢总公司5 km，西距济南市10 km，胶济铁路、工业北路分别邻于矿区南北，交通十分便利。公司占地面积22.26万m^2。

公司注册资本1.458亿元，目前拥有固定资产1.91亿元。在册职工883人，其中管理、工程技术人员98人，是一个精干高效的地下矿山。公司地下铁矿石储量大，品位高，属矽卡岩磁铁矿床，保有储量1900万t，可采储量1350万t，主导产品铁精粉品质优良，Fe品位在66%以上，副产品硫钴精矿。丰富的碴石得以开发建筑材料，尾砂作为原料对空区实施了全尾砂胶结充填，是一个典型的无废料绿色环保矿山。

多年来，该矿依据自身特点，围绕科技创新和管理创新，走出了一条创新发展之路。

（济南钢城矿业有限公司）

【科技开发】 由于矿体地处泉城济南的东郊良田，属大水矿山，为保障采矿安全，节约水资源，于1975年实施了小帷幕注浆堵水工程，1993年经论证，又投资8000多万元，克服诸多重大技术难题，在小帷幕注浆堵水基础上实施了大帷幕注浆堵水工程，该技术填补了国内空白，达到世界领先水平，使矿山生产能力进一步扩大，不仅避免了国家资源的浪费，也为泉城保泉节水做出了贡献。1995年，为解决尾矿无处存放、污染周边环境的问题，与长沙矿山研究院共同研究成功全尾砂胶结充填工艺技术，并顺利实施，获得中国有色金属总公司科技进步二等奖。该项目的实施，彻底解决了无尾矿坝制约生产的技术难题，建成了国内首家绿色环保无尾矿山，使矿山生产形成了采、选、充综合平衡的全闭路循环系统，取得了较大的社会和环境效益。

科技是第一生产力。几年来，围绕生产经营运行中的薄弱环节，开展科技攻关，解决了生产运行系统中的一系列重大技术难题，确保了生产的正常运行，并结出了丰硕成果。《小帷幕区采矿新工艺试验研究》、《大帷幕区分区疏干、分区开采方案研究与应用》课题分获省冶金总公司科技进步一等奖，山东省科委科技进步三等奖，解决和完善了采矿工艺，使矿山得以继续发展。生产装备不断更新和引进，先后引进了新型钻机、铲运机等现代化设备，国内首家使用了先进的落地式全数字摩擦轮提升绞车，大大提高了生产装备水平，保证了生产系统的正常运行。

（济南钢城矿业有限公司）

【企业管理创新】 公司管理创新是矿业公司得以持续发展的核心。多年来，坚持“每天从求新开始”的企业精神，培育市场观念，实施市场化战略和低成本战略。因地制宜采取多种形式，在公司内部生产单位试行了小核算单元、摸拟市场、自负盈亏、工资成本费用承包制改革，运行以来，降低了材料消耗，提高了劳动生产率，取得了明显经济效益。在管理技术人员中实行了评聘分离、竞争上岗、量化赋分、工作写真、互相评议的管理办法，调动了积极性。2001年一次性投资实施了矿山ERP系统，将办公自动化、生产管理、物流管理、营销管理、成本管理和财务管理有机集成，实现了管理信息自动交互，提高了矿山综合素质和市场竞争能力。

该矿始终注重两个文明建设协调发展。党的建设工作不断深入和创新，坚持把为企业的改革和发展服务作为党建工作的出发点和落脚点，2001年在党员中开展了“三高两先一创”活动，以政治素质高、知识水平高、技术技能高为保证，以始终保持共产党员的先进性、充分发挥共产党员的先锋模范作用为目标，以争创一流工作业绩为落脚点的党性实践活动，对党支部工作实行量化考核，收到较好效果，发挥了党组织的政治核心作用、党支部的战斗堡垒作用和党员的先锋模范作用。环境治理工作取得成效，2000年获山东省省级“清洁矿山”，近两年绿化、美化工作又上了一个新台阶，成为“花园式”单位。

中国加入WTO对企业的管理理念，模式和方法提出了新的要求，机遇和挑战并存，2002年矿业公司将完成ISO14001环境管理体系认证和OSHMS职业安全健康管理体系认证工作，通过“双贯标”，进一步提高企业形象，提升管理水平，与国际市场接轨。以此为契机，以市场为导向，以效益为中心，实施科技兴矿和低成本战略，开发非矿产业，不断壮大公司实力，向环境优美、健康高效、全国一流的绿色环保矿山迈进。

电话（传真）：0531－8984334

地址：济南市工业北路历城火车站西

邮编：250101 （济南钢城矿业有限公司）

大西林铁矿

【概况】 大西林铁矿位于黑龙江省伊春市美溪区境内，小兴安岭东部的中低山区，海拔高度300～700 m，相对高差在100～400 m之间。矿内铁路专线与哈尔滨铁路局的汤林线相联，专用公路与鹤伊高速公路贯通。

大西林铁矿始建于1958年，复建于1966年，由鞍山黑色冶金设计院承担总体设计。该矿属矽卡岩型磁铁矿，储量约450 t，品位在40%左右。矿山生产设备设施齐全，机械化作业，管理严谨，是目前全省惟一一家正规的国有企业，现隶属于黑龙江省大西林钢铁集团有限公司。矿山从复建以来已开采矿石420万t，创产值2.9亿元。

在30多年的生产实践中，矿山先后引进了一系列新的生产技术，提高了劳动生产率。采用小中阶段矿房崩落法。它的优点是，下盘边界控制得好，不易丢矿，回收率高。振动放矿法是黑龙江省第一次引进。它的特点是不用人力放矿，而是通过振动将矿石自动落入矿车里，装满后，偏心振子自动恢复原位和原角度，安全系数高，是由人工放矿到机械放矿的一个大的突破，这种放矿方法在省内其他矿山得到了推广。引用非电导爆技术，采用非电导爆管实施大爆破，安全方便，它的特点是毫秒分段爆破，使爆破更具有层次性，一次可以施爆2~14段，炸药有充足的时间释放能量，不但爆破效果好，而且作业人员有足够的时间撤离现场。矿山引进小中段阶段矿房崩落法和非电导爆技术后，成功地进行了10多次回采大爆破，药量最少的为30 t，最多的达80 t，崩落矿岩最多时达24万多t。

随着矿山服务年限的逐渐缩短，矿山早在1994年就提出了“二次创业”的口号，使二次创业的含义更为具体，目标更加明确。矿山领导和生产技术人员依靠自己的力量，大胆探索创新，经过多年的努力，于1998年成功地兴建了LRZ型微机控制连续乳化炸药生产线，并通过了黑龙江省民防科技工业办公室生产定型验收。这条生产线可以生产各种规格的乳化炸药，销往省内外各大矿山。以生产乳化炸药的化工厂为龙头，与之配套的乳化剂、乳化炸药发泡剂、油相材料、包装箱等产品，也相继问世，并进入其他市场。2000年，矿山又与上海化工研究院联合兴建了精细化工厂，该厂生产的“伊草”牌双乙酸钠($C_4H_7O_4 \cdot XH_2O$)产品，获得了黑龙江省颁发的生产许可证(黑卫食添字2000-182)，其产品以其独特的优点远销双汇集团有限公司以及国内各地。大西林铁矿开始着手研究开发硅锰合金的冶炼项目。矿山的替代产业正在悄然兴起，成为矿山经济的重要支柱。

电话：0458-3632302
传真：0458-3635027
地址：黑龙江省伊春市大西林铁矿
邮编：153023

(大西林铁矿)

鞍山大孤山铁矿

【概况】 鞍山大孤山铁矿位于祖国钢都鞍山东南12公里的千山脚下，占地面积为10.6km²，素有“十里铁山”之称。

铁矿始建于1916年，是全国较为典型的深凹露天铁矿。1949年到2001年累计采出矿石21016.7万t，岩石53782万t，为祖国的建设和钢铁事业的发展做出了较大的贡献。

1.*矿山主要产品*：磁铁矿石，平均地质品位33%以上，有害成分很低，矿石易磨，磁性率较高，可选性好。

2.*矿山规模*：年产矿石400万t以上，采剥总量1600万t，剥采比为2.8T/T左右。

3.*矿山现状*：采场封闭圈标高78 m，沿走向长1620 m，宽1200 m，目前已采至-186 m。

4.*矿山服务年限*：境界内现在矿石储量9000多万t，按目前产量水平和技术条件可服务20年。随着科学技术的不断发展，服务年限可继续延长。

5.*矿山开采工艺*：采用目前国内外最先进的端帮破碎间断——半连续胶带运输生产新工艺。工序分为穿孔、爆破、采装、运输、破碎、排土，已全部实现机械化、系统化和现代化。

6.*矿山的设备能力*：拥有大型生产设备门类较齐全。现有牙轮钻机6台，钻孔直径250 mm，年生产力15万m以上；电铲12台，年采装能力2000多万t；大型生产汽车14台，平均运距1.7 km，年生产能力1200万t左右；电机车16台，运距17.5 km，年生产能力550万t左右；皮带总长10000 m(东端岩石井皮带6000 m，西端矿石井皮带4000 m)年运输能力1000万t左右。

(鞍山大孤山铁矿)

【生产经营】 几年来，矿山采取走出去、请进来的积极做法，学习国外先进管理经验，不断深化内部改革，坚持以人为本，实现科学化管理。

1.*坚持以增产、提质、低耗为目标的科学管理*。科学合理地组织生产，最大限度地挖掘生产潜力，实现低耗高效；坚持以优质高效为目标，加强质量工作，向质量管理要效益；坚持对“零缺陷”管理为目标，加强设备管理，增强职工操作检修和维护能力，大力降低事故率，减少事故造成的损失，把人为操作事故所造成的损失与责任者利益挂钩，建立事故损失索赔制，向设备管理要效益。

2.*坚持以效益为目标的成本管理*。细化指标分解，坚持上、中、下旬预测，定期开展经济活动分析，强化成本指标考核，特别对柴油、电力、大宗原燃材料等进地跟踪管理，实现成本全过程控制，确保年利润指标的顺利完成。

3.*坚持推进“两大战略”*。一是全面实施“低成本”战略，优化工序配置，定期对系统进行分析测算，努力降低工序成本;开展"对标挖潜"工作,提高技术指标,特别推行财务全面预算制管理,对生产的全过程实行成本预测,控制消耗。二是全面实施"科教兴矿"战略,加强科技教育和技能培训,增强广大职工的科技兴矿意识,在全矿上下形成了一个学科技、爱科技、尊重知识、尊重人才的良好风气。鼓励职工和技术人员围绕生产经营的重点、难点开展技术攻关,以科技创新解决生产难题。 (鞍山大孤山铁矿)

【职工队伍管理】 1.坚持以人为中心的人本管理。

① 实现人员配置最优化。进一步深化用人用工制度改革,坚持公开、公平、公正、择优、竞争的原则,公开招聘岗位人员,实行优胜劣汰,竞争上岗。打破干部和工人岗位工种界限,促进人员合理流动,形成干部能上能下,职工能进能出,收入能多能少的良好局面。

② 实现工作效能最优化。强化职工技能培训提高素质。通过采取弹性工作制、兼工种作业、一职多能等多种方式,充分发挥职工的最佳效能。

③ 实现激励机制最优化。进一步完善严格的考核制度和激励办法,通过精神鼓励等方式,最大限度地调动、保护和发挥职工的积极性和创造性。

④ 实现参与管理最优化。不断增强职工主人翁意识,以企业生存发展为己任,组织职工全员全方位参与企业管理,促进企业管理水平的进一步提高。

2.坚持以落实责任为前提的制度管理。建立健全各项规章制度,落实经济责任,克服粗放管理行为。细化经营指标到车间、到班组、到机台、到人头,并按照《大孤山铁矿经济责任制考核办法》严格以法治矿,做到管理有区域,人人有责任,事事有人管。以严格的手段实现管理的规范化、程序化和制度化。

3. 坚持以全、细、实、严为重点的安全管理。强化全员教育、全员培训、全线预防。进一步细化安全措施,消除隐患,严格检查,严格考核,全面落实岗位安全责任制和部门安全责任制,确保安全稳定实现事故为零的目标。

(鞍山大孤山铁矿)

【企业文化建设】 1.加强企业文化建设,促进两个文明建设深入发展。把企业文化作为推动矿山向高新方向发展的内在动力。经过广大干部职工在长期的矿山生产实践中总结概括,提炼出具有大矿特点的大矿企业文化理念,即大矿的企业精神是:敬业、务实、创新、争先;大矿的经营理念是:以人为本,科学管理,追求卓越;大矿的企业目标是:争创一流,即:一流的员工素质,一流的管理水平,一流的经济效益,一流的企业形象;大矿的价值取向是:我靠大矿生存、大矿靠我发展。这些已成为统一大矿干部职工思想意志,指导实际工作的系统的理念精华,并以此激发广大干部职工坚定信念、团结进取、开创大矿各项工作新局面的创新精神。

2.全心全意依靠职工群众办企业。各级党政工团,组织学习宣传《公民道德建设实施纲要》,坚持以德治矿,培育"四有"职工队伍,自觉地维护职工的根本利益和合法权益,带头完成各项生产经营任务,实现企业效益最大化。不断增加职工收入。关心职工生活,特别关心特困职工生活,注重和改善职工生活,切实为职工解难题办实事,充分调动广大职工的积极性。

3.强化作风建设和民主管理。各级干部不断加强学习,提高思想政治素质和业务能力,深入基层调查研究,抓工作落实。加强民主管理,积极推行政务公开。广泛征求职工的意见和建议,拓宽职工参政议事渠道,自觉接受群众监督,实现决策的民主化、制度化。

4.强化样板工程建设。通过增产降耗,严格管理,筹措资金,近年来已投入300多万元整治矿山内外环境,修缮职工休息室、更衣室、浴池及职工文化活动场所6000多m^2,栽植花草树木4万多棵,种植草坪35000多m^2,铺设彩砖7000多m^2,绿化美化了矿山,为职工创造了良好的生产生活环境。

5. 丰富职工业余文化生活。以矿区文化设施为阵地,以喜闻乐见的活动为主要载体,以有专长、兴趣人员为代表,组成球类、美术、摄影、歌咏、读书等活动小组,举办矿区消夏艺术晚会和大型职工运动会,丰富矿区职工精神文化生活,进一步陶冶职工的情操。并以此推动两个文明建设的深入发展。目前,鞍山大孤山铁矿正以饱满的热情、高昂的斗志、创新的精神,向企业形象好、经济效益高、竞争能力强的现代化矿山目标奋进。

(鞍山大孤山铁矿)

包钢白云鄂博铁矿

【概况】 白云鄂博铁矿坐落在内蒙古的中部,南距包头市149 km,有铁路、公路相通,北距蒙古国106 km。矿区平均海拔1605 m,属高寒地区。

白云铁矿矿床是以铁、稀土、铌为主要资源的大型多金属矿床。面积为48 km^2,该区自西向东分布有五个矿体,即西矿、主矿、东矿、东介格勒及东部接触带。已探明储量14亿t,其中稀土储量居世界第一位。其中主、东矿体矿化强度最大,铁含量最高。1956年开始大规模的生产建设,截至2001年已采出矿石2.3亿t。

1.白云鄂博铁矿是包钢的主要原料基地。截至2001年末,全矿职工人数6818人,年末固定资产原价

162697.3万元,年末固定资产净值79013.9万元,年末设备总重量38368.1 t。2001年采剥总量完成2757.4万t,掌子出矿量完成812.5万t,全员劳动生产率5291 t/人年。

2.白云铁矿历次设计情况:白云鄂博铁矿自开发建设以来,主要的几次设计是:1957年苏联的技术设计,规模为铁矿石1200万t/a,其中:主矿720万t,东矿480万t,上部用铁路运输开拓,深部未做。1970年鞍院与包钢联合设计,规模为铁矿石900万t/a,其中主矿520万t,东矿380万t,上部用铁路运输开拓,深部为汽车,箕斗联合运输开拓。矿山长期以来是据此设计进行生产建设的。1985年鞍院做了深部开采初步设计,规划是铁矿石1200万t/a,其中主矿700万t,东矿500万t,开拓运输方式是铁—公路采场外倒装联合运输。

3.技改情况。"七五"期间包钢产量发展较快,要求白云铁矿生产能力期末达到1020万t,在这种情况下,白云铁矿分两期进行投资建设,首先考虑对东矿采场进行了扩建改造,在主体工艺部分采用电动轮汽车与准轨铁路联合运输方式,取代单一的铁路运输,大型的穿、采。运设备投入使用,并建设了相应的辅助配套设施。"八五"期间按照700万t对主矿进行改造。采场内主要设备有Φ310钻机,Φ250钻机4 m^3铲、10 m^3铲、108 t电动轮汽车、70 t运矿汽车、150 t及80 t电力机车等穿、采、运设备。生产能力接近1000万t/a水平。

4 生产现状。东矿采场全部为汽车运输,上部靠界边坡已达110 m,采坑深达120 m,下部各水平的有效工作线长度逐渐缩短,已进入深深部开采。主矿采场内尚有两条铁路线,分别布置在1638 m的南北帮,2002年就可以靠界消失,上部靠界边坡高60 m,采坑深42 m。主、东采场内生产台阶保持在5个,平均年下降速度为6 m/a。

5.发展方向。东矿采场现行的汽车运输方式已不再经济合理,需要引进国外先进的采矿技术,解决深深部开拓运输问题,这是明年重点考虑解决的问题。另外,在矿体的上盘,还蕴藏着1.5亿t的富钾板岩,平均品位达12.14%,在有用岩保护场还堆置约5亿t的稀土白云岩,如何充分利用白云铁矿的矿产资源,包头钢铁公司已进行科技攻关。随着科学技术的发展,白云鄂博铁矿一定会成为中国矿业中的一颗璀璨的明珠,为中国国民经济的发展做出更大的贡献。

(白云鄂博铁矿)

达茂旗石宝铁矿有限责任公司

【概况】 1.基本情况。达茂旗石宝铁矿有限责任公司始建于1988年,位于内蒙古自治区达茂旗境内希拉穆仁苏木与石宝乡交界处,西南距包头市198 km,东南距呼和浩特市97 km,西北距白云鄂博100 km,呼—百公路通过矿区,交通比较便利。

公司现拥有总资产1.2亿元,净资产6000多万元,注册资本4760万元,是一个拥有员工近600名的采选联合企业。采矿场总储量1.7亿t,设计境界内储量6000万t,年采剥总量600万t,其中采矿180万t。公司年生产铁精粉30万t,铁精粉品位TFe 64%以上,粒度-200目通过75%,产品低硫低磷无氟,是炼钢的优质原料,多次被用户评为"质量信得过"企业,成为内蒙古自治区最大的地方铁精粉生产厂家,包钢重要的原料基地。

2.生产效益。建矿以来,公司产值从187万元上升到现在6869万元,增长了36倍。累计实现利税1.8亿元,上缴财政1.2亿元。1994年以来,实现利税和上缴财政连续8年突破千万元。1997年以来,连续5年利税突破2000万元,已成为达茂旗财政的重要支柱,名列包头市属重点企业前十位。2001年,公司完成采剥总量600万t,采矿180万t,生产铁精粉30万t,完成产值6869万元,工业增加值3131万元,实现利税2100万元。

近几年,以公司为龙头,先后带动了4家铁精粉生产企业,使石宝工业园区铁精粉产量达到了50万t,2002年,园区内铁精粉产量将达到70万t,企业的发展有效地促进当地运输业、餐饮、维修服务等第三产业的全面发展,形成了产值超2亿元的工业园区。

3.新上项目。为了实现"经济强市,工业立旗"的战略目标,走"内强主业,多方拓展"之路,把企业做大做强,公司2002年立足资源优势,采取引资、合资、合作的方式,总共投资7100万元新上3个项目,其中铁精粉焙烧5000万元、铁合金冶炼1800万元、矿产品开发300万元。2002年年底,铁合金冶炼、矿产品开发一期工程建成投产,铁精粉焙烧完成基建、设备到位工作,力争2003年6月底投入试生产。新项目建成后,2003年公司产值将增加到1.5亿元,实现税金2000万元。到2004年新项目全面达产后,公司产值将增加到3亿元,实现税金3000万元,成为市、旗经济发展的重要增长点。

几年来,公司曾先后获自治区"优秀企业"、"全区乡镇企业先进单位"等50多项荣誉称号。公司以"抓住机遇、稳中求进"的精神,按照2001年初提出"观念创新、技术创新、制度创新、管理创新"的要求,努力实现企业可持续发展,并不断谋求新的更大的扩展空间。

联系电话(传真):0472—8311311
地　　址:内蒙古包头市达茂旗石宝铁矿
邮政编码:014511

(达茂旗石宝铁矿有限责任公司)

酒泉钢铁(集团)有限责任公司

【概况】 被誉为丝绸之路上"戈壁明珠"的酒泉钢铁(集团)有限责任公司(简称酒钢),拥有镜铁山铁矿、西沟石灰石矿等原料基地,为酒钢的发展壮大奠定了坚实的基础。

镜铁山矿地处祁连山腹地,海拔2600～4000 m,为国内自然条件最艰苦的矿山。包括正在生产的桦树沟矿区和建设中黑沟矿区。桦树沟矿区1970年建成投产,通过不懈努力,建成了中国规模最大、设备最先进的现代化坑采矿山。多年来,该矿的全员劳动生产率等多项主要技术经济指标始终保持国内同类矿山领先水平。

2000年,酒钢筹资4亿元开始建设储量1.5亿t、年产200万t、露天法开采的黑沟矿区,2002年底投产。提升高度640 m的罐笼井、深度为561 m的超深主溜井、以及总药量950 t、一次爆矿量95万m^3的大爆破等工程,均为矿山先进技术成功应用的典型范例。在异常艰苦的条件下,铁山人不仅创造了巨大的物质财富,而且创造了"艰苦创业、坚韧不拔、勇于献身、开拓前进"铁山精神,为社会主义现代化建设贡献了宝贵的精神财富。与之相配套的酒钢选矿厂,块矿采用培烧磁选、粉矿采用强磁选。应用稀土永磁强磁选机的原矿预选工程、选矿自动化改造工程均已开始建设,必将为酒钢选矿业带来深刻的技术变革,使酒钢选矿自动化水平跨入全国先进行列,成为产、学、研结合的范例。在嘉峪关西南43 km处的祁连山北麓,坐落着酒钢惟一的石灰石基地—西沟矿。全长11.7 km的架空索道,为全国同类矿山之最,现已超过80万t/a的设计生产能力,在服务30多年后,全长12 km的皮带运输系统正在建设,生产能力将进一步提高到140万t/a。西沟矿从严从细抓管理,截至2001年底,已创造了连续24年无伤亡事故的全国冶金矿山安全生产最好成绩,积累了丰富的矿山安全管理经验。

(酒泉钢铁(集团)有限责任公司)

海南钢铁公司

【概况】 海南钢铁公司(原海南铁矿),是中国独立露天富铁矿开采矿山,属国有大Ⅰ型企业,矿山位于海南省西南部,东距省城海口210 km,西有石—八铁路线与八所港连接,交通十分便利。2001年末,在册职工8400人。1939年,日本侵略者,对海南铁矿进行掠夺性开采。海南解放后,矿山于1957年恢复生产。经过三期扩建,已形成年综合能力460万t矿石的生产规模,拥有大型电铲、电机车、重型车等现代化开采设备。矿区探明有原生铁矿体38个,坡积矿体6个,资源特点为赤铁型富铁酸矿石,地质储量2.9亿t,平均品位含铁51.15%,其中平炉矿平均品位为62.07%。产品主要供应武钢、宝钢等国内钢厂。同时,伴生有钴、铜矿700多万t。

海南钢铁公司自1957年至2001年,累计生产铁矿石13869.96万t,成品铁矿石销售10562.58万t,实现利税17.2亿元,为中国钢铁工作的发展和地方的经济建设,作出贡献。经过40多年的开采,矿山已进入深凹露天开采,成本增大、税负重,使企业连续7年亏损。2001年采剥总量完成1352.8万t,铁矿石销售2301万t,亏损2197.17万元。全年千人负伤率0.582,重伤事故2起,轻伤事故3起,重大设备事故1起,岗位粉尘合格率82.8%,综合排放合格率100%。

总经理:马修
电　话:0898—26622540
传　真:0898—26622744
地　址:海南省昌江县石碌镇
邮　编:572700

(海南钢铁公司)

有色金属企业

五矿有色金属股份有限公司

【概况】 五矿有色金属股份有限公司于2001年12月18日在京成立,并召开了第一届董事会和第一届监事会,选举产生了公司董事会和监事会组成人员。五矿有色金属股份有限公司注册资本5.31亿元,由中国五矿进出口总公司与上海工业投资(集团)有限公司、金城江成源冶炼厂、宜兴新威集团公司、中国粮油食品进出口(集团)公司、自贡硬质合金有限公司共6家企业发起创立,总股本5.31亿股。其中,大股东中国五金矿产进出口总公司是国内目前最大的钢铁贸易商和有色金属贸易商,此次出资6.52亿元人民币,占总股本的80%。

新成立的股份有限公司主营业务包括国内外有色金属及其矿产品、加工产品、合金材料、副产品的生产、开发和销售、自营和代理钨及钨制品、锑及锑制品、白银、锡、锌、稀土及其各类商品及技术的进出口和国内贸易、经营与有色金属生产、加工相关的原材料、燃料及其他产品的国内外贸易等,服务范围广泛。

该公司发展战略为:以市场和客户为导向,通过积极有效地控制资源,提供有色金属优质新产品、发展增值服务,并通过资本市场的运作、发展成为具有国际竞争力和可持续发展能力的国内一流的有色金属资源提供商、生产商和贸易商。

在新公司成立大会上,五矿有色股份有限公司董事长苗耕书提出,五矿总公司对集团内有色金属业务进行重组,促进生产企业贸易增值服务为战略宗旨。联合有实力的合作伙伴共同发起设立五矿有色金属股份有限公司,并最终实现在资本市场上公开发行股票上市,顺应了有色行业国际化、集团化的发展趋势,有利于扩大有色金属国内外贸易规模,提高中国有色金属行业国际竞争能力和综合经济效益。

(中国有色金属报)

中国铝业河南分公司矿山公司

【概况】 中国铝业河南分公司矿山公司(以下简称矿山公司)成立于1990年4月,是中国铝业股份有限公司河南分公司的二级单位,由原郑州铝厂小关铝矿、洛阳铝矿、渑池铝矿、宜阳石灰石矿等6座矿山组成,是集矿山地质勘探、爆破、采矿、破碎、运输、机械加工于一体的亚洲地区最大的铝土矿生产供应基地。原名中国长城铝业公司矿山公司,2001年11月因随中国铝业股份有限公司境外上市而改为现名称。

矿山公司现有员工2243人,各类专业人员358人,其中中高级技术人员157人。现辖渑池铝矿、洛阳铝矿、小关铝矿、联办铝矿、张青岗石灰石矿等5座矿山,拥有铝土矿工业储量1.895亿t,石灰石工业储量4877.21万t,固定资产原值4.37亿元,设备1716台(套),年矿山采剥总量500万t。矿山公司所辖矿区地跨河南省郑州、洛阳、焦作、许昌、三门峡、平顶山等13个县、市。陇海铁路、焦枝铁路、郑州——三门峡高速公路和310国道通过矿区,交通条件便利,区位优势明显。

矿山公司所属小关铝矿建于1958年,是公司最早的供矿基地,经过50多年的建设和发展,具备了生产多品种高品位铝土矿和石灰石矿的能力,年设计出矿能力69万t,其中:铝土矿39万t/a,石灰石矿30万t/a。由于河南分公司氧化铝年年提产,实际供矿能力突破100万t,占矿山公司年供矿总量的42%~45%,被誉为矿山公司的"天然矿仓"。小关铝矿十分重视矿山环境保护工作,曾获国家地质矿产部"复土造田先进单位",被联合国列为环境保护试验区。渑池铝矿1992建成投产,拥有铝土矿工业储量6697.46万t,年设计供矿能力20万t,现在增加到70万t,矿石破碎能力增加到100万t,铝矿石品位铝硅比由平均大于9提高到大于12,是矿山公司的高品位铝矿石生产基地。

矿山公司经过12年来的发展,已形成了年供矿能力256万t,其中:高品位矿石171.3万t/a、普铝矿石4.3万t/a、中高铝矿石0.8万t/a、熔剂灰岩61.1万t/a、水泥灰岩18.5万t/a,初步形成了多品种供矿的格局。12年来累计完成供矿总量2427.9万t,其中:高品位矿石1385.5万t、中高铝矿石4.3万t、普铝矿石103.1万t,熔剂灰岩604.7万t,水泥灰岩330.3万t,铝土矿平均品位原矿浆铝/硅达到10.38,连年超额完成上级公司下达的生产经营任务。与此同时,矿山公司发扬艰苦奋斗、开拓进取的创业精神,走改革创新之路,积极转换经营机制,率先在国内有色金属矿山行业实施新模式联合办矿,受到了显著的经济效益和社会效益,得到了国家内经济界的充分肯定,曾在中国企业管理协会、中国矿业协会、中国有色金属工业总公司推广。矿山公司积极推进科技进步,加大科技投入,1999年承担了国家有色金属工业局重点科技项目"铝土矿选矿——拜耳法"生产氧化铝新工艺工业试验,获得了巨大成功。

矿山公司不断加强企业管理,倡导企业文化建设,先后获得国家级荣誉称号、成果3项,省部级荣誉称号、成果15项,地市级荣誉称号、成果多项,促进了矿山的稳定、健康、快速发展,被河南省委、省政府命名为省级文明单位。特别是跨入新世纪以来,矿山公司致力于矿山的生产和建设,实施可持续发展战略,加大豫西高铝矿资源开发力度,不断开辟新的联办矿点,拥有了河南境内1.92亿t铝土矿资源的开采权。矿山公司还坚持"一业之主,多种经营"的方针,兴办多种经济实体,盘活存量资产,进行减员增效,实现了主辅分离,转岗分流,开创了矿山经济的新局面。

地址:郑州市上街区登封路35号
电话:0371-8921375　8923555
传真:0371-8926299　8922289
邮编:450041　(中国铝业河南分公司矿山公司)

中国铝业股份公司山西分公司

【概况】 中国铝业股份公司山西分公司位于山西省河津市,是国家"六五"至"八五"期间的重点建设项目之一,隶属于中国铝业股份公司。1972年筹建,1983年一期工程开工,1994年二期工程建成,累计形成年产120万t氧化铝的生产能力,2000年实现达标达产,2001年,共生产商品氧化铝131.84万t,实现现价工业总产值26.13亿元,工业增加值12.61亿元,销售收入25.53亿元,利税7.52亿元,其中利润4.4亿元。近年来,企业获“全国设备管理优秀单位”、“山西省优秀企业”、“全国先进基层党组织”等荣誉称号。三期工程扩建80万t氧化铝项目和建设28万t电解铝及配套电站项目已经国务院总理办公会批准,正式立项,“十五”期间建成投产,成为具有国际竞争能力的、世界级的铝工业企业。

【生产经营】 2001年,是中国铝业公司资产重组、改制上市之年,在中国铝业股份公司(简称中铝公司)的正确领导下,在氧化铝市场价格不断下滑的严峻形势下,全体职工同心同德,拼死苦战,实施成本竞争战略,按照中国铝业公司“十五”规划的要求,同国际先进企业对标,明确提出了建成具有国际竞争力的世界级铝工业基地的目标,并采取了一系列措施。生产组织中,注重规模效益的发挥,重点抓技术指标和主体设备的台时产能;运行管理中,建立有效的激励机制,形成了各单位积极主动挖潜控制成本的良好局面;供应销售部门紧盯市场,抢抓稍纵即逝的市场机遇,降低了采购成本,确保了产品销售和货款回收。2001年,主要经济技术指标又有进一步改善,减耗67 kg/t-AO,同比降低14.11%;综合能耗110 kg标煤/t-AO,同比降低1.08%;氧化铝总回收率90.19%,同比提高0.5个百分点;氧化铝制造成本同比降低5.1%,特别是商品氧化铝产量超过设计规模10万t,制造成本提前达到了中铝公司“十五”规划的目标,完成了中铝公司“三个确保”目标,为中国铝业在香港、纽约成功上市做出了贡献。

(中国铝业股份公司山西分公司)

【企业管理】 2001年,中国铝业山西分公司在坚持进行标准化建设,实施独具特色的“3411”管理法的同时,开始实施企业发展战略,在现实竞争力、成长竞争力、未来竞争力三个层面上提高企业竞争实力。在提高现实竞争力方面,实施“引进大型氧化铝设备国产化”项目,提高技术装备水平,响亮地提出要通过技术改造和装备升级在原设计规模基础上提高产能20万t,达到140万t年生产能力;在提高成长竞争力方面,按照国家产业政策和结构调整的要求,采取超常规思维、跨越式发展的方式,开展扩建80万t氧化铝和新建28万t电解铝项目准备工作;在提高未来竞争力方面,承担了国家砂状氧化铝攻关任务,开发多加石灰拜耳法工艺,围绕前沿技术进行研发工作,2001年有8项科技成果通过国家鉴定,其中国际先进4项,国内领先3项,国内先进1项,申报专利7项。

(中国铝业股份公司山西分公司)

【企业机制转换】 按照中铝公司的安排,中国铝业山西分公司积极配合中铝公司完成了资产重组、财务分账和人员重组等各方面工作,并把工作重点放在保证体制成功和实现平稳过渡上,大胆探索,积极准备,为实现国有企业机制转换提前做好了充分的准备。一是针对境外上市后上市和存续板块分开运行的实际,本着审慎周密的原则,组织了专门小组进行调研,对管理构架、运行方式提出了设想,走在了中铝公司各成员企业的前面。二是在人员重组方面,开闸调峰,修渠铺路,进行了有益的尝试,分步实施了几次大的人员调整活动,为今后实行新的人员管理模式积累经验。三是开展了声势浩大的观念转变大讨论,以过深过细的思想政治工作来帮助职工认清形势,保安全,保生产,保稳定。 (中国铝业股份公司山西分公司)

【企业精神文明建设】 2001年,中国铝业山西分公司认真学习贯彻江总书记提出的“三个代表”重要思想,抓领导班子和干部队伍建设,抓廉洁自律和工作作风,抓思想政治工作和文明道德建设,抓社会环境稳定和综合治理,起到了转变作风、鼓舞士气、促进改革、凝聚人心的作用,凝聚力、向心力、战斗力不断增强。建党80周年之际,被中共中央授予“全国先进基层党组织”荣誉称号。

(中国铝业股份公司山西分公司)

山西中条山有色金属集团有限公司

【概况】 山西中条山有色金属集团有限公司位于山西省恒曲县境内,成立于1956年,占地面积24.41 km^2。1990年被山西省人民政府命名为先进企业;1995年名列全国工业企业500强第373位;1996年为国家特大型联合企业;1997年被国家列为512户重点国有企业之一,同年获得外贸进出口权;1998年被山西省人民政府命名为“1997年度管理优秀企业”;2000年被山西省人民政府命名为优秀企业。2001年3月19日,原中条山有色金属公司经山西省人民政府批准改制成立山西中条山有色金属集团有限公司,为省政府授权资产经营的12户企业之一。其矿山自产铜量在全国同行业名列第三,铜冶炼能力华北地区规模最大。2001年实行工业总产值5.56亿元,比2000年增加9861万元。实现销售收入6.97亿元,比2000年增加1.64亿元。上缴税金6698万元。

截至2001年底,集团公司拥有资产总额24.09亿元。其中固定资产15.41亿元,所有者权益12.97亿元,资产负债率46.18%。全员人均劳动生产率为3.41万元/人·年。

(高成宝)

【生产经营】 2001年,处理矿量完成555万t,为年计划的110.5%;精矿含铜完成3.04万t,为年计划的115%;粗铜完成4.05万t,比2000年增加8275 t;电解铜完成2.28万t,比2000年增加2476 t;铜线材完成2813 t,为年计划的101%;水泥完成12.3万t,为年计划的123%;发电量完成1.78亿kW·h,比2000年增加1767万kW·h。

经济技术指标中铜原矿品位完成0.594%,比计划提高0.023年百分点;铜精矿品位完成25.29%,比计划提高1.167个百分点;铜选故回收率完成92.031%,比计划提高0.391年个百分点;铜冶炼回收率,铜电解回收率、粗铜品位、电解铜品位均达到了计划要求。

2001年精矿含铜t成本比2000年降低720元,降幅7.24%;粗铜加工t成本比2000年降低300元。降幅21.89%;电解铜加工t成本比2000年降低26元,降幅3.93%;实现了“持平经营,力争赢利”的目标。

(高成宝)

【企业内部改革】 集团公司制定出台了《集团公司组织机构改革方案》等10个系列文件,进行了机构设置,人员定编,下岗分流;进行了资产的初步重组及清产核资工作;实现了由工厂制向公司制的转变,初步建立了现代企业制度。改制后,集团公司下设子(公)公司、具有专业管理事业部和中心30个;设职能部室14个,其中党群部室4个,董事会部室3个,经理层部室7个。现有在岗职工13755人,其中,专业技术人员3142人。

(高成宝)

【冶炼厂烟气环保治理工程】 冶炼厂烟气环保治理工程由集团公司设计研究院等单位联合设计,总投资约8000万元。2001年10月1日改造工程全面铺开,历时3个月,主要完成了原鼓风炉,转炉,硫酸一系统更新改造工程,新建制氧车间。主要设备包括:净化塔、吸收塔、干燥塔、转化器、电收尘、3200m³制氧机等。改造后生产工艺为:密闭鼓风炉富氧熔炼转炉吹炼、阳极炉精炼、电解和接触法制酸解工艺,形成生产能力粗铜35000t、电解铜40000t、硫酸100000t以及相当数量的金、银等,“三废”排放完成达到了国家标准。

(高成宝)

【科技成果】 国家“九五”科研项目《难采难选低品位铜矿地下溶浸工业试验》获2001年度中国有色金属工业科学技术一等奖,与之配套的铜矿峪矿湿法炼铜厂正由1999年的年产500t向年产2000t扩建;推广应用了孔底爆破技术,降低了采矿成本;建成了生物冶金实验室,利用驯化的菌种对铜矿峪矿硫化矿进行了对比实验,铜的浸出率提高15%左右;用铝铬砖替代铬镁砖,使候马冶炼厂1#、2#炉烟道粘结、延长耐水材料寿命等技术攻关项目完成。真正实现了“靠科学管理发展企业,靠技术创新壮大企业”的目的。 (高成宝)

【精神文明建设】 坚持“两手抓,两手都要硬”的方针,在各级领导干部中深入开展“三讲”教育活动,学习“三个代表”的重要思想,用科学的理论武装头脑;各级党组织加强了对干部的教育、使用和民主评议、考察;加大反腐倡廉的力度;全公司推行厂务公开、广泛开展劳动竞赛,成功举办了庆祝建党80周年系列活动。坚持“五必谈”、“五必访”等思想政治工作的成功做法,确保了集团公司安定团结、持续稳定的政治局面,推动了集团公司各项工作的顺利开展。 (高成宝)

中国铝业股份有限公司山东分公司

【概况】 中国铝业股份有限公司山东分公司下设矿业公司、阳泉矿两个矿山。矿业公司位于山东省淄博市张店区沣水镇境内,距总厂厂区东南约4 km,占地9.12 km²,于1954年7月建成投产,是中国铝业山东分公司氧化铝、水泥生产原料的主要供配矿基地。阳泉矿位于山西省阳泉市郊区,占地面积1.06 km²,创建于1966年7月,是中国铝业山东分公司驻外省的一个高品位铝土矿供应基地。

1.矿业公司。拥有员工809名,其中工程技术人员66名,下设9个部室、15个车间级单位。固定资产原值14510.24万元,拥有矿用汽车、潜孔钻、电铲、推土机等主要设备154台。2001年末企业工业总产值达1.2亿元。

经过多年的建设,矿业公司已发展成为具有雄厚的设备、人力、技术优势的大型矿山。主要产品有石灰石、铝土矿。采剥总量可达500万t。目前铝矿石年供矿70万t,石灰石可达150万t/a。近几年,在自有资源逐年减少的情况下,矿业公司通过民矿收购、联合办矿等途径广拓矿源,每年可向公司供石灰石180万t,在生产实践中,矿业公司探索出了一条资源贫乏矿山多模式办矿、多元化发展的新路子。

在多年的改革过程中,矿业公司大胆探索国有老矿山企业的发展之路,提出了“以矿为主,多元发展”的办矿方针,非矿产业有了较大发展。矿业公司先后成立了东山实业公司、爆破公司、劳动服务公司、恒通机械检修厂、纯净水厂、纸箱厂等非矿产业单位,形成了具有一定规模的非矿产业群,可提供大地及工程测量、工程爆破、土石方挖运、机械设备检修和机械加工、橡胶制品、轿车修理、硅酸钙保温材料等多方面的产品和服务。并在大地及工程测量、地下管线探测、工程爆破等方面形成了自己的优势技术。

2.阳泉矿。下设4个车间级单位、6个职能科室、3个经济实体,在职员工397名,年供矿能力60万t。随着改革的不断深化,阳泉矿提出了“以供矿为龙头,以第三产业为支柱,发展多品种经营”的办矿思路,先后开发了铝合金门窗、塑钢门窗、中空玻璃、纯净水、涂料、纸杯等新产品,并通过了ISO9001质量体系认证,为矿山的发展不断注入了新的活力。

在多年的矿山开采过程中,两矿积极贯彻边开发边治理的原则,在土地复垦、环境绿化等方面取得了显著成就。阳泉矿先后获得了“全国土地复垦先进单位”、“山西省省级文明单位”、“山西省绿化先进单位”等荣誉称号。矿业公司多年来绿化矿区面积2.6 km^2,绿化采空区、荒山5 km^2,被有色总公司授予“环境优美矿山”称号,被淄博市评为“花园式单位”、多次被中国铝业股份有限公司山东分公司评为绿化先进单位。矿业公司、阳泉矿环境优美,地理位置优越,两矿全体员工欢迎各界朋友光临。

(中国铝业股份有限公司山东分公司)

中国铝业山东分公司矿业公司

【概况】 1.基本情况。中国铝业山东分公司矿业公司位于淄博市张店区沣水镇境内,是中国铝业山东分公司氧化铝、水泥生产的主要供配矿基地。其前身为山东铝厂采矿部,1954年6月成立单独的矿山,1998年11月改制为矿业公司,2001年11月随同中国铝业公司于境外整体上市。现已发展成为一家管理科学、运作规范、技术先进、多业并举的大型综合性矿山企业。

矿业公司现有职工1008人,设有9个科室,10个车间级单位。业务范围涉及铝矿石及石灰石生产加工、控制爆破、大地及工程测量、纯净水生产、矿山机械加工、土石方挖运、建筑维修等多方面,技术力量雄厚,具有良好的发展前景。

主要生产设备为:4 m^3电铲、YQ-150型和KQ150A潜孔钻、WDY452电动液压挖掘机、TY220推土机、20-tBJZ3364自卸车、液压旋回破碎系统。

2.生产经营情况:现有露天石灰石采场2处,露天铝土矿采场1处。主要产品:

石灰石二种:合格料(粒度为40~120 mm)为烧结法氧化铝生产所用的熔剂灰岩、石渣(粒度为0~40 mm)为水泥生产所用的水泥灰岩。石灰石生产能力200万t/a;铝矿石年供应能力130万t。

2001年,采剥掘总量完成213万t,供应铝矿石126万t,石灰石134万t。主业经营实现了产、购、销一体化管理,加强了生产经营活动控制,适时调整经营平衡点,供矿成本逐步降低。

自1998年起矿业公司对产业结构重新定位,把发展三产作为实现多元化发展,增强企业后劲的重要战略。先后组建纯净水厂、爆破公司、东山实业公司等。2001年9月募股400余万元创立了民营企业——淄博天泽实业有限责任公司,所属的硅钙板绝热保温新型材料厂已建成投产。其生产迅猛发展,取得了良好的社会及经济效益。(中国铝业山东分公司矿业公司)

白银有色金属公司

【概况】 白银有色金属公司成立于1954年,是一家资源开发型企业,最初的发展从白银矿田铜资源开发起步。经过将近半个世纪的开发建设,已经成为采矿、选矿、冶炼、加工、化工和科研一体化,铜、铝、铅、锌、金、银、硫综合发展的特大型联合企业,是中国目前规模最大的多品种有色金属综合发展的生产基地之一。

由于有色金属品种由单一铜发展成为铜、铝、铅、锌4种主要有色金属产品,生产规模由3万t扩展到30万t,自有矿山原料供应虽由3万t扩展到7万多t金属量,但自有原料供给率也从100%下降到25%左右。但矿山企业对于稳定公司生产经营形势、消化有色金属价格的下跌带来的经济效益下滑,起着重要的作用。

目前拥有主体矿山有:有色金属矿山企业3家,即大型地下开采矿山—白银深部铜矿、中型地下开采矿山—小铁山铅锌矿、大型地下开采矿山—厂坝—李家沟铅锌矿。非金属矿山企业一家,即小型露天开采矿山石灰石矿和石英石矿。

2001年形成有色金属矿石182万t。

白银公司将加大矿山资源的开发力度,并对原露天矿山废石中的铜资源和尾矿中的有色金属资源进行开发利用,以增加自产原料自给率。

(白银有色金属公司)

【深部铜矿】 1.基本概况。白银有色金属公司深部铜矿是原白银露天矿开采结束后转入地下开采的矿山。

矿区以VI行为界,分为东、西两个区域。矿体特征上大下小,上富下贫。矿山保有矿山铜矿石含铜平均品位1.297%。

矿山实行分期开采,一期工程为四中段以上,二期工程四中段以下。一期工程设计生产能力100万t/a。1987年投产一期工程生产。

采矿方法为无底柱分段崩落法和空场嗣后充填采矿法。以崩落法为主,东部局部富矿体采用分段空场法嗣后充填采矿法。

二期工程是矿山发展与衔接的后续工程。设计生产能力为33万t/a。井巷工程量96 043m²。设计总投资4270万元。

井下深部二期基建中,五、八中段开拓已全面展开。三中段以下采区中央盲主井即将投入运行。

2.生产情况。2001年供矿量90.2万t,品位为1.003%。损失率为21.02%,贫化率为22.36%。掘采比为80 m/万t。

2001年深部铜矿成功创建"安全标准化生产矿山",至此,全公司矿山企业全部进入"安全生产标准化"管理行列,这标志公司矿山企业的管理工作进入到新的历史发展阶段。

深部铜矿矿石由公司选矿厂处理。产品方案为铜精矿。2001年主要技术指标是:铜精矿品位23%,回收率为95.5%。（白银有色金属公司）

【小铁山矿】 1.基本概况。该矿床属于铜、铅、锌多金属共生矿床,地质矿石储量为1000万t。地质构造复杂,原岩应力大,地压严重,矿石与围岩均不稳固。矿体形态复杂,膨胀狭缩,尖灭再现,分支复合现象突出,缺少厚大矿体,平均厚度为5 m,平均倾角75°。矿石分块状和浸染状两种。

矿床深部及外围由中加合资正在进行探矿,有一定的远景储量。

1980年该矿山正式投产,矿山设计采矿能力为30万t/a,实际达到采矿能力为30万t/a。采矿方法为上向进路尾砂胶结充填采矿法。

2.生产情况。目前按双中段同时作业的生产组织模式。现生产中段为五、六中段开采,六中段处于开采中期,五中段进入尾部开采。

2000年8月至2001年5月进行主井延深和主井系统改造工程。主副井均延深到八中段。目前七中段正在进行开拓与采准工程的施工,计划2002年开始回采。

2001年完成供矿量19万t,比计划超产1万t。矿石损失率7.72%,采矿贫化率14.97%。

矿石由公司选矿厂处理。该选矿系统产品为铜精矿和铅锌精矿。2001年选矿厂进行工艺流程技术改造,将铜选矿回收率从51%提高到55.32%。

2001年主要技术经济指标为:铅精矿17.45%,铅锌混合精矿中的铅15.12%,锌27.91%。选矿回收率:铜55.32%,铅79.22%,锌91.20%。

选矿厂提高铜选矿回收率指标为主要目的的工艺流程改造和小铁山矿主井延深及改造工程被誉为2001年度白银有色金属公司最为成功的技术改造项目之一。（白银有色金属公司）

【厂坝铅锌矿】 厂坝铅锌矿位于甘肃省成县,距公司总部500 km,精矿用铁路运输到西北铅锌冶炼厂。

厂坝铜锌矿是中国特大型铅锌矿之一,由厂坝和李家沟两矿床组成。

在"七五"、"八五"期间先后投资7.5亿元建成年产1000 t/d一期和年产2500 t/d二期露天开采矿山。一期1991年正式投产。二期工程1992年开始建设。1997年厂坝铅锌矿遭到群采的严重破坏,一、二期露天矿山报废,矿山被迫转入地下开采。

为解决转入地下开采前的矿山生存问题,分三个阶段实施了"安全复产、过渡衔接、持续发展"的基本工作思路:第一阶段——露天采场采取安全复产技术,恢复采场出矿;第二阶段——实施露天—井下联合残采;第三阶段:确定厂坝和李家沟矿深部开采方案,达到年产100万t生产规模。目前矿山生产与开发建设工作已进入第二阶段。

井下100万t生产规模的初步设计工作已经完成,现场工程全部开工。项目总投资约40141万元,销售收入629763万元。可持续生产至2025年。

采矿方法为分段空场法,局部采用留矿法。产品方案为铅、锌精矿。

2001年采选处理矿石量为68.06万t。主要技术经济指标为:铅精矿品位57.87%,锌精矿品位55.16%;选矿回收率:铅74.89%,锌85.84%。

2001年采选处理矿石量为68.06万t。主要技术经济指标为:铅精矿品位57.87%,锌精矿品位55.16%;选矿回收率:铅74.89%,锌85.84%。

（白银有色金属公司）

金川集团有限公司

【概况】 金川集团有限公司是由原金川有色金属公司依法改制设立的多元投资主体的有限责任公司,主要股东为甘肃省人民政府(经贸委)、国家开发银行、中国信达资产管理公司、甘肃省工业交通投资公司。生产镍、铜、钴、铂族贵金属、硫酸等化工产品和相应系列加工及盐类产品,目前已形成年产镍6万t,铜6万t、钴1200 t、铂族贵金属1000 kg、硫酸40万t等综合生产能力,是国内最大的镍钴生产企业和铂族金属提炼中心,镍产量位居亚洲第一,世界第八。截至2001年底,公司累计生产镍65.25万t、铜33.5万t、钴8007 t、贵金属14430 kg,累计完成工业总产值355亿元,实现利税88亿元。

公司拥有世界著名的超大型多金属共生的硫化铜镍矿床,镍、铜资源储量丰富。截止2001年底,金川矿区保有矿石储量4.46亿t,其中镍金属量463万t,位居国内第一、世界同类矿床第三;铜金属量289万t,仅次于江西德兴铜矿;钴和贵金属的储量也位居全国重要地位,是中国资源保有量最好的有色金属矿山之一。

公司共有职工30580人,其中主业单位24585人,辅业单位4020人,托管单位1979人。现有各类中级以上专业技术人员4969名,涵盖了264个专业,其中高级职称的专业技术人员997人,中级职称的3972人。

2001年产镍4.81万t、产铜4.90万t,完成工业总产值28.79亿元,实现不含税销售收入37.3亿元,利税8.1亿元,其中利润2.7亿元。2002年,公司在镍铜钴等主要产品价格较2001年同期大幅下降的情况下,通过降低成本,提高产品附加值,上半年已实现利润2亿元,可比产品成本降低1.48亿元,比2001年同期下降8.86%。预计全年实现利润比去年同期增长10%以上。 (金川集团有限公司)

【公司"十五"发展目标】 进入新的世纪,公司把加快发展作为主题,把产品结构调整作为主线,确定了"十五"发展目标。"十五"期间,公司将本着扩大经济总量,提高经济增长质量的宗旨,把"镍的文章做深,铜的文章做大,钴的文章做强,稀有贵金属的文章做精,无机化工的文章做活",使镍、铜、钴、铂族金属和无机化工产品年产量分别达到6万t、12万t、2000t、2000kg和60万t,年销售收入超过50亿元,利税达到10亿元以上,把公司建设成为具有国际竞争力的有色金属及无机化工大型企业和国内一流、国际知名的国家级镍钴铂族金属技术中心。2002年,公司明确提出两年实现"十五"发展目标。"十五"期间,有色金属总产量达到30万t以上,工业总产值达到85亿元,主业销售收入超过80亿元,利税15亿元以上,使公司成为国际知名的有色金属大型企业集团。

为了确保"十五"目标的顺利实现,公司计划投资30~35亿元,实施矿山改扩建、选矿扩能6000 t/d、铜冶炼系统二期技术改造、镍精炼系统节能降耗综合技术改造、羰基镍工程、选冶化厂区水处理改造、兰州金川科技园和兰州金川工业园工程等重点建设项目,以提高资源综合利用的深度和广度,进一步调整产品结构,进高产品附加值,增强公司的国际竞争力,从而实现金川集团的可持续发展。

(金川集团有限公司)

云南铜业集团有限公司

【概况】 云南铜业(集团)有限公司,是云南省政府授权资产经营的国有企业,是一个以铜为主,跨地区、跨行业,资产多元化、产品多样化,集采、选、冶、科、工、贸为一体的特大型企业集团。

公司所属或控股:云南铜业股份公司、云冶锌业股份公司、易门矿务局(玉溪矿业有限公司)、金沙矿业股份公司、星焰矿业股份公司、大姚铜矿(楚雄矿业股份公司)、四川凉山矿业股份公司、云南鑫辉工贸有限公司、云铜科技股份公司(云铜技术中心)、昆明永年锂业股份公司、香港云港有限公司、云铜进出口公司、云晨期货经纪有限公司、云铜鸿泰房地产公司、云南福大保险经纪公司等17个单位。

2001年末,集团公司拥有精矿含铜7万t、电解铜20万t、黄金3t、白银300t、硫酸35万t生产能力。公司拥有总资产84亿元,净资产30亿元,资产负债率65%,为云南省有色金属工业的重点骨干企业。

公司主产品电解铜、黄金、白银、硫酸为国优、省优产品,"铁峰"牌电解铜被国家确定为"走向世界的100家中国名牌产品",并在伦敦金属交易所(LME)注册,2000年云铜股份公司通过了ISO 9002质量体系认证,取得了参与国际竞争的通行证。

2001年,在国际铜价跌入104年来的最低点,公司铜价由2000年平均15516元/t降为2001年平均13590元/t,电铜、铜杆、硫酸三个主产品因价格减利达3.46亿元,在极其困难的情况下,全年完成铜精矿产量61853 t,较上年增长6.48%,完成有色金属产量19.5万t,其中:完成电解铜17.1万t,同比增长12.8%,电解铝1.3万t,电解锌1.1万t,黄金3t,同比增长15.3%;白银217.6t,同比增长42.9%;实现工业总产值31亿元(90年不变价),同比增长15.65%,销售收入40亿元,同比增长23.47%;产品产销率达99%;全年完成进出口贸易额1.3亿美元;全年实现利税22109万元,其中利润4351万元。

(云南铜业集团有限公司)

【管理体制改革】 云铜集团公司管理体制自2000年由中央下划云南省以来,在省委省政府的领导下,在省各有关部门的支持和帮助下,认真贯彻执行中央和省关于国有企业改革发展的方针政策,结合企业自身实际,不断深化内部改革,转换经营机制,加快建立现代企业制度步伐。

1.实行母子公司体制,理顺集团内部管理关系。云铜集团公司是1996年由东川矿务局、易门矿务局、大姚铜矿、牟定铜矿和云南冶炼厂以产权联结为纽带合并组建的集团公司。

集团公司内部实施"一委托、四统一、双层经营"的母子公司体制。这一体制,由于反映了现代企业制度的要求,较好地解决了集权与分权、职能划分的问题。

既对子公司有约束,又不包揽子公司的生产经营。各企业既要负养活自己的责任,又要有效解决平均主义弊端,既赋予共谋发展的机会,又根据生产经营效益适当拉开差距。这一体制的要害,是母公司只以投入的资本对子公司负有限责任,两句话:盈利分红,亏损不补。这是一种把压力、动力有机结合起来的机制。

2.股份制推进、加速集团内部的公司制改造。1998年,由原云南冶炼厂优良资产改制的云南铜业股份有限公司上市成功,加快了公司制改造步伐,目前所属生产企业都由工厂制改造为公司制。新成立的科技股份公司、永年锂业股份公司、云港公司、凉山矿业股份公司都按照《公司法》和股份制公司的要求,设立董事会、监事会和经理班子等现代企业制度法人治理结构,使所有权与经营权分离,增强了集团公司企业的活力。目前,集团公司所属7个单位已有6个单位按股份制企业要求建立了现代企业制度,剩余的一家(易门矿务局)正在进行改制,有望年内全面完成改制工作。

3.大胆探索,推动公司所有制结构和职工身份的调整和改革。公司决定,从2001年起将对各单位投资兴办的"小公司"进行体制改革和改变职工"全民身份"的试点,进一步推动公司所有制结构的改革。公司认为,所有制结构、职工"全民身份"问题,是云铜集团进入市场、参与竞争、做大做强过程中绕不过去,非解决不可的制度性问题,是涉及职工利益的深层次的改革,是公司顺应发展要求,加大结构调整力度的重大举措。我们要认真学习贯彻云南省第七次党代会精神,按照"三个代表"要求,坚持"三个有利于"标准,宜进则进,宜退则退,宜公则公,宜私则私,扫除"国有资产流动就是流失"、"全民身份至上"、"部门利益至上"等计划经济的传统观念,建立适应社会主义市场经济要求、符合公司发展实际的现代企业制度。

(云南铜业集团有限公司)

【企业结构调整】 调整结构,有进有退,有所为有所不为。云铜坚持以发展为主题,以结构调整为主线,不断加大产业结构、产品结构、资本结构、人员结构、企业结构的调整力度,做到有进有退,有所为有所不为。

1.调整产业结构,优化以铜为主,多领域、多元化的产业结构。"九五"以来,公司投资4亿元开发大红山铜矿二期工程和大姚铜矿凹地苴工程;投资9000万元控股四川拉拉铜矿,成立凉山矿业股份公司;投资300万元用于景谷铜矿勘探,通过以上投入,使公司保有铜金属储量达300万t,年产精矿含铜达到6~7万t。

通过股票上市,公司用募集资金7亿多元,引进国外艾萨炉先进设备和工艺对股份公司火法冶炼系统进行改造;并将投资4.5亿元新建15万t电解系统。两个系统技改完成后(2003年末时),公司电解铜生产能力将达到35万t。

公司成立了期货经纪公司、保险经纪公司和房地产公司,控股香港云港公司,向高新技术、金融服务、房地产领域进军。

2.调整产品结构,发展铜和稀贵金属深加工,提高产品附加值。公司投资5000万元在高新技术开发区建立云铜技术中心,研究开发铜高新技术和深加工产品;投资3000万元与昆明理工大学组建昆明永年锂业股份公司,将建成年产100 t金属锂的生产线,开发生产高附加值的金属锂产品;公司将与日本、澳大利亚等铜生产科研单位合作,投资1亿元,发展铜、银深加工产品。

3.调整资本结构,实现跨越式发展。"九五"期间,通过股票上市、增资配股、技改贴息贷款等融资渠道,公司获得近20亿元的发展资金,大大增强公司的发展后劲。目前公司拥有总资产84亿元、净资产30亿元,与集团成立时相比,增加1倍多。今后,公司将通过上市公司增发新股,积极争取楚雄矿业、凉山矿业以及云港公司的上市,进一步扩大集团的资本规模,实现跨越式发展。

4.调整人员结构,提高劳动生产率。通过下岗分流、减员增效和实施末期矿山关闭破产,集团公司职工由1996年成立时的3.4万人减少为1.4万人,减少59%。与集团成立时相比,人均实物劳动生产率由2.7 t电解铜,增长为人均12.3 t,增长3.5倍,人均销售额由5.88万元增长为人均28.57万元,增长4.85倍,人均拥有资产量由10.58万元增长为53.37万元,增长5.06倍,人均净资产由4.7万元增长为24.28万元,增长5.16倍。

5.调整企业结构,努力实现投资主体多元化。按照建立现代企业制度的要求,公司以股份制改造为突破,加快了所属企业的公司制改造,加快产权改革和资产重组步伐,并在兴办经济实体中大胆探索租赁、承包、转让、出售等产权制度改革,增强企业活力。

(云南铜业集团有限公司)

【矿山关闭破产工作】 东川矿务局和牟定铜矿是云铜集团下属的两户末期矿山,资源枯竭,资不抵债,连年巨额亏损,扭亏无望。东川矿务局累计亏损34744万元,总负债为49313万元,资产负债率为95.13%;牟定铜矿累计亏损8680万元,总负债达19698万元,负债率高达126.81%。

经过各级组织艰苦细致的工作,两户矿山均顺利完成了破产清算工作,牟定铜矿已于2001年7月31日经楚雄州中级人民法院裁定终结破产程序,东川矿务局已于2001年12月7日经昆明市中级人民法院裁定终结破产程序。

在两户矿山实施关闭破产过程中，云铜各级党组织以高度的政治责任感，认真负责地做好在职职工和离退休人员的安置工作，通过执行关闭破产退休政策、领取安置费一次性安置、移交社会职能以及成立新公司等途径，东川矿务局11179名职工、牟定铜矿1795名职工均得到安置，保证了职工队伍和社会的稳定，而且消除了云铜集团的亏损源，为企业跨越式发展创造了有利条件。

经过破产终结和资产拍卖，以购买原东川矿务局资产重组的金沙矿业股份有限公司和以购买原牟定铜矿资产重组的星焰有色金属股份有限公司已成立运营，截至2000年底，星焰公司已实现10万元盈利，金沙公司实现大幅度减亏。（云南铜业集团有限公司）

【预算化管理模式】 建立现代企业制度，要强化科学管理。企业管理的中心是财务管理。云铜创建了具有云铜特色的预算化管理模式，增强企业市场竞争力。预算化管理，就是以市场为导向，以实现目标利润为目的，以市场价格为基础，利用倒推计算方式，确定各生产经营环节成本与费用上限，以此作为内部生产经营单位成本控制标准，明确生产经营环节的成本责任，形成公司由上至下的预算责任体系，保证公司生产经营目标的实现。

推行预算化管理，公司可比产品成本大大降低，如大姚铜矿采选成本已降至7200元/t，比三年前减少一半，上市公司电铜冶炼成本降为1500元/t，比三年前减少1/3。2001年，集团公司可比产品制造成本比2000年同期降低3.42%，大大减少了铜价下跌的损失。

公司将推行"无为而治"的管理，加大市场化力度，不下达产品预算价，不下达产量指标，而是让各企业按预算化管理的要求，按养活自己、发展自己的目标，自行确定产量指标、成本指标和利润指标，实现市场化管理。（云南铜业集团有限公司）

【分配制度改革】 分配制度改革是企业制度改革的重要环节。云铜集团按照"三个代表"的要求，在发展生产、提高经济效益的基础上坚持社会主义按劳分配、效益优先、兼顾公平的原则，积极稳妥地推进分配制度改革，不断完善激励机制。

1.把不断提高职工收入作为工作的根本出发点和落脚点。公司要求所属企业在发展生产、提高经济效益的基础上，职工收入增长不得低于10%，并列入每年对企业领导班子经济承包责任制考核的主要指标，保证广大职工收入同企业效益同步增长。2001年，全公司职工人均年收入约为16000元。与此同时，公司还尽力提高职工的生活福利，已有3000户职工家庭通过集资建房落户昆明、玉溪、楚雄等中心城市，公司还积极向中央争取政策，筹划10000户职工搬入东川新村、昆明等地。

2.对企业领导班子实行年薪制绩效考核。领导班子完成各项经济指标，收入为单位职工年平均收入的5至7倍。

3.较大幅度提高工程技术人员待遇。公司出台内部专业技术职务评聘办法，使一大批专业技术骨干获得了相应的技术职务，目前公司拥有专业技术人员6418人。公司还较大幅度提高专业技术职务补贴：公司学科带头人每人每月津贴为1000元，优秀高级工程师600元，高级工程师200元，工程师80元，工人技师60元。（云南铜业集团有限司）

【公司"十五"发展计划】 1.云南铜业集团有限公司"十五"发展计划的指导思想：高举邓小平理论伟大旗帜，按照"三个代表"的要求，高起点、高质量、高速度地发展，以效益为中心，以结构调整为主线，以科技创新为先导，以资本经营为重点，以改革为动力，以高素质人才为根本，以提高广大职工生活水平为出发点和落脚点，努力实现新世纪做大做强云南铜业的目标。

2."十五"规划的奋斗目标：到2005年总资产超过100亿元，净资产达到50亿元，进入世界铜企业20强行列；销售总收入超过70亿，利税4亿；年产精矿含铜7万t，有色金属产量达40万t，其中：电解铜35万t，锌5万t，铜材深加工10万t，黄金4t，白银400t，硫酸55万t；高新技术产业形成雏形，主要技术经济指标达到并超过国内同行业先进水平，部分指标达到国际先进水平；职工人数7000人；全员劳动生产率在"九五"末期基础上翻一番；职工人均年收入达到2.5万元以上；国际贸易、期货经营、产权交易、房地产、酒店旅游、食品加工等方面有长足进展，两个文明协调发展企业经济实力跻身于世界铜工业20强，电解铜国内市场占有率达20%。（云南铜业集团有限公司）

云南文山蓝天矿业有限责任公司

【概况】 云南文山蓝天矿业有限责任公司位于中国西部边陲的文山县。1983年，投资160万元兴办文山铸钢厂，1997年7月一次试车成功，填补了文山铸锻、铸钢的空白。在东南亚发生金融危机、矿价下跌的情况下，又兴办了云南文山蓝天矿业有限责任公司，为把矿业做大做强，健全班子，成立董事会，下设办公室、财务部、生产开发部、储运营销部，下辖文山铸钢厂、麻栗坡南温河分公司、文山二河沟白钨砂厂。

文山铸钢厂年生产钢球、高锰钢衬板1000 t,年产值600万元,税费78万元,固定资产800万元。云南文山蓝天矿业有限责任公司麻栗破南温河分公司主要负责采选钨(其采选许可证为5300000040080号),采矿登记面积1.739 km^2。1998年建厂,目前已投资1500万余元,年产精钨矿120 t,年收入360万余元,年税费46万元。

二河沟白钨砂厂,固定资产1000万元,年产量90 t(精矿),年产值252万元,年税费33万元。随着西部大开发,公司董事会决定再上2个项目:一是在文山县下厂开采国家级中型银矿。据云南省地矿局第二地质大队"云南省文山县下厂银矿矿产资源开发项目建议书"提供的勘探资料表明:该矿具备开采价值,品位高达3000多g/t以上,技术资料可行,外部条件具备,投资风险小,3~5年可收回成本,该矿的前途远景无限,是一个可获得经济效益好的项目,需投资1亿元人民币。二是公司筹建1座6万t锌锭冶炼厂(终端产品年产6万t),文山有丰富锌资源,该厂建设需要资金1亿元人民币,三年左右收回成本,立项报告,得到了政府部门的支持。

2001年8月,董事长敖以能赴上海国际会议中心参加第八届APEC中小企业工商论坛部长会议,会上以"便利融资"为主题的发言,受到21个国家成员体主管中小企业事务部长和代表的欢迎。

(云南文山蓝天矿业有限责任公司)

抚顺红透山铜矿

【概况】 1.地理位置及交通。抚顺红透山铜矿是一座采、选、冶联合企业,矿区位于辽宁省抚顺市东部,坐落在抚顺、新宾、清原、铁岭四县交界处,西行距抚顺市65 km,距辽宁省会沈阳市100 km,矿区近邻沈吉线铁路和公路202线国道,距沈吉线苍石车站2.5 km,矿山有铁路专用钱相连(标准轨)。距国家公路202线1.0 km,交通非常便利。

2.企业的发展历程。抚顺红透山铜矿始建于1958年,经过40多年的建设和发展,目前已成为一座采、选、冶联合的大型综合性矿山。并在行业激烈的竞争中成功地站稳脚跟,随着企业发展需要,铜矿的采掘、选矿、冶炼体系已获得ISO 9002质量体系认证证书。

矿山主要产品有粗铜、硫酸、铜、锌、硫精矿、水泥等,目前从业人员4093人,拥有各类专业人员797人,矿业基础稳定,具有国内较强的竖井、巷道开凿能力和先进的采掘、运输、提升能力,可承揽金属矿山的大型建设项目,拥有先进的索道运矿、破碎、浮选、脱水设备的技术力量,可处理、加工铜、铅、锌等金属矿石,各项选矿指标达到国内先进水平。

3.企业资产。红透山铜矿地质资源丰富,目前井下矿石保有地质储量1100万t,潜在价值30多亿元,可连续生产20多年,另外企业的主要资产是技术熟练、思想先进的合格劳动力,2001年末拥有固定资产原值2.5亿元,净值1.1亿元,企业占地501万 m^2,建筑面积31万 m^2。

4.2001年主要经济、生产技术指标完成情况。工业现价产值完成25301万元;工业增加值11590万元;生产粗铜11116 t;硫酸(100%)46618t;铜精矿含量9073 t;锌精矿含量11668t;硫精矿(35%)24.6万t;产品销售收入24.689万元;实现利润59万元;实现税金1758万元;资产总计28553万元。

地　　址:辽宁省清原县红透山
电　　话:0413-3368301
传　　真:0413-3265924
邮　　编:113321

(抚顺红透山铜矿)

水口山有色金属有限责任公司

【概况】 水口山有色金属有限责任公司坐落于湖南省衡阳市南面40 km的汀江之滨,自营公路连接京广铁路和107国道。水口山是驰名中外的铅锌产地,建矿于1896年,享有"世界铅都"、"中国铅锌工业的摇篮"之美称。水口山有色金属有限责任公司是2001年9月由原水口山矿务局依法改制而成的有限责任公司。是一个集采矿、选矿、冶炼为一体,以铅、锌、铜、氧化锌和无炼为主的大型有色金属联合企业。现有铅锌铜矿山三座,铅、锌、铜、氧化锌和无汞锌粉冶炼厂各一座,还有亚洲惟一的铍冶炼厂,全国惟一的砷产品生产基地。大型的康家湾矿已跻身为全国第三大铅锌矿山。公司现有员工11000多人,拥有固定资产总额16亿元,年工业总产值15亿元,销售收入17亿元。拥有60万t采选能力,20万t铜铅锌冶炼能力。1000 kg黄金和200 t的白银生产能力。主要产品有铅、锌、铜、金、银、铍、锆、砷、无汞锌粉、氧化锌和硫酸等50余种。产品畅销全国各地,自营出口30多个国家和地区。其中"水口山牌"铅锭于1994年在伦敦金属交易所注册,"水口山牌"锌锭、银锭也即将在伦敦金属交易所注册,"飞轮牌"氧化锌曾获国家质量金质奖,企业已通过ISO 9000质量体系认证。近两年公司荣获了"全国五一劳动奖状"、"湖南省优秀企业"、"衡阳市文明单位"等荣誉称号,目前为湖南省重点扶持优势企业。

"十五"期间,公司通过资产重组,按照"深化改革改制,开拓矿山资源,搞活有色主业,做强特色产业”这一发展思路,建立现代企业制度,寻求新的矿山基地,扩大铅锌生产规模,发展高新技术产品,做强铍、砷等特色产品。到“十五”末期,铅锌铜三种有色金属年冶炼生产能力将达到24万t,矿山精矿含量在4万t以上,工业总产值达20亿元,销售收入23亿元,实现利税总额3亿元,进出口总额1亿美元以上,让百年老矿再现生机,重振水口山铅都雄风。

法人代表:董事长兼总经理　刘振国
地　　址:湖南省常宁市松柏镇
电　　话:(0734)7382281
邮　　编:421513
传　　真:(0734)7511001
网　　址:www.sksc.com

(水口山有色金属有限责任公司)

湖南柿竹园有色金属有限责任公司

【概况】 湖南柿竹园有色金属有限责任公司是经湖南省经贸委批准,由原柿竹园矿依法改制而成、拥有自营进出口经营权的国有大型采选冶联合企业。是中国最大的钨、铋生产基地。现有资产总值3.12亿元,年产值1.2亿元,年销售收入1.3亿元,员工3265人,其中有各类专业技术人员600余人。公司主要生产钨、钼、铋、铅、锌、萤石精矿和铋锭、粗铅、氧化钼、钼铁等冶炼产品。“柿竹园”牌铋锭已通过ISO 9002国际质量认证,是省优质产品,2001年被湖南省评为高新技术产品,获“97法国巴黎国际名优新产品(技术)博览会最高金奖”,在国内外市场享有盛誉。

公司地处郴州市苏仙区,采矿面积为37 km^2,土地面积17 km^2,为柿竹园更大规模的开发提供了有利条件。公司拥有丰富的矿产资源,现已探明的矿物达143种,被誉为“世界有色金属博物馆”。

近年来,公司以建立现代企业制度为契机,大力推进企业改革与科技进步,不断加快产品结构调整步伐,现已形成每年77万t采掘能力,矿石处理量70万t,冶炼生产能力4000 t,其中铋锭1000 t。2000年生产钨精矿2517 t,钼精矿725 t,钼铁129 t,铋金属量630 t,铋锭399 t,铅锌金属量6103 t,是目前中国最大的铋、钨生产基地。

“十五”期间,公司坚持扶强项,创名牌,扩规模,上水平的发展战略,保持现有采选生产能力,扩大冶炼规模,延伸铋、钨加工,拓展萤石生产,不断做大、做强自己。

董事长:洪明洋
电　话:(0735)2612532

(湖南柿竹园有色金属有限责任公司)

保靖锌业开发有限责任公司

【概况】 湖南省保靖锌业开发有限责任公司地处吉首武陵东路108号,距吉首火车站5 km,由保靖毛沟硫酸分公司、保靖得兴分公司、毛沟分公司、古文化工厂硫酸分公司、吉首冶炼分公司、湖南凤凰县祖胜采选厂、贵州省铜仁采选分公司共8家分公司组成集团性民营股份制企业。

公司目前拥有固定资产近1亿元,员工618人,主要产品有锌锭、粗铅、硫酸、锌精矿等,主导产品“青山”牌锌锭远销日本、韩国、印度等国家和台湾省及地区,质量和信誉得到了国内外广大客户的好评。

在全国优秀乡镇企业家贾绍本董事长的带领下,公司不断开拓进取,目前年产锌锭15000 t,硫酸20000 t,粗铅5000 t,锌精矿40000 t,同时拥有两处矿储量丰富的大型矿山,实现了采、选、冶一条龙的经营模式。公司先后被评为湘西自治州“十强民营企业”,州直属民营企业“重点保护单位”,市人民政府“依法纳税先进企业”,环境保护“达标排放单位”和“出口创汇先进民营企业”。已拥有“自营出口权”和取得ISO 9001:2000年质量体系认证的保靖县锌业开发有限责任公司愿与广大新老客户和投资合作伙伴携手共创美好的明天。

总裁室:0743—8255789　经营部:0743—8255056
行政部:0743—8255781　传　真:0743—8255782

(湖南省保靖锌业开发有限责任公司)

宜春钽铌矿

【概况】 宜春钽铌矿,国家大Ⅱ型企业,全国“五一劳动奖状”获得单位。2001年完成不变价工业产值3506万元,比2000年同期增长1.36%,现价工业产值9672.50万元,比2000年同期增长45.80%;生产钽铌精矿144.832 t,锂云母精矿16071 t,长石粉118659 t;全员劳动生产率83672元/人年,比2000年同期增长53.36%;实现利税3467.53万元,同比增长88%;其中利润2450.40万元,同比增长129%;综合经济效益指数达309.20%,同比增长130个百分点。

1.精心组织均衡生产,目标任务全面完成。充分发动全矿职工抓住传统佳节等一切可以利用的作业时间,加大生产力度,强化调度职能,协调生产,确保了满负荷均衡稳定的生产运转。强化采矿,合理配矿,确保供矿，全年完成采矿量 489930 t，出矿 566880 t。在确保正常生产的同时，克服困难，分别完成了边坡处理和剥离工作任务。注重选矿工艺流程管理，抓技改攻关，精工细作，早收多收，提高产品产量和质量，提高选矿回收率，上半年 4 个月月产突破 15 t，其中 1 月份生产钽铌精矿 16.306 t，创历史月产新纪录；选矿回收率达 49.18%。同时完成了锂云母精矿脱泥和提高长石粉产量的技术改造，提高了副产品的产量和质量，满足了销售的需要。

2.积极拓宽产品市场，销售工作再创佳绩。年初将销售任务层层分解，建立一系列开发奖励、考核兑现制度，做到人人有风险、个个有重任，充分发挥营销人员各自的优势；及时把握几十年难得一遇的钽铌市场机遇，抓住瞬息万变而短暂的钽铌市场高点，创造了建矿史上的月销量、售价之最。同时，把重点进一步放在搞好锂云母、长石粉的促销开发上，树立"服务有限，满意无限"的思想，发挥"三多一勤"的销售工作作风，把握市场信息，选准市场目标，主动出击，提高产品市场竞争能力和市场占有率；坚持款到发货，及时抓好销售结算，销售收入 7333.78 万元。

3.抓好重点工程建设，矿山接替确有保障。2#尾矿库自全面投入施工建设以来，根据技改建设程序，打破常规，本着安全合理、高速高质、平行交叉进行的原则，按轻重缓急安排初期坝、排洪隧洞、分洪隧洞、排水斜槽和拦洪坝等工程。整个工程始终贯彻精心设计、精心组织、精心施工，前后花了 13 个半月，(如按步就班，工程要四年时间)，节约了工期，确保了质量，按时完成了任务。总库容 4436.2 万 m^3，按现有生产规模，可使用 105 年，总投资近 4000 万元。同时，针对年初业已取得成效的矿区周边矿业秩序出现大的反复，在积极依靠政府部门支持的前提下，按照"打防并举，标本兼治，重在治本"的原则，组成一支 80 余人的工作队，发动全矿职工群众，投身于专项整治斗争，进行矿业秩序整顿，维护矿区正常生活秩序，取得阶段性成果。

4.坚持科学务实管理，挖潜降耗效果明显。从薄弱环节入手，严字当头，夯实基础，全面提高管理水平。一是坚持"安全第一，预防为主"的方针，落实安全责任制，严格安全操作规程，严肃工艺纪律和劳动纪律，定期安全检查，及时整改隐患，加强设备管理，提高运转效率，减少跑冒滴漏，尽量避免安全事故的发生。二是突出资金和成本管理，积极组织收入，及时回笼货款，落实收入计划，平衡调度资金，规范财务会计核算，加强内部审计监督，确保国有资产保值增值和安全正常运营，全年资产保值率达 123.32%，同比增长 9.52 个百分点；三是进一步完善内部经济责任制，遵循"公平效能"的原则，加强成本综合分析，挖潜降耗，提高效益，比计划节约生产成本 223 万元。(宜春钽铌矿)

【企业内部改革】 按照既定方针，继续深化企业内部改革，逐步实现主辅分离，推向市场谋出路。机修厂完成机修加工量达 104.76 t，同比增长 10.33%，产值 144.98万元，实现内部考核利润 15.16 万元。汽车队进一步完善台车承包和修理工时制，全年完成货运量 34 万 t，货物周转量 551.8 万 t km，创产值 276 万元，实现内部利润 14 万元。继续完善职工子弟学校的责任制方案，石材厂、后勤处食堂、招待所等单位部门的承包方案。同时，做好了企业资产重组的有关准备工作。

(宜春钽铌矿)

【精神文明建设】 坚持人本观念，切实加强两级班子建设和职工队伍建设。以党风廉政建设为重点，按照集团公司对"三讲"学习教育的统一部署安排，我矿在矿级班子及成员中开展了"三讲"学习教育，通过学习理论、查摆问题、制订方案、落实整改，切实把领导班子成员思想政治素质的提高，转化为促进矿山改革发展的工作思路和实际行动。全心全意依靠职工群众办企业，不断完善矿务公开制度，切实改进机关干部的工作作风，深入一线现场办公，密切联系职工群众，为基层职工办实事做好事。如对全矿平房、楼房底层、集体宿舍一楼共 261 户(间)计 7588 m^2 打防潮地面，改善办公条件，改造新坊至矿部油库段公路等。注重抓好职工的政治业务学习和岗位技能培训，举办了电脑培训及实用技术培训 10 期，利用多种形式组织职工深入学习党的十五届五中、六中全会精神和江泽民总书记"三个代表"重要思想，以庆祝建党 80 周年为契机，开展了一系列健康有益的活动，宣传国企改革方针，耐心细致地做好职工思想政治工作，引导职工支持改革，热爱矿山，立足岗位作贡献。精神文明建设锦上添花，宜春基地"夕阳红"小区和采矿场小区分获江西省和宜春市"安全小区"称号，有效地促进企业的健康、持续、稳定发展。(宜春钽铌矿)

凉山矿业股份有限公司

【概况】 凉山矿业股份有限公司位于四川省会理县绿水乡，创立于 2001 年 9 月，是经四川省人民政府批准，由四川省拉拉铜矿、云南铜山(集团)有限公司、云南铜业股份有限公司、云南楚雄矿冶股份有限公司、四川康西铜业有限责任公司五家企业共同发起组建的股份有限公司。凉山矿山股份有限公司注册资金 15000 万元，员工 880 人。已拥有年采剥 140 万 m^3，年选矿 50 余万

t,年产铜精矿含铜3600余t,钴精矿含钴30余t,钼精矿折合量110余t,铁精矿20000余t能力。

凉山矿业股份有限公司依托拉拉矿区丰富的地质资源优势和原拉拉铜矿成熟的生产技术工艺,确立了企业“跨越式”发展战略:

目标:到2010年,公司拥有年产铜精矿含铜20000余t能力,全员实物劳动生产率在全国同行业中保持领先,建成西南一流、国内有名的现代企业。

两步走:第一步:“十五”期间,全面形成4500t/d生产规模,主要经济技术指标居国内同业先进行列,经济效益大幅增长,企业步入良性循环;第二步:确定红泥坡等外围资源亮点,上市融资,再次实现规模跨越至10000t/d,达到年产铜精矿含铜20000 t以上。同时通过兼并,收购、控股、参股周边中小矿山企业,以较少投入控制更多的资本,实现低成本扩张。

三点新:管理创新:以人为核心,以引入和完善全面预算化管理为切入点,不断吸收和借鉴国内外企业创新成果,构建具有凉山矿业特色的现代科学管理运行机制和体制,实现管理新跨越,形成出产品、出效益、出人才、出技术、出经验、出竞争精神的环境;技术创新:引进和推广应用新技术、新设备、新工艺,不断优化和改进传统工艺流程,提高技术和装备水平,以适应现代大型矿山发展需要;开发新产品:充分利用自身资源、原料优势,单独或联合开发高附加值新产品,增强企业市场竞争力。

按照“跨越式”发展战略目标要求,目前凉山矿业股份有限公司正在实施4500 t/d技改扩建工程,进展十分顺利,预计整个工程项目在2003年9月竣工投产。全面预算化管理经验在企业生产、经营、技改各个领域全面推广实施,效果显著。新世纪、新企业、新机制、高效率,凉山矿业股份有限公司正以崭新的风貌行进在跨越发展的征程中。 (凉山矿业股份有限公司)

栗木有色金属公司

【概况】 栗木有色金属公司(原名栗木锡矿)位于广西桂林市恭城县境内,为国有大型企业,是全国五大钽铌稀有金属重点生产加工企业之一,年矿山采选能力100万t,拥有稀有、有色三条完整的采、选、冶生产线及多种选冶手段并拥有自己独特的专利技术。经70多年的发展壮大,已成为亚洲最大的钽铌低品位加工生产中心,具有色、稀有金属深加工、化工、石化、医药、机械制造、建筑、饭店、进出口商贸等20多个行业100多余种产品的集团式综合性企业,年产值达5亿元人民币以上。

主要产品:各品级锡锭、电容器级钽粉、冶金级钽粉、碳化钽、氟钽酸钾、高纯氧化钽、钽条、碳化铌、高纯氧化铌、氧化铌、促钨酸铵、三氧化钨、钼粉。形成以20%三唑锡为主的农药系列产品,以锡铅焊料为主的有色金属系列产品,以“克矽风”药酒为龙头的医药、保健系列产品,以石油液化气、超纯氢氟酸、高纯硫酸、二号铵松脂炸药为主的化工系列产品及以碳化钛、碳化铬为主的碳化物系列产品。其中的锡、钨、锝等主要产品均获省部级优良称号。以锡为主原料的三唑锡高效低毒农药为国家“八五”星火计划高科技产品,钽铌产品及深加工定位于广西高新尖科技发展战略计划。

主要产品的生产规模:锡冶炼能力1000 t/a;钨冶炼能力500 t/a;钽铌生产能力300 t/a;碳化物生产能力100 t/a。截至2001年止,累计实现工业产值(按不变价计)20亿元,创利税1.1亿元,主要产品远销西欧、日本、韩国等国家和地区,是广西有色稀有金属工业的主要出口创汇单位。

遵循国家的工作部署,加快转产分流,稳步发展壮大,经近八年的努力,已建成转产项目50多个,80%以上达到预期效果并取得效益。转产开发项目已投入达5000万元以上,新增产值能力1.5个亿,创效益3800万元,分流和安置就业人员达1000人以上。为社会的稳定,企业的发展作出了贡献。

经不断深化改革,强化管理,生产经营求实稳进,效益不断增长,2001年实现工业产值比2000年增长28.35%,全员劳动生产率增长10%,钽铌、有色加工及碳化物、其它行业等分别增长33.10%、16.7%、9.76%,连续8年完成国家下达的经济承包目标。目前,在实施跨越性发展战略,开创高新技术产业,不断提升企业实力。

全公司3000多名职工,在“团结、拼搏、开拓、奉献”的企业精神旗帜下不断开拓进取,以创新的理念图谋企业大发展,加大企业的管理、经营、产品、科技、组织、投资、企业文化等各方面的创新,与时俱进,逐步将栗木有色金属公司建成为现代企业制度的新型企业。

经理:孙德春
电话:(0771)8327210
传真:(0771)8327200
地址:广西桂木市恭城县
邮编:542503 (李晓秦)

新疆维吾尔自治区有色金属工业公司

【概况】 新疆维吾尔自治区有色金属工业公司是根据《中苏友好同盟互助条约》及有关协定于1950年12月

30日在新疆建立的，当时称“中苏有色及稀有金属股份公司”。1954年12月30日，苏方股份移交中国，开始了由中国独立经营时期。50～70年代主要从事稀有金属矿产的开采，现已发展到以稀有金属、有色金属和黄金工业的采选冶为主体，集地质勘探、科研、设计、建筑安装、机械加工、维修、汽车运输、水力发电、物资供应、产品销售、文教卫生等为一体的国有大型企业。2001年9月按自治区要求，新疆维吾尔自治区有色金属工业公司改制为国有独资的新疆维吾尔自治区有色金属工业(集团)有限责任公司。2002年2月新疆维吾尔自治区正式任命了集团公司党委和董事会领导。

目前新疆维吾尔自治区有色金属工业公司拥有直属企事业单位27个，控股公司4个，参股公司2个，在职员工11133人，其中具有高级专业技术职务的有432人，中级专业技术职务的有1238人，初级专业职务的有1962人，截止2001年末，资产总额165220万元，占地面积44617亩，年实现工业总产值约40932万元(1990年不变价)，完成工业销售产值46264万元。

(新疆维吾尔自治区有色金属工业公司)

【生产经营】 新疆维吾尔自治区有色金属工业公司筹建初期，只生产专供国防、军工使用的稀有金属产品。国家包供包销，企业封闭式发展，缺乏市场观念和竞争能力。随着国内外形势的发展，国企改革的深化，市场经济的启动，我们对产业、产品结构进行了调整，公司由单一化初级产品向多元化中级产品、深加工发展。目前，公司已拥有有色、稀有、黄金三大系共45种产品，已经形成完备的生产体系，并具有先进的工艺水平，生产稳定，产品质量有保证，主要产品销路畅通，市场优势明显。其中高冰镍、电镍、电解铜、氧化钴、硫酸镍、金属锂等产品填补了自治区的空白。仅锂盐就开发出17种产品。其中，有14种产品达到国际认证质量标准。同时，生产领域逐步扩大，产品种类逐步增加，产品产量由小到大。到目前为止各直属企业，主要产品产能：锂盐(氢氧化锂、氯化锂、碳酸锂)6000～8000 t；金属锂50 t；铝锭3200 t；锂辉石精矿(6%)22000 t；钽铌精矿80 t；高冰镍8000 t；镍2040 t；铜5000 t；氧化钴15 t；铬矿石2万多t；黄金近5万两。大部分产品都填补了新疆维吾尔族自治区历史上产业或产品的空白。

(新疆有色金属工业公司)

【科研成果】 新疆维吾尔自治区有色金属工业公司经过50年的发展，在生产实践中积累了丰富的经验，生产技术也不断更新。可可托海稀有矿在采掘上，采用了光面爆破，双台阶深孔清坡；在排水上采用了深孔潜水疏干，在选锂上采用了重选、磁选、浮选、电选工艺，其技术经济指标达到国内行业先进水平。在选钽铌上采用的旋转螺旋溜槽法，该成果获自治区科学技术进步一等奖，螺旋溜槽获国家发明奖。自治区锂盐厂的锂辉石硫酸法生产工艺，开创了国内直接生产碳酸锂的先例，获自治区技术进步二等奖。其生产规模、产品质量位居全国首位，产量占全国的70%。产品曾获得国家经贸委颁发的出口产品品质优良荣誉证书，国家优质产品银牌奖，是自治区首家采用国际标准验收合格企业，系国家级锂盐技术中心。阜康冶炼厂是全疆惟一的以铜镍冶炼为主的中型企业，其生产工艺是由北京矿冶研究总院和公司共同研究引进的90年代世界先进的湿法冶炼技术，该成果填补了中国在这个技术领域的空白。获国家科技进步一等奖，1997年获联合国发明创新科技星奖。阿希金矿成功地引进并改进了前苏联的矿浆树脂提金工艺，具有国内领先、世界先进的生产水平，获自治区科技进步三等奖。近20年中，公司共完成科研项目276项，获奖比例达41%，约有60%的科研成果应用于生产，取得了较好的经济效益。

(新疆维吾尔自治区有色金属工业公司)

西部矿业股份有限公司

【概况】 西部矿业股份有限公司是经青海省人民政府批准，由西部矿业有限责任公司作为主发起人，联合北京鑫达金银开发中心、株洲冶炼厂、长沙有色冶金设计研究院、广州保税区瑞丰实业有限公司等5家单位共同发起设立。公司成立于2000年12月28日，拥有资产50654万元，现有职工1243人，其中各级各类专业技术人员214人，大中专以上学历708人。

公司主要从事铅锌铜等矿的采矿、选矿及其合金产品的科研、生产与销售，有色金属矿产品贸易、地质勘查等业务。其下属的锡铁山铅锌矿已形成年采选铅锌矿石100万t、生产铅锌金属含量10万t以上的生产能力，在中国同类矿山规模中排名第二位。公司所属的老河口分公司已形成年产电铅5万t、铅基合金2万t、白银80 t、黄金150 kg的生产能力，产品远销日本、韩国、新加坡等国家和香港地区，所生产的国标1#电解铅已在伦敦国际金属交易所注册。公司控股的青海锡铁山矿业进出口有限责任公司年创汇3000万美元以上，是青海省最大的出口创汇企业之一。公司具有地质勘查资格及乙级测绘，曾连续多次荣获青海省科协重大找矿成果奖等奖项。

公司以矿产资源开发为基础，以高新技术为龙头，以经济效益为中心，以市场需求为导向，以发展西部经济为己任，走公司上市之路，充分发挥上市公司在资金筹措和管理规范化方面的优势，不断优化公司产业结构，积极开发，生产高新技术产品、高附加值产品，实现企业规模经营，形成具有一定规模和市场竞争能力的西部资源型、高科技型概念的大型矿山联合企业。

董事长:毛小兵
电　话:0971－6123888－8085
传　真:0971－6153149
地　址:青海省西宁市五四大街52号
邮　编:810001

(杨建华)

黄金企业

武警黄金指挥部

【概况】 中国人民武装警察部队黄金部队,是一支军事化组织形式的经济建设部队。其前身是中国人民解放军基建工程兵黄金指挥部,组建于1979年。1985年1月1日起列入武警部队序列,受冶金工业部和公安部双重领导,以冶金工业部为主。1999年2月10日转隶,实行武警部队和国家经贸委双重领导管理体制,由武警部队对其军事、政治、后勤工作实施统一领导,国家经贸委负责其业务工作,是国家财政一级预算单位。

武警黄金部队的基本任务是承担国家黄金地质普查、勘探任务;经批准承担重点黄金矿山、产区警戒任务和边远艰苦地区黄金生产任务;依法执行国家赋予的维护社会稳定和处置突发事件任务。

武警黄金部队是一支技术部队和管理部队。是一支科技含量高训练有素的部队。现有各类专业技术干部1332人,其中高级专业技术干部164人。部队除按建制设置外,还专门设有黄金地质研究所和黄金技术学校,有利保证地质找矿工作的开展和技术管理人才的培养。部队工作区域分布在全国25个省(市)区,多在边远、艰苦地区。近年向西部地区集结,为国家西部大开发,为黄金事业的发展,当好排头兵。

武警黄金部队组建以来,按照党中央、国务院、中央军委的指示深入冰封雪覆的兴安林海,挺进空气稀薄的青藏高原,穿行荆棘密布的秦岭深处,哪里艰苦哪里就有黄金部队官兵的身影,足迹踏遍祖国的山山水水,为国家经济建设和黄金事业做出了突出贡献。23年来,完成地质项目2226个;共提交黄金储量报告273份,提交普查报告储量533.276 t,详查报告储量46.84 t,勘探报告储量578.372 t,三段储量总计1158.488 t。先后探明超大型金矿1座;特大型金矿5座;大型岩金矿10座;大型砂金矿7座;中型以下金矿191座。

累计生产黄金6262.5 kg;完成黄金基本建设货币工作量3.2亿元。先后建成100、150、300L采金船15条,露天采选场7座;建成日处理矿石500 t选厂1座;完成全国最大、现代化程度最高的“七五”国家重点项目——山东省三山岛金矿井巷工程以及新城金矿斜坡道等10多项工程建设任务;担负了青海、河南、山西和甘肃等重点金矿山的护矿执勤任务。

“六五”至“七五”期间与地勘同行业相比,以占同行业1/6的投入为国家提交了占全国1/3的黄金储量;“八五”、“九五”期间人均为国家提交的金矿储量仍位于同行业领先地位。探获金矿绝大部分已被国家或地方政府开发利用,其中河南省小秦岭东闯金矿、河北省东坪金矿、内蒙古哈达门沟金矿、云南墨江金矿等,已成为国家或所在省区利税大户,有力地支援了国家和地方经济建设,特别对老、少、边、穷地区的经济发展起到推动作用。1990年,河北省崇礼县政府在东坪矿区树功勋碑1座,以表彰武警黄金第八支队做出的突出贡献。1992年,武警黄金第五支队被国务院授予“全国地质勘查功勋单位”荣誉称号。1994年,河南省政府为表彰武警黄金第九支队在小秦岭地区找矿所做出的贡献,发布嘉奖通令,并在九支队机关树碑纪念。1995年6月,中共中央总书记江泽民在哈尔滨考察期间接见武警部队官兵时,接见了黄金一总队代表。1995年底,李鹏总理从《黄金生产快报》上获悉中国黄金产量首次突破百t大关时,特此批示“向奋斗在黄金战线上的职工和武警部队表示热烈的祝贺和衷心的感谢”。

(徐成功)

【地质科研项目成果】 武警黄金部队组建以来,共完成地质科研项目330余项。其中获国家科技进步一等奖1项,二等奖1项;国家部委科技进步奖26项;2人荣获中国地学界最高奖——李四光野外地质工作奖。对5种新类型金矿的认识与研究有新突破,其中,“东坪式”金矿的首次发现与研究,对中国黄金找矿具有重要的理论指导意义;发现新矿物2种,并均被国际新矿物委员会承认;提出了地球脉动学说;建立统计地球化学和地质勘查效益理论;编写出版了《地质体运动理论及其应用》、《统计认识论》、《砂金矿勘查工作手册》、《金的化学分析》、《中国金矿物志》、《金矿地质与勘探文集》等一大批学术价值较高的专著。建立了“全国黄金矿山生产”和“全国金矿资源”2个动态数据库。

(徐成功)

【金矿地质勘查】 2001年黄金地质工作以“多找矿、找大矿、找富矿、找有价值的矿”为目标，合理调整布局，稳步推进工作重心西移，加强地质勘查管理力度。在36个成矿区带上共开展金矿地质勘查项目116项，其中：黄金工作专项费用项目112项（基础地质项目14项，预算地质项目24项，普查地质项目56项，地质科研项目18项；大型勘查项目3项，重点项目33项），国土资源大调查项目4项。完成主要工作量：岩心钻探38894 m，为年计划102%；砂钻8400 m，为年计划的107%；坑探8263 m，为年计划的102%；浅井2129 m，为年计划的109%；槽探318285 m^3，为年计划的105%；物化探测量10295 km，为年计划的104%。

共提交各类地质勘查报告71份；新发现成矿预测区107处，普查基地57处；新增金矿推断内蕴经济资源量(333)65109千克，为年计划的142%。（徐成功）

山西大同黄金矿业有限责任公司

【概况】 山西大同黄金矿业有限责任公司是由中国黄金总公司、大同市黄金有色金属有限公司、冶金部第三地质勘查局、山西省黄金工业公司和阳高县黄金公司共同出资组建的集采、选、冶为一体的现代化黄金矿山企业。

公司前身是山西省大同市阳高堡子湾金矿，1995年4月改组为有限责任公司。为实现堡子湾矿区勘查开发一体化的新格局，1997年11月吸纳冶勘三局为新股东。1999年3月，公司转换了股份体制，由原来的中国黄金总公司所占的股份转换为中金黄金股份有限公司所占有，使公司今后的发展有了更广阔的空间。

公司自组建以来，始终本着开发生产规模适度，科技兴企的目的，加大探矿增储力度，增强企业发展后劲，贯彻勘查开发一体化的战略方针。近几年先后投入资金298万元，用于改造工艺和采用新技术、新设备，使生产能力和技经指标得到了提高，从原设计的150 t/d，提高到了350 t/d。每年可增产黄金229 kg，选冶综合回收率比原设计指标提高了3个百分点，年可节约成本142万元。

几年来，边生产边技改，使日处理矿量达到了450 t，并先后与北京科技大学、东北大学、西北矿冶研究院、沈阳黄金学院、中国科学院、武警黄金部队黄金研究所共同研究黄金矿业的开发，增加了良性循环发展的轨道。截止至2001年底，公司共生产黄金2565.857 kg，白银4838.754 kg，实现工业总产值21046万元，实现利税2,968万元。同时，公司始终秉持“要金山银山，更要绿水青山”的原则，更是本着“开发一方，造福一方”的信念，致力于改善周边环境，每年坚持植树、种草、美化、净化环境，使生活区、生产区周围成为一块绿洲，累计投资约20余万元。

几年来，公司在资金紧张的情况下，一方面努力加强管理，提高效益；另一方面挤出资金对阳高县组织的各种活动及贫困山区的学校进行资助，兴建黄金希望小学共计投资8万元，资助周边贫困乡村小学5所，折合资金约4万元，为地方经济的发展做出了贡献。

1998年为解决周边农村饮水困难，投资14万元兴建引水工程，使农村的人口饮上了自来水。其他赞助（修路、各种活动等）共计15万元。为此，公司得到阳高县委、县政府和周边乡村的赞扬，并先后被评为阳高县级文明单位、消防先进单位、模范纳税户、文明小区以及企业合法权益重点保护单位。

山西大同黄金矿业有限责任公司企业模式新、起点高、起点快，以“务实创新，追求卓越”的企业精神，转机建制、抓管理、降成本、节能挖潜，克服了金价连续下跌的冲击，战胜了黄金市场放开的挑战，为国家黄金事业做出了贡献。（山西大同黄金矿业有限责任公司）

黑龙江乌拉嘎金矿

【概况】 乌拉嘎金矿位于黑龙江省嘉荫县境内，隶属于国家经贸委黄金管理局，是国内黄金行业最大的露天矿之一。集采、选、冶综合一体的大型现代化黄金企业。设计生产能力处理矿量1320 t/d，其中1200 t/d浮选厂1座，120 t/d炭浆厂1座。采矿有东、西露天2个采坑，开采方式为露天开采。

采矿方法为陡帮剥离、缓邦采矿纵向采剥法。开拓方式为公路开拓，总出入沟单一汽车运输方式。选矿方法浮选厂为浮选—金精矿氰化—锌粉置换工艺。炭浆厂为全泥氰化—炭浆工艺。冶炼方法为中频炉冶炼—酸分除杂工艺。年生产黄金5万两以上。

在册职工人数2651人。固定资产原值1.65亿元，自1949年建矿以来，累计生产黄金68.541万两，实现利税1.3亿元。特别是改革开放20多年来，矿山发展突飞猛进，黄金产量是前30年的3.7倍，为国家做出了突出贡献。曾被国家授予黄金工业发展做出突出贡献企业；曾多年被国家黄金管理局、黑龙江省黄金管理局授予先进单位；被省政府授予先进企业；1992年晋升为市级文明单位；1994年被评为市文明单位标兵；1996年被省委省政府命名为省级文明单位。

多年来，乌拉嘎金矿把两个文明建设作为企业发展的长远战略任务来抓，坚持“两手抓、两手都要硬”的方针，使企业的两个文明建设取得了可喜的成果。

1997年以来，年年超额完成国家生产计划，共生产黄金181286两；资产总计为23419万元；工业总产值累计45869万元（现价）；工业增加值累计为12769万元；利税总额2921.87万元，利润总额2383.94万元。

在全国黄金系统排行榜中历年名列前茅，在全国工业企业排行榜中名列50名，受到国家黄金管理局、黑龙江省黄金管理局及省市的表彰和奖励。

企业综合实力不断壮大，2001年年底，净资产近23419万元，全员劳动生产率11.89两/人·年。职工平均年收入由1997年7519.83元/人·年提高到1999年8791.62元/人·年，预计2002年年末增加到9056.6元/人·年，年人均收入增长7%。矿区社会稳定，职工安居乐业。

2000～2005年乌拉嘎金矿将加强地质勘查，力争保证"十五"期间黄金生产的充足的地质资源，"十五"期间共投入地质勘探资金1000万元，计划提交30 t金属量的地质储备。目前，乌拉嘎金矿已和长春科技大学共同进行了物探和化探。并进行了团结沟外围和深部的勘探设计，确定下一步的勘探范围，为"十五"期间地质勘探工作打下了基础。

乌拉嘎金矿将利用现有生产能力，在品位不断下降的情况下，稳步提高黄金产量，"十五"末黄金产量力争达到5万两以上。平均增长速度2.6%。

"十五"期间，乌拉嘎金矿要建立和完善现代企业制度，继续抓好降成本、增效益工作，在黄金产量稳步增长的同时，利润也要大幅度增长，利润总额"十五"期间力争达到4400万元，"十五"末年利润力争突破1500万元。平均增长速度37.9%。

乌拉嘎金矿继续将科技兴矿作为企业发展的长远战略规划来抓，综合矿山特点，在采矿、选矿等工艺上进行有针对性的科研，力争使选矿回收率提高到80%以上。"十五"期间要积极稳妥地发展非金生产，多元经济并存，优势互补。（赵　智）

汉阴县黄龙金矿

【概况】 黄龙金矿筹建于1993年8月，位于汉阴县龙垭填兴春村，是陕西太白黄金矿业有限责任公司与汉阴县黄金公司联营兴建的集采、选、冶一体的矿山企业；由兰州设计院负责总体设计，计划投资1347万元，日处理矿量75 t，建设周期一年，地质勘探金属储量4.8 t，平均品位2.6g/t，其中C级储量只占总量的9.45%，其余均为D级，矿床东西长3.75 km。

1993年11月破土动工，次年7月1日，一座采用全泥氰化一炭浆吸附提金工艺，日处理矿量25 t的矿山建成投产，工程总投资1175万元，被评为第三届黄金优秀建设项目一等奖和誉为长江以南建矿模式。

1995年1月正式投产运营，1997年对破碎系统进行技术改造后日处理量达到300 t以上。截至2000年底累计处理矿石近62万t，产金1488 kg，销售收入1.2亿元，实现利税1423万元。

2001年度，由于金价持续波动，矿石入选品位降幅较大，矿领导班子几经调整，全年产金260 kg，企业经营业绩下降。

2002年初，采用成本倒推法，实施全面经济承包责任制，在全矿职工的努力下，生产经营成本持续下降，吨矿成本由原来的157元降到104元。截至6月底，实现利税60余万元。地质探矿工作进度加快，企业经营步入健康良性的发展轨道，在改革大潮中焕发出了新的青春。（汉阴县黄龙金矿）

浙江省遂昌金矿有限公司

【概况】 浙江省遂昌金矿有限公司位于遂昌县境内，占地面积76.53万m^2，其前身为浙江省遂昌金矿，建于1976年，是一个集采、选、冶炼为一体，日处理450t原矿的现代化黄金骨干企业，主要产品为成品金、成品银（金、银质量分别达到国家1#金、2#银的标准）、氰化亚金钾、纳米金浆、陶瓷用金水、氰化银钾、超细银粉、氧化银、硝酸银、卤化银、铅锌精矿、硫精矿等。

公司拥有总资产163101万元；现有职工779人，有一支素质较高的专业人员及技术工人队伍，其中大专以上学历98人，中高级职称人员89人。

遂昌金矿有限公司以"务实、奉献、争创一流"作为企业精神，勇于改革和创新，到2001年底上，已累计生产黄金12661 kg，生产白银213 t，实现利润21716万元，为国家黄金工业的发展作出了贡献。多年以来，该公司经济效益和技术经济指标均名列全国同行业前茅。成品金质量为99.99%，成品银质量为99.99%。1992年被国务院经济发展中心和国家统计局评为"中华人民共和国行业500家最大工业企业"和"中国行业50家最佳经济效益第2名"。"七五"期间被浙江省黄金工作领导小组授予"'七五'期间黄金工作作出贡献先进集体"称号。自1995年始，公司经浙江省企业信用评估委员会评定，年年被确认为AAA级信用企业。1990年至1998年先后4次名列浙江省有色行业经济效益第一名，1992年被浙江省委、省政府授予省级文明单位，1998年被浙江省政府授予三星级企业。2001年12月份公司生产的金锭、银锭及稀贵金属材料有限公司生产的氰化亚金钾三个产品的质量管理体系通过中国"方园"委组织的ISO 9001—2000标准认证。

遂昌金矿有限公司井下开拓使用平硐溜井加盲竖井方案，采矿方法为浅孔留矿法、电耙浅也留矿法、中深孔采矿法；破碎采用二段一闭路；选矿采用阶段磨矿二次浮选工艺；氰化方法为精金矿氰化、锌粉置换工艺；冶炼为氰化金泥酸洗处理加工中频电炉冶炼、电解工艺；含氰污水处理采用酸氯法工艺。1999年，对选矿工艺进行了改造，增加了铅锌矿、硫铁矿的选别工艺，使其原只能选别单一矿种的工艺流程具有多矿种选别能力。

加强地质勘探，扩大探矿远景，控明新的含量是一项十分重要的工作。自1991年开始，该公司先后同长春黄金研究院等单位合作对矿区的地质构造、成矿规律等进行调研，并自筹资金与省第七地质大队“联姻”成立联合勘查指挥部，共同进行地质勘查。经过5年的不懈努力，地质探矿取得了重大突破，探明铅储量2.11万t，锌储量28.35万t，硫储量40.2万t，黄金储量5t，白银储量68t。2000年6月，该公司又获得了矿区周围29 km^2 的探矿权，准备用3~5年时间再找5t黄金或相当于5t黄金坐标的其他矿种。

遂昌金矿有限公司拥有龙昌工贸有限公司、龙游昌业房地产开发公司、遂昌金业矿建有限公司、遂昌县江南稀贵金属材料有限公司、矿山设计研究所、地质勘探队、遂昌矿业开发集团等7家子公司。

（浙江省遂昌金矿有限公司）

湖南省醴陵市金宏金矿

【概况】 湖南省醴陵市金宏金矿，矿区占地约3 km^2，投资规模为580万元，系股份制企业，现有职工约1000人，该矿年产品位98%的黄金300 kg，年产值2400万元，利税300万元，既有显著的经济效益，又取得良好社会效益。

该矿热心社会公益事业，出资帮助当地平整水田60亩，引种中药材160亩，征地新建一所5740 m^2 的中心小学。砂改油公路12 km。

董事长：朱建军　　（湖南省醴陵市金宏金矿）

广东高要河台金矿

【概况】 广东高要河台金矿是20世纪80年代发现并探明的大型金矿，也是广东省最大黄金生产企业，年产黄金1.5t以上，经济效益和社会效益良好。自1987年建矿以来，经过矿山人的不断努力，广东高要河台金矿已成为一个集采、选、冶和贵金属高科技产品研发，并逐步向科、工、贸发展的综合型现代企业。产品“金鼎”牌黄金，质量好，技术领先，成色在99995以上。在参加首届中国国际黄金展时，“金鼎”牌1号、2号金和小金龙金条得到专家和观众的一致好评。

金鼎黄金，精益求精。这是广东高要河台金矿对“金鼎”牌黄金产品的要求，现在广东高要河台金矿已成为上海黄金交易所首批可提供标准金锭的7家定点精炼厂之一。并且该矿可以为全国各地的产金企业、银行系和各用金单位提供金锭、金条加工和黄金提纯业务；提供不同规格的金条、金砖和金元宝及加工十二生肖金制品、金质工艺品等。同时，广东高要河台金矿还在肇庆市城区建立研究发展中心、营销中心、检测中心专家楼、行政中心等，充分发挥城市资源优势吸纳更多人才，把企业做大做强。

广东高要河台金矿地处黄金消费大省和黄金加工量大省——广东省，矿区距广州100多km，地域独特，商机无限，欢迎海内外同行前来加盟，共创黄金新时代。

（广东高要河台金矿）

核工业矿山企业

七二一矿

【概况】 中国核工业集团公司七二一矿又称江西昌华化工冶金公司，以开采相山铀矿田而著称，素有“铀都”之称。矿山位于江西省抚州市乐安县与崇仁县的交界处，矿区南北相距22 km，东西相距28 km，整个矿区面积约400 km^2，是中国核工业集团公司所属的一个集科、工、贸于一体的国有大型军民结合型企业。矿总部设在乐安县公溪镇，距南昌市180 km；距乐安、崇仁县城分别为59 km和28 km。向乐铁路（南昌——江边村）直达矿区；临八公路（临川市——105国道八都镇）从矿区通过；矿部至各生产区（点）均由矿区自营公路交错相联，交通十分便利。

七二一矿始建于1958年。经过全矿干部职工40多年的艰苦努力，先后建成2个露采矿坑、9个地采矿井、1座放射性选矿厂、1座水冶厂以及与之相配套的生产辅助设施和生活后勤设施，成为具有采、选、冶综合生产能力的企业，是中国最大的核原料生产基地之一。自1966年矿山投产以来，年年超额完成国家下达的生产计划，产品达到国家一级标准，1978年至1984年年均创利润在1000万元以上，为核工业建设作出了重要贡献。

截至 2001 年底,全矿计有职工总数 7188 人,其中在职职工 3594 人;离退休人员 3598 人。在职职工中从事铀矿冶生产和管理的人员为 1768 人,各类专业技术人员 760 人,其中高级职称人员 69 人;中级职称人员 339 人;初级职称人员 352 人。 (沈宝忠)

【铀矿生产经营情况】 1.*矿冶生产情况*:七二一矿的开采对象是著名的相山铀矿田,其资源相当丰富,经国家储委批准的矿点 21 个。七二一矿虽然经过了 40 多年的生产建设,仍保有经国家储委批准的地质储量,而且,经过矿山补充探矿和生产探矿表明,储量还有增加的趋势。

随着国家多年军品结构的调整,七二一矿尽管先后闭坑 6 个矿点(山南露天 721-2K、邹家山露天 721-14K、山南 721-1、巴泉矿井 721-18、白云矿井 721-19、湖港 721-13),关停 4 个矿点(红卫矿井 721-15、云际 721-7、沙洲矿井 721-6、河源背 721-8),目前保留 3 个矿点(721-2、3 矿井、721-5 矿井、721-14 矿井)、铀选矿厂和铀水冶厂在继续生产,使七二一矿近年矿冶生产能力仍保持较好成绩。

2.*民品生产情况*:80 年代以来,随着核工业产业结构的调整,七二一矿积极贯彻"保军转民"方针,在确保完成国家军品(铀产品)生产计划的前提下,利用军工技术优势和国家的扶持政策先后开发建成了萤石粉厂、耐腐蚀泵厂、压铸件厂、汽车仪表厂和中外合资昌华迪克医用材料有限公司等一批技术含量较高,市场前景广阔的民品项目。组建了一支能够承担大型土石方工程的施工队伍,初步建设了昌北和鹰潭两个转民基地,在机械电子、医药保健、化工、岩土工程等行业形成了较强的生产能力。全矿民品已累计投入近亿元,2001 年年实现产值 7000 余万元,为七二一矿的发展壮大奠定了基础。

3.*企业经营概况*:七二一矿在计划经济的条件下,为国家创造利润 9696.8 万元,其中 1980 年创利最高为 1419.23 万元。但是随着改革开放的不断深入,计划经济条件下形成的军工企业,由于内外部条件的变化(内部条件变化即 80 年代末期露天开采终产,现全部为井下开采;外部条件变化即原材料价格大幅上涨),致使企业从 1988 年开始出现亏损,最高补后年亏损额高达 1475.86 万元。面对困难局面,七二一矿新一届领导班子于 1993 年提出了"三年打基础,五年初见成效"的战略目标,并带领全矿干部职工负重拼搏,奋力进取,深化改革,强化管理,采取了一系列扭亏脱困的有力措施。一是坚持以改革统揽全局,建立适应社会主义市场经济需要的经营管理体制。按照"精干主体、分离辅助"的原则,实行军品、民品、社会服务三划开管理体制。改革以后的组织结构为:总矿下设铀矿冶公司、昌华化工冶金公司、矿区管理委员会。铀矿冶公司承担铀矿冶生产,下设三个矿山工区、二厂(选矿厂、水冶厂)、二队(汽车队、钻探队)、二个中心(计量检测中心、理化分析中心)。昌华化工冶金公司承担民品和劳务的生产经营,管理 10 个民品厂和公司。矿区管委会承担古城、莲塘、水冶厂三大生活区的下岗职工、离退休人员及生活后勤的管理工作,使军民品生产能够轻装上阵。在三项制度改革方面,工资分配按"兼顾公平,效率优先"的原则,拉开了分配差距,调动了职工积极性。在劳动用工管理上,实行了全员劳动合同制,建立了矿再就业服务中心。二是学邯钢,强化管理。近年来,七二一矿认真学习邯钢管理经验,严格实行倒推成本,把费用指标层层分解落实到各单位、车间、班组及个人,形成了成本费用指标责任网络,使每个环节都承担责任,实现了分级、分层、全员的目标控制。同时,建立了资本经营责任制考核体系,严格考核,奖罚兑现。做到以财务管理为龙头,以预算管理和资金管理为核心。开展全面预算工作,加强财务预算约束,取消了各二级单位的财务账号,全矿财务统一管理。确立了"统一采购、两级负责"的物资采购体制,不仅增加了物资采购的透明度,而且节约了大量的物资采购成本。注重质量管理工作,编制了铀矿冶生产质量保证大纲,开展了 TQC 活动,多项 QC 成果获得省、部、国家级的奖励,按照 ISO 9000:2001 版的要求编制出质量管理体系文件,在 2001 年 11 月通过兴原认证中心的质量管理体系认证,获得了认证证书。三是广开门路,分流人员。在上级的支持下,七二一矿从 1994 年开始,把减员增效工作列入重要的议事日程,制定了减员增效的一系列措施和办法,做到向外系统调出和自谋职业为主,以劳务输出、生产自救为辅,开展转岗培训和技术培训,加速了人员分流工作。近六年来共分流减员 2163 人。正是采取了以上主要措施,七二一矿连年实现减亏。从原来补后亏损 1400 多万元到 2001 年基本实现补后持平。 (沈宝忠)

【铀矿冶企业资产经营责任管理】 对一个企业如何实施内部管理,是根据本企业的行业特点、经营目标,战略目标、企业文化和管理体制等诸要素决定的。合理选择内部管理制度,是实施内部管理型战略的前提,可以从整体上提高企业生存能力和市场竞争能力,矿领导从矿情出发,自 1997 年开始对七二一矿——铀矿冶多种经营企业实施铀矿冶企业资产经营责任管理,在原材料价格大幅上涨,铀产品价格多年保持不变的情况下,促进了经济效益稳步提高和竞争力的增强。

1.*资产经营责任管理是以资产为纽带,对资产经*

营者实施资产责任管理。是企业在经营承包基础上突出经营者对所经营的资产承担保值增值责任的一种责任管理制度。七二一矿实施资产经营责任管理基本思路：

① 对全矿现有资产进行分类清理，逐项评价。对民品项目拥有的资产评出优质资产、一般资产、劣质资产、无效资产4个等级。对优质资产、一般资产分项目确定年度增值幅度；对劣质资产先是采取“休克”办法，后则实行拍卖、转让等，对无效资产 实行核销办法；

② 矿产资源资产化。在分析各生产矿点历年成本费用单耗的基础上，结合当年采掘技术计划，确定不同的开采成本；

③ 对水冶处理费用，则根据历年水冶处理成本、设备新度系数等，确定水冶处理成本(含设备维修费用)；

④ 对费用单位，如科研所、片、矿管会等，在明确其管理职责和创收小项目资产额的基础上，确定年度费用指标；

⑤ 对机关各处室，在明确职责的基础上，进行费用测算，得出全年可控费用和不可控费用指标。

2.以上述测算为依据，在每年全面预算的基础上，正式下达二级单位(含处室)的资产经营责任管理指标。矿井与各二级单位(含处室)主要负责人签订资产经营责任管理合同，合同的内容以资产利润率为主要指标，包括产量，质量、安全指标。

对民品生产单位，以资产利润率指标为主，包括前3年货款回收，当年货款回笼、安全、质量指标。

对在建民品项目，实行项目负责人承包制管理。承包考核内容：投资额控制、施工进度、工期、施工质量等。

对矿冶公司实行成本费用、产量、安全、质量四大指标。

对费用单位，如机关处室实行责任(工作任务)费用指标。

3.制订资产经营责任承包考核办法。对以上四类单位进行分类、分别配分(百分制)，财务(利润和控亏指标)、安防(安全环保指标)、质量(产品或服务指标)、计划处(销售收入指标)分别制定出条线的考核办法，成立以矿长为主任的考核委员会，实行月度考核、季度平衡、年终一次性兑现。对二级单位月度资金的发放，与当年合同考核结果直接挂钩，当年某项指标未完成而扣发的工资奖金，季度内完成后补发，年度进行全面考核，根据考核结果，对二级单位责任人给予一次性奖罚。

4.各二级单位与所属工区(车间)，工区(车间)与队(工段)，队(工段)与班组，岗位、个人在成本费用指标测算的基础上，进一步细化分解。每个环节都承担责任，实现分级、分层、全员的目标控制，形成责任成本目标网络图，并逐级签订合同书、责任状，制订相应的考核办法。在全矿范围内形成横向到边，纵向到底的以承担资产增值为目标的责任网络管理和内部市场控制体系。 (沈宝忠)

【实施资产经营责任制管理注意解决的问题】 作为一种内部改革管理举措，七二一矿在实施内部资产经营责任制管理中，同样遇到运行操作方面和思想认识方面的问题。实践证明，这两类问题扭结在一起，紧密相关，后者又常常成为解决前者的一个重要条件。要正确、有效地实施内部资产经营责任，首要的问题是从解决思想认识问题入手。根据七二一矿实行内部资产经营责任管理的实践看，要着重在以下几个问题上统一认识，形成共识。

1.在企业的本质问题上形成共识。企业只是人们借以聚集资本，并使之增值的一种经济组织，是将本求利的一种组织形式，而不是别的什么组织。

2.在对市场经济规律的认识上形成共识。一个重要方面就是要认识产品经济、商品经济和资本经济的异同。企业要发展壮大，只能走资本经济之路，通过对资本的运作使资本尽快增值。作为第一步，在企业内部实施资产经营责任制，有利于提高现有资本的运作效率，有利于强化企业内部管理，从而提高企业的整体素质，为实施资本运作作准备，为参与市场竞争锻炼队伍。

3.在企业经营决策权力的认识上形成共识。企业作为市场竞争的主体，为了便于竞争，其权力中心必须是惟一的，多中心必然导致竞争的失败。

4.要在“市场的空间是属于少数企业的，是少数人说了算”的认识上形成共识。自觉走“抓大放小”，“强强联合”之路。

5.在用人问题上，要形成在市场经济条件下企业的用人标准。要使企业兴旺发达一是靠智慧，二是靠汗水，只有通过智慧和辛勤劳作才能在取得成功的基础上统一思想，形成共识。

在具体操作问题上，要注意解决好以下问题：

① 关键是资产评估，一定要科学、合理，并时刻注意市场信息。评估切合实际，就能调动积极性，反之将挫伤广大职工特别是经营者的积极性。资产评估工作要由企业法人代表组织，各有关处室协力同心，有计划、有步骤地进行。

② 形成资产经营责任制内部市场控制体系。把资产经营责任制与学邯钢，实施成本倒推法有机地结合起来。

③ 制订相应的奖罚措施和有力的调控协调机制。

④ 制订切实可行的财务集中统一控制措施。

企业的改革和发展是在不断总结，不断发现和解决问题的过程中实现的，把一个条件并不优越，历史包袱又十分沉重的铀矿冶企业引向改革发展的轨道，逐步建立市场经济体制，是一项艰巨复杂的系统工程，也是一个很长的过程，实施内部资产责任制管理只是这个过程中的第一步，七二一矿人将沿着实践、学习，学习、实践的路，不断调整思路，完善管理方法，为七二一矿的振兴而勇于探索。（沈宝忠）

七五四矿

【概况】 七五四矿是中国核工业集团公司下属的中型铀矿冶联合企业，始建于1963年，地处辽宁省兴城市，现有职工512人，专业技术人员111人。1989年在辽宁本溪市南芬区下马塘镇筹建七五四矿七五三工程，1996年建成投产并生产至今。现任党政矿领导班子由7人组成。

七五四矿建矿40年来，认真贯彻党的路线、方针、政策，坚持两个文明一起抓，按照“三高一低”的建矿模式建设现代化铀矿山。通过全矿广大职工的共同努力，取得生产发展，效益提高，职工队伍稳定的好成绩。

1.经营管理。在管理上实行“统一领导，分片管理，分工协作，各负其责。”财务上实行“预算第一，切块包干，超支不补，节约分成”的办法。抓计划、资金、成本管理，使得单位生产成本逐年下降，管理费用逐年减少，企业实现了连年盈利。

坚持科学技术是第一生产力的方针，提出了“内抓管理外找出路，居安思变，固本图强”的发展思路，在“固本”方面，抓好人的工作，“在观念律道，纪律律人，规则律事上下功夫做文章”。树立“以人为本，科技兴矿，与时俱进，创新发展”的指导思想，现在已拥有一支能够从事常规和无轨开采的，能够适应常规水冶及堆浸水冶工艺的职工队伍。并在技术创新方面取得可喜成绩，五〇一矿床原地爆破松动溶浸采铀研究获中核总部级科技进步奖，正轨开采技术和堆浸工艺技术荣获国防科工委科技进步奖，液压凿岩组合钎杆研制及应用技术已达到同类产品九十年代的国际先进水平，被辽宁省评为科技进步一等奖。2001年6月一次通过ISO 9000认证。

2.人事制度管理。在干部管理方面，坚持党的干部路线，任人唯贤，实行组织考核，党委和行政提名，集体讨论决定。各级干部均实行竞岗聘任制，工人实行招聘制。使全矿呈现出竞争向上的局面。职工生活水平逐年提高。

3.班子廉政建设。制定了《七五四矿党政班子责任制》等10多项作为共同遵守的“小立法”来执行。注重企业文化建设，弘扬“两弹一星”精神。按“三个代表”要求加强职工思想政治工作，坚持“重大活动一起搞，文化载体一起抓”的工作方法。精心培育“四有”职工队伍，在全矿形成了“围绕经济干，党员当模范，职工比比看，无私讲奉献”的精神氛围。全矿两个文明建设取得了较好的成果。

1998年至1999年矿获辽宁省国防工办，科工办“九五”创业立功竞赛组织优胜单位；1998年获中核总公司会计基础工作规范化单位；2000年获辽宁省国防科工办，工委“三杯”竞赛先进单位；2000年获辽宁省矿业协会，国土资源厅先进矿业企业；1999年至2001年连续两年被辽宁省信誉评级委员会认定为AAA级信誉单位；2000年至2001年被辽宁省思想政治工作研究会评为思想政治工作先进企业。（七五四矿）

建材与非金属企业

河北省冀东水泥集团有限公司

【概况】 河北省冀东水泥集团有限责任公司，是国家520家大型企业集团、河北省23家大型支柱企业集团之一，是1996年9月在原冀东水泥厂基础上按照现代企业制度规范改制组建的国有大型企业，是国家“十五”期间重点支持发展的2个特大型建材集团之一。其最大的经济效益支撑点和骨干企业唐山冀东水泥股份有限公司是1994年由集团独家发起、采取定向募集方式成立的国内最大的水泥上市公司。1996年5月冀东水泥6000万A股股票在深交所上网发行，主要经济效益指标一直位居全国同行业前列。集团所属7个全资子公司、8个控股公司，总资产46亿多元，在职员工1万余人，是一个以水泥生产为主业、集水泥机械制造、机电设备安装、化学建材、塑料编织袋、交通运输、针纺织品、散装水泥储运和第三产业等多种经营为一体的大型综合经济实体。企业先后获“全国优秀企业（金马奖）”、“全国思想政治工作优秀企业”、“河北省最佳形象单位”等80多项荣誉称号，成为中国北方最大的水泥生产企业。

截至2001年12月，集团公司实现利润以及其他各项指标与2000年同期相比有了较大的提高，而且是在煤价大幅度上涨、其他一些原材料价格也不同程度上涨、增加成本近3000万元的基础上实现的。

1.深化改革，全员劳动生产效率和企业整体实力得到显著提高。按照剥离辅业、精干主业原则对整体机制构架进行调整，从切块分流、剥离改制起步，实施企业内部改革和机构重组。分厂已基本完成，如制造分厂、发电分厂实践证明是成功的，为下一步深化改革奠定了基础，理顺了生产经营线条。被购并的吉林公司在正式运作第一年即提前45天完成全年生产经营目标，实现产销双跨越。

2.*推进精细化管理，努力构建既符合现代企业制度内在要求、又适应企业发展要求的科学管理体系。*一是完成了集团计算机管理信息系统建设，该系统被专家们认为处于同行业的领先水平，从而可以使我们更快地掌握信息，使信息流、资金流、物流管理更趋科学化、标准化、规范化。二是在经济运行中，我们的监管机制得到了有效的落实，几年来累计节约资金达4000多万元。三是推选责任成本的考核办法，连续几年降低成本近4000万元。四是针对新增的产能、扩展市场空间进行了销售机制的改革，运销优化组合，提高对市场的适应能力。

3.*通过开展技术创新、进行技术改造，使装备和工艺水平得到了优化，产能提高，消耗降低。*从1999年起的3年来，我们累计投入的技改资金达到6000多万元，完成了92项技术改造，取得了较好的经济、社会效益。最为典型的是对两条线篦冷机的改造产量由原来的日产4200 t提高到4800 t，每年节煤量达2.5万t，吨熟料热耗降低了7.5%。同时，我们围绕增加水泥品种进行了一系列的技改也都是成功的。还有，我们积极稳妥地开展了减员增效工作，1998、1999、2000年连续3年均减员近10%，且“增效”的成果是明显的；对中层干部采用动态管理机制，实行“末位淘汰、诫勉谈话”的制度，并有半年考核期，收到了好的效果。

4.*人事等制度的改革有一定进展和突破。*人事制度由原来的任命制逐步走向竞聘制，并把科级干部（主要是生产和营销系统的）下放一级管理，即原来都由集团统一管理、现由子公司或股份公司各单位直接管理；分配制度也进行了相应的改革，就是岗位技能工资、个人的贡献在员工收入当中的比重达到了40%，大幅度提高了活工资的比例。

由冀东水泥厂到组建集团，20年来，经历了消化吸收从日本引进设备的第一条日产4000 t现代新型干法水泥熟料生产线的考验，建设日产4000 t国产示范生产线、实现达产达标，创出了水泥窑运转率、年生产能力的历史最好水平。树立了“团结、创新、拼搏、奉献”的冀东精神。（中国矿业年鉴编辑部）

鞍山矿业公司大连石灰石矿

【概况】 1.*历史沿革。*鞍钢集团鞍山矿业公司大连石灰石矿自1929年开矿，至今已有70多年的历史。1929年至1945年抗战胜利前为日本人经营。抗战胜利后至建国前为中苏合作经营。建国后曾归属大连碱厂（大连化学工业公司前身）。1954年划归鞍钢至今，一直是鞍钢主要辅料矿山之一。

2.*地理位置。*鞍钢集团鞍山矿业公司大连石灰石矿位于辽东半岛南端大连市甘井子区。矿山有专用铁路和甘井子火车站连接，通向全国各地；与大连经济技术开发区隔海相望，相距15 km；沈大高速公路由矿西侧擦肩而过；可停靠万t级船舶的甘井子码头距矿3.6 km；距大连国际空港9.2 km；距市中心10 km，水路交通方便。

3.*资源状况。*大连石灰石矿的矿床属于浅海相化学沉积的石灰岩。矿床中的矿体共分7层，呈现缓倾斜状，走向为北东70°～80°，倾向南东，倾角平均为35°，1956年已探明矿体长度沿走向2500 m，矿体厚度为496 m。

截至2001年末境界内实际总储量11515.9万t。所产矿石CaO平均含量52.2%，SiO_2平均含量1.5%，S平均含量0.062%。

4.*固定资产。*大连石灰石矿占地面积340万m^2，固定资产原值2.1亿元，固定资产净值为0.85亿元。

5.*人员情况。*截至2001年底有全民职工1097人，其中各类专业技术人员113人。矿办集体企业职工597人。合计1694人。现有全民退休职工1296人。

（鞍钢集团鞍山矿业公司大连石灰石矿）

【土地复垦开发利用】 多年来，鞍钢集团鞍山矿业公司大连石灰石矿响应国家号召，对堆放废弃岩石的剥岩场采取复垦造田、植树种草、综合利用等方式，努力美化环境，保持生态平衡。

在海头剥岩场先用填上方式造田300亩栽种棉槐。从1989年开始，先后投资近千万元，将其开发建设成体育训练中心。该中心为全国第一家企业投资兴建的足球训练基地，得到国家体委的高度重视。曾先后承担国家女足备战世界杯，国家男足备战锦州十强赛的训练任务，备受好评。现已拥有4块标准足球训练场（2块草皮场，2块三合土场），4栋培训服务楼（建筑面积2000多m^2），占用土地面积为96000 m^2。

利用已废弃的东山剥岩场建设炸药加工厂，占地125206 m^2。并在其余地面栽种松树，形成松林100000 m^2。

1983年将西山剥岩场建设成利用废石加工建材石料的生产基地。现建有2套废石加工系统，以及办公楼、工人休息室、厂房等建筑面积3000多m^2，安置矿办集体企业职工近300人。

（鞍钢集团鞍山矿业公司大连石灰石矿）

【矿岩综合利用】 从1984年以来，大连石灰石矿一直坚持搞好矿岩的综合利用，在全国率先成为采矿无剥岩舍弃的矿山。大连石灰石矿设计剥采比为0.2，每年约产生80万t左右需要废弃的岩石。通过大搞综合利用，将废岩加工成适应市场需要的建材石料、水泥生产原料、脱硫剂和新型墙体砌块等产品，并积极开拓市场，变废为宝，即增加矿山收益，又节省土地占用。

（鞍钢集团鞍山矿业公司大连石灰石矿）

【石灰石矿产品市场】 大连石灰石矿是目前国内大型石灰石矿之一，是鞍钢的主要辅料矿山，矿山设计生产能力为年产石灰石原矿440万t。矿产品主要供应鞍钢；同时，还广泛应用于冶金、化工、制糖、发电、公路建设、建材建筑等行业，拥有大连化学工业公司，本溪钢铁公司、黑龙江各糖厂、辽宁多家水泥厂、发电厂等外部市场。 （鞍钢集团鞍山矿业公司大连石灰石矿）

【主要产品】 溶剂石灰石见表1：

表1 溶剂石灰石粒级及质量情况

成立 / 粒级	CaO%	SiO_2 %	Al_2O_3 %	Fe_2O_3 %	MgO%	P%	S%
50~150mm	52.40	1.02	0.33	0.14	1.92		0.034
30~100mm	52.60	0.75	0.32	0.24	1.71		0.042
25~55mm	53.01	0.73	0.29	0.20	1.23		0.064
0~70mm	51.65	1.34	0.49	0.25	1.90		0.082
0~3mm	51.52	1.38	0.51	0.28	2.16		0.088

水泥产品系列：32.5# 普通硅酸盐水泥；275# 普通硅酸盐砌筑水泥；32.5# 普通硅酸盐矿渣水泥。

建材骨料系列：0.5 cm、1~3 cm、2~4 cm、3~6 cm以及基石、毛石、稳定土等。

脱硫剂：利用矿山资源为主要原料生产的普通燃煤锅炉和循环硫化床锅炉用脱硫剂是目前国内领先的烟气脱硫产品（已获国家专利），随着国家环保要求的不断提高和环保产业的不断发展，正逐步得以广泛应用，目前大连香海、春海、大化电厂已成为稳定客户，并继续扩大至东北三省。

新型节能墙体砌块：新型节能墙体砌块是国内建筑业方向型产品，应用前景广阔。大连石灰矿矿生产的节能砌块已得到墙改部门和质量部门的认可，取得了生产资质，广泛应用于大连市场，供不应求。

地　　址：大连市甘井子区石北街20号
电话总机：0411-6672851
传　　真：0411-6672258
矿　　长：孙晖　邮　编：116031

（鞍钢集团鞍山矿业公司大连石灰石矿）

丹东永丰矿业有限公司

【概况】 丹东永丰矿业有限公司是集采矿、加工、对外贸易等为一体化的多功能中外合资企业，总资产1800万元，企业占地面积58000 m^2，现有员工650人。公司主要经营的矿产品为水镁石、玉石、滑石、白云石、大理石等系列产品。近年来，公司被评为"AAA"级信用企业，并获丹东市先进外商投资企业，辽宁省先进矿业企业等称号。

丹东永丰矿业有限公司的两大系列产品煅烧水镁石和超细氢氧化镁（水镁石）在国内外市场上享有较高声誉。其中公司所属的宽甸辽东水镁石矿（位于东经124°51′18″，北纬40°21′25″），是目前世界上已探明和开采水镁石矿之最，储量为1000万t，平均$MgO \geqslant 63\%$（$Mg(OH)2 \geqslant 93\%$），白度≥93%，年开采量达15万t以上。特别是公司利用优质水镁石，采用国内外先进的研磨分级及表面处理技术。生产的超细氢氧化镁，被誉为目前市场上新型阻燃剂和抑烟剂（一期工程年生产能力1万t）。用其填充像塑制品，经权威部门检测，阻燃性能、抑烟性能和力学性能、工艺性能均达到国外同类产品标准，是橡塑制品理想的无烟、无卤、无公害的阻燃抑烟填充材料，广泛用于EVA、PE交联电缆、低烟PVC电缆、矿山橡胶输送带、飞机、火车、轮船、橡胶地板和家用电缆壳体材料中单独作为抑烟剂应用于高抗冲聚苯乙烯HIPS（建筑行业）ABS和PVC中效果俱佳。该产品具有热脱水温度高，与高分子材料混加工性能好等特点。它的成本仅为卤水合成法氢氧化镁的50%，是含卤阻燃剂和抑烟剂的理想替代品。

公司董事长兼总经理：姚丰起
矿山电话（Tel）：86-415-5671188
传　　真（Fax）：86-415-6181810
网　　址（E-Mail）：yfky2000@slna.com

（丹东永丰矿业有限公司）

江西亚东水泥有限公司

【概况】 江西亚东水泥有限公司是台湾远东企业集团亚洲水泥公司在大陆建立的大型合资企业，也是江西省最大的外商投资企业。建设分两期进行，第一期投资金额为人民币18亿余元，兴建一套KHD Pyro-Rapid预煅预热式短窑系统，年产洋房牌熟料150万t，于2000年7月17日成功占火投产。至今所生产的洋房牌熟料、水泥，经严格的品质检验，性能稳定超标，品质优异。各项排污指标均优于国家标准,作到生产与环保并重。在投产以后,公司先后通过了 ISO 9001 质量体系认证,9 种型号的水泥获国家质量免检,42.5R 普通硅酸水泥获国家产品质量认证优等品。江西亚东水泥有限公司正在扩建长二套预热式旋窑生产设备。一、二期建设完成后,熟料年产量可达 300 万 t 以上。

江西亚东水泥有限公司有灰岩、砂岩及粘土矿共 6 座。作为主要矿产的灰岩矿,拥有储量 3.33 亿 t。矿山现有员工 44 人,年生产能力可达 220 万 t,矿石全部自用。

矿山在建设与开采中,特别注重对周围环境的影响,矿山覆土与矿石一并掺配利用,剥离之高镁石灰石则再破碎后,移作水泥研磨掺配料,作到无弃土、无弃石。采用自上而下阶段或开采,直井、隧道密闭或运输及边采边绿化、维持未开采区原有的地形地貌及植被的完整性,减少对环境的冲击。对已造成影响的地方加快复原,种植原生树种及爬腾类植物,将水土流失控制到最小的程度。

董事长:张才雄　总经理:彭学仁
厂　长:张振崖
地　址:江西瑞昌市码头镇亚东大道六号
邮　编:332207　电　话:0792－4886990～4886995
(江西亚东水泥有限公司)

达州市富源矿产有限公司

【概况】 四川省达州市富源矿产有限公司是一个集生产、销售原煤、石膏、天青石、建材产品的股份制企业集团,公司拥有资产 880 余万元,年产值 600 万元,实行利税 100 万元,现有职工 500 余人。

公司的主要产品:煤炭:主要以原煤(肥气煤)为主,低硫中灰,高热质、年产煤 10 万 t,适用于各工业用煤和民用煤。石膏:主产青石膏、白石膏,质量优良,年产石膏 10 万 t,广泛用于水泥、涂料、陶瓷工业硫酸铵等化工原料和建筑、农业、生活用品。

生产基地主要分布在襄渝铁路渠县段,距襄渝铁路渠县火车站 20 余 km、望溪火车站 10 km;距国道 318 公路线 30 km。傍风景秀丽的渠江,距闻名中外的汉阙群 30 km。

为有效开发矿产资源,公司 2002 年新上年产 3.6 万 t 石膏粉和 400 万 m^2 纸面石膏板,填补川东新型石膏制品空白。纸面石膏板是以建筑石膏和护面纸板为主要原料,掺和其它原料,经多道工序制成的轻质建筑薄板。它具有质轻、防火、保湿隔热、加工性能良好等优点。广泛用于各种工业建筑和民用建筑。市场前景可观。总投资近千万元,年底投产。

达州市富源矿产有限公司的企业精神是“团结、勤奋、务实、创新”,企业的宗旨是:“诚信为本,追求最佳效益”。近年来,由于建立现代企业制度,进行现代企业管理,不断调整产品结构,公司从小到大,由弱到强,产品畅销湖北、贵州、河南、重庆等省市。企业被四川省工商局评为重合同守信用单位,多次被市、县评为优秀企业、安全生产先进集体。

法定代表人、董事长:李友权
联系电话:0818－7322329
地　　址:四川省渠县渠江镇宝珠街
邮　　编:635200　(达州市富源矿产有限公司)

福建玄武石材有限公司

【概况】 福建玄武石材有限公司拥有一座特大型玄武岩矿山,矿区位于福鼎市城南的太姥山脉的西北麓——白琳大嶂山,距市区直距 19 km,与 104 国道线路距 30 km,东面临海,水陆交通十分方便。玄武岩矿山的矿藏量极为丰富,是福建省乃至全国罕见的优质黑色石矿,根据地质部门多次对大嶂山基性岩体规模、产状形态、储量进行勘探所做的普查评价报告表明:“大嶂山橄榄粒斑粗玄武岩面积达 0.21 km^2,玄武岩储量为 3812 万 m^3,破基橄榄岩储量为 1026 万 m^3,岩性稳定。”矿存的玄武岩资源总价值估价约为 381.2 亿元。目前矿山修建了 2 条长达 14 km 的矿山专用公路和 1000 多米长的工作埕口,开采设备投资 2468 万元,拥有职工 110 人,开采工程队工人 229 人,专业运输车 311 辆,年产玄武岩荒料 10 万 m^3 以上,是全国十大石材出口基地之一。

玄武岩矿石品质为国际一类,具有以下商品特色:墨色均匀一致,带有橄榄粒斑花纹,给人以庄重素雅之感;抗折、抗压、耐磨、耐腐蚀。磨光加工后的石材光泽度达 100 左右,具有良好的装饰性能,同时可开发成石雕工艺品,以及用于保温、防火的各种岩棉制品;矿石致密,无裂隙,可锯性强,容易加工,成材率高;矿石不含放射性物质,对人体无害,据国家建材局建材产品及建材用工业废渣放射性监督检测中心检验符合 JC518—92 标准 A 类产品要求,使用范围不受限制。

玄武岩以其独特的品质,越来越受到设计部门、建设单位、装饰企业的青睐,它不仅被广泛用于宾馆、酒店、写字楼、别墅、家庭等建筑的装修装饰,还被加工成各种石雕、工艺影雕、墓碑、园陵之类产品,远销欧美、东南亚等国家,市场前景十分广阔。

福建玄武石材有限公司,得天独厚的资源优势,赋存着创石材名优产品的基本条件。

（福建玄武石材有限公司）

三水市青岐石膏矿

【概况】 广东省三水市青岐石膏矿位于广东省中部，珠江三角洲西缘，距省会广州市 40 多 km，在三水市政府所在地西南镇以西 18 km 处，交通便利，南临西江河畔并自建可停泊 500 t 的石膏专用码头。青岐石膏矿是一家单纯自产自销石膏的矿山企业，全部石膏销于本省的珠江三角洲内。2001 年企业职工人数 500 多人，生产石膏 30 多万 t，创税利 2000 多万元。

青岐石膏矿是三水市属集体所有制企业，建于 1981 年 9 月，当时设计年生产能力 3 万 t。经过 20 多年的努力经营，生产不断发展，集体经济不断壮大，职工收入不断提高，生活福利不断改善，石膏产量和经济效益一年上一个台阶，连续十多年都保持着持续稳定发展，两个文明建设取得了可喜的成绩。

青岐石膏矿从建矿开始，一贯注重抓好企业管理工作，不断地进行各项规章制度的建立、补充、修订工作，在企业管理上，敢为天下先，形成超前管理模式，实行了三个率先实施制度：一是率先打破档案工资制度，实施同工同酬；二是率先改革用工制度，实施采挖工人轮换；三是率先精简管理机构设置，实施合并机构。

青岐石膏矿重视安全生产工作，坚持定期每月 3 次的安全检查制度，真正做到安全工作真抓实干，齐抓共管。

（三水市青岐石膏矿）

广东省四会石膏矿

【概况】 广东省四会石膏矿是一个生产和销售普通石膏、雪花石膏和纤维石膏的中型一档企业，建有两个矿井，1 号矿井于 1984 年建成投产，2 号矿井于 1995 年建成投产，1、2 号矿井的设计生产能力均为 10 万 t/a。通过技改挖潜生产能力显著提高，自 1999 年起，实际年产石膏量超过 30 万 t。各类石膏品质优良，平均品位达 85%以上，三氧化矿 35%以上，结晶水 12%以上。现有职工 678 人，其中专业技术人员 56 名，资产总额 1.11 亿元，净资产 9170 万元。2001 年产销石膏 30.8 万 t，实现利税 1605 万元。2002 年 1 ~ 6 月份，销售石膏 16 万 t，实现利税 1054 万元。该矿建立了比较完善的内部管理制度和管理机制。在抓紧经济建设的同时，大力推进企业精神文明建设。近 10 年来，多次被广东省、肇庆市、四会市政府和行业评为先进集体和文明单位，还被国家统计局、国务院经济发展研究中心评为全国 500 家、行业 50 家最大经营规模和最佳经济效益企业之一。

四会石膏矿位于广东省四会市东南端，矿区公路与 321 国道、三茂铁路大沙站连接，紧邻北江马房港口，距离广州、肇庆市仅 50 余 km，水陆交通十分便利。

矿长、党委书记：宁永雄

电话：0758 3866888

销售科电话：0758 3866268（广东省四会石膏矿）

海南创域石英砂有限公司

【概况】 海南创域石英砂有限公司是一个新兴的集石英砂开采、加工、经营，高新技术及产品开发、经营，码头、仓储及船舶货物运输为一体的石英砂生产基地，致力于海南优质石英砂资源的开发利用。

石英砂的用途非常广泛，既可用于玻璃主料、陶瓷辅料、冶金熔剂、电器绝缘填料、研磨介质、涂料添加剂，又可用于机件铸造、金属表面处理、油水过滤、油井加压、医疗乃至电子信息、太阳能光电池等领域。

海南省的石英砂资源非常丰富，是世界著名的石英砂富集区之一。截至 2000 年底，全省累计探明储量已达 69368 万 t，保有储量为 67885 万 t。为合理有效地开发利用海南省儋州市滨海地带量大质优、运输方便的石英砂资源，促进玻璃等行业所用硅质原料供应的基地化和标准化，本公司采用先进的技术和设备，目前正在儋州市光村镇建设一座大型石英砂采选基地及配套出砂码头。从 2003 年起就可向国内外市场大量供应优质玻璃用石英砂和其他行业所需的特种石英砂。出砂码头可停靠 10000t 级船舶，年通过能力为 160 万 t 以上。

公司严格贯彻执行 ISO9002 标准，以“科技为先导、人才为根本、质量为灵魂、信誉为生命”作为基本理念，以高起点求更快的发展。本公司可对外供应的石英砂产品、数量及其成分、粒度、水分等指标，如右表所示。产品质量稳定可靠，欢迎国内外客户垂询。

董事长兼总经理：林旭旗

电话：86 - 898 - 68532956

传真：86 - 898 - 68532959

地址：海口市国贸大道 49 号中衡大厦 17 楼

邮编：570125 （海南创域石英砂有限公司）

国家非金属矿深加工工程技术研究中心

【概况】 国家非金属矿深加工工程技术研究中心是国

内非金属矿行业惟一的甲级设计研究院，具备工程设计、咨询、总承包、监理多项甲级资质。联合国开发署在中国建立的“中国非金属矿发展中心”、有教授和高级工程师160人，享受政府津贴者12人。

设计研究院建院40多年的历史，正是中国非金属矿发展的缩影。60～70年代，先后设计了四川石棉矿、南墅石墨矿、苏州高岭土公司、七〇一金刚石矿、海城滑石矿等一批代表性非金属矿种的采选企业，使中国非金属从无到有、从小到大，为国家建设这些代表性矿种的生产基地做出了贡献。

进入80年代后期，设计研究院注重非金属矿深加工的研究与设计，取得了很好的成绩：柳毛电碳、高碳、电极石墨；内蒙、山东等地的石墨纸、石墨乳等一批石墨深加工项目的建成，使vs1国石墨深加工技术上了一个台阶、广东茂名造纸级高岭土原料基地的建设等，使中国高岭土加工水平达到世界水平；活性白土、有机土、分子筛、白炭黑等一批膨润土深加工产品的开发与推广，使中国具有膨润土系列深加工技术与产品；平浮标准砂厂及一批硅砂基地的建设为中国水泥工业标准化工作的玻璃工业的发展做出了应有的贡献。

近几年，设计研究院为迎接加入WTO的挑战，瞄准世界先进技术，在石膏深加工、碳酸钙超细、煤系高岭土超细与煅烧、石墨远红外屏蔽材料和电池负极材料、无机凝胶、纳米粘土的研究等方面作了许多工作，国家给了很高的荣誉，高岭土深加工技术获国家科技进步二等奖；石墨、石材技术获部级科技进步一、二等；高岭土、石棉二项工程设计获国家优秀设计金奖，另有石墨、硅砂、石膏、膨润土等40多项工程获部、省级优秀设计奖。这些成绩的取得与广大非金属矿同仁的努力分不开，在此愿与各界人士继续真诚合作，共创非金属矿美好的未来。

（国家非金属矿深加工工程技术研究中心）

辽宁海城中兴集团公司

【概况】 辽宁海城中兴集团公司是国家经贸委、计委等6部委联合命名的国家大型企业，是国内生产、出口镁质耐火材料的专业企业之一，下属五个工厂、两个公司、一个研究所。拥有资产总额1.2亿元，职工1000余人，其中高、中级职称科技人才近百人，具有国内先进的生产设备及检验设施。

公司的前身是海城市中档镁砂厂的乡镇企业，曾因单一的设备、单一的品种使企业一度跌入低谷，成千上万t的产品积压在库房里无人问津。1990年12月组成了新一任的领导班子，1991年企业聘请了多位国内知名的耐火材料专家，并积极与国内相关的科研院所取得联系，为企业开发高新技术产品奠定了坚实基础。1993年承担了国家“八五”攻关项目：电炉炉底捣打料。研制期间，领导与专家们夜以继日，白天进行科研试验，晚上查阅资料，集中论证。经过一年来的辛勤劳动，终于研制成功了该项产品，并于1993年1月在北京通过了冶金部科学技术成果鉴定。产品填补了国内空白，替代了进口，达到国际先进水平，获农业部科技进步一等奖、国家级新产品、中国星火计划名优产品等称号，成为辽宁省镁质行业中第一家获此荣誉的企业。该产品年产量超万t，国内市场覆盖率达85%以上，每年销往日本、韩国、泰国、独联体等国家和地区3000多t，累计创利税超1000万元。

（辽宁海城中兴集团公司）

【产品改造与开发】 1.*企业坚持产品改造和高新技术产品开发*。充分利用当地资源优势，每年开发1至2项高科技产品，因此继上述产品后1997年投资近300万元，研制开发了铁合金电炉炉底捣打料，该产品替代了传统砌筑铁合金电炉炉底用耐火材料烧成镁砖，大幅度地降低工人劳动强度，提高电炉作业效率15%以上，节约了大量的能源，是铁合金电炉炉底用耐火材料的一次重大变革。产品通过了省级技术成果、新产品投产鉴定，达到国际领先水平，获国家经贸委命名的国家级新产品称号，在吉林、上海、浙江、辽阳等铁合金厂使用获得了满意效果，并陆续开发到泰国、南非等国家和地区。年产5000余t，创利税700多万元。当年收回了全部投资。随着炼钢技术的发展，以直流电弧炉到炉外精炼到最终产品的连续性为主要特征的炼钢工艺正在世界范围内迅猛发展，开发直流电弧炉炉底电极用耐火材料成为一种必然，目前国际上只有奥地利Veitscher公司独家生产，国内尚属空白，为适应电冶金发展趋势并根据国内市场需求，公司1998年投资200多万元，开展了直流电弧炉炉底电极用耐火材料，替代了进口，为国家节约了大量的外汇，使炼钢企业炼钢成本大幅度降低，产品获辽宁省优秀新产品一等奖。年产2000 t，创利税400万元。1999年又成功地开发了多针电极耐火材料GHH型炉底耐火材料，在未开发该产品前，全部依赖奥地利奥镁公司进口，其价格十分昂贵，设计使用寿命为800炉，实际寿命827炉；而公司产品在上钢五厂使用，寿命达1026炉，达到国际先进水平，替代了进口，其价格仅为进口材料的1/2左右。产品通过省级技术成果及新产品投产鉴定。年产3000 t，创利税500万元，由于提高使用寿命，使钢厂电炉作业效率提高了25%以上，间接经济效益更大。上述产品的研制成功，不仅是企业的辉煌，同时也为中国大型电炉耐火材料国产化产生了很大作用。

2.生产经营抓住三个环节:一是依靠科技,强化管理,本着科技是第一生产力的原则,制定以科技为先导,提高产品科技含量的方针,迅速地把科技转化为生产力;二是强化产品质量管理,调整劳动用工,调整生产环节中的不合理因素,节省了不必要的开支,降低了产品成本,提高了经济效益;三是发挥实干、苦干加巧干精神,敢于拼搏,组织科技人员攻克新产品,以新取胜,占领市场。

3.注重依靠科技,抢占市场。走与科研相结合的道路,使一个濒临倒闭的企业兴旺发达起来。在市场竞争中立于不败之地,占领了市场,赢得信誉,取得明显的经济效益与社会效益。企业依靠科技取得了实质性的进展,为国家及镁制品行业做出了突出贡献,引起了国家有关部委的重视和认可,先后被命名为"八五"全国乡镇企业科技进步先进单位、辽宁省高新技术企业等称号,并成为全国镁制品行业中惟一一家被农业部命名的全国乡镇企业科技进步示范单位。企业发展的同时得到了中国菱镁矿专业协会和辽宁省镁资源保护办公室的扶植与帮助,使企业增加了活力与生机,有了坚实的经济基础和勇往直前的开拓意识。

公司将更加锲而不舍地向相关尖端技术挑战,利用辽宁省菱镁资源优势,不断开发高新技术产品,为推动菱镁行业的发展做出新的贡献。

(辽宁海城中兴集团公司)

地质勘查

中国煤炭地质总局

【煤炭地质勘查项目管理成果】 1.预算内地质项目顺利实施。安排预算内地质项目22项,完成机械岩芯钻探工作量31065 m,其中,中央预算14094 m;提交各类地质报告14件,新探明煤炭储量3.5亿t;抽水试验48次;地质填图5456 km^2,地形测量440 km^2;地震物理点32017个,电法物理点16190个。

2.资源补偿费勘查项目取得显著成效。实施矿产资源补偿费项目18项。

3.国土资源大调查项目成果显著。云南三江地区新发现煤炭资源矿产地3处,资源量7000万t;青海南部新发现煤炭资源矿产地1处,可获资源量1000 t以上;新疆和田——民丰新发现煤炭资源矿产地2处,资源量1.37亿t参加了《中国地质调查工作程度数据库》、《中国矿产地数据库》建库工作和《煤矿资源调查评价"十五"工作部署方案》编制工作。

4.技术管理进一步加强。编制了《电偶源频率电测深技术规程》,实施了《煤炭、煤层气地震勘探规范》和《煤炭电法勘探规范》等技术管理新标准;召开了全国煤矿采区三维地震勘探技术经验交流会,展示了煤矿采区三维地震勘探重大成果,进一步推广了三维地震勘探新技术。 (中国煤炭地质总局)

【科学研究与科技创新】 中国煤炭地质总局实施"科教兴局"战略,科技创新迈出新步伐。

1.科学研究与技术创新取得新成果。2001年,安排科研项目12项,其中,一类项目4项,二类项目8项。《地质雷达在干旱地区找水中的应用》等3个项目通过总局鉴定验收,《控制煤层气潜能的水文地质研究》重点科研项目初步完成,在煤层气双相流理论等四个方面取得创新成果;《中国洁净煤地质研究》初步掌握了中国煤中有害元素的基本特征及其在煤炭洗选、燃烧过程中的迁移行为;C 60研究项目取得突破,在一些煤矿发现并确证煤中C 60的存在。

2.用高新技术改造传统煤炭地质勘查业,提高了产业技术水平和产品科技含量。航测遥感局引进发展3S技术和全数字远程网络制版系统,开展电子地图及数字城市技术、遥感自动提取技术,为用户建立起了地理信息系统和专业信息系统;水文地质局开发的地能环保和水气污染治理技术不断创新并逐步实现产业化。

3.积极筹措资金加大技术改造力度,改造传统生产工艺。地球物理勘探研究院引进了具有国际领先技术的美国I/O公司960道地震仪。航测遥感局引进了美国高精度地质雷达系统和英国地下管网探测系统,增强了竞争能力,扩大了市场服务范围。水文地质局3年投资2000余万元进行技术改造,全局钻探设备得到了进一步更新。 (中国煤炭地质总局)

【国际合作与技术交流】 2001年,航测遥感局承揽了美国、比利时、西班牙、挪威等国家全数字制图项目,同葡萄牙、加拿大、德国的政府机构、科研单位和荷兰ITC学院签订了多项合作协议,并与美国、英国等13家国际强手联合组建了全球性战略联合体;水文地质局与广东煤炭地质局在非洲承揽了找水工程;江苏煤炭地质局承揽了孟加拉国工程勘探、巴基斯坦煤矿勘探;中国煤炭地质总局组织参加了中德合作项目《中国西北地区煤火探测分析和监督》的前期准备工作。

(中国煤炭地质总局)

【中国煤炭地质总局工作会议】 于2001年3月18日至20日,在陕西省西安市召开。参加人员:中国煤炭地质总局党政领导,各煤炭地质局、专业局局长、党委书记,总局在京直属单位党政领导及总局机关处室负责人。

会议内容:以党的十五大和十五届五中全会、中央经济工作会议精神为指导,贯彻落实国办发(2001)2号文件精神;总结"九五",交流经验;展望"十五",部署工作,研究探讨煤炭地质单位企业化改革;确保"十五"开好局、起好步。中国煤炭地质总局局长、党委书记张世奎作了题为《认清形势、抓住机遇、开拓创新、乘势前进,推进煤炭地质经济与事业持续健康快速发展》的工作报告,总局党委副书记、纪委书记王辰奎作了会议总结讲话。会议期间,江苏煤炭地质局等7个单位在大会上作了经验介绍。 (中国煤炭地质总局)

【第四届全国煤田地质科学技术大会】 于2001年3月1日~3日,在北京召开。参加人员:煤炭工业技术委员会主任尚海涛,中国煤炭地质总局党政领导,各省(区)煤田地质局、专业局局长、总工程师、地质处长、科技处长、优秀科技工作者代表,总局在京单位主要领导及总局机关各处室负责人参加了会议。

会议内容:总结"九五"科技成果,交流经验,展望"十五"煤田地质科技发展趋势,探讨推进科技创新、提高科研水平、加快科技进步的有效途径,推进"十五"煤田地质经济的持续快速健康发展。煤炭工业技术委员会主任尚海涛就煤炭工业定位和地质工作作了重要讲话。中国煤炭地质总局局长、党委书记张世奎作了题为《实施技术创新,推进可持续发展》的重要讲话,副局长倪斌作了题为《总结"九五"展望"十五"努力开拓煤田地质科技工作新局面》的工作报告。大会印发了《关于加强煤田地质单位技术创新工作的意见》,表彰了60名优秀科技工作者,奖励国家级、部级优秀科技成果28项。 (中国煤炭地质总局)

中国冶金地质勘查工程总局

【概况】 中国冶金地质勘查工程总局(简称"中国冶勘总局")是2001年经国务院批准,交由中央管理,并在国家事业单位登记管理局登记注册的地质勘查单位,是国家从事公益性地质工作和商业性地质工作、为国民经济可持续发展提供矿产资源的重要力量之一。全局共有职工29785人,其中在职职工14469人,离退休职工15316人。现有8个下属局院,9个直属的遥感技术应用中心、矿产资源信息中心、职工培训中心、办事处等,队伍驻地分布在全国12个省、自治区和直辖市。

中国冶勘总局的前身是冶金工业部地质勘查总局,始建于1952年。50多年来,冶金地质勘查部门为中国国民经济发展,为冶金工业实现钢铁大国对冶金矿产资源的需求和以鞍山为代表的工业城市的崛起,做出了历史性的贡献,共探明的铁矿、锰矿、金矿储量分别占全国探明总储量的52%、33%和22%。此外还探明并提交了大量冶金配套原料矿产储量,也积累了一大批宝贵的地质矿产资源信息资料、地质勘查技术人才和丰富的矿产勘查经验。特别是改革开放20多年来,冶金地质勘查部门先后坚持"一业为主,多种经营"、"两业并重"和"效益为中心,加速企业化"的工作方针,在积极加强国家地质工作,开拓商业地质市场,为国民经济建设服务的同时,努力推进冶金地勘体制改革和发展冶金地勘经济,初步形成了以地质勘查业为基础、以地质工程业为主导、以超硬材料业为骨干、大力发展房地产和商贸服务业的多产业格局,地质勘查工作和地勘经济发展已步入良性循环发展的轨道。

(中国冶金地质勘查工程总局)

【生产经营】 2001年,中国冶勘总局在中央企业工委、财政部、国土资源部等上级部门的正确领导下,坚持以地质勘查工程为主兼顾多种经营,以经营性地质工作为主兼顾公益性地质工作,取得了新的成效。在地质勘查方面,2001年共安排各类地质勘查项目59项,其中执行大调查项目13项,资源补偿费项目8项,总局安排风险勘查项目25项,完成实物工作量:钻探41143 m,坑探12810 m,井探1514.5 m,槽探87374 m^3。2001年,继续查证了一批成矿区的矿产资源量,如"西昆仑北段以铜为主的矿产资源评价",发现新的矿产地克勒麦拉砂砾岩铜矿,已列为2002年大调查计划重点项目;"新疆阿克陶县契列克其地区富铁富铜矿普查",确定3个矿化带,铁矿资源量1.01亿t;"桂西南优质锰矿调查评价"进展顺利,通过进一步的工程控制,有望获得资源量3500万t优质锰矿等。在产业经济发展方面,2001年,中国冶勘系统完成预算外经营总收入8.855亿元,比2000年增长21.5%。其中,工勘业实现收入5.13亿元,比2000年增长28%;工业企业实现收入2.17亿元,比2000年增长10.4%;地矿业实现收入1.01亿元,比2000年增长34.25%。

(中国冶金地质勘查工程总局)

【管理和技术创新】 2001年,中国冶勘总局围绕加快地勘经济发展,提高经济运行质量,积极加强管理工作和推进技术创新。在加强管理方面,总局为规范内部管理,进一步健全和完善了地质工作、地勘费、资本金、成本与费用等管理工作，制定和完善了相关规定和办法；进一步加强调度分析，修订完善了内部统计指标体系；加强安全管理，开展了全系统“百日安全无事故”活动，做到了警钟长鸣，常抓不懈。在技术创新方面，坚持依靠技术进步提高产业技术含量，进一步深化三大方面技术的应用，即地理信息技术、无循环钻进与非开挖施工等技术、大腔体粉末触媒合成工艺应用和金刚石制品的开发及低噪音锯片基体、组合锯片基体的开发等有关新技术新工艺，对中国冶金地质勘查提高市场竞争力、打响中国冶金地质勘查品牌、加快经济发展起到了重要的作用。

（中国冶金地质勘查工程总局）

有色金属矿产地质调查中心

【概况】 有色金属矿产地质调查中心（以下简称“中心”）系由原中国有色金属工业总公司地质勘查总局及直属单位改组而成，是中央机构编制委员会办公室批准成立的正局级事业单位，隶属国家经济贸易委员会。有色地质50年以来，在全国范围内开展了大量的地质物化探找矿工作，共获国家级和省部级地质找矿科研成果奖354项，其中获国家级奖18项、省部级奖336项，探明储量的矿区达2156处，已开发利用的有1127处，其中发现和探明具有大型和超大型规模的矿床232处、中型规模的矿床527处，为中国有色金属事业做出了重大贡献。“中心”的宗旨和任务是开展有色金属矿产资源勘查，促进矿产地质事业发展；作为有色地质“野战军”的核心和牵头单位，对有色金属矿产资源的战略调查、有色金属矿产勘查、有色金属矿山资源的接替和中国有色金属工业可持续发展起到重要作用。

“中心”设有办公室、地质处、财务处、人事处、资产管理处，直属事业单位有8家，分别是：北京地质调查所、桂林地质调查所、乌鲁木齐地质调查所、有色地质遥感中心、有色地质测绘中心、有色地质物化探中心、地质资料馆、有色地质测试中心等。“中心”与国内有色金属三大集团合作，挂靠设立了中国铝业公司资源调查部、中色建设集团地质事业部、西部矿业公司资源勘查部等3个专业部门；控股或参股企业有：中色矿业有限责任公司、北京中色物探公司、新疆鑫汇矿业有限公司、北京凯富源工程建设有限责任公司、北京索坤技术开发有限公司、北京华域矿业有限公司等。

“中心”及所属企事业单位拥有一支人员精干、装备精良，地质、物探、化探、遥感、测绘、测试和工程施工等专业齐全的矿产勘查队伍。“中心”及直属事业单位、控（参）股企业共有各类技术人员238人，其中教授级高级工程师39人、高级工程师71人、工程师76人；人员素质高，拥有博士生22人，硕士生48人，本科生118人，大专生30人。

（有色金属矿产地质调查中心）

【业务范围与技术设备】 1.业务范围：地质勘查报告审查与评估；矿产地质调查与勘查；区域地质调查；水文地质工程勘查；遥感地质调查；地球物理化与地球化学勘查；环境地质调查；地质测绘与工程测量；岩石矿物及水质分析鉴定；宝玉石研究开发；地质资料收集、管理和分析；地质勘查技术研究与开发；相关信息咨询与技术服务。

2.技术设备：有色金属矿产地质调查中心拥有先进的技术设备和仪器数百台（套），其中物探主要设备33台，仅大地电磁仪就有14台（V5－2000型、V5型）；测绘主要仪器29台；主要分析仪器37台；计算机及其设备120台（套）、专业软件35套；拥有先进的钻机，其中有国内堪称一流的加拿大CRS1000AV空气反循环取样钻机、ZY－180型液压旋挖钻机、日本利根TXL－3000半液压钻机和美国产长年V型1000 m钻机等；各类压路机、装载机、挖掘机、意大利沥青摊铺机、混凝土搅拌设备等一系列成套施工设备。

（有色金属矿产地质调查中心）

【信息咨询与技术服务】 “中心”以地质勘查为主业，利用在国土资源大调查、国家科技攻关等专项地质工作中，已经奠定的有色金属矿产地质勘查方面的主体地位；利用与有色金属矿山、各大矿业公司深厚的合作关系；利用作为原有色地质部门的首脑机关，掌握有色金属地质部门50年来所积累的地质、矿产资料，拓展相关辅助产业、下游产业，全面优化和整合资源，建成一支精干、高效、装备精良、专业配套、结合合理的地质勘查队伍。成为有色金属矿产勘查行业的核心单位、有色金属矿产资源与地质勘查信息、咨询服务的权威单位，逐步发展成为新型的地质矿产勘查公司。

目前有色金属矿产地质调查中心利用自身优势，可以在以下领域为相关单位和用户提供优质的服务：

① 以有色金属矿产资源的战略性调查为主，从事有关国土资源大调查任务、国家专项地质工作和国家科技任务等。开展有关地质资料情报信息的收集、分析和研究工作，向国家经贸委、中国有色金属工业协会提供各类有色金属矿产资源方面的咨询报告及政策建议。

② 以矿产资源勘查为主体，开展包括环境、灾害、生态、旅游等领域的地质工作。

③ 利用自身优势，为有色金属矿山及相关单位提供优质服务。

④ 利用在遥感地质、GIS、地下三维等技术方面所形成独特优势,利用拥有自主版权的遥感信息定量提取软件,可在全国各地质成矿区带进行遥感地质工作。

⑤ 可在石油、固体矿产、水文及灾害地质、工程检测等领域,承担物探工作项目。

⑥ 拥有国内一流的钻探技术和设备,可承接各种岩芯钻探工程、岩土工程、管理工程、桥梁建设、隧道工程、道路施工、建筑装饰工程等。

⑦ 拥有全国甲级测绘资格证书和土地勘测证书,可承接大型测绘工程。

⑧ 由"中心"出资和控股企业,可从事矿产资源开发、分析检测、房地产开发、进出口贸易等多项业务。

(有色金属矿产地质调查中心)

黑龙江省地勘局

【概况】 黑龙江省地勘局现有一级独立核算单位26个,基本形成了"一军三团"、"三个资源性公司"队伍组织格局。"一军"即从事基础性、公益性、战略性地质勘查工作的地质调查总院;"三团"即从事工程勘察施工的黑龙江中地建设工程集团,以矿产开发为主导的黑龙江省矿业集团,地质矿产勘查开发及其他多种经营一体化发展的齐齐哈尔地质矿产勘查开发总院;"三个资源性公司"即分别座落在牡丹江、佳木斯、黑河的三个实行企业化管理的独立地勘单位。全局职工总数10877人,其中:在职职工5551人,占51%;离退休职工5336人,占49%。 (黑龙江省地勘局)

【生产经营】 多年来黑龙江省地勘局坚持"一业为主、多种经营、优势发展、特色生存"的方针,形成了以地质勘查业为主导、以工程勘察施工为支柱、矿业开发和其它多种经营协调发展的产业格局。

地勘业目前仍是黑龙江省地勘局的主业,以地调总院为龙头的各地勘单位,除承担国家和省的基础性、公益性、战略性地质勘查任务外,积极拓展矿产地质、农业地质、灾害地质、环境地质等为地方经济建设服务的领域;工程勘察施工业已经具备了工业与民用建筑工程、市政工程、交通工程、国土与环境整治工程等领域的勘察和施工资质及相应能力。

黑龙江省矿业集团是黑龙江省地勘局从事矿产开发的牵头单位,主要开展国内外地质矿产勘查,各类矿产的开采,矿产技术开发,矿产品加工,矿产品贸易,金、银、珠宝加工、检测和销售;技术咨询等。

黑龙江中地建设工程集团是一个多层次企业法人联合体。集团的核心企业为黑龙江省桩基工程公司;紧密层企业有地质建设公司、路桥公司、龙地房屋开发公司、探矿机械厂、科宏地基技术开发公司等单位;半紧密层为地勘局所属工程勘察和施工的独立资质单位;松散层为系统外有关建筑施工企业、设计单位等。

其他多种经营主要立足于零售商业、旅店旅游业、物业管理、印刷等服务行业及加工业的发展。

2001年全局经营收入16980万元,其中:地质勘查601万元,矿业开发3855万元,工勘市场7589万元,其他多种经营4935万元。2001年全局实现货币总量3.75亿元,其中按产业分:地勘业2.04亿元,非地勘业1.71亿元。 (黑龙江省地勘局)

【劳动用工等三项制度改革】 几年来,黑龙江省地勘局所属各单位"三项制度"改革,均取得一定成绩。

1.*劳动用工制度改革*。实行企业化管理的地勘单位和局属企业推行了全员劳动合同制;从2002年起,全额拨款事业单位按有关规定在劳动用工管理上实行聘用合同制,单位与职工通过签订聘用合同来明确劳动管理关系。另外,还积极探索了多种形式分流人员的途径,从1998年底至2001年上半年,黑龙江省地勘局遵照国家和省有关"减员增效、下岗分流"的政策精神,采取给予一定的经济补偿和扶持金或带资产分流的鼓励和扶持方式,使1995年已下岗人员自动辞职并与单位解除了劳动关系。

2.*分配制度改革*。黑龙江省地勘局坚持"效率优先、兼顾公平"的原则,绝大部分单位都推行了岗位工资和效益工资相结合的多种形式内部分配方法。

3.*干部人事制度改革*。打破了干部工人界限,基本建立"竞争上岗、双向选择"机制,并建立和完善了对经营管理者的培养、选拔、考核和监督体系,为地勘经济的改革和发展提供了组织保障。

截至2001年底,全局已有13个单位建成了省直级以上文明单位,全局实现了省级文明单位建设先进系统三连冠。 (黑龙江省地勘局)

河北省地质矿产勘查开发局

【概况】 河北省地质矿产勘查开发局是直属河北省政府领导的正厅级事业单位,下属21个县(处)级地勘单位、厂、校,全局职工16000多人(包括离退休人员),其中高级技术职称人员2500多人,教授级高级工程师100多人,享受国务院政府津贴的优秀专家30余人。局属河北矿业建设集团公司是建设部批准的一级建设施工单位和甲级工程勘查单位,并已通过ISO 9002质量体系认证。

河北省地质矿产勘查开发局勘查手段齐全、设备精良、技术先进、实力雄厚，是一个集矿产地质勘查、水文工程环境地质调查及地质灾害防治、遥感地质调查、地球物理及地球化学探矿、测绘测试、建设工程施工、隧道和路桥施工、港口码头施工、工程地质勘察、建设工程监理的综合性单位，建局以来已通过鉴定的科技成果178项，共中11项达国际先进水平，54项获省部级科技进步奖。

河北省地勘局是河北地质勘查业的主力军，拥有一支高素质、能打硬仗的地质勘查队伍，改革开放以来，与17个国家和地区建立了地学合作关系，将继续与国内外各界朋友同行联手进行风险勘查、矿业开发和技术经济合作。（陆林生）

【生产经营】 河北省地质矿产勘查开发局先后探明大湾大型钼锌矿、蔡家营大型银铅锌矿、小管盘、峪耳崖大型金矿、双碑大型石膏矿，邯邢和冀东的大型铁矿，邯邢、石家庄、唐山、秦皇岛等地的大型水泥灰岩矿数十处和数百处中小型贵金属、有色金属、黑色金属和非金属矿产地，为河北经济建设作出了重要贡献。隆尧邢周石膏矿是河北省地质矿产勘查开发局在双碑石膏矿区第一个建设的矿山，现已成为年产40万t的大型矿山，并带动了该区石膏生产的发展，为地方经济和财税收入作出了贡献。建矿8年来始终保持安全生产，受到地方好评。

局区调队在西藏藏南地区完成1:25万地质填图的基础上，2002年又新开2幅1:25万图幅，为内地区调队在西藏从事中小比例尺地质填图积累了经验。河北省地质矿产勘查开发局地质图数字化和地质资料管理微机取得了丰硕成果，为河北省建立了微机地矿行政管理系统，实现了地质图件数据化和地质数据数据库与图件的连接。水文工程地质灾害地质勘察施工成绩突出，石家庄市备用水源地勘察，秦皇岛市海水入侵评价及治理建议等均受到当地政府好评，取得了良好的社会经济效益。（陆林生）

【技术创新成果】 科技是第一生产力，技术创新给河北省地质矿产勘查开发局发展增添了力量，一大批科技成果转化成生产力为地质矿产勘查开发局赢得了市场和信誉。“河北省主要成矿区带矿床成矿系列及成矿模式”获河北省科技进步一等奖，该成果为在河北找更多的矿床提供了实践理论指导，促进了河北省找矿事业的发展。“河北地勘局多元地学信息系统研制”达到了国际同类项目的先进水平，项目的实施不但培养了一批在地质工作中应用微机的科技工作者，而且为地质生产管理，找矿靶区的优选，地质科学研究等提供了快捷，方便的手段和详尽的地质资料数据库。“高等级公路质量无损检测应用研究”采用共振法和超声波法结合，测定水泥混凝土路面厚度，测定误差小于±8mm，并对路面强度测试和路基测试进行全面稳定性评价，成果达国际先进水平。《GT－1型非开挖导向孔无线探测仪》用于非开挖地面铺设地下管线技术，填补国内空白，主要性能指标达到国外同类产品水平。

（陆林生）

河南省煤田地质局

【概况】 河南省煤田地质局的前身为中南煤田地质勘探局，始建于1954年8月，“文革”后改称为河南煤田地质公司，于1991年更名为河南煤田地质局。此前，该局属中央直接管辖。1998年8月，河南煤田地质局由中央直管下放到河南省管理，名称改为河南省煤田地质局。全局现辖5个队（4个地质队，1个物探测量队）、一司（豫中地质勘察工程公司）、一院（河南省煤炭地质勘察研究院）、一站（河南省煤炭质量监督检验站）、一中心（河南省煤田地质局制图印刷中心）。共有各类专业技术人员1200人，其中高级工程师300余人，享受国务院政府特殊津贴的地质专家10余名。

（河南省煤田地质局）

【地质勘查】 50年来，河南省煤田地质局通过勘查，在河南省境内共发现煤田22处，完成钻探工程量500多万m，各类地质填图2万多km^2，提交各类地质报告400余件，在这些地质报告中，精查地质报告近200件。累计探明煤炭资源储量300亿t，其中可供煤矿建设的煤查资源储量150亿t，不仅为2个千万t大型矿区、4个500万t矿区的形成与发展奠定了基础，而且为河南省煤炭工业发展提供了资源保证。各矿区的水文地质勘查所提交的地下水储量，基本满足了河南省煤炭工业对水资源的需求，河南省煤田地质局于50年代末、70年代中期和90年代初期先后进行了3次全省性的煤炭资源预测与评价，预测出河南省埋藏2000 m以浅的煤炭资源总量约为1200亿t，其中埋藏1000 m以浅的为415亿t。通过省部级下达的Ⅰ、Ⅱ类科研项目，对河南的含煤地层、构造、煤类分布规律和晚古生代聚煤规律进行了综合分析研究，为找煤勘查和河南煤炭工业的规划提供了方向。

从河南是全国第二产煤大省的实际出发，组建了以局为单位承担基础性、公益性和战略性地质工作为主的“河南省煤炭地质勘查研究院”下属5个分院，同时还成立了测绘院、测井公司、省煤炭质量检验站、局网站等与地质勘查相配套的专业实体，初步营造了一支人员精干、技术密集、结构合理、装备先进、管理科学、门类齐全、专业配套的从事煤田地质勘查的"野战军"，使煤田地质勘查工作有所加强，确保了河南省煤炭工业发展对煤炭资源储量的需求。

（河南省煤田地质局）

洛阳市地质矿产局

【概况】 洛阳市地质矿产局1996年10月成立，在市委、市政府的正确领导下，积极实践江总书记提出的"三个代表"重要思想，以"突出重点、突破难点、解决热点、务求实效、全面推进"的工作原则，着力于地矿法制化建设和科学化管理，建立健全了地矿法律法规体系，加快推进了地矿管理法制化、科学性的进程；坚持以经济建设为中心，不断增强为经济和社会事业持续发展的服务意识，积极开展具有战略性和长期性效益的社会公益项目，取得了良好的经济和社会效益；围绕矿产资源利用方式和管理方式的根本转变，坚持真抓实干，务求实效，使洛阳市的地矿工作有了长足的发展，矿产资源保护和管理工作成效显著；勇于改革创新，争创一流，推动洛阳市的地矿工作不断实现新的跨越。不少工作都走在全省，甚至全国的前列。

（洛阳市地质矿产局）

【地矿管理法制建设】 洛阳市地质矿产局结合本地实际积极向市法制局提交立法计划，在充分调查，反复修改其稿的基础上，经河南省人大常委会批准实施的《洛阳市矿产资源管理办法》，用地方性法规的形式，明确了《洛阳市矿产资源规划》的法律地位，为全国首例。

编制并经省国土资源厅批准实施的《洛阳市矿产资源规划》是按照国土资源部《矿产资源规划暂行管理办法》制定并实施的全国第一部地市级矿产资源规划。《洛阳市矿产资源规划》经省国土资源厅组织专家组鉴定，是一份具有同类国内领先水平且具全国推广意义的优秀软科学成果。经洛阳市社会科学优秀成果评奖委员会评定，被评为洛阳市第七次社会科学优秀成果特等奖、河南省国土资源厅科技成果二等奖。

《洛阳市尾矿资源管理方法》是全国第一个把尾矿作为矿产资源在地方法规规章中予以明确的地方政府规章，在全国尚属首例。《洛阳市矿产资源储量管理办法》等政府规划也是在全省率先出台的，对保护资源和实现矿产资源利用方式的根本转变具有现实意义和深远影响。

洛阳市地质矿产局实施的《洛阳市矿业权出让拍卖暂行管理办法》在河南省是第一家。全省探矿拍卖第一锤敲响在洛阳市偃师市，全省采矿权拍卖第一锤响在洛阳市新安县。为适应市场经济机制需要，依靠市场优化配置资源，激活矿业权市场在洛阳已经形成良好氛围。截至2001年底，洛阳市依法转让矿业权在全省最多（全省33起，洛阳18起，占50%多）。

（洛阳市地质矿产局）

【地矿管理领域拓宽】 为实现洛阳市政府提出的"工业强市、旅游兴市"的战略目标。洛阳市地质矿产局自加压力立项编制完成的《洛阳市旅游地质资源调查与评价》是全国地质矿产行政管理部门首家首次对区域旅游地质资源进行系统的调查与评价。经省国土资源厅组织专家组鉴定，该项目的基础资料翔实可靠，提出的地质旅游资源分类体系及景观区划方案科学、合理。对促进洛阳市旅游地质资源的合理开发利用与保护，对区域经济的可持续发展将产生较大影响；该成果在省内尚属首例，在国内也不多见，达到同类项目的国内先进水平。并获河南省国土资源厅科技成果三等奖。

洛阳市地矿局不断拓宽地矿管理工作领域，结合驻村扶贫任务，编制完成的《嵩县农业地质调查与生态农业区划建议》项目是全国第一个地质矿产管理部门为农村、农民、农业服务的科研项目。经省国土资源厅组织专家评审，该项目是河南省完成的第一份县域农业地质环境调查与农业生态区划报告，是具有很强开拓性的研究工作，是对农业地质研究方法的第一大创新；该项目具有很强的实用价值，对指导河南省农业地质环境研究和农业区划工作具有重要的推广借鉴价值；该项研究成果达到了国内先进水平。并获河南省国土资源厅科技成果三等奖。在河南省国土资源厅2002年6月组织的科技成果评奖工作中，洛阳市地矿局申报的三项科技成果分别获得二、三等奖，是全省地矿行政管理部门惟一申报科技成果的单位，而且是申报科技成果全部获奖的单位。

洛阳市地质矿产局实施的洛阳地热资源调查勘探项目，是全省地质矿产管理部门第一家依靠自己的力量筹措资金进行的区域性地热资源调查项目。目前，第一口地热风险勘探井正在按照设计进行钻探。这对查明洛阳地热赋存情况，为洛阳市勘查开发利用地热新能源，起到重要指导作用，对创建优秀旅游城市，改善环境质量和条件，提高城市人民生活水平做出积极的贡献。

（洛阳市地质矿产局）

【矿产资源管理秩序治理整顿获好成绩】 2001年7月至2002年6月全国矿产资源管理秩序治理整顿中。该局由于领导重视，组织健全，重点突出，责任到位，真抓实干,措施得力,治理整顿的成效显著。省政府按照检查验收的10条标准,对洛阳市4个县和10个矿区(矿山)的现场检查验收,认为:洛阳市矿产资源管理秩序治理整顿工作,领导重视,组织有方,措施得力,成效显著。在全省矿产资源管理秩序治理整顿两次工作检查验收中都获得第一名。 (洛阳市地质矿产局)

山东省地质矿产勘查开发局

【概况】 山东省地质矿产勘查开发局建于1958年,全局职工总数1.47万人,各类专业人员3118人,具有中高级职称的1931人;拥有各类设备仪器4644台套,总资产净值4亿元。40多年来,该局为国家和省的经济发展提供了丰富的矿产资源,完成了全省所有基础性地质工作和地下水水源地勘查工作。特别是金刚石、黄金找矿和地下水、地势勘查中取得突出成果,找到了全国第一个金刚石原生矿,发现和评价了特大型金矿7处;黄金产地107处,尤其是"焦家式"金矿和归来庄金矿的发展,在金矿理论上取得了重大突破,先后为济南、青岛等32个主要城市和齐鲁石化、济南国际机场等工程的勘察和基础施工,完成了泰山、华山等名山索道测量,山东境内高速公路线路勘察和基础施工等几十个国家、省重点工程项目。积极参与西部大开发,在新疆、西藏、青海、内蒙都有该局的找矿队伍,与欧洲、非洲、南美、西亚的几十个国家建立长期的合作关系,完成数十项国外地质矿产勘查和技术革新供水工程项目。

山东省地质矿产勘查开发局诚邀国内外各界朋友来局考察交流,在地质勘查、矿业开发、勘察施工、经营贸易、机械制造、旅游服务等方面友好合作,共谋发展。

(山东省地质矿产勘查开发局)

江苏省地质矿产勘查局

【概况】 江苏省地质矿产勘查局于2001年1月11日正式成立,主要职责是承担国家和省下达的地质矿产勘查任务,负责局系统地质勘查队伍和国有资产的管理,其前身是成立于1958年的江苏省地质局。

多年来,全局万名地勘职工艰苦奋斗、不懈努力,在江苏境内探明了50多种矿产的储量,提交了127处大、中型矿产地,有力地支持了国民经济建设和社会发展。改革开放以后,在作好地质勘查工作的同时,又大力开拓工程勘察、基础施工、路桥建设、地质灾害评估等领域,参与了江苏省核电站及长江沿线各大港口的选址论证,承担了中国东部海岸线所有大的海港的地基勘察;参与了江苏省境内目前所有过江通道和所有高速公路的选线与勘察;并承担了近百座高层建筑的基础工程。同时,还走向省外、走出国门,参与了华东、华南、西南地区以及亚洲、非洲等多个国家的重点工程建设。

2001年,全局上下团结拼搏、开拓进取,在稳定中发展,在探索中前进,实现了开好局、起好步的目标。一方面围绕社会需求,积极开展地质工作服务。配合东海地区中国大陆科学超深钻完成了先导孔的施工,承担了徐州张集水源地详查,在洪泽地区打出了1口地热井,完成了10多个项目、800多亩建设用地以及500多km高速公路的地质灾害评估,在苏锡常地区地下水动态监测网络的建设中,承担了6座基岩标的建设,另一方面,凭借较强的实力,狠抓地勘延伸产业。全年共承接各类工程项目3000多个,完成了润杨大桥、长江三桥、杭州湾跨海大桥、玄武湖地下隧道、西气东输管道、南京地铁等一大批国家、省、市重点项目和部分高层建筑的勘察施工任务。全年完成总产值比2000年增长12%,实现收入比2000年增长10%,职工人均收入比2000年有较大幅度的提高。队伍稳定,人心思上,各项工作实现了良好的开端。

(江苏省地质矿产勘查局)

龙南县地质矿产管理局

【概况】 江西省赣州市龙南县地质矿产管理局成立于1988年6月,为县级政府的一级行政局,下设办公室、矿产资源开发监督股、矿产资源补偿费征收管理股、矿产品市场稽查管理股4个职能股室和2个县属矿产品检查(征费)站。全局编制数22个,其中行政编制7个,事业编制15个。

作为主管矿产资源、地质环境和地质勘查行业的县政府行政职能局,龙南县地矿局较好地全面履行了4项政府职能,确保了《矿产资源法》及其配套法规在龙南县境内的全面贯彻实施,维护了矿产资源的国家所有权。尤其在对矿产资源的合理开发利用和保护进行监督管理方面,龙南县地矿局坚持"开发与保护并重"的方针,认真做好资源大县矿业发展促进经济发展的文章,依法对现已开发利用的钨、铁、稀土、煤炭、石灰石(大理石)、萤石、膨润土、钾长石、地热、矿泉水、粘土、建筑用砂石13个矿种200个矿山企业进行分类管理,唱好稀土矿产合理开发利用和保护的重头戏。大力协助稀土矿山企业积极探索稀土开采新工艺,依靠科研单位的支持,开展原地浸取法开采稀土的试验,在试验取得成功后全面推广运用,使稀土矿产的开发与保护工作取得突破性进展，变被动资源环境治理为资源环境保护，实现了开发与保护同步进行，经济效益、生态效益和社会效益三丰收的良性循环，促进了地方经济稳步快速发展。1997年全县稀土税费征管工作划归龙南县地矿局征管后，龙南县地矿局大力强化征管措施，建立严密的征管网络，加大稽查管理力度，严厉惩罚偷漏税费行为，促进了产品税费的大幅持续增长，稀土税费征收从1997年的300多元增长到2001年的2000万元~3000万元，为县财政作出了突出贡献。与此同时，龙南县地矿局通过开展矿业秩序治理整顿工作，使全县矿业秩序实现了全面好转。全县矿产资源补偿费征管网络日益完善，确保了矿产资源补偿费征缴及时足额到位，征收入库连年持续增长，年年超额完成上缴任务。

龙南县地矿局以其卓有成效的业绩连年被赣州市、江西省评为先进单位，已成为地矿系统县、市级的一面红旗。 （*龙南县地矿局*）

广州海洋地质调查局

【概况】 广州海洋地质调查局是国土资源部下属的多学科、多功能的综合性海洋地质调查研究机构，主要从事国家基础性、综合性、战略性和公益性的海洋地质调查研究工作。其前身是：始建于1964年的原地质部海洋地质科学研究所（南京）。

30多年来，广州海洋地质调查局全体海洋地质工作者艰苦奋斗，实现了“踏遍中国海、挺进太平洋、登上南极洲”的宏伟目标，在油气资源调查、海洋工程地质与灾害地质调查、大洋地质科学考察、南极科学考察、新能源（天然气水合物）调查、海洋高科技等领域成绩显著，提交了一批具有国内外先进水平的地质勘查和科研成果报告，获得了近百项国家、地矿部地质勘查和科研成果奖，培养、造就了一批富有献身精神的海洋地质专家和高级科技人才。其下属调查队伍也被授予“全国功勋地质勘查单位”、地质矿产部“文明单位”、广东省委、省人民政府“文明单位”、“先进集体”的荣誉称号。

全局现有职工1121人，其中各类专业技术人员511人，有1人当选为中国工程院院士，3人先后获得李四光地质科学奖，有高级职称专业技术人员115人（其中19名为教授级高级工程师）。拥有3艘海洋地质、地球物理调查船、1艘钻探、物探船和2艘运输船，装备了多套技术水平较高的海洋地质调查设备，基本能适应当今远洋、近海、油气、海洋地质、海洋工程等不同领域、不同作业的要求，技术装备总体水平已达到了国际90年代中期先进水平。固定资产达2.7亿元。

广州海洋地质调查局积极开展国内外科技交流与合作，先后与美国哥伦比亚大学拉蒙特-多尔蒂地质观测所、得克萨斯农工大学地学院、联合国开发计划署及技术合作部、亚洲近海矿产资源联合勘测协调委员会、国际海洋金属联合组织、东亚、东南亚海岸和近海地质科学项目协调委员会以及南太平洋地区近海矿产资源联合勘测协调委员会等国外机构和国际组织进行了形式多样卓有成效的合作，获得突出的研究成果。

广州海洋地质调查局利用设备和技术优势，积极开辟国内外海洋地质市场，先后完成了多项国际海底光缆的线址调查、广东第一、二核电站基础工程勘查、香港排污工程勘查、日本新泻、对马海峡地球物理调查、苏丹港码头修复工程、珠海伶仃洋大桥工程勘察、琼海海峡跨海大桥工程可行性勘察等一批国内外地质工程项目，取得了显著的社会和经济效益。

21世纪是海洋的世纪，公益性、基础性海洋地质工作的重要性已得到国家和社会的普遍关注和承认，我们坚信，新世纪里，广州海洋地质调查局一定能建成为国际先进、国内一流水平的海洋地质调查研究机构，为维护祖国的海洋国土资源和权益做出更大贡献。

（*广州海洋地质调查局*）

【技术装备】 广州海洋地质调查局拥有3艘海洋地质、地球物理调查船、1艘钻探、物探船和2艘运输船，装备了包括DGPS差分卫星系统2D（3D）地震记录系统、浅层剖面系统、海洋重力仪、磁力梯度仪、高精度测深仪、多频探测系统、旁测声纳、温盐深测量仪、海底照相、海底沉积取样器及数字单道地震系统、多波束测深系统等技术水平较高的海洋地质调查设备，基本能适应当今远洋、近海、油气、海洋地质工程等不同领域、不同作业的要求，技术装备总体水平已达到国际90年代中期先进水平。固定资产达2.7亿元。

海洋四号（深水波束测深系统、海底摄像系统、浅层剖面系统、多频探测系统、温盐深及深水地质取样设备）探宝号（海上24位光纤数字地震采集系统、大能量气枪震源系统、双频测深仪、导航定位集成系统）、奋斗四号（浅水多波束测深系统、旁测声纳、浅层剖面仪）、奋斗五号（浅水多波束测深系统、测深仪、旁测声纳、浅层剖面仪、浅水地质取样设备、地层浅钻）。

（*广州海洋地质调查局*）

海南省地质勘查局

【概况】 海南省地质勘查局（原中国有色金属工业总公司海南地质勘查局）是一支具有地质找矿、矿产开发、工程勘察、建筑施工、机械加工、商贸旅游等多产业的综合地质队伍。组建40多年来，做了大量的地质勘查和地质科学研究工作，向国家提交了各类地质报告逾百份，探明近百种矿种，主要矿产储量6亿余t。属地化以后，在海南省人民政府的直接领导下，在前进的征途上，又迈出了可喜的一步。2001年经过全局干部职工的共同努力，地质找矿和精神文明建设取得了显著的成效。 （海南省地质勘查局）

【地质勘查工作】 海南省地质勘查局坚持“继续大力抓好地质找矿工作，努力寻找可供开发的矿产资源，使地质工作更加紧密地与国民经济和社会发展相结合，更加主动地为社会发展服务”的方针，在工作领域上主动由传统地矿勘查转向灾害地质、环境地质、城市地质、农业地质、旅游地质、水资源与地热勘查、近海资源勘查等领域，为生态省建设提供技术支撑。完成了琼中县长征、屯昌县中建、东方县抱板金矿区普查、海南岛新村港—南湾海澎间带—浅海锆钛砂矿普查、文昌市昌酒镇鹿马岭—东坡锆钛砂矿详查、昌江县南罗、海尾、文昌市昌洒石英砂普查、文昌市龙楼镇伯候村高岭土矿详查、乐东县尖峰卫东十一场花岗岩饰面石材矿区勘查等地质勘查项目10多项，探明可利用的储量锆英石27.55万t、钛铁矿105.4万t、高岭土精矿554.5万t、石灰岩75.62万t、石英砂矿4450万t、黄金2.5t、优质花岗岩饰面石材花岗岩矿石储量200万m^3。推断石灰岩内蕴经济资源量(333)850万t，预测资源量(334)529万t。完成了全岛特别是海口附近的火山口及琼山一带火山地貌旅游资源的调查，获取了大量的资料和数据。

勘查施工业全年共完成工程勘察、水井施工、物探找水、工程测量、岩土工程施工及治理、检测等项目131个，完成累计钻探进尺32263延长米，灌注混凝土6178.5 m^3，取得了较好的效益。

（海南省地质勘查局）

【精神文明建设】 认真贯彻党的十五届六中全会精神，深入开展学习宣传“三个代表”重要思想，开展了理想信念教育。根据海南省委《关于认真学习贯彻党的十五届六中全会精神的通知》精神，局党委及时作出了学习和贯彻的决定，下发了实施意见，制定了学习计划，进行了周密的安排。按照《中共中央关于加强和改进党的作风建设的决定》的要求，局党委结合地矿局实际，进行查探问题，并针对存在问题，制定了若干整改措施，狠抓落实。局党委要求局领导班子成员和各级领导干部要当好表率，从自身做起，带头弘扬优良作风，做到“八个坚持、八个反对”。

（海南省地质勘查局）

龙岩市新罗区地质矿产局

【概况】 龙岩市新罗区地质矿产局是区政府的职能部门，主管全区矿产资源勘查、开采和地质环境的监督管理工作。贯彻执行《矿产资源法》及其配套法规、规章和方针政策，负责在国家有关法律、法规和上级授权范围内矿产资源的综合管理，依法分配矿产资源，组织征收矿产资源补偿费，办理权限范围内的乡镇集体矿山企业和个体采矿的申请、复核和发放采矿许可证工作，协调处理各类探矿、采矿纠纷依法维护探矿权人和采矿权人的合法权益，整顿和维护矿业生产秩序，保护依法取得的权益不受侵犯，参与本区水资源调查、评价、规划，参与编制本区地质环境保护规划、地质灾害防治规划等。

历年来，新罗区地质矿产局以其卓有成效的矿业管理，促进了全区矿业经济的发展，多次获上级部门的表彰。

新罗区位于福建省西部，是龙岩市的政治、经济、文化的中心，总面积2678 km^2，人口46万人，辖区地质条件得天独厚，矿产资源丰富，且种类多，已探明储量的矿产达34种，总价值达500亿元以上，占全省探明矿种的62%。新罗区还是福建省重要的无烟煤、铁矿、高岭土矿产地。2001年全区矿业总产值达3.5亿元，矿业开发成为全区经济发展的重要支柱产业。近年来，依托丰富的矿产资源条件，新罗区的矿业经济已逐步从原来单一的资源开发型向资源开发加工利用混合型过渡，建立各种类型的矿产品加工企业。

（龙岩市新罗区地质矿产局）

北京矿产地质研究所

【概况】 位于北京市安定门外北苑，占地面积21000 m^2，建筑面积25000 m^2，现有职工171人，总资产2800余万元。

1.研究领域：以有色金属和贵金属矿产资源的调查评价及规划、咨询为特色的全国重点科研机构。经过40余年的研究积累，逐步形成了5个具有特色和优势的研究领域，包括：

① 矿产地质研究中心。主要从事有色和贵金属矿产资源调查、评价或成矿区划研究，承担国家科技攻关项目、重大基础研究项目（国家973项目）、国土资源大型调查项目和矿山地质找矿及资源综合利用等项目。在大型矿集区优选评价和矿山地质找矿等方面取得过重要理论成果和扩矿实绩。

② 勘查技术研究中心。主要从事地球物理、地球化学、遥感和多元地学信息综合处理等新技术新方法的研究及推广应用,在中大比例尺化探、隐伏矿地球物理探查和遥感蚀变信息提取等方面形成了自己的特色和优势;自主研制了轻便化强场源瞬变电磁系统(TEM - 3S)、24道浅层地震仪等多种先进的地球物理探查仪器,形成了从区域到矿山找矿评价的综合方法体系,在石油和工程地球物理勘查等方面也取得了良好业绩。

③ GIS技术研究开发中心。是在原中国有色金属工业总公司地质计算中心、数学地质研究中心的基础上发展起来的计算机与地理信息系统(GIS)研发实体。主要从事基于GIS平台上的城市建设、资源勘查开发和管理等信息系统的研究与开发、计算机网络和数字矿山技术的开发应用等。

④ 地质灾害与环境研究中心。主要从事矿山和区域地质灾害的调查评价,工程建设引发地质灾害的危险性评估,矿床的环境性状和矿山开发的环境评价等工作,先后完成开滦煤矿等矿山含水岩溶陷落柱、矿山采空区探测与危险性评估、内蒙高速公路建设区地质灾害评价等项目。

⑤ 矿业经济研究与咨询部。是在原中国有色金属工业总公司矿产勘查规划咨询处和有色地质经济研究中心的基础上发展起来的研究与技术咨询实体,重点开展矿产勘查、开发技术经济评价研究,探矿权、采矿权、采矿权资产评估,成矿区带和矿山找矿的规划咨询等。拥有原有色地质系统积累的全国性地质矿产资料库和数据库,与地勘单位和矿业公司(矿山)有长期良好的合作关系。完成了10余项国内上市公司的矿业权评估;与国际矿业咨询顾问公司SRK合作,完成了中国铝业公司境外上市的资源与矿山评估工作;为国内外数十家矿业公司和地勘单位提供了优质的找矿咨询服务。

2.物业经营:主要是经营现有的物业项目,筹划矿业广场的开发。已进入规划审批阶段的矿业广场项目位于北京奥运商圈内,规划建设面积约30000 m^2、首期启动10000余 m^2,计划建成国际勘查机构和矿业公司在中国的窗口;国内勘查机构和矿业公司在首都的据点;国内外矿业信息交流和矿业权转让的业务平台。

3.发展目标:北京矿产地质研究所(BIGM)已成为金属矿产资源领域一流的应用型研究和开发机构,本着"诚信、创新、协力"的运作理念,致力于金属矿产资源勘查和相关技术的研究、应用,搭架资源与开发之间的桥梁,是政府资源勘查开发的智囊、中外矿业公司良好的合作伙伴。顺应潮流、反应迅速、运作灵活,出效益、出成果、出人才,以优异的科技创新实现报效社会。

(北京矿产地质研究所)

中钢集团天津地质研究院

【概况】 天津地质研究院原为冶金工业部直属的公益型科研事业单位,是全国冶金系统惟一的地质研究院。1999年7月1日,随着国家科技体制改革,转制进入中国钢铁工贸集团公司。主要从事铁、锰、铬和冶金辅助原料等黑色金属矿产资源及金、银贵金属矿产资源的矿床成矿规律、扩矿预测和资源评价研究;开展矿产品、冶金辅料、化工原材料的研制和开发及矿物的选别试验;工程地质、水文地质、环境地质的勘查;遥感地质、物化探等新技术的开发、研究与应用;宝玉石及工艺矿物的研究、教学、加工、销售及鉴定;贵金属提纯、贵金属饰品无损检测与矿产品商检;房屋租赁及商贸服务等。拥有较先进的地质科研和技术开发条件。具有先进的地质实验与分析测试实验室、矿物选别小型和中型实验室,具有较大型精密仪器VG - 354质谱仪、JGXA - 733电子探针、X射线荧光光谱仪、原子吸收分光光度落计、彩色图像分析仪以及大型光谱仪等,配备有电子计算机网络及工作站终端设备,科研设备配套齐全。拥有矿床学理学硕士学位授予权,现已培养出硕士生28人。编辑出版《地质找矿论丛》,国内外公开发行。

天津地质研究院建院近30年来,共完成科研任务400多项,提交科研成果报告300多份,出版专著近30本。其中有80多项科研成果获得国家级和部级科技成果奖、科技进步奖和发明奖。为努力开拓矿 质科研领域。多年来与十几个省的数十个矿山合作,取得了显著的社会效益和经济效益,受到生产矿山的好评。

天津地质研究院,多年来已与世界上20多个国家和地区建立了广泛的学术交流、技术合作与专家互访关系。特别是近两年来开展的与美国、加拿大、澳大利亚、芬兰、乌兹别克和乌克兰等国家的技术合作项目日趋增多,国际学术交流越来越广泛。

主要产品:超纯磁铁矿粉及其高附加值产品。

(天津地质研究院)

华北地质勘查局综合勘查院

【概况】 华北地质勘查局综合勘查院系地勘事业单位,组建于1974年,对外企业名称为华冠实业总公司。本院为集地质勘查业和超硬材料制品等工商贸服务为一体的集团性公司,拥有独资及控股法人企业5家,其他企业十余家,总资产5000万元;现有员工760人,其中各类中、高级专业技术人员200余人,经济、技术实力雄厚。

创业几十年来，积淀了丰厚的企业经营理念和文化内涵，一贯秉承“团结、拼搏、优质、高效”的企业精神和“诚信为本，优质高效”的质量方针。2000年本院与所属的4家法人企业：华菲超硬材料有限公司、河北中色测绘中心、有色华冠基础工程勘查院、华北有色地质勘查局燕郊中心实验室顺利通过ISO 9001(2000版)质量管理体系认证，其中本院与河北中色测绘中心还同时获得英国皇家UKAS证书。

20多年来，华北地质勘查局综合勘查院在全国十几个省市内开展了十多个矿种的地质普查及科研工作，先后参加了冀东、鞍本、张宣、白云鄂博等全国性的地质大会战，编制工作设计300余项，提交地质资料400余份，找到和评价大中小型铜、锡、铅锌、金、银、钼、锰、硫铁等矿床40余处，其中20余处已被开采利用。“七五”至“九五”期间，地质科研项目获国家科学技术进步、科研一等奖各1次，中国有色金属工业总公司找矿成果二等奖5次。　（华北地质勘查局综合勘查院）

其他企业

北京首钢重型汽车制造厂

【概况】 北京首钢重型汽车制造厂是具有独立法人资格的重型汽车制造企业。并通过了2000年ISO9001国际质量体系认证，注册地在北京石景山，总装分厂设在河北迁安。制造厂下设汽车研究所、车身分厂、车桥分厂和总装分厂等机构。

汽车研究所是与北京科技大学联合组建的科研开发结构，专门从事新技术应用和新车型研制开发工作。有各类研究人员30名，其中教授、副教授11名，博士生3名，中、高级工程师16名。

车桥分厂拥有先进的工艺工装设施和试验检测手段。主要承担矿用汽车主体部件如前后桥、前后轮毂、半轴套管、A型架、刹车毂等多种零部件的加工制作任务。

车身分厂是中国华北地区最大的综合性金属设备结构厂，主要承担矿用汽车货箱和车架的制造任务。

总装分厂设有多个总装台位，拥有主要总成和各种液压气动元件试验台、整车测试和检测仪器，大马力测功间和变扭器试验台等设备。

SGA3722矿用汽车是北京首钢重型汽车制造厂自行研制开发的重型的汽车之一，是用于冶金矿山、露天煤矿、水利电力建设工地等场所运送散装物料的设备，届于超廓型非公路车辆。整车结构特点：采用全液压动力转向，气压蹄式复合制动，液压后卸式举斤，油气悬挂减震，液力机械传动变速，舒适豪华的驾驶装置。最大装载质量4200 kg、最大总质量7200 kg、最高车速(五档)56 km/h、最大爬坡度28%。

另外，该厂还生产40 t煤车和40 t洒水车，还即将推出30 t、50 t、55 t、130 t矿用汽车，已经成为国内重型矿用汽车生产的主要企业。

电　　话：86－10－68860743　0315－7710138
传　　真：68－10－68860743　0315－7710718
单位地址：北京石景山区西黄村
网址：www.sghdt.com.cn
电子信箱：lzflxq@263.net
邮政编码：100043　（北京首钢重型汽车制造厂）

北京金运通大型轮胎翻修厂

【概况】 北京金运通大型轮胎翻修厂是中国冶金矿业总公司所属的国有企业。翻修厂建于1990年，总投资4200万元，占地64亩，基建面积1.2万m^2，翻胎全部采用世界上最先进的美国、德国设备。是国内翻胎行业中规模最大，设备、技术领先的大型轮胎翻新企业。自建厂以来，翻修厂始终奉行“以质量求生存、以信誉求市场、以质量求效益、以科技求发展”的宗旨，在厂长孙玉和的带领下，经过全体职工团结拼搏，企业有了长足发展，呈现出生机与活力，年翻新修补大型斜交线和子午线轮胎1000条，规模达30多种，翻胎合格率达到98%以上，是国内第一家获得国际质量认证的轮胎翻新企业。近年来，该厂为冶金、有色、化工、煤炭、水利五大系统的20几家矿山企业服务。为促进矿山生产、降低轮胎消耗做出了极大贡献，深受用户好评，取得了显著的社会效益和经济效益。

随着市场经济的发展，北京金运通大型轮胎翻修厂以市场为导向，变生产型企业为生产经营型企业，充分发挥自身轮胎专业管理与翻新技术经验的优势，将矿山轮胎维修和管理进行专业化承包，开辟了一条轮胎再次降耗的新路。该厂愿与矿山广泛合作，确保“全程优质服务，矿山无忧运行”，以期为矿山生产建设作出更大贡献。　（北京金运通大型轮胎翻修厂）

重庆科光矿山机械厂

【概况】 重庆科光矿山机械厂(重庆市益华矿山机械研究所)是隶属重庆市人民政府高新技术开发区的科技企业，长期从事矿山安全设备的研制及制造，具有较强的技术实力和丰富实践经验及较完善的检测系统。

由于研制、生产的YHF型、KZS型系列矿用地面防爆抽出式轴流通风机主要适用于地方煤矿作主扇通风使用,也使用于含甲烷类可燃性气体的工业部门通风换气,得到许多地区好评。在一些地区已把研制、生产的系列抽出式防爆主扇风机发文推广。如:四川省劳动厅、川劳矿(1993)-7号,四川省乡镇企业管理局、川乡企(1993)函字第108号,贵州省劳动厅、贵州省煤炭厅联合下文,黔劳厅发(1998)33号等文件。从而有力促进了地方煤矿的安全生产,极大地改善了地方煤矿的安全生产条件,防止、减少了瓦斯事故的发生,使矿工的人身安全及煤矿财产得到基本保障。本风机具有高效节能,运转平稳可靠、噪音低、结构紧凑、体积小、全压高、并具有反风功能、安装、维护、使用方便等特点。该产品已获二项国家实用新型专利证书,专利号ZL96232695 X、ZL97207572 O。

风机结构为电机直连式(电机端面法兰外径与风机筒体法兰内径直接连接),提高了连续运行可靠性。风机主要结构由:叶轮、电机、筒体、机座、集流器、反扭导流器,电机新风流道等部件组成。叶轮由机翼形扭曲叶片组成,风机叶片材质的选用与筒体内壁圆周上相嵌的铜环相匹配的结构,从而防止在意外情况下,因叶轮高速旋转与筒体撞击发生机械摩擦火花而引起燃烧爆炸的恶性事故。驱动电机除采用国家定点厂生产的隔爆型防爆电机外,又采用新风流道结构使用电机始终处在新鲜风流气幕中运行,它提高了电机的安全性。紧急情况下,此风机可直接反风运行(用倒顺防爆开关使电机反转运行,可直接向井下供给新鲜风流,为此节省了反风巷道的建筑及维护费用,操作十分方便可行。该风机具有反扭导流器及扩散器,它减少了风量风压损失,提高了风机静压效率及使用效果,风机的防爆性能、摩擦火花安全性和风机性能均通过国家技术监督局历次抽检质量合格,并获得"国抽合格好产品"的称号。

因此该风机结构、性能、质量、安全可靠,欢迎用户使用。

厂(所)长:陈保黎

地址:重庆市沙坪坝区凤天大道21号13-2-2号

邮编:400038

电话:023-65464940 68614671

传真:023-68030083 (重庆科光矿山机械厂)

深圳达能益力饮品有限公司

【概况】 公司是由法国达能集团与中国深圳市益力矿泉水股份有限公司于1998年9月1日共同建立的合资企业,总注册资金为4.12亿元人民币。公司由实力雄厚的法国达能集团管理,引进国际先进的生产设备和技术。公司在1999年通过德国TUV公司评审的ISO 9002质量认证。

公司现阶段采用达能集团矿泉水的生产工艺和质控标准,生产和经营"益力"优质天然矿泉水。"益力"优质天然矿泉水从地下80多米处的花岗岩层开采后经过净化、多层精密过滤,灭菌消毒等严谨的水处理过程,确保每一滴水清纯无暇、天然有益。益力天然矿泉水一直保持着全国矿泉水行业销量第一的位置;连续7年被评为全国消费者信得过产品;广东省名牌产品;同时益力商标被省著名商标认定委员会认定为广东省著名商标;是"中国饮料十强"之一。目前公司已成为中国饮料工业协会天然矿泉水专业委员会常务理事单位及广东省瓶装水协会副会长单位。

公司主要的矿泉水生产基地分别位于深圳市西丽镇红花岭和石岩镇狮子山、羊台山。"益力"优质天然矿泉水的规格有:瓶装水600 ml、500 ml、330 ml、1.5 L、3.78 L和桶装水5加仑、3加仑。

公司的宗旨:为消费者提供最优质的天然优质矿泉水,带给他们健康美好的生活。

公司股东法国达能集团是一个只有30多年发展历史的全球性食品集团,自成立以来成长非常迅速,在全球食品行业排名第七。法国达能集团多年来专注于包装水的生产和开发,拥有多个世界名牌天然矿泉水,如依云(Evian)、富维克(Volvic)、达能(Danone)等。

(深圳达能益力饮品有限公司)

官塘温泉休闲中心

【概况】 官塘温泉休闲中心是海南省琼海万泉河温泉旅游开发股份有限公司利用地热资源投资建造,集休闲度假、娱乐健身、温泉疗养、美食养生为一体的四星级涉外旅游度假型酒店。总占地面积27706 m^2 折41.56亩。休闲中心,总体结构设计独特,风格浪漫,环境典雅,整体建筑环绕着一个曲线流畅,宽敞别致的中心温泉泳池,并以中国庭院式廊道将主楼、客房、别墅、保龄球馆等亭台楼阁有机连成一体,加上郁郁葱葱的林荫小溪、婉延曲折的潺潺流水、绿草如茵的草坪、高低错落的蓝色琉璃瓦屋顶,在丽日下流光溢彩、交相辉映,给人以人间仙境、世外桃源的感觉。具体的服务设施有:

1.客房:客房129间,分为:标准间15间、乡景房48间、丽景房51间(单标10间、双标104间)、标准套房3套、豪华套房9套、贵宾套房3套。标房有双床与单床,套房有单床与接待厅,贵宾套有一间主人房、一间标准房、一间接待厅和一间自动按摩温泉旅游池。所有房间24小时提供天然温泉水。

2.餐饮:中、西餐厅、大堂吧、酒吧、户外烧烤与泳池边自助用餐等,其风味具有地方特色。其特色菜为:"六旬翁得子汤"、官塘一品煲、特色温泉蛋、椰盅炖燕窝。

3.娱乐:6道保龄球馆、网球场、欧美式桌球、健身房、乒乓球、羽毛球、山地自行车、钓鱼、棋牌室、大型露天泳池、歌舞厅、桑拿按摩和护肤美容等。

4.商务:容纳300人有多功能厅、商务中心、票务、因特网上网和商场等。

1996~1997年度获省委、省政府授予"文明单位";1996年获省授予"纳税大户";1998年度荣获市授予"食品卫生达标单位";1999年度荣获省公安厅授予"海南省旅馆业治安管理先进单位";1999年度省授予烹饪协会会员单位;1999年度获市授予"重合同、守信用单位";1999年度获市授予"质量信得过单位";2000年度获琼海市政府授予的"十佳文明服务示范单位";2001年11月荣获国家四星级旅游涉外饭店。

(官塘温泉休闲中心)

【官塘温泉休闲中心特色】 1.地热温泉丰富优质。官塘地热温泉水属于国家级大型热矿水田,国家批准官塘地热温泉开采量为10700 t/d,富含偏硅酸、氟、锶、锂、溴、碘等多种有益微量元素,全国储委著名地热专家鉴定:"官塘温泉:世界少有、海南无双,中国首屈一指";其次,2700 m^2 的大型露天温泉游泳目前居全国之最。

常泡官塘温泉水,必获无价效能作用:驱风祛湿、护肤美容、活络心血、促康益寿。

2.生态环境自然美。酒店周边田园风光迷人,植物生产长茂盛,椰树挺拔,热带雨木郁郁苍苍;酒店内名树花卉点缀,绿草茵茵,鸟语花香。店外与店内环境互相融合,给人们有一种返朴归真,回归自然的感觉,是一个修身养性,怡情乐趣的世外桃园。

3.地理位置优越,交通便捷。紧挨着东线高速路出口处,与红色娘子军纪念园毗邻,距海口92 km,距琼海市区13 km,距博鳌亚洲论坛30 km,距三亚168 km,距白石岭5 km,距万泉河漂流点30 km;地处万泉河畔,有游乐码头、钓鱼台和游艇,是游览万泉河风光的好景点。

4.管理科学,服务一流。官塘温泉休闲中心的服务宗旨是:"顾客快乐是我们的追求,顾客满意是我们的目的"。光临官塘温泉休闲中心,将体会到我们的一流服务。

官塘温泉休闲中心任重而道远,在公司董事会的领导下,在琼海市政府与各界人士的支持下,将乘机借势,冲破险阻,乘风破浪,开拓前进。

(官塘温泉休闲中心)

吉林长城资产评估有限责任公司

【概况】 吉林长城资产评估有限责任公司是由吉林省长城资产评估事务所改制而成的专职资产评估机构,也是吉林省最早从事资产评估业务的机构之一。自1992年获得资产评估资格后,又于1998年首批取得了探矿权、采矿权评估资格和取得了房地产中介资格。

吉林长城资产评估有限责任公司拥有雄厚的评估技术力量,现有注册资产评估师、注册房地产估价师、注册矿业权评估师、注册土地估价师、注册造价师若干名,具有中、高级职称的各类专业技术人员占90%以上。目前主要从事下列评估业务:各矿种及类型的探矿权、采矿权评估;整体资产评估(包括流动资产、长期投资、固定资产、无形资产、递延资产、其他资产及相关的流动负债、长期负债等)及单项资产评估;房地产价格评估。

公司自成立以来,积极开展评估业务,热心服务于社会,在长期的评估实践中,本公司始终坚持了"独立、公正、科学、客观"的评估原则及"严谨、挚诚、高效"的工作作风,以优良的职业道德赢得了好的客户信誉及社会声誉。今后,本公司将为社会各界提供更加优良的服务,与社会各界成为真正的朋友。

单位名称:吉林长城资产评估有限责任公司

单位地址:吉林省长春市南昌路二号

联系电话:0431-8549324　8584443

邮政编码:130061

(吉林长城资产评估有限责任公司)

陕西秦地矿业权资产评估有限公司

【概况】 陕西秦地矿业权资产评估有限公司,属全国首批、西北首家具有正式矿业权评估资格、专业从事矿业权评估的社会中介机构。公司拥有矿产、地质、采矿、选矿、实验测试、会计、经济、机械等各类中高级专业技术人才20余人,其中中国注册矿业权评估师7名、中国注册资产评估师5名、国家矿产储量评估师2名、中国注册会计师1名。

陕西秦地矿业权资产评估有限公司遵循"诚信为本"的企业精神。公司内部建立健全了各项管理制度和规范的工作制度,建立了以人为本、以制度为保障和以团队为基础的平等、信任的企业文化，每一位员工能够发挥自己最大的潜能，真正做到了人尽其才，才尽其用；实行了股份制，建立和完善现代企业制度，使公司的管理步入了科学化、制度化、规范化的轨道。

陕西秦地矿业权资产评估有限公司始终坚持"诚信为本"的服务宗旨，遵守公正、诚实、守信的职业道德。在探矿权、采矿权的取得、转让、投资入股以及探矿证、采矿证的申请、发放等众多环节上提供最佳的评估、咨询代理服务，以良好的职业道德及高水平的评估质量得到了管理部门、业主及同行一致好评，树立了良好的市场形象，自2002年1月以来，公司先后完成陕西省山阳县桐木沟锌矿采矿权评估、陕西省宁强县丁家林金矿区探矿权评估、陕西省扶风县草山石灰岩矿采矿权评估、陕西省彬长矿区官牌井田煤矿探矿权评估等报告共十份。

随着社会主义市场经济的不断完善和西部大开发的迅速推进，本公司将立足陕西、面向西部、服务全国。做到"一个中心、两个结合"的发展目标，即以矿业权评估为中心，把矿业权评估、地质矿产技术咨询、矿产资源勘查开发咨询代理服务结合起来，将以更高的标准、更严的要求、更新的理念、力求科学、公正、公平、积极拓展评估业务范围，迎接中国加入WTO和经济全球化的挑战。陕西秦地矿业权资产评估有限公司将以"诚信为本"的企业宗旨竭诚为您提供优质高效、公正客观的评估服务，为中国的矿业权评估事业作出贡献。

（陕西秦地矿业权资产评估有限公司）

江苏五星资产评估有限公司

【概况】 江苏五星资产评估有限公司始建于1995年，由原直属于江苏省科技厅的江苏省无形资产评估事务所整体改制而成，是江苏省最早从事资产评估的专职评估机构之一。成立之初得到了江苏省及南京市各级领导的高度重视，原江苏省省长郑斯林、原江苏省副省长张怀西亲自为公司授牌，江苏省人大吴锡军副主任及原南京市市长王宏民分别为公司题辞。

江苏五星资产评估有限公司是中国资产评估协会的正式会员，江苏省注册会计师协会理事，具有财政部授予的进行各类资产评估资格证书；国土资源部授予的进行探矿权、采矿权（无形资产）评估资格证书；也是国家科技部确定的全国12个科技成果评估试点单位之一，在江苏省有关厅局、市县共设有32个业务代办机构，评估业务辐射全省。公司配备有多名经验丰富的由博士、硕士、高级专家组成的注册资产评估师、注册会计师、注册房地产评估师、注册矿业权评估师、律师等具有各类资格的专兼职评估人员。执业以来共完成各类资产评估项目600多项，并连续被江苏省科技厅、江苏省工商局授予信誉咨询企业AAA级证书。自取得国土资源部授予的探矿权、采矿权评估资格以来，公司已先后为江苏省南京市栖霞区水泥原料砂岩矿、江苏省南京市江宁县茨山石灰岩矿、江苏省盱眙县穆店乡龙王山凹凸棒石料土矿、连云港新磷矿化有限责任公司等单位进行矿业权的评估；在以上项目的评估过程中得到了国土资源部、江苏省国土资源厅领导的大力支持与关心；评估中严格遵守国家的法律、法规、恪守客观、公正、科学合理的原则，以严谨的工作作风和规范化的评估程序、方法开展评估，并得到了有关方的认可。与此同时，先后引进了数名矿业评估方面的专业人才，公司现在已有7名中国注册矿业权评估师。

过去的8年，江苏五星资产评估有限公司始终以良好的职业操守、严谨的工作作风和较高的专业水准享誉业内，在今后的工作中，将在国土资源部、江苏省国土资源厅的领导下继续努力，以质量求生存，以信誉求发展，不断开拓矿业权评估市场，提高评估的质量和效率，为矿业权市场的繁荣和发展作出应有的贡献。

（江苏五星资产评估有限公司）

环境保护与资源综合利用

环境保护

【概况】 中国是一个资源大国，但又是一个资源量相对不足的国家，某些重要资源长期依赖进口，对国民经济和社会发展的保障程度不断下降。一方面资源严重不足，中国人均矿产资源占有量仅为世界平均水平的58%。45种主要矿产中大多数保有储量减少，其中有26种矿产保有储量有不同程度的减少，占57.78%。另一方面资源开采和利用方式粗放、综合利用水平低、浪费严重。同时，矿产资源开采所带来的环境负面影响，又不断加重了中国环境污染的严重程度，人口、资源、环境的矛盾日益突出。

为贯彻落实十五届五中全会精神和中央人口、资源、环境工作座谈会精神，2001年全国矿山和有关部门紧紧围绕可持续发展这个主题，以解决资源战略中的突出问题为重点，推进资源节约、保护和综合利用资源和治理矿山环境等工作，并取得了一定成效。

（中国矿业联合会尾矿资源化办公室）

【环境保护“十五”期间主要任务】 1.主要污染物排放总量要比2000年降低10%，力争环境污染的状况有所减轻。

2.认真落实《全国生态环境保护纲要》，生态环境恶化趋势得到遏制。

3.继续抓好淮河、海河、辽河、太湖、滇池、巢湖、二氧化硫和酸雨控制区，北京以及渤海的环境治理，切实改善环境质量。抓紧修改和完善三河三湖“十五”环境治理计划，切实纳入国家和地方的“十五”计划。“两控区”二氧化硫排放总量要比2000年降低20%，重点推进电厂脱硫，有计划地关停小煤矿、小电厂，鼓励使用低硫煤和清洁能源，大幅度地减少二氧化硫排放量，减轻酸雨污染；北京市继续加大综合治理力度，使空气质量和生态环境得到明显改善；抓紧治理三峡库区、南水北调的水污染。（中国矿联信息中心）

【环保产业“十五”发展重点领域】 1.先进的环保技术与装备、环保材料和环保药剂，主要包括烟气脱硫技术与装备，机动车尾气污染防治技术；城市垃圾资源化利用与处理处置技术和装备；城市污水处理及再生利用技术，工业废水处理及循环利用工艺技术，节水技术与装备；以污染预防为主的清洁生产技术与装备；生态环境保护技术与装备；在线环境监测设备等。

2.资源综合利用，主要以“三废”综合利用、废旧物资回收利用为重点。

3.环境服务，以环境咨询、信息和技术服务，环境工程、污染防治设施运营及总承包服务为主要内容。

（中国矿联信息中心）

【矿山环境存在问题】 目前，包括矿山环境在内的中国环境污染、生态破坏继续恶化的发展趋势尚未得到有效遏制，年排放二氧化硫近2000万t，酸雨面积已占国土面积的30%，空气质量达标城市仅占1/3，流经城市的河段70%受到不同程度的污染，固体废弃物堆存量已达70多亿t。

建国以来，中国矿业得到迅速发展，矿业在国民经济建设中发挥了重要的基础作用。但是，矿产资源的开发利用，也造成了较严重的生态破坏、环境污染及矿山地质灾害等问题。主要问题包括：采矿引起的崩塌、滑坡、泥石流、采空区地面塌陷、地面开裂、尾矿坝溃决、地下含水层疏干、水土污染、水土流失、占压耕地和毁坏土地、森林、植被等。全国因采矿引起的塌陷有180多处，塌陷坑1600多个，塌陷面积1150多km^2。全国发生采矿塌陷灾害的城市30多个，造成严重破坏的25个，仅采矿塌陷造成的经济损失达4亿元以上。

中国矿山尾矿库、废石堆、矸石山达上万座，其中仅大中型矿山具规模的尾矿库和矸石山就各达1500座以上，破坏和压占土地面积达400万ha。大量尾矿引起的扬尘、有害重金属污染，给生态环境造成严重后果。尾矿库因管理不善，其中半数以上为病库、险库、超期使用库，存在着严重的地质灾害隐患。

（中国矿业联合会尾矿资源化办公室）

【矿山资源环境治理】 为中国矿业的可持续发展以及矿山企业的生存和经济发展，对矿产资源、尾矿和废石等二次资源的综合开发利用，以及矿山环境的综合治理，已刻不容缓，势在必行。

大量事实证明，矿山尾矿和废石的综合利用与矿山环境的治理有着密切关系，废石和尾矿的综合利用是从根本上治理矿山环境的重要途径。坚持尾矿和废石的资源化、减量化和无害化综合利用与治理原则，坚持实施安全清洁生产，矿山企业才能实现经济效益、社会效益和环境效益的健康协调发展。

为此，1999年8月国土资源部向全国各省、直辖市、自治区地矿厅和土地局下发了国土资发(1999)242号"关于开展矿山尾矿、固体废料以及地质环境调查的通知"，并决定成立"全国矿山尾矿、土地复垦及地质环境调查与整治工作领导小组"，蒋承菘副部长任组长，开发司司长曾绍金任副组长，办公厅、财务司、耕地司、地籍司、利用司、开发司、环境司及中国矿联有关领导为成员，领导小组办公室设在中国矿联，由尾矿资源化办公室负责日常工作。随后，这项工作被国土资源部列入"十五规划"。

1.*积极推进矿山环境立法*。国土资源部组织开展有关矿山环境保护法规、规章的调研、论证和制定工作。各省、自治区、直辖市人民政府也加强矿山环境保护的地方法规规章的制定工作，云南、广东、黑龙江、浙江、宁夏等省区相继发布实施了有关矿山环境保护方面的规定，推行了矿山环境影响评估制度和矿山环境保护恢复保证金制度，促进了地方矿业的健康发展。

2.*地质环境调查与整治试点推广*。2000年7月，国土资源部矿山调查整治工作领导小组副组长曾绍金在河北石家庄主持召开了"开展全国矿山尾矿、土地复垦及地质环境调查与整治试点单位工作会议"，讨沦、布置安排河北、河南、山东、山西、甘肃5个试点省的矿山调查工作。随后，5个试点省通过认真组织、规划、技术培训、具体安排、实施与验收，于2001年底分别完成了各省所有矿山的调查、填表、数据整理、报告编写、绘图等工作。同时，由山东省承担的全国地质环境总站数据库试运行任务也取得初步成功。通过试点，取得了经验，下一步将在其他省逐步推广，以完成全国矿山的调查工作，为全国矿山资源综合利用与环境治理打下了坚实基础。

3.*矿山环境治理和管理工作探索可行性途径和措施*。调查整治工作领导小组办公室组织多个专家组分别到河北、山西、山东、辽宁、安徽、河南、湖北、湖南、江西、福建、广西等省30多个大中型矿山或地区进行实地调查。同时，于2001年4月在山东济南、5月在河南洛阳、8月在辽宁本溪，由国土资源部开发司、环境司、耕地司及调查整治工作领导小组办公室联合组织召开3次"矿产资源开发与矿山环境保护治理工作座谈会"，分别由煤炭和非金属、有色和贵金属、黑色金属矿山系统等共130多个有代表性的矿山企业和地区220多名代表参加。通过会议了解了各类矿山尾矿和废石综合利用、土地复垦、矿山环境治理的情况，交流了经验，听取了意见。开展了与尾矿和废石综合利用、土地复垦、环境治理等工作有关的投资机制、产业化可行性和相关政策法规方面的讨论，为矿山尾矿、废石综合利用及矿山环境治理和管理工作探索可行性途径和措施。

4.*组织论坛，开展研讨*。2001年11月在福建厦门，由国土资源部开发司、环境司、调查整治工作领导小组办公室等有关单位联合举办了"二次资源开发利用与矿山生态环境建设"论坛报告会，由一些大型矿山企业、大专院校、科研院所和有关部门30多人参加，发表研讨论文26篇。

5.*宣传先进典型*。调查整治工作领导小组办公室配合中央电视台"绿色空间"栏目，到山东铝业公司阳泉铝土矿拍摄"矿山土地复垦绿化"，到山东新汶矿务局拍摄"煤矸石综合利用"纪录片，并在电视台播放，宣传先进典型。

6.*积极推进绿色矿业建设*。在中央财政的支持下，国土资源部投入资金1350万元，选择了10个不同地区、不同类型的老矿业基地，实施了矿山生态恢复和环境治理示范工程，积极推进绿色矿业建设。

（中国矿业联合会尾矿资源化办公室）

【对严重污染工程不再获准】 2000年国家环境保护总局对200项投资上亿元的新增大型建设项目的环境影响报告进行了审查，一批污染严重的项目未获批准，此举有效控制了新增污染。

国家环保总局有关负责人强调指出，中国对电力、钢铁、石油、化工、水泥、造纸等严重污染项目继续从严控制，对不符合国家产业政策、规划布局不合理、存在环保欠账的一律不批准其环境报告书。

中国20世纪70年代开始形成建设项目环境影响评价制度和环境保护设施与主体工程同时设计、同时施工、同时投产的"三同时"制度。经过多年实践证明，这两项制度在控制新污染，保护生态环境，实现社会、经济、环境协调发展，贯彻可持续发展战略方面发挥了不可替代的作用。

【环境污染每年经济损失情况】 1.*水质污染500亿元*。自20世纪60年代至今，全国有环境监测的432条大小河流，80%受到不同程度的水体污染，其中大江河经过城镇河段的占20%，支流污染占60%。全国2800多个湖泊，凡能接纳城镇污水的，大多出现水体富养化现象。由于地下水过度开采,京津沪曾大面积沉降 1.5~2 m,桂林岩溶区 30 m 深处的地下水重金属超标 10~20 倍。

2. 气污染 200 亿元。由于城市燃煤、工厂排放废气及机动车尾气污染,大气中二氧化硫、一氧化碳等有毒悬浮微粒弥漫在城市上空。空气污染导致许多城市肺癌死亡率增至万分之二,全国酸雨覆盖面积已达 30%。

3. 环境破坏和自然灾害损失 2000 亿元。森林覆盖率由建国初期的 30% 下降到不足 14%,草原严重退化,水土流失面积达 155 万 km^2,占国土面积 6%。同时,城镇建设以每年侵占 150 万 ha 土地的速度发展着,破坏着人与自然的生态平衡。

4. 其他污染损失 130 亿元。包括固体废物排放,噪声污染等。

造成这些损失的原因很多,但国家工业规划布局失误、调控措施不力和公民环保意识不强是主要原因。

(中国矿联信息中心)

【170 个城市禁用实心粘土砖】 2001 年国家经贸委在原来确定的 160 个大中城市的基础上,又将 10 个省会城市列入 2003 年 6 月 30 日前限时禁止使用实心粘土砖的城市名单。国家经贸委要求,其他省会城市最迟也要在 2005 年底前实现禁止使用实心粘土砖的目标。

目前中国 80% 以上的墙体材料仍在使用这种极其落后的实心粘土砖。其生产方式基本上是就地取土、手工或半机械化操作,极易破坏耕地,浪费能源,污染环境。统计数字表明,中国每年烧制实心粘土砖 7000 亿块,取土 14 亿 m^3,相当于毁田 120 万亩,同时还要消耗 6000 万 t 标准煤的能量。另外,用实心粘土砖构筑的墙体还存在着抗震性差、建筑造型单一、隔热保温性能低等缺点。

为了改变这一状况,早在 1988 年中国就大力发展以工业废渣、粉煤灰、煤矸石等为原料生产的新型环保节能墙体。截至去年底,新型墙体产品已基本实现品种齐全,并占据了墙体材料总量的 28%,上海、北京等城市已在市区、近郊区实现了实心粘土砖的全面禁用。

(中国矿联信息中心)

【煤矸石砖替代实心粘土砖】 为了保护有限的土地资源,减少环境污染,两年内,中国有 170 个大中城市告别实心粘土砖。建筑市场对新型墙体材料的需求量将大幅增加。以煤矸石砖为代表的新型建材已替代实心粘土砖。

煤矸石是煤炭生产和加工过程中产生的固体废弃物,中国每年的煤矸石排放量占当年煤炭产量的 10%~15%。中国煤矸石的累计堆存量已达 30 多亿 t,形成了 1500 多座煤矸石山,不仅占用了大量土地,还会污染地下水系,并因自燃而产生大量的二氧化硫等有害气体,污染环境。

据国务院发展研究中心周宏春研究员介绍,多年来,国家一直致力于发展煤矸石制砖技术。"九五"期间,国家引进消化吸收了国外先进的硬塑成型技术生产全煤矸石砖,形成了具有自主知识产权的煤矸石制砖技术,使煤矸石制砖技术装备水平、生产规模、产品品种和质量都达到了 90 年代中期国际先进水平,煤矸石作为水泥掺和料技术也趋于成熟并在全国得到较好推广。

煤矸石建材,尤其是煤矸石砖正呈现出高速发展的趋势。2000 年为止,国内已建成了 8 条年产 3000 万~6000 万块全煤矸石砖生产线,年新增煤矸石砖 4 亿块;国有重点煤矿共建成煤矸石砖厂 120 座,年生产能力 20 亿块标准砖。在过去的 5 年间,仅替代传统红砖一项,就相当于节约土地 2 万亩。

"十五"期间,国家将提供一系列优惠政策,对发展煤矸石发电和煤矸石建材的企业,给予重点扶持;选择若干墙体材料革新试点城市,推广以煤矸石为原料的新型建材试点;在城市辐射区内建设一批煤矸石承重与非承重空心砖生产线;对于那些承担国家示范项目,融资确有困难的企业,将给予一定的贴息支付。

(中国矿联信息中心)

【磷肥工业环境保护技术措施】 "十五"期间中国磷肥工业在环境保护方面应采取以下技术和措施:

1.新建、扩建硫酸生产装置,必须采用两转两吸、酸洗流程。现有的大中型企业要将一转一吸逐步改造为两转两吸流程,要求 t 酸排放二氧化硫量降至 3~4 kg;无条件改成两转两吸,而生产规模又小的装置,应逐步淘汰掉。

2.积极推行硫酸生产的精料政策,提高硫铁矿含硫品位,减少烧渣产生量。禁止使用含砷量高于 0.2% 的硫铁矿用于硫酸生产。实施精料政策,不仅对采矿、制酸、交通运输都有显著的经济效益,而且可将硫铁矿资源利用率从 60% 提高到 85%,减少大量烧渣对环境的污染。

3.硫酸生产的二氧化硫尾气必须回收利用。采用柠檬酸钠吸收法和氨酸法,可制取液体二氧化硫和硫酸铵;采用氨吸收法可制取硫酸铵;碳酸钠法可制取亚硫酸钠。

4.为提高磷资源的利用率和保护环境,中国磷肥工业应重点发展重钙和氮磷复合肥料。采用国际上先进生产技术,减少氟的污染。

5.综合利用硫铁矿烧渣，如回收贵重金属（金、银）、有色金属（铜、铅、锌）后的烧渣还可用于制水泥。

6.禁止和淘汰土法生产磷肥。磷矿要执行精料政策，经过选矿充分利用贫矿，提高矿石含 P_2O_5 的品位，大幅度降低硫酸的消耗。

7.搞好氟的综合利用，以氟硅酸（H_2SiF_6）形式从废气中回收氟，经加工后可分别制备氟硅酸钠、冰晶石铝（$A1F_3$）等氟盐产品。无条件生产氟盐的企业，要将氟硅酸返回生产系统或采用石灰中和、沉淀处理，严禁稀释排放。

8.普钙生产含氟尾气推广“两室一塔”治理技术。钙镁磷肥推广湿法净化流程。积极开发熟化库的含氟废气治理技术。新建大中型重钙项目要采用国外先进的料浆法等无熟化库工艺，从根本上解决氟的无组织排放。

9.开展土壤固定氟治理技术的研究。对大型磷肥厂生产排出的含氟废水（包括含氟尾气水吸收后的含氟废水），采用土壤法处理，实现含氟废水池塘法闭路循环，达到既要对废水进行处理，又不排放废水的目的。

生产磷酸和普钙回收氟硅酸中的沉淀物（硅胶）量比较大，可用于制造白炭黑。

10.黄磷生产废水推广采用闭路循环技术，以提高水的重复利用率。主要是解决液固分离。因泥中含黄磷，用板框压滤机和袋滤均会烧毁滤布，以采用陶瓷微孔过滤为宜。

11.积极开展磷石膏资源化研究。利用磷石膏联产硫酸和水泥；制半水石膏；制硫酸铵和副产碳酸钙或硫磷铵复肥；用于农业施肥和改良土壤，以及用于铺路。堆存磷石膏必须采取防渗漏措施。

12.搞好黄磷炉渣和泥磷的综合利用。利用黄磷炉渣作生产水泥的原料或混合材料，要求综合利用率在96%以上。泥磷主要用于制磷酸或磷酸盐。

13.磷矿加工过程中的含尘废气。大型厂采用干法除尘（单级除尘和双级除尘）；中小型厂可采用湿法除尘技术（水膜除尘或泡沫除尘），但除尘污水必须进行处理后排放。 （中国矿联信息中心）

【冶金行业环保技术重点推进】 “十五”期间，国家将在冶金行业重点推进10大类40项具有共性和关键作用的节能环保先进新技术，支撑清洁生产。40项先进技术是：

1.炼铁系统节能环保技术。

① 干熄焦技术。完善四大主体设备，工艺优化，年产钢100万t的大企业干熄焦普及率60%以上。

② 厚料层烧结、小球烧结、球团生产技术。包括均匀布料技术，点火与抽风技术，烧结矿料层厚≥600 mm、烧结矿燃料比≤55千克/t、节能>5千克标煤/t，≥50平方米烧结机改造10座以上，提高竖炉球团稳定高效生产技术水平。

③ 高风温双预热热风炉技术。优化燃烧器及换热结构，风温要达到或超过1200℃，节能10千克标煤/t铁，1000m^3 以上大高炉首先推广应用。

④ 富氧喷煤技术。2005年全国平均喷煤量≥100 kg/t。

2.电炉节能综合技术。

① 优化供电制度。编制供电曲线，改造现有供电曲线，节能≥20kWh/t。

② 电炉汽化冷却技术。节水70%，节油、节天然气，向VD、VOD供气。

③ 废钢预热节能环保技术。提高预热温度≥800℃，100%预热废钢，排放气体DEOX1合格。

④ 二次燃烧技术。高效二次燃烧氧枪、氧一燃喷枪，开发束流氧枪技术。

3.炉外处理综合优化技术。

① 优化铁水预处理设备。铁水罐脱硫、三脱，转炉双脱、三脱，“十五”提高铁水预处理比30个百分点。

② RH多功能真空精炼。包括顶吹氧，深脱硫，降低出钢温度，节油和燃气。

③ 优化高效精炼渣技术。快速成渣，降电耗，优化冶金效果。

4.连铸节能优化技术。

① 高效连铸技术。优化浇铸工艺，结晶器及振动结构优化，二冷动态自控，轻压下。

② 中间包保温长寿技术。包括长寿耐材，复合覆盖剂。

③ 连铸坯热送和热装技术。大中型钢铁企业直接热装比≥60%。

5.轧钢综合节能技术。

① 加热炉综合节能技术。100%低发热值煤气使用技术，双蓄热式预热加热炉技术。

② 轧钢主电机交——交变频调速技术。

③ 中板轧机在线控制冷却技术。采用在线控制冷却工艺，替代离线正火工艺，可提高产品质量，而且节约大量能源消耗。

6.冶金气体综合节能环保技术。

① 高炉煤气（干法除尘）及TRT发电技术。包括发电量≥34 kW·h/t，开发大容器量TRT发电机，≥1000 m^3 高炉全面推进。

② 全高炉煤气应用的综合技术。包括发电、供高炉热风炉、烧结、轧钢能源。

③ 烧结尾气脱硫及综合利用技术。包括尾气除尘

脱硫，余热锅炉，低压、低温蒸汽发电技术。

④ 转炉煤气回收综合利用技术。包括烧石灰、轧钢加热炉、发电、化工变换。

⑤ 转炉汽化冷却余热锅炉供VD、VOD用汽。

⑥ 焦炉煤气三脱（硫、氰、氨）及提纯氢气（热处理等用）。

⑦ 自备电厂烟气脱硫技术开发。

⑧ 石灰窑 CO_2 提纯综合利用技术。

⑨ 蒸汽管网节能技术。

7.粉尘、固体含铁废料回收利用技术。

① 炉渣处理和利用技术。包括水淬、风淬、闷渣处理技术，冶炼返回使用技术，民用、建筑利用技术。

② 铁皮冷固结技术。

③ 烟尘固结回收技术。

④ 电炉烟尘回收锌技术。

8.节水综合治理技术。

① 全面推进干法除尘技术。

② 淘汰直排冷却水，冶炼炉、轧钢加热炉改水冷为汽化冷却。

③ 浊环水处理零排放技术。

9.矿山节能综合技术。

① 高压辊磨机是国家“九五”攻关项目，经梅山铁矿等使用效果好，可推广到有色及非金属矿领域。

② 井下多级机站通风技术。

10.其他节能环保技术。

① 计算机管理一体化的能源中心、环保中心系统优化运行技术。

② 电网经济运行综合节能技术。

③ 人工智能技术高炉专家系统等。

④ 交通调速技术在风机、水泵中节能改造上应用。

⑤ 高效滤油节油技术。 （中国矿联信息中心）

【涂料工业环保技术措施】 1.对污染严重，治理不力的中小型涂料和无机颜料企业坚决实行关、停、并、转方针，以减少污染点，缩小污染面。

2.结合技术改造，引进先进的生产工艺、设备，实现生产连续化、设备密闭化，最大限度地减少废水废气的排放量。在产品结构方面，要大力发展水溶性涂料、无溶剂涂料、高固体组分涂料和粉末涂料等低污染或无污染产品。开发低毒、无毒的无机颜料品种。如铬黄生产采用黄丹代替铅棉作原料，可避免大量废气的产生。

3.开展涂料生产废水的综合治理研究，特别是高浓度涂料废水预处理技术，包括膜分离、游离基反应及以高活性自由基为主体的氯化技术等的研究，提高涂料工业废水处理水平。

4.积极开展涂料工业废料的综合利用。对醇酸树脂漆等排出的高浓度含酚废水，进行酚醛缩合，加成反应生成酚醛树脂，可进一步制成酚醛瓷漆，并回收废水中的松烃油。醇酸树脂漆排出的漂油进行酸化，可回收得到油酸。从立德粉含锌废水中还可回收金属锌。这些废水经回收利用后，可达标排放。

5.新建和扩建钛白粉厂应采用氯化法，逐步淘汰硫酸法。现有的硫酸法生产钛白粉，应积极采用精料政策，以钛渣代替钛铁矿为原料，可不产生绿矾等废料（每t钛白粉产生3～4 t绿矾）。

6.采用微孔过滤去除杂质后蒸发、浓缩等技术回收利用硫酸法钛白粉生产的稀硫酸返回生产系统，或利用稀硫酸制聚合硫酸铁、硫酸锰、磷肥、钢材酸洗除锈液等。

7.解决绿矾（$FeSO_4$）的综合利用。利用绿矾制水处理剂、食品添加剂和氧化铁红等。

8.丙烯酸树脂、聚氨酯树脂、丙烯酸树脂漆等混合废水，通过中和、凝聚、除去大部分不溶物和可溶物后，采用生物接触氧化法处理，使废水中的COD和BOD达标排放。

9.采用中和—絮凝—沉淀法处理铬黄、氧化铁黄废水及立德粉含锌、钡废水，可回收利用重金属盐。

10.油漆热炼工艺，应开发溶剂法代替熔融法，所用溶剂实现闭路循环，从根本上消除热炼废气，是今后的发展方向。对于目前已有的热炼废气的处理方法，如负压冷凝法（回收废气中有用物质）、柴油吸收法（吸收剂经过过滤后作燃料用）及催化燃烧法，可因地制宜地选择使用。

11.采用湿式吸收（水洗、碱洗）处理钛白粉和立德粉酸解废气。湿法吸收（水洗、碱洗）和电解除尘处理钛白粉煅烧废气。 （中国矿联信息中心）

【三峡库区地质灾害治理】 国家将成立三峡库区地质灾害防治领导小组，从2001年起到2003年，从三峡基金里拿出40亿元的专项款，用于三峡库区滑坡等地质灾害治理。三峡库区地质灾害防治是三峡工程建设密不可分的重要组成部分。2001年7月召开的国务院三峡工程移民暨对口支援工作会议决定，由国土资源部牵头，成立地质灾害防治领导小组，并加大用于库区地质灾害防治和生态环保建设的投入，地质灾害防治资金纳入三峡工程建设概算，从三峡建设基金中安排。

国土资源部已经开始着手调查、审核三峡库区存在的地质灾害情况，进而具体规划、组织实施地质灾害治理工作。 （中国矿业信息中心）

【平煤集团治理塌陷区】 河南省平煤集团实施“一疏、

二平、三改造”，10年治理塌陷区5000亩。

“疏”即疏通排掉塌陷区的积水；“平”即对已排除积水的塌陷地，以煤矸石充填表层、封土平整的方式复垦还耕；“改造”即对实在无法疏排的深水位塌陷坑，采取就地挖坑建鱼塘的方法进行改造。

10年来，平煤集团平均每年投入500多万元资金，进行土地复垦、改造和综合利用，已治理改造塌陷区，复垦土地5000多亩并全部还耕于农，直接创收3000多万元，不仅每年减少支出塌陷区“青苗赔偿费”450多万元，而且有效保护了土地资源和生态环境。

（中国矿联信息中心）

【环保模范城大庆市】 石油城大庆市2001年获“国家环境保护模范城”称号，成为中国内陆首家获此殊荣的城市。

国家环境保护模范城市是中国城市环境保护的最高荣誉。自1998年黑龙江省大庆市在中国内陆资源型城市中率先提出创建申请以来，相继投入2000多万元，修编城市总体规划，实现城市建设规划与经济发展规划、产能建设规划、环境保护规划的衔接和统一，投入44亿元建设37项“环境工程”，全市工业固体废物综合利用率由50.2%提高到70%以上，生活垃圾无害化处理率达81%，污水处理工程可年节约水资源费7.5亿元，空气中烟尘、二氧化硫排放量明显减少。

近年来，大庆油田实施“绿色采油”，石化企业在全省率先实现工业污染物达标排放，为大庆市的环境保护起到了重要作用。

大庆市将继续实施“治水、种树、复草、净气工程”，力争用20年时间把市区建成国家级园林城市。

（中国矿联信息中心）

【山西矿山生态环境破坏严重】 山西省国土资源厅指出，受采煤影响，山西省已有45个村庄搬迁，另有145个村庄的民房和水源遭到不同程度的破坏，山西省矿山生态环境的形势非常严峻。

据介绍，山西省现有采矿区绝大多数都在临近盆地边缘的丘陵区和中低山区。这些地区植被稀少，水土流失严重，自然生态环境脆弱，是崩塌、滑坡、泥石流、地面塌陷、地裂缝等地质灾害的易发区。而采矿加重了矿区各类地质灾害的危害程度，破坏了矿区生态环境，尤其是采煤，对矿区环境的破坏尤其严重。

近20年来，随着采煤机械化程度的提高，采煤方式得以改进，长壁式大冒顶充分开采方式被普遍采用。这虽然使回采率提高，但由于没有对矿山生态环境采取相应的保护措施，大跨度采空区覆岩稳定性遭到严重破坏。据了解，与20年前的老采空区相比，这种情形下的地质灾害和隐患要严重得多。一些大的灾害事故，都发生在近20年的新采空区内。如1993年大同晋华宫矿大面积采空区塌陷、1994年大同黄土坡煤矿采空区塌陷和1996年太原西山矿区由暴雨引发的山体崩塌、滑坡事件等等均属此列。

采空区地面的塌陷，还威胁了铁路、公路等重要交通干线，太旧高速公路在经阳泉矿区1km的采空区时，光加固费就耗资0.5亿元，太原至古交公路途径西山矿区的地段，通车不久就出现裂缝、路基下沉等现象，影响行车安全。

受采煤影响，山西省已有3000余处井泉断流，1547个村庄的70.4万人缺水，40万亩水地变成旱地。占地3万亩的104座矸石山露天堆放达10亿t以上，还有100余处煤层在自燃，随时可能吞蚀人的生命和财产。

（中国矿联信息中心）

【山西对污染企业采取“零点关停”行动】 山西省发出通知，2001年1月1日零点起，将对未完成治理任务、未实现排污达标的工业污染源采取统一关停行动。

“零点关停”行动的关停范围是：逾期未完成各级人民政府下达的限期治理污染任务、未实现达标排放的工业污染源；列入山西省“九五”关停行动范围、未彻底关停的企业或设施；自1996年国务院发布有关决定起没有执行环境影响评价制度，擅自建设或投产使用的新建项目以及验收时达标但投入生产或使用后不能稳定达标的新建项目；国务院明令取缔现又死灰复燃的15种小污染企业和省政府规定取缔的8种污染企业或设施。（中国矿联信息中心）

【《陕西省煤炭石油天然气开发环境保护条例》出台】 2001年，陕西省出台《陕西省煤炭石油天然气开发环境保护条例》；《条例》规定：煤炭、石油、天然气开发单位新建、扩建、改建项目应进行环境影响评价，并经环保部门批准，否则不予审批和登记。拒不进行环境影响评价的，可处以5000元以上，5万元以下的罚款。

该《条例》分为总则、监督管理、防治污染、生态保护、法律责任、附则六部分。《条例》规定，煤炭、石油、天然气建设项目的防治污染设施，必须与主体工程同时设计、同时施工、同时投产使用。同时要实行清洁生产，不得采用国家禁止的、已淘汰的技术和设备。石油开采单位应建立脱水设施，对原油进行脱水。天然气井选点测试放喷，应远离居民区和建筑物，排出的气体要点燃焚烧。禁止在生活饮用水地表水源一级保持区内进行煤炭、石油、天然气开发。禁止向河流、湖泊、水库等地表水体倾倒含油垃圾、泥浆、煤渣、煤矸石和其他有毒有害物。违反该《条例》规定的，可处3000元至

10万元罚款。（中国矿联信息中心）

【攀钢尾矿治理】 2001年以来，攀钢矿业公司高浓度输送尾矿浆经两个多月的运行验收，满足了“零排放”要求。这是攀钢矿山人历时10年，投资2400万元进行高浓度输送尾矿浆攻关的一大成果。

20世纪90年代初，攀钢矿业公司针对选矿厂双系统低浓度输送尾矿浆入坝率有90%左右、其他尾矿流入金沙江的实际情况，开展了高浓度输送尾矿科技攻关的步伐，经多次试验，实现了“高浓度输送尾矿零排放”，从而结束了尾矿浆污染金沙江江水的局面。

（中国矿联信息中心）

【辽宁治理镁砂污染】 有“镁都”之誉的辽宁省开始大规模治理镁砂企业污染，2001年底，有一半左右镁砂生产加工企业实现达标排放。

镁制品主要有轻烧、电熔及重烧镁砂三大类产品。按照要求，2001年底，所有轻烧、电熔镁生产企业基本实现达标排放；与此同时，重烧镁生产企业对污染治理进行技术攻关和准备工作，从2002年开始进行达标排放治理。为此，辽宁省有关部门将用收取的镁资源保护费对治污企业给予部分补贴。

辽宁省现有镁砂企业439家。由于技术设备落后，镁砂企业污染十分严重，主要是有害烟气和碱性粉尘污染，在一些污染严重的地区，不仅空气污浊，连土地也出现板结。

辽宁省此次专项整治主要对生产工艺落后，生产规模小，不符合国家产业政策的镁砂企业，实行关闭和淘汰，从根本上消除污染。（中国矿联信息中心）

【新疆建设油田污水处理工程】 中国最大的油田污水处理工程目前在克拉玛依油田兴建，工程建成后将彻底解决困扰克拉玛依40多年的油田污染问题。

这项工程将创中国油田3个之最。即污水处理量最大，达3.5万 m^3/d；污水单罐容量最大，达9000 m^3；一次性投资最大，总投资达1.1亿元人民币。

（中国矿联信息中心）

【全球环境污染“元凶”排行榜】 环保专家根据中外资料，对20余种环境污染进行了比较，按照对环境和人类的危害程度以及治理难度，将以下7种环境污染列为21世纪全球环境污染的“元凶”。

1.机动车尾气。一辆汽车在行驶过程中每天平均排放3 kg一氧化碳、0.2～0.4 kg碳氢化合物、0.05～0.15kg氮氧化合物。全球每年有13万人由于大气污染而过早死亡，5000万～7000万人患呼吸系统疾病。

2.燃煤废气。发电、焦化等工业生产和生活用煤等排放的燃煤废气，是仅次于机动车尾气的第二大空气污染，大气中形成酸雨的硫化物主要是燃煤废气造成的。

3.工业及生活污水。工业及生活污水的排放，造成了水源的严重污染，导致疟疾、痢疾、霍乱等疾病的蔓延流行和癌症的高发病率，这在发展中国家和贫困地区尤为突出。全球每年有100万～300万人被疟疾夺去生命，另有300万儿童死于痢疾。

4.吸烟。吸烟是全球性的灾难。另外，被动吸烟者也同吸烟者本人一样，遭受类似的危害。世界卫生组织估计，全世界每年有300万人死于吸烟。

5.垃圾。垃圾是人类产出的数量最大、种类最多的污染物。据统计，人类向海洋倾倒的垃圾累计已达200亿 t，其中包括毒性垃圾、传染性垃圾、放射性垃圾、腐蚀性垃圾、易燃垃圾。垃圾对土壤、地下水、大气造成现实和潜在的各种污染和危害，成千上万的人被各种垃圾污染夺去生命或损害健康。

6.农药污染。截至2001年世界上的合成农药已有1000余种，全球化学农药年产量(以有效成分计)约200万 t。大量的农药进入环境，破坏了生态环境，给人类的生存和健康带来了严重危害。

7.石油泄漏。石油泄漏对环境的危害主要是对海洋的污染。1L石油在海洋中完全氧化，需要消耗40万L海水中的溶解氧。大量的石油涌入海洋，造成海水严重缺氧和毒化，对海洋生物资源形成区域毁灭性的危害。（中国矿联信息中心）

资源综合利用

再生资源回收利用

【概况】 随着中国国民经济的快速发展和人民生活水平的不断提高，生产和生活过程中产生的能够回收利用的各种再生资源日益增多。开展再生资源回收利用，是提高资源利用效率，保护环境，建立资源节约型社会的重要途径之一。

1.再生资源回收利用已有一定规模。改革开放以来，在国家一系列鼓励再生资源回收利用优惠政策的支持下，中国废旧物资回收行业得到较快发展，再生资源回收加工体系初步形成。

2001年全国已有各类废旧物资回收企业5000多家，回收网点16万个，回收加工厂3000多个，从业人员140多万人；2000年中国再生资源回收量已突破5000

万 t,年回收总值450亿元;废旧物资回收企业主要品种年加工预处理量达2000多万t,废旧车船和机械设备拆解能力近千万t,有色金属和贵金属回收、加工能力和加工质量大大提高。一个遍布全国、网络纵横的再生资源回收加工体系已初步形成。

2.再生资源回收利用取得显著的经济和社会效益。“九五”期间,中国累计回收利用废钢铁1.6亿t,废有色金属600多万t,废塑料1000多万t,废纸4000多万t。据测算,每利用1 t废钢铁,可炼钢850 kg,相对于用铁矿石炼钢可节约成品铁矿石2 t,节能0.4 t标准煤;每利用1 t废纸可生产纸浆800 kg,相对于木浆造纸可节约木材3 m^3,节约标准煤1.2 t,节电600kW,节水100 m^3。“九五”时期,仅回收利用的废钢铁和废纸两项,相当于节约成品铁矿石3.2亿t,节约标准煤6400万t,节约木材1.2亿 m^3,节电240万kW,节水40亿 m^3。目前中国钢、有色金属、纸浆等产品1/3以上的原料来自再生资源。

3.再生资源回收加工利用技术水平进一步提高。近年来,中国废旧物资回收企业基本摒弃了“收进来,卖出去”的传统经营模式,采取了清洗、除油、去污、干燥、拆解、剪切、打包、破碎、分选、除杂等加工预处理手段,加工生产各类再生原料,并逐步向产业化方向发展。在铂族金属回收利用工艺研究上,中国已充分运用现代分离提取技术,实现了高效回收和提纯。某些废旧物资,如含贵金属废料的回收利用技术,废橡胶制取超细胶粉,废塑料生产化工涂料等回收利用技术已接近或达到国际水平。 (国家经贸委)

【再生资源回收利用存在的问题】 1.资源回收率低,不易回收利用的再生资源丢弃现象严重。据测算,可以回收而没有回收利用的再生资源价值达300~350亿元。每年约有500万t左右的废钢铁、20多万t废有色金属、1400万t的废纸及大量的废塑料、废玻璃等没有回收利用。由于废旧物资零星分散,其回收、加工、运输费用高,销售价格低,致使部分品种回收量减少,与实际生成量相差较大,资源流失严重,再生资源回收利用率与世界先进水平相比差距较大。如每年丢弃的镉镍电池(二次电池)2亿多支;废旧家用电器、电脑及其它电子废弃物的回收处理还未能提上日程。

2.废旧物资回收利用企业普遍经营规模小、工艺技术落后。尽管国家出台一系列优惠政策鼓励和扶持废旧物资回收行业的发展,但目前绝大多数废旧物资回收加工企业仍是微利或无利,基本没有条件和能力引进或采用新技术、新工艺、新设备,产品的技术含量和附加值较低,从而阻碍了再生资源回收利用的发展进程。另一方面,国有回收企业由于历史原因形成的人员、债务包袱重,市场竞争能力和抗风险能力弱,经济效益差,相当一部分回收企业亏损严重,某些回收公司经营难以为继,废旧物资回收行业发展呈低水平徘徊。

3.再生资源回收利用技术开发投入严重不足。由于资金投入少,技术开发能力弱,导致废旧物资加工处理工艺落后,技术及装备水平极低,一些与再生资源加工处理相伴的环境污染物未能妥善处理。即使是先进适用的技术,也由于缺少资金而难以推广应用。大部分再生资源的加工处理技术还十分落后,与资源综合利用和环境保护的要求差距甚远。 (国家经贸委)

【再生资源回收利用面临的形势和任务】 中国国民经济和社会发展“十五”计划纲要提出,“十五”时期,要大力推进资源综合利用技术研究开发,加强废旧物资回收利用,加快废弃物处理的产业化,促进废弃物转化为可用资源。再生资源回收利用面临前所未有的发展机遇和挑战。

1.再生资源回收利用是实现资源永续利用的重要措施。积极推进再生资源回收利用,将大量社会生产和消费后废弃的资源回收再利用,可以减少对原生资源的开采,提高资源综合利用水平;既节约了大量的资源,又推动了经济增长方式由粗放型向集约型转变。因此,大力提高再生资源回收利用水平,是促进资源永续利用的重要措施。

2.再生资源回收利用是治理污染,改善环境的必然要求。目前,中国垃圾累计堆放量已达60多亿t,占用土地5亿 m^2,对土壤、地下水、大气造成现实和潜在的污染相当严重。因此,积极推进再生资源的回收利用是治理污染的重要措施。随着中国综合国力的增强和居民生活水平的提高,人们对城市环境质量的要求会越来越高,国家将进一步加大环境污染综合治理的力度,这将为再生资源回收利用的发展创造有利的条件和良好的社会环境。

3.再生资源回收利用面临严峻挑战。随着经济的发展,家用电器和电子产品拥有量的增加,以及人们环境意识的提高,再生资源回收利用将面临更加繁重的任务。一是公众对过去未能很好回收和处理的废干电池、废润滑油等污染严重、危害较大的废弃物更为重视,要求进行无害化处理和资源综合利用。二是未来几年电脑、复印机、手机等电子废弃物以及冰箱、电视机、洗衣机、空调器等废旧家用电器的数量将大幅度增加,如何有效地回收和处置这些现代垃圾,使之变废为宝,将是再生资源回收利用面临的重大而紧迫的课题。

(国家经贸委)

【再生资源回收利用发展目标】 1.指导思想。坚持实施可持续发展战略,以提高再生资源回收利用率和保护环境为目的,加快法规建设,依靠技术进步,加强科学管理,提高回收利用水平,减少环境污染。深化企业改革,增强企业自我发展能力;加强回收网络建设,加快再生资源回收利用的市场化、规模化进程,促进再生资源回收利用健康、有序发展。

2.发展目标。2005年,再生资源回收利用总值达到550亿元以上。主要品种年回收量为:废钢铁3600~3700万t,废有色金属200万t,废塑料500~600万t,废纸1700万t;回收拆解报废汽车80万辆,拆解废船100万t,轮胎翻新总量790万条,废家用电器和废电脑回收量达到废弃总量的80%以上。 (国家经贸委)

【再生资源回收利用发展重点与示范工程】 加强再生资源加工设施建设,提高加工质量,加快产业化进程。建设具有一定规模和水平的再生资源加工基地,并以此为中心,形成再生资源回收、加工、利用的产业链条;研究开发一批急需的废弃物无害化处理技术和再生资源加工利用技术,如:废旧镉镍电池(二次电池)、废润滑油、废油漆及电子废弃物的无害化处理技术,废家用电器、电脑及报废汽车等的再制造工程及资源综合利用技术。

建设若干个不同层次、不同类型、不同规模的再生资源回收集散基地和规范化的再生资源交易市场。促进再生资源回收、加工、利用的规模经营和一体化进程,提高社会综合效益。

重点建设几个规模适度、管理先进、符合环保要求的废家用电器、电脑,报废汽车回收拆解中心,减轻废弃物对环境的危害。

集中力量支持一批示范工程,包括:以钢铁企业为龙头的报废汽车回收拆解一体化示范工程,废旧铬镍电池(二次电池)无害化处理示范工程,废润滑油回收处理示范工程,废纸回收分选造纸示范工程,废家用电器、电脑再制造及加工处理示范工程等。

按照建立现代企业制度的要求,对废旧物资回收企业实行战略性调整,通过组建企业集团,实行股份制改造,开办中外合资合作企业等形式,培育一批有竞争力的大型废旧物资回收企业集团,以此带动再生资源回收利用向产业化方向发展。 (国家经贸委)

【再生资源回收利用对策与措施】 1.加快制定相关法律法规,实施依法管理。研究制定《再生资源回收利用管理条例》及相配套的办法和标准,包括:《废旧家用电器回收利用管理办法》、《废电池回收利用管理办法》、《废旧电脑等电子废弃物回收利用管理办法》、《废纸回收利用管理办法》、《废旧轮胎回收利用管理办法》以及《报废汽车回收拆解技术规范》、《国内废纸分类标准》等,提出一些操作性强的法律规范,将再生资源回收利用逐步纳入法制化管理的轨道。

2.加大经济政策的支持力度。认真落实国家鼓励再生资源回收利用的有关政策,如:废旧物资回收企业免征增值税的政策,翻新轮胎免征消费税政策,废船进口环节增值税先征后返政策等。研究提出有效促进再生资源回收利用的政策措施。在财政体制和投资体制改革的过程中,研究加大公共财政对再生资源回收利用的支持力度,并在信贷等方面给予必要支持,对经济效益差、但社会效益显著的不易回收的再生资源,国家在政策上鼓励企业回收和利用,包括支持一些经营好、符合上市条件的物资回收企业上市,为企业直接融资创造条件;对再生资源回收加工处理中心、再生资源信息网络等方面的示范项目,优先安排技改投资并给予财政贴息。

3.推进技术进步,增加科技投入。国家将通过各种渠道,增加对再生资源回收利用科技开发的投入,支持有影响、有带动作用的关键项目,尤其是那些不能一次性处理且生产成本高,经济效益低,但社会效益显著、量大面广的再生资源回收利用项目,拟通过科技攻关重点突破。对再生资源科技开发、高新技术产业化示范项目,纳入科技三项费用的支持范围。同时,要加强国际交流与合作,适当引进国外先进的再生技术、设备,按照市场经济的办法引进国外的人才和资金,促进再生资源回收利用技术管理水平的提高,以适应加入WTO后的国际竞争环境。

4.积极推动再生资源回收利用体系建设。引导各地建立以社区回收网点为基础的点多面广和服务功能齐全的回收网络,形成回收和集中加工预处理为主体、为工业生产提供合格再生原料的再生资源回收体系。同时推动建立设施先进、管理手段现代化的再生资源交易市场、科学先进的再生资源综合利用处理中心等组成的系统工程,促进再生资源回收加工预处理利用良性循环。

5.加强信息和统计工作,提高管理水平。强化信息服务,抓好统计基础工作,及时收集、整理和发布国内外再生资源回收利用信息,引导全社会再生资源回收利用上水平、上台阶。积极推动中介组织和协会建立再生资源回收利用信息系统和数据库,实现信息资源共享,提高管理水平。

6.加大宣传和教育力度,提高全民资源意识。充分利用广播、电视、互联网等现代化的宣传工具,进一步加大宣传力度,提高全社会的资源意识和环境意识。通过宣传,使公众了解中国资源利用和环境保护的严峻现实及再生资源回收利用的重要意义，树立节约资源、保护环境的观念。尤其是要建立自觉利用再生品，愿意承担一部分废旧物资加工利用成本的意识。将有关废旧物资回收利用知识列入中、小学教材，提高全社会对废弃物资源化重要性的认识，使全民都来理解、支持和自觉参与再生资源回收利用事业。

（国家经贸委）

能源节约与资源综合利用

【概况】 为促进经济与资源、环境的协调发展，国家经贸委组织制定了7个可持续发展的相关规划，并正式向全社会公布。

能源节约与资源综合利用是中国经济和社会发展的一项长远战略方针。为了全面贯彻落实党的十五大、十五届五中全会精神和《中华人民共和国国民经济和社会发展第十个五年计划纲要》，推动全社会开展节能降耗和资源综合利用，促进经济增长方式转变和可持续发展，特制定能源节约与资源综合利用"十五"规划。

1.能源节约与资源综合利现状。"九五"时期，在"资源开发与节约并举，把节约放在首位，提高资源利用效率"的方针指引下，中国能源节约与资源综合利用取得显著成绩，为缓解资源短缺，减少环境污染，提高经济增长的质量和效益，保障国民经济持续、快速、健康发展发挥了重要作用。

① 节能取得显著的经济和社会效益。"九五"期间，中国每万元国内生产总值(GDP)能耗(1990年价)由1995年的3.97 t标准煤下降到2000年的2.77 t标准煤，累计节约和少用能源达4.1亿t标准煤；主要耗能产品单位能耗均有不同程度下降。按"九五"期间直接节能量计算，节约的能源价值约660亿元；节约和少用能源相当于减排二氧化硫800万t、二氧化碳(碳计)1.8亿t。

② 资源综合利用规模不断扩大，利用水平逐年提高。"九五"期间，中国工业"三废"综合利用产值达1247亿元，年均增长16.4%。在工业废渣产生量逐年增加的情况下，工业废渣综合利用率由1995年的43%提高到2000年的52%，年综合利用量达到3.55亿t，其中，煤矸石综合利用量由1995年的5600万t增加到2000年的6600万t，利用率由38%上升到43%；粉煤灰综合利用量由1995年的5188万t增加到2000年的7000万t，利用率由43%上升到58%。

③ 能源节约与资源综合利用技术进步取得较大进展。"九五"期间，节能降耗、资源综合利用作为技术开发和技术改造的重点，在企业技术创新、新产品开发和"双高一优"技改专项、国债技改专项中，加大了支持的力度。重点开发的溅渣护炉、蓄热式加热炉、75 t/h干法熄焦、大型铝电解槽、130 t/h和220 t/h大型循环流化床锅炉、水煤浆代油燃烧等节能技术取得重大突破，在相关行业得到推广。化工碱渣回收技术、磷石膏制硫酸联产水泥技术、煤矸石硬塑和半硬塑挤出成型砖技术和装备、煤矸石和煤泥混烧发电、纯烧高炉煤气发电等资源综合利用技术和装备水平不断提高，有的已实现产业化。

④ 宏观管理取得重大突破。"九五"期间节能法制建设取得重大进展，1998年1月1日《中华人民共和国节约能源法》(以下简称《节能法》)正式颁布实施，并出台了一系列配套法规。资源综合利用政策框架初步形成，1996年国务院印发了《国务院批转国家经贸委等部门关于进一步开展资源综合利用的意见》(国发[1996]36号)，制定了一系列鼓励开展资源综合利用的优惠政策，极大地调动了企业开展资源综合利用的积极性。"九五"期间，经济体制改革进一步深化，市场在资源配置中的基础性作用日益显现，以市场定价为目标的能源价格改革，如煤价放开，油价与国际接轨等对促进企业自觉节能产生了明显的效应。

2.存在问题。从总体上看，人们对能源节约与资源综合利用的重要性和迫切性还缺乏足够的认识，重外延，轻内涵，在发展思路上还没有转到通过存量调整，挖潜改造，提高企业经济效益的轨道上来，务虚多，落实少，"资源意识"、"节约意识"有待加强。

法规政策不完善，缺乏促进企业节能的激励政策，资源综合利用的优惠政策在某些地区难以落实。

部分能源产品价格扭曲，企业缺乏竞争压力，能源节约与资源综合利用的内在动力不足。技术装备落后，总体水平比发达国家落后10年至15年。投入不足，绝大多数企业融资困难，各级政府对节能的支持力度不够。 （国家经贸委资源节约与综合利用司）

【能源节约与资源综合利用面临形势和任务】 "十五"期间，国家把实施可持续发展战略放在更加突出的位置。实施可持续发展战略要求节约资源、保护环境，正确处理好经济发展与资源、环境的关系。

1.解决资源战略问题必须下大力节约能源，提高资源利用率。中国主要矿产资源人均占有量不足世界平均水平的一半，特别是石油资源，国内石油开发和生产不能适应经济和社会发展的需要，供需矛盾日益突出，进口量逐年上升。随着工业化和城镇化进程的加快，石油需求将呈强劲增长态势，如不采取积极有效的措施，到2020年，中国对国际石油市场的依存度将达到50%左右。除石油资源外，一些重要矿产资源不足的矛盾日益突出；某些重要原材料长期进口；中国人均用电量只有 1038 kW·h，仅相当于发达国家的 1/10。要解决资源战略问题，必须大力开展能源节约与资源综合利用，特别是要把节约和替代石油放在突出位置，这是保障国家经济安全和长远发展的重大战略措施。

2.保护环境迫切需要加强能源节约与资源综合利用。目前，中国环境污染严重，生态破坏加剧的趋势尚未得到有效控制，年排放二氧化硫近 2000 万 t，酸雨面积已占国土面积的 30%，空气质量达标城市仅占 1/3，流经城市的河段 70%受到不同程度污染，固体废弃物堆存量已达 70 多亿 t。尽快遏制生态环境恶化状况，改善环境质量已成为中国可持续发展亟待解决的问题。中国能源利用率若能达到世界先进水平，每年可减少 3 亿 t 标准煤的消耗，这将使大气环境质量得到极大的改善；中国固体废弃物综合利用率若提高 1 个百分点，每年就可减少约 1000 万 t 废弃物的排放。能源节约与资源综合利用是解决环境污染的重要途径之一。

3.加入 WTO 要求企业自觉开展能源节约与资源综合利用，增强竞争力。加入 WTO 将会大大改变中国经济发展的市场环境，国内企业不仅要立足于国内市场，而且必须遵循国际惯例，参与国际竞争。目前，中国绝大多数企业经营粗放，消耗高，浪费大，经济效益差，缺乏竞争力。中国矿产资源总回收率为 30% ~ 50%，比世界平均水平低 10 ~ 20 个百分点；单位产值能耗为世界平均水平的 2.3 倍，主要用能产品单位能耗比国外先进水平高 40%；每年可综合利用的固体废弃物和可回收利用的再生资源，没有利用的价值达 500 多亿元，这是造成企业成本上升，经济效益差的重要原因之一。据调查，中国工业产品能源、原材料的消耗占企业生产成本的 75%左右，若降低 1 个百分点就能取得 100 多亿元的效益。开展能源节约与资源综合利用，是企业降低成本，提高效益，增强竞争力的必然选择。

（国家经贸委资源节约与综合利用司）

【能源节约与资源综合利用“十五”指导思想与目标】 1.指导思想。认真贯彻落实可持续发展战略，坚持“资源开发与节约并举，把节约放在首位，依法保护和合理使用资源，提高资源利用率，实现永续利用”的方针，以市场为导向，以企业为主体，以提高能源效率和资源综合利用率为核心，加强法制建设，强化政策导向，依靠技术进步，加强科学管理，建立和完善与社会主义市场经济体制相适应的能源节约与资源综合利用宏观管理体系和运行机制，促进经济与资源、环境的协调发展。

2.主要目标。节能：到 2005 年，每万元国内生产总值能耗降至 2.2 t 标准煤（1990 年不变价），累计节约和少用能源 3.4 亿 t 标准煤，年均节能率为 4.5%。节约和替代燃料油 1600 万 t、成品油 500 万 t。

主要耗能产品单位综合能耗有较大幅度降低，到 2005 年，大中型钢铁企业吨钢综合能耗下降到 0.8 t 标准煤以下；火电厂供电煤耗下降到 380 g 标准煤/千瓦时；10 种有色金属吨产品综合能耗下降到 4.5 t 标准煤；大型合成氨综合能耗下降到 37 吉焦；水泥、玻璃等主要产品平均能耗降低 20%；各种车型汽车百公里油耗平均降低 10% ~ 15%。到 2005 年，建筑行业新建采暖居住建筑节能 50%；新建公共建筑力争节能 50%。资源综合利用：到 2005 年，工业“三废”综合利用实现产值 400 亿元；废旧物资回收利用总值 550 亿元；工业废渣综合利用率达到 60%，其中，煤矸石综合利用率提高到 60%，粉煤灰综合利用率提高到 65%。

（国家经贸委资源节约与综合利用司）

【能源节约与资源综合利用发展重点】 1.重点发展技术。节约和替代石油技术。重点发展洁净煤、天然气替代燃料油技术、甲醇和乙醇替代汽油技术以及过程能量优化、等离子无油点火、燃油乳化、燃油添加剂等节油技术。

① 洁净煤技术。重点发展大型、先进的煤炭洗选加工技术、煤炭液化技术、大型煤气化技术、水煤浆制备和应用一体化技术、410 t/h 及以上大型循环流化床技术、整体煤气化联合循环发电（IGCC）技术、高效低污染燃煤发电技术等。

② 节电技术。重点发展高效电动机、高压大功率变频调速技术、高效电光源及镇流器技术、S9 以上变压器和非晶态合金铁芯变压器技术、蓄冷蓄热技术，以及家用电器、电解电镀电源、输变电网系统、工业电炉等先进节电技术。

③ 多联供技术。重点发展热电联产、集中供热及热能梯级利用技术，推广热电冷联供和热电煤气三联供等多联供技术。

④ 余热余压回收技术。重点发展和推广 75 t/h 及以上等级干法熄焦技术、大容量全高炉煤气发电技术、1000 m^3 以上高炉炉顶压差发电技术、高炉热风炉余热回收技术、转炉煤气回收技术、油田放散气集中回收技术及大型余热锅炉和先进热交换技术。

⑤ 建筑节能技术。重点发展门窗密封条、多层保温窗、外保温复合墙体、热量按户计量及控温、供热管网调节控制、热反射保温隔热、太阳能建筑、高效照明系统和计算机模拟等技术。

⑥ “三废”综合利用技术。重点发展大容量煤矸石发电技术、全煤矸石一次码烧生产空心砖技术、煤矸石代替粘土生产水泥生料、筑路、复垦和回填技术，高附加值粉煤灰综合利用技术，以及有机废水综合利用技

术、冶炼废液回用技术、落地原油、污油和泥浆回用技术、石油化工废气回用技术等。

⑦ 共伴生矿产资源综合回收利用技术。重点发展煤层气、煤系共伴生矿、稀土、钒钛磁铁矿、金属矿高附加值利用和精深加工技术。

⑧ 再生资源回收利用技术。重点发展废橡胶、废塑料、废家电、废电脑、废电池等再生资源回收、分选和处理的实用技术。

2.重大示范工程。

① 节代油示范工程。包括重点用油行业以水煤浆、煤炭气化等洁净煤和天然气为主要内容的替代燃料油示范工程;以过程能量优化、等离子无油点火等为主要内容的节约燃料油示范工程;以甲醇和乙醇为主要内容的替代成品油示范工程。

② 洁净煤示范工程。包括以洗选、型煤、配煤、水煤浆、筛分、粉碎等加工技术为主的动力煤优质化加工示范工程;以燃用优质煤、筛选块煤、固硫型煤和采用循环流化床、粉煤燃烧等先进技术为主要内容的中小型燃煤工业锅炉技术改造示范工程;以410t/h以上循环流化床锅炉完善化和提高整体运行效率为主要内容的大型循环流化床锅炉示范工程;以洗选脱硫、燃烧中固硫、烟气脱硫等污染治理技术为主的全过程二氧化硫减排示范工程,推动洁净煤技术产业化。

③ 电机调速示范工程。包括以元器件、电工技术变频装置制造、相关配套设备一体化开发为主要内容的高压大功率变频调速示范工程;以结构简化型专用变频装置为主要内容的低压中小功率变频调速示范工程;以高效电动机及其拖动风机、水泵和调速器系统优化匹配的硬件与软件结合为主要内容的风机、水泵系统优化示范工程,促进电机系统效率提高10~12个百分点。

④ 绿色照明示范工程。包括在北京2008年奥运会重点建设工程中推广经认证的高效节能照明系统;在各种建筑工程中开展大宗或政府采购,推行质量承诺,扩大优质照明电器产品的市场份额。

⑤ 煤层气资源综合利用示范工程。选择煤层气勘探取得突破的地区,建成2~3个煤层气地面开发和利用示范基地,提高瓦斯利用率,推进煤层气勘探、开发、生产、利用的产业化建设。

⑥ 矿区煤矸石综合利用示范工程。在有条件的重点矿区,建设大容量煤矸石发电工程、利用煤矸石生产新型墙体建材工程和矿区复垦工程。

⑦ 共伴生矿资源综合利用示范工程。围绕攻克高岭土超细、增白、改性等技术难关,组织一批铝钒土、耐火粘土、硫铁矿、膨润土、硅藻土等综合利用深加工项目,对煤系共伴生资源进行深加工和利用。选择攀枝花、包头、金川三大资源综合利用基地,开展钒钛磁铁、稀土和有色金属共伴生矿产综合利用。

⑧ 再生资源回收利用产业化示范工程。建立社区回收、市场集散和加工利用三位一体的废旧物资回收利用体系,建立废塑料、废橡胶、废轮胎、废家电、废电脑、废电池回收处理和报废汽车回收、拆解、处理产业化基地。

⑨ 节约型清洁型企业示范工程。在重点行业选择若干企业,通过系统技术改造,加强管理,实现系统能源效率达到同行业最高或接近世界先进水平,污染物接近或达到"零"排放。

⑩ 节能技术服务体系市场化示范工程。在"九五"对节能技术服务市场化试点的基础上,选择若干节能技术服务中心通过改组、改制,推行合同能源管理服务新机制,提高节能技术服务水平,促进先进实用技术在中小企业的推广应用。

(国家经贸委资源节约与综合利用司)

【能源节约与资源综合利用政策与措施】 *1.加强法制建设,完善落实政策。*认真贯彻落实《节能法》,加快制定《节能法》配套法规,引导和规范用能行为。重点组织制定《节约石油管理办法》、《能效标识管理办法》。加快资源综合利用法规体系建设,研究制定《再生资源回收利用法》、《金属尾矿综合利用管理办法》、《废旧家电、废旧电脑回收利用管理办法》等法律、法规。在完善法规的基础上,要健全执法体系,加强监督检查,依法实施管理。

贯彻落实《国务院批转国家经贸委等部门关于进一步开展资源综合利用的意见》(国发[1996]36号),落实好国家对资源综合利用的优惠政策,充分发挥政策的导向作用,引导和促进企业积极开展资源综合利用和再生资源回收利用。组织修订《资源综合利用目录》,完善减免税的优惠政策。

*2.制定和实施能源效率标准和认证标识制度,规范节能产品市场。*制定和完善主要用能产品能源效率标准。包括工业锅炉、电动机、风机、水泵、变压器等主要工业耗能设备和家用电器、照明器具、建筑、汽车的能源效率标准,为实施淘汰高耗能产品,开展节能产品认证和能源效率标识制度提供技术依据。

规范开展节能产品认证。在实施家用电器、照明器具节能产品认证的基础上,扩大节能产品认证范围,探索建立认证产品国际互认制度,提高认证产品的知名度。

建立能源效率标识制度。在鉴借国外实施能源效率标识制度成功经验的基础上,按照"先自愿、后强制,先试点、后推行"的原则,启动和实施主要家用电器能源效率标识,并逐步扩大到照明器具、办公设备等用能产品。

3.调整结构,促进结构节能和能源结构优化。合理调整产业结构和产品结构,发展低耗能的第三产业和高新技术产业,并用高新技术改造传统产业,提高产品的附加值;加快淘汰能耗高、效率低、污染重的工艺、技术和设备。大力调整能源消费结构,提高发电用煤在煤炭消费中的比重,增加电力在终端能源消费中的比重;发展洁净煤技术,扩大天然气利用,开发新能源和可再生能源,促进能源利用向高效化、清洁化方向发展。

4.推进技术进步,提高能源节约与资源综合利用整体技术水平。加快建立以企业为主体的技术创新体系,组织重大技术开发,推动"产学研"联合,促进能源节约与资源综合利用科技成果的产业化;组织实施能源节约与资源综合利用重大示范工程,加大支持力度;积极培育和发展技术市场,运用市场机制促进新技术、新工艺、新产品、新设备的推广应用。为促进能源节约与资源综合利用技术进步,组织修订《中国节能技术政策大纲》,制订《中国资源综合利用技术政策大纲》;发布国家鼓励发展的能源节约与资源综合利用工艺、技术和设备目录及淘汰的落后工艺、技术和产品目录。

5.研究制定适应市场经济要求,促进能源节约与资源综合利用的激励政策。会同有关部门研究制定抑制资源过度消费,有利于企业开展能源节约与资源综合利用的税收及税负转移政策;研究制定能源节约与资源综合利用公共财政支持政策;研究进一步深化能源价格改革和能源价格形成机制,建立能源价格预报制度;研究制定能源节约与资源综合利用技术改造项目纳入政策性银行支持范围,并在贷款方面给予优惠的政策;对能源消耗高、污染重的产品和设备课以重税,强制实施高耗能产品淘汰的政策。

6.探索建立市场经济条件下推动能源节约与资源综合利用的新机制。转变政府职能,必须探索建立适应市场经济要求的推动能源节约与资源综合利用的新机制,包括:基于市场的节能信息传播机制,通过制作和发布节能案例,促进节能新技术、新工艺、新设备的推广应用,引导企业进行节能技术改造;完善能源管理的技术服务机制,以克服节能新技术、新产品推广中的市场障碍;综合资源规划和需求预测管理方法,以引导资源利用的合理规划和配置;节能产品政府采购机制,以实现节能产品进入政府采购目录,加速节能新技术、新产品的推广应用;政府机构自身节能,以减少政府在能源消费方面的巨大开支,率先示范以推动全社会的节能;企业自愿协议,以引导企业与政府或协会之间采取自愿方式实现节能目标。

7.加大信息、宣传和培训力度。强化信息服务。加快建立能源节约与资源综合利用信息和情报网络系统,充分利用现代信息技术手段,丰富信息资源,搞好信息交流,为企业提供先进的技术与管理信息,促进企业能源节约与资源综合利用上水平、上台阶。

组织好每年的"全国节能宣传周"活动,努力提高宣传效果。加大经常性宣传和培训教育力度,增强全民的"资源意识"、"环境意识"和"节约意识"。

深入实际调查研究,发现和总结能源节约与资源综合利用的先进典型和经验,及时组织交流和推广,发挥典型的示范和引导作用。

(国家经贸委资源节约与综合利用司)

【矿山固体废弃物综合利用技术推广项目】 2001年,国家环境保护总局公布了2001年国家重点环境保护实用技术推广项目,其中北京矿冶研究总院的"有色金属矿山尾矿库复垦与生态恢复技术"、山西省广灵化工总公司的"利用镁渣制复合硅酸盐水泥技术"、黑龙江东府塑料实业有限公司的"利用废旧塑料和粉煤灰制井盖技术"、中国科学院长春应用化学开发技术研究所的"废旧塑料和粉煤灰制复合新材料技术"榜上有名。

(中国矿联信息中心)

【冶金行业先进环保和资源综合利用重点领域】 国家计委和科技部2001年共同发布的《当前优先发展的高技术产业化重点领域指南(2001年度)》,确定了应优先发展的10个产业、141个高技术产业化重点领域。其中与冶金行业有关的先进环保和资源综合利用优先发展的领域如下:

1.水处理药剂生产与应用的工艺及设备。工业水处理药剂对减轻工业水系统的腐蚀与结垢及生产装置的安全、稳定、长期、满负荷运行具有重要作用。中国已基本掌握了循环冷却水等工业用水处理药剂的生产工艺和配方等。

产业化的重点:对已开发成功的价格低廉、应用范围广、处理效果好的高效复合絮凝剂、助凝剂、水质稳定剂、分散剂、杀菌剂、消毒剂及脱色剂等新型水处理药剂,逐步实现规模化生产,尽快形成生产能力;面向不同规模的给水厂和工业废水、城市污水处理厂的需求,加速药剂投放设备的定型化、配套化生产。

2.烟气脱硫、除尘工艺及成套设备。烟气脱硫、除尘是控制二氧化硫及粉尘污染的主要措施之一,但中国目前仅有不到1%装机容量的火电厂建有引进的烟气脱硫装置。"十五"期间全国二氧化硫排放要削减10%,对烟气脱硫提出了更加严格的要求。若依靠引进国外成套设备,由于投资和运行费用过高,难以满足中国近2亿 kW 火电厂脱硫及钢铁、有色、化工、建材等行业约50万台工业锅炉、18万台工业窑炉及112套催化裂化装置等排放的二氧化硫污染治理的需要。大部分在用的除尘设备对5 μm以下粉尘不起作用，危害人类健康。

产业化的重点：石灰－石膏法、喷雾干燥法、炉内喷钙法、半干半湿法、非定态法脱硫、废渣微肥工艺及设备、氨法脱硫工艺、电子束辐照技术、脉冲等离子技术、中型工业锅炉脱硫成套设备，对5 μm以下微尘起作用的大型反吹风和脉冲清尘袋式除尘器，半密闭电石炉烟气余热利用及除尘装置，逐步实现成套化、大型化的目标。

3.危险固体废弃物处理处置技术及装备。中国冶金、化工、医疗、轻工和污水处理产出的各类危险固体废弃物每年约800万 t，包括：含砷、铅、镉、铬及汞等有毒有害重金属的沉积渣，化工废催化剂，含有毒有害化学物质的工业废渣，轻工和医疗有毒废弃物等。这些危险固体废弃物可能造成严重的环境污染，同时不少危险固体废弃物中含有色金属等成分，有一定的经济价值。

产业化的重点：危险废弃物安全收集、存贮和区域性集中处理处置设备，有毒物质的高温安全焚烧技术及设备，资源化利用工艺技术及设备，有色金属的湿法冶金提取工艺技术。

4.环境与污染源监测仪器及自动监测系统。中国的环境监测基本上处于现场采样、实验室分析阶段，采样仪器以手动、半自动为主。直读型、在线型、应急检测用仪器市场多为国外产品占据，而中国5000多个监测站和大量的企业监测机构又是一个巨大的市场。

产业化的重点：污水或烟气流量测量仪；CODcr、BOD(5)、总悬浮物、酸度、总磷、总氮、氨、氰化物、挥发酚、矿物油以及烟尘、二氧化硫等在线自动检测仪器系统；环境空气质量及水源中典型污染物的连续自动检测仪器及系统；污染事故应急监测仪及报警器、便携式现场快速直读型测量仪以及电磁波污染监测仪器等。

5.全流程清洁生产。全流程清洁生产可高效地利用自然资源，降低污染排放，是现代工业生产的发展方向，也是可持续发展的重要内容。

产业化的重点：针对产业规模大、资源能耗高及环境污染较为严重的钢铁、有色、化工和轻工等行业，加强新技术、新工艺和新材料的应用，将现有较为成熟的节约资源、减少污染、提高生产效率的技术集成应用于生产实际，同时强化生产管理，建立清洁生产示范工程，并推广应用。

6.难处理金矿资源综合利用。在中国已探明的黄金储量中，有30%为难处理金矿。随着易采矿的大量开采，难处理金矿资源的开发利用已成为黄金开采的一项重要任务。在难处理金矿资源预处理技术方面，中国已开发成功氧化焙烧、固砷固硫焙烧、加压氧化、细菌氧化及氯化氧化等多种工艺，但工程化实施的成套装备制造是薄弱环节。

近期产业化的重点：加速推广细菌氧化法、新型焙烧法及加压氧化法等先进技术，加快相关成套设备的规模化生产。

7.炼钢转炉煤气净化回收成套装置。中国钢铁工业能耗占全国总能耗的10%，单位能耗高出工业发达国家20%～40%。而目前发达国家由于将转炉产生的废气转变成清洁的转炉煤气加以应用，已实现了负能耗炼钢。

产业化的重点：通过对引进技术的消化吸收与自主创新，加速对已掌握的转炉煤气净化回收技术在全行业的推广，提高煤气回收的质量与数量；提高转炉煤气回收成套设备的自动化与安全监控装备水平，在此基础上逐步形成设计、设备制造和安装调试的整体能力，实现转炉煤气净化回收设备大型化、系列化和产业化；建立若干个大中型转炉煤气净化与回收技术示范工程。

8.工业固体废弃物资源综合利用。尾矿、冶炼渣、煤矸石和粉煤灰等工业固体废弃物的大量堆存，不但对生态环境带来巨大危害和严重的安全隐患，同时也是对资源的一种浪费。

近期产业化的重点：选择废弃物复合材料、尾矿微晶玻璃、新型轻质建材及有用矿物与金属提取等产品与技术，建立一批有代表性、技术起点高、综合效益显著，并能达到一定规模的产业化示范工程，逐步形成适用、先进的资源化成套设备及工艺；同时对工业固体废弃物整体利用建立完整的管理办法和技术标准；按资源化、最小量化和无害化管理的要求建立矿山尾矿整体利用管理系统。（中国矿联信息中心）

对 外 贸 易

【矿产品进出口概况】 1.2001年，矿产品进出口贸易总额增长显著。1990年中国矿产品进出口总额为209.42亿美元，到2001年达到1050亿美元，年均增长15.78%。矿产品进出口贸易约占全国进出口贸易的19%。

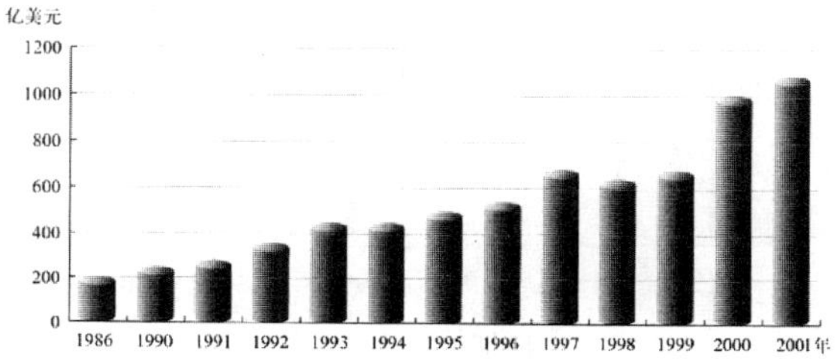

图1 1986~2001年中国矿产品进出口总额增长态势

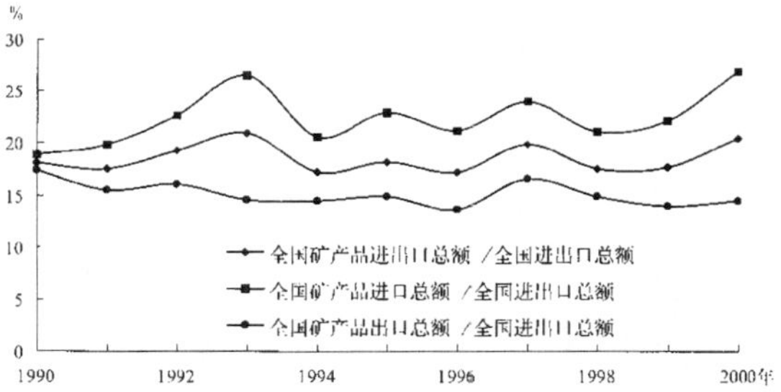

图2 中国矿产品进出口在全国进出口贸易的比重

矿产品进出口贸易逆差不断扩大。自1991年以来中国矿产品贸易均为逆差，逆差从当年的14.95亿美元扩大到2000年的245.09亿美元。

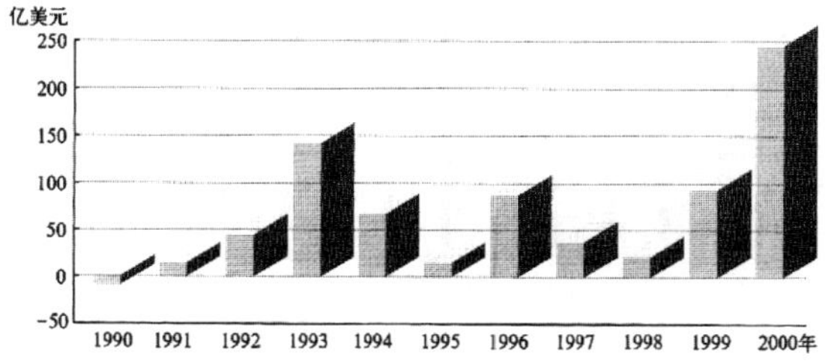

图3 中国矿产品进出口贸易逆差增长趋势

矿产品贸易结构趋于合理。初级矿产品在进口贸易中的地位不断上升，而在出口贸易中则呈下降趋势。

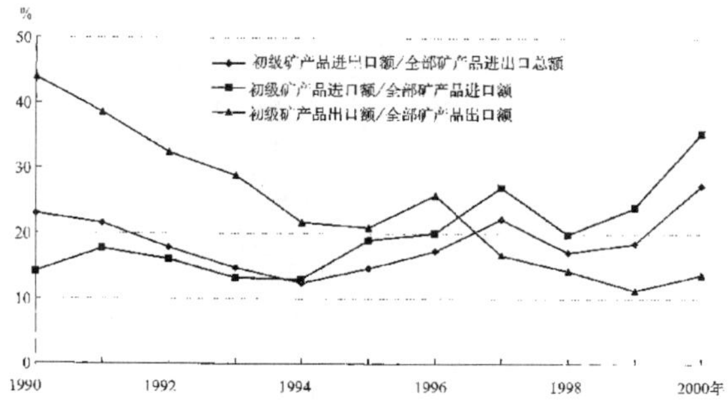

图4 初级矿产品进出口贸易地位的变化

在矿产品进出口贸易总额中，能源矿产品所占的比重不断下降，金属矿产品及原材料的比重逐年攀升，非金属矿产品及制成品的比重略有上升。

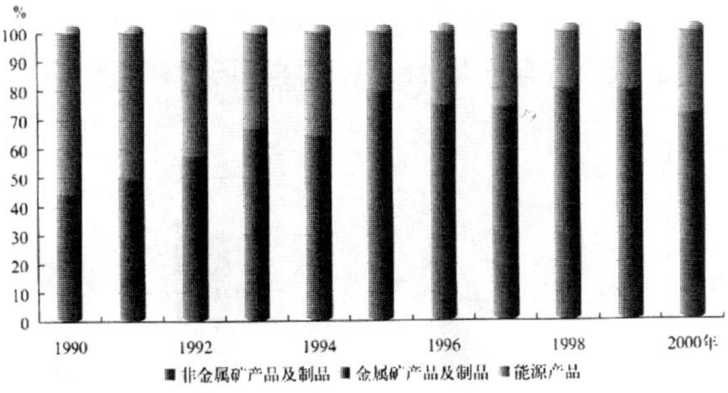

图5 中国出口矿产品矿类变化趋势

中国主要大宗短缺矿产对净进口依赖程度居高不下，进口额逐年增加。

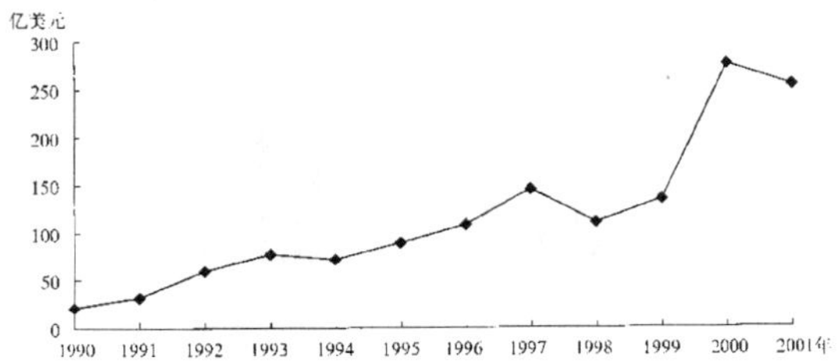

图6 中国大宗短缺矿产品进口耗汇额增长态势

（图中耗汇额指石油、铁矿石、锰矿石、铬铁矿、铜精矿与铜及铜材、钾肥的耗汇额之和）

2.主要短缺矿产品进口贸易及在世界的地位。2001年中国除原油进口量稍有下降，铬铁矿基本持平外，其他大宗短缺矿产品的进口量均大幅度增加。

表1　　2001年主要矿产品进口来源及比例

矿产品	进口量（万t）	进口来源国及比例
原　油	6025	31个国家，其中伊朗18%、沙特15%、阿曼14%、苏丹8%、安哥拉6%、越南6%、也门4%、印尼4%、赤道几内亚4%、俄罗斯3%。
铁矿石	8404	20个国家(地区)其中澳大利亚44%、巴西23%、印度14%、南非11%、秘鲁%。
锰矿石	171	14个国家，其中澳大利亚26%、加蓬16%、加纳29%、缅甸9%、巴西9%、印度7%、印度尼西亚2%。
铬铁矿	109	13个国家，其中印度74%、越南10%、伊朗6%、巴基斯坦6%、南非2%、澳大利亚1%。
铜矿石	226	26个国家，其中智利31%、蒙古21%、澳大利亚23%、加拿大6%、伊朗5%、秘鲁7%、土耳其2%。
钾　肥	543	18个国家，其中俄罗斯57%、加拿大24%、约旦8%、以色列5%、德国1%、智利1%。

除原油外，中国其他主要短缺矿产进口量在世界进口总量中占有较大份额，对国际市场具有重要影响。

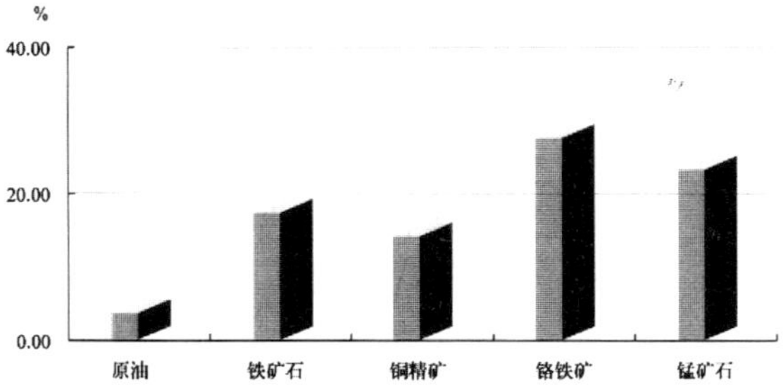

图7　中国主要短缺矿产品进口量占世界进口总量的比重

中国主要短缺矿产品进口态势：

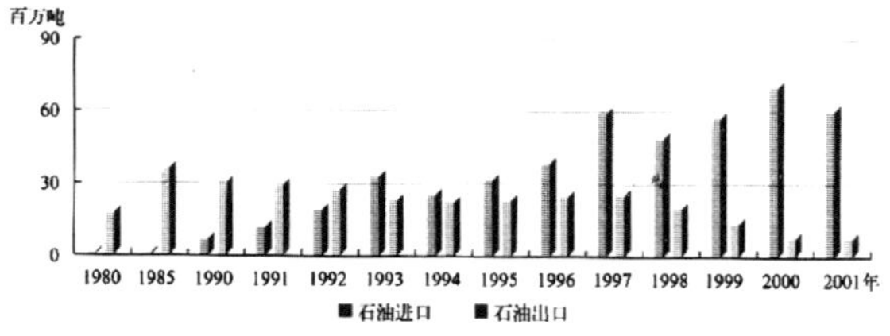

图8　中国石油进出口贸易变化趋势

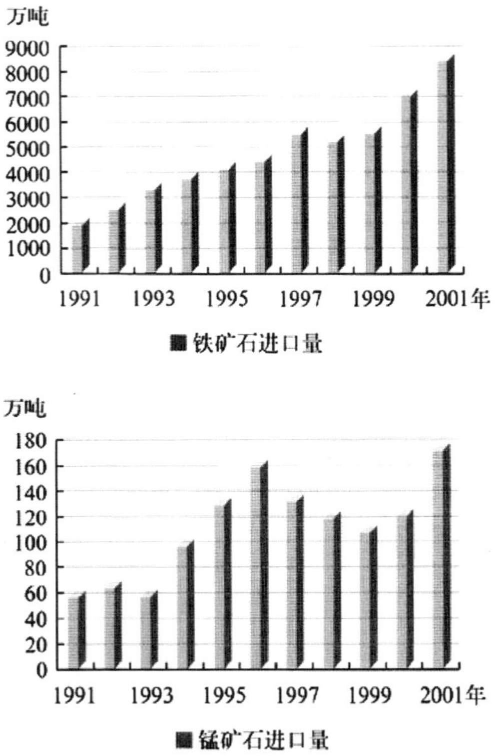

图9　中国铁矿石与锰矿石进口态势

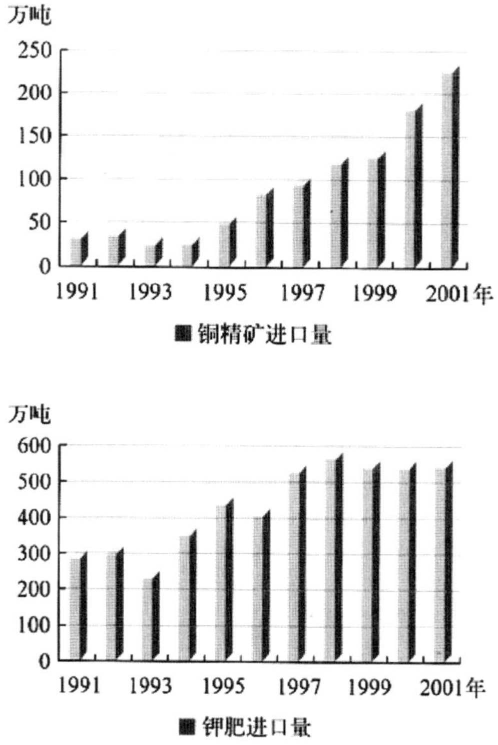

图10　中国铜精矿与钾肥(实物)进口态势

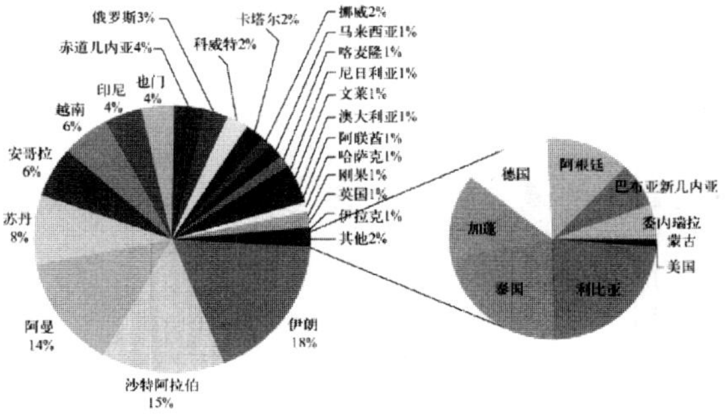

图 11　2001 年中国原油进口来源

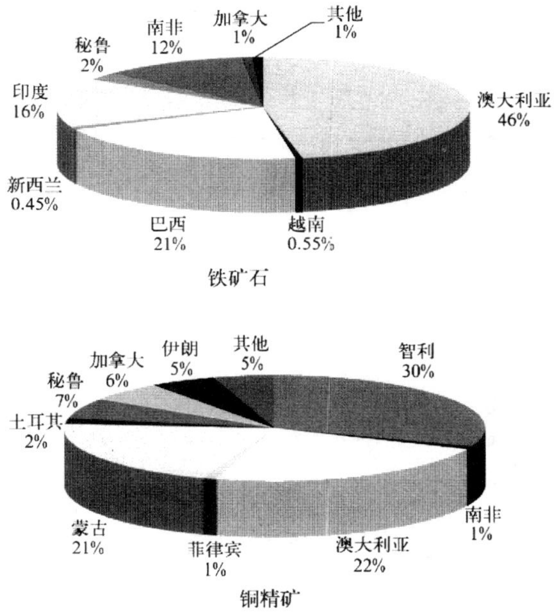

图 12　2001 年铁矿石与铜精矿进口来源

3. 主要优势矿产品出口贸易及在世界上的地位。

2000 年，除萤石、菱镁矿、水泥的出口量稍有下降，锑矿、重晶石等基本持平外，其他大多数优势矿产的出口量都有较大幅度增加，尤其是煤炭、锡和稀土的出口增势强劲。

表 2　　主要矿产品出口去向及比例

矿产品	出口量（万 t）	出口去向及比例
石墨	37.24	48 个国家或地区，其中日本 57%、韩国 13%、荷兰 9%、美国%、台湾省 2%、印尼 2%、德国%、比利时 1%、意大利 1%。
重晶石	258.73	29 个国家或地区，其中新加坡 27%、文莱 22%、泰国 17%、台湾省 9%、委内瑞拉%、菲律宾 5%、芬兰 3%、南非%、苏丹 2%。
萤　石	110.98	24 个国家或地区，其中美国 32%、日本 27%、荷兰 17%、意大利 9%、韩国 5%、加拿大 4%、印度 2%。
锡及其制品	6.97	48 个国家或地区，其中香港地区 40%、荷兰 39%、日本 8%、越南 3%、新加坡 3%、台湾省 2%、美国 2%、比利时 1%、韩国 1%。
钼精矿	2.26	14 个国家或地区，其中荷兰 39%、日本 28%、韩国 15%、英国 6%、南非 3%、德国 3%、台湾省 2%、印度 2%、美国 1%。
锑氧化物	3.61	18 个国家或地区，其中荷兰 44%、日本 27%、美国 8%、挪威 5%、印度 3%、巴西 3%、香港地区 2%、德国 2%、南非 2%。
钨的氧化物及氢氧化物	0.91	14 个国家或地区，其中韩国 22%、瑞典 17%、美国 11、荷兰 11%、日本 11%、英国 10%、印度 6%、以色列 2%、加拿大 2%。
稀土氧化物	5.59	33 个国家或地区，其中日本 26%、法国 24%、美国 21%、荷兰 7%、台湾省 6%、韩国 5%、英国 2%、巴西 2%。

除煤炭外，其他主要优势矿产出口量在世界上占有重要地位。

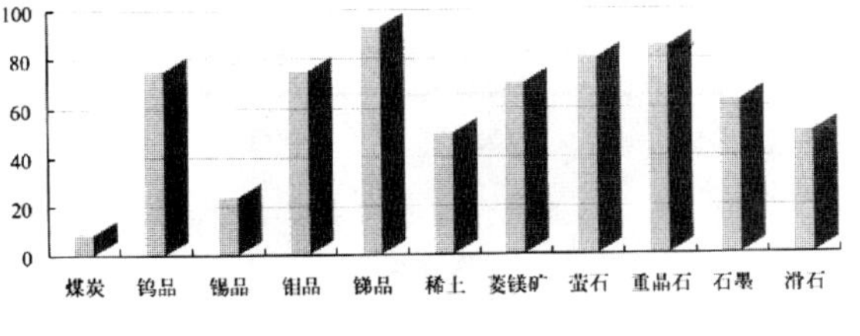

图 13　中国主要优势矿产品出口量占世界出口量的比例

近年来，煤炭、锡产品、稀土出口量增幅较大，钨产品、钼产品、锑产品、石墨、滑石出口量稳中有升。总体来说，创汇额随着出口量的增减而增减，但单位产品创汇效益呈下降趋势，特别是钨产品、锡产品、锑产品、稀土、石墨的出口效益下降现象更为明显。

主要优势矿产品出口变化趋势：

煤 炭

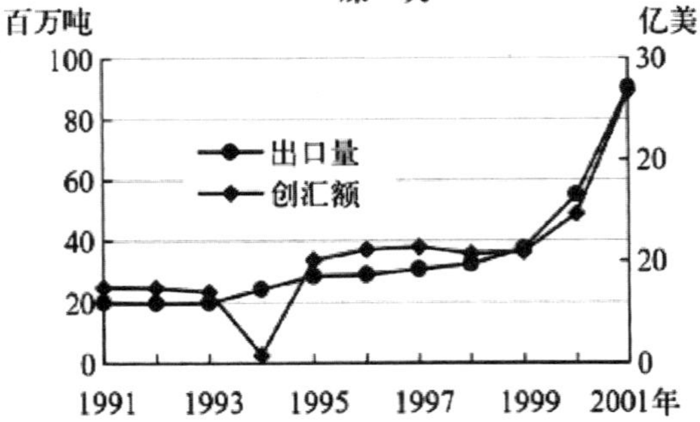

钨产品

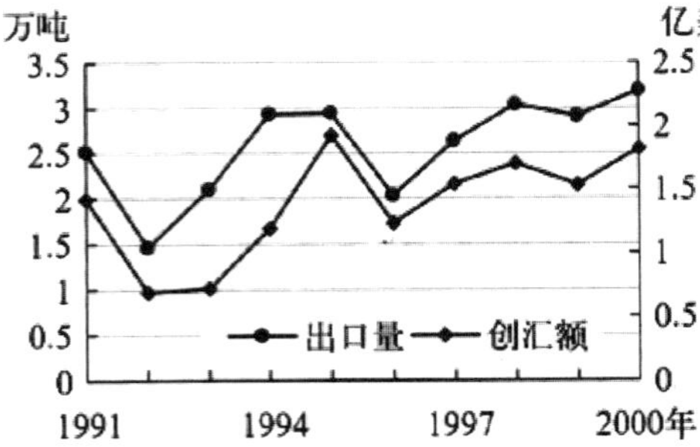

锡产品

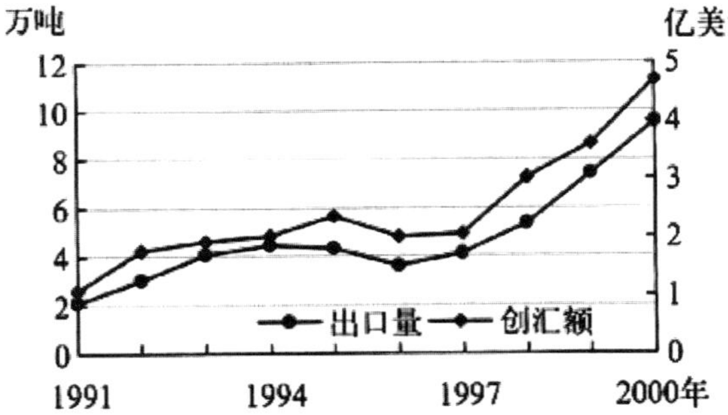

钼产品

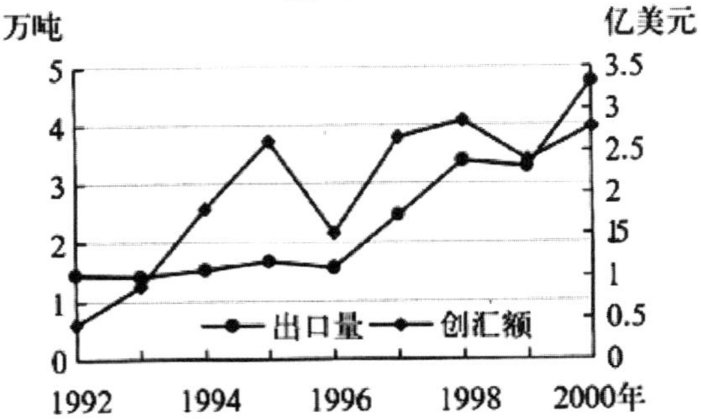

锑产品

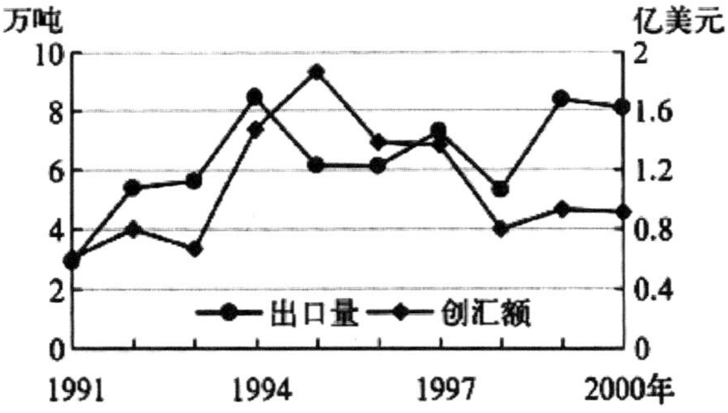

稀土产品

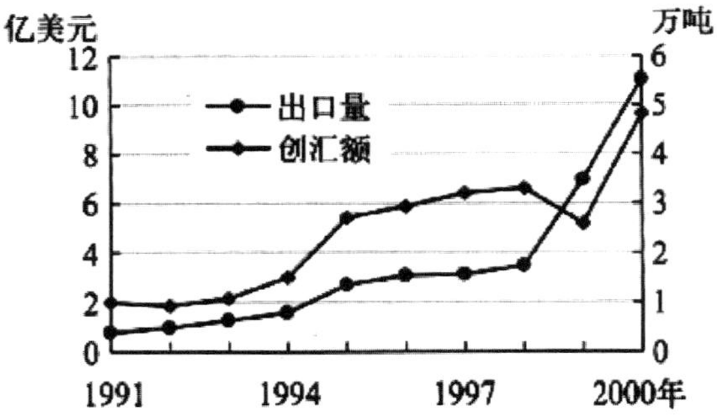

菱镁矿

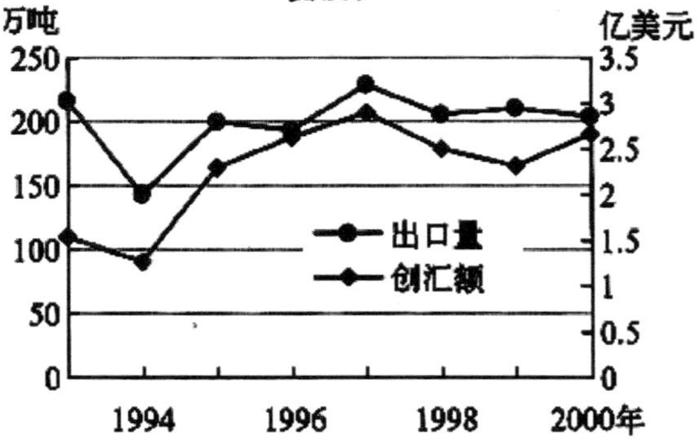

萤 石

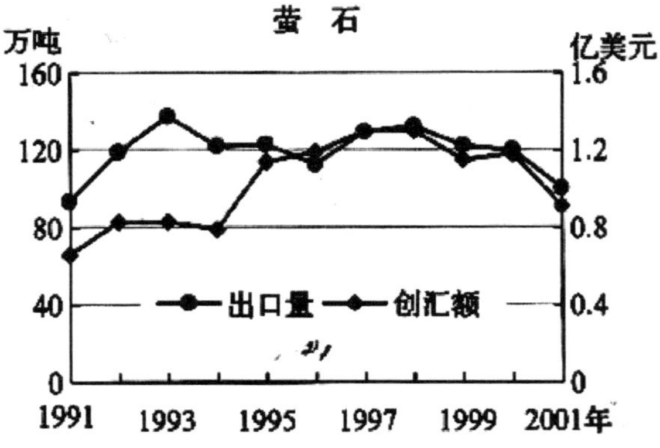

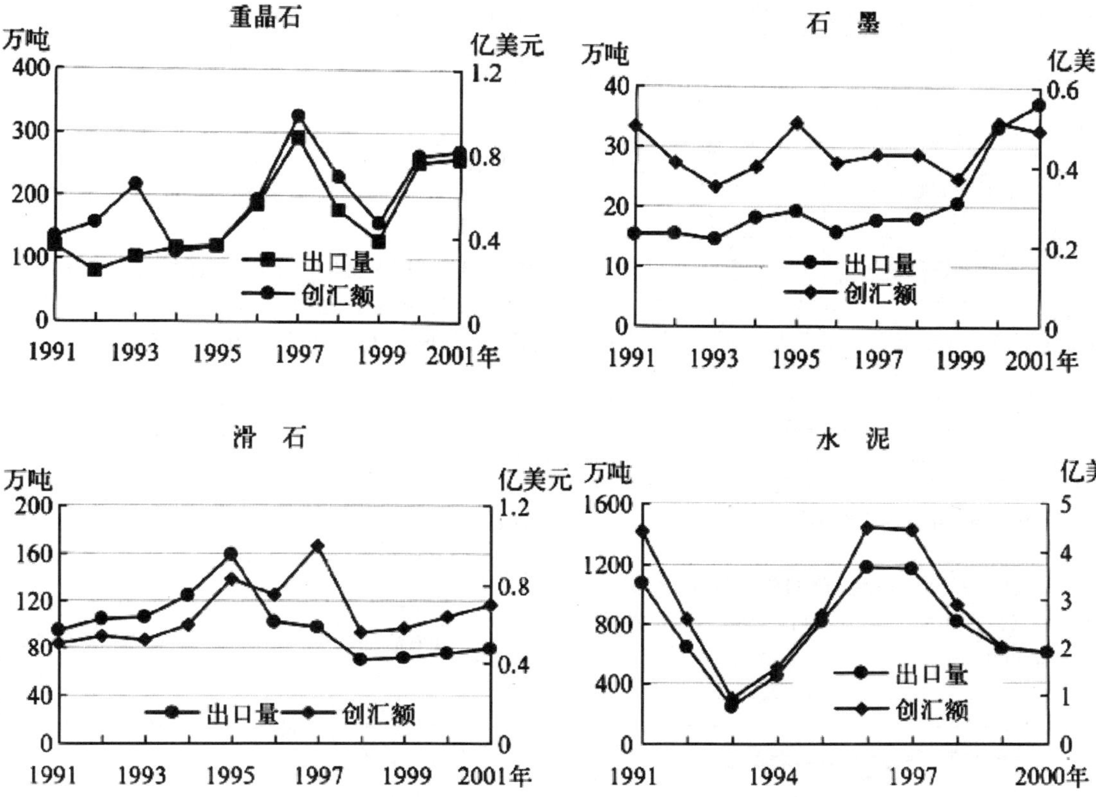

图 14　中国主要优势矿产品出口情况

【矿业“引进来”现状】　改革开放以来，中国吸引外资取得巨大成就。2001 年全国实际使用外商直接投资 468 亿美元。但中国矿业，尤其是固体矿产领域对外开放严重滞后。

国际上，中国矿业引资的水平低于其他发展中国家。中国矿业吸引外资占全部外商投资的份额，2001 年 1～6 月约为 1.05%，1997 年最高时也仅为 2.08%，低于世界其他国家和地区。

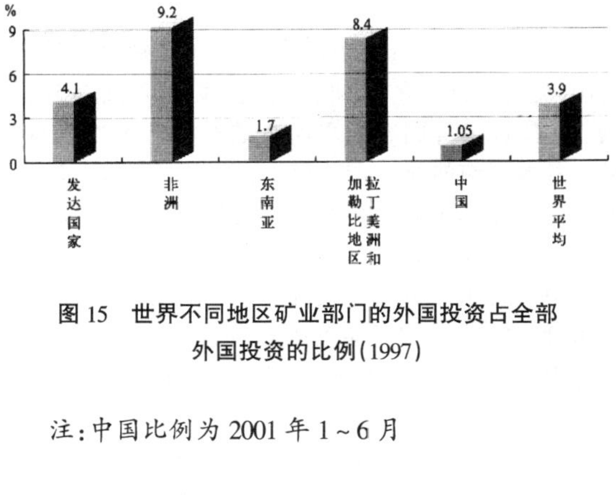

图 15　世界不同地区矿业部门的外国投资占全部外国投资的比例(1997)

注：中国比例为 2001 年 1～6 月

国际矿业资本在中国的份额，最高年份也不到 1%。中国矿产资源勘查开发领域引进的外国资本，每年平均仅为数百万美元，最高年份也不过 1000 万美元，而近十年世界固体矿产勘查支出约在 20～50 亿美元之间。

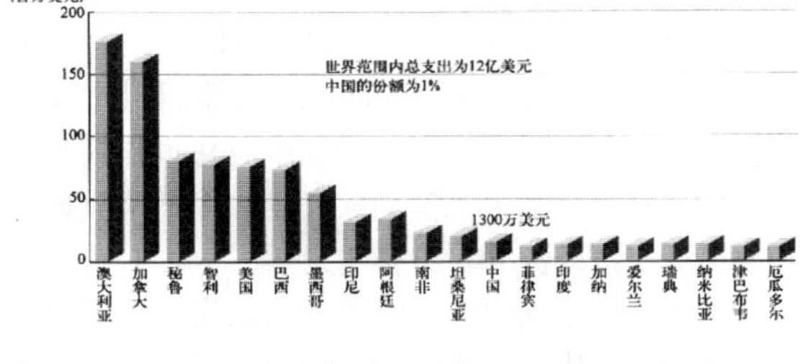

图 16　2000 年西方矿业公司资源勘查支出的国家分布

中国矿业引资落后于其他行业。中国采掘业实际利用外商直接投资占全国总额的比例仅为 1.09%，与其他行业相比是最低的。

表 3

1996～2000 年中国实际利用外商直接投资分行业统计

行　业	所占比例(%)
制造业	59.21
房地产业	12.45
社会服务业	5.77
电力煤气及水生产和供应	5.72
建筑业	3.73
交通运输仓储及邮电通信	3.31
其他行业	2.91
批零贸易餐饮	2.27
农林牧渔业	2.21
科教文卫	1.33
采掘业	1.09
合计	100

注:1995 年以前,采掘业吸引外资投资额很少,在《中国统计年鉴》中未将采掘业分离出来。

中国采掘业的外商直接投资的协议投资额、实际投资额和投资项目数占全国的比例很低,分别为 0.4%、1.1%和 0.5%。

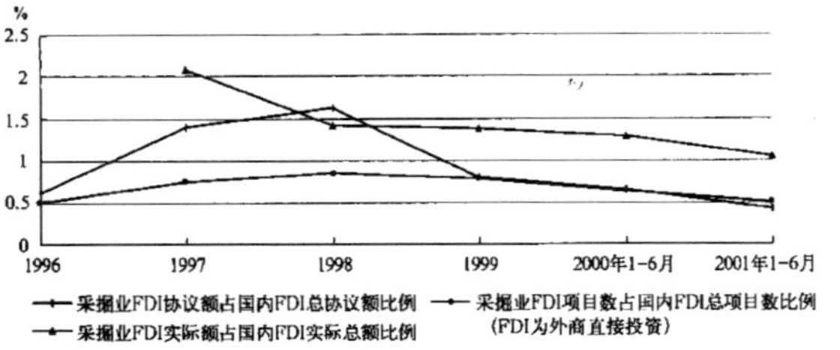

图 17　中国采掘业外商投资占全部外商投资的比重

中国石油、天然气对外开放成绩卓著,固体矿产引资举步维艰。截至 2001 年 9 月 30 日,中海油先后与 18 个国家和地区的 70 家石油公司签订了 149 个石油合同和协议,目前正在执行的有 34 个,现执行合同区面积近 12 万 km^2,共建成合作油气田 13 个,直接利用外资 60 多亿美元。在中国陆上,中石油和中石化也积极与外国石油公司合作,开展风险勘探开发和提高采收率等项目,累计引进外资 10～20 亿美元。

20 世纪 80 年代中美合资兴建山西安太堡露天煤矿,成为中国固体矿产对外开放的成功先例,90 年代中后期(1994～1997)国际矿业形势大好,到中国寻求机会的外国公司迅速增加,最多时上百家。许多跨国矿业公司在中国设立了代表处,开展联合风险勘查。90 年代末,全球矿业不景气,外国公司纷纷撤离,仍在中国活动的外国矿业公司降到十几家。

加入 WTO 为中国矿业"引进来"提供了前所未有的机遇。2000 年外商企业勘查和采矿许可证批准发证数以及批准登记面积,均仅占全国总数的 1%。这表明中国矿业领域对外开放的潜力巨大。中国是世界上主要的矿业大国,矿产资源潜力巨大,重视发展矿业以满足经济快速增长。中国政治稳定,加入 WTO 进一步改善了外商投资环境,必将有利于矿业"引进来"战略的顺利实施。

(国土资源部《中国矿情通报》)

【矿业"走出去"现状】 中国矿产资源勘查开发在矿产资源的全球配置中,已经占有一席之地。油气"走出去"已初具规模,但海外石油份额仍然较小。

表 4　"走出去"的重要事件

时　间	"走出去"的重要事件
1992 年	中国油气工业开始"走出去"
1993 年	在加拿大生产出第一桶原油
1999 年	在秘鲁塔拉拉油田生产的首船海外份额油运回国内
2002 年至今	中石油在海外已中标和签订的勘查开发合同 19 个,项目分布于 10 个国家,总投资达 80 多亿美元
	已获份额可采储量 4.46 亿 t,相当于中国石油探明可采储量的 15%
	2000 年已建成海外原油生产能力 1353 万 t,天然气生产能力 8 亿立方米
	2000 年获得海外份额油产量 505 万 t,相当于中国石油产量的 3%,石油净进口量的 10%。若把份额气也计算在内,则相当于 553 万 t 油当量
	在海外拥有 1 个炼厂,正在实施 1 个管理项目
	中石油的苏丹项目截止到 2000 年底,已实现销售额 23 亿美元,中方获得 4.4 亿美元,2002 年即可收回全部投资成本
	正在评价和谈判的项目和油田约 40 个,分布于伊朗、俄罗斯、土库曼斯坦、委内瑞拉、厄瓜多尔等 10 多个国家

与西方大国相比,中国海外石油份额仍然偏小。美国、英国等国家的石油产量一半以上产自海外,德国、法国、日本等国家几乎所有的石油产量均来自海外。日本在海外所生产的石油,占其石油进口量的 20%,德国、法国占 50%以上,美国几乎占到 100%。油气"走出去"潜力较大,但道路不会平坦。

中石油、中石化和中海油分别于 2000 年 4 月、2000 年 10 月和 2001 年 2 月在海外成功上市。

中国石油公司在非洲、拉美、中亚、俄罗斯和中东,都有实质性进入。海外项目的成功实施,赢得了该地区的普遍信赖、尊重和欢迎,为进一步开展工作奠定了良好基础。

石油历来是各国争夺的重要战略矿产资源，中国石油公司的成就，有望打破以往全球石油资源配置格局，已引起西方国家的极大关注。“十五”期间平均每年中国有望获得1500万t的份额油，2010~2015年期间平均每年有可能获得5000万t的份额油。

固体矿产“走出去”举步维艰，但已开始步入正轨。从20世纪80年代中期起，中国先后在非洲、拉丁美洲和周边地区的20多个国家进行过磁道资源勘查开发活动，在50多个国家进行过洽谈和寻找矿业项目活动，涉及金、铜、铁、钾盐、铝土矿、铬铁矿、钴、金刚石、铀矿等多种矿产。但规模小、分散、难度大，仍然是中国固体矿产勘查开发“走出去”的显著特点。

表5　　中国正在国外实施的固体矿产项目

矿产品	项目开发阶段	项目勘查阶段	项目寻找阶段
钾盐	泰国	老挝	
铜	越南 伊朗 民主刚果(钴/铜) 赞比亚	智利 秘鲁	菲律宾 缅甸 民主刚果(钴/铜) 赞比亚(钴/铜)
金	菲律宾 加纳 科特迪瓦	蒙古 苏丹 智利 玻利维亚	老挝 缅甸 津巴布韦
铁矿	澳大利亚 巴西 秘鲁		
铝土矿	澳大利亚		越南
铅锌	蒙古 伊朗		
铬铁矿	津巴布韦 南非		
其他		南非(铂族金属)	民主刚果(铌/钽)

随着“走出去”战略的稳步实施，中国利用国外矿产资源的力度逐步加大，特别是近两年来，取得了明显进展，一批有影响的项目在对外直接投资中开始占有重要地位，并且将为维护中国资源安全起到积极作用。

表6　　中国在海外实施的主要固体矿产开发项目

矿种	主要项目
铁矿石	①澳大利亚恰那铁矿，1990年投产，矿山设计年生产能力1000万t。中方股份占40%。中方包销全部所产矿石 ②秘鲁马尔科纳铁矿，1992年首钢出资1.2亿美元购买98.2%股份，矿山年产能力为750万t成品矿 ③鞍钢在澳大利亚购买两座矿山，持股40%，包销60%的产品 ④2001年宝钢与巴西CVRD公司签订协议，双方各出资50%，在巴西建设年产600万t优质铁矿石的矿山 中国在海外铁矿山中的分成产量，占中国铁矿石总进口量的25%
钾盐	①老挝万象平原钾盐勘查开发项目，设计年生产能力100万t氯化钾 ②泰国呵叻盆地和沙空那盆地的钾盐项目，设计年生产能力100万t钾盐 上述两个项目若成功实施，中国海外钾盐产量能够满足国内1/3的需求
铜	①赞比亚谦比西铜项目，中方出8000万美元资本金购买开采经营权(85%股权)，计划建成采选4.7万t铜的生产能力 ②首钢“秘铁”勘探区铜矿风险勘查开发的前景十分有利，估计铜金属储量200万t 项目落实投产后，将缓解中国铜资源供应严重依赖进口的局面
铬铁矿	与南非合作开发铬铁矿项目，项目总投资约7000万美元，中方占股60%，拟建矿山生产规模30万t 项目落实后，分成铬铁矿可占中国铬铁矿进口量的20%左右
铝土矿	与越南合建多农铝土矿矿山及修建包括铁路港口项目，正在进行可行性研究，计划初期建设年产100万t氧化铝厂，最终达到200~300万t，计划投资额十几亿美元 项目能够落实并投产，将占中国铝土矿进口量的50%以上

(国土资源部《中国矿情通报》)

【矿产品关税】 1.中国关税历史沿革。中国建国初期就建立了关税制度。现行的关税制度以1987年1月22日全国人大通过的《中华人民共和国海关法》为基本法律依据，由1992年3月国务院修订发布的进出口关税条例和1994年1月海关总署修订发布的进出口税则以及关税税则所组成。中国征收关税主要有进口关税和出口关税两大类。

表 7　　　　　中国关税经历的三个时期

第一时期	1949～1979 年	中国对外贸易额很小，对外经济交往也很少，国家实行高关税以保护本国产业。
第二时期	1980～1991 年	中国的经济体制仍以计划经济为主，对关税政策虽然作了一些调整，但在进出口贸易中大量采用许可证和配额管理。
第三时期	1992～2002 年	1992～2002 年，中国进口关税税率历经数次调整，使关税平均水平从 1992 年的 43.2%降至 2001 年 12%，累计降幅达 72.2%。到 2005 年，中国工业产品平均关税将进一步降至 10%左右。至此，中国的加权平均关税将成为继津巴布韦(4.6%)、新加坡(5.1%)、韩国(8.3%)之后的第五低关税发展中国家。

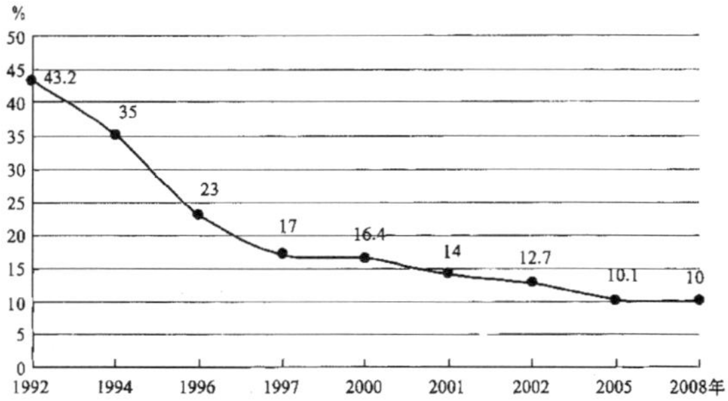

图 18　1992 年以来中国进口货物总关税水平变化趋势

2.中国矿产品关税变化。自 1992 年起，中国矿产品的进口关税经过数次调整，调整幅度超过进口货物总关税的调整幅度。中国矿产品和相关能源与原材料及其制品的平均关税已降至 7.4%(指优惠税率，普通税率仍高达 35.3%)，低于总关税水平。原料矿产品类进口关税已降至 3.9%(其中：金属矿砂的进口关税为 1.5%，燃料类矿产品关税为 5.9%)，金属原材料及制品类为 7.9%，非金属制品类 15.0%，宝石贵金属首饰类的进口关税 11.6%，无机化学品 5.5%，有机化学品 5.9%，肥料只有 3.8%。

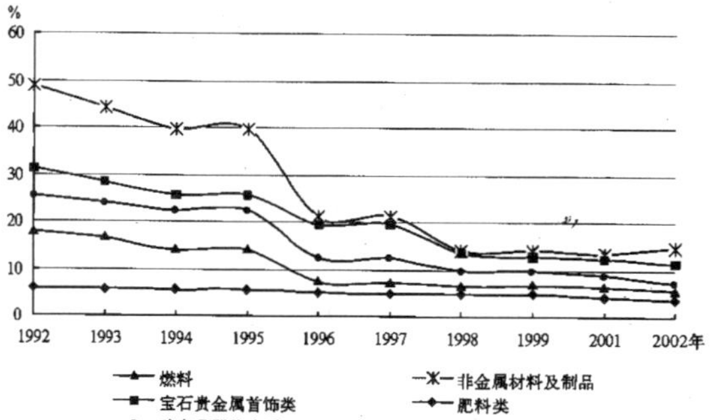

图 19　燃料、非金属及宝石贵金属类矿产品的进口关税优惠税率

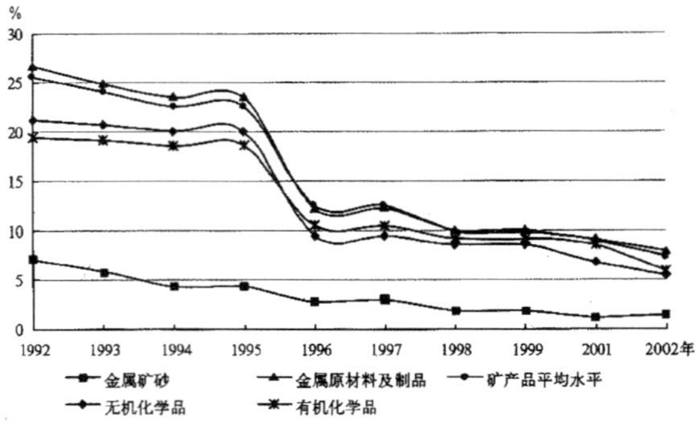

图 20　金属矿砂、金属原材料和制品及化学品的进口关税优惠税率

（国土资源部《中国矿情通报》）

【珠宝首饰业关税调整】　中国珠宝首饰业关税调整后的情况如下：

1.进口的钻石原坯及抛光钻石都免收进口税；

2.进口钻石原坯及进口抛光钻石在中国市场上销售，继续征收 17%的增值税；

3.对在中国市场上销售的钻石首饰征收 5%的消费税；

4.对钻石首饰成品征收 36.7%的进口税；征收 17%的增值税、5%的消费税；

5.对黄金首饰成品征收 36.7%的进口税，征收 17%的增值税，征收 10%的消费税；

6.中国加入 WTO 以后，珠宝首饰进口关税的减少是逐步的。渐变的过程见下表：

表 8　　　　2000～2004 年珠宝首饰进口关税

珠宝首饰类别	2000 年	2001 年	2002 年	2003 年	2004 年
银首饰及其部件	38.3%	36.7%	35%	35%	35%
黄金首饰及其部件	38.3%	36.7%	35%	35%	35%
其他贵金属首饰及其部件	38.3%	36.7%	35%	35%	35%
镀或包贵金属首饰及其部件	38.3%	36.7%	35%	35%	35%
银器具及部件	38.3%	36.7%	35%	35%	35%
贵金属器具及部件	38.3%	36.7%	35%	35%	35%
镀或包贵金属的金或银器具及部件	38.3%	36.7%	35%	35%	35%
天然及养殖珍珠工艺品	47%	44%	38	35%	35%
有色宝石工艺品	38.3%	36.7%	35%	35%	35%

（中国矿联信息中心）

【白银市场行规亟待加强】　为白银市场创造一个良好

市场氛围。中国亟需制定白银市场方面的相关政策。

国内白银市场放开后，白银和其它贱金属一样，国家在金融政策方面的扶持和限制管理逐渐消失，而从目前的形势看，白银有步其他贱金属后尘之势，一味求规模，在深加工方面进展缓慢，白银大量出口会对国际银价造成巨大的冲击。对此，业内人士认为，中国还要制订相关政策和法律，来规范和完善白银市场。

1.*健全相关的法律法规，加强场外违法交易的监管力度*。由于市场开放时间较短，相应的法律法规的建立和改革未及时到位。据了解，目前中国的白银场外交易很严重，个别生产企业以不含税或以3%～4%的增值税出售白银。据业内人士称，2000年中国白银的私下交易量高达300 t。这样高的数量无疑会影响场内白银的正常交易。因此，出台税收、资金等鼓励场内交易的政策，加大白银非法交易的监管力度。

2.*让市场投资主体参与市场交易*。目前中国白银市场的交易仅限于生产企业和加工企业参与，受现有的金融体制约束，商业银行不能进场参与交易。而且，国内仍未建立白银期货交易市场。西方国家贵金属交易市场的主体结构中，商业银行等金融机构在交易网络中起着相当重要的作用。缺乏商业银行的参与，白银交易市场在资金实力、资金的流动和清算及储存系统方面无法得到相应的改善。

3.*充分发挥指导生产、调节市场的功能*。从目前了解的情况看，中国白银的生产企业除赋税压力增加外，市场放开对其影响很小，除个别较大的生产企业，一般企业白银的出口仍依靠委托中介单位进行，虽然2001年白银的出口配额增加到400 t，拥有出口配额的单位也增加到10家，但是，绝大多数单位的配额在上半年已用完，据调查，目前国际银价较国内稍高，将13%的出口退税考虑在内，对生产者来讲，当然更愿意出口。另外，“白银出口供货许可”的存在有着不合理性，因为在配额上已限制了盲目出口，在供货上再进行限制，意义不大。对此，建议有关部门，在白银出口权方面，适当再增加一些生产企业，取消供货方面的限制，在总量上适当控制，在方式上给予放宽。

4.*税收等配套政策应及时跟上市场放开的要求*。中国白银市场放开后，白银将逐渐成为普通金属，由于各方面的原因，国内大多金属市场问题较多，尤以原材料大量出口最为严重。白银作为一种刚放开的金属，国家能否在税收政策上予以适当倾斜，以免其步其他金属的后尘。在税收方面，按其经营规模和经营对象区别对待，适当限制矿产的滥采滥挖，在生产中突出规模化，尽快出台相应政策，鼓励白银的深加工行业和深加工产品的出口。（中国矿联信息中心）

【外经贸部鼓励企业扩大出口】 针对中国外贸出口面临的严峻形势，外经贸部充分估计可能遇到的困难，采取一系列政策措施，鼓励企业扩大出口。

当前世界经济增长速度放缓，给中国外贸出口造成严重的负面影响。据海关统计，2001年1～4月，中国外贸进出口总值为1581.32亿美元，其中出口817.57亿美元，进口736.74亿美元，累计实现贸易顺差53.83亿美元。与2000年同期相比，外贸进出口的主要指标均出现较大回落，形势不容乐观。

针对这一形势，2001年外经贸部继续采取一系列鼓励扩大出口的政策措施，包括完善西部地区外经贸发展促进资金、中小企业国际市场开拓资金、对外承包工程保函风险专项资金的管理办法或实施细则；推动出口信贷和出口融资担保机制的建立；对大型成套设备出口进行协调，加强机电产品出口生产体系建设，同时制定并实施利用高新技术改造传统产业扩大出口计划，落实高新技术产品出口基地和高新产品出口创业园建设的有关政策；完善反倾销的相关法规规章，成立反倾销应诉协调委员会，进一步完善反倾销快速预警机制，积极组织反倾销应诉，同时利用多双边工作机制，就有关国家对中国商品出口设限和反倾销进行坚决斗争；通过加强和改进管理，配合有关部门严厉打击骗退税、走私和逃套汇，抑制低价竞销、低价竞标等，整顿和规范外贸经营秩序，以规范促发展。

在鼓励扩大出口的各项政策中，出口退税政策十分重要，稳定出口退税政策，解决退税指标不足、退税滞后问题，是2001年扩大出口的一个关键问题。

（中国矿联信息中心）

【中国石化集团对外贸易】 2001年，中国石化集团对外贸易平稳发展，原油、成品油、成套技术设备、各种化工原材料的进出口总额为98.9亿美元，其中进口额86.6亿美元，出口额12.3亿美元，进出口额连续三年居中国最大500家企业的第一位。

（中国石油化工股份有限公司）

【石油天然气对外合作】 1998年以来，中国的石油天然气对外合作进展良好，除海上继续扩大对外开放以外，陆上也增加了对外合作的步伐。截至2001年底，中国石油天然气股份有限公司已与8家外国公司签署合同，引资金额12亿美元；中国石油化工股份有限公司与7家外国公司签署合作合同，引资金额1.86亿美元；中国海洋石油总公司已与12家外国公司签署合作合同，引资金额分别为70亿美元，合计引资金额达83.86亿美元。煤层气的对外合作也迈上新台阶，截至2001年底，中联煤层气有限责任公司已与6家外国公司签署

11个合同,累计引进资金8225.1万美元。

(国土资源部堪查开发司)

【化工矿产进出口】 1.进口。2001年度化工矿产共进口331.42万t,比2000年同期283.19万t(不含升华硫)增长17.03%;其中硫磺进口337万t,用汇13521.37万美元,比2000年同期进口273.29万t,用汇15062万美元,分别增长23.27%和-10.23%;氯化钾进口542万t,用汇64664万美元,比2000年同期600万t,用汇71571万美元,分别下降了9.7%和9.65%。

2.出口。化工矿产共出口1171.15万t,创汇61113.26万美元,比2000年同期出口1013.21万t,创汇56744.38万美元,分别增长15.48%和7.7%。其中:磷矿出口490.79万t,创汇15680.74万美元,比2000年同期出口344.6万t,创汇11988.4万美元,分别增长42.42%和30.8%;重晶石出口258.78万t,创汇8145.15万美元,分别增长42.42%和30.8%;重晶石出口258.78万t,创汇8145.15万美元,比2001年同期出口252.28万t,创汇7938.69万美元,分别增长2.57%和2.6%。

表9　　2001年全国部分矿产品进出口情况　　数量单位:t　金额单位:万美元

产品名称	进口		与上年同期比较		出口		与上年同期比较	
	数量	金额	数量增减(%)	金额增减(%)	数量	金额	数量增减(%)	金额增减(%)
锰矿	1710587	13106.83	42.1	37.3	3300	45.54	-	-
铬矿	1090441	8097.85	-2.0	-16.3	13182	142.67	-	-
铁合金	35964	4638.29	286.1	116.6	1217684	69137.91	-7.4	-10.5
高碳锰铁	117	6.68	-41.4	-27.5	133734	4978.93	-17.6	-18.1
中低碳锰铁	66	4.55	-63.9	-57.2	21682	1276.98	-20.9	-16.3
75%硅铁	1391	101.84	112.8	68.8	470190	21140.80	0.3	-0.4
55%硅铁	2652	90.74	82.9	23.8	23879	1620.30	3.3	-3.4
硅锰	34	10.48	188.5	919.7	353445	13881.24	-2.5	-0.3
高碳铬	2962	123.43	596.2	413.4	64681	2731.72	-46.0	-51.2
中低碳铬	21079	1117.78	1502.4	1064.8	24974	1532.39	84.5	22.7
硅铬	-	-	-	-	16463	948.66	-30.3	-27.8
钼铁	35	9.42	-32.9	30.4	37545	14594.50	-15.3	-19.0
钨铁	16	4.54	161.2	50.8	6023	2685.32	17.9	29.6
钛铁及硅钛	217	174.03	-64.8	200.2	933	224.03	-31.1	-18.1
钒铁	260	151.49	116.1	134.5	2070	1144.86	-32.6	-44.1

(中国矿联信息中心)

【有色金属进出口贸易情况】 2001年有色金属进出口贸易总额为138.2亿美元,同比下降3.43%。其中,进口98.38亿美元,同比下降1.5%;出口39.82亿美元,同比下降7.89%。进出口贸易逆差58.56亿美元,同比增长3.37%。

1.有色金属进口情况。2001年铜铝产品及原料仍是中国进口的大宗有色金属产品,进口额为83.7亿美元,占有色金属进口总额的85.1%,比2000年所占比例下降5.3个百分点。铜产品进口额为56.45亿美元,同比增长6.3%。其中铜及铜合金14.23亿美元、铜材19.31亿美元、精铜1.5亿美元、铜精矿8.98亿美元、铜废杂料12.42亿美元。铝产品进口额为27.25亿美元,比2000年进口额减少近10亿美元,同比下降26.4%,其中铝及铝合金7.35亿美元、铝材11.18亿美元、氧化铝6.25亿美元、铝废杂料2.42亿美元。铝产品进口额下降的主要原因:非合金铝锭进口额下降幅度65.5%,铝材进口额下降8.2%,氧化铝进口量虽大幅度增长,但由于价格下降进口额反而下降2.1%。铜铝铅锌等常用有色金属冶炼用原料进口量增加,2001年进口铜精矿实物量225万t、铜废杂料333万t、氧化铝335万t、铅精矿实物量40万t、锌精矿实物量65万t。有色金属矿山原料及有色金属废杂料进口额35.6亿美元,占有色金属进口额的36%。铜及铜合金进口量达到86.3万t,同比增长25.55%;非合金铝锭进口量降到22.6万t,同比下降63.52%;铝合金进口量30.3万t,同比增长1.3%。2001年铜材进口量为74.1万t,与2000年进口量持平;铝材进口量为40.4万t,同比下降11.5%。2001年有色金属进口的特点是:

① 铜、铝、铅、锌等矿山原料及废杂铜进口量大幅度增长;

② 非合金铝锭进口量下降,且出口大于进;

③ 铜、铝材进口连续增长的局面有所改观,铜材进

口量维持上年水平,铝材进口量开始下降。

2.有色金属产品出口情况。2001年有色金属出口额出现负增长。2001年出口额下降的有色金属品种有铜、锌、锡、锑、镍、镁等。铜产品出口额5.24亿美元,同比下降28.4%;锌产品出口额5.62亿美元,同比下降19.5%;锡产品出口额2.96亿美元,同比下降36.7%;锑产品出口额0.71亿美元,同比下降23.4%;镍产品出口额0.42亿美元,同比下降47.2%;镁产品出口额2.38亿美元,同比下降7.8%。2001年出口额增长的有色金属品种有铝、铅、钨、钼、银、钽铌和稀土等。铝产品出口额9.62亿美元,同比增长49%(其中非合金铝出口29.5万t,同比增长2.6倍;出口额4.37亿美元,同比增长2.5倍);铅产品出口额2.46亿美元,同比增长6%(其中铅及铅合金出口47万t,出口量与2000年基本持平);钨产品出口额2.04亿美元,同比增长35.5%;钼产品出口额1.16亿美元,同比增长19.1%;银产品出口额2.55亿美元,同比增长161.2%;钽铌产品出口额1.31亿美元,同比增长42.6%;稀土产品出口额2.74亿美元,同比增长41.7%。2001年有色金属出口的特点是:

① 铜、锌、锡、锑等产品出口额大幅度下降;

② 镁出口量增长,但出口额下降;

③ 钨、钼、银、钽铌和稀土等稀贵金属出口额均有较大幅度增长;

④ 非合金铝出口大幅度增长。

(王华俊)

【有色金属市场】 2001年世界经济的低迷状况超过了1997~1998年的亚洲经济危机。在有色金属领域,世界主要有色金属消费国的需求普遍下降,除铅外的主要常用有色金属价格大幅度下滑,中国有色金属出口同比下降7.9%。与此同时,中国经济保持7.3%的速度增长,以扩大内需为主的经济发展政策继续拉动有色金属等原材料的需求强劲增长,在此条件下有色金属生产仍保持高速增长,国家和企业共同采取措施,使有色金属行业利润有所增长。

1.国际有色金属供大于求,价格普遍下跌。

2001年世界经济普遍下滑,特别是美国经济的大幅下调,对有色金属的消费影响很大,主要有色金属消费呈现下降的趋势,其中铜消费下降2.6%,铝消费下降2.4%,锡消费下降3.4%。铅、锌、镍消费分别增长4.6%、2.5%和1.82%。除铅短缺外,其余金属品种均过剩,其中铜过剩60万t。库存在不断增加,铜、铝、锌、锡、镍等库存消费比均高于正常水平,价格等大幅度下降,据LME报道:镍价下降31.18%,铝价下降24.63%,锌价下降21.54%;国内有色金属价格也相应下降。

表10 **2001年有色金属价格变化情况**

	LME现货年平均价格,美元/t			国内价格,元/t		上期所价格,元/t	
	2001年	增长%	最低价格描述	2001年	增长%	2001年	增长%
铜	1 578	-12.96	15年的低点	16 438	-11.05	15 934	-13.00
铝	1 444	-24.63	近3年的低点	14 529	-11.22	14 351	-11.60
铅	476	4.85		4 759	-1.08		
锌	885	-21.54	15年的低点	9 197	-15.69		
锡	4 481	-17.52	28年的低点	48 232	-3.45		
镍	5 945	-31.18	近3年的低点	68 840	-28.22		

表11 **2001年全球主要有色金属供求状况** 单位:万t

	铜	铝	铅	锌	锡	镍
全球产量	1 532	2 447	644	911	25.64	112.2
全球消费	1 472	2 417	653	877	25.49	110.4
供求平衡	60	30	-9	34	0.15	1.8
年底库存消费比(周)	7.4	10.4	3.9	5.9	10.0	8.3
正常库存消费比(周)	5.5	5.5	4.0	5.0	5.0	5.0
消费与2000年相比(%)	-2.6	-2.4	4.6	2.5	-3.4	1.85

2.国内有色金属生产与消费增长迅速,已成为世界有色金属消费增长的亮点。

2001年中国10种有色金属产量完成883.77万t,比2000年增长12.75%。其中,锑和镁的产量增幅最大,分别比2000年增长30.5%和40.5%;铝产量增加绝对量最多,比2000年增加58.66万t;镍和锡产量分别比2000年下降2.35%和6.5%;铅锌产量增长速度有所减缓,分别比2000年增长8.68%和4.12%。

锑和镁是中国的优势品种,近年来一直保持高产、高出的局面。锑作为铅锌的伴生产品,因为铅锌产量增长,所以锑的产量增长较快;镍产量下降主要是价格暴跌所致;锡减产一是因为两大主要企业主动减产,二是与广西南丹县矿山关闭有关;铜、铝、铅、锌产量增长则主要依赖生产能力的增加。

有色金属冶炼业投资的重点首先是铝,其次是锌,再其次是铜和铅。大部分电解铝厂在对自焙槽技术改造的同时实施扩建,新的电解铝厂也纷纷上马。据不完全统计,2001年有5家新的电解铝厂投产,有22家扩建或改建,预计新增生产能力93万t/a。2001年中国生产铝357.58万t,超过了美国和俄罗斯,成为世界第一大原铝生产国,占全国有色金属总产量的40%,比2000年又提高2个百分点。2001年有8家铅厂在建或投产,新增生产能力13万t;有9家锌厂在建和投资,新增锌锭生产能力20万t左右。2001年河南省一跃成为全国有色金属产量的老大,不仅已经成为全国最大的铝生产基地,而且电解铝的冶炼能力也跃居全国之首。

今后几年铜、铝和锌的冶炼能力都还将有较大的增长,不仅中小企业要扩建,国有大型企业也要扩大规模。2003年江西铜业公司和云南铜业公司两家将增加铜的冶炼能力30万t。

2001年,中国有色金属应用比较多的轻工、建材、电子、电力等行业总产值增长率分别比2000年同期增长14.1%、11.4%、21.4%和8.4%。

2001年,由于有色金属相关行业保持了高速增长的势头,铜、铝、铅、锌、镍等主要有色金属的消费也高速增长。2001年中国GDP比2000年增长7.3%,有色金属主要品种的消费增长率均高于GDP的增长,其中以铜、铅和镍的增长最快。

表12 2001年中国主要有色金属供求状况 单位:万t

	铜	铝	铅	锌	锡	镍
产　量	152.33	357.59	119.54	203.8	10.51	4.97
进口量	86.2	52.9	2.8	15.2	0.6	3.6
总供应量	238.53	410.48	122.34	219.0	11.11	8.57
出口量	5.1	40.8	47.0	63.6	5.7	0.5
表观消费量	233.43	369.68	75.34	155.4	5.41	8.07
表观消费量增长率(%)	22.85	0.0	18.2	29.1	32.6	48.1
实际消费量(估计)	210	370	66	142	2.5	6.7
消费比2000年增长率(%)	16.7	8.8	10.0	9.4	8.8	15.5
库存变化或供求平衡	23.43	-0.32	+9.34	+13.4	+2.91	+1.37

表13 2000年中国主要有色金属供求状况 单位:万t

	铜	铝	铅	锌	锡	镍
产量	137.1	298.9	110.0	195.7	11.2	5.1
进口量	68.7	91.4	1.6	2.5	0.5	1.2
总供应量	205.8	390.3	111.6	198.2	11.7	6.3
出口量	11.6	20.9	46.8	70.1	7.8	0.9
表观消费量	194.2	369.4	64.8	128.1	3.9	5.4
实际消费量(估计)	180	340	60	128	2.3	5.8
库存变化或供求平衡	14.2	29.4	+4.8	+0.1	+1.6	-1.4

注:锌的进出口数据为精锌、锌合金和氧化锌;镍为精镍;其他金属为精炼金属合金

3.*有色金属矿山产量徘徊不前,主要金属原料供应出现短缺*。据有色金属工业协会统计,2001年6种主要金属精矿产量为319.74万t,比2000年下降2.56%。除了铅精矿和镍精矿产量略有增长外,其他金属精矿产量都有不同程度的下降。其中,锌精矿、锑精矿和锡精矿产量下降和广西南丹县矿山的全面关闭有极大的关系。自2001年7月份南丹县的矿山关闭以来,广西各种精矿产量逐月下降。与2000年相比,2001年广西锌精矿产量下降37.02%,减产16.26万t锌含量;锡精矿下降30.97%,减产1.41万t金属量;锑精矿下降9.88%,减产6 200 t锑含量。这与有色金属冶炼产品产能和产量高速增长的状况极不相称,不得不大

量进口精矿。2001年进口铜、铅、锌、锡、锑和镍精矿金额高达11.15亿美元,比2000年增长了27.57%。

各氧化铝厂经过技术改造,产量不断上升,2001年全国氧化铝产量达到474.65万t,比2000增长9.67%。

4.有色金属外贸活跃,贸易逆差不断增加。

2001年中国有色金属进出口贸易总额为151.88亿美元,比2000年增长2.21%。其中出口额为41.57亿美元,比2000年增长2.11%;进口额为110.31亿美元,比2000年增长2.25%。贸易逆差为68.74亿美元,比2000年增长2.32%。

①大部分品种出口减少,但国际市场的显著变化仍使一些品种出口大幅度增长。

2001年在国际有色金属价格大幅度下跌的情况下,中国有色金属出口仍然略高于上年的水平,主要得益于铝、白银、钨、锗、稀土等产品出口额的增长。因为氧化铝价格下跌,国内企业有大量的来料加工,铝锭复出口,2001年中国非合金铝的出口量和出口额分别比2000年增长263.23%和247.33%。由于前年铝产品进口量过大,国内库存高,加之2001年国内产能增加迅速,国内铝市场供求关系发生重大转折,2001年铝类产品出口额增长了49%。2000年底国家放开了白银市场,国内白银价格下跌,因为出口退税,出口比内销每克可多得0.1元,刺激了企业的出口积极性,2001年国家两次增加白银的出口配额,全年出口配额达到1200 t,结果实际出口量达到1199 t,白银产品出口额达到1.65亿美元,比2000年增加428.02%,钨、镉、锗的出口增加是因为国际市场价格回升。这些品种出口增加说明,中国有色金属企业对国际市场的变化已经比较敏感,能够利用国内外市场的差别进行经营。但是,中国白银出口的突然增加对国际市场已经产生较大影响,白银有可能步其他常用有色金属的后尘,出口没有节制。

②部分品种进口大幅度增长,对国内生产者形成威胁。

在统计的23类品种中,有12类产品进口额增加。其中镍、钛、锌、铅和钽铌最突出。特别是镍,各类镍产品在出口大幅度下降的同时,进口以成倍的速度增加。这种情况表明,国内镍的生产不能满足国内市场在各类镍产品数量和质量上的要求,同时国产镍的竞争力已经受到挑战,进口产生的冲击比较大,特别是国外镍材在中国的渗透力很强。铅、锌、钛等产品进口量虽然不大,但增长比较快,主要是加工材进口多,表明国内在深加工领域的弱势越来越明显。

③进口中以原料和加工产品为主。

在进口额中,有色金属原料性产品进口额为36.52亿美元,占进口总额的36.11%。其中氧化铝进口335万t,比上年增长77.8%;加工材类产品进口额为32.9亿美元,占总进口额的32.57%。

(中国有色金属工业协会)

【锡控制产量和出口量】 目前,国际市场锡价已跌到低谷,如果中国锡产量继续增加,出口量继续扩大,不但不能体现出锡优势矿产的优势,而且会使中国锡资源造成更大浪费,给锡生产企业造成更大压力。对此业内专家认为,中国应该加大锡工业的改革力度,控制锡产量和出口量,确保中国锡在国际市场的地位。

中国拥有丰富的锡资源,1985年以前,中国的锡产量及出口量均占世界锡总产量及总出口量的10%。1985年以后,中国锡产量快速增长,2000年锡产量达到11万t,出口量增加到8万t,二者均占当年世界锡总产量及总出口量的40%,中国成为世界上最大的锡生产国和出口国。从1997年开始,国际市场锡价一路下跌,2000年,锡年平均价每t5436美元,比1984年下跌60%,虽然2000年中国锡出口量比1984年增长7倍,但出口创汇仅是当年的1/3。

近十几年以来,全球锡消费增长不快,2000年消费量为26.8万t,比1984年增长25%,而中国的锡产量却比1984年增长4.5倍。中国锡的大量低价出口,不但挤占了其它国家在国际市场的占有率,而且导致锡价不断下跌。

2001年1至8月份,国际市场锡月平均价分别为(美元/t):5176.82、5121.75、5046.36、4949.21、4948.18、4828.33、4351.14和3894.57,分别比2000年同期下跌(%):9.75、9.28、7.54、8.10、8.08、11.57、15.24和26.55。

(中国矿联信息中心)

【白银出口量】 2001年,中国白银出口大幅增加。1~8月份中国共出口白银(包括银,未锻造、半制成或粉末状)536.91t,出口金额达7474.27万美元,分别比2000年同期增长482%和420%。

2001年以来,国际市场白银价格持续低迷,交易量极低,但中国的出口却大幅增加,其主要原因是中国白银产量的高速增长,而国内消费增长较为缓慢,在出口退税的刺激下,生产企业更乐意出口。

据有关专家分析,出口的好处有以下三点:第一,将13%的出口退税计算在内,出口的白银价格要高于国内销售价格近0.1元/g;第二,国内消费市场的白银需求量很小,而且大多消费企业以销定产,原料的采购量分批定期进行,而出口贸易量一般均很大;第三,与内销相比,出口贸易信誉高,不存在拖欠货款问题。

(中国矿联信息中心)

【国家对锑品、白银出口规定】 为了保证2001年中国锑品、白银出口的正常进行，2001年3月7日，国家经济贸易委员会、对外贸易经济合作部联合发文(国经贸外经[2001]211号)，公布了2001年度暂具备锑品、白银出口供货企业名单(各7家)及有关问题的通知。

通知要求：锑品、白银出口企业不得出口或代理出口无锑品、白银出口供货资格的企业的产品；有出口供货资格的锑品、白银生产企业不得收购无采矿许可证和无加工许可证企业的产品，有关省市经贸委将会同外经贸厅以及中国有色金属工业协会监督检查。

国家经贸委将会同外经贸部对已取得锑品、白银出口供货资格的生产进行企业抽验复查，对违反规定的出口供货企业，将取消其出口供货资格。

对于违反以上规定的出口企业，一经发现，外经贸部将视其情节，减少或取消其出口配额；对情节严重的，将取消其锑品、白银出口经营权。

中国五矿化工进出口商会和中国有色金属工业协会负责监督锑品、白银生产企业与出口企业间签订的出口代理或供货合同，确保出口企业的锑品、白银来自有出口供货资格的企业。 (中国矿联信息中心)

【铅出口量放缓】 由于LME价格不振，中国冶炼厂停产维修及铅精矿供应紧张的影响，未来几个月中国铅出口放缓。

2001年1至5月，中国精铅出口为17.67万t，较2000年同期下降2.9%。5月份，中国铅出口3.54万t，至年底减至3万t左右。

1月至5月，LME基本金属价格一直不振，铅价因基金抛盘创出了12个月的新低。按当前价位，中国的铅冶炼厂获利将非常微薄，价格进一步走低。夏季，一些冶炼厂进行常规维护，暂时削减一些产量。

2001年1至5月，中国进口的铅精矿与2000年同期相比下降了17.4%，为10.66万t。

汽车工业对铅需求的增加是中国铅市的亮点。预计到2010年，中国汽车销售量从2000年的210万辆提高至400万辆。2000年中国产铅105万t，其中一多半在国内消费。 (中国矿联信息中心)

【金属硅出口到日本】 随着日本对中国化工级金属硅的认可及需求的增加，2001年日本从中国进口金属硅总计4万t。日本化工级金属硅的需求量从1999年的7.4万t增至2000年的8万t以上，2001年从中国进口的化工级金属硅，增至3万t。

2001年，中国出口到日本的4.2.1化工级金属硅价格为每t1000～1050美元、炼铝用5.5.3级金属硅价格为每吨780美元。 (中国矿联信息中心)

【非金属矿产品进出口贸易】 1.出口。长期以来，中国非金属矿产品出口在国际市场上保持增长势头，出口创汇增长较快。据中国海关的统计：1981年至1985年非金属矿产品累计出口创汇12.51亿美元，年均出口创汇2.50亿美元；1986年至1990年非金属矿产品累计出口创汇26.52亿美元，年均出口创汇5.30亿美元，比前5年增长2倍多。1991年至1995年非金属矿产品累计山口创汇47.41亿美元，年均出口创汇9.48亿美元，为前5年的1.79倍。1996年至2000年非金属矿产品累计出口创汇103.14亿美元，年均出口创汇20.63亿美元，比前5年增长2.18倍。2001年非金属矿产品出口创汇仍可能维持在24亿美元左右。中国非金属矿产品已在国际市场上占有相当大的份额，并对国际市场起着举足轻重的作用。其中，菱镁矿、萤石、重晶石、石墨、滑石、硅灰石等在国际市场上占有重要地位，其贸易额居世界首位。入世后，对非金属矿产品出口影响不大，仍将呈增长趋势。

表14　　1991～2001年中国非金属矿产品出口创汇额　　单位：亿美元

年度	1991	1992	1993	1994	1995	1996	1997	1998	1999	2000	2001
创汇额	8.2	9.5	9.97	10.63	15.34	15.26	20.47	18.40	23.72	24.29	24.00
采选产品	3.94	4.39	4.42	4.51	5.28	8.74	12.5	10.00	9.15	10.48	10.00
加工产品	4.26	5.16	5.55	6.12	5.17	6.55	7.97	9.40	15.57	13.81	14.00

(中国海关统计年报)

表15　　1998～2001年中国非金属矿产品进口情况　　单位：万美元

	1998年		1999年		2000年		2001年	
	金额	同比 %	金额	同比 %	金额	同比 %	金额	同比 %
合计	81693	15.76	107767	31.92	141145.49	30.97	169374	20
采选产品	33641.18	16.26	38716	15.09	52164.59	34.74	69374	
加工产品	48051.82	15.40	69051	43.27	88980.90	28.86	10000	

2.进口。中国主要非金属矿产品进口近年来也呈上升趋势。主要进口产品是:高档装饰石材、长纤维石棉、优质高岭土、高铝耐火材料等。

2001年进口额达17亿美元,比2000年增长20%左右。随着入世,今后进口额仍将呈上升趋势(见表15)。

(中国非金属矿工业协会)

【中国加拿大签署能源及矿业合约】 中国和加拿大于2001年签署了包括矿业、能源、农业、教育、环保、金融、信息和通信技术等行业在内的203项新的商业合约,总价值约53亿加元。签署合约中,有关能源及矿业的10项,总价值约35亿加元,其中包括中国与加拿大艾伯塔省阳冀能源有限公司在四川省的3个开发区合资开发天然气、与安大略省AMR技术公司共同开拓内蒙古包头稀土产品领域、与加拿大自然资源部合作降低煤矿开采时甲烷排放量等大型合作项目和若干中小型合作项目。 (中国矿联信息中心)

【中国与老挝共同开发钾矿】 2001年,中国与老挝共同开发万象盆地钾盐资源项目全面展开。与中国云南省毗邻的老挝万象盆地,含钾面积达2000多km^2,氯化钾远景储量相当可观。中老共同开发的项目,首期建设年产1万t采、选、加工试验生产项目,继而建设年产100万t大型钾盐企业。 (中国矿联信息中心)

【新能源和可再生能源领域国际合作】 随着国内市场对清洁能源的需求不断上升,中国决定今后10年将能源领域国际合作的重点转向新能源和可再生能源的开发和利用。

中国是世界上最大的能源生产和消费国之一,同时也是世界上少数几个以煤为主要能源的国家之一,在全国能源生产和消费中,煤炭能源约占75%,由此带来的环境问题日趋严重。为此,近年来中国适时调整能源发展政策,通过减免税收、贴息贷款等政策措施,多方鼓励发展水能、风能、太阳能、地热等新能源和可再生能源,不断提高能源利用效率。

中国新能源和可再生能源资源丰富,可开发利用的风能资源约2.53亿kW,地热资源探明储量为31.6亿t标准煤,陆地接收的太阳辐射能相当于2.4万亿t标准煤,生物质能、海洋能的储量均处于世界领先地位。

按照中国的新能源产业发展规划,到2015年,中国新能源和可再生能源的年开发量将由现在的300万t标准煤上升到4300万t标准煤,约占当时全国能源消费总量的2%。

中国新能源和可再生能源的开发利用程度还很低,这对海外投资者是巨大的商机。中国新能源和可再生能源利用外资工作刚刚起步。优先合作领域主要包括太阳能利用技术、大型风力发电技术及其相关技术的开发、海洋能技术、氢能技术等。

(中国矿联信息中心)

【2001年世界镍贸易情况】 根据国际镍研究组织(INSG)统计资料,2001年世界镍精矿含镍量产量122万t,其中主要是加拿大、印度尼西亚、澳大利亚、俄罗斯等所产;2001年世界精炼镍产量115万t,其中主要是加拿大、日本、澳大利亚、俄罗斯和挪威所产;2001年世界精炼镍消费量111万t,其中主要是日本、美国、德国、中国台湾和中国内地所消费。

因为全球镍矿资源、镍产量和镍消费量的分布存在着不均衡性,导致了镍的生产国与镍消费国之间的贸易非常活跃。世界镍的贸易可从精镍(未锻轧镍,非合金镍,镍粉及片状粉末)和二级镍(镍铁和烧结氧化镍)的贸易情况来反映。

1.世界精炼镍贸易现状。2001年,世界精炼镍出口位居第一的是俄罗斯,总出口量为18.5万t,主要出口到英国(49.2%)、荷兰(40%)、芬兰(3.2%)和中国(2.2%)。自1997年以来,俄罗斯镍的产量逐年增加,而出口量却不断下降,由1997年的22.2万t下降至18.5万t。随着近几年俄罗斯国内经济情况的逐渐好转,其消费量由1998年的7000 t增加到2001年的6.5万t,报告消费量由1998年的1.8万t增加到2001年的3.0万t。

位居第二的是加拿大,2001年总出口未锻轧非合金镍10.5万t,主要出口到美国(48.6%)、比利时(10.5%)等国家和地区。除此以外,加拿大2001年还出口了6103 t镍粉,其中约75%出口到美国市场。2001年加拿大的精炼镍产量为14.06万t,而出口就占了11.1万t,同年进口为3412 t,由此可以推断,加拿大国内镍的消费量也只有3.3万t左右。

位居第三的是澳大利亚,总出口量为8.03万t,主要出口到美国(16.2%)、韩国(13.7%)、西班牙(13.7%)和德国(8.7%)。

2001年澳大利亚精炼镍的产量为11.57万t,进口精炼镍只有1075 t,澳大利亚的精炼镍主要用于出口。

2001年芬兰精炼镍的总出口量为3.79万t,主要出口到美国(21.1%)和周边的欧洲国家,如瑞典(23.7%)、荷兰(10.6%)、比利时(10.6%)。

2001年,世界精炼镍进口位居第一的德国,总进口量为8.33万t,主要从俄罗斯(49.3%)和英国(25.2%)进口。

2001年德国不锈钢产量为160万t,位居世界第二位，镍消费量为11.2万t，而德国没有镍的产量，因此德国镍的消费量几乎全部靠进口。

2001年，世界精炼镍进口量较大的国家还有荷兰、意大利、英国、日本等，分别为6.03万t、5.05万t、4.65万t、4.62万t、3.93万t和3.81万t。

荷兰精炼镍主要从古巴(45%)和挪威(24%)进口。

意大利精炼镍主要从荷兰(42%)和俄罗斯、挪威进口。

英国精炼镍主要从芬兰(26%)和澳大利亚(20%)进口。

日本精炼镍主要从澳大利亚(22%)和俄罗斯(22%)进口。

中国内地精炼镍主要从俄罗斯(41%)和加拿大(21%)进口。

中国台湾省精炼镍主要从澳大利亚(51%)和俄罗斯(23%)进口。

2001年中国镍粉进口国别

	中国海关得到的数据(t)	INSG得到的数据(t)
日本	511	511
芬兰	27	177
加拿大	1316	1944
其他	315	315
总计	2063	2947

2001年中国海关统计资料表明中国未锻轧非合金镍的进口量为3.56万t，与INSG的数据3.63万t接近。但中国镍粉(非合金及合金镍粉及片状粉末)的数量与INSG的数据有一点出入。2001年中国进口精镍的进口非合金及合金镍粉及片状粉末为2063 t，比INSG的数据2947 t有近900 t的差距，从两种数据渠道的对比上来看，差距主要产生在加拿大和芬兰。

2.世界二级镍贸易现状。2001年，世界二级镍出口居第一位的是日本，总出口量为4.85万t，其中镍铁出口量为2.43万t，主要出口到韩国和中国台湾省；烧结氧化镍出口量为2.42万t，主要出口到韩国(68%)和中国台湾省(31%)。

位居第二的是加拿大，烧结氧化镍出口量为4.41万t，86%出口到英国。

2001年古巴烧结氧化镍的总出口量为3.94万t，81%出口到欧洲。

2001年，世界二级镍进口居第一位的是韩国，总进口量为14.04万t，其中镍铁进口量为10.7万t，主要从日本(54.2%)、多米尼加(13.1%)、印度尼西亚(12.1%)和新喀里多尼亚(11.2%)进口；烧结氧化镍进口量为3.34万t，主要进口国为日本(64.7%)澳大利亚(14.7%)、俄罗斯(11.8%)和加拿大(8.8%)。

德国、芬兰、西班牙的进口量也较大，分别是9.01万t、6.15万t和4.96万t，中国台湾省二级镍的进口国主要为日本(55%)、澳大利亚(26%)和加拿大(19%)。

这些进口二级镍的国家和地区的不锈钢产量也是居于世界前列的，如韩国2000年不锈钢产量已达到156.2万t，中国台湾省2000年不锈钢产量已达到135.6万t，是世界上主要的不锈钢生产者。随着太钢、宝钢等中国大陆一些大型钢铁企业不锈钢产业的快速发展，研究世界镍贸易状况，尤其是周边国家镍的进出口贸易情况对中国钢铁工业的发展具有非常重要的意义。

(中国矿联信息中心)

协会 学会

中国矿业联合会

【概况】 中国矿业联合会(以下简称中国矿联)是经国务院批准,由中国矿业协会更名成立的覆盖国内矿业全行业的社团组织,主要由国内矿业企事业单位、各部门的矿业协会、地方矿业协会和与矿业有关的单位联合组成。

中国矿联的总目标:团结和组织广大矿业工作者,积极促进中国矿业发展。

中国矿联的宗旨:遵循矿业自身发展的规律,坚持为发展矿业服务、为矿业企事业单位服务、为政府决策服务。

中国矿联的主要任务:在矿业企事业单位和政府间起桥梁作用,发挥服务功能和自律作用,在平等、协商、协调、合作的基础上,通过各种活动,协助政府贯彻矿业政策和矿业法规,推动科技兴矿、科学管理与技术进步,促进中国矿业的可持续发展。同时,全力维护会员单位的合法权益。

中国矿联的组织机构:中国矿联设理事会,理事由国务院有关矿业主管部门、综合部门、全国性或地方性矿业公司、有关省(市、区)矿业主管部门、大中型矿山企业、院校、科研等单位的领导、专家、学者担任,目前,中国矿联有会员单位850个;有理事单位427个,其中常务理事146个。

中国矿联还聘请了中国矿业界一批长期从事矿业开发工作,其德高望重、经验丰富、知识渊博的领导和专家担任顾问,现有含两院院士在内的顾问98名。

中国矿联根据矿业活动的需要建立了矿产资源、地质矿产勘查、矿业经济、小型矿山、选矿、矿泉水、地热等专业委员会和分会,并将根据矿业的发展和实际情况,继续组建相应的专业委员会。

中国矿联还办有《中国矿业报》、《中国矿业》杂志和《中国矿业信息》等出版物及中国矿业网。

秘书局为中国矿联日常办事机构,秘书局下设办公室、党委办公室、财务部、调查研究部、国际联络部、会员管理部(下设会员服务中心)、信息中心、会议与培训中心、新闻宣传中心、尾矿资源化办公室、咨询中心储量评审部等。

2001年,经上级主管部门批准,中国矿联正式成立了党委,并在机关成立了工会组织。新党委认真贯彻上级党委和部党组的要求,抓党的思想建设和组织建设。围绕建党80周年开展了"十个一"系列纪念活动。认真组织学习江总书记"三个代表"的重要思想和"七一"讲话,使党的建设在行业协会中发挥重要的保障作用。

中国矿联在内部进行了一系列制度性改革。包括实行聘用、聘任制的人事制度改革和以岗位效益工资为主要分配制度改革,逐步改变过去社会团体行政化倾向。这两项改革受到上级主管部门的肯定,对社团建设起到促进作用,为中国矿联的发展奠定了基础。

地址:中国北京百万庄大街丙2号矿业大厦
邮编:100037
电话:010-68341398
传真:010-68331139 (中国矿业联合会)

【"服务年"活动】 2001年按照中矿联"要抓大事,把大事办实办好"党的指导思想,"服务年活动"共提出30项服务内容,其中确定为重点工作有4项:

1.推进冶金矿山资源税问题的解决,为矿山企业减轻税负。由中国矿联和中国冶金矿山协会组织了专门座谈,进行了一系列调研工作,提出了大量的有价值的资料。受财政部的委托,由中国矿联综合各方面意见,提出了解决方案的建议。经过多方争取、协调,财政部已将方案呈报国务院,有望近期得到解决。

2.举办大型年会和首届国际矿业博览会,搭建新的服务年平台。此项活动,在国土资源部及有关部门的支持和会员单位的积极参与下,11月15日至18日在福建省厦门市举办,成为迄今为止中国矿联举办的参与面广、人数众多,且内容丰富的一次矿业盛会,总规模1350余人。其中外宾约90人。会议期间召开了三届二次理事会议;第十届全国矿协(矿联)秘书长联席会议。同时举办了"面向21世纪的中国矿业"主题论坛及9个专题研讨会。此外,矿业展览会组织了121个展位吸引了国内外客商的踊跃参加。

3.建立中国矿业新闻宣传网络,筹建央视矿业栏。在中央电视台及其他中央新闻媒体的帮助下,完成整体设计。资金筹措、栏目策划及宣传网络建设顺利进行。另外中国矿业网站也已注册并正式开通。至此,中国矿联除了中国矿业报与中国矿业杂志之外又增添了新的信息手段。

4.组建会员服务中心。中心建立后,积极为会员单位办好"小事"、"杂事"、"难事"和"实事"。接待帮助解决京外会员单位提出的困难和要求,帮助职工联系就医、入学、购票、住宿等,解决了京外会员单位来京办事难的问题,深受欢迎。(中国矿业联合会)

【矿业问题研究】 深入开展调查研究工作,为政府决策提供政策参考基础材料,是中矿联的主要工作之一。2001年针对矿业的现状及发展走向,在通过大量调研工作后,集思广益,举办各类研讨会,以提升矿业发展理念。2001年举办了各种论坛和研讨会20次。拓展和延伸了对矿业问题研究的领域和深度。其中,引起社会较大反响的有中国矿业城市发展论坛、中国矿业上市公司发展论坛、以及WTO与中国矿业入世应对战略高级论坛、矿山资源税专题研讨会等。特别是矿业城市发展论坛办得非常成功。吸引了包括一些矿业大省省长和一大批重点矿业城市市长的普遍关注和积极参与。尤其对矿业城市改革与发展中的关键性问题,如产业结构调整、资源枯竭后的城市转型以及矿城经济可持续发展等问题都备受重视。为引起全社会对矿城未来发展的更多关注,论坛还发表了《中国矿业城市宣言》,反响强烈。(中国矿业联合会)

【对外交流】 2001年主办大型论坛就有4次:中加矿业论坛、两次中国南非矿业论坛和海峡两岸矿业研讨会等。先后接待了美国、加拿大、法国、南非、蒙古、日本、英国、意大利、世界银行等方面的政府及其他机构和行业协会的来访。中国矿联还多次组织参与访问了澳大利亚、新西兰、法国、美国、加拿大、德国、韩国、日本、马来西亚和台湾省。先后同德国、新西兰、蒙古共和国矿业行业协会签订双边合作协议。

1.服务功能和水平有提高。2001年中国矿联在提高服务水平,加强基础工作,充分发挥服务功能和作用上继续加大工作力度。其中,在为政府服务上,通过"购买服务"的形式承担了一批重点项目。如全国矿产资源利用水平调查、全国尾矿大调查和"两种资源,两个市场"专题研究等并取得成果。在中介服务上,建立了以矿权评估为内容的中矿科发公司,以储量评审为内容的北京中矿联咨询中心储量评审部。在行业服务上,已向主管部门申报,拟组建中国名牌战略推进委员会中的中国矿业名牌推荐评价机构。在国家经贸委的正式委托下,由中国矿联承担了中国矿业年鉴暨年度中国矿业白皮书的组织编纂工作。这是首次将中国矿业作为一个完整的产业而开展的统计分析工作。在信息服务上,成功创建了中国矿业网,(网址是:www.chinamining.com.cn)。如再加上"服务年"中的"展览展示"、"新闻宣传"和"会员服务"三个平台的建立,中国矿联服务功能已经有了崭新的局面。

2.组织体系和工作制度不断完善。在组织体系和工作制度完善上,一是建立会长轮值主席制度、秘书长办公会议轮流主持制度、联合调研制度和对会员单位的意见征询反馈制度及通讯会议制度等,并在实践中不断完善。二是组建中国矿联地勘分会,筹组中国矿联矿城工作委员会、环境保护工作委员会、矿山设备委员会。其中,矿城委员会已开展工作。三是注重新会员的发展工作。过去一年又有50家企业包括外籍企业加入到中国矿联的会员队伍中,增添了新鲜血液。四是一套以保障服务功能实现,以逐步介入市场运作的服务型、中介型和经营型的中国矿联内设机构正在形成。(中国矿业联合会)

【报刊工作】 中国矿联主办并主管《中国矿业报》和《中国矿业杂志》杂志,在抓好报刊质量的同时,围绕矿业发展的重大课题,行业、企业以及会员单位关注的热点、难点问题进行了大量富有成效的宣传工作。尤其是根据中国矿联"服务年"抓大事、办实事的要求,组织对矿山税多问题的大讨论,受到矿业企业的欢迎。中国矿联各委员会发挥各自在专业领域中的作用和影响,围绕热点、焦点、难点问题组织专家和各方面力量进行研讨、咨询,提出具体建议和措施,有力推动各方面工作的开展。其中的一些建议,如建立国家资源安全保障体系、加强地热开发与管理、推进地勘业发展有关政策等受到政府部门的重视。(中国矿业联合会)

【国际矿业博览会】 于2001年11月15日在厦门市开幕。这是中国加入WTO之后,国际矿业在中国首次展示。博览会由中国矿业联合会、中国国际贸易中心股份公司主办。

100多家来自国内外的矿业单位在博览会上设立展台。来自煤炭、石油、冶金、有色金属、黄金、建材、非金属、核工业、化工、轻工和国土资源、地勘、矿业教育、科研及装备、技术、贸易等部门的领导、代表逾千人参观了博览会。美国、加拿大、法国、英国、南非、蒙古、澳大利亚、日本、瑞典、冰岛和台湾地区、香港地区等10余个国家和地区的代表80余人参加了博览会。

（中国矿业联合会）

【两岸矿业合作与学术交流研讨会】　2001年7月9日在京召开。中国矿联朱训会长，蒋承菘、郭振西常务副会长，曾绍金副会长，王燕国秘书长，及祖国大陆有关部门的领导在会前接见了台湾"中国矿冶工程学会"第一常务理事朱明昭、理事吴坤玉、矿业委员会委员萧良松率领的台湾参访团成员。这次由中国矿业联合会与台湾"中国矿冶工程学会"共同发起的"两岸矿业合作，矿业先行"的共同理念，已经进入实质操作阶段。

朱训会长在接见台湾同仁时说，随着经济发展、人民生活水平的提高，人类对矿产品的需求将不断增加。因此，矿业的前景非常光明。现在经济全球化，矿业也要全球化，两岸有着特殊关系，因此，在矿产资源的勘探开发方面，应该有更加密切的合作。欢迎前来合作、投资。

王燕国秘书长说，两岸在矿业领域在很强的互补性。大陆矿产资源丰富，劳动力廉价，市场广阔；台湾对矿产品有强大的需求，有技术和资金条件，有较高的管理水平，因此，在现有条件下，两岸同仁应该本着"两岸合作，矿业先行"的理念，在有关方面的支持下，在矿业管理、法规、科技、贸易、经济、信息等方面加强交流，争取在矿产勘探与开发项目的合作上取得实质成果。

台湾"中国矿冶工程学会"第一常务理事朱明昭先生表示，这次能够到北京参加研讨会，是两岸矿业界同仁在新世纪继续坚持"两岸合作，矿业先行"理念的最新行动。台湾的金属、能源矿物十分缺乏，大陆可以成为最好的支撑。在全球经济一体化的大趋势下，两岸矿业界同仁"都是一家人、都是好兄弟"的特殊关系，显得尤为重要。

参加研讨会的还有国务院台办、国土资源部相关司局、中国煤炭工业协会、中国石材工业协会、中国冶金矿山协会、中国非金属矿工业协会的领导及来自两岸的企业和商贸、科技界的代表100多人。

（中国矿业联合会）

【《中国矿业报》】　创刊于1994年，国家主席江泽民、副主席荣毅仁、国务院总理李鹏、副总理邹家华、全国人大委员长乔石等19位领导人为中国矿业报的成立题词。中国矿业报是由江泽民题写报名，肩负党和国家领导人殷切希望和矿业界期望责任的中央级大报，是党的新闻事业的组成部分，是中国矿业的喉舌，是国土资源部所属的国内外公开发行的全国性报纸。中国矿业报社是每年人大、政协"两会"等全国重大会议和活动邀请的新闻单位之一，是党和国家领导人了解矿业情况的渠道之一。

1994年创刊以来，按照党和国家领导人的要求，坚持为发展矿业服务、为矿业企事业单位服务，为政府决策服务的宗旨，遵照办事与办报并重的方针，努力开拓，不断创新与发展，报纸总量不断增加，目前为每周4期，每期8版，每周32个版面。

1998年国务院政府机构改革以来，中国矿业报努力为国土资源事业服务。在积极配合国土资源部中心工作、促进各省（区、市）、地、市、县国土资源系统政府机构改革、宣传党和国家矿业政策、反映矿山企业心声、矿业权市场建设、改善矿业投资环境、发展地勘工作、促进"四矿"发展、介绍矿政管理经验、揭露反面典型、推广矿政管理先进典型等方面做了大量有益工作。深入报道了1998年国土资源部成立以来的历次重大活动，受到了两届部领导的多次表扬。因而，中国矿业报逐步得到了国土资源系统广大干部职工的认可，被国土资源系统的广大干部职工视为自己的报纸之一。

中国矿业报十分关注属地化管理后地勘队伍发展。1998年地勘单位属地化管理以来，大力宣传地质勘查、工程勘察、矿业权流转、地勘单位产业结构调整等工作；密切配合片区地勘局长研讨会，报道推广经验，反映地勘职工的呼声。为振兴地勘业呐喊呼号，起到了中国地勘业喉舌的作用，被地勘单位和矿山视为自己的报纸。因而，矿业报越来越受到地勘单位的厚爱和欢迎。

近年来，中国矿业报认真贯彻和实践江泽民总书记"三个代表"重要思想，在促进中国矿业改革与发展中，发挥了重要作用。2001年开展的为减轻矿业税负和改善中国矿业投资环境的大讨论，2002年承办的"四矿"问题大讨论，反映了地勘工作、地勘职工、矿山、矿工的根本利益，已受到社会的关注，引起了党中央、国务院重视。中国矿业报没有辜负党和国家领导人殷切希望和矿业界的期望，赢得了国内外矿业界的认可和赞许。

（中国矿业报社）

【《中国矿业》杂志】　是经国家新闻出版署和国家科委批准，由国土资源部主管、中国矿业联合会主办的大型矿业期刊。

办刊宗旨：根据国家产业政策，围绕有关资源的基本国策，为各级矿业行政管理部门，中矿联会员单位以及勘探、煤炭、冶金、石油、化工、建材、有色、核工业、非金属、轻工等矿业企事业单位服务。

《中国矿业》杂志作为中国矿业行业的一个窗口，是发布国家矿业产业政策的重要载体，在矿山企业与国家部委之间起到桥梁作用，重点报道中国矿业发展战略与矿产资源开发保护方针，反映矿业经济趋势与矿产品市场动态,展示矿业尖端应用技术与当代生产管理科学。该刊创办10年来,以其权威性、前瞻性、文献性、实用性和全面性,跻身全国中文核心期刊和中国科技论文统计源期刊,成为国内众多矿业企事业单位、科研设计单位、矿业院校、矿业行政管理部门的领导、经理、厂长、工程技术人员,以及国外相关矿业企业驻华机构了解中国矿业动态的重要参考。

1.主要版块与栏目。矿业政策版块:设有矿业综述、政策法规等栏目;矿业经济版块:设有矿产资源、矿业经济纵横、专家论坛等栏目;矿业技术版块:设有科技新动态、系统工程、矿物工程、矿床开采、环保与安全、矿山机械等栏目。

2.主要栏目特色。矿业综述:就中国矿业改革与发展的整体思路或局部问题进行探讨,介绍评述矿业开发过程中的典型经验。该栏目具有综合性、前瞻性和权威性。政策法规:宣传中国矿业产业的最新政策法规,并请权威人士评述、解释等,具有指导性与实用性。矿产资源:主要介绍矿产资源开发过程中资源形势分析、开发利用经济分析等,具有实用性、可读性,是从业者决策的重要参考。经济纵横:是探讨矿业经济的主要论坛,所刊文章具有一定理论性和参考价值;科技动态:介绍国内外矿业界最新科技情况,开阔眼界、拓宽思路、可读性与实用性是其主要特色。矿物工程、系统工程、矿床开采、环保与安全等栏目主要刊登矿业各领域的最近科研成果及其在生产实践中的应用,发表本领域的研究论文等,具有理论性、指导性和实用性,是科技成果转化为生产力的主要环节之一。矿业机械:是展示勘探、采掘、运输等矿山仪器设备的有效平台,各类新产品在生产一线的应用及信息反馈。

《中国矿业》杂志,国际标准刊号:ISSN1004-4051,国内统一刊号:CN11-3033/TD,广告经营许可证号:京西工商广字0287号。国际标准大16开本,每期正文版面88页,印刷精美。除在全国邮局公开发行外(邮发代号:2-566),每期还向中央各大部委,国务院有关部门及有关领导赠送;同时还向国内外矿业机构和社会团体以及国家各图书馆、检索机构赠送。

(《中国矿业》杂志社)

中国煤炭工业协会

【概况】 中国煤炭工业协会,英文名称:CHINA NATIONAL COAL ASSOCIATION(缩写:CNCA)。前身为中国煤炭工业企业管理协会。经民政部批准,1998年10月30日由中国煤炭工业企业管理协会更名为中国煤炭工业协会。现有团体会员单位925家,就组织规模和涵盖范围来说,是煤炭行业最大的社团组织。按照国务院发布的《社会团体登记管理条例》规定,民政部于1999年3月4日发布《中华人民共和国民政部社会团体核准登记公告(第一号)》,中国煤炭工业协会列为《公告》首批合格的社团之一。

中国煤炭工业协会的性质为全国煤炭行业性协会,是由全国煤炭行业的企事业单位、社会团体及个人自愿联合结成,会员不受部门、地区、所有制限制的全国性、非营利性社会组织。

中国煤炭工业协会的宗旨:遵守宪法、法律、法规和国家政策,遵守社会道德风尚,贯彻国家产业政策,参与实施行业管理,维护会员的合法权益,为煤炭企事业单位及其经营管理者服务。

中国煤炭工业协会的主要任务:在企业和政府间起桥梁和纽带作用,发挥服务和自律功能,协助政府推行经济政策和法令,推动煤炭行业技术与管理进步和可持续发展,实现煤炭工业现代化。

中国煤炭工业协会第二次全国会员代表大会,于2001年4月18日在北京召开。会上选举范维唐为会长,刘玉华等21人为副会长、秘书长,常务理事133人,理事413人。

中国煤炭工业协会内设综合部、行业协调部、科技发展部、市场信息部、人事培训部、资产财务部、国际合作部、党委工作部八个部门。

中国煤炭工业协会以邓小平理论为指导,结合煤炭行业的实际情况,按照建立社会主义市场经济体制的要求,以党的十五大关于“培育和发展社会中介组织”的精神为指南,落实国家经贸委《关于加快培育和发展工商领域协会的若干意见》(试行)中已赋予行业协会的各项职能,按照“为行业服务,为企业服务,为安全服务;以全行业扭亏脱困和安全状况根本好转为目标;实现煤炭工业持续、稳定、健康发展”(三个服务、两个目标、一个实现)的具体要求,团结全国煤炭企事业会员单位和各类行业协会组织,围绕国家经贸委和国家煤矿安全监察局确定的中心工作开展各项活动,代表煤炭行业,维护行业利益,积极主动地开展协会工作,努力把中国煤炭工业协会建设成为受煤炭企业信赖的煤炭行业社团组织。（中国煤炭工业协会）

【煤炭协会业务范围】 中国煤炭工业协会受政府部门委托,开展行业调查研究;根据行业特点,制定本行业的行规行约;根据会员单位的需求,组织煤炭企业多种形式的联合体,发展煤炭大企业集团;组织完成国家煤矿安全监察局委托的各项任务,包括安全政策、法规的调研咨询工作,参与煤矿安全检查与监督等;代表本行业向政府有关部门反映会员企业在生产、经营等方面的重大问题，并研究和提出相关政策建议，反映会员单位的愿望和要求，维护会员单位的合法权益；受国家经贸委的委托，做好行业统计工作；协助政府贯彻技术政策和法令、法规，研究煤炭工业技术现状及发展方向，向政府主管部门提出煤炭工业技术政策建议，提高优质煤比重，推动大型煤矿改造，建设高产高效矿井和质量标准化矿井，开发煤层气资源，加大洁净煤转化技术的研究开发力度；参与制订、修订本行业有关质量、技术、经济、管理等标准和规范，组织推进会员单位贯彻实施；受政府、会员和社会委托，对兴办煤炭企业和行业内重大投资、改造、开发建设项目的先进性、经济性和可行性进行前期论证和跟踪管理工作；受政府有关部门委托，完成煤炭行业新改扩建项目、环境影响评价预审及环保工程竣工验收等工作；参与煤炭职工教育培训工作，组织有关技术与管理等方面的业务培训，提高煤炭干部和职工队伍的专业和技术素质；参与煤炭企业家（经营者）队伍建设，对煤炭企业管理工作进行指导、总结、评选和推广先进企业和优秀经营者的典型经验，促进煤炭工业企业管理现代化，提高煤炭行业整体素质；协助政府和企业做好煤炭行业的思想政治工作和文化、体育、新闻等方面的工作，促进全煤炭行业的社会主义精神文明建设；行使国家有关部门授予的外事权，代表中国煤炭行业参加国际同业组织的有关活动；受政府及有关部门委托，组织煤炭订货会、煤炭展览会；组织出版刊物，编辑图书，评选优秀成果和论文，开展智力服务，发展煤炭行业公益事业；受国家经贸委的委托，归口管理煤炭行业的各有关代管协会；承担政府交办的其它事项，接受会员单位和社会的委托，提供有关专项服务。　　（中国煤炭工业协会）

【煤炭行业调查研究】　2001 年，协会积极开展行业调查研究，围绕有关煤炭发展战略、行业发展规划、经济政策立法、结构调整和可持续发展等重点工作，提出政策建议，先后完成了多项课题。受政府委托，开展 6 项重点调查研究课题，完成 5 项：

1.受国有企业监事会的委托，承担《煤炭企业综合评价指标体系》课题，解决政府在不干预、不直接参与企业经营的前提下，评判企业和企业领导人的经营业绩的具体办法。

2.受山西省人民政府的委托，组织专家对《山西煤炭“十五”发展规划》进行论证。

3.受国家计委的委托，对阜新矿区可持续发展进行专题调查研究，并提交《阜新矿务局可持续发展调查报告》。

4.受国家经贸委的委托，组织完成了《开办煤矿审批办法》法规的修订工作。

5.受国家经贸委的委托，完成《工商领域协会改革与发展政策研究》总课题中“扶持和培育行业协会的政策研究”子课题的研究工作。

6.受国家计委委托，开展《全国煤矿生产能力调查》工作。对掌握煤炭行业生产现状，指导行业实现持续发展提供重要的决策依据。

结合煤炭实际，开展自定课题的研究：

① 与中国矿业大学、中国煤炭经济研究会共同完成《从调整煤炭产业结构入手，解决未来煤炭供需缺口的研究》。

② 完成对《不同经营模式煤炭企业安全管理状况》的调查。在对辽宁、四川、湖南、山西、河北、山东、黑龙江等省（区）各类煤炭企业安全管理现状进行广泛调查的基础上，研究和探索了不同经营模式企业安全管理基本途径和方法以及安全监察工作的不同的侧重点，提出相关的政策建议。

③ 开展《煤炭企业税负状况》的调查。在对 12 个重点矿务局进行初步调查摸底的基础上扩大调查范围，收集整理 54 个原中央财政煤炭企业 1993 年至 2000 年财务会计资料，分析煤炭企业税负沉重的原因，提出《煤炭企业税负调查》初稿。　　（中国煤炭工业协会）

【煤炭市场经济秩序整顿】　围绕整顿市场经济秩序，努力改善煤炭市场环境，保护煤炭企业的合法权益。2001 年，协会在国家计委、国家经贸委的领导下，协调煤炭供需双方的各种问题，克服种种困难，完成了在烟台召开的 2001 年全国煤炭定货会等各项工作，为全国煤炭市场产需关系的逐步正常做出了贡献。同时对电力、冶金、化工、建材等用煤大户实际耗煤情况以及煤炭运输、库存、进出口等方面的综合分析进行预测，提出调控意见，并先后在安徽、云南等地召开部分企业座谈会，分析产需形势，研究自律措施。协会的一系列工作对理顺煤炭供需关系，改善煤炭市场环境，保护煤炭企业合法权益，提高企业经济效益，增强企业凝聚力起到积极的作用。同时，受国家经贸委的委托，积极做好煤炭生产许可证等有关行业管理工作。

（中国煤炭工业协会）

【煤炭科技推进工作】　2001 年，贯彻落实科教兴国方针，推进煤炭科技进步。煤炭企业下放地方管理后，协会加强了对企业科技进步咨询工作，继续开展全国高产高效矿井建设活动，与企业合作攻关高科技采煤成套技术和洁净煤生产和利用技术，协调建立以煤炭科学研究总院为主体的科技咨询电话网络，解决企业技术上出现的问题。指导科研单位与煤炭企业联姻，探索科技兴煤新路子。同时,恢复煤炭行业科技评奖活动,制订《中国煤炭工业科技进步奖奖励办法》。受科技部委托,组织专家对煤炭行业上报的85项成果进行评审,遴选10项煤炭科技成果申报国家科技进步奖。

(中国煤炭工业协会)

【煤矿安全监督检查】 2001年,协助和配合国家煤矿安全监察局,参与煤矿安全监督、检查工作。依照国务院办公厅《关于关闭国有煤矿矿办小井和乡镇煤矿停产整顿的紧急通知》和《关于进一步做好关闭整顿小煤矿和煤矿安全生产的通知》精神,协会配合国家煤矿安全监察局,先后派出30多人次,到山西、河南、湖南、贵州等重点产煤省(区)进行安全检查和督察活动。检查督促各级地方政府贯彻国务院关于安全生产专项整治和"两个通知"的落实情况,推进省(区)地方政府和省级煤矿安全监察机构、煤矿安全监察办事处的监察执法工作。 (中国煤炭工业协会)

【对外交流】 2001年中国煤炭工业协会广泛开展国内外交流活动,扩大协会的影响面。根据国家经贸委和外交部授予的外事权,中国煤炭工业协会与外国政府、国际组织、学术性机构和协会社团接触并商讨建立合作关系,与世界主要产煤国家及进口煤炭国家建立合作渠道。与美国、澳大利亚、南非、加拿大、俄罗斯、德国、波兰、日本等国有关采矿协会、商会、能源开发机构建立广泛的联系并探讨有关合作。其中,与美国西北采矿协会签署合作意向书。2001年,拟与波兰采矿工程师和技术人员协会签订合作协议。

开展引进国外智力工作。按照国家经贸委和国家外国专家局的委托,中国煤炭工业协会会积极开展煤炭行业引进国外智力工作,成立中国煤炭工业协会引进国外智力领导小组,设立了办公室。

(中国煤炭工业协会)

【21世纪煤炭高层论坛】 2001年4月中旬,由中国煤炭工业协会和中国能源研究会联合举办,在北京召开。旨在帮助社会客观、公正地认识煤炭以及煤炭工业,科学、真实地反映煤炭以及煤炭工业的地位、现状和未来发展趋势。

有关专家在"论坛"上指出,21世纪煤炭仍是中国的主要能源,煤炭工业在国民经济和社会发展中的重要地位不会改变。必须大力推动洁净煤技术的开发应用,实现煤炭的清洁、高效利用,从而减少污染、提高终端能源效率。

中国煤炭工业经过几十年的开发建设,产量迅猛增长,到80年代中期结束了长达30年的煤炭供应紧张局面,1996年原煤产量达到13.74亿t,为国民经济的发展做出了重大贡献。

但是,随着社会主义市场经济的发展,经济增长方式发生转变,产业结构不断调整,节能技术日益推广,近几年出现了煤炭供过于求的局面,煤炭工业面临着前所未有的困难。

煤炭资源探明储量占中国化石能源的90%以上,是保障安全供应的最可靠的能源,同时也是目前最廉价的可利用能源;煤炭本身不是污染,是可以通过技术进步实现洁净利用的;从可采资源、保障供应、经济性和技术等方面看,煤炭仍将是中国不可替代的主要能源,为社会提供优质煤炭、保障能源供应、提高煤炭效率、减少煤炭污染,是21世纪煤炭工业的重要责任。

专家建议,应当坚持用发展的观点来解决煤炭工业存在的问题,突出结构调整这条主线,搞好煤炭供需总量平衡,推进国有资产重组;加快实施科教兴煤战略,积极进行产业结构和产品结构的调整,大力发展高产高效生产技术,提高煤炭竞争力,发展洁净煤技术,解决环境污染问题,推动煤炭工业向高效、安全、洁净、优质的方向持续、稳定、健康发展。

会上,大力宣传煤炭在国民经济发展中的战略地位和煤炭是可靠的、廉价的、可洁净的能源。会议受到社会各界的广泛关注,提高了煤炭行业的对外影响力和煤炭行业职工的信心。之后,又在大连、厦门、湖北省清江等有关会议上,重点阐述煤炭在国民经济中的重要地位和发展前景,加深社会各界人士对发展煤炭工业重大意义的认识。 (中国煤炭工业协会)

中国钢铁工业协会

【概况】 中国钢铁工业协会是中国冶金企业管理协会更名,于1999年1月成立,有团体会员161个,常务理事单位45个。会员企业的钢产量、销售收入、职工人数分别占钢铁行业的92.6%、90%和75%。协会内部办事机构有综合部、信息统计部、市场调研部、咨询服务部、科技环保部、财务资产部、组织人事部、国际合作部等8个部;分支机构有市场及进出口协调工作委员会、企业改革与管理工作委员会、统计与信息工作委员会、技师标准化工作委员会、环保节能工作委员会、人力资源与劳动保障工作委员会、冶金设备工作委员会、物资流通工作委员会、多种经营(非钢产业)工作委员会。协会有职工68人。2001年初国家冶金工业局撤销后,中国钢铁工业协会的工作全面启动。

2001年初,中国钢铁工业协会完成了8个内设机构的组建工作，针对协会的实际，制定和完善了各项规章制度。同时，积极做好协会分支机构的组建工作，到年底，组建的10个工作委员会中，已有企业改革与管理、质量标准化、财务与价格、环保节能、人力资源与劳动保障、冶金设备、物资流通等7个工作委员会和钢铁工业信息化与自动化推进中心组建运行并开展活动。12月份，召开了中共中国钢铁工业协会第一次代表大会，选举产生第一届钢铁协会党委会和纪律检查委员会。在加强自身建设的同时，抓紧对各代管事业单位党的建设、领导班子建设，一年来，所管单位和社团的各项工作都有明显的进步。（王德春）

【钢铁工业协会基本职能】 1.制定行规行约，协调钢铁企业调整结构、开拓市场、同行议价、产品进出口等，促进平等竞争，维护行业整体利益。

2.开展行业调查研究，为政府主管部门加强宏观调控和管理提供咨询建议。受政府主管部门委托，参与拟定行业发展规划，产业政策和法规的前期性工作。

3.组织和参与收集、整理、分析、发布国内外钢铁行业市场状况和经营管理、经济技术信息。对会员单位的经营管理、发展战略及技术经济指标进行分析评价，提供咨询服务。总结、宣传、推广先进经验。

4.参与制定、修订行业有关技术、经济、管理等标准和规范。开展行检、行评工作。对不符合质量要求和有关标准的产品和企业，配合行政部门进行督促整改，以至建议政府有关部门采取相应措施。

5.受政府、会员和社会委托，对行业内重大投资、改造、开发项目的先进性、经济性和可行性进行前期论证。组织专题讨论，推动技术开发与协作，组织行业技术成果的推广应用。

6.代表中国钢铁行业参加国际同业组织的有关活动。建立与国际同业组织的联系，促进对外经济技术交流与合作。

7.承办政府交办的其它事项，接受会员单位和社会的委托，提供有关专项服务。国家冶金工业局撤销后，国家经贸委将其管理的事业单位和社团委托中国钢铁工业协会管理，此外，在人、财、物和党的工作等方面又授予钢铁协会6项职能。后又将行业统计、反倾销、外事管理、钢材“以产顶进”等行政职能委托给钢铁协会。（王德春）

【市场及价格信息服务】 协会注意对钢材市场运行的监测和协调，每月都进行国内钢材市场供需情况分析，并提出分析报告，及时发布市场供需信息，以引导市场运行；组织大中钢铁企业协调市场行为，调控总量，调整结构，特别是对中厚板和无缝管的生产总量调控，使中厚板和无缝管供需大体平衡，企业经济效益稳步提高；2001年8月初召开了全国钢铁生产经营和钢材市场情况通报会，向钢铁生产企业和钢材经销商通报了上半年钢铁生产和进出口及钢材市场运行情况和趋势，提出了稳定市场运行应注意的问题。进一步加强对钢材价格工作协调与信息服务，组织召开全国钢材市场价格网络小组长座谈会，提出发挥区域价格网络小组作用，稳定钢材市场的指导思想。一年来，召开16次地区价格网络小组协调、研讨会，充分发挥已成立的五大地区钢材价格协调网络小组的作用，根据钢材市场价格变化情况，及时沟通信息，研讨合理价格，把握市场供求趋势，规范竞争行为。同时，编辑印发了《钢铁市场价格调研》简报，及时向行业宣传、通报相关价格信息。参照国际钢材价格指数(CRU)，协会财务资产部和冶金价格咨询服务中心联合发布中国铁工业协会钢材(8个品种)价格指数，使国内钢材价格可与国际价格指数比较，为企业研究市场价格变化趋势提供了重要参考。（王德春）

【钢铁企业“对标挖潜”活动】 为有力促进冶金企业降低成本，2001年6月份钢铁协会在唐钢召开了全国重点大中型钢铁企业“对标挖潜”座谈会。会议认真总结了重点大中型钢铁企业开展这项活动所取得的成绩，确定了今后的工作目标。为使这项工作能够深入持久地开展下去，协会从加强组织领导、健全组织机构入手，成立“对标挖潜”活动领导小组，进一步改革和完善对标指标体系，对部分指标进行细化，使指标更具可比性。为了增强此项活动的时效性，将指标交流时间由原每季一次改为每月一次，使企业能够更及时地了解行业主要经济指标和主要产品制造成本，为促进企业降成本、增效益起到了积极的作用。（王德春）

【钢铁产品进出口工作】 针对钢铁产品出口所面临的严峻形势，定期召开出口工作座谈会，研究国际市场变化，交流开拓国际市场经验，通报国际钢材市场有关情况，协调规范出口行为，促进钢铁企业优化出口品种结构。组织宝钢、武钢、鞍钢、攀钢、本钢等企业积极应对美国实施“201条款”调查。针对美国、加拿大、泰国等对中国钢材的反倾销指控，参与组织协调涉案企业应诉工作，并及时向政府有关部门提供行业情况，为涉案企业应诉创造条件。配合国家经贸委，组织企业开展同日本、韩国的官民对话。还积极开展同国外（地区）钢铁协会之间的对话，积极维护钢材进出口贸易的正常竞争秩序，维护中国钢铁行业的正当权益。通过中日钢铁贸易官民对话，使日本对中国钢材出口有一定程度的自我约束。

还同台湾地区钢铁组织建立了对话机制，并同欧盟和俄罗斯就建立对话机制进行了初步接触。针对中国即将加入世界贸易组织的实际情况，积极向国家经贸委等有关部门提出完善钢材自动进口登记管理办法、建立进口产品预警机制方面的建议。（王德春）

【钢材“以产顶进”工作】 克服因国家冶金工业局撤销后所带来的困难，继续做好钢材“以产顶进”的有关工作，及时调整钢材“以产顶进”领导小组办公室，进一步加强对“以产顶进”的领导。重新组建4个工作组，加强对列名企业的监督，使2001年“以产顶进”工作取得突出成绩。截至12月31日，33家列名企业累计发货705.60万t，完成国家计划的141.43%，比2000年同期多完成321.88万t，同比增长83.88%。其中，实行“免、抵、退”以产顶进发货量为340.22万t。去年武钢以产顶进累计发货量达117.06万t。（王德春）

【企业开发新产品市场服务】 协会坚持为企业服务的宗旨，积极争取建设部等政府有关部门的支持，并且与相关行业协会进行密切合作，为企业开发新产品市场创造条件。2001年协会注重抓好重点品种生产、推广应用工作。与国家建设部组织北京、天津、唐山、马鞍山等城市多个小区作为住宅建筑钢结构工程试点，目前这些工程多采用了国产热轧H型钢、焊接H型钢、镀锌钢板等。此外，还与建设部组织有关专家完成了对《钢结构住宅建筑产业技术导则(报批稿)》的修改。充分发挥建筑用钢技术协调组的作用，以江苏、河北、湖南三省为试点，推广400 MPa热轧带肋钢筋，与建设部科技司以及有关企业、设计研究单位一起，共同解决技术问题，此外，还分别还参与举办多次“400 MPa热轧带肋钢筋推广会”，积极向设计、施工单位宣传讲解400 MPa热轧钢筋的优良性能，取得了良好的效果。2002年400 MPa热轧带肋钢筋的生产使用量从2001年30多万吨增加到60万吨左右。为配合西气东输用钢材国产化工作，按照国家有关部门和石油行业的要求，积极组织有关企业进行了西气东输管线钢的开发和应用实验。（王德春）

【钢铁行业统计】 2001年2月，国家经贸委、国家统计局下发《关于授予有关行业协会统计职能并委托有关工作的通知》，明确中国钢铁工业协会承担钢铁行业统计职能和行业统计的管理工作。为贯彻《通知》精神，搞好行业统计工作，协会专门召开“2001年钢铁工业统计工作座谈会”。会上，协会领导对2000年统计工作进行总结，并就如何加强和改进2001年统计工作提出要求。2001年，对营销统计报表进行了进一步修订和扩大，并将季报改成月报，同时也将统计范围从18家大型企业扩大到78家会员单位，并编制、修改汇总软件。还先后完成了2000年年报工作，编发了《2000年钢铁工业统计年报提要》，合作编发了2001年版《中国钢铁统计》，创办了《中国钢铁工业统计月报》。与此同时，还理顺了统计工作关系，组建了钢铁工业统计改革研究组，开展了钢铁行业统计调查项目的清理工作，建立了新的统计渠道，为更好地完成行业统计工作打下了基础。（王德春）

【企业信息化建设】 2001年4月，与国家经贸委联合召开全国重点钢铁企业财务管理信息化工作座谈会。国家经贸委已决定把钢铁行业列为国家重点大型企业财务管理信息化建设的示范行业。此外，协会还组织12家钢铁企业申请信息化技改立项，宝钢、鞍钢、首钢、武钢、攀钢等企业被批准立项。对100家冶金企业“九五”期间信息化建设的情况进行调查。5月份，在鞍钢召开了中国钢铁工业信息化与自动化推进中心成立大会，工程院院士、中国钢铁工业协会副会长刘介担任主任，10月份在上海宝钢集团召开中心年会，讨论并通过2002年工作计划。此外，还组织有关企业的专家，起草了钢铁工业“十五”信息化发展规划。（王德春）

【冶金产品实物质量认定评选】 2001年中国钢铁协会在冶金行业内继续组织开展冶金产品实物质量认定工作，并于4季度召开了冶金产品实物质量认定会，进行了“金杯奖”的评选。开展了管理创新成果的评选工作，通过有关专家认真评选，共有50项成果获得一、二等奖，其中8项优秀成果向全国管理现代化创新成果审定委员会推荐。最后，鞍钢的《国有特大型企业整体技术改造决策与实施》、邯钢的《引进高科技建设项目的有效管理》获得第八届国家级企业管理创新成果一等奖，另有宝钢、武钢、石钢、水钢、新兴铸管公司等5个单位的管理成果获得二等奖。此外，还与中国金属学会联合进行了2000~2001年度冶金科学技术奖的评选工作。（王德春）

【教育培训与科技人员管理】 2001年中国钢铁协会组织有关人员编制教学文件，编写11个专业44种教材、17本岗位培训教材。及时确定了中国钢铁工业协会培训中心和全国职业培训教学工作指导委员会冶金专业委员会机构及组成人员并开展工作。按照有关部门要求及国家经贸委通知，组织钢铁行业9个特大型企业集团和钢铁研究总院等3个单位进行了两院院士候选人的选拔推荐工作，经基层推荐、协会初审委员会评审和协会党委讨论通过，向国家经贸委推荐8名中国工程院院士候选人。认真做好首届全国冶金行业职业技能竞赛的筹备工作。与此同时,申请组建中国钢铁工业协会8个系列的职称评审委员会及中国钢铁工业协会职称改革工作领导小组,并对协会所属单位和冶金行业委托单位的职称进行评审,共评审通过高、中级技术职称261人,印发了通知,颁发了证书。（王德春）

【国际交流合作】 2001年,积极开展国际交流与合作,并取得一定的成果,促进了中国钢铁工业协会与国外钢铁界友好合作关系,先后接待了日本钢铁联盟、韩国钢铁协会、欧洲钢铁联盟、东南亚钢铁联盟、日本五大钢铁企业代表团、中国台湾区钢铁同业公会的来访。与经合组织(OECD)、国际钢协、泰国钢协等组织进行了接触,派员参加了由OECD组织的国际性钢铁会议。此外,还与经合组织钢铁委员会共同在上海举办了2001年OECD与中国市场、贸易和结构调整研讨会(2001年世界钢铁论坛);举办了第二届上海国际不锈钢展览会及国际不锈钢研讨会、第二届中国钢铁原料国际研讨会、2001年钒应用技术国际研讨会、中国国际钢结构展览会和第六届太平洋钢结构会议。并在马来西亚成功举办了中国－东盟冶金技术设备展览会和技术交流会。2000年4月,钢铁协会在获得外事审批权后,严格遵守外事规定,努力为企业单位服务,积极做好外事审批和智力引进工作。（王德春）

中国有色金属工业协会

【概况】 中国有色金属工业协会于2001年4月6日,在北京成立。国务院副总理吴邦国为成立大会发来贺信,国家经贸委有关领导出席会议并做重要讲话,来自全国有色金属行业的企业代表400余人参加了大会。

有色金属协会是国家经贸委管理的并经民政部正式登记注册的经济类社会团体法人。它的成立,是社会主义市场经济发展的客观要求,标志着中国有色金属行业管理体制改革进入一个新的阶段。随着市场经济的发展,中国政府机构改革力度不断加大,国务院已撤销包括国家有色金属工业局在内的9个委管国家局,有色金属局原有的一部分职能由政府宏观综合经济部门负责,另一部分行业服务的职能,政府授权有色金属协会承担。有色金属协会,是有色企业与政府之间的桥梁和纽带,其宗旨主要是为企业,为行业服务,同时为政府部门和社会服务,以促进有色金属行业和国民经济的健康发展。

协会的主要职责:根据国家政策法规,制定本行业"行规行约",促进企业平等竞争,维护行业整体利益;为政府宏观调控提供服务;参与制定、修订本行业的标准工作;组织行业统计和信息发布工作;对本行业内协定的产品价格、出口和投标价格进行指导、监督、协调,发挥自律作用,维护企业和消费者的合法权益;开展各项中介服务,包括开展资质认证、成果鉴定、咨询以及重大投资、改造、开发项目的论证等;组织行业的国际合作与交流。

协会的发展目标:逐步成为符合市场经济发展规律,做到自强、自立、自律、自养的组织,各项工作要达到促进有色金属行业发展、受企业欢迎、让政府满意的目的,建成一个充满生机和活力、有凝聚力、在国内外有一定影响力的、有中国特色的行业协会。

（中国有色金属工业协会）

中国黄金工业协会

【概况】 中国黄金协会2001年11月23日在北京成立。

中国黄金协会是由黄金行业的企业、事业单位和与黄金相关的企业和事业单位、社团组织自愿组成的全国性、非营利性、自律性的社团组织。中国黄金协会的成立是国家黄金管理体制改革的重要组成部分,它将成为中国黄金市场开放的标志性事件。

中国黄金协会是个全新的社团组织,它将坚持以江泽民总书记"三个代表"重要思想为指导,以服务为宗旨,以创新为手段,推动大黄金行业的稳定发展。

随着黄金管理部门的管理体制和管理职能的变革,在国家优惠政策取消和政府职能弱化的情况下,将由中国黄金协会来维护行业的健康发展和企业的合法权益,承担起组织协调、咨询指导、信息交流、约规自律的职责。中国黄金协会会员单位覆盖全国,基本形成了以黄金为主导,以生产、加工、销售为链条的"大黄金"产业格局。它也必将会在提高企业竞争力、协调行业内部关系,进而提升"大黄金"产业的综合竞争能力,以整体姿态应对加入WTO后国内外市场挑战上发挥重要的促进作用。新成立的中国黄金协会要做到以下几点:

1.利用中国黄金协会的组织优势为会员做好服务,协会要始终把会员企业关心的热点、难点作为服务的重点。

2.组织协调开发黄金应用新领域、新产品,努力扩大黄金消费市场,拓展行业发展空间。协会要利用《中国黄金报》、《中国黄金珠宝》杂志和其他媒体,宣传黄金文化艺术,向社会推介黄金。

3.对"入世"及黄金市场开放,组织好国际交流,推动技术进步。

4.加强协会自身建设,逐步实现行业自律。

(中国黄金工业协会)

中国建筑材料工业协会

【概况】 中国建筑材料工业协会是由中国建筑材料行业的企事业单位、社团组织和个人会员自愿组成的、跨地区、跨部门、非赢利性的全国性社会团体,是联结政府和企业,为行业、企业和政府服务的自律性组织,是归口国家经贸委直接管理的综合性行业协会之一。会长:张人为,副会长:雷前治等8人,秘书长:陈国庆。

协会主要任务是:

围绕建材行业与企业在改革发展中的重大问题调查研究,向政府部门提出有关经济政策和立法方面的意见和建议;反映会员和企业要求,协调会员关系,组织制定行规行约,协调同行业价格争议,规范企业行为,建立行业自律机制,维护企业合法权益;为企业提供及时准确的信息、技术、管理咨询、人才资源开发等多方面、多层次服务;加强与国外同业间的联系,开展对外经济技术交流与合作,参与协调经济纠纷。组织国内外展销会、展览会,帮助企业开拓市场;接受政府有关部门授权或委托,参与制定行业规划、制修订国家标准和行业标准等有关行业管理工作;接受国家经贸委委托,对代管协会实施管理,主要是:指导代管协会依据章程开展业务活动,监督代管协会遵守法律、法规和国家政策;向国家经贸委提出代管协会改革、调整和规范发展建议及代管协会机构改革变更等事宜的初审、报批工作;负责代管协会的人事管理、党建和思想政治工作,协助查处代管协会违法、违纪行为;审批代管协会工作人员临时出国等;管理直属(挂靠)事业单位,负责直属(挂靠)事业单位人事管理和党建、思想政治工作,以及财务、资产管理的监督,审批工作人员临时出国等;承担政府部门委托的其他任务。

建筑材料工业是重要的原材料及制品工业,包括建筑材料及制品、非金属矿物材料、无机非金属新材料三大部分,约有80多类,1400多种。建筑材料及制品包括水泥及水泥制品、平板玻璃及加工玻璃、建筑卫生陶瓷和新型建筑材料(新型墙体材料、防水密封材料、保温隔热材料、装饰装修材料等);非金属矿物材料包括水泥石灰岩、硅质原料、饰面石材、石墨、石膏、石棉等矿产及矿物加工制品等;无机非金属新材料包括玻璃纤维与特种纤维、玻璃钢与高性能复合材料、特种玻璃、人工晶体、特种陶瓷、特种密封材料、特种胶凝材料和隔热材料等。

改革开放以来,建材工业飞速发展,技术水平有了较大提高,主要产品和品种迅速增长,现已发展成为门类齐全、面向国际国内两个市场、较完整的工业体系。它既是国民经济建设的物质基础,又是解决和改善人们居住条件,提高生活、工作质量的基本材料;无机非金属新材料和非金属矿物材料是国防建设、高新技术和相关产业所必需的、不可缺少的重要材料。2000年规模以上建材工业企业年销售收入3000亿元。

进入21世纪,中国建材工业的发展将以市场需求,特别是建筑业的需求为主要导向,从以产量增长为主转移到以大力提高集约化生产程度、提高工艺技术装备水平、提高产品质量和配套能力为主的轨道上来,即以提高经济运行质量和经济效益为中心,把建材工业逐步建成具有国际竞争能力的现代化原材料及制品工业,实现建材工业"由大变强、靠新出强"历史性跨越。

中国建筑材料工业协会代管协会学会及直属挂靠单位:

代管协会、学会:中国加气混凝土协会、中国石材工业协会、中国水泥制品工业协会、中国玻璃纤维工业协会、中国砖瓦工业协会、中国建筑玻璃与工业玻璃协会、中国非金属矿工业协会、中国建筑防水材料工业协会、中国砂石协会、中国建筑卫生陶瓷协会、中国绝热隔音材料协会、中国建材工程建设协会、中国建材机械工业协会、中国石棉制品工业协会、中国建材工业经济研究会、中国建材市场协会、中国建材企业管理协会、中国建筑砌块协会、中国建筑装饰装修材料协会、中国水泥协会、中国玻璃钢工业协会、中国石灰协会、中国建材数量经济监理学会、中国硅酸盐学会。

直属挂靠单位:国家建材局质量认证管理中心、国家建筑材料展贸中心、中国建筑材料规划研究院、国家建材局信息中心、国家建材局标准化研究所、国家建材局技术情报研究所、中国国际贸易促进委员会建材行业分会、中国建材杂志社。

网　　址:www.bm.cei.gov.cn　www.cbminfo.com

电子信箱:msc@cbminfo.com　msc@bm.cei.gov.cn

(中国建筑材料工业协会)

中国非金属矿工业协会

【概况】 中国非金属矿工业协会成立于1987年,是中国非金属矿采、选、加工企业、科研设计、教学、信息、设备、贸易等单位及个人组成的全国性行业组织，是中国一级社团法人单位（中华人民共和国民政部〔社证字第4195号〕），旨在促进中国非金属矿工业现代化、为行业的共同利益服务。

协会设16个专业委员会，4个工作部，并设秘书处和专家委员会，拥有团体及个人会员单位1200余个。协会的基本任务是行业管理、国际合作、信息交流、业务培训、咨询服务，以及国家经贸委规定的其他各项任务。

协会领导机构设名誉理事长、理事长、常务副理事长。

副理事长17人，秘书长由常务副理事长兼任。

常设机构：秘书处、技术开发部、市场信息部、国际部、企业策划部、专家委员会。

分支机构：石棉专业委员会、石墨专业委员会、石膏专业委员会、滑石专业委员会、云母专业委员会、长石专业委员会、萤石专业委员会、菱镁矿专业委员会、膨润土专业委员会、硅灰石专业委员会、碳酸钙专业委员会、硅藻土专业委员会、粘土矿物专业委员会、耐火粘土专业委员会、矿物加工利用技术专业委员会、硅质原料专业委员会。

联系方式：电子信箱：dhqin@95777.com

网址：www.chinaim.com （中国非金属矿工业协会）

中国冶金矿山企业协会

【概况】 中国冶金矿山企业协会是经原冶金工业部批准、民政部注册登记、国家经贸委主管的全国性社团组织，是联系政府和冶金矿山行业企事业单位、社团组织和个人的社会中介组织及自律性行业管理组织。现有团体会员单位164个，办事机构4个，分支机构8个。

1.协会宗旨：在政府的指导下，遵守国家法律法规、遵守社会公德，适应市场经济需要，以企业为本，强化行业管理，全心全意为会员和企业服务，全面促进冶金矿山行业的改革与发展。

2.主要任务：开展行业调查研究，为政府部门制定冶金矿山行业发展方针政策，加强宏观调控和行业管理等提出意见和建议；受政府主管部门委托，参与制定冶金矿山行业发展规划、产业政策法规的前期性工作；组织和参与行业统计数据的收集、汇总，分析、发布国内外冶金矿山的经营管理、经济技术信息和冶金矿产品市场状况；受政府、会员和企业委托，对行业内重大投资、改造、开发项目的先进性、经济性和可行性进行前期论证，推动行业技术进步；组织开展行业内人员的技术培训、专题研讨、技术讲座等，提高职工的专业和技术素质；开展行业宣传报道，编辑出版有关刊物、书籍和资料，总结、宣传、推广行业先进经验；建立行业自律机制，规范行业行为，维护行业整体利益；加强会员单位之间的交流与合作，反映会员的意见、要求和建议，维护会员合法权益，协调会员关系；承担政府和有关部门委托的其他任务。（中国冶金矿山企业协会）

中国石材工业协会

【概况】 中国石材工业协会是经国家主管部门批准、国家民政部核准登记注册、具有法人地位的全国性社团组织。

协会成立于1983年，共有会员约900余家，各地方性石材协会39个，遍及全国各省、市、自治区。协会成立以来，在推动全国石材工业发展和扩大国际石材业务交往等方面发挥了越来越重要的作用。

协会的宗旨和任务：为推动全国石材工业的不断发展服务；承办政府交办的各项任务；协调组织和解决行业发展的有关问题；维护石材行业及会员单位的合法权益；发展同世界各国和地区的石材贸易、经济技术合作关系；举办各类国内外石材展览和交流活动。同世界石材发达国家和地区行业组织、主要贸易团体建立石材交往与合作关系。

协会组织机构为会员代表大会。常设机构为理事会、常务理事会，常设办事机构秘书处下设办公室、行业工作部、技术咨询部、信息部、对外联络部、财务部、《石材》杂志社。 （中国石材工业协会）

中国化学矿业协会

【概况】 中国化学矿业协会（China Chemical Mining Association，英文简写CCMA）是经民政部批准国家经贸委注册，于1991年6月正式成立，由全国化工矿山、部分建材和有色矿山、化工地矿勘查院以及与矿业开发应用相关的院校和科研设计单位等188个会员单位，自愿参加联合组成的具有社团法人地位的全国性、非经营性社会团体。

中国化学矿业协会的会员单位，主要从事磷、硫、钾、硼、蛇纹石等20多种化工矿产的勘查、开发、科研及化工矿产品的深加工。截至2000年底，从业人数约30万人，其中工业27万多人。2000年矿石产量为6000多万 t,大部分是化肥、化工及相关工业的基础原料,其中磷矿石产量 1938 万 t(折合纯 $P_2O_5$30%),硫铁矿产量 964 万 t(折合纯 S 含 35%)。钾盐产量 125 万 t(折纯 K_2O100%)。除钾盐外,磷、硫、硼、石灰石等主要化工矿种均能满足国民经济发展对经工矿物原料的需求。

主页:www.china－cma.com

电子信箱:zhkx@china－cma.com

(中国化学矿业协会)

中国地质学会

【概况】 中国地质学会是由中国地质科技工作者组成的学术性群众团体,其主管单位是中国科学技术协会,挂靠单位是国土资源部,学会办事机构设在中国地质科学院,由秘书处、综合处、期刊处和国际合作处组成,现有编制 20 人。

中国地质学会的前身为 1909 年在天津创立的中国地学会。中国最早的一幅地质图(直隶地质图)就发表在该会第一号地学杂志(1910)上。中国地质学会于 1922 年 2 月 3 日在北京成立,是在中国建立最早的学术团体之一。

中国地质学会的会员 1949 年前为 559 人,到现在已经发展到 8 万多名。中国地质学会 1936 年成立第一个地方分会即北平分会,到 1987 年已经增加到 30 个省、市、自治区地质学会。60 年代中期中国地质学会设立了 3 个学术机构——专业委员会,到 1995 年已经发展到 32 个专业委员会、7 个研究会、5 个工作委员会。学会建立了常设办事机构—秘书处、国际处和期刊处。1997 年 4 月由 145 名理事组成了中国地质学会第 36 届理事会。

中国地质学会每年都举办各种类型的学术会议 30 余个,涉及到地学领域的各个分支学科。还承办国际学术团体委托召开的国际学术讨论会,经常派专家学者参加国际学术会议。1996 年中国地质学会与有关部门合作成功地举办国际地科联第 30 届国际地质大会,得到国际地质科学联合会和国内外地质学家一致好评。中国地质学会十分重视科普工作,每年的"世界地球日"和青少年地学夏令营,已成为中国地质学会科普工作的传统项目。

中国地质学会是国际地质科学联合会的成员组织,有数十位地质学家担任与地质学有关的各种国际学术团体的主席、副主席、理事、委员等职务。80 多年来,中国地质学会一直将学术属性视为该会最本质的社会职能,在开展国内外学术交流、组织国际学术会议、普及地质科学知识、编辑出版科技刊物、培养推荐人才中做出了重要的贡献。形成了全面、系统的学术交流网络,与各部门、各行业的地质工作者有着最广泛的联系。这一自身优势,使地质学会在社会上的影响日益扩大,在地质科技领域的凝聚作用不断增强。

由于中国地质学会在国内外地质科学界的影响和学会广大专、兼职工作人员的努力工作,1996 年获国家科委"全国科学普及先进集体"称号,1997 年获中国科协"先进学会"称号。

中国地质学会第 37 届理事会于 2000 年 6 月换届成立,共有 145 名理事,分布在全国地质行业管理、科研、教学和生产单位。本届任期目标和任务:

1.推动地质科学和地质工作为社会服务,为社会主义精神文明建设服务,为实现社会经济可持续发展服务。

2.认真贯彻"百花齐放,百家争鸣"的方针,积极开展学术交流,力争在中国地质学科具有优势的领域占领国际学术制高点,推进地质科学的发展。与有关部门和兄弟学会合作,为培养和造就一批国内外知名的地质科学家作出贡献。

3.为实施科教兴国的发展战略尽职尽责,关心下一代科技人才的成长,发挥老专家的作用。努力普及地质科学知识,大力宣传"爱护地球,爱我中华,珍惜资源,保护环境"的重要意义,提高全民资源环境意识,加强宣传地质工作在国民经济建设中的重要作用。

4.做好科技咨询和科技服务工作,积极为地矿工作深化改革和振兴地质事业献计献策,为建立新型地质科技体制作出贡献。

5.加强国际交流与合作;促进与台、港、澳地质学家的交往和合作。

(中国地质学会)

北京市矿业协会

【概况】 北京市矿业协会是经北京市经济委员会审查同意,北京市民政局注册,具有社会团体法人资格的北京市全市性的行业协会组织。于 1992 年 12 月 5 日在北京成立。设立办公室、技术咨询服务部、信息开发部,靠挂在北京市地矿局。

北京市矿业协会由北京地质矿产局、首钢总公司、建材工业总公司、北京市矿务局、北京市有色金属工业总公司、北京市乡镇企业局共同发起,是全市性社会矿业团体,是跨地区、跨部门、跨所有制的矿业行业组织,是政府联系矿业企、事业单位和矿业工作者的纽带和桥梁。

本会接受北京市经济委员会的日常管理和北京建

材集团、北京市地质矿产局主办单位的业务指导；接受北京市社会团体管理办公室检查与管理。本会宗旨：坚持社会主义方向，严格遵守宪法、法律、法规和国家政策，崇尚社会道德风尚，以经济建设为中心，动员矿业、勘查、管理、设计、科研、开发、经营、教育等企事业单位乃至个人振兴矿业、繁荣市场经济和建设，努力做好“双向”服务。

为加强矿业行业管理，按业务、专业成立分支机构：

矿泉水委员会：为合理开发利用北京矿泉水资源，加强行业管理，提高矿泉水产品质量，进一步开拓市场，维护消费者利益，推动北京市矿泉水事业的健康发展，经北京市京社登字[1992]278号批准，于1993年3月正式成立了北京市矿业协会矿泉水委员会。由市计委、市地矿局、市技术监督局、市食品办、市食品卫生监督局、市工商局以及矿泉水厂等有关人员组成，是跨地区、跨部门、跨所有制的行业组织。受北京市矿业协会的领导。1997年底进行了换届改选，产生了新一届矿泉水委员会领导成员。

煤炭分会：经北京市社会团体管理办公室批准（京社登字〔1995〕08号），1995年12月5日，在北京市召开矿业协会煤炭分会成立大会，该分会由北京市地方煤炭工业总公司、北京矿务局、市地矿局、市劳动局、市煤炭总公司、房山区和门头沟区煤炭公司和矿管机构以及煤矿企业代表等组成，挂靠在北京市地方煤炭工业总公司。

非金属矿业分会：经北京市社会团体管理办公室批准（京社登字〔1995〕043号）文正式批准，于1996年8月6日成立，由北京建材集体团总公司、北京市建材行业管理办公室、北京市地矿局、首钢总公司、北京市乡镇企业局、各区县矿管机构和部分区县的地材公司以及矿山企业代表组成，挂靠在北京市建材集团总公司。

经过几年的创建工作，在组织建设、开展调研、技术服务、信息交流、市场开拓等方面做了大量工作。北京地区矿业资源特点是面积不大、资源丰富，尤其是非金属建材资源占的比重大，除煤矿、铁矿、金矿及少量有色金属矿外，几乎都是非金属矿资源，经协商，北京市矿业协会改挂靠在北京市建材集团。

根据北京市矿业发展的需要，经市民政局重新登记和注册，在此基础上，于1999年10月20日在北京建材集团房地产开发公司召开了北京市矿业协会第二届会员代表大会。大会通过了北京市矿业协会第一届理事会工作总结报告，审议通过矿业协会章程（修改稿），审议通过第二届理会人选名单，审议通过矿业协会监事会名单。

1999年共有团体会员150家，1999年10月换届后，2000年发展到210个团体会员，其中煤炭分会100家，2001年市经委组建了“北京市煤炭营销协会”，将北京市矿业协会煤炭分会的大部分会员单位并入该协会，并将煤炭分会取消，北京市矿业协会现有会员单位120家。

北京市矿业协会靠挂在北京金隅集团（原北京建材集团），在北京建材行业协会的指导下，建立健全了《关于加强协会人事管理的有关规定》、《财务管理制度》、《关于加强民主决策的规定》、《关于考核和奖惩的规定》、《重大事项报告制度》、《接受馈赠公示制度》、《监事会工作制度》，使协会工作逐步走向制度化、规范化。协会成立了党支部，加强协会的党的建设，切实加强思想政治工作。 （闻一鸣）

【矿山企业座谈会】 为矿山企业减轻税赋，推进解决冶金矿山资源税问题于2001年4月25～27日在北京召开。听取与会者意见，寻找矿业行业服务目标。

参加会的有：首钢系统、建材集团系统、密云冶金矿山系统的矿山企业负责人、市国土资源和房屋管理局、区县矿管的有关领导和代表近30人。

与会者发言热烈，一致认为国有大中型矿山企业亏损的主要原因之一，是税赋，特别是资源税负担过重造成的，资源税规定不合理。例如，在密云县，同一地区，开采同一类型的铁矿（矿床地质特征，水文条件、开采技术条件、品位及选矿性能等相近），但北京首钢铁矿矿产资源税14.5元/t，而地方矿山企业为4.06元/t，企业不能在同一起跑线上竞争。全北京市持采矿证采矿的国有、集体、合资、民营企业1500家左右，而北京首钢铁矿一家的缴纳的矿产资源税占全市资源税收的近一半。矿山企业代表一致要求，矿协全力推进解决这一问题。会后，首钢总公司及所属矿山，金隅集团的三个矿山企业，向矿协写了专题报告或反映了情况。

（闻一鸣）

【矿山企业代表赴新疆维吾尔自治区考察】 2001年，协会组织了矿山企业赴新疆考察，房地产开发及地勘单位、区、县矿山共13人赴新疆考察，受到新疆维吾尔自治区国土资源厅、办公室、开发处、区矿协负责人的接待，介绍了矿产资源在西部大开发的优势及优惠政策，并到实地进行了考察，沟通了协会之间的联系。北京市矿业协会亦为新疆吾尔自治区矿业协会召开第二届代表大会暨新疆矿业联合会成立大会发去了贺信。

（闻一鸣）

【矿业行业“服务年”活动】 北京市矿业协会建会的宗旨是为发展矿业行业服务，为广大矿业企业事业单位生产经营服务，为政府的决策服务等。服务是协会的信任之基、立会之本、发展之源。协会要搞好三个服务，就要积极开展服务活动，2001年的服务年活动重点：

1.协会为行业企业、会员单位提供信息服务。北京市矿业协会除定期出版《北京矿业》刊物和利用《北京金隅》报及时向会员单位传送信息外，还组织有关人员到顺义区大孙各庄石灰石矿、市地质调查所、北京首钢石灰石矿、北京首钢铁矿等进行实地调查、了解、交流，向会员单位提供石灰石、砂石、水磨石及合资合作等信息，积极为企业服务。

2.为会员单位开发资源服务。2001年5月9日到琉璃河水泥厂寨口矿1号水井进行采样化验评价，该井水质达到天然饮用泉水的要求，市矿协积极联系勘察单位落实人员，现勘察评价报告已完成，待储委审批，为矿山解困起到了"雪中送炭"作用。

3.积极参与社会活动。领会主管部门的有关精神，学习、借鉴兄弟协会和全国协会经验，努力提高自己。参加了市经委召开的"工业系统协会工作会议"和"首届秘书长联席会议"以及"落实三个代表主要思想，加强协会建设会议"；参加了建材行业协会召开的2001年协会工作会议；参加了中国矿业联合会在厦门召开的第十届全国矿业协会(联合会)秘书长联席会议。扩大了视野，有利工作的开展。

4.分会工作有进展，协会工作走向制度化。北京市矿业协会非金属分会作了大量的调研工作，并于2001年6月21日写了"关于帮助解决北京市石灰石矿山赋税过重问题的报告"，重点反映了金隅集团和首钢总公司所属5个石灰石矿山资源税过重的问题。北京市矿业协会拟在适当时候向有关部门写专题报告。本会矿泉水专业委员会应北京市矿泉水厂家的要求，于6月6日在"北京市场报"对天然矿泉水进行科普宣传，并对20多家的饮用天然矿泉水的品牌登报展示。

(闻一鸣)

吉林省矿业协会

【概况】 吉林省矿业协会于1991年10月成立，是经省批准的全省性地质矿产业社会团体，是政府联系矿山企、事业单位和矿业工作者的纽带和桥梁，是社会团体法人。现有会员358个，其中团体会员103个，个人会员255人。协会内设办公室、调查研究部、科技咨询信息部、培训部、外经联络部等办事机构。

省矿业协会的主要任务：对国内外矿产品供需形势、矿业发展战略与管理体制等进行调查研究；联系各有关矿业组织和企、事业单位交流工作经验；协助矿业主管部门和矿山企业，发展多种形式的横向联系，推动矿业的技术进步；举办有关矿业技术、经济、管理等专题培训；组织国际间矿业交流活动及收集、整理、研究国内外矿业信息为矿业企、事业单位服务。

10年来，吉林省矿业协会在广大会员的支持下，做了大量工作，取得了一定成绩。

1.开展调查研究，协助解决矿业发展中存在的问题。省矿协一直坚持深入实际调查研究，帮助矿山企业解决一些存在的实际困难为工作的重点，对全省硅灰石、硅藻土、膨润土矿产资源及开发现状进行了全面调研，同时，还召开了一系列研讨会广泛听取了专家、学者及矿山企业的工程技术人员、管理人员的意见，针对矿山企业存在的实际问题及解决办法向省市等各级政府写了专题报告，得到了各级政府和有关部门的重视和合理解决。

2.组织专题研究，为各级政府决策服务。为长春等十多个市、县的矿业开发提交了专项科研报告，结合不同地区的地质情况及矿产资源的特点提出不同地地质找矿和矿业开发的建议，对发展本地区经济起到了很好的作用，为地区的中长期规划提供了可靠的依据，得到了各级政府的好评。有的科研成果还获得省科技进步三、四等奖。

3.加强国际交往，促进国际合作。吉林省矿业协会成立十多年来，曾与55个国家地质调查所(局)、主管矿业的有关政府部门、矿业协会、工商业集团、公司等建立了友好往来。先后出访了澳大利亚、新西兰及爱尔兰等国，与该国矿业界朋友进行了广泛接触，介绍了吉林省矿业开发状况并进行招商引资项目初步洽谈，取得了共识。

1992年由省矿业协会与美国赛力特公司联系，牵线搭桥促成了该公司与临江市、长白县等企业合资建厂生产助滤剂，外方投资近3000万美元，已于1996年下半年建成投产。

吉林省矿业协会希望与国内外矿业组织、矿业协会建立密切联系，交流经验、互通信息，开展双边或多边合作，并欢迎国外矿业公司合资勘查、开发吉林省境内的矿产资源，促进吉林省的矿业发展。

(吉林省矿业协会)

河北省矿业协会

【概况】 河北省矿业协会是经河北省民政厅批准，覆盖全省的矿业行业社团组织，主要由省内矿业及相关部门、矿山企业、地勘单位、科研机械、院校等单位联合组成，河北矿协的总目标是团结和组织广大矿业工作者、积极促进河北矿业发展。

1.河北矿协的宗旨：为矿业服务、为企业单位服务、为政府服务。河北矿协的主要任务是在企业和政府间起桥梁纽带作用，发挥服务功能和自律作用，在平等、协商、协调、合作的基础上，通过各种活动，协助政府贯彻矿业政策，促进河北省矿业的可持续发展。同时，全力维护会员单位的合法权益。目前，河北矿协有会员单位386个，有理事单位164个，其中常务理事52个。河北矿协聘请我省矿业界一批长期从事矿业开发工作和长期支持矿协工作的德高望重、经验丰富、知识渊博的领导和专家担任名誉会长和顾问。河北矿协根据市场经济和矿业活动的需要建立了全省技术服务专家网。真正发挥矿协的中介和服务功能及作用。

2.河北省矿业协会业务范围：

开发行业调查研究：为政府宏观调控、资源管理、结构调整以及行业发展提供咨询建议；协助政府培育矿业权市场，建立矿业权交易中心，开展矿业权评估、拍卖工作、招投标工作；开展矿产资源勘查、矿产资源开采登记代理工作；受委托开展地质灾害评估、调查工作，开展矿泉水、地热的调查、鉴定工作。开展技术咨询服务。开展地质项目的勘查和监理等工作。根据市场经济要求，建立矿业行业自律机制，制定行规、行约，技术标准并监督执行，促进企业公平竞争，维护会员单位合法权益；作好信息咨询服务，搜集、发布国内外、省内外重要矿业信息。办好协会的信息刊物；开展行检行评，宣传促进质量监督工作；代表中国民间矿业待业组织参与非政府国际矿业组织的活动，促进对外矿业科技和经贸交流与合作；组织有关矿业科学技术、经营管理、法律法规等方面的人才培训，经政府批准和有关部门委托，组织有关资格证书培训；联络和协调矿业各部门和地方协会，开发有关面向矿业的社会活动，发展矿业行业公益事业；承办政府及有关组织委托的其他工作，接受会员单位或其他组织委托，提供有关专项服务，组织对社会有益的其他活动。河北矿协真诚希望通过多种形式，与社会各界建立密切联系，加强合作，为促进矿业的繁荣和发展作出贡献。

（河北省矿业协会）

河南省矿业协会

【概况】 河南省矿业协会成立于1993年11月30日，现有单位会员300多个，个人会员800余名，是河南省较大的社团组织之一。1998年9月1日召开了第二次会员代表大会，选举产生了第二届理事会。第二届理事会有理事249名，常务理事105名。现任会长王泽众，副会长兼秘书长孙志顺。业务主管部门是河南省国土资源厅。

省矿业协会下设地热矿泉水专业委员会、资源经济专业委员会、非金属矿产专业委员会，并在焦作、洛阳、三门峡、信阳设有办事处。另外，还组建有“河南鸿原矿业咨询有限公司”。

省矿业协会是在中国矿业联合会、省工业经济联合会指导下的全省性矿业社会团体，是由各种所有制矿业企事业单位和有关部门，在自愿的基础上联合组成的行业组织，是经省民政厅核准登记的非营利性社会团体法人，是市场经济体制中的中介组织。省矿业协会的宗旨是：为发展矿业服务、为矿山企事业单位服务、为政府矿业决策服务，努力发挥桥梁和纽带作用以及矿业行业的组织、协调、自律作用。其业务范围是：调查研究、协调指导、信息咨询、技术服务，维护单位会员的合法权益。

省矿业协会成立以来，坚持以“三个服务”为宗旨，着眼全省矿业经济发展，积极组织了大中型矿山企业座谈会、矿业经济发展、矿业结构调整研讨会以及纪念毛主席“开发矿业”题词50周年座谈会等活动。近几年还结合矿业发展和矿山企业存在的热点、难点、重点问题，进行了大量调查研究和矿业经济分析工作，提交了以下成果：

《河南省非金属矿产可利用评价》（1999.10）、《关于我省当前矿业形势和21世纪矿业发展建议》（2000.4）、《河南省矿业五十年》（2000.5）、《河南省新县矿业经济发展研讨会论文集》（2000.11）、《郑汴地区地热资源开发现状及对策调研报告》（2001.3）、《河南省非金属矿产开发利用指南》（中国地质出版社出版2001.10）、《河南省矿山企业调查情况分析及建议》（2001.12）、《一个资源枯竭矿山在迟暮中的企盼——大河铜矿情况再调查》、《调整产业结构，实现二次腾飞——李珍矿业公司转产情况调查》（2002.7）。以上成果对于制定我省十五规划和促进河南省矿业健康发展具有一定的参考价值和积极作用，受到了主管部门和有关领导的高度重视。

省矿业协会编印的内部资料《河南矿业》（双月刊）、《河南矿业信息》，为宣传矿业、沟通信息起到了积极作用。

省矿业协会成立以来，主动工作，开拓进取，取得了一定成绩，得到社会和有关领导部门的肯定和好评。1996年、2001年，在省经贸委、省工经联开展的两次评选活动中均被评为“河南省先进行业协会”。

省矿业协会在新千年的新形势下，在党的十五大“关于培育和发展社会中介组织”精神指导下，将进一步认真学习邓小平理论，努力实践"三个代表"，与时俱进，继续坚持"三个服务"的宗旨，加强自身建设，本着"量力而行，稳步前进"的原则，逐步扩大服务领域，不断开创新局面，为推进河南省矿业的健康发展做出新的贡献。 （河南省矿业协会）

陕西省矿业协会

【概况】 经陕西省民政厅批准陕西省矿业协会于1999年4月22日正式成立。陕西省矿业协会是跨部门、跨所有制的全省性行业组织，是全省矿业管理部门、矿业企、事业单位和矿业工作者自愿组织起来的全省性法人社会团体，是政府联系矿业企、事业单位和矿业工作者的纽带和桥梁。陕西省常务副省长贾治邦指出："陕西省矿业协会要围绕全省经济建设中心，为政府当好参谋。陕西省矿业协会要以为矿山企业服务，为地勘单位服务，为地方经济发展服务为宗旨，把矿协真正办成广大矿业工作者之家。"陕西省矿业协会成立以来的主要工作：

1.建立健全省矿协工作程序和工作制度。经省矿协领导机构讨论，制订了《陕西省矿业协会工作规则》、《陕西省矿业协会会议制度》、《陕西省矿业协会财务管理制度》等5个工作制度。

2.根据陕西省矿业协会章程，把发展会员工作放在重要位置。积极吸收会员单位，2001年，已发展团体会员189家，设常务理事68人，理事205人，使陕西省矿业协会真正成为跨部门、跨行业的社会团体。

3.为进一步贯彻落实中央关于西部大开发的战略，使陕西省矿山企业适应中国加入WTO和经济全球化的形势，总结交流陕西省矿山企业改革发展的经验，深入研讨全省矿山企业面临的新情况、新问题，探讨改革发展的新观念、新思路、新机制，发挥陕西省矿产资源优势，推进矿山企业改革发展步伐，促进陕西省矿业经济持续、快速、健康发展，省矿业协会于2000年7月和2001年6月分别召开了《全省矿山企业矿长、经理座谈会》、《全省矿山企业改革发展研讨会》。

4.为了深入贯彻党的十五届四中全会精神，探索矿业城市可持续发展道路，帮助矿山企业扭亏脱困，1999年10月省矿业协会与中国矿协、铜川市人民政府、陕西省计委在铜川市联合举办了"铜川市矿业城市可持续发展研讨会"。

5.受省国土资源厅委托，陕西省矿业协会组织专家对《陕西省铜川煤矿区矿山地质环境恢复项目》、《陕西省紫阳县瓦板岩矿区矿山地质环境恢复项目》、《陕西省潼关县小秦岭金矿区矿山地质环境恢复项目》和《陕西省凤县铅锌矿区矿山地质环境恢复项目》等4个项目进行了可行性论证。

6.为了广泛交流信息、省矿业协会成立后便创办了《陕西矿业》，向陕西省人民政府及有关部门，中国矿联、兄弟省（区、市）矿协及本省矿业协会理事、会员单位赠送，通过《陕西矿业》及时将省矿业协会的工作情况、上级有关会议精神及有关矿业信息通报给全体会员单位和理事，密切了省矿业协会与会员单位及各位理事的关系。 （陕西省矿业协会）

江苏省矿业协会

【概况】 江苏省矿业协会成立于1996年6月21日，经省民政厅审核注册，具备省级社团法人资格，其主管单位是省地质矿产厅。省级政府机关机构改革完成后，协会的主管部门和挂靠单位由原省地质矿产厅更改为省国土资源厅，为此省矿业协会于2001年初向省国土资源厅呈送汇报省矿业协会概况和有关问题的请示报告，参照国土资源对中国矿业协会确定的协助部和受部委托承担的工作内容，提出了省矿业协会主要工作内容和职责，并得到国土资源厅明确的答复。根据协会章程，理事会每五年为一届，2001年届满，召开了第二次会员代表大会进行换届选举。

省政府机构改革已经完成，市级国土资源系统机构改革已经到位"三定"方案正在审批，县级机构改革也将于年内到位，因此换届工作推迟到2002年上半年进行。2001年新发展会员单位9个，并担任协会理事的人员适当进行了调整，新增和调整理事20名。

2001年，省矿业协会在省国土资源厅领导下，贯彻落实江泽民总书记"三个代表"重要思想和十五届五中全会精神，配合当前矿业战线重要工作，研究分析江苏省矿产资源管理秩序的现状和形势，先后召开了一次理事会、三次秘书处会议研究矿协工作，经过广大理事单位和会员单位的共同努力，完成了年初预定的各项工作任务。 （江苏矿业协会）

【矿产资源调研】 根据国土资源部《关于2001年矿产开发监督管理工作安排意见》和省国土资源厅《2001年全省国土资源管理工作要点》的要求，为贯彻"在保护中开发，在开发中保护"的原则，推进矿产资源的有效保护与合理开发，省矿业协会受省国土资源厅的委托，承担煤炭资源开发利用水平抽样调查任务，为煤炭资源开发利用、生态环境保护规划的制定及管理提供科学依据。该课题由徐州市国土资源局、大屯煤电(集团)公司、徐州矿务集团公司、中国矿业大学、省地方煤炭工业公司等矿协理事单位组成抽样调查项目小组，组织精干队伍，利用有利条件在收集第一手资料的基础上从煤炭资源的基本情况，开发利用水平现状、资源综合利用状况、矿山安全及环境状况以及矿山企业生产管理经验诸方面进行论证分析，对江苏省煤炭资源经济运行形势以及开发利用中存在的主要问题，从政策法规、技术、经济、管理诸方面进行综合研究。

调研结果表明：江苏省煤炭资源的开发利用对江苏经济和社会发展起到一定作用，同时对矿区生态环境带来较大的负面影响；煤炭资源的开发利用处于国内中上水平，尤其在管理和资源综合利用诸方面具有特色；由于资源量严重不足，加之供需矛盾突出以及煤炭企业的生存造成超强度开采，缩短了矿井的服务年限；在开采过程中，村庄压煤资源枯竭、企业收缩关门以及一些政策不完善、不健全等问题的存在制约了煤炭资源开发利用有序、健康发展。为此提出了相应的对策和建议：强化煤炭资源开采的系统思想，进一步深化煤炭企业改革，建立、健全现代企业制度，注重科技创新，按照市场取向和规模经济的原则，组建大型煤炭集团，延伸产业链，开拓利用两种资源和两个市场，进一步开发利用共、伴生资源，资源开发与环境保护关系等，以实现社会经济生态环境的可持续、稳定、协调发展。　(江苏省矿业协会)

【矿产资源管理秩序治理整顿】　江苏省经济比较发达，矿产资源开发利用程度较高，随着经济、社会快速发展，城市、交通等各项基础设施建设步伐的加快，对砂、石等建筑材料的需求量剧增，造成近年来开山采石企业数量迅速增加，对自然生态环境的负面影响日益严重。据统计2000年度全省从事露天开采的矿山达4700多个，约占全省矿山总数的95%，从业人员24.3万人，占全省矿业从业人员61%，开采量达2亿吨，占全省固体矿产总量的87%，大多数开山采石企业集中在丘陵山区的铁路、公路、水路等重要交通干线两侧，在开采过程中，缺乏必要的环境保护治理措施，使这些地区生态环境恶化，治理成本不断加大，自然景观难以有效恢复，严重影响江苏省投资环境和经济社会的可持续发展。这些采石企业多而小，多数生产技术水平较低，不仅造成了有限的资源损失浪费，而且留下了严重的安全隐患。

省人大常委会于2001年8月28日发布《江苏省人大常委关于限制开山采石的决定》的地方性法规，控制开山采石，有效保护生态环境和自然景观。省矿业协会在“决定”制定过程中主动积极地提出建议意见，“决定”颁布后在秘书处会议上进行宣传学习，结合全省范围内开展的矿产资源管理秩序治理整顿工作，认真组织矿协会员单位统一思想，提高认识，认真贯彻落实。2001年12月12日经省国土资源厅同意在厅矿管处、法规处配合下召开贯彻落实“决定”的学习研讨会，统一思想、提高认识、交流情况、总结经验。与会代表认为，“决定”的制定是保障国土资源可持续利用和社会经济可持续发展的一项重要举措，将为我省加强矿产资源规划、管理、保护和合理利用提供重要的法律依据和法律手段，对贯彻落实资源环境基本国策有着十分重要的意义。近年来，在加强矿产资源管理方面已做了大量的工作，但由于思想认识不到位、管理不严、利益驱动等原因，部分地区矿产资源管理秩序比较混乱，不同程度地存在着无证开采、非法采矿、边探边采、以采代探、越权发证、违法处置、乱采滥挖、浪费资源、重采轻治、破坏环境等问题，不仅破坏矿产资源，造成水土流失，而且安全隐患严重，如不及时解决，对全省经济发展和社会稳定将造成严重影响。要从实践江泽民总书记“三个代表”重要思想的高度，充分认识加强我省矿产资源管理工作的重要性和紧迫性，统一思想、坚定信心、加强领导、积极发挥矿协宣传、组织、协调、服务的职能，为促进江苏省省国民经济和社会发展作出贡献。为江苏省经济和社会发展创造良好的环境而努力。

(江苏省矿业协会)

【协会协助会员单位办矿山】　江苏省矿业协会帮助会员单位解决兴办矿山遇到的困难，在沟通办证渠道、调解矿山与地方纠纷中，协会做了大量富有成效的工作。会员单位江苏省有色金属华东地质勘查局依据矿法赋予的可优先取得采(探)矿权的有利条件，通过对市场的分析，对90年代在福建省发现的大型铅锌矿进行投资开采，目前已建成具有400吨生产能力的矿山企业，由于资源好、品位高、管理善，取得了良好的经济与社会效益，成为该单位一个含金量较高且比较稳定的发展地勘经济新的增长点。

华东石油地质局在争取政府优惠政策，减免税费方面，矿协积极向有关部门反映协商，并得以解决。

(江苏省矿业协会)

【矿业管理工作及法规宣传】　江苏省矿业协会积极主动配合省国土资源厅进行法规宣传教育活动，省矿协秘书处派员赴六合、江宁等地进行“江苏省矿产资源管理条例”的宣讲培训，参加学习的人员达400多人次；列席参加了矿管处贯彻国务院第241号令，深入矿山企业和市、县了解情况；对四市三县矿山企业换发采矿许可证工作进行的检查验收，被邀参加原南京地矿局纪念

“矿产资源法”颁布15周年召开的部分矿山企业座谈会;对有关矿产资源补偿费征收工作的政策措施,积极参与讨论发表意见等。 (江苏省矿业协会)

浙江省矿业协会

【概况】 浙江省矿业协会于1996年9月成立,是全省性矿业社会团体行业组织。现有团体会员212个,个人会员10个。分支机构4个,代表机构3个。

6年来,协会坚持为发展矿业服务、为矿山企业服务和为政府决策服务的宗旨,积极开展活动,做了大量工作,逐步发展成为省内较有影响力的行业组织。协会在做好规定业务范围内的工作外,重点开展了以下工作:

1.矿业现状与发展方向的调研工作。在综合分析基础上,提出了本省矿业发展的思路,向省政府提出建议意见。

2.配合地矿行政主管部门、开展矿情和法律法规的宣传。

3.做好“三个”服务,如参与部分市、县的矿产资源规划的编制;组织主要非金属矿种(如蜡石、萤石、沸石、硅藻土、澎润土)的开发利用座谈会;开展矿泉水勘查、开发、测试与咨询的系列服务;完成国土资源厅委托办理的一些工作项目(建筑石料矿产地质勘查技术要求的编制等)。

4.办好会讯、专刊。做到矿协简讯、非金属矿通讯每年各出4期,矿泉水刊物不定期交流。

5.其他方面,如宝玉石服务和矿业信息服务等等。

通过几年来的工作,对促进浙江的经济建设和矿业发展起到积极作用,协会组织不断壮大,服务领域不断拓展,服务质量不断提高,矿业协会在全省矿业的地位和声望也随之提高。 (浙江省矿业协会)

广西矿业协会

【概况】 广西矿业协会是广西矿业企业事业单位和矿业工作者自愿组成的行业性社会团体,成立于1991年12月10日,有单位会员171个,个人会员216名。广西矿业协会成立以来,以“三个服务”为宗旨,围绕促进和振兴广西矿业经济的总目标,组织开展调查研究,信息交流、技术咨询、矿业权评估服务,人才培训等活动,并受自治区人民政府委托,参与或开展有关矿业发展的各项工作,发挥了行业协会协调、服务、自律、桥梁的功能和作用。2001年主要工作:

1.*围绕矿业发展开展调研*。2001年广西矿协开展了对广西矿山投资环境调查,有29个单位会员写了调查材料,协会撰写了《广西矿山投资环境情况调查及对策建议》上报区政府。参与中矿联组织的“西部大开发矿业持续发展”调研活动,完成了两个调查报告即《广西百色地区发展矿业思路好》、《民族工业的一面旗帜——关于平果铝业公司的调查》。广西矿业协会成功地开展了对广西石材工业现状和广西矿产资源开发利用与保护管理现状的调查,取得了好的成效。

2. *为矿山企业排忧解难,办实事*。2001年广西矿业协会通过专题报告,向政府和有关部门反映了平果铝矿山开采用地问题、罗城矿务局发展中面临的困难、桂广滑石工业公司矿山受无证开采干扰、大新土湖锰矿矿区某处山体出现裂缝等问题,均引起了政府和有关部门的重视。

3. *参与矿业权评估和矿产资源评审工作*。在国土资源厅的领导和支持下,2001年5月成立北京海地人资源咨询公司广西办事处和广西矿产资源储量评审中心,协会部分工作人员参与矿业权评估和储量评审工作,一年来完成了10个单位的矿业权评估和30多项报告的储量评审任务,提供了优质服务。

4. *加强对外联系和合作*。继2000年组织单位会员赴西欧考察矿业和地质环境后,2001年广西矿业协会又组织考察组赴四川考察石材开发,参加中矿联组织的厦门世界矿业博览会,协助中国矿业报在北海市召开全国矿业新闻工作会议,组织与会代表考察广西矿业。 (黎谊锴)

【《广西矿业简报》编印】 2001年共编印《广西矿业简报》12期,采用文稿61篇。在宣传矿业法规,宣传广西矿业重大事项,传播国内外矿业信息的同时,总结宣传了一些先进典型经验,其中有:广西壮族自治区依法治矿经验,广西地勘单位实行统一管理的经验,钟山县对采石业实行五统一管理的经验,桂广滑石工业公司抓企业整顿促经济发展的经验,平果铝业公司资源利用、环境保护、企业效益创一流水平的经验;大新锰矿合理利用资源和272地质队、核工业桂兴公司改革发展的经验。这些经验对促进矿业持续发展起到一定作用。 (黎谊锴)

青海省矿业协会

【概况】 青海省矿业协会成立于1993年8月14日,

是全省性社会矿业团体，是跨地区、跨部门、跨所有制的行业组织，是政府联系矿业企、事业单位和矿业工作者的纽带和桥梁，是社会团体法人。

协会成立后，经省民政厅批准，建立了协会办公室、矿产开发部、调查研究部、咨询服务部、人才培训部。近年来，因工作调动和退休，矿业领导机构人事变动较大，常务理事会于1996年11月26日召开第二次理事会议，对矿协领导机构进行了调整。经省民政厅批准，建立了一室四部机构，增替补了协会领导及理事，发展团体会员104个。

协会按国家法律、法规，依据矿业自身发展规律和特点，围绕促进和振兴青海矿业总目标，组织开展调查研究、信息交流、传播经验、咨询服务、人才培训等活动，兴办经济实体。受省政府委托参与协调矿业关系，为适应社会主义市场经济的发展，加强国家对矿业宏观管理，增强矿山企业活力和发展后劲服务。面向为矿山企业、政府决策、发展矿业服务，开展有效工作。　　（刘振庄　王永祥）

【协会办经济实体】　1994年经省工商行政管理局登记，成立了青海省矿产开发实业公司。1995年3月，公司筹办了祁连小八宝石棉矿，申请并批准了开采范围；1994年完成了年产5000 t芒硝的西宁盆地钙芒硝开发可性行研究报告；1994～1995年，与省第九地质队合作，完成了年产10000 t硫酸钾项目可性行研究报告；1998年申请批准了门源县硫磺沟砂金开采许可证。　　（刘振庄　王永祥）

【图、书编制】　1．1996年1月～1998年8月，与省地质学会合作组成课题组，先后完成了受地方政府委托，省地矿厅下达的《茫崖行委地区矿产分布图（1∶20万）及说明书》，《西宁市地区矿产分布图（1∶10万）及说明书》，《都兰县地区矿产分布图（1∶20万）及说明书》的编制工作，每份文字说明约20～30万字，并通过了专家评审，得到好评。

2．1997年4月～1998年4月，青海矿协组织承担完成由省地矿厅下达的《青海省矿业概况》的编制工作。于1998年1月提交送审稿，约70万字，经编委和专家评审通过，修改补充后，1998年5月提交出版印刷。于1999年3月出版后按省厅指示发放有关单位。　　（刘振庄　王永祥）

【技术咨询服务】　1．1996年3月，完成了《西宁盆地钙芒硝制取元明粉中间试验》项目论证。该中试基本解决了西宁盆地钙芒硝制取元明粉过程中脱泥问题，打通了工艺流程，制取成了符合国家标准一级品质量的元明粉，从而为西宁盆地丰富的钙芒硝矿开发利用提供了决策依据，展示出较好利用前景。

2．为地方国有、集体、私营矿山企业，如花土沟镇盐厂石盐开采；都兰县非金属矿产开发公司冰洲石矿开采加工；西宁沈文章私营铬铁矿开采；茫崖镇石棉矿开采；茫崖镇天青石矿开采等10家矿山企业编制有关开发技术方案，填写采矿登记，指导科学采矿。　　（刘振庄　王永祥）

【矿业协会主要工作】　2001年是“十五”计划的开局之年，是国家实施西部大开发取得重大成果的一年，也是中国矿业联合会确定为矿业企事业单位服务年的一年。2001年，主管部门调整理顺机构，人事变动较大，对青海矿业协会建设有一定的影响。矿协经费困难，工作人员少，但经大家的共同努力，取得一定成绩。

1．*指导地方国有、集体、私营矿山企业开采*。如海北浪力克铜矿开采，扎多县煤建公司冷切达煤矿开采，西宁裕龙矿产开发公司开发的裕龙沟镍矿等矿山企业编制有关矿产开发技术方案，填写采矿申请登记等，指导科学采矿，认真保护，合理利用，提高效益。

2．*矿业咨询*。除办理日常事务工作和上传下达外，还进行了较多的矿业咨询工作，如湖北、河南等省及省内一些单位和个人的矿产咨询工作。由于国家实施西部大开发战略，来青海的矿业界人士较多，想在青海投资发展矿业，进行开采或加工，迫切需要了解青海的矿产资源情况，开采条件和优惠政策，以及目前开采的矿种、厂家、矿产品及价格等。矿协尽可能予以详细介绍，同时尽可能的向客户介绍推荐开发利用的矿种和产地。积极协助私人出资进行矿产勘查，联系委托具有勘查资质，经验丰富和实力较强的勘查单位承接，起到牵线搭桥的作用。

3．*参加有关会议*。2001年9月6日参加了省民政厅召开的《总结交流“九五”期间民间组织管理工作会议》，会上学习了中央和省领导对社团组织的重要指示和先进单位的经验介绍，对矿协今后工作启发较大。

4．*办理上级部门和中矿联交办的工作*。及时转发尤其是上级部门所发的通知，并督促上交，汇总上报编辑出版丛书所需资料。

青海省矿业协会的工作得到了主管部门和矿业企事业单位的支持。青海省矿业协会继续加强自身建设，努力工作，在西部大开发热潮中为青海矿业发展作出应有的贡献。　　（刘振庄　王永祥）

新疆维吾尔自治区矿业联合会

【概况】 新疆矿业协会成立于1996年1月10日，会员单位84个，涵盖全疆地矿、石油、煤炭、有色、冶金、化工、建材、核工业、乡镇企业等。协会成立之后，紧紧围绕自治区”九五”规划和2010年发展纲要，为自治区实施优势资源转换战略和国家实施西部大开发战略，努力开展”三个服务”，重视并加强对矿山企业的调研工作，针对区内矿业经济和矿山企业在市场经济中遇到的热点、难点及带有倾向性的重点问题进行调研，先后向政府和有关部门提交了《关于建立矿产资源综合开发区的建议》、《关于取消自治区黄金发展基金的建议》以及《新疆矿产开发利用与环境保护协调发展的探讨》、《新疆矿产”黑黄白”发展战略问题》等政策建议和科技论文。

为推广企业管理先进经验和先进生产技术，提高矿山企业管理水平和科学办矿水平，1996年6月22日与中国矿协在新疆阿勒泰地区联合举办了“全国金矿堆浸技术经验交流会”，总结交流新疆沙尔布拉克低品位金矿堆浸“树脂矿浆法”的先进生产工艺和方法，对中国低品位金矿资源的合理开发利用起到了推动作用。1999年，结合自治区南疆经济发展规划，对南疆四地、州30多个县、市进行了调研，编著了《南疆铁路沿线矿产资源和矿业发展战略》科研报告，为地方政府和矿山企业提供发展建议及长远规划的科学依据，受到欢迎和好评。1999年6月11日，与新疆地矿厅联合在鄯善县举办“全疆石材开发经验交流现场会”，对自治区石材工业健康发展起到了促进作用。

2001年，完成了库车县、拜城县的《矿业发展规划与对策研究报告》的编写工作，为当地开发矿业，发展经济提供了科学依据。2001年3月，受自治区国土资源厅委托，参与自治区内地州（市）级矿产资源规划工作的总体部署和组织实施工作。

2001年11月20日，新疆矿业协会召开第二届代表大会暨新疆矿业联合会成立大会，新疆矿业协会正式更名为新疆维吾尔自治区矿业联合会。会员单位105个。

新疆维吾尔自治区矿业联合会成立大会贯彻党中央关于“培育发展社会中介组织”的重要指导思想，从新疆实际情况出发，在分析自治区矿业面临的形势，分析自治区矿情和存在的突出问题的基础上，制定了坚持有所为，有所不为，解放思想，实事求是，在努力提高服务水平上下功夫，靠服务求生存、求发展的原则；对进一步加强信息交流，为自治区矿业改革开放服务和进一步加强宣传工作，扩大自治区矿联的社会影响，扩大矿联的服务领域以及搞好矿联自身建设工作做出了具体安排。

（梁伟超　汤建云　张志敏　王希智）

南阳市矿业协会

【工作概况】 2001年，南阳市矿业协会严格按照中矿联、省矿协的部署，统一思想、振奋精神；认真实践“三个代表”，深化“三个服务”；把协会“三个服务”宗旨、桥梁与纽带作用落实到工作中、行动上。

成立“河南省矿业协会非金属矿产专业委员会”，为促进河南非金属产业可持续发展提供组织保障。成立中国矿业报南阳通联站，发表消息、文章、论文多篇。积极组团参与中矿联组织的国际矿业博览会暨首届年会。配合省矿协开展典型矿山企业调研工作，上报“独山玉呼唤保护性开采”，“宝石集团公司土地年租金提案调查报告”，“大河铜矿尾矿治理报告”第8份反映“四矿”问题的调查报告。配合省计委、省矿协完成“河南省优势非金属矿产开发指南”一书的修编、出版。积极为矿山企业提供技术咨询中介服务，完成南阳蒲山矿区、南阳独山玉矿、云阳钢耐集团等矿山设计和开发利用方案16份。编写储量报告、简测报告33份、提供图纸80余份，评审各类报告12份，为矿业协会自身发展奠定了良好基础。

（南阳市矿业协会）

新疆维吾尔自治区煤炭学会

【概况】 新疆维吾尔自治区煤炭学会成立于1963年，是自治区级学会，下设地采专业委员会、露采专业委员会、环境保护专业委员会、土建工程专业委员会、煤炭加工与综合利用专业委员会、民用爆破器材专业委员会、地质测量专业委员会等7个分支机构，业务范围涉及学术交流、科技普及、咨询服务、人才培训、理论研讨，出版刊物等，活动区域遍及全疆，现有理事会成员108人，高级职称98人，会员遍及全疆各地。多年来，自治区煤炭学会本着遵循国家的各项政策法规，团结自治区广大煤炭科技工作者，开展各种群众性科技活动，科技兴新，科技兴煤，为自治区煤炭工业的现代化建设作出贡献的宗旨，服务于煤炭行业。

学会所办刊物《新煤科技》为自治区级内部发行刊物，年发行二期，同时与全国各地进行信息交流、交换，是目前新疆维吾尔自治区煤炭系统惟一的区级刊物。

2001年，新疆煤炭学会在区科协的安排指导下，积极传达全国煤炭学会的精神，服务在广大的煤炭市场，协助煤炭企业抓安全，搞管理，改造不合格矿井，促进新疆的煤炭企业向现代化迈进。

（梁伟超　汤建云　张志敏　王希智）

新疆维吾尔自治区地质学会

【概况】　新疆地质学会成立于1963年，是中国地质学会下属省、区一级具有法人资质的社会团体组织，业务主管单位新疆维吾尔自治区科协，原挂靠单位新疆地矿厅（局），现挂靠单位新疆维吾尔自治区国土资源厅，学会秘书处主持日常工作，下设10个专业工作委员会，7个分会、协会，有3200名会员。主要任务是团结全区广大地质科技工作者积极开展国内外及区内外科学交流活动，科技咨询活动，普及地质科学技术，出版学术协物，促进地质科技工作与地矿事业的繁荣和发展，为自治区经济建设服务。

多年来，新疆地质学会坚持“两个文明”一起抓，先后被中国地质学会，自治区科协授予“先进集体”，被自治区授予“科普工作先进集体”，“青少年科技教育先进集体”，连续9年被中国科协学会部授予“学会之星”称号，连续8年被挂靠单位评为文明处室。

继2000年6月20日成功举办第四届天山地质矿产资源学术讨论会之后，2001年选派10名代表参加自治区科协筹办的《发挥新疆资源优势，坚持高效持续发展》西部学术论坛，选派康玉柱、杜焕民2名代表参加由中国科协、中国工程院、新疆维吾尔自治区人民政府联办，自治区科协承办的《优化 配置西部资源，坚持高效发展学术讨论会》。2001年，根据中国地质学会关于举办两院院士候选人的“通知”精神，完成了4名候选人的推荐工作。根据中国地质学会金、银奖推荐的通知，完成5名候选人的推荐工作。

在地质科技咨询服务方面，根据新疆天山水泥股份公司（上市公司）需求，学会主动上门为其介绍新疆矿产资源分布及阿舍勒铜矿的情况，深受好评。由学会承担的塔里木油田分公司《塔里木盆地及周边地层研究》项目和资源补偿费项目《温泉县科克赛泥岩》报告，顺利完成。

在开展科普活动方面，大力开展“世界地球日”社会宣传工作，街头向行人散发宣传品5万份。招收40名青少年学生，举办了第21届地学、天文学夏令营。学会与新疆地矿局联办刊物《新疆地质》改版为大16开，在2001年自治区科技期刊质量评比中评为一等奖。学会编印“会讯”500册，为广大地学会员发表论文，交流信息提供了园地。

（梁伟超　汤建云　张志敏　王希智）

中国钨业协会

【概况】　中国钨业协会成立于1985年12月，是全国性的有一定影响力的行业组织，1998年至2000年连续3年被中国工业经济联合会授予全国先进工业行业协会荣誉称号。现有钨生产、应用、贸易、科研、设计、地质、教育等会员单位256个。下设地质矿山、冶炼、硬质合金、钨材、钨钼钢铁、经贸研究等6个分会。2001年，中国钨业协会开展主要工作：

1. 钨业综合治理的各项政策落实。依法治理，总量控制，配额生产。3月20日国土资源部下发了国土发（2001）80号文件《关于加强钨矿开发管理工作的通知》。根据通知精神，6月份国土资源部委托中国钨协对大中型钨矿山“矿中办矿”情况进行专项调查，提交了调查报告，对报告中的突出问题，国土资源部办公厅专函要求各有关省依法查处。

6月6日至8日，南方7省（区）钨和稀土矿产开发管理工作会议在江西赣州召开。中国钨协常务副会长兼秘书长孔昭庆出席会议并讲话；6月28日至29日，中国钨协、国土资源部开发管理司在湖南郴洲联合召开国有大中型钨矿山矿产开发管理工作座谈会。会上，国土资源部开发管理司委托中国钨协负责提出2002年全国钨矿开采总量和定点及指标分配的实施方案，为全国钨矿山定点定量生产，从源头上控制总量提供依据。

审定资格，限额出口，价格上升。4月28日，国家经贸委、外经贸部发布了李荣融主任和石广生部长签署的21号令，公布了中国钨业协会协助制定的《钨品、锑品出口供货资格认证暂行办法》。21号令中规定了由中国钨协对钨品生产和出口企业间签订的供货合同进行监督。10月，协会派员参加了由国家经贸委组织的检查组对江西、福建、广东、湖南4省企业进行了年审。

外经贸部根据中国钨协的建议，决定2001年钨品出口配额限制在1.7万t以内。

8月29日，吴邦国副总理对国务院《专报信息》第358期刊登的由中国锡业协会提供数据资料的国家经贸委“关于钨行业综合治理的进展情况、问题及建议”作出重要批示：“建议很好，请经贸委继续从钨的开采，钨品的生产和出口三个环节进行综合治理，地方各部门都要从维护国家利益的大局出发，服从经贸委的宏观调控，否则当前的大好形势，可能毁于一旦”。

2.完成国土资源部委托调研课题。中国钨业协会承担的国土资源部钨、稀土矿业资源开发利用水平调查研究报告，于3月13日在京进行了专家评审，获得好评。8月份，协会邀请专家、部分矿山工程技术人员对“钨、稀土矿产资源开发技术要求”进行研讨、论证，报告已提交国土资源部。

3.面对新形势，履行新职能。国家经贸委以国经贸产业(2001)144号文授予131个行业协会反倾销、反补贴、保障措施等有关职能，并委托有关工作，中国钨业协会是其中之一。

4.协会工作得到上级认可。6月13日、18日，国务委员兼国务院秘书长王忠禹和国家经贸委主任李荣融分别在中国工业经济联合会会长林宗棠、副会长顾家麒《关于摘送五个行业协会工作情况的报告》上，作了批示。中国钨协是其五个行业协会之一，《报告》中指出：中国钨业协会面临钨工业陷入困境，迎难而上，积极向政府反映情况，提出政策建议，协助政府有关部门进行治理整顿；试行行业钨价自律，遏制低价倾销；发挥资源优势，主导国际市场，使全行业展现生机。

5.加强国际交往，举办国际钨业会议。2001年10月9日，在广州召开了由中国钨协和株洲硬质合金厂承办的国际钨协(ITIA)年会。来自世界各地和国内的钨企业、贸易商共200余名代表参加会议。中国工业经济联合会副会长顾家麒，中国有色金属工业协会会长康义出席会议，并作了讲话，中国有色金属工业协会副会长、中国钨业协会会长周菊秋，时任国际钨协主席主持了这次会议。

6.召开科技创新大会，推动钨工业产业升级。由中国钨协主办、厦门钨业有限公司承办的纪念方毅题词“振兴钨业”20周年暨中国钨工业科技创新大会于11月8日至9日在厦门召开。中国科协副主席、中国工程院院士左铁镛、中国有色金属工业协会会长康义出席了会议，中国工业经济联合会林宗棠会长发来了贺电。与会的钨业界领导、专家、教授、科技工作者及企业家围绕“21世纪中国钨工业科技创新与产业升级”这一主题进行了广泛的研究和探讨，并向全行业发出了“科技兴钨，加快赶超世界先进水平，实现钨业强国”的倡议。

7.做好信息交流工作，为钨企(事)业单位服务。

协会主办的《中国钨业》刊物，宣传党和国家钨业发展和改革的方针政策，介绍钨业新工艺、新成就、生产经营管理经验等，免费赠送给会员单位，受到钨业界的好评。

由中国钨业协会出版的《中国钨工业科技创新大会论文集》，集中展现我国钨工业改革开放以来在科技创新方面取得的经验和成果。

中国钨业协会与厦门中钨在线网络有限公司合作经营的中国钨协网站(网址：www.ctia.com.cn)于4月份开通。

硬质合金分会编印的《硬质合金统计年鉴》和《硬质合金统计季报》，使企业及时了解和掌握行业内的生产经营情况，深受会员欢迎。

(陈辉萍)

人　物

先进个人

全国“五一”劳动模范

【国梁·政治指导员·获全国“五一”劳动奖章】 1971年12月出生，山东省滨州市人，中共党员。历任胜利油田河口采油厂采油四矿采油三队技术员、胜利油田河口采油厂采油四矿采油四队副队长、队长，现任胜利石油管理局(以下简称胜利油田)河口采油厂采油四矿副矿长兼采油四队政治指导员。

1994年7月从中国地质大学毕业后，国梁主动要求到胜利油田河口采油厂最偏远的大王北油田工作。他扎根基层，勇于进取，把所学知识与生产紧密结合，在基层大胆进行科技创新、管理创效工作，带领创新小组先后研制出多功能扒轮器、控制阀座提升器等10多项技术成果，完成了《降低水力泵生产成本》、《优化大三站参数》等课题的研究，组织编写的《利用综合技术配套改造，提高注水效率》获山东省石油学会优秀论文奖。他先后提合理化建议120多条，累计增油3万多t，创造直接经济效益110万元。2000年，他带领的采油四队生产原油8.12万t，超产6000t，创产值1.1亿元，人均108万元。

国梁曾先后被授予胜利油田十大杰出青年、山东省十大杰出青年、中国石化集团公司劳动模范、优秀青年知识分子、模范思想政治工作者等荣誉称号。2001年5月，获得中国青年“五四”奖章和全国“五一”劳动奖章。2001年6月被中国石化集团公司党组授予“新时代青年创业者”称号，并在全系统开展向国梁学习的活动。

胜利石油管理局的国梁同时获得了“中国青年‘五四’奖章”。　（中国石油化工股份有限公司）

【王怀梅(女)·站长·获全国“五一”劳动奖章】 1966年5月出生，1984年7月参加工作，中共党员，现为中国石油大港油田分公司第一采油作业区107队马西7站站长。

王怀梅参加工作18年来，在平凡岗位上做出了突出贡献，多次获“油田模范标兵”、“天津市劳动模范”、“天津市特等劳动模范”、“中油公司劳动模范”等光荣称号和全国“五一”劳动奖章。在多次大型技术比赛中，她曾连连夺冠，誉满百里油区。1994至1999年间，她带领群众把管理难度大的马西18站管理成采油厂先进站，于1994年6月到马西7站任站长，通过潜心研究和实践摸索，不仅总结和实施了一整套新的油井管理方法，创新和实施了多项增产增效实用技术，而且将这个站管理成为油田的标杆采油站，5年中年年超额完成任务，开发和管理指标不断刷新，连获多种荣誉称号。从1999年起，她在本区牵头组织了石油系统第一个“采油班站长协会”。通过创新工作，有效控制了作业区10个重点区块的自然递减上升，间接创效近1000万元，并借此带动职工加强自我管理，直接创效100多万元。　（大港油田分公司）

【蔡志刚·总经理·获全国“五一”劳动奖章】 1945年2月出生，河北永清人，中共党员，大学文化，高级工程师。1970年8月参加工作。现任中国石油天然气股份有限公司吐哈油田分公司总经理、党委书记。2000年10月获新疆维吾尔自治区劳动模范称号。2001年5月获全国“五一”劳动奖章。

蔡志刚1997年上任吐哈后，结合油田实际，提出了“二次创业”的宏伟构想，制定了“二次创业”的指导思想和总体目标，并带领广大职工为之奋斗。在工作中，他作风民主，原则性强，有实干精神，能够从国家和集团公司的大局出发，从新疆民族团结和经济发展的大局出发，服从大局，把握大局，保证了国家和集团公司战略决策的贯彻执行。1999年，圆满完成了吐哈油田做为集团公司重组改制试点的各项工作，按照“四个确保、六个不变”的原则，顺利实现了核心业务与非核心业务的分离，保持了油田生产生活秩序的稳定。2000年向国家缴纳税费7.35亿元，是新疆维吾尔自治区第三大纳税企业，2001年实现收入41.1亿元，上缴税费6.3亿元。蔡志刚重视思想政治工作和精神文明建设，积极探索适应新形势下思想政治工作的新途径、新方法,在他的领导下,吐哈油田先后获全国“五一”劳动奖状和自治区“思想政治工作优秀企业”称号,油田“职工之家”进入自治区先进行列,哈密石油基地被命名为国家级文明示范住宅小区。

(中国石油天然气股份有限公司吐哈油田分公司)

【钱国文·矿长·获全国“五一”劳动奖章】 1941年2月出生,江西省宜春市人,中共党员,宜春钽铌矿矿长,教授级高级工程师。1964年8月毕业于南方冶金学院(原江西冶金学院)采矿系,分配在广西泗顶铅锌矿工作,1971年8月调入宜春钽铌矿,历任生产技术科技术员、助工、工程师,生产调度科副科长,运矿车间副主任,生产副矿长,1987年4月出任矿长至今。

自任矿长以来,率领全矿职工奋发图强,开拓进取,深化改革,从严治矿,使一个亏损矿山逐步发展壮大成为国家大型企业。他敬业爱岗爱矿,大刀阔斧改革,建立新型领导体制,精简机构,完善经济责任制承包,提高矿山管理水平;拓宽销售渠道,主产品钽铌精矿走销国内市场,冲向世界;依靠科技,推广新工艺、新技术、新设备,生产能力翻番,产品获省优部优;廉洁自律,不徇私情,团结班子成员,依靠职工群众,矿山经济效益与日俱增。工业总产值、实现和上交利税、利润、全员劳动生产率和职工收入以每年10%以上的幅度递增。矿山先后获江西省百厂竞赛先进企业、江西省安全文明生产单位、江西省重合同守信用企业、江西省和全国有色金属工业环境优美矿山、江西省省级先进企业、江西省综合利用先进单位、国家工业污染源调查先进单位、全国职工体育工作先进单位、国级二级企业、全国投入产出调查先进单位、江西省文明单位、全国模范职工之家、全国先进集体“五一”劳动奖状,并步入“中国100家最大有色金属矿采选业企业”和跻身“国家大型企业”行列。

钱国文先后获得江西省优秀厂矿长、江西省和全国有色金属工业优秀企业家、江西省合理化建议先进组织者、江西省劳动模范、全国统计工作先进个人、全国优秀经营管理者、“五一“劳动奖章、全国劳动模范,享受国务院政府特殊津贴。(宜春钽铌矿 钱军林)

【吾甫·库尔班(维吾尔族)·汽车修理工·获全国“五一”劳动奖章】 吾甫·库尔班从事汽车修理工作20年,是新疆有色金属工业公司汽车修理的能手,特别在汽车减速、差速器、变速箱的修理方面技术经验丰富,20多年来从未出现过质量事故。工作上精益求精,刻苦钻研,勇挑重担。为了保证车辆的正常运行,累计加班达600个工作日以上,从不计较报酬,体现了共产党员无私奉献的精神。1994~1998年连续五年被评为厂级标兵。1995年获自治区开发建设新疆奖章,2000年被评为全国劳动模范,2001年获全国“五一”劳动奖章。

(新疆有色金属工业公司)

【马丁(哈萨克族)·铲车驾驶员·获全国“五一”劳动奖章】 1994年担任铲车驾驶员以来,刻苦钻研,积极肯干,认真负责,获得广大群众好评。几年来,由于他设备维护保养好,铲车出勤率始终位居前列,月月超额完成任务。马丁在8个月的时间完成了377天的生产任务。1999年、2000年超额完成38000余t铲运任务,两年为车队创造利润13万元,节约材料6000余元。2001年获全国“五一”劳动奖章。

(新疆有色金属工业公司)

【张建荣等4人获全国“五一”劳动奖章】 2001年,中石化集团石油勘探开发产业有4人获全国“五一”劳动奖章。获全国“五一”劳动奖章的是胜利石油管理局河口采油厂采油四矿副矿长兼采油四队政治指导员国梁,胜利石油管理局局长、党委副书记宋万超,江汉石油管理局采油厂地质研究所副所长张建荣,新星石油有限责任公司西南石油管理局川西采油处采气二队256井站站长许君林。

(中国石油化工股份有限公司)

【谢柏华·采掘技师·全国劳动模范】 1958年7月出生,湖南省益阳县人,中国核工业集团公司七二一矿铀矿冶公司邹家山工区采掘队三班班长,采掘技师中共党员。2000年4月被评为全国劳动模范。

721-14工程的3号带,是一条储量大、品位高的富矿体,矿岩透水性特别强,经常出现塌方,很多人都把3号带称为“老虎口”,谢柏华凭着多年的井下采掘经验和共产党员的责任感,勇敢地挑起了这副重担。他首先狠抓安全管理,成立了技术攻关小组,集中精力治塌方。在有效地制止了塌方后,他又根据3号带所处位置的特点,摸索出一套根据采幅宽窄、岩层走向的斜角布眼法的科学方法,不仅安全有效,而且加快了采矿进度。他23年如一日,始终坚守在井下岗位。他拒绝高薪聘请,他被聘为采掘技师后,工作更加扎实努力,哪里有困难,有危险,他就出现在哪里。当井下70 m中段开拓时,由于独立作业,断面又宽,加上通风系统未形成,里面又闷又热,掘进工作难度大,是场硬仗。谢柏华带几名青工主动请战,接下任务。他保持班班放炮拿循环,经常连班干,吃住在工地,在他的积极带动下,他的班组创建井以来掘进大巷月进尺73 m的最好成绩。

20多年来,他班里进了一批批新职工,谢柏华关心他们，向他们传授技术。他做了一块铁皮黑板挂在井口工具房，利用班前向青工讲解凿眼角度和眼位的布置，到了工作面，他又手把手地教青工掌握装岩机、顶钻、平钻的操作要领。谢柏华在工作上对班里每个职工的要求都非常严格，制订了一系列规章制度，特别在安全生产方面，经常告诫大家要紧绷安全弦。谢柏华还经常带领班里职工到废旧巷道回收旧风水管、钢轨、挂钩等有用之材，进行二次利用，近3年来仅材料费一项就为工区节约4万余元。（七二一矿铀矿冶公司）

【有色金属行业获全国“五一”劳动奖章名单】 包头铝业(集团)有限责任公司电解一公司大组长：牟开福

辽宁海城镁矿耐火材料总厂总工程师：刘振月

葫芦岛宏跃集团八家子铅锌矿副矿长：于　洪

东北轻合金有限责任公司工人：王会志

中国铝业股份公司河南分公司电解厂工人：张点

洛阳铜加工集团有限责任公司铜板带厂机长：沈振银

新乡无氧铜材总厂厂长：李长杰

湖北华盛铝电有限责任公司供销营业员：邹康林

柿竹园有色金属有限责任公司多金属采矿场90钻班风钻班班长：朱子雄

重庆渝钛白粉股份有限公司检修组长：李庆生

四川省阿坝州阿坝铝厂技术组长：周晓林(藏族)

云南锡业集团公司老厂锡矿直属十区工区长：路忠祥(彝族)

云南昆明理工大学机电工程学院研究所所长：雍歧龙

金堆城钼业公司选矿厂副总工程师：纪　斌

兰州铝厂党委书记、兰州铝业股份有限公司董事长：冯诗伟

甘肃稀土集团有限责任公司一厂218车间主任：王清香(女)

西北稀有金属材料研究院、宁夏有色金属冶炼厂教授级高级工程师：聂明亮

北京有色冶金设计研究总院教授级高级工程师：李若贵。（中国冶金矿山企业协会）

行业系统劳动模范

【崔良平·班长·获中国国防科技工业系统劳动模范称号】 安徽长丰人，1964年出生，中国核工业集团公司七二一矿铀矿冶公司山南工区生产一队二班班长，中共党员，2001年获中国国防科技工业系统劳动模范称号。

崔良平1991年进矿干井下采掘工，1993年任井工班长，他勤奋好学肯钻研，井下打眼、放炮、出碴、支护等四大工种样样精通，采掘中无论遇到什么困难，他总能攻克难关，完成任务。他擅长打天井，不仅速度快，而且质量好，在井工中被称为“天井王”。近6年来，工区最苦、最累、最危险的工程都由他所带班组完成，90%的高通风天井都经他手贯通，工人们都钦佩地称他为擅打硬仗的“崔老大”。工作中他善于动脑筋，小改小革。为解决岩石硬、爆破效率低的问题，他根据岩层的特点，改变装药系数和连线方法，打浅眼，多打眼，采取直线掏槽的方法，终于使爆破效率从原来的45%提高到85%以上。他注重安全生产，常挂嘴边的一句话是“安全无小事”。

1993年以来，他所带班组从未发生过伤亡事故，连年被矿安委会评为“安全生产先进班组”。他注重以身作则，言传身教，善于凝聚和发挥全班职工的智慧和力量，月月超额完成生产任务。他善于管理，将成本核算引入班组，把每月生产任务与风、水、电消耗及材料费用挂钩，精打细算，厉行节约，1996年至今，他们班累计节约材料费用21.5万元，1999年，被江西省双增双节劳动竞赛委员会和江西省总工会授予“全省先进班组”称号。（七二一矿铀矿冶公司）

【王启超·教授级高工·获全国地矿系统劳模称号】 1928年出生，1951年、1995年先后毕业于解放军第四步兵学校参谋专业及东北地质学院地质系，教授级高工。

长期研究变质岩，在国内外学术期刊发表论文数十篇，其科技成果先后获部级二等奖1次，三等奖2次，1978年、1982年、1987年先后获省先进科技工作者，省劳模和省科技战线先进个人，1980、1985年两次获得全国地矿系统劳模称号。（陆林生）

省、市、自治区劳动模范

【樊继平·矿场长·获上海市劳动模范称号】 1964年6月生，江苏赣榆人。1985年毕业于北京钢铁学院采矿系。宝钢集团上海梅山矿业有限公司采矿场场长，高级工程师。参与创立“一切事故疏于管理，一切事故皆可预防”理念，形成了“无故障管理”模式，分别于1998和1999年获国家冶金系统管理创新成果二等奖。先后主持参与了多项科研攻关，其中无底柱分段崩落法加大结构参数的研究获国家科技进步二等奖。深化内部改革，创新管理机制，加大科技投入，极大的促进了采矿生产力发展，1998年实现了梅山采矿一期设计规模达产，2000年二期工程竣工。1999年，被评为上海市安

全生产先进个人，2001年获1998至2000年度上海市劳动模范称号。（上海梅山矿业有限公司）

【赵富平·厂长·曾获维吾尔族自治区劳动模范称号】赵富平自参加工作以来，从技术员、到机械厂厂长、机动处处长、铜镍矿副矿长、阜康冶炼厂厂长、厂长兼党委书记。他大学毕业后，主动放弃进入大城市工作的机会，一头扎进新疆高寒地区—可可托海，一干就是10多年，特别是在冶炼厂，通过抓改革强化管理，抓技改、抓技改配套，使阜康冶炼厂3年迈出三大步。1998年减亏有成效；1999年实现收支平衡；走出困境，2000年全年盈利2000万元。先后获"全国模范职工之家"，"有色公司安全生产先进单位"，"有色公司民族团结进步模范单位"。2000年赵富平被评为自治区劳动模范。

（新疆有色金属工业公司）

【阿力别克（哈萨克族）·铲车司机·曾获维吾尔族自治区劳动模范称号】阿力别克，是一位铲车司机，对工作认真负责，爱岗敬业，勇于奉献。每天出勤高达十几小时，一年干的任务相当于他人干3～4年。每年为企业创效益几十万元，节约铲车维修费2～3万元。1999年获新疆有色公司青年岗位能手称号及公司优秀党员，2000年被评为自治区劳动模范。

（新疆有色金属工业公司）

国家科技进步奖获得者

【曹祖民·总经理·获国家科技进步二等奖】大屯煤电公司总经理、教授级高级工程师，带领组建国家级技术中心和上市公司，年科技经费投入达4300万元。2001年主持、参加完成了难采煤层轻型放顶煤液压支架、矿井水复用技术与装备开发项目、复杂地质条件下的高效经济开采技术等课题研究，其中难采煤层轻型放顶煤液压支架在构造复杂的较薄厚煤层（3.5～5 m）使用，具有高产高效的优点；矿井水复用技术与装备开发项目2001年获国家优秀项目。另外，平顶山大屯矿区技术改造与综合开发研究2001年获国家科技进步二等奖（排名第三）。（中国矿业年鉴编辑部）

【赵森林·总工程师·获国家科技进步二等奖】邢台矿业公司总工程师、高级工程师，2001年主持指导完成跳汰机多参数自动寻优模糊控制项目，获国家科技进步二等奖；2001年主持完成邢台矿洗煤厂改造工程，改跳汰浮选为重介选煤，提高精煤回收率；主持研制成功薄煤层电牵引采煤机，经有关专家鉴定，填补了国内技术空白；参与的煤矿开采和煤巷锚杆支护两项曾于1996年和2000年分别获省特别奖。

（中国矿业年鉴编辑部）

【张铁岗·总工程师·获国家科技进步二等奖】平顶山煤业公司总工程师、教授级高级工程师，2001年中国能源孙越崎大奖获得者。致力于采矿工程与煤矿安全科研工作，特别是在瓦斯综合治理研究与管理方面有突出贡献。承担"九五"攻关项目矿井瓦斯综合治理示范配套技术研究，2001年获国家重点科技攻关计划优秀科技成果奖（排名第一）、河南省科技进步一等奖；参加的平顶山、大屯矿区综合开发项目，2001年获国家科技进步二等奖（排名第九）；2001年另有4项成果获河南煤炭工业科技进步奖。（中国矿业年鉴编辑部）

【王家臣·博士生导师·获国家科技进步二等奖】中国矿业大学北京校区博士生导师、教授，在难采厚煤层综放开采技术的研究与应用方面成绩突出。其坚硬厚煤层综放开采关键技术研究获2000年国家科技进步二等奖（排名第九）；与鹤壁煤业公司联合攻关，创造性地进行大倾角（31度）厚煤层轻型支架综放开采技术研究，2001年通过河南省鉴定，成果达到国际先进水平。创造性地进行了在矿山岩石边坡的三维可靠性研究，并在工程实际中应用；铁路、建筑物附近露天矿开采边界问题研究通过河南省鉴定，达到了国际先进水平。

（中国矿业年鉴编辑部）

【宋振骐·科学院院士·曾获得国家科技进步二等奖】
教授，山东科技大学战略发展咨询委员会主任、资源与环境工程学院名誉院长，博士生导师，第八、第九届全国政协委员。

宋振骐教授作为中国实用矿山压力理论学派的带头人，创立了以岩层运动为中心的实用矿山压力理论体系，为把煤炭安全开采和环境控制决策从依靠统计经验决策提高到针对具体煤层条件科学定量的发展阶段（实现决策和管理的信息化、智能化和可视化）做出了重要贡献。曾获得国家科技进步二等奖、国家教学成果二等奖等10多项奖励。

（中国矿业年鉴编辑部）

【陈蕴博·工程院院士·曾获国家科技进步二、三等奖】

教授，山东科技大学材料科学研究院院长，博士生导师。主要从事金属材料、热处理和模具技术领域的科技工作，主持承担二十多项国家和部委重点科研项目。曾获国家发明三等奖，国家科技进步二、三等奖等重大科技成果奖10余次。山东科技大学于2000年正式引

进。　　　　　　　　　　　　　　（山东科技大学）

【王士敏等5人获“九五”国家科技攻关计划先进个人表彰】 获“九五”国家科技攻关计划先进个人表彰的人员：中石化新星石油公司西北石油局研究院王士敏、中石化石油勘探开发研究院王庭斌、中石化胜利石油管理局孙建成、中石化石油勘探开发研究院张抗、中石化新星石油公司金志刚、中国石化股份有限公司杨森年。　　　　（中国石油化工股份有限公司）

行业系统技术创新优秀人才

【张士环·矿长·煤炭工业技术创新优秀人才】 淮南矿业公司潘三矿矿长、高级工程师，2000年淮南十大科技企业带头人之一。提出并组织三软大倾角复合顶板煤层综采技术攻关，2001年煤矿增收6000多万元；组织探索推行沿空掘巷新技术，增收4600万元；组织在三软煤层推广使用锚梁、锚索等技术，节约成本800多万元，被评为锚杆支护技术推广应用先进个人；组织矿井瓦斯抽放率达30%，2001年获安徽省技术创新优秀项目；提出并应用三维地震勘探新技术，减少煤炭损失38万多吨；组织实施矿井选煤厂技术改造，精煤产率提高2%，增收500余万元。被评为2001年度煤炭工业技术创新优秀人才。

【何敬德·分院院长·煤炭工业技术拔尖人才】 煤炭科学研究总院上海分院院长、高级工程师。在采掘运设备的控制技术，特别是在变频调速技术方面有较高的造诣，组织完成多项重大技术课题。在科研管理和成果转化方面，重点抓了交流电牵引采煤机的成果转化和产业化建设，取得较好的经济效益和社会效益。交流变频电牵引采煤机是上海高新技术成果转化项目。1998年被评为煤炭工业技术拔尖人才，1999年获上海徐光启科技能源奖。

【张群·研究员·成果达国内领先水平】 煤炭科学研究院总院西安分院研究员，从事煤岩、煤层气地质和资源评价、储层工程的开发技术研究工作。先后完成了中国煤层资源评价、煤中裂隙形成发育规律及其对煤储层渗透率影响，高煤级煤的煤层气开发潜力评价等课题，形成一套适合无烟煤的煤层气开发潜力评价方法；完成了“九五”国家攻关课题煤储层描述与数值模拟研究，形成了一套产能定量评价方法和技术，2001年7月通过国家煤矿安全监察局鉴定，成果达到国内领先水平。

【宿洪涛·矿长·获煤炭工业十大科技成果奖】 枣庄矿业公司八一矿矿长、高级工程师，山东省青年科技创新杰出奖获得者。长期从事水煤浆技术研究工作，采用国内先进技术，自行研制成功年产25万吨水煤浆厂，年销售水煤浆产品30多万吨，新增产值1亿多元，成果获2001年煤炭工业十大科技成果奖、山东煤炭科技进步一等奖、山东省科技进步二等奖（排名第七）；在他带领下，水煤浆工业生产技术列入科技部国家科技成果重点推广计划，高浓度水煤浆列入国家火炬计划、国家重点新产品，并建立起山东省水煤浆工程技术研究中心。

【薛忠臻·局长·获全国煤炭工业企业管理现代化创新成果一等奖】 龙口矿务局局长、高级工程师，山东省优秀企业家称号获得者。创建了塑造以人为本的技术创新机制，提高了龙口局的整体技术创新能力，该项目获2001年全国煤炭工业企业管理现代化创新成果一等奖；组织三软地层技术攻关，建立强壳体支护理论，柔性预应力锚杆获国家专利。龙口局连续两年被评为全国煤炭系统科技进步十佳企业。

【洪益清·副主任工程师·曾获煤炭十大科技成果奖】 开滦公司副主任工程师、高级工程师，长期从事煤矿地质及矿井防治水工作，地测专业的学术带头人。先后承担和参加了多项重点科研攻关项目。其中组织实施的开滦煤层顶底板水害防治对策及水文信息系统研制，获2000年煤炭十大科技成果奖（排名第六）；开滦东欢坨矿业公司201重车道有限限窄岩柱明水注浆堵水技术研究项目，2001年3月经河北省科委鉴定，成果达到国内领先水平。

【郑军·高级工程师·深井快速建井技术及工艺方法研究获成功】 中煤矿山工程公司高级工程师，从事深井快速建井技术及工艺方法的研究工作，曾担任深井综合注浆几个关键技术问题研究、深井综合注浆工艺与定向钻进技术的应用课题组长，解决了深井注浆及快速凿井过程中的几个关键性难题，在宣东二号井、梧桐庄矿井施工中应用，获得成功。其中S孔定向钻进等项目达到国际先进水平。

【刘炯天·院长·获高校技术发明一等奖】 中国矿业化工学院院长、教授，中国矿业大学矿物加工工程后备学科带头人，徐州市十佳青年科技能手之一。提出分选的微细颗粒旋流一静态微炮柱分选方法，拥有11项专利；主持实施的煤炭深度脱硫降灰项目在全国推广后，环境、节能与经济效益显著；提出以调整水质为主的矿物型凝聚剂净水模式，成功解决了难沉降煤泥水的澄清问题，节约成本80%，无二次污染，年经济效益超过7000万元，2001年获高校技术发明一等奖（异议期）；提出了煤泥浮选新理论，在行业标准修订中应用。

【沈世荣·高级工程师·冶金部科技进步三等奖】 现年44岁，中专学历，高级工程师。1981年从长春冶金地质学校毕业后，分配到攀枝花冶金矿山公司兰尖铁矿地测科，从事边坡水文地质工作至今。

沈世荣参加工作以来，勤奋工作，刻苦钻研技术，搞技术革新、科研和提合理化建议20多项，为矿山生产建设作出了突出贡献。如，1998年参加矿业公司立项的“营盘山高陡坡边坡稳定性研究”科研项目的野外工程地质调查研究工作，经过调查研究的分析，提出了“营盘山采场1465～1420水平预留宽平台的建议”，被兰尖矿采纳，取得了很好的经济效益，仅营盘山采场1465～1450一个水平，就少剥岩石129万t，节约剥岩费970余万元；1999至2001年，他提出了“尖山边坡挖潜研究”这一课题，并组织、领导研究，该成果获冶金部科技进步三等奖和攀钢集团公司科技进步一等奖，为矿山创经济效益1亿多元；为实现矿山现代化管理，他自学计算机知识，先后完成了“露天边坡室内详细线资料整理包”及其生产应用的程序设计开发，这些软件在矿山生产建设和现代化管理中发挥着巨大的作用。

1994年获全国冶金系统劳动模范称号，1996至2001连续6年被评为“攀钢英杰”，称为“矿山雄鹰”。2000年5月，被授予四川省劳动模范称号，2001年7月，获攀枝花市“优秀共产党员”和攀钢集团公司“科学技术带头人”称号。（攀钢集团公司）

省、市、自治区技术进步奖获得者

【朱真才·博士·获江苏省科技进步一等奖】 中国矿业大学博士、高级工程师。拥有8项发明专利，在提升容器的过卷过放缓冲、防撞托罐、罐笼承接、摩擦提升防滑等方面拥有突出成果，并在30多个矿务局（公司）推广应用。2001年5月，他提出的矿井提升机的补偿制动技术及相关安全装备经初评获国家发明二等奖（排名第二）；2001年9月，他的保障关键技术及装备获江苏省科技进步一等奖（排名第二）。

【杨家华·副总工程师·获江苏省科技进步二等奖】 徐州矿务集团公司副总工程师、高级工程师，主持完成了松散破碎复合顶板煤巷锚杆支护新技术项目，在留小煤沿空掘巷锚杆支护理论方面有创新，达到国际水平，经济效益显著，2001年获江苏省科技进步二等奖（排名第一）；新河煤矿矿井水供市区民用的研究与应用项目，为城市供水多元模式开辟了新途径，有显著的经济效益和社会效益。

【孙学会·总工程师·抚顺市科技进步一等奖】 抚顺矿业集团公司总工程师、高级工程师。主持完成了国内外第一个无害健全的特厚煤层综合机械化放顶煤开采（采高12～30 m，倾斜10°～14°），解决了特厚煤层三分层开采设备配套、落煤、大块治理、通风瓦斯抽放及自燃发火防治等关键技术，年创效益6700万元，获2000年煤炭工业十大科技成果奖、2001年辽宁省科技进步三等奖；抚顺市科技进步一等奖；主持完成矿井选煤厂及生产系统技术简化及改造，年创效益2300多万元；对矿井水资源进行开发利用，年节约水电费360多万元；加强矿井瓦斯资源的开发利用，顺利完成向沈阳市的输气工程。

【李建胜·总工程师·获山西省科技进步二等奖】 山西焦煤集团公司总工程师、高级工程师。负责组织的厚煤层高效全厚开采新技术开发项目，列为2001年国家重点技术创新项目；主持研究开发的大扭矩、多功能MQT系列气顽固锚杆（素）钻机项目，通过山西省鉴定，达到国际先进水平；螺旋锚杆支护技术研究项目，解决了破碎、复杂地质条件下的巷道支护难题；西山屯兰煤矿复合顶板锚杆支护技术研究项目，2001年通过山西省鉴定，达到国际先进水平，组织完成的煤巷锚杆支护成套技术研究项目，2001年4月获山西省科技进步二等奖。

【缪寅生·总经理·获甘肃省科技进步一等奖】 靖远煤业公司总经理、高级工程师。组织实施魏家地矿煤尘与瓦斯突出、易燃特厚软煤层的综放开采试验，取得成功；主持完成了坚硬层大放高综采放顶煤开采技术研究项目，采用综合弱化技术使煤硬度为f＝2.5～4，厚度为16米；为红会一矿建成一井一面高产高效矿井，直接经济效益5400多万元，被评为甘肃煤炭工业科技进步特等奖、2001年度甘肃省科技进步一等奖（排名第二）。

【崔洪义·副总工程师·获陕西省科技进步一等奖】 兖矿集团副总工程师、高级工程师。长期从事通风安全工作，相继开发研究了厚煤层综合防灭技术、凝胶阻化技术、灭化注氮工艺、近距离煤层火源探测技术，指标气体浓缩吸附技术等科研项目，为厚煤层自燃发火防治作出贡献，在自燃发火早期预报方面的研究处于国内领先地位。2001年综采放顶煤工作面凝胶防灭火技术获陕西省、西安市科技进步一等奖。

【王虹·院长·被评为山西省专业技术拔尖人才】 煤炭科学研究总院太原分院院长、研究员，从事掘进研究工作20年，先后承担22项科研课题。完成了井下无轨胶轮车的开发研制、履带行走式液压架的开发研制、连续运输系统及给料破碎机的研制、EBJ－120TP掘进机及EBH/J－132掘进机的开发研制等。多项成果通过鉴定，达到国际先进水平，其中5项分别获省部级科技进步奖。先后被评为煤炭系统和山西省优秀知识分子、专业技术拔尖人才。　（中国矿业年鉴编辑部）

全军十大学习成才标兵

【邢喜平·参谋（上尉）·全军十大学习成才标兵】 河北省灵寿县人。1968年10月出生，1985年10月入伍，中共党员。现任武警黄金第一总队第二支队工程股参谋，上尉警衔。

邢喜平入伍后一直从事岩芯钻探工作，长期战斗在地质找矿和施工生产第一线，志在戈壁荒原。他注重学习，以顽强毅力自修了高中课程，先后参加了中专、大专函授学习，自学了《工程力学》、《钻探工艺学》、《复杂地层钻进》、《地质学基础》、《冲洗液使用》、《XY系列钻机的使用、维修和保养》等10多门专业书籍，写下了20多万字的读书笔记，熟练掌握了机台所有岗位的操作技术，通晓各种钻探机械和仪表的技术参数与维护，对钻进方法选择、设备安装、护壁和套管作业等有独到见解。1989年作为黄金部队第一批义务兵钻探班长，创下当年部队单班进尺最高纪录。1995年带组在被当地地质队称为“钻探禁区”的内蒙古哈达门沟金矿施工，摸索出解决破碎地层钻进施工难题，为国家“89·2”重点项目—哈达门沟金矿报告顺利提交奠定了基础。谙熟卡、埋、烧钻等各类孔内故障的预防和处理，排除各类孔内事故、机械故障400多次，减少经济损失300余万元。勇于革新，结合实践开展技术小革新30多项，使支队钻探成本逐年下降，2001年达到155.7元/米的好成绩，较前年下降33%，台月效率也比以往有大幅度提高。16年来组织机台搬迁180多次，钻探进尺近3万米，与战友们一道累计为国家探明黄金资源储量50余吨，潜在经济价值40亿元。经测评，钻探技术已达到专业技术11级工程师的水平。2001年在参加总政组织的“全军十大学习成才标兵基层行”活动中，走到哪里好事就做到哪里，受到领导和广大官兵、群众的好评。

入伍16年来，荣立一等功1次，二等功1次，三等功4次，6次被总队、指挥部、冶金部评为“优秀共产党员”。1994年被指挥部表彰为“黄金部队十佳青年”，1997年被指挥部树为“爱岗敬业十大标兵”，破格提干，同年当选党的十五大代表；1998年被中央国家机关工委评为“优秀青年”；1999年获第二届“中国武警十大忠诚卫士”提名奖，并作为英模代表，登上天安门，参加了国庆50周年观礼。2001年被解放军总政治部树为“全军十大学习成才标兵”。　（徐成功）

国家工程设计大师

【张文海·副总工程师·国家工程设计大师】 从事闪速强化冶金设计与研究近四十年，现为院副总工程师（教授级高工）、江西省政协常委。2000年，他主持完成的“常温变量喷射动力波洗涤闪速炼铜技术”获国家科技进步一等奖，同年获“国家工程设计大师”称号。

70年代初，以张文海为主提出的闪速冶金方案曾被全国论证会否定，他不失信心，潜心研究，编译16册专辑，撰写63万字的《闪速熔炼文集》，争取到国家760万元研究经费，历时4年在常州完成1万吨闪速炉大型工业实验，获1978年冶金部重大科技奖和全国科学大会奖。1979年，国务院批准已施工一年多的江铜冶炼厂从鼓风炉改为闪速炉方案，迁址贵溪后于1985年建成投产。

在国家“八五”重点工程“安徽金隆铜业”设计建设中，他主持并组织相关专业技术人员研发“闪速冶金FSCC软件”，提出延长闪速炉寿命的多项技术措施，研编新型“闪速炼铜在线控制数学模型”控制供料精度，采用“双级动力波洗涤组合装置及技术”，攻克了“大气量、大波动、高含尘冶炼烟气净化”世界性难题。主持“电解净化技术”攻关，解决了综合利用中国含砷、锑、铋复杂铜精矿生产高纯铜的难题。张文海在闪速冶金事业中锲而不舍，共获3项国家级、10项省部级科技进步奖和优秀设计奖。中国闪速冶金主要设备已国产化并出口到伊朗，成为世界闪速冶金成套技术设备的输出国之一。　（魏中超）

全国青年岗位能手

【秦新言·副主任·全国青年岗位能手】 2001年，中国石化股份公司管道储运分公司规划发展办公室副主任秦新言被共青团中央、中华人民共和国劳动和社会保障部、中华人民共和国国家经贸委联合命名为“全国青年岗位能手”。　（中石化集团公司）

“李四光地质科学奖”获得者

【关于颁发第七次李四光地质科学奖的决定】 2001年9月17日李四光地质科学奖委员会做出了决定；为纪念中国著名的科学家、卓越的地质学家、教育家和社会活动家，中国现代地质科学技术的开拓者，新中国地质事业的奠基人之一李四光教授，对中国科学事业和地质事业的巨大贡献，继承发扬他求实、创新的科学精神，以及从国家建设和社会发展需要出发，积极参加科学实践，勇攀科学高峰的精神，和把自己的聪明才智献给祖国的爱国主义精神，鼓励广大地质工作者为祖国的建设事业多作贡献，推进我国地质事业的持续稳定发展而设立的李四光地质科学奖，每两年评选一次，2001年是第七次。第七次评奖工作在广大地质工作者、地质行业各部门、各单位的大力支持下，评选工作已经揭晓，本奖第四届二次委员会会议决定，授予3位院士李四光地质科学荣誉奖；授予14位专家、教授李四光地质科学奖。

【获李四光地质科学荣誉奖名单】 中国科学院地质与地球物理研究所研究员，中国科学院院士：叶连俊；

中国地质大学(北京)教授，中国科学院院士：杨　起；

中国科学院青海盐湖研究所研究员，中国科学院院士：张彭熹。

【获李四光地质科学奖野外地质工作者奖名单】 中国石油化工集团公司胜利石油管理局教授级高级工程师：潘元林；

中国石油化工集团公司新星公司西北石油局教授级高级工程师：蒋炳南；

中国有色金属矿产地质勘查中心地质资料馆教授级高级工程师：潘龙驹；

中国石油天然气集团公司大庆油田有限责任公司教授级高级工程师：王启民；

中国石油天然气集团公司地球物理勘探局教授级高级工程师：吴奇之；

四川省地质矿产勘查开发局教授级高级工程师：骆耀南；

中国煤炭地质总局黑龙江煤田地质局教授级高级工程师：姜剑虹；

新疆地质矿产局教授级高级工程师：王福同。

【获李四光地质科学奖地质科技研究者奖名单】 石油大学(北京)教授：王铁冠；

中国海洋石油总公司教授级高级工程师：龚再升；

中国地质科学院地质力学研究所研究员：廖椿庭；

中国人民武装警察部队黄金指挥部教授级高级工程师：蒋　志。

【获李四光地质教师奖名单】 石家庄经济学院(原河北地质学院)教授：杜汝霖；

北京大学地质系教授：何国琦。

(中国矿业年鉴编辑部)

【王福同·高级工程师·获第七届李四光地质科学奖】 1940年12月生，山东荣城人，中共党员，地质矿产教授级高级工程师，1965年毕业于长春地质学院地质调查与找矿专业，历任分队技术负责人、大队总工程师、新疆地矿局科技处处长、副总工程师，1996年任新疆地矿厅(局)副厅(局)长兼总工程师，2000年8月至2001年4月任新疆地质矿产勘查开发局总工程师兼地质调查院院长；2001年10月获李四光地球科学委员会颁发的第七次野外地质工作者奖。

王福同从事野外地质工作和管理工作36年，相继在铜、金、钾盐等找矿和找水中取得重大突破，为边疆建设做出积极贡献。

1984至1991年任新疆地矿局第四地质大队总工程师期间，与同事一起发现和评价了阿舍勒大型铜矿，多拉纳萨依和萨尔布拉克两个中型金矿。1986年至1996年出任国家“七五”科研攻关(305)项目Ⅰ1课题(喀拉通克铜镍成矿带地物化综合研究及找矿靶区优选)技术负责人，该项成果于1990年11月通过国家305项目专题成果鉴定委员会验收时，给予“优秀级”评价，并认为达到国内同等研究工作的领先水平。1993年获自治区人民政府1993年度“科技进步二等奖”。

1996～2001年任新疆地矿厅(局)总工程师期间，发现和评价的大型以上规模的矿床有罗布泊钾盐和土屋、延东铜矿；并发现若干个大中型水源地。尤其是土屋、延东铜矿是近年来国内外铜矿找矿的重大发现之一，其间总结东天山斑岩铜矿的成矿机制，提出“斑岩加玢岩、孔雀石化蚀变、物探激电异常”的三位一体找矿模式，应用于野外找矿，先后发现了维权等多处矿床。主要撰写有《新疆北疆地区铜金镍矿国家重点勘查评价研究报告》、《新疆土屋大型斑岩铜矿床特征及发现意义》等10多篇论文。

主持参与的部控重点项目“新疆第二轮成矿远景区划研究汇总”，于1995年10月获地矿部“科技二等奖”。参与编写的“新疆北疆地区铜金镍矿国家重点勘查评价研究报告”，于1997年12月获国家“科技进步二等奖”。1988和1991曾经2次获得自治区先进工作者称号，并获“开发建设新疆奖章”一枚；1988 年出席全国工会第十一次代表大会；1991 年获国务院政府特殊津贴；1997 年获自治区有突出贡献的优秀专家称号；2001 年获第七届李四光地质科学奖。

（梁伟超　汤建云　张志敏　王希智）

第七届全国煤炭工业优秀企业家

（按行政区划为序）

神华集团神府东胜煤炭有限责任公司董事长　杨景才
神华集团准格尔能源有限责任公司董事长　李　东
中煤集团大屯煤电集团有限责任公司董事长兼总经理　曹祖民
中煤集团中国煤炭进出口公司总经理　杨列克
中煤建设集团第一建设公司经理　张禄基
北京京煤集团有限责任公司董事长　倪文驹
河北邢台矿业(集团)有限责任公司董事长　郑存良
河北开滦(集团)有限责任公司总经理　钟亚平
山西阳泉煤业集团董事长　王亦农
山西大同市东周窑煤炭集团有限责任公司董事长　林　平
山西大同煤矿集团公司董事长　朱晓喜
山西省煤炭运销总公司总经理　谢　海
山西潞安矿业(集团)公司董事长兼总经理　任润厚
辽宁沈阳煤业集团有限责任公司总经理　陈必成
辽宁铁法煤业集团有限责任公司董事长　张明元
吉林省卓越实业有限责任公司董事长　郑方银
江苏扬州市矿务局局长（扬州市煤炭工业公司总经理）　顾同生
安徽淮北矿业集团有限责任公司董事长　宋从恕
安徽皖北煤电集团公司董事长　许崇信
江西萍乡矿业集团有限责任公司董事长　文培斌
山东枣庄矿业集团公司董事长　江　卫
山东肥城矿业集团公司总经理　孔　青
山东济宁矿业集团副总经理兼鹿洼煤矿矿长　张延金
河南平顶山煤业集团有限责任公司总经理　聂光国
河南神火集团董事长　李志经
湖南煤矿安全仪器厂厂长　刘松年
重庆 136 地质队队长　李绍村
四川华蓥山广能集团有限责任公司董事长　周运成
云南省后所煤矿矿长、云南省东源铝业有限责任公司董事长　云南东源实业股份有限公司总经理、云南东源实业集团总裁　和　军
陕西省彬县煤炭有限责任公司董事长　何万盈
甘肃靖远煤业有限责任公司董事长　罗福乾
甘肃窑街煤电有限责任公司董事长　朱志全
宁夏太西集团有限责任公司董事长　张文江
中国煤炭地质总局江苏煤田地质局局长　沈敖祥

2001 年度全国煤炭工业双十佳矿长

神华集团神府东胜煤炭有限责任公司大柳塔煤矿矿长　寇　平
神华集团神府东胜煤炭有限责任公司榆家梁煤矿矿长　伊茂森
中煤集团大屯煤电集团有限责任公司龙东煤矿矿长　李北光
河北峰峰矿务局羊渠河煤矿矿长　程文科
山西潞安矿业(集团)有限责任公司常村煤矿矿长　李双录
山西大同煤矿集团公司忻州窑矿矿长　李　平
山西汾西矿业(集团)柳湾煤矿矿长　薛道成
辽宁省铁法煤业股份有限公司大隆煤矿矿长　邵柏库
黑龙江鹤岗矿务局南山矿矿长　赵　凯
江苏徐州矿务集团公司张双楼煤矿矿长　王继承
安徽淮南矿业集团公司谢桥矿矿长　方良才
安徽皖北煤电集团公司刘桥一矿矿长　董昌伟
福建省红炭山矿业有限责任公司翠屏山煤矿矿长　韩曰济
山东新汶矿业集团公司协庄煤矿矿长　孙正启
山东济宁市太平煤矿矿长　王砚和
河南平顶山煤业集团有限责任公司一矿矿长　涂兴子
河南国投煤炭郑州能源开发有限责任公司经理　谢康兴
四川广旺能源发展集团公司唐家河煤矿矿长　张邦永
甘肃华亭煤电股份有限公司砚北煤矿矿长　胡延斌
宁夏灵州集团有限责任公司灵新煤矿矿长　王长信

全国煤炭工业十佳采煤队队长

神府东胜煤炭公司大柳塔煤矿综采一队　郭春锋
兖矿集团公司东滩煤矿综采队　张传昌

邢台矿业(集团)公司东庞矿综采队　李玉伟
龙口矿务局梁家煤矿综采队　周心刚
义马煤业(集团)公司耿村矿综采二队　朱金明
大屯煤电(集团)公司姚桥矿采煤一队　常学亮
大同煤矿集团公司燕子山矿综采二队　韩利军
开滦(集团)公司钱家营矿综采三队　郭东山
铁法煤业(集团)公司小康矿综放队　廉国华
潞安矿业(集团)公司王庄矿综采二队　韩红光

全国煤炭工业十佳掘进队队长

兖矿集团公司鲍店煤矿 551 综掘队　董友泉
神府东胜煤炭公司榆家梁煤矿连采队　杨　真
山西焦煤集团公司官地矿矿建三队　要华伟
鸡西矿业(集团)公司正阳煤矿综掘队　肖　肃
淮南矿业(集团)公司潘三矿掘进一队　苏多云
平庄煤业(集团)公司古山矿掘进队　边政民
徐州矿务集团有限公司权台矿掘进三队　黄　辉
义马煤业(集团)公司常村煤矿 201 掘进队　胡冠军
阳泉煤业(集团)公司国阳一矿工程区二队　李怀林
韩城矿务局象山煤矿掘二队　高金波

全国煤炭工业优秀采煤队队长

淮南矿业(集团)公司谢桥矿综采一队　韦广图
枣庄矿业集团公司蒋庄煤矿综采队　洪启中
平顶山煤业(集团)公司六矿综采一队　李健全
阜新矿业(集团)公司五龙煤矿综采一队　王忠义
大同煤矿集团公司马脊梁矿综采一队　杨存智
阳泉煤业(集团)公司一矿北丈八井综五队　王虎牛
义马煤业(集团)公司杨村煤矿第一综采队　杜青炎
徐州矿务集团有限公司三河尖矿采煤一区　李普红
华亭煤电股份有限公司砚北煤矿综采队　段金红
大雁煤业公司第二煤矿综采队　李柏学
平顶山煤业(集团)公司十二矿综采队　王连生
鹤岗矿务局南山煤矿综采一队　刘贺喜
靖远煤业有限责任公司魏家地矿综采队　高耀权
铜川矿务局下石节煤矿综采队　张学政
峰峰矿务局薛村矿采煤三队　王占林
黄陵矿业公司一号煤矿综采队　唐　勇
鹤壁煤业(集团)公司四矿综采队　申进才
汾西矿业(集团)公司水峪煤矿采煤四队　韩存先
皖北煤电集团公司恒源煤电公司采煤二区　王其华
新汶矿业集团公司翟镇煤矿回采二区　周加启
山西焦煤集团公司镇城底矿采煤二队　刘新卯
邯郸矿务局云驾岭煤矿采煤二队　张聚国
峰峰矿务局新三矿采煤队　申记民
上海大屯能源股份有限公司孔庄煤矿水采工区　韩德印
开滦(集团)公司唐山矿综采三队　马长庚
窑街煤电有限责任公司三矿综采一队　张　驰
辽源矿务局梅河煤矿三井 431 采煤队　张宪国
河南神火集团新庄煤矿采煤一队　刘永林
铁法煤业(集团)公司小青矿刨煤队　孙　君
淮南矿业(集团)公司谢一矿采煤一队　孙全杰
郑州煤炭工业(集团)公司大平煤矿采煤二队　梁战伟
七台河矿业精煤(集团)公司新立矿 441 采煤队　张香石
扎赉诺尔煤业公司灵北矿 352 高档普采队　毕永祥
华蓥山广能(集团)公司绿水洞煤矿采煤三队　陈胜明
太原煤炭气化(集团)公司嘉乐泉矿采煤一队　郭雷云
兖矿集团有限公司北宿煤矿采煤二区　赵　军
盘江煤电(集团)公司土城矿 21122 采煤队　肖云龙
乌鲁木齐矿业(集团)公司碱沟煤矿综采区　袁吉斌
丰城矿务局尚庄矿回采二区　付远征
云南东源实业集团后所煤矿机采一队　叶云生

全国煤炭工业优秀掘进队队长

大同煤矿集团公司同家梁矿机掘二队　晋福贤
汾西矿业(集团)公司水峪公司综掘二队　裴守仁
铁法煤业(集团)公司小康矿综掘队　康　成
兖矿集团公司东滩煤矿综掘一队　房胜峰
新汶矿业集团公司协庄煤矿新一队　强志远
神府东胜煤炭公司大柳塔煤矿连采二队　王泽民
铁法煤业(集团)公司大隆矿综掘队　刘洪博
潞安矿业(集团)公司漳村矿综掘队　王建忠
平顶山煤业(集团)公司一矿掘进三队　王荣党
大同煤矿集团公司晋华宫矿机掘二队　冯日宏
平顶山煤业(集团)公司六矿综掘队　赵克楠
开滦(集团)公司范各庄矿掘一队　杨　军
枣庄矿业集团公司付村煤业公司掘进二区　刘茂法
淄博矿业集团公司许厂煤矿综掘队　白怀岭
神府东胜煤炭公司补连塔矿连采队　张永平
鹤岗矿务局富力煤矿 14 队　史佑义
平庄煤业(集团)公司风水沟煤矿一区一队　王　坤
肥城矿业集团公司查庄煤矿掘进二区　马相臣
大雁煤业公司第一煤矿掘进队　王本德
皖北煤电集团公司百善煤矿综掘队　谭文忠
华亭煤电股份有限公司陈家沟矿综掘队　杨继兴
北京京煤集团公司大安山矿掘十一队　张德国

焦作煤业(集团)公司演马庄矿掘二区　肖怀星
上海大屯能源股份有限公司孔庄煤矿掘进四队　王允福
靖远煤业有限责任公司大水头煤矿综掘一队　徐志军
双鸭山矿业(集团)公司双阳矿掘进区4201掘进队　马佰勤
焦作煤业(集团)公司中马村矿掘二队　李小平
蒲白矿务局白水煤矿掘进三队　李新友
郑州煤炭工业(集团)公司告成煤矿岩巷队　李文灿
芙蓉矿务局白皎煤矿西矿分公司807队　黄世海
太原煤炭气化(集团)公司炉峪口煤矿掘进队　安修库
七台河矿业精煤(集团)公司东风矿301掘进队　于广良
霍州煤电集团公司辛置分公司开拓二队　朱新明
山东裕隆矿业集团单家村煤矿掘一工区　常　青
邢台矿业(集团)公司东庞矿开拓队　刘爱军
云南羊场煤矿沙背冲矿井青年突击队　李云刚
开滦(集团)公司钱家营矿开九队　朱占虎
峰峰矿务局小屯矿1401掘进队　范顺刚
湖南省煤炭坝能源有限公司五亩冲煤矿石掘三队　高宪昌
松藻矿务局松藻煤矿掘进501队　钦茂林

(中国煤炭工业协会)

首届全国冶金矿山“十佳厂矿长”

陈　平　崔　宪　高文远　焦贤仲　李洪革
刘洋洲　钱有政　张兆元　赵兴全　祝庆昌

(中国冶金矿山企业协会)

冶金系统全国先进基层党组织、优秀共产党员、优秀党务工作者获奖者

【全国优秀共产党员】 2001年7月1日,中共中央决定,对近年来在工作中取得优异成绩的50名共产党员予以表彰。

授予鞍山钢铁集团公司化工总厂二炼焦车间工人李宴家“全国优秀共产党员”称号。

【全国优秀党务工作者】 2001年7月1日,中共中央决定,对近年来在工作中取得优异成绩的200名党务工作者予以表彰。

授予包头钢铁(集团)有限责任公司党委书记、副董事长张志公、莱钢集团有限公司炼钢厂党委书记李淑华、安阳钢铁集团有限责任公司党委书记、董事长李文山、广西八一铁合金(集团)有限责任公司总经理助理、冶炼厂党委书记、厂长黄海胜等4人“全国优秀党务工作者”称号。

【冶金系统全国先进基层党组织】 2001年7月1日,中共中央决定,对近年来在工作中取得优异成绩的500个基层党组织予以表彰。

授予宝山钢铁股份有限公司党委、鞍山钢铁集团公司党委、武汉钢铁(集团)公司党委、首钢总公司党委、攀枝花钢铁(集团)有限责任公司党委、本溪钢铁(集团)有限责任公司党委、邯郸钢铁集团有限责任公司党委、抚顺新抚钢有限责任公司党委、湘潭钢铁集团有限公司党委、涟源钢铁集团有限公司焦化厂党委、广州钢铁股份有限责任公司党委、天津钢管有限责任公司党委、水城钢铁(集团)有限责任公司党委、凌源钢铁集团有限责任公司党委、通化钢铁集团有限责任公司党委、杭州钢铁集团公司党委、华北冶金建设公司马万水工程分公司党委、酒泉钢铁(集团)有限责任公司党委、营口中板厂党委等19家企业党委“全国先进基层党组织”称号。

有色金属工业获国家科学技术部财政部、国家计委、国家经贸委表彰的“九五”国家重点科技攻关计划先进个人

技术开发交流中心　钮因健
中国长城铝业公司　宋培凯　李旺兴
郑州轻金属研究院　顾松青
山东铝业公司　刘昌俊
金川有色金属公司　谭世雄
江西铜业公司德兴铜矿　万长峰
大冶有色金属公司　王保生
中条山有色金属公司　谭光伟
柿竹园有色金属矿　曾少雄
柳州华锡集团有限公司　梁杏初
北京有色冶金设计研究总院　王瑞梅
北京矿冶研究总院　江培海　余　斌
长沙矿山研究院　周爱民
长沙矿冶研究院　陈志飞　张泾生
广州有色金属研究院　董天颂　张先华
中南大学　古德生、薛玉兰
北京有色金属研究总院　张少明　刘人敏

中国石油天然集团公司技术能手名单

大庆石油管理局	王　河　司英健　吴宝臣　张敬洲　汪国庆　高素华
大庆油田责任公司	王玉先　刘士军　管长清　何登龙　张清文　唐井山　陈国华
大庆炼化分公司	张洪泉
吉林石油集团有限责任公司	徐先海　王庆斌　郑好友
吉林油田分公司	谢长生　周继兴
辽河石油勘探局	徐长岗　李　刚　李学林　谢家栋　张殿杰
辽河油田分公司	曹建新　雷光明　马春阳
大港油田集团有限责任公司	杨永良　袁世通　刘　用
大港油田分公司	王怀梅　周忠军
大港石化分公司	孙国强
华北石油管理局	钮炳华　高继宏　靳国良
华北油田分公司	沈利宾
呼和浩特石化分公司	左虎臣
华北石化分公司	刘志诚
长庆石油勘探局	李文明　李玉森　赵小文
长庆油田分公司	孟亚莉　申长玲
四川石油管理局	唐润平　郑新元　胡铁生　倪　诚
西南油气田分公司	林大川　陈言胜　梁荣祥
新疆石油管理局	刘明发　邓　杰　吴　强　阿比旦·依克木
新疆油田分公司	吕玉兰　张淑琴　肉孜买买提·巴克
独山子石化分公司	徐凯军
青海油田分公司	兰　琳
玉门石油管理局	贺　宏
吐哈石油勘探开发指挥部	朱家贵
吐哈油田分公司	杨树伟
塔里木油田分公司	胡玉明
物探局　杨洪亮	王连社
管道局	陈　龙
管道分公司	李占武
大庆石化总厂	高　彦
大庆石化分公司	刘立波　王天江
吉化集团公司	张树州
吉林石化分公司	姜丽巍　侯英杰
大连石化公司	李国志
大连石化分公司	赵宏国
抚顺石化公司	王世鑫
抚顺石化分公司	谢德云　许志勇
锦州石化公司	徐　凯
锦州石化分公司	盖宝权
锦西石化分公司	陈宇彬
辽阳石油化纤公司	马建海
辽阳石化分公司	马德宝　张　军
前郭石化分公司	上官书卓
兰州炼油化工总厂	王旭东
兰州化学工业公司	严华强
兰州石化分公司	程志杰　牛育红
乌鲁木齐石化分公司	赵　兵
宁夏石化分公司	倪　伟
哈尔滨石化分公司	杨芳菲
中国石油天然气第一建设公司	刘新儒
中国石油天然气第六建设公司	赵　辉
宝鸡石油钢管厂	李继军
西安石油勘探仪器总厂	纪护林
冀东油田分公司	陈　罡
销售分公司	李本志　董恒凯

全国焊工技能竞赛技术能手

中国石油天然气第一建设公司	曹逐军　王俊峰
中国石油天然气第六建设公司	谢　勇
中国石油天然气第七建设公司	战　强

先进集体

第七届全国煤炭工业优秀企业

（按行政区划为序）

神华集团神府东胜煤炭有限责任公司
神华集团准格尔能源有限责任公司
中煤集团大屯煤电集团有限责任公司
中煤集团中国煤炭进出口公司

中国煤炭工业进出口集团公司日照分公司
中煤建设集团第一建设公司
中煤建设集团第一建设公司
中煤建设集团第五建设公司
中煤建设集团第九十二工程处
北京京煤集团有限责任公司
河北开滦(集团)公司
河北邢台矿业集团
河北邯郸市紫山特钢(集团)有限公司
山西潞安矿业集团公司
山西大同市地方煤炭集团有限责任公司
山西西山煤电股份有限公司
山西三元煤业股份有限公司(长治市)
山西霍州煤电集团
山西省煤炭运销总公司
山西晋城市兰花集团伯方煤矿
山西汾西矿业集团公司
山西阳泉市燕龛煤炭集团公司
大同煤矿集团公司
山西省煤炭运销总公司
河北中煤建筑安装工程公司第六十八工程处
河北中煤建筑安装工程公司第七十二工程处
辽宁铁法煤业集团有限责任公司
吉林省卓越实业有限责任公司
江苏扬州市矿务局(扬州市煤炭工业公司)
安徽恒源煤电股份有限公司
安徽淮北矿业集团有限责任公司
江西萍乡矿业集团有限责任公司
山东兖矿集团
山东淄博矿业集团公司
山东枣庄王晁煤电集团公司
山东临沂宏达集团公司(店子煤矿)
河南鹤壁煤业集团公司
河南神火集团有限公司
湖北宝源集团有限责任公司
湖南省煤炭坝能源有限公司
河南神火集团有限公司
四川华蓥山广能集团有限责任公司
重庆永荣矿务局发电厂
重庆136地质队
云南省一平浪煤矿
陕西煤炭工业西安设计研究院
陕西省彬县煤炭有限责任公司
陕西省煤炭运销(集团)有限责任公司
甘肃窑街煤电有限责任公司
甘肃靖远煤业有限责任公司
宁夏西北奔牛实业集团有限公司
张家口煤矿机械有限公司
中国煤炭地质总局浙江煤炭地质局
中国煤炭地质总局浙江煤田地质局

2001年度全国煤炭工业双十佳煤矿

神华集团神府东胜煤炭有限责任公司大柳塔煤矿
中煤集团大屯煤电集团有限责任公司姚桥煤矿
河北开滦(集团)有限责任公司钱家营煤矿
河北邢台矿业集团有限责任公司邢台煤矿
山西阳泉煤业集团一矿
山西霍州煤电集团辛置煤电分公司
山西西山煤电股份公司西铭矿
山西大同煤矿集团晋华宫煤矿
辽宁天宝能源股份有限责任公司虎台煤业分公司
辽宁沈阳矿业有限责任公司红阳三矿
黑龙江鸡西矿业集团杏花矿
安徽淮北矿业集团公司岱河煤矿
山东兖矿集团鲍店煤矿
山东龙口矿务局梁家煤矿
山东新汶矿业集团公司鄂庄煤矿
河南平顶山煤业集团六矿
河南郑煤集团超化矿
陕西铜川矿务局王石凹煤矿
甘肃靖远煤业有限责任公司大水头矿
宁夏太西集团白芨沟矿

2001年度高产高效矿井

特级高产高效矿井27处

神华神东煤炭公司大柳塔矿大柳塔井
神华神东煤炭公司榆家梁矿
神华神东煤炭公司大柳塔矿活鸡兔井
神华神东煤炭公司补连塔矿
神华神东煤炭公司哈拉沟矿
神华神东煤炭公司上湾矿
神华神东煤炭公司马家塔露天矿
神华准格尔黑岱沟露天矿
兖州矿业集团公司济宁三矿
兖州矿业集团公司兴隆庄矿
兖州矿业集团公司东滩矿
兖州矿业集团公司鲍店矿

兖州矿业集团公司南屯矿
兖州矿业集团公司济宁二矿
国投新能源公司新集一矿
国投新能源公司新集二矿
铁法煤业集团公司大隆矿
铁法煤业集团公司大兴矿
铁法煤业集团公司晓南矿
平朔煤炭公司安太堡露天矿
潞安矿业集团公司常村矿
潞安矿业集团公司王庄矿
潞安矿业集团公司漳村矿
河北金牛公司东庞矿
晋城无烟煤集团公司成庄矿
开滦集团公司钱家营矿业分公司
伊敏煤电公司露天矿

行业级高产高效矿井 59 处

神华神东煤炭公司大海则矿
神华神东煤炭公司康家滩矿
神华集团包头阿刀亥矿
铁法煤业集团公司晓明矿
铁法煤业集团公司小青矿
铁法煤业集团公司大明一矿
潞安矿业集团公司五阳矿
淄博矿务局许厂煤矿
淄博矿务局岱庄煤矿
义马煤业集团公司耿村矿
义马煤业集团公司杨村矿
阳泉煤业集团一矿北丈八井
阳泉煤业集团三矿竖井
阳泉煤业集团新景矿
抚顺虎台煤业分公司
开滦唐山矿业分公司
开滦集团公司范各庄矿业分公司
开滦集团公司荆各庄矿业分公司
西山煤电集团公司马兰矿
西山煤电集团公司西曲矿
西山煤电集团公司东曲矿
西山煤电集团公司西铭矿
西山煤电集团杜尔坪矿
西山煤电集团公司镇城底矿
大同煤矿集团公司马脊梁矿
大同煤矿集团公司大斗沟矿
大屯煤电公司姚桥矿
大屯煤电公司龙东矿
山西神州煤电焦化公司嘉乐泉矿
平顶山煤业集团公司一矿
平顶山煤业集团公司六矿
平顶山煤业集团公司十二矿
枣庄矿业集团公司付村煤业公司
枣庄矿业集团公司蒋庄煤矿
龙口矿务局梁家矿
龙口矿务局北皂矿
龙口矿务局洼里矿
大雁集团公司一矿
大雁集团公司二矿
徐州矿务集团公司权台矿
徐州矿务集团公司张双楼矿
徐州矿务集团庞庄矿庞庄井
徐州矿务集团公司夹河矿
哈密集团井采公司一井
哈密集团井采公司二井
皖北煤电集团公司任楼矿
皖北煤电集团公司百善矿
淮北矿业集团公司朱庄矿
淮北矿业集团公司朔里矿
郑煤集团公司裴沟矿
郑煤集团公司超化矿
新汶矿业集团公司鄂庄矿
新汶矿业集团公司良庄矿
阜新矿务局清河门矿
阜新矿务局孙家湾矿
沈阳煤业集团公司西马矿(薄煤层机采)
乌鲁木齐矿业集团公司碱沟矿
陕西彬县煤炭公司下沟矿
霍林河煤业集团公司南露天矿

省级高产高效矿井 14 处

兖州矿业集团公司北宿矿(薄煤层炮采)
阜新矿务局海州露天矿
晋城无烟煤集团公司古书院矿
晋城无烟煤集团公司凤凰山矿
晋城无烟煤集团公司王台铺矿
新汶矿业集团公司翟镇矿
新汶矿业集团公司协庄矿
潞安矿业集团公司石圪节矿
河北金牛公司邢台矿
河北金牛公司葛泉矿
靖远煤业集团公司魏家地矿
平顶山煤业集团公司四矿
鹤壁煤电集团公司四矿
山西神州煤电焦化公司炉峪口矿

（中国煤炭工业协会）

第二届全国十佳矿山(油田)企业

2002年3月21日,在中国矿联三届四次秘书长联席会议上,推选出第二届全国十佳矿山(油田)企业:

大庆油田
胜利油田
邢台矿业(集团)有限责任公司
神华集团神府东胜煤炭有限责任公司
西部矿业公司
首钢矿业公司
湖北省黄麦岭磷化工集团公司
山东招金集团公司
中国核工业集团公司七二一矿
山东省平度市滑石矿业有限公司

(中国矿业联合会)

有色金属行业获全国“五一”劳动奖状先进集体

华北铝业有限公司板带分厂冷轧机组
吉林镍业集团有限责任公司
安徽铜都铜业股份有限公司金昌冶炼厂电解车间生产一班
福建省厦门钨业股份有限公司
江西铜业公司
水口山有色金属有限责任公司
云南锡业集团有限责任公司卡房采选厂金竹林坑探一队
甘肃省陇南磨沟铅锌矿
兰州连城铝厂机修厂大修车间“刘永汉班”

全国冶金矿山“十佳厂矿”称号企业

鞍钢集团鞍山矿业公司
鞍钢集团弓长岭矿业公司选矿厂
鞍钢集团新钢铁有限责任公司齐大山铁矿
本溪钢铁(集团)矿业有限责任公司南芬露天铁矿
马钢集团南山矿山有限责任公司
密云冶金矿山公司冯家峪铁矿
攀钢集团矿业公司兰尖铁矿
上海梅山矿业有限公司
首钢矿业公司烧结厂
太原钢铁(集团)有限公司矿业分公司尖山铁矿

注:获首届全国冶金矿山“十佳厂矿”称号的企业名单(按拼音字母排序)

首届全国冶金矿山“先进厂矿”称号企业

包头钢铁(集团)有限责任公司选矿厂
鲁中冶金矿业集团公司小官庄铁矿
鲁中冶金矿业集团公司选矿厂
攀钢集团矿业公司石灰石矿
迁安市磨盘山铁矿
首钢矿业公司水厂选矿厂
武汉钢铁集团矿业有限责任公司金山店铁矿
浙江淳铁集团有限公司

(中国冶金矿山工业协会)

国家经贸委关于表彰“九五”国家技术创新优秀项目、优秀新产品和先进管理工作者的通报

各省、自治区、直辖市、计划单列市、新疆生产建设兵团及副省级城市经贸委（经委），国务院有关部门，有关中央管理企业，技术创新试点城市：

“九五”期间，在党中央、国务院的领导下，经过有关部门、各级经贸委及广大企业的共同努力，全国企业技术创新工作取得了显著成效，促进了产业技术升级和企业技术进步，有力地推动了经济建设发展。为总结“九五”技术创新工作，全面推进“十五”技术创新工作，国家经贸委决定对“九五”期间国家技术创新优秀项目、优秀新产品和先进管理工作者进行表彰：授予钢铁研究总院转炉溅渣护炉系统优化技术开发等297个项目“九五”国家技术创新优秀项目奖，授予中国计量科学研究院NLM－X遥测遥控无线终端机等229个产品“九五”国家技术创新优秀新产品奖，授予冯海等222位同志“九五”国家技术创新先进管理工作者称号。

受到表彰的单位和先进管理工作者要再接再励，锐意进取，在“十五”技术创新工作中取得更大成绩。同时，国务院有关部门、各级经贸委和企业从事技术创新工作的同志，要向组织实施优秀项目、开发优秀新产品的单位和先进管理工作者学习，促进“十五”技术创新工作再上一个新台阶，进一步推动经济发展。

附件：一、“九五”国家技术创新优秀项目

二、“九五”国家技术创新优秀新产品

三、“九五”国家技术创新先进管理工作者

2001年6月13日

附件一：

“九五”国家技术创新优秀项目(注:本刊仅列出矿业相关项目)

项目名称	承担单位
转炉溅渣护炉系统优化技术开发	钢铁研究总院、北京科技大学、武汉钢铁公司、首钢总公司、鞍山钢铁公司、太原钢铁(集团)有限公司、济南钢铁集团公司
高效连铸技术开发	连铸技术国家工程研究中心、唐山钢铁公司
连铸坯热送热装节能技术集成示范工程	武汉钢铁公司、北京科技大学
团烧结法新技术推广示范工程	邯郸钢铁公司、北京科技大学
H型钢品种开发	马鞍山钢铁公司
三鼓式全钢丝载重子午线轮胎一次成型机	天津市橡胶机械联合有限公司
层次表面相锆基固体酸催化剂开发	北京新技术公司、江苏宜兴助剂化工厂
矿用煤层气抽放长钻孔水平钻机成套设备及钻进工艺技术的开发研究	北京煤矿机械厂、煤科总院西安分院
矿井水净化及资源成套技术与装备的开发	大屯煤电(集团)有限责任公司、煤科总院杭州所
新型瓦斯报警矿灯	浙江煤山矿灯厂
矿用提升机数字化改造技术	开滦集团公司、中国矿业大学
全面提高中国洛阳浮法玻璃生产工艺技术装备水平	中国洛阳浮法玻璃集团公司、蚌埠玻璃工业设计研究院
500万平方米改沥青防水卷材生产工艺与装备开发	青岛市建材一厂、北京建材工业设计院
高掺量煤矸石烧结空心砖关键装备的开发	双鸭山东方工业公司、山东新汶矿务局机械厂
新型320马力履带推土机	山东工程机械集团有限公司
5.4立方米轮式装载机	广西柳工机械股份有限公司
30及40吨级液压挖掘机	黄河工程机械厂(集团)
320kA大型预焙铝电解槽技术开发	平果铝业公司、贵阳铝镁设计研究院
超高比容钽粉和细直径钽丝的开发	宁夏有色金属冶炼厂
180kA预焙槽智能模糊控制在系列生产上的推广应用	贵州铝厂、贵阳铝镁设计研究院、北方工业大学
金属复合材料生产技术开发	宝鸡有色金属加工厂、西北有色金属研究院
自焙铝电解槽技术创新工程	中国长城铝业公司、中国有色金属工业技术开发交流中心
耐高温螺杆钻具	中国石油天然气集团公司大港油田集团有限责任公司
三苯联合装置成套设备研制	中国石油天然气股份有限公司大连石化分公司
系列可钻井下工具的开发	中国石油天然气集团公司新疆石油管理局
高效PDC钻头的开发研制	中国石油天然气集团公司大港油田集团有限责任公司
ERW直缝电阻焊套管	中国石油天然气集团公司宝鸡石油钢管厂
10万吨/年大型裂解炉的开发	中国石化北京燕山石化有限公司、中国石化工程公司、中国石化北京化工研究院、化工机械研究院
高等级道路沥青产品和生产技术开发	中国石化茂名石化公司、抚顺石油化工研究院

大庆减压渣油催化裂化技术开发	中国石化北京燕山石化有限公司、中国石化石油化工科学研究院、中国石化工程建设公司
丙烯腈厂应用新技术扩能改造	中国石化齐鲁石化公司、中国石化上海石化研究院、清华大学、石油大学、中国石化兰州设计院
乙烯裂解炉旋管强化传热改造技术	中科院金属所
耐高温螺杆钻具	大港油田集团中成机械制造有限责任公司
日用细瓷低温快烧技术开发	唐山陶瓷集团有限公司
玻璃钢节能门窗的工业化生产	中国耀华玻璃集团公司
电池用高活性球型氢氧化亚镍	冀州市科力新材料化工厂
综放面大断面沿留巷治理瓦斯技术	山西潞安矿业(集团)有限责任公司
新型三元混合燃料油水煤浆开发及产业化	内蒙古蒙西高新材料股份有限公司
时速200公里客运专用线用稀土钢轨技术开发	包头钢铁(集团)有限责任公司
MG400/985－WD型大功率电牵引采煤机(升压3300V)产业化	鸡西煤矿机械厂
玻璃纤维成型及其制品装备	杭州玻璃集团有限公司
高温硫化硅橡胶	浙江新安化工集团股份有限公司
低硫铜锌物料冶炼新技术开发	宁波东方铜业总公司
T－150高气压环形钻机TT特种陶瓷过滤机	铜陵有色金属(集团)公司
4A沸石	广丰县非金属矿工业公司
缓倾斜特厚煤层高产高效综放开采成套技术与装备开发	兖矿集团有限公司
HYX120海洋修井机	江汉石油管理局第四机械厂
高牌号硅钢开发	武汉钢铁集团公司
连续化带状泡沫镍开发	长沙力元新材料股份有限公司
石墨电极直流氩弧钢包精炼技术	广州钢铁企业集团有限公司(第三钢厂)
磷矿酸解与城市垃圾处理工艺一体化制有机复合磷肥(规模5～20万吨/年)工业性试验	四川德阳万丰化工总厂、成都恒丰新技术开发应用
秦山二期核电站大型(R134)离心式冷水机组	重庆通用工业(集团)有限责任公司
3500吨/年黄血盐钾清洁生产新工艺	重庆清华紫光英力天然气化工有限责任公司
铝工业地面专用特种车辆国产化	乌江机械厂
BY360油田井下作业用液力变速器	长新机械厂
30T、40T液压挖掘机	陕西黄河工程集团有限责任公司
智能模糊控制技术在160KA预焙铝电解槽上的开发应用	青海铝业有限责任公司
Consteel电炉引进技术消化吸收	西宁特殊钢股份有限公司
高比容钽粉和细直径钽丝的研究开发	宁夏有色金属冶炼厂
柔性抽油杆工业性试验	宁夏恒力钢铁集团有限公司
汽相法生产活性白土技术推广应用项目	农十师184团膨润土研制
机电一体化ZL50G轮式装载机	广西柳工集团有限公司
高性能烧结钕铁硼高技术产业化	绵阳高新区阿尔法磁性材料有限公司

附件二：

“九五”国家技术创新优秀新产品

项目名称	承担单位
纳米级银粉 FAgH－6	北京有色金属研究总院
TH11－92 阴极电泳漆	天津灯塔涂料股份有限公司
低盐纯碱	唐山三友碱业(集团)有限公司
辊道窑高温快烧釉中彩强化日用瓷	邯郸陶瓷(集团)总公司第四瓷厂
双相钢复合板	太原钢铁(集团)有限公司
特低碱水泥	内蒙古蒙西高新材料股份有限公司
NR5263TBC(36 米)混凝土泵车	包头北方专用汽车有限责任公司
铁路用 60AT 道岔钢挂轨	包头钢铁(集团)有限责任公司
3936 加氢精制催化剂	中国石油抚顺石化分公司催化剂厂
P20、S45C—S55C 塑料模具钢中厚板、特厚板	本溪钢铁(集团)有限责任公司
MPS 中速磨煤机	沈阳重型机械集团有限责任公司
钢结构防火涂料 BGW－90	福建华强防火涂料厂
纳米级球形氢氧化镍	江西晶安高科技股份有限公司
硅砂 1－8mm	青岛海洋化工有限公司
铜自热熔炼炉用高耐蚀镁铬砖、方镁石—尖晶石砖	洛阳耐火材料集团有限责任公司
鞍钢酸洗——轧机联合机组	第二重型机械集团公司
含钒汽车梁用热轧钢板	攀枝花钢铁(集团)公司
加工细丝用钼圆条	自贡硬质合金有限责任公司
995 高纯氧化铁	成都旭红磁性材料实业有限公司
建筑装饰用彩色涂层铝板	西南铝业(集团)有限责任公司
红岩 CQ1191C56T 载货汽车	四川汽车制造厂
船用球扁型钢	重钢(集团)公司
Z32－182/YN 型 24 位研磨机	振华股份公司建新分公司
新型 QHS－2 型氯化钠浮选剂	青海省化工设计研究院
脱水光氯石	青海省民和县民和镁厂技术中心
超高强度抽油杆用钢 BZ－11H	西宁特钢集团公司技术中心
利用煤矸石冶炼硅钡铝合金	宁夏贺兰山铁合金厂

附件三：

“九五”国家技术创新先进管理工作者

冯　海	王学军	徐　炜	孟宪忠	张殿尧	邹方斌	阎光明	张大海	封云吉
樊文彬	刘建彪	姚春孝	张正喜	张树德	包铁强	倪　锋	王　宏	谭绍鹏
张瀚文	李柏山	孟祥波	王文波	刘　军	朱国中	符庆珠	张志勇	赵志民
牛家福	苗　勋	李惠群	臧　毅	郝麟超	魏长波	张国华	俞国生	刘校兴
赵怀志	任懿奇	潘宪生	李　健	曹正福	张晓林	卓　见	凌　云	徐光宪
王秀芳	操龙灿	沈忠林	林　刚	杨德坤	林华新	黄万永	林劲澜	洪尚柳
张铃君	杜张琼	刘　煜	李书绅	封宗庆	杨宪坤	王君庭	朱　涛	夏龙君
贾新川	赵大建	张文刚	刘耀强	张忠凯	刘　伟	程　刚	祝义运	余　青
李　路	陈　军	郭纪元	杨建初	黄静华	甘广南	郑国友	王晓星	伍福扬
郭仕居	滕　冲	王　萍	苏超然	郑柏安	陈　峰	杜纯文	马　毅	刘渝梅
冷知用	潘清华	李映辉	杨泰琪	周　玲	赵肖峰	罗元庆	吴筑英	杨瑞英
李现武	刘亚伟	杨腾云	央中卓嘎	帕巴桑登	杨晓连	崔跃民	南　宁	田元太

政 策 法 规

国务院办公厅转发国土资源部关于进一步治理整顿矿产资源管理秩序意见的通知

各省、自治区、直辖市人民政府，国务院各部委、各直属机构：

国土资源部《关于进一步治理整顿矿产资源管理秩序的意见》已经国务院同意，现转发给你们，请认真贯彻执行。

中华人民共和国国务院办公厅

2001 年 11 月 3 日

关于进一步治理整顿矿产资源管理秩序的意见

（国土资源部　2001 年 10 月 10 日）

近几年来，各省、自治区、直辖市人民政府和国务院有关部门在治理整顿矿业秩序、规范矿业权市场等方面做了大量工作，使全国矿产资源管理秩序向着好的方面发展。但是，由于地方保护、利益驱动、疏于管理等原因，当前在矿产资源管理秩序方面仍然存在突出问题：有些地方无证勘查开采行为屡禁不止，严重干扰了正常的矿业秩序；一些探矿权人、采矿权人不按勘查设计施工，擅自进行采矿活动，违反开发利用方案乱采滥挖，重采轻治，造成了严重的资源浪费和环境破坏；一些探矿权人、采矿权人违反法定的程序和条件，擅自以承包等方式非法转让处置探矿权、采矿权，扰乱了矿业权市场的正常秩序；有的管理部门超越法定权限颁发勘查许可证、采矿许可证，引发了不少权属纠纷。这些问题阻碍了矿业经济的持续健康发展，对当地社会稳定和人民生命财产安全带来了严重影响。根据全国整顿和规范市场经济秩序的整体部署，必须对矿产资源管理秩序进行集中治理整顿。

一、治理整顿的主要任务和基本目标

治理整顿矿产资源管理秩序的主要任务是：以邓小平理论和江泽民同志“三个代表”重要思想为指导，深刻理解江泽民总书记关于“要使广大干部群众在思想上真正明确，破坏资源环境就是破坏生产力，保护资源环境就是保护生产力，改善资源环境就是发展生产力”的指示精神，充分认识治理整顿矿产资源管理秩序的重要性，坚持“依法行政、严格执法、认真坚决、从快从重”的原则，针对当前矿产资源勘查开采及监督管理工作中存在的突出问题，集中整顿，及时纠正，严格规范；全面取缔和严格查处无证勘查开采、越界开采、持勘查许可证非法采矿、非法承包转让探矿权采矿权等违法行为；限期停产整顿乱采滥挖、浪费资源、破坏环境的矿山，重点解决矿山布局不合理和优势矿产开采过量的问题；进一步建立健全严格的探矿权、采矿权审批与管理制度，及时依法查处矿产资源违法行政案件。

治理整顿矿产资源管理秩序的基本目标是：通过全面排查，逐一整改，完善制度，加强管理，使治理整顿矿产资源管理秩序的工作近期取得明显效果，实现矿产资源的有效保护和合理开发利用，促进矿业经济持续健康发展。

二、治理整顿的主要内容和措施

（一）全面清理勘查、采矿许可证

对已发放的勘查许可证、采矿许可证，由国土资源部统一组织，抓紧进行全面清理。地方各级人民政府国土资源行政主管部门要逐级具体落实。其中，油气勘查

许可证、采矿许可证的清理工作由国土资源部会同省级国土资源行政主管部门统一组织油气督察员进行。

对未按照法定程序和权限颁发的勘查许可证、采矿许可证，向不符合法定条件的申请者颁发的勘查许可证、采矿许可证，违法设置的相互重叠或交叉的勘查许可证、采矿许可证，都要依法抓紧进行纠正。该吊销的要依法吊销，该注销的要坚决注销，该协调处理的要妥善处理。

（二）坚决制止违法勘查、开采行为

地方各级人民政府要组织国土、经贸、计划、环保、工商、公安、安全监察等有关部门，分工协作，密切配合，对非法勘查、非法采矿集中进行全面治理。对无证勘查开采、越界开采、持勘查许可证进行非法开采、非法转让探矿权采矿权的违法行为，要坚决制止并予以处理。

对无证勘查开采行为要坚决依法予以取缔。对在已取得使用权的土地上进行非法采矿的，要责令立即停止非法采矿活动并依法收回其用于非法采矿的土地使用权。对越界采矿的，要限期依法纠正并没收越界开采的矿产品和违法所得；对拒不停止越界开采行为的，应依法吊销其采矿许可证。对不按地质勘查设计施工或不按开发方案开采的、逾期不按规定如实提交年度报告和拒绝接受监督检查的，要依法吊销勘查许可证、采矿许可证。对未经批准擅自进行边探边采的，或以探矿为名弄虚作假实施采矿活动的，要吊销其勘查许可证并按无证采矿论处，责令立即停止开采行为，没收其违法所得和从重处以罚款。对擅自非法承包、租赁或擅自将探矿权、采矿权倒卖牟利的，要坚决依法查处。

（三）抓紧整顿乱采滥挖

对采矿企业不按批准的矿山设计、开发利用方案和矿区总体规划及单项工程可行性研究报告进行开采的，应责令其限期停产整顿；限期内整改不合格的，由原发证机关吊销或注销采矿许可证。对采取破坏性开采方式采矿的，应从重处罚并依法追究直接责任人的刑事责任。对被安全生产监督管理部门确定为不具备安全生产条件应予关闭的矿山，原发证机关要依法吊销或注销采矿许可证。

（四）严格规范矿业权审批

进一步建立健全严格的探矿权、采矿权审批与管理制度。探矿权的审批登记必须严格依法控制在省级以上人民政府国土资源主管部门。要改革采矿权审批制度，通过有关法规的修改和行政审批制度的改革，将采矿权的审批权上收到省级人民政府国土资源主管部门。目前开采煤矿、石油、有色金属和大中型储量规模的34种重要矿产（目录附后）的采矿权申请，除石油、天然气、煤层气和放射性矿产必须由国务院国土资源主管部门负责登记发证外，均由省级人民政府国土资源主管部门报请省级人民政府批准后再办理采矿登记发证手续。对省级人民政府国土资源主管部门违法颁发的采矿许可证，由国务院国土资源主管部门予以撤销。

采矿许可证的发放必须符合矿产资源规划、矿区总体规划、行业发展规划、产业政策及安全、环保等要求。要解决采矿企业布局不合理和优势矿产开采过量的问题。开采规模必须与矿区的矿产储量规模相适应。要防止大矿小开，严格按照批准的矿山设计、开发利用方案和矿区总体规划组织生产，严禁乱采滥挖。今后对地方小矿发放采矿许可证应当从严控制，并充分征求计划、经贸主管部门的意见。一个矿山原则上只能审批一个采矿主体。不能违法重叠和交叉设置探矿权、采矿权。符合法定边探边采条件的，必须依法申请采矿许可证。未完成规定的勘查工作和审批程序，不能发放采矿许可证。

在自然保护区、风景名胜区、文物古迹以及国家规定限制采矿的区域申请采矿的，未经国家有关主管部门同意，不得颁发采矿许可证。在铁路、重要公路等交通沿线两侧不得准许露天采矿。要从严控制在河道和海域勘查开采砂石活动。禁止在耕地上取土烧制砖瓦。对没有取得勘查许可证、采矿许可证而提出相应的建设用地申请的，一律不予批准。

（五）强化矿产资源开发管理

地方各级国土资源行政主管部门要在当地人民政府的领导下，严格按照法律法规和“三定”规定，强化对矿产资源勘查开采活动的管理。

依法督促探矿权人、采矿权人认真履行法定义务，依法纠正和查处探矿权人、采矿权人在矿产资源勘查开采活动中的违法行为，维护正常的矿业权市场秩序，保护探矿权人、采矿权人的合法权益。依法督促采矿权人对采矿造成破坏的土地进行复垦；对采矿遗留的坑、井、巷等工程进行封闭或填实以恢复到安全状态；对采矿造成的危岩体、滑坡、泥石流、地面塌陷、地下水系统破坏等地质灾害进行治理。新办矿山要严格执行环境影响评价制度，必须进行地质灾害危险性评估。重大项目要按规定程序审批。

（六）加强矿产资源执法监察

要狠抓矿产资源执法监察和督察员队伍建设，保证行政执法人员的纯洁性，从源头上预防和治理腐败。对滥用职权、贪污受贿、徇私舞弊、玩忽职守的行政执法人员，要一查到底，坚决处理，绝不姑息。该追究行政责任的，应追究行政责任；构成犯罪的，要依法追究刑事责任。对未按法定程序和权限发放勘查许可证、采矿许可证造成严重后果的，要依法追究有关人员的责任。

各级国土资源行政主管部门对不当审批发证行为

应及时纠正。上级机关发现下级机关有不当发证行为的，要予以纠正并依法处理。对违法行为不制止、不处罚的，要追究主要领导的责任。国土资源行政主管部门及其管理人员自行办矿、以入股等方式直接或变相参与办矿的，必须彻底脱钩，立即退出。对拒不脱钩退出的，一经查出要从严处理。

三、治理整顿的工作要求

(一)组织领导

国土资源部负责全国矿产资源管理秩序治理整顿工作的组织部署，对地方治理整顿工作加强指导协调和督促检查。

地方各级人民政府应当采取措施，落实维护本行政区域内矿山企业和矿区正常秩序的法定职责。各地区、各有关部门要各负其责，结合实际，突出重点，制定具体可行的措施，切实做好治理整顿矿产资源管理秩序工作。对重点矿区和重要矿种，要采取专门的治理措施。对非法开采、选冶、加工、流通等矿产资源开发利用活动进行综合整治，尤其是要从源头上加大整治和规范的力度。要充分发挥和保护舆论监督、社会各界参与的积极性，设立举报电话或举报信箱，方便群众举报。对媒体披露或群众举报的案件，要从快核实，认真查处。

要按照标本兼治的原则，认真分析存在问题的深层次原因，从加强法制建设、用好规划手段、研究规律性问题、合理调整和处理相关的利益关系等方面，研究探索矿产资源管理秩序的治本之策。

(二)时间安排

2001 年底前，力争完成取缔非法采矿和清理勘查许可证、采矿许可证的任务，治理整顿的各项主要工作取得明显进展。2002 年 6 月底前，关闭限期整改不合格的矿山，纠正乱采滥挖现象，全面落实治理整顿的各项目标和任务。

(三)检查验收

各省、自治区、直辖市人民政府要把治理整顿矿产资源管理秩序工作列入重要的议事日程，认真做好各项有关工作，并于 2001 年底和 2002 年 6 月底将各阶段进展情况报国土资源部。国土资源部要加强督促检查，及时向国务院报告全国治理整顿矿产资源管理秩序的情况。

附件:34 种重要矿产目录

附件:

34种重要矿产目录

1.煤	13.铬	25.稀土
2.石油	14.钴	26.磷
3.油页岩	15.铁	27.钾
4.烃类天然气	16.铜	28.硫
5.二氧化碳气	17.铅	29.锶
6.煤成(层)气	18.锌	30.金刚石
7.地热	19.铝	31.铌
8.放射性矿产	20.镍	32.钽
9.金	21.钨	33.石棉
10.银	22.锡	34.矿泉水
11.铂	23.锑	
12.锰	24.钼	

尾矿库安全管理规定

(2001 年 11 月 7 日)

第一章　总　　则

第一条　为了加强尾矿库的安全管理，保障人民生命财产安全，根据《中华人民共和国矿山安全法》制定本规定。

第二条　本规定适用于安全生产监督管理部门和设有尾矿库的企业。

第三条　尾矿库的建设与管理必须贯彻“安全第一，预防为主”的方针。

第四条　尾矿库的勘察、设计、安全预评价、施工及施工监理等工作必须由具有相应资质条件的单位和中介技术服务机构承担。

第五条　企业职工对一切损害尾矿设施安全的行为有权监督、检举和制止；当发现事故隐患或违反操作规程的现象时，除及时向主管领导汇报外，有权向安全生产监督管理部门报告。

第六条　各级安全生产监督管理部门和有关部门应当支持和鼓励尾矿库安全科学技术研究，依靠科学技术进步，促进尾矿库安全生产；开展尾矿库安全教育，提高安全生产意识和安全作业技能。

第七条　对尾矿库安全作出贡献，成绩显著的单位和个人，安全生产监督管理部门和企业给予表彰和奖励。

第二章 尾矿库安全管理

第一节 尾矿库管理

第八条 企业经营管理者是尾矿库安全生产第一责任人,应在规定管辖的范围内指定或设立相应的机构负责实施本规定中对尾矿库安全所规定的各项要求,组织制定适合本单位实际情况的规章制度,配备与实际工作需要相适应的专业技术人员或有实际工作能力的人员负责尾矿库的安全管理工作,保证必需的安全生产资金。

第九条 企业尾矿设施安全管理部门的主要职责:

(一)贯彻执行国家有关尾矿库安全生产的方针、政策、法规及技术规范;

(二)编制尾矿库安全工作年度计划和长远规划并组织实施;

(三)编制尾矿库安全生产各项规章制度并检查执行情况;

(四)编制各种灾害应急预案并组织演练;

(五)负责技术资料的收集、分析、保存和整理工作;

(六)按有关规定审批和报批尾矿库设计、建设施工和检测项目;

(七)组织落实尾矿库安全隐患治理工作;

(八)负责尾矿库抢险和工程救护,发现重大事故隐患和险情要及时向有关安全生产监督管理部门报告,紧急情况下,应报请当地人民政府及有关部门给予协助;

(九)组织尾矿库安全管理人员的培训工作。

第十条 尾矿车间、工段或班组主要职责:

(一)认真贯彻上级下达的各项指令和任务;

(二)建立健全尾矿设施安全管理工作制度;

(三)编制年、季作业计划和详细运行图表,统筹安排和实施尾矿输送、分级、筑坝和排洪的管理工作;

(四)日常巡检和观测,发现不安全因素时,应立即采取应急措施并及时向上级报告;

(五)对尾矿设施的安全检查和监测作出及时、全面的记录。

第十一条 企业必须严格按照设计文件的要求和有关技术规范,做好尾矿浓缩分级、放矿筑坝、回水排水、防汛度汛、抗震等安全检查和监测工作。

第十二条 未经技术论证和安全生产监督管理部门的批准,任何单位和个人不得随意变更下述涉及尾矿库安全的事宜:

(一)筑坝方式;

(二)坝型、坝外坡坡比和最终坝轴线的位置;

(三)坝体防渗、排渗及反滤层的设置;

(四)排洪系统的型式、布置及尺寸;

(五)设计以外的尾矿、废料或废水进库等。

第十三条 企业必须经常巡视库周山体,发现滑坡及异常现象要及时处理。

第十四条 未经技术论证和批准,任何单位和个人不得在库区从事采矿作业。严禁在库区爆破、滥挖尾矿和炸鱼等危害尾矿库安全的活动。

第十五条 尾矿库使用到设计最终坝高的1/2~2/3高度时,应对尾矿堆积坝进行工程地质勘察和稳定性分析。

第十六条 尾矿库使用到最终设计高程前2~3年,应进行闭库设计,当需要扩建或新建尾矿库接续生产时,应根据建设周期提前制定扩建或新建尾矿库的规划设计工作,确保新老库使用的衔接。

第十七条 尾矿库闭库设计和施工方案应符合国家有关法律、法规和技术规范,并须报省级以上安全生产监督管理部门审查。

尾矿库闭库设计和闭库施工方案,未经省级以上安全生产监督管理部门审查或审查不合格的,企业不得进行尾矿库闭库施工。

第十八条 尾矿库闭库工程结束后,必须报省级以上安全生产监督管理部门组织安全验收,验收合格后方可关闭尾矿库。

未经安全生产监督管理部门验收或验收不合格的,企业不得关闭尾矿库。

第十九条 闭库后的尾矿库安全管理工作由原企业负责,关闭破产企业闭库后的尾矿库,由当地政府落实负责管理的单位或企业。闭库后的尾矿库重新启用或改作他用时,必须经过可行性设计论证,并报安全生产监督管理部门审查批准。

第二十条 企业必须建立下列尾矿库管理档案:

(一)建设文件及有关原始资料;

(二)组织机构和规章制度建设;

(三)特种作业人员的安全技术培训和持证上岗情况;

(四)防洪抢险组织和防洪物资的准备情况;

(五)尾矿库抗洪抢险措施;

(六)尾矿库各构筑物运行指标和实测数据;

(七)事故隐患的整改情况。

第二节 尾矿排放与筑坝

第二十一条 尾矿坝滩顶高程必须满足生产、防汛、冬季冰下放矿和回水的要求。

第二十二条 尾矿筑坝必须有足够的安全超高、沉积干滩长度和下游坝面坡度。

第二十三条 每一期筑坝冲填作业之前，必须进行岸坡处理。岸坡处理应做隐蔽工程记录，如遇泉眼、水井、地道或洞穴等，要采取有效措施进行处理，经主管技术人员检查合格后方可冲填筑坝。

第二十四条 上游式尾矿筑坝法，应于坝前均匀分散放矿，修子坝或移动放矿管时除外，不得任意从库后或库侧放矿。同时满足以下要求：

(一)粗颗粒尾矿沉积于坝前，细颗粒排至库内，在沉积滩范围内不允许有大面积矿泥沉积；

(二)沉积滩顶应均匀平整；

(三)沉积滩坡度及长度等应符合设计的要求；

(四)严禁矿浆沿子坝内坡趾横向流动冲刷坝体；

(五)放矿矿浆不得冲刷坝坡；

(六)放矿应有专人管理。

第二十五条 坝体较长时应采用分段交替放矿作业，使坝体均匀上升，应避免滩面出现侧坡、扇形坡或细颗粒尾矿大量集中沉积于一端或一侧。

第二十六条 放矿口的间距、位置、同时开放的数量、放矿时间以及水力旋流器使用台数、移动周期与距离，应按设计要求或作业计划进行操作。分散放矿支管、导流槽伸入库内的长度和距滩面的高度应符合设计要求。

第二十七条 为保护初期坝的反滤层免受尾矿水冲刷，应采用多管小流量的放矿方式，以利尽快形成滩面，并采用导流槽或软管将矿浆引至远离坝顶处排放。

第二十八条 冰冻期、事故期或由某种原因确需长期集中放矿时，不得出现影响后续堆积坝体稳定的不利因素。

第二十九条 岩溶发育地区的尾矿库，应加强周边放矿，以加速形成防渗层，减少渗漏和落水洞事故。

第三十条 每期子坝堆筑完毕，应进行质量检查，检查记录需经主管技术人员签字后存档备查。主要检查内容：

(一)子坝剖面尺寸、长度、轴线位置及边坡坡比；

(二)新筑子坝的坝顶及内坡趾滩面高程、库内水面高程；

(三)尾矿筑坝质量。

第三十一条 尾矿滩面及下游坝坡面上不得有积水坑。

第三十二条 坝外坡面维护工作可视具体情况选用以下措施：

(一)坝面修筑人字沟或网状排水沟；

(二)坡面植草或灌木类植物；

(三)采用碎石、废石或山坡土覆盖坝坡。

第三节　尾矿库水位控制与防汛

第三十三条 控制尾矿库水位应遵循的原则：

(一)在满足回水水质和水量要求前提下，尽量降低库水位；

(二)当回水与坝体安全对滩长和超高的要求有矛盾时，应确保坝体安全；

(三)水边线应与坝轴线基本保持平行。

尾矿库实际情况与设计要求不符时，应在汛期前进行调洪演算。

第三十四条 汛期前应采取下列措施做好防汛工作：

(一)明确防汛安全生产责任制，建立值班、巡查和下游居民撤离方案等各项制度，组建防洪抢险队伍；

(二)疏浚库内截洪沟、坝面排水沟及下游排洪河(渠)道；详细检查排洪系统及坝体的安全情况，要根据实际条件确定排洪口底坎高程，将排洪口底坎以上1.5倍调洪高度内的堵板全部打开，清除排洪口前水面漂浮物，确保排洪设施畅通；库内设清晰醒目的水位观测标尺，标明正常运行水位和警戒水位；

(三)备足抗洪抢险所需物资，落实应急救援措施；

(四)及时了解和掌握汛期水情和气象预报情况，确保上坝道路、通讯、供电及照明线路可靠和畅通。

第三十五条 排除库内蓄水或大幅度降低库水位时，应注意控制流量，非紧急情况不宜骤降。

第三十六条 岩溶或裂隙发育地区的尾矿库，应控制库内水深，防止落水洞漏水事故。

第三十七条 未经技术论证，不得用常规子坝拦洪。

第三十八条 洪水过后应对坝体和排洪构筑物进行全面认真的检查与清理。发现问题应及时修复，同时，采取措施降低库水位，防止连续暴雨后发生垮坝事故。

第三十九条 不得在尾矿滩面或坝肩设置泄洪口。有地形条件的尾矿库，可设置非常排洪通道。

第四十条 尾矿库排水构筑物停用后的封堵，必须严格按设计要求施工，并确保施工质量。一般情况下，必须在井内井座顶部封堵或在隧洞支洞处封堵，严禁在排水井井筒上部封堵。

第四节　排渗设施管理与渗流控制

第四十一条 尾矿坝的排渗设施包括排渗棱体、排渗褥垫、排渗盲沟和各种排渗井等。在尾矿坝运行过程中如需增设或更新排渗设施，应经技术论证，并经企业安全管理部门的批准。

第四十二条 排渗设施属隐蔽工程，必须按设计要求精心选料、精心施工，详细填写隐蔽工程施工验收记录，并绘制竣工图。排渗设施的施工可参照《碾压式土石坝施工技术规范》执行。

第四十三条 坝肩、盲沟等应严格按设计要求施工，防止发生集中渗流。

第四十四条 尾矿库运行期间应加强观测，注意坝体浸润线出逸点的变化情况和分布状态，严格按设计要求控制。

第四十五条 当发现坝面局部隆起、塌陷、流土、管涌、渗水量增大或渗水变浑等异常情况时，应立即采取措施进行处理并加强观察，同时报告企业安全管理部门，情况严重的，应报当地安全生产监督部门。

第五节 尾矿库防震与抗震

第四十六条 处于地震区的尾矿库，应制订相应的防震和抗震的应急计划，内容包括：

(一)抢险组织与职责；

(二)尾矿库防震和抗震措施；

(三)防震和抗震的物资保障；

(四)尾矿坝下游居民的防震应急避险预案；

(五)震前值班、巡坝制度等。

第四十七条 尾矿库原设计抗震标准低于现行标准时，必须进行加固处理。

第四十八条 严格控制库水位，确保抗震设计要求的安全滩长满足地震条件下坝体稳定的要求。

第四十九条 上游建有尾矿库、排土场、水库等工程设施的，应了解上游所建设施的稳定情况，必要时应采取防范措施。

第五十条 地震后，必须对尾矿库进行巡查和检测，及时修复和加固破坏部分，确保尾矿库运行安全。

第三章 尾矿库安全检查

第一节 尾矿库防洪安全检查

第五十一条 尾矿库防洪安全检查内容包括：设计防洪标准、尾矿沉积滩的干滩长度和尾矿坝的安全超高等。

第五十二条 检查设计采用的防洪标准是否符合现行尾矿设施设计规范的要求。当设计采用的防洪标准高于或等于现行设计规范的要求时，可按原设计的洪水参数进行检查；当设计采用的防洪标准低于现行设计规范的要求时，应重新进行洪水计算及调洪演算。

第五十三条 尾矿库水位标高的检测，其测量误差应小于20毫米。

第五十四条 尾矿库滩顶标高的检测，应沿坝(滩)顶方向布置测点进行实测，其测量误差应小于20毫米。

当滩顶一端高一端低时，应在低标高段选较低处检测1～3个点；当滩顶高低相间时，应选较低处不少于3个点；其他情况，每100米坝长选较低处检测1～2个点，但总数不少于3个点。

各测点中的最低点作为尾矿库滩顶标高。

第五十五条 尾矿库干滩长度的测定，视坝长及水边线弯曲情况，选干滩长度较短处布置1 3个断面。测量断面应垂直于坝轴线布置，在几个量测结果中，选最小者作为该尾矿库的沉积滩干滩长度。

第五十六条 检查尾矿库沉积干滩的平均坡度时，应视沉积干滩的平整情况，每100米坝长布置不少于1～3个断面。测量断面应垂直于坝轴线布置，测点应尽量在各变坡点处进行布置，且测点间距不大于10～20米(干滩长者取大值)，测点高程测量误差应小于5毫米。尾矿库沉积干滩平均坡度，应按各测量断面的尾矿沉积干滩平均坡度加权平均计算。尾矿库沉积干滩平均坡度与设计平均坡度的偏差应不大于10%。

第五十七条 根据检测的滩顶标高、库水位和计算出的沉积干滩平均坡度，检查尾矿库最高洪水位的最小于滩长度是否满足下列表中要求。

上游式尾矿坝的最小干滩长度

尾矿库等别	一	二	三	四	五
最小干滩长度(米)	150	100	70	50	40

下游式、中线式尾矿坝的最小干滩长度

尾矿库等别	一	二	三	四	五
最小干滩长度(米)	100	70	50	35	25

第五十八条 根据检测出的滩顶标高、库水位和计算沉积干滩平均坡度，检查尾矿库在最高洪水位时坝的安全超高是否满足下表要求。

尾矿库的等别

等别	全库容(万立方米)	坝高(米)
	二等库具备提高等别条件者	
	不小于10000	不小于100
	不小于1000、小于10000	不小于60、小于100
四	不小于100、小于1000	不小于30、小于60
五	小于100	小于30

尾矿坝的最小安全超高

尾矿库等别	一	二	三	四	五
最小安全超高(米)	1.5	1.0	0.7	0.5	0.4

第二节　排水构筑物安全检查

第五十九条　排水构筑物安全检查主要内容:构筑物有无变形、移位、损毁、淤堵,排水能力是否满足要求等。

第六十条　排水井安全检查内容:井的内径、窗口尺寸及位置,井壁剥蚀、脱落、渗漏,最大裂缝开展宽度,井身倾斜度和变位,井、管联结部位,进水口水面漂浮物,停用井的封盖方法等。排水井最大裂缝开展宽度应符合下表规定:

钢筋混凝土结构构件最大裂缝宽度的允许值

<table>
<tr><th colspan="3">结构构件所处的条件</th><th>最大裂缝宽度(毫米)</th></tr>
<tr><td rowspan="4">水下结构</td><td rowspan="2">水质无侵蚀性</td><td>水力坡度*不大于20</td><td>0.3</td></tr>
<tr><td>水力坡度大于20</td><td>0.2</td></tr>
<tr><td rowspan="2">水质有侵蚀性</td><td>水力坡度不大于20</td><td>0.25</td></tr>
<tr><td>水力坡度大于20</td><td>0.15</td></tr>
<tr><td rowspan="2">水位变动区</td><td>水质无侵蚀性</td><td>年冻融循环次数不大于50</td><td>0.25</td></tr>
<tr><td></td><td>年冻融循环次数大于50</td><td>0.15</td></tr>
<tr><td></td><td>水质有侵蚀性</td><td></td><td>0.15</td></tr>
<tr><td>水上结构</td><td></td><td></td><td>0.3</td></tr>
</table>

水力坡度为沿渗水路径的水头差与渗径距离之比。

第六十一条　排水斜槽检查内容:斜槽断面尺寸,槽身变形、损毁或坍塌,盖板放置、断裂,最大裂缝开展宽度,盖板之间以及盖板与槽壁之间的防漏填充物,漏砂,斜槽内淤堵等。

第六十二条　排水涵管检查内容:涵管断面尺寸,变形、破损、断裂和磨蚀,最大裂缝开展宽度,管间止水及填充物,涵管内淤堵等。

第六十三条　排水隧洞检查内容:隧洞断面尺寸,洞内塌方,衬砌变形、破损、断裂、剥落和磨蚀,最大裂缝的开展宽度,伸缩缝、止水及填充物,洞内淤堵等。

第六十四条　溢洪道检查内容:溢洪道断面尺寸,沿线山坡滑坡、塌方,护砌变形、破损、断裂和磨蚀,沟内淤堵,溢流口底部高程,消力池及消力坎等。

第六十五条　截洪沟断面检查内容:截洪沟断面尺寸,沿线山坡滑坡、塌方,护砌变形、破损、断裂和磨蚀,沟内物淤堵等。

第六十六条　截水沟检查内容:截水沟断面尺寸,截水沟沿线山坡稳定性,护砌变形、破损、断裂和磨蚀,沟内淤堵等。

第三节　尾矿坝安全检查

第六十七条　尾矿坝安全检查内容:坝的轮廓尺寸,变形、裂缝、滑坡和渗漏等。

第六十八条　检测坝的外坡坡比。每100米坝长不少于2处,应选在最大坝高断面或坝坡较陡断面。水平距离和标高的测量误差不大于10毫米;实测的坝外坡坡比不应陡于设计坡比减1。

第六十九条　检查坝体位移。要求坝的位移量变化应均衡,无突变现象,且应逐年减小。当位移量变化出现突变或有增大趋势时,应查明原因,妥善处理。

第七十条　检查坝体有无纵、横向裂缝。坝体出现裂缝时,应查明裂缝的长度、宽度、深度、走向、形态和成因,判定危害程度。

第七十一条　检查坝体滑坡。坝体出现滑坡时,应查明滑坡位置、范围和形态以及滑坡的动态趋势。

第七十二条　检测坝体浸润线的位置。应查明坝面浸润线出逸位置、范围和形态。

第七十三条　检查坝体渗漏。应查明有无渗漏出逸点,出逸点的位置、形态、流量及含沙量等。

第四节　尾矿库库区安全检查

第七十四条　尾矿库库区安全检查主要内容:周边山体稳定性,违章建筑、违章施工和违章民办采选活动等情况。

第七十五条　检查周边山体滑坡、塌方和泥石流等情况时,要详细观察周边山体有无异常和急变,并根据工程地质勘察报告,分析周边山体发生滑坡的可能性。

第七十六条　检查库区范围内危及尾矿库安全的主要内容:违章爆破、采石和建筑,违章取尾矿再选、取水,外来尾矿、废石、废水和废弃物排入,放牧和开垦等。

第四章　尾矿库安全评价与管理

第七十七条　尾矿库安全度分类,主要根据尾矿库的防洪能力和尾矿坝坝体的稳定性确定。安全度分为危库、险库、病库和正常库。

第七十八条　尾矿库有下列工况之一的为危库:

(一)尾矿坝的最小安全超高和尾矿库的最小干滩长度达不到设计规范的要求,不能确保坝体的安全;

(二)排水系统严重堵塞或坍塌,不能排水或排水能力急剧降低,排水井显著倾斜,有倒塌的迹象;

(三)坝体出现深层滑动迹象;

(四)其他危及尾矿库的情况。

第七十九条 尾矿库有下列工况之一的为险库:

(一)尾矿坝的最小安全超高和尾矿库的最小干滩长度达不到设计规范的要求,但平时对坝体的安全影响不大;

(二)排水系统部分堵塞或坍塌,排水能力有所降低,达不到设计要求;

(三)坝体出现浅层滑动迹象;

(四)坝体出现贯穿性的横向裂缝,且出现较大的管涌,水质浑浊挟带泥沙或坝体渗流在堆积坝坡有较大范围逸出,且出现流土变形;

(五)其他影响尾矿库安全运行的情况。

第八十条 尾矿库有下列工况之一的为病库:

(一)尾矿坝的最小安全超高和尾矿库的最小干滩长度达不到设计规范的要求;

(二)排水系统出现裂缝、变形、腐蚀或磨损,排水管接头漏砂;

(三)堆积坝的整体外坡坡比陡于设计规定值,或虽符合设计规定,但部分高程上的堆积坝边坡过陡,可能形成局部失稳;

(四)经验算,坝体稳定安全系数小于设计规范规定值;

(五)浸润线位置过高,渗透水自高位出逸,坝面出现沼泽化;

(六)坝体出现较多的局部纵向或横向裂缝;

(七)坝体出现小的管涌并挟带少量泥沙;

(八)堆积坝外坡冲蚀严重,形成较多或较大的冲沟;

(九)坝端无截水沟,山坡雨水冲刷坝肩;

(十)其他不正常现象。

第八十一条 同时满足下列工况的为正常库:

(一)尾矿坝的最小安全超高和尾矿库的最小干滩长度均符合设计要求;

(二)排水系统各构筑物符合设计要求,工况正常;

(三)尾矿坝的轮廓尺寸符合设计要求,稳定安全系数及坝体渗流控制满足要求,工况正常。

第八十二条 企业必须把尾矿库安全评价工作纳入安全管理工作计划,由有资质条件的中介技术服务机构每5年对尾矿库进行一次安全评价。尾矿库的安全评价报告必须报省级安全生产监督管理部门备案。

第八十三条 对于危库,企业必须停产抢险,并采取以下应急措施:

(一)立即降低库水位,确保坝的安全和满足汛期最小安全超高和最小干滩长度的要求,必要时,可按最小干滩长度为坝顶宽度,用渠槽法抢筑子坝,以形成所需的安全超高和干滩长度;

(二)疏通、加固或修复排水构筑物,必要时可另开挖临时排洪通道;

(三)处理滑坡,加固坝体。

第八十四条 对于险库,企业应采取以下措施在限定的时间前消除险情:

(一)降低库水位,确保满足汛期最小安全超高和最小干滩长度的要求;

(二)疏通、加固或修复排水构筑物;

(三)处理滑坡,加固坝体,消除管涌和流土。

第八十五条 对于病库,企业应采取以下措施尽快消除事故隐患:

(一)抓紧进行防洪治理工程,确保汛前彻底完成治理工程量;

(二)加固、修复排水构筑物;

(三)加固坝体或适当削坡,处理局部裂缝;

(四)实施降水措施降低浸润线,消除管涌和流土;

(五)修整坝坡,开挖坝肩截水沟。

第八十六条 企业对非正常级尾矿库的检查周期:

(一)对"危"级尾矿库每周不少于1次;

(二)对"险"级尾矿库每月不少于1次;

(三)对"病"级尾矿库每季不少于1次。

在暴雨和汛期期间,应根据实际情况对尾矿库增加检查次数。检查中如发现重大隐患,必须立即采取措施进行整改,并向安全生产监督部门报告。

第五章 尾矿库安全监督

第八十七条 安全生产监督部门主要职责:

(一)检查企业贯彻执行安全生产法律、法规的情况;

(二)监督检查企业尾矿库的安全状况;

(三)参加尾矿设施建设工程安全设施的设计审查和竣工验收;

(四)根据有关规定,审查和批复尾矿库设计、建设和闭库的报告;

(五)检查企业职工安全教育和培训工作情况;

(六)监督企业使用安全技术措施费用的情况;

(七)督促检查企业尾矿库隐患治理;

(八)参加并监督尾矿库事故的调查和处理;

(九)监督检查尾矿库设计审查、安全评价等中介

技术服务机构的工作情况;

(十)其他事项。

第八十八条 尾矿库安全监督实施属地管理和分级监察相结合的原则。省级安全生产监督部门负责库容在1000万立方米以上尾矿库的安全监督检查;地(市)级安全生产监督管理部门负责库容在100万立方米~1000万立方米尾矿库的安全监督检查,县级安全生产监督管理部门负责库容在100万立方米以下尾矿库的安全监督检查。

第八十九条 国家经贸委负责尾矿库设计审查、安全评价等中介技术服务机构的资质审查及管理工作。

第九十条 安全生产监督部门对违反本规定的单位,应当责令改正,并根据情节轻重处以3万元以下的罚款。

第六章 附 则

第九十一条 对于冶金、建材、化工等行业尾矿库等别的确定,应根据当时的全库容及坝顶高程水平面以下的库容和坝高分别按第五十七条尾矿库等别表确定。当两者的等差为一等时,以高者为准;当等差大于一等时,按高者降低一等。尾矿库一旦发生事故,将使下游重要城镇、工矿企业或铁路干线遭受严重灾害者,其等别可提高一等。

对于核工业等有特殊安全要求的行业,其尾矿库的等别按《铀水冶厂尾矿库安全设计规定》确定。

第九十二条 安全评价费用收费办法由各地经贸委会同地方物价部门另行制定。

第九十三条 本规定由国家经贸委负责解释。

钨品、锑品出口供货企业资格认证暂行办法

(2001年4月28日)

第一章 总 则

第一条 为有效保护国家资源,整顿国家钨品、锑品出口经营秩序,优化出口产品结构,提高出口产品质量,实现钨、锑行业的持续发展,制定本办法。

第二条 本办法所称钨品、锑品是指外经贸部《钨及钨制品、锑及锑制品出口经营管理暂行办法》(〔2000〕外经贸管发第649号)中附件1、2所列商品。

第二章 钨品、锑品出口供货企业资格条件

第三条 钨品、锑品出口供货企业必须是国家主管部门批复准予生产的冶炼加工企业。

第四条 钨品、锑品出口供货企业须符合下列条件:

(一)钨品:相当于仲钨酸铵(APT)生产能力3000吨(含3000吨,下同)以上(以2000年底前已具备的生产能力为准,下同),近三年出口供货量(相当于APT)平均每年1000吨以上。锑品:锑品生产能力4000吨以上,近三年出口供货量平均每年1500吨以上。

在同等条件下,采选冶综合类企业、出口供货的产品中深加工产品所占比例高的企业优先考虑。

(二)产品质量达到现行国家标准或行业标准,并通过国家ISO9000质量体系认证,正在进行质量体系认证的企业须在2001年12月31日前完成认证工作。

(三)钨精矿到APT的主工艺流程回收率大于95%,APT到钨粉回收率大于97%;锑精矿到精锑冶炼总回收率80%以上。

(四)钨精矿到APT能耗小于1吨标煤/吨产量,APT到钨粉能耗小于4.6吨标煤/吨产量;精锑冶炼能耗小于1.27吨标煤/吨产量。

(五)工业粉尘、废水、废气排放等环保要求达到国家现行标准,并获得省级环保部门批准;并须提供当年由省级环保部门出具的检测报告。

(六)装备水平先进,主要设备、仪器、仪表是1990年以后制造的。

(七)冶炼企业所采购的钨、锑精矿及初级产品均是来自取得采矿许可证的开采企业和取得出口供货资格的冶炼企业的产品。

对未达到以上各项要求的企业,原则上不予认证。

第三章 钨品、锑品出口供货企业资格认证程序

第五条 由各地经贸委会同外经贸厅根据本办法第二章,对本地区申报出口供货资格的企业进行初审,并于当年9月30日前将本地区符合条件的冶炼加工企业名单及相关材料上报国家经贸委和外经贸部。

第六条 各地经贸委会同本地区外经贸厅，将初审合格的企业名单和相关材料同时抄送中国五矿化工进出口商会、中国钨业协会(仅限钨品，下同)、中国有色金属工业协会。

第七条 中国五矿化工进出口商会、中国钨业协会、中国有色金属工业协会根据本办法第二章，对各地区申报出口供货资格的企业提出审核建议，并于当年10月31日前上报国家经贸委和外经贸部。

第八条 国家经贸委会同外经贸部根据中国五矿化工进出口商会、中国钨业协会、中国有色金属工业协会的建议，对各地区申报出口供货资格的企业进行审定，并予以公布。

第四章 钨品、锑品出口供货企业的监督与处罚

第九条 取得钨品、锑品出口供货资格的生产企业，须按季度向各地经贸委、外经贸厅和中国五矿化工进出口商会、中国钨业协会、中国有色金属工业协会报送本企业采购原矿及初级产品的发票复印件，及外贸出口企业采购本企业钨、锑产品数量报表及税务发票的复印件。

第十条 中国五矿化工进出口商会、中国钨业协会和中国有色金属工业协会负责对钨品、锑品生产和出口企业间签订的供货合同进行监督，并及时将情况报送国家经贸委和外经贸部。

第十一条 各地经贸委会同外经贸厅对本地区具备出口供货资格的生产企业进行监督，发现问题及时上报国家经贸委和外经贸部；国家经贸委会同外经贸部对各地具备出口供货资格的企业进行抽查。

第十二条 取得出口供货资格的钨品、锑品生产企业，如违反本办法第四条第七款规定，经查实，国家经贸委会同外经贸部取消其出口供货资格。

第十三条 国家经贸委会同外经贸部于每年第四季度对取得钨品、锑品出口供货企业资格的生产企业进行年审，并于当年11月30日前公布通过年审的企业名单。

第五章 附 则

第十四条 本办法自2001年5月1日起施行。

第十五条 本办法由国家经贸委会同外经贸部负责解释。

关于实施水泥新标准有关问题的通知

国家经济贸易委员会 建设部 国家质量技术监督局 国经贸运行(2001)288号

各省、自治区、直辖市、计划单列市及新疆生产建设兵团经贸委(经委)、建委(建设厅)、质量技监局，有关省建材行业主管部门：

2001年4月1日起，六大通用水泥将实施新的国家标准，即GB175－1999《硅酸盐水泥、普通硅酸盐水泥》、GB1344－1999《矿渣硅酸盐水泥、火山灰硅酸盐水泥及粉煤灰硅酸盐水泥》、GB12958－1999《复合硅酸盐水泥》，为确保水泥新标准的顺利实施，现就有关问题通知如下：

一、水泥产品标准是强制性国家标准，所有生产经营和使用单位都必须严格执行。各级经贸主管部门(建材主管部门)、建设行政主管部门、质量技术监督部门要加强组织领导，在各自职能范围内监督指导并帮助生产、施工企业和质检机构做好实施水泥新标准的各项工作。各有关单位要对实施新标准工作进行一次全面检查，发现问题及时改进和完善。

二、加强水泥新标准的宣传。从3月下旬起，各地有关部门要采取多种形式，发挥电视、报刊等新闻媒介的导向作用，集中开展一次实施水泥新标准的宣传贯彻活动。并注意发挥行业协会、水泥质检中心(站)、质量认证机构等中介组织作用。

三、各级建设行政主管部门要组织好与水泥新标准同步实施的《普通混凝土配合比设计规程》(JGJ55－2000)的宣传贯彻工作。建筑施工单位要严格材料进货检验制度，不得采购不符合水泥新标准的产品；工程监理、工程质量监督机构要按规定，加强对水泥使用的监督与管理；工程验收单位对使用不符合新标准要求水泥的工程不予验收。

四、加强对水泥新标准实施情况的监督检查。各地经贸主管部门(建材主管部门)、建设行政主管部门、质量技术监督部门要把水泥新标准执行情况列入今年重点专项监督检查工作计划并组织实施。质量技术监督部门对监督检查中产品达不到标准要求的企业，要限期停产整顿。对限期整改仍不合格的企业，坚决按照有关法律、法规的规定给予处理。

五、中国建材工业协会等行业组织和有关科研院

所要组织力量做好新标准实施过程中的技术服务工作,及时收集、分析和帮助解决企业在执行新标准过程中遇到的问题,并向主管部门报告。

六、有关实施水泥新标准几个具体问题规定如下:

1.各水泥生产企业、施工单位和质监机构的水泥化验室要按照规定控制试验室温湿度条件,配备必要的检测仪器和设备,建立健全质量保证体系,落实质量责任制度,加强产品质量考核。检验人员必须先培训后上岗,强度试验误差要控制在水泥胶砂强度检验国家标准(GB/T17671－1999)规定的范围内。

2.水泥生产企业要根据新标准实际测定的强度值调整和确定本企业水泥强度等级,企业内控指标继续执行《水泥企业质量管理规程》。自 2001 年 4 月 1 日起,水泥生产和销售使用的包装袋一律按新标准要求标识,老标识的包装袋禁止使用。销售散装水泥出具的散装卡片也应按新标准进行标识,凡达不到规定最低强度等级的水泥产品不得出厂、销售。

3.水泥使用单位 4 月 1 日前已采购的按老标准生产的水泥允许使用至 2001 年 5 月 31 日止。逾期没有使用完的水泥,应重新按新标准检测后,按新标准强度等级使用。

4.中国水泥和房建材料认证委员会,自新标准生效之日起,按新标准实施认证,并对已取得认证证书、使用认证标志的产品,按新标准进行复查。凡不符合要求的,收回认证证书,停止使用认证标志。

5.各级水泥质量监督检验机构,要加强对水泥生产、流通、使用等环节的质量监督。

6.有关单位要切实加强对 ISO 标准砂、水泥专用检验仪器设备的管理和监督,保质保量满足供应并提供优质服务。坚决防止并杜绝假砂和不合格产品流入市场。

7.各有关单位对教材、手册、计算机软件、设计文件、配合比数据、实验报告等技术文件及时作相应调整。

对水泥新标准实施过程中遇到的问题,请及时向当地有关主管部门报告。检验仪器设备和 ISO 标准砂质量方面的问题,请及时向中国建材工业协会和有关部门反映。

2001 年 3 月 23 日

关于加大关井压产、总量调控力度确保煤炭经济形势进一步好转的通知

国家经济贸易委员会 国经贸运行(2001)457 号

有关省、自治区、直辖市经贸委(经委)、有关煤炭工业局(行业办)、煤矿安监局,有关中央管理企业:

2001 年 1 至 4 月,煤炭行业实施总量调控、关井压产、扩大出口,经济运行呈现继续好转的态势。全国煤炭产销量增加,原煤产量达 3.19 亿吨,同比增长 14.5%;销售量完成 3.10 亿吨,同比增长 11.2%。煤矿库存下降,到 3 月底,全社会煤炭库存比年初减少 871 万吨,煤炭企业库存比年初减少 937 万吨。国有重点煤矿商品煤综合价格同比上涨 5 元/吨左右。但是部分地方关井压产决心不大,措施不力,已关闭的小煤矿死灰复燃情况依然存在;1 至 4 月份,比调控目标进度(扣除出口同比增加部分)超出 5%以上的省区有安徽、宁夏、山东、江西以及神华集团公司;一些省市煤矿重特大事故接连发生,安全生产形势十分严峻。直接影响煤炭经济形势的进一步好转,影响国有重点煤矿的整体扭亏和稳定。为此,就有关事项通知如下:

一、各地经贸委、煤炭行业管理部门要按照《关于做好 2001 年煤炭行业总量调控和关井压产工作的通知》(国经贸运行〔2001〕89 号)下达的总量调控目标,层层分解落实到所属地、市、县和有关煤炭生产企业,并逐月严格检查、考核其完成情况。对大量超产的地区和企业,要采取必要的措施予以限制。严禁各类煤矿超能力生产,避免造成事故隐患。

二、加大关井压产力度,加快关闭国有井田范围内各类小井,特别是国有重点煤矿自办小井。对已落实到具体矿点的 811 处国有重点煤矿自办小井,各地经贸委、煤炭行业管理部门要组织有关企业尽快制定关闭方案,并督促其认真实施。各地经贸委每月向国家经济贸易委员会上报关闭小井进展情况。国家经济贸易委员会将在全国经贸委系统信息网络公布国有重点煤矿自办小井名单,银行不得为其开设帐户、提供贷款,其他相关行业不得为其提供生产和销售条件。

三、各地经贸委要在二季度组织煤炭行业管理部门、煤矿安全监察机构对近几年已关闭的小煤矿,进行一次全面的复查,凡发生死灰复燃的,必须立即予以彻底关闭。对复查不严格、走过场,导致死灰复燃的小煤矿发生安全事故的,要依法追究有关部门的责任。各地在煤炭生产许可证年检工作中,要严格按照标准进

行,对不具备条件矿井通过年检的,要严肃追究发证机关和发证人员的责任;如无特殊情况,2001年一律暂停颁发新的煤炭生产许可证。国家经贸委、国家安全监管局将会同有关部门组织抽查。

四、各地经贸委、煤炭行业管理部门要认真贯彻执行《国务院关于特大安全事故行政责任追究的规定》、《煤炭生产许可证管理办法》、《乡镇煤矿管理条例》和《煤矿安全监察条例》,充分发挥各级煤矿安全监察机构的作用,依法履行安全监察职责,加大监察工作力度,对不具备安全生产条件的各类煤矿,根据情节轻重,依法责令其限期改正、停产整顿直至采取关闭措施,坚决遏制重特大事故的发生。

2001年5月14日

关于加强煤炭生产许可证监督管理工作的通知

国家经济贸易委员会 国经贸运行(2001)1095号

各省、自治区、直辖市经贸委(经委)、煤炭行业管理部门,有关中央管理企业:

为贯彻落实《国务院办公厅关于进一步做好关闭整顿小煤矿和煤矿安全生产工作的通知》(国办发〔2001〕68号),加强煤炭生产许可证的发放和监管工作,促进煤炭生产秩序的根本好转,现就有关事项通知如下:

一、加强国有重点煤矿煤炭生产许可证监督管理

1998年,94户原中央财政国有重点煤矿下放地方管理。为便于省级人民政府对这些煤矿的管理,进一步整顿煤炭生产和经营秩序,减少煤矿重特大安全生产事故的发生,经我委报国务院同意,在《煤炭生产许可证管理办法》修订前,将下放到地方管理的原中央财政国有重点煤矿的煤炭生产许可证颁发和监督管理职能,委托省级人民政府煤炭管理部门负责。各地煤炭管理部门要在2002年3月底以前,完成对这些煤矿的煤炭生产许可证重新审核发放工作。

二、做好停产整顿小煤矿煤炭生产许可证的重新审核发放工作

(一)煤炭生产许可证的审核发放一律由省级人民政府煤炭管理部门负责。

(二)对于应关闭的小煤矿的煤炭生产许可证,要全部依法予以注销或吊销。

(三)经省级人民政府组织验收合格的小煤矿,要及时重新审核发证;验收不合格的小煤矿,要依法吊销其煤炭生产许可证。该项工作须于2001年底以前全部完成。

(四)在小煤矿停产整顿期间,暂停对小煤矿核发新的煤炭生产许可证。

(五)经验收合格的矿井,必须在2001年底以前,申请领取换发新的煤炭生产许可证;逾期不办的,一律视为无证矿井,予以关闭。小煤矿较多、核发任务较重的山西、贵州、四川、湖南省,可在2002年3月底以前完成。

三、严格煤炭生产许可证的颁发管理

(一)煤炭生产许可证正副本由国家经贸委统一印刷,其他任何单位和个人不得擅自印制。

(二)各煤炭生产许可证的颁发管理机关,在煤炭生产许可证的颁发和年检工作中,必须严格依照法律、法规规定的颁证条件和程序进行审查,颁发或注销煤炭生产许可证后,必须及时予以公告。

(三)要认真依法履行职责,坚持“准验收、谁签字、谁负责”,按照审批权力与责任挂钩的原则,建立行政审批责任追究制度。任何部门及其工作人员不得徇私舞弊、滥发证照,否则要严肃予以查处;导致发生特大责任事故的,要依照有关规定追究行政责任;构成犯罪的,移送司法机关依法追究刑事责任。

(四)要做好矿长资格的业务培训和矿长资格证书的核发工作。

(五)要加强对煤炭生产许可证的动态管理,定期开展对煤矿生产资格的核查,如发现其不再具备煤炭生产许可证条件,应立即吊销煤炭生产许可证,经整改合格后再予以核发。

四、加强煤炭生产许可证的有关基础性管理工作

(一)各地煤炭管理部门应按照审批工作程序,建立健全煤炭生产许可证材料的整理和归档制度,确保档案材料的完整、准确、系统。

(二)凡归档的文件材料,应当做到审批手续完备,并进行认真的分类、整理及编目,逐步实现档案的计算机管理。

(三)各颁证机关核发新的煤炭生产许可证后,要在一周内将发放的煤炭生产许可证副本复印件报送国家经贸委经济运行局备案。

2001年11月16日

关于印发《关于中央所属有色金属企事业单位下放地方管理后有关企业关闭破产债转股问题的请示》的通知

国家经济贸易委员会 财政部 劳动和社会保障部
中国人民银行文件 国经贸企改(2001)第716号

有关省、自治区、直辖市经贸委(经委)、财政厅(局)、劳动和社会保障厅(局),中国人民银行各分行、营业管理部、有关省会城市中心支行:

国家经贸委、财政部、劳动保障部、人民银行《关于中央所属有色金属企事业单位下放地方管理后有关企业关闭破产债转股问题的请示》(国经贸企改〔2001〕456号)已经国务院同意,现印发你们,请尽快落实实施。对建议破产项目,企业所在地的省(区、市)经贸委要组织有关部门抓紧编制企业关闭破产预案(一式5份),尽快报送国家经贸委;债权银行、资产管理公司要尽快组织审查。

原中央所属有色金属企业下放地方管理是国务院对有色金属行业结构调整的重大举措。希望有关各方积极支持有色下放企业关闭破产工作。同时,有关省(区、市)政府及其有关部门对有色下放企业的关闭破产工作应给予高度重视,规范操作,确保社会稳定。

2001年7月16日

关于中央所属有色金属企事业单位下放地方管理后有关企业关闭破产债转股问题的请示

国家经济贸易委员会 财政部 劳动和社会保障部
中国人民银行文件 国经贸企改(2001)456号

国务院:

按照《国务院关于调整中央所属有色金属企事业单位管理体制有关问题的通知》(国发〔2000〕17号)精神,国家经贸委、财政部、劳动保障部、人民银行及原有色金属局组成专门班子分别与30个省(区、市)政府进行了商谈,对地方政府提出的各种问题和要求进行了分类汇总。现将企业关闭破产及债权转股权问题报告如下:

一、关于企业关闭破产问题

在中央所属有色金属企事业单位下放地方管理的商谈过程中,有24个省(区、市)政府提出需要关闭破产企业94户,其中:矿山企业43户(含非独立矿山24户),工业企业23户(含非独立法人企业2户),商贸企业28户。94户企业总资产121.3亿元,总负债141.8亿元,在职职工11.86万人,离退休人员6.7万人。涉及银行和资产管理公司的金融债权82.2亿元。

据经贸委调查了解,43户矿山或因资源枯竭,或因无法在现有条件下实现经济开采,均属长期亏损,扭亏无望;23户工业企业因产品无竞争力、环境污染严重等原因,必须关闭破产,其中有3户因兼并不成功要求改为破产;28户商贸企业中有21户资不抵债,另7户属虚盈实亏。我们原则同意有色金属企事业单位下放地方管理后,对符合破产条件的企业实施关闭破产,执行国务院国发〔2000〕17号文件的有关政策规定。94户企业作为建议破产项目,交债权银行、资产管理公司等尽快审查认可后,由全国企业兼并破产和职工再就业工作领导小组按照程序办理,条件成熟一批,审批一批,启动一批,由地方政府负责组织实施。

二、关于企业债转股问题

这次中央所属有色金属企事业单位下放,有关地方政府提出在已有的580户债权转股权企业以外增加新疆有色金属公司等7户企业实施债权转股权，申请债转股金额213619万元。考虑到这些企业的实际情况及地方政府接收有色企业的困难，建议在580户企业债权转股权工作基本完成后，我们再对基本符合条件的企业研究债权转股权问题。

另外，这次中央有色企事业单位下放地方管理，还涉及有色施工企业脱困，以及中国有色金属工业财务公司、中国国际有色金属租赁公司（系融资租赁性质）等的处理，考虑到这些问题比较复杂，需进一步调研后作为个案解决，有关意见另文专报。

妥否，请示。

附件：一、94户有色金属企业关闭破产建议项目名单

二、地方政府提出需实施债转股的7户有色金属企业名单

2001年5月21日

附件1：

94户有色金属企业关闭破产建议项目名单

单位：万元

序号	企业名称	所属行业	隶属关系	所在地	调整方式	拟核销客			备注
						合计	其中：国有银行	金融资产管理公司	
	合计:94户					821888	710576	111312	
	矿山:43户(含非独立矿山24户)					283513	260804	22709	
1	寿王坟铜矿	有色	省属	河北	破产	3649		3649	
2	中条山有色金属公司胡家峪铜矿	有色	省属	山西	破产	6663	6663		非独立矿山
3	中条山有色金属公司篦子沟铜矿	有色	省属	山西	破产	4542	4542		非独立矿山
4	赤峰大井银铜矿	有色	省属	内蒙古	破产	1510	1510		
5	抚顺红透山铜矿3个坑口和一个选厂	有色	省属	辽宁	矿产	837	837		非独立矿山
6	吉林镍业公司漂河川镍矿	有色	省属	吉林	破产	0			
7	四平银矿	有色	省属	吉林	破产	15827	15827		
8	黑龙江西林铅锌矿	有色	省属	黑龙江	破产	11210	11210		
9	铜陵有色金属集团公司铜官山铜矿	有色	省属	安徽	破产	40681	40681		
10	铜陵有色金属集团公司金口岭铜矿	有色	省属	安徽	破产	8643	8643		
11	铜陵有色金属集团公司铜山铜矿	有色	省属	安徽	破产	25299	25299		
12	铜陵有色金属集团公司凤凰山铜矿	有色	省属	安徽	破产	14918	14918		
13	贵溪银矿	有色	省属	江西	破产	9700	9700		
14	大吉山钨矿	有色	省属	江西	破产	3958	3958		
15	盘古山钨矿	有色	省属	江西	破产	3854	3254	600	
16	下垄钨矿	有色	省属	江西	破产	752	752		
17	东乡铜矿	有色	省属	江西	破产	7979	7979		非独立矿山
18	银山铅锌矿	有色	省属	江西	破产	17671	17671		非独立矿山
19	荡坪钨矿	有色	省属	江西	破产	3969	3969		
20	大冶有色金属公司新冶铜矿	有色	省属	湖北	破产	1595	808	787	非独立矿山
21	大冶有色金属公司赤马山铜矿	有色	省属	湖北	破产	750	380	370	非独立矿山
22	大冶有色金属公司丰山铜矿	有色	省属	湖北	破产	6215	3148	3067	非独立矿山
23	大冶有色金属公司铜山口矿	有色	省属	湖北	破产	4979	2522	2457	非独立矿山
24	大冶有色井巷有限责任公司	有色	省属	湖北	破产	2921	1480	1441	
25	大冶有色金属公司八分山石英石矿	有色	省属	湖北	破产	374	189	185	非独立矿山
26	大冶有色金属公司叶花香铜矿	有色	省属	湖北	破产	79	40	39	非独立矿山
27	水口山矿务局柏坊铜矿	有色	省属	湖南	破产	5792	5792		非独立矿山
28	水口山矿务局水口山铅锌矿	有色	省属	湖南	破产	3988	3988		非独立矿山
29	湖南宝山铅锌银矿	有色	省属	湖南	破产	4507	4507		
30	泗顶铅锌矿	有色	省属	广西	破产	1960	1960		
31	务川汞矿	有色	省属	贵州	破产	2424		2424	
32	云南铜业集团公司易门矿务局起步郎矿	有色	省属	云南	破产	2419	2419		非独立矿山
33	云南铜业集团公司易门矿务局三家厂矿	有色	省属	云南	破产	3433	3433		非独立矿山
34	云南铜业集团公司易门矿务局狮子山矿	有色	省属	云南	破产	1015	1015		非独立矿山
35	云南铜业集团公司易门矿务局化工厂	有色	省属	云南	破产	936	936		非独立矿山
36	云南锡业公司老厂采选厂	有色	省属	云南	破产	8000	3300	4700	非独立矿山

附件 1 续表

37	云南锡业公司期北山选厂	有色	省属	云南	破产	1000	1000		非独立矿山
38	云南锡业公司黄茅山采选厂	有色	省属	云南	破产	2700	2700		非独立矿山
39	云南锡业公司新冠采选厂	有色	省属	云南	破产	2800		2800	非独立矿山
40	云南锡业公司惠丰矿冶厂	有色	省属	云南	破产	1790	1600	190	非独立矿山
41	云南锡业公司古山采选厂	有色	省属	云南	破产	4100	4100		非独立矿山
42	白银有色金属公司深部铜矿	有色	省属	甘肃	破产	20722	20722		非独立矿山
43	桐柏银矿(桐柏矿业有限责任公司、桐柏银业有限责任公司)	有色	省属	河南	破产	17352	17352		
	工业企业:23 户(非独立法人 2 户)					250393	228429	21964	
44	上海冶炼厂	有色	省属	上海	破产	52630	52630		
45	抚顺铝厂镁分厂	有色	省属	辽宁	破产	20466	20466		非独立法人
46	沈阳有色金属加工厂	有色	省属	辽宁	破产	68437	68437		兼并改破产
47	赣州有色金属冶炼厂	有色	省属	江西	破产	10156	10156		
48	赣州冶金汽修厂	有色	省属	江西	破产	715	715		
49	赣州有色冶金机械厂	有色	省属	江西	破产	6879	6879		
50	衡阳有色冶金机械总厂	有色	省属	湖南	破产	26354	17054	9300	
51	长沙特种硬质合金工业公司	有色	省属	湖南	破产	1690	1690		
52	桃江稀土金属冶炼厂	有色	省属	湖南	破产	3041	3041		
53	西北有色冶金机械厂	有色	省属	甘肃	破产	6111	6061	50	
54	白银有色金属公司西北铜加工厂	有色	省属	甘肃	破产	21741	10957	10784	非独立法人;兼并改破产
55	华东铝加工厂	有色	省属	江苏	破产	21607	21607		
56	侯马啤酒厂	有色	省属	山西	破产	4574	4574		兼并改破产
57	安徽省芦铜联营紫墨玉矿	有色	省属	安徽	破产	549	549		
58	西南有色地质勘察局易门大椿树水泥厂	有色	省属	云南	破产	235	235		
59	西南有色地质勘察局云锡稀土镁厂	有色	省属	云南	破产	500	500		
60	西南地质勘察局西南有色机械总厂	有色	省属	云南	破产	0	0		
61	西南有色地质勘察局元江青龙湿法冶金厂	有色	省属	云南	破产	440	440		
62	西南有色地质勘察局云南滇东镁厂	有色	省属	云南	破产	460	460		
63	西南有色地质勘察局个旧 308 地质矿业有限公司	有色	省属	云南	破产	100	100		
64	大冶有色金属公司铜材厂	有色	省属	湖北	破产	2239	1134	1105	
65	大冶有色机械制造有限责任公司	有色	省属	湖北	破产	786	398	388	
66	大冶有色化肥有限责任公司	有色	省属	湖北	破产	683	346	337	
	商贸企业:28 户					287982	221343	66639	
67	中国有色金属进出口天津公司(直管)	有色	省属	天津	破产	3345	3345		
68	中国有色金属进出口河北公司(直管)	有色	省属	河北	破产	3614		3614	
69	中国有色金属进出口内蒙古公司(地方共管)	有色	省属	内蒙古	破产	4144	4144		
70	中国有色金属工业东北供销公司	有色	省属	辽宁	破产	6054	6054		
71	中国有色金属进出口辽宁有限责任公司(控股)	有色	省属	辽宁	破产	28822	28822		
72	中色大连进出口有限责任公司(控股)	有色	省属	辽宁	破产	7798	3548	4250	
73	中国有色金属进出口吉林公司(共管)	有色	省属	吉林	破产	816		816	
74	中国有色金属进出口黑龙江公司(共管)	有色	省属	黑龙江	破产	1400		1400	
75	中国有色金属进出口安徽公司(共管)	有色	省属	安徽	破产	6630	6630		
76	江西有色金属进出口联营公司	有色	省属	江西	破产	6393	1000	5393	
77	中国有色金属长沙供销公司	有色	省属	湖南	破产	1875	1875		
78	中国有色金属进出口湖南公司(地区共管)	有色	省属	湖南	破产	9790		9790	
79	中国有色金属工业南宁供销公司	有色	省属	广西	破产	310	310		
80	广西有色金属工业开发公司	有色	省属	广西	破产	0			
81	中国有色金属进出口广西公司(地区共管)	有色	省属	广西	破产	19305	19305		

附件 1 续表

82	重庆有色金属进出口公司(地方共管)	有色	省属	重庆	破产	1000		1000	
83	中国有色金属工业西南供销公司	有色	省属	四川	破产	14041	14041		
84	中国有色金属进出口四川公司(直管)	有色	省属	四川	破产	7516	7516		
85	中国有色金属进出口贵州公司(直管)	有色	省属	贵州	破产	4106	2041	2065	
86	云南有色金属进出口有限公司(控股)	有色	省属	云南	破产	4342	2582	1760	
87	中国有色金属昆明供销公司	有色	省属	云南	破产	6129	6129		
88	中国有色金属进出口云南公司(地区共管)	有色	省属	云南	破产	8797	5385	3412	
89	中国有色金属工业西北供销公司	有色	省属	陕西	破产	468	468		
90	白银有色金属公司进出口公司	有色	省属	甘肃	破产	33553	28500	5053	
91	中国有色金属进出口公司甘肃公司	有色	省属	甘肃	破产	5371	5371		
92	中国有色金属进出口青海公司(直管)	有色	省属	青海	破产	19680	4690	14990	
93	中国有色金属进出口浙江公司(共管)	有色	省属	浙江	破产	9847		9847	
94	中国有色金属进出口总公司	有色	五矿	北京	破产	72836	69587	3249	

附件 2:

地方政府提出需实施债转股的 7 户有色金属企业名单

企业名称	所在地	申请债转股金额(万元)
新疆有色金属公司	新疆	55558
陕西华山有色冶金机械厂	陕西	11477
抚顺铝厂	辽宁	50146
九江有色金属冶炼厂	江西	3363
吉林镍业公司	吉林	6075
东北轻合金有限责任公司	黑龙江	14000
柳州华锡集团公司	广西	73000
合计		213619

中华人民共和国对外合作开采陆上石油资源条例

(2001 年 9 月 23 日)

中华人民共和国对外合作开采陆上石油资源条例(1993 年 10 月 7 日中华人民共和国国务院令第 131 号发布,根据 2001 年 9 月 23 日《国务院关于修改〈中华人民共和国对外合作开采陆上石油资源条例〉的决定》修订)。

第一章 总 则

第一条 为保障石油工业的发展,促进国际经济合作和技术交流,制定本条例。

第二条 在中华人民共和国境内从事中外合作开采陆上石油资源活动,必须遵守本条例。

第三条 中华人民共和国境内的石油资源属于中华人民共和国国家所有。

第四条 中国政府依法保护参加合作开采陆上石油资源的外国企业的合作开采活动及其投资、利润和其他合法权益。

在中华人民共和国境内从事中外合作开采陆上石油资源活动,必须遵守中华人民共和国的有关法律、法规和规章,并接受中国政府有关机关的监督管理。

第五条 国家对参加合作开采陆上石油资源的外国企业的投资和收益不实行征收。在特殊情况下,根据社会公共利益的需要,可以对外国企业在合作开采中应得石油的一部分或者全部,依照法律程序实行征收,并给予相应的补偿。

第六条 国务院指定的部门负责在国务院批准的合作区域内,划分合作区块,确定合作方式,组织制定有关规划和政策,审批对外合作油(气)田总体开发方案。

第七条 中国石油天然气集团公司、中国石油化工集团公司(以下简称中方石油公司)负责对外合作开采陆上石油资源的经营业务;负责与外国企业谈判、签订、执行合作开采陆上石油资源的合同;在国务院批准的对外合作开采陆上石油资源的区域内享有与外国企业合作进行石油勘探、开发、生产的专营权。

第八条 中方石油公司在国务院批准的对外合作开采陆上石油资源的区域内，按划分的合作区块，通过招标或者谈判，与外国企业签订合作开采陆上石油资源合同。该合同经中华人民共和国对外贸易经济合作部批准后，方为成立。

中方石油公司也可以在国务院批准的合作开采陆上石油资源的区域内，与外国企业签订除前款规定以外的其他合作合同。该合同必须向中华人民共和国对外贸易经济合作部备案。

第九条 对外合作区块公布后，除中方石油公司与外国企业进行合作开采陆上石油资源活动外，其他企业不得进入该区块内进行石油勘查活动，也不得与外国企业签订在该区块内进行石油开采的经济技术合作协议。

对外合作区块公布前，已进入该区块进行石油勘查(尚处于区域评价勘查阶段)的企业，在中方石油公司与外国企业签订合同后，应当撤出。该企业所取得的勘查资料，由中方石油公司负责销售，以适当补偿其投资。该区块发现有商业开采价值的油(气)田后，从该区块撤出的企业可以通过投资方式参与开发。

国务院指定的部门应当根据合同的签订和执行情况，定期对所确定的对外合作区块进行调整。

第十条 对外合作开采陆上石油资源，应当遵循兼顾中央与地方利益的原则，通过吸收油(气)田所在地的资金对有商业开采价值的油(气)田的开发进行投资等方式，适当照顾地方利益。

有关地方人民政府应当依法保护合作区域内正常的生产经营活动，并在土地使用、道路通行、生活服务等方面给予有效协助。

第十一条 对外合作开采陆上石油资源，应当依法纳税，并缴纳矿区使用费。

对外合作开采陆上石油资源的企业的雇员，应当就其所得依法纳税。

第十二条 为执行合同所进口的设备和材料，按照国家有关规定给予减税、免税或者给予税收方面的其他优惠。具体办法由财政部会同海关总署制定。

第二章 外国合同者的权利和义务

第十三条 中方石油公司与外国企业合作开采陆上石油资源必须订立合同，除法律、法规另有规定或者合同另有约定外，应当由签订合同的外国企业(以下简称外国合同者)单独投资进行勘探，负责勘探作业，并承担勘探风险；发现有商业开采价值的油(气)田后，由外国合同者与中方石油公司共同投资合作开发；外国合同者并应承担开发作业和生产作业，直至中方石油公司按照合同约定接替生产作业为止。

第十四条 外国合同者可以按照合同约定，从生产的石油中回收其投资和费用，并取得报酬。

第十五条 外国合同者根据国家有关规定和合同约定，可以将其应得的石油和购买的石油运往国外，也可以依法将其回收的投资、利润和其他合法收益汇往国外。

外国合同者在中华人民共和国境内销售其应得的石油，一般由中方石油公司收购，也可以采取合同双方约定的其他方式销售，但是不得违反国家有关在中华人民共和国境内销售石油产品的规定。

第十六条 外国合同者开立外汇账户和办理其他外汇事宜，应当遵守《中华人民共和国外汇管理条例》和国家有关外汇管理的其他规定。

外国合同者的投资，应当采用美元或者其他可自由兑换货币。

第十七条 外国合同者应当依法在中华人民共和国境内设立分公司、子公司或者代表机构。

前款机构的设立地点由外国合同者与中方石油公司协商确定。

第十八条 外国合同者在执行合同的过程中，应当及时地、准确地向中方石油公司报告石油作业情况，完整地、准确地取得各项石油作业的数据、记录、样品、凭证和其他原始资料，并按规定向中方石油公司提交资料和样品以及技术、经济、财会、行政方面的各种报告。

第十九条 外国合同者执行合同，除租用第三方的设备外，按照计划和预算所购置和建造的全部资产，在其投资按照合同约定得到补偿或者该油(气)田生产期期满后，所有权属于中方石油公司。在合同期内，外国合同者可以按照合同约定使用这些资产。

第三章 石油作业

第二十条 作业者必须根据国家有关开采石油资源的规定，制订油(气)田总体开发方案，并经国务院指定的部门批准后，实施开发作业和生产作业。

第二十一条 石油合同可以约定石油作业所需的人员，作业者可以优先录用中国公民。

第二十二条 作业者和承包者在实施石油作业中，应当遵守国家有关环境保护和安全作业方面的法律、法规和标准，并按照国际惯例进行作业，保护农田、水产、森林资源和其他自然资源，防止对大气、海洋、河流、湖泊、地下水和陆地其他环境的污染和损害。

第二十三条 在实施石油作业中使用土地的，应当依照《中华人民共和国土地管理法》和国家其他有关规定办理。

第二十四条 本条例第十八条规定的各项石油作业的数据、记录、样品、凭证和其他原始资料，所有权属于中方石油公司。

前款所列数据、记录、样品、凭证和其他原始资料的使用、转让、赠与、交换、出售、发表以及运出、传送到中华人民共和国境外，必须按照国家有关规定执行。

第四章 争议的解决

第二十五条 合作开采陆上石油资源合同的当事人因执行合同发生争议时，应当通过协商或者调解解决；不愿协商、调解，或者协商、调解不成的，可以根据合同中的仲裁条款或者事后达成的书面仲裁协议，提交中国仲裁机构或者其他仲裁机构仲裁。

当事人未在合同中订立仲裁条款，事后又没有达成书面仲裁协议的，可以向中国人民法院起诉。

第五章 法律责任

第二十六条 违反本条例规定，有下列行为之一的，由国务院指定的部门依据职权责令限期改正，给予警告；在限期内不改正的，可以责令其停止实施石油作业；构成犯罪的，依法追究刑事责任。

（一）违反本条例第九条第一款规定，擅自进入对外合作区块进行石油勘查活动或者与外国企业签订在对外合作区块内进行石油开采合作协议的；

（二）违反本条例第十八条规定，在执行合同的过程中，未向中方石油公司及时、准确地报告石油作业情况的，未按规定向中方石油公司提交资料和样品以及技术、经济、财会、行政方面的各种报告的；

（三）违反本条例第二十条规定，油（气）田总体开发方案未经批准，擅自实施开发作业和生产作业的；

（四）违反本条例第二十四条第二款规定，擅自使用石油作业的数据、记录、样品、凭证和其他原始资料或者将其转让、赠与、交换、出售、发表以及运出、传送到中华人民共和国境外的。

第二十七条 违反本条例第十一条、第十六条、第二十二条、第二十三条规定的，由国家有关主管部门依照有关法律、法规的规定予以处罚；构成犯罪的，依法追究刑事责任。

第六章 附 则

第二十八条 本条例下列用语的含义：

（一）“石油”，是指蕴藏在地下的、正在采出的和已经采出的原油和天然气。

（二）“陆上石油资源”，是指蕴藏在陆地全境（包括海滩、岛屿及向外延伸至5米水深处的海域）的范围内的地下石油资源。

（三）“开采”，是指石油的勘探、开发、生产和销售及其有关的活动。

（四）“石油作业”，是指为执行合同而进行的勘探、开发和生产作业及其有关的活动。

（五）“勘探作业”，是指用地质、地球物理、地球化学和包括钻探井等各种方法寻找储藏石油圈闭所做的全部工作，以及在已发现石油的圈闭上为确定它有无商业价值所做的钻评价井、可行性研究和编制油（气）田的总体开发方案等全部工作。

（六）“开发作业”，是指自油（气）田总体开发方案被批准之日起，为实现石油生产所进行的设计、建造、安装、钻井工程等及其相应的研究工作，包括商业性生产开始之前的生产活动。

（七）“生产作业”，是指一个油（气）田从开始商业性生产之日起，为生产石油所进行的全部作业以及与其有关的活动。

第二十九条 本条例第四条、第十一条、第十二条、第十五条、第十六条、第十七条、第二十一条的规定，适用于外国承包者。

第三十条 对外合作开采煤层气资源由中联煤层气有限责任公司实施专营，并参照本条例执行。

第三十一条 本条例自公布之日起施行。

中华人民共和国对外合作开采海洋石油资源条例

（2001年10月11日）

中华人民共和国对外合作开采海洋石油资源条例（1982年1月30日国务院发布，根据2001年9月23日《国务院关于修改〈中华人民共和国对外合作开采海洋石油资源条例〉的决定》修订）。

第一章　总　　则

第一条　为促进国民经济的发展，扩大国际经济技术合作，在维护国家主权和经济利益的前提下允许外国企业参与合作开采中华人民共和国海洋石油资源，特制定本条例。

第二条　中华人民共和国的内海、领海、大陆架以及其他属于中华人民共和国海洋资源管辖海域的石油资源，都属于中华人民共和国国家所有。

在前款海域内，为开采石油而设置的建筑物、构筑物、作业船舶，以及相应的陆岸油（气）集输终端和基地，都受中华人民共和国管辖。

第三条　中国政府依法保护参与合作开采海洋石油资源的外国企业的投资、应得利润和其他合法权益，依法保护外国企业的合作开采活动。

在本条例范围内，合作开采海洋石油资源的一切活动，都应当遵守中华人民共和国的法律、法令和国家的有关规定；参与实施石油作业的企业和个人，都应当受中国法律的约束，接受中国政府有关主管部门的检查、监督。

第四条　国家对参加合作开采海洋石油资源的外国企业的投资和收益不实行征收。在特殊情况下，根据社会公共利益的需要，可以对外国企业在合作开采中应得石油的一部分或者全部，依照法律程序实行征收，并给予相应的补偿。

第五条　国务院指定的部门依据国家确定的合作海区、面积，决定合作方式，划分合作区块；依据国家长期经济计划制定同外国企业合作开采海洋石油资源的规划；制定对外合作开采海洋石油资源的业务政策和审批海上油（气）田的总体开发方案。

第六条　中华人民共和国对外合作开采海洋石油资源的业务，由中国海洋石油总公司全面负责。

中国海洋石油总公司是具有法人资格的国家公司，享有在对外合作海区内进行石油勘探、开发、生产和销售的专营权。

中国海洋石油总公司根据工作需要，可以设立地区公司、专业公司、驻外代表机构，执行总公司交付的任务。

第七条　中国海洋石油总公司就对外合作开采石油的海区、面积、区块，通过组织招标，采取签订石油合同方式，同外国企业合作开采石油资源。

前款石油合同，经中华人民共和国对外贸易经济合作部批准，即为有效。

中国海洋石油总公司采取其他方式运用外国企业的技术和资金合作开采石油资源所签订的文件，也应当经中华人民共和国对外贸易经济合作部批准。

第二章　石油合同各方的权利和义务

第八条　中国海洋石油总公司通过订立石油合同同外国企业合作开采海洋石油资源，除法律、行政法规另有规定或者石油合同另有约定外，应当由石油合同中的外国企业一方（以下称外国合同者）投资进行勘探，负责勘探作业，并承担全部勘探风险；发现商业性油（气）田后，由外国合同者同中国海洋石油总公司双方投资合作开发，外国合同者并应负责开发作业和生产作业，直至中国海洋石油总公司按照石油合同规定在条件具备的情况下接替生产作业。外国合同者可以按照石油合同规定，从生产的石油中回收其投资和费用，并取得报酬。

第九条　外国合同者可以将其应得的石油和购买的石油运往国外，也可以依法将其回收的投资、利润和其他正当收益汇往国外。

第十条　参与合作开采海洋石油资源的中国企业、外国企业，都应当依法纳税，缴纳矿区使用费。

前款企业的雇员，都应当依法缴纳个人所得税。

第十一条　为执行石油合同所进口的设备和材料，按照国家规定给予减税、免税，或者给予税收方面的其他优惠。

第十二条　外国合同者开立外汇账户和办理其他外汇事宜，应当遵守《中华人民共和国外汇管理条例》和国家有关外汇管理的其他规定。

第十三条　石油合同可以约定石油作业所需的人员，作业者可以优先录用中国公民。

第十四条　外国合同者在执行石油合同从事开发、生产作业过程中，必须及时地、准确地向中国海洋石油总公司报告石油作业情况；完整地、准确地取得各项石油作业的数据、记录、样品、凭证和其他原始资料，并定期向中国海洋石油总公司提交必要的资料和样品以及技术、经济、财会、行政方面的各种报告。

第十五条 外国合同者为执行石油合同从事开发、生产作业，应当在中华人民共和国境内设立分支机构或者代表机构，并依法履行登记手续。

前款机构的住所地应当同中国海洋石油总公司共同商量确定。

第十六条 本条例第三条、第九条、第十条、第十一条、第十五条的规定，对向石油作业提供服务的外国承包者，类推适用。

第三章 石油作业

第十七条 作业者必须根据本条例和国家有关开采石油资源的规定，参照国际惯例，制定油（气）田总体开发方案和实施生产作业，以达到尽可能高的石油采收率。

第十八条 外国合同者为执行石油合同从事开发、生产作业，应当使用中华人民共和国境内现有的基地；如需设立新基地，必须位于中华人民共和国境内。

前款新基地的具体地点，以及在特殊情况下需要采取的其他措施，都必须经中国海洋石油总公司书面同意。

第十九条中国海洋石油总公司有权派人参加外国作业者为执行石油合同而进行的总体设计和工程设计。

第二十条 外国合同者为执行石油合同，除租用第三方的设备外，按计划和预算所购置和建造的全部资产，当外国合同者的投资按照规定得到补偿后，其所有权属于中国海洋石油总公司，在合同期内，外国合同者仍然可以依据合同的规定使用这些资产。

第二十一条 为执行石油合同所取得的各项石油作业的数据、记录、样品、凭证和其他原始资料，其所有权属于中国海洋石油总公司。

前款数据、记录、样品、凭证和其他原始资料的使用和转让、赠与、交换、出售、公开发表以及运出、传送出中华人民共和国，都必须按照国家有关规定执行。

第二十二条 作业者和承包者在实施石油作业中，应当遵守中华人民共和国有关环境保护和安全方面的法律规定，并参照国际惯例进行作业，保护渔业资源和其他自然资源，防止对大气、海洋、河流、湖泊和陆地等环境的污染和损害。

第二十三条 石油合同区产出的石油，应当在中华人民共和国登陆，也可以在海上油（气）外输计量点运出。如需在中华人民共和国以外的地点登陆，必须经国务院指定的部门批准。

第四章 附 则

第二十四条 在合作开采海洋石油资源活动中，外国企业和中国企业间发生的争执，应当通过友好协商解决。通过协商不能解决的，由中华人民共和国仲裁机构进行调解、仲裁，也可以由合同双方协议在其他仲裁机构仲裁。

第二十五条 作业者、承包者违反本条例规定实施石油作业的，由国务院指定的部门依据职权责令限期改正，给予警告；在限期内不改正的，可以责令其停止实施石油作业。由此造成的一切经济损失，由责任方承担。

第二十六条 本条例所用的术语，其定义如下：

1.“石油”是指蕴藏在地下的、正在采出的和已经采出的原油和天然气。

2.“开采”是泛指石油的勘探、开发、生产和销售及其有关的活动。

3.“石油合同”是指中国海洋石油总公司同外国企业为合作开采中华人民共和国海洋石油资源，依法订立的包括石油勘探、开发和生产的合同。

4.“合同区”是指在石油合同中为合作开采石油资源以地理坐标圈定的海域面积。

5.“石油作业”是指为执行石油合同而进行的勘探、开发和生产作业及其有关的活动。

6.“勘探作业”是指用地质、地球物理、地球化学和包括钻勘探井等各种方法寻找储藏石油的圈闭所做的全部工作，以及在已发现石油的圈闭上为确定它有无商业价值所做的钻评价井、可行性研究和编制油（气）田的总体开发方案等全部工作。

7.“开发作业”是指从国务院指定的部门批准油（气）田的总体开发方案之日起，为实现石油生产所进行的设计、建造、安装、钻井工程等及其相应的研究工作，并包括商业性生产开始之前的生产活动。

8.“生产作业”是指一个油（气）田从开始商业性生产之日起，为生产石油所进行的全部作业以及与其有关的活动，诸如采出、注入、增产、处理、贮运和提取等作业。

9.“外国合同者”是指同中国海洋石油总公司签订石油合同的外国企业。外国企业可以是公司，也可以是公司集团。

10.“作业者”是指按照石油合同的规定负责实施作业的实体。

11.“承包者”是指向作业者提供服务的实体。

第二十七条 本条例自公布之日起施行。

九州龙岩高岭土公司

办公大楼

福建九州龙岩高岭土公司是全国优质陶瓷原料生产基地，下属龙岩东宫下高岭土矿是一座储量为5290万t的特大型优质高岭土矿山，有得天独厚的资源和开采条件。

公司现有职工248人，其中各类专业技术人员98人，总资产1.5亿元，原矿生产能力60万t/a，精矿生产能力3.5万t/a。

公司的主要产品有：高岭土原矿、325目水洗高岭土、200目水洗高岭土、卧离超细高岭土、剥片超细高岭土、325目粉状高岭土等。产品具有自然白度高，铁、钛含量低，烧成亮度高和强度高，成瓷性好等特点，是生产高档瓷器的最佳原料，经深加工改性后可成为造纸、橡胶、油漆、涂料等行业的理想原料和功能填料。

选矿厂浓缩池一角

公司已通过ISO9002质量体系认证，同时获得北京世标认证中心颁发的国内证书和大洋洲认可委员JAS-ANZ颁发的国际证书，产品畅销国内主要陶瓷生产厂商，并大批出口日本、韩国、东南亚等国和台湾、香港地区。2001年公司实现销售收入7100万元，利税2500万元，连续4年评为福建省工业企业经济效益300强和利税300强企业，“东宫牌”高岭土原矿连续3年荣获“福建省地产最畅销商品”称号，主导产品入编《中国主要及知名建材产品》。

露天采矿场皮带运输机

河南神火煤电股份有限公司选煤厂

厂长：李爱启

河南神火煤电股份有限公司选煤厂是与新庄煤矿相配套的矿井型选煤厂，原设计年处理原煤90万t、入洗原煤60万t。选煤厂始建于1994年3月，于1995年12月同新庄煤矿一起投产，1998年11月进行改扩建，设计入选能力180万t/a、入洗能力120万t/a，实际最大入选能力为300万t/a，于1999年6月投产，并一次试车成功。

选煤厂领导班子

选煤厂目前已经形成末原煤、末精煤、大块煤、洗中块、洗小块、洗粒煤、配混煤等10多个品种，畅销苏、鲁、豫、皖、沪、浙等省市，其中主导产品洗精煤深受上海宝钢，南京梅钢，安徽马钢，浙江杭钢，山东济钢、莱钢等用户的欢迎，并出口日本、韩国、西班牙等国家，被河南省评定为重点保护产品，并注册“永成”牌商标。

现代化的调度集中控制系统

选煤厂1996年达到省级质量标准，1997年、1998年达到行业级质量标准，2000年被原国家煤炭工业局命名为“优质高效选煤厂”及“洗水一级闭路循环”荣誉称号，2001年被河南省人事厅、省经贸委评为“九五”技术改造先进集体。

精煤浮选车间

γ射线测灰仪

斗轮返煤取料机

电话：0370-5391034
传真：0370-5391034
E-mail：changhong751222@163.com

湖州新开元碎石有限公司

总经理：张继江

湖州新开元碎石有限公司位于浙江省湖州市南郊青山，成立于1995年3月，由上海建工股份有限公司及上海建工材料工程有限公司投资，现有资产1.6亿多元，年产石料200多万t。

引进美国的圆锥破碎机

公司选用美国Cedarapids公司生产的具有世界一流水平的破碎机和振动筛，生产过程全部实现自动化控制。矿山所用钻机、装载机、矿车等大型设备多由欧美引进。矿区有长180m、日装卸1万t的码头，自有船舶150多艘，计1.6万装载吨，年运输能力135万t。

公司主要生产碎石砂和各种规格的连续级配及断续级配碎石，还可根据用户要求加工特殊规格的建筑石料。公司产品质量优良，畅销上海、江苏、浙江等地。

公司被中国砂石协会、中国矿业联合会评为“砂石资源保护与利用先进单位”，并被浙江省矿业协会授予“石矿企业榜样”荣誉称号，是湖州市重点工业骨干企业和湖州市高新技术企业。

宽敞、高效的卸料码头

董事长：张克文　总经理：张继江　联系电话：0572-3800743　3800811　3800746　邮政编码：313022

平湖市采石场

浙江省平湖市采石场位于浙江嘉兴市平湖乍浦镇，建于1965年10月，是平湖市水利局下属的国有矿山企业，主要生产建筑用各种规格石料。全场现有职工110人，场部下设生产科、企业管理科、供销科、质检科。采石场总面积7万m^2，年开采量50万t，年产值1000余万元、利润250万元。

36年来，我场规模从小到大，从粗放型走向集约型，坚持合理开发利用资源，做到开发与环境保护并举，以安全为重点，以效益为目标，完成了机械化一条龙生产建设，走上了一条良性的、持续发展的效益型企业之路。

法人代表：曹在金　电话：0573-5522166　传真：0573-5525703　地址：浙江省嘉兴市平湖乍浦镇

广东大顶矿业股份有限公司

●电话：（0762）8246218　●传真：（0762）8246328

董事长：罗建强

总经理：饶云山

广东大顶矿业股份有限公司的主营业务为对大顶铁矿矿产的开发和加工。大顶铁矿属国内大型高品位露天磁铁矿山，开采储量1.72亿t，平均品位44.99%,伴生锡、锌等有色金属，资源潜在价值200亿元以上。

2002年6月，广东大顶矿业股份公司成功地实现了资产重组，通过引进战略投资，解决了原有的流动资金和建设资金不足等问题，优化了资本结构，目前已进入为期一年的上市辅导期。

广东大顶矿业股份有限公司是河源市工业的龙头企业，在省、市领导的关心和支持下，正逐步打造成为河源市经济发展的“航空母舰”。

中央政治局委员、广东省委书记李长春视察大顶铁矿

董事会班子

选矿厂矿仓

露天采矿场

宁夏亘元集团有限责任公司

法人代表、总经理：魏里阳

党委书记：徐　　升

团结进取的领导班子

宁夏亘元集团有限责任公司是原石嘴山矿务局改制后成立的大型企业集团公司，位于素有“塞上江南”美誉的银川平原最北端，距银川102km，距国家王牌景点——沙湖旅游风景区70km。公司北与内蒙古自治区乌海市毗邻，包兰铁路及109、110国道和石中高速公路横穿矿区，交通十分便利。

公司现有职工12158人，专业技术人员2318人，其中高级职称185人、中级职称750人。公司主营煤炭生产及销售，兼营火工产品、化工、电力、强磁材料、耐火材料、机械加工制造、建筑、农副产品等。产品销往全国各地，部分出口欧、美、日、韩等国家和地区。

公司所辖矿区是卓子山—贺兰山煤田的一部分，煤种为1/3焦煤，发热量达21mj/kg以上，具有高熔点、高发热量、高挥发分等特性，是理想的优质动力煤。矿区现有两对生产矿井，核定生产能力250万t，实际生产能力在300万t以上。

公司是国家西部能源基地的重要组成部分。经过46年的开发建设，在生产设备、项目开发、科研推广、业务培训等方面具有人才、技术、管理优势。公司始终坚持以煤为主、多业并举的发展战略，依靠科技进步，加速产业结构、产品结构、生产结构、所有制结构的调整，大力发展电力、化工、强磁材料、高新农业等非煤产业，拓展企业发展空间，寻求新的经济增长点。

在加强生产经营工作、搞好物质文明建设的同时，公司坚持“两手抓、两手都要硬”的方针，构建了双文明建设目标一体化、领导体制一体化、创建内容一体化、工作责任一体化、考核体系一体化的五个“一体化”运行机制，为生产经营提供了强有力的思想保证和精神动力。

公司在新世纪和中国加入WTO之后，明确提出了“以煤为基点，以高新技术为先导”的企业发展战略，大力实施“亘元”品牌战略、资源可持续发展战略、企业结构调整战略、人力资源开发战略和企业文化战略，尽快完成煤炭产销、高新材料、生物制药、高新农业四大主体产业布局，力争用10年时间，把亘元集团建设成为经营机制灵活、体制多样、产业结构合理、基础产业稳定、支柱产业突出、先导产业优良、经济和科技实力雄厚、核心竞争力强的跨地区、跨行业、跨所有制、跨国经营的现代化大型企业集团。

装机容量2.4万kw的综合利用矸石发电厂

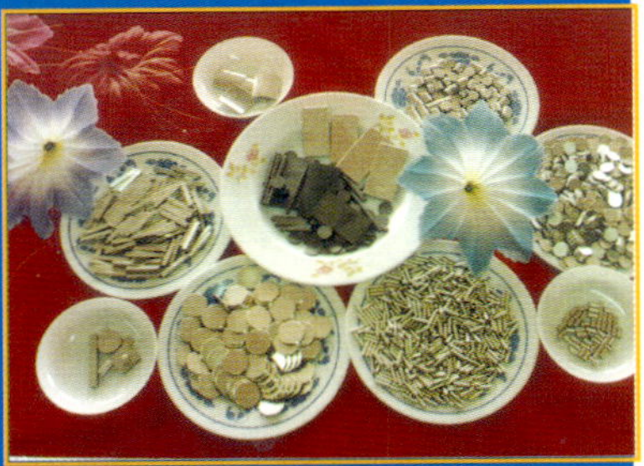

高科技系列产品——钕铁硼强磁材料

标准化综合放顶采煤工作面

公司办公大楼节日夜景

广东省大宝山矿业有限公司

●地址：广东省韶关市曲江县沙溪镇 ●电话：（0751）6618321
●邮编：512128 ●传真：（0751）6618216
●电子邮箱：gdsdbsk@163net

董事长：郑钟明

广东省大宝山矿业有限公司是省属国有独资有限责任公司，出资者为广东省广业资产经营有限公司。公司资产总额6.5亿元，年工业总产值2亿多元，在全国黑色金属矿采选业中规模、效益均名列前茅。公司有员工3500多人，各类工程技术人员1000余人，其中高中级工程技术人员300多人。公司支柱产业是铁矿石、铜硫矿石采选，主产品为成品铁矿石（含铁大于52％）、铜精矿（含铜大于20％）和一级电解铜，副产品为硫精矿（含硫40％）。

公司位于韶关市曲江县，紧依京广铁路，矿区有16km铁路与京广铁路连接，106国道及京珠高速公路穿越矿区，距广州市200多km，交通十分方便。

公司拥有一座大型多金属矿床：矿体上部褐铁矿石保有储量2600万t，下部铜硫矿体铜矿石工业储量7000余万t，保有铜金属量60余万t、单硫矿石3300万t，还伴生有钨、铋、钼、金、银等多种稀有金属和贵金属，具有极高的利用价值。1995年以来，公司加大了对铜硫等有色资源的开发，2000年建成日处理3000t铜硫矿石、年产8000t铜精矿金属量、副产30万t硫精矿的铜采选生产系统：由此实现了产品结构调整和铁铜并举的目标。

为了充分发挥企业的资源优势和技术优势，公司近年来加快了技术开发和资源综合利用步伐，年产10万t硫酸的化工厂正在进行基建施工，2003年上半年可以投产；年产25万t磁铁矿的铁尾矿磁化焙烧项目也已开始基建施工，2003年年底可以投入生产。公司先后从芬兰引进两台陶瓷过滤机，使铜、硫精矿质量明显提高；拥有200多台电脑，建立了财务结算中心，基本实现了办公自动化。

大宝山人的辛勤耕耘取得了丰硕成果，企业多次获得“全国思想政治工作优秀企业”、“全国职工模范之家”、“广东省优秀企业”、“广东省重合同守信用企业”等荣誉称号。企业文化建设和精神文明建设同步发展，“热爱宝山、艰苦奋斗、改革创新、勇争一流”的宝山精神深入人心。

总部办公、生活区一角

铜选厂（3000t/d）

高效、节能、实用的过滤设备——陶瓷毛细作用过滤机（从芬兰引进）

露天采矿场

富含多种有用矿物的尾矿库（环保库）

丹东丹银矿冶有限责任公司

总经理：赵全维

采金船

丹东丹银矿冶有限责任公司位于辽宁省丹东市青城子镇，组建于1995年，是中国有色北京鑫达公司、辽宁地勘局、中国有色沈阳公司青城子铅矿三方合资组建的国有股份有限责任公司。公司矿产资源丰富，据辽宁有色地质勘查局103队详查报告，公司矿山拥有金金属储量8.68吨，并伴生银、铅锌等多金属矿。经两年勘探，矿山于1997年5月动工建设，1998年8月正式投产，新增地质储量逾10t，已形成5100万元固定资产、日采选300t的中型黄金矿山企业。

公司采矿严格按照沈阳有色冶金设计研究院的设计执行。该设计由中国有色金属工业总公司牵头，会同省、市、县、镇四级政府及有关行业管理部门审核通过，方法主要包括全面法、留矿法及中深孔分段崩落法等国内常规采矿方法，平均入选品位8g/t。

为了合理开发利用资源，实现可持续发展，丹银公司坚持“贫富兼采”的原则，做到了“富矿不贫化、贫矿不损失、贫富兼采、另类分选”，采矿损失率严格控制在5%以下，低于设计指标15个百分点，按现有储量可延长矿山服务年限2年以上。同时，公司将出矿品位控制在最佳状态，选矿回收率在86%以上，金精矿品位在50%以上，居同行业领先地位，实现了我国相同类型难选冶金矿石选

办公楼

矿的历史性突破，质量受到用户好评，产品供不应求。

公司按照现代企业制度要求，实施制度化管理，把“自立、自强、至诚、至信”的企业精神与企业环境建设有机地融汇在一起，在加强经济建设的同时，努力向建设花园式企业方向发展。几年来，公司在环保绿化方面投入210余万元，从不轻易砍一棵树、拔一颗草。即使是皑皑白雪的冬季，公司亦绿意盎然，室内花团簇簇，春意浓浓，有“人间四时芳菲尽，山寺桃花始盛开”的感觉。春天到来之时，不少游客驻足留影，说这里如同《桃花源记》里的桃花源，远避喧嚣，地雅清静。

为降低井下污水悬浮物浓度，公司采用国内最先进的技术、最合理的设计方案，投入200余万元建起了规模达1600立方米的沉淀池；为使污水排放达到国家规定标准，公司先后投资30余万元，对选厂药剂配方进行科技攻关，从而将絮凝剂和扩大微尘悬浮剂使用比例控制在最小值；为治理尾矿库粉尘污染，公司采取挖坑取土、易土植树的方法，先后在尾矿库护坡上植树6000余株，从而打破了尾矿沙上无法植树的历史，成活率达到90%；为保证尾矿库污水排放达到国家标准，公司专门聘请专家，对选厂流入库内的污水跟踪监测，并采用二次沉淀的方法治理水污，取得了良好效果。

正是这种特有的管理方法和独特的企业文化，造就了丹银“以规范的制度约束人、以优美的环境熏陶人、以良好的效益激励人”的以人为本的管理模式。

丹银公司员工以精干、高效赢得客户的信赖和支持，产品畅销国内10多个省份，并形成了金精矿的卖方市场，产品供不应求。

丹银公司总经理赵全维携全体员工向社会各界致意，并竭诚欢迎有识之士同丹银公司洽谈合作，共谋发展。

矿山复垦

选矿厂

尾矿库

矿区绿化

采金船井架

山东省平度市 滑石矿业有限责任公司

董事长兼总经理：于忠章

山东省平度市滑石矿业有限责任公司于1971年建矿，拥有国内滑石行业最大的凹陷露天矿山，是一个集采、选、加工、经贸为一体的外向型国家二级企业，是中国滑石协会理事长单位，拥有自营进出口权。

公司现有职工700人，固定资产5600万元，年产滑石10万t，加工滑石、透灰石、碳酸钙、蛇纹石、绿泥石、云母等粉体15万t，其中80%出口日本、英国、美国、新加坡、韩国、马来西亚等国和台湾、香港等地区，年创汇300万美元，是我国滑石出口骨干企业之一。

公司技术力量雄厚，产品质地优良，检测技术先进，近几年先后与日本、英国、德国企业合作引进了矿山开采和产品加工及检测设备，可生产40～5000目各种粉体，生产能力和效益处于国内领先地位，年创汇额稳步增长，被誉为我国滑石行业的“常青树”。

公司自1984年以来一直保持着国家技术监督局认定的合格产品称号，被山东省工商局评为“重合同守信用企业”。公司生产的“白鸽”牌滑石粉曾获省优、部优及全国行业最高质量奖，2000年被评为青岛市名牌产品、山东省著名商标。2001年公司被中国矿业联合会评为“中国矿业十佳企业”，1997年获进出口企业资格证书，1999年通过ISO9000质量体系认证。

公司下属企业包括:青岛益士文滑石制品有限公司、青岛华隆实业公司、青岛国信纯净水厂、平度市滑石采选厂、平度市粉料加工厂、平度市碳酸钙加工厂、平度市白鸽物流公司。

荣誉证书

注册商标：“白鸽牌”

公司宗旨：以质量求生存，以科技促发展

●地址：山东省平度市麻兰镇芝坊村北　●电话：（0532）3351139　3351136
●邮编：266743　●传真：（0532）3351198
●网址：http://www.talc-qd.com　● E-mail:qdpdshk@public.qd.sd.cn

大连瓦房店金刚石股份有限公司

董事长兼总经理：李荣

大连瓦房店金刚石股份有限公司成立于1987年3月2日，是中国目前最大的金刚石生产和出口基地，主要业务为金刚石采选、加工及销售。公司主导产品“瓦房店金刚石”畅销十几个国家和地区，成为世界级名牌产品。公司自1991年起在“中国500家最大工业企业”及“行业50家”评比中，一直位于建材及其他非金属采选业最大经营规模工业企业前10名和最佳经济效益工业企业前3名，1992年晋升为国家大型二档企业，1993年获自营进出口权。

瓦房店地区金刚石资源丰富，探明总储量占全国的54%。瓦房店金刚石大多无色透明，无断裂，无包体，其纯度、色泽均居全国之首；晶形较规则完整，适于首饰加工，宝石级含量较高。公司正在开采的50号金刚石矿宝石级金刚石含量高达60%～70%，为世界之最。瓦房店金刚石总体质量属世界一流。

大连瓦房店金刚石股份有限公司负责开发瓦房店市全部金刚石资源。50号金刚石矿是目前亚洲最大的金刚石矿，采选全部实现机械化，其中重介质选矿机组和X光选机组等关键设备从国外引进，具有世界先进水平。公司拥有金刚石检测中心、选矿试验室和矿山勘察设计研究院，相继建成了钻石加工厂、宝石加工厂和金刚石工具加工厂，主要生产白金钻戒、项链、手链、吊坠等钻石饰品，蓝宝、红宝、水晶等宝石饰品，砂轮刀、钻石笔、滚轮、磨块等金刚石工具系列产品。

公司董事长兼总经理李荣曾荣获1992～1993年度、1994～1995年度、1996～1997年度大连市特等劳动模范，1998年被评为辽宁省劳动模范，1994年被国务院发展研究中心评为“中国500名企业创业者”，同年荣获第四届全国科技实业家创业奖银奖。

采矿厂

选矿厂重介质车间

”瓦房店金刚石”

桂林桂广滑石开发有限公司

办公楼

1996年在全国滑石行业率先获得ISO9002质量体系认证

领导班子成员研讨工作

与外商洽谈业务

桂林桂广滑石开发有限公司（广西滑石工业公司）1969年建矿，1987年成立中外合资企业。公司坚持依法经营、诚信经营，依靠科技创新，优化产品结构，积极拓展国际国内市场，促进企业稳步发展，成为广西和全国重点滑石产品出口企业。

公司拥有世界闻名的优质露天滑石矿，已形成年采矿20万t、粉体加工10万t的生产能力。公司技术装备先进，检测手段齐全，管理规范，集采矿、运输、加工、销售、自营出口于一体。公司坚持“限量开采、综合利用、优化品种、增加效益”的经营方针，不断提升技术创新能力，形成了多元化的产品结构。主要产品有医药、食品、化妆品、油漆、塑料、涂料、造纸用滑石粉以及超微细和改性滑石粉9个系列40多个品种，畅销全国30多个省、市、自治区，远销欧美、日本、东南亚和大洋洲等20多个国家和地区，在国内外享有较高的声誉。

公司1996年率先在全国滑石行业获得ISO9002国际质量体系认证，“K牌”系列滑石粉1999年被评为广西著名商标，1997年获得“全国环境保护工作先进单位”称号。1995年以来，公司连年荣获广西重合同守信用企业、广西经济效益先进企业、广西出口创汇先进企业等荣誉称号。

桂林桂广滑石开发有限公司将一如既往地遵循诚信经营、互利互惠原则和国际惯例，愿与国内外广大客户精诚合作，利益共享，共同开发利用桂林滑石资源。

生产的滑石原矿样品

机械化采矿作业场地

董事长兼总经理：卢德云
党委书记：蒲裕光
地址：桂林市西路二塘
邮编：541100
电话：（0773）5592275
5592452
传真：（0773）5592420
E-mail:gxtalc@pubicglptt.gxcn

矿区一角

福建省安溪安德矿业有限公司

总经理：苏木清

以销售铁矿石、铁精矿为主的福建省安溪安德矿业有限公司，系国内合资企业，坐落于风景秀丽的中国茶都安溪县凤城，是厦、漳、泉三角地段，有极为便利的交通条件。

安德矿业有限公司创建于1997年，主要产品有铁矿石、铁精矿、铅、锌、铜矿石、钢材等，下设福建省南平三立达矿业有限公司、安德矿业有限公司马鞍山分公司、厦门新安德工贸发展有限公司及安溪县德顺矿业有限公司。公司年产铁精矿25万t、平炉合格矿12万t。公司于2001年参与竞标并取得了安徽省庐江县龙桥铁矿的采矿权，矿体总储量为1.11335亿t，投资总额逾3.8亿元，预计2005年可投产，投产后年可创税利3000万元。

公司下属企业厦门新安德工贸发展有限公司于2002年年初通过了各项审核，成为法国标致汽车原装进口商福建总经销，不仅促进了公司产业结构调整，而且进一步提升了公司的信誉及知名度。

公司成立以来销售收入逐年递增，2001年销售额近亿元，产品市场占有率逐年扩大。公司以“诚实、信用、保质保量”为经营理念，积极推广应用高科技产品，入选中国优秀企业数据库，连续4年被中国农业银行福建省分行评为AAA级信用企业，并于2000年被评为纳税大户。面向充满机遇与挑战的21世纪，安德矿业有限公司将通过资本经营，壮大主业，多元化发展，使公司成为跨地区、跨行业，科、工、贸结合，产业结构多元化，经营集团化的优势企业集团。

地址：厦门市仙岳路588号翠湖写字楼3A　　电话：0592-5103172　5108033

Email：xmxad@public.xm.fj.cn <mailto:xmxad@public.xm.fj.cn>　　邮编：361012

宁夏太平矿业有限责任公司

217金矿项目全景

- ●地址：宁夏银川市新市区文昌北路217大队办公楼
- ●通讯：宁夏银川市061号信箱
- ●电话：0951-2085973
- ●传真：0591-2085074
- ●邮编：750021

宁夏太平矿业有限责任公司由核工业西北地质局217大队和英属太平金矿公司合作成立，在银川市注册的中外合资企业。公司有职工19人，其中高级工程师2人、工程师2人、高级技师1人、外籍专家2人。

公司正对拥有探矿权的内蒙古乌拉特中旗浩尧尔忽洞地区进行地质勘查和开发，两年内预计投入300多万美元。该矿床位于华北地台北缘白云鄂博裂谷带内，分布有Cu、Fe、Au等多种矿产。浩尧尔忽洞金矿床矿化带东西长4.5km，南北宽500m，前期地质勘查预估储量为180t，品位1～3g/t，最高达60g/t，平均品位约1g/t左右。

公司完全按照中外合作企业制度运作，采用开放型技术交流方式，既有了解世界大型矿产的外籍技术人员，也有了解中国地质特征的中国技术人员，还邀请加拿大、美国、澳大利亚、英国的地质专家来现场进行技术指导。

217金矿项目一角

四川山河资产评估有限责任公司

总经理、教授级高级工程师：刘文健

四川山河资产评估有限责任公司成立于1998年，1999年3月成为我国西部地区惟一获国土资源部首批认定具探矿权、采矿权评估资格的中介机构，2001年12月经国土资源部严格考核获得全国首批“矿产资源勘查开采登记申请代理机构资格证书”，是我国西部地区惟一同时具探矿权、采矿权评估和矿产资源勘查开采登记申请代理资质的中介机构。

至2002年8月，公司共承接项目200多项，涉及矿种有煤、金、铁、铜、铅锌、磷、硫铁、铝土、花岗石材、大理石材、盐矿、矿泉水、医疗热矿水等。其中，世界著名的攀枝花市白马特大型钒钛磁铁矿、全国闻名的拉拉大型铜矿、大型医疗热矿水雅安周公山温泉、贵州磷矿、西藏砂金等矿山的探矿权、采矿权评估是本公司承担的。

服务项目

- 探矿权、采矿权评估
  探矿权、采矿权出让；探矿权、采矿权转让；探矿权、采矿权抵押；探矿权、采矿权出租；法律事务服务
- 矿产资源勘查开采登记申请代理
- 矿业咨询服务

地址：四川省成都市永兴巷15号3号楼一层
电话：028-86523549　028-86523051（传真）

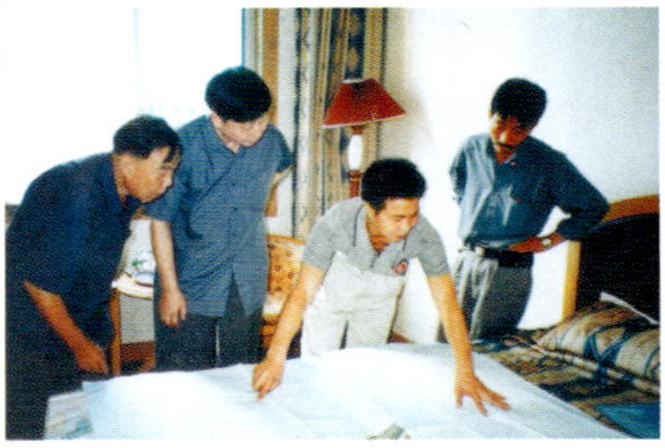

评估人员收集某铁矿评估资料

评估人员考察某医疗热矿泉水

山西省黎城县黄崖洞采矿厂

领导班子

山西省黎城县黄崖洞采矿厂始建于1995年，现已形成年产铁矿石60万t、优质铁精粉12万t的生产能力，是集采、选于一体的国有控股中型矿山企业。建厂7年来，企业产值、利税以年平均16.7%和8%的增幅持续快速增长，2001年实际生产铁矿石48.5万t、优质铁精矿粉9万t，实现利润1075万元，上缴税金782万元，成为促进县域经济发展的支柱企业。

采矿厂资源丰富，B＋C＋D级储量为3806万t，现保有储量3200万t。矿区南北两端及深部具有较好的发展远景，目前由冶金316地质队进行矿区南端地质勘查，已见到较好矿体，经专家论证，矿区总储量可望增加到7000万t以上。

采矿厂矿区矿石易采易选，低硫低磷，用单一湿式选矿工艺选矿即可获得68.5%以上的优质铁精矿粉。目前，采矿厂已能够生产符合国际标准的高纯度磁铁矿精矿粉，年可生产高纯度铁精矿粉8万t、优质铁精矿粉4万t，是我国粉末冶金工业的优质原料基地。

办公楼

法人代表、局长：万火金

丰城矿务局

丰城矿务局是原国家统配煤矿、国有大型企业、江南重要的主焦煤生产基地，位于江西省丰城市境内，南邻赣江，北靠锦江，东邻曲江，西邻尚庄，矿区面积200km²。局机关在上塘镇，与丰城市政府所在地剑光镇隔江相望，距南昌市约60km。

矿区交通方便，水路赣江常年通航；铁路有浙赣线、京九线从矿区穿过，并有张家山至上塘的铁路专用线与浙赣线接轨；公路有105和302两条国道紧靠矿区，正在修建的赣粤高速公路从矿区西侧通过，昌北机场离矿区不远。矿务局有4500门程控电话，通过丰城市与全国联网。

丰城矿务局始建于1957年，经过40多年的建设，现已成为一个以煤为主、多种经营、综合发展的国有大型煤炭企业。现有矿井三对，年产量155万t，正在建设中的曲江90万t产能矿井即将投产。多种经营企业有发电厂、水泥厂、建筑公司、通信公司、机械修理厂。全局有职工近2万人，其中专业技术人员3680人。

丰城矿务局

北京金发工贸公司

北京金发工贸公司成立于1993年，是中国冶金矿业总公司的全资子公司。中国冶金矿业总公司是国营大型一类企业，拥有固定资产5.1亿元，是以冶金矿山新产品技术开发为龙头，集科研、设计、生产、建设、旅游、贸易、矿产品延伸加工为一体的综合性实体。

北京金发工贸公司一贯秉承总公司的发展宗旨：为冶金、有色、建材、铁路等行业服务，诚信为本、开拓创新、开发矿业、多种经营、全面发展；不断拓展国内外市场，开拓新技术新产品和新服务。

北京金发工贸公司生产的金属磁性衬板在近10年的工业推广应用期间，经过不断改进、完善，现已形成产品系列化生产的局面。近几年又成功的开发了已在工业上应用的复合型和重型磁性衬板，生产能力达到300t/a，广泛受到用户的认同、肯定和赞誉，在黑色金属、有色金属、建材、化工等工业领域内已获得广泛应用。

●公司地址：北京市东四西大街46号
●邮政编码：100711
●联系人：周鲁生、谢理、赵明
●联系电话：010-65261884 010-65260481 010-65265310

宜昌柳树沟矿业有限公司

董事长：张邦甫

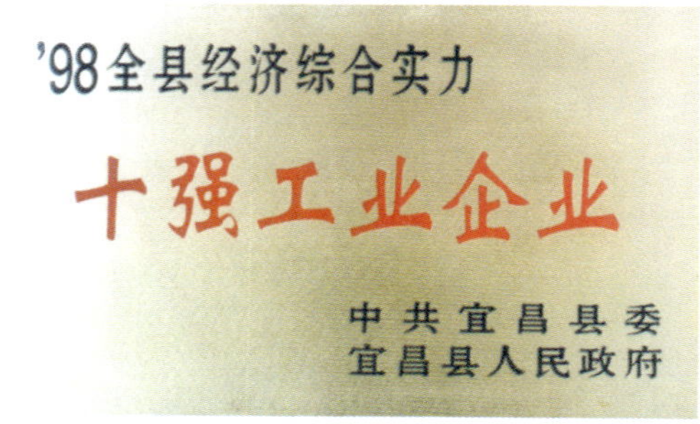

宜昌柳树沟矿业有限公司是鄂西北宜昌矿区的一家重点矿山企业，初建于1987年8月，经过十五年的滚动发展，现已拥有职员402人，矿山设备180台（套），形成资产3200万元。先后建有柳树沟、南岭、邓家坑、宝石山等4个磷矿生产工业区，设计年产标矿63万t，为拓展矿产品销售市场，公司还在宜昌城区设有销售分公司，拥有港口、铁路专用货场，是一家以资源开采为主业的磷化工源头企业。

2001年公司实现总产值2186万元，上缴税金221万元，吸纳社会劳动力近千人。公司先后被评为“湖北省先进乡镇企业”，“宜昌市乡镇企业明星管理单位”、“管理样板企业”等荣誉称号。

公司宗旨：依法办矿、正规设计、科学开采、安全生产、保护环境

发展思路：立足矿山、深化加工、放眼世界、拓宽领域

省国土资源主管部门的领导到公司检查矿产资源开发管理秩序整顿情况

公司的接替项目——邓家坑磷矿已基本建成，设计年产标矿28万t

公司真诚欢迎国内外客商携手合作，共谋发展。

◆ 公司地址：湖北省宜昌市夷陵区樟村坪镇
◆ 联系电话：0717-7660042
◆ 邮政编码：443145
◆ 传真：0717-7660789

中联煤层气有限责任公司

中联 CHINA CBM

中联公司董事长黄绍和与美国德士古公司总裁在合作开发准格尔煤层气合同签字仪式上互换合同文本

中联公司总经理黄稚达在煤层气施工现场指导工作

山西沁南煤层气田柿庄示范项目井组夜景

中联煤层气有限责任公司（简称中联公司）于1996年3月经国务院批准、依据《中华人民共和国公司法》组建，实行现代企业制度。公司设立股东会、董事会和监事会。

江泽民同志欣然为中联公司题词：“依靠科技进步，发展煤层气产业，造福人民”。李鹏同志题词：“突破煤层气，开发新能源”。原国务院副总理邹家华莅临中联公司成立大会，并做了重要讲话。中联公司的成立，标志着中国煤层气产业进入了一个新的发展阶段。

中联公司是国家煤层气产业的骨干企业，国务院明确规定公司的主要任务是从事煤层气资源勘探、开发、生产、输送、销售和利用。中联公司在国家计划中单列，享有对外合作进行煤层气勘探、开发、生产的专营权。

中联公司TL-007井日产煤层气16000m³以上，成为我国第一口高产煤层气井

山西沁南煤层气田柿庄示范项目井组施工现场

● 地址：北京安外大街甲88号

● 邮编：100011

● 电话：（010）64298288

● E-mail:admin@chinacbm.com

● 传真：（010）64298388

开拓前进的山西晶鑫公司

公司党委书记、董事长兼总经理：梁宽义

山西晶鑫实业股份有限公司是1996年由原阳城县卧庄煤矿改组设立的股份制企业，是晋城市首批建立现代企业制度试点单位之一。公司现有职工1450人，拥有固定资产5000余万元，下辖5个分公司、11个部室、1个矿井筹备处，年产原煤60余万吨，年创利税1000余万元，是阳城县煤炭行业的骨干企业。

公司位于阳城县城西北3公里处，井田面积5.12km^2，地质储量6249万t。公司生产工艺先进，机械化程度较高，产品有大块、中块、小块、大粒度、小粒度及末煤等6个品种，为发热量32kj/kg、含硫量0.33%的优质无烟煤，是“省优产品”。

公司现有生产矿井三对。近年来通过实施“科技兴煤”战略，不断加大技术革新力度，公司安全生产环境大为改善，在全县率先实现长壁分层开采，率先运用毫秒爆破技术，率先掌握井下雾化防尘技术，率先采用光面爆破巷道一次成型技术，率先安装瓦斯自动监控系统，从而成为阳城县煤炭行业追求技术进步的先导。

1998年，公司开始在内部推行“二级模拟法人”运行机制，对所属各分公司实行放权经营、宏观监控，同时借鉴先进企业的管理经验，不断制定和完善科学合理的内部考核细则，企业各项经济指标逐年递增，呈现出经营形势稳定、发展环境和谐的良好局面。

随着经济实力的增强，公司近年来以煤炭产业为依托，着力优化产业结构，在发展多种经营方面积极探索，大胆尝试。公司所属机械制造及新产品开发分公司，以制造矿车、固定皮带架、筛选设备、龙门架等矿用机械和配件为主导，兼管公司供电系统管理和维护，并承担防爆开关、电机、变压器、矿井提升设备、液压支柱和刮板输送机等矿用机电设备的维修和保养，同时还生产多功能节煤炉，对外承揽不锈钢型材焊接、安装业务。公司所属劳动服务分公司在主营服务业的同时，还生产矿用尼龙网和尼龙网带产品。公司还先后建起了两座型煤厂，能生产蜂窝、卵型、带孔方型等工业及民用型煤产品。

2001年，公司完成原煤产量60万t，实现销售收入6000余万元，实现利税1200万元、利润450万元，产销率达到100%，各项经济指标连续4年实现持续增长，先后被山西省人民政府授予“优秀中小企业”称号，被山西省精神文明建设指导委员会授予“省级文明单位”称号，被山西省公安厅授予“省级治安先进单位”称号，被晋城市委、市政府命名为“现场管理优化型企业”和“优秀企业”，被晋城市精神文明建设指导委员会评为“精神文明建设先进单位”，被阳城县委、县政府授予“生产经营先进单位”等荣誉称号。公司党委还分别被中共晋城市委、中共阳城县委和阳城县经贸工委评为“先进基层党组织”和“红旗党组织”。

为了使企业在日益激烈的市场竞争中立于不败之地，公司董事会审时度势，提出了“十五”期间经济发展规划，其指导思想是：高举邓小平理论伟大旗帜，认真贯彻党的十五届五中全会和全国人大九届四次会议精神，以市场为导向，以效益为中心，以发展为主题，以产业结构调整为主线，继续弘扬“说实话、办实事、强实体、增实效”的企业精神，优化产业结构，推动技术进步，力求管理创新。

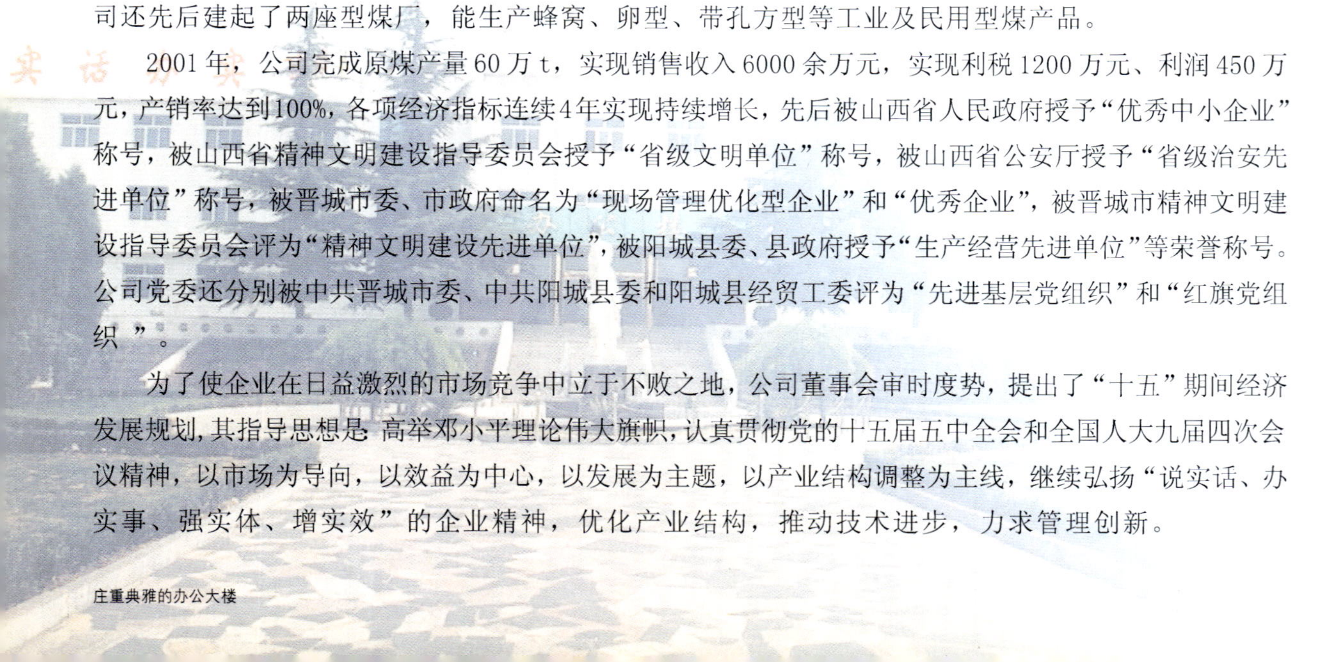

庄重典雅的办公大楼

二届二次股东大会暨董事会会议

围绕这一指导思想，未来5年，公司经济发展的总体要求和目标是：(一)在管理创新上有一个新突破。通过不断完善“二级模拟法人”目标责任制，探索一套更加科学、民主、合理的管理体制，真正把制度约束转变为广大员工自觉参与企业管理，努力把公司建成管理水平更高、市场竞争力更强的现代化一流企业。(二)在技术进步上有一个新突破。坚持“科技兴煤”发展战略，大力培养和引进煤炭生产科技人才，全面推广新技术，不断提高煤炭生产科技含量，努力建设标准化、现代化的一流矿井。(三)在结构调整上有一个新突破。计划投资1000万～2000万元的新项目要力争建成投产，新产品开发分公司要开辟新的经济增长点，劳动服务分公司要努力建成集商业、餐饮、娱乐于一体的综合性服务企业。(四)主要经济指标有一个新突破。“十五”期间，煤炭总产量要完成280万吨；销售收入突破2.7亿元，年平均递增4%，2005年达到6000万元；实现利税突破6000万元，年平均递增5.5%，2005年达到1500万元；实现利润突破2000万元，年平均递增7%，2005年达到500万元。

不久的将来，晶鑫公司必将发展成为一个综合性大型企业集团，为经济发展和社会进步作出更大的贡献。

科级以上干部接受培训

文明整洁的矿区

生产系统一角

丰富多彩的业余文化生活

四川省鑫福矿业集团有限公司

赖大福董事长与张炳坤副书记签约

四川省鑫福矿业集团公司是在改革开放环境下发展成长起来的一家年轻企业。公司经过近几年的发展，现已成为一家具有较大规模的跨地区、跨行业的、以煤炭生产为龙头、包括化工、建材、石油、丝绸、商贸等行业的民营集团公司。拥有资产4亿多元，下属企业28家，员工近5000人，年销售收入3亿元。是四川省民营企业煤炭产销第一大户、泸州市工行2家AAA级信用企业之一、泸州市政府重点培育的十佳优秀企业之一。

近年来，集团公司总裁赖大福积极响应国家号召，投身西部大开发，参与地方国有企业改制工作。先后投资1亿多元，除整体收购了广安市属5家地方国有煤炭企业外，还在泸州、宜宾、自贡、广元等地收购了一批国有改制企业。四川省鑫福矿业集团公司于 2001年底以 5000万元人民币收购重组原泸州鼎力碱业有限公司，组建泸州鑫福化工有限公司。公司现有烧碱生产能力4万t/a，四氯化碳装置能力0.8万t，居全国第三位。公司占地面积15万m^2，拥有固定资产7754万元，资产总值1.44亿元。鼎力牌烧碳、四氯化碳在国内享有较高声誉，并出口中东、南亚一些国家。公司享有自营出口权。如今，集团公司总裁赖大福正率领全体员工发扬煤炭工人特别能战斗的精神，为实现公司新的飞跃不懈努力。

四川省鑫福矿业集团公司真诚的愿与社会各界建立友好合作关系，热忱欢迎各界朋友加盟鑫福。

集团公司办公大楼

鑫福经贸公司

地址：中国. 四川. 泸州
电话：（0830）2601299
传真：（0830）2601222
邮编： 646000

煤炭库

上海梅山(南京)机电设备有限公司

上海梅山（南京）机电设备有限公司是在南京注册的具有独立法人资格的有限责任公司，隶属上海宝钢梅山集团（南京）矿业有限公司。公司依傍长江，紧邻宁芜铁路、沪宁高速公路，交通便利。公司占地 2.99 万 m^2，建筑面积 2.03 万 m^2，拥有固定资产 3655.33 万元。

公司主要经营凿岩钎具和高炉钎具、耐磨铸球和耐磨衬板、陶瓷复合钢管、金属线材生产，承接矿山成套设备加工制作。产品遍及江苏、河北、新疆、甘肃、广西等 17 个省份，销往 90 多家单位。

已有 30 年发展史的梅山机电公司，拥有金属切削加工、结构件制作、铸造、锻压、热处理、自蔓燃、金属线材压延、电镀、机电设备安装修理等九大门类技术，具备钎具 1000t、陶瓷复合钢管 3000t、铸球 3000t、线材 5000t、工矿设备备件 1000t 的生产能力。

公司陶瓷复合钢管产品主要有：Φ57～Φ630mm 直管、弯管、三通、四通，广泛应用于冶金、矿山、电厂、石化、机械、煤炭、电子等行业，耐磨性能达到同类钢管的 15 倍。1998 年南京梅山选矿厂新尾矿库 25 公里Φ245mm 矿浆管道全部采用我公司陶瓷复合钢管，是目前国内运用陶瓷复合钢管建成的最长的矿浆输送管道，总吨位超过 1600t，使用效果十分理想。近年来，公司又陆续为武钢、鞍钢、昆钢等公司提供了一系列大口径陶瓷复合钢管，并已投入使用。

公司金属线材产品主要有高强度镀锌丝、镀铜丝、复拉丝，主要用于制作汽动订、文教订以及通讯电缆、电话户外线、电器元件引脚线等，还可用于绑扎、牵拉、编网、制钉等。

公司钎具产品主要有 R32 系列钎具、高炉开铁口用钎具、T45 钎具，主要应用于矿山、大中型钢厂等。

公司耐磨铸球主要规格有Φ30～Φ60mm、Φ80～Φ90mm、Φ100～Φ120mm，主要应用于矿山选矿球磨、水泥厂和化学药剂厂球磨等。

公司机械产品主要是大型工矿设备备件，主要有震动筛、浮选机、40m^2 内过滤机、50m 浓缩机、26t 提升箕斗、提升载人罐笼、18 型平巷人车和 10m^3 矿车等大型成套设备，主要应用于工矿企业。

目前公司已通过 ISO9001 国际质量体系论证。热诚欢迎广大新老客户前来洽谈，我们将为您提供周到的服务。

金属线材

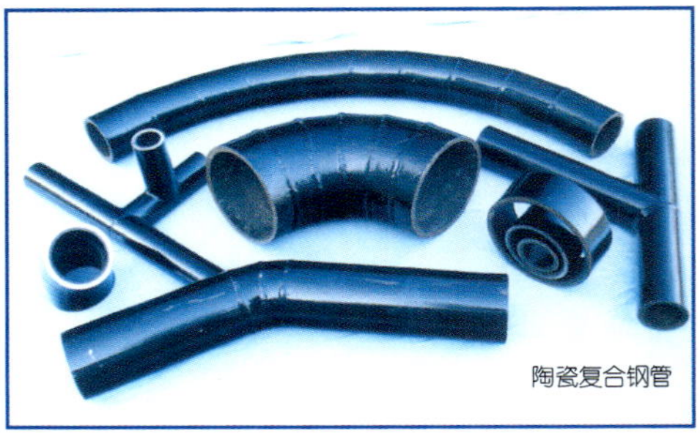
陶瓷复合钢管

合金铸球

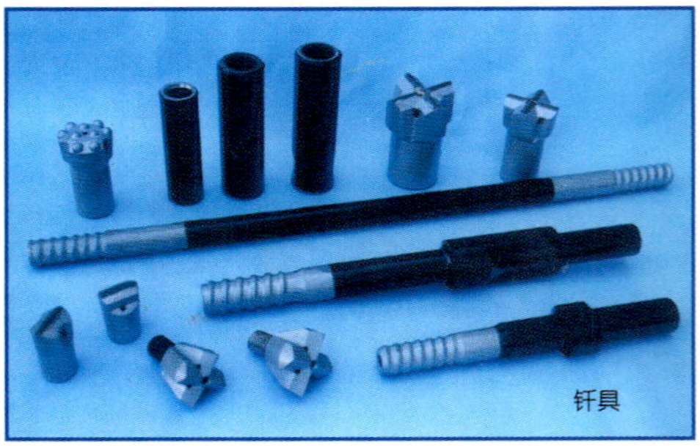
钎具

40 平方米过滤机

10m^3 矿车

山东煤矿莱芜机械厂

注册商标 XINGHUA 兴华牌

党委书记：王兆茂

厂长：魏丕杰

山东煤矿莱芜机械厂建于1966年，系国家煤机与环保产品设计与制造企业。现有职工1600人，其中各类专业技术人员380余人，有高级职称的30多人，拥有固定资产原值8700万元，各类加工设备600多台套。设有省级技术开发中心，具有独立的产品研究设计开发能力，产品生产工艺完整，检测手段齐全，有完善的质量保证体系和服务体系；拥有Ⅰ Ⅱ类压力容器制造资格。1997年在全国煤机行业率先取得ISO9001国际质量体系论证，同时取得英国皇家UKAS质量体系认证证书，是国家完善计量检测体系合格企业，省级文明单位，省级先进企业，省级重合同守信用企业，中国企业最佳形象AAA级企业。是黄金行业新技术新设备定点生产企业，山东省实施环保产业“三个突破”重点企业，拥有自营进出口权。

主要产品有系列固液分离及污水处理技术与设备、工程设计与制造，包括压滤机（厢式、立式、带式、悬挂式、螺旋式）、过滤机（真空、加压、折带加压、转鼓加压）；系列高强力破碎机、惯性圆锥破碎机及破碎筛分技术与设备设计与制造；系列矿用、场站调车绞车设计与制造；冶金用系列烧结设备、工程设计与制造；城市生活垃圾、固体废弃物处理技术与设备、工程设计与制造；Ⅰ Ⅱ类压力容器设计与制造等共6大系列100多个品种。

2001年全厂干部职工以改革求发展，求实进取，开拓创新，奋力拼搏，取得了建厂以来历史最好成绩：工业总产值完成1.04亿元，产品销售收入实现9440万元；合同定货额达1.58亿元，回款实现1.14亿元，职工人均收入增长12%，并首次实现产值、定货、回款“三过亿”，在莱芜煤机厂历史上是一个新的里程碑。生产经营工作步入良性发展轨道，并保持了积极上升势头。营销工作抓住市场机遇取得了突出成绩，顺利通过省级技术中心复查验收，全年完成新产品开发项目10项，老产品优化改进及特殊设计11项，产品标准制定8项，申报专利1项。更新改造了中心试验室，使加压过滤机、压滤机均可进行室内的全自动微机操作试验；信息化建设成效显著，建成了厂内光纤宽带网，成为全市第一家利用宽带信息辅助生产经营管理的企业。利用网络开展比价采购等电子商务活动，提高了管理效能；加强质量管理，进一步增强了ISO9001质量管理体系运行的有效性；加强成本控制，拓宽融资渠道，精神文明建设取得可喜成果，连续11年保持“省级文明单位”光荣称号。

2PGL 系列高强力双齿辊破碎机

XMZ XAZ 系列大型全自动压滤机

系列加压过滤机

地址：山东省莱芜市凤城西大街329号　　邮编：271100
电话：0634-6113741　6114732　6198607　　http://www.china-xinghua.com
传真：0634-6113745　　E-mail:Xinghua@public.Lwptt.sd.cn

江苏省陶瓷研究所有限公司
南京银兴机械设备厂

倍思特陶瓷过滤机

BST 陶瓷过滤机是由江苏省陶瓷研究所与南京银兴机械设备厂联合生产的，是一台高效节能的真空抽滤设备，是集机电、微孔陶瓷、自动化控制于一体的高科技产品，各项经济技术指标均达到国内外先进水平。

适用范围： 该产品可广泛应用于金属矿山、化工、食品、煤炭、环保等行业。

BST 系列过滤机部分型号产品主要技术数据

名称 \ 型号	BST-6	BST-12	BST-15	BST-18	BST-21	BST-24
滤板数量（块）	24	48	60	72	84	96
过滤面积（m^2）	6	12	15	18	21	24
滤盘数量（圈）	2	4	5	6	7	8
滤盘转速	可调	可调	可调	可调	可调	可调
处理能力（$t/m^2 \cdot h$）	>1.1	>1.1	>1.1	>1.1	>1.1	>1.1
滤饼水份（%）	7～10	8～9	7～10	8～9	7～10	7～10
电耗（kwh/t）	0.6	0.5	0.4～0.6	0.5	0.4～0.6	0.4～0.6
装机容量（kW）	15	15.6	13	17	16	17

技术特点

1、单位面积处理能力大，节电效果明显。

2、自动完成抽滤、清洗整个过程。

3、具有故障自动报警、故障显示等自动保护功能。

4、主要传动部件采用免维护设计，接触浆液部分为不锈钢材质。

5、滤饼水份低，降低运输成本及损耗，滤液清澈，有利于环境保护。

陶瓷过滤板

陶瓷过滤板对陶瓷过滤机的高效节能起着关键的作用。由于其毛细管力作用，过滤过程中只有水能通过滤板，而空气始终不能通过，真空度可达 0.096Mpa 以上。江苏省陶瓷研究所在国内率先开始生产陶瓷过滤板，曾获得国家有色金属工业总公司和江苏科技进步二等奖。现组织生产的的第二代增强复合陶瓷过滤板，使用寿品将达 2 年。对于不同物料，通过控制孔的大小和调节浆料性能，可使其达到较好的过滤效果。

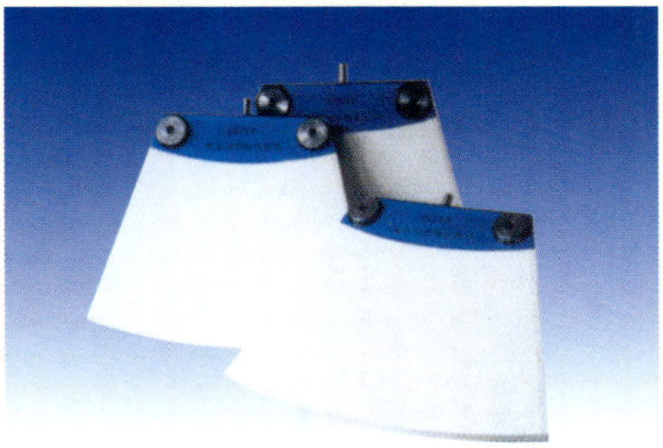

陶瓷过滤板

江苏省陶瓷研究所及南京银兴机械设备厂热忱欢迎广大客户选用 BST 陶瓷过滤机，并以优良的产品质量，灵活的经营机制，完善的售后服务为广大客户服务。

南京银兴机械设备厂

- 厂址：南京市栖霞街 89 号
- 邮编：210033
- 电话：（025）5764247
- 传真：（025）5764247
- 联系人：金峰
- 手机：13809005730　13327836262

新疆维吾尔自治区国土资源厅

办公大楼

党组书记：王伟博

厅长：夏力甫汉

厅领导与专家院士共同讨论自治区矿产资源总体规划

新疆首次探矿权、采矿权拍卖(哈密柳沟花岗岩矿采矿权)

开展4·22“地球日”宣传活动

新疆维吾尔自治区国土资源厅成立于2000年8月5日，设19个职能处室和工作机构、12个直属事业单位，主要负责全自治区国土资源行政管理及地质环境监测等工作。

新疆维吾尔自治区国土资源厅成立以来，在自治区党委、自治区政府和国土资源部的领导下，紧紧围绕自治区经济建设和西部大开发战略，认真贯彻实施《矿产资源法》等法律法规，结合新疆实际，切实落实国土资源基本国策，大力实施自治区确定的优势资源转换战略和依托优势资源发展支柱产业的思路，把合理利用、科学开发与有效保护矿产资源和保护环境结合起来，不断加大矿产资源勘查开发力度，深化矿产资源管理体制改革，强化对矿产资源的监督管理，努力做好地质灾害防治、地质遗迹保护、地质环境监测工作，地质环境管理逐步到位，地质调查和矿产资源勘查不断取得新的成果，探矿权、采矿权市场逐步规范，矿业经济得到快速发展。

截至2001年年底，全自治区共发现矿种138种，探明有资源储量的矿种75种，探明有资源储量的矿产地873处。在已探明储量的能源矿产中，天然气地质储量8871.91亿m^3，居全国首位；石油地质储量25.63亿t，居全国第二位；煤炭资源储量983.25亿t，居全国第四位。

目前，全自治区开发利用的矿产有88种，年实现矿业总产值288.43亿元，占全区工业总产值的26.6%。在矿业总产值中，石油天然气产值255.03亿元，占全区矿业总产值的88.4%；非油气矿产产值33.4亿元，占全区矿业总产值的11.6%。2001年，全自治区石油产量1943.19万吨、天然气产量42.13亿m^2、固体矿石产量5915.72万t。

矿产资源勘查和科技工作取得显著成绩，全自治区地质勘查行业共有25项科技成果获自治区科学进步奖，其中一等奖1项、二等奖7项、三等奖17项。

辽宁省地质矿产勘查局

●法人代表：闻德才　●电话：86232656　●邮编：110032

党组书记、局长：闻德才

辽宁省地质矿产勘查局为省政府直属厅局级事业单位，主要承担国家和省基础性、公益性、战略性地质矿产勘查工作，从事地质勘查、矿业开发、工程勘查施工等生产经营活动。

辽宁地勘局紧密围绕辽宁经济发展部署地质工作，在辽西和辽南地区寻找地下水，基本摸清了朝阳北票地下水富集情况。在持续干旱的北票地区打成3眼井，缓解了该地区的用水困难。在瓦房店打出2眼高温热水井，其中一眼是全省单井热水涌水量最大、水质最好的高温热水井。在辽西地区进行的铜钼矿普查取得较好成果。城市地质和工程地质取得较大进展，在旅顺地区建立了一个地下水库，解决了该地区海水倒灌问题。在盘锦地区、云南大理地区先后承担了上百座建筑物纠偏项目，在辽河油田将一座办公大楼分体、转向、平移了120m，在全国产生强烈反响。

辽宁地勘局多渠道筹集勘查资金，在“引进来、走出去”方面迈出了重要步伐，与加拿大曼德罗公司签订了2850万美元的金矿勘探开发合同，与南非钻石公司签订了合作开发金刚石砂矿合同，成功地将外资引入省内矿产资源勘查开发市场；到蒙古国进行了金矿勘查项目洽谈，即将签订合作合同；承揽了青海地质普查项目，与新疆地勘局签订了联合勘查开发协议。

为扩大服务领域，增强市场竞争力，辽宁地勘局提出了“扶主、扶优、扶强”的原则，逐步实现建成以“一院两大公司”为骨干、若干专业化公司为框架的现代化企业集团的构想。进一步优化产业结构，加强地勘主业，壮大和发展工程勘查施工和矿业开发两大支柱产业，择优发展多种经营企业，取得明显成效。地调院承担的地质大调查项目资金比上年增加一倍，重组后的工勘集团公司产值比上年增长50%，扩组后的爱地资源公司各项工作也取得了新成绩。

2001年，省委副书记张文岳为闻德才局长颁发改革创新奖杯

闻德才局长与加拿大曼德罗公司总裁签订合作协议

辽宁井巷公司先后在国内8个省施工公路、铁路遂道。图为施工的北京西客站鹰山三线铁路遂道

辽宁水二院运用新技术先后在省内外进行建筑物纠倾扶正，为盘锦市一座办公楼进行的分体平移达120m，创下了全国楼房平移距离之最

海上地质勘查是辽宁局的一项“绝活”，先后为大连、天津等地进行海上施工，创造了较好的经济效益

广西壮族自治区 地质矿产勘查开发局

局长：罗在明

广西壮族自治区地质矿产勘查开发局集中统一管理原地矿、有色、核工业驻桂地勘队伍，是广西地质勘查的主力军。40多年来，他们积极开展基础地质调查和矿产勘查，积累了大量的地质信息资料，探明了大新下雷锰矿、南丹大厂锡多金属矿、平果铝土矿等一大批大型、特大型矿床以及广西铀矿资源，为广西的经济建设和社会发展以及我国第一颗原子弹爆炸作出了突出贡献。改革开放后，该局坚持"一业为主，多种经营"，加快转产、转民，大力开拓地质市场及延伸产业，发展工业及第三产业，地勘经济快速、持续、健康发展。到2001年，年收入达8.19亿元，有经营性资产8.63亿元，涉及地质矿产勘查、矿业开发、工程勘察施工、建筑、机械加工修理、制造、化工、制药、印刷、商贸、宾馆旅游服务等行业。

国土资源部部长田凤山（右二）在广西地勘局三峡工程地质灾害治理工地视察

部署地质找矿工作

滑石矿开采现场

百色地区国土资源局

●地址：百色市中山路 ●邮编：533000 ●电话：(0776) 2924931 ●传真：(0776) 2848682

党组书记、局长：骆爱国

右江矿务局是广西惟一的国有地方煤矿标准化矿务局

广西平果铝业公司外景

百色地区地处祖国西南边陲，辖1市11个县183个乡（镇），总面积3.6万km^2。区内矿产资源种类多，分布广，目前已发现矿种57种，已探明储量的31种，已开发利用的26种，有储量的矿产地115处（其中大型矿床18处、中型矿床40处、小型矿床97处），全地区累计探明储量22亿多t，潜在价值900亿元左右。探明储量的矿种中，铝土矿、金、水晶矿储量居广西之首，锑、煤、铜和石油名列广西前茅。

百色地区矿业产值占工业总产值的1/3，是百色经济的重要支柱之一。百色地区矿管部门自1987年成立以来，遵循“有法必依、执法必严、违法必究”的原则，严格矿产资源储量、矿业权、矿产资源补偿费征收、矿业监督等管理，实现和维护了国家对矿产资源的所有权，促进了地区经济发展，取得显著成效。

一是依法保护和合理利用矿产资源的意识不断增强。通过对《矿产资源法》的学习宣传教育活动，增强了干部群众关于矿产资源国家所有和矿产资源有偿勘查、开发以及十分珍惜、合理利用、有效保护矿产资源的意识。二是编制《百色地区2001～2015年矿产资源总体规划》，为矿业经济发展奠定了坚实的基础。三是依法行政，严格矿政管理。把握矿管工作的基础环节，结合矿产资源管理秩序治理整顿与采矿登记颁（换）证工作，加强探矿权、采矿权管理；矿产资源补偿费征收实现了“三个覆盖”，即覆盖所辖各县（市）、覆盖不同经济成分的矿山（点）、覆盖本地区应征矿种。四是狠抓重点，联合执法。在矿产资源管理秩序治理整顿中，围绕重点矿种和重点地区，结合矿山安全生产检查和督察工作，与有关部门紧密配合，联合作战，有效地促进了难点问题的解决。五是加强地质勘查监督管理，严格监督探矿权人开展地质勘查活动。六是做好地质环境保护工作，地质遗迹得到有效保护，如那坡县枕状玄武岩已被确认为省级地质公园。七是加强地质灾害防治工作，编写了汛期地质灾害防治预案，采取有效措施防止地质灾害的发生。八是加强矿产资源储量管理。

设计年产电解铝300万t百色银海铝业公司

平果氧化铝项目引进7个国家的先进设备，一期工程设计年产量为30万t。

济南市国土资源局

党组书记、局长：赵厚民

团结奋进的领导班子

济南市国土资源局由原市土地管理局和地质矿产局于2001年5月合并而成。局机关设10个职能处室，下辖6个县级事业单位、11个县（区）国土资源局。

济南市矿产资源开发历史悠久，目前已发现矿产40多种，探明储量的有25种；现有矿床264处，潜在价值1260多亿元，优势矿产有煤、铁、石油、天然气、溶剂灰岩等10多种。

济南市国土资源局在上级党委、政府领导下，努力实践江泽民总书记“三个代表”重要思想，开拓进取，创造性地开展工作，取得明显成效。一是建立了矿管秩序维护工作责任制。2001年9月至2002年6月，开展了大规模的矿管秩序治理整顿和“两证”清理工作，共清理矿山728个、勘查项目22个，对其中违法开采和破坏地质环境的17家矿山依法予以关闭，对违规开采的88家矿山进行停产整顿，促进了全市矿业经济的健康发展。二是对探矿权、采矿权审批制度进行改革。充分发挥市场配置资源的基础性作用，依法加强探矿权、采矿权市场建设，建立了以招标拍卖为主、协议出让为辅的探矿权、采矿权有偿出让新机制。三是通过实施“蓝天工程”，对破坏地质地貌景观、污染环境的380个“三小”企业进行彻底治理，矿山环境恶化趋势得到遏制。四是建立一级地质地貌景观保护区55个、二级地质地貌景观保护区18个，一批重要地质地貌景观得到有效保护。五是建立矿山边开采边恢复绿化责任制，基本实现了矿产资源开发与矿区地质环境恢复治理动态平衡。六是建立健全地质灾害防治各项制度，使全市58处地质灾害易发区和危险区得到有效防治。

在改革中前进的济南市国土资源局，决心以矿产资源规划为指导，以市场配置资源为基础，以维护矿业秩序为保障，坚持“在保护中开发，在开发中保护”，积极探索社会主义市场经济条件下加强和改进国土资源管理工作的新路子，为济南市矿业经济持续和健康发展作出新的贡献。

位于千佛山北麓的济南市国土资源局

西郊水泥配料用黏土矿自筹资金100余万元，对矿坑进行整治，修建养鱼池、荷花池，并就近建起了花房、水上餐厅等一系列娱乐设施，成为当地的一大景观，企业当年获利25万元

山东水泥厂是全国67家重点水泥企业之一。企业在快速发展的同时，注重环境保护和资源综合利用，边开采边绿化，呈现出一派现代化花园式工厂的新气象

“齐烟九点”之一的药山，由于大规模开采砂石，遭到严重破坏。为加强地质地貌景观保护，取缔了采砂场，并投资380余万元进行治理，成为周边居民休憩的好去处

淮北市国土资源局

安徽省淮北市国土资源局是主管全市土地资源、矿产资源等自然资源的规划、管理、保护与合理利用及测绘行政管理工作的政府部门。局机关设10个职能科室，行政编制32人，直属事业单位9个，现有在职职工104人。

淮北市国土资源局的前身原市土地管理局、地质矿产局分别成立于1988年、1995年，均为市政府直属局、市级“文明标兵”单位，2001年两局双双被省国土资源厅评为”三五“普法先进单位和市委、市政府“三五”普法先进单位及全省土地行政、地矿行政工作先进单位。

淮北市矿产资源十分丰富，已发现矿产54种，探明并开发利用的矿产15种，分别为煤、水泥用灰岩、高岭土、石膏、建筑石料用灰岩、砖瓦用黏土、铁矿、铜矿、金矿、矿泉水等。其中，以煤炭资源最为丰富，保有储量约82亿t。焦煤、肥煤、瘦煤为国家稀少短缺煤种，储量占矿区总储量85.7%。

截至2001年年底，淮北市有各类矿山企业361家，年产矿石量2455万t，矿业产值32.53亿元。

全市深入开展了矿产资源管理秩序治理整顿，全面完成了换发采矿许可证工作，各类矿山持证率均达100%。全市矿山“三率”指标制定率和考核率保持100%，促进了矿山企业不断提高资源利用水平。全市煤矿实际平均开采回采率比制定的标准高8个百分点，每年多回收原煤150万t。

党委书记、局长：赵瑞平

党委委员、副局长：邵学友

严格执法

送证上矿山

联合公安、供电等部门取缔非法采矿

●地址：安徽省淮北市古城路95号　●邮编：235000

长治市国土资源局

局党组书记、局长：杨云光

山西省长治市国土资源局自2001年组建以来，在市委、市政府和省国土资源厅的正确领导下，以整顿和规范矿产资源管理秩序为重点，强化基础工作，大力推进国土资源管理方式，利用方式的转变，为当地经济和社会可持续发展提供了资源保障，作出了积极贡献。

一、全面贯彻国务院85号文件精神，深入开展矿产资源管理秩序治理整顿

在2001年矿产资源开发管理秩序治理整顿中，全市共发现和查处私开煤矿252个、私开铁矿218个、非法石灰岩矿点85个、无证石膏矿10个、越界开采16起。经核查，全市未批准的14个非法矿山全部予以查处和关闭。长治市的矿产资源开发管理秩序整顿工作走在全省前列，受到了国土资源部检查组的肯定。矿产资源开发管理秩序整顿有力促进了全市矿产资源补偿费征收工作，超额完成上级下达的任务。

二、全面夯实矿政管理基础

2001年，长治市国土资源局以加强储量管理为重点，开展了国有矿山矿产资源可供性论证、基础信息调查和储量套改调查工作，进一步把矿产储量块段管理引向深入。着重对国有矿山企业进行抽查，并进行“三率”指标考核，如期高质量完成了“矿山年报”、“综合统计年报”、“快速年报”和“矿产储量数据库”的建立。

三、加大地质勘查投入力度，规范探矿权、采矿权管理

全年共争取地勘费220万元，确定了长子县布瓦煤矿扩区精查等7个地勘项目，为增强本市矿业发展后劲起到了积极的推动作用。在全面完成采矿许可证换发工作的基础上，重点加强了采矿登记的基础工作，目前全市共有持证矿山1026个。

四、全面强化地质环境管理

长治市国土资源局坚持以地质灾害防治为重点，积极推进地质环境管理工作，完成了“矿山地质灾害调（勘）查”设计、评审和前期准备工作，编制了“长治市2001年地质灾害防治方案”。开展了矿山尾矿、固体废料、土地复垦、地质环境调查工作，并提交了相关图件和方案。

局党组一班人现场办公

2001年12月28日，长治县八义镇范家山村取缔私开煤矿现场

阿勒泰地区国土资源局

局长：赵青

阿勒泰地区位于新疆最北端，面积11.7万km²。哈－中－蒙世界级有色金属成矿带中段有利的地质条件，形成了阿勒泰丰富的矿产资源，现已发现矿产86种，可开发利用的有41种，有矿床152处，其中大中型矿床87处，矿种齐全配套，优势矿产多，探明储量潜在经济总值达569亿元。目前，全区已有各类矿山170个，开采矿种主要有金、铜、镍、铁、锂、钽、铅、锌、宝石、石灰岩等32种，2001年矿业产值达3.2亿元，是地区重要支柱产业之一。

阿勒泰地区国土资源局负责全区的地矿行政管理工作。本着依法行政，加强服务，综合治理，树立形象的原则，促进了全地区矿产资源管理工作全面到位。坚持“发展才是硬道理”，积极争取国家专项资金，引进国内外资金，落实各项优惠政策，加速地质勘查和矿业开发；坚持“在保护中开发，在开发中保护”的原则，正确处理当前与长远、整体与局部的关系，合理利用和有效保护矿产资源，扶持了一批规模大、科技含量高的矿山企业。把矿产资源管理秩序治理整顿当作一项重要任务来抓，通过对《矿产资源法》的不断宣传，增强了全社会珍惜资源的意识，推进了矿业秩序全面好转。

由于在矿产资源管理工作中成绩突出，阿勒泰地区国土资源局先后荣获原地矿部、国家计委、人事部、司法部联合授予的“全国矿管工作先进单位”荣誉称号，自治区“矿产资源管理工作取得显著成绩单位、“‘八五’期间矿管先进单位”、“文明执法先进集体”、“思想政治工作先进单位”、“自治区精神文明建设先进单位”等多项荣誉。

西部大开发把阿勒泰地区的矿产资源开发利用工作推向快速发展轨道。阿勒泰地质矿产主管部门将积极推动地方经济发展，广交八方朋友，共谋发展大计，把阿勒泰地区的地矿行政管理工作提高到一个新水平，为国家经济建设贡献力量。

矿法宣传活动形式多样，内容丰富多彩

全国人大副委员长周光召参观矿产陈列馆

阿勒泰地委书记张继勋关心矿山建设

正在建设的阿舍勒铜锌矿

湛江市规划国土资源局

党组书记、局长：李华庆

副局长：梁志坚

湛江市位于我国大陆最南端，三面临海，气候宜人，水资源丰富，海岸线长1556km，拥有众多天然良港，是全国沿海开放的十四个城市之一，典型的亚热带风光滨海旅游城市，全国最大的海产品生产、流通集散地。

在2001年机构改革中，湛江市规划国土资源局由原市规划局、市国土局、市地质矿产局合并组成，行政编制47名，其中局长1名、副局长4名。在市委、市政府的领导下，局领导班子加强团结，真抓实干，积极进取，带领全体干部职工认真履行职责，努力完成各项工作，为地方经济发展作出了重要贡献。由于地矿行政管理工作成绩突出，2001年被国土资源部评为“全国矿产资源储量登记工作先进集体”，2002年被广东省国土资源厅授予“优秀矿管部门”称号。

——加强矿产资源储量管理，保护与开发并重，为合理开发利用矿产资源提供依据。目前，全市已发现矿产40种、矿产地196处，其中探明储量的矿产25种、矿山97处。现已开发利用的矿产有矿泉水、花岗岩、玄武岩、高岭土、硅藻土、锆石、地热、建筑用砂、玻璃用砂等12种，总计有348个矿点，矿业年产值26398万元，促进了湛江经济社会的发展。

——全面加强矿山安全生产管理，重点组织开展采石取土场专项整治工作。2001年，组织12个检查组对全市133个采石取土场进行安全检查，并与采石取土企业签订了安全生产责任书，对有安全隐患的矿产企业采取了关、停及整改措施。在全省范围内，率先与矿山设计研究院协作，逐个对矿山安全隐患做出单体施工设计，并严格督办，确保矿业生产无重大安全事故发生。

——加强地质环境和地质遗迹保护，落实保护责任。对我国惟一的玛珥式火山口——湖光岩进行重点保护，对湖光岩地质、地理概况进行全面勘查、调研，获取了大量的地质遗迹保护材料。在此基础上，积极为具有神奇地学内涵的湖光岩申报国家地质公园和省级自然保护区。2001年11月26日，湖光岩被评定为国家地质公园。

——不断强化地质灾害防治，全面启动建设项目用地地质灾害危险性评估，2002年全市建设项目用地（包括海湾大桥）开展地质灾害性评估35宗，居全省第一。

——建设和完善探矿权、采矿权市场，敲响全省探矿权、采矿权拍卖第一槌。积极探索探矿权、采矿权市场建设，于2002年6月18日对廉江市流江水泥用灰岩采石场5年采矿权进行公开拍卖，敲响了全省采矿权公开拍卖第一槌。在此基础上，认真总结经验，正在对全市采矿权公开招标、拍卖和挂牌交易出让做准备。

——坚持不懈地做好基础工作，建立健全高效廉政管理制度。坚持用制度管人、按制度办事、急群众所急，开展承诺服务，是全省地矿行政审核审批公开承诺工作日最短的单位。

湛江市规划国土资源局领导班子

国土资源局

党组书记、局长：范国富

红河州国土资源局

地址：云南省个旧市中山路61号州政府大楼6楼
邮编：661000
电话：0873-2123591
传真：0873-2134557

红河哈尼族彝族自治州位于云南省东南部，人口396.04万，面积3.29万km^2，境内世居哈尼、彝、汉、苗、瑶、傣、壮、回、拉祜、布依等10个民族，少数民族人口占总人口的54%。

红河州地处“环太平洋成矿带”和“地中海——喜马拉雅成矿带”交汇部位，地质构造复杂，成矿条件优越。目前，全州共发现矿床（点）近1000个、矿种49种，其中探明的矿产地约120处。锡矿资源在全省乃至全国占有得天独厚的优势，州府个旧市就是一座“因锡而立、因锡而盛”的矿业城市，是目前全国最大、最主要的锡生产和出口基地。

截至2001年年底，红河州共有各类矿山企业590家、从业人员53971人，2001年产矿石1937.66万t，其中煤炭790.15万t、锡矿439.95万t、铅锌矿68.88万t，实现矿业产值45亿元，占全州工业总产值的35%，加上磷化工、建材及煤电产值，矿业产值占全州工业总产值的60%左右。

红河州矿产资源管理委员会成立于1988年，1995年更名为红河州矿产资源管理局，2001年州政府机构改革组建红河州国土资源局管理局。

十几年来，红河州地矿行政部门注重矿产资源法律法规宣传，依法管理，改善投资环境，加强地质勘查，大力整顿和规范矿产资源管理秩序，坚持“走出去、请进来”，促进了全州矿业经济持续健康发展。

全国人大常委会环资委主任曲格平仔细听取红河州《矿产资源法》执法检查组汇报

全国人大执法检查组在省、州、市有关领导陪同下，检查云南锡业集团大陡山露天采矿场资源开发保护情况

州国土资源局局长范国富（左一）、副局长周强（右一）、个旧市国土资源局局长庞雄飞（右二）陪同国土资源部副部长叶冬松在矿山检查工作

全州国土资源系统信息管理人员集中学习培训

梅州市国土资源局

局长胡国和、分管副局长梁均章在煤矿井下现场检查

为了及时解决问题，该局工作人员经常深入基层调研

全市矿产资源管理秩序治理整顿现场会

梅州市国土资源局是在原地质矿产局和国土局的基础上于2001年10月重新组建的。主管全市土地资源、矿产资源和测绘事业。

梅州地处粤东山区，与福建和江西接壤，是广东省的矿产资源大市之一。到2001年底止，全市发现有54种矿产，探明储量的34种，矿产资源潜在经济价值近1000亿元。其中，稀土、煤炭、铜矿、铁矿、石灰石、钾长石、石膏、矿泉水和地热等是该市的优势矿产。目前全市有各类矿山581个，矿产业年产值10亿元，矿产品延深加工值达35亿元。随着矿业的发展，已初步形成了以石灰石支撑的水泥工业基地，以煤炭支撑的电力工业基地，以铜矿支撑的铜产品加工基地，以瓷土矿支撑的陶瓷工业基地。矿业已成为推动梅州地方经济发展的基础产业。

面对矿业在全市经济发展中的重要地位，以胡国和为局长的局领导一班人，切实加强了对矿产资源管理工作的领导，从战略的高度，认真协调人口资源环境关系，努力提高矿产资源保障能力，促进地方经济的可持续发展；以规划为手段，合理开发矿产资源。以整顿为突破口，实现矿产资源管理秩序长治久安；以矿山地质环境治理为先导，促进矿业持续健康发展。

随着我国矿业和梅州地方矿业发展面临的新机遇和新挑战，局领导班子审时度势，以国土资源二次创业为契机，提出了“加强基础业务建设，实现职能全面到位；建立矿业市场，实现资源优化配置；强化矿产资源规划，实现矿产资源合理开发利用”的工作措施和目标，努力推进基层矿政管理工作的全面到位，实现矿产资源管理方式和利用方式的根本性转变。

湖南省郴州市国土资源局

局长：吴祥祥

党组书记：杨秀善

郴州市位于湖南省的东南部，南邻广东，东界江西。京广复线、106、107国产纵贯南北，交通较为便利。矿产资源非常丰富，潜在价值2600多亿元。已发现矿产110种，其中已探明矿产储量的50种。有一定规模的矿床（点）390处，其中大型矿床43处，中型矿床78处。主要矿产有钨、锡、铋、铌、钽、铷、铯、铅、锌、铜、煤、土状石墨等。柿竹园多金属矿被誉为世界有色金属博物馆。矿业开发历史悠久，现已形成地质找矿、采矿、选矿、冶炼、矿产品加工等初步配套的矿业体系，是全国重要的有色金属生产基地，全省重要的煤炭生产基地。矿业已成为重要的支柱产业之一。

郴州市国土资源局坚持以市场为导向，以效益为中心，以资源为基础，以科技为手段，优化矿业结构，推进深度开发与加工，资源开发与节约并举，资源保护与环境保护相结合，建立合理的、充满生机和活力的矿业体系，充分发挥矿业在经济建设中的基础和支柱作用。将矿业开发及其结构优化列入加快推进工业化的重要内容，一是充分利用“有色金属之乡”资源优势，着力发展以锡、铋、钨、铅、锌为主的有色金属工业；二是安全有序、有规模地开发煤矿资源，大力发展煤电和煤炭洗、选、炼；三是大力发展非金属矿业，尤其是要充分发挥石墨资源的独特优势，实行保护性开采，加快形成深加工规模效益，建设成全国最大的微晶石墨生产基地。采取抓政府、政府抓，抓重点、重点抓，抓反复、反复抓等有效措施，优化经济环境，减少审批手续，简化办事程序，推行窗口办公，开通郴州市国土资源信息网站，实施行政审批“阳光工程”，为地勘单位、矿山企业提供优质服务，受到各地勘单位和矿山企业的好评。

2001年6月以来，在全市展开了声势空前、力度超常的煤炭安全生产专项整治，使全市煤炭生产由过去数量型向规模效益型转变，其作法和经验得到了国家和省有关部门的充分肯定。矿产资源管理秩序的治理整顿取得了显著效果，全面清理了勘查许可证和采矿许可证。矿山地质环境保护和综合治理初见成效，矿区土地复垦取得了良好开端。柿竹园矿、瑶岗仙矿区矿产资源综合利用项目已列入国家矿产资源保护项目，并组织实施。

松原市国土资源局

共商矿业开发大计

国土资源部领导来松原检查工作

市人大领导在矿山进行执法检查

松原市是松花江畔的一座新兴城市，位于吉林省的中西部、面积2.2万km^2，总人口273万。地下蕴藏有丰富的矿产资源，主要有能源、非金属和水气矿产三大类，现已发现和探明的矿产有14种，开发利用的矿种有石油、天然气、陶粒页岩、天然碱、矿泉水等。其中石油、天然气在全省乃至全国都居于重要位置。2001年全市矿业产值达51.82亿元；销售收入51.74亿元；实现利税20.7亿元。

矿业在松原经济发展中占有重要地位，松原市国土资源局作为本地区矿业行政主管部门，认真履行管理职能，依法治矿，有效地促进了松原矿业经济的健康发展。主要工作如下：

1. 认真抓好矿产资源管理秩序整顿，在全省率先实现全面好转目标。全市采矿持证率达100%。建立健全了地矿行政执法程序、办事制度和矿山企业档案管理制度。

2. 保质保量，在全省第一个全面完成新版采矿许可证的换发工作。

3. 下大气力抓好矿产资源补偿费征缴管理工作，切实维护矿产资源的国家所有权益。保证了补偿费及时足额入库，有效防止了坐收坐支、挪用和混用问题的发生。

4. 强化采矿权管理和矿山监督管理。严格按照法定的程序做好采矿登记、复核、审批和发证工作。坚持经常性的矿山企业现场监督管理，每年的矿山年检面都达到100%。

5. 切实加强矿产资源综合管理。一是制定全市矿产资源规划，加强矿产资源宏观管理。二是广泛搜集地质资料，健全基础地质工作。三是保质保量完成了矿产资源储量补登记工作，初步建立了我市矿产资源实物账户。

在加强管理的同时，不断提升服务意识，把优势矿种的开发项目编制成册，利用各种渠道进行发布，积极开展招商引资工作。1998～2000年，共引进资金1430万元，从而加快了全市矿业开发步伐，促进了资源优势向经济优势的转换。

局领导深入矿山企业调查研究

开展"3.19"矿法宣传

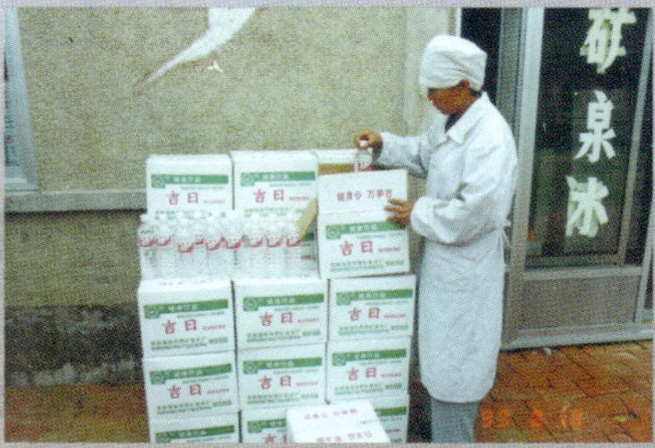

联合开发的"吉日"牌矿泉水投放市场

广州市国土资源局

根据2001年广州市委、市政府印发的《广州市市级党政机构改革方案》，广州市国土局、房地产管理局（合署办公，一个机构，两块牌子）更名为广州市国土资源和房屋管理局（简称市国土房管局）。简文豪同志任局长。市国土房管局是市政府负责全市土地资源、矿产资源、房地产和测绘事业的工作部门。

广州市国土资源和房屋管理局内设矿产资源管理处，挂广州市矿产资源管理办公室的牌子。该处的职责是组织编制全市地质勘查工作的中、长期规划和年度计划，负责全市矿产行业的行政管理；负责法律、法规授权范围矿种采矿权的授予、登记、变更、延期、注销管理工作；协调处理采矿权纠纷，对矿产资源的开发、利用和保护进行监督管理；协助组织征收矿产资源补偿费；组织辖区内矿产资源综合分析，管理矿产资源开发利用信息系统，管理区级矿管员；对地质勘查成果进行审查和登记；检查和监督在本辖区内进行勘查工作的地勘单位的资格和勘查活动；协调处理地质灾害防治规划、计划；组织协调地质灾害的整治，监督检查采矿活动后的环境治理和复垦绿化工作；协同水行政主管部门管理地下水资源。

近年来，广州市把整顿矿产资源管理秩序，整治复垦近郊采石场当作保护环境和资源，实现可持续发展的手段重点来抓，对近郊采石场实施有计划有步骤的关闭整治和垦复绿化，彻底制止城区周边采石场的泛滥开采，对已关闭的采石场重新恢复自然生态，在地矿行政管理方面取得了重大成绩。

韶关市国土资源局

局长：李德军

广东省韶关市国土资源局是在2001年市直机构改革中由原市国土局和地质矿产局合并组建成立的，担负着全市土地资源、矿产资源和测绘行业的综合管理。局机关内设科室13个，下辖两个副处级事业单位，即韶关市土地交易中心（韶关市土地开发储备中心）、韶关市国土资源信息中心，两个科级事业单位，即韶关市土地开发整理中心和韶关市矿产资源与地质环境监测中心。

韶关是矿产资源大市，资源丰富，因历史等原因造成的矿业纠纷及矿地矛盾时有发生，矿业秩序虽经多年整治仍时有反复。为改变这一被动局面，韶关市国土资源局领导班子对矿管秩序整顿治理工作十分重视。近一年来，坚持宣传与治理整顿并举、保护与合理开发同步的方针，积极引导企业依法办矿、依法勘采，使韶关市矿业步入有序管理轨道。

一是以群众喜闻乐见的文艺汇演、联欢会等形式，别开生面地开展了历年来持续时间最长、声势最浩大、涉及面最广的国土资源法律法规宣教工作，使群众学法热情持续高涨，守法更为自觉，国土资源依法行政工作得到更大范围的支持和认可。

二是充分利用土地管理原有的监管网络和巡查制度，基本构建了市、县（市、区）、乡（镇）三级国土资源监管网络，建立健全了矿产资源开发现场监督机制，加强日常监控，构建广泛的举报网络，形成了多渠道的监管体系，使矿产资源开发中出现的问题能及时发现，及早查处。

韶关市国土资源局领导班子成员：从左至右分别为林祥群（副局长）、赵志刚（副局长）、李德军（党组书记、局长）、陈友群（副局长）、曾如清（纪检组长）

三是积极维护和巩固正常的矿产资源管理秩序，对全市矿产资源统一规划，合理布局，基本消灭了布局不合理的采矿和浪费矿产资源的行为。煤炭专项整治、采石取土专项整治和矿产资源管理秩序治理整顿工作，在全省矿产资源管理秩序治理整顿工作电视电话会议上受到表扬。通过治理整顿，关闭了328个无证违法开采矿山，矿山年检率达100%；加大矿产资源补偿费征收力度，连续6年完成省下达的矿产资源补偿费入库任务；矿业权市场经启动，已成功招标出让13宗矿业权，严厉打击了矿业权隐形市场；储量套改工作的完成结束了乡镇矿山、个体采矿没有地质资料的历史，并被国土资源部评为“全国矿产资源储量登记工作先进单位”；乡镇煤矿换证工作全面完成，乡镇煤炭企业“三证”不全的局面成为历史。

四是加强地质勘查与地质环境管理工作，完成了《韶关市矿产资源勘查“十五”规划纲要》的修编，并对辖区内的地质勘查活动进行了规范，持证勘查率达100%；编制和实施了《韶关市地质遗迹保护规划》，仁化丹霞山国家地质公园已正式揭碑开园；建立了地质灾害防治责任人制度，编写和实施了市、县两级汛期地质灾害防灾预案，基本建立并启动了地质灾害速报体系，开展了辖区内地质灾害调查和规划工作，建设用地地质灾害危险性评估工作已经启动。

地址：广东省韶关市武江区
惠民南路42幢
邮编：512026
电话：0751-8777860
传真：0751-8633776
E-mail:Sggt@21cn.com

徐州市国土资源局

加强矿产资源管理　促进地方经济发展

局长、党组书记：田忠恩

徐州市位于江苏省西北部、苏鲁豫皖四省交界处，下辖2市4县5区，面积11258平方公里，人口900万。市域范围内矿产资源较为丰富，已发现煤、铁矿、钛铁矿、岩盐、石膏、含钾砂页岩、石灰岩、白云岩、耐火黏土等矿产35种，其中探明储量的矿产有21种，是江苏省重要的能源和建材生产基地。2001年全市有生产矿山企业751个，其中国有矿山62个，其他类型矿山689个，矿业从业人员16万人，开发矿种16种，年矿石产量4877万t，总产值达38.4亿元，销售收入39.56亿元。

自1996年以来，徐州市国土资源局在市委、市政府领导下，在上级业务部门的指导下，依据矿产资源法律法规，全面开展矿产资源监督管理工作。一是借助电视、报纸、广播等新闻媒介，以知识竞赛、宣传车、墙报、标语、会议、印发材料等形式，面向各级领导、矿山企业和广大采矿者以及社会各界，广泛开展矿产资源法律法规宣传教育，逐步增强人们的矿业法制观念和资源忧患意识，引导广大矿山企业和个体采矿者做到依法办矿、依法采矿和依法缴费。二是治理整顿矿产资源管理秩序，全面贯彻落实《国务院关于整顿矿业秩序维护国家对矿产资源所有权的通知》、《国务院办公厅转发国土资源部关于进一步治理整顿矿产资源管理秩序意见的通知》、《省政府贯彻实施省人大常委会关于限制开山采石的决定的通知》精神，大造声势，营造整顿氛围；建立整顿责任制，一级抓一级，层层抓落实；突出整顿重点，敢于较真碰硬，狠抓违法矿山的调查处理；坚持优质服务，整治与疏导相结合，促进矿业健康发展。三是加强采矿权管理，全面完成采矿许可证换发工作。四是加强矿产资源管理，开展矿山占用储量登记和储量套改工作。五是全面开展矿产资源补偿费征收工作，截至2001年年底，累计完成矿产资源补偿费征收入库5780万元。六是积极开展岩盐、含钾砂页岩、石英岩、石膏、白云岩、钛铁矿等矿产资源勘查开发技术咨询和研究，组织编制了县（区）矿产资源开发利用规划，积极参与徐州观音机场前期选址并组织开展机场工程地质勘查工作，参与城市国土规划研究和城市发展规模地质论证，参与城市岩溶塌陷调查防治和农村降氟改水工作，努力为地方经济发展服务。

部分获奖证书

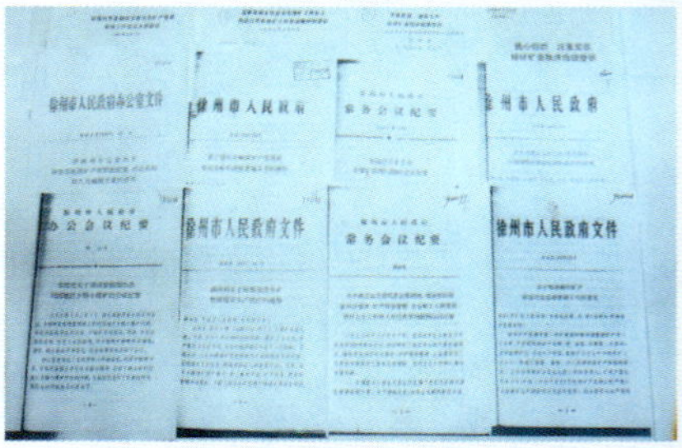

市政府十分重视矿产资源管理工作，发布了一系列有关的规范性文件

参与完成的部分研究成果

治理整顿总结表彰会

深入矿山检查工作

工作人员为矿山企业提供技术服务

大冶市国土资源局

党委书记：尹礼辉

局长：查俊华

市政府召开矿产资源管理秩序治理整顿工作会议

国土资源部副部长叶冬松深入大冶市矿山企业调研“四矿”问题

加快国土资源有偿使用步伐，对境内的国有土地使用权和采矿权实行招标、拍卖和挂牌出让

湖北省大冶市是全国著名的“矿冶之乡”和青铜文化发祥地。3000多年前，这里就有了采矿冶炼，公元967年，南唐在此设置县治，取“大兴炉冶”之意，定名大冶。1994年2月，国务院批准撤县建市。

大冶市具有较强的矿产资源优势，境内已发现的矿产有42种，是全国十大重点铁矿之一、六大重点铜矿生产基地之一，金属矿产以铁、铜、金等闻名全国，非金属矿产主要有石灰石、硅灰石、方解石等，其中硅灰石、方解石储量数亿吨，是矿业经济可持续发展的潜力所在。矿业经济优势十分明显，全市现有矿山企业295家，从业人员5万人，2001年采掘业（不含矿产品加工）实现产值13.48亿元，约占工业总产值的40%。经过多年的发展，一批矿山企业渐具规模，具备了较强的采选能力。

2001年，大冶市政府实行机构改革，原市土地管理局与地质矿产局撤并为市国土资源局，内设10个职能科室，有23个分局、所等二级单位，共有职工514人。

大冶市矿产资源管理秩序经历了由大乱到大治逐步规范的过程。1996年以前，大冶市大小矿井星罗棋布，乱采滥挖现象突出。1996年4月9日，大冶市大广山矿区民采矿井塌方，造成18人死亡的特大事故，邹家华副总理为此作出专门指示。汲取“4.9”事故教训，大冶市委、市政府痛下决心，大力进行矿产资源管理秩序整顿，探索出“股份合作、镇办镇管、科学开采、安全生产”的乡镇矿山管理“陈贵模式”，得到了原地质矿产部、湖北省人民政府的充分肯定。2001年9月，大冶市开展了新一轮矿产资源管理秩序治理整顿工作，通过对全市矿山进行拉网式排查，炸封了一批非法矿山。在整顿中，大冶市国土资源局会同公安、供电、工商等相关部门整体联动，确保了整治效果，矿产资源管理秩序进一步好转。同时，大冶市还开展了矿产资源开发利用总体规划编制等基础性工作，加强地质灾害防治，强化矿产资源补偿费征收，积极探索探矿权、采矿权有偿使用，全市矿产资源管理工作迈上新的台阶。

●地址：湖北省大冶市城关新冶大道21号　●邮编：435100　●传真：0714-8763020

阳城县国土资源局

局长：刘阳宏

阳城县位于山西省南端，地处太行、太岳、中条三山交汇处，辖18个乡（镇）、495个行政村，总人口约40万，面积1968平方公里，有 295.2万亩土地，其中耕地58.1万亩。阳城县矿产资源比较丰富，目前已探明的矿产有22种，尤以煤炭储量最丰富，储量56.18亿t，非煤矿产也较丰富，白云岩储量3.16亿t，铝土矿储量800万t，电石灰岩储量1214.36万t，水晶、大理石、花岗岩、黏土、铜、铅、锌、矿泉水等都有一定储量，开发前景十分可观。矿业一直是阳城县第一大支柱产业，现有各类矿山324座（其中煤矿89座），从业人员2.5万余人，年创产值约6亿元，年实现利税1亿多元，约占全县财政收入的50%。

阳城县于1990年成立矿产资源管理局。全局干部职工认真学习和贯彻执行《矿产资源法》及其相关法律法规，严格履行职能，坚持整顿与调整产业结构“三个结合”，加大依法行政、素质培养、建章立制、资源开发、储量块段管理力度，实现了矿业秩序的根本好转。1991年，我局首次提出“储量块段管理办法”，并在全县3万t以上煤矿推行储量块段规划，使资源回收率由原来的20%提高到40%，为国家节约了大量的煤炭资源，受到国土资源部、省政府的多次表彰和奖励，并多次在全国地矿工作会上作经验介绍和交流，获“全国地质矿产行政管理先进单位”称号。

打击非法开采

阳城县国土资源局是在县级机构改革中撤并原地矿局、土地局而成立的，现有干部职工158人，内设八股一室，实现了矿产资源和土地资源的统一管理。我局将坚持严谨、务实、高效、开拓、探索的原则，以“三个代表”重要思想为指导，认真贯彻国土资源有关法律法规，落实保护国土资源的基本国策，坚持“在保护中开发，在开发中保护”的总原则，以资源的有效保护和节约利用为核心，全面提高国土资源管理水平和资源利用效率，力争把全县国土资源管理工作推上一个新台阶。

没收违法开采设备

宣传队街头宣传《矿产资源法》

矿长考试

工作人员实地测量矿界

沙河市地质矿产局

党委书记、局长：李远志

团结奋进的领导班子

河北省沙河市地质矿产局成立于1992年8月。10年来，沙河市地矿局围绕经济可持续发展这一中心，以保护和合理利用矿产资源及有效保护生态环境为目标，以《矿产资源法》及其配套法规为依据，以为地方政府、为经济发展、为矿山企业服务为宗旨，以实现规范化、科学化管理为基础，以狠抓队伍自身建设为保证，认真贯彻落实中央人口资源环境工作座谈会精神，坚持严而又严的保护和管理制度，致力于严格监督、规范管理、热情服务，全面履行地矿行政管理职能，努力推进矿产资源管理方式和利用方式的根本转变，实现全市矿业秩序从无序到有序规范、管理职能从单项到全面推进到位、队伍素质从参差不齐到精干高效、服务从一般服务到优质服务深化的四个历史性转变，有力地促进了沙河经济发展和社会进步。

沙河市地矿局先后被国土资源部、河北省国土资源厅树为执法如山、敢于碰硬、无私无畏、依法行政的先进典型，被河北省人大评为“小矿山执法检查先进单位”，被省国土资源厅树为执法监察、矿政管理、依法行政典型，连续4年被邢台市命名为“文明单位”，是邢台市机关效能建设先进单位，连年被邢台市地矿局、沙河市政府评为工作实绩突出单位，是沙河市“三讲”文明机关、文明单位、宣传工作先进单位、先进领导集体。

2002年5月13日，沙河市机构改革，原市地质矿产局和市土地管理局合并组建沙河市国土资源局，为政府职能部门，综合管理全市国土资源。

神木县矿管局

局长：韩志林

陕西省神木县矿管局是主管本行政区域内矿产资源勘查、开采监督管理工作和资源补偿费征收工作的政府工作部门，下属两个正科级事业单位，即砂石料管理站和矿业地质测量管理站，共有职工60名。

该局通过认真宣传《矿产资源法》等法律法规，充分运用地测成果进行事前监督，全面推行储量块段管理，建立健全临控网络，不断加大依法行政力度，使全县矿产资源管理秩序步入了有序、科学的轨道。1993年被地矿部授予“全国地矿行业执法先进单位”，1992年起连续4次（每两年评一次）被省地矿厅、人事厅评为全省先进单位，9次受到榆林地区矿管委　和矿管局的表彰，先后7次出席在河北迁安、河南禹州、江西南昌等地举行的全国矿管工作会议，并在大会上介绍经验。该局地矿行政管理工作经验曾被《人民日报》、《中国矿业报》、《中国国土资源报》、《陕西日报》、《榆林日报》、《民情与信访》等新闻媒体报道。2000年被榆林市委、市政府命名为“精神文明单位”。

领导班子

党委书记、局长：田锡富

淄博市国土资源局

山东省淄博市国土资源局是市政府依法管理地质矿产、土地和测绘工作的职能部门。淄博市开展地矿行政管理工作15年来，广泛深入地宣传《矿产资源法》，增强了干部群众依法办矿、合理开发利用矿产资源和有效保护地质环境的意识，实现了全市矿业秩序根本好转。全市完成了换发采矿许可证和勘查许可证工作，规范了探矿权、采矿权管理，实行了采矿权招标拍卖制度。深入调查研究，编写了《淄博市矿产资源勘查、开发利用战略及规划研究》、《淄博市矿产资源综合调查报告》，积极编制实施地区矿产资源总体规划。组织开展了地质环境调查研究，编写了《淄博市地质环境》，起草并经市政府批准印发了《淄博市地质地貌景观保护区管理规定》，论证并组织实施26个地质勘查项目。

淄博市国土资源局先后被评为全国矿管工作先进单位、国土资源系统“二五”普法先进单位、全国矿产资源储量登记工作先进单位、省“二五”普法及“三五”普法先进单位、省矿产资源形势与对策研究先进单位、省换发勘查许可证及采矿许可证工作先进单位、省矿产储量简测登记工作先进单位，连年被评为省地矿行政管理先进单位、省矿产资源补偿费征收工作先进单位。

山东省副省长蔡秋芳（女）对淄博市国土资源工作给予充分肯定

局领导深入现场指导治理整顿工作

地址：淄博市张店人民西路60号 电话：（0533）2771625
邮编：255033 传真：（0533）2771637

局长：郑丰生

副局长：罗发根

南昌市青山湖区地矿局

基本情况

南昌市青山湖区地矿局成立于1998年8月，为政府一级局。青山湖区环绕南昌市东北部，地处鄱阳湖冲积平原，主要分布有非金属建材矿产，砖瓦黏土、砂石、地下水等矿产得到较好开发和利用。目前，该区有砖瓦企业52家、砂石开采经营28户，年产国标红机砖约5亿块，河道砂石年开采量约1000万t。

工作情况

①对砖瓦窑业管理实行储量申报、租赁承包审批、取土当年还田等一系列规范管理制度。2001年，该区加强黏土资源管理、促进耕地保护工作的先进经验在全国地矿系统进行交流。②河道采砂管理探索出一条从开采到流通环节的长效管理模式，全面实行代扣代缴矿产资源补偿费等制度。③加强同水文地质监测部门的联系和交流，对地下水水位、水质等情况进行动态跟踪，强化地下水勘查监督管理，并对本区地下水开采布局和控制提出部门规划和建议。

主要成绩

自1998以来，该局连续4年被南昌市地矿局评为先进集体，2000年、2001年连续两年被江西省国土资源厅评为先进集体，2001年被南昌市评为社会综合治理先进集体，并被青山湖区评为责任制一等奖。2002年，该局在矿产资源管理秩序治理整顿换证工作中，被推荐为国土资源部先进集体。

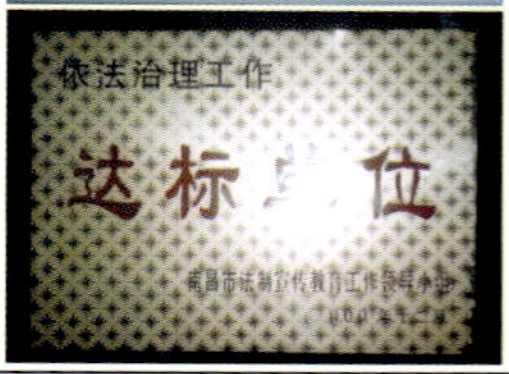

中国建材地勘中心

中国建材地勘中心是从事非金属矿产资源勘查和开发工作的专业部门，其历史沿革如下：

1953 年——创建重工业部建筑材料工业局地质公司
1956 年——建材部地质局
1958 年——建工部综合勘察院
1960 年——建工部地质局（总公司）
1964 年——建材部地质局（总公司）
1972 年——国家建委建设公司
1979 年——建材部地质公司
1983 年——国家建材局地质公司
1989 年——建筑材料工业地质勘查中心（简称建材地勘中心）
2001 年1 月——根据国务院地勘单位管理体制改革精神，整体并入中国非金属矿业（集团）总公司

中心主任、中国非金属矿工业（集团）总公司党委书记：于世良

中心现有在职职工约8000 余人，各类专业技术人员近3000 人，其中高级专业技术人员400 多人，中级专业技术人员1000 多人；资产总额13 亿元；下设26 个地质总队，分布在全国26 个省、市、自治区。全国70％ 以上的建材原料矿山及主要非金属矿山均由中心完成勘查工作，其中80％ 的矿山已经开采利用。在亚、非地区10 余个国家，中心承担过地质勘探、工程勘察等国际任务，赢得良好信誉，多次荣获国家和有关部委颁发的多种奖励及荣誉称号。

近10 年来，中心共完成各类地质项目460 余项，机械岩芯钻探工作量52 万m、槽探169 万m^3，提交矿产地质报告379 份，探明主要矿种新增储量（矿石）水泥用石灰岩131 亿t、水泥配料13 亿t、玻璃用砂3.8 亿t、饰面石材5.1 亿m^3、高岭土0.3 亿t、陶瓷原料4.3 亿t、节方解石1.1 亿t。

中国建材地勘中心拥有高度配套及系列化的设备和训练有素、专业齐全的员工队伍，具备应用各种技术和测试手段承担国内外地质勘查任务的能力，与国内外同行建立了广泛密切的合作关系，愿热忱为客户提供优质服务。

在阿尔及利亚进行地质勘查

深圳大亚湾核电站勘察工程

中心十大主导业务

1. 建材及非金属矿山资源勘查，矿物原料测试，矿产研究和矿山开发；
2. 地质技术咨询及劳务；
3. 环境地质，包括工业和生活环境测试及论证；
4. 旅游地质；
5. 水文地质与凿井；
6. 岩土工程；
7. 矿山工程建设，包括矿山及其他井巷工程；
8. 各种比例尺地形测量，城市测量、地籍测量等类工程测量和航空摄影测量成图；
9. 遥感技术；
10. 地球物理勘查与研究。

●地址：北京西直门北顺城街11 号
●邮政编码：100035
●电话：010-62257632
●传真：010-62257632
● E-mail:cnmc@cnmc.com

河南省岩石矿物测试中心

河南省岩石矿物测试中心主任、法人代表：赵伟

国际合作项目签字仪式

河南省岩石矿物测试中心多年来坚持走科技创新之路，取得累累硕果。痕量、超痕量金分析方法，于20世纪80年代获国家科技进步三等奖；低品位金矿堆浸技术，于20世纪90年代初获国家科技进步二等奖。20世纪90年代至今研究的超痕量铂族元素分析技术达到国内领先水平。高新技术成果成功运用于国内外金矿和铂族金属找矿，产生显著效果。“九五”以来，中心法人代表赵伟提出了“发挥科技优势求发展”和“创建特色实验室”的指导思想，近期新研究出高灵敏活动态金铂钯联测技术。另外，河南省岩石矿物测试中心在难处理金矿利用研究、中低品位铝土矿利用研究、金红石等非金属矿应用开发研究等方面有突出成果，在植物蛋白酶、造纸添加剂研究与生产方面也有较高水平。

中心拥有各种大、中型机器120台

选冶研究室一瞥

领先的超痕量金和铂族元素分析技术

上级领导参观有机膨润土生产基地

通讯地址：河南省郑州市金水路28号
邮编：450053
电话：0371-3936530（行政）
0371-3856997（技术）
传真：0371-3936387
电子信箱：hncl@public.zz.ha.cn

中国地质大学（北京）

党委书记、校长：吴淦国教授

中国地质大学（北京）是一所以地质、资源、环境和工程技术为主要特色，理工文管经法相结合的多科性重点大学，前身是1952年由北京大学、清华大学、天津大学、唐山铁道学院等院校的地质系（科）合并组成的北京地质学院，隶属教育部。

学校本部位于海滨区高科技园区，建有设施先进环境幽雅的学术交流中心、全国地质图书馆、国家化石和岩矿标本库。博物馆藏有5万余件标本和化石，是首批国家科普教育基地。在中外驰名的周口店和风景秀丽的北戴河建有实习基地，在东方大学城建有分校。

本部校园占地808亩，总建筑面积32万m^2，有11个院系、35个本科专业、33个硕士授权点、11个博士授权点、2个博士后流动站。现有各类在校生9000余人。

中国地质大学（北京）在50年的办学实践中形成了“艰苦奋斗、严格谦逊、团结活泼、求实进取”的优良校风，为我国的地质找矿事业培养了大批优秀人才。在新的世纪，学校将按照“特色+精品”的办学理念，立足特色，塑造精品，全面推进素质教育，为我国高等教育事业和实施科教兴国战略做出更大的贡献！

综合试验楼

学术交流中心

图书馆

林荫大道

学校领导班子集体（左起：邓军、王聪、帅开业、吴淦国、张汉凯、王欣、余际从）

地址:北京市海淀区学院路29号　邮政编码:100083　电话:010－82322005　传真:010－82321006　网址:http://www.cugb.edu.cn

中国地质科学院勘探技术研究所

所长：甘竹平

中国地质科学院勘探技术研究所1957年成立于北京，是我国第一个探矿工程应用技术研究所，也是我国从事探矿工程和岩土钻掘应用技术研究规模最大、综合实力最强的研究所。勘探所现有各类专业技术人员185人，其中高级技术人员70人（含教授级专家16人），获得博士和硕士学位的研究人员11人。主要研究领域是为固体矿产钻探、工程地质勘察、工程施工钻掘、水文水井钻探、坑道隧道施工、地质灾害防治等提供新工艺、新方法、新设备和新仪器。

勘探所有3个研究开发中心、2个新技术研究室、1个工厂、2个公司、1个控股公司，是中国地质学会探矿工程专业委员会挂靠单位，出版的国内外公开发行杂志《岩土钻掘工程》已列入国家期刊方阵。

建所以来，勘探所独立或与有关单位协作完成重要科研成果340余项，在金刚石地质岩心钻探技术、受控定向钻探技术和对接井技术、液动冲击回转钻进技术、绳索取心钻进技术、多工艺空气钻进技术、非开挖铺管技术、大口径钻头、钻具及嵌岩技术等领域取得了令人瞩目的成果，其中70余项荣获部级以上奖励，获国家发明奖新产品奖6项、国家技术进步奖1项，有多人服务于中国大陆科学深钻工程。

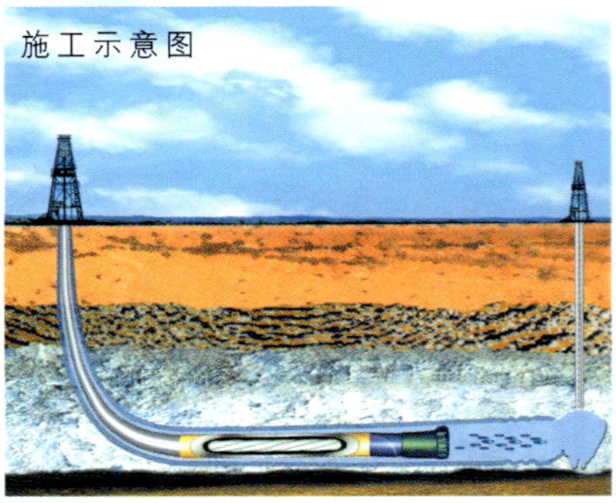

勘探所在承担科技部、国家计委、国土资源部重大地质勘探高新技术研究项目的同时，积极面向国民经济建设的相关行业，开展岩土钻掘新技术开发、装备及仪器的制造和销售、工程施工、科技成果转化和新技术推广以及技术中介服务等。

●地址：河北省廊坊金光道77号　●邮编：065000

●电话：0316-2096229　●传真：0316-2096506

山东省地质调查院

院长、党委书记：王来明

山东省地质调查院是由山东省机构编制委员会于2000年9月批准，在原山东省地质调查研究院的基础上重新组建的，是山东省国土资源厅直属事业单位。

主要职责是根据国家和省社会经济发展需要及国土资源调查规划、计划，山东省地调院承担基础性、公益性、战略性地质矿产勘查任务，为国民经济和社会发展提供基础地质信息资料，为政府规划、管理、保护和合理利用国土资源提供科学依据，并向社会提供公益性服务。

山东省地调院下设6个管理部门和6个业务部门,主要开展区域地质调查，矿产资源评价，生态、灾害、农业、旅游、遥感、水文、环境地质调查，地球物理、地球化学勘查及数字国土工程。我院技术力量雄厚，拥有计算机、大幅面彩色喷墨绘图仪、GIS、GPS及软件等先进仪器设备。

描绘蓝图

地调院精神为："团结、勤奋、求实、创新"

野外地质考察

室内数据整理

制图人员操作HP5000绘图仪

单位地址：济南市历山路74号　电话：0531—6403690　电子信箱：sdsddy@public.jn.sd.cn

邮编：250013　传真：0531—6403644

国家实施西部大开发若干政策措施

（2001 年 1 月 1 日）

国务院公布了关于实施西部大开发若干政策措施，自 2001 年 1 月 1 日起实施，适用期为 2001 年至 2010 年。

一、制定政策的原则和支持的重点

（一）制定政策的原则

实施西部大开发是一项宏大的系统工程和艰巨的历史任务，既要有紧迫感，又要充分做好长期艰苦奋斗的思想准备。要坚持从实际出发，按客观规律办事，积极进取、量力而行，立足当前、着眼长远，统筹规划、科学论证，突出重点、分步实施，防止一哄而起，反对铺张浪费，不搞“大呼隆”。要加快转变观念，加大改革开放力度，贯彻科教兴国和可持续发展战略，把发挥市场机制作用同搞好宏观调控结合起来，把西部地区广大干部群众发扬自力更生精神同各方面支持结合起来。

（二）重点任务和战略目标

当前和今后一段时期，实施西部大开发的重点任务是：加快基础设施建设；加强生态环境保护和建设；巩固农业基础地位，调整工业结构，发展特色旅游业；发展科技教育和文化卫生事业。力争用 5 到 10 年时间，使西部地区基础设施和生态环境建设取得突破性进展，西部开发有一个良好的开局。到 21 世纪中叶，要将西部地区建成一个经济繁荣、社会进步、生活安定、民族团结、山川秀美的新西部。

（三）重点区域

西部开发的政策适用范围，包括重庆市、四川省、贵州省、云南省、西藏自治区、陕西省、甘肃省、宁夏回族自治区、青海省、新疆维吾尔自治区和内蒙古自治区、广西壮族自治区。实施西部大开发，要依托亚欧大陆桥、长江水道、西南出海通道等交通干线，发挥中心城市作用，以线串点，以点带面，逐步形成我国西部有特色的西陇海兰新线、长江上游、南（宁）贵（阳）昆（明）等跨行政区域的经济带，带动其他地区发展，有步骤、有重点地推进西部大开发。

二、增加资金投入的政策

（一）加大建设资金投入力度

提高中央财政性建设资金用于西部地区的比例。国家政策性银行贷款、国际金融组织和外国政府优惠贷款，在按贷款原则投放的条件下，尽可能多安排西部地区的项目。对国家新安排的西部地区重大基础设施建设项目，其投资主要由中央财政性建设资金、其他专项建设资金、银行贷款和利用外资解决，不留资金缺口。中央将采取多种方式，筹集西部开发的专项资金。中央有关部门在制定行业发展规划和政策、安排专项资金时，要充分体现对西部地区的支持。鼓励企业资金投入西部地区重大建设项目。

（二）优先安排建设项目

水利、交通、能源等基础设施，优势资源开发与利用，有特色的高新技术及军转民技术产业化项目，优先在西部地区布局。加强西部地区建设项目法人责任制、项目资本金制、工程招投标制、工程质量监督管理制、项目环境监督管理制等制度的建设和建设项目的前期工作。

（三）加大财政转移支付力度

随着中央财力的增加，逐步加大中央对西部地区一般性转移支付的规模。在农业、社会保障、教育、科技、卫生、计划生育、文化、环保等专项补助资金的分配方面，向西部地区倾斜。中央财政扶贫资金的安排，重点用于西部贫困地区。对国家批准实施的退耕还林还草、天然林保护、防沙治沙工程所需的粮食、种苗补助资金及现金补助，主要由中央财政支付。对因实施退耕还林还草、天然林保护等工程而受影响的地方财政收入，由中央财政适当给予补助。

（四）加大金融信贷支持

银行根据商业信贷的自主原则，加大对西部地区基础产业建设的信贷投入，重点支持铁路、主干线公路、电力、石油、天然气等大中型能源项目建设。加快国债配套贷款项目的评估审贷，根据建设进度保证贷款及早到位。对投资大、建设期长的基础设施项目，根据项目建设周期和还贷能力，适当延长贷款期限。国家开发银行新增贷款逐年提高用于西部地区的比重。扩大以基础设施项目收费权或收益权为质押发放贷款的范围。增加对西部地区农业、生态环境保护建设、优势产业、小城镇建设、企业技术改造、高新技术企业和中小企业发展的信贷支持。在西部地区积极发放助学贷款及学生公寓贷款。农村电网改造贷款和优势产业贷款中金额较大的重点项目，由农业银行总行专项安排和各商业银行总行直贷解决。有步骤地引入股份制银行到西部设立分支机构。

三、改善投资环境的政策

（一）大力改善投资的软环境

深化西部地区国有企业改革，加快建立现代企业制度，搞好国有经济的战略性调整和国有企业的资产重组。加大对西部地区国有企业减负脱困、改组改造的支持力度。加强西部地区商品和要素市场的培育和建设。积极引导西部地区个体、私营等非公有制经济加快发展，依照有关法律法规，凡对外商开放的投资领域，原则上允许国内各种所有制企业进入。加快建立中小企业信用担保体系和中小企业服务机构。除国家重大项目和有特殊规定的项目以外，凡是企业用自有资金或利用银行贷款投资于国家鼓励和允许类产业的项目，项目建议书和可行性研究报告合并一道按规定程序报批，初步设计、开工报告不再报政府审批，相应简化外商投资项目审批程序。要进一步转变政府职能，实行政企分开，减少审批事项，简化办事程序，强化服务意识，消除行政垄断、地区封锁和保护，加强依法行政，保护投资者合法权益。加强环境保护，防止盲目重复建设，依法关闭产品质量低劣、浪费资源、污染严重、不具备安全生产条件的厂矿企业。

（二）实行税收优惠政策

对设在西部地区国家鼓励类产业的内资企业和外商投资企业，在一定期限内，减按15%的税率征收企业所得税。民族自治地方的企业经省级人民政府批准，可以定期减征或免征企业所得税。对在西部地区新办交通、电力、水利、邮政、广播电视等企业，企业所得税实行两年免征，三年减半征收。对为保护生态环境，退耕还生态林、草产出的农业特产品收入，在10年内免征农业特产税。对西部地区公路国道、省道建设用地比照铁路、民航用地免征耕地占用税，其他公路建设用地是否免征耕地占用税，由省、自治区和直辖市人民政府决定。对西部地区内资鼓励类产业、外商投资鼓励类产业及优势产业的项目在投资总额内进口自用先进技术设备，除国家规定不予免税的商品外，免征关税和进口环节增值税。

（三）实行土地和矿产资源优惠政策

对西部地区荒山、荒地造林种草及坡耕地退耕还林还草，实行谁退耕、谁造林种草、谁经营、谁拥有土地使用权和林草所有权的政策。各种经济组织和个人可以依法申请使用国有荒山荒地，进行恢复林草植被等生态环境保护建设，在建设投资和绿化工作到位的条件下，可以出让方式取得国有土地使用权，减免出让金，实行土地使用权50年不变，期满后可申请续期，可以继承和有偿转让。国家建设需要收回国有土地使用权的，依法给予补偿。对于享受国家粮食补贴的退耕地种植的生态林不能砍伐。对基本农田实行严格保护，实现耕地占补平衡。进一步完善建设用地审批制度，简化程序，及时提供并保障建设用地。现有城镇建设用地的有偿使用收益，主要用于城镇基础设施建设。加大对西部地区矿产资源调查评价、勘查、开发、保护与合理利用的政策支持力度。制定促进探矿权、采矿权依法出让和转让的政策办法，培育矿业权市场。

（四）运用价格和收费机制进行调节

深化价格改革，进一步提高市场调节价格的比重。合理制定“西气东输”、“西电东送”价格，建立天然气、电力、石油、煤炭产销环节的价格形成机制。加快水价改革步伐，根据节水的要求，逐步将水价提高到合理水平，完善水资源费的征收和管理。加强流域水资源的统一管理，严格执行计划用水和水量分配制度，促进水资源的合理利用和开发。普遍实行城市污水和垃圾处理收费制度，收费专项用于污水和垃圾处理。加强江河上游和源头地区水资源的污染防治和保护工作。西部省际间及省、区内航空支线票价实行经营者自主定价。对西部地区新建铁路可实行特殊运价。加强西部地区邮政电信的普遍服务。

四、扩大对外对内开放的政策

（一）进一步扩大外商投资领域

鼓励外商投资于西部地区的农业、水利、生态、交通、能源、市政、环保、矿产、旅游等基础设施建设和资源开发，以及建立技术研究开发中心。扩大西部地区服务贸易领域对外开放，将外商对银行、商业零售企业、外贸企业投资的试点扩大到直辖市、省会和自治区首府城市，允许西部地区外资银行逐步经营人民币业务，允许外商在西部地区依照有关规定投资电信、保险、旅游业，兴办中外合资会计师事务所、律师事务所、工程设计公司、铁路和公路货运企业、市政公用企业和其他已承诺开放领域的企业。一些领域的对外开放，允许在西部地区先行试点。

（二）进一步拓宽利用外资渠道

在西部地区进行以BOT方式利用外资的试点，开展以TOT方式利用外资的试点。允许外商投资项目开展包括人民币在内的项目融资。支持符合条件的西部地区外商投资企业在境内外股票市场上市。支持西部地区属于国家鼓励和允许类产业的企业通过转让经营权、出让股权、兼并重组等方式吸引外商投资。积极探索以中外合资产业基金、风险投资基金方式引入外资。鼓励在华外商合资企业到西部地区再投资，其再投资项目外资比例超过25%的，享受外商投资企业待遇。对外商投资西部地区基础设施和优势产业项目，适当放宽外商投资的股比限制，适当放宽国内银行提供固定资产投资人民币贷款的比例。允许西部地区的某些项目适当提高总投资中国外优惠贷款的比例。对西部地区优势产业及出口创汇项目引进国外先进技术和设备，国家在国外商业贷款指标安排上给予支持。积极争取多边、双边赠款优先安排西部地区项目。

（三）大力发展对外经济贸易

进一步扩大西部地区生产企业对外贸易经营自主权，鼓励发展优势产品出口、对外工程承包和劳务合作、到境外特别是周边国家投资办厂，放宽人员出入境限制。对西部地区经济发展急需的技术设备，在进口管理上给予适当照顾。对从西部地区重要旅游城市入境的海外旅游者，根据条件实行落地签证和其他便利入境签证政策。实行更加优惠的边境贸易政策，在出口退税、进出口商品经营范围、进出口商品配额、许可证管理、人员往来等方面，放宽限制，推动我国西部地区同毗邻国家地区相互开放市场，促进与周边国家区域经济技术合作健康发展。

（四）推进地区协作与对口支援

在防止重复建设和禁止转移落后技术与导致环境污染的前提下，在投资、财政、税收、信贷、经贸、工商、劳动、统计等方面积极采取有力措施，支持东部、中部地区企业到西部地区以投资设厂、参股入股、收购兼并、技术转让等多种方式进行合作。在中央和地方政府指导下，动员社会各方面力量加强东西对口支援，进一步加大对西部贫困地区、少数民族地区的支援力度，继续推进“兴边富民”行动。围绕西部开发的重点区域，发展多种形式的区域经济合作。

五、吸引人才和发展科技教育的政策

（一）吸引和用好人才

制定有利于西部地区吸引人才、留住人才、鼓励人才创业的政策。随着工资改革，建立艰苦边远地区津贴，提高西部地区机关和事业单位人员的工资水平，逐步使其达到或高于全国平均水平。依托西部开发的重点任务、重大建设项目及重要研究课题，提供良好的工作和生活条件，吸引国内外专门人才投身于西部开发。改革户籍管理制度，允许到西部地区投资经营和参加开发的其他地区居民保留原籍户口，凡在西部地区地级以下城市（含地级市）和小城镇有合法固定住所、稳定职业或生活来源的人员，可根据本人意愿办理城镇常住户口，鼓励农业富余劳动力合理转移和跨地区人口合理流动。扩大东部和西部地区之间的干部交流。中央有关部门、东部地区大专院校和科研机构，要加强对西部地区提供智力服务和人才支持。加强西部地区引进国外智力工作。依托中央有关部门和沿海经济较发达地区，加强对西部地区领导干部、少数民族干部的培养和公务员、专业技术人员、企业管理人员的培训。

（二）发挥科技主导作用

加大各类科技计划经费向西部地区的倾斜支持力度，逐步提高科技资金用于西部地区的数额。围绕西部开发的重点任务，加强科技能力建设，组织对关键性技术的攻关，加快重大技术成果的推广应用和产业化步伐。支持军转民技术产业化的发展。支持西部地区科研机构、高校加强有特色的应用研究和基础研究。深化科技体制改革，加快从事应用研究的科研机构向企业转化，加强产学研联合，推动科技与经济的紧密结合。允许并提高西部地区企业在销售额中提取开发经费的比例。加大科技型中小企业创新基金对西部地区具备条件项目的支持力度。对科技人员在西部地区兴办科技型企业，简化工商登记，提高股权、期权和知识产权入股比例的上限。

（三）增加教育投入

继续实施贫困地区义务教育工程，加大国家对西部地区义务教育的支持力度，增加资金投入，努力加快实现九年义务教育。对西部地区高等学校建设予以支持，扩大东、中部地区高校在西部地区的招生规模。加大实施东部地区学校对口支援西部贫困地区学校工程以及西部地区大中城市学校对口支援农村贫困地区学校工程的力度。建设西部地区远程教育体系。加强对农村基层干部和农民的科学文化知识教育培训。

（四）加强文化卫生建设

国家安排的补助地方文化设施建设，广播电视建设投资和文物经费，向西部地区倾斜。进一步落实国家文化宣传单位经济政策，繁荣文艺创作。推进自然村“村村通”广播电视建设，进一步扩大广播电视有效覆盖面。促进边疆地区和少数民族地区文化事业发展。支持西部地区文化建设和精神文明建设。加强对西部地区卫生、计划生育建设的支持力度，重点建立健全农村初级卫生保健体系。

矿产资源勘查开采登记申请代理机构管理办法

国土资发(2001)244号

第一条 为了规范矿产资源勘查、开采登记申请和地质勘查资格登记申请代理行为,制定本办法。

第二条 本办法适用于接受委托,代理矿产资源勘查、开采登记申请和地质勘查资格登记申请的代理行为。

本办法所称矿产资源勘查开采登记申请代理,其含义包括代理申请矿产资源勘查许可证、采矿许可证和地质勘查资格证。

第三条 矿产资源勘查开采登记申请代理机构的代理行为接受国务院地质矿产主管部门和省、自治区、直辖市人民政府地质矿产主管部门的监督。

第四条 矿产资源勘查开采登记申请代理机构办理代理业务,必须遵守法律、法规和规章,遵循公开、公平、公正、自愿和诚实信用原则,为被代理人保密,维护被代理人的合法权益。

第五条 从事矿产资源勘查开采登记申请代理的机构应具备下列条件:

(一)持有《企业法人营业执照》或《事业法人登记证书》的单位;

(二)具有3名以上熟悉矿业法律法规、矿业权申请程序和勘查资格申请程序,正确填写申请表格,胜任所承担的代理业务的专业人员。

第六条 矿产资源勘查开采登记申请代理机构符合上述条件的,应当到国务院或省、自治区、直辖市人民政府地质矿产主管部门办理注册手续,并取得矿产资源勘查开采登记申请代理机构资格证书。

第七条 开展矿产资源勘查开采登记申请代理工作,必须以代理机构名义从事代理业务,代理人员不得以个人名义从事矿产资源勘查、开采登记申请和勘查资格登记申请代理活动。

第八条 矿产资源勘查开采登记申请代理机构可以接受委托,办理下列代理业务:

(一)代为办理申请勘查许可证、采矿许可证手续;

(二)代为办理申请地质勘查资格证手续;

(三)提供申请勘查许可证、采矿许可证和地质勘查资格证的业务咨询。

第九条 矿产资源勘查开采登记申请代理机构办理代理业务不受行政区域的限制。

第十条 矿产资源勘查开采登记申请代理机构承揽代理业务时,应当向委托人出示代理机构资格证书。

代理机构向登记机关办理申请手续时,除提交法律法规规定的文件、资料外,还应出具委托人的委托书和代理机构资格证书复印件。

第十一条 矿产资源勘查开采登记申请代理机构有权按照委托合同约定收取报酬,但不得违反国家法定的收费标准。

第十二条 矿产资源勘查开采登记申请代理机构有下列行为之一的,国务院和省、自治区、直辖市人民政府地质矿产主管部门应当责令其限期改正,对拒不改正的,可视情节轻重,予以警告或注销其矿产资源勘查开采登记申请代理机构资格证书:

(一)代理申请中隐瞒事实、弄虚作假、骗取勘查许可证、采矿许可证和地质勘查资格证书的;

(二)索取、收受委托合同规定以外的酬金或其他财物,或谋取不正当利益的;

(三)以个人名义从事代理活动的;

(四)有其他违法行为的。

第十三条 矿产资源勘查开采登记申请代理机构资格证书由国务院地质矿产主管部门统一印制。

第十四条 本办法由国土资源部地质勘查司、矿产开发管理司负责解释。

第十五条 本办法自发布之日起施行。1999年6月25日国土资发[1999]174号"关于印发《矿产资源勘查开采登记代理机构管理暂行办法》和《矿产资源勘查开采登记代理人员资格及代理机构资质考核授予办法》的通知"同时废止。

(2001年8月14日印发)

统 计 资 料

2001年全国省、市、县级国土资源管理机构数

表1　　计量单位:个

地区	合计	省级	市(地)级	县(区)级
全　国	4855	32	552	4271
北　京	19	1	14	4
天　津	24	1		23
河　北	317	1	25	291
山　西	203	1	11	191
内蒙古	198	1	21	176
辽　宁	217	1	27	189
吉　林	100	1	10	89
黑龙江	157	1	20	136
上　海	20	1	18	1
江　苏	120	1	13	106
浙　江	172	1	19	152
安　徽	182	1	31	150
福　建	177	1	16	160
江　西	211	1	22	188
山　东	226	1	18	207
河　南	263	1	27	235
湖　北	216	1	25	190
湖　南	172	1	16	155
广　东	157	1	21	135
广　西	201	1	27	173
海　南	23	1	3	19
重　庆	44	1		43
四　川	249	1	24	224
贵　州	113	1	9	103
云　南	276	1	30	245
西　藏	37	1	14	22
陕　西	231	1	20	210
甘　肃	195	1	26	168
青　海	93	1	12	80
宁　夏	34	1	6	27
新　疆	208	2	27	179

(据国土资源部《国土资源综合统计年报》)

2001 年全国国土资源

表 2

地　区		年末从业人员（人）				
		行政编制人员	研究生及以上	大本及大专	高中及中专	初中及以下
全　国	196497	73415	1502	92008	87833	15154
国土资源部机关	315	309	60	237	10	8
北　京	1717	1106	36	1113	471	97
天　津	1114	970	47	756	277	34
河　北	17561	4863	24	5691	9441	2405
山　西	9838	4439	39	4254	4618	927
内蒙古	4714	2215	11	2196	2245	262
辽　宁	6359	2187	139	4679	1290	251
吉　林	6396	1173	45	3275	2830	246
黑龙江	5267	2849	62	3397	1588	220
上　海	993	938	41	649	253	50
江　苏	9082	2062	70	4089	4179	744
浙　江	4106	1893	36	2084	1722	264
安　徽	5405	2247	34	2674	2206	491
福　建	3661	1719	36	1704	1647	274
江　西	7952	2731	27	3287	3830	808
山　东	11869	4306	51	6955	4142	721
河　南	22538	4080	71	9641	11411	1415
湖　北	14912	3205	82	5626	8047	1157
湖　南	8514	3364	54	3739	4306	415
广　东	8123	5712	237	4462	3023	401
广　西	5119	2456	46	2176	2390	507
海　南	816	541	48	480	244	44
重　庆	1968	869	35	1254	565	114
四　川	7098	3872	64	3763	2701	570
贵　州	7287	2002	9	2894	3732	652
云　南	5214	3240	16	2027	2512	659
西　藏	331	224	5	102	155	69
陕　西	7542	2731	20	3003	3840	679
甘　肃	2674	2109	13	1318	1110	233
青　海	709	475	1	313	336	59
宁　夏	931	478	1	475	370	85
新　疆	6372	2050	42	3695	2342	293

管理机构、人员及经费情况

平均从业人数（人）	经费收入（万元）			
	小计	中央财政拨款	地方财政拨款	其他收入
191386	748337.79	27057.90	433667.48	287612.41
315	1929.11	1929.11		
1716	11483.70	407.00	8742.05	2334.65
1125	3760.00		3276.70	483.30
16316	52799.61	1665.71	37285.16	13848.74
8881	19227.63	1620.54	13805.01	3802.08
4732	42244.34	615.39	35036.96	6591.99
5917	36359.34	1135.89	12746.54	22476.91
6304	18007.91	443.00	6460.31	11104.60
5204	44808.87	528.00	32503.07	11777.80
997	13769.21		5050.64	8718.57
9034	39138.71	280.10	11147.67	27710.94
4040	46270.12		22170.54	24099.58
5431	18824.71	1955.30	7957.86	8911.55
3593	42461.07	8070.17	28060.33	6330.57
7518	20068.17	396.34	7266.95	12404.88
11794	44841.33	347.35	31048.35	13445.63
21946	34939.41	913.63	19974.72	14051.06
14884	28999.52	24.39	7265.57	21709.56
8198	27079.95	590.40	14913.00	11576.55
8146	38876.44	661.68	26713.54	11501.22
5095	17781.84	167.78	8522.20	9091.86
825	4145.51	258.29	3396.72	490.50
1940	11212.99		4530.36	6682.63
6852	33845.94	1714.22	21175.85	10955.87
7186	12292.29	39.00	9949.17	2304.12
5058	18158.92	730.36	11468.39	5960.17
319	825.87	119.72	706.15	
7457	12052.20	733.08	6817.67	4501.45
2659	6341.64	1090.95	4222.01	1028.68
707	22980.99	209.00	21078.87	1693.12
893	2116.34	74.40	1690.29	351.65
6304	20694.11	337.10	8684.83	11672.18

（据国土资源部《国土资源综合统计年报》）

2001年省级国土资源

表3

地　区		年末从业人员（人）					平均从业人数（人）
		行政编制人员	研究生及以上	大本及大专	高中及中专	初中及以下	
总　计	3483	3093	271	2848	302	62	3450
北京市国土资源和房屋管理局	154	154	19	134	1		154
天津市规划和国土资源局	309	309	30	234	44	1	309
河北省国土资源厅	97	90	4	91	2		97
山西省国土资源厅	133	72	10	108	11	4	133
内蒙古自治区国土资源厅	83	83	3	73	7		85
辽宁省国土资源厅	81	72	7	69	3	2	81
吉林省国土资源厅	96	78	10	75	11		90
黑龙江省国土资源厅	106	92	8	89	9		106
上海市房屋土地资源管理局	178	164	17	140	18	3	179
江苏省国土资源厅	102	102	8	89	5		102
浙江省国土资源厅	92	78	5	74	12	1	95
安徽省国土资源厅	86	72	5	75	3	3	86
福建省国土资源厅	116	99	12	88	13	3	119
江西省国土资源厅	91	61	5	64	20	2	91
山东省国土资源厅	116	115	7	105	4		115
河南省国土资源厅	118	118	7	103	6	2	115
湖北省国土资源厅	134	97	14	107	11	2	134
湖南省国土资源厅	133	103	9	106	15	3	133
广东省国土资源厅	106	98	9	90	6	1	106
广西壮族自治区国土资源厅	120	70	8	101	7	4	119
海南省国土环境资源厅	106	72	21	68	12	5	106
重庆市国土资源和房屋管理局	121	121	9	102	8	2	121
四川省国土资源厅	102	102	8	86	8		102
贵州省国土资源厅	133	115		104	19	10	133
云南省国土资源厅	69	69	9	60			69
西藏自治区国土资源厅	58	56	5	36	11	6	53
陕西省国土资源厅	97	88	2	92	2	1	97
甘肃省国土资源厅	92	92	7	75	10		92
青海省国土资源厅	53	53	1	49	3		53
宁夏国土资源厅	57	54	1	46	8	2	57
新疆维吾尔自治区国土资源厅	144	144	11	115	13	5	118

管理机构、人员及经费情况

经费收入（万元）				完成基本建设投资（万元）		备注
小计	中央财政拨款	地方财政拨款	其他收入		国家资金	
172703.69	19025.82	139067.42	14610.45	42960.11	9589.10	完成基本建设投资为各地勘局完成数。
3031.00	407.00	2624.00		510.00	250.00	
1556.70		1556.70				
20166.60	565.40	19601.20		907.00	208.00	
4201.59	1356.00	2699.85	145.74	300.00	300.00	
29101.67	510.85	28221.90	368.92	2500.00	450.00	
1791.00	631.00	263.00	897.00	2242.00	200.00	
2301.00	443.00	1770.00	88.00	962.00	350.00	
22197.00	447.00	21292.00	458.00	2643.00	450.00	
1977.65		1295.76	681.89			
3426.00	42.00	769.00	2615.00			
2627.43		2627.43		391.00	80.00	
5267.00	1868.00	1885.00	1514.00	3000.00	500.00	
9274.66	7988.00	1286.66		200.00	200.00	
1257.58		785.89	471.69	2900.80	591.10	
8776.97	315.35	8394.78	66.84	150.00	150.00	
825.20	43.00	780.60	1.60	2024.91	400.00	
4290.00		1283.00	3007.00	2606.00	200.00	
3065.40		2811.30	254.10	2029.00	800.00	
6007.50	266.00	5741.50		2444.00	200.00	
1635.51	18.43	1617.08		1106.00	80.00	
1015.29	258.29	757.00		400.00	200.00	
614.30		614.30		250.00	100.00	
7227.30	1679.00	3748.30	1800.00	4144.00	600.00	
476.00	39.00	437.00		1354.00	450.00	
3420.70	503.79	2916.91		1180.00	500.00	
328.80	103.00	225.80		200.00	200.00	
471.36	191.00	280.36		4150.00	650.00	
2035.78	980.71	960.20	94.87	500.00	500.00	
20139.70	200.00	19928.90	10.80	3286.40	400.00	
200.00	50.00	150.00		80.00	80.00	
3997.00	120.00	1742.00	2135.00	500.00	500.00	

（据国土资源部《国土资源综合统计年报》）

2001 年市、县级国土资源

表 4

地　　区		年 末 从 业 人 员（人）				
		行政编制人员	研究生及以上	大本及大专	高中及中专	初中及以下
全　国	192699	70013	1171	88923	87521	15084
北　京	1563	952	17	979	470	97
天　津	805	661	17	522	233	33
河　北	17464	4773	20	5600	9439	2405
山　西	9705	4367	29	4146	4607	923
内蒙古	4631	2132	8	2123	2238	262
辽　宁	6278	2115	132	4610	1287	249
吉　林	6300	1095	35	3200	2819	246
黑龙江	5161	2757	54	3308	1579	220
上　海	815	774	24	509	235	47
江　苏	8980	1960	62	4000	4174	744
浙　江	4014	1815	31	2010	1710	263
安　徽	5319	2175	29	2599	2203	488
福　建	3545	1620	24	1616	1634	271
江　西	7861	2670	22	3223	3810	806
山　东	11753	4191	44	6850	4138	721
河　南	22420	3962	64	9538	11405	1413
湖　北	14778	3108	68	5519	8036	1155
湖　南	8381	3261	45	3633	4291	412
广　东	8017	5614	228	4372	3017	400
广　西	4999	2386	38	2075	2383	503
海　南	710	469	27	412	232	39
重　庆	1847	748	26	1152	557	112
四　川	6996	3770	56	3677	2693	570
贵　州	7154	1887	9	2790	3713	642
云　南	5145	3171	7	1967	2512	659
西　藏	273	168		66	144	63
陕　西	7445	2643	18	2911	3838	678
甘　肃	2582	2017	6	1243	1100	233
青　海	656	422		264	333	59
宁　夏	874	424		429	362	83
新　疆	6228	1906	31	3580	2329	288

管理机构、人员及经费情况

平均从业人数（人）	经费收入（万元）			
	小计	中央财政拨款	地方财政拨款	其他收入
187621	573704.99	6102.97	294600.06	273001.96
1562	8452.70		6118.05	2334.65
816	2203.30		1720.00	483.30
16219	32633.01	1100.31	17683.96	13848.74
8748	15026.04	264.54	11105.16	3656.34
4647	13142.67	104.54	6815.06	6223.07
5836	34568.34	504.89	12483.54	21579.91
6214	15706.91		4690.31	11016.60
5098	22611.87	81.00	11211.07	11319.80
818	11791.56		3754.88	8036.68
8932	35712.71	238.10	10378.67	25095.94
3945	43642.69		19543.11	24099.58
5345	13557.71	87.30	6072.86	7397.55
3474	33186.41	82.17	26773.67	6330.57
7427	18810.59	396.34	6481.06	11933.19
11679	36064.36	32.00	22653.57	13378.79
21831	34114.21	870.63	19194.12	14049.46
14750	24709.52	24.39	5982.57	18702.56
8065	24014.55	590.40	12101.70	11322.45
8040	32868.94	395.68	20972.04	11501.22
4976	16146.33	149.35	6905.12	9091.86
719	3130.22		2639.72	490.50
1819	10598.69		3916.06	6682.63
6750	26618.64	35.22	17427.55	9155.87
7053	11816.29		9512.17	2304.12
4989	14738.22	226.57	8551.48	5960.17
266	497.07	16.72	480.35	
7360	11580.84	542.08	6537.31	4501.45
2567	4305.86	110.24	3261.81	933.81
654	2841.29	9.00	1149.97	1682.32
836	1916.34	24.40	1540.29	351.65
6186	16697.11	217.10	6942.83	9537.18

（据国土资源部《国土资源综合统计年报》）

2001 年国土资源调查

表 5

黑色金属	合计	能源矿产					
		小计	煤	石油天然气	煤层气	地热	
全　国	139	2	2				4
北　京							
天　津							
河　北	4						
山　西							
内蒙古	7						
辽　宁	9						
吉　林	2						
黑龙江	1						
上　海							
江　苏	2						
浙　江	1						
安　徽							
福　建	3						
江　西	1						
山　东	2						
河　南	7						
湖　北	2						
湖　南	10						2
广　东	8						
广　西	5						
海　南	2						
重　庆							
四　川	13						
贵　州	7						
云　南	8	1	1				1
西　藏	17						
陕　西	9						1
甘　肃	8						
青　海	5						
宁　夏							
新　疆	6	1	1				

新发现矿产地(按地区分列)

有色金属矿产	贵金属矿产		稀有、稀土矿产	非金属矿产		水气矿产
		金矿			化工矿产	
64	55	38	2	12		
2	1			1		
1	4	3	1	1		
1	6	4		2		
1	1	1				
	1	1				
				2		
				1		
1	1	1		1		
	1	1				
	2	2				
2	5					
1	1					
7	1	1				
4	3	1		1		
3	2	2				
	2	2				
7	6	2				
5	1	1		1		
5	1	1				
14	3	3				
3	4	4	1			
1	7	6				
4				1		
2	2	2		1		

(据国土资源部《国土资源综合统计年报》)

2001年矿产资源勘查新查明

表6

矿种	计量单位	总计			属地化单位		
		基础储量		资源量	基础储量		资源量
			储量			储量	
煤	千吨	356326	350850	1392414	5476		1392414
地热	千瓦	501600	501600	501600	501600	501600	501600
铁矿	矿石千吨	13732	2013	20577	13732	2013	20577
锰矿	矿石千吨	505		4702			1200
钒矿	氧化钒千吨	79		24	79		24
钛矿	矿物千吨	58739	50032	8702	58739	50032	8702
铜矿	金属吨			70000			70000
铅矿	金属吨			69000			69000
锌矿	金属吨			116000			116000
铝土矿	矿石千吨	1998		28149	1998		28149
钼矿	金属吨	5501		48014	5501		48014
铅锌矿	金属吨	81133		833741	81133		833741
金矿	金属千克	9963	4402	170220	9963	4402	101672
银矿	金属吨	16	13	553	16	13	553
锆矿	矿物吨	187012	162439	24573	187012	162439	24573
石墨	矿物千吨	48	48				
磷矿	矿石千吨			158251			58251
硫铁矿	矿石千吨			10433			
石棉	矿物千吨	908	167				
长石	矿石千吨	15750					
叶蜡石	矿石千吨	560					
透辉石	矿石千吨	11189					
沸石	矿石千吨	59390	59390		59390	59390	

矿产资源——按矿种分列(一)

冶金部门			武警黄金、煤炭地质、化工、建材			备注
基础储量		资源量	基础储量		资源量	
	储量			储量		
			350850	350850		煤炭地质
505		3502				
					68548	武警黄金
			48	48		建材
					100000	化工
					10433	化工
			908	167		建材
			15750			建材
			560			建材
			11189			建材

2001年矿产资源勘查新查明

续表 6

矿种	计量单位	总计			属地化单位		
		基础储量		资源量	基础储量		资源量
			储量			储量	
石膏	千吨	11477		83237	11477		83237
重晶石	矿石千吨			9773			9773
方解石	矿石千吨	25340		64187	25340		27767
水泥用灰岩	矿石千吨	197656	114120				
建筑石料用灰岩	矿石千立方米			15531			15531
冶金用石英岩	矿石千吨	3770	3770				
水泥配料用砂	矿石千吨	3990	3990				
玻璃用砂	矿石千吨	36601					
含钾砂页岩	矿石千吨			2000			2000
硅藻土	矿石千吨			1840			
陶粒页岩	矿石千吨	12950			12950		
高岭土	矿石千吨	3161	2370				
陶瓷土	矿石千吨	34067	15340				
海泡石粘土	粘土量千吨			12894			
膨润土	矿石千吨	18620	18620	19000	18620	18620	
陶粒用粘土	矿石千吨	77345					
水泥配料用粘土	矿石千吨	3170	2690				
饰面用花岗岩	矿石千立方米	72440	7710				
建筑用大理岩	矿石千立方米	64320					
水泥用大理岩	千吨	5030	3590	9484			9484
泥炭	千吨	83	71	184	83	71	184
岩盐	千吨			767			767
地下水	方/日	518350	518350	124350	518350	518350	124350

矿产资源——按矿种分列(二)

冶金部门			武警黄金、煤炭地质、化工、建材			备注
基础储量		资源量	基础储量		资源量	
	储量			储量		
					36420	化工
			197656	114120		建材
			3770	3770		建材
			3990	3990		建材
			36601			建材
					1840	化工
			3161	2370		建材
			34067	15340		建材
					12894	化工
					19000	化工
			77345			建材
			3170	2690		建材
			72440	7710		建材
			64320			建材
			5030	3590		建材

(据国土资源部《国土资源综合统计年报》)

2001年矿产资源勘查新查明

表 7

矿种	计量单位	总计			属地化单位		
		基础储量		资源量	基础储量		资源量
			储量			储量	
煤	千吨	356326	350850	1392414	5476		1392414
吉林	千吨	1231			1231		
安徽	千吨	100760	100760				
山东	千吨			324869			324869
河南	千吨	249440	249440				
贵州	千吨			119360			119360
云南	千吨	1220		391920	1220		391920
青海	千吨	650	650				
新疆	千吨	3025		556265	3025		556265
地热	千瓦	501600	501600	501600	501600	501600	501600
山东	千瓦	501600	501600	501600	501600	501600	501600
铁矿	矿石千吨	13732	2013	20577	13732	2013	20577
河北	矿石千吨	13732	2013	19777	13732	2013	19777
陕西	矿石千吨			380			380
新疆	矿石千吨			420			420
锰矿	矿石千吨	505		4702			1200
广西	矿石千吨	505		3502			
四川	矿石千吨			1200			1200
钒矿	氧化钒千吨	79		24	79		24
广东	氧化钒千吨	79		24	79		24
钛矿	矿物千吨	58739	50032	8702	58739	50032	8702
海南	矿物千吨	58739	50032	8702	58739	50032	8702
铜矿	金属吨			70000			70000
新疆	金属吨			70000			70000
铅矿	金属吨			69000			69000
福建	金属吨			16000			16000
新疆	金属吨			53000			53000
锌矿	金属吨			116000			116000
福建	金属吨			39000			39000

矿产资源——按矿种和地区分列(一)

冶金部门			武警黄金、煤炭地质、化工、建材			备注
基础储量		资源量	基础储量		资源量	
	储量			储量		
			350850	350850		煤炭地质
			100760	100760		煤炭地质
			249440	249440		煤炭地质
			650	650		煤炭地质
505		3502				
505		3502				

2001 年矿产资源勘查新查明

续表 7

矿种	计量单位	总计			属地化单位		
		基础储量		资源量	基础储量		资源量
			储量			储量	
新疆	金属吨			77000			77000
铝土矿	矿石千吨	1998		28149	1998		28149
广西	矿石千吨	1998		28149	1998		28149
钼矿	金属吨	5501		48014	5501		48014
吉林	金属吨	5501		7614	5501		7614
甘肃	金属吨			40400			40400
铅锌矿	金属吨	81133		833741	81133		833741
广西	金属吨			270300			270300
贵州	金属吨	59102		159300	59102		159300
陕西	金属吨	22031		57058	22031		57058
甘肃	金属吨			347083			347083
金矿	金属千克	9963	4402	170220	9963	4402	101672
北京	金属千克			1637			
河北	金属千克	952	952	6472	952	952	5820
内蒙古	金属千克			5859			
辽宁	金属千克	1300	1300		1300	1300	
吉林	金属千克	1580	1306	2513	1580	1306	75
黑龙江	金属千克			8495			
福建	金属千克			542			542
江西	金属千克	2233		14140	2233		14140
山东	金属千克			10217			5000
河南	金属千克			29735			21358
湖南	金属千克			1836			
广西	金属千克			26886			25268
海南	金属千克			7055			7055
贵州	金属千克	2042		6744	2042		6744
云南	金属千克	98	32	3184	98	32	135
西藏	金属千克	406	240	2003	406	240	
陕西	金属千克			2598			

矿产资源——按矿种和地区分列(二)

冶金部门			武警黄金、煤炭地质、化工、建材			备注
基础储量		资源量	基础储量		资源量	
	储量			储量		
					68548	武警黄金
					1637	武警黄金
					652	武警黄金
					5859	武警黄金
					2438	武警黄金
					8495	武警黄金
					5217	武警黄金
					8377	武警黄金
					1836	武警黄金
					1618	武警黄金
					3049	武警黄金
					2003	武警黄金
					2598	武警黄金

2001年矿产资源勘查新查明

续表7

矿种	计量单位	总计			属地化单位		
		基础储量		资源量	基础储量		资源量
			储量			储量	
甘肃	金属千克	1353	572	30155	1353	572	5386
青海	金属千克			6286			6286
新疆	金属千克			3863			3863
银矿	金属吨	16	13	553	16	13	553
吉林	金属吨	16	13	25	16	13	25
福建	金属吨			470			470
广西	金属吨			52			52
海南	金属吨			6			6
锆矿	矿物吨	187012	162439	24573	187012	162439	24573
海南	矿物吨	187012	162439	24573	187012	162439	24573
石墨	矿物千吨	48	48				
四川	矿物千吨	48	48				
磷矿	矿石千吨			158251			58251
四川	矿石千吨			58251			58251
贵州	矿石千吨			100000			
硫铁矿	矿石千吨			10433			
浙江	矿石千吨			433			
贵州	矿石千吨			10000			
石棉	矿物千吨	908	167				
新疆	矿物千吨	908	167				
长石	矿石千吨	15750					
北京	矿石千吨	15750					
叶蜡石	矿石千吨	560					
浙江	矿石千吨	560					
透辉石	矿石千吨	11189					
陕西	矿石千吨	11189					
沸石	矿石千吨	59390	59390		59390	59390	
内蒙古	矿石千吨	59390	59390		59390	59390	
石膏	矿石千吨	11477		83237	11477		83237

矿产资源——按矿种和地区分列(三)

冶金部门			武警黄金、煤炭地质、化工、建材			备注
基础储量		资源量	基础储量		资源量	
	储量			储量		
					24769	武警黄金
			48	48		建材
			48	48		建材
					100000	化工
					100000	化工
					10433	化工
					433	化工
					10000	化工
			908	167		建材
			908	167		建材
			15750			建材
			15750			建材
			560			建材
			560			建材
			11189			建材
			11189			建材

2001年矿产资源勘查新查明

续表7

矿种	计量单位	总计			属地化单位		
		基础储量		资源量	基础储量		资源量
			储量			储量	
河北	矿石千吨	11477			11477		
山东	矿石千吨			83237			83237
重晶石	矿石千吨			9773			9773
广西	矿石千吨			9773			9773
方解石	矿石千吨	25340		64187	25340		27767
辽宁	矿石千吨			5537			5537
安徽	矿石千吨	25340		22230	25340		22230
湖北	矿石千吨			10620			
陕西	矿石千吨			25800			
水泥用灰岩	矿石千吨	197656	114120				
云南	矿石千吨	110680	109340				
甘肃	矿石千吨	24160	4780				
新疆	矿石千吨	62816					
建筑石料用灰岩	千立方米			15531			15531
河北	千立方米			15531			15531
冶金用石英岩	矿石千吨	3770	3770				
甘肃	矿石千吨	3770	3770				
水泥配料用砂	矿石千吨	3990	3990				
云南	矿石千吨	3990	3990				
玻璃用砂	矿石千吨	36601					
辽宁	矿石千吨	1180					
山东	矿石千吨	35421					
含钾砂页岩	矿石千吨			2000			2000
安徽	矿石千吨			2000			2000
硅藻土	矿石千吨			1840			
内蒙古	矿石千吨			1840			
陶粒页岩	矿石千吨	12950			12950		
吉林	矿石千吨	12950			12950		
高岭土	矿石千吨	3161	2370				

矿产资源——按矿种和地区分列(四)

冶金部门			武警黄金、煤炭地质、化工、建材			备注
基础储量		资源量	基础储量		资源量	
	储量			储量		
					36420	化工
					10620	化工
					25800	化工
			197656	114120		建材
			110680	109340		建材
			24160	4780		建材
			62816			建材
			3770	3770		建材
			3770	3770		建材
			3990	3990		建材
			3990	3990		建材
			36601			建材
			1180			建材
			35421			建材
					1840	化工
					1840	化工
			3161	2370		建材

2001年矿产资源勘查新查明

续表7

矿种	计量单位	总计			属地化单位		
		基础储量		资源量	基础储量		资源量
			储量			储量	
四川	矿石千吨	271					
云南	矿石千吨	2890	2370				
陶瓷土	矿石千吨	34067	15340				
福建	矿石千吨	18590					
山东	矿石千吨	137					
甘肃	矿石千吨	15340	15340				
海泡石粘土	粘土量千吨			12894			
陕西	粘土量千吨			12894			
膨润土	矿石千吨	18620	18620	19000	18620	18620	
内蒙古	矿石千吨	18620	18620		18620	18620	
浙江	矿石千吨			19000			
陶粒用粘土	矿石千吨	77345					
河南	矿石千吨	77345					
水泥配料用粘土	矿石千吨	3170	2690				
云南	矿石千吨	3170	2690				
饰面用花岗岩	矿石千立方米	72440	7710				
山东	矿石千立方米	1280					
广西	矿石千立方米	71160	7710				
建筑用大理岩	矿石千立方米	64320					
广西	矿石千立方米	64320					
水泥用大理岩	千吨	5030	3590	9484			9484
辽宁	千吨			9484			9484
黑龙江	矿石千立方米	5030	3590				
泥炭	千吨	83	71	184	83	71	184
吉林	千吨	83	71	184	83	71	184
岩盐	千吨			767			767
四川	千吨			767			767
地下水	方/日	518350	518350	124350	518350	518350	124350
河北	方/日	400000	400000		400000	400000	
山东	方/日	118350	118350	118350	118350	118350	118350
四川	方/日			6000			6000

矿产资源——按矿种和地区分列(五)

冶金部门			武警黄金、煤炭地质、化工、建材			备注
基础储量		资源量	基础储量		资源量	
	储量			储量		
			271			建材
			2890	2370		建材
			34067	15340		建材
			18590			建材
			137			建材
			15340	15340		建材
					12894	化工
					12894	化工
					19000	化工
					19000	化工
			77345			建材
			77345			建材
			3170	2690		建材
			3170	2690		建材
			72440	7710		建材
			1280			建材
			71160	7710		建材
			64320			建材
			64320			建材
			5030	3590		建材
			5030	3590		建材

(据国土资源部《国土资源综合统计年报》)

2001 年矿产资源勘查许可证及

表 8

	申请受理数（件）	批准登记							
		合计	能源矿产						黑色金属矿产
			小计	煤	石油、天然气	煤层气	铀	地热	
总　计	42054	38948	2369	1619	485	29	50	186	1112
采矿许可证	34559	32787	1545	1449	41		24	31	663
国土资源部机关	226	224	192	127	41		24		1
北　京	114	113							2
天　津	7	5							
河　北	700	700	2					2	116
山　西	888	871							22
内蒙古	935	757							2
辽　宁	308	307	5					5	1
吉　林	465	428							1
黑龙江	628	628	3	3					
上　海	56	56							
江　苏	1984	1961							6
浙　江	5454	5222	21	21					5
安　徽	782	714	2	2					11
福　建	640	587	1					1	2
江　西	1728	1551	3	3					
山　东	3482	3294	291	285				6	23
河　南	1856	1804							21
湖　北	661	648							2
湖　南	2559	2403	493	493					108
广　东	514	486	2					2	11
广　西	3736	3580	43	43					161
海　南	221	214	1					1	27
重　庆	2112	2069	244	242				2	10
四　川	812	749	2					2	2
贵　州	911	848							7
云　南	1215	1093	117	114				3	77
西　藏	136	121	1					1	18
陕　西	669	625	24	18				6	4
甘　肃	1	1							
青　海	107	106							1
宁　夏	229	219	86	86					
新　疆	423	403	12	12					22

采矿许可证发证情况——按地区分列(一)

发证数(件)							批准登记面积(平方千米)	探矿权、采矿权使用费(万元)	探矿权、采矿权价款(万元)
有色金属矿产	贵金属矿产		稀有、稀土矿产	非金属矿产		水气矿产			
		金矿			化工矿产				
2027	2506	2330	123	30300	876	508	1865906.65	52737.99	11465.57
633	319	280	37	29383	713	207	30562.49	35434.22	10537.53
5	8	8		18	4		8765.27	21291.32	
				109		2	6.49	5.65	
						5	2.50	0.25	0.25
2	17	17		550	19	13	117.02	80.87	532.49
5				842		2	132.09	115.09	392.54
8	10	7		730	100	7	154.76	64.41	5147.00
2	1	1		277		21	33.66	18.80	52.00
	1	1		423		3	18.62	20.60	
1	7	7		606		11	86.77	11.91	
				47		9	11.25	3.25	
3	2	2		1929	9	21	144.43	86.90	
63	7	6		5105	160	21	242.14	269.40	2022.54
11	3	3		681	10	6	35.69	19.22	0.03
5				578		1	92.71	30.71	
4	1	1		1542	12	1	355.97	225.85	3.00
4	136	105	1	2822	30	17	653.80	170.01	188.16
17	4	1		1761	113	1	166.11	86.55	629.10
8	1	1		633	36	4	69.69	33.18	
67	10	10	8	1715	27	2	10284.37	229.51	221.89
3			1	452	2	17	382.70	62.77	691.11
153	3	2		3213	49	7	253.20	161.64	
	1	1	1	184			169.95	18.06	553.68
3			1	1807	10	4	503.04	7074.76	19.00
5	5	5	14	708	6	13	263.11	126.73	9.55
46	16	16		776	17	3	179.80	38.46	
165	34	34	8	686	78	6	970.75	4965.52	69.47
18	33	33		50	8	1	126.94	12.24	
5	3	3		583	10	6	5673.84	33.55	
1							1.54	0.20	
15	2	2		87		1	289.31	32.07	4.70
				131	1	2	160.12	115.75	1.02
14	14	14	3	338	12		214.85	28.99	

2001 年矿产资源勘查许可证及

续表 8

项目名称	申请受理数（件）	批准登记							
		合计	能源矿产						黑色金属矿产
			小计	煤	石油、天然气	煤层气	铀	地热	
勘查许可证	7495	6161	824	170	444	29	26	155	449
国土资源部机关	596	562	504		444	29	26	5	1
北　京	46	46	9					9	
天　津	8	8							
河　北	188	155	16	6				10	45
山　西	336	213	12	10				2	110
内蒙古	395	343	2	2					22
辽　宁	325	325	19	4				15	56
吉　林	163	155	14	12				2	1
黑龙江	168	168	12	6				6	
上　海	5	5							
江　苏	36	34	2					2	2
浙　江	33	29	1					1	
安　徽	187	163	7	3				4	19
福　建	237	224	5					5	2
江　西	45	45	2	1				1	
山　东	673	500	69	50				19	20
河　南	473	473	23	18				5	56
湖　北	70	70	5	3				2	2
湖　南	81	73	3	2				1	5
广　东	120	109	17					17	7
广　西	420	279	2					2	14
海　南	21	21	3					3	
重　庆	33	32	11					11	3
四　川	422	237	27	4				23	13
贵　州	223	162	29	29					1
云　南	428	294	3	1				2	13
西　藏	278	239	1					1	7
陕　西	293	277	6	4				2	22
甘　肃	338	236	5	1				4	2
青　海	103	103	1	1					
宁　夏	20	17	2	2					
新　疆	731	564	12	11				1	26

采矿许可证发证情况——按地区分列(二)

发证数(件)							批准登记面积(平方千米)	探矿权、采矿权使用费(万元)	探矿权、采矿权价款(万元)
有色金属矿产	贵金属矿产		稀有、稀土矿产	非金属矿产		水气矿产			
		金矿			化工矿产				
1394	2187	2050	86	917	163	301	1835344.16	17303.77	928.04
17	17	17	4	16	2	3	1710776.67	16255.72	
3	4	3		11		19	159.06	1.59	
				3		5	37977.00	3.88	3.88
8	52	43		20	1	14	1066.64	23.68	237.77
24	29	24		31		7	858.74	9.48	
134	139	130	6	29	1	11	6238.54	69.99	100.00
43	83	81	2	92	1	30	1416.80	14.18	
14	70	67		34	2	22	1602.57	18.44	
14	73	65		35		34	2264.09	26.01	
						5	121.99	1.23	
2	3	2	1	16	5	8	140.60	1.42	
6	8			12	2	2	244.29	2.47	
42	42	38		50	9	3	1281.85	12.95	12.00
48	55	47	5	108	7	1	1592.06	17.92	
10	9	9	10	11		3	231.53	15.91	
9	282	279	2	80	18	38	6215.60	91.00	195.19
155	186	169	2	41	3	10	6244.22	92.54	3.20
15	21	21	2	20	14	5	696.58	10.10	
36	23	23		4		2	1262.49	12.62	
31	26	14	2	10		16	833.87	8.34	
76	161	161	3	22		1	3236.92	61.00	
	10	10	3	2		3	407.06	4.06	
9	1	1	1	6	1	1	287.83	4.69	
74	73	63	9	33		8	2922.39	13.89	
44	57	56	5	10		16	2685.22	26.95	
147	110	94	5	14		2	8085.05	120.00	
96	116	116	4	13	3	2	4632.30	46.31	
83	138	133	1	18	3	6	6201.90	119.70	
53	161	156		7		8	4802.50	48.02	
17	71	66	4	8		2	6601.00	65.91	376.00
	1	1		11		3	134.00	15.20	
184	166	161	15	150	91	11	14122.80	88.57	

(据国土资源部《国土资源综合统计年报》)

2001年矿产资源勘查许可证及

表9

	申请受理数（件）	批准登记								
		合计	能源矿产							黑色金属矿产
			小计	煤	石油	天然气	煤层气	铀	地热	
总计	42054	38948	2369	1619	41	444	29	50	186	1112
采矿许可证	34559	32787	1545	1449	41			24	31	663
内资企业	34512	32740	1537	1446	38			24	29	663
国有企业	2766	2576	736	701				24	11	70
集体企业	9916	9335	449	446					3	136
股份合作企业	681	647	71	31	38				2	3
联营企业	117	108	3	3						19
有限责任公司	360	343	3	2					1	26
股份有限公司	517	511	23	16					7	14
私营企业	14667	14026	249	246					3	279
其他企业	5488	5194	3	1					2	116
港、澳、台商投资企业	24	24	1	1						
合资经营企业	3	3								
合作经营企业	2	2								
独资经营企业	13	13	1	1						
投资股份有限公司	6	6								
外商投资企业	23	23	7	2	3				2	
中外合资经营企业	3	3	1						1	
中外合作经营企业	1	1								
外资企业	11	11	2	2						
外商投资股份有限公司	8	8	4		3				1	
勘查许可证	7495	6161	824	170		444	29	26	155	449
内资企业	7404	6085	801	170		432	28	26	145	447
国有企业	4658	3781	213	98			8	26	81	140
集体企业	533	428	35	22					13	45
股份合作企业	294	245	28	8					20	6
联营企业	57	42	4						4	5
有限责任公司	110	106	9	1					8	2
股份有限公司	725	665	461	2		432	20		7	19
私营企业	656	506	27	15					12	175
其他企业	371	312	24	24						55
港、澳、台商投资企业	16	13	4						4	1
合资经营企业	2	2								
合作经营企业	4	3								
独资经营企业	5	3	3						3	
投资股份有限公司	5	5	1						1	1
外商投资企业	75	63	19			12	1		6	1
中外合资经营企业	8	6	3						3	1
中外合作经营企业	9	8	1						1	
外资企业	45	36	2						2	
外商投资股份有限公司	13	13	13			12	1			

采矿许可证发证情况——按经济类型分列

发证数（件）							批准登记面积（平方千米）	探矿权、采矿权使用费（万元）	探矿权、采矿权价款（万元）
有色金属矿产	贵金属矿产		稀有、稀土矿产	非金属矿产		水气矿产			
		金矿			化工矿产				
2027	2506	2330	123	30330	876	508	1865906.65	52737.99	11465.57
633	319	280	37	29464	713	207	30562.49	35434.22	10537.53
632	318	279	37	29353	713	200	30141.84	35319.48	10497.53
66	79	76	5	1591	180	29	7712.94	806.19	825.01
141	172	136	2	8344	187	41	6004.91	2024.51	851.42
20	7	7		537	6	9	5028.97	20805.80	121.05
4	11	11		70		1	28.20	9.50	10.00
15	6	6	1	265	7	27	3431.39	32.18	869.79
43	36	36	1	355	20	39	924.87	104.42	5358.66
289	2	2	28	13136	286	43	5609.63	8906.11	2372.33
54	5	5		5005	27	11	1400.93	2630.77	89.27
				21		2	9.05	1.63	40.00
				2		1	0.49	0.60	
				2			0.01		
				11		1	5.91	0.73	40.00
				6			2.64	0.30	
1	1	1		9		5	411.60	113.11	
						2	2.61	0.35	
						1	0.24	0.05	
1	1	1		7			33.41	3.76	
				2		2	375.34	108.95	
1394	2187	2050	86	917	163	301	1835344.16	17303.77	928.04
1374	2517	2037	86	904	163	296	1797722.94	16955.17	928.04
929	2174	1712	66	482	94	117	112302.08	836.86	236.11
53	136	135	2	108	5	49	3523.70	54.04	3.00
73	26	25	6	71	43	35	6548.23	26.96	476.73
12	13	13	3	3	1	2	416.98	4.21	
49	20	19	1	12	1	13	1644.18	17.05	
85	39	34	2	42	11	17	1668103.96	15933.85	209.00
64	58	52	4	130	7	48	1896.40	40.48	
109	51	47	2	56	1	15	3287.41	41.72	3.20
1	2	2		3		2	108.19	1.23	
						2	14.57	0.15	
1	2	2					31.21		
							15.60	0.29	
				3			46.81	0.79	
19	11	11		10		3	37513.03	374.37	
				1		1	103.82	1.07	
	6	6		1			116.62	0.82	
19	5	5		8		2	1618.03	2.10	
							35674.56	343.38	

（据国土资源部《国土资源综合统计年报》）

2001年探矿权、采矿权转让情况

表10

地区	探矿权							
	转让宗数(宗)				转让交易额(万元)			
	小计	出售	作价入股	其他	小计	出售	作价入股	其他
全国	54	37	10	7	10705.82	4819.67	5785.15	101.00
国土资源部机关	8	4	4		1751.00	726.00	1025.00	
北京	7	2		5	33.00	33.00		
天津	1	1			30.00	30.00		
河北								
山西	1	1			10.00	10.00		
内蒙古	3	1	1	1	319.40	136.40	83.00	100.00
辽宁	2	2			11.45	11.45		
吉林								
黑龙江								
上海								
江苏								
浙江	1	1			30.00	30.00		
安徽	5	5			103.00	103.00		
福建								
江西								
山东	6	4	2		1583.50	1346.70	236.80	
河南	9	8		1	77.00	76.00		1.00
湖北	2	1	1		2285.29	44.74	2240.55	
湖南	1	1			350.00	350.00		
广东								
广西								
海南								
重庆								
四川	3	2	1		2572.80	588.00	1984.80	
贵州								
云南								
西藏								
陕西	4	3	1		1517.38	1302.38	215.00	
甘肃								
青海	1	1			32.00	32.00		
宁夏								
新疆								

——按地区分列

采矿权							
转让宗数(宗)				转让交易额(万元)			
小计	出售	作价入股	其他	小计	出售	作价入股	其他
511	444	32	35	140950.60	114956.50	20665.17	5328.83
16	15	1		65693.81	65681.81	12.00	
7	6	1		4745.57	4641.62	103.95	
10	10			1075.17	1075.17		
13	8	3	2	1507.29	723.81	683.48	100.00
11	10	1		1225.90	1215.90	10.00	
106	104	2		2706.00	1702.00	1004.00	
176	176			2597.09	2597.09		
2		2		17463.00		17463.00	
4	1		3	159.33	62.80		96.53
10	8		2	408.60	351.60		57.00
31	30	1		27700.06	27408.06	292.00	
24	6	18		468.74	112.00	356.74	
24	24			611.65	611.65		
6	6			3702.34	3702.34		
4	1	2	1	657.30	7.30	640.00	10.00
7	7			2879.94	2879.89		
25	8	1	16	479.81	67.82	100.00	311.99
4			4	55.36			55.36
16	16			1644.14	1644.14		
4	3		1	241.50	41.50		200.00
1			1	4483.00			4483.00
3			3	15.00			15.00
7	5		2	430.00	430.00		

（据国土资源部《国土资源综合统计年报》）

2001年探矿权、采矿权转让情况

表11

矿种	探矿权							
	转让宗数(宗)				转让交易额(万元)			
	小计	出售	作价入股	其他	小计	出售	作价入股	其他
总计	54	37	10	7	10705.82	4819.67	5785.15	101.00
煤	4	4			1328.70	1328.70		
铀矿	1	1			91.00	91.00		
地热	1	1			580.00	580.00		
铁矿								
铁矿	3	2		1	1301.00	1300.00		1.00
钛矿(矿物)								
铜矿	1	1			8.00	8.00		
铅矿	5	5			23.00	23.00		
铝土矿	1	1			8.00	8.00		
镍矿								
钨矿								
锡矿								
铅锌矿	3	3			132.00	132.00		
多金属矿	1	1			535.00	535.00		
金矿	16	5	10	1	5930.53	45.38	5785.15	100.00
铌矿								
铌钽								
稀土矿	1	1			136.40	136.40		
石墨(晶质)	1	1			44.74	44.74		
磷矿								
硫铁矿								
硅灰石								
叶蜡石	1	1			30.00	30.00		
石膏(含硬石膏)	1	1			28.00	28.00		
重晶石	1	1			5.00	5.00		
普通萤石								
电石石灰岩								
熔剂用灰岩								
水泥用灰岩	6	2		4	380.00	380.00		
建筑石料用灰岩								
含钾岩石								
冶金用白云岩								
建筑用砂								
砖瓦用砂								
冶金用脉石英								
硅藻土								
砖瓦用粘土								
建筑用花岗岩								
饰面用花岗岩								
珍珠岩								
饰面用大理岩	2	2			100.00	100.00		
饰面用板岩								
泥岩								
岩盐								
矿泉水	5	4		1	44.45	44.45		

——按矿种分列

采矿权							
转让宗数(宗)				转让交易额(万元)			
小计	出售	作价入股	其他	小计	出售	作价入股	其他
509	444	32	33	140950.60	114956.50	20665.17	5328.83
105	87	6	12	86874.19	86190.66	583.53	100.00
2	2			38.13	38.13		
19	14	5		20176.31	3649.38	16526.95	
1	1			26.11	26.11		
6	5	1		11457.70	11159.75	297.95	
5	2		3	127.53	31.00		96.53
5	5			3325.52	3325.52		
3	3						
18	18			326.00	326.00		
4	4			460.00	460.00		
28	24		4	5798.34	1307.34		4491.00
1	1			2139.87	2139.87		
31	15	11	5	2419.38	1064.28	1097.74	257.36
1		1		620.00		620.00	
2	2			20.00	20.00		
4	4			1211.00	1211.00		
1			1	41.45			41.45
1	1			18.00	18.00		
2	1	1		545.00	535.00	10.00	
1		1		292.00		292.00	
3	2		1	1.50	1.50		
3	1	1	1	1222.00	6.00	1200.00	16.00
36	34	1	1	435.26	415.26	5.00	15.00
17	17			57.50	57.50		
1	1			9.00	9.00		
1			1	41.00			41.00
97	97			342.00	342.00		
5	4	1		80.90	70.90	10.00	
1	1			13.00	13.00		
1	1			16.00	16.00		
46	46			506.00	506.00		
38	37		1	585.15	333.00		252.15
1	1			15.50	15.50		
1	1			14.00	14.00		
3	3			1500.00	1500.00		
1	1			40.00	40.00		
1	1			45.00	45.00		
4		1	3	30.39		12.00	18.39
9	7	2		79.85	69.80	10.00	

(据国土资源部《国土资源综合统计年报》)

2001 年全国矿产资源勘查、开采违法案件查处情况

表 12　　　　计量单位:件

	合计	省级机关	市级机关	县级机关	企事业单位	外商	集 体	乡村	个人
上年未结案件	1211		2	40	90		370	113	709
勘查	33			21	3		5		4
开采	1178		2	19	87		365	113	705
本年立案	17725	4	94	511	282	3	2256	700	14578
勘查	101		1	1	10		11	2	78
无证勘查	76		1		4		9	2	62
越界勘查	5			1	3		1		
非法转让探矿权	7				1				6
扰乱勘查秩序	4				1				3
其他	9				1		1		7
开采	17624	4	93	510	272	3	2245	698	14500
无证开采	14119	1	80	262	109	1	1110	300	12557
越界开采	1650	3	6	124	61		643	206	813
非法转让采矿权	262		1	41	16		70	13	134
破坏性开采	161			2	6		25	5	128
其他	1432		6	81	80	2	397	174	868
本年处理案件	16247	4	86	384	279	2	2295	642	13199
勘查	115			22	8		12	2	73
无证勘查	92			19	4		9	2	60
越界勘查	8			2	3		2		1
非法转让探矿权	6								6
扰乱勘查秩序	3				1				2
其他	6			1			1		4
开采	16132	4	86	362	271	2	2283	640	13126
无证开采	12858	1	79	225	117	1	1139	270	11297
越界开采	1513	3	5	52	59		658	174	736
非法转让采矿权	221			3	11		69	10	138
破坏性开采	108			2	6		27	6	73
其他	1432		2	80	78	1	390	180	882
年末未结案件	2689		10	167	93	1	331	171	2088
勘查	19		1		5		4		9
开采	2670		9	167	88	1	327	171	2079

(据国土资源部《国土资源综合统计年报》)

2001年矿产资源勘查、开采违法案件查处结果

表13　　计量单位:件　万元

	勘　查			开　采		
	吊销许可证	罚　款	调处纠纷	吊销许可证	罚　款	调处纠纷
总　计		73.42	43	1481	4341.19	2665
北　京				42		
天　津				26	6.50	
河　北		12.00	9		90.16	51
山　西		3.20		24	468.03	114
内蒙古		2.40		5	14.10	12
辽　宁		2.70		38	70.59	42
吉　林				18	23.62	2
黑龙江				12	45.46	30
上　海						
江　苏			8	2	20.84	30
浙　江				24	33.21	54
安　徽		0.50	2	52	13.34	121
福　建				22	105.24	145
江　西				142	350.13	66
山　东		21.00	5	62	107.53	110
河　南				13	160.43	90
湖　北				107	102.73	132
湖　南				177	272.83	
广　东				27	2156.72	22
广　西			1	45	39.44	202
海　南				6	8.76	8
重　庆		18.57	1	95	17.55	176
四　川			2	27	17.04	572
贵　州				301	105.87	229
云　南			4	116	11.67	260
西　藏						
陕　西		12.00	11	57	63.42	78
甘　肃		0.45		1	10.90	114
青　海				4	0.93	3
宁　夏		0.60		1	17.35	1
新　疆				35	6.80	1

(据国土资源部《国土资源综合统计年报》)

2001 年矿产资源勘查、开采

表 14

	合计	北京	天津	河北	山西	内蒙古	辽宁	吉林
上年未结案件	1211			19	107	41	57	9
勘查	33					3		
开采	1178			19	107	38	57	9
本年立案	17725	25	59	206	1584	380	356	178
勘查	101			4	54	6	1	
无证勘查	76			4	54	2		
越界勘查	5						1	
非法转让探矿权	7							
扰乱勘查秩序	4							
其他	9					4		
开采	17624	25	59	202	1530	374	55	178
无证开采	14199	25	59	122	1264	201	238	145
越界开采	1650	4		35	242	91	86	14
非法转让采矿权	262				2	42	5	
破坏性开采	161				2		6	
其他	1432			42	20	40	20	19
本年处理案件	16247	25	59	138	1395	268	368	165
勘查	115			3	54	1	1	
无证勘查	92			3	54	1		
越界勘查	8						1	
非法转让探矿权	6							
扰乱勘查秩序	3							
其他	6							
开采	16132	25	59	135	1341	267	367	165
无证开采	12858	25	59	66	1043	206	236	139
越界开采	1513			34	274	30	98	14
非法转让采矿权	221				3	7	7	
破坏性开采	108				2		7	
其他	1432			35	19	24	19	12
年末未结案件	2689			87	296	153	45	22
勘查	19			1		8		
开采	2670			86	296	145	45	22

违法案件查处情况——按地区分列(一)

计量单位:件

黑龙江	上海	江苏	浙江	安徽	福建	江西	山东
26		23	25	44	66		70
							[illegible]
26		23	25	44	66		69
146		163	214	191	1355	1150	613
			1	2	3		1
				2	2		
							1
					1		
146		163	214	189	1352	1150	612
59		101	143	65	1194	1008	540
20		8	29	15	32	53	39
25			10	1	7	2	1
		2			9	1	2
42		52	32	108	110	86	30
133		159	231	172	938	995	636
				1	3		2
				1	2		
							1
							1
					1		
133		159	231	171	935	995	634
54		100	154	59	779	853	568
16		6	27	15	32	53	36
21			12	1	14	2	1
		2			10	1	2
42		51	38	96	100	86	27
39		27	8	63	483	155	47
				1			
39		27	8	62	483	155	47

2001年矿产资源勘查、开采

续表14

	河南	湖北	湖南	广东	广西	海南	重庆	四川
上年未结案件	234	96	111	44	25	6	46	55
勘查	8			1				19
开采	226	96	111	43	25	6	46	36
本年立案	811	729	2024	374	1313	144	1006	1603
勘查	15			1	3		2	3
无证勘查	7			1	1		1	1
越界勘查	2							
非法转让探矿权	4				2			
扰乱勘查秩序							1	
其他	2							2
开采	796	729	2024	373	1310	144	1004	1060
无证开采	465	508	1714	294	1150	139	915	687
越界开采	187	74	229	4	45	3	35	166
非法转让采矿权	20	30	41	2	2	1	4	48
破坏性开采		5	10	3	36	1		13
其他	124	112	30	70	77		50	146
本年处理案件	780	752	1913	306	1305	135	938	1028
勘查	17			1	3		2	22
无证勘查	7			1	1		1	20
越界勘查	7							
非法转让探矿权	4				2			
扰乱勘查秩序							1	
其他	2							
开采	763	752	1913	305	1302	135	936	1006
无证开采	446	532	1628	223	1144	130	854	648
越界开采	170	45	208	4	43	3	31	164
非法转让采矿权	19	25	37	1	2	1	2	50
破坏性开采		6	10	1	36	1		13
其他	128	144	30	76	77		49	131
年末未结案件	265	73	222	112	33	15	114	90
勘查	6			1				
开采	259	73	222	111	33	15	114	90

违法案件查处情况——按地区分列(二)

计量单位:件

贵州	云南	西藏	陕西	甘肃	青海	宁夏	新疆
44	14		21		11	2	15
			1				
44	14		20		11	2	5
2595	491		317	85	30	32	91
2			4				
			1				
			1				
1							
1			2				
2593	491		313	85	30	32	91
2340	390		215	66	26	16	30
130	32		48	11	4	8	10
6	3		1	1			8
2	56		5				5
115	10		44	7		8	38
2484	368		319	82	41	34	78
			5				
			2				
			1				
			2				
2486	368		314	82	41	34	78
2222	339		216	63	27	18	27
115	14		49	11	4	8	9
5	1		1	1			8
2	4		6				5
142	10		42	7	10	8	29
153	137		19	3			28
153	137		19	3			28

(据国土资源部《国土资源综合统计年报》)

2001年全国矿产资源开发

表 15

地区	矿山数（人）			从业人数（人）	年产矿量（原矿）		
		大型	中型		固体矿产（万吨）	液体矿产（万吨）	气体矿产（万立方米）
全　国	153723	500	1254	9239267	435321.64	21166.65	2505043.13
北　京	1480	2	12	65651	4132.19	10.55	
天　津	271	1	2	23830	597.35	196.47	32000.00
河　北	9726	37	58	580235	29075.83	1126.75	42876.00
山　西	8450	46	68	956259	36727.70	152.20	15316.53
内蒙古	4545	21	54	291824	14252.36	124.21	
辽　宁	7103	37	59	458318	23417.31	1437.10	118343.20
吉　林	4493	18	42	244383	6957.54	470.36	34644.00
黑龙江	5968	22	35	521996	11209.79	5157.51	251200.00
上　海	150		2	11081	455.76	64.65	
江　苏	4716	11	32	434637	21288.16	346.19	3810.00
浙　江	6506	4	51	152645	30591.30	33.84	
安　徽	7500	23	74	474063	18913.69	37.10	
福　建	6138	3	28	131930	11156.66	284.48	
江　西	6990	8	47	307484	17104.80	711.92	
山　东	9699	54	148	895458	30795.55	3142.57	85180.00
河　南	8977	25	67	678548	19588.47	606.15	60599.20
湖　北	5639	21	65	316196	11682.33	252.19	5575.00
湖　南	8541	14	72	430685	24048.94	197.31	
广　东	5615	20	23	154160	29222.44	389.15	
广　西	7019	11	28	166049	11532.65	33.78	
海　南	459	12	6	17434	2369.61	125.43	
重　庆	5581	7	9	238231	8099.52	191.85	397900.00
四　川	6973	25	98	501878	17862.83	238.01	591599.20
贵　州	4620	9	10	166090	7001.80	109.78	
云　南	6019	8	40	332216	17414.84	926.27	300.00
西　藏	99		1	5507	423.81	950.48	
陕　西	3991	22	52	307704	12436.32	1407.14	370000.00
甘　肃	2038	24	44	147031	6172.28	294.11	4200.00
青　海	522	4	8	37543	1923.65	209.08	57800.00
宁　夏	1004	1	9	61099	3056.69	8.92	
新　疆	2891	10	10	129102	5809.50	1931.12	433700.00

注：本表不包括海洋石油和天然气。综合利用产值、矿山生态恢复面积不包括陆上石油和天然气开采。

利用情况—— 按地区分列

工业总产值（万元）	综合利用产值（万元）	矿产品销售收入（万元）	矿产资源补偿费入库（万元）	矿山生态恢复面积（公顷）
46011320.73	1237904.26	40848787.49		124904.42
161468.79	32272.35	150631.04		127.78
293620.21	44.00	269164.99		
1900478.00	8629.73	1688106.12		5231.09
2506818.16	239860.03	2260514.33		15132.54
1042178.35	11958.27	962624.37		2304.67
3093456.40	108099.44	2697181.21		258.89
883108.56	1414.20	844428.98		104.48
9817890.96	502.80	9718410.82		516.90
31139.55		28719.30		115.78
1015931.14	9883.27	938083.34		2040.94
439594.89	79807.55	333756.39		426.39
1502533.01	30051.87	1465638.59		13809.00
451157.17	52779.22	438737.51		522.87
644314.45	62927.24	634846.38		1459.34
6563465.59	82611.88	6107709.59		6692.14
2344062.65	3788.41	892270.58		7367.49
630238.44	35605.73	493407.42		1054.24
1293665.81	100337.82	1060802.96		1254.38
534881.71	62326.59	438582.20		1051.73
489828.62	8146.46	300846.29		1275.55
62214.81	631.98	56093.48		396.51
880648.16	9786.56	858233.13		650.81
1198838.92	73905.20	726349.71		37888.26
380174.03	102.05	365556.92		72.48
823327.85	159805.77	660362.26		1256.17
45814.26	20.00	41448.73		3.80
2355677.19	24696.24	2030562.17		22142.95
601022.41	17008.70	550130.41		986.57
270931.69	224.50	302791.64		320.38
258282.95	4291.40	254391.06		157.69
3494556.00	16385.00	3278405.57		282.60

（据国土资源部《国土资源综合统计年报》）

2001 年全国矿产资源开发

表 16

企业经济类型	矿山数（人）			从业人数（人）	年产矿量(原矿)		
		大型	中型		固体矿产（万吨）	液体矿产（万吨）	气体矿产（万立方米）
总 计	153723	500	1254	9239267	435321.64	21166.65	2505043.13
国有企业	7299	334	728	3589920	113657.57	11895.60	1324393.20
集体企业	63253	8	220	2805578	137424.56	1090.84	
股份合作企业	2718	4	27	161756	8077.28	76.05	643.20
联营企业	1805	5	17	77319	3989.88	41.70	3632.00
有限责任公司	2338	55	97	626088	21492.78	5824.75	687598.73
股份有限公司	2038	66	55	356034	25590.57	729.27	488776.00
私营企业	61900	6	52	1372160	99639.65	1090.67	
其他企业	12032	3	28	223431	21597.58	8.17	
港、澳、台商投资企业	165	10	12	14367	1177.06	267.68	
外商投资企业	175	9	18	12614	2674.74	141.93	

注：本表不包括海洋石油和天然气。综合利用产值、矿山生态恢复面积不包括陆上石油和天然气开采。

利用情况—— 按企业经济类型分列

工业总产值（万元）	综合利用产值（万元）	矿产品销售收入（万元）	矿产资源补偿费入库（万元）	矿山生态恢复面积（公顷）
46011320.73	1237904.26	40848787.49		124904.42
23576766.32	535479.70	20221472.82		50357.82
4027633.96	297165.31	3482964.27		45342.62
505237.89	23110.41	402726.60		475.46
244321.13	8738.96	213229.88		473.46
11933709.25	65456.76	11585666.20		2933.99
3475072.65	122991.51	2999725.28		2732.93
1816025.68	150324.61	1592177.89		21783.26
256521.19	5553.57	230749.47		729.50
64011.33	13444.34	40313.65		39.28
112021.33	15639.09	79761.43		36.11

（据国土资源部《国土资源综合统计年报》）

2001 年全国矿产资源开发

表 17

矿种名称	矿山数（人）	大型	中型	从业人数（人）	年产矿量(原矿) 固体矿产（万吨）	液体矿产（万吨）	气体矿产（万立方米）
总　计	153723	500	1254	9239267	435321.64	21166.65	2505043.13
煤	30995	144	338	4220956	105142.26		15959.73
油页岩	22			1096	19.22		
石油	45	20	9	409375		14362.60	1042570.00
天然气	20	5	2	23506		3.20	1441473.40
石煤	373		1	6886	303.50		
天然沥青	1						
地热	416	8	5	14245		3784.57	
铁矿	4036	28	61	327808	19670.89		
锰矿	520	6	11	30763	430.68		
铬铁矿	31		1	1749	18.19		
钛矿	137		1	4079	299.21		
钒矿	29			3454	38.07		
铜矿	790	15	29	114433	5453.90		
铅矿	905	3	17	49438	1465.19		
锌矿	1191	3	22	89777	1361.28		
铝土矿	274	3	4	13500	416.57		
镁矿	12			164	13.80		
镍矿	38	4	1	13093	448.15		
钴矿	2			50			
钨矿	190	1	21	42140	754.41		
锡矿	269	2	12	46387	789.13		
铋矿	2			38	0.33		
钼矿	146	3	4	28531	1313.30		
汞矿	8		1	1303	9.01		
锑矿	85	1	1	10075	130.10		
铂矿	1			10			
砂金	132	3	11	6605	1897.10		
金矿	1806	40	82	197669	4259.98		
银矿	64		7	7687	159.34		
铌钽矿	32		2	2271	95.78		
钽矿	1			20			
铍矿	12			173	4.51		
锂矿	9	1	1	2060	19.53		
锆矿	56	4	3	841	1179.73		
锶矿	19			2026	25.25		
重稀土矿	23			932	327.42		

注：本表不包括海洋石油和天然气。铀矿数据计入其他矿产。

利用情况—— 按矿种分列(一)

工业总产值（万元）		矿产品销售收入（万元）	矿产资源补偿费（万元）	回采率（%）		选矿回收率（%）	采矿贫化率（%）	矿山生态恢复面积（公顷）
	综合利用产值（万元）			采区	矿井			
46011320.73	1237904.26	40848787.49						124904.42
11642717.32	495339.63	10018585.62		75.57	68.29	67.24	5.38	85772.76
642.85		633.05						
22629682.12		21535121.16						
949376.29		661321.48						
6072.91	1708.18	5219.67						21.51
33571.55	14956.45	15255.34						
1659674.25	55728.31	1362977.98		89.00	80.55	80.53	8.93	3343.46
127724.58	1503.05	70447.24				63.11		54.31
10701.82		8814.18					1.88	0.15
4992.40	375.20	4521.20				87.35	4.19	365.06
2740.95	25.00	2259.75				73.56		0.38
532981.76	137941.80	412376.87		83.01	78.00	87.40		543.54
273172.20	22107.63	216388.61		91.63	85.63	81.31		74.56
354236.96	20216.68	262651.14		73.84	62.20	67.25		840.46
21964.55	171.50	13873.19		81.73	63.55		5.35	984.36
354.15	24.15	354.15			80.00			
103014.38	9372.80	90590.58				84.54		0.16
130530.59	7071.55	117295.48		85.20	83.16	75.52		547.87
247972.88	17793.09	99677.58					7.29	11.25
72.53		72.53		90.00	80.00	75.00		0.02
120792.80	5270.40	43005.71				75.43	1.88	12.74
2443.00		1625.00		81.00	80.00	85.00		0.16
61267.06		58371.60						5.21
21418.07	615.48	21063.48				67.82	8.13	258.84
890927.78	32358.35	712416.29				71.58	7.81	344.49
31737.34	634.07	23634.70		90.07	86.28	82.42	13.32	74.46
8319.98	1503.20	8919.98					14.68	0.33
105.30	10.00	105.30		95.02	82.30		4.04	0.69
4879.22	3530.00	3791.20				70.00	8.70	0.02
4847.04	1065.00	4797.72					5.91	66.74
5997.50		6865.00					10.00	1.30
6591.20		6591.20		85.30		78.66		7.75

2001 年全国矿产资源开发

续表 17

矿种名称	矿山数（人）			从业人数（人）	年产矿量（原矿）		
		大型	中型		固体矿产（万吨）	液体矿产（万吨）	气体矿产（万立方米）
轻稀土矿	100			6195	411.93		
锗矿	2			151	3.20		
碲矿	1			16			
蓝晶石	3		1	587	2.77		
硅线石	10	1		543	16.31		
红柱石	4			36	2.00		
菱镁矿	197	3	1	8616	364.64		
萤石（普通）	877		12	20179	358.42		
熔剂用石灰岩	203	8	8	27891	2817.07		
冶金用白云岩	296	3	2	12107	954.27		
冶金用石英岩	412		4	6740	234.47		
冶金用砂岩	85			1087	18.18		
铸型用砂岩	41			953	42.62		
铸型用砂	146		1	3662	193.29		
冶金用脉石英	227	1	1	2286	43.13		
耐火粘土	561	5	3	13633	194.96		
铁矾土	16			153	10.77		
铸型用粘土	1			25	0.33		
熔剂用蛇纹岩	5		1	164	19.90		
自然硫	2			17	0.76		
硫铁矿	805	1	6	40779	690.29		
钠硝石	5			254	0.91		
明矾石	18		2	3711	24.90		
芒硝（含钙芒硝）	85	4	10	10475	761.09		
重晶石	475	1	2	12777	398.52		
毒重石	12			750	15.65		
天然碱（Na2CO3）	37	2	1	5317	235.67		
赭石	1			6	0.05		
电石用灰岩	69		1	3667	173.53		
制碱用灰岩	153	2	2	4368	383.49		
化肥用石灰岩	16			440	44.25		
化肥用白云岩	28			627	40.08		
化肥用石英岩	10			156	15.46		
含钾岩石	75			1204	24.93		
含钾砂页岩	17			520	13.90		
化肥用橄榄岩	1			20	0.01		
化肥用蛇纹岩	26		2	1102	14.70		

利用情况—— 按矿种分列(二)

工业总产值(万元)		矿产品销售收入(万元)	矿产资源补偿费(万元)	回采率(%)		选矿回收率(%)	采矿贫化率(%)	矿山生态恢复面积(公顷)
	综合利用产值(万元)			采区	矿井			
15517.23	2553.00	15080.92				66.98	6.60	25.90
5666.00	1350.00	5666.00						
1062.00								
515.80		295.80		89.84		83.21	5.00	
54.60		52.93		96.00			4.00	
20865.45	29312.60	20062.25		91.06	80.52		6.81	3.48
40120.86	890.40	36327.42						18.86
66101.05	711.33	42761.47					2.11	60.82
40976.91	2184.73	27921.03		94.28				15.76
11945.57	224.37	10999.93		91.56				31.40
471.08		459.52						
1139.15		985.73						
5853.75	1798.40	5843.45		95.03	92.77			320.29
2335.46	330.65	2064.86		89.56	88.17		5.37	0.70
10488.90	531.74	7758.77		83.61	74.22		3.36	74.89
323.00		323.00		86.05	71.51			
20.00		20.00						
536.10		527.40						4.50
19.00	0.76	16.80			70.00			
61904.28	2968.81	47110.36				74.35	7.11	707.31
118.80		83.80		80.00				
3094.77		1611.64						10.30
86963.16	4714.80	54193.25		69.10	56.39			102.00
21172.72	36.85	17362.72					5.39	30.88
2231.50		4563.00					5.00	
49274.00	23.02	53455.15		89.99	80.00			1.20
1.00		1.00						
17635.42	15.00	4093.54		93.37			3.21	0.54
7087.26		6581.30		93.04			1.70	0.06
777.54	0.40	787.54						1.22
571.45		426.90		91.09				
76.14		55.44		92.60				0.02
1134.54	32.34	1033.05		89.91	82.75		2.97	1.16
236.00		236.00						0.63
1.40		1.40						
1230.71	984.82	259.40						

2001 年全国矿产资源开发

续表 17

矿种名称	矿山数（人）			从业人数（人）	年产矿量(原矿)		
		大型	中型		固体矿产（万吨）	液体矿产（万吨）	气体矿产（万立方米）
泥炭	58			776	10.75		
岩盐	92	14	17	30161	1521.17	228.93	
湖盐	51	2	4	8155	220.03		
镁盐	2			76	0.20		
天然卤水	312	2	9	18605	486.68	348.16	
钾盐	4	1	1	5323	648.42	1.00	
溴	15	1	4	6628		2.75	
砷	12			190	2.41		
磷矿	512	12	23	57118	2397.85		
硼矿	94	1	4	7650	87.51		
金刚石	4	3		864	89.90		
石墨	144	7	19	16410	433.89		
熔炼水晶	1			10			
工艺水晶	1			21			
硅灰石	191		7	5219	83.92		
滑石	280	2	4	7977	255.55		
石棉(温石棉)	60	5	11	11437	653.27		
蓝石棉	2			98			
云母	43			887	2.52		
长石	360			7974	124.17		
电气石	4			57	0.10		
石榴子石	20			433	10.60		
叶腊石	199			4408	112.30		
透辉石	35			600	36.21		
蛭石	18		1	734	14.27		
沸石	201			3708	147.32		
透闪石	9			160	0.07		
石膏	709	7	55	43409	1486.86		
方解石	595		2	7135	743.02		
光学萤石	3			36			
宝石	12			847	14.32		
玉石	42		1	1749	0.33		
玛瑙	2			50	0.03		
玻璃用灰岩	5			235	2.40		
水泥用灰岩	6379	60	123	294268	38175.80		
建筑石料用灰岩	18629	2	38	302980	48225.06		
饰面用灰岩	78			1482	137.71		

利用情况——按矿种分列(三)

工业总产值(万元)	综合利用产值(万元)	矿产品销售收入(万元)	矿产资源补偿费(万元)	回采率(%)		选矿回收率(%)	采矿贫化率(%)	矿山生态恢复面积(公顷)
				采区	矿井			
1107.21		967.01		78.94	66.47			2.00
172638.98	2714.99	134561.19					5.61	86.76
55174.98	1350.08	39814.47		88.25	82.91			70.08
6.00		6.00						
66766.58	1890.00	54740.17						
69683.60		49952.22		72.43	60.00	79.96		
17448.00	4099.00	16643.80						
1098.75	37.45	1035.75				76.46		0.67
160630.71	27294.63	138518.71		82.84	76.49	88.95	4.47	451.46
15555.26	376.00	14805.94					13.84	0.05
6264.00		4830.00				79.74	1.92	7.00
29342.80	120.00	26786.93		90.15	79.70	71.62	6.97	38.35
18.42		18.42						
10.00		10.00						
6482.78	253.60	5619.87				79.03	11.09	6.15
26687.73	404.80	17945.78		88.27	83.67		13.39	2.18
28242.24	404.00	21495.79		90.13	52.01	88.46	7.90	0.70
821.50	120.30	1090.00		92.25	72.93	59.11	3.92	0.39
6917.26	1339.20	6448.04		87.37	84.57	89.24	13.03	6.63
7.50		7.50					5.00	
322.40		346.50					5.17	0.00
9734.55	107.34	9304.02		86.18	81.59		7.60	8.09
1935.20		1881.02		95.12	80.00		3.00	
1405.32		795.97					6.60	1.87
2522.55	52.05	2232.39					5.57	4.35
44.00	24.00	9.50						
64264.23	2063.53	58159.38		54.10	46.96	92.52	3.41	50.52
19369.36	329.90	13611.96		88.28	80.56	88.05	5.88	1.15
48.00		45.60						
306.74		312.14			83.70			11.00
2872.12	2427.05	1916.74		61.59				
52.25		52.25						
76.00	6.00	76.00					1.20	
1502931.31	39625.89	1217622.75					5.03	604.25
325653.50	11452.57	285458.47						510.75
1490.05	140.00	1336.21						0.03

2001 年全国矿产资源开发

续表 17

矿种名称	矿山数（人）			从业人数（人）	年产矿量(原矿)		
		大型	中型		固体矿产（万吨）	液体矿产（万吨）	气体矿产（万立方米）
制灰用灰岩	2229	1	4	37072	3478.44		
泥灰岩	17			368	21.21		
白垩	9			315	5.91		
玻璃用白云岩	70			1777	105.43		
建筑用白云岩	1413			29281	7017.40		
玻璃用石英岩	426	1	4	10061	417.83		
玻璃用砂岩	99		2	1819	149.48		
水泥配料用砂岩	144	6	2	3022	2265.54		
砖瓦用砂岩	290			4961	264.18		
陶瓷用砂岩	53			637	95.70		
建筑石料用砂岩	184			11428	1404.89		
玻璃用砂	133	2	3	5188	420.57		
建筑用砂	8837		23	146126	30168.25		
水泥配料用砂	11		1	535	131.92		
水泥标准砂	3		1	765	4.88		
砖瓦用砂	110			2606	159.82		
玻璃用脉石英	153			1587	31.93		
粉石英	48			745	24.22		
硅藻土	32		1	1255	12.41		
陶粒页岩	49			975	58.58		
砖瓦用页岩	2612	1	4	109193	5299.60		
水泥配料用页岩	106		1	1793	152.29		
高岭土	622	5	3	15095	493.79		
陶瓷土	597			9106	557.71		
凹凸棒石粘土	23			715	32.58		
海泡石粘土	14			481	2.83		
伊利石粘土	7			270	0.70		
累托石粘土	1			181			
膨润土	325		5	8111	128.97		
砖瓦用粘土	36303	1	72	1729501	70283.43		
陶粒用粘土	57			712	39.09		
水泥用粘土	314	10	9	6991	483.26		
水泥配料用红土	31			714	63.77		
水泥配料用黄土	15	2		545	96.17		
水泥配料用泥岩	9			136	11.19		
保温材料用粘土	5			16	3.68		
建筑用橄榄岩	104			2395	796.61		
饰面用蛇纹岩	64			1408	43.51		

利用情况——按矿种分列(四)

工业总产值(万元)	综合利用产值(万元)	矿产品销售收入(万元)	矿产资源补偿费(万元)	回采率(%) 采区	回采率(%) 矿井	选矿回收率(%)	采矿贫化率(%)	矿山生态恢复面积(公顷)
51692.20	4380.44	45631.51		90.74				9.34
388.50		388.50						
234.93		234.39						0.15
2543.71		2242.11						0.00
35805.35	12992.40	34969.98						9.68
18483.75	1384.10	14104.47						4.78
5206.36	178.20	4606.31						0.09
4497.04	30.00	4105.87						1.33
4252.75	119.95	4153.85						49.36
798.53	297.00	681.02						
30868.73	859.98	44168.11						0.80
14487.30	3498.70	12546.44						5.18
204274.09	10885.37	179087.53						546.91
3924.19	3.10	3907.58						0.03
984.00	30.00	984.00						
3464.09	2.00	2556.10						10.00
1938.24	15.30	1127.27						9.21
1078.10	178.00	1097.54						0.69
6919.11		3044.40		65.94	60.47			6.59
1296.71	16.00	1021.39						1.00
135636.07	12681.40	125266.45						2075.94
2089.58	110.80	1313.71						0.01
29907.11	6326.10	26577.61		87.66	82.92	91.59	4.78	23.18
15672.04	1010.08	14391.43		90.65				47.56
2030.60		1265.50		80.17				0.67
304.80	2.00	104.85						1.01
107.00		107.00						
14170.14	2028.80	11578.61		88.18	86.99		6.90	10.42
1536142.69	113689.19	1201828.28						25035.50
932.00	80.00	890.08						
8111.55	150.28	7693.41						54.97
4037.69	120.00	646.00						
738.70		744.80						0.19
120.47		117.50						0.29
27.80		27.80						
7915.77		7639.36						0.56
3407.42	2.00	1832.11						0.15

2001年全国矿产资源开发

续表17

矿种名称	矿山数（人）			从业人数（人）	年产矿量(原矿)		
		大型	中型		固体矿产（万吨）	液体矿产（万吨）	气体矿产（万立方米）
铸石用玄武岩	619			9197	1367.02		
岩棉用玄武岩	48			1289	182.46		
建筑用玄武岩	139			3520	305.70		
水泥用辉绿岩	1						
铸石用辉绿岩	1			5	0.20		
饰面用辉绿岩	354		1	4430	141.83		
建筑用辉绿岩	227	1	2	3648	471.33		
饰面用安山岩	4			34	0.13		
建筑用安山岩	1137		6	29645	2761.88		
建筑用闪长岩	373		1	5347	606.22		
水泥用闪长玢岩	10			78	5.97		
建筑用花岗石	8874	8	25	133235	30794.73		
饰面用花岗岩	2131	2	18	35341	1157.12		
建筑用流纹岩	11			118	8.44		
麦饭石	19			329	1.85		
珍珠岩	96		1	3370	79.28		
贝壳	2			40			
黑曜岩	4			6	0.03		
浮石	10			204	7.26		
水泥用粗面岩	2			100	20.00		
铸石用粗面岩	4			65	0.15		
建筑用粗面岩	4			50	1.04		
霞石正长岩	4			279	10.08		
玻璃用凝灰岩	1			35			
水泥用凝灰岩	9	1		487	19.53		
建筑用凝灰岩	2949		6	45176	13754.53		
火山灰	10			125	16.40		
水泥用火山灰	14			460	29.52		
火山渣	3			150	12.00		
饰面用大理石	625	1	2	11696	368.50		
建筑大理石	538		1	8098	1428.60		
水泥用大理石	505	1	3	14177	1488.11		
玻璃用大理石	6			77	2.70		
砚石	4			61	0.12		
片石	301			2439	2799.50		
白云母粘土矿	2			10			
矿泉水	926	11	19	41181		1516.40	
地下水	12		1	974		919.06	
二氧化碳气	3		1	281			5040.00
其他矿产	1330	2	2	23400	2054.80		

利用情况—— 按矿种分列(五)

工业总产值（万元）	综合利用产值(万元)	矿产品销售收入（万元）	矿产资源补偿费（万元）	回采率(%) 采区	回采率(%) 矿井	选矿回收率（%）	采矿贫化率（%）	矿山生态恢复面积（公顷）
14145.15	321.00	13453.21						2.70
3110.32	73.50	3115.70						0.34
4218.26	55.00	4196.23						1.57
4.00		4.00						
9991.74	3197.23	9149.15						26.09
5238.26	113.05	5085.75						0.81
40.00		40.00						0.02
34907.61	467.36	28162.72						1.46
6045.98	137.33	5307.76						0.94
108.50		103.50						0.04
243448.22	33349.97	216727.47						201.73
107310.50	16955.16	93033.15						50.47
130.40		130.40						0.53
177.70		177.70		86.49				40.00
2395.26	30.70	1138.70						0.04
2.30		2.30		87.00				
145.90		132.90		91.84				0.31
250.00		250.00						
4.50		4.50						
15.57		14.46						
25.60		25.60		90.07				
								0.65
1540.86		1457.44						
125913.85	18352.19	116454.93						7.44
185.20	70.00	184.94						
1288.20		1084.20						
235.00		235.00						
16148.78	570.46	13814.65		79.74				12.55
8417.72	639.70	7176.25						3.92
47135.33	773.60	44265.48						1.52
107.00		107.00		87.93				
408.00		273.00						
3573.86		2010.36						0.62
210255.03	14754.52	194938.07						5.22
2502.80		2485.80						
3099.00		2774.00						
37327.41	2354.38	31483.06						30.98

（据国土资源部《国土资源综合统计年报》）

2001年1~12月煤炭工业原煤产量(一)

表18

单位	全国煤炭合计(万吨)				国有重点煤炭(万吨)			
	本期	同期	同期对比		本期	同期	同期对比	
			+、-	%			+、-	%
合计	108967.06	99916.98	9050.08	9.06	61832.22	53573.77	8258.45	15.42
华北地区	43108.78	39097.46	4011.32	10.26	26305.59	22083.57	4222.02	19.12
北京	754.80	678.46	76.34	11.25	547.72	426.76	120.96	28.34
河北	5421.37	5438.48	-17.11	-0.31	4376.90	3761.11	615.79	16.37
山西	26883.32	24611.45	2271.87	9.23	13419.68	12025.36	1394.32	11.59
内蒙古	10049.29	8369.07	1680.22	20.08	7961.29	5870.34	2090.95	35.62
东北地区	11567.68	11498.22	69.46	0.60	8470.73	8279.81	190.92	2.31
辽宁	4374.20	4405.26	-31.06	-0.71	3669.28	368786	-18.58	-0.50
吉林	1532.52	1654.47	-121.95	-7.37	853.83	885.71	-31.88	-3.60
黑龙江	5660.96	5438.49	222.47	4.09	3947.62	3706.24	241.38	6.51
华东地区	21167.02	17323.06	3843.96	22.19	14141.34	11562.27	2579.07	22.31
江苏	2423.93	2505.49	-81.56	-3.26	2079.45	2028.30	51.15	2.52
浙江	88.89	71.65	17.24	24.06	65.16	64.8	0.36	0.56
安徽	5387.08	4783.45	603.63	12.62	3801.48	3121.38	680.10	21.79
福建	1015.64	459.88	555.76	120.85				
江西	1426.44	1464.00	-37.56	-2.57	549.06	535.58	13.48	2.52
山东	10825.04	8038.59	2786.45	34.66	7646.19	5812.21	1833.98	31.55
中南地区	11799.36	11572.65	226.71	1.96	5658.50	4877.24	781.26	16.02
河南	8328.94	7692.48	636.46	8.27	5230.52	4376.98	853.54	19.50
湖北	446.71	647.37	-200.66	-31.00				
湖南	2184.47	2106.28	78.19	3.71	427.98	500.26	-72.28	-14.45
广东	246.12	421.93	-175.81	-41.67				
广西	593.12	704.59	-111.47	-15.82				
西南地区	12208.20	11432.32	775.88	6.79	3083.26	2986.98	96.28	3.22
四川	4099.45	3981.77	117.68	2.96	924.98	883.23	41.75	4.73
重庆	1983.24	1591.50	391.74	24.61	809.62	824.00	-14.38	-1.75
贵州	3731.39	3676.75	54.64	1.49	1130.75	1075.76	54.99	5.11
云南	2394.12	2182.30	211.82	9.71	217.91	203.99	13.92	6.82
西北地区	9116.02	8993.27	122.75	1.36	4172.80	3783.90	388.90	10.28
陕西	2699.84	2764.61	-64.77	-2.34	1394.27	1326.99	67.28	5.07
甘肃	1815.35	1632.71	182.64	11.91	854.68	872.51	-17.83	-2.04
青海	251.34	215.99	35.35	16.37				
宁夏	1635.71	1581.00	54.71	3.46	1283.24	1040.68	242.56	23.31
新疆	2713.78	2798.96	-85.18	-3.04	640.61	543.72	96.89	17.82

2001年1～12月煤炭工业原煤产量(二)

续表18

单位	国有地方煤矿(万吨)				乡镇煤矿(万吨)			
	本期	同期	同期对比		本期	同期	同期对比	
			+、-	%			+、-	%
合计	22541.31	19425.93	3115.38	16.04	24593.53	26917.28	-2323.75	-8.63
华北地区	7526.13	5953.53	1572.6	26.41	9277.06	11060.36	-1783.30	-16.12
北京					207.08	251.70	-44.62	-17.73
河北	709.97	840.96	-130.99	-15.58	334.50	836.41	-501.91	-60.01
山西	5786.16	3931.8	1854.36	47.16	7677.48	8654.29	-976.81	-11.29
内蒙古	1030.00	1180.77	-150.77	-12.77	1058.00	1317.96	-259.96	-19.72
东北地区	1460.43	1733.09	-272.66	-15.73	1636.52	1485.32	151.20	10.18
辽宁	177.58	190.8	-13.22	-6.93	527.34	526.60	0.74	0.14
吉林	428.71	418.09	10.62	2.54	249.98	350.67	-100.69	-28.71
黑龙江	854.14	1124.2	-270.06	-24.02	859.20	608.05	251.15	41.30
华东地区	5054.33	4123.81	930.52	22.56	1971.35	1636.98	334.37	20.43
江苏	259.22	279.24	-20.02	-7.17	85.26	197.95	-112.69	-56.93
浙江	10.20	0.85	9.35	1100.00	13.53	6.00	7.53	125.50
安徽	1413.59	1389.46	24.13	1.74	172.01	272.61	-100.60	-36.90
福建	399.77	322.23	77.54	24.06	615.87	137.65	478.22	347.42
江西	281.82	248.14	33.68	13.57	595.56	680.28	-84.72	-12.45
山东	2689.73	1883.89	805.84	42.78	489.12	342.49	146.63	42.81
中南地区	2986.62	2759.39	227.23	8.23	3154.24	3936.02	-781.78	-19.86
河南	1576.6	1346.82	229.78	17.06	1521.82	1968.68	-446.86	-22.70
湖北	211.78	197.45	14.33	7.26	234.93	449.92	-214.99	-47.78
湖南	683.71	621.39	62.32	10.03	1072.78	984.63	88.15	8.95
广东	50.33	93.63	-43.30	-46.25	195.79	328.30	-132.51	-40.36
广西	464.2	500.10	-35.90	-7.18	128.92	204.49	-75.57	-36.96
西南地区	2615.57	2196.05	419.52	19.10	6509.37	6249.29	260.08	4.16
四川	1033.14	1010.88	22.26	2.2	2141.33	2087.66	53.67	2.57
重庆	261.31	105.8	155.51	146.98	912.31	661.70	250.61	37.87
贵州	369.83	307.26	62.57	20.36	2230.81	2293.73	-62.92	-2.74
云南	951.29	772.11	179.18	23.21	1224.92	1206.20	18.72	1.55
西北地区	2898.23	2660.06	238.17	8.95	2044.99	2549.31	-504.32	-19.78
陕西	586.77	580.27	6.50	1.12	718.80	857.35	-138.55	-16.16
甘肃	715.72	499.14	216.58	43.39	244.95	261.06	-16.11	-6.17
青海	198.48	154.02	44.46	28.87	52.86	61.97	-9.11	-14.70
宁夏	279.11	372.18	-93.07	-25.01	73.36	168.14	-94.78	-56.37
新疆	1118.15	1054.45	63.70	6.04	955.02	1200.79	-245.77	-20.47

(中国煤炭工业协会)

2001年1～12月份国有重点煤矿煤炭装销存情况表

表19 单位:万吨

单位	日均装车			销量			库存		
	年累	同比	%	年累	同比	%	实际	同比	%
国有重点	21091	2350	12.5	58964.1	7327.4	14.2	1731.5	-941.2	-35.2
94户	16848	1496	9.7	48013.6	4825.4	11.2	1617.4	-849.9	-34.4
32户	12674	1216	10.6	34791.4	3356.8	10.7	838.6	-313.8	-27.2
华北地区	10143	1241	13.9	24997.4	3313.4	15.3	684.9	-143.2	-17.3
北京市	234	36	18.2	619.4	90.6	17.1	41.0	-25.1	-38.0
河北省	1075	4	0.4	3808.9	119.9	3.2	39.2	-23.8	-37.8
山西省	5994	505	9.2	13041.7	1185.1	10.0	503.6	-18.1	-3.5
内蒙区	2840	696	32.5	7527.3	1917.9	34.2	101.1	-76.2	-43.0
内蒙厅	672	70	11.6	1952.4	27.5	1.4	59.0	-36.2	-38.0
神华集团	2168	626	40.6	5575.0	1890.5	51.3	42.1	-40.0	-48.7
东北地区	2747	169	6.6	7973.3	565.9	7.6	325.9	-259.0	-44.3
辽宁省	1019	68	7.2	3220.3	107.8	3.5	25.5	-29.0	-53.2
吉林省	290	1	0.3	891.9	66.9	8.1	56.9	-95.5	-62.7
黑龙江省	1438	100	7.5	3861.1	391.2	11.3	243.6	-134.5	-35.6
华东地区	3999	569	16.6	13760.2	2232.1	19.4	80.9	-140.5	-63.5
江苏省	508	-6	-1.2	2065.2	237.0	13.0	4.0	-63.2	-94.0
安徽省	1509	181	13.6	4092.5	303.2	8.0	31.8	-58.8	-64.9
江西省	148	4	2.8	455.9	21.4	4.9	7.1	-11.9	-62.6
山东省	1834	390	27.0	7146.7	1670.6	30.5	37.9	-6.6	-14.7
中南地区	1721	202	13.3	5186.7	371.0	7.7	91.6	-103.3	-53.0
河南省	1617	211	15.0	4720.7	438.2	10.2	81.0	-93.0	-53.4
湖北省									
湖南省	104	-9	-8.0	466.0	-67.2	-12.6	10.6	-10.3	-49.4
西南地区	1095	40	3.8	2671.6	166.7	6.7	149.1	-82.6	-35.7
四川省	249	11	4.6	742.1	65.3	9.6	11.3	-10.3	-47.7
重庆市	306	11	3.7	744.6	-8.5	-1.1	3.0	-11.4	-79.3
贵州省	473	13	2.8	1045.4	126.0	13.7	120.0	-52.0	-30.2
云南省	67	5	8.1	139.5	-16.1	-10.4	14.8	-8.9	-37.5
西北地区	1386	129	10.3	4374.9	678.4	18.4	399.2	-212.5	-34.7
陕西省	559	90	19.2	1533.5	298.3	24.1	137.0	-98.8	-41.8
甘肃省	236	28	13.5	792.4	77.6	10.9	206.0	-68.1	-24.8
青海省									
宁夏区	445	12	2.8	1419.7	184.8	15.0	51.0	-24.0	-32.0
新疆区	146	-1	-0.7	629.3	117.8	23.0	4.4	-21.6	-83.0

（中国煤炭工业协会）

2001年12月份全国原煤生产主要指标

表20

指标	单位	本月 本期	本月 同期	本月 +－	月止累计 本期	月止累计 同期	月止累计 +－	月止累计 %
全国原煤产量	万吨	14488.52	11809.65	2678.9	108967.06	99916.98	9050.1	9.06
地方合计	万吨	8757.07	6701.92	2055.2	47134.84	46343.21	791.63	1.71
其中:国有地方矿	万吨	2935.03	2361.48	573.55	22541.31	19425.93	3115.4	16.04
乡镇矿	万吨	5822.04	4340.44	1481.6	24593.53	26917.28	－2324	－8.63
原国有重点煤矿主要指标 原煤产量	万吨	5731.45	5107.73	623.72	61832.22	53573.77	8258.5	15.42
原国有重点煤矿主要指标 回采工作面 平均个数	个	1362.81	1269.45	93.36	1309.08	1259.33	49.75	3.95
原国有重点煤矿主要指标 回采工作面 平均月产量	吨/个/月	30951	29105	1846	29747	27038	2709	10.02
原国有重点煤矿主要指标 掘进工作面 平均个数 全部	个	3333.67	3071.30	262.37	3210.73	2982.86	227.87	7.64
原国有重点煤矿主要指标 掘进工作面 平均个数 开拓	个	705.22	653.21	52.01	691.89	607.26	84.63	13.94
原国有重点煤矿主要指标 掘进工作面 平均月进度 全部	米/个/月	146.66	137.80	8.87	144.45	140.96	3.49	2.48
原国有重点煤矿主要指标 掘进工作面 平均月进度 开拓	米/个/月	84.68	78.12	6.56	81.28	76.72	4.56	5.94
原国有重点煤矿主要指标 洗精煤	万吨	747.49	628.96	118.53	8120.74	7061.16	1059.6	15.01
原国有重点煤矿主要指标 开拓进尺	米	59720	50393	9327	674855	559245	115610	20.67
原国有重点煤矿主要指标 原煤生产人员效率	吨/工	2.814	1.869	0.945	2.78	2.526	0.254	10.06
原国有重点煤矿主要指标 洗精煤产率	%	54.85	55.10	－0.25	54.51	52.66	1.85	3.51
原国有重点煤矿主要指标 洗精煤灰分	%	9.87	10.07	－0.20	9.55	9.66	－0.11	－1.14
原国有重点煤矿主要指标 洗精煤水分	%	9.94	10.20	－0.26	9.91	10.16	－0.25	－2.46

（中国煤炭工业协会）

2001年12月国有重点煤矿洗精煤产量

表21　　单位:万吨

单位	本月				年累计			
	本期	同期	同期对比		本期	同期	同期对比	
			+、-	%			+、-	%
合计	747.49	628.96	118.53	18.85	8120.74	7061.16	1059.58	15.01
华北地区	235.88	190.24	45.64	23.99	2586.43	2361.40	225.03	9.53
北京								
河北	88.41	74.35	14.06	18.91	970.34	923.00	47.34	5.13
山西	142.96	112.20	30.76	27.42	1529.47	1368.59	160.88	11.76
内蒙古	4.51	3.69	0.82	22.22	86.62	69.81	16.81	24.08
东北地区	103.73	63.00	40.73	64.65	938.06	799.12	138.94	17.39
辽宁	41.80	18.82	22.98	122.10	306.94	226.46	80.48	35.54
吉林	0.05	1.66	-1.61	-96.99	11.96	21.18	-9.22	-43.53
黑龙江	61.88	42.52	19.36	45.53	619.16	551.48	67.68	12.27
华东地区	278.79	260.73	18.06	6.93	3123.92	2577.66	546.26	21.19
江苏	11.10	15.22	-4.12	-27.07	195.57	183.90	11.67	6.35
浙江								
安徽	38.93	36.88	2.05	5.56	484.55	439.17	45.38	10.33
福建								
江西	5.27	6.27	-1.00	-15.95	67.34	66.78	0.56	0.84
山东	223.49	202.36	21.13	10.44	2376.46	1887.81	488.65	25.88
中南地区	39.33	33.19	6.14	18.50	430.91	356.90	74.01	20.74
河南	37.96	28.99	8.97	30.94	408.17	316.98	91.19	28.77
湖北								
湖南	1.37	4.20	-2.83	-67.38	22.74	39.92	-17.18	-43.04
广东								
广西								
西南地区	68.65	62.74	5.91	9.42	810.61	744.13	66.48	8.93
四川	18.71	17.92	0.79	4.41	230.57	229.87	0.70	0.30
重庆	9.43	10.41	-0.98	-9.41	125.65	121.42	4.23	3.48
贵州	29.48	24.82	4.66	18.78	324.33	272.20	52.13	19.15
云南	11.03	9.59	1.44	15.02	130.06	120.64	9.42	7.81
西北地区	21.11	19.06	2.05	10.76	230.81	221.95	8.86	3.99
陕西	6.56	6.23	0.33	5.30	77.60	80.33	-2.73	-3.40
甘肃								
青海								
宁夏	10.62	8.73	1.89	21.65	110.08	115.81	-5.73	-4.95
新疆	3.93	4.10	0.17	-4.15	43.13	25.81	17.32	67.11

(中国煤炭工业协会)

2001年12月底部分地区煤炭市场价格行情

表22

单位：元/吨

地　区	主要煤种价格(元/吨)	比年初(元/吨)	比上月(元/吨)	备　注
北　京	神华、大同煤　235－255 北京无烟煤　220－240	＋27 ＋55	持平	
天　津	大同优混　260 无烟煤　228－240	＋15	持平	
上　海	兖州、大屯　340 晋城　370	＋65 ＋105	持平	
秦皇岛平仓价)	大同优混　285－295 山西优混　280－290 开滦混　220－230	＋15 ＋15 ＋25	持平 －1 ＋5	
南　京	晋城、阳泉煤　300 徐州、山东煤　300	＋90 ＋88	＋5 持平	
杭　州	两淮煤　290－300 晋城、阳泉煤　360－370 枣庄、兖州　350－400	＋35 ＋100 ＋80	持平	
宁　波 (绍兴、温州)	大同块煤　480－550 阳泉、晋城煤　390－400	＋190 ＋140	＋70 ＋70	
武　汉	平顶山　298 晋城末　295 潞安煤　295 大同块　395	＋93 ＋90 ＋55 ＋90	＋8 持平 ＋5 持平	
广　州	大优　385－390 大混　345－350 无烟煤　250－255	＋60 ＋70 ＋40	持平	
厦　门	大同优混　370－380 无烟煤　260－270	＋30 ＋30	＋10 ＋15	
南　宁	平顶山煤　240－245 晋城洗小块　380－390 云、贵烟煤　235－245	持平 ＋55 ＋43	持平 ＋15 持平	
沈　阳	抚顺二级精煤　375 沈阳精煤　365 铁法混煤　158	－8 ＋20 ＋2	持平	

(中国煤炭工业协会)

全国重点大中型黑色冶金矿山企业工业产值

表 23

企业名称	工业总产值(万元)			
	工业总产值(90年不变价)	工业总产值(现价)	工业增加值(生产法)	销售产值(现价)
重点企业				
首钢矿业公司		5300.00		
北京首钢铁矿	6920.40	13408.80	13594.00	
宣钢龙烟矿山公司	4571.25	8017.42		
宣钢石灰石矿	2336.49	3620.39		
唐钢矿业有限公司	20934.76	33405.13		
石人沟铁矿	4877.03	8590.04	8681.98	
棒磨山铁矿	9012.97	15789.14	15761.23	
庙　沟铁矿	4769.91	7700.06	4536.40	
后　屯石矿	478.81	383.05		
魏家井白云石矿	1796.04	942.84	926.44	
邯邢冶金矿山管理局	28836.90	62639.00	62682.50	
符　山铁矿	2694.00	5852.40	5844.70	
玉石洼铁矿	4364.30	9224.30	9783.30	
矿山村铁矿	2026.80	4122.00	4036.20	
西石门铁矿	14900.70	31449.40	31589.00	
玉泉岭铁矿	1398.00	2890.60	2183.30	
团　城铁矿	1907.50	3999.70	3957.30	
太钢矿业分公司	51686.88	104587.48	96634.37	
包钢白云鄂博铁矿	25674.83	38929.48		
包钢选矿厂	36232.78	88117.03		
包钢固阳矿山有限公司	4045.26	10106.63		
包钢乌海矿业公司	1562.45	5556.51		
本钢矿业有限责任公司	68569.00	136931.00		
南　芬露天铁矿	28045.00	48507.00		
歪头山铁矿	20400.48	40131.00		
南芬选矿厂	419947.00	82598.00		
石灰石矿	4684.06	11429.37		
本溪北营铁矿有限公司	6103.00	15887.00		
本溪北营选矿有限公司	12036.00	21216.00	21228.00	
鞍钢矿业公司	114641.00	247288.00	8063.00	
大孤山铁矿	55782.40	30859.40		
东鞍山铁矿	8378.30	20268.40		
眼前山铁矿	6462.90	12210.50		
大孤山选厂	33700.60	71364.80		
东鞍山烧结厂	41800.60	169155.20		

续表 23

企业名称	工业总产值(万元)			
	工业总产值（90年不变价）	工业总产值（现价）	工业增加值（生产法）	销售产值（现价）
齐大山选厂	30888.80	36074.30		
大连石灰石矿	4188.20	4292.30		
大连石灰石新矿	4164.20	4892.10		
复州湾石灰石矿	2016.00	3443.10		
瓦房子锰矿	2946.00	4533.80		
鞍钢弓长岭矿业公司	62675.00	119770.00	48786.00	105888.33
露天铁矿	140383.00	282083.00	87540.20	282083.00
井下铁矿	6931.00	12879.00	-20695.00	
弓长岭选矿厂	45083.00	94810.00	21048.00	
鲁中冶金矿山公司	14162.00	28993.00	9924.00	29879.00
上海梅山矿业有限公司	28073.51	51745.86	23154.15	52456.59
马钢矿业管理委员会	35823.25	70815.73	48805.28	71191.94
南　山铁矿	24519.37	46501.34	34490.00	46489.01
姑　山铁矿	6388.62	14616.72	14062.31	14829.22
桃　冲铁矿	4915.26	9697.67	252.97	9873.71
武钢矿业有限责任公司	70449.76	130609.91		
攀钢矿业公司	59733.00	103884.00	29737.00	101125.00
朱家包包铁矿	14418.38	11490.79		
兰尖铁矿	22161.89	19386.33	5066.71	18048.92
选矿厂	39558.95	49503.52		50720.06
石灰石矿	8009.79	12937.28		12937.28
海南钢铁公司	18740.42	28292.98	15116.90	28167.53
重钢矿业有限公司	9975.00	15546.00	7543.40	15094.00
酒钢镜铁山矿	16954.00	20376.00		
浙江漓铁集团公司	5953.00	10232.00	3205.00	9954.00
广东大宝山矿业有限公司	17068.00	20082.00	7504.00	18180.00
其他企业				
凌钢 保国铁矿	3982.90	6983.70	2248.70	7495.90
通钢 板石矿业有限公司	9090.00	17746.20	11628.30	17829.60
新余 良山矿业有限公司		12054.76		
莱钢 莱芜矿业有限公司	4564.01	9795.49	3336.46	9743.11
莱钢 黑旺铁矿	7711.21	10720.70	4387.00	11415.20
略钢 黑山沟铁矿		139.26		

（中国冶金矿山企业协会）

重点大中型黑色冶金铁矿山企业工业产值

表 24

企业名称	工业总产值(万元)			
	工业总产值（90年不变价）	工业总产值（现价）	工业增加值（生产法）	销售产值（现价）
重点企业				
首钢矿业公司		5300.00		
北京首钢铁矿	6920.40	13408.80	13594.00	
宣钢龙烟矿山公司	4571.25	8017.42		
宣钢石灰石矿	2336.49	3620.39		
唐钢矿业有限公司	20934.76	33405.13		
石人沟铁矿	4877.03	8590.04	8681.98	
棒磨山铁矿	9012.97	15789.14	15761.23	
庙　沟铁矿	4769.91	7700.06	4536.40	
后　屯石矿	478.81	383.05		
魏家井白云石矿	1796.04	942.84	926.44	
邯邢冶金矿山管理局	28836.90	62639.00	62682.50	
符　山铁矿	2694.00	5852.40	5844.70	
玉石洼铁矿	4364.30	9224.30	9783.30	
矿山村铁矿	2026.80	4122.00	4036.20	
西石门铁矿	14900.70	31449.40	31589.00	
玉泉岭铁矿	1398.00	2890.60	2183.30	
团　城铁矿	1907.50	3999.70	3957.30	
太钢矿业分公司	51686.88	104587.48	96634.37	
包钢白云鄂博铁矿	25674.83	38929.48		
包钢选矿厂	36232.78	88117.03		
包钢固阳矿山有限公司	4045.26	10106.63		
包钢乌海矿业公司	1562.45	5556.51		
本钢矿业有限责任公司	68569.00	136931.00		
南　芬露天铁矿	28045.00	48507.00		
歪头山铁矿	20400.48	40131.00		
南芬选矿厂	419947.00	82598.00		
石灰石矿	4684.06	11429.37		
本溪北营铁矿有限公司	6103.00	15887.00		
本溪北营选矿有限公司	12036.00	21216.00	21228.00	
鞍钢矿业公司	114641.00	247288.00	8063.00	
大孤山铁矿	55782.40	30859.40		
东鞍山铁矿	8378.30	20268.40		
眼前山铁矿	6462.90	12210.50		
大孤山选厂	33700.60	71364.80		
东鞍山烧结厂	41800.60	169155.20		
齐大山选厂	30888.80	36074.30		
大连石灰石矿	4188.20	4292.30		
大连石灰石新矿	4164.20	4892.10		
复州湾石灰石矿	2016.00	3443.10		
瓦房子锰矿	2946.00	4533.80		
鞍钢弓长岭矿业公司	62675.00	119770.00	48786.00	105888.33
露天铁矿	140383.00	282083.00	87540.20	282083.00

续表 24

企业名称	工业总产值(万元)			
	工业总产值 (90年不变价)	工业总产值 (现价)	工业增加值 (生产法)	销售产值 (现价)
井下铁矿	6931.00	12879.00	-20695.00	
弓长岭选矿厂	45083.00	94810.00	21048.00	
鲁中冶金矿山公司	14162.00	28993.00	9924.00	29879.00
上海梅山矿业有限公司	28073.51	51745.86	23154.15	52456.59
马钢矿业管理委员会	35823.25	70815.73	48805.28	71191.94
南　山铁矿	24519.37	46501.34	34490.00	46489.01
姑　山铁矿	6388.62	14616.72	14062.31	14829.22
桃　冲铁矿	4915.26	9697.67	252.97	9873.71
武钢矿业有限责任公司	70449.76	130609.91		
攀钢矿业公司	59733.00	103884.00	29737.00	101125.00
朱家包包铁矿	14418.38	11490.79		
兰尖铁矿	22161.89	19386.33	5066.71	18048.92
选矿厂	39558.95	49503.52		50720.06
石灰石矿	8009.79	12937.28		12937.28
海南钢铁公司	18740.42	28292.98	15116.90	28167.53
重钢矿业有限公司	9975.00	15546.00	7543.40	15094.00
酒钢镜铁山矿	16954.00	20376.00		
浙江漓铁集团公司	5953.00	10232.00	3205.00	9954.00
广东大宝山矿业有限公司	17068.00	20082.00	7504.00	18180.00
其他企业				
凌钢 保国铁矿	3982.90	6983.70	2248.70	7495.90
通钢 板石矿业有限公司	9090.00	17746.20	11628.30	17829.60
新余 良山矿业有限公司		12054.76		
莱钢 莱芜矿业有限公司	4564.01	9795.49	3336.46	9743.11
莱钢 黑旺铁矿	7711.21	10720.70	4387.00	11415.20
略钢 黑山沟铁矿		139.26		

（中国冶金矿山企业协会）

重点冶金矿山铁矿原矿、

表 25

企业名称	原矿产量(万吨)		
	合　计	露　天	地　下
合计	11270.57	9089.01	2181.56
重点企业	10537.48	8755.12	1782.36
地方骨干	733.09	333.89	399.20
首钢	1028.50	1028.50	
矿业公司	969.12	969.12	
大石河	126.14		126.14
水厂	842.98	842.98	
选矿厂			
烧结厂			
球团厂			
首钢铁矿	59.38	59.38	
宣钢龙烟	50.01	50.01	
唐钢	312.07	312.07	
石人沟	58.94	58.94	
棒磨山	141.74	141.74	
庙沟 111.40	111.40		
邯邢局	273.10		273.10
符山	15.03		15.03
玉石洼	28.86		28.86
玉泉岭			
矿山村			
西石门	204.78		204.78
团城	24.43		24.43
北铭河			
太钢	668.96	668.96	
峨口	277.73	277.73	
尖山	391.22	391.22	
包钢	812.51	812.51	
白云	812.51	812.51	
固阳(公益明)			
选矿厂			
鞍钢	2567.86	2364.65	203.21
矿山公司	825.78	825.78	

成品矿、人造矿产量(一)

成品矿(万吨)				人造矿(万吨)		
合计	块矿	粉矿	铁精矿	合计	烧结矿	球团矿
5866.10	351.78	314.08	5200.23	1098.17	832.99	265.18
5325.71	280.20	166.29	4879.21	1098.17	832.99	265.18
540.39	71.58	147.79	321.00	2.00		
494.77			494.77	668.45	530.09	138.36
474.94			474.94	632.45	530.09	102.36
196.29			196.29			
278.65			278.65			
				530.09	530.09	
				102.36		102.36
19.83			19.83	36.00		36.00
23.03			23.03			
140.76			140.76			
35.79			35.79			
65.79			65.79			
39.18			39.18			
214.11			214.11			
21.55			21.55			
33.83			33.83			
10.79			10.79			
15.71			15.71			
115.51			115.51			
14.56			14.56			
2.16			2.16			
291.24			291.24	72.05		72.05
120.23			120.23	72.05		72.05
171.01			171.01			
320.34			320.34			
11.07			11.07			
309.27			309.27			
1271.90			1271.90	302.90	302.90	
698.80			698.80	302.90	302.90	

重点冶金矿山铁矿原矿、

续表 25

企业名称	原矿产量(万吨)		
	合　计	露　天	地　下
大孤山	424.33	424.33	
东鞍山	222.00	222.00	
眼前山	179.45	179.45	
大选			
东烧			
齐选			
弓长岭公司	694.60	491.39	203.21
露天矿	401.09	401.09	
井下矿	142.67		142.67
弓选			
中茨矿	60.54		60.54
鞍塔矿	33.92	33.92	
矿建	56.38	56.38	
新钢齐矿	1047.48	1047.48	
本钢	1308.50	1308.50	
矿业公司	1156.52	1156.52	
南芬	822.15	822.15	
歪头山	334.37	334.37	
选矿厂			
北钢北营	151.98	151.98	
上海梅山	281.41		281.41
鲁中	146.52		146.52
小官庄	115.62		115.62
张家洼	30.90		30.90
选矿厂			
马钢	703.59	647.73	55.86
南山	547.35	547.35	
姑山	100.38	100.38	
桃冲	55.86		55.86
武钢	323.65	66.76	256.89
大冶	126.39	66.76	59.63
程潮	124.23		124.23
金山店	65.33		65.33

成品矿、人造矿产量(二)

成品矿(万吨)				人造矿(万吨)		
合计	块矿	粉矿	铁精矿	合计	烧结矿	球团矿
262.96			262.96			
189.52			189.52	302.90	302.90	
246.32			246.32			
354.43			354.43			
354.43			354.43			
218.67			218.67			
550.65			550.65			
463.69			463.69			
153.17			153.17			
310.52			310.52			
86.96			86.96			
186.59			186.59			
86.50	2.79		83.71			
86.50	2.79		83.71			
300.37	14.22	18.53	267.62			
200.66			200.66			
68.51	14.22		54.29			
31.20		18.53	12.67			
339.35		38.38	300.97	51.30		51.30
113.51			113.51	48.17		48.17
100.05			100.05			
87.42		87.42				

重点冶金矿山铁矿原矿、

续表 25

企业名称	原矿产量(万吨)		
	合　计	露　天	地　下
余华寺	7.70		7.70
灵乡			
海钢公司	367.75	367.75	
攀钢	939.29	939.29	
兰尖	563.95	563.95	
朱矿	375.34	375.34	
选矿厂			
重钢太和	24.47	24.47	
水钢观音山	25.44		25.44
酒钢	466.61	40.04	426.57
镜铁山	426.57		426.57
黑鹰山	40.04	40.04	
选矿厂			
浙江漓铁	113.36		113.36
广东大宝山	123.88	123.88	
地方骨干	733.09	333.89	399.20
凌钢　保国铁矿	31.76	31.76	
通钢　板石矿业	169.43	81.41	88.02
江苏　利国铁矿	18.52		18.52
江苏　韦岗铁矿	59.83		59.83
南钢　冶山铁矿	48.81		48.81
福建　潘洛铁矿	57.53		57.53
新钢　良山矿业	28.63	1.57	27.06
莱钢　莱芜矿业	60.60		60.60
莱钢　黑旺铁矿	38.69	38.69	
四川　泸沽铁矿	27.76	16.69	
略钢　黑山沟矿 27.76		27.76	
昆钢　王家滩矿			
昆钢　八街铁矿			
昆钢　上厂铁矿	46.02	46.02	
昆钢　罗次铁矿			
新疆　雅满苏矿	117.75	117.75	

成品矿、人造矿产量(三)

成品矿(万吨)				人造矿(万吨)		
合计	块矿	粉矿	铁精矿	合计	烧结矿	球团矿
38.38		38.38		3.13		3.13
233.17	186.63	46.54				
442.96			442.96			
442.96			442.96			
18.55		18.55	3.47		3.47	
22.11		22.11				
261.74	29.36		232.38			
261.74	29.36		232.38			
35.51			35.51			
92.06	47.20	40.73	4.12			
540.39	71.58	147.79	321.02			
30.56			30.56			
67.66			67.66			
11.84	1.43		10.41			
26.17			26.17			
45.77		11.64	34.13			
30.56			30.56			
43.08			43.08			
36.07			36.07			
34.75	22.48	12.27				
24.97	18.20	6.77				
53.02	7.47	43.39	2.16			
39.94	5.29	21.25	13.40			
48.30	8.28	37.02	3.00			
47.70	8.43	15.45	23.82			

(中国冶金矿山企业协会)

铁矿山采剥掘总量

表 26

企业名称	采剥掘总量（万吨）	掌子出矿量（万吨）			剥离量(万吨)		掘进量				其它采剥掘量（万吨）
		合计	露天	坑下	合计	带矿	万吨	带矿	米	立方米	
合计	38286.96	11210.42	9117.82	2092.60	26465.43		368.32	58.82	118247.07	1131114.62	293.06
重点企业	37161.56	10506.85	8787.73	1719.12	26106.00		305.92	58.55	93858.15	1038225.82	293.06
地方骨干	1125.40	703.57	330.09	373.48	359.43		62.40	0.27	24388.92	92888.80	
首钢	7336.07	1028.50	1028.50		6307.57						
矿业公司	7047.63	969.12	969.12		6078.51						
大石河	1177.21	126.14	126.14		1051.07						
水厂	5870.42	842.98	842.98		5027.44						
首钢铁矿	288.44	59.38	59.38		229.06						
宣钢龙烟	528.75	50.01	50.01		478.74						
唐钢	1137.60	312.07	312.07		825.53		50.28		419.00		
石人沟	175.72	58.94	58.94		116.78		50.28		419.00		
棒磨山	453.29	141.74	141.74		311.55						
庙沟	508.60	111.40	111.40		397.20						
邯邢局	305.00	240.59		240.59			54.00	22.10	21365.00	181347.00	10.41
符山	19.32	4.44		4.44			4.47	0.18	2103.00	15292.00	10.41
玉石洼	31.47	27.69		27.69			3.79	1.18	2781.00	12724.00	
西石门	227.26	186.62		186.62			40.64	18.16	14758.00	137119.00	
团城	26.95	21.84		21.84			5.11	2.59	2320.00	16212.00	
太钢	2330.97	668.96	668.96		1507.41						154.60
峨口	1335.46	277.73	277.73		903.13						154.60
尖山	995.51	391.22	391.22		604.29						
包钢白云	2757.42	812.51	812.51		1944.91						
鞍钢	8927.96	2622.22	2398.04	224.18	6290.73		15.01	11.07	5592.50	40501.70	
鞍矿公司	3157.97	825.78	825.78		2332.19						
大孤山	1647.90	424.33	424.33		1223.57						
东鞍山	852.44	222.00	222.00		630.44						
眼前山	657.63	179.45	179.45		478.18						
弓长岭公司	2136.62	748.96	524.78	224.18	1372.65		15.01	11.07	5592.50	40501.70	
露天矿	1773.74	401.09	401.09		1372.65						
井下矿	171.76	156.75		156.75			15.01	11.07	5592.50	40501.70	
中茨矿	67.43	67.43		67.43							
鞍塔矿	43.60	43.60	43.60								
矿建	80.09	80.09	80.09								
新钢齐大山	3633.37	1047.48	1047.48		2585.89						
本钢	5409.32	1308.50	1308.50	4100.82							
矿业公司	4756.64	1156.52	1156.52		3600.12						
南芬	2873.63	822.15	822.15		2051.48						
歪头山	1883.01	334.37	334.37		1548.64						
北钢北营	652.68	151.98	151.98		500.70						
上海梅山	331.00	281.41		281.41			49.59		11022.85	193436.00	
鲁中	183.24	146.52		146.52			36.72		16168.00	177211.00	
小官庄	142.75	115.62		115.62			27.13		12347.00	134546.00	
张家洼	40.49	30.90		30.90			9.59		3821.00	42665.00	

续表 26

企业名称	采剥掘总量（万吨）	掌子出矿量（万吨）			剥离量(万吨)		掘进量				其它采剥掘量（万吨）
		合计	露天	坑下	合计	带矿	万吨	带矿	米	立方米	
马钢	1363.77	693.71	647.72	45.99	655.37		10.22				4.47
南山	886.86	547.35	547.35		339.51						
姑山	416.23	100.37	100.37		315.86						
桃冲	60.68	45.99		45.99			10.22				4.47
武钢	517.26	298.26	66.76	231.50	39.15		57.15	25.38	18432.80	183693.12	122.70
大冶	194.40	120.26	66.76	53.50	39.15		13.39	6.13	4351.90	27514.12	21.60
程潮	217.46	110.61		110.61			30.22	13.62	9072.90	106222.00	76.63
金山店	95.17	59.87		59.87			13.32	5.46	4906.00	49233.00	21.98
余华寺	10.23	7.52		7.52			0.22	0.17	102.00	724.00	2.49
海南铁矿	1325.85	362.61	362.61		962.37						0.87
攀钢	3501.69	941.10	941.10		2560.59						
兰尖	2264.56	565.76	565.76		1698.80						
朱矿	1237.13	375.34	375.34		861.79						
重钢太和	102.20	25.33	25.33		76.87						
水钢观音山	27.50	25.44		25.44			2.06				
酒钢	688.08	466.61	41.75	424.86	209.72		11.75		13455.00	203054.00	
镜铁山	436.61	424.86		424.86			11.75		13455.00	203054.00	
黑鹰山	251.47	41.75	41.75		209.72						
浙江漓铁	117.78	98.63		98.63			19.14		7403.00	58983.00	0.01
广东大宝山	270.10	123.88	123.88		146.22						
地方骨干	1125.40	703.57	330.09	373.48	359.43		62.40	0.27	24388.92	92888.80	
凌钢　保国铁矿	181.67	31.76	31.76		149.91						
通钢　板石矿业	283.38	154.15	81.41	72.74	106.32		22.91				
江苏　利国铁矿	29.62	18.52		18.52			11.10				
江苏　韦岗铁矿	63.04	55.08		55.08			7.96				
南钢　冶山铁矿	52.89	47.23		47.23			5.66		4534.32		
福建　潘洛铁矿	58.82	57.53		57.53			1.29				
新钢　良山矿业	29.47	28.35	1.57	26.78			1.12	0.27	1020.00	4344.60	
莱钢　莱芜矿业	66.40	60.60		60.60			5.80		13686.30	83119.00	
莱钢　黑旺铁矿	64.02	38.69	38.69		25.33						
四川　泸沽铁矿	37.29	27.76	16.69	11.07	4.74		4.79		4244.10		
略钢　黑山沟矿	25.70	23.93		23.93			1.77		904.20	5425.20	
昆钢　上厂铁矿	45.19	42.22	42.22		2.97						
新疆　雅满苏矿	187.91	117.75	117.75		70.16						

（中国冶金矿山企业协会）

全国有色金属工业概况

表 27

项目	计算单位	1985 年	1990 年	1995 年	2000 年	2001 年
一、主要产品产量						
1.十种有色金属合计(含进口粗铜产铜)	万吨	155.77	239.32	496.62	783.81	883.71
①铜(含进口粗铜产铜)	万吨	41.25	56.16	107.97	137.11	152.33
②铝	万吨	52.47	85.43	186.97	298.92	357.58
③铅	万吨	22.25	29.65	60.79	109.99	119.54
④锌	万吨	30.62	55.18	107.67	195.70	203.76
⑤镍	万吨	2.27	2.75	3.89	5.09	4.97
⑥锡	万吨	2.84	3.58	6.77	11.24	10.51
⑦锑	万吨	3.51	6.00	12.95	11.33	14.79
⑧汞	吨	1005.00	930.00	779.00	203	193.00
⑨镁	万吨	0.29	0.54	9.36	14.21	19.97
⑩钛	吨	1577.00	1913.00	1723.00	1905	2468.00
2.有色金属矿产品						
①铜精矿含铜量	万吨	23.98	29.59	44.52	59.26	58.74
②铅精矿含铅量	万吨	23.05	36.39	51.98	65.95	67.58
③锌精矿含锌量	万吨	39.50	76.31	101.07	178.03	169.32
④镍精矿含镍量	万吨	2.72	3.32	4.18	5.03	5.15
⑤锡精矿含锡量	万吨	2.98	4.22	6.19	9.94	9.29
⑥锑精矿含锑量	万吨	4.60	5.48	12.50	9.93	9.66
⑦钨精矿折合量(折三氧化钨 65%)	万吨	4.83	6.28	5.33	4.55	5.33
⑧钼精矿折合量(折纯钼 45%)	万吨	2.02	3.29	7.33	6.39	6.32
⑨钴精矿含钴含	吨	283.00	249.00	981.00	91	37
⑩铋精矿含铋量	吨	417.00	1055.00	739.00	1122	1245
3.中间产量						
①粗铜(矿产)	万吨	28.00	35.85	53.80	101.39	114.51
②粗铅(矿产)	万吨	20.30	26.42	35.99	82.96	90.37
③氧化铝	万吨	102.50	146.40	219.94	432.81	474.65
④高冰镍(含量)	万吨	0.00	3.34	4.26	5.7	5.9
4.有色金属加工材						
①铜材	万吨	38.37	45.18	157.19	159.66	184.88
②铝材	万吨	31.00	39.38	174.23	217.15	234.16
③铅材	万吨	0.99	0.70	3.70	0.31	0.21
④锌材	万吨	4.98	4.34	12.54	0.59	0.69

续表 27

项目	计算单位	1985 年	1990 年	1995 年	2000 年	2001 年
⑤镍材	吨	609.00	912.00	1008.00	403	384
⑥锡材	吨	596.00	556.00	5502.00	458	695
⑦镁材	吨	248.00	28.00	11773.00	9	3[illegible]
⑧双金属材	吨	8018.00	11237.00	98385.00	2578	8823
⑨铜盘条	万吨	20.70	15.06	29.26	36.47	41.95
⑩铝盘条	万吨	2.77	2.26	4.10	9.36	11.98
5.其它常用有色金属						
①镉	吨	915.00	1129.00	1471.00	2368	2507
②铋	吨	777.00	1058.00	803.00	768	1226
③钴	吨	282.00	325.00	238.00	411	679
④硅	万吨	3.03	6.12	6.74	4.17	6.94
6.辅助材料及其它						
①碳素糊类(有色企业)	万吨	23.70	42.80	65.46	83.80	98.13
②氟化盐	万吨	4.50	6.05	9.38	9.93	11.22
③选矿药剂	万吨	1.60	2.34	2.84	2.92	3.08
④硫精矿	万吨	310.00	347.70	406.73	290.81	290.7
⑤硫酸(有色企业)	万吨	141.70	189.20	240.35	557.79	619.21
⑥商品硫酸铜	万吨	0.92	1.07	1.07	1.31	1.73
⑦商品硫酸锌	万吨	2.78	2.45	2.77	2.54	3.31
⑧商品硫酸镍	万吨	0.06	0.17	0.49	0.16	1.04
⑨发电量(有色企业)	亿度	0.00	11.54	17.72	26.27	31.96
⑩水泥(有色企业)	万吨	165.90	169.00	199.91	265.19	273.59
二、能源消耗(折标煤)						
其中:电	亿度	194.30	254.60	426.62	595.57	662.74
煤	万吨	530.20	736.00	1032.85	1210.12	1404.87
焦炭	万吨	89.95	100.80	147.49	155.18	162.95
燃料油	万吨	54.10	53.40	58.26	48.90	50.52
三、基本建设						
1.本年完成基建投资	亿元	16.14	22.99	44.33	32.42	31.53
2.累计完成基建投资	亿元	248.02	359.99	559.87	691.33	722.86
四、更新改造资金						
1.本年使用更改资金	亿元	13.67	25.53	71.85	71.75	107.63
2.累计使用更改资金	亿元	84.95	204.55	464.21	818.96	926.59

(据《中国有色金属工业年鉴》)

全国有色金属工业总产值

表 28　　　　单位:千元

省份	工业总产值(按新规定计算)	
	1990 年不变价	现行价
全国合计	218095206	245613605
北京	738918	767187
天津	3581660	4114980
河北	5703608	5822932
山西	7451793	8716104
内蒙古	3968951	4229617
辽宁	14112206	14768877
吉林	1713824	1932284
黑龙江	1237973	1551359
上海	8978689	9312276
江苏	22862071	24902328
浙江	18735880	17834932
安徽	6440860	7231149
福建	3880635	4394859
江西	7309907	8636727
山东	6347226	8245400
河南	14782922	19356891
湖北	6009279	6943605
湖南	11029859	13820451
广东	17909382	15968959
广西	9230321	10637096
海南	78766	81913
重庆	3346510	3881718
四川	5786115	6374670
贵州	4284188	5384954
云南	10698301	12467448
西藏	10277	9966
陕西	3505152	3808931
甘肃	11324224	14787665
青海	3472833	4636403
宁夏	2516146	3869008
新疆	1046730	1122916

(据《中国有色金属工业年鉴》)

全国有色金属矿山作业量

表 29　　　　单位:吨

系　统	采掘剥总量	采矿量				剥离量		掘进量		其他	出矿量
		合计	坑下	露天	其中:砂矿	合计	其中:砂矿	吨 t	米 m		
全国合计	209117392	99393476	44245692	55147784	526489	94009809	1562251	14856942	1263117	857	102333364
1.铜系统	115834472	48566836	18469098	30097738		61270915		5530698	385799	466023	52795384
2.铝系统	22054122	7900700	100107	7800593	12871	14153422					6430020
3.铅锌系统	20187636	10880370	9304951	1575419	251905	5554125	1445811	3548626	327677	204515	11397546
4.镍系统	4901546	4008296	4008296					870552	32391	22698	4240525
5.锡系统	10488144	5937531	4779996	1157535		1987649	115340	2539713	148042	23251	6086338
6.锑系统	1530676	1019697	915888	103809	41713	27693	1100	466422	39729	16864	1063551
7.汞系统	62336	49880	49880					12456	1542		496[illegible]7
8.钨系统	5746581	4310467	4310467			6940		1316008	101594	113166	5005475
9.钼系统	21625462	12433060	854745	11578315		9064437		127965	139857		12470403
10.金银系统	4037995	1757152	1356007	401145		1885848		388885	80046	6110	1740815
11.稀有系统	798168	753350	43450	709900	220000	1780		38500	540	4538	591900
12.其他系统	1850254	1776137	52807	1723330		57000		17117	1260		461750

(据《中国有色金属工业年鉴》)

分省、市、自治区常用有色金属精矿含量

表 30　　　　单位:吨

省　　份	六种精矿含金属量							钨精矿含　量（折三氧化钨65%）	钼精矿含　量（折纯钼45%）	铋精矿含量	钴精矿含量
	合计	铜	铅	锌	镍	锡	锑				
全国合计	3197396	587423	675835	1693239	51459	92876	96564	53303	63153	1245	37
河北	9676	2397	3909	3370					1548		
山西	33410	33410									
内蒙古	94181	12928	23200	57580		473		778			
辽宁	72688	12419	18568	41701					10887		
吉林	11349	2084	951	2086	6228				1803		
黑龙江	21035	6222	3484	11329							
江苏	45388	328	15695	29365							
浙江	44479	5006	12242	27231				370	438		
安徽	66224	47970	9127	9127							
福建	35074		9556	25441		77		626			
江西	178674	147739	10067	19355		1390	123	33643	458	185	
山东	6701	6701									
河南	50958	1442	28191	21325					12870		
湖北	124506	124506									
湖南	243240	9147	74010	119365		9871	30847	10733	1690	1025	
广东	185233	12351	51489	121383		10		3262	83	35	
广西	516054	10160	89790	315344		38332	62428	586			
海南	242	242									
四川	236207	20100	95400	119971		736		515	117		37
贵州	59814		3932	55369			513				
云南	511060	84993	72436	308367	624	41987	2653	2520			
陕西	104397	1602	20757	82038					33259		
甘肃	426950	43420	79105	260308	44117			270			
青海	110573	1040	51518	58015							
新疆	9283	1216	2408	5169	490						

注:有色金属精矿产量中,未包括群采矿产量。估计 2001 年群采铅矿金属量为 15 万吨左右,锌矿金属量为 15 万吨左右,锡精矿金属量为 2 万吨左右,锑精矿金属量为 5 万吨左右。

（据《中国有色金属工业年鉴》）

全国十种有色金属产量(分省市自治区)

表 31 单位:吨

省份	十种有色金属			铜			铝		
	总计	矿产	杂产	合计	矿产	杂产	合计	矿产	杂产
全国合计	8837091	8041588	795503	1523276	1215828	307448	3575806	3371437	204369
北京	15245	10846	4399	85		85	4314		4314
天津	29878	13074	16804	27310	11524	15786	793		793
河北	44344	38391	5953				41635	35682	5953
山西	407840	403525	4315	24407	24407		238478	238478	
内蒙古	193424	192879	545	14671	14671		145568	145023	545
辽宁	524793	521947	2846	70888	70888		116658	115890	
吉林	75242	75242		72	72		70967	70967	
黑龙江	26670	11922	14748	1140	1140		25530	10782	14748
上海	101638	77496	24142	93502	77496	16006	928		928
江苏	195856	83784	112072	108626	71612	37014	21290	12055	9235
浙江	133086	97308	35778	63486	38086	25400	49528	39150	10378
安徽	279361	256539	22822	235423	222069	13354	20358	18504	1854
福建	36688	36688					31461	31461	
江西	262232	234545	27687	226264	199516	26748	10081	10081	
山东	236003	235610	393	43417	43417		191591	191591	
河南	1060308	1043237	17071	42898	34441	8457	680342	679001	1341
湖北	338428	315439	22989	117472	116637	835	116451	162180	4271
湖南	905160	892412	12748	7613	1398	6215	43230	43082	148
广东	278018	257894	20124	28881	11671	17210			
广西	726209	718504	7705				189213	188711	502
重庆	56023	53875	2148	4249	4249		39634	37486	2148
四川	221595	212225	9370	527	527		74500	66563	7937
贵州	368624	360911	7713				283862	276149	7713
云南	836231	796086	40145	189131	148986	40145	156980	156980	
陕西	178896	178703	193	193		193	59649	59649	
甘肃	632699	632699		119371	119371		296139	296139	
青海	320129	320129					295143	295143	
宁夏	185510	183510	2000				158172	158172	
新疆	36961	36168	793	3650	3650		33311	32518	793

注:十种有色金属全国合计中包括省、自治区、直辖市未统计的再生金属38万吨,其中:再生铜10万吨,再生铝13万吨,再生铅10万吨,再生锌5万吨;在全国合计中对各省之间重复统计的铅锌产品,经调查核实后,扣除重复部分:矿产铅15万吨,矿产锌10万吨。

续表 31 单位:吨

省份	铅			锌			镍			锡		
	合计	矿产	杂产	合计	矿产	杂产	合计	矿产	杂产	合计	矿产	杂产
全国合计	1195350	983859	211491	2037584	1967874	69710	49723	49723		105088	104917	171
北京				10846	10846							
天津	1775	1550	225									
河北												
山西	855		855	18397	14937	3460						
内蒙古	9598	9598		23587	23587							
辽宁	17081	15003	2078	320011	320011							
吉林												
黑龙江												
上海	7037		7037							171		171
江苏	65532		65532	291		291	117	117				
浙江	446	446		19626	19626							
安徽	16210	8596	7614	7370	7370							
福建	400	400		4711	4711		116	116				
江西	22969	22030	939							1390	1390	
山东	393		393									
河南	258006	251031	6975	31064	30766	298						
湖北	53865	36622	17243	640		640						
湖南	287946	287946		498111	491726	6385				9522	9522	
广东	75717	75117	600	168884	168884					50	50	
广西	123516	123516		301552	294349	7203	1314	1314		38451	38451	
重庆	9513	9513					2627	2627				
四川	19977	19977		126591	125158	1433						
贵州	4465	4465		74060	74060							
云南	166948	166948		260009	260009					55504	55504	
陕西	22967	22967		50701	50701		43819	43819				
甘肃	56195	56195		160939	160939							
青海	11479	11479		10194	10194							
宁夏	12460	10460	2000				1730	1730				
新疆												

续表

单位：吨

省份	锑			汞		镁		钛	
	合计	矿产	杂产	合计	矿产	合计	矿产	合计	矿产
全国合计	147910	145596	2314	193	193	199693	199693	2468	2468
北京									
天津									
河北						2709	2709		
山西						125703	125703		
内蒙古									
辽宁								155	155
吉林						4203	4203		
黑龙江									
上海									
江苏									
浙江									
安徽									
福建									
江西	1528	1528							
山东						602	602		
河南	72	72				47926	47926		
湖北									
湖南	58738	58738							
广东	4486	2172	2314						
广西	72163	72163							
重庆									
四川									
贵州	3492	3492		193	193	239	239	2313	2313
云南	7376	7376				283	283		
陕西						1567	1567		
甘肃	55	55							
青海						3313	3313		
宁夏						13148	13148		
新疆									

（据《中国有色金属工业年鉴》）

世界主要国家和地区常用有色金属总产量和总消费量

表 32 单位:万吨

产量					消费量				
位次(2001)	国家和地区	年份			位次(2001)	国家和地区	年份		
		1999	2000	2001			1999	2000	2001
1	美国	1220.41	1154.90	1010.75	1	美国	1244.09	1219.63	1071.08
2	中国	710.28	799.86	894.57	2	中国	620.92	759.90	815.68
3	俄罗斯	447.95	473.17	480.76	3	日本	455.17	481.32	433.85
4	加拿大	441.47	442.44	444.71	4	德国	365.33	385.15	377.26
5	日本	376.61	398.72	390.52	5	韩国	242.73	251.87	247.63
6	澳大利亚	298.53	322.40	344.18	6	意大利	204.52	217.69	212.73
7	德国	275.16	288.64	293.27	7	法国	197.75	204.37	196.04
8	智利	268.91	270.20	291.56	8	中国台湾省	166.86	169.84	132.33
9	巴西	196.48	200.42	191.04	9	俄罗斯	97.95	117.25	130.22
10	挪威	148.36	153.65	156.01	10	英国	132.38	144.36	128.13
11	墨西哥	141.49	149.83	151.37	11	加拿大	129.92	132.15	126.54
12	法国	150.02	150.21	146.85	12	西班牙	116.11	127.19	126.43
13	西班牙	144.52	154.78	143.20	13	巴西	106.23	118.25	124.36
14	意大利	119.83	139.38	129.98	14	印度	112.96	114.29	114.93
15	印度	108.07	116.08	124.94	15	比利时	107.20	104.13	99.65
16	英国	115.56	123.34	107.30	16	墨西哥	86.90	99.44	97.57
17	韩国	112.04	120.95	103.04	17	澳大利亚	76.71	75.03	74.26
18	南非	100.68	100.95	102.10	18	泰国	41.88	51.62	55.27
19	哈萨克斯坦	88.16	91.01	88.83	19	波兰	53.89	54.64	54.23
20	秘鲁	76.91	79.71	83.77	20	土耳其	49.58	63.35	49.53
21	比利时	75.86	83.31	80.89	21	南非	39.40	49.51	47.54
22	波兰	76.50	77.32	77.12	22	印尼	29.60	33.38	41.23
23	荷兰	64.78	68.17	66.66	23	瑞典	39.70	43.69	41.00
24	委内瑞拉	64.98	64.29	64.57	24	马来西亚	45.22	47.78	40.19
25	阿联酋	44.07	53.60	53.60	25	希腊	35.09	37.86	36.54
26	巴林	50.27	50.90	52.21	26	荷兰	33.77	33.78	33.61
27	瑞典	37.43	38.79	48.33	27	奥地利	29.25	31.30	29.95
28	芬兰	43.66	43.51	46.23	28	挪威	23.24	27.41	27.38
29	伊朗	41.15	41.98	43.07	29	芬兰	23.98	25.24	27.30
30	印度尼西亚	28.63	35.44	41.26	30	伊朗	26.57	26.71	26.96
31	阿根廷	32.74	40.50	38.34	31	巴林	22.82	23.92	26.10
32	新西兰	34.61	34.94	34.23	32	匈牙利	20.94	24.68	25.48
33	塔吉克斯坦	22.91	30.00	32.40	33	瑞士	19.56	20.01	20.11
34	赞比亚	25.89	22.62	29.65	34	委内瑞拉	20.69	20.70	19.84
35	奥地利	27.36	28.48	27.57	35	沙特阿拉伯	21.31	19.05	19.51
36	罗马尼亚	24.21	27.01	27.50	36	秘鲁	17.45	15.84	18.25
37	莫桑比克	–	5.38	26.60	37	捷克	15.42	16.13	16.99
38	冰岛	22.15	22.57	24.26	38	阿根廷	19.83	19.73	16.83

续表

单位:万吨

产量					消费量				
位次(2001)	国家和地区	年份			位次(2001)	国家和地区	年份		
		1999	2000	2001			1999	2000	2001
39	保加利亚	18.81	19.58	21.27	39	罗马尼亚	14.78	14.42	15.89
40	埃及	19.07	19.29	19.48	40	斯洛文尼亚	10.84	11.82	15.00
41	菲律宾	17.20	16.27	18.85	41	智利	10.01	11.51	12.45
42	希腊	17.19	17.46	17.40	42	菲律宾	15.12	13.07	12.17
43	土耳其	16.71	17.26	16.50	43	葡萄牙	12.30	11.92	10.87
44	加纳	11.42	15.55	16.23	44	哈萨克斯坦	7.65	6.97	10.78
45	中国台湾省	15.14	16.26	15.90	45	乌克兰	8.67	9.44	9.66
46	南斯拉夫	13.32	15.18	15.59	46	新加坡	4.12	5.83	9.30
47	泰国	14.59	15.21	15.45	47	越南	3.67	6.30	8.46
48	乌克兰	13.49	14.76	15.18	48	斯洛伐克	5.74	5.48	8.37
49	乌兹别克斯坦	12.51	13.83	13.83	49	新西兰	8.07	6.61	8.18
50	斯洛伐克	10.92	10.98	12.07	50	以色列	7.67	7.20	7.67
51	斯洛文尼亚	10.54	10.62	10.74	51	朝鲜	7.15	7.25	7.21
52	喀麦隆	9.19	9.49	8.05	52	香港	6.54	6.82	6.90
53	马来西亚	6.19	5.92	6.56	53	哥伦比亚	5.18	6.51	5.95
54	摩洛哥	6.68	6.52	6.52	54	丹麦	5.28	5.62	5.82
55	朝鲜	6.52	5.92	6.22	55	保加利亚	5.45	5.50	5.50
56	瑞士	5.28	5.56	5.58	56	孟加拉	3.50	5.45	5.31
57	哥伦比亚	4.53	4.47	5.54	57	克罗地亚	4.09	4.02	4.98
58	新喀里多尼亚	4.53	4.39	4.59	58	爱尔兰	4.36	4.26	4.78
59	阿尔及利亚	4.46	4.36	4.44	59	阿联酋	3.42	4.32	4.34
60	古巴	3.80	4.00	4.42	60	南斯拉夫	4.60	3.09	3.83
61	马其顿	7.11	8.57	3.98	61	巴基斯坦	4.25	4.46	3.82
62	匈牙利	3.35	3.39	3.46	62	刚果民主共和国	1.00	1.90	3.43
63	葡萄牙	3.37	3.36	3.36	63	阿尔及利亚	3.24	3.26	3.26
64	丹麦	3.37	3.26	3.26	64	尼日利亚	1.49	2.67	2.68
65	缅甸	3.01	2.95	2.92	65	喀麦隆	2.21	2.48	2.36
66	刚果民主共和国	2.90	2.90	2.90	66	摩洛哥	1.98	2.20	2.20
67	捷克	2.56	2.87	2.88	67	乌兹别克斯坦	1.80	1.90	1.96
68	爱尔兰	2.20	1.80	2.60	68	加纳	1.63	1.63	1.63
69	巴基斯坦	2.40	2.40	2.40	69	马其顿	1.49	1.61	1.62
70	多米尼加	2.45	2.78	2.17	70	赞比亚	1.69	1.39	1.61
71	阿曼	1.71	2.43	2.17	71	突尼斯	1.24	1.34	1.48
72	克罗地亚	1.53	1.60	1.68	72	肯尼亚	0.99	1.44	1.20
73	玻利维亚	1.56	1.28	1.32	73	津巴布韦	1.00	1.00	1.00
74	津巴布韦	1.65	1.64	0.73	74	古巴	0.32	0.32	0.32
	世界合计	6611.15	6861.84	6893.02		**世界合计**	5322.29	6653.36	5459.17

注:本部分资源来源:《World Metal Statistics Yearbook 2002》和中国有色金属工业协会信息统计部的统计报表。

表中的常用有色金属产量系指本章节后述的精炼铝(原生铝、再生铝)、精炼铜、锌锭、精炼铅(原生铅和再生铅)、精炼镍、精炼锡、精炼镉、精炼钴、精炼镁、精炼碲、精炼硒、海绵钛、矿山钼、矿山锑、矿山钨、矿山汞、矿山铋、矿山铂、矿山金和矿山银的产量之总和。

表中的常用有色金属消费量系指本章节后述的精炼铝、精炼铜、锌锭、精炼铅、精炼镍、精炼锡、精炼镉的消费量之总和。

中国惯常所说的十种有色金属(精炼铝、精炼铜、锌锭、精炼铅、精炼镍、精炼镁、精炼锡、金属锑、海绵钛、金属汞)的总产量1999、2000和2001年分别为694.71万吨、783.81万吨和983.71万吨。

(据《中国有色金属工业年鉴》)

2001 年中国主要

表 33

矿产品名称	进口				
	国别(地区)	数量(吨)	占总量%	金额(美元)	占总值%
煤	合计	2493269	100.00	87,502,492	100.00
	印度尼西亚	843204	33.82	31,385,172	35.87
	澳大利亚	670442	26.89	27,885,207	31.87
	越南	357071	14.32	5,401,094	6.17
	新西兰	233318	9.36	10,865,943	12.42
	俄罗斯联邦	178906	7.18	5,851,736	6.69
	主要国家或地区小计	2282942	91.57	81,389,152	93.02
石油	合计	60255350	100.00	11,666,449,609	100.00
	伊朗	10847008	18.00	2,068,760,522	17.73
	沙特阿拉伯	8778376	14.57	1,634,477,894	14.01
	阿曼	8140355	13.51	1,599,736,283	13.71
	苏丹	4973386	8.25	936,548,774	8.03
	安哥拉	3798883	6.30	721,464,446	6.18
	越南	3362440	5.58	727,810,843	6.24
	主要国家或地区小计	39900449	66.21	7,688,798,762	65.90
铁矿砂	合计	92308188	100.00	2,502,688,358	100.00
	澳大利亚	37831579	40.98	939,013,998	37.52
	巴西	24534534	26.58	744,946,898	29.77
	印度	16983053	18.40	458,900,573	18.34
	南非	8962604	9.71	236,236,669	9.44
	主要国家或地区小计	88311770	95.67	2,379,098,138	95.06
锰矿砂及其精矿	合计	1710587	100.00	131,068,263	100.00
	加纳	498897	29.17	30,211,785	23.05
	澳大利亚	442051	25.84	46,144,335	35.21
	加蓬	275600	16.11	23,692,551	18.08
	巴西	150634	8.81	11,916,643	9.09
	缅甸	145548	8.51	2,874,371	2.19
	印度	127100	7.43	10,708,808	8.17
	主要国家或地区小计	1639829	95.87	125,548,493	95.79
铬矿砂及其精矿	合计	1090441	100.00	80,978,531	100.00
	印度	803959	73.73	59,119,679	73.01
	越南	105028	9.63	7,050,472	8.71
	伊朗	68071	6.24	5,253,049	6.49

矿产品进出口情况(一)

出口				
国别(地区)	数量(吨)	占总量%	金额(美元)	占总值%
合计	90124874	100.00	2,666,865,907	100.00
韩国	28940889	32.11	810,222,772	30.38
日本	26511082	29.42	858,627,829	32.20
台湾省	15943218	17.69	424,255,467	15.91
主要国家或地区小计	71395189	79.22	2,093,106,068	78.49
合计	7550605	100.00	1,385,368,763	100.00
日本	4179926	55.36	748,727,797	54.05
印度尼西亚	1268080	16.79	242,792,738	17.53
美国	649445	8.60	131,734,654	9.51
朝鲜	579278	7.67	108,756,927	7.85
主要国家或地区小计	6676729	88.42	1,232,012,116	88.94
合计	544	100.00	85,417	100.00
日本	214	39.31	32,976	38.61
韩国	170	31.23	32,445	37.98
伊朗	60	11.02	13,064	15.29
台湾省	60	11.02	1,231	1.44
主要国家或地区小计	504	92.59	79,716	93.33
合计	3300	100.00	455,432	100.00
日本	2020	61.21	261,670	57.46
孟加拉国	506	15.33	85,998	18.88
泰国	422	12.79	65,567	14.40
朝鲜	170	5.15	9,600	2.11
主要国家或地区小计	3118	94.48	422,835	92.85
合计	13182	100.00	1,426,729	100.00
日本	12370	93.84	1,311,948	91.95
朝鲜	812	6.16	114,781	8.05
主要国家或地区小计	13182	100.00	1,426,729	100.00

2001 年中国主要

续表 33

矿产品名称	进口				
	国别(地区)	数量(吨)	占总量%	金额(美元)	占总值%
	巴基斯坦	62853	5.76	5,406,173	6.68
	主要国家或地区小计	1039911	95.36	76,829,373	94.89
铜矿砂及其精矿	合计	2255242	100.00	897,995,156	100.00
	智利	693959	30.77	310,453,718	34.57
	澳大利亚	514292	22.80	184,845,516	20.58
	蒙古	469496	20.82	175,901,077	19.59
	秘鲁	148693	6.59	56,552,543	6.30
	加拿大	132353	5.87	68,827,324	7.66
	主要国家或地区小计	1958793	86.85	796,580,178	88.70
锌矿砂及其精矿	合计	652856	100.00	140,392,441	100.00
	澳大利亚	154867	23.72	36,998,633	26.35
	秘鲁	123375	18.90	28,562,506	20.34
	美国	60344	9.24	14,949,226	10.65
	墨西哥	59144	9.06	12,855,824	9.16
	加拿大	42476	6.51	11,715,430	8.34
	越南	38135	5.84	1,986,770	1.42
	印度	33904	5.19	9,856,687	7.02
	伊朗	33296	5.10	4,852,036	3.46
	主要国家或地区小计	545541	83.56	121,777,112	86.74
铅矿砂及其精矿	合计	397111	100.00	67,298,759	100.00
	澳大利亚	147966	37.26	27,871,999	41.42
	墨西哥	52887	13.32	4,593,717	6.83
	加拿大	42817	10.78	8,493,078	12.62
	德国	28270	7.12	4,865,225	7.23
	秘鲁	21110	5.32	5,632,305	8.37
	伊朗	20548	5.17	3,542,872	5.26
	主要国家或地区小计	313598	78.97	54,999,196	81.73
氧化铝	合计	3346038	100.00	624,889,198	100.00
	澳大利亚	2863289	85.57	522,848,503	83.67
	牙买加	170710	5.10	33,746,113	5.40
	主要国家或地区小计	3033999	90.67	556,594,616	89.07

矿产品进出口情况(二)

出口				
国别(地区)	数量(吨)	占总量%	金额(美元)	占总值%
合计	19800	100.00	721,547	100.00
希腊	7950	40.15	240,023	33.27
利比里亚	4142	20.92	124,960	17.32
塞浦路斯	2809	14.18	84,797	11.75
巴拿马	2609	13.17	78,282	10.85
伊朗	1411	7.13	42,609	5.91
主要国家或地区小计	18920	95.55	570,671	79.10
合计	13366	100.00	2,623,695	100.00
韩国	6511	48.72	1,087,713	41.45
泰国	5399	40.39	1,291,003	49.21
朝鲜	1456	10.89	244,968	9.34
主要国家或地区小计	13366	100.00	2,623,684	100.00
合计	210	100.00	126,488	
韩国	209	99.74	125,851	
合计	25339	100.00	8,913,763	100.00
朝鲜	10003	39.48	2,148,899	24.11
荷兰	4805	18.96	2,006,589	22.51
日本	4018	15.86	1,250,744	14.03
韩国	2242	8.85	1,143,273	12.83
主要国家或地区小计	21069	83.15	6,549,505	73.48

2001 年中国主要

续表 33

矿产品名称	进口				
	国别(地区)	数量(吨)	占总量%	金额(美元)	占总值%
钴矿砂及其精矿	合计	29222	100.00	31,525,186	100.00
	民主刚果	8139	27.85	4,382,427	13.90
	南非	4780	16.36	5,318,882	16.87
	古巴	4542	15.54	8,548,870	27.12
	刚果	3660	12.52	2,896,997	9.19
	摩洛哥	3121	10.68	3,987,807	12.65
	赞比亚	1489	5.10	701,260	2.22
	主要国家或地区小计	25730	88.05	25,836,243	81.95
镍矿砂及其精矿	合计	6986	100.00	4,179,938	100.00
	澳大利亚	2848	40.76	1,025,210	24.53
	台湾省	1890	27.06	258,806	6.19
	美国	721	10.32	575,111	13.76
	南非	496	7.10	913,087	21.84
	韩国	423	6.05	359,295	8.60
	主要国家或地区小计	6378	91.29	3,131,509	74.92
钨矿砂及其精矿	合计	791	100.00	479,449	100.00
	朝鲜	388	49.02	148,919	31.06
	马来西亚	260	32.84	198,200	41.34
	俄罗斯联邦	143	18.11	130,324	27.18
锡矿砂及其精矿	合计	3475	100.00	5,964,339	100.00
	玻利维亚	1745	50.19	4,334,346	72.67
	印度尼西亚	528	15.20	1,174,824	19.70
	德国	523	15.04	53,577	0.90
	台湾省	382	10.98	81,445	1.37
	比利时	270	7.76	268,984	4.51
	主要国家或地区小计	3447	99.17	5,913,176	99.15
钼矿砂及其精矿	合计	24577	100.00	49,808,850	100.00
	俄罗斯联邦	8642	35.16	18,594,558	37.33
	智利	4329	17.61	9,644,863	19.36
	蒙古	3101	12.62	6,938,585	13.93
	加拿大	2825	11.49	6,240,408	12.53
	荷兰	1793	7.30	1,022,759	2.05
	秘鲁	1506	6.13	3,349,813	6.73

矿产品进出口情况(三)

出口				
国别(地区)	数量(吨)	占总量%	金额(美元)	占总值%
合计	77	100.00	19,054	100.00
罗马尼亚	72	93.41	18,462	96.89
新加坡	5	6.49	499	2.62
主要国家或地区小计	77	99.90	18,961	99.51
合计	22582	100.00	65,862,226	100.00
荷兰	8625	38.19	24,482,886	37.17
日本	6228	27.58	18,486,206	28.07
韩国	3411	15.10	9,962,302	15.13
英国	1466	6.49	4,063,201	6.17
主要国家或地区小计	19730	87.36	56,994,595	86.54

2001 年中国主要

续表 33

矿产品名称	进口				
	国别(地区)	数量(吨)	占总量%	金额(美元)	占总值%
	主要国家或地区小计	22196	90.31	45,790,986	91.93
锆矿砂及其精矿	合计	165633	100.00	69,128,301	100.00
	澳大利亚	95203	57.48	39,748,960	57.50
	南非	42264	25.52	16,741,340	24.22
	主要国家或地区小计	137466	83.00	56,490,300	81.72
铌、钽、钒矿	合计	12550	100.00	165,915,118	100.00
	马来西亚	8394	66.88	29,205,452	17.60
	尼日利亚	946	7.54	55,760,894	33.61
	泰国	880	7.01	8,705,950	5.25
	主要国家或地区小计	10221	81.43	93,672,296	56.46
钻石(千克)	合计	1762	100.00	681,398,998	100.00
	比利时	459	26.03	344,989,523	50.63
	南非	404	22.95	109,065,731	16.01
	美国	317	18.02	33,805,782	4.96
	印度	277	15.73	82,405,342	12.09
	香港	118	6.68	64,650,087	9.49
	主要国家或地区小计	1575	89.41	634,916,465	93.18
钾肥	合计	5425547	100.00	646,700,708	100.00
	俄罗斯联邦	3104296	57.22	355,142,900	54.92
	加拿大	1328477	24.49	162,267,110	25.09
	约旦	407098	7.50	48,140,697	7.44
	以色列	287369	5.30	34,207,074	5.29
	主要国家或地区小计	5127239	94.51	599,757,781	92.74
天然磷酸钙	合计	59	100.00	98,586	100.00
	台湾省	56	94.62	85,848	87.08
磷肥					

矿产品进出口情况(四)

出口				
国别(地区)	数量(吨)	占总量%	金额(美元)	占总值%
合计	1084	100.00	656,159	100.00
伊朗	1025	94.52	625,250	95.29
合计	37	100.00	3,758,530	100.00
香港	37	99.70	3,752,195	99.83
合计	2769	100.00	589,843,162	100.00
香港	1548	55.89	261,641,023	44.36
美国	543	19.6	6,633,962	1.12
比利时	231	8.33	307,654,585	52.16
台湾省	173	6.26	228,209	0.04
主要国家或地区小计	2495	90.08	576,157,779	97.68
合计	347482	100.00	41,381,956	100.00
印度尼西亚	126194	36.32	14,820,502	35.81
越南	108087	31.11	12,224,854	29.54
斯里兰卡	48650	14.00	5,278,550	12.76
马来西亚	25630	7.38	2,860,431	6.91
主要国家或地区小计	308561	88.81	35,184,337	85.02
合计	4912606	100.00	156,962,289	100.00
印度	1964327	39.99	52,461,348	33.42
韩国	1016620	20.69	35,701,634	22.75
日本	376204	7.66	16,438,658	10.47
澳大利亚	370671	7.55	14,007,066	8.92
印度尼西亚	362427	7.38	10,643,279	6.78
新西兰	323155	6.58	12,230,292	7.79
菲律宾	272740	5.55	8,850,378	5.64
主要国家或地区小计	4686144	95.40	150,332,655	95.77
合计	370404	100.00	40,365,214	100.00

2001 年中国主要

续表 33

矿产品名称	进口				
	国别(地区)	数量(吨)	占总量%	金额(美元)	占总值%
磷肥					
黄铁矿	合计	4	100.00	4,770	100.00
	澳大利亚	2	50.24	3,250	68.13
	台湾省	2	43.90	1,440	30.19
	主要国家或地区小计	4	94.14	4,690	98.32
萤石	合计	25	100.00	10,374	100.00
	美国	18	69.43	8,000	77.12
	泰国	4	15.79	1,518	14.63
	台湾省	3	13.53	530	5.11
	韩国		1.18	305	2.94
	主要国家或地区小计	25	99.92	10,353	99.80
滑石	合计	9833	100.00	4,788,504	100.00
	美国	2523	25.66	865,423	18.07
	台湾省	2374	24.14	1,076,518	22.48
	荷兰	895	9.10	406,416	8.49
	日本	795	8.09	920,514	19.22
	挪威	522	5.31	158,979	3.32
	主要国家或地区小计	7109	72.30	3,427,850	71.58
石棉	合计	110489	100.00	19,121,553	100.00
	俄罗斯联邦	99906	90.42	16,648,976	87.07
	哈萨克斯坦	6809	6.16	1,063,189	5.56
	主要国家或地区小计	106715	96.58	17,712,165	92.63
石膏	合计	24100	100.00	5,016,733	100.00
	泰国	7339	30.45	1,247,233	24.86
	香港	5621	23.32	285,740	5.70
	日本	2900	12.04	459,368	9.16

矿产品进出口情况(五)

出口				
国别(地区)	数量(吨)	占总量%	金额(美元)	占总值%
孟加拉国	142358	38.43	18,257,182	45.23
日本	78543	21.20	7,908,550	19.59
印度尼西亚	64787	17.49	8,029,707	19.89
马来西亚	25592	6.91	1,733,139	4.29
越南	23127	6.24	881,083	2.18
主要国家或地区小计	334407	90.27	36,809,661	91.18
合计	15850	100.00	1,527,307	100.00
日本	9548	60.24	1,099,326	71.98
韩国	3786	23.89	167,407	10.96
英国	1617	10.20	151,288	9.91
主要国家或地区小计	14951	94.33	1,418,021	92.85
合计	1109779	100.00	121,947,811	100.00
美国	354442	31.94	39,420,237	32.33
日本	303266	27.33	32,764,966	26.87
荷兰	192177	17.32	21,068,544	17.28
意大利	101252	9.12	11,420,926	9.37
韩国	42812	3.86	4,315,154	3.54
主要国家或地区小计	993949	89.56	108,989,827	89.37
合计	794597	100.00	69,786,920	100.00
日本	277687	34.95	27,164,932	38.93
美国	112638	14.18	8,718,850	12.49
泰国	62449	7.86	6,569,380	9.41
韩国	58118	7.31	5,004,938	7.17
荷兰	55291	6.96	4,731,535	6.78
意大利	49339	6.21	3,538,530	5.07
主要国家或地区小计	615522	77.47	55,728,165	79.85
合计	18431	100.00	5,375,426	100.00
泰国	16146	87.60	4,816,353	89.60
越南	992	5.38	166,111	3.09
主要国家或地区小计	17137	92.98	4,982,464	92.69
合计	114129	100.00	3,826,324	100.00
越南	77064	67.52	964,633	25.21
韩国	11025	9.66	856,490	22.38
朝鲜	9125	8.00	277,949	7.26

2001年中国主要

续表 33

矿产品名称	进口				
	国别(地区)	数量(吨)	占总量%	金额(美元)	占总值%
石膏	美国	2128	8.83	1,282,659	25.57
	俄罗斯联邦	1917	7.96	40,263	0.80
	主要国家或地区小计	19905	82.60	3,315,263	66.09
重晶石	合计	457	100.00	231,623	100.00
	韩国	152	33.27	43,415	18.74
	德国	68	14.96	25,036	10.81
	英国	60	13.13	17,400	7.51
	美国	56	12.23	50,678	21.88
	荷兰	46	9.98	59,076	25.51
	泰国	28	6.16	14,003	6.05
	法国	27	5.91	13,630	5.88
	主要国家或地区小计	437	95.64	223,238	96.38
高岭土	合计	190967	100.00	44,305,088	100.00
	美国	90845	47.57	22,405,803	50.57
	巴西	66820	34.99	13,915,649	31.41
	台湾省	14291	7.48	3,019,109	6.81
	主要国家或地区小计	171956	90.04	39,340,561	88.79
天然石墨	合计	2844	100.00	2,393,709	100.00
	朝鲜	2280	80.16	68,400	2.86
	巴西	144	5.08	329,900	13.78
	主要国家或地区小计	2424	85.24	398,300	16.64
盐	合计	3999	100.00	927,884	100.00
	德国	705	17.63	94,253	10.16
	美国	386	9.66	143,709	15.49
	加拿大	370	9.24	18,561	2.00
	澳大利亚	329	8.21	58,478	6.30
	以色列	233	5.84	128,407	13.84
	日本	205	5.13	115,817	12.48
	智利	200	5.00	27,669	2.98
	主要国家或地区小计	2428	60.71	586,894	63.25

矿产品进出口情况(六)

出口				
国别(地区)	数量(吨)	占总量%	金额(美元)	占总值%
主要国家或地区小计	97215	85.18	2,099,072	54.85
合计	2587376	100.00	80,652,492	100.00
美国	2042025	78.92	55,760,089	69.14
荷兰	257640	9.96	11,079,637	13.74
主要国家或地区小计	2299664	88.88	66,839,726	82.87
合计	776665	100.00	19,305,752	100.00
香港	341385	43.96	3,372,935	17.47
台湾省	195826	25.21	3,381,801	17.52
日本	57071	7.35	3,926,502	20.34
马来西亚	45439	5.85	1,205,498	6.24
菲律宾	40558	5.22	850,259	4.40
韩国	40367	5.20	2,625,792	13.60
主要国家或地区小计	720646	92.79	15,362,787	79.58
合计	372375	100.00	48,500,696	100.00
日本	210897	56.64	20,419,721	42.10
韩国	50259	13.50	5,884,589	12.13
荷兰	33521	9.00	4,988,405	10.29
主要国家或地区小计	294677	79.14	31,292,715	64.52
合计	914766	100.00	22,205,001	100.00
韩国	432813	47.31	8,271,394	37.25
日本	301028	32.91	6,640,913	29.91
香港	51081	5.58	2,457,748	11.07
主要国家或地区小计	14951	94.33	1,418,021	92.85

(据国土资源部《国土资源综合统计年报》)

2001年12月国有重点煤矿开拓进尺

表34

单位:米

单位	本月				年累计			
	本期	同期	同期对比		本期	同期	同期对比	
			+、-	%			+、-	%
合计	5920	50393	9327	18.51	674855	559245	115610	20.67
华北地区	13697	10786	2911	26.99	157685	125842	31843	25.30
北京	2244	1966	278	14.14	28287	21678	6609	30.49
河北	4103	3319	784	23.62	44116	40451	3665	9.06
山西	5472	3842	1630	42.43	66824	48219	18605	38.58
内蒙古	1878	1659	219	13.2	18458	15494	2964	19.13
东北地区	12910	10410	2500	24.02	141231	116282	24949	21.46
辽宁	3771	3529	242	6.86	44063	39231	4832	12.32
吉林	1654	1294	360	27.82	17446	14168	3278	23.14
黑龙江	7485	5587	1898	33.97	79722	62883	16839	26.78
华东地区	17285	14201	3084	21.72	194028	147058	46970	31.94
江苏	2899	2886	13	0.45	32719	28281	4438	15.69
浙江	707	313	394	125.88	4424	6914	-2490	-36.01
安徽	2657	2513	144	5.73	38224	29380	8844	30.10
福建								
江西	717	2488	-1771	-71.18	19016	18145	871	4.80
山东	10305	6001	4304	71.72	99645	64338	35307	54.88
中南地区	6203	5695	508	8.92	65267	63952	1315	2.06
河南	4431	4341	90	2.07	47734	46855	879	1.88
湖北								
湖南	1772	1354	418	30.87	17533	17097	436	2.55
广东								
广西								
西南地区	6622	5734	888	15.49	70125	65652	4473	6.81
四川	1714	1417	297	20.96	16718	17211	-493	-2.86
重庆	2839	1772	1067	60.21	29337	27409	1928	7.03
贵州	1652	1505	147	9.77	17212	12034	5178	43.03
云南	417	1040	-623	-59.90	6858	8998	-2140	-23.78
西北地区	3003	3567	-564	-15.81	46519	40459	6060	14.98
陕西	1109	1615	-506	-31.33	18455	18145	310	1.71
甘肃	812	649	163	25.12	7398	7696	-298	-3.87
青海								
宁夏	760	548	212	38.69	12220	8488	3732	43.97
新疆	322	755	-433	-57.35	8446	6130	2316	37.78

附　　录

国土资源部发布《2001年中国国土资源公报》

2001年,国土资源调查评价、规划、管理、保护和合理利用取得新进展:

正确处理经济发展与耕地保护的关系,全面实现建设占用耕地占补平衡。完成基本农田保护调整划定。

全面实施土地利用总体规划。全国矿产资源规划经国务院批准实施,省级矿产资源规划全面启动。实施《国土资源"十五"计划纲要》,启动国土规划和国土综合整治工作。

加强国有土地资产管理,深化土地使用制度改革,推进矿业权市场建设,继续培育和规范国土资源市场体系。

地质队伍"野战军"建设进入实施阶段。国土资源调查评价取得新突破。

落实国务院关于进一步治理整顿矿产资源管理秩序精神,加大治理整顿力度。

完成三峡库区地质灾害防治总体规划,防治工作全面启动。

实施西部国土资源开发利用优惠政策,支持西部大开发。

推进国土资源科技创新和信息化建设。

依法行政取得新成效。

海洋、测绘工作取得新进展。

一、土地资源

根据土地利用变更调查,2001年全国主要地类面积:耕地12761.58万ha(19.14亿亩),林地22919.06万ha(34.38亿亩),园地1064.01万ha(1.60亿亩),牧草地26384.59万ha(39.58亿亩),水面2202.35万ha(3.30亿亩),城镇村及独立工矿区用地2487.58万ha(3.73亿亩),交通用地580.76万ha(0.87亿亩),水利设施用地572.96万ha(0.86亿亩),其余为未利用地。

2001年全国可耕种的耕地面积为12761.58万ha(19.14亿亩),继续呈递减态势。

2001年全国生态退耕59.07万ha(886.0万亩)。全国农业结构调整减少耕地4.5万ha(67.5万亩)。

2001年全国土地整理复垦开发增加耕地20.26万ha(303.9万亩),其中复垦增加2.45万ha(36.68万亩)占耕地增加总数的12%,整理增加4.36万ha(65.42万亩),占耕地增加总数的22%,开发增加13.45万ha(210.82万亩),占耕地增加总数的66%。

全国划定基本农田10880.0万ha(16.32亿亩),达到了土地利用总体规划确定10853.3万ha(16.28亿亩)、保护率83.5%的要求。

2001年全国31个省、自治区、直辖市总体上全部实现建设占用耕地当年占补平衡。

2001年建设占用耕地16.37万ha(245.5万亩),与上年16.33万ha(244.9万亩)基本持平,建设占用耕地的规模继续得到控制。

2001年土地资产管理制度建设取得重大进展:1142个市县建立了信息发布制度,1515个市县建立了土地登记信息可查询制度;1216个市县制定了协议出让最低标准。1087个市县建立了土地有形市场;1604个市县建立了土地资产管理重大事项集体决策缺席制度;1002个市县建立了土地收购储备制度。

2001年全国已有30个省(区、市)开展了招标拍卖出让工作,累计开展的市县数达1435个,招标拍卖出让土地23847宗,面积6609 ha,价款492亿元(不含协议出让收益),分别比2000年增长52%、138%和42%。

2001年土地执法监察力度进一步加大,全年共处理案件12.5万件,罚没款6.16亿元。

二、矿产资源

截至2001年,全国有探明储量的矿产共156种,其中,能源矿产9种,金属矿产54种,非金属矿产90种,其他水气矿产3种。

45种主要矿产中大多数保有储量减少,其中有26

种矿产保有储量有不同程度的减少，占57.78%。

2001年全国矿业总产值约4790亿元，矿业产值持续增长。主要矿产品产量有所增加，原煤产量由上年的8.8亿t上升到9.64亿t，原油由1.63亿t上升到1.65亿t，10种有色金属由760万t增加到856万t，磷矿石由1937万t增加到2100万t，水泥产量由5.8亿t增加到6.3亿t。

2001年全国矿产资源勘查新发现大中型矿产地106处，比去年少25处。新查明矿产资源储量煤16.42亿t，石油7.27亿t，天然气4302亿m^3，铁1.37亿t，铜127金属万t，铝13811矿石万t，铅60.35金属万t，锌73.51金属万t，金271金属t，硫1043矿石万t，地下水97万m^3。

2001年全国各方面投入地质勘查工作费用227.39亿元，其中国家投入地质勘探费9.57亿元，与2000年相比投入地质勘查费用增加4.47%。

全国探矿权转让收入1.95亿元，采矿权转让收入15.95亿元。与2000年相比，探矿权转让收入却减少了1.56亿元；采矿权转让收入增加3.62亿元。

2001年共处理地矿违法案件16300件，其中本年发生案件13029件，吊销采矿许可证2685件，收缴罚款2886万元。

2001年全国矿产品进出口总额突破1000亿美元，贸易逆差进一步扩大。在全国进出口贸易中，矿产品的进出口总额一直保持在18%左右。2001年除原油进口量稍有下降，铬铁矿基本持平外，其他大宗短缺矿产品的进口量都有不同程度增加，其中，原油进口量6025万t，铁矿石进口量8404万t，铜矿石进口226万t，钾肥进口量543万t，进口矿产品供应多元化趋势进一步加大，提高了进口安全保障程度。

2001年中国矿产品进口关税进一步下调，平均降至9.03%，促进了短缺矿产品及相关原材料的进口，保障了国内需求。

矿产资源开发利用“引进来”继续推进。中国海洋石油总公司先后与18个国家和地区的70家石油公司签订了149个石油合同和协议，目前正在执行的有34个，直接利用外资60多亿美元。中国石油天然气集团公司和中国石油化工集团公司与外国石油公司合作，积极开展风险勘探开发和提高采收率等项目，累计引资10亿多美元。2001年批准外商勘查许可证80件，采矿许可证48件。

油气“走出去”已具一定规模，但海外石油份额仍然较小；固体矿产“走出去”已开始步入正轨。中国石油天然气集团公司获石油份额可采储量约4.46亿t，在海外已建成近1400万t，相当于中国石油产量的3%，石油净进口量的10%。

三、海洋资源

2000年全国的海洋产业总产值达到4133.5亿元，比1999年增长13.2%。全国主要海洋产业总产值的增加值达2297亿元，占国内生产总值的2.6%。海洋产业结构调整发生积极变化。海洋三次产业结构由1996年的48:14:38调整为50:17:33。一些海洋产业内部结构不断优化，如海洋渔业生产，其捕捞的养殖比例由1996年的62:38调整为58:42，生产结构日趋合理。某些技术含量高的海洋产业，如海洋石油、海水养殖、水产品加工等，都有较快的发展。传统海洋产业与新兴海洋的产业比例，由1996年的73:27变为70:30。

全国已形成包括海洋水产业、海洋交通运输业、滨海旅游业、海洋油气业、沿海造船业、海洋盐业、海滨砂矿业等七个主要海洋产业。2000年七大海洋产业产值占我国主要海洋产业总产值的比例分别为：海洋水产业占50.43%、海洋交通运输业占17.36%、滨海旅游业占15.43%、海洋油气业占9.28%、沿海造船业占5.42%、海洋盐业占2.01%、海滨砂矿业占0.07%。

2000年，海洋油气业总产值达383亿元，成为我国海洋支柱产业之一。全国海洋石油产量达2080.36万t，海洋天然气产量达46.1亿m^3，海洋盐业产量达2364.4万t，海洋养殖产量达1061.28万t，海滨砂矿业产量达130.33万t。

2001年10月27日，《中华人民共和国海域使用管理法》通过，是我国海洋事业发展历程中一座具有标志性意义的里程碑。海域使用管理法确立了三项基本制度，即海域权属管理制度、海洋功能区划制度和海域有偿使用制度。各级政府部门加强了海洋功能区划工作的组织领导和对成果的审批。目前，天津、河北、江苏、上海、广东等7个沿海省（区、市）政府已批准海洋功能区划，作为海洋管理执法依据。其余沿海省（区、市）政府对海洋功能区划的审批工作正在积极进行中。

四、地质环境

在地质灾害多发区开展县市地质灾害调查和群测群防成效明显。已累计安排247个县市调查，群测群防有效地减少地质灾害。据不完全统计，2001年成功预报地质灾害231次，避免人员伤亡4200余人，避免直接经济损失8600多万元。2001年治理滑坡、泥石流面积25700多ha。

2001年全国共发生地质灾害约6000次，造成788人死亡。

为了查清全国地质灾害的发育情况，从1999年至2005年，国土资源部将对全国受地质灾害威胁严重的700个县（市），部署和开展县（市）地质灾害调查与区划工作。据不完全统计,截止2001年底已完成了266个县(市)的调查与区划工作,面积达49万km^2,查出地质灾害隐患点4万多处。

2001年批准新建33个国家级地质公园。到2001年底,全国已建立地质遗迹自然保护区390处,其中地质构造、剖面和形迹40处、古生物化石25处、地质地貌景观325处,保护区面积206万ha。

中国矿山生态环境破坏和污染十分严重,累计毁坏面积近400万ha。《国民经济和社会发展第十个五年计划纲要》明确要求加大投入力度,加快矿山生态环境恢复治理。国家“十五”生态建设和环境保护重点专项规划将矿山生态环境恢复治理列为重点工程内容,正在抓紧作前期各项准备工作。

2001年国务院批准《三峡库区地质灾害防治总体规划》,三峡库区地质灾害防治总体规划按防治对象和类型,形成若干分项规划,主要:三峡库区崩滑地质灾害防治规划、三峡库区塌岸防护规划、三峡库区地质灾害监测预警规划、三峡库区高切坡防护和深基础处理规划。135 m水位影响的957处崩塌滑坡体防治和塌岸防护是防治规划的重点。三峡库区一期重点治理197处滑坡。

五、国土资源大调查

2001年国土资源大调查取得重大成果:

我国海域天然气水合物调查研究获重要成果。模拟海底条件,已成功合成天然气水合物存在的地球物理标志。我国第一个自行设计、建造并拥有完全自主知识产权的天然气水合物模拟实验室日前在青岛建成。豫西南地区银多金属矿评价取得重大进展。已探获铅锌资源量300余万t,银资源量近6000 t,远景资源量有望大幅增加。

西藏冈底斯地区发现特大型铜矿富集带。在西藏冈底斯成矿带,发现化探异常80余处、矿点30余处、矿床10余处,有望成为我国又一具有规模的铜矿带。

以农业环境为主的多目标地球化学调查取得丰硕成果。首次开展我国经济发达和人口密集区以农业环境为主的多目标地球化学调查试点工作,完成6万多平方公里52种元素的大信息量地球化学调查,勾画出测区宏观地球化学轮廓,为生态环境、土壤质量评价、基础地质及资源潜力预测提供了重要资料。

地下水调查获得重大进展。首都地区地下水与环境地质调查,应急水源地寻找地下水获得重要进展,查明怀柔地区具应急供水能力年达1.2亿m^3的应急水源地。在西部干旱地区,查明鄂尔多斯盆地周边岩溶水年总补给量14.1亿m^3。在其他人畜饮水严重困难地区已成井460余口,缓解了当地严重缺水问题。青藏高原区域地质调查全面加速。对青藏高原空白区的1:25万区域地质调查进行全面加速,发现一批具有重要地质意义的地质体、构造带和古生物化石及找矿线索,对研究青藏高原的演化和构造格局、地层分区、资源和地质环境评价、气候变迁具有重要的理论和现实意义。

2001年完成43个大城市中的351个县区市土地利用动态监测。

基本完成省会城市、计划单列市等37个城市土地价格调查,初步建立起城市地价动态监测体系。

查清中西部14个重点省(区、市)耕地后备资源共546万ha(8190万亩)。

六、科技与信息化

2001年,全面实施了国土资源部科技创新计划,形成发展国家科技计划、部门科技计划与国土资源大调查相互呼应和互为补充的国土资源科技工作新体系。

2001年执行的国家级项目包括国家重大工程1项,国家重大基础研究发展规划项目4项,国家高技术应用部门发展4项,国家科技基础性项目14项。

中国大陆科学钻探工程正式开钻,至2001年12月31日钻达1268.48 m。

地球早期生命演化研究取得新进展。积极发展高新技术,加速成果转化。新型中空玻璃专用分子筛选生产新工艺,打破国外产品在国内市场的垄断,已占国内市场40%。矿物纤维替代部分木浆造纸试验及产业化节约森林资源,降低成本。海泡石长效肥作为环保型矿物肥料,降低化肥污染,改善生态环境,其试验示范显示出巨大潜在价值。

全国国土资源信息化建设工作取得重大进展。完成1:50万土地利用数据库系统;探矿权、采矿权管理信息系统在全国推广;1:50万数字地质图全面推广应用;建成了国家级土地利用规划管理信息系统;研制了计算机辅助区域地质调查系统(RGMAP)。建立了信息服务系统运行平台,包括内部网站、外部网站和二邮系统网站;建立了国家数据中心数据库运行系统平台和信息服务平台;确定了全国国土资源主干网总体方案;地质资料信息化建设进一步深入和扩大。初步形成信息化标准体系框架。

七、西部大开发

西部地区12个省(区、市)土地总面积占全国的71.05%,其中牧草地占全国97.88%,未利用地占86.70%,在西部土地部总面积中,牧草地占38.23%,林地占17.79%,耕地只占总面积的7.10%。2001年,中西部14个国家重点生态退耕省(区、市)共退耕51.35万ha(777.7万亩),占全国的87.8%。其中,内蒙古、宁夏、陕西和四川的退耕面积最大，分别为15.72万ha(235.8万亩)、13.83万ha(207.4万亩)、9.72万ha(145.8万亩)和4.73万ha(71.0万亩)，分别占全国生态退耕总面积的26.6%、23.4%、16.5%和8.0%。

2001年，西部地区矿业产值工业总产值的11.3%，占GDP的6.6%，分别高出全国平均水平6.0和1.6个百分点。

重点加强“十大”矿产资源集中区的矿产资源勘查与开发利用：塔里木能源资源集中区；黄河中游能源资源集中区；东天山北祁连有色贵金属及能源资源集中区；柴达木能源化工矿产资源集中区；秦岭中西段地区有色贵金属资源集中区；西南“三江”中南段有色贵金属资源集中区；攀西黔中矿产资源集中区；四川盆地天然气资源集中区；红水河右江有色贵金属资源集中区；西藏“一江两河”有色贵金属资源集中区。2001年编制并发布实施“十五”西部国土资源开发利用规划；研究制定并实施关于土地和矿产资源的优惠政策措施及细则；组织开展“关于西部大开发国土资源开发利用战略问题”专项调研；为西气东输、西电东送、三峡工程、青藏铁路等国家重大工程，做好国土资源管理和服务方面工作(本公报中涉及的全国性统计数据，除国土面积外，均未包括香港特别行政区、澳门特别行政区和台湾省)。　　(国土资源部2002年4月11日发布)

矿业行业标准(部分)

31项黑色冶金行业标准

中华人民共和国国家经济贸易委员会公告 2001年第6号

国家经贸委批准31项黑色冶金行业标准，现予发布，自2002年1月1日起实施。

以上标准由中国标准出版社出版、发行。

附件：31项黑色冶金行业标准编号及名称

2001年7月9日

附件：

31项黑色冶金行业标准编号及名称

序号	标准编号	标准名称	代替准号
1	YB/T185—2001	连铸保护渣粘度试验方法	
2	YB/T186—2001	连铸保护渣熔化温度试验方法	
3	YB/T187—2001	连铸保护渣堆积密度试验方法	
4	YB/T188—2001	连铸保护渣粒度分布试验方法	
5	YB/T189—2001	连铸保护渣水分含量(110℃)测定试验方法	
6	YB/T190.1—2001	连铸保护渣化学分析方法　高氯酸脱水重量法测定二氧化硅含量	
7	YB/T190.2—2001	连铸保护渣化学分析法 EDTA 滴定法测定氧化铝含量	
8	YB/T190.3—2001	连铸保护渣化学分析方法 EGTA 滴定法测定氧化钙含量	
9	YB/T190.4—2001	连铸保护渣化学分析方法 CyDTA 滴定法测定氧化镁含量	
10	YB/T190.5—2001	连铸保护渣化学分析方法 火焰原子吸收光谱法测定氧化钾、氧化钠含量	
11	YB/T190.6—2001	连铸保护渣化学分析方法 燃烧气体容量法和红外线吸收法测定游离碳含量	
12	YB/T190.7—2001	连铸保护渣化学分析方法 燃烧气体容量法和红外线吸收法测定碳含量	
13	YB/T190.8—2001	连铸保护渣化学分析方法 领菲罗啉分光光度法和火焰原子吸收光谱法测定铁含量	
14	YB/T190.9—2001	连铸保护渣化学分析方法 火焰原子吸收光谱法测定氧化锂含量	
15	YB/T190.10—2001	连铸保护渣化学分析方法 离子选择电极法测定氟含量	
16	YB/T190.11—2001	连铸保护渣化学分析方法 高碘酸钠(钾)光度法和火焰原于吸收光谱法测定氧化锰含量	

续表

17	YB/T191.1—2001	铬矿石化学分析方法 重量法测定水分含量	
18	YB/T191.2—2001	铬矿石化学分析方法 滴定法测定三氧化二铬含量	
19	YB/T191.3—2001	铬矿石化学分析方法 高氯酸脱水重量法测定二氧化硅含量	
20	YB/T191.4—2001	铬矿石化学分析方法 重铬酸钾滴定法测定全铁含量	
21	YB/T191.5—2001	铬矿石化学分析方法 EDTA 滴定法测定氧化钙和氧化镁含量	
22	YB/T191.6—2001	铬矿石化学分析方法 磷钼蓝分光光度法测定磷含量	
23	YB/T191.7—2001	铬矿石化学分析方法 红外线吸收法测定硫含量	
24	YB/T192—2001	炼钢用增碳剂	
25	YB/T2804—2001	普通高炉炭块	YB/T2804 - 1991
26	YB/T4034—2001	高炉炭块尺寸及外观检查方法	YB/T4034 - 1991
27	YB/T5004—2001	镀锌钢绞线	YB/T5004 - 1993
28	YB/T5033—2001	棉花打包用镀锌钢丝	YB/T5033 - 1993
29	YB/T5054—2001	炭糊类检测试样制备方法	YB/T5054 - 1993
30	YB/T5078—2001	煤焦油萘含量气相色谱测定方法	YB/T5078 - 1993
31	YB/T5289—2001	电极糊延伸率试验方法	YB/T5289 - 1999

20 项石油天然气行业标准

中华人民共和国国家经济贸易委员会公告
2001 年第 16 号

国家经贸委批准 20 项石油天然气行业标准，现予发布，自 2002 年 1 月 1 日起实施。

以上标准由石油工业出版社出版、发行。

附件：20 项石油天然气行业标准编号及名称

2001 年 9 月 24 日

附件：

20 项石油天燃气行业标准编号及名称

序号	标准名称	标准编号	代替标准编号
一、强制标准 1 项：			
1	石油工业电焊焊接作业安全规程	SY6516—2001	
二、推荐性标准 19 项：			
1	直埋式钢质高温管道保温预制施工验收规范	SY/T0324—2001	
2	钢质管道穿越铁路和公路推荐做法	SY/T0325—2001	
3	油田注汽锅炉制造安装技术规范	SY/T0441—2001	SY/T4041—95
4	地面防喷器及控制装置	SY/T5053.2—2001	SY5053.2—91
5	地面防喷器控制装置专用液压气动元件	SY/T5443—2001	SY5443—92
6	车装钻地震勘探劳动定额	SY/T5498—2001	SY/T5498—1997、 SY/T5500—1997、 SY/T5501—92、 SY/T5506—92、 SY5535—92
7	石油钻机主要提升设备	SY/T5527—2001	SY/T5527—92、 SY/T5528—92、 SY/T5529—92
8	钻井工程劳动定额	SY/T5553—2001	SY/T5553.1—1992、 SY/T5553.2—1992、 SY/T5553.3—1992、 SY/T5553.4—1992、 SY/T5553.5—1992

续表

9	石油固井成套设备型式与基本参数	SY/T5557—2001	SY/T5557—92
10	固井水泥车	SY/T5611—2001	SY/T5611—93
11	编制外大陆架作业和设施安全和环境管理计划的推荐作法	SY/T6513—2001	
12	罐底热作业的预准备	SY/T6514—2001	
13	露天热表面环境中烃类气体的引燃特性	SY/T515—2001	
14	石油设施储罐过量充装的防护	SY/T6517—2001	
15	装设抽油机防护装置推荐作法	SY/T6518—2001	
16	危险(分类)区域中有关电气设备的气体、蒸气和粉尘的分类	SY/T6519—2001	
17	原油脱水试验方法　压力釜法	SY/T6520—2001	
18	海上地震采集定位辅助设备校准指南	SY/T10026—2001	
19	海上高分辨率地震资料采集技术规程	SY/T10027—2001	

17项石化行业标准

中华人民共和国国家经济贸易委员会公告
2001年第24号

国家经贸委批准17项石化行业标准,现予发布,自2002年1月1日起实施。

以上标准由中国石化出版社出版、发行。

附件:17项石化行业标准名称、编号及代替标准编号

2001年11月23日

附件:　　17项石化行业标准名称、编号及代替标准编号　　推荐性标准17项:

序号	标准名称	标准编号	代替标准编号
1	石油产品硫含量测定法(高温法)	SH/T0172—2001	SH/TO172—92
2	冷却系统化学溶液对汽车上有机涂料影响的试验方法	SH/T0084—2001	SH/T0084—91
3	低温下发动机油屈服应力和表观粘度测定法	SH/50562—2001	SH/T0562—93
4	残渣燃料油总沉淀物测定法(热过滤法)	SH/T0701—2001	
5	残渣燃料油总沉淀物测定法(老化法)	SH/T0702—2001	
6	润滑油在高温高剪切速率条件下表观粘度测定法	SH/T0703—2001	
7	石油及石油产品中氮含量测定法(舟进样化学发光法)	SH/T0704—2001	
8	重质燃料油中钒含量测定法(分光光度法)	SH/T0705—2001	
9	燃料油中铝和硅含量测定法(电感耦合等离子体发射光谱及原子吸收光谱法)	SH/T0706—2001	
10	石蜡中苯和甲苯含量测定法(顶空进样气相色谱法)	SH/T0707—2001	
11	水冷二冲程汽油机油清净性及一般性能评定法(OMC70HP)	SH/T0708—2001	
12	水冷二冲程汽油机油清净性及一般性能评定法(Mercury15HP)	SH/T0709—2001	
13	风冷二冲程汽油机油清净性评定法(EGD)	SH/T0710—2001	
14	工业用乙苯	SH/T1140—2001	SH/T1140—92
15	工业用乙苯纯度及烃类杂质的测定气相色谱法	SH/T1148—2001	SH/T1148—92
16	苯乙烯丁二烯嵌段共聚物(SBS)	SH/T1610—2001	SH/T1610—95
17	合成胶乳干聚物制备	SH/T1501—2001	SH/T1501—92

18项建材行业标准

中华人民共和国国家经济贸易委员会公告
2001年第32号

国家经贸委批准18项建筑材料行业标准，现予发布，自2002年6月1日起实施。

以上标准由建材工业出版社出版。

附件：18项建筑材料行业标准编号及名称

2001年12月27日

附件：

18项建筑材料行业标准编号及名称

序号	标准名称	标准编号	代替标准编号
一、强制性标准7项：			
1	卫生设备用软管	JC886—2001	
2	干挂石材幕墙用环氧胶粘剂	JC887—2001	
3	先张法预应力混凝土薄壁管桩	JC888—2001	
4	钢纤维混凝土检查井盖	JC889—2001	
5	蒸压加气混凝土用砌筑砂浆与抹面砂浆	JC890—2001	
6	玻璃熔窑用熔铸锆刚玉耐火制品	JC493—2001	JC493—1992(1996)
7	高压液位计玻璃	JC891—2001	
二、推荐性标准11项：			
1	天然大理石建筑板材	JC/T79—2001	JC/T79—1992(1996)
2	天然花岗石荒料	JC/T204—2001	JC/T204—1992(1996)
3	天然大理石荒料	JC/T202—2001	JC/T202—1992(1996)
4	铸石制品　铸石粉	JC/T514.3—2001	JC/T514.3—1993(1996)
5	红外辐射加热器用乳白石英玻璃管	JC/T892—2001	
6	玻璃纤维增强水泥(GRC)外墙内保温板	JC/T893—2001	
7	聚合物水泥防水涂料	JC/T894—2001	
8	单一玄武岩铸石制品	JC/T515—2001	JC/T515—1993(1996)
9	铸石制品性能试验方法耐磨性试验	JC/T260—2001	JC/T260—1993(1996)
10	坐便器塑料坐圈和盖	JC/T764—2001	JC/T764—1987(1996) GB8285—1987(1996)
11	泡沫陶瓷过滤器	JC/T895—2001	

2000～2001年世界矿业基本情况

一、世界矿业发展状况

1999年以来，由于亚洲经济复苏，西欧经济好转和美国经济持续强劲增长，国际矿产品市场也由1998年的供过于求逐步向供求基本平衡过渡，甚至出现供求两旺的局面，许多矿产品，如石油、金和部分有色金属等价格都大幅攀升。但自从2000年底以来，由于受美国及世界经济走势疲软的影响，国际矿产品的供求关系总体上由短缺转向过剩，2001年多数矿产品价格下跌，如铜（－13%）、铝（－6.8%）、锌（－21.5%）、镍（－31.2%）等价格都较上年有较大幅度的下降。同时，国际石油价格总体也呈现振荡下滑的态势，特别是“9·11”事件后，国际石油价格加速大幅下滑，由于受欧佩克和非欧佩克大幅减产等影响，12月份石油价格才开始逐步反弹。2001年全球固体矿产勘查费用22亿美元，比2000年下降15%，降到最近9年来的最低水平。

从矿业勘查投资额和矿业资产净值增长来看，近年世界矿业一直处于下滑的趋势。同时，矿业的资本市场份额也在逐年下降，这一点在加拿大表现尤为突出，1995年至2000年，加拿大多伦多股票交易所300家上市矿业公司的市值由占20%下跌到5%（Cooper，2001，E & MJ，2001，11）。目前矿业资本市场仅为3200亿美元，占整个资本市场的份额仅为1.7%。

（一）矿业全球化继续向纵深发展

矿业全球化的实质就是以跨国公司为主体，在全球范围内进行的结构调整和资源优化，以获取最佳的资源和最高的回报。主要表现为：矿业资金跨国流动，矿产资源跨国勘探、开发、生产和销售，矿业公司跨国兼并和跨国上市，大型矿产勘查和开发项目多国、多家公司联合投资，以及矿业信息、知识、技术和管理国际共享等。其结果是：矿产资源在全球范围内再分配，跨国公司进一步在全球范围内寻找勘查和开发目标；发达国家和跨国矿业公司对世界矿业和矿产资源控制程度仍占绝对优势；矿业公司间竞争更加激烈。

（二）以提高效益实现规模经营为目的的矿业公司间兼并此起彼伏

20世纪80年代中后期以来，以全球化、私有化、自由化和市场化为标志，以获取有竞争力矿地（矿床和矿山）、企业兼并、引入低成本先进生产技术和加强效益成本控制管理为手段，以增强国际竞争能力为核心，以提高经济效益为目的的国际矿业（包括矿产勘查开发）结构合理化调整不断向纵深发展。近几年的兼并和收购事件使矿业公司数目越来越少和规模越来越大这种趋势日益明显。

1998年以来，石油业兼并风起云涌。1997～1998年的主要并购和联盟事件就达三、四十起，包括并购、收购、合资经营、战略联盟、资产交换和股权交换等。1999年埃克森以772亿美元并购美孚公司拉开了石油工业兼并潮的序幕，当年全球石油业的并购交易总额估计在2000亿美元以上。1998年以来石油业界一系列的兼并事件使得美国公司占5家的老石油“七姊妹”变成了欧洲公司占5家的新“七姐妹”，即埃克森美孚（Exxon Mobil）、皇家荷兰壳牌（R D/Shell）、BP阿莫科阿科（BP－Amoco－Arco）、雪佛龙德士古（Chevron－Texaco）、道达尔菲纳埃尔夫（Total－Fina－ELF）、埃尼（ENI）和莱普索YPF（Repsol－YPF）。据美国《油气杂志》2002年1月28日报道，2000年全球能源界兼并和收购案件150起，交易总额约为2646亿美元，2001年案件有141件，交易额降为2435亿美元，较上年下降8%，其中上游业交易额为815亿美元，下降了24%。并购活动较为频繁的地区仍然是美国和加拿大。

据原材料集团统计，1990～1999年，交易额在2500万美元以上的全球贱金属兼并案合计达135件，交易额共计278.20亿美元；金的兼并案达146个，交易额共计283.15亿美元。1999年世界范围内在采矿业和冶炼业用于合并和兼并的金额达190亿美元（但仅占全年世界产业界并购总费用34000亿美元的0.6%），其中超过1000万美元的兼并案达100个，最大的一宗交易是美国铝业公司（Alcoa）以46亿美元并购Reynolds。另外两大交易均发生在铜业部门：Phelps Dodge公司出资18亿美元兼并Cyprus－Amax公司，墨西哥Grupo公司以12亿美元赢得Asaro公司。2000年，纽蒙特（NewMont）公司与巴图蒙顿（Battle Mountain）公司成功合并。2001年3月，比利顿（Billiton）公司与BHP公司宣布一项计划，即两公司将合并为全球最大的多种经营资源集团公司—BHP Billiton公司。BHP和Billiton公司将分别拥有58%和42%的股份。

金属矿业公司兼并主要有以下几个特点，一是从矿种来看，金是通过并购和最初公开报价花费最多的金属，1995年以来矿业兼并总费用近1000亿美元，30%用于金矿部门，1999年该项费用虽较1998年大幅度下跌，但仍超过60亿美元；二是从地区来看，大量投资用在政局稳定的工业化国家，主要是澳大利亚、加拿大和美国，以及南非，占兼并总费用的70%；三是美国公司在并购活动中占主导地位。

（三）大型跨国矿业公司规模扩大，对全球资源市场控制程度提高

最近几年全球矿业企业的联合和兼并，使得全球矿业产业的集中度进一步提高。特别是发达国家的跨国矿业公司凭借其雄厚的资金、先进的生产技术和管理经验在新一轮的兼并潮中，扩大了规模，增强了实力，对市场的控制力和影响力进一步扩大。如美国铝业公司（Alcoa）在1998年和1999年先后兼并美国第四大铝业企业Alumax和世界第四大铝生产商Reynolds后，成为世界上最大的有色金属工业企业，年销售收入200多亿美元，控制了全球大约五分之一的氧化铝产能，15%的电解铝生产能力和约12%的铝材加工能力。2001年澳大利亚BHP公司和英国比利顿公司联合后成为世界上仅次于美国铝业公司的第二大金属矿山企业，是全球第三大铜生产商、第三大铁矿石生产商、最大的煤炭出口商。据《E & Mj》2001.11报道，经过2000年的兼并后，Alcoa、Rio Tinto、Anglo American、BHP、Alcan/Algroup、De Beers、CVRD和Billiton八大矿业公司对铁矿、氧化铝、铝和海运煤的市场控制能力均有明显增长。

据统计，目前参与世界矿业经营活动的公司约有8000家左右，但大部分矿山产量仅由少数几家公司控制。据原材料集团(RMG)2000年统计,在全球50强大矿业公司排行榜上,最大的25家公司中,包括美、加、澳、英在内的发达国家和南非的矿业公司就占19家,其控制产量占25家公司总产量的78%。另外六家公司是巴西的CVRD公司,智利的Codelco公司,墨西哥的Grupo Mexico,摩洛哥的OCP,博茨瓦纳的Debswana,以及印度的国营公司SAIL(铁矿)和印度斯坦锌业公司,其合计占剩余的22%产量。据RMG估计,随着矿山产量逐渐向南半球转移,发展中国家矿业公司所占的比例有望增长。

随着跨国矿业公司的联合和规模的扩大,目前全球铁矿石出口市场主要由CVRD(巴西淡水河谷公司)、Rio Tinto和BHP Billiton三大公司操纵着,CVRD控制着欧洲市场,后两个主宰着亚洲市场,2001年其合计占全球铁矿石贸易的份额已达到70%。从矿业公司对金属控制的集中程度看,4家公司控制西方总产量的75%;10家公司分别控制西方国家铅和锌总产量的58%和51%;10家公司控制约70%的铝土矿、铜和铬铁矿的产量,60%左右的铁矿石和镍产量;对金矿的集中控制程度相对低些,10家最大的公司也控制了金总产量的48%。1999年10大跨国矿业公司占全球固体矿产市场份额的比例达26%。

在石油领域,尽管美国和欧洲的跨国石油公司在70年代以后已失去了对全球许多地区石油储量的控制权,但仍占全世界(除前苏联地区以外)石油产量的大约40%。2000年全球著名的埃克森－美孚公司、壳牌公司、雪佛龙公司、英国石油－阿莫科公司、法国道达尔菲纳埃尔夫公司、埃尼集团和德士古等10大跨国石油公司原油产量占全球总产量的近20%,较上年增长2个百分点,见表1。

表1　　全球10大跨国矿业公司和石油公司

10大矿业公司①		10大石油公司②	
公司名称	市场份额	公司名称	石油产量(万t)
Anglo American(英国)	7.1%	美国埃克森美孚公司	12765(3.8%)
Rio Tinto (英国)	4.9%	皇家荷兰/壳牌集团	11370(3.4%)
CVRD(巴西)	3.2%	英国石油－阿莫科公司	9640(2.9%)
BHP(澳大利亚)	3.2%	道达尔菲纳埃尔夫公司	7165(2.1%)
Norialsk(俄罗斯)	2.2%	美国雪佛龙公司	5795(1.7%)
Codelco (智利)	2.0%	西班牙莱普索－YPF公司	3180(1.0%)
Freeport－McMoRan铜金有限公司(美国)	1.8%	美国德士古公司	4000(1.2%)
Fhelps Dodge(美国)	1.7%	美国大陆石油公司	2310(0.7%)
Noranda(加拿大)	1.6%	美国菲利普斯石油公司	2985(0.9%)
Grupo Mexico(墨西哥)	1.5%	俄罗斯鲁克石油公司	7785(2.3%)
合　　计	26%	合　　计	66995(19.9%)

注:括号中百分数为占世界总产量的比例。

资料来源:①Mining Journal July 7 2000(据原材料集团RMG统计整理,为1999年排位)。②《国际石油经济》2002.1

(四)跨国矿业公司仍是全球矿业投资的主体

矿业全球化的迅速发展使得矿业公司勘查开发活动的地域范围更加广阔,得以站在全球的视点上角逐世界矿业市场。在油气勘查开发方面,大型跨国石油公司一直立足于全球油气资源,如壳牌公司在世界45个国家进行勘探开发,在其中的28个国家有油气生产活动;埃克森公司在30多个国家开展勘探、开发和生产活动;美国美孚(Mobil)公司的勘探开发活动遍布五大洲的34个国家;雪佛龙公司涉足20多个国家的油气勘探开发。90年代以来,美国、加拿大和欧洲的一些中小石油公司积极向海外拓展。据SSB(Solomon Smith Barney)组织第20个年度"油气勘探和开发投资调查报告"对投资范围遍及五大洲的全球243个大型和独立石油公司的统计(World Oil,Feb.2002),2002年全球勘查和开发计划投资约为1126亿美元,其中前10大投资者就占总经费的51%,前50位占总经费的89%。总投资中26%投向美国,10%投向加拿大,其余64%分布在全球各大油气区。

非燃料固体矿产勘查方面,1998年美国公司的75%的金矿勘查工作是在海外,而在1997年为71%,20世纪80年代中后期则不足30%。1991年加拿大矿业和勘查公司在59个国家活动,1996年增加到95个国家,1999年则在100多个国家的3000多个矿权地进行活动,在国外勘查花费超过6.4亿加元,占其国内外总勘查费用的73%。澳大利亚、南非、以及欧洲的老牌矿业国英国、法国等国的矿业公司向国外矿产勘查投资的数量和比重迅速增长。新兴工业化国家如韩国、马来西亚等和发展中国家如印度、巴西等,在国外的矿产勘查和开发项目也在增多。在矿产开发方面,近年每年全球的大型矿业开发项目中,矿业公司跨国开发的项目占2/3左右。

(五)资源丰富的发展中国家是全球矿业勘查开发的热点,但近年有所降温

20世纪90年代以来,矿业全球化、私有化以及矿业并购活跃等使全球矿产勘查开发的重心逐渐由发达国家向发展中国家转移,资源丰富的发展中国家占全球矿业勘查开发投资的比例逐年上升,由90年代初期的36%上升到1997年的最高峰56.4%,成为全球矿业勘查开发的热点地区。此后,由于受1997至1998年的亚洲金融危机和全球性经济不景气影响,世界矿业不景气,发达国家矿业公司在上述地区的勘查投资预算有所收缩,且投资大都用在已有项目的开发上。2001年拉美、非洲和亚太地区(不包括澳大利亚)占全球矿产勘查投资比例下降到49.3%,其中亚太地区由高峰期1997年的占10.9%下跌到6.7%,非洲由1998年占17.5%下降到13.8%,拉美则继续保持其优势地位,居全球第一位,占28.8%。

在矿产开发投资方面,1998年的世界大型矿产开发(采选)项目485亿美元总投资预算中,发展中国家占四分之三,比1990年高出10个百分点。2001年980亿美元的矿山开发投资预算中,拉美、非洲和亚洲共占63%,三个地区占总投资的比例依次为29%、18%和16%,拉美居世界第一位,非洲居第二位,亚洲仅次于太平洋地区,居第四位。

在矿产生产,特别是原矿生产中,发展中国家的比重也越来越大,1998年在固体矿产生产中所占比例为:矿山产量占45%左右,精炼产量约占35%左右,分别比80年代初各增长约15个百分点。在石油生产中,发展中国家所占比例超过60%,比80年代初增长了约10个百分点。

(六)技术进步仍是21世纪矿业可持续发展的动力

依靠技术进步,降低生产成本,减少环境污染,是21世纪矿业可持续发展的动力。几十年来,随着找矿难度的增大和可供开发的高品位、易开采、易选冶矿的减少,利用常规方法进行矿产勘查开发效果不断降低。为此,矿业界在科学技术研究和开发领域做出了不懈的努力,特别是发达国家的大型跨国公司把加大科技投入,通过技术创新掌握矿产勘查、开发核心技术作为其保持竞争优势的主要措施,这也是国外一些大矿业公司长期立于不败之地的重要原因。如埃克森公司运用新技术使它过去3年中每年新增探明油气储量都超过了它的油气产量。

反过来,先进的科学技术和仪器设备也对推进全球矿产资源勘查开发和利用效率发挥着越来越大的作用。技术进步在矿产勘查、开采、选冶和加工利用等各个环节发挥着巨大的功效。这样的例子不胜枚举。

技术进步使矿产勘查开发的地域范围更广、更深,成本更低。如在陆上,矿产勘查开发向寒冷的北极地区进发。在海上,近海区和深水区的石油勘查开发进展迅速,近10年世界20%的新增石油和6%的天然气探明储量来自于海上(《Oil & Gas Journal》Dec.13,1999),海上石油储量和产量已分别占世界总储量和总产量的25%和36%。矿产勘查开发的深度也在进一步加大,如1997年5月巴西已在1709 m(5607英尺)的海域产油,海上钻井的水深则达到了3000 m,南非德兰士瓦省兰德金矿山开发深度达到5000多m。近年来,三维地震成像技术、水平井、斜井技术以及水下采油技术、计算机的广泛应用和人工智能等高新技术的应用为石油业提高效率创造效益做出了巨大贡献。如10年前,北海石油的开采成本还在每桶16美元以上,现在已降到平均每桶4美元;英国Wytch Farm油田是西欧最大的陆上油田,有一半的可采储量延伸至海上,1999年7月BP公司利用打大位移井(斯伦贝谢公司施工,水平跨幅达11278米,创历史记录)取代人工岛,节约开发费用1.5亿美元(原计划投资约2.6亿美元),成本下降一半,并将油田投产时间提前3年;美国利用超级计算机技术使地震资料的解释周期缩短了30%~40%,节约了大量时间和费用。未来,随着矿产勘查开发的科技进步和社会发展,隐伏矿、低品位矿、难选冶矿,以及开发条件差的矿产开发机会也将增多。

技术进步使可利用矿产资源的品位显著降低。许多以前难以利用的低品位、难选冶矿变得经济上可行,从而使许多矿产的储量得到增加,金、铜尤为突出。生物-氧化作用和生物浸出技术的进一步发展,已使金矿石开采品位降到0.7 g/t,最低达0.257 g/t。美国钮蒙特公司研制的适用于低品位的细粒金矿石生物浸出工艺,使金的回收率从20%提高到60%;溶剂萃取电积法(Sx-Ew)炼铜技术进一步完善,铜矿石开采品位可降至0.2%~0.4%,最低达0.04%,用该法生产铜的产量迅速增大,在世界铜总产量中所占的比例由1991年的8.5%上升到1998年的14.2%。最近,在低品位、难选冶的铀、镍、钴、锌、钨和钒等领域,利用SX-EX技术的速度明显加快。

新技术、新方法和替代产品的应用极大地提高了矿产资源的利用效率,延缓了矿产资源的耗竭速度。如在能源领域,日本、美国和欧盟等都把节能和提高能效纳入能源安全战略。近年来,节能技术、新能源和可再生能源技术取得突破性进展。美国1995年GDP比1973年增加72.8%,而能源消费量只增加17.5%。过去几十年中,为缓解对石油、天然气和煤炭等不可再生能源的需求,改善环境,许多国家和政府都十分重视开发和利用新能源和可再生能源,如太阳能、风能、地热能、生物质能、氢能、天然气水合物及潮汐能等。

采矿环境技术进步使矿业对环境的污染逐步得到控制。目前,矿业界正尽最大努力以实现矿山固体、液体和气体污染物的近零排放。如酸性废水排放是许多国家一个重大的矿山环境难题,最近在美国加利福尼亚州北部红山铜矿,用特殊的细菌 microbe 处理,显著降低了酸性废水的排放。粉尘遏制和控制技术进步也使采矿更安全、对人体危害更小。

总之,矿业全球化和科技进步使21世纪的世界矿业进入一个新的时代,那就是土地和资本作为竞争优势的地位逐渐弱化,人的主观能动性渐渐取而代之。这意味着矿业企业今后的成功将更多地依赖于管理、技术创新及其应用,即人才和技术。

二、世界矿产资源勘查和开发形势

(一)2000~2001年油气价格上涨是油气勘查投入增长的最主要因素

据美国纽约 SSB 组织 2002 年统计数据,目前大多数油气项目当油价维持在 20 美元/桶时能够盈利,如果油价上升 3 美元,有 48%的被调查公司愿意增加勘查开发投资,相反如果下跌 3 美元则有 60%的公司削减投资。如果天然气价格上升 0.3 美元/千立方英尺,有 44%的被调查公司愿意增加勘查开发投资,相反如果下跌 0.3 美元/千立方英尺,则有 57%的公司计划削减投资。油气价格、勘查远景和现金流量是公司勘查投入的主要动力。Lehman 兄弟公司统计数据也表明,如果石油平均价格保持在 18~20 美元/桶,67%的公司愿意增加投入,石油价格已经成为油气公司考虑勘查投入的最主要因素。2000 年、2001 年石油价格上涨使油气勘查投入大幅度增加。

据《油气杂志》报道,2000 年世界石油储量增长了 7%,美国增长了 19%;天然气增长了 9%,美国增长了 18%。加拿大 2000 年勘查投资从 1999 年的 84 亿美元增加到 142 亿美元;石油储量从 1999 年的 38 亿桶增加到 2000 年的 41 亿桶,增长 8%,5 年期间增长了 58%;天然气储量从 1999 年的 2.56 万亿立方英尺增长到 2000 年的 2.87 万亿立方英尺,增长了 12%。拉丁美洲勘查预算从 1999 年的 145 亿美元下降到 2000 年的 63 亿美元,减少了 57%;2000 年末拉丁美洲的石油储量从 1999 年的 115 亿桶增长到 2000 年的 118 亿桶;天然气储量从 1999 年的 2.33 万亿立方英尺增长到 2000 年的 2.34 万亿立方英尺。欧洲的投资预算从 1999 年的 154 亿美元下降到 2000 年的 138 亿美元;截至年底的石油储量从 1999 年的 108 亿桶减少到 2000 年的 105 亿桶。非洲和中东地区总预算从 1999 年的 57 亿美元下降到 2000 年的 45 亿美元;截至年底的石油储量从 1999 年的 93 亿桶增长到 2000 年的 103 亿桶,增长 11%。亚太地区投资预算从 1999 年的 87 亿美元上升到 2000 年的 94 亿美元;截至年底的石油储量从 1999 年的 170 亿桶增长到 2000 年的 172 亿桶,天然气储量从 1999 年的 5.59 万亿立方英尺增长到 2000 年的 6.46 万亿立方英尺,增长 14%。

2000 年,BP Amoco 公司勘查开发投资位居第一,为 232 亿美元,其次是阿纳达克 85 亿美元,飞利浦 74 亿美元,埃克森美孚 61 亿美元,中石油 47 亿美元。在勘查方面,2000 年 BP 为 6.76 亿美元;雪孚龙为 4.32 亿美元;阿纳达克为 3.53 亿美元;荷兰皇家壳牌公司为 3.05 亿美元。

据《世界油气》报道,2001 年美国上游投资达到 370 亿美元,比 2000 年的 331 亿美元增长了 11.78%,2001 年美国用于勘查钻探的费用为 308 亿美元,比 2000 年增长12.1%。2001 年美国生产和提高采收率项目费用为 58.5 亿美元,比 2000 年的 52.2 亿美元增长 12.07%。2001 年加拿大上游投资达到 121 亿美元,比 2000 年的 92.6 亿美元增长了 30.7%。2001 年加拿大用于勘查钻探和开发的费用为 137 亿美元,比上年增长 13.4%。其中用于勘查和钻探的费用为 87 亿美元,比上年增长 76 亿美元。2001 年加拿大生产费用为 50 亿美元,比上年的 44 亿美元增长了 13.6%。2001 年美国和加拿大以外的国家投资从去年的 111 亿美元上升到 129 亿美元。其中大多数为勘查开发费用的增加。2001 年比 2000 年增长了 5.6%。

(二)2001年世界非燃料固体矿产勘查投资创近十年最低纪录

据加拿大世界金属经济集团(MEG)各年度报告统计,世界固体矿产勘查费用自 1993 年以来稳步上升,到 1997 年达到最高峰的 52 亿美元。之后连续三年下降,其中 1998 年暴跌 29%,1999 年下降 24%,2000 年降幅减缓,下降 7%,为 26 亿美元,2001 年继续大幅下滑了 15.4%,降至 22 亿美元。MEG 估计,2002 年世界勘查预算将继续缩减,原因是 2000 年 5 个大型矿业公司通过购并或合并后的新公司将减少其勘查投资。

据加拿大金属经济集团(MEG)对 679 家勘查公司(年勘查投资大于 10 万美元)勘查预算的研究,2001 年世界非燃料固体矿产(一般不包括铝和铁)勘查总费用为 22 亿美元(非政府投资的商业性勘查费用),被调查的 656 个公司的勘查总预算为 20 亿美元,占世界勘查总预算的 90%(见表 2)。

总勘查费用在区域上的分布状况见图 1。拉丁美洲地区仍保持优势,澳大利亚次之,加拿大排名第三,非洲位居第四,美国紧跟其后,占 7.9%,太平洋/东南亚地区占 6.7%。其他地区包括欧洲和独联体等国家占 8.7%，其中欧洲为 7820 万美元，独联体为 2720 万美元，亚洲为 2710 万美元，中东地区为 840 万美元。

2001 年各区域勘查费用普遍下降。其中下降幅度最大的是美国和亚太地区，分别比 2000 年下降了 33%。美国勘查费用下降的部分原因是为了环境保护而对矿产资源法进行的几处修订，土地管理局承认新的法规将造成每年 8.77 亿美元的矿业损失和 6050 个就业机会丢失。亚太地区勘查投资锐减的主要原因是该地区此起彼伏的内乱，某些就是针对矿业活动的。

金、铜、金刚石仍然是最主要的勘查矿种，但各自勘查费用所占的比例有明显变化。金矿投资额以及所占比例继续下降，从 2000 年的 10.9 亿美元、占 46.6% 下降到 2001 年的 8.49 亿美元、占 42.5%；包括铜在内的贱金属矿产勘查投资所占比例上升，从 2000 年的占 37.9% 上升到 2001 年占 38.9%，但投资额从 8.86 亿美元下降到 7.79 亿美元；金刚石从 2000 年占 9.6%，上升到 2001 年占 9.9%，但金额从 2.24 亿美元下降到 1.99 亿美元。

表 2　　**西方矿业公司和世界非燃料矿产勘查投资预算**　　单位：亿美元

国家/地区	1993 年	1994 年	1995 年	1996 年	1997 年	1998 年	1999 年	2000 年	2001 年
美　国	3.45 (20.1)	3.23 (15.7)	2.94 (11.9)	3.43 (9.7)	3.65 (9.1)	2.43 (8.6)	2.52 (9.8)	2.35 (10.0)	1.58 (7.9)
加拿大	2.95 (17.2)	2.80 (13.6)	3.28 (12.2)	4.61 (13.1)	4.36 (10.8)	3.08 (10.9)	3.10 (12.1)	3.48 (14.9)	3.33 (16.6)
澳大利亚	3.30 (19.2)	4.31 (21.0)	5.29 (19.6)	6.66 (18.9)	6.73 (16.7)	4.95 (17.5)	4.95 (19.3)	4.05 (17.3)	3.49 (17.5)
拉丁美洲	3.30 (19.2)	5.44 (26.5)	7.85 (29.1)	9.63 (27.3)	11.7 (29)	8.14 (28.8)	7.19 (28.1)	6.62 (28.3)	5.76 (28.8)
非　洲	1.65 (9.6)	1.99 (9.7)	3.20 (11.9)	4.18 (11.9)	6.63 (16.5)	4.94 (17.5)	3.77 (14.7)	2.93 (12.6)	2.77 (13.8)
太平洋/东南亚	1.24 (7.2)	1.68 (8.2)	2.57 (9.6)	4.15 (11.8)	4.40 (10.9)	2.66 (9.3)	1.96 (7.7)	1.99 (8.5)	1.33 (6.7)
其他地区	1.28 (7.5)	1.09 (5.3)	1.81 (6.7)	2.59 (7.3)	2.83 (7)	2.09 (7.4)	2.13 (8.3)	1.97 (8.4)	1.75 (8.7)
公司合计	17.18	21.3	26.9	35.2	40.3	28.3	25.6	23.4	20.0
世界总计	25.0	29.3	35.5	46.3	52.0	37.0	28.0	26.0	22.0
统计公司数(家)	140	151	154	223	275	182	670	656	679
公司年投资规模(万美元)	>100	>200	>300	>300	>290	>290	>10	>10	>10

注：西方矿业公司不包括小公司、地方性的私人公司和政府集团；括号内数字为占公司合计的百分数；
西方矿业公司在世界各地的勘查投资总计数占全球商业性金属勘查费用的 90% 左右。
资料来源：Metals Economics Group Strategic Report. 1993 ~ 2001.

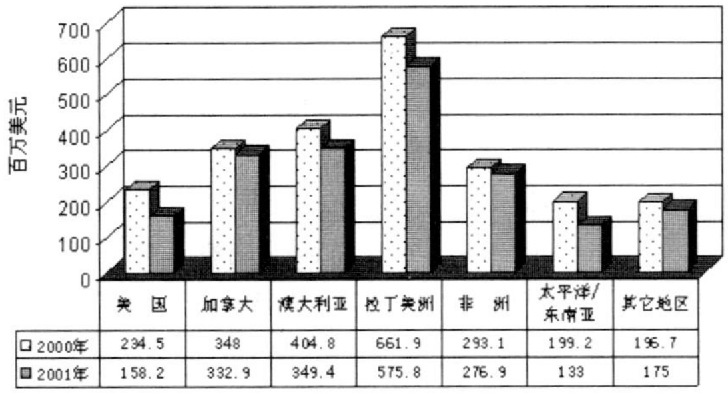

图 1　2000 ~ 2001 年世界固体矿产勘查费用区域分布

2000、2001 年世界主要固体矿产勘查费用及所占比例见图 3。按勘查阶段分，2001 年草根勘查费用支出仍居主要地位，为 10.4 亿美元，占总勘查费用的 52.1%，比 2000 年的 11.2 亿美元(656 家公司)下降了 7.1%，比 1997 年最高纪录 23 亿美元下降了 54.8%；2001 年用于后期—可行性研究阶段的费用预算总额为 5.545 亿美元(占 27.7%)，较 2000 年的 7.594 亿美元下降了 27.0%；2001 年用于矿场方面的勘查预算为 4.034 亿美元(占 20.2%)，比 2000 年 4.557 亿美元减少了 5230 万美元(详见表 3)。

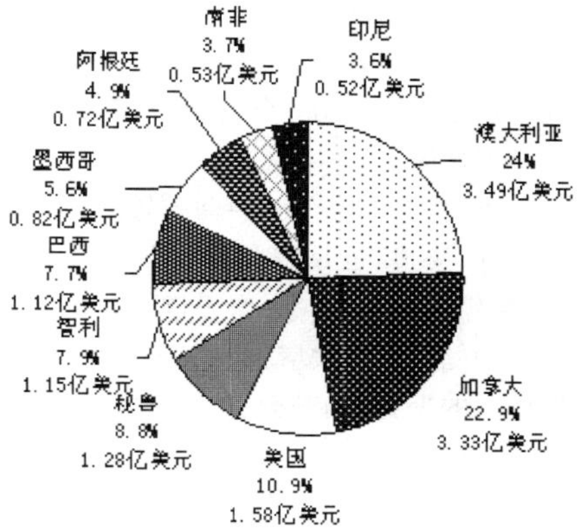

图2　2001年勘查费用居前十位的国家

(合计为14.5亿美元)

表3　固体矿产勘查各阶段投资比例的变化(%)

勘查阶段	1994年	1995年	1997年	1998年	1999年	2000年	2001年
草根勘查	52.5	50.3	49.5	46.5	50.5	48.0	52.1
后期－可行性研究	29.4	31.5	33.1	33.5	31.7	32.5	27.7
矿场勘查	18.2	18.2	17.4	20	17.8	19.5	20.2

资料来源:Metals Economics Group Strategic Report.1994～2001.

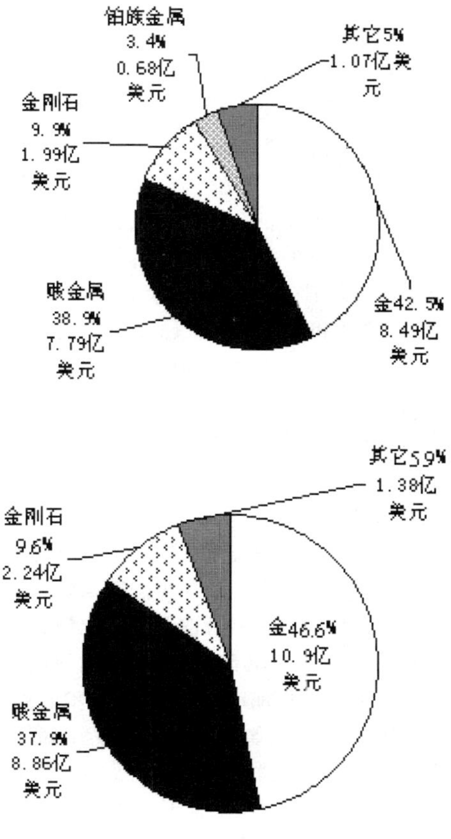

图3　世界主要矿种勘查预算

(三)找矿勘查继续取得进展

2000至2001年重要的油气勘查进展主要在阿联酋、墨西哥、伊朗、特里尼达和多巴哥、巴西、中国:阿拉伯联合酋长国在沙迦和富查伊拉两个酋长国的中间地带发现了一个储量约为125亿桶的新油田;墨西哥在坎塔雷利地区发现了一个储量丰富的新油田,已探明的储量达14亿桶;伊朗在南部省份霍尔木兹甘的阿巴斯港市发现了一座天然气田;特立尼达和多巴哥在距海岸67 km处发现一个储量近1万亿立方英尺的大型气田;巴西在东南部省份圣埃斯皮里图州发现了80亿 m^3 天然气储量;中国在内蒙古伊克昭盟地区发现苏里格气田,地质储量规模超过了5000亿 m^3。

据不完全统计,截至2001年,世界上已发现的大油气田600多个,它们拥有的可采储量占世界总可采储量的2/3以上。近几年来,中东、拉美、亚太、西非、墨西哥湾和里海一直是勘查的热点地区。发现较多油气资源的国家和地区有西非(尤其是安哥拉)、阿尔及利亚、澳大利亚、东南亚、埃及、挪威、英国、伊朗、墨西哥湾地区、拉美的巴西、哥伦比亚、委内瑞拉、特立尼达和多巴哥,以及俄罗斯和里海地区等。

据《世界石油工业》最新报道,近10年来世界上共发现了76个可采储量超过5亿桶油当量的大油气田,合计油气可采储量980亿桶油当量,其中油350亿桶,凝析油75亿桶,天然气9.3万亿 m^3。从地区分布看,中东居第一位(占37%),拉丁美洲和亚太地区分居第二、三位(18%和16%),其次依次为西非(10%)、前苏联(6%)、北非(5%)、欧洲(5%)和北美(3%)。其中9个超大型油田(每个超过10亿桶)是:墨西哥湾的"狂马"(10亿桶),巴西的龙卡多尔(30亿桶)、伊朗阿扎德甘(37亿桶)、哥伦比亚的库西亚纳(26亿桶)、安哥拉的Dalla(13亿桶)和Agbaml(10亿桶)、阿尔及利亚的Ough-roud(12亿桶)、墨西哥坎塔雷尔油田下的Sihil油田(14亿桶);几个大气田的储量为伊朗南帕斯(South Pars,3～45万亿立方英尺)、阿塞拜疆圣·丹尼斯(Sh.Deniz,1.7亿立方英尺)、玻利维亚伊托斯·阿尔伯托(Itau－S Al-berto,1.4万立方英尺)、挪威奥曼(Orman,1.1万亿立方英尺)、阿曼赛·劳尔(Saih Rawl,1.2万亿立方英尺)、印尼沃瓦塔和波塞克(Vorwata,1.1万亿立方英尺;Pocike,0.6万亿立方英尺)和澳大利亚珀休斯(Perseus,0.77万亿立方英尺)等。

在20世纪90年代的大发现中,深水大油气田的储量仅占总储量的20%,但其石油储量比例高达73%,而在总储量中石油仅占35%,深水大油气田主要发现于墨西哥湾、西非安哥拉和巴西,90年代发现的原油储量依次达到70亿桶、70亿桶和60亿桶。到1999年底,在美国墨西哥湾深水(水深大于1500英尺)海域发现的油气田已有112个,其中1999年有17个。

值得指出,近年来,随着海上及深水油气勘探开发技术的发展和成本的降低,世界海上油气勘探开发投资快速增长,大陆边缘及深水地区勘探十分活跃。目前,已有近百个国家从事海上油气勘探,50多个国家在20多个大的海上油气区开发油气,另外有20多个国家在其海域发现的油气资源还基本未开发。近年,海区油气勘查和评价井数也在增加,勘查和开发的水深也不断刷新。例如,巴西1997年5月在1709 m(5607英尺)的海域产油,创当时的世界记录,而目前的记录是在墨西哥湾创造的,水深为7718英尺,由雪佛龙公司用全球海洋公司(Global Marine)的“Glomar勘探者”号创造的。海上钻井的水深则达到了3000 m。海上油气勘查不断取得进展,目前深水海域区(水深大于300米)发现的石油300多亿桶,天然气4万多亿m3,但多数尚未开发。目前世界油气田生产井中属于深水的不足3%,估计将来至少会占到25%。预计巴西未来海区油气井储量的90%将来自于深水油气田,墨西哥湾为89%,西非45%,挪威38%,英国9%。1999年世界深水区发现的新油田数达25个,达创记录水平。其中12个位于美国墨西哥湾水域,4个位于安哥拉水域,3个位于印度尼西亚东加里曼丹水域,3个位于尼日利亚水域,其余3个分别位于埃及的尼日尔三角洲、印度的孟加拉湾和以色列。据报道,1999年BP公司在墨西哥湾发现狂马(crazy horse)油田,当时估计储量为至少有10亿桶,认为是墨西哥有史以来最大的石油发现,最近在狂马油田附近又获重大发现,这使得该区域总可采储量增加了50%,达到15亿桶。

在非燃料矿产方面,近年新发现和储量的扩大多集中在贵金属、贱金属和金刚石等矿产上。

在金矿方面,受国际金价持续低迷影响,金矿勘查投资缩减。尽管如此,在加拿大、美国、秘鲁、智利、阿根廷、澳大利亚、南非、坦桑尼亚、马里、土耳其、罗马尼亚、爱尔兰、埃及、俄罗斯、西班牙、墨西哥、危地马拉、哥伦比亚、印尼、菲律宾、越南、日本、蒙古、伊朗等国家有许多重要进展。其中有的是原有矿山储量和资源量的扩大,不少则是在已知矿山的外围勘查发现的。

在银矿勘查方面,最重要的是玻利维亚特大型圣克里斯托巴尔银矿床的发现,通过1998年后期钻探已获矿石储量2.59亿t,含银62.2 g/t,锌1.57%,铅0.55%,即含银16110 t,含锌406.6万t,铅142.5万t。此矿床将成为世界上最大的露天开采银矿之一。智利的帕斯夸金银矿床矿石储量2.62亿t,银品位66.3 g/t,即含银17370 t。

铂族金属矿床是近年国外矿产勘查的一个新的重点矿种,有不少新的发现。其中包括加拿大努瓦特地区马斯科克斯矿床、安大略省伊勒湖矿床和肖德贝里凯利湖矿床、西班牙阿瓜布兰卡矿床、芬兰北部拉普兰地区罗瓦尼埃米矿床。2001年在加拿大安大略省桑德贝发现了新的矿床。

在铜矿方面,对斑岩铜矿的勘查较多,新的发现也较多。在智利、秘鲁、厄瓜多尔、巴西、印度尼西亚、菲律宾、巴基斯坦、伊朗等国家,由于进一步的工作,一些已有矿区的铜储量有较大增长。如在智利北部1996年草根勘探发现的斯彭斯矿床,适合于露天开采的储量已增至4亿t,铜品位1%。著名的埃斯康迪达特大型斑岩铜矿附近又发现了埃斯康迪达北矿床。

在铅锌矿勘查方面,以沉积喷气型和火山成因或火山岩熔矿块状硫化物矿床型项目较多,勘查成果中以已知矿床的扩大较为突出。如美国阿拉斯加州“红狗”矿床附近1995年发现特大型阿加拉克矿床(含铅锌合计1338万t),1996至1997年度勘查季节又在阿加拉克矿山附近发现帕拉阿克矿床,含铅锌合计247万t,1999年又在“红狗”矿山北约10 km处发现大型平伏的铅锌银矿体—阿纳拉阿克(Anaraaq),其品位略高于“红狗”主矿床,估计有资源1200万t,锌品位18%,铅5%,银90 g/t。此外,伊朗和印尼等国沉积喷气型铅锌矿勘查,西班牙、葡萄牙、印度、秘鲁、巴西和墨西哥等国的火山成因块状硫化物型矿床的勘查都有不同程度的进展。

金刚石勘查继续受到重视。2000年、2001年其勘查费用占固体矿产勘查总费用的9.6%。加拿大、南部非洲、西非、坦桑尼亚、俄罗斯、澳大利亚、北欧、巴西、法属圭亚那、印度、印尼、格陵兰和美国等均在进行金刚石勘查工作。加拿大的金刚石勘查工作仍占有重要地位,主要发现地仍在西北地区及其东侧的奴瓦特地区。初步估计,该国迄今已发现的金伯利岩体有500多个,其中西北地区和奴瓦特地区已发现金伯利岩体合计有300个左右。加拿大西北地区格拉湖区埃卡蒂矿床附近发现雷内克斯等一些新的岩筒。另外,应用先进技术勘查出纳米比亚海域的金刚石资源前景,在毛里塔尼亚、利比里亚、几内亚和巴西也发现了有资源潜力的金伯利岩勘探目标。

其他矿产的勘查也在进行,且不断取得进展或突破。如加拿大、南非、澳大利亚和美国镍铜硫化物的勘查,新喀里多尼亚、印尼和科特迪瓦的红土型铜镍型矿床在进一步勘查中;芬兰盖米铬铁矿、澳大利亚昆士兰州西北部的朱利亚克里钒矿资源得到进一步证实;铀矿勘查总体有所萎缩,但加拿大萨斯喀彻温省北部仍在进行铀矿勘查,并有所发现和扩大;巴基斯坦、孟加拉和哥伦比亚等国在进行一些煤炭勘查工作;中非等几个非洲国家、巴基斯坦和澳大利亚等在进行一些铁矿勘查工作;除金刚石以外的宝石矿床勘查方面,巴西、巴基斯坦、赞比亚均在进行祖母绿的勘查和开发，等等。

由于技术进步和坚持不懈的超前地质勘探工作，使得近10年来全球重要矿产资源的储量或储量基础大都有不同程度的增加，见表4。按照目前世界矿产开采水平，总的来说，证实储量可保证开采20~40年。某些矿种的保证年限还要长得多，如石油为40年，天然气近60年，煤200多年。如果加上预测资源量，保证年限还会大大增加。

表4　**世界主要矿产储量**

矿产	单位	储量		储量基础		矿产	单位	储量		储量基础	
		1990年	2001年	1990年	2001年			1990年	2001年	1990年	2001年
煤	亿t	8380.0	9842.1	–	–	钽	t	21792.0	28000.0	68932.0	60000.0
石油	亿t	1364.9	1408.0	–	–	铼	t	2739.0	2500.0	10305.0	11000.0
天然气	万亿m^3	119.1	149.4	–	–	铌	万t	345.0	350.0	413.0	550.0
铀*	万t	165.7	234.0	–	–	锂	万t	217.7	340.0	834.4	940.0
铁矿石	亿t	1510.0	1400.0	2290.0	3100.0	锶	万t	680.3	680.0	1197.2	1200.0
锰矿石	万t	81630.0	67000.0	353730.0	500000.0	铊	t	377.0	380.0	644.0	650.0
铬矿石	亿t	13.6	36.0	67.8	76.0	钍	万t(ThO_2)	93.0	120.0	110.0	140.0
镍	万t	4897.8	5800.0	10977.0	16000.0	锆	万t(ZrO_2)	2300.0	3600.0	5100.0	6500.0
钴	万t	331.2	320.0	834.4	1000.0	钇	万t(Y_2O_3)	91.0	51.0	97.0	56.0
钨	万t	265.6	190.0	355.0	310.0	石棉	万t	11000.0	①	14300.0	①
钼	万t	610.0	560.0	1290.0	1100.0	石墨	万t	2101.5	1500.0	37928.0	36000.0
钒	万t	426.8	1000.0	1660.2	2700.0	萤石	万t	23900.0	22000.0	34000.0	38000.0
铜	万t	33600.0	34000.0	57400.0	65000.0	重晶石	万t	16600.0	16000.0	45350.0	55000.0
铅	万t	7000.0	6400.0	12000.0	13000.0	石膏	亿t	23.6	①	①	①
锌	万t	14700.0	19000.0	29500.0	44000.0	滑石	万t	37700.0	①	112400.0	①
铝土矿	亿t	218.0	240.0	232.0	350.0	硅藻土	亿t	8.0	8.0	20.0	①
菱镁矿	亿t(Mg)	24.8	25.0	24.8	34.0	硅灰石	万t	16735.0	27315.0	41512.0	44918.0
金红石	万t(TiO_2)	8500.0	4700.0	13600.0	6900.0	高岭土	亿t	121.5	①	118.0	209.0
钛铁矿	万t(TiO_2)	20000.0	34000.0	40300.0	47000.0	珍珠岩	亿t	6.4	7.0	18.1	20.0
锡	万t	592.0	960.0	605.0	1200.0	天然碱	亿t	239.0	240.0	594.0	400.0
锑	万t	420.0	210.0	469.0	320.0	金刚石	亿克拉	9.8	5.8	19.0	12.0
汞	万t(Hg)	12.8	12.0	24.2	24.0	硫	亿t	14.0	13.0	35.0	35.0
铋	万t	9.0	11.0	20.4	26.0	磷酸盐岩	亿t	124.8	120.0	337.9	470.0
金	t	42400.0	50000.0	48600.0	78000.0	钾盐	亿t(K_2O)	98.0	84.0	173.0	170.0
银	万t	28.0	28.0	42.0	43.0	硼矿	万t(B_2O_3)	32199.0	17000.0	61676.0	47000.0
铂族金属	t	56000.0	71000.0	66000.0	73000.0	蛭石	万t	4535.0	5000.0	18140.0	20000.0
稀土	万t(REO)	8400.0	10000.0	9400.0	11000.0	铟	t	1679.6	2600.0	2985.9	5700.0
镉	万t	53.5	60.0	97.0	120.0	硒	万t	8.0	7.0	13.0	13.0
铯	万t	10.0	10.0	11.0	11.0	碲	t	22000.0	20000.0	38000.0	38000.0

备注：*每公斤成本≤80美元；①储量或储量基础丰富，无统计数据。

数据来源：1. Mineral Commodity Summaries. 1991,2001. 2. Oil & Gas Journal. 1990 No.52;2000,No.52 3. BP Statistical Review of World Energy. June 2000. 4. Uranium Resources, Productin and Demand. 1990.

（四）非燃料固体矿产开发投资预算

2001年大幅度回升美国《工程和采矿杂志》（E & MJ）年度调查表明，1998年和1999年全球范围内大型矿业开发项目（一般根据已发表的公司公告、年度报告及其它可信渠道得到的有关已经提出的、正在进行的和即将实施的项目，项目投资规模在1000万美元以上，除煤以外的固体矿产）预算投资分别增长20%和5.73%。2000年，全球范围内大型矿业开发项目虽较上年增长13%，达131项，但投资预算仅为504.37亿美元，减少8.42亿美元。下降的主要原因是1997年下半年以来许多矿产品市场价格在不断下降，影响了生产者和投资者的积极性。金融危机对东南亚、澳大利亚和南美洲的影响也逐步波及到这些地区的矿业开发。

据瑞典斯德哥尔摩的原材料小组（RMG）统计，截止到2001年底全球矿业开发计划投资达980亿美元。调查范围从预可行性研究到矿山建设，包括绿地开发和已有矿山的扩大。与往年相比，2001年开发支出预算是历年来最高的一年，但RMG解释说，这并不意谓着投资额相应提高了那么多，增长的部分原因有：一是各公司对于新开工的项目总是积极公布（这对其股民和股市价格有益），而对未按计划实施的项目则很少公布。因此有许多目前经济不可行的项目仍列在项目清单上，这次调查中，本类延期或推迟的项目就占15%左右；二是调查的范围扩大，这次统计了印度的信息和数据,以及规模较小的项目。

从地区上看,拉丁美洲仍是开发投资的最热点地区,开发投资预算达 291 亿美元,其次依次是非洲 176 亿美元、大洋洲 168 亿美元、亚洲 152 亿美元、北美洲 133 亿美元和欧洲 57 亿美元,见图 4。

表 5　2001 年十大矿业开发投资国投资状况

国家	投资额(亿美元)	占世界比例(%)	项目数及投资的主要矿种
澳大利亚	133	13.6	共 124 个,涉及金、银、铅、锌、铜、镍、铁、锰、镁、铀、钒、锡、稀土、钯、金刚石等
智利	107	10.8	共 34 个,主要是铜、金和银等
美国	69	7.1	共55 个,包括金 34 个、铜 11 个、锌 3 个、钴 3 个、银 1 个等
南非	65	6.7	共 74 个,涉及铂、铂族、金刚石、金、铜、铁、锰、铬、铅、锌等
加拿大	64	6.6	共 60 个,涉及金、银、铜、镍、铅、锌、锑、铀、钯、镁、铌、钴、金刚石等
秘鲁	57	5.8	共 26 个,涉及铜、金、银、铅、锌、钼
菲律宾	42	4.3	共 12 个,金 5 个、铜 3 个、镍 3 个、锌 1 个
巴西	39	4.0	共 15 个,涉及金、银、铜、铅、锌、镍、铁等
俄罗斯	36	3.7	共 16 个,涉及金、银、金刚石、锌、镍、铂、钯等
印度尼西亚	35	3.6	共 10 个,金 5 个、镍 4 个、铜 1 个
合计	650	66.0	共 426 个项目,占项目总数(764 个)的 55.8%

据 E & MJ, Jan. 2002 整理。

大洋洲的绝大部分投资是在澳大利亚;亚洲 152 亿美元中,计划有 50 亿美元投在菲律宾,中国、印尼、哈萨克斯坦和伊朗合计超过 150 亿美元,中国矿业开发投资很可能统计不全,否则亚洲占全球的比例可能接近大洋洲和非洲;北美总投资超过 130 亿美元;尽管欧洲对矿业投资不太欢迎,但在一些周边国家,比如西班牙、瑞典和芬兰的矿业开发投资还是维持了欧洲在全球矿业投资中的比重。

从国家来看,澳大利亚是最具吸引力的国家,此外依次是智利、美国、南非、加拿大、秘鲁、菲律宾、巴西、俄罗斯和印尼,2001 年这十大矿业投资国的矿业开发投资占全球投资总额的 66%,共计 650 亿美元(见表 5)。2001 年澳大利亚矿业项目预算费用为 133 亿美元,占全球总投入的 13.6%,巴西以 39 亿美元跃居第八位,主要开发矿种为铜,大多处于预测可行性到可行性研究阶段。尽管智利一些铜项目已经完成,但众多新的铜项目仍使该国矿业投资位于世界前列。加拿大比去年上升了一位,原因是一些新的金刚石项目,但也包括铜和镁项目的巨资投入。秘鲁的一些项目已经完工,新开发投入最少,但该国对投资者来说仍然有较大的吸引力。由于国内动乱,没有新的项目计划,民主刚果矿业投资退居第十二位。

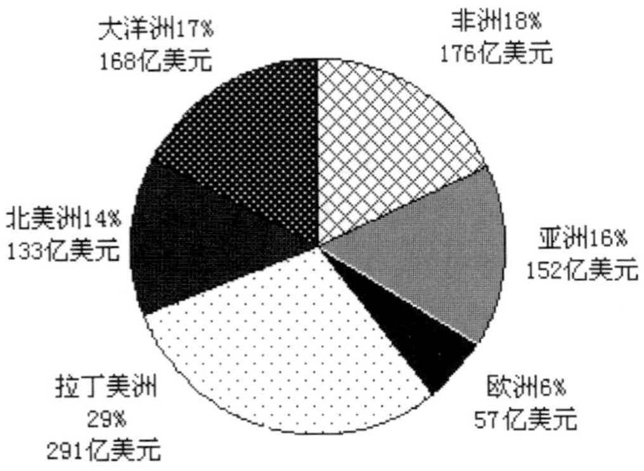

图 4　2001 年全球矿业开发投资预算区域分布

从开发的矿种来看,5 种主要金属矿产铜、金、镍、锌、镁费用合计达到调查费用的 85%,铅等 7 种金属开发投入占总调查费用的 94%,其中铜、金和镍位居前三位。铜开发投入从 2000 年的 260 亿美元,占 30% 上升到 2001 年的 330 亿美元,占 34%。金以 230 亿美元占居第二位。镍 160 亿美元仍占居第三位。由于澳大利亚几个重要的项目正在建设,镁 50 亿美元跃居第五位。金刚石和铂族金属投入,反映出勘查开发异常活跃(见表 6)。

表 6　2001 年全球主要矿种的矿业开发投资状况

矿种	矿业投资(亿美元)	占全球投资的比例(%)	主要国家或地区
铜	330	34	智利、菲律宾、秘鲁、阿根廷、巴西
金	230	24	南非、智利、美国、俄罗斯、秘鲁
镍	160	16	印尼、新喀里多尼亚、PNG、菲律宾
锌	70	7	南非、中国、加拿大、纳米比亚、美国、伊朗
镁	50	5	澳大利亚、加拿大、刚果
金刚石	40	4	俄罗斯、加拿大
铁矿	40	4	几内亚、澳大利亚
铂族金属	30	3	美国、南非
银	10	1	墨西哥、澳大利亚、阿根廷、俄罗斯
其它	20	2	
总计	980	100	

据 E & MJ, Jan. 2002 整理。

近两年来上马的一些项目投产后将对世界和地区生产及市场贸易结构产生影响。例如，泰国乌隆钾盐项目，年产200万t KCl，2000年投产后对世界钾盐生产布局和亚洲东部地区，包括东南亚、中国和印度的钾盐市场贸易产生较大的影响。加拿大Ekati和Diavik金刚石项目的投产对全球金刚石供应和市场贸易结构产生较大的影响。此外，南美洲智利、阿根廷、秘鲁等国的铜和金项目投产将大大扩大世界市场铜的供应。

三、世界矿产品供需形势

2000年以来，随着世界贸易增长速度开始放缓，世界矿产品市场需求增长也明显放慢，导致许多重要矿产品产量下降或增长速度减慢，见表7。国际矿产品市场供求基本平衡。世界矿产品贸易增长速度仍高于矿产品生产和消费增长速度。1998年至2000年世界部分矿产品贸易量(见表8)。

表7　　世界主要矿产品产量

矿　产	单　位	1996年	1997年	1998年	1999年	2000年
煤	亿t	45.21	47.02	46.88	46.05	46.61
石油	百万t	3370.9	3468.5	3227.59	3370.9	3184.74
天然气	亿m^3	22282	22306	22737	23237	24223
铀	t	34996	35692	33932	30834	
铁矿石	亿t	10.18	10.53	10.61	9.91	11.35
锰矿石	万t，锰	773	768	704	674	728
铬矿石和精矿	万t	1219	1250	1270	1400	1600
铝土矿	万t	12276.34	12556.4	12496.71	13177.53	13900.02
铜(矿山产量)	万t	1110.25	1153.83	1231.57	1269.55	1328.78
铅(矿山产量)	万t	304	305.15	302.01	299.02	304.78
锌(矿山产量)	万t	732.6	733.45	762.13	802.31	868.86
镍(矿山产量)	万t	103.2	108.73	113.87	105.63	112.67
钴(矿山产量)	t	27000	27000	30300	28300	33300
钨精矿(矿山产量)	t	28120	30290	32200	31000	37400
锡(矿山产量)	万t	22.36	22.35	21.4	21.8	24.87
钼(矿山产量)	万t	12.79	14.34	13.88	12.87	13.85
镁	万t	39	44.7	47.1	47.6	48.0
锑	t	98619	94161	76137	73452	75289
汞	t	2560	2950	1950	1630	1640
金(矿山产量)	t	2156.4	2305.9	2360.5	2398.6	2404.2
银(矿山产量)	t	14559.4	15981.4	16677.2	17208.2	17721.6
铂族金属(矿山产量)	t		332.96	347.98	375.97	364.96
稀土氧化物	t	80600	68300	70200	80400	83300
硫	万t	5434	5360	5780	5710	5720
磷酸盐岩	万t	14191.6	14708.6	15116.7	14488.8	14530.6
钾(K2O)	万t	2327.9	2570	2510	2570	2530
纯碱(天然+合成)	万t	3254.7	3271.5	3334.3	3403.5	3466
萤　石	万t	404	417	437	442	452
重晶石	万t	597.8	673.5	592.5	620	660
石　墨	万t	72	67.8	64.6	60	60.2
石　膏	万t	10000	10400	10700	10700	11000
石　棉	万t	270	211	181	183	190
膨润土	万t		975	954	1000	986
滑　石	万t	824	1040	1010	1000	964
高岭土	万t	3860	4040	4010	4150	4170
金刚石(天然)	万克拉	11978	12135	13000	11741	11829

资料来源：1. Mineral Commodity Summaries. 2000，2001，2002. 2. World Metal Statistics. Yearbook. 2001. 3. Metals and Minerals Annual Review. 2002. 4. Ming Annual Review. 2000，2001. 5. E/MJ. 2000，2001，2002. 6. Industrial Mineral. 2000，2001，20027. Phosphrous & Potassium. 2000，2001，2002. 8. Oil and Gas Journal. 2000，2001，2002. 9. Minerals Yearbook. 2000，2001.

表 8　　世界部分矿产品进出口量

矿　产	单　位	进　口			出　口		
		1998 年	1999 年	2000 年	1998 年	1999 年	2000 年
石油(原油)	亿 t	15.85	15.78	16.61	15.85	15.78	16.61
天然气	亿 m^3	4461	4847	5263	4461	4847	5263
煤	百万 t	523.7	540.6	589.7	521.5	532.9	573.2
铁矿石	亿万 t	45140	43830	48580	45470	44400	49110
镍(东西方贸易)	万 t	19.3	20.31	21.31	1.4	1.03	1.95
铝	万 t	1315.95	1413.35	1550.15	1369.39	1468.05	1488.88
铜(精炼)	万 t	612.49	629.99	670.44	640.68	674.61	647.64
铅(精炼)	万 t	134.14	160.9	180.82	150.13	171.93	187.49
锌锭	万 t	312.84	329.43	343.24	313.08	343.58	358.18
锡	万 t	18.57	18.13	18.67	24.11	24.12	24.42
磷酸盐岩	万 t	3140	3050	2860	3140	3050	2860
钾(K_2O)	万 t	2140.8	2000	2100	2140.8	2000	2100

资料来源:1. World Metal Statistics. 1999,2000,2001. 2. Mining Annual Review. 2000,2001. 3. Phosphrous & Potassium. 2000,2001. 4. Sulphur. 2001. 5. Coal Information. 2000,2001. 6. Mineral Commodity Summaries 2000,2001,2002. 7. BP Amoco Statistical Review of World Energy. June 2001; June 2002.

(一)2001 年原油价格随世界政治经济形势发展大幅波动

1997～1998 年的金融危机导致 1998 年世界一次能源消费出现 1982 年以来首次下跌(减少 0.1%)。1999 年世界一次能源消费仅比 1998 年增长了 0.2%(过去 10 年年均增长率为 0.9%),达 85.34 亿 t 油当量,其中石油、天然气、核能和水电的消费增长率依次达到 1.6%、2.4%、3.8%和 0.9%,只有煤炭消费下降 5.1%。2000 年全球能源消费总量 123 亿 t 油当量,其中石油占 40%,天然气占 25%,煤占 22%,核能占 8%,其他能源占 5%。2000 年世界一次能源消费仍仅增长了 0.3%,为连续第 3 年消费增长率低于 0.5%。世界经济衰退是造成 2001 年一次能源需求疲软的主要原因,2001 年世界经济增长速度放慢到 1.5%,大大低于近 10 年(1991～2001 年)2.7%的平均年增长率。

20 世纪 90 年代油价持续走低,很大程度上是欧佩克影响趋弱的表现。2001 年,欧佩克 11 个成员国在世界石油市场占据的份额,仅为 1/3 强一点。这意味着欧佩克成员国联手抬高石油价格,控制世界石油市场的行动不仅效果有限,而且只会让非欧佩克成员国坐收渔利。此外,由于欧佩克成员国之间经济情况差异明显,协调起来也有困难。如委内瑞拉和印度尼西亚都是人口众多的穷国,让他们做出牺牲的可能性不大;而经济富有的沙特阿拉伯,身为最大的石油出口国,增产减产的能力和空间也比较大。

1999 年,全球经济的高速发展带动了石油需求的剧增,国际石油市场波动强烈,国际市场原油价格大落大涨,年初全球市场供过于求、库存高涨,国际油价处于低价位;之后欧佩克石油生产国严格执行限产协议,加上市场需求急剧增加,造成全球石油库存不足,国际市场石油价格一路攀升,致使 1999 年欧佩克原油的平均价格达到了每桶 17.3 美元,比 1998 年上涨了 46.6%。由于油价大幅攀升,1999 年欧佩克石油收入大增。据法国《石油战略周刊》报道,1999 年欧佩克 11 个成员国的石油收入比 2000 年增加了 38%,达到 1560 亿美元,其中世界最大石油出口国沙特阿拉伯的石油收入接近 500 亿美元,比 1998 年增长 32.7%。

2000 年世界石油市场供大于求,但价格并没有下降反而大幅度上升,原油价格从年初的每桶 23 美元一路狂升到近 40 美元的天价。2000 年欧佩克原油、北海布伦特原油和迪拜原油平均价格分别比 2000 年上涨 57. 3%、66. 6%和 59. 8%。油价上涨的主要原因是:

① 石油供应增长滞后于石油需求增长。欧佩克在 1998 年和 1999 年 3 次下调石油产量限额, 2000 年 4 月欧佩克开始逐步提高石油产量,但新增产量需要 1 至 3 个月的时间才能进入消费市场,因而严重滞后于需求增长,同时新增产量多为重质原油,不能完全满足市场需要;

② 石油库存仍处在低水平。1999 年石油库存大幅度下降,2000 年随着供应增加,石油库存得到有限增补,但与正常情况相比仍处在较低水平;

③ 成品油价格拉动石油价格。1999 年下半年世界成品油市场供应紧张,2000 年初美国取暖油市场发生严重供应短缺,2000 年中美国和欧洲汽油市场先后发

生严重的供应短缺。成品油供应失衡和价格上涨也带动了石油价格的上升；

④ 心理作用和投机心理。由于上述原因以及巴以冲突和伊拉克问题等政治因素，2000 年供应紧张的心理居主导地位，在这种心理的影响下，期货市场投机商的交易行为以多头为主，拉动了石油价格的上升。

2001 年，国际石油市场相对较为平静，油价虽有波动，但波动幅度不大，与 2000 年相比，基本上处于下行的态势。美国“9·11”事件的发生，给平静的石油市场造成了重大冲击，油价大起大落，一波三折。9 月份国际市场油价产生的剧烈波动是 1990 年～1991 年海湾战争以来最大的一次。9 月上旬，油价在美国原油和油品库存报告下降的影响下保持稳中趋强的走势。9 月中旬前油价上扬，中旬后油价直线下滑。“9·11”事件发生后，国际原油价格在恐慌的气氛下猛涨，英国布伦特原油期货价格首次超过了 30 美元/桶的水平，最高升至 31.05 美元/桶，达到自 2000 年 12 月份以来的最高水平。欧佩克立即表示将保证油价市场稳定，保证油价保持在 25 美元/桶的目标价位。产油国确保供应的承诺缓解了人们对恐怖事件可能引起石油供应中断的担心，市场信心逐步恢复，9 月 12 日原油价格迅速止涨回落。9 月 14 日，一揽子油价飙升至 27.36 美元/桶，之后又稳步下跌。9 月 25 日的一揽子油价下降到 19.87 美元/桶，为 1999 年 8 月以来最低。美国对“9·11”事件也迅速做出反应，表示将采取报复手段，促使 9 月中旬前原油市场继续保持强市。随着时间的推移，人们担心此次事件势必导致短期内全球经济受损，从而影响到对全球原油和油品的需求。由于对全球经济放缓的疑虑迅速超过了对美国军事行动将给石油供应带来混乱的担心，中旬过后原油价格连续直线下滑。9 月 24 日纽约商品交易所（NYMEX）11 月 WTI 原油期货收报每桶 22.01 美元，跌 3.96 美元，此为 1999 年 11 月 7 日以来的最低水平。当日的跌幅也为 1999 年 1 月海湾战争以来的最大单日跌幅。9 月底油价有所反弹，但由于对经济及石油需求下降的担忧，加之美国近期油品库存上升，因此价格上涨的幅度不大。

进入 2002 年后，随着巴以冲突升级，中东局势恶化，加上伊拉克宣布停止石油出口，国际石油市场石油价格上涨，纽约市场的原油价格连续多个交易日上涨，涨幅超过 10%。据欧佩克秘书处宣告，2002 年 4 月 8 日该组织 7 种监督原油一揽子平均价升为每桶 25.44 美元，这是自 2001 年 9 月底以来欧佩克平均油价首次突破每桶 25 美元大关。导致油价在几个月里大幅上扬的主要原因包括：第一，心理预期。担心巴以冲突进一步扩大到整个中东地区；对美国针对伊拉克进行军事打击的担忧；以及伊拉克停止石油出口，这些都使中东地区的石油供应可能中断，将使世界市场原油供应受到影响，于是石油公司和炼油厂大量购买石油。第二，一些投机商利用机会进行期货投机交易，将油价炒高。第三，欧佩克与非欧佩克的减产。受世界经济增速减缓、原油市场需求疲软的影响，“9·11”事件后欧佩克原油价格一路下滑，油价一度跌到每桶不足 16 美元。为了稳定市场，制止油价下滑，欧佩克 2001 年曾 3 次削减原油日产量 150 万桶，俄罗斯、墨西哥和挪威等非欧佩克产油大国也减少了原油出口，国际市场原油价格从 2001 年底开始回升。到 2002 年 2 月，欧佩克成员国（除伊拉克外）的原油产量减少为每天 2269 万桶，降至 10 年来的最低点，致使油价迅速攀升。未来一段时间，国际油价走势如何，关键看巴以冲突发展走向。如果巴以冲突一时难以缓和，油价涨势仍将持续一段时间。但从长远看，油价不会大幅上涨。因为油价变动虽然受诸多因素的影响，但最终还是由供求关系决定。目前，世界石油的供需总量是基本平衡的，除非发生更大规模的冲突，中东石油供应中断的可能性不大。欧佩克的减产对石油市场的控制能力有限。要想左右局势，欧佩克必须有非欧佩克的合作与支持。20 世纪 70 年代，欧佩克之所以能哄抬油价，是因为当时其在国际石油市场上的供应份额是 80%，而 90 年代以来已降为 50% 左右；从产量上看比例更小，只有 40% 左右。以这样的市场份额要左右市场是不可能的。就是说，现在的石油市场垄断力量比市场的力量要弱得多，油价的涨跌最终还是取决于市场。

2000 年世界天然气消费量比 1999 年增长了 4.8%，高于过去 10 年的平均增长率（参见表 9）。在世界各大区中消费量增长较快的地区为非洲、亚太和中东地区，其次为中南美和北美地区。天然气在世界一次能源消费构成中的比例为 24.7%，其中东欧和独联体国家的天然气消费量在能源消费总量中所占的比重最大，2000 年达到 53.8%；其次是北非和中东，为 43.9%；再次是北美和西欧，分别为 26.2% 和 22.7%；中南美地区为 22.5%；亚太比例最小，仅为 11.1%。2001 年天然气消费增长速度大大放慢，仅比 2000 年增长 0.3%。这主要是受北美天然气市场的不良发展的影响，2001 年北美天然气价格居高不下和经济衰退导致了天然气消费量下降幅度高达 5%。世界其他地区天然气消费均呈增长趋势，而其中亚太地区增长势头尤为强劲，增长幅度达 5%。

2000 年受世界石油市场的影响，天然气价格普遍上涨。日本进口液化气的平均价为 4.72 美元/百万英热单位，比 1999 年上涨了 1.58 美元；欧共体天然气到岸价比 1999 年上涨了 1.12 美元；英国进口天然气的到岸价比 1999 年上涨了 1.04 美元。美国天然气的进口价比 1999 年上涨了 1.96 美元。2001 年随着世界经济形势的好转,国际市场天然气价格普遍上扬。

2000 年世界煤炭消费量比 1999 年增长了 1.2%,在世界一次能源消费构成中的比重为 25.0%。2000 年世界煤炭消费格局,亚太地区占 43.4%,北美地区占 27.4%,欧洲地区占 15.9%,前苏联地区占 8.0%,非洲占 4.1%,南美地区占 0.9%,中东地区占 0.3%。世界煤炭主要消费国仍为中国、美国、印度、俄罗斯、德国五国,其煤炭消费量占世界煤炭总消费量的 65.9%。2001 年,尽管美洲和欧洲煤炭消费呈现较强下降趋势,但由于亚太地区,特别是中国煤炭消费增长势头强劲,致使世界煤炭消费量仍比 2000 年增长了 1.7%。

表 9　　世界部分矿产品消费量

矿　产	单　位	1997 年	1998 年	1999 年	2000 年
石油	亿 t	33.9	34.07	34.69	35.04
天然气	亿 m^3	22106	22396	22946	24046
煤	百万 t 油当量	2285.4	2243.2	2129.5	2188
原铝	万 t	2175.33	2184.39	2350.48	2489.15
铜(精炼)	万 t	1301.68	1340.64	1409.35	1511.98
铅(精炼)	万 t	602.17	608.62	612.81	615.39
锌锭	万 t	763.87	802.23	838.03	857.48
钼矿石(西方需求)	万 t			11.25	
原钨需求量	t			41700	44200
镍(精炼)	万 t	96.48	99.89	107.29	113.99
钴	万 t		3	3.4	
锡	万 t	24.07	24.08	24.52	26.48
金(需求)	t	4231	4106	4154	3946
银(需求)	t	26743	26003	27595	29433
铂	t	171.98	178.52	194.38	193.13
硫(需求)	万 t	5513	5670	5783	5812
磷(P_2O_3)	万 t	14510	14770	14700	14350
钾(K_2O)	万 t	2200	2200	2240	2300

资料来源:1. Mineral Commodity Summaries. 2000,2001,2002. 2. World Metal Statistics. Yearbook 2001. 3. Metals and Minerals Annual Review. 2002. 4. Ming Annual Review. 2000, 2001. 5. E/MJ. 2000,2001, 2002. 6. Industrial Mineral. 2000, 2001, 2002. 7. Phosphrous & Potassium. 2000,2001,2002. 8. Oil and Gas Journal. 2000, 2001,2002. 9. Minerals Yearbook. 2000,2001.

2000 年世界煤炭贸易量比 1999 年增长了 12.0%。目前世界煤炭贸易量约占世界煤产量的八分之一。世界煤炭贸易仍主要集中在亚太、欧洲、美洲和拉丁美洲四大贸易市场。亚太地区长期以来经济活力最强,煤炭贸易量最大,亚太地区的进口量约占世界煤炭贸易总量的一半。亚太地区既有世界最大煤炭出口国——澳大利亚及主要出口国中国和印度尼西亚;又有世界最大煤炭进口国——日本以及经济发展迅速,煤炭基本全靠外部供应的韩国、中国香港和中国台湾地区等。美洲为世界第二大煤炭市场,2000 年煤炭贸易量比 1999 年减少 3.1%;欧洲煤炭市场 2000 年比 1999 年增长 23.5%。

近几年世界煤炭价格持续下跌,2000 年再创新低。其原因是世界经济不景气,油价下滑,有些原燃用煤炭的电厂改为燃油,使国际煤炭市场供大于求,市场疲软,煤炭价格一跌再跌。

2000 世界有色金属矿产消两旺,价格普遍上扬　2000 年世界有色金属矿产生产形势较好,主要有色金属矿产产量如铝(5.5%)、铜(4.7%)、锌(8.3%)、锡(14.1%)、金红石(16.2%)、钛铁矿(14.7%)均有较大幅度增长;同时,世界有色金属矿产需求普遍上涨,主要有色金属矿产消费量如铝(5.9%)、铜(7.3%)、锌(2.3%)、锡(8.0%)等都有较大幅度增长,其它有色金属矿产的消费量也有不同程度的增长。2000 年世界有色金属市场供需平衡,生产和消费均呈现较强增长势头。

除铅外,2000 年世界有色金属市场价格普遍上扬,镍的价格上涨幅度最大,伦敦金属交易所现货镍价比 1999 年上涨 43.4%;其次为铜和铝,分别比 1999 年上涨了 15%和 17.3%;锡价基本与 1999 年持平;铅价呈下降趋势。造成 2000 年主要有色金属价格普遍上涨原因:一是世界经济平均增长率是近 10 年最高的一年,根据国际货币基金组织资料,2000 年全球经济平均增长速度达到 4.7%,高于 1999 年的 3.4%;二是金属消费增长速度高于生产增长速度,多数品种供需之间存在缺口,库存大幅度下降;三是投机资金在个别品种中比较活跃;四是中国在国际市场起的作用越来越大,铜、铝进口量均创历史最好水平。

受世界经济特别是美国经济减速的影响,2001 年世界有色金属矿产需求普遍下降,市场供求关系由供需平衡转为供过于求,库存增加,多数有色金属价格振荡走低,铜、铝等价格甚至跌至其两年来的最低价位,锡和锌价分别降至其 30 年来和 14 年来的新低。以铜为例,2001 年全年伦敦金属交易所当月期铜和三个月期铜的平均价分别为 1578 美元/t 和 1598 美元/t,比 2000 年的 1813 美元/t 和 1840 美元/t 下跌 13.0%和 13.2%,创 15 年新低。2001 年世界主要有色金属价格(见表 10)。

表 10 1997～2000 年主要金属现货价格单位(美元/t)

矿 种	1997 年平均价	1998 年平均价	1999 年平均价	2000 年平均价	2001 年平均价
铜	2275	1652	1574	1814	1578
铝	1598	1356	1362	1594	1444
镍	6913	4614	6027	8641	5948
锡	5640	5537	5401	5435	4483
铅	624	528	495	454	476
锌	1318	1023	1077	1128	886
金(美元/盎司)	333	294.24	278.98	279.11	271.19
银(美元/盎司)	4.91	5.55	5.22	4.95	4.37
铂(美元/盎司)	394	372.15	377.93	544.03	5.30

资料来源:伦敦金属交易所。

(二)2000 年世界金价低迷不振,2001 年受世界政治经济形势影响金价大幅动荡

1999 年,国际黄金价格大幅动荡,特别是进入 7 月以后,黄金价格由年初的每盎司 278 美元下跌至 250 美元左右,创 20 年来最低记录。同年 9 月,欧洲 15 家中央银行联合发布了限量出售黄金,限制黄金租赁、黄金期货和黄金期权的适用范围等制止黄金价格下跌的措施,由此造成国际黄金价格飙升。10 月 5 日涨至每盎司 338 美元。此后黄金价格受获利回吐的压力大幅下跌,之后黄金价格一直在每盎司 290 美元左右徘徊。

2000 年国际金价继续低迷,年平均价 279.11 美元/盎司,比上年仅增长 0.2%,年内最低价为 263.80 美元/盎司,最高价为 321.70 美元/盎司。美元在 2000 年大部分时间走强使不同货币计算的各地金价明显不同,兰特和澳元金价年内分别上升 21%和 16%,而卢比金价增幅高达 30%,欧元上涨了 16%。

2001 年,国际黄金市场黄金供应量继续增加,官方售金变化不大,再生金供应量增加 13.7%;同期受全球经济滑坡和消费指数下降的影响,黄金需求小幅下降,制造业需求下降了 7%,“9·11”恐怖事件的发生使黄金投资需求激增,但仍难以弥补制造业需求的下降,随着恐怖事件影响的淡化以及年底节假日的来临,需求又开始回升,使全年黄金需求与 2000 年相比下降幅度不大。全年黄金供求基本平衡。值得注意的是,近年国际黄金市场黄金价格连年下跌但黄金矿山产量却持续增加,其主要原因是大多数矿山采取了以扩大产能降低成本来作为应对金价疲软的手段,但不断增加的供应量又抑制了金价的回升,致使黄金市场陷入了价格不断下跌,产量持续上升的不良循环。世界黄金协会提供的数据表明,黄金投资的需求量在“9·11”事件后的去年第四季度已增长至 110t,较 2000 年同期上升 8%,从而确立了黄金在不稳定局势下作为“资金避难所”的角色。“9·11”事件后,日益增长的全球经济不确定性在一些国家引发了购买黄金热,如日本、韩国、越南、马来西亚、印度尼西亚和美国等。

从 2001 年底开始,国际金价不断上涨,到 2002 年 6 月 4 日出现四次大幅上升,先后突破了 290 美元/盎司、300 美元/盎司、310 美元/盎司、315 美元/盎司的重要心理关口,最高每盎司已突破 330 美元,达到 5 年来的最高点。投资者受到这股热潮的吸引,纷纷将资金投入黄金市场,黄金再度受到投资者的重视。

据世界白银协会最近发布的报告预测,随着世界经济的复苏,今年全球白银产量和市场需求量将比去年增加,2003 年则将出现较为强劲的增长。报告指出,2001 年由于全球经济减缓,尤其是全球电子工业出现较大的衰退,使白银市场受到很大冲击,世界的白银需求量从 2000 年的 9.363 亿盎司(约合 29118.9 t),下降到 2001 年的 8.803 亿盎司(约合 27377.3 t),需求减少 0.56 亿盎司(约合 1741.6 t),下降 5.98%。其中去年全球电子工业对白银需求量下降到 1.32 亿盎司(约合 4105.2 t),比 2000 年减少 16%以上。2000 年的世界铂族金属市场需求较旺,但因主要供应国南非产量下降和俄罗斯铂族金属出口受阻以及市场投机而供应紧张,导致铂族金属价格普遍暴涨。俄罗斯对世界铂族金属市场仍具有决定性的影响。

(三)2000 年铁及铁合金金属矿产需求增强,价格普遍小幅上涨

2000 年铁矿石产量、消费量和贸易量均创历史纪录,世界铁矿石产量达 11 亿 t,比 1999 年增长 14%;2000 年世界铁矿石消费量也创历史纪录,这可由生铁产量、直接还原铁产量和粗钢产量的增长反映出来,2000 年世界生铁产量为 5.7 亿 t,比 1999 年增加 6%,而亚洲在世界生铁产量中所占份额从 1990 年的 35%增加到 47%;直接还原铁同比增加了 12%;而世界粗钢产量同比也增长了 7.4%,为近 30 年增长幅度最大的一年。随着世界铁矿石产消量的大幅增长和贸易量的扩大,2000 年世界铁矿石价格扭转了下跌趋势呈普遍上扬态势。在世界铁矿石贸易中,澳大利亚和巴西仍为全球铁矿石出口市场的主角,2000 年两国铁矿石出口量占世界总出口量的 66%;日本、中国和韩国仍为世界重要铁矿石进口国,2000 年三国铁矿石进口量占世界总进口量的 49.7%,而日本就占了 27%。

受世界粗钢和铁矿石生产的影响,2000 年世界铁合金金属的生产和消费与 1999 年相比均有不同程度的增长,贸易活动也有所增加。虽然目前单位钢产量的锰消费量不断下降,但由于 2000 年钢铁产量增幅较大,世界锰矿石产消量均有小幅度增长,锰矿石贸易量也有所增加,国际市场锰矿石价格在经历连续三年下降后开始恢复性增长。随着世界不锈钢产量和消费量的连年增长，世界铬铁矿和镍的生产、消费、贸易和价格均有小幅度增长。2000年国际钨市场也摆脱了长期低迷格局，全年钨价呈波动上涨的趋势。钒、钼、钴等其它铁合金金属矿产随着不锈钢产消量增加需求逐步增大，2000年的产量、消费量、贸易量和价格也全面上升。

(四)2000年非金属矿产供求基本平衡，价格略有波动

随着世界高新技术的发展，非金属矿产得到越来越广泛的开发利用，其在世界矿业经济中的地位也越来越重要。自20世纪90年代中期到2000年，美国金属矿业的年均增长速度为-5.7%，煤炭工业基本保持稳定，而非金属矿业以3.5%的年均增长速度递增。2000年美国非燃料矿产总产值为390亿美元，其中工业矿物的总产值达到299亿美元，占非燃料矿产总产值的76.7%，而金属矿产的产值为91亿美元，仅占总产值的23.3%。另据英国《Industrial Minerals》杂志统计，90年代中期到2000年，49个非金属矿产的240种产品中，有85种价格上涨，65种价格下降，90种价格较为稳定。据分析，降价的矿产品均是由于工业结构调整、工艺改进或环保标准提高，造成市场需求下降的矿产；而涨价的矿产品则是经过近年来的技术开发，性能优越或适用范围扩大导致需求增加的矿产。随着矿产品加工技术的发展和改进，矿产品的品种不断增多，性能逐步提高和生产成本逐渐下降，而出口加工矿产品比出口原矿石可以获取更大的利润，因此最近几年世界非金属原矿贸易量增长幅度不大，但加工矿产品贸易量却大幅度增长，这一点在农肥和建材矿产上反映尤为明显。

2000年，受世界经济减速的影响，世界非金属矿产生产增长速度放缓，大多数矿产的需求维持在1999年的水平或略低，市场供求基本平衡，主要矿产品价格保持稳定，少数矿产品有小幅度涨跌。工业矿物虽然生产能力依然过剩，但由于在建筑、造纸、环保、陶瓷等应用领域的需求增长较为显著，贸易量普遍增加，价格也普遍上涨。而萤石、石棉等由于受环境法规的限制和代用品的竞争，需求持续疲软，消费量逐年下降。农肥矿产的生产形势也呈微弱下滑趋势，产量和消费量均有小幅下降，价格也略有降低。

总之，今后几年国际矿产品市场将呈缓慢下降趋势。由于矿产品市场与国际商品市场的一部分，与国际商品贸易的发展息息相关。而国际贸易形势主要取决于世界经济的增长状况，美国“9·11”恐怖事件使本来已出现些许复苏迹象的美国经济再次受到冲击，美国经济摆脱衰退已非常困难，欧洲的经济增长速度明显放缓，而日本经济也持续不振。亚洲发展中国家和地区经济的发展与美、日两国关系密切，美国经济的衰退和日本经济的持续不振对亚洲国家的经济发展产生了严重影响。由于影响世界经济增长的主要国家和地区的经济形势均不看好，因此，2002年的世界经济增长速度大大放慢，国际贸易形势也不会太好。因此可以预计，今后一段时间内，国际矿产品市场的需求将随之有所减弱。

(李树枝　闫卫东　奚甡)

2001年全球矿业并购情况

全球矿业界跨国矿业公司兼并和购并活动，在2001年达到了7年来的高峰。据瑞典原材料小组(RMG)报道，2001年期间，全球各门类矿业公司的总并购额大约为409亿美元。这是自1994年原材料小组开始收集数据以来最高的数字。

表1　1997年～2001年全球矿业并购金额

	1997	1998	1999	2000	2001
总计(10亿美元)	18.5	25.7	19.1	18.7	40.9
大型总交易(大于1000万美元)	91	88	100	80	81

资料来源：RMG

原材料小组称，2001年涉及金的并购案值为61亿美元，共有81宗交易，其中超过1000万美元的24起。尽管纽蒙特公司新近并购了诺曼底公司(实际上是在2002年初决定的)，但目前国际金矿业的集中度仍未达到20世纪70年代和80年代那样集中的程度，当时英美集团控制了几乎40%的西方国家的金产量。但无论如何，金采矿业的集中度也比5年以前高得多。

铁矿石开采业是自70年代以来产业集中度持续提高的为数不多的金属矿种之一。目前，在经过过去几年的几次合并和购并后，铁矿石开采业在各矿业领域，产业集中度是最高的之一。

表 2　2000～2001 年矿业公司的主要并购案

序号	买　方	目标公司	目标矿种	案值(百万美元)
1	BHP 公司	比利顿公司	多矿种	14500
2	英美集团	德比尔斯公司	金刚石	11440
3	加拿大铝公司	瑞士铝集团	铝	4400
4	纽蒙特公司	诺曼底公司	金	2365
5	巴里克公司	霍姆斯塔克公司	金	2282
6	力拓公司	北方公司	多矿种	2030
7	比利顿公司	Worsley	氧化铝	1490
8	比利顿公司	Rio Algom	有色金属	1200
9	OM 集团公司	Degussa Huls	贵金属	1091
10	特克公司	科明科	锌	891
11	力拓公司	Comalco	铝	870
12	淡水河谷公司	Samitri	铁矿石	833
13	淡水河谷公司	Fereco	铁矿石	696
14	纽蒙特公司	Battle Mt.	金	557
15	德比尔斯公司	Venetia	金刚石	533
16	Xstrata 公司	Asturiana de Zinc	锌	495
17	世纪铝公司	Hawesville	铝	468
18	力拓公司	阿什顿公司	金刚石	413
19	BHP 公司	Diamet	金刚石	408
20	加拿大铝公司	Gove	氧化铝/铝土矿	393

表 3　自 1994 年以来最重要的矿业公司并购案

	买　方	目标公司	目标矿种	年	合并案值(百万美元)
1	BHP 公司	比利顿公司	多矿种	2001	14500
2	英美集团	德比尔斯公司	金刚石	2001	11400
3	美国铝公司	Reynolds 公司	铝	1999	4600
4	加拿大铝公司	瑞士铝集团	铝	2000	4400
5	RTZ 公司	CRA 公司	多矿种	1995	4000
6	美国铝公司	Alumax 公司	铝	1998	3800
7	英美集团	Minorco 公司	多矿种	1998	3700
8	I 因科公司	回声湾公司	镍	1995	3300
9	Consortium 公司	CVRD 公司	多矿种	1997	3150
10	英美集团	集团公司	金	1998	3100

资料来源：RMG

表 4　国际金属市场的集中度
（占 2001 年西方国家生产量的％）

	最大公司	前 3 家公司	前 10 家公司
锡	31.5	65.6	79.3
铁矿石	23.2	46.2	70.2
铜	14.9	35.4	74.6
金	12.3	29.9	57.4
锌	12.2	30.1	57.1

金矿业的集中度在各矿业部门是最低的。铁矿石比金更集中，其集中度也比铜高（由美国和智利的几个大型的生产商控制），迄今为止锡的产业集中度最高（这是 80 年代中期锡价崩溃的直接后果）。锌一直是在相当小的矿山中生产，因此，比其他金属的集中度要低。

表 5 是世界最大矿业公司的最新排名，这是按照公司占西方国家非燃料矿产产值的比重排序。

表 5　全球最大的 10 家矿业公司

			2001 年	2000 年	2000 年排位
1	英美集团	英国	6.1	6.2	(1)
2	力拓公司	英国/澳大利亚	4.3	4.3	(2)
3	BHP－比利顿公司	澳大利亚/英国	3.4	2.5	(3)
4	淡水河谷公司	巴西	2.9	2.3	(4)
5	诺里尔斯克公司	俄罗斯	2.1	2.1	(5)
6	Codelco 公司	智利	1.9	1.9	(6)
7	纽蒙特公司	美国	1.9	1.3	(9)
8	菲利普道奇公司	美国	1.4	1.4	(7)
9	巴里克公司	加拿大	1.4	0.8	(20)
10	Grupo Mexico 公司	墨西哥	1.3	1.3	(8)
铝 10 大公司占西方国家矿产值的比重小计			26.7	24.1	

＊按所占西方国家非燃料矿产产值的％排序

（刘　伟）

表 6　主要矿业国家的投资环境

国名	探矿证的维护费（美元/平方公里－年）	最低勘探投入（美元/平方公里－年）	所　得	资源补偿费	出口税	延缓纳税	政府要求的份额
智利	100	无	15％	无	无	无	无
秘鲁	200	无	30％	无	无	无	无
墨西哥	16～100	有	34％	无	无	无	无
印尼	10～35	1200	30％	铜 45 美元/t	无	无	无
中国	12～60	250～1270	33％	2％～4％	有	对于经营 10 年以上的矿山，可延缓 5 年	无
马里	15	无	35％	3％	无	无	最多 20％
俄罗斯	20－30	无	24％	8％	6.5％	开始生产后，5 年期间延缓	无

（姜贵善　译）

世界矿业信息

【发达国家能源战略五大基本特点】 随着世界能源市场不断出现新的变化，世界各发达国家纷纷制定相应的策略以保证本国能源供应的稳定。其基本特点是：

1. *以保障石油安全为核心，积极开拓新的石油供应基地。*发达国家一直都在全球范围不断勘探、开发石油和天然气，加紧对世界油气资源的争夺和控制。1998年美国、加拿大和欧洲各国的油气勘探和开发费用占全球的64%，它们控制着除前苏联地区外世界石油产量的40%。对任何国家来说，多渠道的能源来源都是保障能源安全的基本条件。近年来，美俄在里海地区角逐激烈。尽管里海地区的石油储量无法与蕴藏着全球2/3原油的海湾油库相提并论，但作为20世纪90年代起步开发的新兴能源产地，它对21世纪全球能源安全的意义却非同小可。

2. *建立和加强战略石油储备。*战略石油储备是石油消费国应付石油危机的最重要手段，所以西方国家都把建立石油战略储备作为保障石油供应安全的首要战略。美、日是建立战略石油储备最早、储备量最多的国家，美国战略石油储备的目标是5．8亿桶，可供300天使用；日本拥有可供160多天使用的石油储备，日通产省还于1999年提出增加国家石油储备。显然，战略石油储备已超出一般商业周转库存的意义。它不仅具有保障供应、减少风险、稳定价格的作用，更着眼于石油的政治后果，力图使本国在国际政治的风云变幻和激烈竞争中站稳脚跟，取得主动，避免受制于人。

3. *厉行节能政策。*发达国家都把提高能效、节约能源作为其能源战略的重要目标和措施。美国1998年4月推出的《综合国家能源战略》要求：在电力系统，到2010年燃煤发电效率由目前的35%提高到60%以上，燃气发电效率由目前的50%上升到70%；到2010年，主要的能源密集型工业部门的能源消费总量将比现在减少25%，交通领域将推出燃料利用率三倍于常规交通工具的新型私人交通工具等。

4. *积极开发新能源。*新能源的开发利用，不仅代表着一个国家的技术发展水平，是关系到占领未来能源利用制高点、保障国家能源安全的重要措施。日本政府于1993年就提出了旨在开发利用新能源的“新阳光计划”，每年都要为新能源技术开发拨款约362亿日元。日本新能源利用的目标是，到2008年争取使新能源在一次能源中所占的比重由目前的1%提高到3%。美国《国家综合能源战略》确定的新能源开发利用目标是，发展先进的可再生能源技术，开发非常规的甲烷资源，发展氢能的储存、分配和转化技术。

5. *降低石油消费，大力推广使用清洁能源。*自1997年京都环境会议以来，世界各国以尊重健康、改善区域及全球环境质量为目标，大力推广使用清洁能源，但各国侧重点有所不同。丹麦是风能发电的大国，2000年风能发电占丹麦发电量的12%，根据规划，到2030年要上升到50%。美国政府对国内天然气生产实行扶持政策，计划到2010年使天然气供应量增长1700亿m^3；同时，美国加快开发可再生能源发电技术，计划到2010年使非水利可再生能源的发电能力至少达到2500万千瓦。日本政府则大力发展核电，计划在现有51座原子炉的基础上，争取再新建16～20座原子炉。

维护国家能源安全是当今世界各国面临的重大课题。发展中国家经济实力弱，科学技术水平低，在国际竞争中处于弱势，要建立自身的能源安全供应体系，所面临的任务更加紧迫而艰巨。从上述发达国家能源战略的五大基本特点可以看出，保障能源安全需要全方位的措施。这对发展中国家无疑具有重要的借鉴意义。 （中国矿联信息中心）

【世界各国能源结构特点】 中国煤炭工业协会会长，中国工程院院士范维唐指出，目前世界各国能源结构的特点，一般取决于该国资源、经济和科技发展等因素。

首先，煤炭资源丰富的发展中国家，在能源消费中往往以煤为主，煤炭消费比重较大，其中南非为77.1%，中国72.9%，波兰68.1%，印度56.8%，澳大利亚44.5%，美国24.9%。

其次，发达国家石油在消费结构中所占比重均在35%以上，其中美国39.7%，日本51.1%，德国40.6%，法国37.9%，英国35.4%，加拿大37.9%，意大利58.4%，澳大利亚36.3%。

第三，天然气资源丰富的国家，天然气在消费结构中所占比例均在35%以上，其中，俄罗斯55.5%，伊朗43.8%，沙特41.2%，英国35.1%。

第四，化石能源缺乏的国家根据自身特点发展核电及水电，其中日本核能在能源消费结构中所占比例为16.8%，法国核能占40.1%，韩国核能占13.8%，乌克兰核能占13.8%，加拿大水利占13%，巴西水利占19.8%。

第五，世界前20个能源消费大国中，煤炭占第一位的有5个,占第二位的有6个,占第三位的有9个。

总之,当前就全世界而言,石油在能源消费结构中占第一位,所占比例正在缓慢下降;煤炭占第二位,其所占比例也在下降;目前天然气占第三位,所占比例持续上升,前景良好。　　（中国矿业信息中心）

【国外煤炭资源管理方式】　世界主要产煤国除对煤炭资源有严格的立法外,对煤炭开采通常采用收费的做法。大多数国家的煤炭资源所有权属国家,通常采用采矿租地,并实施资源勘探和开采许可证制度,管理体系健全。

美国:国家资源委员会负责控制煤炭资源的使用,内政部土地管理局负责煤炭资源的租借。美国资源管理实施办法规定,对联邦公有土地煤炭资源实施租借方式,对煤炭资源已勘探清楚并进行了资源评价的矿区,采用招标方式确定开采者;对煤炭资源尚未探明及未进行资源评价的矿区,实行勘探和开采优先的办法。煤炭资源价格确定是在资源评估的基础上进行的。评估的主要内容包括煤炭资源储量、煤质、最大的经济回收率、煤炭开采难易程度和开采成本,以及地产价值、银行利率等。在美国,从事煤炭资源开采的煤炭公司,在资源方面需要缴纳三种费用:一是土地使用费,即土地的出租费;二是权利金,即矿产资源费,按坑口价格的百分比计,露天矿交12.5%,井工矿交8%;三是红利,相对资源地租,各矿缴纳的数量不同。资源条件好的多交一些,资源条件差的不交或少交。由于对煤炭资源实行有偿使用,并加强了对煤炭资源的系统管理,美国煤炭资源得到了充分利用,总回收率达到80%以上。

澳大利亚:按宪法规定,土地及煤炭资源属州政府所有。在煤炭资源管理上,州政府主要负责颁布土地使用的政策、公布煤炭资源勘探结果,并负责采矿租借权、矿区使用费以及环境保护和税费的征收等。州政府的煤炭管理职能部门具体负责煤炭开采计划的审查批准、组织相关的基础设施建设,发放煤炭勘探许可证和煤炭开采许可证。按照规定,勘探许可证的期限一般为5年;开采许可证期限为20~30年。

印度:在进行采矿作业前,必须获得允许煤炭资源勘探和煤炭开采的采矿租地。采矿租地由邦政府根据法规批准,由邦政府颁发勘探或开采许可证。采矿租地时间为20~30年,经政府批准,可申请延长20年。未获得采矿租地、煤炭资源勘探或开采许可证的,不得在任何地区进行勘探或开采活动。印度曾于1981年、1991年和1994年三次提高煤矿区租用费率。现执行的煤矿区租用费率是1994年10月11日规定的。13年中煤矿区租用费率年增长108%~206%。在西孟加拉邦,煤矿区租用费率平均t煤为5.3卢比。同时,邦政府还按煤价25%的比率征收煤税。

南非:实施采矿税制是南非对煤炭资源管理的重要措施之一。采矿税制主要包括所得税、对费用支出的扣除、资本减让、提取环境资金。为进一步完善采矿税制,南非正在考虑充实税制,如实施采矿基本建设投资偿还和勘探税额扣减等。南非的矿物权的所有权既有公有,也有私有。矿区租用费由开发的公司或企业支付给矿物权拥有者,支付数额原则上按生产或收入计算。

俄罗斯:采用勘探和采矿许可证制度。根据有关规定,矿物勘探许可证有效期为5年,采矿许可证为20年。如果这两种许可证合二为一,有效期可延长到25年。采矿许可证采取拍卖和招标两种途径发放。实施资源课税。一是矿物原料基地再生产税,该税的煤炭税率为5%;二是地下资源使用税,税率主要根据不同情况而定,如矿床探查和鉴定的最低税率为工程合同价值的1%,最高税率为工程合同价值的2%;矿藏勘探的税率以勘探工程整个工期内的定期纳税形式加以规定,税率从工程年预算造价3%的最低税率到5%的最高税率不等;在开采矿床的情况下,需缴纳一次性纳税和定期纳税两种,一次性纳税按不低于10%的税率征收,定期纳税的税率按矿床的种类区分,最高税率在4%~16%之间波动。　　（中国矿联信息中心）

【世界石油市场将出现变化】　在未来数十年内,世界石油市场预计将会出现三大变化:

1.石油工业全球化。全球化意味着石油贸易将向世界各地的市场开放。这就是说,尽可能为石油买卖提供保障,避免不可预料的损失,同时使石油交易有最大的透明度。保证供应是有关全球化问题的一个最重要的问题。

2.石油供应地区化。关于石油需求、生产和储备的问题,人们普遍承认世界有三个地区掌握着石油活动的钥匙,包括俄罗斯在内的欧洲和地中海地区;南、北美洲地区;亚洲地区。

3.亚洲将变成世界石油市场的中心。目前,东南亚地区石油日产量约为800万桶。如果把西亚的产量加在一起,亚洲石油日产量达2800万桶,约占世界石油总产量的40%。另外,亚洲石油日消费量约为2300万桶。因此亚洲每天约有500万桶的剩余石油,是世界石油剩余量最多的地区。业内人士预计亚洲国家石油日需求量将增加。10年后,亚洲石油日消费量有可能超过3000万桶,达到南北美洲的消费水平;再过两年,将超过南北美洲。　　（中国矿联信息中心）

【亚洲将成为世界石油市场中心】　随着亚洲经济迅速

发展，亚洲将很快成为世界石油市场的中心。

据统计，20多年前，亚洲石油需求量仅为900万桶/日，不到世界总消费量的10%。目前亚洲石油消费量已达到2000万桶/日，反映了该地区经济发展势头。

预计在未来20年内，世界经济将保持3%～4%的增势，对能源的需求继续增长，世界每年对石油的需求将以1%～2%的速度增长。未来数十年内，世界将出现一些大的变化。第一是石油工业全球化；第二是石油供应地区化；第三是亚洲将变成世界石油市场中心。

2001年，东南亚地区石油日产量约为800万桶，如果把西亚的产量加在一起，亚洲石油日产量达2800万桶，约占世界石油总产量的40%。亚洲石油日消费量约为2300万桶。亚洲每天约有500万桶的剩余石油供应，是世界石油剩余量最多的地区。预计10年后亚洲石油日消费量有可能超过3000万桶，达到南北美洲的消费水平；再过两年，将超过南北美洲。在一定程度上，亚洲的能源产量将随着需求的增长而增长。同时，包括海湾国家在内的产油大户将会竭力把石油剩余生产量控制在世界需求量的2%左右。

无论是从产量还是从消费量上说，亚洲在今后无疑将在世界石油市场上占据主导地位。

（中国矿联信息中心）

【世界20世纪90年代重大油气田发现】 据资料统计，在90年代，世界上又发现了67个大油气田，共获得油气可采储量890亿桶，其中石油260亿桶，凝析油68亿桶，天然气9.5万亿m^3。从地区分布来看，中东地区发现11个，累计可采储量290亿桶；俄罗斯和里海地区发现5个，可采储量160亿桶；远东地区发现15个，可采储量120亿桶；拉美地区发现9个，可采储量120亿桶；西非地区发现12个，可采储量90亿桶；北非地区发现5个，可采储量40亿桶；北美和挪威地区发现10个，可采储量70亿桶。

按盆地类型统计，这些大油气田大多来自大陆边缘地层区，其中37个来自离散边缘盆地，累计可采储量350亿桶，占总储量的39%；22个来自聚敛边缘盆地，累计可采储量400亿桶，占总储量的45%；8个来自内克拉通盆地，累计可采储量140亿桶，占总储量的16%。大油气田分布于奥陶纪至上新世的地层中，分布在古生界有11个大油气田，累计可采储量290亿桶；在中生界有25个大油气田，累计可采储量290亿桶；在第三系有31个大油气田，累计可采储量300亿桶。在这些大发现中，深水大油气田的储量仅占发现总储量的13%，但是其石油储量比例高达73%，而在总储量中石油仅29%。这些深水油气田主要发现在巴西。非洲大西洋沿岸和墨西哥湾地区第三系储层中，据专家预测，深水第三系在21世纪将继续获得大的发现。

在世界上，通常把油气可采储量大于5亿桶（油当量）的油气田称为大油气田。勘探实践证明，油气可采资源主要分布在这些大油气田中，因此寻找大油气田是油气勘探的主要目标。据不完全统计，到目前为止，世界上已发现的大油气田约600个，它们拥有的可采储量占世界总可采储量的2/3以上。随着大油气田的不断发现，今后寻找大油气田的难度愈来愈大。

（中国矿联信息中心）

【天然气是21世纪世界能源主力】 近年，天然气在世界能源结构中越来越受到重视。能源专家普遍认为，由于天然气资源丰富并能满足可持续发展的要求，必将成为21世纪的能源主力。

天然气比石油资源丰富。据国际能源机构的专家预测，世界天然气的探明储量按现在的使用速度，可以持续开采61年，而石油只能持续开采43年。与煤、石油等其它矿物能源相比，天然气具有热值高、利用效率高、污染小的特点，既是一种优质高效的能源，又是重要的有机化工原料。由于天然气的经济效益和社会效益都很明显，世界各国都十分重视天然气的开发利用，天然气在世界一次能源消费中的比重不断增长。

据国际能源组织有关专家估计，未来20年，世界对一次能源的需求将增长65%，而天然气的需求则以每年2.6%的速度递增。目前，天然气占总的一次能源消费的20%，20年后将提高到30%。国际原子能机构在一份关于21世纪能源的研究报告中认为，约在2040年，世界天然气供应将超过石油和煤炭，在一次能源消费中的比重将达到51%，成为名副其实的“第一能源”。

（中国矿联信息中心）

【世界高技术陶瓷市场】 高技术陶瓷，是采用精选的原料，具有能精确控制的化学组成，按照便于控制的技术加工的，经过结构设计并具有优异特性的陶瓷。

许多高技术陶瓷都具有优良的介电性能、耐磨性能、隔热性能、压电性能和透光性能。随着新技术革命的兴起，功能陶瓷越来越受到世界各国的重视，品种日益增多，应用也越来越普遍。1999年美国陶瓷材料市场中，功能陶瓷的市场份额达到了63%。功能陶瓷主要应用于传感器、发光材料、光导材料、激光材料、电子元器件、磁记录材料等。随着信息产业的飞速发展，各种电子元器件的需求量不断扩大，而要求元器件尺寸越来越小，并且性能要求也越来越高。

结构陶瓷同样受到了各个行业的普遍重视。始于1971年的美国“脆性材料计划”，旨在研究陶瓷发动机材料。日本1978年制定了“月光计划”。中国也在863

计划和国家自然科学基金中列出大量的资金，支持结构陶瓷的研究与开发。在最近的973计划中，又列出专项资金支持陶瓷材料快速成型的工艺基础研究。

新一代技术革命领域——生物工程、信息工程、新能源、宇宙开发、海洋开发等急需大量的新材料，作为基础的材料无疑要在这些技术革命中发挥重要的作用。高技术陶瓷材料的性能潜力远比金属材料和高分子材料大，这种性能潜力表现在三个方面：许多高技术陶瓷具有优异的多方面性能的总和；高技术陶瓷具有更多的电磁功能、化学功能、半导体功能；适当改变组成和掺杂后，高技术陶瓷的性能可以按人们的要求进行剪裁设计。

由于高技术陶瓷具有的性能潜力，各国政府在发展高技术陶瓷上的投资也不断增加，预计美国在2000年用于高技术陶瓷发展的费用高达42亿美元。

（中国矿联信息中心）

【美国发现生产石油新方法】　美国路易斯安那州大学的研究人员发明了一种生产石油的替代方法，可消除石油开采利用对环境造成的影响。

该方法利用生物材料或生物质生产类似于天然石油的碳氢化合物混合物。该过程包括将选定的生物质在一定压力下在热水中进行短暂的处理来生产碳氢化合物混合物。此项专利名为“在近临界和超临界水中将生物质转化成碳氢化合物”。

该方法利用的生物材料可以靠农业种植或农业废物获得。这种方法不使用有毒化合物，对生态系统不会构成威胁，也不会增加温室气体。

（中国矿联信息中心）

【墨西哥白银产量居世界首位】　据美国白银研究所统计，墨西哥2000年白银产量为8820万盎司，比1999年增加17%，其产量连续两年位居世界首位。墨西哥2000年白银产量增加的主要原因是，墨西哥取消对北部科阿韦拉州梅特公司的采矿限制，使其产量大增。同时，另外两大采矿公司2000年产量也增至3070万盎司。

秘鲁2000年白银产量为7840万盎司，同比增产9%，也是连续两年保持第二的位置，而美国则从1998年的第三位降到2000年的第四位，年产量为6330万盎司，同比增长1%。　（中国矿联信息中心）

【巴西锰矿资源及产量】　巴西是世界上重要的矿业国之一，其锰矿资源及产量在世界上占有重要地位。巴西已探明的锰储量达2100万t，占世界总量的3.1%，储量基础5600万t，占世界的1.12%，主要分布在阿马帕地区、米纳斯吉州和马拉州。卡拉加斯的阿祖尔锰矿床，品位很高，且有高品级的电池锰矿石，可以提供大量的锰矿石；地处西部边陲的乌鲁昆锰矿储量也很大，现已开采。

为了改善矿业投资环境，1995年巴西政府调整了矿业法，主要变化包括：取消矿业项目对外资股权的限制，鼓励外资进入巴西矿业、鼓励个体采矿及推行矿业部门私有化等。这为我国资本购买巴西锰矿山股权提供了机遇。其他重要政策变化还有巴西进口关税从1990年的28%下降到约14%，对大多数国内产品和进口制成品的工业产品税及联邦税确定为0%～5%，外国投资者的利润允许汇出。另外规定，非巴西籍的个人收入所得税税率为25%，公司所得税税率为25%，红利税税率为25%，州政府的营业税为7%～25%，联邦政府为25%。　（中国矿联信息中心）

【瑞典矿产资源开采条件良好】　据海外媒体报道，瑞典硬岩矿产开采历史悠久，并有丰富的采矿经验，目前瑞典已成为欧洲最活跃的采矿业市场。其优越的商业环境和一流的矿务行政体系吸引了许多国内外公司。1993至1998年间，瑞典的采矿经费支出就增加了将近3倍。

在过去长期勘查世界级矿藏的基础上，瑞典正在寻找新的金矿和基金属矿藏以及钻石矿。许多来自澳大利亚、北美、南非和欧盟的公司，以及瑞典本地新崛起的业者都在寻找新的勘查目标。

瑞典不但是欧盟最大的铁、银、金矿的产出国家，也是第二大锌的生产国。瑞典制造生产一系列知名的气动工具及采矿设备，其也是矿业学术研究的中心。

1999年后期，瑞典北部大约1500万ha(1.5万m^2)的土地已取得了开采许可，超过过去所占的比例。另外，在瑞典北部有一部分重叠的1700万ha土地也已获得开采钻石矿产的许可。

据海外媒体报道，在经过连续4年的增长后，瑞典矿业开采的投资自1998年增加到3400万美元。

目前瑞典采用的勘探技术超过许多国家。瑞典仍有相当丰富的矿藏尚未充分开发。在已开采的矿区应用新技术方法已找到新的金矿及基金属蕴藏，吸引了许多在世界各处开采经验丰富的公司相继投入。

1993年瑞典政府通过了84个新的勘探案，1998年跃升至303个。瑞典同期勘探金属的经费支出则从1300万美元增加到3400万美元，仅1998年投资就增加了20%，而同一时期全球勘探预算不但没有增加反而减少了25%～30%。1998年瑞典政府签署了4处新的矿区开采，矿区数目一下增加到20处。许多来自澳大利亚、加拿大、挪威、瑞典等国的公司不断增加投入矿产勘查的资本。

瑞典每年的勘探支出都在增加。5年前勘探公司的主要目标是寻找金矿,而现在则转为基金属,尤其是铜矿及锌矿,钻石矿的勘探比例也有大幅度攀升。

位居斯堪地那维亚心脏地带的瑞典,勘探及采矿事业一直在持续稳定的发展。瑞典是欧洲铁(占全欧洲产出量的90%)、金及铅矿的主要生产国,银及锌矿的第二大生产国。黄金则因该国的储量少,每年则维持少量产出。

瑞典有8900万人口,广布在45万平方公里的土地上,人口密度很低,每平方公里平均只有19.7人,北部人口分布密度更低,可开采面积相对辽阔。

(中国矿联信息中心)

【德国研制成功长效防锈涂料】 德国最近研制开发出一种含有多元苯胺的化学涂料,这种涂料用于汽车、船舶、土建钢结构、化工设备、桥梁等各种设备及机械上,其防锈期比传统涂料能延长10倍左右。该研究成果表明,多元苯胺能与钢和铝等金属形成一种不会生锈的有机金属。这种多元苯胺本身可以防止使金属生锈的化学反应,使金属与空气中的氧结合成为一层氧化物,使生锈过程无从发生。多元苯胺的效能比常用的锌高出3倍~10倍,其价格比锌便宜,可用于所有的金属上,也符合环保的要求。 (中国矿联信息中心)

【德国矿业城市——鲁尔工业区新貌】 鲁尔区是德国的煤钢中心,克虏伯家族创造的钢铁神话迄今是鲁尔人的骄傲。鲁尔区位于德国北威州,面积4434平方公里,由十几个城市组成,人口540万,因坐落在鲁尔河两岸而得名。

作为德国的工业中心,传统的纺织工业、采矿工业和钢铁工业已经逐渐成为鲁尔区的过去,新经济在这儿显示了勃勃生机。

整个鲁尔区在信息技术领域中的发展速度在德国遥遥领先。共有390个电信公司在北威州落脚,这一数字超过了德国其他各州。从1994至1998年,北威州的软件公司从241个增至2720个。在北威州这些信息和软件公司中,绝大多数都落户在鲁尔区。

北威州的新经济从业人员绝大多数住在鲁尔区。到2004年,以鲁尔区为主的北威州电子商务总营业额将达870亿欧元。

鲁尔区的变革不只包括出现了全新的产业,在传统产业基础上诞生的新产业也显示了新旧经济相结合的亮点。不时发生的全球石油短缺、石油资源的日益枯竭以及人们环保意识的增强,使可再生清洁能源越来越受到人们的青睐,新能源产业和环保产业已经成为新鲁尔区的支柱产业。

在格尔森基尔欣,有一座欧洲最大、最先进的太阳能发电厂,它由全球能源业巨商壳牌石油公司于1999年10月建成,每年可生产10万千瓦时的电能。发电厂的外观是个扁圆形的蓝色晶莹体,整个厂房长83米,宽47米,高12米,顶部和外观很大一部分便是储存太阳能的蓄电池模片,整个建筑非常美观。德国政府积极支持太阳能利用工程,计划在全德境内投资建造起10万间太阳能房屋。

新落成的鲁尔世界建筑展览会展示了鲁尔人独特的能源文化和对未来世界的美好憧憬。

"煤、钢、啤酒",鲁尔人过去用这些来形容自己的工作与生活,如今鲁尔人的生活和工作内容已经远远超出了这些。鲁尔人的目标是要将鲁尔区建设成为欧洲新经济的中心,同时还要努力拓展鲁尔地区的文化和现代化生活。 (中国矿联信息中心)

【俄罗斯制成新型膨胀水泥】 莫斯科一工学院最近研制成功一种新型膨胀水泥。这种膨胀水泥以硫铁酸钙为膨胀成分,它不但可用于混凝土的收缩补偿,而且比波特兰水泥更耐海水的侵蚀。

硫铁酸钙熟料是在生料中配入富的氧化铁和三氧化硫煅烧而成。煅烧温度为摄氏1200~1300度,能耗低于普通水泥熟料的15%~20%,产量提高15%。将该熟料掺入水泥熟料中并配入石膏进行粉磨,即制成膨胀水泥。在贫CaO熟料中,硫铁酸钙最佳掺入为2%~3%,强度可提高10%~15%。在富CaO熟料中,硫铁酸钙掺入8%,膨胀度为0.32%~0.5%,强度提高2~3MPa。在普通水泥熟料中掺入硫铁酸钙作为膨胀成分,即获得性能优良的膨胀水泥。

(中国矿联信息中心)

【乌克兰开发磷肥生产新工艺】 乌克兰国立里沃夫理工大学已开发出一种新的热还原法,可用于生产磷肥,其生产成本比常规工艺方法低20%,并可有效加工喀尔巴阡山地区多种矿物共生的钾矿和石油加工厂大量积存的含硫酸钠废渣以及制备二氧化硫等。

里沃夫理工大学的这种新工艺除了可生产热制磷肥,还能将生产过程产生的废热加以利用,从中获取浓度较高的二氧化硫气,能够同时生产热制磷肥和硫酸。

(中国矿联信息中心)

【日本煤炭需求现状及预测】 日本拥有煤炭资源量8.21亿t,产煤量很少。日本是世界上最大的煤炭进口国,进口量约占世界煤炭进口总量的28%。动力煤进口总量的60%用于发电、造纸和水泥工业;炼焦煤进口主要用于钢铁工业。1997年以前日本主要从澳大利亚、南非和美国进口动力煤。近年来增加了从中国和印度尼西亚进口动力煤的数量。炼焦煤进口主要来自澳大利亚、加拿大、美国和俄罗斯。

日本对国内的煤炭生产给予补贴,其目的:一方面是确保能源供应,另一方面是保持对煤炭技术发展的支持。在来自进口煤竞争的压力下,日本煤炭产量从60年代初期的5500万t下降到1997年的470万t。1997年3月日本关闭了国内最大的也是最老的三池煤矿。现在日本仅剩下两座主要煤矿,即北海道的太平洋煤矿和九州的池岛煤矿。这两座煤矿产煤340万t,由国家给予财政补贴(国产煤价格比进口煤价格高出3倍以上)。预计煤炭开采补贴于2001年取消。

在煤炭需求方面,据有关公司估计,日本煤炭需求量从1997年的3690万t增加到2002年6790万t,2007年达到8320万t。而日本通产省则努力维护其在"京都会议"上作出的减少二氧化碳排放量的承诺,并要求电力部门用煤量的增加不应超过1996年水平。据美国能源信息管理局预测,直到2020年,日本煤炭消费年增长率为0.7%。由于日本经济危机钢铁产量下滑,日本与澳大利亚就1999年炼焦煤价格重新进行了谈判。澳大利亚同意炼焦煤价格削减18%,或每t9美元,以每t41美元价格向日本出口。并同意将动力煤价格削减13%。对炼焦煤需求量的减少,也反映出日本钢铁工业增加了高炉喷吹煤用量。　(中国矿联信息中心)

【日本利用废旧混凝土制造水泥】　日本研究人员发明了利用废旧混凝土制造水泥的技术,它既有助于解决混凝土垃圾问题,又可以节约自然资源。

1996年阪神大地震使日本许多高速公路和桥梁受损、大厦倒塌,产生的混凝土垃圾据说有1500万t之多。为处理这些混凝土,日本水泥协会和东京大学就这个课题进行了联合研究,发明了利用废旧混凝土生产水泥和砂子的技术,其质量与使用新材料制造出的水泥相同。　(中国矿联信息中心)

【日本开发提炼高纯度铁新方法】　日本科学家使用负离子交换法成功地提炼出纯度为99.9999%的铁,这不仅简化了工序,节省了成本,还使得铁在光学半导体材料领域中受到青睐。

据日本报纸报道,日本东北大学的一色实教授曾经使用溶媒提取法和负离子交换法开发出纯度为99.9997%的高纯度铁。在此基础上,一色实教授又开发出了新的工艺,即把一般的电解铁溶解在盐酸水溶液中,使之通过填充了负离子交换树脂的氯乙烯圆柱体以还原为铁,然后再使用氢等离子体除去氧气等杂质,结果获得了纯度为99.9999%的铁。这种方法由于在负离子交换过程中控制了杂质元素在水溶液里的价数而无需使用溶媒去杂,因而可简化制造工艺,大大降低制造成本。

高纯度金属是把所有的杂质减少到最低限度的金属,是今后研究开发高性能半导体元件等所不可缺少的材料。新工艺被称为是一种"最适合于进行大批量生产的简单工艺",而且由于铁本身无毒,资源丰富,价格低廉,并且铁硅化物能够用来制造红外线领域的发光元件,因此科学家们正在把高纯度的铁作为一种光学半导体材料加以研究开发。(中国矿联信息中心)

【韩国能源开发战略】　自70年代中期以来,韩国能源消费呈迅速上升趋势。全国一次能源消费量从1980年的4390万t石油当量上升到1998年的1.659亿t石油当量。由于国内能源资源匮乏,韩国所需能源主要依赖进口,1998年的进口能源依赖程度高达97.1%。尽管韩国政府积极鼓励节能和提高能源利用效率,但韩国未来的能源需求仍不断上升。在这种情形下,能源技术的研究与开发是迎接各种挑战的关键,这些挑战包括减少对进口能源的依赖、能源资源及供应的多样化、扩大韩国能源技术的出口、减轻环境污染以及最终减少国民经济的能源负担。

为了促进能源技术的开发,韩国政府制定了《10年能源技术国家发展规划》(1997年至2006年),该规划包括节能、新能源与可再生能源技术以及洁净能源技术三项计划。该规划的主要目标是2006年使全国能源消费量降低10%,而使新能源和可再生能源供应占全国能源供应的2%。

该规划的基本指导原则包括:根据现有技术水平、可用资金和利用的可能性来确定能源技术目标;采用"自上而下"开发方法确定优先技术开发领域并建立竞争性科技攻关管理体系;增加科技攻关基础设施项目;推进技术的商业化;建立高效的科技攻关促进体系。

(中国矿联信息中心)

【韩国冶金煤采购重点转向中国】　据海外媒体报道,由于美国煤价飞涨,韩国浦项公司采购高流质冶金煤的重点已经从美国转向中国。韩国海关的统计资料显示,去年中国出口韩国的炼焦煤比1999年上升了30%,达273万t。而韩国从美国进口的炼焦煤却比1999年下降了10%,为142万t,与1998年的216万t相比,则大幅下降了34%。浦项称,该公司停止购买美国煤的原因是美国煤价太高,与美国政府的钢铁贸易政策没有关系。　(中国矿联信息中心)

【缅甸利用外资开发石油天然气资源】 石油和天然气是缅甸的主要能源。充分开发缅甸的石油和天然气资源对满足缅甸的能源需求和促进缅甸社会及经济的发展具有十分重要的意义。

但是,长期以来,资金短缺、设备陈旧、勘探和开采技术落后严重地制约了缅甸对油气资源的开发。缅甸现政府于1988年9月执政后,一改过去数十年来的闭关锁国政策,开始实行市场经济,并允许外国公司向包括油气领域在内的诸多行业投资,大大促进了石油天然气工业的发展。

缅甸油气资源在陆地和海上均有分布。缅甸鼓励外国石油公司对缅甸的油气资源储量进行评估,并鼓励外国公司尽可能开发缅甸边缘地区的油气资源。

缅甸对外国公司开发其油气资源采取产品分成制,即外国公司须向缅甸政府提供合理的产品收入份额;根据地质条件的差异及其风险,缅甸政府对外国石油公司给予合理的回报。

据缅甸官方统计,截至2001年6月底,缅甸油气领域共吸引外资协议金额23.55亿美元,占缅协议外资总金额的31.8%;泰国和印度尼西亚等国石油公司在缅甸投资项目达51个。

迄今,外国石油公司已在缅甸陆地上钻出了十多口勘探井,但出油情况均不太理想;海上勘探初见成效,已发现了两个天然气田,其中耶得那气田已探明天然气储量达2547亿 m^3。该气田已于2000年10月开始向泰国供气,每年可为缅甸创汇3亿美元。

缅甸允许外国公司与其合作开发油气资源,在一定程度上缓和了本国能源开发资金不足的状况,同时也学到了一些先进技术和管理经验。但是,缅甸在油气开发方面仍面临一些困难。

以美国为首的西方国家对缅甸的经济制裁和全球经济增长速度放慢影响了外国公司在缅甸油气领域的投资力度,实际到位外资远远低于协议金额,油气开发仍然资金不足;缅甸的地质条件差,开采难度大,投资成本较高;此外,交通、通讯和电力等基础设施滞后对开发油气资源构成了不可忽视的影响。

据缅甸官方统计,缅甸2000年共产原油350多万桶、天然气15亿余 m^3。2001年上半年,缅甸的原油和天然气产量分别为163.9万桶和6.84亿 m^3,同比均略有下降。迄今,缅甸石油仍不能自给自足,每年仍需进口原油200多万桶、汽油和柴油数十万t。

(中国矿联信息中心)

【印度调降冶金产品关税】 据世界金属导报报道,印度政府在2002~2003财年中削减进口冶金产品关税,最高关税将从35%降至30%,现行的4个关税税率等级将减至3个。

印度现行的关税税率为35%、25%、15%和5%。2004~2005财年最高关税将减少20%。此前大多数金属和铁合金的关税税率为25%和35%。

关税下调将对印度冶金企业的经营效益带来巨大冲击,受冲击最大的企业就是那些在现行关税规定下经营仍然亏损的企业。亏损的铁合金和钢铁企业表示,在市场价格下滑以及进口关税下调的双重打压下,他们将不得不面临停业倒闭的窘境。有色金属方面,目前进口铝的关税为25%,进口铜和锌的关税高达35%,关税下调后印度铝业公司等国内生产企业的利润将逐步下滑。 (中国矿联信息中心)

【印度东海岸发现大型天然气田】 印度科恩能源公司2001年在安得拉邦海岸深海区发现一大型天然气田,目前日产量达230万 m^3。

该公司在水深1000 m的克里希纳·戈达瓦里海盆钻探时,发现在距海平面1870~2330 m处有数个储气层。专家据此判断,该区域的储气量在210~280亿 m^3 之间。

印度石油和天然气部长奈克表示,印度政府对参与印度油气开发的外国公司在税收方面将给予优惠待遇,并正在考虑在沿海和内地主要城市兴建若干液化天然气项目,不久还将颁布液化天然气进口政策。据悉,印度政府已在东西沿海深水区分别划出7个和8个区段供国内外公司开发石油和天然气。一些欧美公司对此表示出浓厚的兴趣。

印度是个能源短缺的国家,去年的石油进口费用高达160多亿美元。由于国际市场石油价格居高不下,石油进口已成为印度政府的一大财政负担。

(中国矿联信息中心)

【印尼苏拉威西岛发现大型气田】 据海外媒体报道,2001年印尼国家石油公司(Pertamina)在苏拉威西岛中部地区发现了一个大型天然气田。

经过测试,该气田的天然气储量至少为8800亿立方英尺,另有3.4万亿立方英尺资源量。该公司计划对这一发现进行更为广泛的评价性研究。印尼国家石油公司于2002年在该气田建设一个天然气加工厂。

(中国矿联信息中心)

【摩洛哥将成为产油大国】 摩洛哥有关机构人士指出,摩洛哥在今后5年内成为石油和天然气生产大国。据称,摩东部发现的塔尔辛特(TALSINT)油田证明,摩洛哥的石油和天然气蕴藏量十分丰富。但其勘探工作却明显滞后,每 km^2 平均只有0.04个探井,远远低于每

km^2 8 个探井的世界平均水平。

为鼓励外国企业参与摩洛哥的石油勘探开发，摩洛哥曾于 2000 年 3 月修改了《石油法》。修改后的《石油法》规定，摩国家在石油勘探和开发中的股份将由过去的“最低占 50%”改为“最高占 25%”。此外，参与勘探的外国公司，在每个油田投入生产的 10 年之内享受免交企业税的优惠。而油田的土地使用费改为：在陆地和 200 m 以内的浅海，原油为 10%，天然气为 5%；如果是在 200 m 以下的深海，则原油为 7%，天然气为 3.5%。

修改后的《石油法》将使摩洛哥在石油勘探和开发方面进入世界上对投资者“最具吸引力的国家”之列，将由过去的 156 位上升到第五位。

（中国矿联信息中心）

【南非锰矿储量】 1999 年南非锰矿储量 37 亿 t（金属量，下同），占世界总量的 54.4%，储量基础为 40 亿 t，占世界的 80%，均居世界第一位。南非的锰矿分为化学级和冶金级两大类。主要矿区有两个：一个在开普省北部，分为波斯特马斯堡矿田和卡拉哈里矿田，矿层产于德兰士瓦系变质岩中，为碧玉铁质岩型矿床，是南非目前主要的锰矿区，以生产冶金级锰矿为主；另一个矿区在德兰士瓦省西部，以生产化学级锰矿为主。南非锰矿地质条件好，生产成本低。近年南非锰矿产量均在 130 万 t/a（金属量）以上，占世界总量的 17%。

南非的矿业以自由企业和市场驱动为基础，政府对这些部门的参与程度很低。在南非，矿产地和矿业生产主要由 5 大矿业集团操纵，随着矿业全球化的迅速发展和对南非制裁的结束，南非的各大矿业公司都进行了机构调整和资产重组。南非实行鼓励外商投资的政策：

1. 出口促进政策：实施奖励办法促进出口；减少关税壁垒。

2. 吸引外国投资的优惠政策：鼓励国内及国外的投资者到都会区域以外的地区投资，并实行 5 年免税。南非对于外国人投资没有出资比例的限制，并有产品行销市场的自由。南非政府欢迎外国人收购或在南非置产以刺激不动产市场。投资者在投资批准后，其执行股东及重要管理人员可以立即申请永久居留。

3. 税收政策：矿业公司的所得税率为 50% ~ 57.5%。增值税税率为 10%。南非为鼓励在工业方面投资，对制造厂商实行某些税收减免，对制成品出口更有优惠。

（中国矿联信息中心）

【加蓬锰矿资源】 锰矿储量和储量基础分别为 4500 万 t 和 15000 万 t，分别占世界总量的 6.6% 和 3%。近年年产量均在 90 万 t 左右，占世界总量的 12% 左右。

加蓬位于非洲中西部，由于曾是法国的殖民地，独立后一直奉行西方的开放政策，与中国有着友好的关系。加蓬经济发展比较顺利，政策适宜，是非洲政局平稳的少数国家之一。加蓬政府欢迎外国资本进入工商业，包括采矿领域。根据 1989 年颁布的投资法，在加蓬建立企业，不论是国内企业还是外国企业，在一定条件下，减收关税和其他税。除财政方面的优惠外，该法令提供了优惠待遇，合格的企业在与外国竞争中受到保护，并可在进口物资分配、公共信贷和政府合同方面享受优先权。在加蓬投资的外国公司，必须将不少于公司资本 10% 的股份出售给加蓬国民。非加蓬的公司或个人不得在加蓬拥有土地。（中国矿联信息中心）

【沙特发现大型磷酸盐矿】 沙特阿拉伯国有矿产公司日前宣布，沙特北部发现一个储量为 4 亿 t 和地表面积为 18 平方公里的大型优质磷酸盐矿。该矿易于开采，预计年产量可以达到 450 万 t 磷酸盐，这个数字占目前沙特年产 1120 万 t 磷酸盐总量的 32.5%，矿区的开采期限可达 50 年。（中国矿联信息中心）

【南极海底发现铜矿】 由多国科学家组成的南极科考队 2001 年在南极海域的海底发现了铜矿，据认为这将有助于了解南极的地质演变以及陆地上某些矿藏的形成过程。

该处铜矿床面积很大，很可能位于现在已经被海水淹没的乔治王岛的构造断裂部分。科学家指出，在南极海底发现铜将有助于研究南极的地质演变，并进而研究陆地上某些矿藏的形成过程，为人们在陆地上寻找资源提供新的可能。科学家同时强调，此次科考的目的不是为了勘探与开采这些矿藏，南极条约对此有规定。（中国矿联信息中心）

加入WTO对中国矿产品贸易的影响

一、世界贸易组织原则、主要条款及重要保护贸易协定

(一)世界贸易组织基本原则

最惠国待遇原则、国民待遇原则、透明度原则、自由贸易原则、公平竞争原则。

(二)非关税措施协议

技术性贸易壁垒协议、实施卫生与植物卫生措施协议、海关估价协议、进口程序协议、原产地规则协议、装运前检验协议、与贸易有关的投资措施协议。

(三)贸易救济措施协议

反倾销协议、补贴与反补贴措施协议、保障措施协议。

(四)1994年关税与贸易总协议条款

最惠国待遇条款、国民待遇条款、透明度条款、关税减让条款、取消数量限制条款、以国际收支为由的限制条款、国营贸易条款、贸易救济措施条款、争端解决条款、关税同盟和自由贸易区条款、对发展中成员的特殊待遇条款、例外与免责规定条款。

二、"入世"对中国矿产品贸易及相关行业的影响

(一)加入WTO中国矿业面临的机遇

可以充分利用"两个市场、两种资源",在全球范围内合理配置资源;有利于改善投资环境,进一步扩大矿产品进出口贸易和吸引外资;有利于加快中国矿业和矿产品结构的调整和优化;有利于中国西部大开发战略的顺利实施;有利于提升中国矿业的整体水平。

二、加入WTO中国矿产品贸易及相关行业面临的挑战

"入世"对中国矿产品进出口贸易的影响主要有三个方面:一是削减关税,二是减少非关税贸易壁垒,三是服务贸易的市场准入限制。

中国矿产品的平均进口关税(指优惠税率,下同)已降至7.4%,下调的空间不大。金属矿砂类进口关税接近零。燃料类矿产品、金属原材料及制品因受关税下调有一定影响(个别税号的矿产品税率较高)。非金属制品类、宝石贵金属首饰等的关税较高,削减关税对它们的影响较大。到2008年,逐步减少非关税贸易壁垒和服务贸易的市场准入限制,将对我国实行进口许可证、进口配额管理以及国营贸易为主的矿产品,如原油、成品油、化肥等,造成较大的冲击。表面上看,受影响最大的是国矿产品进出口贸易,而更深层次的影响是由于国外矿产品大量涌入和外资更大范围地参与到国内矿产勘查开发以及服务领域,对国内矿山企业和矿产品深加工企业,特别是那些资源条件差、技术工艺落后、市场竞争能力弱的矿山企业和矿产品深加工企业造成较大的冲击。由于这些企业失去关税和非关税壁垒的保护,将面临国外同类企业的挑战。但从长远看,有利于中国矿山企业和矿产品深加工企业的重组改造和降低成本。

三、中国加入世界贸易组织的基本权利与义务

基本权利	基本义务
1.享受非歧视性待遇	1.遵守非歧视性原则
2.全面参与多边贸易体制	2.贸易政策统一实施
3.享受发展中国家权利	3.贸易政策的透明度
4.获得市场开放和法规修改的过渡期	4.为当事人提供司法审查的机会
5、保留国营贸易体制	5.逐步放开贸易权
6.有条件、有步骤地开放服务贸易领域	6.遵守WTO关于国营贸易的规定
7.对国内产业提供WTO规则允许的补贴	7.逐步取消非关税措施
8.保留国家定价和政府指导价的权利	8.不再实行出口补贴
9.保留征收出口税的权利	9.实施《与贸易有关的投资措施协议》
10.保留对进出口商品进行检验的权利	10.接受过渡性审议

四、中国加入世贸组织议定书有关矿产品贸易和服务的重要承诺

协议措施	产品名称	承诺内容
取消非关税贸易措施	成品油	最初配额量1658万t,年均长率15%,进口许可证、配额将在2004年取消
	化肥	取初配额量890t,年均增长率15%,进口许可证、配额量将在2002年取消(部分在加入时)。
服务贸易减让	地质、地球物理、地质科学勘探、地下勘测	只允许与中方伙伴以合作开采石油的方式进行。
	陆上石油服务	只允许与中国石油天然气总公司在中国政府批准的指定区域以合作开采石油的方式进行。
	分销服务	加入后3年内允许从事成品油零售;有超过30家公店的销售来自多个供应商的、不同种类和品牌商品的连锁店的限制。
		加入后5年内,允许从事化肥、成品油和原油的分销业务;允许从事化肥零售。
国营贸易产品(进口)	原油、成品油	国营贸易企业主要是:中国化工进出口总公司;中国国际石油化工联合总公司;中国联合石油有限责任公司;珠海振戎公司。 加入时非国营贸易允许量原油720万t、成品油400万t;年增长率均为15%。
	化肥	国营贸易企业主要是:中国化工进出口总公司;中国农业生产资料集团公司。
国营贸易产品(出口)	钨和锑矿砂、仲钨酸铵、氯化锑、锑及钨制品	中国五金矿产进出口总公司;中国有色金属进出口总公司;中国稀土金属集团公司;中国化工进出口总公司。
	煤炭	中国煤炭工业进出口总公司;中国五金矿产进出口总公司;山西煤炭进出口集团公司;神华集团有限责任公司。
	原油、成品油	中国化工进出口总公司;中国国际石油化工联合总公司;中国联合石油有限责任公司。
	白银	中国印钞造币总公司;中国铜铅锌集团公司。
指定经营产品	钢材	加入后3年内放开
实行价格控制的产品和服务	食盐、天然气	实行国家定价
	成品油、化肥	实行政府指导价
实行出口税的产品	矿砂、精矿类及含氟盐类	铅、锌、锡、钨、铌、钽、钒、生锑、黄磷(白磷)、其它磷、氟硅酸盐、氟铝酸盐及其他氟络盐。
	铁、钢铁及其合金和废料类	合金及非合金生铁、镜铁、锰铁、硅铁、硅锰铁、铬铁、铸铁、不锈钢、其他合金、镀锡钢铁、其他钢铁废料。
	主要有色金属产品	精炼铜、合金及制品、精炼镍及合金、精炼铝、铝合金及铝制品、精炼锌及合金、精炼锑及其废料等。

(摘自国土资源部《中国矿情通报》)

基层企业经验介绍选登

兖矿集团改革发展的基本做法

一、构建母子公司体制,建立现代企业制度

1.从实际出发,以董事局为核心进行国有独资公司的法人治理结构建设。实行董事局主席、党委书记、总裁三职分设,建立起专职董事制度,制定了《董事局议事规则》、《总裁办公会议事规则》、《党委常委会议事规则》和《党政联席会议事规则》,初步理顺了董事局、总裁班子、党委会以及职代会之间的相互关系。兖矿集团法人治理结构建设成果获得第八届国家级企业管

理现代化创新成果一等奖。

*2.创新改革,构建分公司、有限责任公司、上市公司并存在的母子公司体制。*重组成立的兖州煤业股份有限公司于1998年在纽约、香港、上海三地上市,融资24.7亿人民币,成为亚洲金融危机爆发后至1999年初连续20个月惟一境内外上市的中国国企;并于2001年成功增发A股、H股和购买集团铁路资产,成为H股公司和煤炭行业唯一实现增发的上市公司。兖州煤业4年4次累计从资本市场融资49.38亿元。2001年推动兖矿电力股改上市,争取塑集团第二个上市公司。此外,以职工持股为主导,大力推动了所属单位股份制、股份合作制改革。资产枯竭的唐村煤矿以及托管进入兖矿集团的兖州煤机厂相继按民营化的方向,改制为职工控股的有限责任公司。130多个非煤厂点完成股份制、股份合作制改革。

*3.选择了一批良好发展前景的产业,进行投资参股。*国内几家大的港口、航空、节能、证券、期货、房地产、保险公司成为主要股东,其中对金融产业和新兴产业的投资占到投资总额的87%。同时,先后对鲁南化肥厂、山东比特电子公司、兖州煤机厂等实施了兼并、收购和划转,进一步扩大了在煤化工等领域的集约化程度。

二、推动技术创新,培育核心竞争力

1.抓技术投入。"九五"期间,科技总投入达到14.1亿元,占企业销售收入的3.92%。2001年,技术投入3.25亿元,完成科技项目54个。集团连续7年被中国煤炭科协评为"科技创新"行业第一名。

*2.抓产学研联合、自主创新。*组织进行了综采放顶煤25项重大技术专题研究和"十五"综采放顶煤配套技术攻关,优化系统布局,形成了以综采放顶煤技术为主体、拥有自主知识产权的煤炭生产核心技术,整体技术在国际上领先3至5年,并获1998年度国家科技进步一等奖。该项技术的突破,使综采工作面年产由200万t提高到500万t以上。2001年,集团公司煤炭产量是1990年的3.58倍,而原煤生产人员则由1990年2.45万人减少到目前的1.55万人,净减9000人;原煤生产效率由1.671t/工增长到15.879t/工,提高了8.5倍,超过德国、波兰等发达产煤国家的水平。同时,建成了世界一流水平的济三煤矿,并当年投产、当年达产、当年盈利。

构建技术创新体系,逐步形成了以国家级技术中心为主导,以生产单位和产业为基础,以产品为依托"一厂一所、一所一品"的技术创新格局。

三、发展非煤产业,调整优化产业结构

几年来,我们坚持以煤为本、煤与非煤并重,以抓好支柱项目带动产业结构优化,以市场机制促进增长方式转变。近6年来,先后投入资金16亿元和于非煤产业的发展,初步形成了16个非煤产值超亿元单位。2001年,兖矿非煤产业销售额达到44.69亿元,在企业销售总收入中的比重上升到40%;非煤产业从业人员达到4.64万人,占集团总人数的近1/2,解决了"人往哪里去"的问题,实现了集团内部就业,保证了矿区的稳定,提高了企业综合竞争能力。

同时,从集团整体发展战略出发,从兖矿的比较优势出发,逐步形成了煤路港航、煤化工、煤电铝"三大产业链"的产业发展方向和构建煤化工、煤电铝、"三大产业链"的产业发展方向和构建煤化工、煤电铝、金融、第三产业"四大非煤支柱产业"的产业发展目标,按照"高起点、大联合、多联产"的基本原则,积极推动重大项目建设和战略支柱项目的启动。5月6日至13日,在山东省香港、日本重点项目推介会暨经贸活动中,兖矿集团签约6个项目,总投资55亿美元,拟利用外资22亿美元,成为此次活动中签约的项目最多、拟利用外资数额最大的企业。百煤产业开始进入大规模建设时期,矿区建设构局从以煤矿建设为主转向以非煤项目建设为主,产业结构呈现了历史性的重大转变。

为贯彻江总书记"走出去"的战略,积极推动跨国经营。与委内瑞拉签订了1.88亿美元的铁路工程项目施工合同,并促成了山东省与委内瑞拉的全面经济合作。以输出技术为主与澳在利亚国际煤炭公司合作经营煤矿和煤机制造工作进展顺利,2001年完成了综采放顶煤技术在澳大利亚应用的予可研报告和风险评估报告,综采放顶煤技术获得了专利授权,低位放顶煤液压支架在澳主取得专利证书,与BHP BILLITON达成了境内外全面合作的意向,并初步确定了目标煤矿。同时,与占世界煤机市场70%以上的DBT公司的合作正在加紧进行,拟通过与该公司的合作,开发国内外煤机市场。

四、全面加强管理,提高企业综合素质

面对经济全球化趋势加快和中国加入WTO的形势,确立了与国际惯例外接轨的和理创新总体目标,推行了全面质量理,在煤炭行业率先组织了ISO 9002质量体系、ISO 14001环保体系和ISO 18000安全体系认证,使管理基础工作得到了夯实。公司赋予现场生产工人"六项安全权利",比较好地实现了干部与工人在安全秤上的双向监督。2001年,抓住煤炭市场供求关系缓解的契机,着眼长远发展,提出实施了以零缺陷、零杂物、诉为主要内容的"三零工程"精品战略,以诚信闯市场,建立了稳固的国内外销售网络,兖矿煤保存持了中国第一品牌的荣誉。强化营销上,确定了"优化两种资源,占领两个市场"和"保山东、增沿海、扩出口"的营销策略,2001年,兖矿先于澳大利亚完成日本市场价格谈判，煤炭贸易合同量达到906.62万t，占中日订货增量的65%，改变了长期以来澳大利亚为主确定对日煤炭价格的局面，确立了兖矿在国际煤炭市场上的重要地位。注重用信息技术改造传统产业，与美国安达信公司合作，积极推广应用ERT系统，并开始上线运行，初步建立了信息流、资金流和物流管理体第，企业管理迈上的一个更高的档次。企业在获得“全国优秀企业（金马奖）”基础上，连续6年获得“全国质量效益型先进企业”称号，并成为全国首批“重合同、守信用”企业。

五、探索党建新机制，两个文明建设同步发展

几年来，我们把建立现代企业制度与加强党的建设有机结合起来，坚持做到“三个同步”，即党的建设与企业改制同步规划，企业党组织与企业行政机构同步设置，企业党组织工作目标责任制与企业经营目标司步考核。在实际工作中，紧紧围绕经济建设这个中心，充分发挥党组织的政治核心作用，强化参与企业重大问题决策的职责，全面推进党的建设、党风廉政建设、精神文明建设和企业民主管理，初步形成了与现代企业制度相适应的党建工作新机制。2001年，公司党委被授予’全国先进基层党组织”的称号。

坚持全心全意依靠工人阶级办企业，切实加强民主管理，积极关注弱势群体。2001年职工人均收入14946元，是1990年的4倍；人均住房面积达到9平方米。职工生活水平随着企业的发展同步提高。

（兖州矿业集团）

招远市中矿金业的崛起

1998年招金股份公司成立，截至2001年4月，明亏潜亏2.29亿元，负债总额9.02亿元。4161名职工和1000多名外用工已连续4个月未发工资，公司欠缴职工养老保险金1320万元，欠银行利息1241万元。

“没有改革就没有出路”，这是上至招远市市委、市政府，下到中矿金业干部职工的共识。为此，中矿金业从2001年5月至12月，着力培育新的企业文化，优化生产和组织结构，转换经营机制，重塑“招远工业之母”新形象。经过半年多的努力，招金股份终于由混乱走上正规，由崩溃走向新生。

2001年，中矿金业在生产条件不变的前提下，5至12月份，自产黄金达到8.4万两，同比增长31.09%；全年自产黄金10万两，冶炼成品金40万两，分别占招远市自产黄金和冶炼成品金总产量的48%和50.6%；劳动产率达到48521元/人·年，同比增长88.95%；黄金生产单位成本比2000年同期减少633.75元/两，同比下降34.3%，比2000年同期减少亏损5311万元；5至12月份实际实现利润2300万元，按可比口径计算比2000年同期增加效益5000多万元；公司全年上缴税费总额达到6025万元，同比增长49%。

2001年5月至2002年7月，在不到一年半的时间内，中矿金业减少债务2.2亿元，财政贡献1.03亿元，合计达3个多亿。中矿金业是招远市黄金行业四大骨干矿山（北截金矿、罗山金矿、玲南金矿、阜山金矿）的集合体，由衰到兴，由弱到强地发展。它得益于“科学决策、科学技术、科学管理”。

一、科学决策确定企业正确的发展方向

第一，优化生产结构，形成合理的生产布局。先后关停了罗山二矿区、北截金矿洼孙家矿区和北截矿区，将罗山三矿区和罗山四矿区合并为罗山矿区，将设备陈旧的罗山冶炼室合并到北截冶炼室。通过调整，公司构建了以三大矿区、两大选厂、两个冶炼厂为主要框架的生产结构，形成了招金股份以采选为主、北截金矿以氰冶为主的生产格局，采、选、氰、冶实现了协调统一和优势互补。结构调整使生产组织的各环节变得严谨高效，生产成本大幅度降低。提升系统由28条减为22条，井下83个采场全部实现了机械化作业，月出矿量比过去增加4万多t的泰鑫公司及下属11个经济实体的“切除”为公司的发展奠定了坚实的基础。

第二，裁减冗员，建立精干高效的组织机构。将原来的“八部两室一处”精简为“两部两室”，取消5个二级机关，取消了干部正副职，从机关部室到基层单位，只设负责人1名；中层干部由过去的167人精简为现在的16人。对各生产单位进行了严格的定岗定员，取消脱产班组长，大力压缩非生产人员及其它辅助生产岗位。全公司共有1100多名管理人员和服务人员走上生产一线，每年可节省1000万元的工资支出。机构改革后，招金股份包括副总在内的全部管理人员只有80人，机关专业工作人员（不含管理人员）只有30人，各生产单位非生产性人员（不含管理人员）总计只有20人，克服了过去那种“一岗多人，因人设岗”的弊端。

第三，清理施工队，取消外用工，实现劳动组织方式的转变。过去，大量的施工队和外用工使招金股份形成了“外雇工干，自家人看”的局面。在本公司劳动力大量富余的情况下，不仅急、难、险工程需外人施工，就连清尾砂、打假底等普通作业项目也非用外人。从2001年5月份，共计辞退1000多名临时工和施工队人员。

二、科学技术使行业抢占技术至高点

在采矿方面,全公司井下83个采场基本上实现了机械化作业,技术装备状况在行业中领先,同时对制约生产的提升系统进行了全面改造。全公司22条提升系统有6条动了“大手术”,其余的提升系统也先后进行了彻底整修。以罗山矿区东风井为例,改造后日提升能力增加300t,有效地解决了提升“卡脖子”问题。

通过一年来的技术发行改造,公司生产能力实现了历史性的跨跃,奠定了中矿金矿业全国第一大矿和全国第一产金大户的地位。

三、科学管理培育独具特色的企业文化

中矿金业坚持以人为本的管理方针,充分体现“能者多劳、多劳多得”的“经济责任制”,坚持“人事动态管理”和“特殊事项奖惩”制度,冲破理论上的“禁区”,提出了“小私为私,大私为公,有私奉献,只有奉献才能发展”的理念,以“产品—人品”论激励职工干好工作,培育了催人奋进的企业文化,形成了“视权力为责任”、“视事业如生命”和“视死如归”的团队精神。

为保护职工参入改革的积极性。中矿金业兑付了职工集资本息1517万元;补发拖欠职工的工资960万元,补缴养老保险金510万元,理顺了800名伤病职工的医疗费报销程序。

为强化企业基础管理,2001年5至12月,全公司先后开展了“安全整顿月”、“修旧利废月”、“质量管理月”“节能降耗月”、“基础工作管理月”、“文明服务月”、“技术创新月”活动,使企业管理发生了质的转变。其中在5月份的“节支降耗月”活动中,全公司节支降耗总额达170多万元,其中节约电耗达22万kW·h。

在招远市委、市政府的关怀支持下,我们将全力以赴推动中矿金业迈向新的辉煌,为金都招远的发展做出更大贡献。 (招金股份公司)

紫金山金矿——一个创新成功的企业

一、对中国矿业的基本认识

中国矿业正处于非常时期,传统矿业企业经营形势极为严峻,资源枯竭、人员债务、包袱沉重、企业办社会等,普遍存在经营困难,发展乏力的状况,即使经营较好的企业,也深感前途未卜。曾经引以为豪的以矿业为主的城市,隐伏着因矿业企业不景气引发的严重的社会问题。

新经济时代的来临,传统矿业这一基础产业,更是受到冲击,艰苦和恶劣的工作、生活环境,长周期、低回报、低收入、严苛的环境要求,难以处理的地方和群众关系,使得投资者对矿业投资不感兴趣,年青的知识精英也视矿业为畏途。有人称矿业为夕阳产业。

中国矿业企业曾规模小、人员多、债务重,技术落后,体制也存在诸多问题,与国外矿业公司存在显著的差距。

传统矿业的困难是客观的,究其原因主要是计划经济时代留下的后遗症,在市场经济体制下,即使是极为困难的矿业企业,如果不考虑历史遗留的人员、债务等问题,仍可望获得较好的经济效益。在新的历史时期,矿业仍是有良好前景的行业,主要理由是:

矿产资源具有稀缺性和不可再生性,决定了不占有矿产资源,就不能从事矿业的开发。垄断行业是企业获得超额利润的最佳途径,对矿业来说,虽然也存在激烈竞争,这种竞争是有限的,与近年来诸如电视机大战等竞争来比较,矿业的竞争要小得多,矿业产品的竞争主要是资源条件的竞争,归根结底是产品成本的竞争。

二、紫金山金矿生产发展情况

矿山企业创新有特别的生命力。福建紫金矿业股份有限公司近年来依靠体制创新和技术创新,在资源条件劣势情况下,取得了良好的经营业绩,创造了多项全国记录。

紫金山金矿1993年建矿之初,储量为5.45 t,平均品位4.24 g/t,矿体个数多、变化大,被认为是开发价值不大的中小型金矿床。经过几年的努力,紫金山金矿成为特大型金矿(新批准储量达124 t),2001年采选规模达700万t,一年后超过1000万t,单矿山黄金产量最大(2000年产金4.0 t,国内最大的矿山产量2.95 t),入选品位最低(0.98 g/t,全国平均3.8 g/t),单位矿石成本最低(t矿综合成本39元,全国平均238元),2000年实现利润8500万元,成为黄金行业效益最好企业之一。

企业由原来没有资本金和净资产,发展到现在拥有5.4亿元的资金,净资产2.2亿元的国家大型股份制企业和高新技术企业。

三、体制创新和经营理念

紫金矿业原是一个县属国有小型企业,该公司从介入紫金山金矿开发起,就努力在企业体制上进行改革。由于金矿开发使企业获得了较好的收益,迅速成为地方主要的利税大户,但要进行产权制度改革,阻力和难度比较大,经过各方努力,特别是地方领导的支持,于1998年实现有限责任公司的改造,2000年完成了股份公司改造,股份公司的改造对企业今后的发展将会产生巨大的影响,公司1999年实现利润5180万元,2000年实现利润8500万元,净资产利润率分别达50.48%和37.05%。如此高回报的企业,国有股坚持到48%,处于相对控股地位,民营企业进入企业,这是产权制度具有重大历史意义的改革,紫金矿业股份公司在第一次股东大会上明确提出要把公司建成"国内著名的高科技效益型特大矿业企业集团"的目标,使企业摆脱了传统的一个矿山一个企业,企业与矿山共存亡的老路子,企业的发展也从局限于县域扩展到全国,乃至世界。

股份公司组建一年来的实践表明，国有股以绝对控股退到相对控股，是解决政企分开的根本途径，也是企业能否真正按现代企业制度规范运行最重要的保证。紫金矿业公司虽然是从传统国有企业走过来，但该公司自介入紫金山金矿开发以来，企业主要经营者注重按市场规律办事，在投资决策、内部管理、人员聘用、管理层聘任、工资制度等一系列改革，使企业内部机制显示出强大的生命力。

紫金矿业公司经营基本理念：把企业当作自己的事来办。与企业融合在一起，按市场规律办事。紫金公金矿经历了一至三期技改，现正在进行四期技改，总投资数亿元，都是企业自己作出的决策，自己筹措资金。

不搞小而全、大而全，按市场规律办事，搞社会化协作，是紫金山金矿成功开发的重要因素。紫金山金矿的矿山基建、采矿，全部外包，做得很成功。按预算，目前年剥采总量达1000余万 m^3，仅设备投资就需2亿元，还要500名以上的技术工人，采用招标给三个施工队伍后，节约2亿元的投资，而且生产成本比定额和传统自营矿山成本低得多，既节约了投资成本，又避免企业在矿山闭坑后人员的安置问题。

对矿区食堂采用竞争性承包，为企业减少了30余人的用工和每年30余万元的费用开支。年采选规模近1000万t的矿山，矿山员工仅500人，这就是体制创新的结果。股份公司创立后，严格按《公司法》和《公司章程》有关法律运作。2001年6月，对全体员工进行了身份置换，该置换议案得到了43名职工代表的一致通过，表明员工对企业改革的认同和对未来的信心。尽管公司地处闽西山区，公司的发展和新的体制吸引了全国各地优秀人才，现公司各类专业人员达400余人，占员工总数60%，其中博士、硕士和高级职称人员52人。

四、技术创新和经济矿业

技术创新是企业能否获得超额利润的关键。这里提出"经济矿业"一词，主要是指在经济目标指导下的技术创新和矿业开发，体制、管理、技术都是手段，效益最大化（含社会效益）是目的。

在市场经济条件下，企业必定会成为科技工作的主体，必定会成为技术创新的先锋。紫金山金矿的成功开发，科技创新在其中起到了关键和主要作用。运用经济地质理论和矿床成矿规律的再认识，安排的大规模补充勘查，新发现的矿体规模超过原控制的矿体，运用经济法则重新制定矿床工业指标，研制与国际接轨的矿床储量计算和评价软件，表明紫金山金矿在现有市场价格和矿山技术条件下，可利用的金矿储量达200 t以上，达到超大型规模。运用新的勘查、评价技术，使紫金山金矿成为在生产阶段补充勘查增加储量最多，单位勘查成本最少的矿山。该项目成果获得国家经贸委黄金科技进步特等奖。

运用微差定向抛掷爆破技术进行的千t级大爆破，节约了大量投资，缩短了建设周期，应用陡帮开采技术，被专家誉为"有创新，在全采场全面应用陡帮开采工艺在全国是第一家大型露天矿山"，避开了剥离高峰，节约了数千万元剥离费用。井下大型无轨装载和运输设备的运用，也节约了大量的投资。

自行研究确立的破碎、筛分、洗矿，细粒重选、炭浆，粗粒级堆浸组合工艺，选矿回收率提高10%，产生了巨大的经济效益；自行研制的非流态化自流吸附设备，解决了矿山大规模堆浸溶液的吸附问题，年经济效益达500万元以上。

自行研制的无氰势压解吸设备，其主要技术和经济指标达到国内领先水平，生产周期缩短50%，生产成本降低40%；自行研究的黄金精炼工艺，产品通过ISO 9002质量认证，黄金冶炼厂是中国同行业第一个通过ISO 9002质量体系认证的企业。

实施工业废水零排放工程，通过循环利用工业废水中的CN和Au，不但对水系不会造成污染，而且每年还产生数百万元的经济效益，实现了环保和经济效益的统一。

技术的进步和创新，大幅度降低了生产成本，生产成本的降低又为紫金山低品位资源的利用创造了条件。品位的降低，使矿床可利用储量迅速扩大，巨大的资源量又为企业实现规模开发创造了条件，紫金山金矿正向年采选规模千万t级的世界级大矿迈进，企业的黄金产量5年后将进入世界30强。

公司正在研究紫金山铜矿的开发，该矿床为低品位含砷特大型铜矿，曾进行过传统工艺的多方案可行性研究，均因效益不佳而停顿。1998年开始，公司与北京有色金属研究总院合作进行细菌浸出试验研究，取得了良好的技术指标，2000年下半年，在矿山建立了一座年产300 t电解铜的细菌浸出工厂，取得了良好的经济和技术指标，为该矿床有效益的规模开发奠定了基础，也为我国其它类似矿山应用生物提铜工艺提供了依据。

创新是企业永恒的主题，市场的变化，矿山条件的不确定性、多解性，就要求经营者能审时度势、因地制宜、科学决策，以创新的思维，寻求成本的最低、效益的最大化，这样就能在市场竞争中立于不败之地。

(福建紫金矿业股份有限公司　陈景河)

创新是企业发展的灵魂

洛阳冠奇工贸有限公司针对行业现状和未来的发展战略，开拓创新的具体做法：

一、创新是灵魂

科技创新推动新产品的开发越来越快,依据市场的需求变化迅速做出反应,捕捉发展商机。1995 年国内外市场需求钼铁旺盛,价格高达 18 万元人民币/t。洛阳是钼铁基地之一,九县六区有 80 多家生产钼铁的企业,综合各家之长短,分析市场变化之潜力,公司和工学院、有色金属院联手开发了含量 65 以上的钼铁产品,钼酸钠、钼酸钡、高纯度氧化钼精粉是高附加值的有潜在市场的新产品。1996 年底,钼铁市场发生重大变化,60 钼铁降价到 9 万元/t,降幅为 50%,目前已降到 4.8 万元/t,而高含量的 65 钼铁和其它几个产品,降幅很小,特别是钼酸钠、钼酸钡等产品有升无降。国内外两个市场需求旺盛,科技创新给企业带来了利益,同时又回避了盲目扩张,趋同开发的风险。我公司在开发 9999 以上高纯天然鳞片石墨过程中,先后和 6 家科研院所合作,经历了脑力激荡、巧思实验,历时 6 年形成了批量生产,目前虽市场需求不大,但我们已看到未来市场趋势,抓住市场机遇,提炼企业的创新意识,不求眼前利益,只求产品的新特。

二、市场创新

企业的存在与发展，对人类社会惟一的受益就是推动社会的进步和发展。企业存在与发展的最高境界是创造有效的社会财富，而不是追求利润的最大化。在这种思维理念支配下，公司在市场营销创新上推行了双赢创新模式。认为贸易合作伙伴是企业利润的制造者，伙伴的利益受损失就是企业自身受损失，合作伙伴没有利润，企业自身也就没有利润，合作双方都赢利，双方合作才能长久。

用户是医生、用户是法官，用户的要求标准就是天平的砝码，就是企业的标准，这也是市场经济的基本规律。离开了用户就离开了市场，受惩罚的必然是企业自己。用户说到的、写到的，企业一定要千方百计的做到；用户没有说到的，生产企业也应该想到。

公司在获得进出口权之前，曾发生过替国内外贸公司赔付的事件。日本三菱公司和中信兴业公司签约，从公司购石墨产品，按合同规定应在 12 月 10 日将产品运发到目的港 - 大阪，因情况有变，日本客户突然通知暂不发货，时间延顺到 1 月 10 日，但中信兴业公司已装箱集港，虽经再三商讨，终未达成共识。货到大阪后，客户拒绝卸箱造成压港费用近百万日元，合同责任双方为此事产生纠纷，争执不下，公司当即立断经和日本客户协商，全额赔付给国外客户。此件事情虽不属公司的责任，但合同双方都是公司的常年合作伙伴，解决好这一矛盾，对三方继续合作都有利。如沿用传统的市场营销方式，定会失掉国内外两个合作伙伴，那样真正受损失的必然是我们自己。

公司自营进出口运作以来,遇到过多次超常规的国际贸易方式。欧洲一新客户来公司考察后,提出 3 个要求:第一,合同确立以样品为主,每批 3 个集装箱,产品生产入库后 100%取样,再特快送样 1000g 供用户化验,确认样品后,通知发货,时限 30 余天。产品用户使用生产后,认为质量达标数量无误,3 个月结汇付款,总时间为 128 天,公司才能收到货款;第二,80 目 99.95 石墨中的灰分颗粒要求小于 0.1mm;第三，- 100 目 99.95的高纯石墨,筛下通过率 91.5%,每袋 25kg 都要一样,每批 3 个集装箱上下差率为 0.2 个粒度,超过差率视为不合格产品,并明确规定不予付款。经过一年多的艰难运作,用户基本感到满意,除加大订单外,每吨还主动提价 50 美金。

在当今激烈的市场竞争中，每个企业和企业的管理者们都要敏于学、善于闯、慎于行，克服盲目趋同跟风，才能力于不败之地。

三、管理创新

管理创新是永恒的主题。处在后泡沫时代，经济发展缓慢，市场需求减弱，企业面临前所未有的诸多困难，在此期间，管理创新是应对瞬息万变的市场的有效途径。淘汰过剩就是发展。

国家统计局对 1000 多种工业产品进行调查的结果是，产品销售率在 53%以下，最低的产品销售率只有 10.2%。企业普遍开工不足，生产设备大量闲置，企业经济效益低下，扭亏增盈无望，产品严重供过于求，不少行业出现价格大战，并有愈演愈烈的势头。一些企业为了维持生产，不惜以低于生产成本价销售产品，这样不仅没有经济效益，甚至连生存也难以维继。

国家计委、国家经贸委出台了行业自律价格的有关规定，但至今并没有遏制住价格大战，因为那只是治标的临时措施，只有治本，才能限制价格大战，淘汰落后，关闭过剩，企业才能有望发展。任何企业在市场经济条件下都要经历自生自灭的冲击过程，石墨行业中也有不少企业正面临着市场经济的严重冲击，一些厂矿目前也处在亏本艰难度日之中，管理如不创新，明天亏损必将吃掉企业自己。

公司曾在1996年实行一人一岗一本账，一班一算一天结以来，收到较好的效果，但是市场变化了，管理也要随之创新，现在公司实行了定岗、定员、定质量标准、定成本指标、定产量指标、定工资指标、定奖励指标、定处罚标准、定原料入库价格标准、定市场销售最低价格指标等，制约和分配基本标准化，从而使责任明确，指标量化，质量达标，成本下降，价格有了一定的市场竞争力，企业的利润也有了基本保障。迄今为止，公司既无外债也无内债，资金每年周转9次，在激烈的市场竞争中求生存。

四、人事管理创新

淘汰落后，调整结构，从人才存量上进行调整，人事创新关键在人。知识复合型人才是支撑企业的栋梁，20年改革开放的用人观念和人事管理现行体制已成为企业发展的突出症结。公司为提高管理者和劳动者的综合素质，每年支出教育培训经费20万元以上，4年来，选送10多名优秀人才到清华、北大、人大等五所名牌大学进行委培，并在河南大学成教院设立长期培训基地，对企业的管理者定期培训，实行考核达标上岗，对关键工序技术性强的岗位实行轮训、考试，突出理论与实际操作技能相结合，企业全面推行技能素质化考管制度，在分配办法上向优秀人才、关键岗位倾斜。几年来基本做到了一流人才、一流业绩、一流报酬，并为员工创造终身知识技能展示的基本空间。现代企业管理，人才是核心，要使严密、科学、合理的企业组织管理达标。一是需要有熟练的、专业素质强的劳动者；二是要有严格规章制度的坚决执行者；三是有金字塔式等级明确，分配的服从者。企业是一个完整的系统，这个系统需要有严格科学的管理，才能实现系统的良性循环，否则企业必将自灭。

五、办好协会

团结才有力量，办好协会为振兴行业而努力进取。新世纪即将来临，放眼神州“日出江花红似火，春来江水绿如蓝”。展望未来，创新变革定会前程似锦，让我们以科学的态度、创新的精神、坚强的变革意志，开拓行业发展的新天地，为国家争光，为人类贡献。我们深信，储量丰富的中国石墨资源优势和雄厚的生产加工基础将会迎来光辉灿烂的美好明天！

（洛阳冠奇工贸有限责任公司）

加强领导　协调联动
确保矿政管理工作顺利开展

鹿泉市为县级市，全市总面积603 km^2，人口36万。近年来，鹿泉市依托丰富的资源优势，抓项目建设，突出培育地方特色经济，推动了全市经济的持续快速发展。“九五”期间县域综合经济实力居河北省“十强”第一，社会经济综合发展指数居全国百强县(市)第68位。2001年全市国内生产总值完成74亿元，财政收入3.36亿元，金融业各项存款余额42.3亿元。之所以取得上述成绩，很大程度上得益于我们坚持实施可持续发展战略，充分发挥矿产资源丰富这一比较优势，通过加强规划，科学管理，合理开发和利用矿产资源，提高了矿产资源的管理和利用水平，促进了经济的持续健康发展。

截至2001年底，全市有矿山企业135家，从业人员3.1万人。全市矿业及其后续产业总产值占全市国内生产总值的1/3强，矿业经济已成为本市经济的强大支柱。

一、坚持把矿产资源管理工作纳入全市经济建设的大局中统筹安排，充分发挥资源的战略作用

市委、市政府通过对市域经济发展的历史和现状进行分析论证，认为鹿泉市的经济快速增长必须以西部山区的资源为依托，大力发展矿业经济。因此，将矿产资源的合理开发利用作为事关全市经济发展大局的一项重要工作，列入市委、市政府的重要议事日程。在宏观上，抓住了三个环节：

1. *加强组织领导，完善管理机构。*实现矿产资源的科学利用必须有强有力的组织领导机构来保证。为便于协调解决矿产资源管理中存在的各种矛盾和问题，鹿泉市专门成立了以市长为组长、以主管市长为副组长、有关部门负责人为成员的矿产资源管理领导小组。领导小组根据需要，定期或不定期召开会议，对常规性工作进行安排部署，对重要工作进行督导检查，对重大事项提出具体意见，报市委常委会或市政府常务会研究确定。为确保矿产资源的管理职能和各项法规落实到位。鹿泉市于1996年将地质矿产资源管理办公室升格为地质矿产局，并充实了队伍。矿管干部职工由原来的5人增加到26人。建起了地矿办公楼，从办公设施、工作条件上对矿产资源管理工作给予了大力支持。在这次机构改革中，鹿泉市对矿产资源管理部门做到“三确保一强化”，即确保机构进政府序列，确保人员进行政编制，确保经费纳入财政预算，强化管理职能。

2.统一思想，增强可持续发展意识。市政府常务会每年至少专题研究两次矿产资源管理工作，强化可持续发展意识，研究矿产资源开发利用和保护中的新情况和新问题。1999年市政府针对矿山企业布点多、规模小、档次低、污染重的问题，责成地矿局按照“上大关小、调整结构、规模开采、提升质量”的要求，谋划鹿泉矿业结构调整方案，优化资源配置。

3.搞好协调配合，上下联动，形成合力。要求公、检、法、司等政法部门，工商、电力、环保、技术监督等职能部门和新闻宣传单位全力配合矿产资源管理部门搞好地矿执法工作。在矿产资源管理秩序治理整顿过程中，市政府主管领导挂帅，带领有关部门深入现场指导，新闻宣传部门跟踪报道，弥补了矿产资源管理部门在矿业管理中力量单薄的不足，在全市上下左右形成了搞好矿政管理的强大合力。

二、加强法制建设和矿法宣传，为矿产资源管理部门依法行政和矿山企业依法办矿奠定良好基础

加强法制建设，依法管矿，是保护和合理利用矿产资源的重要基础。为确保矿产资源管理部门在依法行政过程中有法可依，便于操作，根据实际情况，先后制定了10多个规范性文件。1999年，鹿泉市开展了“依法行政规范年活动”，实行了执法人员年度培训、考核上岗制度，要求矿产资源管理部门将办事程序、服务标准、执法依据等公布上墙，方便基层，接受监督，从而进一步规范了行政行为，提高了服务质量，达到了廉洁、便民、高效的目的，为依法行政和矿产资源管理的规范化、法制化奠定了基础。

三、充分发挥矿产资源管理部门的职能作用，推动矿产资源管理工作顺利开展

矿产资源管理部门职能作用发挥的如何，对于一个地方的资源开发和利用水平起着非常关键的作用。鹿泉市一直注重发挥矿产资源管理部门的职能作用，对他们一是压担子，二是多支持，促进矿产资源管理部门大胆开展工作，为其有效发挥职能，提供良好的环境。近年来，矿产资源管理部门根据鹿泉市经济发展的需要，聘请国土资源部经济研究院编写了《鹿泉市矿产资源开发与地质环境保护规划》，为市政府宏观调控和矿业发展战略决策提供了依据。根据规划，市政府责成矿产资源管理部门制定了《鹿泉市矿业结构调整方案》，并经市政府常务会通过。在重大矿山建设项目实施前，市政府都责成矿产资源管理部门组织有关专家咨询论证，提出意见和建议，市政府都酌情采纳。

近年来，市政府共采纳矿产资源管理部门的合理化意见和建议50余条，矿产资源管理部门职能作用的良好发挥，使我们在矿业规划、资源利用、项目建设等方面避免了一些不当和失误，提高了决策的科学性，保证政府在矿产资源管理方面的各项工作得以顺利开展。

（鹿泉市人民政府）

院校·报刊(部分)

山东科技大学

【概况】 山东科技大学始建于1958年6月，是经国家教育部和山东省人民政府1999年8月批准，由原山东矿业学院与山东煤炭教育学院合并组建而成的一所以工为主，理工结合，工、理、管、文、法、教育学等多学科相互渗透、协调发展的山东省属重点综合性大学。截至2001年底，学校占地面积1359亩，校舍建筑面积总计538198 m²。资产总值5.15亿元，固定资产总值3.48亿元，教学、科研仪器设备总值1.25亿元，馆藏图书143万册，中外文期刊3819种，图书馆配备有国内外文献检索系统和电子阅览室。教育科研计算机校园网络已与国际互联网联通。

学校现设资源与环境工程学院、地球信息科学与工程学院、土木建筑学院、机械电子工程学院、信息科学与工程学院、经济管理学院、文法学院、信息与电气工程学院、环境与化学工程学院、动力与控制工程学院、财政金融学院、工程学院、成人教育学院等13个学院和外语系、基础部等3个直属系、部。截至2001年底，有法学、英语、信息与计算科学、环境科学、材料学与工程、机械设计制造及其自动化、电气工程及其自动化、电子信息工程、通信工程、计算机科学与技术、土木工程、化学工程与工艺、工商管理、会计学、行政管理、生物医学工程、广告学、教育技术学等37个本科专业，有应用数学、运筹学与控制论、古生物学与地层学、工程力学、机械电子工程、材料学、地图制图与地理信息工程、管理科学与工程等25个硕士学位授权点，有矿业工程博士授权一级学科1个，大地测量学与测量工程等二级学科博士点4个。采矿工程、大地测量学与测量工程、计算机软件与理论、应用数学、电力传动及其自动化等5个学科为省部级重点学科。

学校重视校园环境建设，努力营造良好的学习、工作和生活环境，在"美化、绿化、亮化、净化"方面取得了明显成效。山东省委高校工委和山东省教育厅评定山东科技大学校园文明建设成绩优秀，并授予"文明校园"奖牌。　（逄奉辉）

中国地质大学

【概况】　中国地质大学有教职工905人，其中专任教师485人，教授95人(其中中国科学院院士8人，博士生导师75人，外籍科学院院士2人)，副教授154人，中青年教师中，硕士以上学历人员约占80%，此外，学校还聘请了60多位国内外著名学者担任兼职教授。

其中获全国及省、部级优秀教师称号19人，获得青年地质学家"金锤奖"3人，"银锤奖"9人，部分教师获何梁何利科技进步奖，李四光地质科学奖，曾宪梓奖，霍英东青年教师教学奖和科研奖等。

50年来，学校共培养各类毕业生5万余名，其中各类研究生5000余名，有17人成为中国科学院院士，4人成为中国工程院院士，还涌现出200多名省部级以上劳动模范，其中获得国家级荣誉称号的11人。许多优秀毕业生成为科技骨干，教育专家或管理专家，有的还担任党和国家的重要领导职务。

学校坚持"联合、交叉、前沿、急需"的学科建设方针，发挥教学、科研、人才培养等方面的综合优势，对现有学科做进一步拓宽改造，统筹考虑学科建设，人才培养及重点实验室的综合配套建设。根据国民经济与社会发展的需要，学校将重点发展地球动力学与全球地质事件，地球物质科学与岩矿新材料，矿产资源勘查评价与地学信息，地学探测技术与地质工程，地质环境保护与地质灾害防治等5个学科群。

"九五"期间累计完成科研项目534项，有28项获发明专利奖，获省部级以上科技成果奖近100项，共发表科技论文近2000篇，出版教材和专著101部。

近年来，学校每年在国内外核心刊物上发表优秀论文400余篇，出版专著20余种，科研经费2001年达到4300万元，并以较快的速度逐步增长，主办的《地学前缘》、《现代地质》、《中国地质教育》、《资源·产业》等学术刊物，在国内外有着广泛的影响。

学校在历史大地构选，古大陆再造，全球地质事件，综合地层学，地球深部物质的物理学及化学，地球流体与成矿动力学，岩矿新材料开发研制，煤地质学及煤变质作用，石油与天然气地质，地球科学钻探关键技术优化，高精度高分辨率综合地球物理探测技术、地质环境保护，工程地质，遥感技术应用等方面取得了国内先进水平，部分达到国际先进水平的科研成果。学校重视产、学、研相结合，与国内地质、石油、煤炭、冶金、水电、化工、基建、交通、地震等10多个行业的100余家科研或生产单位建立了教学及科研协作关系，主动为地方经济和行业经济建设服务。

学校的国际交流日益活跃，国际合作不断发展。目前已同美、俄、法、德、日等40余个国家(地区)的大学和科研机构建立了长期合作关系，同30多个国际学术组织建立了经常性联系。

经过50年的建设与发展，学校已初步建成以全日制本科教育，研究生教育为主，兼顾成人教育为主要办学形式的多学科，多层次的办学格局和办学体系，成为国家培养高级地学人才的重要基地。

（中国地质大学）

《中国石油报》

【概况】《中国石油报》创刊于1987年1月7日，是由中国石油天然气集团公司主办，国内外公开发行，主要面向石油、石化广大职工和关心石油工业的社会各界的一张综合性的专业报纸。创刊15年来，《中国石油报》伴随着中国石油工业改革和发展而成长壮大，形成了以《中国石油报》为主体的石油系列报刊。《中国石油报》为对开四版日报，期发行量15万份。《中国石油报》作为中国石油天然气集团公司党组机关报，始终坚持正确的办报方向，积极宣传党的路线方针政策，报道中国石油、石化工业的发展战略和行业政策，努力反映广大石油、石化职工在两个文明建设中的辉煌业绩和精神风貌，认真传播国内外石油经济及石油科技信息，逐渐形成了自己鲜明的办报特色，成为深受广大石油职工喜爱的良师益友。

中国石油报社有职工250多人，其中有采编人员91人，包括研究生3人，本科生35人，大专生31人。正高职称的3人，副高职称的14人，中级职称的45人，助理职称的32人。15年来，《中国石油报》的采编人员获全国和省部级奖励的新闻作品约600种。其中获中国新闻奖二、三等奖3次，获全国现场短新闻一等奖1次、二等奖1次，获全国新闻学术年会优秀论文三等奖1次。　（中国石油报社）

《中国化工报》

【概况】《中国化工报》于1985年1月5日正式创刊，由原化工部、国家石油和化学工业局主办。2001年报社整体进入经济日报报业集团。报社现有采编人员63人，经营管理人员49人，行政管理人员16人。

《中国化工报》是面向国内外发行的中国化工、石油和石化工业及相关行业的中央级行业日报，由经济日报报业集团主办。读者覆盖化工石油、石化国有和民营、乡镇、"三资"及相关行业近10万家工商企业、高等院校、科研院所。

中国化工报社出版物为两报一刊，两报是《中国化工报》和《中国化工周报》(英文版)；一刊是《化工管理》杂志。《中国化工报》每周出版48个版面，彩色印刷。

创刊17年来，《中国化工报》始终坚持为社会主义建设服务，为人民服务和正面宣传为主的方针，同时充分发挥新闻舆论监督的作用，敢于伸张正义，为企业说话，多次受到化工部党组、国家石油和化学工业局党组的肯定和表扬，受到企业的好评。新闻作品多次获部委产业报一、二等奖，报纸编校质量名列前茅。2001年全年中央各大媒体摘播，转发本报稿件达156年次，仅中央人民广播电台、中央电视台共摘播该报消息达127条次。有30篇稿件获得中国新闻奖、全国摄影金像奖，成为历年来获奖数量最多、获奖水平最高的年份。

(中国石油报社)

《资源·产业》杂志

【杂志】《资源·产业》是由国土资源部矿产开发管理司主办的《矿产资源开发》更名而来。现由中国地质大学、中国地质调查局、国土资源部人力开发中心、国土资源部矿产开发管理局、国土资源部规划司、国土资源部耕地保护司、中国矿业联合会等单位联办。

《资源·产业》杂志是一份关于自然与产业化研究的综合性杂志。其内容涵盖资源与管理、资源与战略、资源与社会、资源与经济、资源与科学、资源与环境、资源与教育、资源与产业、资源与市场等诸多领域。

2001年《资源·产业》杂志把握国土资源领域的发展趋势，及时策划推出了西部大开发、矿业秩序治理整顿、国土资源热潮监察、WTO与国土资源、矿业城市可持续发展等一些引人注目的专题研讨，具有很强的针对性、实用性和指导性。并推出了一批多视角、深层次的被人叫好的好文章。

主要栏目：特别策划、资源管理、资源调查、资源评价、资源产业、资源市场、问题研究、基层视角等。

(《资源·产业》编辑部)

中国矿业网

【概况】 中国矿业网于2001年7月开通。网址为：www.chinamining.com.cn

中国矿业网是中国矿业联合会主办的全国矿业行业综合性网站，是覆盖矿业全行业的信息和商务平台。网站宣传国家矿业管理政策法规，提供国内外矿业行业发展动态和矿业市场预测，发布矿业新产品、新技术、以及矿产品贸易等相关信息。

网站栏目主要有矿业新闻、矿产资源、矿业管理、矿业市场、矿业企业、矿业设备、矿业搜索、矿业论坛、网站服务等。 (中国矿联信息中心)

索　引

使用说明

一、本索引采用内容分析索引法编制。除年鉴中的“大事记”外，年鉴中有实质检索意义的内容均予以标引，以供检索使用。

二、本索引基本上按汉语拼音音序排列。具体排列规律是，以数字开头的，排在索引前面；汉字标目则按首字的音序、音调依次排列，首字相同时，则以第二个字排序，并依此类推。

三、索引标目后的数字，表示检索内容所在的年鉴页码。年鉴中以表图形式反映的内容，则在索引标目后面用括号注明（表）、（图）等字，以区别于文字标目。

四、为反映索引款目间的隶属关系，对于二级标目，采取在上一级标目下缩二格的形式编排，之下再按汉语拼音音序、音调排列。

0～9

A

B

C

D

E

F

G

H

K

N

P

Q

R

S

T

W

X

Y

Z

(王彦祥　盖红波　编制)